Alberto Mattiacci
Alberto Pastore

Marketing

Il management orientato al mercato

EDITORE ULRICO HOEPLI MILANO

Il presente volume è stato interamente progettato, curato e rivisto in ogni sua parte da Alberto Mattiacci e Alberto Pastore, che pertanto si assumono la responsabilità della struttura del manuale e del suo contenuto.
Tuttavia, proprio per la complessità della materia, l'opera si è avvalsa del fondamentale contributo di alcuni specialisti del settore che hanno appositamente scritto alcuni capitoli; in dettaglio:

Daniele Dalli: capitoli 5, 6
Camilla Barbarossa: capitolo 11
(in collaborazione con Alberto Pastore)
Enrico Bonetti: capitolo 26
Federica Ceccotti: capitolo 22
Gennaro Iasevoli: capitolo 21
Margherita Pagani: capitolo 16
Carlo Alberto Pratesi: capitolo 24
Fabiola Sfodera: capitolo 23
Maria Vernuccio: capitolo 3, paragrafo 18.6
Tiziano Vescovi: capitolo 20
Donata Vianelli: capitolo 27

I capitoli 1, 2, 4, 7, 9, 12, 13 e 15 sono stati scritti da Alberto Mattiacci; i capitoli 8, 10, 11 (in collaborazione con Camilla Barbarossa), 14, 17, 18 (tranne il paragrafo 18.6 di Maria Vernuccio), 19 e 25 da Alberto Pastore.

via Hoepli 5, 20121 Milano (Italy)
tel. +39 02 864871 – fax +39 02 8052886
e-mail hoepli@hoepli.it

www.hoepli.it

ISBN 978-88-203-5706-1

Ristampa:

4 2019

Realizzazione editoriale: Thèsis S.r.l., Firenze-Milano
Immagini: Fotolia: freshidea, pp. 2, 94, 186, 290, 412, 534, 600; Bernd Jürgens, p. 142; Picture-Factory, p. 132; goodluz, p. 174; lightpoet, p. 221; Giovanni Cancemi, p. 295; Pavel Losevsky, p. 501

Copertina: mncg S.r.l., Milano

Stampa: LegoDigit S.r.l, Lavis

Printed in Italy

Indice

Prefazione XVII
Ringraziamenti XIX

Guida al manuale XX

Parte I
Impresa e mercato 2

Capitolo 1
Economia, società e mercato 4

Introduzione 5

1.1 Metodo, strumenti e tecniche di una disciplina relazionale 6
Focus Metodo, tecnica e strumento nel marketing 6

1.2 Lo scambio, fondamento del marketing 8
1.2.1 Le parti dello scambio 9
Focus I mercati multipli 11
1.2.2 Il risultato perseguito 11
1.2.3 L'oggetto dello scambio 12
Focus I miti crollano 13
1.2.4 Le relazioni nello scambio 14
1.2.5 L'orizzonte temporale 15
1.2.6 La dinamica fondamentale 15

1.3 Le strutture di mercato 17
1.3.1 Le strutture di relazione 18
1.3.2 Le fasce di valore 21
Case History Foppapedretti 24

Conclusioni 25

Capitolo 2
Impresa e marketing 26

Introduzione 27

2.1 I passaggi chiave dell'evoluzione ... 27
Focus Le storie del marketing ... 28
2.1.1 L'era dell'empirismo ... 29
Focus I fondamentali tecnici del marketing ... 30
2.1.2 La prima grande discontinuità ... 31
Focus Impresa product-oriented e market-oriented ... 32
2.1.3 La nascita del management ... 33
2.1.4 Arriva la psicologia ... 33
2.1.5 Philip Kotler ... 34
2.1.6 Being digital ... 35
2.2 Market-*ing*: la continuità ... 35
Focus Una "legge" del mercato: la continuità ... 36
2.2.1 Innovazione di prodotto ... 37
Focus L'orientamento delle imprese: produzione e prodotto ... 38
2.2.2 Reperibilità e accesso ... 38
Focus L'orientamento delle imprese: vendita ... 39
2.2.3 Ricordo di marca ... 39
2.2.4 Relazione con la clientela acquisita ... 40
Focus L'orientamento delle imprese: marketing e cliente ... 41
2.3 *Market*-ing: il mercato ... 42
2.3.1 Elementi di qualificazione spazio-temporale ... 43
2.3.2 Elementi di qualificazione del mercato ... 44
2.4 Il marketing management ... 50
Focus L'orientamento delle imprese: pro e contro ... 50
Case History Panini ... 53
Conclusioni ... 54

Capitolo 3
La rivoluzione digitale ... 55
Introduzione ... 56
3.1 Digitalizzazione: quali discontinuità per il marketing? ... 57
3.1.1 Internet come mercato ... 58
Focus Le origini dell'era della connessione ... 58
Focus The Cluetrain Manifesto ... 60
Focus La coda lunga ... 61
3.1.2 Internet come strumento ... 62
Focus La user experience in un mondo "multi-device" e "multi-screen" ... 62
3.2 L'evoluzione dell'approccio al mercato ... 62
3.3 Marketing digitale, strutture e business model ... 65
3.3.1 Livelli di utilizzo del marketing digitale ... 65
3.3.2 I principali assetti strutturali ... 66
3.3.3 Business model digitali ... 69
Case History Google ... 72
Conclusioni ... 72

Capitolo 4
Il processo di marketing fra impresa e ambiente ... 73

Introduzione ... 74

4.1 Il processo di marketing ... 75

Focus Varietà del marketing ... 75

4.1.1 Una definizione ... 76

4.1.2 Macrofasi del processo di marketing ... 77

4.2 Gli ambienti di marketing ... 81

4.2.1 L'ambiente esogeno rilevante ... 83

4.2.2 L'ambiente competitivo ... 85

Focus Trend rilevanti nel marketing ... 85

4.2.3 Catena del valore e ambienti di marketing ... 86

4.3 La rete esterna del valore ... 88

4.3.1 Gli stakeholder ... 89

4.3.2 I marketing partner ... 90

Focus Il market-driven management nell'era digitale ... 92

Case History Vodafone Italia ... 93

Conclusioni ... 93

Parte II
Analisi del mercato ... 94

Capitolo 5
Analisi dell'offerta ... 96

Introduzione ... 97

5.1 La concorrenza orizzontale ... 99

Focus AGCM ... 99

Focus La competizione non frontale: la nicchia ... 100

5.1.1 Il settore industriale ... 101

Focus Sistemi di classificazione industriale ... 101

Focus Segmentazione e concentrazione nel mercato dell'auto ... 102

5.1.2 Strutture di mercato e concorrenza ... 103

5.2 Il distretto industriale e i cluster ... 104

5.2.1 I quattro capitalismi italiani ... 104

5.2.2 I distretti italiani ... 105

5.3 La concorrenza verticale ... 108

5.4 Le nuove forme di competizione ... 110

5.4.1 La concorrenza allargata ... 111

5.4.2 La convergenza ... 112

5.4.3 L'ipercompetizione ... 113

Focus Sistemi di classificazione settoriale ... 113

Case History Geox ... 114

Conclusioni ... 114

Capitolo 6
Analisi della domanda

Analisi della domanda ... 116
Introduzione ... 117
6.1 L'evoluzione della domanda tra storia ed economia ... 118
6.2 Il processo d'acquisto ... 120
6.2.1 Il modello generale ... 121
Focus Il consumerismo ... 124
6.2.2 Tipologie di prodotto e di domanda ... 126
6.2.3 Il ruolo degli intermediari commerciali ... 134
Focus Gli intermediari nell'abbigliamento ... 135
6.3 Configurazioni e analisi della domanda ... 137
6.3.1 Domanda potenziale, primaria e secondaria ... 137
6.3.2 La misurazione della domanda ... 139
Focus Il calcolo della domanda potenziale ... 139
Focus Principali metodi di stima della domanda ... 141
6.4 La dimensione culturale della domanda ... 142
6.4.1 Cultura e nazioni ... 143
6.4.2 Cultura e individuo ... 145
Case History Ferrero ... 146
Conclusioni ... 147

Capitolo 7
L'informazione per le scelte di marketing

L'informazione per le scelte di marketing ... 148
Introduzione ... 149
7.1 Lo scambio di marketing e la conoscenza ... 150
7.1.1 Conoscenza e sistema informativo di marketing ... 150
7.1.2 Conoscenza e sistema di scambio ... 154
7.2 Le ricerche di marketing ... 155
7.2.1 Le market research: conosci l'ambiente ... 156
7.2.2 Il consumer insight: conosci il cliente ... 157
7.2.3 Le market measurement: misura il tuo ambiente di mercato ... 159
7.3 Il metodo scientifico e la conoscenza del mercato ... 161
7.3.1 Ricerca qualitativa o quantitativa? ... 163
7.3.2 La ricerca integrata ... 166
7.4 Il processo di ricerca ... 167
7.4.1 Dal problema di marketing al tema di ricerca ... 168
7.4.2 La formula di ricerca ... 171
7.4.3 La definizione ... 172
7.4.4 Il report dei risultati ... 178
7.5 Tipiche tassonomie di ricerca ... 179
7.6 Social media e Big data ... 183
Case History Unilever ... 184
Conclusioni ... 185

Parte III
Creazione del valore e definizione degli obiettivi 186

Capitolo 8
Baricentro strategico e scelta dei business 188

Introduzione 189

8.1 Strategic management e marketing strategico 189

Focus Il concetto di strategia 190

8.2 La definizione del baricentro strategico 192

8.3 L'analisi dell'ambiente e delle risorse 193

Focus Un'estensione della PEST 194

Focus I cinque trend secondo McKinsey 195

8.4 La scelta dei business 198

8.4.1 La determinazione degli obiettivi di marketing strategico 198

8.4.2 Le strategie di sviluppo nei prodotti-mercati 200

8.4.3 La definizione di nuovi business e la strategia di innovazione del valore 206

Focus Le tecnologie del prossimo futuro 207

Focus Strategia "oceano blu" 207

8.4.4 L'analisi di portafoglio 209

Case History Walt Disney Company 211

Conclusioni 212

Capitolo 9
Comportamento e segmentazione della domanda 213

Introduzione 214

9.1 Il comportamento del compratore 215

Focus La scelta 215

Focus L'arbitraggio 218

9.1.1 Ambiente di consumo e marketing 218

9.1.2 Processo di acquisto e marketing 222

9.1.3 Comportamento di acquisto e marketing 223

9.1.4 I modelli descrittivi 225

Focus Le sequenze logiche del processo valutativo 226

9.2 Il dilemma strategico 227

9.3 La segmentazione della domanda potenziale 231

Focus La nicchia 232

9.3.1 I requisiti di un segmento 233

9.3.2 Dal segmento al target 234

9.4 I criteri di segmentazione 236

9.4.1 La carta d'identità 237

9.4.2 Lo stile di vita 238

9.4.3 Il comportamento di consumo 239

9.4.4 I benefici ricercati 240

9.5 La domanda B2B e la sua segmentazione 241
9.5.1 Peculiarità del B2B 241
9.5.2 Segmentare la domanda 244
Case History Rai 244
Conclusioni 245

Capitolo 10
Strategie competitive 246

Introduzione 247
10.1 Il framework teorico 247
10.2 L'analisi SWOT 248
10.3 Il vantaggio competitivo 251
10.4 La declinazione della value proposition 255
10.5 Il posizionamento 256
Focus Le diverse prospettive della concorrenza 256
Focus Il posizionamento attraverso la narrazione di marca 261
10.6 Posizioni competitive e strategie di business 262
Case History Red Bull 264
Conclusioni 264

Capitolo 11
Obiettivi e metriche 265

Introduzione 266
11.1 Il contributo del marketing ai risultati dell'impresa 266
11.1.1 La marketing accountability 267
11.2 La pianificazione e il controllo di marketing 268
Focus Caratteristiche degli obiettivi di mercato 269
11.3 La marketing scorecard 271
11.4 La dimensione di mercato 272
11.4.1 Awareness, immagine, valore percepito 272
11.4.2 Customer satisfaction 274
Focus Promesse e soddisfazione 275
11.4.3 Loyalty e brand equity 276
11.5 La dimensione competitiva 277
11.5.1 Price positioning, consideration e share of mind 278
11.5.2 Quota di mercato 279
11.6 La dimensione economico-finanziaria 281
11.6.1 Costi, ricavi, margini 282
Focus Il return on marketing expenditures 286
11.7 Le difficoltà applicative del controllo di marketing 287
Case History Alpitour World 288
Conclusioni 289

Parte IV
Definizione del sistema d'offerta

Parte IV Definizione del sistema d'offerta 290

Capitolo 12
Il perno dell'offerta: il prodotto 292

Introduzione 293

12.1 Processi, prodotti e mercato 294

Focus La Terza rivoluzione industriale 294

12.1.1 La funzione di produzione 295

12.1.2 Struttura tecnica e struttura di marketing 298

Focus Modelli di business fra volumi e valori 300

12.1.3 La gerarchia di prodotto 302

12.2 Modelli di analisi del prodotto 305

12.2.1 Il prodotto come insieme di attributi 305

12.2.2 Il prodotto come stratificazione di livelli 307

Focus Classificare i prodotti sulla base del processo di acquisto 307

12.2.3 Il prodotto come concept 308

12.3 Il prodotto e la sua vita 312

12.3.1 La creazione di nuovi prodotti 314

12.3.2 L'innovazione di prodotto come processo 315

12.3.3 Il ciclo di vita del prodotto 317

12.4 L'adozione del nuovo prodotto 320

Case History Banfi 321

Conclusioni 322

Capitolo 13
Il perno dell'offerta: il brand system 323

Introduzione 324

Focus Due funzioni di produzione 325

13.1 Marca e business model 325

13.2 Marca e acquisto 329

13.3 Il brand system 333

13.3.1 La microarchitettura 334

Focus Il brand nella visione dell'American Marketing Association 334

13.3.2 Le tessere cognitive 336

13.3.3 Le tessere semantiche 338

13.4 La gestione ordinaria del brand system 340

13.4.1 La macroarchitettura 342

13.4.2 L'efficacia cognitiva 343

13.4.3 L'efficacia semantica 345

13.5 La gestione straordinaria del brand system 348

13.5.1 L'estensione di marca 349

13.5.2 Il riposizionamento della marca ... 350
13.5.3 Il co-branding ... 351
Case History Alitalia ... 352
Conclusioni ... 352

Capitolo 14
Scelte distributive ... 353

Introduzione ... 354
14.1 Il ruolo economico della distribuzione e la creazione di valore per gli acquirenti ... 354
14.2 Struttura dei canali distributivi e strategie commerciali ... 356
14.2.1 Gli intermediari commerciali e la struttura dei canali ... 356
Focus I format distributivi della distribuzione diretta ... 357
14.2.2 Le strategie distributive dei produttori ... 358
14.3 Le decisioni di politica distributiva ... 364
Focus La misurazione del grado di copertura del mercato ... 365
14.4 I costi di distribuzione ... 367
14.4.1 L'analisi dei costi di distribuzione ... 367
14.4.2 Il margine del distributore ... 369
Case History Zara ... 370
Conclusioni ... 371

Capitolo 15
La funzione del prezzo ... 372

Introduzione ... 373
15.1 Il prezzo nelle relazioni di mercato ... 373
15.2 Il prezzo e l'economia ... 376
15.2.1 Inflazione e competizione ... 376
15.2.2 Elasticità della domanda ... 378
15.3 Gli obiettivi di prezzo nel lungo periodo ... 380
15.4 Il price point ... 383
15.4.1 Aspetti generali ... 383
15.4.2 Pricing e domanda ... 386
15.4.3 Pricing e costi ... 388
Focus Prezzo e qualità ... 389
Focus I limiti della fissazione del prezzo sui soli costi ... 390
15.4.4 Pricing e concorrenza ... 391
15.5 La gestione ordinaria del price point ... 391
Case History NTV – Nuovo Trasporto Viaggiatori ... 393
Conclusioni ... 394

Capitolo 16
Il ruolo del digital marketing 395
Introduzione 396
16.1 La creazione del valore per gli acquirenti online 397
16.2 La definizione del contenuto: i benefici del prodotto online 398
16.2.1 Gli attributi del prodotto online 399
16.2.2 Branding online 401
16.2.3 Il coinvolgimento del cliente nella progettazione del prodotto 402
16.3 La definizione della strategia di e-commerce 404
16.3.1 Il ruolo degli infomediari 404
Focus Le tipologie di infomediari 405
16.3.2 Tipologie di commercio elettronico 406
16.4 Pricing online 407
16.4.1 Fixed pricing 407
16.4.2 Dynamic pricing 408
16.5 La gestione della community 409
Case History Nike 411
Conclusioni 411

Parte V
Diffusione e gestione del valore 412

Capitolo 17
Corporate e marketing communication 414
Introduzione 415
17.1 La comunicazione nell'impresa 415
17.1.1 Il ruolo della comunicazione 415
17.1.2 Le aree della comunicazione d'impresa 416
17.1.3 Tipologie e modelli 417
17.2 Corporate communication 419
17.3 Marketing communication 420
17.3.1 Gli effetti della comunicazione di marketing 420
17.3.2 Il marketing communication mix 423
17.3.3 Le tendenze evolutive 425
17.3.4 Media revolution 428
Case History Benetton 430
Conclusioni 431

Capitolo 18
Comunicazione di marketing: gli strumenti 432
Introduzione 433
18.1 La pubblicità 433

18.1.1 Generalità ... 433
Focus I top spender della pubblicità in Italia ... 433
Focus La pubblicità comparativa ... 435
18.1.2 La definizione di una campagna pubblicitaria ... 436
Focus Advertising brief: Tim Young ... 437
18.1.3 La pianificazione dei media ... 440
18.2 Promozioni ... 442
Focus Il cause-related marketing ... 444
Focus I loyalty program e i coalition program ... 445
18.3 Pubbliche relazioni ... 447
18.4 Direct marketing ... 449
Focus Permission marketing ... 450
Focus Email marketing ... 451
Focus Proximity marketing ... 452
18.5 Marketing non convenzionale ... 452
18.6 Comunicazione digitale ... 455
18.7 Altri strumenti ... 460
Case History Fanta ... 462
Conclusioni ... 463

Capitolo 19
Gestione del canale e trade marketing ... 464
Introduzione ... 465
19.1 L'evoluzione dei sistemi distributivi ... 465
19.1.1 La rivoluzione commerciale ... 465
Focus La disciplina del commercio in Italia ... 466
19.1.2 L'innovazione ... 467
Focus Le diverse dimensioni della convergenza ... 469
Focus Un esempio di rivalità intersettoriale ... 470
19.1.3 L'internazionalizzazione ... 471
Focus Il panorama dei retailer internazionali ... 472
19.2 I rapporti tra industria e distribuzione ... 473
19.2.1 La natura dei rapporti verticali ... 473
19.2.2 L'evoluzione dei rapporti verticali ... 475
19.2.3 La collaborazione e il marketing sistemico di canale ... 478
Focus La collaborazione nei canali distributivi: il progetto ECR ... 479
19.2.4 Approcci di marketing e relazioni di canale ... 479
19.2.5 Le dimensioni concorrenziali ... 480
19.3 La configurazione del sistema distributivo in Italia: gruppi strategici e centrali d'acquisto ... 482
19.3.1 I gruppi strategici ... 482
Focus Il ruolo delle cooperative nella distribuzione commerciale in Italia ... 483
Focus Quali prospettive competitive per la distribuzione organizzata? ... 485
19.3.2 Le supercentrali d'acquisto ... 485
19.4 Il trade marketing ... 486

19.4.1 La segmentazione del mercato intermedio 486
19.4.2 Le leve del trade marketing 488
Focus Le condizioni commerciali per il trade marketing 489
Case History McDonald's 490
Conclusioni 490

Capitolo 20
Gestione delle vendite 491
Introduzione 492
20.1 Vendita di relazione e sales management 493
20.2 Il processo di vendita 493
20.3 Il sistema informativo di vendita 495
20.4 L'organizzazione della sales force 496
20.4.1 Le figure professionali 496
20.4.2 Il dimensionamento 499
20.4.3 La forma organizzativa 499
Focus Le aree commerciali 500
20.5 La motivazione e la retribuzione 500
20.6 La previsione vendite e il piano di vendita 502
20.6.1 L'analisi 503
20.6.2 Le previsioni 504
20.6.3 Gli obiettivi 506
20.6.4 Le strategie 507
20.6.5 Il budget 507
20.6.6 Il controllo 507
Case History Irsap 509
Conclusioni 510

Capitolo 21
Gestione della relazione con i clienti 511
Introduzione 512
21.1 Il marketing relazionale e la fedeltà 513
21.1.1 I vantaggi della fedeltà dei clienti 515
21.1.2 Le trappole della fedeltà dei clienti 516
21.2 La raccolta delle informazioni e l'analisi del portafoglio clienti 518
21.2.1 Il customer profiling e l'analisi del portafoglio clienti 519
21.3 Le strategie orientate alla fidelizzazione 527
Focus Alcuni indicatori di customer loyalty 528
Focus Alcune tipiche alternative 529
21.4 Gli strumenti di gestione delle relazioni 530
Case History I customer club 533
Conclusioni 533

Parte VI
Il management del marketing 534

Capitolo 22
Piano di marketing 536

Introduzione 537

22.1 La logica del piano 537

22.2 Il piano di marketing 540

22.2.1 Il piano e il tempo 542

22.2.2 Il piano e la coerenza 543

22.3 La struttura del piano strategico 544

22.3.1 La mission 544

22.3.2 La parte analitica 546

Focus La strategia: mercato o guerra? 546

22.3.3 Obiettivi e strategie 549

Focus Dagli obiettivi alla strategia 549

22.3.4 Le operations 549

Focus Dalla strategia alle decisioni operative 550

22.3.5 Il budget 551

22.4 L'esecuzione del piano 554

Case History Il Premio Marketing per l'Università 555

Conclusioni 556

Capitolo 23
Organizzazione di marketing 557

Introduzione 558

23.1 La funzione Marketing nelle imprese 559

23.1.1 Definizione 559

23.1.2 Collocazione in organigramma 562

23.2 Caratteristiche della funzione Marketing 565

Focus Dalla funzione Marketing al customer department? 566

23.2.1 Tipiche configurazioni strutturali 567

23.2.2 Alcune criticità organizzative 570

Focus Il destination marketing 573

23.3 I profili professionali della funzione Marketing 573

23.3.1 Le opportunità professionali 573

23.3.2 Profili nel marketing analitico 575

23.3.3 Profili nel marketing strategico 576

23.3.4 Profili nel marketing operativo 577

23.3.5 Profili emergenti 581

Case History Luxottica 583

Conclusioni 584

Capitolo 24
Verso il marketing sostenibile ... 585

Introduzione ... 586

24.1 Breve storia del marketing e della sua controversa reputazione ... 587

24.2 Dal marketing al marketing sostenibile, passando attraverso il marketing responsabile ... 590

24.2.1 Il marketing classico ... 591

24.2.2 Il marketing responsabile ... 591

24.2.3 Il green marketing ... 592

24.2.4 Il cause-related marketing ... 593

24.2.5 Il marketing sostenibile ... 594

24.3 Le nuove responsabilità del marketing sostenibile ... 594

Focus Il confine tra marketing sostenibile e greenwashing ... 595

Case History Barilla Center for Food and Nutrition ... 598

Conclusioni ... 599

Parte VII
Le principali declinazioni del marketing ... 600

Capitolo 25
Retail marketing ... 602

Introduzione ... 603

25.1 Il marketing dei distributori: decisioni strategiche ... 603

25.2 Il valore aggiunto del retailer ... 604

25.2.1 I servizi commerciali ... 605

25.2.2 Le formule distributive ... 606

25.3 Il retailing mix ... 608

25.3.1 Le scelte di assortimento ... 609

Focus La classificazione merceologica e l'albero ECR ... 610

25.3.2 Prezzi e promozioni ... 612

Focus Prezzo di vendita: mark-up variabile e mark-up costante ... 612

25.3.3 La gestione dello spazio ... 613

Focus Display, gestione del lineare e sell out ... 614

25.4 Il branding distributivo ... 616

Case History Conad ... 618

Conclusioni ... 618

Capitolo 26
Service marketing ... 619

Introduzione ... 620

26.1 I servizi sono differenti ... 620

26.1.1 I servizi sono intangibili 621
26.1.2 I servizi sono eterogenei 622
26.1.3 Simultaneità di produzione e consumo 622
26.1.4 I servizi sono deperibili 623
Focus Producer + Consumer = Prosumer 623

26.2 Il marketing dei servizi è differente 624

26.3 Gli strumenti del marketing dei servizi: il service mix 625
26.3.1 Il service mix del produttore 627
26.3.2 Il service mix dell'erogatore 634
Focus Yield management: sfruttare al meglio la capacità produttiva 639
26.3.3 Il service mix del distributore 639

26.4 Le strategie di gestione del service mix 641
Case History Eataly 644

Conclusioni 645

Capitolo 27
Mercati internazionali 646

Introduzione 647

27.1 L'analisi e la selezione 647

27.2 La segmentazione 650

27.3 Il trade off tra standardizzazione e adattamento 651

27.4 Strategie e politiche di prodotto 652
27.4.1 Il ciclo di vita 652
27.4.2 Attributi e benefici 653
27.4.3 La gestione del brand 654

27.5 Definire il prezzo 655
27.5.1 La fissazione del prezzo 655
27.5.2 Dumping e importazioni parallele 656

27.6 Canali di distribuzione e retailing 656
27.6.1 I fattori che influenzano le scelte distributive 656
27.6.2 Il retailing in un contesto internazionale 657

27.7 La comunicazione internazionale 658
27.7.1 Comunicazione globale e locale 658
27.7.2 Le alternative strategiche di prodotto e comunicazione 659
Case History Illy 660

Conclusioni 660

Bibliografia 661

Indice delle figure e delle tabelle 675

Indice delle glosse 679

Prefazione

Scrivere un manuale di una disciplina come il marketing management pone di fronte a una condizione di spirito molto particolare, una sottile sensazione di smarrimento, mentale e intellettuale. Italo Calvino la descrisse magistralmente nell'Appendice delle sue *Lezioni americane*.

> È un momento decisivo [...]: il distacco dalla *potenzialità illimitata e multiforme* per incontrare *qualcosa che ancora non esiste*, ma che potrà esistere solo accettando dei limiti e delle regole.
> Fino al momento precedente a quello in cui cominciamo a scrivere, abbiamo a disposizione il mondo – quello che per noi costituisce il mondo, una somma d'informazioni, di esperienze, di valori – il mondo dato in blocco senza un prima né un poi, il mondo come memoria individuale e potenzialità implicita; e noi vogliamo *estrarre da questo mondo un discorso* [...] o forse, più esattamente, vogliamo compiere un'operazione che ci permetta di situarci in questo mondo [...]
> Ogni volta l'inizio è questo momento di distacco dalla *molteplicità dei possibili*.

Quando ci si accinge a pensare un manuale di marketing management si ha di fronte, in effetti, la *molteplicità dei possibili,* siano essi mercati, settori, geografie, imprese, e si sa che bisognerà riuscire a estrarne un discorso (ovvero una teoria dei mercati e della competizione e la sua efficace rappresentazione scritta), che tutti quei *possibili* ricomprenda. Occorre perciò abbracciare e comprimere la *potenzialità illimitata dei mercati* in un'architettura unica che, possibilmente, riesca a rendere conto delle sue dimensioni principali:

- la varietà dei *sistemi di scambio*, data dalla natura dei soggetti che vi operano (p.e. imprese verso imprese, imprese verso consumatori);
- la varietà delle *categorie merceologiche* interessate dall'utilizzo dei principi e delle tecniche del marketing (che sono molte, e in numero crescente, ma non tutte);
- la varietà delle *logiche* che sovrintendono i processi di gestione delle relazioni di mercato (p.e. fidelizzazione);
- la varietà degli *approcci di scambio* che le imprese perseguono e che dà vita, pur in un medesimo mercato, a sistemi di offerta differenziati e all'eterogeneità delle regole di marketing (p.e. nicchia, massa);
- la varietà dei *soggetti* che assumono il marketing management all'interno dei loro processi, culture e schemi gestionali (p.e. imprese manifatturiere, distributive, no-profit).

Un manuale di marketing management deve perciò strutturare un'idea semplificata di una realtà complessa, che sia capace di sostenere un discorso comprensibile agli studenti e convincente per i docenti e gli studiosi. Questa la sfida, di qui lo smarrimento.

Il discorso che *questo* manuale presenta, risultato di tale sforzo, è riassumibile in pochi passaggi che, per sintesi e chiarezza, esponiamo per punti.

1. Il marketing management emerge, a Novecento inoltrato, per governare un atto umano sempre esistito – lo scambio e il commercio – che si accingeva proprio allora a mutare di stato, grazie alla maturazione della Rivoluzione industriale, alla nascita e affermazione delle grandi corporation, alla massificazione delle società avanzate, all'invenzione e sviluppo del management.

2. L'impalcatura descrittiva, normativa e strumentale del marketing management mantiene traccia dei fondamentali problemi dello scambio e si propone di risolverli in un contesto socioeconomico in cui la digitalizzazione e la globalizzazione s'intrecciano formando oggi un driver di innovazione dirompente.
3. Nello scenario socioeconomico mondiale attuale, gli scambi di mercato possono essere governati dalle imprese solo affidandosi a sistemi di marketing management ispirati alle key word della competizione contemporanea: valore, relazioni, processi, sostenibilità.
4. Il marketing così come lo abbiamo interpretato in questo volume si avvale del management come "piattaforma metodologica", considerandola la migliore garanzia di efficienza ed efficacia per l'espletarsi dei processi di mercato.
5. Il processo centrale del marketing management è composto di tre momenti: l'ideazione, la composizione e la proposizione alla domanda di una proposta di offerta dotata di valore (product offering).

Il marketing management ha una lunga storia, fortemente segnata dalla geografia delle proprie origini. Come in molti altri campi della scienza sociale, infatti, gli Stati Uniti hanno trasmesso sin dai primordi la loro impronta culturale anche sulla teoria e prassi delle relazioni di mercato. La cosa non è, in sé, né un difetto né un pregio (o forse, è sia l'una che l'altra cosa), ma ha certo impresso al marketing management alcune caratteristiche precise, riconoscibili e probabilmente ineliminabili. Ciò ha avuto (e ha tuttora) anche delle ricadute importanti sulla didattica della disciplina, profondamente segnata dalle idee di Philip Kotler e dalla straordinaria diffusione del suo lavoro nel mondo: dalle aule universitarie a quelle delle business school, il suo volume *Marketing Management* ha costruito in decenni di edizioni, un'identità fra il termine marketing e un ben preciso approccio teorico alla disciplina.
Questo "made in USA" che da sempre accompagna il marketing management, a nostro modo di vedere, ha però fatto il suo tempo per due ragioni fondamentali.

1. La manualistica predominante statunitense è geneticamente plasmata sul modello gestionale delle grandi corporation americane, e di una cultura del consumo di massa molto spinta, a formare un ambiente socioculturale ed economico non esattamente predominante né in Italia né in Europa. Ciò comporta una distanza considerevole fra le problematiche e le esemplificazioni che lo studente incontra nel manuale di modello nordamericano e la realtà che sperimenta quotidianamente e sperimenterà, una volta entrato nel mondo del lavoro. Si forma in tal modo, negli studenti, una cultura della disciplina lontana dalla realtà che vivranno e ciò non è positivo, per tante ragioni, non ultima l'acuirsi della percezione di un distacco netto fra gli studi universitari e la carriera professionale.
2. Gli stili espostivi dei manuali nordamericani tendono spesso a semplificare eccessivamente la componente analitico-descrittiva della disciplina e a schematizzare rigidamente quella normativa, finendo talvolta per proporre passaggi che somigliano più a una ricetta che a una indicazione metodologica fungibile. In altri termini, alla necessaria semplificazione che un manuale didattico richiede, si può finire per sostituire una banalizzazione delle problematiche che certo non aiuta una didattica orientata allo sviluppo di capacità critiche e analitiche, oltre che all'acquisizione di conoscenze.

Nei tempi congestionati in cui viviamo è indispensabile invece che la didattica esca dalla rigidità del mero trasferimento di flussi nozionistici, per darsi l'obiettivo di sviluppare anche atteggiamenti culturali inclini al pensiero critico e capaci di leggere le multiformi realtà dell'epoca globale. La varietà di condizioni di mercato da fronteggiare e del mondo delle professioni che gli studenti affronteranno domani è tale, perciò, da imporre alla teoria l'abbandono di quelle architetture un po' rigide e fortemente condizionate dalla realtà statunitense che ne dominarono l'epoca d'oro. Proprio per questo, quasi a fare da trait-d'union tra noi europei e l'alveo culturale della tradizione nordamericana del marketing, abbiamo segnato ogni Parte del manuale con un esergo tratto dalle *Lezioni americane* di Calvino; un ulteriore, piccolo, stimolo di pensiero per i nostri studenti.

In un libro che consideriamo una pietra miliare della formazione culturale di un docente, *Five Minds for the Future* (2006), Howard Gardner colloca il proprio ragionamento sul tema della formazione all'interno delle coordinate di cambiamento del mondo, sottolineando il fatto che i suoi effetti finali ci sono ancora,

in gran parte, ignoti. Ebbene, sostiene Gardner, in tale contesto sappiamo con certezza che molte capacità oggi (e ieri) importanti, non lo saranno più domani: fare i calcoli a mente, per esempio, o avere una potente memoria verbale, sono doti assai meno necessarie oggi di quanto lo fossero un tempo. La sfida di chi esercita la docenza, perciò, è quella di immaginare e realizzare il tracciato di formazione utile a rendere i giovani di oggi delle persone consapevoli e adatte al mondo di un domani che possiamo solo immaginare.
Con questo manuale abbiamo tentato un primo passo in questa direzione, consapevoli che si tratti di un cantiere aperto che probabilmente mai si chiuderà.

Ringraziamenti

Questo manuale beneficia considerevolmente dell'esperienza didattica ultradecennale del Master in Marketing Management della Sapienza (www.mumm.it), un progetto formativo di grande successo, ideato e fortemente voluto dal compianto professor Gennaro Cuomo, colui il quale istituì e tenne la prima cattedra di marketing in Sapienza e al quale questo lavoro è dedicato con affetto.

La formula del Master, da noi diretto, ha da sempre sposato la filosofia del network, collocandosi al crocevia fra l'università italiana e il mondo dell'impresa e delle professioni. I casi e le esperienze qui riportate, nonché alcuni capitoli specialistici del manuale, si devono perciò al contributo di alcuni studiosi e manager d'impresa, amici che contribuiscono da tempo ai lavori del Mumm e delle nostre ricerche.

Un primo ringraziamento va dunque ai professori che hanno realizzato alcuni capitoli "specialistici" del volume: Enrico Bonetti (Seconda Università di Napoli), Federica Ceccotti (Sapienza Università di Roma), Daniele Dalli (Università di Pisa), Gennaro Iasevoli (Università Lumsa), Margherita Pagani (EmLyon Business School), Carlo Alberto Pratesi (Università Roma Tre), Fabiola Sfodera (Sapienza Università di Roma), Maria Vernuccio (Sapienza Università di Roma), Tiziano Vescovi (Università Ca' Foscari di Venezia), Donata Vianelli (Università di Trieste).
Accanto a loro, ci preme ringraziare i più giovani colleghi che da anni condividono con noi progetti e quotidianità, e che hanno svolto per il volume una preziosa attività di supporto, nonché di redazione di parti circoscritte e case history: Camilla Barbarossa, Attilio Bruni, Ludovica Cesareo, Angelo Giraldi, Annaluce Latorre.
Importante è stato il contributo dei numerosi manager con i quali ci siamo confrontati e che hanno messo a disposizione la loro esperienza, tra i quali vogliamo citare in particolare: Osvaldo Adinolfi (Edelmann), Alessandra Bucci (Telecom), Fabrizio Cannizzaro (Findus), Gianluca Comin (Enel), Luca Devigili (Castello Banfi), Sergio Imolesi (ANCD Conad); Andrea Marini (Vodafone Italia), Gianluca Pinto (NTV), Riccardo Primerano (Unilever), Stella Romagnoli (Telecom).
A tutti loro va il nostro sentito ringraziamento per il valore che hanno apportato al testo e anche per le opportunità di crescita che, negli anni di lavoro insieme, ci hanno offerto.

Siamo molto riconoscenti, naturalmente, alla casa editrice Hoepli, che con pazienza e competenza ha accompagnato il laborioso percorso di elaborazione e stesura del manuale; a Rossana Cecchi, che in questo lavoro ha fortemente creduto; al team di redattori e grafici della Thèsis per aver contribuito a dare chiarezza di forma ai nostri pensieri scritti.

Consentiteci, infine, al termine di questa breve introduzione, una piccola licenza personale: la conclusione di un lavoro così lungo e impegnativo evoca, infatti, un richiamo alla sfera privata e il pensiero va dunque ai nostri cari, che ci hanno accompagnato e ci accompagnano nel grande viaggio, senza i quali tutto sarebbe niente.

Guida al manuale

Ogni studente ha un differente approccio allo studio.
C'è chi si focalizza sulla lettura di un testo e, attraverso una minuziosa navigazione delle pagine, estrae la struttura e i concetti della materia per poi farli propri; c'è chi ama fondarsi sulla memoria visiva e allora preferisce esplorare le immagini e le figure del testo, affidando a esse il consolidamento mentale delle strutture concettuali della materia; c'è ancora chi sente la necessità di combinare assieme le lezioni frontali del docente con un lavoro di successiva riorganizzazione del pensiero e dei concetti esposti in aula, riconducendo la lezione a capitoli o pagine del testo.

Ogni docente ha un differente approccio all'insegnamento.
C'è chi utilizza ampiamente e diffusamente le risorse oggi disponibili grazie a Internet e interpreta la lezione come una sorta di "esplorazione multimediale" della disciplina; c'è chi, più tradizionalmente, struttura il corso in una successione logica di lezioni frontali, magari intervallate da testimonianze di manager e imprenditori, seguendo attentamente il percorso del manuale; c'è chi ama usare la lavagna in libertà e chi invece la parola: i secondi apprezzano il supporto delle slide proiettate, i primi meno. C'è, infine, chi si riconosce un po' in tutti questi stili.

Questo manuale nasce con l'intento di intercettare e soddisfare le esigenze dei diversi tipi di approccio, offrendosi a un utilizzo flessibile e facilmente personalizzabile.

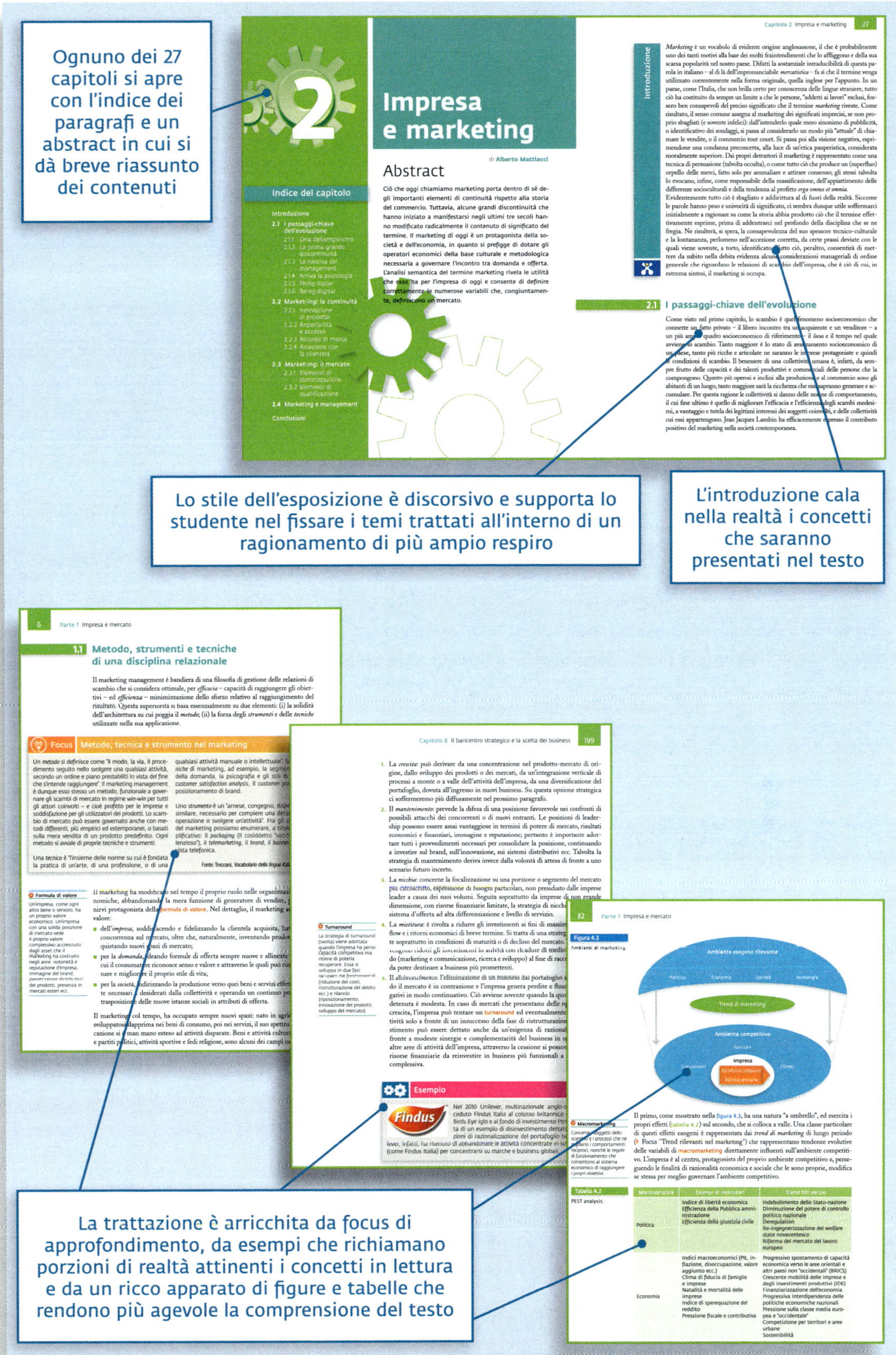

Ognuno dei 27 capitoli si apre con l'indice dei paragrafi e un abstract in cui si dà breve riassunto dei contenuti

Lo stile dell'esposizione è discorsivo e supporta lo studente nel fissare i temi trattati all'interno di un ragionamento di più ampio respiro

L'introduzione cala nella realtà i concetti che saranno presentati nel testo

La trattazione è arricchita da focus di approfondimento, da esempi che richiamano porzioni di realtà attinenti i concetti in lettura e da un ricco apparato di figure e tabelle che rendono più agevole la comprensione del testo

Sito del manuale

All'indirizzo **www.hoeplieditore.it/marketing** si accede al sito dedicato al volume in cui si trova materiale integrativo online di supporto alla didattica.
In particolare sono disponibili:

- slide in Power Point modificabili dal docente;
- file .PDF di aggiornamento e/o approfondimento;
- domande di approfondimento;
- test di valutazione della preparazione (multiple choice);
- esercizi;
- link.

Il manuale digitale

Disporre di una versione digitale del manuale è oggi un'esigenza di studio e di insegnamento sempre più avvertita sia dagli studenti sia dai docenti.
Da qui l'offerta di una **edizione mista** del manuale, ovvero libro **cartaceo +** libro **digitale**.
In aggiunta alle Risorse online, disponibili sul sito del manuale, Hoepli offre la possibilità di scaricare anche la **versione digitale del manuale** (ebook), da leggere, sottolineare e annotare su tablet e/o computer.
Per l'accesso alla versione digitale del manuale, **scaricabile gratuitamente** tramite coupon, seguire le istruzioni riportate nell'ultima pagina del volume.

a Gennaro Cuomo,
con gratitudine e affetto

a Mario e Giulia

Parte I
Impresa e mercato

La prima parte del volume ha lo scopo di illustrare gli obiettivi e i contenuti del marketing management, la sua funzione nell'economia e per i mercati, il ruolo che esso svolge all'interno dell'impresa, la grande sfida portata dalla rivoluzione digitale al suo impianto classico.

Il marketing management dei prossimi decenni, epoca che sarà dominata dalla globalizzazione e dalla tecnologia, affonda le proprie radici in un fenomeno antichissimo e connaturato alle società umane, lo *scambio*, e nell'attività che su di esso si è costruita, il *commercio*. Da sempre, infatti, l'uomo ha mostrato una naturale inclinazione a scambiare beni e servizi e perciò, adottando una prospettiva storica, è facile riconoscere in tutto ciò la natura primigenia del marketing, e seguirne, passo dopo passo, l'evolversi.

Naturalmente le cose oggi sono cambiate enormemente rispetto al passato: la globalizzazione sta plasmando una nuova società racchiusa entro un mondo "piccolo" sempre più senza confini, e un'economia dominata dalla tecnologia, dalla finanziarizzazione dell'impresa, da rilevanti dinamiche sociali e demografiche; esse, a ben guardare, modificano in continuazione le coordinate entro le quali si esercitano le attività economiche e conferiscono al tutto il senso di un'estrema e continua mutevolezza.

Ciononostante, sarà sorprendente scoprire come il governo e la gestione degli scambi di mercato, il "fare mercato" dell'impresa, presentino anche dei notevoli tratti di continuità rispetto al passato, anche remoto. Alcune delle fondamentali problematiche che il marketing management intende risolvere sono infatti, in essenza, molto simili a quelle dell'antichità: la necessità di distribuire i prodotti in luoghi lontani da quello di produzione, la loro pubblicità ai possibili compratori, la difficoltà di scelta del prezzo giusto da richiedere, sono problemi non nuovi al venditore, oggi come ieri.

Mettere in evidenza queste importanti continuità, tuttavia, non significa distogliere l'attenzione dagli straordinari cambiamenti che il management e il marketing oggi stanno affrontando. Lo scopo è piuttosto quello di accompagnare il lettore nella comprensione della natura pratica e concreta dei molti problemi che l'attività di mercato pone all'impresa e che il marketing management, come corpus tecnico-economico, si propone di risolvere, oggi appoggiandosi a nuovi strumenti, principi e logiche. L'impresa orientata al profitto è la protagonista del nostro ragionamento, in quanto soggetto socioeconomico che esiste essenzialmente per produrre un output da scambiare per denaro sul libero mercato. Nel libro si prenderanno in considerazione anche le peculiari problematiche di mercato di altri player, ma fondamentalmente l'attenzione sarà incentrata su questo soggetto. La ragione è semplice: l'impresa è la protagonista assoluta dei mercati, è il soggetto che li crea e vivacizza, li modifica in continuazione e, stimolata dai benefici effetti della competizione con suoi pari, affina costantemente il proprio operare, generando prodotti e offerte sempre più sofisticati e suscettibili di rispondere alle esigenze della domanda. Studiare il mercato significa studiare l'impresa, insomma, cogliendola in una delle sue manifestazioni esistenziali più rilevanti: le relazioni di scambio.

"Fare mercato" è un compito arduo nell'odierna economia globale, tanto complesso che oggi nessuna impresa, per quanto grande e importante sia, può riuscirvi da sola. La struttura dei mercati stessi, infatti, resa complicata e in qualche misura rigida, da decenni di prassi, regole, soggetti e stravolgimenti, impone all'impresa di avvalersi di partner esterni, fra i quali, in alcune realtà, giunge ad esservi addirittura il consumatore stesso. Saper governare i mercati, fare marketing, in buona sostanza, investe la contemporaneità e si presenta come un'espressione fra le più alte dell'agire dei sistemi socioeconomici del XXI secolo.

> Nel teatro antico, la scena fissa rappresentava [...] un luogo della mente, fuori dello spazio e dal tempo, ma tale da identificarsi con i luoghi e i tempi di ogni azione drammatica.
>
> I. Calvino, *Lezioni americane*, "Appendice. Cominciare e finire"

Indice della parte

Capitolo 1
Economia, società e mercato

Capitolo 2
Impresa e marketing

Capitolo 3
La rivoluzione digitale

Capitolo 4
Il processo di marketing
fra impresa e ambiente

1 Economia, società e mercato

di **Alberto Mattiacci**

Indice del capitolo

Introduzione

1.1 Metodo, strumenti e tecniche di una disciplina relazionale

1.2 Lo scambio, fondamento del marketing
- 1.2.1 Le parti dello scambio
- 1.2.2 Il risultato perseguito
- 1.2.3 L'oggetto dello scambio
- 1.2.4 Le relazioni nello scambio
- 1.2.5 L'orizzonte temporale
- 1.2.6 La dinamica fondamentale

1.3 Le strutture di mercato
- 1.3.1 Le strutture di relazione
- 1.3.2 Le fasce di valore

Conclusioni

Abstract

La parola marketing è il moderno *brand-name* di un insieme di principi, metodi e tecniche che, fondamentalmente, sono finalizzati a governare un fenomeno esistente sin da quando l'uomo si organizzò in comunità: le relazioni di scambio. Lo scambio è un fenomeno dalle molte componenti, a seconda del combinarsi delle quali assume diverse configurazioni e sfaccettature, nonché dinamiche di funzionamento.

Il capitolo offre una descrizione teorica del concetto di scambio, presentandolo nelle sue strutture fondamentali e disegnandone le logiche essenziali. In particolare, il capitolo mostra come le scelte d'impresa siano solo in parte libere e debbano invece spesso appoggiarsi, in dimensione non banale, su variabili sostanzialmente esogene rispetto al proprio potere decisionale.

Proviamo, la prossima volta che facciamo una passeggiata, a guardarci attorno con un po' più di attenzione del solito. Ci accorgeremmo di vivere in una quotidianità resa affollata da un'antichissima attività umana, il commercio: merci di ogni genere e foggia, cartelloni pubblicitari e insegne luminose, macchine che vendono, vetrine, persone che ci danno dei volantini. E poi: visi sorridenti e ammiccanti, invitanti o redarguenti, colori e frasi colorate, spiagge e montagne, navi da crociera e hostess di volo. Fermiamoci qui.

I segni manifesti del marketing – ovvero ciò che ci fa accorgere che esso esiste – sono moltissimi, e sempre crescenti. Il loro scopo apparente? Combattere l'indifferenza delle persone e sollecitarle all'acquisto. In realtà la funzione che questi strumenti assolvono è ben più articolata e la vendita non è l'unico scopo del marketing.

L'indifferenza è certamente il terreno sul quale si gioca la grande partita dei mercati contemporanei: la sovrabbondanza di stimoli cui quotidianamente tutti noi siamo oggi esposti sovrasta, infatti, la capacità dell'essere umano di gestirla mentalmente. Così, si attiva un meccanismo di difesa mentale, appunto l'indifferenza, che paradossalmente (e ironicamente) va esattamente nella direzione opposta di quella voluta da chi quella sovrabbondanza realizza.

Indifferenza significa non accorgersi che una data marca esiste, o che quella data marca ha lanciato un nuovo prodotto; indifferenza significa anche la non percezione dell'esistenza di differenze significative fra due prodotti di due marche diverse, e significa non esser capaci di riconoscere il valore di prodotti dei quali ci sfugge la complessità tecnica. L'indifferenza è un bel problema ma le differenze esistono e, non di rado, saperle apprezzare può modificare, e molto, la qualità della vita individuale.

Nel XXI secolo il marketing management serve alle imprese a immaginare e governare delle relazioni di scambio che portino un contributo positivo a entrambi i soggetti coinvolti: al compratore, offrendogli la possibilità di possedere e utilizzare prodotti la cui performance sia adeguata alle proprie esigenze e aspirazioni di vita; al venditore, consentendogli di recuperare gli investimenti e il rischio sopportati, premiando anche la propria capacità innovativa. In termini più formali, in sostanza, compito del marketing è creare valore a beneficio di tutti i soggetti coinvolti nello scambio, attraverso relazioni orientate a una logica win-win.

Win-win

Relazione in cui entrambe le parti contraenti godono di un vantaggio dovuto all'esito della relazione stessa.

Per realizzare tutto ciò si avvale di strumenti facilmente percettibili da chiunque, quali quelli elencati a titolo esemplificativo all'inizio, ma soprattutto applica metodologie e tecniche di lavoro che, pur sfuggendo alla percezione comune, formano in realtà il più della disciplina.

Osserviamo, per inciso, che il marketing ha da sempre suscitato non poche rimostranze da parte di alcuni esponenti della società civile, sovente fermi ai suoi soli aspetti superficiali, e non di rado per mancanza di conoscenza. La lettura etica dello scambio non è, infatti, nuova all'uomo – già sant'Agostino diceva che nel commercio *est quandam turpitudinem* – e la sostenibilità etica del marketing è perciò certamente un fatto che terremo in debita considerazione in questo testo (▸ Capitolo 26).

1.1 Metodo, strumenti e tecniche di una disciplina relazionale

Il marketing management è bandiera di una filosofia di gestione delle relazioni di scambio che si considera ottimale, per *efficacia* – capacità di raggiungere gli obiettivi – ed *efficienza* – minimizzazione dello sforzo relativo al raggiungimento del risultato. Questa superiorità si basa essenzialmente su due elementi: (i) la solidità dell'architettura su cui poggia il *metodo*; (ii) la forza degli *strumenti* e delle *tecniche* utilizzate nella sua applicazione.

Focus — Metodo, tecnica e strumento nel marketing

Un *metodo* si definisce come "il modo, la via, il procedimento seguito nello svolgere una qualsiasi attività, secondo un ordine e piano prestabiliti in vista del fine che s'intende raggiungere". Il marketing management è dunque esso stesso un metodo, funzionale a governare gli scambi di mercato in regime *win-win* per tutti gli attori coinvolti – e cioè profitto per le imprese e soddisfazione per gli utilizzatori dei prodotti. Lo scambio di mercato può essere governato anche con metodi differenti, più empirici ed estemporanei, o basati sulla mera vendita di un prodotto predefinito. Ogni metodo si avvale di proprie tecniche e strumenti.

Una *tecnica* è "l'insieme delle norme su cui è fondata la pratica di un'arte, di una professione, o di una qualsiasi attività manuale o intellettuale". Sono *tecniche* di marketing, ad esempio, la segmentazione della domanda, la psicografia e gli stili di vita, la *customer satisfaction analysis*, il *customer profiling*, il posizionamento di brand.

Uno *strumento* è un "arnese, congegno, dispositivo e similare, necessario per compiere una determinata operazione o svolgere un'attività". Fra gli *strumenti* del marketing possiamo enumerare, a titolo esemplificativo: il *packaging* (il cosiddetto "venditore silenzioso"), il *telemarketing*, il *brand*, il *banner*, l'intervista telefonica.

Fonte: Treccani, *Vocabolario della lingua italiana*, 2010

Formula di valore

Un'impresa, come ogni altro bene o servizio, ha un proprio valore economico. Un'impresa con una solida posizione di mercato vede il proprio valore complessivo accresciuto dagli asset che il marketing ha costruito negli anni: notorietà e reputazione d'impresa, immagine del brand, penetrazione distributiva dei prodotti, presenza in mercati esteri ecc.

Il marketing ha modificato nel tempo il proprio ruolo nelle organizzazioni economiche, abbandonando la mera funzione di generatore di vendite, per divenirvi protagonista della formula di valore. Nel dettaglio, il marketing accresce il valore:

- dell'*impresa*, soddisfacendo e fidelizzando la clientela acquisita, battendo la concorrenza sul mercato, oltre che, naturalmente, inventando prodotti e conquistando nuovi spazi di mercato;
- per la *domanda*, ideando formule di offerta sempre nuove e allineate ai tempi, cui il consumatore riconosce senso e valore e attraverso le quali può così aggiornare e migliorare il proprio stile di vita;
- per la *società*, indirizzando la produzione verso quei beni e servizi effettivamente necessari e desiderati dalla collettività e operando un continuo processo di trasposizione delle nuove istanze sociali in attributi di offerta.

Il marketing, col tempo, ha occupato sempre nuovi spazi: nato in agricoltura, e sviluppatosi dapprima nei beni di consumo, poi nei servizi, il suo spettro di applicazione si è man mano esteso ad attività disparate. Beni e attività culturali, musei e partiti politici, attività sportive e fedi religiose, sono alcuni dei campi nei quali le logiche, metodologie e tecniche del marketing oggi si applicano, fatti i debiti – e più o meno riusciti – adattamenti. Il marketing è perciò uscito dal (relativamente) ristretto ambito delle organizzazioni imprenditoriali, per cimentarsi anche in terreni di scambio propri di altre tipologie di organizzazione sociale ed economica, non orientate al raggiungimento del profitto e gestrici di "prodotti" del tutto particolari. A nessuno sfugge che, anche in questo caso, si sono levate molte voci critiche a stigmatizzare la (supposta) mercificazione di ambiti "naturalmente e necessariamente" lontani dalle logiche di mercato – come i musei, le idee politiche e le cause umanitarie. Su questo dibattito avremo modo di tornare in altra sede (▸ Capitolo 26).

In questo percorso il marketing ha cambiato foggia, collocazione e funzione. Da un punto di vista meramente semantico, ciò che col tempo è mutato, nell'etichetta "marketing", è il senso affidato alla parola.

- Per gli studiosi, il marketing oggi è divenuto una *teoria interdisciplinare dei mercati competitivi*, capace di innestare, nel corpo dell'economia d'impresa, diversi saperi, quali: la psicologia e la sociologia, la semiotica, il design e le neuroscienze, per citarne solo i principali.
- Per la prassi, al marketing è affidato in impresa il compito di impostare e realizzare la *relazione* (figura 1.1), indispensabile ingrediente primario di ogni at-

Figura 1.1

Lo spazio relazionale del marketing.

tività economica. Se guardiamo all'impresa, prima ancora che individuare una precisa posizione in organigramma, al marketing sono infatti affidati compiti di dialogo: (i) con la *produzione*, per la creazione di nuovi prodotti, o la determinazione dei volumi di produzione; (ii) con la *finanza*, per valorizzare le vendite in armonia con le esigenze di equilibrio economico-finanziario complessivo; (iii) con il *commerciale*, per presidiare e consolidare i canali distributivi ritenuti più adeguati ai prodotti da vendere; (iv) con la *clientela*, per instaurare a lungo termine dei legami fiduciari e di scambio di valore, sia essa quella intermedia (distributori) o finale (consumatori); (v) con gli *stakeholder*, per generare un clima favorevole intorno e dentro all'impresa, sia nel territorio dove l'impresa risiede che in quelli nei quali va a operare (▸ Capitolo 4); (vi) con i *concorrenti*, definendo delle traiettorie di confronto competitivo sostenibili ed efficaci, nel rispetto dei principi di etica, correttezza commerciale e legalità.

1.2 Lo scambio, fondamento del marketing

Il turismo è un settore fondamentale per l'economia italiana e costituisce un campo di applicazione del marketing management piuttosto complesso, in ragione dei molteplici scambi che attiva contemporaneamente.

Il marketing management costituisce, in una prospettiva storica, il modo evoluto e adeguato alle società sofisticate e complesse del XXI secolo, di governare quello che una volta era semplicemente commercio. Il commercio è fondamentale per la sussistenza dell'essere umano, così come per il suo livello di benessere e tenore di vita.

È così da sempre, tanto che già cinquant'anni fa si osservava, in apertura di quello che è stato il primo manuale di marketing italiano (Fabrizi, 1963):

> Nonostante la palese, eccezionale importanza che si può attribuire a questo settore dell'attività umana, le manifestazioni dello scambio, impostate principalmente sull'atto di vendita (potendosi considerare pressoché irrilevanti, almeno come numero ed effetti globali, le altre forme di scambio, dal baratto alla donazione, dalla cessione al prestito, eccetera) si sono realizzate nei secoli in forme tradizionali, fondate sul più assoluto empirismo individuale e collettivo.

Lo scambio è dunque un fenomeno che contraddistingue l'umanità stessa e che è sempre stato gestito dagli uomini. Ma con quali logiche? L'*empirismo* – ovvero "l'assenza di solidi fondamenti scientifici alla base dell'agire umano" – è stato il *metodo* con il quale l'umanità ha portato avanti l'attività di scambio, sostanzialmente in maniera immutata dall'antichità alla modernità. Dovremo infatti attendere il Novecento, e precisamente il primo dopoguerra – negli Stati Uniti – e il secondo dopoguerra – in Italia e in Europa – per assistere al sorgere di una prepotente e dirompente discontinuità: all'empirismo puro si affianca lo sforzo di rendere "scientifici" i presupposti metodologici e gli strumenti dell'azione commerciale. Nasce, in breve, il marketing management, che non si sostituirà all'empirismo – ancora largamente presente, se non preponderante, nelle politiche commerciali delle imprese – ma gli si affiancherà. Questo manuale, perciò, si occupa di tutto ciò che serve a gestire le relazioni di scambio di mercato del XXI secolo in maniera "scientifica", e cioè basata su: conoscenze codificate in regole, tecniche e strumenti, validati nel tempo da prove di efficacia e azioni commerciali organizzate in processi.

Quella che Adam Smith chiamò la «naturale inclinazione dell'uomo a trafficare, barattare e scambiare una cosa con l'altra» dà quindi vita al fenomeno rilevante per il marketing – lo scambio – i cui elementi fondamentali sono essenzialmente sei:

1. le *parti* coinvolte;
2. il *risultato* che ciascuna di esse intende perseguire;
3. l'*oggetto* dell'atto di scambio, cioè il prodotto (bene o servizio);
4. la sua *contropartita* (il prezzo);
5. le *relazioni* che s'instaurano fra le due parti, in virtù dello scambio;
6. l'*orizzonte temporale* dello scambio.

Prodotto

In senso stretto, l'output di un qualsiasi processo di trasformazione produttiva. Se ha natura prevalentemente materiale, si chiama *bene*, se prevale l'intangibilità, si chiama *servizio*.

1.2.1 Le parti dello scambio

Le parti coinvolte nello scambio di mercato sono, in linea di principio, sostanzialmente due: il venditore e il compratore. Nello scambio, il venditore rappresenta il soggetto d'offerta, il compratore quello di domanda. A propria volta, come mostrato in figura 1.2, il primo può essere costituito da: un produttore, un commerciante, o una persona fisica; il secondo può essere: un produttore, un commerciante, un compratore/utilizzatore finale o la Pubblica amministrazione, nelle proprie articolazioni organizzative (Ministero, Comune ecc.).

Figura 1.2

Le parti dello scambio e i quattro sistemi esistenti.

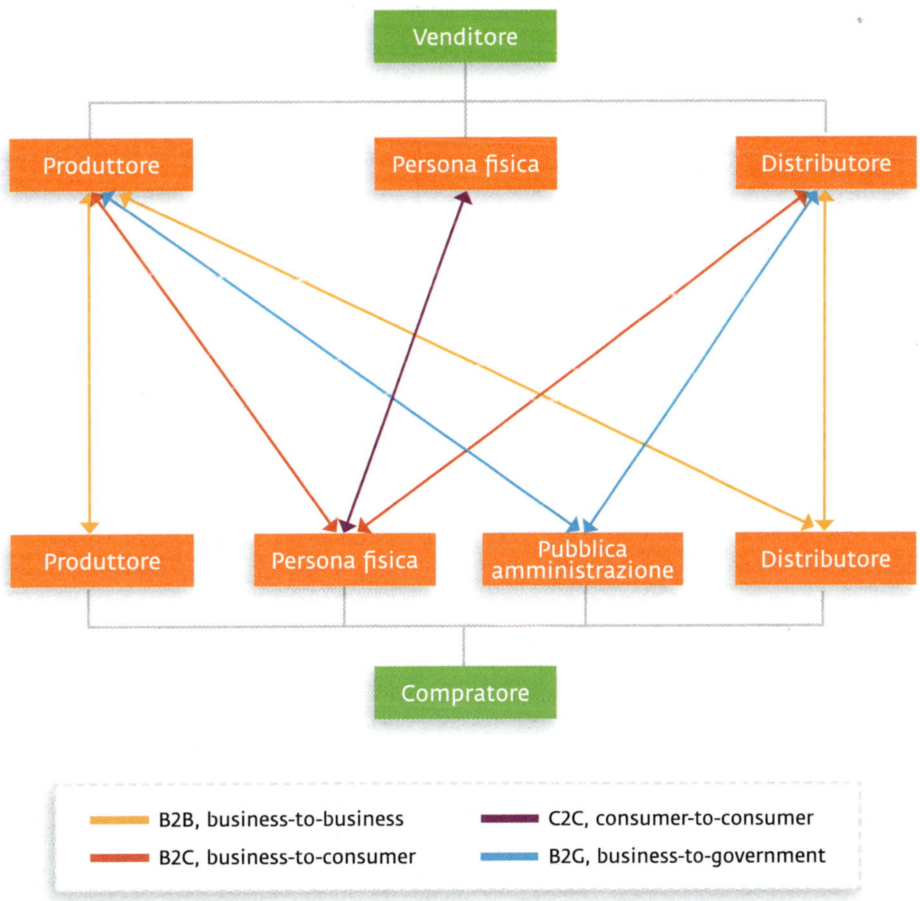

A seconda di quali sono i soggetti che, nello specifico, s'interfacciano nello scambio, possiamo avere quattro distinti sistemi possibili.

1. Scambio *business-to-business* (B2B): entrambi i soggetti di offerta e domanda sono imprese. I contraenti, perciò, "parlano la medesima lingua", fatta di un vocabolario (p.e. costi e ricavi, margini e rotazione) e di una grammatica (p.e. condizioni di fornitura e termini di pagamento) comuni. Le forme possibili sono le seguenti.
   - Un produttore vende a un altro produttore: è tale, ad esempio, il mercato della componentistica auto (freni Brembo), o il caso della vendita di servizi pubblicitari da parte di un'agenzia (Armando Testa) a un'impresa inserzionista (Condorelli).
   - Un produttore vende a un commerciante: è tale, ad esempio, il mercato del largo consumo, dove i produttori a marca industriale (Barilla), vendono i loro prodotti ai distributori (Esselunga).
   - Un commerciante vende a un altro commerciante: è tale, ad esempio, il caso dei farmaci, dove il grossista vende i prodotti ai farmacisti; altrettanto avviene nel commercio internazionale del vino, dove un importatore vende alcuni brand di champagne alle enoteche della propria città.
2. Scambio *business-to-consumer* (B2C): un'impresa si confronta con una persona fisica. I termini linguistici del confronto sono differenti: l'offerta "pensa" sempre in chiave economica (ricavi, margini, profitto), ma deve "parlare" una lingua diversa e ben comprensibile dalla domanda, fatta di funzioni d'uso, emozioni, suggestioni, esperienza ecc. Anche in questo caso abbiamo diverse situazioni possibili.
   - Un produttore vende direttamente all'acquirente/utilizzatore finale: è il caso, ad esempio, dell'artigianato, di ciò che è "fatto su misura" (*customized* o *tailor-made*, nella dizione tecnica), degli acquisti online di ricariche telefoniche, dell'approvvigionamento presso spacci aziendali, del negozio monomarca gestito direttamente o in franchising da un produttore.
   - Un venditore vende all'acquirente/utilizzatore finale: è il caso di tutto il cosiddetto commercio intermediato, ovvero il largo consumo ("faccio la spesa alla Coop"), l'abbigliamento ("mi rivolgo al mio negozio di fiducia"), e così via.

Commercio intermediato

Vendita di beni e servizi operata dal produttore con l'ausilio di altre imprese, dette intermediari commerciali (trade).

3. Scambio *consumer-to-consumer* (C2C): fattispecie ancora marginale, ma comunque in crescita, è quella degli scambi fra persone fisiche. Ne sono esempi giornali "storici" in ambito locale, come "Portaportese" o "La Pulce", il sito eBay, i mercatini dell'usato e del vintage.
4. Scambio *business-to-government* (B2G): è l'importante ambito di scambio delle forniture alla Pubblica amministrazione – comunque considerata – degli appalti per la costruzione di opere pubbliche e via dicendo. La particolarità di tale contesto di scambio è costituita da due aspetti: (i) è un mercato dove il venditore concorre per assicurarsi la preferenza del compratore, in un contesto competitivo dettagliatamente regolamentato; (ii) fra gli strumenti dello scambio ha preponderanza la *gara di appalto*, che conferisce al compratore un potere di scambio assoluto – configurando quindi il B2G come un *mercato del compratore*.

Focus I mercati multipli

Il campo dei media ben si presta a spiegare un tipo di mercato particolare – *multi-sided market* o *mercati multipli* – che lega insieme sia il B2C che il B2B. Prendiamo il caso della televisione commerciale e chiediamoci: quali scambi gestisce un'impresa come Mediaset?

Consideriamo il suo modello di funzionamento economico. In quanto televisione commerciale pura, Mediaset vive degli investimenti pubblicitari da parte delle imprese – cosa di cui ci accorgiamo grazie agli spot che s'inseriscono nella programmazione quotidiana.

A tal fine Mediaset gestisce due ambiti di scambio diversi, ma intimamente correlati:

- *mercato dell'attenzione* (B2C): Mediaset offre dei contenuti televisivi (palinsesti e programmi) visibili gratuitamente in cambio dell'attenzione da parte degli spettatori – la cosiddetta "audience";
- *mercato degli investimenti pubblicitari* (B2B): Mediaset offre alle imprese inserzioniste le audience che i propri contenuti producono, profilandole adeguatamente affinché gli inserzionisti possano riconoscervi i propri target.

È evidente che il buon funzionamento del primo ambito di scambio condiziona quello del secondo (e viceversa), circostanza che, per l'appunto, configura questi scambi entro un unico contesto di mercato multiplo.

Il focus sui protagonisti dell'atto di scambio mette in ombra una componente soggettiva fondamentale del marketing management: i concorrenti. Il marketing porta un significativo progresso rispetto alle teorie economiche sullo scambio grazie alla sua natura squisitamente competitiva. Vedremo in seguito, infatti, come tutto l'impianto del marketing management faccia dei concorrenti – e dei modi per vincere il confronto con essi – un punto di riferimento primario.

1.2.2 Il risultato perseguito

Il risultato perseguito nello scambio dipende dalla natura del soggetto, se cioè il venditore e il compratore siano imprese, organizzazioni di altro tipo, o individui. Nel caso di soggetti diversi dal consumatore il risultato perseguito nello scambio passa attraverso la generazione di ricavi (detti anche *revenue*), dati dalle quantità di prodotto vendute (che possono essere realizzate da prodotti differenti) moltiplicate per il rispettivo prezzo:

$$\text{Ricavi Totali} = P_i \, Qv_i$$

Le modalità di determinazione del prezzo dipendono dalla natura dell'impresa. Abbiamo sostanzialmente due situazioni possibili, essenzialmente riconducibili ai voleri della proprietà dell'organizzazione: (i) si persegue l'obiettivo di fare profitti e quindi i ricavi devono superare i costi; (ii) si perseguono altri obiettivi, di varia natura, e si dà come regola di buona gestione quella di avere ricavi pari ai costi. Nel primo caso, parliamo di organizzazioni *profit-oriented* (sostanzialmente il caso di tutti i player che operano sui mercati di consumo come Sanpellegrino, Smeg,

D&G), nel secondo di organizzazioni *non profit* (variegato territorio che contempla le organizzazioni pubbliche, come le aziende ospedaliere, quelle fondate su una causa, come Telethon, gli enti non governativi, come la Fao, le associazioni e cooperative, come l'Agesci, e via dicendo).

Consumatore

Termine che indichiamo per rappresentare il generico operatore della domanda finale. In realtà questi va distinto nelle sue funzioni essenziali in: acquirente (*shopper*) e utilizzatore finale (*user*) dei prodotti (▸ Capitolo 9).

Diverso è invece il discorso per quanto attiene al consumatore. In questo caso, l'obiettivo perseguito nello scambio è sì economico, ma non orientato al profitto – categoria concettuale assente dagli schemi mentali e comportamentali di questo soggetto.
La questione si pone allora in questi termini: per quale ragione ultima noi acquistiamo i prodotti e siamo disposti a cedere del denaro per ottenerli? La dottrina economica si è da sempre interrogata su questo tema dandosi, ovviamente, varie risposte. In linea di massima, semplificandone il contributo, è possibile riconoscere un obiettivo generale nel consumatore: l'incremento del proprio benessere. In buona sostanza – e semplificando di molto discorsi che saranno approfonditi in seguito – noi siamo disposti a cedere quote della nostra disponibilità complessiva di denaro in cambio di beni e servizi che ci facciano vivere quanto meglio possibile, consentendoci di risolvere i problemi della quotidianità e di goderci la vita. In chiave di questo meta-obiettivo i prodotti che acquistiamo fungono da strumenti, e ciò che puntiamo di ricavare dal loro utilizzo sono dei benefici, di natura sia *pratico-funzionale* (*benefici funzionali*: la penna Aurora scrive), che *emotivo-simbolica* (*benefici simbolici*: l'iPad mi emoziona per ciò che mi consente di fare, e perché mi mette in contatto con un futuro ancora in parte indeterminato). La nostra funzione di ricavo, in quanto consumatori, è allora esprimibile sulla base di questi benefici – come vedremo meglio nel ▸ Capitolo 5.

1.2.3 L'oggetto dello scambio

Bundle

Aggregato, insieme di elementi organicamente composto a formare un unicum dotato di valore.

Product offering

Letteralmente: offerta di prodotto. Insieme di elementi che, tutti assieme, costituiscono l'offerta di acquisto che un venditore fa a un compratore. Il prodotto, output di un processo di trasformazione, viene "trasformato commercialmente" in *product offering*, aggiungendogli *brand*, *customer service* e *prezzo*, all'interno di un contesto di scelta rappresentato dal *punto vendita* – reale e/o virtuale (▸ Capitolo 4).

Cosa viene scambiato fra le organizzazioni e gli individui-consumatori? Sostanzialmente un prodotto, che: (i) se materiale prende il nome di *bene*, (ii) se intangibile, quello di *servizio*. Ciò posto, occorre però fare un passo in avanti rispetto al considerare genericamente il "prodotto" come oggetto dello scambio, perché – come sarà ampiamente ribadito più volte in questo libro – i prodotti immessi sul mercato e presentati dal venditore al compratore sono in realtà un bundle, che si compone al minimo di un prodotto e del relativo brand che lo "veste". Per fare un esempio, quando acquistiamo una polo Lacoste, paghiamo del denaro per ottenere la proprietà di un bene (la polo) e di un brand (il coccodrillo). Il primo è l'output di un processo di trasformazione che crea un valore materiale tangibile (*produzione manifatturiera*), il secondo di un processo di creazione di valore simbolico ed emotivo (*branding*). Il primo senza il secondo perderebbe gran parte del proprio valore, dato che non saremmo disposti a riconoscere per una "semplice" polo, priva del coccodrillo, la medesima quantità di denaro che invece riconosciamo all'insieme. Guardando la cosa dal punto di vista del compratore, in definitiva, l'oggetto dello scambio è più ampio del semplice prodotto: è un quid, che possiamo chiamare product offering, che, al minimo, veste il prodotto del proprio brand e forma un unicum inscindibile, dotato di una capacità di prometterci un certo valore complessivo. Di conseguenza, noi consumatori desideriamo, ricerchiamo e acquistiamo delle product offering il cui prezzo riteniamo essere più che compensato dai benefici complessivi che esse promettono di offrirci, proprio grazie al bundle di elementi che le compongono.

Guardiamo ora la questione dal punto di vista del venditore. Come precedentemente argomentato, questi cerca sostanzialmente di valorizzare la propria attività, vedendosi riconosciuto il prezzo che richiede per cedere la proprietà della product offering al compratore. Questo prezzo può essere concretizzato sostanzialmente in due modalità: (i) attraverso la determinazione di una certa quantità di *moneta*; (ii) in *natura*, attraverso la corresponsione di beni o servizi. Nel primo caso si tratta del prezzo monetario con il quale tutti noi abbiamo quotidianamente a che fare; nel secondo siamo nella fattispecie del baratto.

Evidentemente il venditore guarderà al prezzo in modo accorto, sapendo che il suo significato varia a seconda del punto di osservazione.

- In chiave *interna*, il venditore sa che il prezzo dovrà consentire al minimo il recupero di tutti i costi direttamente legati alla produzione e commercializzazione della product offering, nonché parte dei costi generali d'impresa (p.e. i costi della funzione amministrativa) e, se profit-oriented, dovrà comprendere anche un margine di guadagno – al netto della fiscalità specifica.
- In chiave *competitiva*, il venditore sa che il prezzo che richiederà per la product offering la posizionerà in uno spazio di offerta probabilmente già affollato, dove sono presenti altre offerte in competizione con la propria. È cura del venditore, quindi, saper determinare il livello di prezzo richiesto in maniera equilibrata, sia rispetto alla promessa di valore che la propria offerta è in grado di proporre, sia rispetto alle proposte dei concorrenti.
- In chiave *comunicativa*, il venditore è consapevole che il prezzo esprime anche l'idea di qualità e, più in generale, del valore complessivo che la propria product offering presenta al compratore. Cercherà quindi di fissarlo a un livello equilibrato rispetto al valore percepito dal compratore, né troppo alto, né troppo basso rispetto alla promessa di valore della product offering.

Posizionamento

Termine usato in almeno tre accezioni. *P. di marca*: percezione di differenza di una marca nella mente del target. *P. di prezzo*: collocazione della marca in una data fascia di prezzo. *P. a scaffale*: la posizione della confezione sullo scaffale nel punto vendita.

Focus I miti crollano

Mito. Il consumatore vuole sempre e comunque prezzi bassi. Il prezzo basso, sul mercato, vince sempre.

Realtà. Il consumatore vuole prezzi chiari, che esprimano l'equilibrio fra i benefici complessivi che ritiene di ricevere dalla product offering acquistata e il prezzo che gli è richiesto dal venditore. Per ogni tipologia di prodotto che si consideri (prendiamo ad esempio lo *Sport Utility Vehicle*, SUV), esistono offerte ad alto prezzo (la Porsche Cayenne) e offerte a basso prezzo (la Dacia Duster): entrambe hanno compratori, quindi, evidentemente, il consumatore non vuole soltanto prezzi bassi.

Cause. La ragione fondamentale è che il prezzo, per il compratore, esprime il valore della product offering, oltre che misurarne il costo. Il prezzo è come un bicchiere: può essere piccolo (come quello da grappa), medio (come quello da vino), grande (quello da acqua). Il problema non è la dimensione, ma il fatto che sia sempre pieno. Fuor di metafora: il problema, nel pricing, non è il livello del prezzo, ma la credibilità della promessa di beneficio che quel prezzo offre alla valutazione del compratore.

1.2.4 Le relazioni nello scambio

Alcuni brand esercitano un potere maieutico sulle persone, aggregando intorno ai prodotti donne e uomini che non si conoscono tra loro.

In termini formali la relazione si definisce come una "connessione, o corrispondenza, che intercorre in modo essenziale fra due o più enti". Calando tale significato nello specifico commerciale, Philip Kotler segnala che la relazione di scambio presenta un profilo ben preciso, che richiede:

1. la presenza di almeno due parti (il *compratore* e il *venditore*);
2. che ciascuna delle parti abbia qualcosa che possa essere di valore per l'altra (rispettivamente, il denaro e la product offering);
3. che ciascuna parte sia in grado di comunicare e di trasferire valore all'altra (i mezzi di pagamento, da un lato, e il contesto ove si ha l'incontro fra venditore e compratore, dall'altro);
4. che ciascuna parte sia libera di accettare o respingere l'offerta dell'altra (la volontarietà dell'atto di scambio, per tutti e due);
5. che ciascuna parte ritenga possibile/desiderabile trattare con l'altra.

Dall'unione di quanto detto sopra, la dottrina economica (Cozzi e Zamagni, 1994) ha formulato un *teorema fondamentale dello scambio*, che così recita: «un atto di scambio fra due soggetti ha luogo soltanto se esso ha luogo in un contesto di libertà e se migliora la posizione di benessere di ciascuno dei partecipanti». Ovviamente il teorema non trascura la questione della concorrenza, semplicemente la accantona, in quanto non rilevante in questa sede a mettere in luce la dinamica essenziale. I concorrenti, in questa ottica, si confrontano nell'acquisire la preferenza e la scelta del compratore.

Lo scambio contemporaneo che si è affermato nelle società opulente non è più soltanto un *do ut des* di merci contro denaro – elemento certo presente e preponderante – ma anche un flusso di reciprocità di altra natura non strettamente economica.

Oggi che i brand cercano la relazione coi consumatori – allungandola addirittura fino al coinvolgimento nella produzione ed estendendola all'emotività individuale e alla specificazione dell'io – i flussi di scambio appaiono in tutta la loro multiformità, anche emozionale, se non addirittura "esistenziale". C'è chi, come Bernard Cova, da qualche anno propugna a tal proposito l'idea che il profilo del **tribalismo** sia adatto a comprendere ciò che avviene in certi ambiti consumer, disegnando uno scambio complesso, fatto di relazioni funzionali ma anche, e soprattutto, simboliche:

Tribal marketing

Espressione coniata per esprimere la ricerca di gruppi di affinità fra persone (stimolati o spontanei che siano) a fini commerciali. Le persone sono aggregate intorno a un'icona (un prodotto il cui brand viene sublimato a "totem" e driver del lifestyle, come Harley Davidson).

> I consumatori [...] non consumano cose senza modificarle; non possono consumare un bene senza che lui diventi loro e loro diventino esso; non possono consumare un servizio senza coinvolgersi in una danza con il fornitore di servizi, laddove la danza diventa il servizio. La cultura della partecipazione è dovunque. [...] I consumatori sono persone, certamente, ma persone che vivono in una specifica situazione sociale e storica. Ciò li colloca in una relazione di co-dipendenza con la cultura commerciale, quella dove le economie post-industriali dell'informazione creano non solo oggetti, ma elementi critici delle identità culturali, sociali, personali. (Cova, 2003)

In sostanza il marketing oggi è chiamato a governare un fenomeno, lo scambio, che può assumere livelli di complessità molto differenti a seconda dei contesti in cui prende forma (▸ Capitolo 13). A seconda dei casi, di conseguenza, le dotazioni tecniche e metodologiche cui occorrerà fare riferimento, gli strumenti da mettere in campo, potranno essere molto differenti.

1.2.5 L'orizzonte temporale

Un suk arabo, tipico luogo di scambio orientato al breve termine.
La relazione di lungo termine concepisce lo scambio in modo differente dal commercio tradizionale.

Ciascuna delle parti coinvolte in una situazione di scambio può interpretarne l'orizzonte temporale nei seguenti due modi.

1. *Immediato* (*one-shot*), ovvero lo scambio apre e chiude la relazione con la controparte nel momento stesso in cui si manifesta. È, ad esempio, la situazione tipica del turista che acquista un souvenir qualsiasi in una città dove probabilmente non tornerà mai più. In quella circostanza, ciascuna delle due parti cerca di ottenere il massimo sul momento, cercando di non concedere alla controparte null'altro se non il dovuto. I passaggi di proprietà della product offering, così come del denaro corrispondente al prezzo da pagare, avvengono contestualmente.
2. *Di lungo termine*, ovvero le parti convengono – a volte tacitamente – che lo scambio che stanno per avviare sia solo il primo di una serie futura, e quindi sono consapevoli che esso apre una connessione che dovrà fondarsi sulla fiducia reciproca e sulla considerazione dei rispettivi interessi soggettivi. L'attivazione di un abbonamento alla televisione satellitare, ad esempio, imposta la relazione su un arco temporale ampio. Ne consegue che il compratore si attenderà di veder premiato, in denaro (promozioni e/o sconti) o in natura (accesso a servizi riservati), il proprio impegno di lungo termine col fornitore. Il venditore, viceversa, considera accettabile investire denaro nella relazione di lungo termine, perché in tal modo si costruisce una base clientela fedele che, nel tempo, è suscettibile di generare dei vantaggi a lui favorevoli. Il passaggio di proprietà – o l'acquisizione del diritto d'uso nel caso del servizio – avviene al perfezionarsi dell'atto di scambio, mentre quello di denaro può diluirsi nel tempo, secondo scadenze (*rate* o *tranche*) stabilite di comune accordo tra le parti.

La letteratura di marketing è solita interpretare la prima situazione come *transazione*, la seconda come *relazione* (▸ Capitolo 21). Vedremo nel capitolo successivo quali conseguenze gestionali di primaria rilevanza siano riconducibili a questa seconda chiave interpretativa, in particolare nei paesi a economia avanzata.

1.2.6 La dinamica fondamentale

Come fin qui visto lo scambio mette in relazione delle parti (▸ §1.2.1) che domandano e offrono un oggetto (▸ §1.2.3): lo scambio avviene se i suoi termini vengono reputati convenienti da entrambe le parti (▸ §1.2.2), seguendo logiche di relazione (▸ §1.2.4) che possono avere diversi orientamenti temporali

(▸ §1.2.5). Nello scambio, infine, sussistono delle strutture e dinamiche concorrenziali che ne accrescono la complessità, ma non ne mutano la ragione di fondo. Nei beni e servizi di consumo, che costituiscono l'oggetto principale di questo libro, il sistema di scambio si configura come schematizzato nella figura 1.3. Seguiamo il percorso di una confezione di chewingum della Perfetti per comprenderne il funzionamento dinamico.

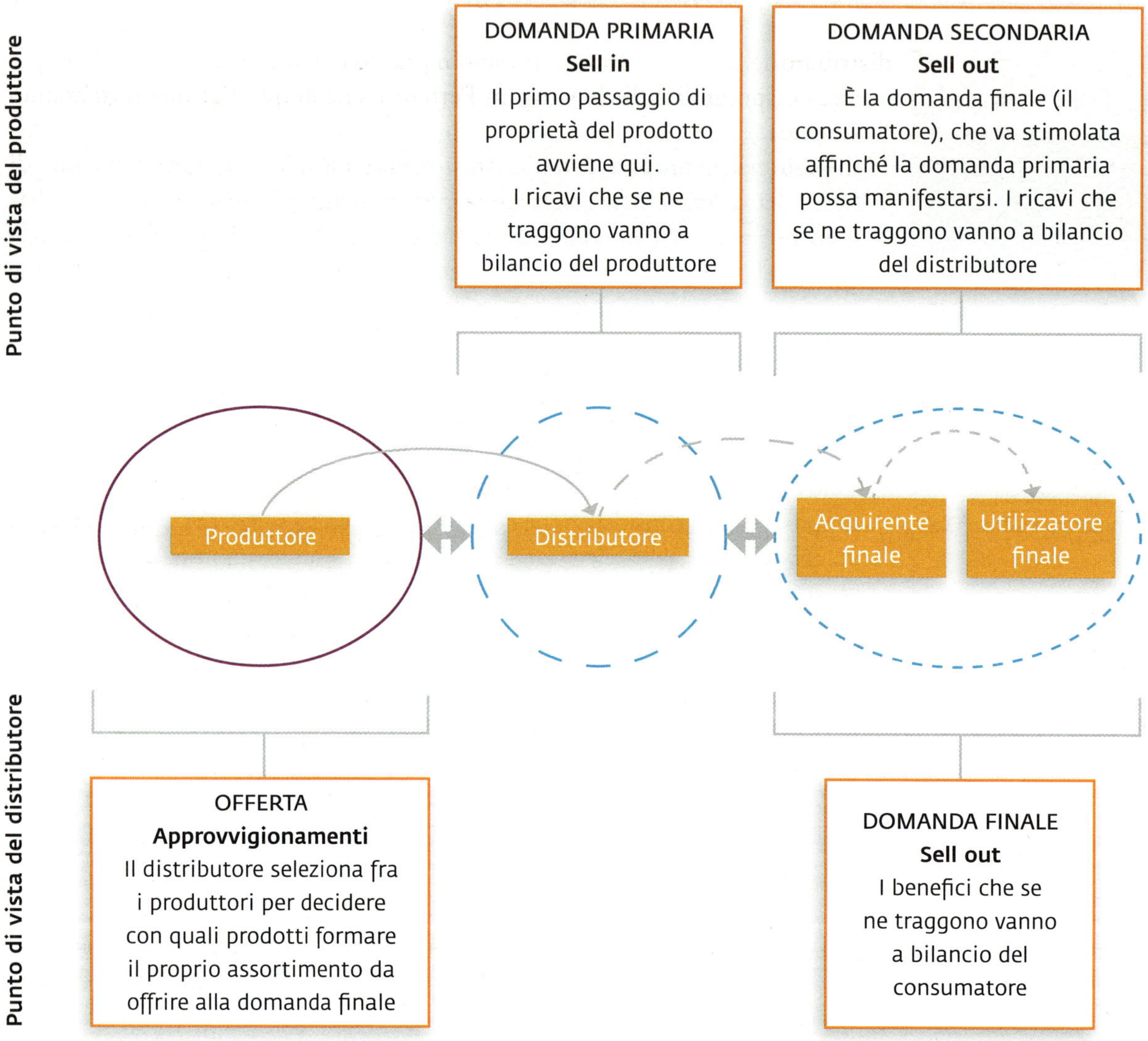

Figura 1.3
La dinamica fondamentale dello scambio.

Il **sistema di scambio**, qui raffigurato, rappresenta *l'insieme di soggetti che consentono il trasferimento della proprietà e del possesso dei prodotti dall'offerta alla domanda.*

Per il produttore, distributore e acquirente finale sono entrambi soggetti di domanda.
Per il distributore, il soggetto di domanda è soltanto l'acquirente finale.
Per l'acquirente finale, produttore e distributore sono entrambi soggetti d'offerta.

Il soggetto d'offerta cede la proprietà/possesso di beni e servizi, e indirizza flussi di comunicazione alla domanda.
Il soggetto di domanda cede denaro e costituisce fonte di informazioni per quelli d'offerta.

Volumi di sell in

Quantità complessiva di prodotto che transita dal produttore al distributore.

Prezzi di sell in

Prezzo che il distributore paga al produttore. Il produttore realizza il proprio fatturato dal prezzo di sell in moltiplicato per i volumi di sell in.

Volumi di sell out

Quantità di prodotto acquistate dagli acquirenti finali presso i punti vendita al dettaglio.

Prezzi di sell out

Prezzi pagati dagli acquirenti finali nei punti vendita.

La Perfetti è consapevole del fatto che il prodotto chewingum viene acquistato dalle persone principalmente in tre tipi di punti vendita: bar, tabacchi e grandi superfici al dettaglio, come i supermercati. Il suo problema è quindi quello di governare un sistema di scambio B2B capace di portare i propri chewingum negli esercizi commerciali suddetti. Attiverà pertanto un sistema di negoziazione commerciale per collocare presso questi punti vendita dei volumi di prodotto quanto più elevati possibile, a prezzi remunerativi. Gli scambi che avvengono qui definiscono pertanto due grandezze: i volumi di sell in (ovvero la quantità complessiva di chewingum che Perfetti riesce a far acquistare dai distributori) e i prezzi di sell in (ovvero il prezzo che il distributore pagherà per avere la disponibilità di chewingum Perfetti e che di quest'ultima formeranno il bilancio).
I distributori, a propria volta, acquisteranno maggiori o minori volumi di chewing-gum della Perfetti in ragione delle loro aspettative di vendita di questi prodotti all'acquirente finale, dato (più o meno) un certo livello di prezzo che sia praticabile al pubblico. I volumi di sell out e il prezzo di sell out, pertanto, rappresentano due grandezze fondamentali, che maturano in un sistema di scambio B2C.

1.3 Le strutture di mercato

Vedremo, nel ▸ Capitolo 3, che nel corso dei secoli il sistema di scambio si è andato via via complicando. Gli scambi primordiali avvenivano direttamente fra il produttore e l'acquirente finale, *in loco* e senza l'intervento di nessun terzo soggetto. Oggi, all'opposto, i soggetti che intervengono fra il produttore e l'acquirente finale possono essere molti, il sistema di regole è cresciuto (esiste, ad esempio, un *diritto dei consumatori*, corpus di norme specificamente focalizzato alla regolamentazione degli scambi B2C), usi, costumi e abitudini di acquisto si sono cristallizzati e molto spesso fanno norma.
Per questa ragione, ogni produttore che decida di eleggere una data area geografica a proprio mercato di riferimento, è solo relativamente libero di decidere come, dove e quando presentarsi con la propria offerta. Un produttore francese di champagne, ad esempio, volendolo vendere in Italia dovrà fare i conti con una rete di punti vendita parcellizzata, che si serve presso agenti prevalentemente plurimandatari (che cioè lavorano per più aziende); dovrà accettare un prezzo che sia sostenibile per il mercato italiano e congruente rispetto alle altre offerte già esistenti (quest'informazione la otterrà dagli stessi agenti), e così via. Tutto considerato, potrà ritenere più vantaggioso stipulare un accordo di distribuzione con un produttore italiano di vini – che già dispone di una rete propria e conosce bene il mercato, per cui sa dove e come piazzare lo champagne – magari in cambio di un reciproco e analogo servizio in Francia.
In pratica, in ogni mercato vi sono delle condizioni sostanziali che pre-esistono rispetto alla singola impresa e alla quale essa deve in qualche misura adattare i propri comportamenti. Ciò rappresenta un pressante vincolo alle libere scelte di mercato dell'impresa. I medesimi vincoli valgono anche per il compratore: le

norme sul commercio, ad esempio, regolano il *quando* esercitare il proprio diritto di domanda (gli orari di apertura dei negozi sono regolamentati), il *dove* (alcuni prodotti, come i farmaci, sono acquistabili soltanto in punti vendita specifici), e via dicendo.

Le *strutture* di ciascun mercato che occorre prendere in considerazione, quale che sia la categoria che si consideri, sono riconducibili alle seguenti categorie:

- le strutture di relazione;
- le strutture di valore.

1.3.1 Le strutture di relazione

Si tratta di quelle strutture che rendono possibile e concernono la relazione di scambio fra i soggetti di domanda e offerta. Sono elementi che qualificano come e attraverso chi si snodano le relazioni di scambio all'interno di un determinato mercato, e cioè:

- la **rete commerciale** specifica (p.e. i negozi che vendono scarpe e accessori moda);
- i concorrenti, che insistono sulla medesima domanda di riferimento;
- le abitudini di acquisto dei compratori finali;
- gli usi e le consuetudini commerciali;
- le norme che regolano l'attività commerciale.

Rete commerciale

L'insieme delle strutture di vendita – all'ingrosso e al dettaglio – che nel loro complesso forniscono alla popolazione l'accesso ai beni di cui ha bisogno.

Tutti questi elementi-vincolo sono componenti strutturali di ogni mercato e presentano le seguenti caratteristiche.

- Sono geograficamente definite (*local-specific*): cambiano a seconda dell'area geografica di mercato e ne esprimono il relativo livello di avanzamento e ricchezza; ad esempio, il livello dei prezzi al dettaglio in Calabria è diffusamente inferiore a quello in Lombardia.
- Sono *category-specific*: cambiano a seconda della generica tipologia di prodotto; le strutture di scambio dell'automobile (basate sui concessionari), per dire, sono differenti da quelle dei servizi telefonici.
- Sono sia *formali* che *informali*: sono espressione di leggi formali, e perciò facilmente conoscibili, ma anche rappresentati da usi e costumi commerciali che si sono sedimentati negli anni, e che perciò è difficile conoscere a priori.
- Sono *pro-tempore costanti*: vanno considerate come difficilmente/per nulla modificabili dalla singola impresa; gli italiani, ad esempio, sono abituati a comprare abiti e vestiti in piccoli negozi, mono e pluri-marca, e sono restii a indirizzarsi verso i grandi magazzini. Le abitudini di acquisto nel B2C, così come gli usi commerciali nel B2B, sono da considerarsi realisticamente rigidi, perlomeno nel breve periodo.
- Sono spesso *regolamentate* da norme di legge: il mercato è considerato materia di pubblico interesse e ogni Stato, Regione e, laddove previsto (come nel caso in Italia delle città d'arte), singolo Comune ha la potestà di intervenire a regolarlo.

Vediamo di calare nel concreto quanto sopra descritto, facendo riferimento a una determinata categoria di prodotto: il vino. La legge italiana stabilisce che il vino possa essere venduto in punti vendita specializzati (enoteche) e despecializzati

Ho.Re.Ca.

Acronimo di Hotel Restaurant Cafè, è usato dagli operatori per indicare tutti quei punti vendita dove si somministrano cibo e bevande. Costituisce un canale importante a sé stante e accessorio rispetto alla distribuzione moderna.

(p.e. supermercati), nonché in pubblici esercizi dediti alla somministrazione (p.e. ristoranti e wine bar). In Australia, invece, non tutti i punti vendita alimentari possono vendere anche il vino: quelli che possono farlo recano sull'insegna la scritta "fully licensed", a indicare che hanno conseguito quella particolare e specifica autorizzazione. Tornando in Italia, il Comune di Roma stabilisce che i pubblici esercizi debbano cessare la somministrazione di vino dopo una certa ora della notte, anche nei luoghi turistici. Tutto ciò è un esempio (parziale, in quanto la realtà è più complicata) di come la legislazione commerciale costringa le scelte delle imprese, industriali e commerciali, entro un determinato range di opzioni.

Il vino in Italia è venduto perlopiù attraverso agenti, ovvero persone che per mestiere rappresentano dei produttori e cercano di piazzarne i prodotti presso i punti vendita. Il loro lavoro è regolamentato, e fin qui tutto semplice. A complicare le cose è il fatto che, negli anni, si sono sedimentate delle consuetudini nel rapporto tra il produttore e gli agenti, e fra questi e i dettaglianti, che non si possono trascurare, pena la mancata vendita. Ogni produttore deve farci i conti, conoscerle e regolarsi di conseguenza. Noi italiani poi, si sa, amiamo bere e mangiare in compagnia: è questo un tratto saliente dell'*italian lifestyle*, che fa sì che i consumi extradomestici di vino siano elevati, nei volumi e nella qualità (e quindi nei prezzi dei prodotti). Il vino viene usato spesso come regalo, mentre non è costume quello di bere da soli. In sostanza, ogni operatore economico dello scambio – sia esso un produttore, un distributore o un consumatore – si confronta con un mercato che ha delle strutture a lui pre-esistenti e rispetto alle quali deve scegliere come adattarsi al meglio. In più, gli operatori professionali dello scambio (produttori e distributori) possono avvalersi dei servizi professionali di tre cluster di operatori specializzati, mentre i consumatori possono fare altrettanto con le associazioni consumeriste. Abbiamo rappresentato tutto ciò in figura 1.4, più o meno in corrispondenza con il soggetto dello scambio interessato.

Consumerismo

Movimento di tutela e difesa dei consumatori, nato negli Stati Uniti e diffusosi in tutta Europa. In Italia il Consiglio Nazionale dei Consumatori e Utenti (CNCU) raggruppa le principali associazioni ed è un organo dello Stato, con sede presso il ministero dello Sviluppo economico.

L'economia contemporanea, in sostanza, ha raggiunto un grado di complessità considerevole. Il progresso socioeconomico, infatti, ha moltiplicato i soggetti che direttamente e indirettamente intervengono nelle operazioni di mercato, offrendo un contributo sia pratico-operativo (p.e. gli operatori della logistica) sia immateriale (p.e. i fornitori d'informazione di mercato). Ciò ha preso la forma di una grande *frammentazione* della struttura di ogni mercato, con numerosi soggetti che, a vario titolo, intervengono nello scambio. Osservando la situazione "dall'alto", si nota che tutto ciò risponde a un meta-obiettivo ben preciso: realizzare una modalità di funzionamento de-

L'enoteca è un punto vendita specializzato che ha una licenza di vendita dal Comune.

Economicità

Criterio guida di sana gestione che persegue l'efficienza – migliore utilizzo possibile delle risorse impegnate – e l'efficacia – soddisfazione degli obiettivi di tutti i soggetti coinvolti.

gli scambi orientata all'**economicità**. Ciò si è realizzato mediante il concomitante prodursi di due forze interne ai mercati: la divisione del lavoro e la specializzazione.

Facciamo un esempio. Perché Barilla non si dota di negozi propri (monomarca) per vendere i propri prodotti? Dato che Barilla è un *mass marketer* – ovvero un produttore che intende servire la totalità della popolazione e puntare perciò a collocare grandi volumi di prodotto sul mercato – la soluzione del negozio monomarca non risponde innanzitutto a economicità. Per servire una popolazione

Figura 1.4

Le strutture di relazione del mercato.

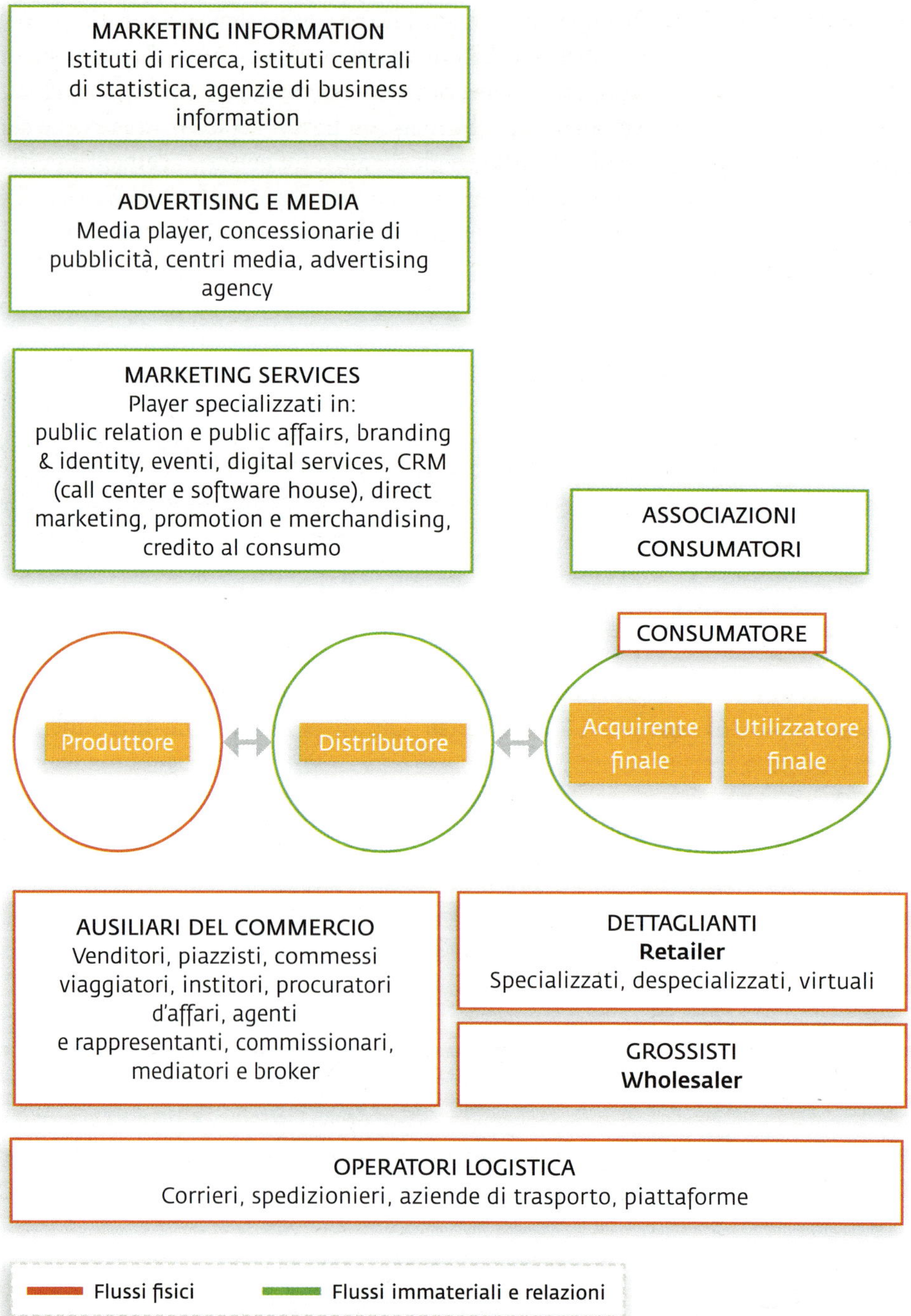

Sell out price

È il prezzo che noi vediamo sul cartellino o sulla confezione di un prodotto. È un prezzo deciso, in genere, dal distributore e che incorpora anche quello che il produttore ha praticato al distributore stesso (*sell in price*).

dispersa sul territorio, con stili di acquisto e consumo differenti, il leader emiliano dovrebbe infatti dotarsi di una rete di punti vendita talmente imponente e numerosa, che il solo recupero dei costi logistici, gestionali e amministrativi graverebbe sul prezzo finale del singolo pacco di pasta (il cosiddetto sell out price) in modo insostenibile per il compratore. Va segnalato, poi, che l'ipotesi del monomarca non risponde nemmeno in maniera efficace all'esigenza del consumatore di concentrare più acquisti ricorrenti in un'unica spedizione.
Organizzandosi per servire indirettamente la popolazione, invece, con il concorso degli operatori indipendenti di distribuzione (grossisti, dettaglianti e grande distribuzione organizzata), Barilla può raggiungere il proprio obiettivo in maniera più efficiente ed efficace. Questo implica, naturalmente, l'esistenza sul territorio italiano di operatori che, di mestiere, facciano i distributori, gli ausiliari del commercio e gli operatori della logistica. In tal modo, vediamo realizzarsi la divisione del lavoro distributivo fra un'ennupla di operatori specializzati in singole (o gruppi di) attività elementari che, nel complesso, realizzano la distribuzione estensiva, sull'intero territorio nazionale, dei prodotti Barilla. Analogo discorso può farsi riguardo le *operations immateriali* di mercato, come la comunicazione, la relazione con la clientela acquisita e via dicendo.

Nella sostanza, quindi, ogni mercato oggi presenta una struttura frammentata in molte tipologie di operatori, in ciascuna delle quali numerosi player competono fra di loro. Nel campo dell'advertising (▶ Capitolo 17) e dei marketing services, ad esempio, abbiamo nel mondo le cosiddette "big four": WPP, Omnicom, Publicis e Interpublic – conglomerate di grandi dimensioni, che presidiano con proprie società controllate vari mestieri del sistema adversiting/marketing services. Nella grande distribuzione alimentare (▶ Capitolo 19) abbiamo, ad esempio, Coop, Auchan e Carrefour che offrono canali di sbocco in Italia ai prodotti delle imprese industriali. Nelle marketing information (▶ Capitolo 7) possiamo citare GFK Eurisko, AC Nielsen, Doxa e GPF, che offrono informazioni qualitative e quantitative necessarie ai manager per compiere corrette scelte di mercato. Questi operatori, le loro relazioni e usi, la loro attività e specifica professionalità, da un lato costituiscono una realtà cui appoggiarsi per specifiche convenienze di volta in volta determinate; dall'altro, suppliscono ai limiti della singola impresa nel rapportarsi coi mercati complessi di oggi. In ogni caso, sono una componente strutturale del sistema di scambio, letteralmente fondamentale.

1.3.2 Le fasce di valore

Un discorso a parte va fatto per la seconda struttura di mercato, che ci porta a prestare attenzione ai prezzi finali (i cosiddetti sell out price) con i quali un certo tipo di prodotto è commercializzato. È esperienza comune, infatti, che ogni dato prodotto – ad esempio un televisore a schermo piatto – sia disponibile sul mercato in numerose *dimensioni di varietà*: marche (Sony, Samsung, Philips ecc.), tipi (LCD, LED, plasma ecc.) e livelli di prezzo. Facendo riferimento a uno specifico *market place* – il canale di vendite online della catena Mediaworld – possiamo esemplificare quanto esposto nella tabella 1.1.

Tabella 1.1

Range di prezzo dei televisori.

Tipo	Prezzo minimo (€)	Prezzo massimo (€)	Numero di referenze
TV LED	99	3999	188
TV LCD	99	999	23
TV plasma	311	3199	21

Fonte: rilevazione da http://compraonline.mediaworld.it (gennaio 2012)

Good value for money

Espressione traducibile con il nostro "buon rapporto qualità-prezzo". Esprime il senso dell'affare di un prodotto acquistato a un prezzo non particolarmente elevato e che comunque assicura un livello accettabile di prestazione funzionale. Il mito del *consumatore razionale* vive sull'idea del suo esser capace sempre di riconoscere le offerte caratterizzate da *good value for money*.

È evidente che una tale situazione di offerta indica la presenza di prodotti con caratteristiche qualitative e di prestazione differenti fra loro: è lecito attendersi, ad esempio, che un televisore LED da 150 euro sia qualitativamente inferiore a uno da 2500 euro. Questo fatto configura due situazioni differenti di mercato, una detta *value* (good value for money), l'altra detta *premium*.

Facciamo ora, per cogliere bene il concetto, un piccolo passo indietro. La (neo) globalizzazione del XXI secolo (quella che stiamo vivendo) ha generato, fra gli altri, un nuovo fenomeno di mercato, molto rilevante, chiamato *polarizzazione*. S'intende con questa parola il definirsi, per ciascuna categoria di prodotto, di (almeno) due spazi di offerta molto ben distinti e opposti fra loro: uno di valore *basic* o *budget*, ovvero economico, caratterizzato dal prezzo basso e dal cosiddetto "buon rapporto qualità/prezzo"; l'altro *a valore aggiunto*, caratterizzato da prezzi medio-elevati/elevati, e da prodotti e brand aspirazionali e di superiore qualità. Nei termini della tabella 1.1, si nota come la fascia basic parta da 99 euro, mentre quella premium arrivi a quasi 4000.
Situazioni estremizzate del tipo accennato sono sempre esistite nei mercati, perlomeno da quando il benessere materiale ha iniziato a diffondersi, ma l'accentuarsi della dicotomia fra i due poli menzionati è certamente accentuata dalla nuova globalizzazione. Uno studio McKinsey (Court et al., 2007) sul fenomeno riporta la seguente testimonianza: «Molti mercati di largo consumo stanno sperimentando una rapida polarizzazione dei mercati, in virtù del fatto che gli opposti poli, alto e basso, del mercato crescono più rapidamente del mediano».
Ogni mercato di un dato tipo di prodotto si struttura dunque in due grandi poli di offerta, due grandi "spazi", che raccolgono, ciascuno, alcuni player con le rispettive offerte: Lavazza e Illy popolano aree diverse del mercato di caffè, Fiat e Audi altrettanto nell'auto, OVS Industry e La Rinascente sono entrambi grandi magazzini ma di diverso valore percepito. All'interno di ciascuna fascia di mercato le offerte presenti manifestano un diverso valore promesso al cliente con le seguenti caratteristiche.

- Elevata *omogeneità interna*: le product offering collocate all'interno di una data fascia sono relativamente simili fra di loro. Fra una coupé cabrio Maserati e una Porsche la differenza percepita fa riferimento più al gusto personale che a reali differenze di prodotto, così come fra una lattina di birra Moretti e di Peroni.
- Elevata *disomogeneità esterna*: le product offering collocate in diverse fasce sono percepite in modo assolutamente differente. Un televisore Bang&Olufsen è visto diversamente da un Samsung, un letto Flou attrae certamente più di uno Ikea.

Il fattore discriminante, il territorio di confine fra l'uno e l'altro spazio di mercato, è costituito dunque da un certo livello-soglia del prezzo finale, sotto il quale si è in territorio *value*, sopra il quale si è nel *premium*, se non addirittura (ma non in tutti i mercati è presente) nel *luxury*. Vediamo, con riferimento alla figura 1.5, di addentrarci meglio in questa fondamentale struttura del mercato, riportando in asse verticale i prezzi finali, vigenti in una data area geografica per una determinata categoria di prodotto, e in asse orizzontale i relativi volumi di venduto.

Figura 1.5

La polarizzazione dei mercati: fasce di valore.

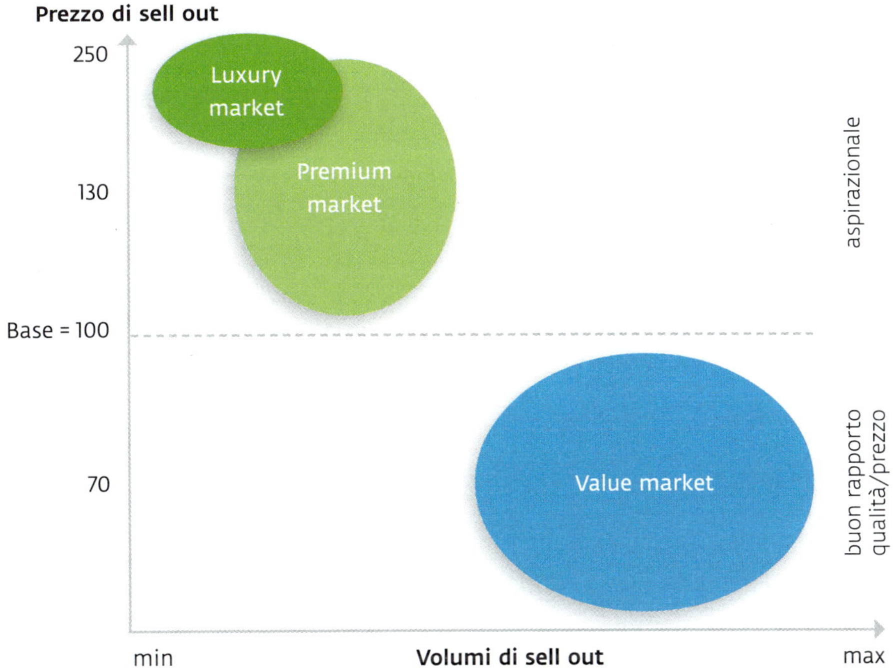

La bipartizione in fasce di valore presuppone la fissazione di una data area geografica di riferimento (p.e. Italia) e di una data categoria di prodotto (p.e. vino).
La scala prezzi si determina ponendo a 100 il prezzo medio della categoria.

I *value market* occupano la porzione medio-bassa e bassa (in termini di prezzo) della categoria; i *premium market* quella medio-alta e alta; i *luxury market*, nelle categorie dove esistono (vi sono, ad esempio, nella cartoleria e nell'ospitalità alberghiera, ma non nel caffè, né nell'acqua in bottiglia) occupano la parte più alta dei *premium*.

I volumi di vendita maggiori della categoria si manifestano solitamente nei *value market*, per la semplice ragione che lì sono posizionate le marche i cui prezzi, mediamente bassi (e comunque non superiori a una certa soglia), sono accessibili alla gran parte degli acquirenti. Le offerte di valore sono del tipo *good value for money*: beni di qualità tecnico-organolettica dignitosa, servizi basici concentrati sul core benefit, comunque in grado di fornire le prestazioni di base che l'utilizzatore si attende, disponibili a prezzi mediamente bassi, e facili da reperire.

Core benefit

Beneficio essenziale che un dato prodotto (bene o sevizio) è in grado di offrire al suo utilizzatore. Costituisce la ragion d'essere del prodotto. Se il prodotto cessa di offrire il core benefit, lo si sostituisce con uno nuovo.

Il gioco cambia completamente quando si sale di prezzo. Oltre una certa soglia, infatti, si entra nei *premium market*, o mercati "a valore aggiunto". I prezzi vanno da un certo livello in su (virtualmente fino all'infinito) e i volumi di venduto della categoria sono inferiori, naturale riflesso della minor quantità di persone che possono permettersi prezzi più elevati per un dato prodotto. Gli acquirenti che si rivolgono alle marche che stanno in questa fascia di mercato manifestano un interesse per prodotti a elevate prestazioni esperienziali (sia tecniche, che d'immagine). All'estremo superiore, infine, i *luxury market* sono il territorio del lusso propriamente detto, inaccessibile ai più e sostanzialmente sfuggenti alle regole di mercato.

Tabella 1.2

Le due fasce di valore: due mercati distinti.

	Value market	Premium market
Definizione	Mercato della convenienza e del buon rapporto qualità/prezzo.	Mercato dell'aspirazionale e dell'esclusività.
Volumi di prodotto venduto	Le vendite dell'intera categoria sono generate, per una quota fra il 50 e il 70% (dipende dalle categorie), in questa fascia.	La fascia genera vendite inferiori, in volume, a quelle dei *value market*, ma a prezzi unitari superiori.
Promessa al consumatore	*Convenienza*: intesa sia come minor prezzo in assoluto della categoria (*first price*), che come ampiezza di scelta in un range di prezzo accessibile (*mainstream*), sovente oggetto di promozioni *cut price*.	*Specialità*: intesa come *ricercatezza* nelle caratteristiche e prestazioni del prodotto, *identità* del brand, ed *esclusività* crescente, man mano che si sale di prezzo.
Numerica di clientela potenziale	*Elevata*, i prezzi mediamente bassi consentono l'accessibilità del prodotto all'intera domanda potenziale.	*Medio-bassa*: il prezzo screma progressivamente il numero di acquirenti potenziali.
Orientamento d'acquisto	*Problem solving*: la product offering viene acquistata per le sue funzionalità di base. Importante la notorietà e la fiducia verso il brand.	*Edonismo*: la product offering viene acquistata in quanto possiede funzionalità superiori. Importante l'image del brand.
Attitude del compratore	*Commodity good*: bassa differenza percepita fra le marche.	*Speciality good*: differenze significative di percezione fra le marche.

Non ci addentriamo ulteriormente in questa sede sull'argomento, cui nel testo faremo spesso riferimento a partire dal prossimo capitolo, richiamandone nella tabella 1.2 i principali dettagli descrittivi. Ciò che qui occorre puntualizzare è che la strutturazione delle offerte complessive di una data categoria, in questi due spazi di competizione, è – al pari delle strutture relazionali già presentate – un vincolo con il quale il singolo player deve confrontarsi per decidere se portare la propria competizione nell'uno o nell'altro mercato.

Case History — Foppapedretti

La Foppapedretti SpA nasce nel 1946 a Bergamo, città nella quale tuttora si trovano l'headquarter e gli stabilimenti. Forte di un'elevatissima capacità tecnica nella lavorazione del legno, e di una solida conoscenza delle possibili prestazioni di quel materiale, l'azienda inizia a concepire dei prodotti caratterizzati da un'innovativa visione: non più utensili domestici in legno, ma oggetti funzionali, maneggevoli, pratici da utilizzare e sicuri, belli da vedere e di elevata qualità.

"Crediamo nella forza delle idee, che semplifica la vita di tutti i giorni": questa filosofia di prodotto, non più basata sulle problematiche di lavorazione dello stesso, ma sulle prestazioni da fornire all'utilizzatore, si declina in tutte le aree di attività. Prodotti per i bambini, arredo da giardino e per la casa, utensili domestici in legno sono le categorie tradizionali del portafoglio. Oggi, si abbinano a queste nuove linee di arredo – commercializzate con i brand Laz-

→

zari, Lazzari collezione Tati, Foppapedretti Atelier – e altre di natura diversa, ma sempre caratterizzate dall'elevato contenuto innovativo e funzionale. Ne sono un esempio i prodotti per bambino Technology (seggiolini auto, passeggini, seggioloni ecc.), i prodotti della linea FP young, così come la collezione tematizzata Barbapapà. Qualità dei materiali, praticità nell'utilizzo, ricercatezza del design, attenzione alla sicurezza e continua tensione all'innovazione restano sempre, indipendentemente dalla linea, le basi dell'offerta di valore dell'impresa.

La valorizzazione delle caratteristiche distintive dei prodotti è affidata anche alla rete di vendita e agli store Foppapedretti "l'albero delle idee": 50 agenti e 30 collaboratori raggiungono i 2500 punti vendita specializzati, che coprono capillarmente tutto il territorio italiano. Accanto ai canali distributivi fisici, per raggiungere il consumatore finale, l'azienda si avvale del canale virtuale (www.clubfoppapedretti.it) e vende direttamente i suoi prodotti, utilizzando in alcuni casi la formula outlet.

Il successo dell'azienda – uno degli alfieri del made in Italy nel mondo – testimonia la validità dell'approccio *market-oriented* in certi ambiti competitivi. In particolare, laddove una concezione tradizionale del prodotto, attenta solo – o prevalentemente – ai suoi aspetti tecnici, non riesce più a giustificare dei prezzi elevati sulla base della sola qualità dei materiali e/o delle lavorazioni, può risultare conveniente cambiare il punto di vista e: (i) preoccuparsi di quali prestazioni siano utili e desiderabili per l'utilizzatore del prodotto; (ii) mettere a frutto tutta la competenza tecnica di cui si dispone per realizzare prodotti che siano in grado di fornirle; (iii) costruire un sistema di brand che sappia comunicare e sostenere il messaggio della prestazione distintiva rispetto ai prodotti concorrenti.

La forza della formula di valore che l'azienda ha saputo costruire porta Foppapedretti a creare un portafoglio innovativo e, prima nel proprio mercato, a vestire tutte le proprie realizzazioni di un brand comune – Foppapedretti – sorretto da un pay off distintivo – l'albero delle idee.

Conclusioni

Il marketing di oggi è un protagonista della società e dell'economia, in quanto si prefigge di dotare gli operatori economici di metodi, tecniche e strumenti necessari a governare il sistema di scambio competitivo – incontro tra domanda e offerta – nel quale decidono di operare. Tutti gli scambi avvengono in condizioni parzialmente esogene per i soggetti d'offerta, in quanto il mercato di ogni tipo di prodotto matura nel tempo le proprie strutture. I gradi di libertà delle condotte di mercato sono perciò limitati proprio dall'esistenza di queste strutture tipiche. Un consiglio per lo studio: si provi a definire il sistema di scambio di un bene (p.e. lo smartphone) e di un servizio (p.e. la palestra) con la quale si è confidenti, per passione o semplice interesse. Il marketing apparirà più chiaro.

2

Impresa e marketing

di **Alberto Mattiacci**

Indice del capitolo

Introduzione

2.1 I passaggi chiave dell'evoluzione
- 2.1.1 L'era dell'empirismo
- 2.1.2 La prima grande discontinuità
- 2.1.3 La nascita del management
- 2.1.4 Arriva la psicologia
- 2.1.5 Philip Kotler
- 2.1.6 Being digital

2.2 Market-*ing*: la continuità
- 2.2.1 Innovazione di prodotto
- 2.2.2 Reperibilità e accesso
- 2.2.3 Ricordo di marca
- 2.2.4 Relazione con la clientela acquisita

2.3 *Market*-ing: il mercato
- 2.3.1 Elementi di qualificazione spazio-temporale
- 2.3.2 Elementi di qualificazione del mercato

2.4 Il marketing management

Conclusioni

Abstract

Ciò che oggi chiamiamo marketing porta dentro di sé degli importanti elementi di continuità rispetto alla storia del commercio. Tuttavia, alcune grandi discontinuità che hanno iniziato a manifestarsi negli ultimi tre secoli hanno modificato radicalmente il contenuto di significato del termine. Il marketing di oggi è un protagonista della società e dell'economia, in quanto si prefigge di dotare gli operatori economici della base culturale e metodologica necessaria a governare l'incontro tra domanda e offerta. L'analisi semantica del termine marketing rivela le utilità che esso ha per l'impresa di oggi e consente di definire correttamente le numerose variabili che, congiuntamente, definiscono un mercato.

Introduzione

Marketing è un vocabolo di evidente origine anglosassone, il che è probabilmente uno dei tanti motivi alla base dei molti fraintendimenti che lo affliggono e della sua scarsa popolarità nel nostro paese. Difatti la sostanziale intraducibilità di questa parola in italiano – al di là dell'impronunciabile *mercatistica* – fa sì che il termine venga utilizzato correntemente nella forma originale, quella inglese per l'appunto. In un paese, come l'Italia, che non brilla certo per conoscenza delle lingue straniere, tutto ciò ha costituito da sempre un limite a che le persone, "addetti ai lavori" esclusi, fossero ben consapevoli del preciso significato che il termine *marketing* riveste. Come risultato, il senso comune assegna al marketing dei significati imprecisi, se non proprio sbagliati (e sovente infelici): dall'intenderlo quale mero sinonimo di pubblicità, o identificativo dei sondaggi, si passa al considerarlo un modo più "attuale" di chiamare le vendite, o il commercio tout court. Si passa poi alla visione negativa, esprimendone una condanna preconcetta, alla luce di un'etica pauperistica, considerata moralmente superiore. Dai propri detrattori il marketing è rappresentato come una tecnica di persuasione (talvolta occulta), o come tutto ciò che produce un (superfluo) orpello delle merci, fatto solo per ammaliare e attirare consenso; gli stessi talvolta lo evocano, infine, come responsabile della massificazione, dell'appiattimento delle differenze socioculturali e della tendenza al profitto *erga omnes et omnia*.
Evidentemente tutto ciò è sbagliato e addirittura al di fuori della realtà. Siccome le parole hanno peso e univocità di significato, ci sembra dunque utile soffermarci inizialmente a ragionare su come la storia abbia prodotto ciò che il termine effettivamente esprime, prima di addentrarci nel profondo della disciplina che se ne fregia. Ne risulterà, si spera, la consapevolezza del suo spessore tecnico-culturale e la lontananza, perlomeno nell'accezione corretta, da certe prassi deviate con le quali viene sovente, a torto, identificato. Tutto ciò, peraltro, consentirà di mettere da subito nella debita evidenza alcune considerazioni manageriali di ordine generale che riguardano le relazioni di scambio dell'impresa, che è ciò di cui, in estrema sintesi, il marketing si occupa.

2.1 I passaggi chiave dell'evoluzione

Come visto nel primo capitolo, lo scambio è quel fenomeno socioeconomico che connette un fatto privato – il libero incontro tra un acquirente e un venditore – a un più ampio quadro socioeconomico di riferimento – il *locus* e il tempo nel quale avviene lo scambio. Tanto maggiore è lo stato di avanzamento socioeconomico di un paese, tanto più ricche e articolate ne saranno le imprese protagoniste e quindi le condizioni di scambio. Il benessere di una collettività umana è, infatti, da sempre frutto delle capacità e dei talenti produttivi e commerciali delle persone che la compongono. Quanto più operosi e inclini alla produzione e al commercio sono gli abitanti di un luogo, tanto maggiore sarà la ricchezza che essi sapranno generare e accumulare. Per questa ragione le collettività si danno delle norme di comportamento, il cui fine ultimo è quello di migliorare l'efficacia e l'efficienza degli scambi medesimi, a vantaggio e tutela dei legittimi interessi dei soggetti coinvolti, e delle collettività cui essi appartengono. Jean Jacques Lambin ha efficacemente espresso il contributo positivo del marketing nella società contemporanea.

Il ruolo del processo di marketing in un'economia di mercato è quello di organizzare lo scambio volontario e concorrenziale in modo da assicurare un incontro efficiente tra domanda e offerta. [...] Il marketing è un fattore di democrazia economica perché realizza un sistema che: (i) dà la parola ai clienti; (ii) orienta la produzione e gli investimenti in funzione dei bisogni previsti; (iii) rispetta la diversità dei bisogni attraverso la segmentazione dei mercati; (iv) stimola l'innovazione e le attività imprenditoriali. (Lambin, 2008)

Focus Le storie del marketing

La storia non procede mai per linearità e razionalità e, sempre, la sua narrazione a posteriori avviene sulla base di schemi concettuali relativi e soggettivi. Diversi studiosi si sono cimentati nella costruzione di una storia del marketing, offrendoci differenti rappresentazioni (si consulti anche Wikipedia alla voce *History of marketing*). Secondo un recente studio possiamo identificare cinque momenti chiave (Wilkie e Moore, 2011).

- *Pre-era: pre-marketing* (prima del 1900)
  Il marketing come campo di studi non esiste: prevale l'empirismo e lo scambio è un fenomeno semplice, fortemente geolocalizzato.
- *Era 1: i fondamenti* (1900-1920)
  La distribuzione inizia a focalizzare su di sé l'attenzione: la crescente industrializzazione delle economie avanzate, infatti, impone il problema tecnico-economico dell'efficiente ed efficace copertura del mercato di riferimento. Sotto l'influsso degli studi di economia, s'inizia a prestare attenzione allo scambio di mercato come istituzione economica. Primi corsi universitari, negli Stati Uniti, recanti "marketing" nel titolo.
- *Era 2: la formalizzazione* (1920-1950)
  Si forma il corpo della disciplina "principi di marketing", comprendendovi, oltre ai temi distributivi, il pricing, le tecniche di vendita e di promozione. Nascono, negli Stati Uniti, entità che si riveleranno decisive per lo sviluppo della disciplina: l'American Marketing Association, riviste quali il "Journal of Marketing" e il "Journal of Retailing". Iniziano a tenersi numerose conferenze.
- *Era 3: il cambio di paradigma, il marketing incontra il management e le altre scienze* (1950-1980)
  Il boom post-bellico negli Stati Uniti crea la base empirica per lo sviluppo della disciplina. Emergono due prospettive dominanti: (i) il punto di vista manageriale, che porta i temi del marketing nella *managerial economics*; (ii) l'inserimento delle scienze comportamentali e quantitative, quali basi per il progresso successivo della disciplina.
- *Era 4: la frammentazione del corpo principale* (1980-oggi)
  Il business-world è chiamato a rispondere a nuove sfide che mutano lo scenario: focus sui risultati finanziari di breve termine, downsizing, globalizzazione, re-engineering delle organizzazioni e strutture. Il pensiero del marketing prende diverse direzioni sotto la spinta di: (i) logiche *publish-or-perish* che iniziano a dominare l'accademia; (ii) l'espandersi e frammentarsi dell'infrastruttura concettuale del marketing management.

Lo scambio è dunque un fatto caratterizzante le società umane e attore positivo del loro benessere, materiale e spirituale. La storia ci dice anche, però, che tutto ciò non è accaduto allo stesso modo nel corso del tempo: il cambiamento del mondo, della società e della sua economia, infatti, hanno modificato le coordinate entro le quali tale contributo si è andato via via concretizzando. Esattamente come non si è parlato sempre di marketing, così anche lo scambio ha conosciuto discontinuità rilevanti. È utile, allora, proporre una breve cronistoria che renda consapevoli di come il mercato, e ciò che chiamiamo oggi marketing management, siano evoluti nel corso del tempo. Le strutture e le idee economiche sono sempre e profondamente un prodotto dei tempi e dei luoghi, e se consideriamo il marketing management come la teoria (oltre che la disciplina tecnica) delle relazioni di scambio di mercato, per comprenderla appieno dobbiamo dunque inquadrarla nella propria cornice spazio-temporale. Distingueremo, nel farlo, due grandi archi temporali, esaminandone ciascuno con distinte finalità analitiche:

- l'era dell'*empirismo*, il tempo che dall'antichità si ferma alla maturazione della seconda Rivoluzione industriale, al volgere del XIX secolo;
- l'era della *disciplina*, il tempo che accelera e passa rapidamente attraverso il cosiddetto "secolo breve", il XX, per giungere fino a noi e proiettarci nei nuovi spazi economici del XXI secolo.

Nel primo caso ci proponiamo di individuare e isolare i contenuti primari della disciplina del marketing management, derivanti essenzialmente dalla risoluzione dei problemi pratici che lo scambio ha da sempre presentato ai suoi attori. Nel secondo caso, invece, lo scopo è quello di presentare le grandi discontinuità che hanno interessato il marketing dal Novecento a oggi, rendendo definito e definitivo il suo passaggio da "arte e mestiere" a disciplina a base empirico-scientifica.

Figura 2.1

Una story-line dello scambio: da commercio a marketing.

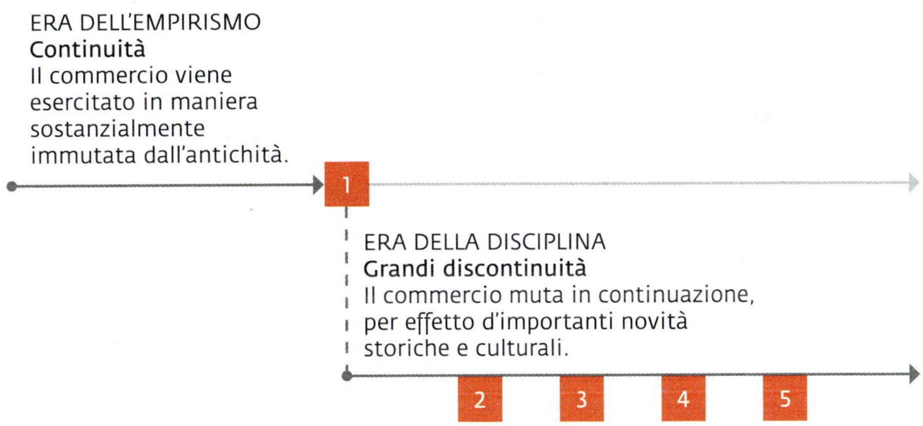

1 Mercantilismo e Rivoluzione industriale (XVII-XVIII secolo)
2 Nascita del management (XX secolo)
3 Incontro con la psicanalisi (1930 circa)
4 Assemblaggio di Philip Kotler (1967, prima edizione del manuale *Marketing management*)
5 Rivoluzione digitale (1985, Windows 1.0)

2.1.1 L'era dell'empirismo

I reperti archeologici raccontano molto spesso degli scambi che avvenivano tra comunità umane anche molto distanti fra loro: i Fenici, gli Etruschi, i Greci e, prima ancora, le comunità nomadi del bacino del Mediterraneo, erano frequentemente dediti al baratto reciproco. Del pari, le grandi città-Stato, come Atene e Roma, popolate da centinaia di migliaia di persone, dovevano risolvere problemi di approvvigionamento straordinari per l'epoca, e si attrezzavano a farlo con perizia sorprendente. Il porto di Ostia Antica offre ancora oggi la visione dei magazzini di stoccaggio per le materie prime (p.e. grano e frumento) provenienti dalle province dell'impero. Quelli che oggi chiamiamo Mercati traianei, sulla via dei Fori imperiali di Roma, stupiscono per la loro modernità, mostrandoci la struttura di un vero e proprio centro direzionale e commerciale al dettaglio del II secolo d.C.; prime forme di insegne commerciali sono rinvenibili già nei mosaici che ornavano l'ingresso delle botteghe poste al piano terra delle *insulae* (gli antichi condomini abitativi). Era, tutto questo, marketing, così come lo intendiamo oggi? Certamente no, ma richiamarli all'attenzione serve a farci riconoscere l'esistenza di alcuni problemi pratici, tipici dell'attività di scambio, che l'uomo si è impegnato a risolvere da sempre, con i soli limiti dei mezzi tecnici a sua disposizione. Vediamo quindi, calandoci in un immaginario scenario commerciale dell'antichità classica romana, quali sono le problematiche fondamentali dello scambio di sempre.

Focus I fondamentali tecnici del marketing

Logistica. Le *commodity*, ovvero i prodotti base per la sopravvivenza alimentare, arrivavano a Roma da luoghi lontani. I produttori locali dovevano innanzitutto risolvere il problema di come trasportare le merci fino all'Urbe. Per far questo, occorreva disporre di *mezzi* di trasporto, *contenitori* (le anfore erano i "pallet" di una volta), *magazzini* dove stipare i carichi nei luoghi di arrivo dei trasporti.

Distribuzione. L'Urbe aveva un porto dotato di enormi *magazzini* destinati ad accogliere i grandi carichi di merce provenienti da ogni parte dell'impero. Lì ciascun carico veniva stipato e poi frazionato in lotti più piccoli, a loro volta distribuiti agli *ambulanti*, ai *bottegai*, ai proprietari delle *taverne* e via dicendo (oggi diremmo *dettaglianti* o *retailer*, e *operatori ho.re.ca.*). Tutto questo insieme formava la rete commerciale di distribuzione dei prodotti, completa di entità che oggi chiamiamo *all'ingrosso* e *al dettaglio*.

Venditori. Anche il mondo antico era pieno di persone che facevano della vendita il proprio mestiere, sviluppando una competenza (empirica) straordinaria nell'arte di persuadere il prossimo. Vi è sempre stata, ci diverte sottolinearlo, una certa riprovazione sociale al mestiere del *mercante* (oggi diremmo *imprenditore commerciale* e *ausiliare del commercio*), tant'è che i venditori romani erano chiamati a condividere il loro nume tutelare, il dio Mercurio, con i ladri.

Prezzo. Un prezzo è sempre esistito, così come anche il tentativo, da parte del venditore, di spuntarlo quanto più alto possibile (magari magnificando oltre misura la qualità delle merci, come sopra descritto), mentre il compratore agiva nel senso inverso. Da sempre, perciò, si sono avute quelle che oggi chiameremmo "strategie" e "tecniche" di fissazione del prezzo, orientate a spuntare il massimo guadagno e, al minimo, coprire tutti i costi. Ricorda John Galbraith che, da sempre, «nulla ha impegnato l'attenzione degli economisti quanto la necessità di convincere la gente che il prezzo dato dal mercato possiede una giustificazione superiore a ogni preoccupazione di natura etica» (Galbraith, 1994).

Personalizzazione del prodotto. Cosa ci si scambiava nell'antichità? Prodotti semplici e meno numerosi di oggi: materie prime per l'alimentazione di base (che era semplice e certo non equilibrata), abiti, armi, qualche suppellettile, scarpe e poco altro. Gli artigiani operavano sul mercato locale – la toponomastica delle città lo ricorda ancora, come a Roma con via dei Cappellari, o dei Cartari – e adattavano il prodotto alle specifiche esigenze espresse dal compratore (oggi parliamo di *customizzazione* o *tailor-made*).

Marca e pubblicità. L'una senza l'altra perde senso. La marca dell'antichità, però, non assomigliava in niente a ciò che il termine oggi denota: era semplicemente l'identificativo del produttore (*Antoninus fecit*) o del venditore. Era un segno sostanzialmente sempre coincidente con il nome dell'artigiano – o del venditore. La pubblicità, intesa come diffusione della conoscenza di una data marca, svolgeva il proprio ruolo di "anima del commercio" in maniera semplice ed essenziale.

Ricerca di mercato. Cosa facevano i grandi mercanti dell'antichità, attraversando il mondo allora conosciuto, se non appunto "ricercare" continuamente nuovi mercati di sbocco per le merci prodotte altrove? Esaurite le possibilità di vendita dei prodotti nel medesimo luogo in cui venivano realizzate, la spinta naturale e istintiva è sempre stata quella di cercare altri luoghi e altri compratori. Il mondo non è cambiato un granché, da questo punto di vista, e la ricerca di mercato, in senso stretto, rimane ancora questo.

Logistica, distribuzione, tecniche di vendita e agenti di commercio, prezzo, marca e pubblicità, ricerca di mercato: tutti elementi, questi, che sono sempre esistiti, perché legati alla risoluzione dei problemi pratici e concreti dello scambio di merci. Chiunque fosse dedito alla produzione e al commercio, dall'antichità fino sostanzialmente all'alba del XIX secolo, possedeva un certo grado di competenza pratica in tutte queste cose. Era una competenza, un saper fare, di stampo prettamente empirico: non esistevano ovviamente *business school*, né corsi di laurea legati all'insegnamento di queste cose, né tantomeno una ricerca scientifica applicata. Spesso, se non sempre, il know how si tramandava di padre in figlio, o si imparava "a bottega". L'economia dei servizi è, a quei tempi, ancora ben lontana e infatti ci si scambiano merci – commodity e manufatti artigianali. Il sistema, inoltre, è caratterizzato da una situazione nella quale l'offerta vende tutto ciò che produce, per cui il "marketing" è sostanzialmente chiamato a gestire la *vendita* – ovvero il semplice collocamento fisico sul mercato dei prodotti. Sono inoltre percentualmente pochi – rispetto alla popolazione – i soggetti in possesso dei mezzi economici che consentono loro di essere acquirenti (oggi diremmo, *consumatori*). La maggior parte delle persone vive infatti in uno stato di sostanziale sussistenza: le case sono piccole e disadorne, l'alimentazione squilibrata e semplice, ci si veste per coprirsi e con poche cose; quelli che oggi chiameremmo *stili di vita* appaiono, all'uomo odierno, essenziali e miserrimi – anche culturalmente.

"A bottega" ovvero corporazioni delle arti e mestieri

In Italia, intorno al XIII secolo, iniziarono a formarsi delle associazioni fra artigiani, che si davano delle regole finalizzate ad assicurare una certa qualità standard minima alle loro produzioni. La *regola dell'arte*, era un primordiale – ma efficace – disciplinare cui i produttori dovevano attenersi, e formalizzava perciò un preciso know how produttivo.

Commodity

Un prodotto le cui caratteristiche funzionali non riescono a indurre nel compratore la percezione dell'esistenza di una differenza di valore fra le varietà del prodotto stesso. Prodotto banale, le cui chance di vendita sono sostanzialmente legate al vantaggio di prezzo che si riesce a offrire.

> A ben vedere, i prodotti venivano ceduti più che venduti [...]. Esisteva (nell'antichità e nel medioevo) qualcosa di lontanamente assimilabile a ciò che oggi chiamiamo *mercato*, solo che, non costituendo la norma nelle relazioni quotidiane, non richiamava una particolare attenzione, né richiedeva spunti di riflessione. (Galbraith, 1994)

2.1.2 La prima grande discontinuità

Quanto fin qui descritto racconta di un'economia che, nella sua semplicità, governa i propri mercati sostanzialmente nel medesimo modo lungo un arco temporale ampissimo, fatto di molti secoli. Il tempo scorre lentamente nel passato. I mercanti e gli artigiani tramandano di padre in figlio il sapere empirico necessario a gestire degli scambi semplici, che continuano ad avvenire nelle medesime condizioni.

Nel Seicento, in Europa, le cose iniziano a cambiare, e si avvia quel cambiamento di mentalità – e conseguentemente di comportamenti, strutture e relazioni sociali – cui gli storici daranno il nome di *mercantilismo*. È quello un passo fondamentale dell'avvicinamento del mondo economico del passato a quello del presente, grazie al cambiamento di mentalità che produce, e al nascere di due soggetti che si riveleranno fondamentali: la banca e la società anonima. È un fenomeno, il mercantilismo, che prepara il terreno – assieme all'Illuminismo e alla Rivoluzione scientifica – all'ultima parte del XVIII secolo, quando in Inghilterra e nella Scozia meridionale avrà inizio la cosiddetta Rivoluzione industriale. Si modificano lì alcuni parametri fondamentali dei sistemi economici: la produzione assume una scala dimensionale considerevole a costi contenuti, il lavoro si specializza, il produttore assume dimensioni e forme organizzative più complesse di quella artigianale, e l'organizzazione

Società anonima

È la categoria giuridica che racchiude quelle società non identificabili con una persona fisica, come le Società per Azioni e le Società a Responsabilità Limitata.

Rivoluzione industriale

Processo di evoluzione economica che da un sistema agricolo, commerciale e artigianale porta a un sistema industriale moderno, caratterizzato dall'uso generalizzato di macchine azionate da energia meccanica, e dall'utilizzo di nuove fonti energetiche inanimate (come combustibili fossili).

produttiva, quella che oggi chiamiamo *impresa*, assume forme sempre più articolate e complesse. Si badi che ciò che qualifica un'organizzazione produttiva di persone come impresa è un fatto: l'intenzione di cedere a terzi la produzione realizzata, dietro corresponsione di una contropartita che può essere in denaro o in natura, cioè la vendita. In altri termini, se una famiglia coltiva il proprio terreno agricolo per trarne dei frutti che consuma direttamente, non esercita l'attività d'impresa; se invece cede questi frutti a un terzo, dietro pagamento, allora è un'impresa. Quest'ultimo aspetto dell'attività d'impresa – e la sua estrinsecazione, lo scambio – costituisce il contesto socioeconomico di tutto quello che chiamiamo *marketing management*.

Focus Impresa product-oriented e market-oriented

Un'organizzazione produttiva oggi non può considerare solo la produzione come fulcro della propria attività, senza tributare una (almeno) analoga attenzione al tema della vendita di questa produzione. Esistono epoche, mercati e imprese per le quali i temi produttivi hanno il sopravvento su quelli commerciali – sono le cosiddette imprese *product-oriented*. Ma esistono anche epoche (l'attuale), mercati e imprese che esprimono la gerarchia esattamente opposta – sono le cosiddette imprese *market-oriented*. Esempio della prima categoria sono le imprese vitivinicole che realizzano i prodotti seguendo il disciplinare della denominazione d'origine (p.e. il Brunello di Montalcino che impone l'uso di una sola uva e il suo invecchiamento per cinque anni) e poi si attrezzano per vendere gli output così generati; esempio del secondo tipo è la Procter & Gamble, che produce shampoo differenti per differenti tipologie di esigenza del consumatore (capelli grassi, con forfora, lavaggi frequenti ecc.).

La Rivoluzione industriale unisce, per la prima volta nella storia dell'uomo, un gran numero di persone nello stesso luogo, la fabbrica, per far loro produrre manufatti. Gli imprenditori, alle prese con problemi di gestione del tutto nuovi e di grande complessità, iniziano a trovarsi alle prese con formidabili temi organizzativi: come mettere assieme centinaia di persone, dividendo il lavoro fra di loro affinché ciascuno sia specializzato in una certa attività, e facendo al contempo in modo che tutti, indistintamente, si marci insieme nella medesima direzione? Il problema era di tipo nuovo. Nessuno mai, in nessun luogo, si era trovato alle prese con questo problema, per cui era impossibile copiare soluzioni adottate da altri. Si ricorse dunque all'analogia col mondo militare. Nelle prime *business school* statunitensi, s'iniziarono così a studiare i testi dei grandi strateghi militari del passato per trarne gli insegnamenti da applicare, *mutatis mutandis*, ai nuovi problemi dell'organizzazione. Gaio Giulio Cesare (*De bello gallico*), Carl von Clausewitz (*Della guerra*), Sun Tzu (*L'arte della guerra*), libri best seller mondiali ancora oggi, furono assunti come testi di studio e fondamentali riferimenti culturali.

L'avvento e la prima maturazione della Rivoluzione industriale, in sintesi, generano le condizioni perché il commercio non sia mai più lo stesso del passato. La scala dimensionale delle problematiche connesse al circuito produzione-scambio, e la varietà delle stesse, si accrescono enormemente, e in pochi decenni. Il sapere empirico mostra le sue corde: gestire attività economiche "moderne" richiede un sapere codificato, conoscenze, un know how che non è più possibile affidare solo all'esperienza e alla traduzione di padre in figlio, da "padrone" a "garzone". Serve di più.

2.1.3 La nascita del management

Scivoliamo rapidamente nel XIX secolo e assistiamo alla nascita di quel movimento intellettuale e tecnico-culturale che chiamiamo *management*: un corpus di conoscenze codificate e organizzate, che servono essenzialmente a supportare l'imprenditore e i suoi collaboratori più stretti (i manager) a gestire quella ormai complessa macchina organizzativa costituita dall'impresa:

Pochi prodotti, come l'acqua minerale, esprimono il livello di sofisticazione del consumo raggiunto dalle società ricche di oggi.

> In ultima analisi, *management* significa sostituzione del pensiero ai muscoli, della conoscenza alla superstizione e al folclore, della collaborazione alla forza individuale; [...] è la disciplina che si occupa della comprensione e del miglioramento delle conoscenze sulla gestione delle risorse per il raggiungimento degli scopi umani. (Drucker, 2007)

Mettiamo dunque assieme un "nuovo" soggetto economico predominante (l'impresa), un "nuovo" modo di pensarne la gestione (il management), delle "nuove" possibilità tecniche di produzione (la fabbrica), e otteniamo una gran quantità di merci che devono trovare dei mercati di sbocco. Questo mix costituisce la premessa alla trasformazione della gestione del commercio da sapere empirico a disciplina: è *humus* e seme di quella pianta che oggi è un robusto, alto e ramificato albero (il *marketing management*). Con l'avvento del management l'attenzione dell'impresa manifatturiera, che ne è la protagonista storica, si rivolge alle istituzioni che rappresentano per essa il *mercato*, ovvero (vedi figura 1.4): (i) il *mercato intermedio*, dato dagli operatori della distribuzione; (ii) il *mercato finale*, dato dagli acquirenti e utilizzatori finali dei prodotti. Si analizzano dunque i mercati di sbocco, tributando un'attenzione particolare al governo delle istituzioni che collegano l'impresa al mercato, in primis grazie ai canali della commercializzazione.

2.1.4 Arriva la psicologia

I decenni corrono nel "secolo breve", soprattutto negli Stati Uniti dove, per evidenti ragioni di dimensione e di (sostanziale) contiguità culturale, i perimetri dei mercati di scambio hanno sin da subito una "taglia" continentale e non meramente nazionale. L'economia industriale si sviluppa rapidamente, sia per quantità che per varietà di manufatti realizzati, e iniziano anche le prime critiche al marketing:

> Alcuni uomini di scienza, alleandosi con la pubblicità, le hanno fornito potentissimi e paurosi strumenti. [...] L'impiego della psicanalisi di massa, nelle grandi offensive di persuasione, sta ormai alla base di un'industria multimiliardaria. [...] La conversione della pubblicità commerciale ai nuovi metodi fu in gran parte dovuta alle numerose

difficoltà che l'industria americana incontrava nel persuadere i consumatori ad assorbire interamente la produzione: (i) la più esasperante era costituita dal comportamento in apparenza capriccioso e imprevedibile del pubblico; (ii) d'altro lato un'altissima percentuale dei beni di consumo non sembrava più, nel 1955, soggetta alla domanda immediata e urgente del pubblico; (iii) un'altra gravissima circostanza che spingeva l'industria americana a cercare nuovi e più potenti mezzi di persuasione era la standardizzazione dei processi di produzione e la somiglianza sempre più accentuata tra i prodotti delle varie case che ne deriva. (Packard, 1989)

Con la nascita di questo nuovo approccio metodologico, lo scambio di mercato muta definitivamente pelle e non sarà mai più lo stesso.

2.1.5 Philip Kotler

Quattro P

Le quattro P sono le "leve" sulle quali l'impresa deve poggiare il proprio rapporto con il mercato di riferimento: *Product* (il *sistema prodotto*, comprendente il prodotto, il brand, i servizi accessori), *Placement* (la collocazione del prodotto nei punti vendita), *Promotion* (la promozione commerciale, fatta dalla comunicazione ma anche dai venditori), *Price*.

Marketing mix

La miscela di variabili controllabili dall'impresa e da essa usate per raggiungere il desiderato livello di vendite nel mercato di riferimento. L'ottimizzazione del marketing mix è raggiunta assegnando a ciascuna leva un ammontare del budget complessivo disponibile e misurandone i ritorni in termini di vendite, profitti, o altri indicatori.

Bisogni e desideri

Il bisogno (*need*) è uno stato di carenza ed esprime quindi una necessità – dai *primari* (bere, mangiare), a quelli *secondari* (appartenenza, realizzazione dell'io). Il desiderio (*want*) è una specificazione del bisogno in un prodotto – ad esempio un panino per la fame, un'auto di lusso per l'autoaffermazione.

Nel 1967 prende le stampe la prima edizione di un libro, *Marketing management*, che molti sono soliti definire (con enfasi francamente un po' fuori luogo) "Bibbia" del marketing. Per quale ragione inserire in un'esposizione storica finora costellata di accadimenti una persona fisica è presto detto: a Kotler, economista con PhD al Massachusetts Institute of Technology, va ascritto il merito di aver messo a sistema, in un'architettura intellettuale completa e congruente, di facile accessibilità e grande efficacia espositiva, alcune idee, metodi, tecniche e approcci, etichettando il tutto come *marketing management*. L'ha fatto incastonando sul corpo centrale della teoria economica i seguenti temi.

- Il *management*: Kotler è nordamericano e scrive rivolgendosi alle grandi corporation manageriali statunitensi, strutturate già dagli anni Sessanta in maniera formale, abituate a ragionare per piani, programmi e, in seguito, a pensare per strategie.
- La *psicologia* e la *sociologia*: il capitolo sul comportamento del consumatore costituisce una novità culturale importante degli studi aziendalistici, dapprima orientati a letture più deterministiche dei fatti economici e commerciali, e sostanzialmente solo interne al sistema d'offerta.
- Le *tecniche* e i *metodi* del mestiere: Kotler non dimentica il sapere empirico e si preoccupa di descrivere le strumentazioni analitiche, decisionali e attuative che ritiene utili alla gestione delle problematiche di scambio.
- Le *idee altrui*: Kotler è un "grande assemblatore" di idee formalizzate da altri. La sua forza è quella di aver saputo comporre nel proprio sistema logico una serie di idee altrui: il celeberrimo *paradigma delle* quattro P, ad esempio, appartiene a Jerome McCarty; la fortunata espressione marketing mix si deve a Neil Borden, la segmentazione della domanda (▸ Capitolo 9) a John Smith. Egli fa anche un abbondante uso di matrici logico-analitiche altrui (p.e. "prodotto/mercato" di Igor Ansoff, "portafoglio" del Boston Consulting Group e della McKinsey) (▸ Capitolo 10). Il concetto di bisogno è introdotto con riferimento al modello della "piramide" di Abraham Maslow.

Philip Kotler cambia, in sostanza, il modo in cui la dialettica produzione-vendita viene interpretata e gestita da intere generazioni di manager e studiosi, e quindi da imprese. I suoi manuali, tradotti nelle principali lingue del mondo e abbondante-

L'"essere digitali" ha rivoluzionato il mercato – turismo e industrie creative in primis – offrendo anche la possibilità ai consumatori di influenzare gli acquisti degli altri, attraverso il meccanismo del giudizio: iTunes ne è un chiaro esempio.

mente replicati in più edizioni, hanno costituito per oltre cinquant'anni la spina dorsale della disciplina, e tuttora sono molto utilizzati e presi a riferimento. Possiamo sicuramente dire che, analogamente a quanto accaduto per la Rivoluzione industriale e per la psicanalisi, a Philip Kotler può attribuirsi il ruolo di colui che ha fatto compiere alla disciplina degli scambi un vero e proprio "salto quantico" culturale. Il suo lavoro, lo ribadiamo, non fu una "luce nel buio", ma l'invenzione di un *framework* nel quale sistematizzare un ricco fermento d'idee che, dagli anni Cinquanta, calcava la realtà economica nordamericana.

2.1.6 Being digital

L'ultima rilevante discontinuità che investe storicamente il marketing è senza dubbio la rivoluzione digitale così introdotta da Nicholas Negroponte oltre venticinque anni fa:

> Il cambiamento da atomi in bit è inarrestabile [...] Alcuni si preoccupano del *social divide* tra i ricchi e i poveri, fra chi possiede informazione e chi non, fra il primo e il terzo mondo. Ma il vero *divide* è culturale e generazionale. [...] Sono ottimista perché il passaggio ai bit porterà grandi vantaggi: decentralizzazione, armonizzazione (dei linguaggi), globalizzazione e aumento del potere delle persone o empowerment (Negroponte, 1995).

Digitalizzazione

La trasformazione di un'immagine, un suono, un documento in un *formato digitale* – espresso da un codice binario – e interpretabile da un computer. La rivoluzione digitale è l'estensione di questo codice a una varietà enorme di prodotti, capaci di comunicare fra loro.

La rivoluzione digitale è cronaca dei giorni nostri (▸ Capitolo 3): sebbene essa abbia preso il via ormai diversi lustri addietro, è solo oggi che sta iniziando a destrutturare il vecchio in maniera evidente, e a farci intravedere nuove prospettive evolutive. I *social media*, le *app* e i *blog* modificano i circuiti di creazione e trasmissione dell'informazione (anche) commerciale (▸ Capitolo 18); gli *smartphone*, i *tablet* e le *connected TV* forniscono i primi assaggi hardware di un futuro che promette di essere always on, sempre connesso, con indubbi riflessi sui modi del commercio, elettronico o meno che sia, e di relazione (▸ Capitolo 16). È indubitabile che il marketing management sarà profondamente trasformato da questi processi in atto e si andrà sempre più presentando come quello che è: una miscela sempre in evoluzione, con elementi di continuità rispetto al passato e sempre nuovi elementi di discontinuità, figli cioè della contemporaneità e proiettati verso il mondo nuovo.

2.2 Market-*ing*: la continuità

Il temine *marketing* è composto da due parti: la parola *mercato* e il suffisso *ing* che, come noto, esprime il modo gerundio. In inglese esso viene utilizzato sia in alternativa a un sostantivo, sia per denotare un preciso aspetto temporale di una data azione: la continuità. Proprio su quest'ultima intendiamo soffermare l'attenzione, in quanto ci offre l'occasione per avanzare una prima, fondamentale considerazione generale che riguarda la gestione del marketing: la sua necessaria, imprescindibile *continuità temporale*. Detto in altri termini: non si può cessare d'investire sul mercato. Se lo si fa, il mercato inevitabilmente si spegnerà.

Focus Una "legge" del mercato: la continuità

Il mercato, lasciato a se stesso, si esaurisce, fino a scomparire.

Ciascuna impresa, una volta che si è creata il proprio spazio di mercato, deve investirvi con apprezzabile continuità e persistenza nel tempo. In mancanza di ciò, il combinato disposto dell'operato dei concorrenti, del mutamento della domanda finale e dei comportamenti degli operatori distributivi, ne erode le basi.

Esempio. Gli anni Settanta vedevano l'assoluto predominio di mercato da parte delle marche italiane dell'abbigliamento sportivo: Fila, Sergio Tacchini, Ellesse, Australian, per citarne le principali, erano signori del mercato, grazie a un efficace mix di politiche di prodotto e marketing. L'incapacità di seguire il ritmo imposto dai competitor al business – su tutti la "giovane" Nike – determinò, in ultima istanza, la loro marginalizzazione.

Metafora. Il mercato, per la singola impresa, è un po' come un fuoco: ci si mette un po' per attizzarlo e, una volta avviatolo, occorre prestargli cure continue, alimentarlo e seguirlo. Se non si fa tutto ciò, il fuoco pian piano si spegnerà.

In questo senso, marketing sta a indicare che il "fare mercato", ovvero l'azione che l'impresa porta avanti nello *spazio* che ha eletto a proprio ambito competitivo, deve avere persistenza nel *tempo*. La dinamicità che caratterizza la gran parte dei mercati consumer attuali, diversamente, esporrebbe il mercato dell'impresa "inerte" a un elevato rischio di chiusura, dovuto ai seguenti fattori.

- *Erosione delle basi di valore dell'offerta*: il compratore non considera più l'offerta attrattiva, perché superata, anche in considerazione delle offerte concorrenti. Essa è indotta dall'*obsolescenza* dei prodotti, che può avere natura *tecnica* (prestazioni non più all'altezza di quelle dei nuovi prodotti, il vinile sparisce quando nasce il CD) e *commerciale* (effetto moda ed esaurimento della spinta-novità, nessuno compra più il cubo di Rubik).
- *Depauperamento del patrimonio di marketing*: il compratore non presta più attenzione alle offerte di prodotto, perché non stimolato a farlo. Questo depauperamento si ravvisa nella perdita di presenza e visibilità nei punti vendita, nel decadimento culturale e sociale dei significati contenuti nei valori di marca – notorietà e immagine su tutti – e nell'affievolimento della base clientela.

Non prestare la dovuta attenzione al principio della continuità può dunque rivelarsi altamente rischioso per le sorti di qualsiasi mercato. Le imprese ne sono ovviamente ben consapevoli, tanto che è possibile rintracciare, nella concreta realtà economica, il segno palese dell'attenzione che esse dedicano al rispetto del principio di continuità (▸ Focus "Una legge del mercato: la continuità"). Ma su cosa s'incentra l'attenzione delle imprese che "fanno mercato"? Concretamente, qual è il contributo del marketing alla gestione dell'impresa? La risposta può essere ricondotta schematicamente a quattro punti, richiamati nella tabella 2.1.

Tabella 2.1
La continuità nel marketing.

Elementi di continuità	Area d'investimento prioritario
Innovazione percepita dell'offerta	Produzione (Capitoli 12 e 13)
Ricordo della marca	Comunicazione ed Engagement (Capitoli 13, 17 e 18)
Reperibilità dei prodotti e *accesso* ai servizi	Distribuzione, logistica, succursali, infrastruttura digitale (Capitoli 19 e 20)
Relazione con la clientela acquisita	Customer Relationship Management (Capitoli 16 e 21)

Il concetto sottostante è molto semplice. La continuità temporale dell'azione di mercato dell'impresa si ha quando siano realizzate le quattro condizioni indicate nella colonna sinistra della tabella. Ciò significa, a ben vedere, che gli investimenti aziendali che producono effetti significativi sul mercato sono principalmente quelli che si dirigono su: (i) il prodotto (bene o servizio che sia), affinché non sia mai percepito come "polveroso" e superato; (ii) i canali di relazione (comunicativa e di scambio) con la clientela, sia prospettica (assicurandosi il ricordo di marca) sia acquisita (stimolandone la fedeltà e il valore); (iii) la creazione delle condizioni affinché l'acquirente possa effettivamente entrare in possesso del bene, o godere della prestazione di servizio, laddove egli si trovi.

2.2.1 Innovazione di prodotto

Una premessa è d'obbligo: come meglio si vedrà nel capitolo dedicato (▸ Capitolo 12), in economia si è soliti parlare di prodotto come di "un generico *output* di un processo di trasformazione produttiva". Se esso è prevalentemente materiale, si parla di bene, se immateriale di servizio. Parleremo quindi di prodotto quando i concetti relativi siano indifferentemente validi per i beni e per i servizi; diversamente avremo cura di specificare quale sia la fattispecie in esame. Ciò posto, possiamo procedere.
L'innovazione di prodotto che veramente conta, nei mercati, è quella *percepita*, ovvero il dotare l'offerta di connotati di discontinuità, rispetto a quelli del passato, che siano facilmente riconoscibili e/o identificabili dall'acquirente. Un rinnovamento del concept di prodotto non adeguatamente dichiarato, né effettivamente riscontrabile da parte del consumatore, infatti, è come se non fosse mai stato effettuato. Nel comparto del largo consumo, per fare un esempio, abbondano i casi ove si dichiara esplicitamente – diremmo quasi "ad alta voce" – l'innovazione apportata: "nuova formula arricchita", o "nuova confezione salvafreschezza", sono dizioni che si appongono sulle scatole a richiamare l'attenzione del compratore. Un altro esempio è fornito dai beni di consumo durevole, in particolare dagli elettrodomestici, dove operazioni di rinnovamento parziale delle gamme sono condotte con una frequenza temporale maggiore di quella che si ha nelle innovazioni sostanziali di prodotto – come, ad esempio, l'uso di nuove componenti *energy saving*. In questi casi, dove si modificano perlopiù aspetti estetico-formali dei prodotti, si parla spesso di operazioni di tipo *face lifting*, una dizione che non ha bisogno di ulteriori commenti.

Concept di prodotto
Idea di prodotto, nuovo o rinnovato, dell'impresa. Rappresenta l'interpretazione della categoria che il produttore esprime sul mercato (▸ Capitolo 12).

Focus L'orientamento delle imprese: produzione e prodotto

Perché le imprese di un dato settore non si comportano allo stesso modo? Cosa guida il modo in cui un imprenditore conduce la propria impresa sui mercati?
Una delle possibili risposte a queste domande è: l'occhio con il quale il *decision maker* aziendale guarda alla propria attività, il modo in cui questi vede integrarsi le due anime fondamentali dell'impresa – la produzione e il mercato – e la gerarchia d'importanza che stabilisce fra di loro. Si parla, a tal proposito, di "orientamento delle imprese".

Orientamento alla produzione
L'impresa vive su una profonda cultura ingegneristico-produttiva che ne concentra gli sforzi su alcuni obiettivi gestionali: efficienza degli stabilimenti e contenimento massimo dei costi produttivi. I programmi di mercato sono incentrati sulla distribuzione, capillare (rispetto alla domanda da servire) ed efficiente anch'essa, affinché i prodotti possano avere dei prezzi bassi, e su un po' di comunicazione di massa, per informare gli acquirenti dell'esistenza dell'offerta.
Esempio. Philip Kotler segnala che «questo orientamento ha senso nei paesi in via di sviluppo, dove i consumatori sono più interessati a ottenere un dato prodotto, che alle sue caratteristiche» (Kotler, 2004).

Orientamento al prodotto
L'impresa ritiene di essere in grado di generare prodotti di qualità e prestazioni eccellenti – superiori a quelle dei concorrenti – e che i compratori siano sostanzialmente in grado di percepire, riconoscere e apprezzare tutto ciò. L'idea che si ha del mercato è che questo sia capace di premiare i migliori prodotti con quote superiori, o accettando prezzi superiori (i cosiddetti *premi di prezzo*). Tutti gli sforzi (e gli investimenti) sono quindi concentrati – talvolta in modo narcisistico – sul prodotto, destinando ai programmi di mercato il minimo indispensabile per raggiungere i compratori.
Esempio. Molti produttori di Brunello di Montalcino – il più prestigioso vino italiano nel mondo – si ritengono in grado di fare un prodotto eccezionale e pensano che, affinché questo sia acquistato al prezzo (elevato) da loro richiesto, sia sufficiente andare a una fiera una volta all'anno e organizzare qualche presentazione ai clienti. Si ritiene, in sostanza, che "si venda da sé".

2.2.2 Reperibilità e accesso

La continuità dell'azione di mercato è facilmente riscontrabile osservando un altro genere di comportamento operativo delle imprese. È evidente a tutti, senza dover essere esperti della materia, che alcuni beni di grande e ricorrente consumo – pensiamo ai Ferrero Rocher – siano diffusi praticamente ovunque in Italia: dal piccolo centro montano al grande agglomerato urbano, dall'ipermercato al minuscolo negozio tradizionale a conduzione familiare, non vi è praticamente punto vendita alimentare (e non solo) nel quale non sia presente qualche cioccolatino del produttore piemontese. Fin qui (sembra) tutto normale, ma non è tutto qui. Tale "capillarità spaziale" è anche costante nel tempo, nel senso che nessun cliente nutre alcun dubbio sul fatto che quella data marca di cioccolata si ritroverà in quel punto vendita anche il giorno dopo, e anche dopo una settimana e così dopo un mese e via dicendo. Grazie a questa aspettativa, nessuno di noi si ritrova nella sgradevole condizione di dover "fare incetta" di scorte alimentari nei negozi quando vi entra. Il punto è che tale dinamica non avviene "per grazia divina", né per meccanica naturale. È vero che noi consumatori siamo abituati a dare per assolutamente acquisito il fatto che la distribuzione dei Ferrero Rocher sia costante nello *spazio* e nel *tempo*. Tale certezza, però, la possiamo nutrire solo perché il produttore piemontese destina ingenti risorse – umane, tecniche e finanziarie – a che ciò avvenga. E lo fa con continuità, senza mai interrompersi.

Focus — L'orientamento delle imprese: vendita

Si è visto che vi sono imprese guidate da spirito e cultura produttiva – una visione sostanzialmente "introversa" dell'attività d'impresa, che considera il mercato solo secondariamente. Vi sono, anche nel medesimo settore, delle imprese che ribaltano il loro punto di vista, seguendo una sensibilità diversa, più attenta all'esterno.

Orientamento alla vendita
L'impresa ritiene che la domanda, se non adeguatamente stimolata e pressata, non sia sufficientemente capiente. Si produce ciò che si sa fare, e poi la vendita di tali prodotti diviene una conseguenza della capacità dei programmi di mercato di persuadere i compratori a sceglierli. Si suppone l'esistenza di una relazione causale fra l'aggressività dell'investimento in marketing – sostanzialmente comunicazione, distribuzione e forza vendita – e gli acquisti da parte dei consumatori, tale che al diminuire del primo, i secondi andranno certamente a calare.

Esempio. È un habitus tipico dei mercati dove vi sia eccesso di capacità produttiva, e dove l'incremento delle vendite generi economie di scala e apprendimento, tali da rinforzare la forza competitiva dell'impresa. Ne sono esempio più o meno tutti i grandi *mass marketer*, dai provider di telefonia (che ricorrono intensivamente a spot, inserzioni pubblicitarie, email e call center), a molti brand leader del largo consumo o dell'*automotive*.

In sostanza, quindi, ogni impresa deve preoccuparsi di dare continuità temporale e spaziale all'accessibilità della propria offerta da parte dei compratori – come vedremo nei ▸ Capitoli 20 e 21 per i beni, e nel ▸ Capitolo 25 per i servizi. La mancata efficacia dell'azione dell'impresa su questo obiettivo genera il fenomeno noto come *out of stock* (rottura di assortimento), cioè l'assenza del prodotto/brand nel punto vendita, se si tratta di un bene, oppure la mancata accessibilità a un servizio. Avere *out of stock* significa non generare una vendita, e perciò anche vanificare tutti gli investimenti fatti, ad esempio, in comunicazione commerciale.

La continuità temporale della presenza sul mercato viene ribadita spesso nei messaggi pubblicitari. Essa fonda un particolare valore di marca: l'heritage del brand (▸ Capitolo 13).

2.2.3 Ricordo di marca

Passiamo al terzo degli "ingredienti" della continuità dell'azione di marketing, illustrati nella tabella 2.1. Interbrand, la più rinomata agenzia di valutazione dei marchi, colloca stabilmente Coca Cola al primo posto della propria speciale classifica dei brand internazionali, stimandone il valore in svariate decine di miliardi di dollari. Tale importo di denaro, si noti per inciso, non è relativo all'impresa tutta (quindi ai suoi impianti, mezzi di trasporto ecc.), bensì solamente alla marca che l'impresa detiene e gestisce. Ciò posto, guardiamo al fenomeno: non passa praticamente giorno senza che un cittadino di una qualunque nazione mediamente civilizzata non si trovi a incrociare lo sguardo con il brand in questione; spot televisivi e radiofonici, maglie di atleti sponsorizzate, ombrelloni e frigoriferi nei bar, affissioni in-store e per le strade, inserzioni e blitz sulle pagine web e via dicendo, presentano costantemente al nostro sguardo il brand biancorosso di Atlanta. Vedremo approfonditamente questi aspetti nel ▸ Capitolo 13.
Anche in questo caso ci troviamo a verificare l'esistenza di un aspetto *spaziale* – l'apposizione del brand praticamente ovunque – e di uno *temporale* – il fatto che questa operazione non cessi praticamente mai. Evidentemente, anche in questo caso, tutto ciò non è spontaneo: la creazione di questa continua presenza ubiquitaria del proprio brand costa un notevole impegno di risorse all'impresa

Il mercato dei fumetti è alle prese con la sfida digitale. "Topolino" è un esempio di successo.

proprietaria del brand. Avremo modo di capire (▸ Capitolo 13 e 18) che l'esistenza nella popolazione d'interesse di un livello di ricordo della marca sempre elevato accresce in maniera importante la probabilità che questi ne acquistino i prodotti. È importante sottolineare fin da subito che l'attenzione alla creazione di conoscenza di una marca (e magari dei prodotti che essa presenta sul mercato), e al mantenimento di un elevato livello del suo ricordo nel tempo, costituisce la colonna vertebrale dell'azione operativa di marketing, in quanto tutti noi tendiamo – per distrazione, disinteresse e altro ancora – a dimenticare le marche. Nulla di nuovo: tutto ciò era ben noto già ai nostri avi, quando solevano dire che "la pubblicità è l'anima del commercio".

2.2.4 Relazione con la clientela acquisita

Veniamo ora all'ultimo dei quattro punti in esame – la continuità di gestione della clientela – e lo vediamo partendo da un caso specifico. Il primo servizio di telefonia mobile in Italia è datato 1973, ma è solo dal 1985 che, grazie ai nuovi standard tecnologici, esso si è progressivamente diffuso fra la popolazione – individui e imprese – fino a diventare un vero e proprio servizio di massa. Quest'ultimo status del mercato ha prodotto, fra gli altri, un importantissimo effetto sulle condotte competitive dei player: l'attenzione alla cosiddetta customer *retention*. Per "ritenzione del cliente" s'intende strettamente il fatto che il signor Rossi, ogniqualvolta ha necessità di ripetere l'atto di acquisto del prodotto (ad esempio ricaricare il telefonino), ripete la medesima scelta di marca (ad esempio ricarica sempre con Vodafone).

Customer

In senso stretto è il cliente, ovvero colui il quale materialmente effettua la scelta e l'acquisto, sia quando esso avvenga per la prima volta, sia quando si ripeta nel tempo.

Dal punto di vista che in questa sede interessa, dietro la *customer retention* altro non c'è che l'intento di far sì che il rapporto fra l'impresa e i propri clienti abbia una lunga durata temporale, idealmente infinita. In altri termini, come meglio sarà spiegato nel ▸ Capitolo 21, le imprese non considerano più la singola transazione come segno del successo della loro attività commerciale. A interessare è piuttosto l'insieme delle transazioni – possibilmente su un ventaglio allargato di offerte – che, in un arco di tempo lungo, il singolo cliente è in grado di generare – e quindi la sua fedeltà.

Concludendo, la *continuità del pensiero* e dell'*azione di marketing* è una necessaria condizione imposta oggi all'impresa dall'agone competitivo, per generare e rinnovare costantemente alcune importanti condizioni dello scambio:

1. la *desiderabilità* delle offerte da parte dei compratori, in particolare per quanto riconducibile al contenuto di innovazione percepita delle stesse;
2. la *notorietà* delle marche, riconducibile alla continuità della comunicazione verso il target, che fa sì che i compratori, quando hanno esigenza di un determinato prodotto, pensino immediatamente (o quasi) a una determinata marca;

3. la *disponibilità* dei prodotti nei punti vendita – dovuta agli sforzi del produttore che costruisce una fitta rete di relazioni con soggetti esterni, quali le imprese commerciali o gli ausiliari del commercio – e la moltiplicazione delle filiali di erogazione del servizio;
4. la *fedeltà* del cliente, generata dall'impostazione esplicita della relazione di scambio su termini *win-win* (ossia di vantaggio reciproco) di lungo periodo, che porta poi alla profittabilità.

Profittabilità del cliente
Differenza fra i ricavi generati da un determinato cliente e i costi operativi necessari ad attrarlo e mantenerlo nel tempo. È un obiettivo centrale del marketing di oggi (▸ Captioli 11 e 21).

È evidente, come già sottolineato, che tutto ciò comporta l'impiego di notevoli quantitativi di risorse – umane, tecniche e finanziarie –, operazione che si giustifica solo alla luce della necessità competitiva e degli obiettivi di economicità e redditività dell'impresa (▸ Capitolo 11). Tutto ciò è *marketing*, qualcosa di evidentemente molto diverso dalla visione parziale che ne hanno i suoi detrattori. È parimenti evidente, da quanto sopra descritto, che il marketing è qualcosa di ricco, articolato e dinamico: oltre che una specifica funzione aziendale e una specifica area di studio, il marketing è anche – e anzitutto – una *filosofia* che ispira la direzione, la gestione e il controllo dell'attività dell'impresa, considerata nel suo complesso.

Il principio della continuità, in conclusione, è la base stessa dell'intera impalcatura del marketing management. Senza la sua conoscenza, e senza la considerazione degli oggetti ai quali esso si applica contemporaneamente, vendita e marketing divengono effettivamente due oggetti molto vicini e simili.

Focus L'orientamento delle imprese: marketing e cliente

Riteniamo un doveroso omaggio illustrare questo orientamento con le parole di Philip Kotler: «Invece di adottare una filosofia centrata sul prodotto, *produci e vendi*, si adotta una filosofia centrata sul cliente, *ascolta e rispondi*. Il marketing si trasforma da un'attività di caccia a una di giardinaggio. Lo scopo non è più quello di trovare i clienti per il prodotto, ma il prodotto corretto per i clienti» (Kotler, 2004, p. 26).

Orientamento al marketing
Condizioni competitive estremamente intense, rapidamente mutevoli e difficili – con una domanda finale scarsa, crescenti difficoltà di governare i processi distributivi in linea coi programmi di business, concorrenti numerosi e aggressivi – mettono alle corde un approccio del tipo *produci e vendi*. L'impresa deve dotarsi di strutture e di una rete di partner che le consentano di anticipare i mutamenti, di conoscere i propri clienti e seguirne le evoluzioni. Mercato, bisogni e desideri della domanda, integrazione dei programmi di mercato, metriche e redditività, divengono i *pillar* della gestione d'impresa.
Esempio. Pochi contestano che l'alfiere del marketing del XXI secolo sia riconoscibile nella Apple di Steve Jobs: una capacità di entrare in sintonia coi desideri e i gusti della domanda – che passa anche attraverso il rifiuto delle convenzioni nel pensiero di prodotto, e il coraggio nella gestione "liquida" del business model – assolutamente unica e "da manuale". Così come con attenzione va guardato il caso Nespresso, alfiere dello *style-blending* in un mercato certamente maturo.

Orientamento al cliente
Molte imprese operano in mercati nei quali l'evoluzione della competizione ha fatto sì che il cliente singolarmente inteso – individuo o azienda che sia – possa divenire il punto di riferimento dei programmi di mercato. L'approccio, in questo caso, si basa sulla possibilità di instaurare una relazione diretta con il singolo, individuabile, cliente. La tecnologia digitale ha sostanzialmente aiutato, accelerato e talvolta addirittura imposto questo modo di guardare all'attività, offrendo la possibilità di associare un nome e un indirizzo a ciascun cliente.
Esempio. I grandi player dell'e-commerce – Amazon, eBay, Expedia ecc. – prestano la massima cura a costruire anagrafiche clienti e a mantenerle aggiornate e vive. Su queste, e sulla storia cliente, vengono spesso fondati i programmi di mercato di questi player, costruendo e proponendo offerte *tailor-made*.

2.3 *Market*-ing: il mercato

L'altra componente del termine *marketing* è la parola *mercato*. Dal punto di vista del marketing, il mercato è inteso in una duplice accezione:

- mercato come costrutto *individuale* della singola impresa, frutto di un sistema di scelte che il suo organo direzionale (imprenditore, top management, o chi per loro) è chiamato a compiere;
- mercato come *aggregato*, che mette assieme ex-post le scelte di cui al punto precedente.

In sostanza, una cosa è il mercato che la singola impresa considera come proprio "territorio competitivo", e nel quale presenta la propria offerta di prodotto, in competizione con quelle di altri, per conquistare i favori degli acquirenti. Altra cosa è il mercato più ampio, che considera non solo il mercato del produttore appena indicato, ma anche tutti i mercati degli altri player che offrono prodotti della medesima categoria. In pratica: una cosa (la prima fattispecie) è il mercato dell'iPhone, un'altra (la seconda fattispecie) il mercato dei telefoni cellulari, un'altra ancora – ma molto simile alla seconda – il mercato degli smartphone. Un esempio, tratto dalla stampa economica nazionale, consentirà di esplicitare al meglio la differenza fra le due accezioni appena introdotte. Iniziamo dalla seconda, quella di mercato aggregato.

Ancora in frenata il mercato *italiano* dell'*auto*. A *settembre* [...] il balzo indietro è stato pari al 5,51%. [...] La principale novità è nella flessione più netta, anche se di poco, riportata dai *marchi italiani* (–6%), che finora avevano accusato ribassi inferiori alla media. [...] Nel mese scorso in totale sono state *immatricolate* 176.112 vetture, contro le 186.381 dello scorso anno. ("Il Sole24Ore", 1° ottobre 2008)

Alcuni termini dell'articolo sono evidenziati in corsivo, al fine di mettere in luce quali siano gli elementi portanti dell'accezione di mercato come aggregato. La pluralità degli elementi da chiamare in causa ci dice, innanzitutto, che il mercato è un concetto *multidimensionale*, ovvero che si basa su una pluralità di componenti che, tutti assieme e nel loro complesso, lo definiscono (tabella 2.2).

Tabella 2.2

Il mercato aggregato: un concetto multidimensionale.

Elementi di storicizzazione del mercato
Area geografica (dimensione spaziale del mercato)
Tempo (dimensione temporale dell'osservazione)
Elementi di qualificazione del mercato
Prodotto di riferimento (categoria o variante di categoria)
Player (produttori presenti nello spazio prescelto, identificati da marche)
Domanda potenziale (compratori "teoricamente" interessati al prodotto e disponibili all'acquisto)
Price range (campo di variazione dei prezzi, dal primo al più elevato)
Misure di grandezza (volumi e valori delle vendite, consumi pro capite, fasce prezzo)

2.3.1 Elementi di qualificazione spazio-temporale

Varietà

Ogni singolo oggetto che si distingua per alcuni caratteri particolari dagli altri della stessa specie. È la forma statica della varianza.

Variabilità

L'attitudine di un elemento ad assumere differenti modalità quali-quantitative. È la forma dinamica della varianza.

Il mercato aggregato è un concetto che deve essere, in primis, "storicizzato" o "qualificato", ovvero ne vanno definite le coordinate spaziali (nell'esempio dell'articolo, il *territorio italiano*) e temporali (il mese di *settembre*). Questo primo passaggio è fondamentale perché consente di "fermare" l'osservazione dell'aggregato, isolandolo dagli effetti della varietà spaziale e della variabilità temporale. Varietà e variabilità sono, infatti, due termini essenziali della complessità che, ai fini di una corretta definizione del perimetro del mercato, vanno, per così dire, "sterilizzati". Parlare di mercato italiano, consente di definire quali ne siano i player in un dato momento. Non è detto, infatti, che i produttori presenti sul territorio italiano (espressi nell'articolo dalle *marche*) siano gli stessi di quello statunitense – aspetto di varietà spaziale – né che quelli odierni siano i medesimi che vi operavano nel passato: ad esempio, anni fa operava nel mercato italiano il brand Simca, oggi non più esistente. Definendo i confini spazio-temporali del mercato, conseguentemente, si riescono a individuare i player che vi si confrontano coi loro vari prodotti/marche, e solo allora diviene possibile misurare le grandezze del mercato stesso.

Una seconda, fondamentale, utilità, legata alla definizione geografica del mercato, è relativa alla sua conoscenza e quantificazione. Conoscere i numeri di base del mercato è infatti indispensabile ai fini di una corretta gestione del mercato stesso: a quanti acquirenti possiamo realisticamente mirare? Che livello di reddito disponibile caratterizza la popolazione di una data area geografica? Che numerosità di clienti business è presente in quell'area? Quante imprese di piccola/media/grande dimensione vi si trovano?
Queste sono domande alle quali ogni marketer deve essere in grado di rispondere prontamente, quando definisce un programma di mercato. Le imprese prestano dunque grande attenzione alla definizione del perimetro del proprio mercato, traendo da questa operazione importanti spunti conoscitivi.

Domanda potenziale

La domanda aggregata di un determinato prodotto che l'impresa si propone di acquisire. È un fondamentale tassello conoscitivo per lo sviluppo di strategie di mercato efficaci (▸ Capitolo 6).

- *Dimensioni di base* della domanda potenziale (numero di soggetti, dimensione ecc.) e della sua attrattività (▸ Capitolo 5).
- *Caratteristiche culturali rilevanti* per l'acquisto e l'uso del prodotto: nei paesi arabi, ad esempio, certi prodotti non sono esportabili perché proibiti dalle norme locali (▸ Capitolo 9).
- *Strutture e normative distributive*: in Italia, ad esempio, talune categorie di farmaci devono essere venduti attraverso un canale rigido e specializzato, le *farmacie* (▸ Capitolo 4).
- *Player presenti* e rapporti di forza consolidati: prima di entrare nel mercato televisivo italiano, News Corp sapeva di dover fare i conti con il duopolio dell'etere e perciò s'indirizzò sulla piattaforma satellitare creando Sky Italia (▸ Capitolo 4).

Quella che abbiamo chiamato *storicizzazione* del mercato aggregato è dunque un passaggio conoscitivo e analitico fondamentale per qualsiasi programma di marketing. Essa definisce il perimetro geografico, temporale e culturale entro il quale ogni altra variabile di mercato prende forma e in cui l'impresa si muoverà.

2.3.2 Elementi di qualificazione del mercato

Definito il perimetro spazio-temporale del mercato aggregato, possiamo poi passare a qualificarlo ulteriormente, specificando altri elementi da prendere in considerazione. Si tratta del secondo set di variabili descritte nella tabella 2.2. Giova qui ribadire che quello di mercato è un concetto necessariamente *multidimensionale*, nel senso che risulta definito da tutto l'insieme degli elementi richiamati nella tabella 2.2 e mai da uno soltanto, o alcuni, di essi.

Product category

Se possiamo considerare le marche come identificativi dei *player*, non altrettanto possiamo fare relativamente ai *prodotti*. In altri termini, sempre restando all'esempio in questione, la marca Fiat è identificativa del produttore in modo univoco, ma copre una serie piuttosto ampia di prodotti (la 500, la Panda, la Punto ecc.) e pertanto non funziona nel rappresentarli tutti. Tuttavia, per parlare di un dato mercato, il riferimento al prodotto è indispensabile, per la semplice e ovvia ragione che il mercato è in definitiva il luogo d'incontro – fisico o virtuale – della domanda e dell'offerta di un determinato prodotto. L'accezione *aggregata* del termine "mercato" ricorre allora a un concetto *generico* di prodotto, denominato *product category* (l'automobile, i televisori, la pasta ecc.). Nel ▸ Capitolo 12 se ne approfondiranno le dimensioni e le fondamentali connessioni con la tecnologia.

Domanda primaria

Domanda primaria

La complessiva richiesta di una determinata categoria di prodotto che gli acquirenti localizzati in una data area geografica esprimono in un determinato momento o arco temporale.

La **domanda primaria** (o anche *domanda globale*) è un dato fondamentale per qualsiasi impresa. La domanda primaria porta dentro di sé quella *secondaria* (o *aziendale*) che rappresenta la quota di domanda primaria che si rivolge alla singola azienda e al suo brand (▸ Capitolo 6). La domanda primaria può essere espressa a livello d'intera categoria (domanda di automobili, di smartphone ecc.) o di un qualsivoglia livello inferiore (domanda di city car, domanda di auto elettriche ecc.). Assumendo un'altra angolazione analitica, inoltre, essa può essere distinta in base a delle significative disomogeneità presenti fra gli acquirenti che la esprimono. In tal caso si parla di *segmenti di domanda*. Torneremo approfonditamente sul concetto di segmentazione della domanda nel ▸ Capitolo 9, per apprezzarne lo spessore analitico e la rilevanza nel paniere delle scelte strategiche di mercato delle imprese.

Fasce di valore

La stratificazione delle offerte di prodotto/brand su numerosi livelli di prezzo differenti (già incontrata nel ▸ Capitolo 1) è un tratto caratteristico dei mercati aggregati. Ogni persona, anche se inconsapevole dei principi e delle tecniche di marketing, sa bene che il prezzo da pagare per acquistare, ad esempio, un frigorifero, potrà variare all'interno di un certo spettro minimo-massimo. Questi sa anche bene che a livelli di prezzo più bassi ci saranno prodotti (e marche) più semplici e che, a livelli di prezzo superiori, la qualità e il valore complessivo dei prodotti/brand esistenti andrà sempre più crescendo. L'atteggiamento mentale del compratore di fronte all'acquisto di categoria, può essere del tipo: "Non voglio spendere più di...".

Un atteggiamento che solitamente lo porta a riferirsi a brand e prodotti collocabili in quello che, nel capitolo precedente, abbiamo definito *value market* (*good value for money*). Tendenzialmente questo acquirente sarà piuttosto sensibile alle promozioni di prezzo, percepirà un basso livello di differenza fra i prodotti offerti dalle varie marche concorrenti – "che differenza di prodotto c'è tra una birra Peroni e una Moretti?" – e vivrà quell'acquisto sostanzialmente in chiave *problem solving* (vedi tabella 1.2).

Viceversa, esiste sui mercati anche l'atteggiamento del soggetto che si apre, nel proprio acquisto, all'idea di spendere "da una certa cifra in su", lasciando aperta la possibilità di farsi attrarre da offerte di prodotto meno convenienti (o più costose, che dir si voglia), ma per lui più ricche di valore offerto. È questa la situazione tipica dei *premium market*. Chi acquista, ad esempio, una Maserati Ghibli è perfettamente consapevole dell'esistenza di numerosissime alternative di prodotto più a buon mercato, ma è evidentemente attratto anche (e più) da altri elementi che non siano la convenienza di prezzo.

Facciamo un passo in avanti, rispetto a quanto detto a questo proposito qui e nel capitolo precedente, andando a vedere come ciascuna di queste fasce si scompone ulteriormente, con l'ausilio della figura 2.2.

Figura 2.2

Curva di domanda.

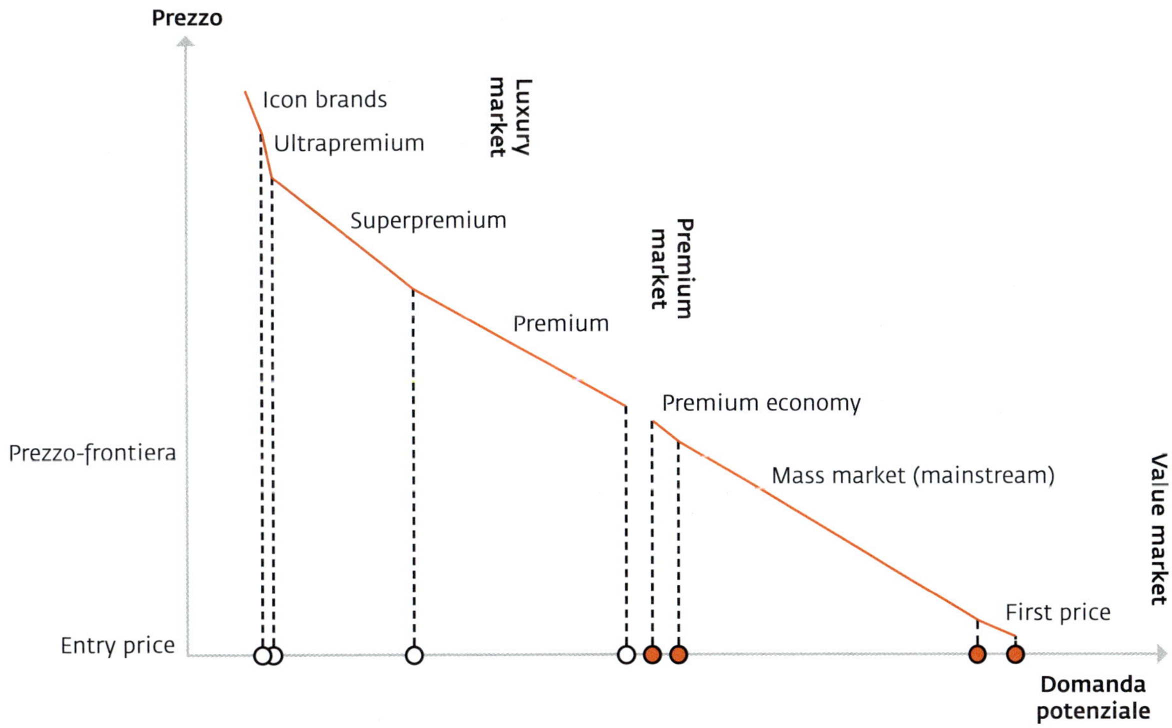

Il **prezzo** è da intendersi quale *sell out price*, ovvero quello che l'acquirente finale si vede richiedere dal retailer (nel caso B2C).

La **domanda potenziale** è espressa qui nei termini del numero massimo di acquirenti che, all'interno dell'area geografica di mercato, possiedono interesse per il prodotto ed esprimono desiderio di acquistarlo, per sé o per altri, possedendo tutti i requisiti soggettivi necessari (capacità di spesa, in primis).

Tempo, spazio e tutti gli altri fattori di marketing, qui, sono considerati costanti ed esogeni.

La figura 2.2 rappresenta la curva di domanda di una *product category* qualsiasi, considerata nel complesso delle sue varianti e brand. Lungo le ascisse rappresentiamo la numerosità dei compratori della categoria all'interno di una determinata area geografica, ovvero la *domanda primaria potenziale*. Rispetto alla classica curva microeconomica di domanda, la differenza qui è che consideriamo in ascissa il numero di persone acquirenti, e non le quantità di prodotto da questi domandate. Lungo le ordinate troviamo invece i prezzi ai quali le varie offerte di prodotto sono vendute dai player concorrenti. I prezzi sono intesi come *sell out price*; spazio (ovvero l'area geografica eletta a mercato) e tempo sono dati.

Iniziamo dal livello più basso di prezzo e quindi da quelli noti come *value market*. Ogni categoria è offerta a partire da un certo prezzo in su: non è raro imbattersi nei supermercati nell'etichetta "primo prezzo", il segnale visivo della presenza a scaffale del prodotto/brand meno costoso in assoluto. Questo prezzo consente l'ingresso del compratore nello spazio di categoria, e perciò è detto anche *entry price*.

Hard Discount

Format commerciali interamente basati sul concetto di primo prezzo.

White label

Prodotti senza marca, recanti in etichetta solo il contenuto minimo informativo previsto dalla legge.

La promessa di valore della fascia di primo prezzo è molto chiara e netta: massima convenienza economica, prezzo più basso in assoluto della categoria, "a meno di così, qui, non trovi" è ciò che direbbe il prodotto *first price*, se solo potesse parlare. È una famiglia piuttosto affollata e che, soprattutto in tempi di crisi economica, conosce un certo fasto. Vi appartengono protagonisti importanti dei mercati, come la formula distributiva hard discount e i prodotti white label.

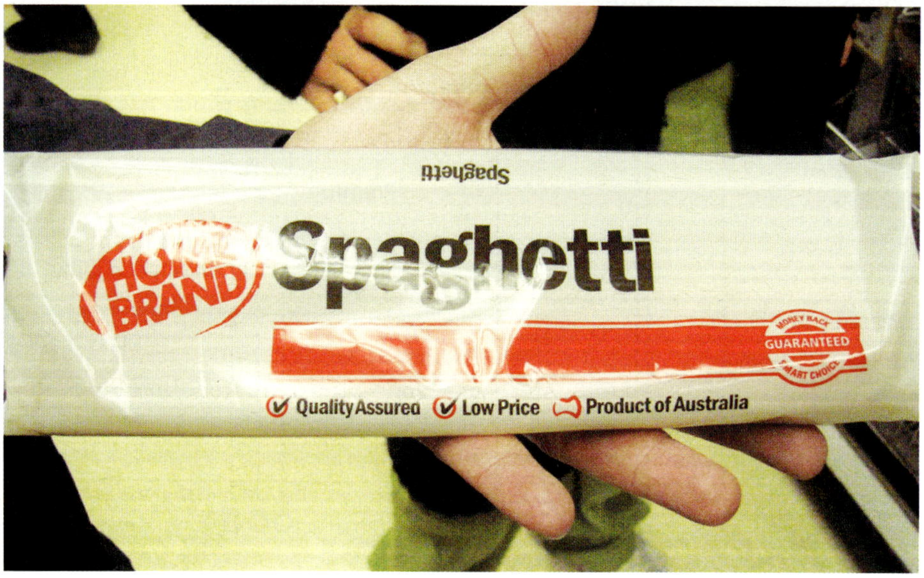

I prodotti senza marca evidenziano sulla confezione il nome della categoria cui appartengono.

Salendo di prezzo s'incontra la fascia di mercato più importante in termini di volumi di venduto, e perciò detta *mass market* o anche, in certe categorie, *mainstream*. Il prezzo di offerta cresce, è via via più alto man mano che si passa da brand minori (p.e. Montebovi nei biscotti, Chevrolet nell'auto, Segafredo nel caffè) a quelli leader (Barilla nella pasta, Bic nelle penne a sfera, Fiat nelle medie ecc.). Pur crescendo, però, il prezzo mantiene una caratteristica fondamentale: l'essere accessibile alla gran maggioranza degli acquirenti potenziali. Di qui il senso dell'espressione "mercato di massa", che etichetta quest'ampia porzione del mercato di una categoria: *massa* è il termine che qualifica la quantità di prodotto venduto che vi si genera (variabile fra il 50 e il 70% del totale, a seconda delle categorie considerate), *massa* è ciò che caratterizza i mezzi di comunicazione utilizzati per far conoscere i brand (la televisione e i canali generalisti soprattutto), *massa* è anche il termine che identifica i formati commerciali al dettaglio (come gli ipermercati, o le grandi superfici specializzate, come Decathlon), *massa*, infine, fa intendere l'addensamento di prodotti/brand che popolano quest'ampia fascia di mercato. È questo lo spazio elettivo dei consumi della "classe media".

Fascia particolare, e di nascita piuttosto recente, è quella che sta immediatamente sotto la linea di confine fra i due macromercati: *premium economy*. In un certo senso è esattamente la configurazione del "vorrei-ma-non-posso", in quanto presenta offerte dal valore superiore a quelle mainstream, ma comunque inferiore a quelle premium. Sono, con ottica differente, da considerarsi modalità con le quali le aziende intendono offrire alla clientela di massa degli "assaggi" di offerte superiori, precluse ai più per ragioni di accessibilità economica. Un esempio è dato dall'offerta Classica Plus di Alitalia, che offre un *bundle* di servizi tipici delle classi superiori a un prezzo molto inferiore alle proprie offerte premium (Ottima e Magnifica Class). È lo spazio nel quale spesso si collocano anche le offerte cosiddette *top di gamma* dei leader di mercato: si pensi a Lavazza Qualità Oro.

Prezzo-frontiera

È il livello di prezzo che funge da soglia fra le offerte *value* in basso e quelle *premium* in alto.

Salendo ancora di prezzo s'incontra un certo livello – che possiamo definire prezzo-frontiera – sopra il quale si entra nello spazio delle offerte *premium*, sotto si resta nello spazio di quelle *value*. È una sorta di spazio invisibile, di zona di rispetto, che segna e fa da spartiacque fra i due mercati, fra l'habitus mentale del "non voglio spendere più di x" e quello del "voglio spendere da y in su".

Le fasce che compongono i mercati *premium* sono sostanzialmente composte di offerte di prodotto/brand dal valore elevato e crescente man mano che il prezzo di offerta sale. Sono articolate e composte tanto di performance di prodotto, quanto di segni e simboli; sono offerte che guardano sia alla funzionalità dei prodotti, beni o servizi che siano, sia al ruolo segnaletico che il possesso del prodotto esprime in società; sono offerte di prodotto/brand le cui dinamiche funzionano in modo del tutto dissimile da quelle *value*. Non è raro, infine, che siano offerte rivolte a porzioni di domanda antropologicamente – e non solo economicamente – differenti da quelle che popolano i mass market.

La differenza fra *premium* e *superpremium* in sostanza, è sottile e meno marcata di quella esistente fra un'offerta *premium* (p.e. cioccolata Venchi) e una *mainstream* (p.e. cioccolata Novi). È una differenza di valore che si stratifica su prezzi crescenti e diversa intensità di prestazione delle offerte, ma pur sempre all'interno del circuito aspirazionale, del prodotto-segno, della prestazione funzionale arricchita e complessa, di un atteggiamento di consumo capace di cogliere il plus-valore del prodotto e attento (anche) a questo, di un acquirente che è consapevole dell'esistenza di alternative più a buon mercato per quella categoria.

Quello dei prodotti tipici è un mercato divenuto importante, anche in termini di volumi, come risposta all'omologazione globale degli stili di consumo alimentare.

Discorso a parte merita la micro-zona dei *luxury market*, composta dalle offerte *ultrapremium* e dagli *icon brand*, area dunque del lusso vero e proprio, non presente in tutte le categorie (che senso avrebbero un succo di frutta, un dentifricio o un ventilatore *ultrapremium*?) ed espressione del massimo valore possibile nella categoria. Qui, come si evince dalla figura 2.2, la quota di domanda primaria che ha accesso all'offerta è estremamente ridotta, ammonta probabilmente a una frazione inferiore all'unità percentuale del totale acquirenti di categoria, e configura, perciò, una sorta di "non-mercato", dato che tutte le dinamiche concorrenziali – vigenti e vigorose, invece, nelle fasce inferiori – sono sostanzialmente depotenziate.

Concludendo, la *product category* – a qualunque livello di gerarchia la si voglia considerare – presenta una varietà di offerta stratificata su livelli di valore diversi, gerarchicamente ordinabili dal più basso al più alto. Ogni player tende a collocare i propri brand su una o più di queste fasce, nella consapevolezza che ciascuno dei due macromercati di riferimento – *value* e *premium* – costituisca uno spazio competitivo a sé, con caratteristiche e regole di comportamento distinte.

Player concorrenti

Si è visto, illustrando il concetto di *product category*, che ciascuna variante di prodotto è ricondotta alle marche che sono presenti sul mercato. Una domanda deve sorgere su questo punto: perché ci si occupa delle marche presenti sul mercato e non delle imprese che ne sono proprietarie? La ragione è che il protagonista della concorrenza è innanzitutto il brand, per la semplice ragione che le persone, quando hanno bisogno di prodotti, acquistano brand; perché i brand sono la manifestazione concreta e manifesta dell'offerta di una determinata categoria; perché le imprese spesso possiedono più brand, pur nella medesima categoria, e si fanno concorrenza su più fasce di valore della medesima categoria (▸ Capitolo 13). Queste ragioni, ponendo il brand al centro dei processi competitivi, ne giustificano la presenza all'interno del mercato aggregato. Da questo punto di vista, perciò, i player presenti in una data area geografica, e in un dato momento, sono identificati da tutti quei brand (e dalle rispettive imprese) lì presenti con proprie offerte.

Il mercato, in conclusione

Definire il mercato nei propri elementi storici e qualitativi significa dunque *aggregare* le scelte compiute da tutti i player in un affresco unitario, capace di offrire una panoramica "alta" e significativa. Un dato mercato è, in altri termini, una "porzione di spazio" nella quale la domanda primaria e l'offerta di un dato prodotto s'incontrano in valori e protagonisti differenti (figura 2.3). Proseguendo nell'esempio che abbiamo seguito nel capitolo, il mercato italiano dell'auto di oggi è descritto dall'insieme delle scelte di portafoglio espresse da tutti i produttori mondiali, che direttamente – attraverso filiali commerciali italiane – o

Figura 2.3

Mercato aggregato e individuale: il tutto e la parte.

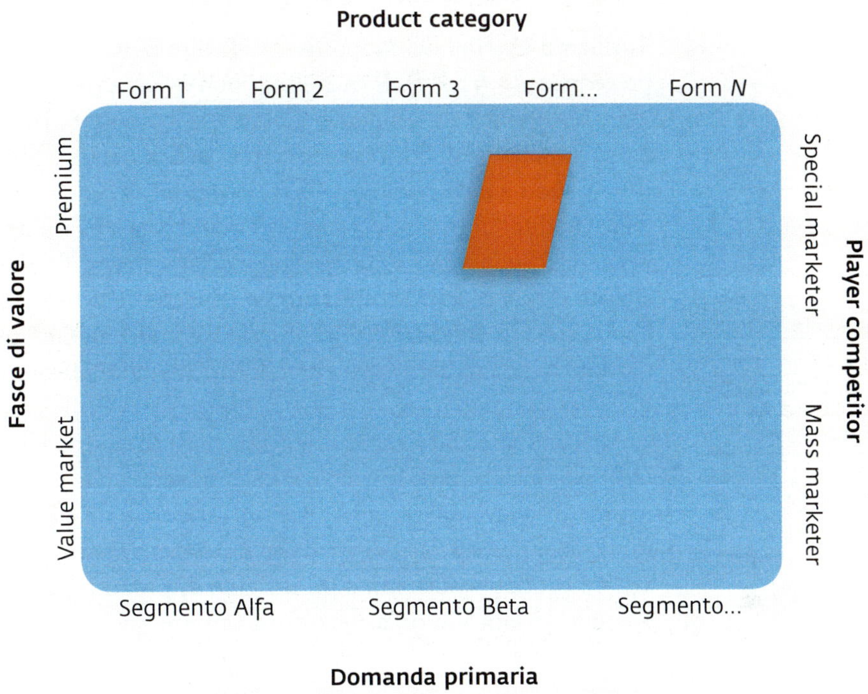

Data una determinata area geografica, il mercato aggregato è lo spazio definito da quattro dimensioni, rappresentative della domanda e dell'offerta di una determinata categoria di prodotto. Questo spazio è composto, ex post, da tutte le scelte dei singoli player che vi operano.
Il mercato, per il singolo player, altro non è che una partizione del più ampio mercato di riferimento, che decide di eleggere a proprio ambito competitivo.
Il mercato aggregato è dato dall'area celeste, quello individuale dalla rossa.

indirettamente – attraverso importatori indipendenti – decidono di provare a vendere le loro product offering ai compratori italiani. Queste scelte *individuali* – intendendo per "individuo" il singolo produttore – danno vita a offerte di prodotto/brand che competono fra di loro su piani di prezzo stratificati fra le fasce viste prima, con brand caratterizzati per identità, valore percepito e appeal verso l'acquirente. Il mercato della singola impresa sta dunque all'aggregato come la parte sta al tutto. Così facendo, la naturale eterogeneità delle scelte competitive che ciascun'impresa pone in essere, va a comporre un insieme (relativamente) omogeneo, all'interno del quale trova cittadinanza e significato competitivo.

Mercato-prodotto

Espressione del mercato che utilizza la categoria come riferimento essenziale (p.e. mercato dell'auto).

Mercato-funzione

Espressione del mercato che utilizza una medesima funzione d'uso come riferimento aggregatore (p.e. mercato della prima colazione, che comprende i mercati dei biscotti, dei lieviti, dei cereali ecc.).

Per completezza d'esposizione notiamo che il mercato aggregato, infine, può essere espresso tanto in termini tecnico-merceologici, quanto funzionali. Possiamo parlare, ad esempio, di un "mercato dei prodotti per la casa" (*households*), che comprende categorie merceologiche quali: disinfettanti, deodoranti per ambiente, insetticidi, additivi per bucato, pulitori per scarichi domestici, detergenti per pavimenti, detersivi per stoviglie ecc. Sono tutti prodotti evidentemente vicini nell'uso che ne fa il consumatore finale, ma non nella merceologia.

2.4 Il marketing management

Torniamo al tema del rapporto fra vendite e marketing, cui si è già accennato in precedenza (▶ §1.2.4). Il marketing non è "un altro modo, più moderno, di chiamare le vendite" – considerazione diffusa, per ignoranza, presso molte organizzazioni e operatori di business – ma qualcosa di ben più profondo. Osservazioni che non di rado è dato ascoltare ("Ma, in definitiva, che cosa differenzia il marketing dalle vendite?", "In fondo, scopo del marketing, alla fin fine, tolti tutti gli orpelli, è vendere!"), non sono soltanto sbagliate ma anche figlie di una visione "miope", sfocata e non precisa, di un fatto contingente e vero – l'interesse di entrambi gli approcci per la vendita. Per l'approccio "semplicemente" interessato alla vendita del prodotto, infatti, con l'atto di acquisto del compratore si esaurisce il rapporto: quell'atto va massimizzato subito nel suo valore. Per la visione del marketing, invece, il primo atto di scambio costituisce l'inizio di una relazione, orientata al lungo termine, finalizzata alla generazione delle economie di clientela (▶ Capitolo 21), in regime di convenienza per entrambi. In altri termini, il "venditore" cerca, con la forza della persuasione, di spuntare il prezzo massimo e/o di convincere ad acquistare il prodotto più caro, o un insieme di prodotti, nella sostanziale convinzione che non ci sarà più occasione di incontrare quel compratore. Il "marketer" cerca invece di consolidare da subito la relazione di vendita su un rapporto di fiducia reciproca, costruendo l'offerta di acquisto sulla base delle esigenze e del profilo

Economie di clientela
Valori estraibili nel tempo dalla relazione con i clienti e dati dalla fedeltà e fiducia tra le parti.

Marketer
Termine tecnico con il quale s'identifica genericamente il professionista cui, in azienda o come free-lance, vengono affidati compiti di mercato.

Focus – L'orientamento delle imprese: pro e contro

Abbiamo usato il termine *orientamento* per indicare la posizione di (relativa) priorità, nella gestione dell'impresa e dei suoi rapporti di scambio, che viene assegnata, di volta in volta, a elementi interni, come la produzione, o esterni, come il cliente. Il fatto che esistano, di fatto, diverse alternative nell'orientamento gestionale ci dice sostanzialmente una cosa: non è assolutamente detto che l'orientamento al marketing sia la scelta migliore che un'organizzazione possa seguire, sempre e comunque. Contesti monopolistici (come i trasporti pubblici urbani), a scarsa intensità competitiva (come i farmaci da prescrizione), prodotti semplici e grezzi (come le *commodity*), molti dei contesti B2B (come i macchinari industriali) non lo richiedono. Ogni orientamento, in sostanza, presenta vantaggi e svantaggi, nonché condizioni peculiari di utilità. Nessuna di queste è assoluta. Si badi: quanto in tabella è semplicemente indicativo, perché la strategia che l'impresa decide di adottare può deliberatamente derogare dal principio generale.

Orientamento	Adatto quando...	Pro	Contro
Produzione	*Commodity, value market* e monopoli.	Elevata efficienza, economie di scala e apprendimento.	Scarsa gratificazione della domanda, bassi margini unitari.
Prodotto	Nicchie di qualità, lavorazioni su commessa, produzioni artigianali.	Qualità elevata, miglioramento continuo prestazioni.	Trascura le esigenze della domanda, rischio di perdere contatto col mercato.
Vendita	*Value market.*	Alte quote di mercato nel breve termine, economie di scala.	Insoddisfazione dei clienti, passaparola negativo.
Marketing	*Premium market*, nicchie e mercati altamente competitivi.	Customer satisfaction elevata, redditività elevata.	Elevati costi di struttura e attività per governare le relazioni di scambio.
Cliente	B2B e mercati basati sull'abbonamento (p.e. pay TV).	Elevata personalizzazione della relazione e del servizio.	Invasione della privacy, controllo dei costi.

precipuo del compratore, fornendogli contemporaneamente delle motivazioni di convenienza che guardano a più atti di acquisto futuri. Questo diverso approccio non è, si badi, meramente "filosofico", ma estremamente concreto, in quanto si sostanzia in precise scelte d'investimento aziendale, di organizzazione e in un profilo professionale del marketer estremamente più sofisticato di quello del "semplice" venditore. Il primo è, con terminologia anglosassone, un *manager*, il secondo no. Vedremo in conclusione di questo capitolo quale sia il contenuto e il profilo dell'applicazione del management al marketing, mentre i rapporti fra marketing e vendite saranno approfonditi in particolare nei ▸ Capitoli 20 e 21.
Cosa cela questa parola: *manager*? Il management, lo si è accennato nel precedente capitolo, è uno stile di direzione aziendale, che si contrappone all'empirismo per il fatto di poggiare su alcune attività – intellettuali e operative – che vengono poste in sequenza logico-funzionale fra di loro in un processo (figura 2.4).

Figura 2.4

Empirismo e management.

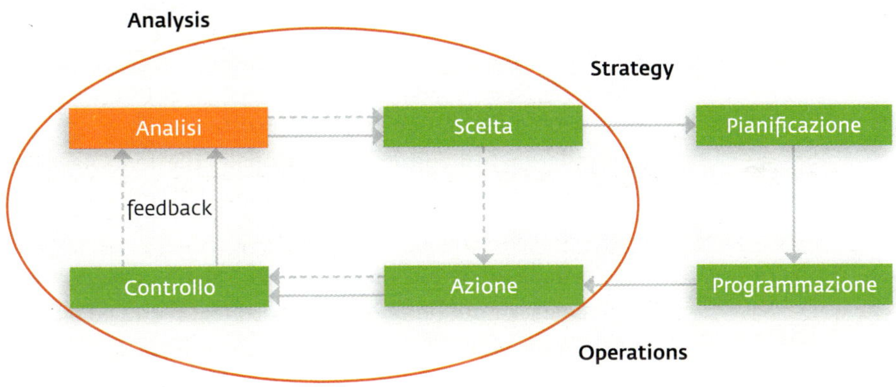

Il *metodo empirico* è rappresentato all'interno del cerchio rosso e con le frecce tratteggiate.
Il *metodo manageriale* è rappresentato con le frecce continue e le sue tre grandi aree: analitica, strategica e operativa.

Lo stile direzionale *empirico*, solitamente fondato sull'accentramento delle decisioni nella persona dell'imprenditore, funziona, semplificando, pressappoco così:

1. (analisi) a fronte di un problema, o del prospettarsi di un'opportunità, il decision maker analizza rapidamente la situazione, facendo ampiamente ricorso alla propria esperienza personale, a euristiche efficaci, alla propria memoria, a informazioni raccolte sporadicamente, alla propria personale competenza tecnica;
2. (scelte) fatte le dovute considerazioni, spesso molto rapide, qualitative e di superficie, si decide cosa fare e si mette immediatamente in moto la "macchina";
3. (azione) terminata l'operazione, infine, si verificano i risultati, la loro efficacia in relazione agli obiettivi, genericamente individuati inizialmente.

Nel paragrafo precedente abbiamo segnalato la persistenza, ancora oggi, di un *modo empirico* di gestire le organizzazioni. Esso si accentra sulla figura del decision maker – solitamente l'imprenditore, dalla cui qualità, professionale e personale, ne dipende l'efficacia. Questo stile funziona o no? La risposta, quasi sempre valida quando si tratta di management, è "dipende".

In termini molto generali, questo stile è vulnerabile a cinque "perturbazioni" che possono verificarsi: (i) una situazione competitiva altamente discontinua, complessa e difficile da interpretare; (ii) un sistema di conoscenze del decision maker vetuste e superate da fatti nuovi; (iii) un atteggiamento mentale che premia l'esperienza (ovvero il passato) rispetto all'analisi di nuove informazioni; (iv) la naturale limitatezza delle conoscenze individuali e la parzialità di informazioni raccolte in maniera estemporanea e non metodica; (v) la mancanza di allineamento dei collaboratori alle scelte del decision maker, per difetti di comunicazione interna.

Lo stile direzionale manageriale parte invece proprio dalla constatazione dei limiti di cui sopra, e dalla circostanza che l'organizzazione sia più utile, rispetto alla struttura di tipo *one man band*. Il processo, in questo secondo caso, funziona sostanzialmente così:

1. l'organizzazione mette in atto una fase di analisi dell'ambiente esterno e interno, metodologicamente strutturata, con tempi, obiettivi e risorse dedicate certe (▸ Capitoli 4, 5, 6, 7 e 8);
2. la discussione delle risultanze dell'analisi porta a definire un paniere di possibili scelte alternative – ciascuna sostenuta da proprie metriche (▸ Capitolo 11) – fra le quali il comitato direzionale, mettendo a sistema queste informazioni nel quadro complessivo di gestione dell'impresa, indica la propria preferenza (▸ Capitoli 10 e 11);
3. definita la linea di azione, il timing, gli obiettivi connessi e le risorse dedicate, si passa alla definizione dei piani strategici che consentiranno all'organizzazione di raggiungere quanto deciso (▸ Capitolo 22);
4. ciascuna fase del piano verrà poi definita in maggiore dettaglio con un programma operativo, così da essere pronti alla sua attuazione (▸ Parti IV e V);
5. durante e al termine dell'esecuzione del programma operativo, verranno prodotte opportune metriche che consentiranno di verificare l'efficacia del piano e, inserite nuovamente nella fase di analisi successiva, dare il via a un nuovo circolo decisionale (▸ Capitoli 11 e 22).

Il flusso del processo di management è circolare nel tempo, nel senso che non ha (virtualmente) mai fine: la misurazione dei risultati di un programma di mercato realizzato nel 2015 costituisce base di analisi per la scelta dei programmi di mercato per il 2016 e così via, realizzando circolarmente quella continuità nel tempo che deve essere tipica delle organizzazioni ben governate.
Per quanto detto sopra, la distanza fondamentale fra la "semplice" vendita e il "complesso" marketing è compresa in due ordini di ragioni: (i) la diversa prospettiva temporale e qualitativa dello scambio con il compratore (*transazionale*, nel caso della vendita, *relazionale* in quello del marketing); (ii) la diversa pregnanza del processo decisionale e attuativo (sostanzialmente "empirico", nel caso della vendita, *manageriale*, "scientifico" in quello del marketing, grazie alla rilevante componente analitica e conoscitiva) (▸ Capitolo 6). Il marketing management, infatti, si presenta oggi come un ricco e articolato "bagaglio culturale" per la creazione, la costruzione e il governo degli scambi di mercato d'impresa, nel quale possiamo identificare le seguenti tipologie (vedi figura 2.3).

- Il *marketing analitico*, ovvero l'attività intellettuale che concerne la scomposizione del quadro entro il quale si colloca la situazione di scambio d'interesse, la rappresentazione e la conoscenza dei suoi elementi costitutivi, sia in assoluto, sia nella rete di relazioni che reciprocamente li connette. Le analisi di marketing costituiscono la linfa vitale dei processi decisionali dell'impresa, fornendo ai manager tutte le informazioni necessarie a massimizzare l'efficacia delle scelte di marketing (▸ Capitoli 4 e 9). Ad esempio, a questo livello si studiano le prospettive economiche di un business, se ne approfondiscono le preferenze emergenti dei consumatori e si mappa e analizza la concorrenza.
- Il *marketing strategico*, ovvero il processo d'individuazione degli obiettivi generali e finali delle relazioni di mercato (▸ Capitolo 10), predisponendo le risorse necessarie in ottica di *economicità* (efficienza nell'uso ed efficacia nella capacità prospettica di realizzazione degli obiettivi) e coerenza con il sistema degli obiettivi aziendali (ritorno sugli investimenti, cash flow ecc.). L'ottica strategica del marketing management si caratterizza per il porre il cliente all'interno della cultura stessa dell'impresa, e permeare di questa filosofia l'intera organizzazione (▸ Capitolo 23). Proseguendo nell'esempio precedente, si definisce un'offerta di prodotto tarata sulle preferenze dei consumatori emerse nella fase analitica, e si decide di posizionarla a un prezzo inferiore di quello dei competitori.
- Il *marketing operativo*, ovvero l'attività di esecuzione dei programmi che realizzano concretamente le scelte assunte, modellando adeguatamente l'organizzazione a tal fine. Nelle organizzazioni oggi orientate al mercato, i processi operativi appaiono strutturati su un duplice binario parallelo: (i) processi transazionali, finalizzati a conquistare la scelta del compratore la prima volta, e quindi ad accrescere la base clienti; (ii) processi relazionali, finalizzati a mantenere e valorizzare la base clientela acquisita nel tempo. Ancora proseguendo nell'esempio di prima, si stipulano accordi commerciali con le catene distributive per posizionare l'offerta di prodotto al loro interno, si lancia una campagna pubblicitaria per informare la domanda sul lancio dell'offerta.

Case History — Panini

Il gruppo Panini, con sede a Modena e con filiali in Europa, USA e America Latina, è leader mondiale nel settore delle figurine adesive e delle trading cards. Dal 1961 propone sul mercato la famosa collezione Calciatori, oggetto di culto per appassionati di calcio piccoli e grandi.

Pur offrendo un prodotto per natura tradizionale, come le raccolte di figurine, l'azienda lavora da sempre per migliorare la product offering e per trovare vie originali per parlare ai collezionisti. Nei suoi 51 anni di attività, Panini ha investito sui pilastri che riescono a dare continuità all'azione di marketing, perseguendo i seguenti obiettivi.

1. *Innovazione della product offering*: oltre ad aver migliorato nel tempo le caratteristiche tecniche di prodotto (col passaggio dalla figurina da incollare a quella autoadesiva), l'impresa ha mostrato – e continua a mostrare – una costante tensione all'innovazione. La ricerca della varietà dell'offerta, in tal senso, è la via adottata per esaltare ulteriormente il valore dei prodotti nel percepito dei consumatori. La spinta al miglioramento continuo della product offering dell'impresa si traduce dunque: (i) nell'arricchimento delle collezioni, con oggetti diversi dalle figurine (playcards, magneti ecc.); (ii) nelle nuove sezioni introdotte ogni anno nelle collezioni classiche come quella dei

→

Calciatori (mascotte, coreografie dei tifosi ecc.); (iii) nell'offerta di raccolte su temi differenti, talvolta a scopo didattico (come quelle sugli animali e sulla storia), altre volte a fini prettamente ludici (come le collezioni sui cartoni animati, sulla moda ecc.). La continua attenzione alle esigenze di un consumatore sempre più "protagonista" si traduce infine nell'offerta del servizio My Panini, che consente di personalizzare gli album con le proprie istantanee.

2. *Innovazione delle strategie di comunicazione*: Panini adotta nuovi canali di comunicazione che esaltano l'interattività col collezionista e promuovono l'incontro tra gli appassionati delle raccolte. Tra i mezzi utilizzati dall'impresa vi sono il canale YouTube, la pagina Facebook, la pagina Twitter, oltre alle applicazioni per iPhone e iPad, introdotte in occasione del 50° anniversario dell'album Calciatori.
3. *Innovazione della distribuzione e della relazione col cliente*: il sito www.calciatoripanini.it presenta una sezione e-commerce nella quale è possibile acquistare direttamente dall'impresa le figurine mancanti. La relazione è inoltre sostenuta dalla community di scambio delle figurine creata sulla pagina Facebook, e dall'organizzazione di eventi "on the road" per il pubblico dei collezionisti.

La continua tensione all'innovazione, che consente di mantenere vivo e attuale un prodotto storico come la figurina, sembra essere premiata dai numeri del gruppo Panini, che ha un fatturato superiore a 800 milioni di euro, con distribuzione in più di 100 paesi e un organico di oltre 850 dipendenti.

Conclusioni

Abbiamo iniziato il capitolo dicendo cosa *non è* marketing; di lì abbiamo intrapreso un breve ma intenso percorso per metterne in luce, di converso, l'essenza in positivo: creare e fare mercato. Per quanto fin qui argomentato, perciò, è chiaro che il termine *marketing* esprime in definitiva il concetto dell'azione creatrice dell'impresa che, con le proprie scelte, crea uno spazio ideale nel quale proporre la propria offerta in competizione con altre, in qualche misura simili ma non uguali (*market*-ing). Esprime, inoltre, l'idea che l'azione di mercato, lungi dal fermarsi alla sola creazione, sia virtualmente continua nel tempo, per adattarsi perennemente al fluire del tempo, alla forma mentis degli interlocutori d'impresa e al conseguente mutare costante delle condizioni rilevanti dell'ambiente esterno (market-*ing*).

3 La rivoluzione digitale

di **Maria Vernuccio**

Indice del capitolo

Introduzione

3.1 Digitalizzazione: quali discontinuità per il marketing?
- 3.1.1 Internet come mercato
- 3.1.2 Internet come strumento

3.2 L'evoluzione dell'approccio al mercato

3.3 Marketing digitale, strutture e business model
- 3.3.1 Livelli di utilizzo del marketing digitale
- 3.3.2 I principali assetti strutturali
- 3.3.3 Business model digitali

Conclusioni

Abstract

La digitalizzazione dei processi sociali ed economici rappresenta una delle principali discontinuità cui deve far fronte l'impresa nel governo delle relazioni con il mercato. Quali sono quindi le conseguenze per il marketing? Il capitolo propone una panoramica delle principali chiavi di lettura del portato innovativo della rivoluzione digitale sotto il profilo del marketing. In primo luogo, si definiscono le basi concettuali del marketing digitale; successivamente, si delineano le strategie emergenti, assumendo il punto di vista delle imprese che operano con livelli diversi di orientamento all'e-business.

Introduzione

Dati digitali

I dati digitali o binari sono di regola codificati tramite la combinazione di soli due simboli, chiamati bit (*binary digit*), che formano stringhe di 0 e di 1. Il bit è l'unità minima di informazione.

ICT

I metodi e le tecnologie che, integrando telecomunicazioni, hardware e software, consentono agli utenti – individui e organizzazioni – di accedere, archiviare, trasmettere ed elaborare le informazioni.

La rivoluzione tecnologica **digitale** sta determinando, in particolare nelle società più avanzate, una crescente dipendenza da beni basati sull'informazione (come computer e smartphone), da servizi a uso intensivo di informazioni (si pensi al commercio, alle comunicazioni, alla finanza e all'intrattenimento) e da settori pubblici sempre più orientati all'informazione (si pensi all'istruzione e alla sanità). Tutti i paesi del G7 (Stati Uniti, Canada, Giappone, Germania, Gran Bretagna, Francia e Italia) possono essere considerati come "società dell'informazione", a motivo dell'elevata percentuale del Prodotto Interno Lordo (PIL) – almeno il 70% – che dipende da prodotti *information-based.*

Il cosiddetto mondo digitale si sta diffondendo in quello analogico e confondendo con esso. Le **Information and Communication Technologies** (ICT) non possono essere semplicemente interpretate come tecnologie che apportano miglioramenti, seppure rilevanti, alla vita quotidiana degli individui e al funzionamento delle organizzazioni, ma come i driver di una discontinuità sociale, economica e culturale di ben più ampia portata. Stiamo vivendo una sorta di migrazione epocale e senza precedenti dell'umanità dal suo habitat consueto, il "mondo delle cose fisiche", a un nuovo contesto, definibile come "infosfera": si tratta di un ambiente costituito primariamente da informazioni

La digitalizzazione presuppone la disponibilità di un'adeguata infrastruttura tecnica. L'Agenda digitale dello Stato italiano punta a dotare il paese dei necessari requisiti tecnologici affinché la connessione universale divenga realtà, anche di business.

→

Villaggio globale

Marshall McLuhan utilizza per la prima volta la locuzione "villaggio globale" negli anni Sessanta per significare come, grazie alla rapida evoluzione dei mezzi di comunicazione, la comunità a livello globale abbia assunto tratti e comportamenti di un piccolo villaggio. La crescente interconnessione determinata dai mezzi di comunicazione avrebbe agito riducendo le distanze spazio-temporali e culturali.

digitali e popolato da persone e artefatti ingegnerizzati connessi tra loro. L'infosfera sta assorbendo progressivamente il vecchio habitat. Basti pensare che, nel 2012, il "villaggio globale" degli individui connessi alla rete ha raggiunto la ragguardevole soglia di 2,5 miliardi (www.internetworldstats.com).
L'interconnessione su scala globale *anytime and anywhere* sta cambiando radicalmente non solo il modo di accedere alle informazioni e creare conoscenza, ma anche quello di interagire e comunicare. Inoltre, sta modificando il modo in cui le persone cercano, scelgono e acquistano beni e servizi e quello in cui percepiscono, valutano e si relazionano con i brand. L'esito finale di questo cambiamento non può essere delineato nella fase attuale, ma certamente nel mondo che ne risulterà la vera linfa vitale sarà l'informazione digitale.
Questo lo scenario, in estrema sintesi, della rivoluzione digitale, che si connette in modo inestricabile all'evoluzione del marketing, segnandone irreversibilmente gli sviluppi, come visto nel ▸ Capitolo 2. Nelle pagine che seguono si cercherà di rappresentare le linee fondamentali di questo cambiamento paradigmatico.

3.1 Digitalizzazione: quali discontinuità per il marketing?

Internet

Internet è costituito da un insieme di reti informatiche pubbliche e private collegate tra loro a livello mondiale e accessibile a chiunque, *anytime and anywhere*.

Intranet

Intranet è un network accessibile solo all'interno all'organizzazione, il cui funzionamento si basa sull'utilizzo degli standard di Internet (p.e. il codice HTML).

Extranet

Extranet è costituito da due o più network proprietari, in modo da creare un micro-ambiente al quale fornitori, partner commerciali e clienti possono avere parziale accesso tramite l'utilizzo di apposite credenziali.

L'utilizzo delle "tecnologie digitali", ossia delle infrastrutture e applicazioni tecnologiche che basano il loro funzionamento sull'utilizzo del codice binario, è oggi sempre più diffuso nelle imprese di ogni settore e dimensione e, specularmente, tra gli individui. Queste tecnologie presentano caratteristiche uniche, che consentono innanzitutto di rendere più efficienti tutte le attività della catena del valore (p.e. R&S, approvvigionamento, produzione, marketing, *customer care*), essendo queste basate sull'elaborazione di informazioni. Il portato delle tecnologie digitali, tuttavia, non può essere circoscritto al raggiungimento di maggiori livelli di efficienza tecnica ed economica, ma va inserito in un perimetro più ampio. Infatti, la digitalizzazione della *value chain* intra- e inter-aziendale si basa su un graduale orientamento dell'impresa all'*e-business*, vale a dire un nuovo approccio manageriale che comporta una più o meno radicale riconfigurazione in chiave digitale dei processi di creazione di valore, quali: la fornitura, la progettazione del sistema di offerta, la distribuzione e la gestione della relazione con il cliente. Il nuovo approccio manageriale deve anzitutto fondarsi su un cambiamento culturale, che, da una parte, ponga l'informazione al centro delle strategie e delle *operations* aziendali e, dall'altra, assuma la logica reticolare/interattiva alla base di tutte le dinamiche relazionali interne ed esterne. Oggi, le imprese che si orientano all'e-business basano lo svolgimento dei processi della catena del valore su un intensivo utilizzo di Internet, la vera *killer application* delle tecnologie digitali. Pertanto, oltre alla rete pubblica di Internet, le imprese fanno ormai diffusamente ricorso alle reti Intranet ed Extranet.

Esempio

IBM (*International Business Machines Corporation*) è una multinazionale americana con oltre un secolo di storia, leader mondiale nel campo della consulenza tecnologica. Al fine di superare la perdita di competitività registrata nei primi anni Novanta, IBM, che oggi fattura oltre 100 miliardi di dollari, ha avviato a partire dal 1994 un processo di radicale trasformazione nel segno di un forte orientamento al mercato. Interpretando correttamente le potenzialità delle ICT, IBM ha progressivamente re-ingegnerizzato e digitalizzato i processi aziendali a livello *world wide* per migliorare la propria performance gestionale e competitiva. Il successivo e decisivo passo dell'orientamento all'e-business di IBM è stato quello di intensificare e approfondire in chiave digitale la relazione con il cliente, trasformando i rapporti con questo in legami di vera e propria collaborazione. Nel 1997, IBM ha utilizzato per prima su larga scala il termine "e-business" con il lancio di una campagna pubblicitaria che presentava il pay off: "e-business per sapere in anticipo cosa hanno in testa i clienti".

Al contempo, anche le dinamiche informative, transazionali e relazionali dei mercati finali, basano sempre più il loro funzionamento sull'utilizzo della rete. Internet stesso può essere considerato non solo come uno strumento tecnologico, ma anche come un contesto-mercato. Consideriamo quindi nei prossimi paragrafi questi due aspetti della rete – Internet come mercato e Internet come strumento – al fine di comprendere le sostanziali discontinuità per il marketing che la digitalizzazione del pianeta promette.

World Wide Web

Sistema di navigazione del contenuto in Internet in forma "ipertestuale", un vasto network di documenti collegati tramite link. I documenti sono codificati nel linguaggio HTML (*Hyper Text Markup Language*).

3.1.1 Internet come mercato

Internet non è semplicemente una nuova applicazione tecnologica funzionale all'aumento dell'efficienza in tutte le attività economiche che si basano sull'elaborazione delle informazioni, ma è un nuovo habitat, un nuovo contesto propizio allo sviluppo di attività sociali e economiche. Ciò attraverso la combinazione di diverse tecnologie in un unico *framework*.

Focus — Le origini dell'era della connessione

L'idea di una rete digitale nasce durante la Guerra fredda: nel 1958 il dipartimento della Difesa USA crea l'*Advanced Research Projects Agency* (ARPA) con l'obiettivo di mantenere il primato tecnologico sull'URSS. I ricercatori esperti in tecnologie della comunicazione studiano per anni un modo per collegare i grandi centri di calcolo della nazione appartenenti al governo, alle principali università e ai centri di ricerca di eccellenza. Il primo rilevante risultato è la creazione di ARPANET nel 1969, una rete sperimentale che collega quattro computer situati presso le università della California di Santa Barbara e Los Angeles, di Stanford e dello Utah. Nel 1974, la rete arriva a connettere 46 istituti di ricerca ed enti governativi anche fuori dagli Stati Uniti (Hawaii, Norvegia e Londra). La vera e propria nascita di Internet risale, tuttavia, al 1983, quando ARPANET inizia a basare la trasmissione di dati sul protocollo TCP/IP (*Transimission Control Program/Internet Protocol*). Già nel 1989 il numero degli host collegati alla rete Internet supera i 100 mila.

La seconda innovazione di rottura che ha determinato la rapida adozione su scala mondiale di Internet è quella del **World Wide Web**. Nel 1989, Tim Berners-Lee, uno sviluppatore inglese del CERN di Ginevra (*European Organization for Nuclear Research*), ha un'idea rivoluzionaria: collegare i documenti archiviati in diversi computer attraverso Internet, ossia attraverso i "link ipertestuali". Da questa idea nasce la prima pagina web il 6 Agosto 1991, contenente informazioni sul World Wide Web stesso. È l'inizio di una nuova era: l'era della connessione.

Figura 3.1

Internet come mercato: le principali discontinuità.

Market space e market place

Gli studiosi di management Rayport e Sviokla hanno introdotto nel 1994 la locuzione "market space" per indicare un contesto di scambio che basa il suo funzionamento sulle ICT. Il "market place", invece, è il mercato tradizionale, il cui campo di esistenza è il "mondo reale".

Consumer empowerment

È uno stato mentale, accompagnato da comportamenti coerenti, che abilita il consumatore a rendere più efficaci le proprie scelte, manifestando i propri bisogni e desideri agli altri attori del mercato (individui e organizzazioni).

Proprio considerando la rete Internet come spazio economico-sociale digitale o "mercato virtuale" (market space), peraltro sempre più integrato con il "mercato fisico" (market place), è possibile cogliere le fondamentali discontinuità per il marketing (figura 3.1). A tal fine, prendiamo nuovamente in considerazione alcuni elementi fondamentali dello scambio (▶ Capitolo 1): le parti coinvolte, le relazioni, l'oggetto.

1. Le *parti*. Con riferimento alle principali parti coinvolte nei mercati *business-to-consumer* – imprese e clienti finali – l'utilizzo delle tecnologie di rete ha determinato un significativo impatto innovativo, almeno sotto due profili tra loro interrelati: l'identità e il consumer empowerment. Consideriamo brevemente questi aspetti.
   - *Identità*. I consumatori/utenti non sono più solo idealmente identificabili a priori attraverso le tecniche di analisi di segmentazione, ma in rete sono realmente identificabili e meglio conoscibili. Internet, infatti, offre un ambiente la cui frequentazione spesso avviene a patto che l'individuo si renda riconoscibile. Seppure attraverso la mediazione dell'interfaccia digitale, i consumatori si affrancano dalla condizione di anonimi e indistinti componenti dei mercati e dei segmenti, prendendo forma agli occhi delle imprese come individui in grado di rappresentare direttamente la propria identità. Inoltre, i consumatori possono essere conosciuti con maggiore profondità grazie ai media digitali, che consentono di integrare i classici strumenti di ricerca quali-quantitativa, fornendo rilevanti informazioni di natura comportamentale a basso costo (si pensi all'analisi dei percorsi di navigazione) e rafforzando la capacità di ascolto diretto da parte dell'impresa (p.e. attraverso community online e forum). Dall'altra parte, anche le identità delle imprese e dei brand in rete sono maggiormente esposte e trasparenti agli occhi dei consumatori, con una crescente criticità del management della reputazione.
   - *Consumer empowerment*. Il consumatore, se da una parte è più facilmente identificabile e conoscibile, dall'altra costituisce sempre meno la componente debole e passiva dello scambio. Le cause specifiche di questo cambiamento di ruolo sono diverse. In primo luogo, il "potere di scambio" dei clienti finali aumenta poiché questi sono sempre più informati e consapevoli circa il valore relativo

della product offering, grazie alla crescente possibilità di accedere, a costi ridotti, a una grande quantità di informazioni pertinenti *anytime and anywhere*. Non solo i siti aziendali e di e-commerce, come pure le mobile app dei *marketer*, hanno raggiunto un'elevata profondità in termini di contenuti informativi e multimediali, ma sono ormai assai diffusi efficienti servizi di *shopping search* (p.e. Google shopping), oltre ai cosiddetti "agenti intelligenti", operatori che, fin dagli albori della rete, sono specializzati nella comparazione degli attributi dell'offerta, in primis il prezzo (p.e. Kelkoo e Trovaprezzi). In secondo luogo, i consumatori sono sempre più interconnessi tra loro, soprattutto grazie ai social media, dove sono continui gli scambi *diretti* di contenuti informativi e valoriali tra utenti. Si possono superare, così, tanto le distanze fisiche quanto quelle sociali. In questo contesto, poi, i clienti tendono a essere più partecipativi e coinvolti (*engaged*) nei confronti delle attività di marketing delle imprese, in quanto hanno la facoltà di creare e diffondere direttamente le loro idee e opinioni. Infine, essi detengono un maggior potere di controllo anche perché possono personalizzare (nel tempo e nello spazio) il consumo di informazioni e intrattenimento (p.e. fruendo di un programma televisivo, o parte di esso, su piattaforma web o mobile in un momento diverso dall'andata in onda); come pure – sempre più spesso – possono personalizzare i prodotti e servizi che acquistano, fino ad arrivare alla co-creazione di specifici attributi dell'offerta (p.e. NIKEiD, come vedremo più avanti).

Social media

Qualsiasi piattaforma digitale basata sulla conversazione e sull'interazione sociale tra individui. Sono esempi di social media: i social network, i blog, i forum e i mondi virtuali.

2. Le *relazioni*. L'innovazione sotto il profilo relazionale promette di essere altrettanto radicale. Ricordiamo che il marketing tradizionale si basa prevalentemente su relazioni lineari, unidirezionali, *top-down*, di tipo *one-to-many*, ossia dirette dall'impresa verso il mercato finale (più o meno segmentato). Il marketing diretto si basa, invece, su relazioni bidirezionali tra impresa e singolo cliente, per questo definite come relazioni di tipo *one-to-one*. Con lo sviluppo del marketing digitale queste tipologie relazionali – *one-to-many* e *one-to-one* – possono essere integrate da nuove dinamiche interattive tra più soggetti, dette di tipo *many-to-many* (o *multy-way*), che sono basate su interconnessioni reticolari non gerarchiche. Emerge, quindi, una nuova dimensione relazionale di tipo sociale, che include imprese e

Focus | The Cluetrain Manifesto

Se oggi, con la diffusione capillare dei social media (che ha preso avvio dal 2004), questa nuova dimensione relazionale dei mercati è piuttosto evidente, già nel 1999, gli autori del famoso *Cluetrain Manifesto*, tra le 95 tesi, affermavano in proposito:
«1. I mercati sono conversazioni. 2. I mercati sono fatti di esseri umani, non di segmenti demografici. [...] 6. Internet permette delle conversazioni tra esseri umani che erano semplicemente impossibili nell'era dei mass media. 7. Gli iperlink sovvertono la gerarchia. 8. Sia nei mercati connessi tramite Internet che tra i dipendenti connessi tramite Intranet, le persone si parlano in un modo nuovo e più efficace. 9. Queste conversazioni in rete stanno facendo nascere nuove forme di organizzazione sociale e un nuovo modo di scambiare conoscenza. 10. Il risultato è che i mercati stanno diventando più intelligenti, più informati, più organizzati. Partecipare a un mercato in rete cambia profondamente le persone. [...] 12. Non ci sono segreti. Il mercato online conosce i prodotti meglio delle aziende che li fanno. E se una cosa è buona o cattiva, comunque viene detto a tutti. [...] 18. Le aziende che non capiscono che i loro mercati sono ormai una rete tra singoli individui, sempre più intelligenti e coinvolti, stanno perdendo la loro migliore occasione».

clienti: le une e gli altri divengono i nodi di molteplici network anche su scala globale, dove le relazioni di mercato assomigliano sempre più a delle conversazioni. Potenzialmente, infatti, l'impresa potrebbe radicalmente innovare il proprio approccio relazionale, ponendosi costantemente in ascolto dei clienti e predisponendosi a un continuo dialogo con questi, grazie alla mediazione delle diverse piattaforme social.

Nei mercati digitali le *potenzialità* d'interazione ed *engagement* tra imprese e clienti hanno raggiunto livelli senza precedenti; da qui discendono le nuove *potenzialità* di accrescere la prossimità tra le parti, nell'ambito del sopra richiamato "villaggio globale". Nel tradizionale sistema di comunicazione di marketing, peraltro tuttora pienamente funzionante, i destinatari dispongono, infatti, di scarse possibilità di trasmissione del proprio feedback alle imprese. Invece, con la diffusione pervasiva del network digitale e il progressivo superamento dell'esclusività dei canali di comunicazione di massa unidirezionali, può ridursi la distanza tra organizzazione e pubblici rilevanti. Una distanza che è non solo spazio-temporale, ma anche informativa, emozionale e valoriale. Si tratta, a ben vedere, di un *potenziale*, che può essere sfruttato da ciascuna impresa con gradi di intensità diversi e che, in termini generali, non andrebbe peraltro a sostituire *in toto* il "vecchio" sistema di marketing, ma a integrarsi con questo.

3. L'*oggetto dello scambio*. Se il marketing nasce come disciplina funzionale allo scambio delle merci (beni fisici) per poi svilupparsi anche nel campo dei servizi (beni intangibili), il marketing digitale ha come oggetto prodotti con una consistente (o totale) componente informativa in forma di bit. L'oggetto dello scambio, sia esso totalmente digitalizzabile (p.e. un brano musicale) o meno (p.e. un'automobile), quando viene contestualizzato in rete, diventa necessariamente "virtuale". Questo vuol dire che l'esistenza del prodotto nel mercato digitale si basa, da una parte, sulla sua traduzione in bit, ossia in informazioni, e, dall'altra, sulla connessione. Il prodotto diviene, quindi, un nodo del network con una propria identità digitale e centralità relazionale. Ampliando la prospettiva, è l'intera product offering a subire un processo di "virtualizzazione" e interconnessione, processo da cui derivano nuove forme di *user experience*.

Digitalizzabile

Un'entità può essere definita digitalizzabile se può essere completamente trasformata in bit.

Centralità relazionale

Nella network analysis, la nozione di centralità assume importanza fondamentale perché permette di definire il posizionamento di un nodo nel proprio network in termini puramente relazionali.

Focus La coda lunga

Nel 2004, sulle pagine di "Wired", Chris Anderson prospetta un nuovo modo di interpretare i mercati digitali: si tratta della teoria della "coda lunga" (*the long tail*).

La proposta di Anderson è quella di considerare i "mercati dei bit" come i mercati delle nicchie. L'idea di fondo è la seguente: per i prodotti che possono essere digitalizzati, quali musica, video e informazione, i costi di distribuzione tendono a zero e non esistono più i vincoli economici e fisici che nel mondo dei beni tangibili limitano gli assortimenti in termini di ampiezza e profondità. Queste condizioni consentono alle imprese che commercializzano prodotti digitali di inserire in assortimento delle referenze richieste da un numero esiguo di clienti, anche molto raramente.

Per utilizzare la terminologia di Anderson, la "coda dell'assortimento" può allungarsi in maniera redditizia, di modo che i mercati tendono sempre più a frammentarsi in innumerevoli nicchie. Ecco che iTunes di Apple propone milioni di album e brani musicali; Amazon milioni di prodotti in numerose categorie, rispetto alle poche decine di migliaia dei più grandi negozi tradizionali. Anche per eBay o per Google la *value proposition* fondamentale è poter offrire all'utente "tutto" quale bacino di ricerca.

3.1.2 Internet come strumento

Internet delle origini era visto soprattutto nella sua funzione di *canale* di trasmissione di informazioni e definito di frequente con l'espressione "autostrada dell'informazione", non cogliendo appieno il suo portato interattivo. È stato subito riconosciuto come un medium dalle proprietà innovative, quali l'elevato potenziale diffusivo e l'elevata complessità informativa veicolabile a costi sempre decrescenti. Un medium che, nel tempo, ha conosciuto un continuo arricchimento delle potenzialità comunicative, ad esempio, in termini di interfacce (device) e relative modalità di fruizione, dalle email al web, dal personal computer allo smartphone, dalla televisione al tablet.
Internet tende a divenire uno strumento di comunicazione ubiquo, onnipresente, stimolando il marketing a divenire maggiormente interattivo e meno *top-down*, così da rendere questa disciplina manageriale realmente funzionale alla co-evoluzione di domanda e offerta e aperta al contributo creativo del cliente finale, come vedremo nel paragrafo seguente.

Focus **La user experience in un mondo "multi-device" e "multi-screen"**

Internet rappresenta una sorta di comune substrato tecnologico sempre più ubiquo. A questo fenomeno di convergenza tecnologica corrisponde al contempo una crescente moltiplicazione e frammentazione dei device, ossia dei supporti tecnici di fruizione dei contenuti (soprattutto *screen based*), attraverso i quali si vive di fatto la *user experience*: computer (fissi e portatili), tablet, smartphone e *connected TV*, sono i principali device *screen based* mediante i quali quotidianamente avviene circa il 90% delle interazioni complessive con i media (Google Think Insights, 2012). Le situazioni e le modalità di fruizione della product offering, quindi, si moltiplicano via via che l'innovazione tecnologica crea nuovi device digitali. I consumatori stanno diventando *multi-screener*, secondo due modalità: l'utilizzo sequenziale e quello simultaneo dei supporti mediali. L'uso sequenziale consiste nel passare da un device all'altro in differenti momenti per portare a termine uno stesso *task* (shopping online, social networking, fruizione di video ecc.). Ad esempio, la gran parte delle ricerche di informazioni online ha inizio tramite smartphone per poi proseguire su PC/laptop e terminare, in alcuni casi, su tablet. L'utilizzo *multi-screen* di tipo simultaneo, invece, consiste nell'utilizzo nello stesso momento di più device per svolgere attività più o meno complementari, come l'invio di email, la navigazione online, il gioco e il social networking. A oggi, le tre combinazioni simultanee in assoluto più frequenti sono "smartphone e TV" (81%), "smartphone e laptop/PC" (66%) e "laptop/PC e TV" (66%).

3.2 L'evoluzione dell'approccio al mercato

Le potenzialità delle tecnologie digitali, laddove opportunamente applicate, sono alla base di un possibile cambiamento molto profondo, non solo della tradizionale strumentazione operativa del marketing (p.e. le tecniche di ricerche di mercato, i media di comunicazione, i canali distributivi), ma anche del più generale approccio strategico al mercato, da intendersi come modo di interpretare il mercato e formulare le strategie a questo rivolte. Pur consapevoli di operare una forte semplificazione della grande varietà di situazioni possibili, è utile ricordare che il marketing management "tradizionale", dell'era analogica, è una disciplina caratterizzata dalle seguenti tipologie di approccio.

- *Lineare*, con riferimento al legame fondamentale che esso ha il compito di costruire efficientemente ed efficacemente tra impresa e segmento-target.
- *Unidirezionale e top-down*, poiché il disegno e la proposta di valore seguono una direzione ben precisa, dall'impresa al segmento-target. L'impresa si pone sempre in una posizione di superiorità e con un atteggiamento "di conquista".
- *Deterministico*, in quanto l'impresa cerca di soddisfare le attese del cliente soprattutto attraverso una lettura *a priori* del cliente stesso, incluso in un segmento, e attraverso la proposta di un paniere d'offerta "preconfezionato".

Quindi, si passa dall'analisi alla definizione del target da soddisfare (da "colpire"), agli strumenti più idonei a servirlo, per poi, eventualmente, consultarlo, a campione, circa il livello di customer satisfaction. Un approccio, sia ben chiaro, tuttora efficace ed efficiente nella gran parte dei mercati tradizionali, ma sempre più esposto agli stimoli del cambiamento. Nei contesti virtuali, che peraltro vanno integrandosi velocemente con quelli "reali", il marketing digitale manifesta la sua diversità rispetto all'approccio finora richiamato. Ancora una volta ricorriamo a una semplificazione, che tuttavia ci sembra opportuna a fini esplicativi. Il nuovo approccio al mercato è descrivibile nei seguenti modi.

- *Reticolare*: il legame lineare tra impresa e segmento-target si frammenta in molteplici nessi tra impresa e (singoli) clienti e tra clienti stessi, assumendo l'assetto di un network molto complesso, che riflette l'architettura della rete digitale.
- *Interattivo e decentralizzato*: le relazioni attivate nel network sono fortemente interattive. Prevalgono, quindi, i flussi di comunicazione bidirezionali (*two-way*) e, in modo crescente, multidirezionali (*multi-way*). L'impresa, o il brand, perde la sua posizione di superiorità e la vocazione alla conquista, per assumere una posizione "tra pari" rispetto ai propri clienti e un atteggiamento orientato all'ascolto e al dialogo. Si pensi allo sviluppo da parte dei brand, fino a pochi anni fa abituati solo al monologo, di piattaforme sociali sul web (corporate blog, brand fan page ecc.), dove trasparenza, ascolto e capacità di dialogo sono la *conditio sine qua non* per accrescere il valore delle relazioni con i clienti. È il caso, ad esempio, di Ducati, che è stata tra le prime imprese al mondo a sviluppare una comunità virtuale centrata sui valori del brand, assai coinvolgente perché in grado di integrare la *user experience* online e offline. Alla comunità virtuale ha fatto seguito uno dei primi corporate blog in cui lo stesso amministratore delegato dialogava con gli utenti.
- *Dinamico e collaborativo*: poiché il determinismo – ovvero la definizione *push* della product offering tipica del "vecchio approccio" – viene indebolito e spesso superato. Infatti, il cliente può potenzialmente affrancarsi dalla sua condizione di componente indistinto del segmento-target definito "a tavolino", destinatario passivo della *value proposition*; può autosegmentarsi (spesso in modo inconsapevole) e prendere l'iniziativa nel processo produttivo e di scambio, richiedendo al venditore, anche direttamente, precisi attributi dell'offerta: si parla, infatti, di *consumer-to-business* o *reverse marketing*. Il cliente, laddove adeguatamente informato, motivato e coinvolto, può anche fornire il proprio contributo alla co-creazione di molteplici attributi della product offering, divenendo di fatto il primo collaboratore dell'impresa, e per questo ribattezzato "**prosumer**" dagli studiosi di marketing. Si pensi, nel settore delle calzature sportive, agli esempi di "NIKEiD" e "mi Adidas".

Prosumer

"Producer + consumer". L'unione di questi due termini indica un cliente direttamente coinvolto nella definizione degli attributi del prodotto e/o di altri elementi del marketing mix.

In conclusione, il marketing digitale utilizza le ICT, i device e la rete per innovare la gestione strategica e operativa dell'approccio al mercato, fondandosi su una logica interattiva, che è più vicina all'idea di fondo propugnata da sempre dal marketing: la centralità del cliente nei processi d'impresa. L'obiettivo ultimo perseguito dal marketing digitale è sempre quello di soddisfare il cliente nel tempo e costruire relazioni durature con questo. Nel tendere a questo obiettivo, il marketing digitale punta soprattutto al coinvolgimento di individui e *community* di consumatori in processi collaborativi di codeterminazione della product offering, sotto diversi profili, quale, ad esempio, quello della generazione delle idee di prodotto, della creazione e diffusione virale di contenuti sulla marca e la *user experience* o la definizione di attributi specifici del prodotto.

Esempio

Nike, leader a livello mondiale nel campo dell'abbigliamento sportivo, potrebbe essere considerata come un'impresa tradizionale *product-centric*. Al contrario, questa azienda ha compreso prima di molte altre grandi realtà globali l'importanza del coinvolgimento e dell'interazione col cliente, utilizzando Internet per creare piattaforme finalizzate a stabilire relazioni basate sul dialogo. A partire dalla metà degli anni Duemila, le iniziative lanciate in questa direzione sono state diverse e tutte significative: si pensi al social network joga.com, lanciato nel 2006 per condividere i video prodotti dai clienti stessi inerenti al gioco del calcio. Un'altra piattaforma digitale di grande successo è NIKEiD, grazie alla quale gli utenti possono co-disegnare la propria *sneaker* online e mostrarla agli amici attraverso la rete, o ancora il progetto Nike Plus, in partnership con Apple, che ha consentito di attivare un fruttuoso dialogo tra milioni di corridori e Nike, tra i corridori/fruitori di musica e Apple, tra i corridori e tra questi e gli esperti di questo sport. Coinvolgendo i clienti in un network globale incentrato sul brand, Nike è riuscita a sviluppare nuove fonti di valore. L'impresa può generare e raffinare rapidamente nuove idee, accumulando conoscenza sui desideri dei clienti e sulle modalità più efficaci per coinvolgerli. Inoltre, Nike può attingere alla creatività collettiva della *customer base*. Coinvolgendo nella co-creazione la comunità di clienti, Nike sviluppa valore di marca in un modo unico. Infatti, i clienti percepiscono un valore differenziale derivante dalla partecipazione al processo creativo della product offering e dalla condivisione sociale della propria esperienza con persone affini per interessi e valori ricercati. Essi, infine, divengono i primi *testimonial* del brand, alimentando il passaparola.

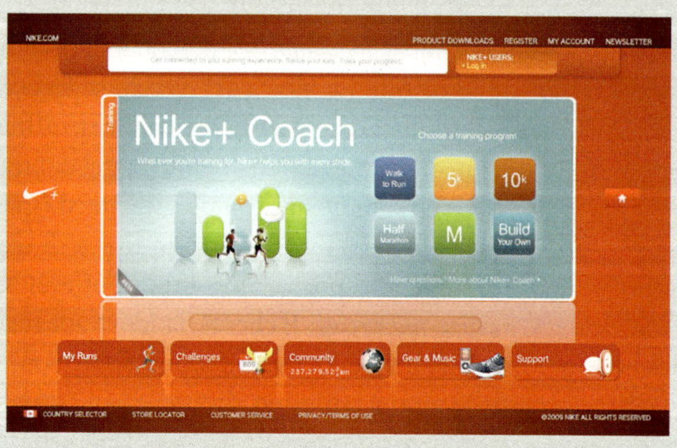

Fonte: nikeplus.com

3.3 Marketing digitale, strutture e business model

3.3.1 Livelli di utilizzo del marketing digitale

Definire una strategia di marketing digitale consiste nel disegnare un percorso strategico in grado di mettere a frutto le potenzialità delle ICT, per raggiungere gli obiettivi di mercato e creare relazioni di valore con i clienti. Per le imprese è quanto mai necessario definire a livello strategico il tipo di presenza e le modalità dell'azione competitiva del brand nell'arena digitale. Solo in questo modo è possibile garantire che gli investimenti siano indirizzati verso quelle attività digitali più rilevanti e proficue per lo specifico business. Mettere a frutto le potenzialità delle ICT significa anzitutto cogliere l'opportunità offerta dalle piattaforme digitali – web, mobile, TV digitale – di ampliare i confini della propria azione marketing e di rendere, al contempo, le proprie iniziative di mercato più mirate e approfondite. Infatti, da una parte, attraverso i canali digitali è possibile superare i tradizionali vincoli geografici e temporali per connettere il brand con un numero di interlocutori più ampio che in passato (aumento della *reach*); dall'altra parte, l'utilizzo delle tecnologie digitali consente anche di affinare i messaggi di marketing in modo molto preciso, per soddisfare specifiche nicchie e/o singoli consumatori (aumento della *richness*) all'interno di un mercato di riferimento più esteso.
Oggi, sono davvero rari i casi di imprese, anche di piccole dimensioni, che non potrebbero trarre beneficio dal ricorso *in una certa misura* al digital marketing. Difatti, un'impresa potrebbe correttamente porsi come obiettivo lo sviluppo di una presenza online molto circoscritta, ad esempio, limitando quest'ultima alla semplice proposta di una brochure online con la descrizione dell'assortimento, o all'invio ai clienti di una newsletter con le novità di prodotto e le offerte promozionali. Il punto fondamentale da definire è, quindi, in quale misura e secondo quali modalità fare ricorso al digital marketing.
Le prime domande che l'impresa dovrebbe porsi nel decidere il livello/modalità di utilizzo delle tecnologie digitali nella gestione strategica e operativa dell'approccio al mercato sono essenzialmente due.

- *Il nostro target è online? Quali attività svolge?* Se i clienti utilizzano già le ICT per ricercare e acquistare prodotti, è evidente l'urgenza della formulazione di una strategia digitale, tanto più significativa quanto maggiore è l'utilizzo della rete da parte dei clienti stessi. L'analisi dell'intensità e delle modalità di fruizione dei media digitali da parte dei soggetti in target dovrebbe essere continuativa, e andrebbe condotta anche con riferimento alle future generazioni di clienti. A seconda delle motivazioni e modalità di utilizzo dei media digitali, dovrebbero essere diverse le attività di marketing digitali da porre in essere.
- *I nostri prodotti/brand sono adatti al marketing digitale?* A ben vedere, la risposta a questa domanda è sempre positiva. Infatti, a prescindere dal tipo di prodotto – tangibile/intangibile, banale/problematico – se il target è in qualche modo attivo online, è opportuno comunque promuovere la propria offerta in questo contesto attraverso un particolare media mix digitale. Anche se alcune tipologie di prodotto – beni intangibili e banali – sembrano "naturalmente" più adatte di altre all'acquisto online (p.e. ebook, brani musicali, video e biglietti aerei), ormai i

Media mix digitale
Si intende l'insieme integrato di strumenti di comunicazione/piattaforme digitali. Ad esempio: sito web, banner, pagina Facebook ecc.

mercati digitali sono popolati con successo da prodotti – tangibili e problematici – che solo fino a pochi anni fa sembrava improbabile commercializzare a distanza su larga scala (p.e. capi di abbigliamento, mobili, computer, auto). A seconda che il prodotto tangibile sia banale o problematico, dovranno essere diverse le attività di marketing sulle quali far leva in via prioritaria per la soddisfazione del cliente. Fermo restando l'importanza dell'efficienza del servizio logistico, nel caso dei cosiddetti beni banali (con un processo d'acquisto semplificato), come i libri, sarà la disponibilità di informazioni su alcuni attributi dell'offerta, quali prezzo e condizioni di pagamento e consegna, ad avere la priorità. Nel caso dei beni problematici, quali capi di abbigliamento e cosmetici, oltre alle informazioni sugli attributi del prodotto, fondamentale sarà il ruolo giocato dal brand (l'immagine e la fiducia verso la marca), il passaparola online e offline e la personalizzazione del servizio.

Inoltre, non è tanto importante concentrare l'attenzione sulla conclusione della vendita online, quanto sul fatto che oggi il cliente è abituato a ricercare informazioni sui prodotti in rete, valutando e confrontando le alternative, e a prendere delle decisioni d'acquisto anche in base alla qualità della propria esperienza online. Occorre sottolineare che le informazioni inerenti al prodotto/brand di cui il cliente fruisce in rete non sono più esclusivamente *brand generated* (ossia prodotte dall'impresa come i classici contenuti di marketing), ma sempre più spesso *user generated*, ossia create e diffuse direttamente dagli utenti. Si pensi, ad esempio, alle recensioni sui prodotti/brand, ai commenti sull'esperienza di consumo e ai *like*/voti espressi dai consumatori soprattutto attraverso i social media (social network, blog, forum ecc.). Tali contenuti, definiti *User Generated Content* (UGC) vengono considerati molto attendibili e contribuiscono quindi in modo determinante all'acquisto e alla formazione dell'immagine di marca e della reputazione. Anche per questo motivo, l'assenza della "voce del brand" online e della disponibilità dell'impresa a dialogare in rete con i consumatori e gli altri stakeholder potrebbe determinare danni d'immagine nel breve termine e crisi di reputazione nel lungo termine.

3.3.2. I principali assetti strutturali

Per un'impresa nata per operare nel mercato tradizionale (si pensi all'esempio precedente di IBM), lo sviluppo di una strategia di marketing digitale efficace richiede una trasformazione culturale e strutturale, oltre che una riconfigurazione dei processi. Questa trasformazione può essere più o meno profonda e pervasiva a seconda degli obiettivi strategici generali dell'impresa e del grado di *commitment* del top management in termini di orientamento all'e-business. È evidente che a seconda dell'intensità dell'orientamento all'e-business, ovvero dell'intensità di utilizzo delle ICT nelle diverse attività della catena del valore, si svilupperanno strategie di marketing digitale con differente significato e rilevanza.
Nella realtà, quindi, i livelli di adozione del marketing digitale sono assai diversificati, come pure sono assai varie le soluzioni strutturali sottostanti. La diversa soluzione, oltre che dagli obiettivi strategici dell'impresa, dipende da numerosi fattori quali la storia, la mission e la cultura organizzativa, la dimensione, le risorse

disponibili, il contesto competitivo e il posizionamento scelto. A fini didattici, è utile ricorrere alla classificazione più diffusa tra gli esperti, che suddivide gli asset-ti strutturali degli operatori economici presenti nel mercato digitale in *bricks and mortar*, *click and mortar* e *pure play*, a seconda del grado di rilevanza strategica del marketing digitale (figura 3.2).

Figura 3.2

Classificazione degli operatori economici nei contesti digitali.

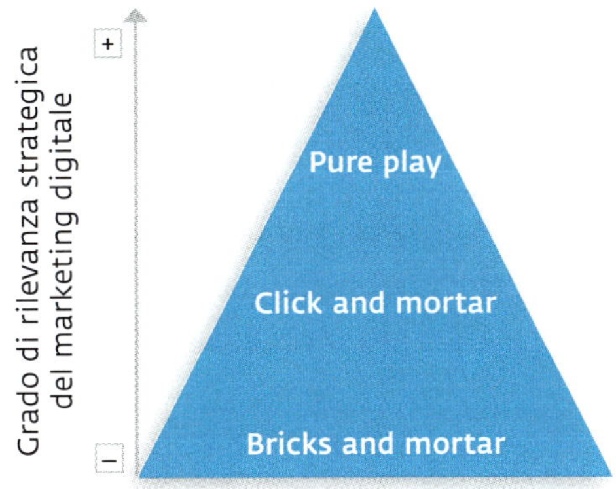

- *Bricks and mortar*: sono le cosiddette imprese "mattoni e malta", che generano la totalità o la gran parte del fatturato nel mercato tradizionale. Si pensi, in termini generali, alle piccole imprese alimentari o del tessile-abbigliamento, ma anche ai negozi al dettaglio. Le piattaforme digitali sono utilizzate in misura molto modesta e in chiave tattica, investendo risorse finanziarie e umane altret-tanto esigue. In questi casi, il marketing digitale si riduce sovente alla pubbli-cazione di un sito web con scopi esclusivamente informativi, il cosiddetto "sito vetrina". Pertanto, non esiste una strategia di marketing digitale, ma solo una marginale e tendenzialmente statica presenza online.

Esempio

Gentilini è una media impresa italiana (oltre 30 milioni di euro di fatturato) che dal 1890 produce biscotti e altri prodotti da forno di elevata qualità, con un forte radicamento nel mercato romano, dove rappresenta un brand storico.

L'azienda fino a oggi ha utilizzato il canale digitale e, in particolare, il sito web (www.biscottigentilini.it) soprat-tutto per finalità di comunicazione istituzionale, informando il pubblico interessato circa la storia, i valori, l'as-sortimento dei prodotti e le principali novità che riguardano la vita dell'im-presa.

Fonte: biscottigentilini.it

- *Click and mortar*: sono le imprese nate per operare nel mercato offline, ma che gradualmente hanno ritenuto opportuno affiancare al business tradizionale quello online, coniugando in tal modo vecchie e nuove pratiche manageriali all'interno dei confini d'impresa. In questo caso, il marketing digitale assume rilevanza strategica. Per i *click and mortar* una questione cruciale riguarda le ricadute organizzative. Nella fase iniziale, potrà essere creata una divisione digital con elevati margini di autonomia, ma occorrerà fare attenzione a mantenere sempre un buon livello di integrazione e condivisione della strategia generale. Inoltre, si dovrà modulare nel tempo la soluzione più idonea in termini di *in/outsourcing* al fine di delegare a terzi le attività non *core*. Sviluppando obiettivi e linee strategiche nonché risultati economici in entrambi i contesti, queste imprese cercano di sviluppare sinergie di marketing, garantendo al cliente diversi punti d'incontro con la marca (*touch point*), tra loro complementari.

Esempio

Ikea, impresa multinazionale nata in Svezia nel 1943, con 338 punti vendita e 27,5 miliardi di euro di fatturato a livello globale (1,64 miliardi in Italia), è ormai nel pieno del percorso di trasformazione da *bricks and mortar* a *click and mortar*: l'originario sito vetrina è ormai diventato una moderna piattaforma di commercio elettronico. Mentre le visite annuali nei negozi fisici sono pari a 776 milioni, le visite al sito web hanno superato il miliardo.
Per quanto riguarda Ikea Italia, l'amministratore delegato, Lars Petersson, ha dichiarato che l'obiettivo del canale digitale è quello di generare vendite aggiuntive, attrarre nuovi clienti e ottenere una buona profittabilità, realizzando online il 5% del fatturato totale, per arrivare al 10% nel 2020. Oggi i prodotti commercializzati online sono oltre 5400, con costi di trasporto uguali a quelli dei punti vendita. Il focus target del commercio elettronico è costituito da coloro che non dispongono di un mezzo di trasporto, abitano lontano dal negozio o non vogliono usare l'auto per non consumare benzina.

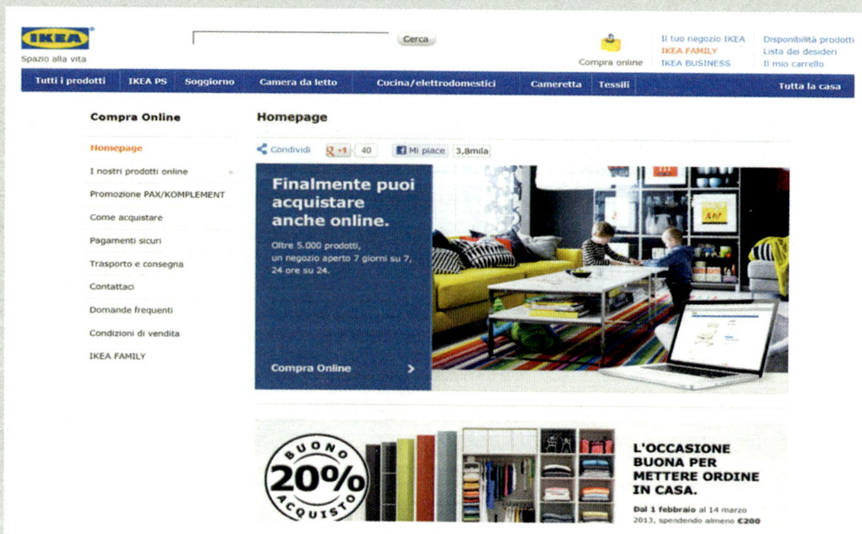

Fonte: www.ikea.it

- *Click only* o *pure play* o *dot com*: in questo caso, il campo di esistenza dell'organizzazione è online, essendo la presenza nel "mondo fisico" assente o del tutto marginale. Di conseguenza, qui trovano pieno sviluppo le capacità di innovare e le competenze digitali (manageriali e tecniche), nonché completa applicazione le strategie di marketing digitale: in sintesi, è possibile sfruttare appieno le potenzialità delle tecnologie digitali. Si pensi a imprese come Google, eBay, Amazon e Yoox. Talvolta, la *dot com* decide di garantire comunque dei punti di contatto fisici, ad esempio, per il ritiro della merce oppure per ampliare il mercato raggiungendo segmenti ancora poco inclini allo shopping online, aumentando le occasioni d'acquisto e creando nel tempo un maggiore capitale fiduciario e reputazionale, attraverso l'integrazione della *user experience* online e offline. È questo il caso di IBS, nota libreria italiana, che da *pure play* ha progressivamente ampliato la presenza offline con punti vendita tradizionali.

E-retailer

Qualsiasi operatore economico, produttore o intermediario commerciale, che commercializzi prodotti/servizi utilizzando i canali digitali.

Mobile-commerce

Forma di commercio elettronico che ha luogo per il tramite di device mobili, come telefoni cellulari e tablet.

Esempio

L'e-retailer CHL, uno dei primi siti italiani di e-commerce (elettronica di consumo), fin dal 1995, ha garantito alla clientela la possibilità di ritirare e pagare il prodotto acquistato in particolari punti vendita originariamente denominati POPITT (*point of presence in the territory*). Altro esempio di *pure play* che attiva una presenza nel mondo reale è eBay, che nel dicembre 2012 ha aperto dei *temporary store* nel centro di Londra e di Milano, quale strumento di promozione della piattaforma di mobile-commerce.

Fonte: www.popai.it

3.3.3 Business model digitali

In termini assai generali, un modello di business può intendersi alla stregua di una "storia", che racconta come l'impresa lavora e descrive la logica economica che consente di fornire valore ai clienti con una redditività adeguata. Esso include sia la proposta di valore per i clienti e gli altri stakeholder primari, sia le modalità attraverso le quali sono garantiti i flussi di ricavo (*revenue model*) e di profitto. All'interno del business model, il modello di *revenue* descrive, quindi, solo il modo in cui l'impresa genera fatturato. Con la locuzione "business model digitale" (*e-busines model*) si intende il sistema attraverso il quale l'impresa mantiene e sviluppa il valore economico nel lungo termine, *utilizzando in modo significativo le tecnologie digitali* (p.e. software, hardware, Internet). Al pari dei livelli di adozione del marketing digitale e delle connesse soluzioni strutturali analizzate in precedenza, anche i modelli di e-business si presentano assai diversificati nella realtà. In questo ambito così eterogeneo, di seguito concentriamo la nostra attenzione in particolare sui principali modelli di *revenue online*. Le tipologie qui riportate non devono essere intese come alternative, potendo coesistere più modelli di *revenue* nell'ambito dello stesso *e-business model*.

- *Advertising based*: la raccolta pubblicitaria può rappresentare la principale fonte di ricavo per un operatore online (sito web tradizionale come il portale libero.it o social media come YouTube). In questo modo, il sito svolge a tutti gli effetti il ruolo di "editore", essendo remunerato dall'inserzionista per la messa a disposizione di spazio "qualificato" in termini di traffico di clienti in target, attratti dai contenuti e dai servizi offerti. Proprio aspetti quali il volume e la qualità del traffico generato e la rilevanza e la qualità dei contenuti dal punto di vista del target rappresentano i fattori critici di successo di questo modello di *revenue*. Possono essere principalmente due le modalità attraverso le quali ottenere la remunerazione (non necessariamente alternative).
  - La vendita di spazi pubblicitari sulla base del numero delle semplici visualizzazioni (impression) della pagina web che ospita l'elemento pubblicitario, come il banner. Quindi, l'inserzionista sostiene il cosiddetto *costo per mille impression* (CPM), che è tanto più elevato quanto più lo spazio è targettizzato. Questa tipologia di modello pubblicitario è utilizzato soprattutto dai grandi siti informativi, come il portale Yahoo! e Repubblica.it.
  - La vendita di link targettizzati, in genere visualizzati dall'utente a seguito o di una *query* realizzata dallo stesso su un motore di ricerca, o di un'analisi di profilazione dell'utenza condotta dall'editore sulla base del tracking del comportamento online. In questo caso, il pagamento non è collegato alla semplice visualizzazione della pagina web, bensì all'effettivo click dell'utente sul link pubblicitario; pertanto, il costo unitario della pubblicità viene denominato *costo per click* (CPC). Ne sono un esempio i link sponsorizzati dei motori di ricerca (si veda la case history al termine del presente capitolo) e quelli targettizzati che compaiono sulle pagine di alcuni famosi social network come Facebook e LinkedIn.

Impression

Un'impression corrisponde a una visualizzazione della pagina web dove sono presenti elementi pubblicitari.

Tracking del comportamento online

Si tratta dell'analisi che attraverso diverse tecniche consente di tracciare le azioni poste in essere dall'utente online come, ad esempio, i siti visitati, i tempi di permanenza, i contenuti richiesti, i prodotti acquistati, le app scaricate ecc.

- *Subscription based*: l'utente sottoscrive un abbonamento, pagando l'*owner* del sito web per l'accesso a contenuti e servizi di interesse, di solito su base mensile o annuale. Diversi editori *click and mortar* fanno ricorso a questo modello, come Il Sole24ore o il Financial Times, ma anche i social network, come LinkedIn, che propone la sottoscrizione a pagamento per alcuni servizi "premium" (vedi esempio a pagina successiva).

- *Fee-for-service based* (o *pay-per-view*): simile al precedente, ma in questo caso il pagamento è legato solo all'effettiva fruizione del servizio (pagamento "a consumo"), come la visione di un contenuto multimediale tramite iTunes o il download di una ricerca sul sito di Forrester Research.
- *Affiliation*: l'affiliazione rappresenta uno dei primi strumenti utilizzati dai siti di commercio elettronico per aumentare la visibilità del brand digitale e la base di clienti. Il sito o il blog affiliato ospita il link ed eventuali elementi grafici pubblicitari dell'affiliante (p.e. www.lafeltrinelli.it), cosicché per ogni ordine effettuato da un visitatore proveniente dal sito affiliato, quest'ultimo riceverà una provvigione in percentuale sul valore della vendita.
- *Mark-up based*: i prodotti vengono acquistati e quindi venduti online applicando un ricarico (*mark-up*), come nel caso dell'operatore *click and mortar* Walmart, il più grande *retailer* al mondo che opera con successo anche attraverso il canale digitale.
- *Production based*: l'operatore di e-commerce svolge una vera e propria attività di produzione, acquistando e trasformando le materie prime e/o assemblando i componenti, come nel caso di Dell, impresa statunitense pioniera nella vendita di computer online.
- *Commission based*: in questo caso, il sito di commercio elettronico non acquista i prodotti, ma mette a disposizione dei venditori la propria piattaforma digitale in cambio del pagamento di una tariffa/commissione. Ad esempio, eBay ospita offerte di vendita (tramite asta o acquisto diretto) da parte di privati, attirando sulla propria piattaforma circa 85 milioni di consumatori a settimana, i quali concludono 40 milioni di transazioni. Per la maggior parte delle inserzioni è prevista l'applicazione delle tariffe d'inserzione (costo addebitato ai venditori per la messa in vendita di un oggetto) e della commissione sul valore finale (una percentuale sul prezzo finale di acquisto).

Esempio

Avendo raggiunto oltre 200 milioni di iscritti a fine 2012 (di cui 4 milioni in Italia), LinkedIn è il più grande social network professionale al mondo, la cui mission è: *to connect the world's professionals to make them more productive and successful*. Infatti, a differenza di Facebook, LinkedIn nasce nel 2003 con lo scopo di consentire agli iscritti di sviluppare una rete di contatti ritenuti affidabili in campo professionale, nonché utili per poter condividere informazioni rilevanti e cogliere opportunità di lavoro e di business, attivare nuove collaborazioni e promuovere il proprio CV. Dall'altra parte, le imprese possono utilizzare questa piattaforma per attività di *recruiting* e di promozione del brand verso il "mercato dei talenti" (fino a oggi sono state create oltre 2,6 milioni di pagine aziendali). Il fatturato di LinkedIn nel 2012 ha raggiunto i 252 milioni di dollari, generati da tre principali fonti di ricavo: *hiring solution* (55% del fatturato), ossia i servizi offerti alle imprese (finora oltre 13.000) finalizzati a individuare e selezionare efficacemente i migliori candidati in funzione di specifici fabbisogni; *marketing solution* (25,4%), ossia la comunicazione pubblicitaria (LinkedIn Ads), che attraverso vari formati, consente alle imprese di raggiungere e coinvolgere audience attentamente profilate; *premium subscription* (19,6%), ovvero i diversi bundle di servizi (p.e. Business Plus) rivolti a imprese e individui per migliorare la gestione del proprio profilo LinkedIn e le attività di comunicazione tramite il social network.

Case History — Google

Google è il *pure play* più grande al mondo nonché una delle imprese più innovative in assoluto. Leader incontrastato nel mercato dei motori di ricerca con una quota di mercato di circa l'84% nel 2012, oggi Google sviluppa un fatturato di 50,2 miliardi di dollari, un utile netto di 10,7 miliardi e impiega oltre 20.000 dipendenti. Nata nel 1998 a opera di Larry Page e Sergey Brin, ancora oggi Google continua a operare con un obiettivo fondamentale: organizzare le informazioni a livello mondiale e renderle universalmente accessibili e utili per l'utente. Durante gli anni di università Page e Brin sviluppano "PageRank", un algoritmo in grado di determinare il ranking d'importanza di una pagina web, in base alla rilevanza/pertinenza della stessa rispetto al tema d'interesse. A differenza degli algoritmi di ricerca che già esistevano, per definire la classifica delle pagine web più rilevanti, PageRank non si limitava a contare all'interno di queste le ricorrenze delle parole cercate dagli utenti, ma verificava anche la "popolarità" di quelle pagine in termini di numero di link esterni (*link popularity*) che indirizzano l'utente verso le stesse.

Google ha rinnovato e rafforzato negli anni il proprio vantaggio competitivo, offrendo ai propri utenti i risultati di ricerca più veloci e intelligenti, grazie ai consistenti investimenti in R&S, all'innovazione continua degli algoritmi e a una cultura organizzativa fortemente orientata all'imprenditorialità (*corporate entrepreneurship*) e all'eccellenza. Nella sua strategia di sviluppo, Google ha ampliato le sue aree di business – dalla pubblicità ai sistemi operativi, ai social network e all'hardware – e tipologia di clienti serviti, sia individui che organizzazioni. Anche se il *core business* rimane ancorato all'area chiave del *search*, di fatto Google trae la maggior parte del fatturato dall'advertising (95%), attraverso le piattaforme AdWords e AdSense. AdWords è il principale programma pubblicitario al mondo, che funziona sulla base di un complesso meccanismo di asta e di valutazione della qualità degli annunci da parte di Google e ha l'obiettivo di proporre solo messaggi pubblicitari coerenti con le parole chiave delle ricerche effettuate dagli utenti. Attraverso AdWords, gli inserzionisti possono creare e diffondere brevi testi pubblicitari che appaiono nella pagina dei risultati di ricerca di Google e sulle migliaia di siti partner del Google Network, ma solo laddove vi sia pertinenza di contenuto.

Il costo di questo tipo di pubblicità estremamente targettizzata sulle esigenze informative dell'individuo è variabile, in quanto dipende, oltre che dal meccanismo di asta, anche dal numero di click che vengono effettuati dagli utenti sui "link sponsorizzati". AdSense, invece, è il programma pubblicitario pensato per i *web publisher*, i quali possono ospitare gli annunci sponsorizzati di AdWords all'interno dei loro siti, guadagnando una percentuale del prezzo pagato dall'inserzionista a seguito del click sul link. Dunque, il fondamentale modello di *revenue* su cui Google ha basato l'eccezionale crescita economica è il cosiddetto *CPC model* (*cost-per-click*).

Conclusioni

Nelle economie dell'informazione, ciò che oggi sperimentiamo come mondo offline è destinato a diventare un ambiente totalmente interattivo sempre più intelligente, dove persone, organizzazioni e cose sono interconnesse da processi informativi pervasivi e distribuiti, operanti in tempo reale e *always on*. In questo nuovo contesto, il marketing delle imprese diventa sempre più "digitale", ossia più reticolare, interattivo, decentralizzato, dinamico e collaborativo. Devono innovarsi i modelli di business e gli assetti strutturali sottostanti, ma soprattutto deve cambiare la cultura manageriale. Le imprese, i manager, le risorse umane impegnate nelle diverse attività della catena del valore devono diventare *e-business literate* e stare al passo con il continuo cambiamento tecnologico. Solo esplorando i numerosi e mutevoli contesti digitali, e imparando a esercitare un pensiero "critico" sulle modalità sempre nuove che oggi vengono sperimentate dai cosiddetti "e-marketer" per informare, attrarre, generare interesse, coinvolgimento e vendite, si potrà un domani, in veste di imprenditori o manager, utilizzare con consapevolezza le tecnologie digitali per raggiungere obiettivi di marketing nel mercato digitale che verrà e, soprattutto, creare il mercato digitale che verrà.

4

Il processo di marketing fra impresa e ambiente

Indice del capitolo

Introduzione

4.1 Il processo di marketing
- 4.1.1 Una definizione
- 4.1.2 Macrofasi del processo di marketing

4.2 Gli ambienti di marketing
- 4.2.1 L'ambiente esogeno rilevante
- 4.2.2 L'ambiente competitivo
- 4.2.3 Catena del valore e ambienti di marketing

4.3 La rete esterna del valore
- 4.3.1 Gli stakeholder
- 4.3.2 I marketing partner

Conclusioni

di **Alberto Mattiacci**

Abstract

L'impresa si trova oggi a operare in un ambiente dal perimetro estremamente esteso: ai soggetti "classici" del quadro competitivo – clienti, consumatori, concorrenti e fornitori – si sono aggiunti gli altri *stakeholder* e l'ampio parterre di *partner* dei quali il produttore può avvalersi. Il panorama esterno entro il quale l'impresa prende le proprie decisioni di mercato, in sostanza, è oggi estremamente affollato. Dal lato interno, in parallelo, le *information and communication technology* offrono opportunità per re-ingegnerizzazioni dei processi operativi che mutano di continuo la configurazione del business model. Il processo di marketing, conseguentemente, diviene ancora più baricentrico in quanto, seguendo un modello di razionalità forte, consente di riportare a unitarietà e sistema una varietà di fattori e risorse sempre più numerosi.

Introduzione

L'impresa non è una monade omogenea, chiusa e isolata in se stessa, bensì un soggetto aperto, in costante scambio e relazione con l'esterno. Una delle caratteristiche fondanti della nostra epoca, a cavallo fra il XX e il XXI secolo, infatti, è l'estrema dinamicità e mutevolezza delle coordinate nelle quali ogni impresa si muove. Cambiano le condizioni sociali ed economiche, quelle scientifiche e tecniche, normative e culturali, ambientali e valoriali: come potrebbe, l'impresa, che in definitiva è composta di persone, restare sempre uguale a se stessa? Ciò che chiamiamo impresa è infatti molto cambiato nel corso degli anni: la diffusione della prassi dell'**outsourcing**, ad esempio, ne ha cambiato il perimetro strutturale; l'ingresso di paesi economicamente arretrati nel novero di quelli industrializzati (p.e. Vietnam, Marocco, Turchia, Thailandia) ha modificato, allargandola, la mappa delle possibilità di **offshoring**. Come conseguenza, la promessa di straordinari vantaggi di costo comparato ha spinto molte imprese a ridisegnarsi, in forma e dimensione, per cogliere le sensibili opportunità esistenti nel globo.

Anche la progressiva **finanziarizzazione** dell'economia – avviatasi alla fine degli anni Ottanta ed esplosa nelle sue drammatiche contraddizioni al principio del XXI secolo – ha indotto un radicale cambiamento di prospettiva nel modo di considerare il soggetto-impresa. L'economia finanziaria, infatti, funziona con tempi più brevi e accelerati di quella reale, e così anche la matrice rischio-premio che caratterizza l'investimento "finanziario" appare molto più sfidante e promettente di quella presentata dall'investimento "reale", nel quale il marketing rientra. Ciò ha determinato un'ulteriore spinta al cambiamento dell'impresa rispetto ai modelli classici, che ne videro la nascita e l'ascesa come protagonista dell'economia. Il film *Wall Street* (1987) di Oliver Stone fotografò con nitida chiarezza le conseguenze di questo vero e proprio "cambio di paradigma" sul concetto stesso d'impresa e sulla vita delle persone.

Outsourcing

Detta anche *esternalizzazione*, è l'atto con il quale un'impresa si priva dell'attribuzione di alcune attività per affidarle a fornitori/partner esterni da essa coordinati. L'opposto è detto *backsourcing*.

Offshoring

La delocalizzazione di tutte le attività di produzione in un paese diverso da quello di origine. Genera la deindustrializzazione di un paese.

Finanziarizzazione

Acquisizione di centralità da parte delle logiche e degli obiettivi finanziari, che investe e condiziona ogni scelta d'azione d'imprese (f. d'impresa), degli stati sovrani, delle persone.

Questi grandi mutamenti che il mondo della produzione, degli scambi e, a seguire, del lavoro stanno vivendo, hanno inoltre ridestato il mai sopito dibattito etico intorno all'economia di mercato e, di lì, ai limiti del capitalismo (▸ Capitolo 24). Se è (forse) vero che la storia in qualche misura si ripete, è però certo che lo fa sempre in forme nuove: ecco allora che la questione etica, oggi, intercetta quella della *sostenibilità*, intesa quale rispetto dell'ambiente naturale, ma anche dei modelli sociali e culturali pre-esistenti alla globalizzazione e messi a dura prova dal cambiamento del mondo in corso.

A un livello più basso, infine, le condizioni competitive nelle quali l'impresa decide di collocarsi, scegliendo che spazio di mercato presidiare, impongono anch'esse un cambiamento continuo. La *ristrutturazione*, ad esempio, fenomeno un tempo straordinario nella vita di un'impresa, è oggi invece un processo, se non costante, certamente molto frequente: essa può essere indotta dai cambiamenti nei rapporti di forza coi distributori, piuttosto che dalle richieste di maggior servizio dei clienti, dalla necessità di rispondere a manovre aggressive di prezzo dei concorrenti, come anche dal rinnovamento delle tecnologie di produzione e distribuzione, e via dicendo. In buona sostanza, vedremo in questo capitolo come l'impresa risponde, si adatta (e talvolta dà forma essa stessa) alle condizioni ambientali che la espongono a mutamenti e ridisegni, strutturali e sistemici, continui.

4.1 Il processo di marketing

La grande varietà dei contesti ai quali il marketing e i suoi principi sono applicabili rende complicato descrivere un concetto di ampio respiro e portata, qual è il processo di marketing, in modo pienamente soddisfacente. Per ragioni di mera chiarezza espositiva, dunque, nelle pagine che seguono faremo riferimento principale all'impresa manifatturiera, lasciando poi ad altre parti del testo il compito di specificare le opportune distinzioni del caso.

Focus Varietà del marketing

Una delle difficoltà più grandi, nello studio del marketing management, è dovuta al fatto che non esiste "un solo marketing". Esiste certamente un corpus centrale di principi, idee, metodi e strumenti di marketing, ma la sua applicazione conosce una tale varietà di situazioni possibili, da rendere semplicemente insensata l'idea di un marketing management buono per tutte le occasioni. Anche per questa ragione, infatti, l'esperienza costituisce uno dei tratti maggiormente qualificanti un *marketer*. Le dimensioni principali di varietà del marketing sono le seguenti.

- *Beni* e *servizi*: le problematiche di mercato di un prodotto immateriale sono strutturalmente diverse da quelle di un bene (▸ Capitolo 23). Per esempio l'impossibilità di produrre un servizio e immagazzinarlo per una vendita successiva, rende necessario disporre di *strutture succursali* dove produrre il servizio. Moleskine si avvale di un marketing diverso da quello di Unicredit.
- *Prodotti di massa* e *di nicchia*: il mercato di massa si fonda sulla creazione delle condizioni affinché il più gran numero di compratori possibile sia in grado effettivamente di ricordare e acquistare ovunque una data marca, possibilmente in promozione. Ciò non vale per i prodotti di lusso. Il marketing di Lavazza è diverso da quello di Illy.
- *Prodotti consumer* e *business*: il mercato per il consumatore poggia su un prodotto facile da capire/usare e di accettabili prestazioni, mentre quello per il compratore professionale poggia sul servizio e su prestazioni focalizzate e superiori. Il marketing di Microsoft è diverso a seconda che si tratti del pacchetto Home di Office o di quello Business.
- *Prodotti branded* e *unbranded*: il brand consente spesso di dotare l'offerta di tasselli di valore superiori e distintivi, rispetto a offerte che puntano solo sul prodotto e la convenienza (▸ Capitolo 12). Il marketing di D&G è profondamente diverso (e più costoso) rispetto a quello di altri produttori di marca non così nota e desiderata.
- *Produzione* e *distribuzione*: il mercato del produttore si appoggia a quello del distributore con il quale collabora commercialmente e lo integra, ma ciascuno dei due ha a disposizione differenti leve di azione (▸ Capitolo 22). Conad si avvale di un marketing diverso da quello di Olio Carli.
- *Nazionale* e *internazionale*: l'ingresso in un mercato culturalmente diverso da quello domestico richiede differenti sensibilità e competenze, occorre inoltre fare i conti con tecnicismi e vincoli istituzionali e normativi normalmente assenti in casa (▸ Capitolo

→

26). Il marketing di Fiat 500 in Italia non può essere pedissequamente replicato negli Stati Uniti.

- *Trade* e *consumer*: il produttore investe considerevoli risorse al fine di garantirsi canali di sbocco adeguati agli obiettivi e all'approccio di scambio così come a gestire nel tempo questa situazione; parallelamente deve stimolare, cognitivamente e affettivamente, la domanda finale (▸ Parte V). Il marketing di Telecom Italia Mobile corre sul doppio binario degli investimenti diretti al trade e di quelli che sono indirizzati al consumatore finale.
- *Acquisizione* e *fidelizzazione*: una delle massime più popolari nel marketing management è che "costa di più acquisire un nuovo cliente che mantenerne uno vecchio" (▸ Capitolo 21). La fidelizzazione del cliente gioca su principi, sensibilità e leve differenti da quelle disponibili per aumentare il portafoglio clienti. Alitalia con il programma Mille Miglia cerca di offrire ragioni di convenienza alla fedeltà.
- *Online* e *offline*: l'ambiente digitale e la piattaforma Internet hanno delle proprie regole e condizioni di funzionamento piuttosto rigide, dove la reputazione e la fiducia sono ancora più rilevanti che nell'ambiente fisico (▸ Capitolo 16). Il marketing di Yoox è diverso da quello della Rinascente, così come Divani&Divani allestisce diversamente l'esperienza di vendita sul sito rispetto ai propri punti vendita.

4.1.1 Una definizione

Trade marketing

Approccio con il quale il produttore investe risorse a beneficio del trade perchè questi cooperi nel creare le condizioni di offerta al pubblico che il produttore desidera.

Consumer marketing

Approccio con il quale il produttore investe risorse per stimolare la domanda finale e, grazie a ciò, poter avere maggior potere contrattuale nei confronti del trade.

Il produttore è il soggetto che si colloca a monte dell'intero sistema di scambio visto nel ▸ Capitolo 1, relazionandosi ora con i distributori (trade marketing), ora con i consumatori finali (consumer marketing). Il produttore è colui il quale, grazie alla propria azione innovatrice, conferisce dinamismo all'intero sistema, stimolando la domanda con continuità; è colui il quale, inoltre, sa ideare un proprio mercato, individuandolo all'interno di un più ampio spazio competitivo (▸ Capitolo 2). Il modo in cui il produttore conduce queste (e altre) attività può essere ispirato, come discusso nel capitolo precedente, all'*empirismo* o alla *disciplina*, ed è con riferimento a questa seconda situazione – sede propria del marketing management – che occorre introdurre il fondamentale concetto di *processo di marketing*.

Il processo di marketing è una sequenza di attività gestionali, distinte ma logicamente e funzionalmente connesse fra di loro, che svolgono i seguenti compiti.

1. *Pensano* e definiscono un mercato di riferimento per l'impresa: si analizza l'ambito geografico di mercato e vi si identifica una domanda di riferimento (target) cui indirizzare primariamente la propria offerta (▸ Capitolo 9); si sceglie una fascia di prezzo orientativa alla quale offrirlo, sapendo che su quella fascia vi saranno probabilmente dei concorrenti (▸ Capitolo 5).
2. *Progettano* un'offerta di valore (product offering) capace di assicurare un vantaggio competitivo sostenibile nel mercato di riferimento (▸ Capitolo 10): si progetta un'idea di prodotto, esplosa in tutte le sue componenti (▸ Capitolo 12), e la si "veste" di un sistema di marca (▸ Capitolo 13), definendo per questo insieme un prezzo puntuale (▸ Capitolo 15) al quale si immagina l'offerta sia reperibile nei punti vendita prescelti; si progetta, contestualmente, anche il ruolo di supporto che il sistema digitale potrà giocare (▸ Capitolo 16).
3. *Governano* l'offerta, ovvero creano le condizioni affinché l'offerta di valore progettata prenda vita e si affermi nel mercato di riferimento: si decide una campagna di comunicazione che segua l'intero ciclo vitale dell'offerta (▸ Capitoli 17 e 18); si tratta coi rivenditori e gli agenti (▸ Capitoli 19 e 20), affinché l'offerta sia effettivamente presente nei punti vendita ecc.

Le singole attività del processo si sviluppano, seguendo l'impostazione logica del management (vedi figura 2.4), secondo le seguenti dimensioni:

- *analitica*: concerne l'individuazione, la raccolta e l'analisi di informazioni rilevanti, la loro elaborazione e comunicazione ai fini dei processi decisionali;
- *decisionale*: concerne l'assunzione razionale (ovvero basata sulla conoscenza derivante dall'analisi) di scelte d'azione, a fronte di *n* alternative possibili, e la loro formalizzazione in piani e programmi;
- *di controllo*: concerne la verifica dei risultati raggiunti dalla messa in opera delle scelte assunte, mediante misurazioni oggettive e l'analisi degli eventuali scostamenti delle performance dagli obiettivi.

Marketing concept

Fiosofia del marketing: sostiene che le probabilità di vendita di un'offerta siano molto maggiori laddove essa sia stata progettata quanto più possibile "a misura" del consumatore al quale si pensa di rivolgere l'offerta medesima.

L'aspetto chiave, diremmo "filosofico", del processo sopra descritto è costituito dalla centralità del consumatore. Il marketing concept, infatti, stabilisce che questi sia il punto di riferimento di ogni scelta, strategica e operativa, del management. L'applicazione concreta di questo principio immagina che la strategia di mercato debba avere il seguente processo.

- *Analisi della domanda e individuazione del target*: definita la tipologia di prodotto che si intende realizzare (p.e. bevanda gassata analcolica) se ne misura e analizza la domanda, e si identifica un gruppo di potenziali consumatori cui indirizzare il nuovo prodotto.
- *Analisi del segmento e definizione del prodotto*: questo gruppo di potenziali consumatori viene eletto a "target" – ovvero segmento di domanda di riferimento – e, ulteriormente analizzatolo, se ne evidenziano delle aspettative di prestazione sul prodotto. Queste aspettative vengono realizzate (p.e. cola senza zuccheri).
- *Posizionamento dell'offerta sul target*: l'offerta viene arricchita di un sistema di marca che, oltre a renderne possibile la comunicazione commerciale, costruisce e veicola il contenuto di significato e i messaggi fondamentali dell'offerta, sottolineandone, in particolare, le differenze rispetto ai concorrenti (p.e. "Coca Zero, calorie zero ma tutto il gusto di Coca Cola"). In questo modo si definiscono i punti di differenza dell'offerta verso i concorrenti, incardinando l'offerta stessa nella mente del consumatore proprio su questi aspetti.

4.1.2 Macrofasi del processo di marketing

La rappresentazione sinottica in figura 4.1 riconduce il *marketing strategico* al sistema analisi/scelta/controllo che riguarda la definizione del mercato e la progettazione dell'offerta, laddove invece il *marketing operativo* concerne il sistema analisi/scelta/controllo che riguarda le attività pratiche di governo dell'offerta sul mercato.

È importante sottolineare fin d'ora che la natura *razionale* del processo di marketing consente all'impresa di affrontare con disciplina, conoscenza e metodo i numerosi accadimenti, vari e varianti, che il suo operare nell'ambiente costantemente genera e incontra. Vediamo analiticamente quali sono i contenuti essenziali di ciascuna macrofase del processo.

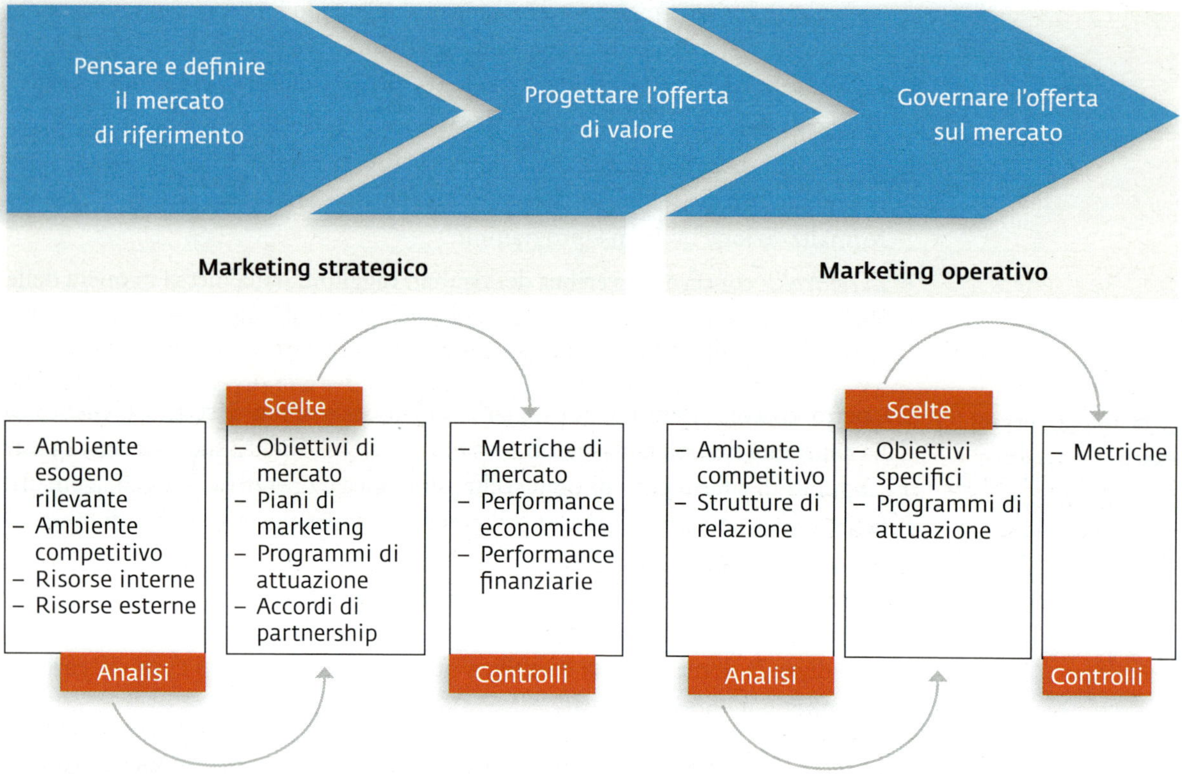

Figura 4.1

Il processo di marketing.

Pensare e *definire* il mercato di riferimento

Si è già avuto modo di osservare come il mercato sia il risultato di un processo di scelta *individuale*, con il quale ogni impresa immagina uno spazio da presidiare all'interno di un più ampio mercato aggregato (▸ §2.3). Questa prima, fondamentale attività del processo di marketing è considerata *strategica*, in quanto espressione pura dello spirito imprenditoriale. Tale attività è:

1. *creativa*, o anche "visionaria", nel senso che immagina qualcosa di prima non esistente;
2. *strutturante,* in quanto dall'idea generica passa a definire quel costrutto multidimensionale che è il mercato;
3. *vincolante*, nel senso che le scelte di marketing successive fanno costante riferimento a essa e per tempi non brevi (almeno tre/cinque anni);
4. *incisiva*, nel senso che investe direttamente il business model dell'impresa e la sua probabilità di sopravvivenza e successo nel lungo tempo.

Business model

È la formula operativa con la quale l'imprenditore immagina di operare nello spazio competitivo prescelto. Si compone di un modello di ricavo (*revenue model*), di macrovariabili organizzative, di un modello dei costi e di un approccio al profitto.

L'attività d'ideazione dello spazio competitivo da presidiare con la propria offerta è dunque quell'opera di creatività imprenditoriale cui Joseph Schumpeter riconobbe la natura di "distruzione creativa", riconoscendone l'impatto sociale, economico e organizzativo.

Questa prima fase del processo di marketing porta il produttore a definire alcune variabili della propria azione di mercato (tabella 4.1) e che verranno analiticamente trattate nei capitoli delle ▸ Parti II e III. Ci preme, però, qui una precisazione: questa prima fase del processo di marketing non è necessariamente sempre così creativa come appena descritto. Molto spesso, infatti, la definizione del mercato

Tabella 4.1
Immaginare un mercato.

Key-word	Variabile di mercato	Strumento di marketing
Where?	Area geografica	Market research; demand forecasting
What?	Categoria prodotto/bisogno	Market analysis
Whom?	User del prodotto	Demand segmentation
Why?	Benefit distintivo	Consumer insight
How much?	Fascia di valore	Value analysis; price positioning

da parte dell'impresa non ha carattere innovativo, ma anzi persegue condotte più orientate all'imitazione, *mutatis mutandis*, di altrui scelte di successo. La Toyota lancia IQ per seguire le scelte di mercato della Smart, Caffè Vergnano produce e commercializza caffè in capsule compatibili con il sistema Nespresso, Montana lancia la propria carne in scatola come alternativa a Simmenthal: questi sono alcuni dei tantissimi esempi possibili di scelte con le quali le imprese sono entrate in mercati nuovi per loro, ma senza innovare veramente il mercato aggregato di riferimento. Torneremo su questo aspetto nel ▸ Capitolo 12.

Tecnostruttura
È il complesso dei tecnici che, all'interno dell'impresa, possiedono le competenze necessarie ad assumere decisioni razionali e a risolvere problemi a elevata intensità di conoscenza.

Progettare l'offerta di valore

In quanto creativa, l'idea di mercato necessita di una successiva specificazione tecnica, che spesso l'imprenditore non è in grado di realizzare e per compiere la quale si affianca dei professionisti, una tecnostruttura, per dirla alla Galbraith. In altri termini, l'idea di mercato immagina un potenziale vuoto d'offerta da colmare, ma non arriva a specificare come e con cosa farlo.

Valore funzionale
È legato alle prestazioni del prodotto, alla sua capacità di svolgere il compito per il quale è stato inventato (core benefit) più eventuali altri compiti accessori.

Valore emozionale
È legato anch'esso alle prestazioni del prodotto, in particolare all'esperienza che esso fornisce quando esprime il suo potenziale e può estendersi anche al contesto in cui avviene l'acquisto.

La seconda macrofase del processo di marketing si occupa proprio di questo: progettare un *quid* che, nel complesso, costituisca la concretizzazione di quanto immaginato. Si tratta della product offering, ovvero l'offerta di valore con la quale il produttore si propone di presidiare lo spazio di offerta ideato, e perciò di colmare quel vuoto di offerta che egli ha visto nel mercato immaginato e definito. La product offering, già introdotta nel ▸ Capitolo 1 e che verrà sistematicamente analizzata nella ▸ Parte IV, si avvale di un insieme di elementi distinti, che trovano senso e valore, per il compratore, come insieme unitario.

- *Product concept*: l'idea originale di prodotto, dotato di una determinata qualità (elemento connesso ai costi di produzione, come vedremo nel ▸ Capitolo 12). Il product concept esprime un valore prevalentemente funzionale-emozionale, legato cioè all'uso del prodotto e alla sua performance, ma non è estraneo alla generazione anche di valore simbolico, legato alle sue componenti intangibili.
- *Brand system*: l'insieme di elementi simbolico-linguistici che conferiscono un'identità unica e distinta al product concept e che ne riassumono la promessa originale di prestazione, funzionale e simbolica, a beneficio del compratore (▸ Capitolo 13).
- *Price point*: il prezzo (sell out) al quale si è deciso di presentare l'offerta di valore al compratore finale, collocandosi in una determinata fascia. Questa variabile, oltre a giocare un fondamentale ruolo negli economics d'impresa, come ovvio, assume oggi anche una valenza segnaletica rilevantissima, esprimendo di con-

Valore simbolico
È legato alla componente sociale dell'individuo, come strumento di comunicazione dell'io agli altri, e a quella edonistica.

Economics
Variabili economiche di gestione dell'impresa che, confluendo nel conto economico attraverso il sistema contabile, concorrono a determinare il profitto.

certo con il *brand system* l'idea di valore dell'offerta e la sua differenza rispetto alle altre presenti sul mercato. Esploreremo tutto ciò nel ▸ Capitolo 15.

Questi primi tre elementi dell'offerta formano un cluster di attributi elementari governati direttamente dal produttore, con il fondamentale supporto della propria tecnostruttura. Sono ancora insufficienti, però, a mettere il compratore nelle condizioni effettive di accedere all'acquisto.

Il completamento dell'offerta di valore avviene perciò con l'aggiunta del *servizio commerciale* offerto dal distributore. Esso si concretizza, in estrema sintesi, nella messa a disposizione del punto vendita – con la propria *atmosfera*, *location* nell'area gravitazionale e nell'insieme di servizi pre- e post-vendita, messi a disposizione. È evidente, quindi, che affinché l'offerta di valore sia completa, il produttore dovrà necessariamente prevedere la collaborazione del distributore. Tale soggetto, come vedremo in dettaglio nel ▸ Capitolo 19, può assumere forme e ruoli diversi a seconda delle modalità distributive che il produttore decida di perseguire.

Area gravitazionale

Porzione di spazio (e di popolazione residente) servito da un determinato punto vendita.

Governare l'offerta sul mercato

A questa macrofase del processo di marketing corrispondono tutte quelle attività che, nel sentire comune, identificano la presenza del marketing nella società dei consumi contemporanea – come la pubblicità, le sponsorizzazioni, le promozioni ecc. La logica sottostante è così esprimibile: l'ideazione del mercato e la progettazione dell'offerta di valore restano, per così dire, solo "progetti su carta" fino a che non si avviano specifici processi gestionali il cui fine si può descrivere nei seguenti modi.

1. Far acquisire alla product offering un livello di *notorietà* elevato presso il target di riferimento: a tal fine l'impresa si dispone a investire risorse nella comunicazione di marketing (▸ Capitolo 18), avvalendosi di tutti gli strumenti possibili.
2. Acquisire un'elevata *copertura distributiva* del territorio e della popolazione, collocando il prodotto laddove il compratore-target è solito recarsi per acquisti similari. Quest'obiettivo richiede il sostenimento di considerevoli investimenti finanziari e umani che, a seconda dei casi, possono essere indirizzati a un rapporto collaborativo con terzi – come nel caso dei rapporti con la grande distribuzione – o a costruire reti di vendita dirette.
3. *Stimolare la domanda*, intermedia e finale, ad acquistare l'offerta, con continuità temporale: a tal fine si ricorre ad azioni capaci di stimolare l'acquisto immediato, offrendo occasioni e vantaggi validi solo *pro-tempore*, ma soprattutto s'imposta la relazione con il cliente in chiave temporale più lunga, come già visto nel ▸ Capitolo 1 e meglio si approfondirà nel ▸ Capitolo 21.

Le offerte commerciali oggi sono sempre più complesse: un distributore (Acqua & Sapone) propone alcuni brand (p.e. Finish) a un determinato prezzo, a loro volta arricchiti di promozioni (omaggio Guzzini) in co-branding (Guzzini e Finish).

Nella sostanza, le attività di marketing operativo completano il processo di marketing con una ricca congerie di azioni, che hanno come comune denominatore il fatto di essere facilmente percettibili dalla domanda. Ciascuna di queste attività, tuttavia, poggia su una base di competenze molto solida, che si articola secondo un processo di analisi/scelta/controllo solitamente piuttosto complesso dal punto di vista metodologico. In effetti, le attività di questa macrofase richiedono al management delle competenze e conoscenze tecniche specifiche, non improvvisabili e sempre più soggette a obsolescenza. Per questa ragione esse formano le professionalità specifiche del mestiere del marketer – che vedremo nel ▸ Capitolo 23 .

4.2 Gli ambienti di marketing

Le scelte del processo di marketing fin qui descritte, e riassunte in dettaglio nella figura 4.2, si basano su elementi soggettivi del decisore aziendale – come l'intuito, le competenze e l'esperienza – ma anche su informazioni che nascono da analisi e indagini formali (▸ Capitolo 7). La visione che sottende tutto ciò è semplicemente enunciabile: l'impresa non è una monade chiusa e isolata, né autoreferenziale, ma un sistema socioeconomico aperto, in constante interscambio con un ambiente a sé esterno. Per questa ragione gli elementi soggettivi del decisore possono non essere sufficienti a fargli assumere le migliori scelte. "Ma perché insistere tanto – ci si chiederà – su modelli così rigidi come il processo, o perché arrovellarsi su un concetto semplice come quello di ambiente? Che necessità c'è?". Questa obiezione è piuttosto tipica di chi non conosce il management e la risposta è piuttosto semplice, ma fondamentale: le complesse dinamiche ambientali e il cambiamento dell'impresa stessa, rendono utilissimo, se non indispensabile, ricorrere a un modello di gestione razionale, unico modo per ricondurre la complessità a un quadro intelligibile e completo. La logica del processo è esattamente questa.
Ciò che chiamiamo "ambiente" è formato e reso dinamico da una serie di fenomeni che si producono all'esterno dell'impresa e che, a seconda della loro natura, consentono di articolarne l'analisi su due dimensioni principali: (i) l'ambiente esogeno rilevante; (ii) l'ambiente competitivo in senso stretto.

Figura 4.2
Le scelte.

Figura 4.3

Ambienti di marketing.

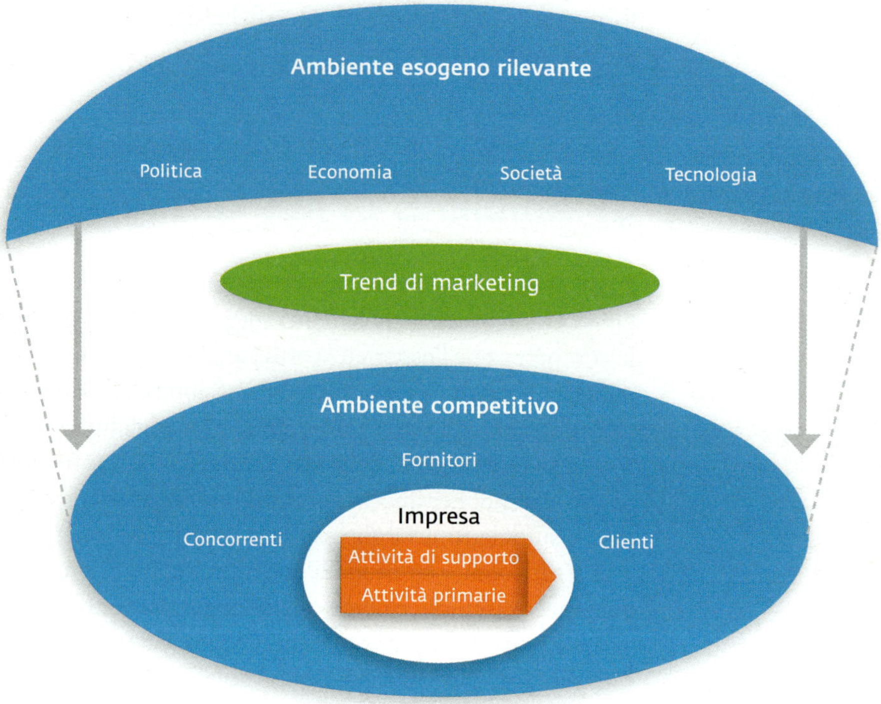

Macromarketing

Concerne i soggetti dello scambio e i processi che ne regolano i comportamenti reciproci, nonché le regole di funzionamento che consentono al sistema economico di raggiungere i propri obiettivi.

Il primo, come mostrato nella figura 4.3, ha una natura "a ombrello", ed esercita i propri effetti (tabella 4.2) sul secondo, che si colloca a valle. Una classe particolare di questi effetti esogeni è rappresentata dai *trend di marketing* di lungo periodo (▸ Focus "Trend rilevanti nel marketing") che rappresentano tendenze evolutive delle variabili di macromarketing direttamente influenti sull'ambiente competitivo. L'impresa è al centro, protagonista del proprio ambiente competitivo e, perseguendo le finalità di razionalità economica e sociale che le sono proprie, modifica se stessa per meglio governare l'ambiente competitivo.

Tabella 4.2

PEST analysis.

Macrovariabile	Esempi di indicatori	Trend XXI secolo
Politica	Indice di libertà economica Efficienza della Pubblica amministrazione Efficienza della giustizia civile	Indebolimento dello Stato-nazione Diminuzione del potere di controllo politico nazionale Deregulation Re-ingegnerizzazione del welfare state novecentesco Riforma del mercato del lavoro europeo
Economia	Indici macroeconomici (PIL, inflazione, disoccupazione, valore aggiunto ecc.) Clima di fiducia di famiglie e imprese Natalità e mortalità delle imprese Indice di sperequazione del reddito Pressione fiscale e contributiva	Progressivo spostamento di capacità economica verso le aree orientali e altri paesi non "occidentali" (BRICS) Crescente mobilità delle imprese e degli investimenti produttivi (IDE) Finanziarizzazione dell'economia Progressiva interdipendenza delle politiche economiche nazionali Pressione sulla classe media europea e "occidentale" Competizione per territori e aree urbane Sostenibilità

→

Macrovariabile	Esempi di indicatori	Trend XXI secolo
Società	Indici demografici (natalità, nuzialità, fertilità, piramide invecchiamento popolazione ecc.) Flussi migratori Indice di criminalità economica Indici di alfabetizzazione e scolarizzazione Stili di vita Urbanizzazione	Aumento dell'orientamento internazionale delle élite Crescente mobilità delle persone Mutamento del ruolo femminile Divaricazione socio-economica-culturale crescente Comportamenti di consumo orientati al segmento salute/benessere e rispetto dell'ambiente Dal consumo/proprietà al consumo/possesso Aumento delle megalopoli Disoccupazione giovanile in Europa
Tecnologia	Produzione di brevetti scientifici e industriali Copertura della popolazione con banda larga Alfabetizzazione tecnologica Indici di connettività	Riorganizzazione della *supply-chain* su scala globale Enormi progressi attesi grazie a: nanotecnologie, biotecnologie, network e information, neurotecnologie. Sviluppo di tecnologie *green* ed ecosostenibili *Smart-cities* Agenda digitale per lo sviluppo della società interconnessa (banda larga) Delocalizzazione

4.2.1 L'ambiente esogeno rilevante

Guardando all'esterno dell'impresa è possibile individuare alcune dinamiche che si producono indipendentemente dalle azioni dell'impresa stessa; si tratta di fenomeni fuori dalla sua sfera d'influenza – di qui il termine *esogeno*, che connota l'ambiente da esse prodotto – ma che, nondimeno, non mancano d'investire l'intero processo di marketing e le sue proprie performance. In parole povere, si tratta di accadimenti che avvengono a prescindere dalla volontà e dalle azioni dell'impresa, per quanto grande e potente essa possa essere, ma che la influenzano comunque nei suoi percorsi competitivi. La prassi è solita riassumere queste variabili nell'acronimo PEST – che sta per Politica, Economia, Società, Tecnologia (vedi tabella 4.2).

- *Politica*. Rientrano sotto questa macrovariabile i provvedimenti legislativi sovranazionali (come le direttive dell'Unione Europea) quelli nazionali e locali, il rischio-paese, l'alternarsi al governo di un paese di forze politiche reputate ostili o favorevoli al business nel quale l'impresa è impegnata, l'influenza di organizzazioni sovranazionali (come la World Trade Organization) e via dicendo. In questo avvio del XXI secolo, segnato dal riequilibrio post-Guerra fredda ancora in corso, ne sono esempi fenomeni come il progresso verso l'unificazione politica dell'Europa, il bilanciamento dei rapporti di forza fra grandi aree geoeconomiche del pianeta, con l'emergere di nuove grandi soggettività – ad esempio i BRICS, acronimo di Brasile, Russia, India, Cina e Sudafrica.
- *Economia*. Rientrano sotto questa voce l'insieme delle variabili macroeconomiche rilevanti, come l'andamento del Prodotto Interno Lordo, il tasso di disoccu-

pazione, il livello dell'inflazione e il corso delle valute, il clima di fiducia delle famiglie e delle imprese ecc. In questo avvio del XXI secolo ne sono esempi la grande crisi finanziaria e le conseguenti ondate recessive, il ridimensionamento drastico e rapido dei modelli di welfare state all'europea, la crisi della moneta unica e l'indeterminatezza dei valori finanziari e patrimoniali che ne consegue. Rilevanti, in questa cornice, anche la finanziarizzazione dell'economia (e dell'impresa), l'esplosione multi-country della catena del valore, l'attenzione ai temi etico-sostenibili.

The Help è un film americano del 2011. La locandina pubblicitaria per la stampa contiene argomenti persuasivi tipici della cultura statunitense, più che europea, e cioè: l'incasso fatto registrare negli Stati Uniti (il "dollaro" si è sostituito al numero di spettatori, quale proxy per sostenere il valore della pellicola) e il numero di candidature a un premio statunitense.

Questo modo di presentare un prodotto particolare come il film è oggi invalso anche in Europa, ma non si fonda sui codici culturali del vecchio continente.

- *Società*. Rientrano sotto questa macrovariabile i fenomeni legati alla demografia dei paesi e delle aree – crescita e composizione della popolazione, indice di natalità e piramide dell'età – i fenomeni migratori e le connesse tensioni sociali legate all'integrazione, i trend di consumo e i mutamenti negli stili di vita delle persone e delle famiglie, le sensibilità sociali, e ogni altro tema riguardante l'assetto della società. In questo avvio del XXI secolo le società appaiono sempre più investite dai fenomeni contrapposti dell'omologazione globale e dell'affermazione dei localismi, la componente femminile delle società progredite è quella più dinamica e in evoluzione, sentimenti di paura e incertezza sul futuro dominano le società occidentali – ambiente, sicurezza, benessere – e l'affievolimento della classe media occidentale pone interrogativi molto importanti.

- *Tecnologia*. Non vi sono dubbi che la cosiddetta rivoluzione digitale (▸ Capitolo 3) stia investendo orizzontalmente pressoché ogni campo dell'umano sentire e agire. Dalla progressiva digitalizzazione delle macchine manifatturiere, l'onda d'urto si va rapidamente propagando su altri campi della vita quotidiana – mezzi di comunicazione e di trasporto, strumenti per lo svago e per il lavoro – promettendo (minacciando?) di trasformare radicalmente ogni cosa. Il BANG – acronimo di Bit, Atomi, Neuroni e Geni – si profila essere il territorio dal quale proverranno nuove e strabilianti innovazioni capaci di trasformare radicalmente la vita quotidiana. L'outsourcing e la delocalizzazione appaiono, infine, trend costanti abilitati, oltre che da condizioni politiche, da una tecnologia sempre più efficace.

Che cosa accomuna queste macrovariabili così differenti fra loro? Da un lato, come detto, la loro natura esogena e quindi la non influenzabilità da parte dell'impresa, dall'altro l'attitudine a modificare la mappa di valutazione delle opportunità, sia quando ciò riguardi scelte strategiche, sia quando si scenda a un livello più operativo. Naturalmente – ci riferiamo alla tabella 4.2 – i fenomeni potenzialmente rilevanti sono numerosissimi, e la loro selezione viene operata con riferimento alla specifica sfera d'interesse dell'impresa considerata.

4.2.2 L'ambiente competitivo

L'ambiente competitivo non è qualcosa che esiste per tutti, come quello *esogeno rilevante*, ma è prodotto dalle scelte dell'impresa stessa, dalla specifica configurazione di mercato che essa ha scelto, e viene perciò detto *firm-specific*. L'idea di ambiente competitivo può esser ben compresa facendo riferimento al concetto di

Focus — Trend rilevanti nel marketing

Non vi sono dubbi che la *nuova globalizzazione* del XXI secolo sia il fenomeno-madre della gran parte delle trasformazioni evolutive di lungo periodo (trend) degli scenari di business. Essa ha la capacità di aver avviato quattro grandi *movimenti* che, una volta maturati completamente, avranno trasformato radicalmente il pianeta. Essi concernono: il capitale, le persone, l'informazione e la cultura popolare. A questi quattro grandi movimenti si aggiunge la cosiddetta *rivoluzione digitale* – dovuta all'introduzione e maturazione delle *information and communication technology* – che ha dato finora vita: (i) alla *new economy*; (ii) alla *net economy*; (iii) alla *knowledge economy*.

Queste macrotendenze, nel loro combinato disporsi, fanno evolvere i mercati verso assetti nuovi e rinnovati, imprimendo dinamiche potenti ed esogene ai sistemi di scambio e a tutti gli attori in esso coinvolti. Volendo provare a isolare in tutto ciò alcuni trend validi, se non universalmente, perlomeno per un gran numero di contesti di scambio, possiamo abbozzare un decalogo.

1. La *progressiva concentrazione della distribuzione*: il potere di scambio si accentra sempre più a valle del processo produttivo. Esempio: il largo consumo è uno scambio dominato dai distributori.
2. I *brand aumentano, le imprese diminuiscono*: le multinazionali e le grandi conglomerate si vanno assestando e diffondendo. Esempio: il mercato dell'auto vede poche imprese dotate ciascuna di numerosi portafogli brand.
3. Il *ciclo di vita dei prodotti tende ad accorciarsi*: la produzione diviene sempre più una *commodity* e l'obsolescenza diviene accelerata. Esempio: i televisori a schermo LCD hanno soppiantato quelli al plasma.
4. *È più conveniente sostituire che riparare*: discende da quanto sopra. Esempio: costa meno comprare un frullatore nuovo che farlo riparare.
5. Il *numero di varietà di un prodotto è aumentato notevolmente*: discende da quanto sopra. Esempio: ogni nuovo modello di automobile esce in almeno cinque varianti.
6. I *mercati sono iperframmentati*: l'aumento dell'offerta cerca sempre nuovi spazi di sbocco, differenziando all'estremo e creando nuove nicchie. Esempio: YouTube si presenta nel mercato dei contenuti televisivi con un bouquet di circa cento canali.
7. I *consumatori acquisiscono potere crescente*: nei mercati a economia matura, l'effetto combinato dell'eccesso di offerta, della new economy e della scolarizzazione, determina un compratore consapevole ed esigente. Esempio: la rete supporta iniziative di protesa collettiva, come contro il caro-carburanti.
8. *Si pretende dalle imprese un comportamento consono al nuovo ruolo sociale*: il ridimensionamento della sfera di azione dei pubblici poteri lascia uno spazio colmato dalle imprese, cui sono richiesti comportamenti non meramente improntati a logiche autoreferenziali. Esempio: la domanda di comportamenti sostenibili, eticamente ed ecologicamente, è ormai strutturale.
9. I *consumatori tendono ad appropriarsi dei prodotti/brand*: prodotti dal forte valore emozionale e simbolico sono assorbiti da gruppi di consumatori "fan" nei loro schemi esistenziali. Esempio: "tribù" di consumatori fan (Harley Davidson, Pan di stelle, squadre di calcio) seguono modelli di consumo attivo e *two-way* con le imprese.
10. La *comunicazione di marketing cambia filosofia e azioni*: il combinato disporsi della saturazione dei mezzi classici, della digitalizzazione dei device e del mutamento di stili di vita, costringe le imprese a inseguire il consumatore. Esempio: la logica *touch point* indirizza gli sforzi di contatto coi consumatori, "circondando" l'individuo col brand.

Naturalmente, quanto detto sopra non costituisce una lista esaustiva, ma identifica macrotendenze di lungo periodo che, a cascata, influenzeranno i vari business in modalità differenti caso per caso.

strategia competitiva che, secondo Michael Porter, il suo maggiore esegeta, vuol dire «*differenziarsi* e scegliere percorsi che mettano a frutto le differenze per generare un'esclusiva *combinazione di valore*». La parola "differenziazione" consente di individuare i due principali soggetti riferimento dell'azione competitiva – e dunque protagonisti dell'ambiente competitivo:

1. i *concorrenti*, da distinguere fra diretti e indiretti;
2. i *clienti*, a loro volta da distinguere fra intermedi (p.e. il trade) e finali (il consumatore).

Profitto

Parametro contabile indicativo della capacità di buon governo dell'impresa. Contabilmente rappresenta il surplus del ricavo sui costi, ma gli indicatori per misurarlo possono essere molteplici.

Marginalità commerciale

Parametro contabile che esprime la profittabilità di un prodotto, generalmente venduto attraverso canali distributivi terzi.
È uno dei parametri rilevanti nella gestione di mercato (▸ Capitolo 11).

Differenziarsi dalle offerte di chi occupa la medesima area geografica di mercato è un imperativo categorico dell'azione dell'impresa orientata al profitto: la via alternativa, infatti, è quella della competizione sul prezzo, offrendo alla domanda prodotti similari a condizioni più vantaggiose per il compratore. Tuttavia a questa seconda strada (compatibile nel lungo termine soltanto con un'effettiva capacità di operare a costi complessivi inferiori) è di norma preferita quella della differenziazione, che promette, perlomeno nel breve termine, una marginalità superiore, e perciò tendenziali profitti. Differenziarsi dai concorrenti, come vedremo (▸ Capitolo 10), implica saper costruire un'offerta dotata di una capacità di esprimere un valore distintivo per il cliente e non perfettamente sostituibile: ad esempio, la Vespa fonda la propria offerta sull'idea di rappresentare un unicum nel panorama di offerta degli scooter – concorrenti diretti – e degli altri strumenti per la mobilità urbana in generale – concorrenti indiretti.
La regola aurea della differenziazione è il poter esser percettibile in modo differente dai clienti. Prendiamo a prestito un pensiero di Giacomo Leopardi che, parlando di se stesso, soleva dire che «virtù non luce in disadorno ammanto». Il pensiero del poeta è utilmente riferibile al contesto commerciale, per stabilire il principio che la chiarezza della promessa di valore dell'offerta deve essere facilmente intellegibile, grazie in particolare alla comunicazione (▸ Capitolo 17) e all'opera dei venditori (▸ Capitolo 20). Questi sapranno adeguatamente mettere in luce il valore dell'offerta (▸ Parte IV) e renderlo percettibile per i clienti potenziali, considerati come obiettivo (target) del tentativo di vendita.

Cliente potenziale (prospect)

Compratore considerato potenzialmente interessato a una determinata offerta di acquisto. Concetto limitrofo a quello di target.

Terza, ma non marginale, categoria di soggetti che determina l'ambiente competitivo e le sue dinamiche è quella dei *fornitori* dell'impresa considerata. Il loro potere contrattuale, le loro capacità e dotazioni, condizioneranno le scelte di azione dell'impresa: si valuti, ad esempio, quale possa esser stato l'effetto dirompente del terremoto in Giappone del 2011 sull'industria dell'auto mondiale, considerando che la totalità dei meccanismi per il cambio automatico delle vetture viene prodotto lì. I fornitori possono anche rappresentare, in prospettiva, una minaccia concorrenziale, qualora decidessero di entrare nel medesimo business per il quale assicurano le forniture.

4.2.3 Catena del valore e ambienti di marketing

L'impresa, come mostrato nella figura 4.3, con la propria strategia competitiva si proietta all'interno dell'ambiente esterno, attiva i propri processi di marketing, in relazione alla sua lettura e analisi dei due ambienti appena descritti. In altri termini, ogni scelta strategica dell'impresa – come il lancio di un nuovo prodotto che la proietta in una nuova area di business, operazione avviata ad esempio dalla Ferrero con Grand

Soleil – definisce uno spazio competitivo specifico, caratterizzato da propri attori, dinamiche e caratteristiche. A questo ambiente *firm-specific* l'impresa riferirà le proprie analisi, scelte, attuazioni e controlli, come dettato dall'approccio del management.
Riprendendo i concetti fondamentali legati all'impresa è interessante qui sottolineare che ci sono molti modi di vederla, e molti modelli possibili per rappresentarla. Ciascuno è figlio dell'epoca nella quale è stato ideato, o tende a mettere in luce un aspetto specifico, ritenuto, in date circostanze spazio-temporali, particolarmente rilevante ai fini di una corretta gestione orientata al successo di mercato.
In effetti chiedersi cosa sia un'impresa non è quesito banale, soprattutto nel quadro odierno, che vede una struttura economica matura e articolata esser messa alle corde, nei suoi stessi fondamenti, da un'ondata d'innovazioni dirompenti, trasversali e pervasive, guidate dalla digitalizzazione delle tecnologie e da un fitto intrecciarsi di logiche imprenditoriali finanziarie e "reali". In questo libro, le cui finalità concernono la comprensione dei processi e delle strumentazioni del marketing management, adottiamo una rappresentazione dell'impresa che riunisce tre punti di vista:

1. è un insieme di persone, organizzate intorno a un progetto imprenditoriale, seguendo i principi della divisione e specializzazione del lavoro, che assegna a ciascuno un preciso ruolo nel raggiungimento di un obiettivo finale desiderato;
2. è un insieme di processi, paralleli e sequenziali, che combinano le risorse dell'impresa in un unicum finalizzato ad acquisire un vantaggio competitivo sui concorrenti;
3. è un'organizzazione socioeconomica la cui funzione essenziale, all'interno del patto che governa una società civile, è di organizzarsi per produrre e poi cedere questa produzione a dei compratori che ne hanno bisogno e desiderio, il tutto nel rispetto dei valori dominanti nel periodo in cui avviene.

Risorse

Sono gli asset produttivi posseduti dall'impresa. Possono essere *tangibili* (finanziarie e fisiche), *intangibili* (tecnologia, reputazione, cultura), *umane* (know how, motivazione, capacità di collaborazione e comunicazione).

Questi tre punti di vista sull'impresa, combinati assieme, danno un'idea piuttosto precisa di cosa essa rappresenti nella società odierna. Il suo modo concreto di operare, l'insieme delle sue capacità organizzative, è generalmente rappresentato seguendo due approcci perfettamente integrabili.

- *Funzionale*. Identifica le competenze organizzative dell'impresa in relazione alle sue principali *aree funzionali*, ovvero a raggruppamenti omogenei di attività (▸ Capitolo 23) nelle quali le persone sono collocate. In questa visione, la funzione Marketing dialoga (e talvolta concorre) con quella delle vendite per assumere la responsabilità di governare i processi di scambio e per interloquire con la R&S e la produzione.
- *Catena del valore*. Rappresentazione che si deve a Michael Porter e che identifica le attività dell'impresa seguendo una linea sequenziale e mettendo in evidenza la centralità delle attività di trasformazione e vendita. Porter infatti distingue fra: (i) *attività primarie*, che sono la produzione, il marketing/vendite e le attività a ciò funzionali (logistica in entrata e uscita, e servizi); (ii) *attività di supporto*, che giocano a servizio delle prime (infrastrutture dell'impresa, gestione delle risorse umane, sviluppo della tecnologia e approvvigionamenti).

L'impresa è dunque un soggetto socioeconomico che si articola internamente seguendo determinati criteri organizzativi, che consentono di far operare più persone in modo integrato con efficienza ed efficacia. Per lo specifico che concerne la funzione Marketing essa:

- comprende in sé tutte le persone dotate delle conoscenze tecnico-metodologiche che conferiscono loro competenza a governare le relazioni con il mercato;
- s'integra con la funzione Commerciale e Vendite per il governo operativo dello scambio di mercato, con la funzione R&S e Produzione per l'ideazione di prodotti in armonia con le esigenze di consumo della domanda, con l'alta direzione, per contribuire all'innovazione strategica e la determinazione degli obiettivi economico-finanziari consolidati;
- si apre all'esterno a partner specializzati, laddove, rispetto alle propria capacità interne, ravvisi un vantaggio (di costo e/o di efficacia) nell'effettuare determinate attività esternamente piuttosto che internamente.

Quest'ultimo aspetto mette in evidenza il fatto che il produttore è generalmente "non autosufficiente" nel governare l'insieme delle attività che sottostanno il processo di marketing in condizioni di economicità, e che deve pertanto avvalersi di una rete esterna di partner.

4.3 La rete esterna del valore

La vita economica dell'impresa, in particolare del produttore, ha oggi una caratteristica molto rilevante: la sua *non autosufficienza* a impostare, governare e gestire i processi di scambio. Il sistema di scambio oggi vigente all'interno e fra i paesi ricchi del mondo colloca, infatti, l'impresa al centro di un complesso intreccio di soggetti, oggetti, relazioni e interazioni – economiche e non – che è, per la varietà di condizioni che lo contraddistinguono e la dinamicità delle loro trasformazioni, assolutamente complesso (▸ Capitolo 2). Ne consegue che ciascun'impresa, per presentarsi al consumatore target con l'offerta di un certo prodotto, deve concepire e realizzare un'architettura complessa che poggia su una fitta rete, fatta di: relazioni e interazioni, attività gestite direttamente e indirettamente per outsourcing, accordi strategici e partnership più contingenti, imposizioni (laddove può) e compromessi negoziali (laddove invece non ha il potere di imporre le proprie condizioni). L'azione d'impresa, inoltre, s'inserisce in un più ampio contesto sociale del quale oggigiorno non si può non tener conto. Conseguentemente il produttore non può limitare la propria attività alla sola gestione dei processi interni, ma deve necessariamente allargare la sfera della propria attenzione:

1. interessandosi alle istanze degli *stakeholder*, ovvero delle categorie di soggetti portatori d'interesse nei confronti dell'impresa;
2. ricercando e selezionando dei *partner esterni* che intervengano nei processi di marketing (e non), supportando l'imprenditore e il management nelle analisi, nelle scelte e nell'implementazione operativa di quest'ultime.

Il produttore deve quindi contemporaneamente fronteggiare, con la propria struttura e rete di partner, una considerevole varietà di problematiche: dal costruirsi una buona reputazione sui temi della sostenibilità ambientale al praticare condizioni di offerta vantaggiose, dall'innovare la propria offerta nei tempi e modi giusti al garantire adeguata copertura logistica del territorio, e via dicendo. Nella loro pur enorme eterogeneità, queste condizioni appaiono connesse da un medesimo *fil rouge*: condizionare la riuscita dei disegni imprenditoriali e quindi, per quanto interesse del marketing, anche la capacità di creare e governare offerte dotate di valore per il consumatore. Nella figura 4.4 – che riprende la figura 1.4 – tutto ciò è rappresentato graficamente.

Figura 4.4

Partner e stakeholder.

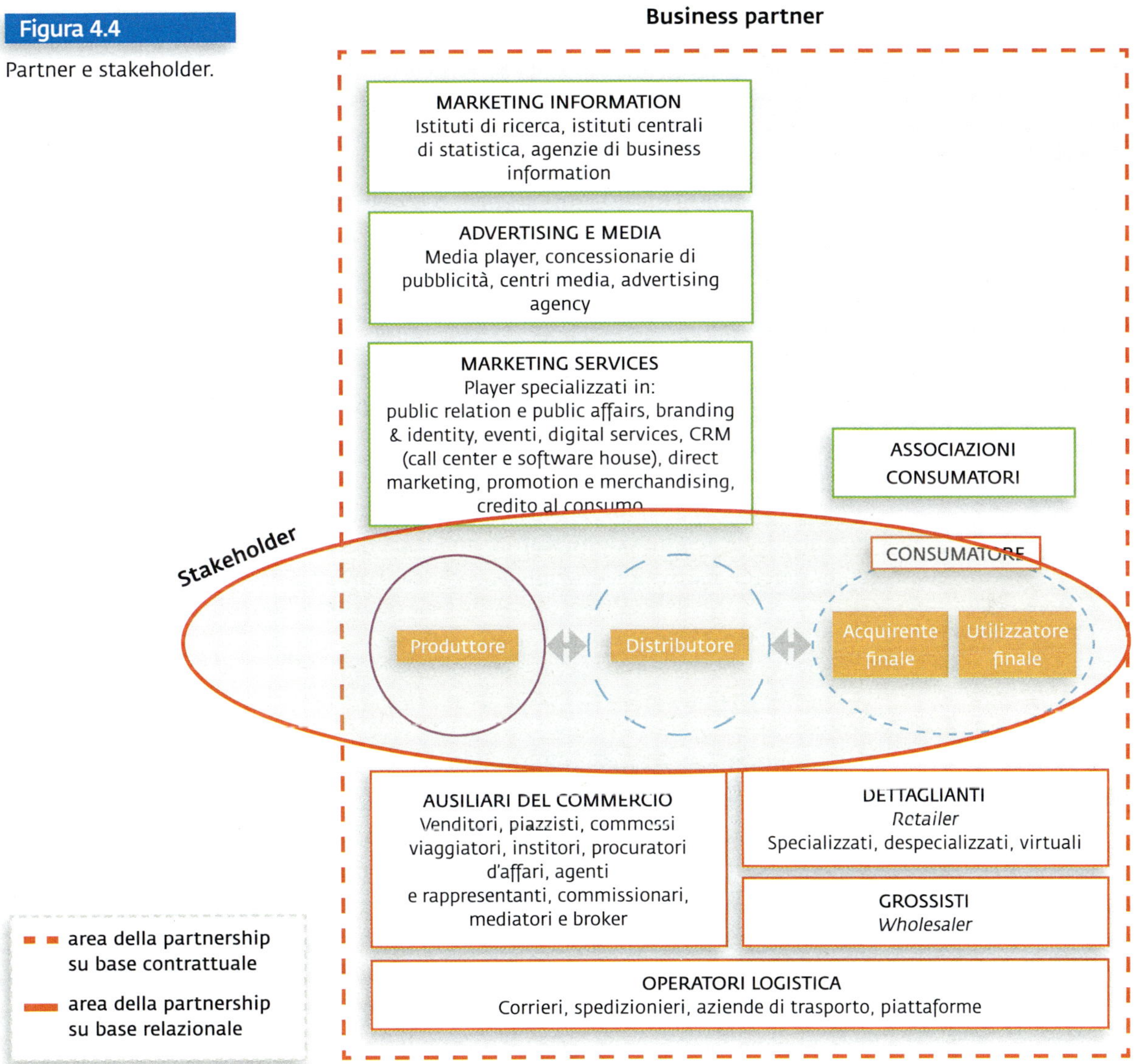

4.3.1 Gli stakeholder

La definizione di una nuova categoria teorica di soggetti economici – gli *stakeholder*, "portatori d'interesse" – nasce a metà degli anni Ottanta del secolo scorso, a opera di Edward Freeman. Alla base della teoria c'è la considerazione che la società civile riconosce oggi all'impresa un ruolo esteso, con connesse responsabilità e doveri che

La diffusione delle app è un fenomeno pervasivo, che tocca anche prodotti piuttosto lontani dal digitale, come il vino.

esulano dalla sua mera funzionalità primaria, cioè il profitto. Coloro i quali detengono interesse nella sopravvivenza e sviluppo di una determinata organizzazione, infatti, non sono più, nel comune sentire contemporaneo, i soli proprietari giuridici dell'impresa medesima, ma vi sono anche degli altri soggetti che sull'impresa riversano aspettative e interessi soggettivi non secondari. I manager perciò devono assumere le decisioni di governo non solo con riguardo a loro stessi e agli azionisti, ma anche a chi, pur con le dovute sfumature, ha interesse a che l'impresa sopravviva e prosperi, gli stakeholder, appunto. Freeman distingue due categorie di questi soggetti:

- *primari*: coloro i quali hanno formali relazioni contrattuali con l'impresa (lavoratori, clienti, fornitori, prestatori di capitale, investitori, proprietà, partner);
- *secondari*: altri soggetti influenzati in modo indiretto (istituzioni politiche, economiche e finanziarie, società civile, comunità locali, gruppi di pressione, gruppi di rappresentanza, media).

L'esistenza di stakeholder, in buona sostanza, rende necessaria all'impresa l'attivazione di processi relazionali continui con l'esterno, finalizzati a creare intorno a se stessa un clima favorevole e costruttivo. Questo clima, a tutta evidenza, consentirà il miglior funzionamento di tutti i processi aziendali e un più semplice raggiungimento degli obiettivi di mercato e non. Le pubbliche relazioni (▸ Capitolo 17) rappresentano l'attività istituzionale codificata proprio per queste finalità.

4.3.2 I marketing partner

"Non autosufficienza" del produttore significa però anche che, per sciogliere positivamente i nodi che la gestione del business pone quotidianamente, e coglierne le molte opportunità, si percepisce un crescente bisogno di affiancarsi delle organizzazioni esterne. Ciò vale a dire che, per quanto qui ci interessa, la complessiva azione di mercato è condizionata anche dall'operare di altri soggetti, esterni ed estranei al produttore. In alcuni casi questo ricorso è obbligato: Rana deve a ricorrere alle catene distributive della Grande Distribuzione Organizzata (▸ Capitolo 19) per riuscire a collocare da Verona, dove vengono prodotte, milioni di confezioni di pasta fresca sugli scaffali frequentati da 25 milioni di famiglie italiane in tutto il territorio nazionale. La Marchesi de' Frescobaldi è obbligata ad avvalersi di partner tecnici per la realizzazione della propria app per smartphone e tablet, in quanto la competenza tecnica relativa esula dalla propria capacità e know how. In altri casi il ricorso a partner esterni è discrezionale, nel senso che discende dalle scelte di make-or-buy dell'azienda: l'Eni ha scelto di affidare a un partner esterno l'ideazione e gestione del proprio programma di fidelity – You&Eni – mentre avrebbe potuto creare una task force interna; evidentemente l'azienda ha reputato che la skill tecnica necessaria al buon funzionamento dell'operazione fosse assicurata, a costi inferiori, da un'impresa specializzata, piuttosto che da un'unità interna. Occorre oggi essere consapevoli, insomma, come già osservato nel capitolo precedente, del fatto che la maturazione e la crescente complessità delle economie dei paesi a economia progredita ha generato una moltiplicazione dei soggetti economici attivi, in ragione dei seguenti punti.

- La spinta alla *specializzazione funzionale*, ovvero la convenienza tecnico-economica del sistema a sfruttare la *divisione del lavoro* – cognitivo e operativo – fra organizzazioni diverse. L'esistenza di imprese specializzate nella gestione dei cosiddetti new media è conveniente per tutte le aziende che intendono operare su questo terreno.
- La crescente convenienza economica a operare l'outsourcing di attività che perdono l'essenza *core* nel *business model* del produttore. Fino ai primi anni Ottanta molte multinazionali del largo consumo disponevano di dipartimenti interni per l'advertising, cui era affidata la creatività delle campagne e la produzione dei materiali. Oggi nessuna azienda del comparto si sognerebbe di fare una scelta del genere.
- La nascita di *nuovi business*, indotti dalla ricerca scientifica e dalle sue applicazioni tecnologiche. Eclatante al proposito, negli ultimi anni, il caso dell'economia digitale, che ha determinato un'importante natalità imprenditoriale di business partner di altre imprese.

Per le ragioni sopra richiamate, il produttore oggi si trova a poter contare su una rete di potenziali partner molto fitta e che, in ragione del contributo che offrono all'attività di mercato, possono essere distinti in tre classi: (i) partner di conoscenza; (ii) partner tecnici; (iii) partner di relazione. Va precisato che questa distinzione "rigida" in classi separate è prettamente teorica – e motivata dalla necessità di distinguere il tipo di contributo offerto – e che una medesima società partner può avere un portafoglio di attività che la vede protagonista in più di una categoria di partner. Per questa ragione nella figura 4.5 si sono parzialmente sovrapposti i cerchi.

Figura 4.5

Scelte d'impresa e partner esterni.

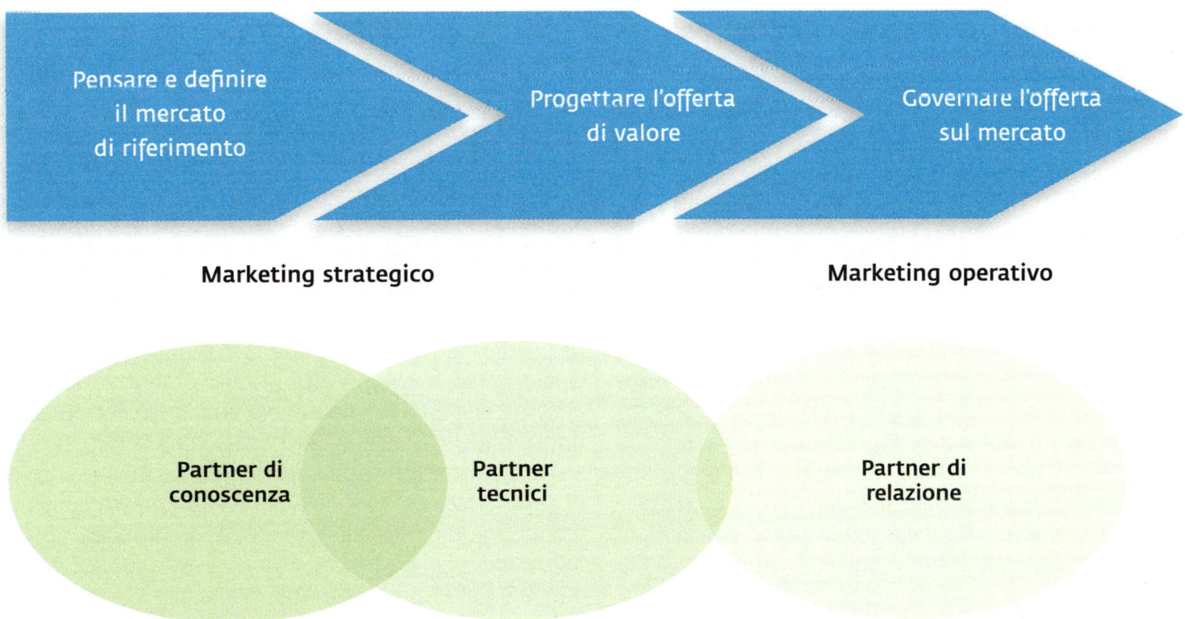

Partner di conoscenza

Sono quelle organizzazioni il cui sapere specifico supporta il management nei compiti di governo strategico dell'impresa. Si tratta di soggetti che focalizzano la propria attività sull'acquisizione e l'aggiornamento continuo di conoscenze di alto livello e ampiezza, che il singolo produttore, da solo, non riesce a possedere. Ne sono esempio le cosiddette "big four" dell'accounting (PricewaterhouseCoopers, Deloitte Touche Tohmatsu, Ernst & Young, KPMG), giganti che fatturano ciascuno circa 20 miliardi di dollari, impiegando oltre 100 mila persone; nello specifico del management, poi, i principali nomi internazionali sono quelli di McKinsey & Co, Boston Consulting Group, Bain & Co, Booz & Co, mentre player italiani fra i più importanti sono Value Partners e Between. ACNielsen, Iri Infoscan, GFK, Auditel, sono esempi di partner di conoscenza delle performance di mercato. Novità significativa dell'attuale *era digitale* è la partecipazione dei consumatori ai processi di ideazione, miglioramento e sviluppo dei nuovi prodotti, seguendo il nuovo paradigma dell'economia postfordista (▶ Capitolo 16).

Partner tecnici

Si tratta di player il cui sapere specifico interessa la risoluzione di precisi problemi di formulazione dell'offerta. Questi player sono tipicamente i beneficiari delle scelte di outsourcing dell'impresa, laddove il produttore trovi convenienza tecnico-economica nell'affidarsi a organizzazioni specializzate, piuttosto che nell'investire risorse nello sviluppo interno delle relative capacità. Vediamo qualche esempio: Interbrand, Robilant & Associati, Landor Associates, sono tra i più importanti partner sul branding; IBM, Cisco Systems, Microsoft, altrettanto per lo sviluppo di piattaforme informatiche di supporto ai processi produttivi; GFK Eurisko, Doxa, Gn Research, Demoskopea, sono esempi di fornitori di market information capaci anche di supportare le imprese nella creazione di nuovi prodotti e nel miglioramento continuo di quelli esistenti.

Focus Il market-driven management nell'era digitale

Il processo di trasformazione e sviluppo dell'economia avviato dalle ICT, ha avviato un cambiamento radicale nel modo in cui le organizzazioni fanno business e generano valore a beneficio dei loro clienti, ma sta anche modificando il ruolo del consumatore stesso nel sistema economico. L'economia digitale dota, infatti, i consumatori di un enorme potenziale informativo, li dota di possibilità nuove d'interazione coi fornitori e con altri consumatori, ne accelera e consolida la crescita culturale e cognitiva, trasformandoli in *professionisti d'acquisto*. Questo potenziamento del consumatore (*consumer empowerment*) se da un lato impone alle imprese di attuare radicali riforme interne – nei ruoli, nelle reti e nei processi – per mantenere costante sintonia con la domanda, dall'altro apre anche delle opportunità eccezionali. Si può, infatti, stimolare la partecipazione attiva dei consumatori al miglioramento di efficacia ed efficienza di numerose attività di marketing – coinvolgendoli, ad esempio, nei processi di sviluppo delle idee di nuovi prodotti (*customerization*) –, si accresce la capacità di personalizzare le offerte – realizzando il paradigma, prima poco più che teorico, della *mass customization* –, si può far leva sui social media per impostare strategie di relazione continua imperniate sulla brand experience.
Cogliere appieno tutte queste opportunità implica, per l'impresa, l'accettare che la cultura del marketing management permei l'intera organizzazione, che l'attenzione al cliente sia un punto fermo di ogni progetto e scelta gestionale, che, in sostanza, l'organizzazione approcci olisticamente il cliente in tute le fasi del suo ciclo di vita. In questo senso l'economia digitale sta aprendo la via all'idea di un *market-driven management*, come nuova filosofia gestionale dell'impresa attenta al mercato.

Partner di relazione

Quelle organizzazioni che conferiscono il proprio contributo nell'attivare concretamente la relazione fra il produttore e i propri clienti. Ne sono esempio le cosiddette "big four" conglomerate dell'advertising (WPP, Interpublic, Omnicom e Publicis), giganti mondiali che gestiscono budget milionari; DHL, Schenker, Moller-Maersk, sono esempi di top player nei servizi logistici; Accenture e SAS Institute, sono esempi nei servizi di CRM; In&Out e Atesia nei servizi di call center. In termini generali la lista dei player che forniscono questi servizi è in continuo aumento, grazie al processo di iper specializzazione che sta caratterizzando gli scambi di mercato.

Case History — Vodafone Italia

di **Andrea Marini**

Vodafone Italia pone da sempre particolare attenzione all'ascolto, al dialogo e alla rendicontazione trasparente verso tutti i propri stakeholder: dipendenti, clienti, azionisti, partner commerciali e fornitori, governi, autorità, media e opinion leader, comunità, società, rappresentanti per la tutela dell'ambiente e del territorio.

Il percorso si articola attraverso momenti di ascolto e di dialogo, sia all'interno sia all'esterno dell'azienda, che portano alla definizione di specifiche azioni e allo sviluppo di progetti e iniziative mirate. Periodicamente l'azienda conduce indagini di clima interno, rilevazioni di mercato con particolare attenzione al cliente su temi legati al business e alla percezione del brand (ma non solo), anche attraverso attività mirate su temi etico-sociali.

In particolare, l'ascolto del cliente avviene mediante l'utilizzo di specifici strumenti di misurazione (*Net Promoter Score, Customer Delight Index, Brand Image Tracking*) e analisi di mercato. In questo modo l'azienda è in grado di sviluppare specifiche azioni sulla base delle esigenze espresse dal cliente.

L'attenzione rivolta ai diversi portatori d'interesse muove l'azienda anche verso l'analisi di altri temi importanti, di carattere sociale e reputazionale, quali ad esempio il *digital divide*, il ruolo e l'utilizzo dei social network, la tutela dell'ambiente. In alcuni casi Vodafone Italia realizza progetti e investe direttamente per soddisfare le aspettative dei propri shareholder in questi ambiti. È questo il caso del Progetto "1000 Comuni" attraverso il quale l'azienda si è impegnata a portare la banda larga mobile ad almeno un comune al giorno in tre anni fino a un totale di mille. In altre occasioni Vodafone sceglie di sviluppare e valorizzare progetti di rilevanza sociale in partnership con il mondo profit e non profit, anche attraverso la Fondazione Vodafone Italia. Le aree di attenzione e le aspettative legittime dei vari interlocutori rappresentano importanti suggerimenti per la pianificazione delle attività e dei progetti futuri. Tutti gli impegni assunti e le attività vengono comunicate annualmente attraverso il bilancio di responsabilità di Vodafone Italia. Per offrire ai propri clienti prodotti e servizi di valore e per evolvere continuamente la propria offerta, Vodafone si avvale della collaborazione di numerosi partner. Tra questi, i più rilevanti sono: fornitori di hardware (cellulari, tablet ecc.), fornitori di tecnologie di rete e information technology, partner commerciali, società di ricerche di mercato, agenzie di comunicazione. Ogni partner contribuisce alla realizzazione di una parte rilevante dell'offerta che Vodafone porta sul mercato, la gestione di queste relazioni di lungo termine e la costante ricerca di nuove collaborazioni risulta quindi indispensabile per garantire il successo dell'azienda.

Conclusioni

Il produttore è un soggetto oggi al centro di una complessa trama. La sua funzione economica e sociale non si esaurisce nel produrre beni o servizi, ma si snoda in una enorme varietà di relazioni continue: si relaziona, infatti, con gli stakeholder e i partner, parallelamente – e contemporaneamente – monitora e interagisce con l'ambiente esterno. Il processo di marketing si manifesta perciò come una sequenza di attività che sono svolte ricorrendo a risorse ora interne ora esterne, e ponendo in essere scelte che hanno riflessi, diretti e indiretti, su tutte le aree dell'impresa.

Parte II
Analisi del mercato

I capitoli della Parte II analizzano le dimensioni principali dell'ambiente competitivo nel quale l'impresa decide di operare con la propria product offering: offerta e domanda, ovvero concorrenza e clientela. Il mercato, come visto nella ▸ Parte I, è il contesto di riferimento per le scelte di marketing management dell'impresa: è un costrutto che promana dalla considerazione di più variabili contemporaneamente, che l'impresa governa in dialettica continua con altre imprese, concorrenti e clienti intermedi, e con i clienti finali, i consumatori. Nel mercato si realizzano poi i processi di scambio e le relazioni fra l'impresa e la domanda che ha eletto a proprio "obiettivo", dinamiche che, eccezion fatta per il caso dei monopoli, vivono dell'interferenza concorrenziale da parte di altre imprese.
Offerta e domanda sono dunque le due soggettività fondamentali dello scambio e, al contempo, possono essere anche considerati quali protagonisti dell'ambiente competitivo dell'impresa. In ossequio alla linea di pensiero del management, dunque, l'analisi dell'ambiente esterno è il primo step del processo di marketing, motivo per cui questo tema viene affrontato in questa parte iniziale del manuale.
L'analisi dell'offerta concerne, a livello operativo, l'identificazione precisa dei propri concorrenti, la tracciatura dei loro comportamenti competitivi e l'analisi comparata delle loro scelte d'offerta. Strumentale a tutto ciò, tuttavia, vi è un fondamentale passaggio analitico preliminare: la definizione del perimetro entro il quale si collocano quelle imprese che definiamo "concorrenti". La teoria economica fa tradizionalmente riferimento al concetto di settore e ne fa il primo costrutto analitico da esaminare. I modi in cui la concorrenza prende forma, tuttavia, non sono così semplici, né tanto facilmente riconducibili a modelli analitici sintetici e universali, come quello di settore. Se è vero, infatti, che la parola "concorrenza" basa il proprio significato sul concetto di sostituibilità, è anche vero che essa è declinabile secondo molteplici direttrici: orizzontale e verticale, diretta e indiretta, potenziale ed effettiva, allargata e convergente, fino all'ipercompetizione. La piena comprensione del Capitolo 5 è indispensabile per comprendere la natura competitiva del marketing management.
Nel Capitolo 6 si affronta la domanda, che è, innanzitutto, un numero. È ancora l'impostazione economico-manageriale del marketing che lo impone: dare una dimensione alla quantità di prodotto che si ritiene sarà possibile collocare su una data area geografica, e/o presso un determinato gruppo di compratori, è cruciale. Sia che lo si faccia a priori (la cosiddetta stima della domanda che genera un valore verosimile, ma teorico) sia che lo si faccia a posteriori (la misura della domanda effettiva, che esprime, al contrario, un dato di realtà), tale operazione concettuale è fondamentale.
Il XXI secolo sarà probabilmente ricordato anche come quello dell'affermazione dell'economia della conoscenza. Compiere l'analisi di un fenomeno significa *conoscerlo*, raccogliere cioè delle informazioni affidabili, aggiornate e tempestive su di esso, elaborarle e accrescere, attraverso ciò, la propria consapevolezza sul fenomeno medesimo e generale. L'informazione è un ingrediente centrale della formula di business propugnata dal management ed è, a ragione, oggetto di uno dei mestieri di riferimento del marketing, il ricercatore di mercato, nonché una delle professionalità fondamentali del mestiere di marketer.
Le informazioni sono linfa vitale dei processi di management illustrati nel ▸ Capitolo 4: l'azienda è una macchina produttrice di dati elementari (le vendite, le fatture, i lotti di produzione, le dilazioni di pagamento ecc.) che, raccolti e opportunamente elaborati, forniscono informazioni preziose ai decisori di marketing. Le ricerche e il ricorso ad altre fonti, invece, sono le vie per acquisire quella capacità analitica dell'offerta e della domanda necessaria all'ottimo esperimento dei processi di marketing. Il Capitolo 7 si occupa di fornire una panoramica quanto più esaustiva possibile del sistema di produzione di conoscenza di mercato dell'impresa, con un occhio attento al recente contributo delle tecnologie digitali.

Ogni vita è un'enciclopedia, una biblioteca, un inventario di oggetti, un campionario di stili, dove tutto può essere continuamente rimescolato e riordinato in tutti i modi possibili.
I. Calvino, *Lezioni americane*, "Molteplicità"

Indice della parte

Capitolo 5
Analisi dell'offerta

Capitolo 6
Analisi della domanda

Capitolo 7
L'informazione per le scelte di marketing

5 Analisi dell'offerta

di **Daniele Dalli**

Indice del capitolo

Introduzione

5.1 La concorrenza orizzontale

5.1.1 Il settore industriale

5.1.2 Strutture di mercato e concorrenza

5.2 Il distretto industriale e i cluster

5.2.1 I quattro capitalismi italiani

5.2.2 I distretti italiani

5.3 La concorrenza verticale

5.4 Le nuove forme di competizione

5.4.1 La concorrenza allargata

5.4.2 La convergenza

5.4.3 L'ipercompetizione

Conclusioni

Abstract

L'offerta consiste nell'insieme delle product offering che le imprese mettono a disposizione dei loro clienti (domanda). Per estensione, spesso, per offerta s'intende anche l'insieme delle imprese che offrono i loro prodotti a un mercato. L'analisi dell'ambiente competitivo d'impresa parte generalmente dall'offerta e in particolare dal concetto di *settore industriale*, inteso come contesto primario di manifestazione della concorrenza, cui fanno seguito le nozioni di *distretto industriale* e *cluster*. Questi, in particolare per il contesto italiano, dimostrano quanto il legame con il territorio e le relazioni tra le imprese contribuiscano a definire la struttura dell'offerta. Nel capitolo sarà inoltre discusso il concetto di *concorrenza verticale*, ovvero il ruolo che l'impresa gioca all'interno di una filiera produttiva, o distributiva, e le relative implicazioni in termini di potere e conflitto con altre imprese appartenenti alla medesima filiera. Saranno infine proposti alcuni approfondimenti sulle nuove dimensioni della concorrenza che caratterizzano i settori più dinamici, con particolare riferimento a quelli caratterizzati da processi di convergenza tecnologica e/o digitalizzazione.

Introduzione

L'analisi di mercato costituisce un'attività di primaria importanza per l'impostazione delle strategie e politiche di marketing, e infatti è generalmente considerata una sorta di "requisito di partenza" per identificare il contesto in cui l'impresa metterà in pratica le proprie decisioni. Tale contesto è costituito essenzialmente dall'offerta e dalla domanda. La prima costituisce l'oggetto del presente capitolo, e assume un rilievo primario in quanto consente di comprendere le modalità di manifestazione della concorrenza, fenomeno sempre più caratterizzante i sistemi di scambio del XXI secolo. La seconda, la domanda, sarà considerata nel capitolo successivo e riguarda la descrizione dei clienti dell'impresa, sia quelli *diretti*, a cui l'impresa vende il proprio prodotto, sia quelli *indiretti*, ovvero coloro che acquistano il prodotto dell'impresa presso rivenditori e distributori. Considerando contemporaneamente l'offerta e la domanda è possibile comprendere come si strutturi il processo concorrenziale e come sia possibile orientare la strategia competitiva verso i bisogni e le necessità che emergono dal mercato, nel modo più efficace possibile.

L'offerta di mercato è rappresentata, come visto nella ▸ Parte I, dalle product offering che le imprese mettono a disposizione della clientela e delle esigenze che essa esprime: auto, computer, servizi bancari ecc. Quanto più i clienti percepiscono beni e servizi come sostituibili tra loro, tanto più intensa sarà la concorrenza tra di essi. Più in generale, e spesso nel parlare comune, l'offerta è considerata come l'insieme d'imprese che offrono i suddetti prodotti: in quanto componenti dell'offerta, le imprese in questione sono in concorrenza tra loro nell'accaparrarsi la scelta del cliente.

A un livello alto di analisi, un'impresa che vende elettrodomestici è in concorrenza con una che vende personal computer, in quanto per il cliente esiste un trade off tra queste due categorie: egli può quindi decidere se dedicare una parte del proprio potere d'acquisto a comprare un frigorifero e rimandare il computer, o viceversa. Un'impresa che vende personal computer si considera, però, in concorrenza anche con una che vende tablet: per certe funzionalità, infatti, i due prodotti si presentano l'uno alternativo all'altro come forma tecnica, ma non come attitudine a svolgere le funzionalità in questione.

Potere d'acquisto

Indica la disponibilità economico-finanziaria di un compratore. Il potere d'acquisto è costituito dal reddito netto da lavoro, dalle rendite disponibili, dal risparmio e dalla capacità di accedere al credito.

È peraltro evidente che, nei casi sopra esaminati, si tratta di una concorrenza di tipo *indiretto*, mentre quella di più costante riferimento per i marketer è quella *diretta*, ovvero la concorrenza che si manifesta laddove le product offering siano simili o altamente sostituibili tra loro. È questo il caso delle imprese che operano nello stesso settore industriale: due aziende (Red Bull e Coca Cola) che vendono energy drink, tendenzialmente nello stesso segmento, competono per appropriarsi la quota di potere d'acquisto che il cliente ha deciso di dedicare a tale categoria di prodotti (figura 5.1).

Nella realtà, la competizione è molto più complessa ancora dei casi brevemente illustrati e dipende dai contesti: ad esempio, le regole competitive nei settori B2C, dove il cliente è il consumatore finale, sono diverse dai settori business B2B o business-to-trade, dove il cliente è un'impresa (vedi figura 1.2). La concorrenza tra le imprese non si limita a quella che si esprime tra unità che vendono product offering simili nel prodotto (frigoriferi vs. frigoriferi), nella funzione (bicicletta vs. scooter), o co-

→

munque in concorrenza per appropriarsi del potere d'acquisto del cliente (frigoriferi vs. computer). Esiste una concorrenza che si esprime nei rapporti di scambio tra imprese che operano a livelli successivi nella filiera produttiva o nel canale distributivo, e che sono, in pratica, l'una il fornitore (o il cliente) dell'altra. In questo ambito, l'impresa che fornisce beni o servizi a un'altra esercita una certa pressione per ottenere il massimo risultato da questo scambio, ovvero un prezzo più alto a parità di caratteristiche della merce venduta, mentre l'impresa cliente esercita una pressione in direzione opposta, cercando di ridurre il prezzo pagato per la stessa merce. In questi casi si parla di concorrenza verticale, che si attua nei rapporti di scambio tra imprese nella produzione o nella distribuzione.

Figura 5.1

Concorrenza e scelta.

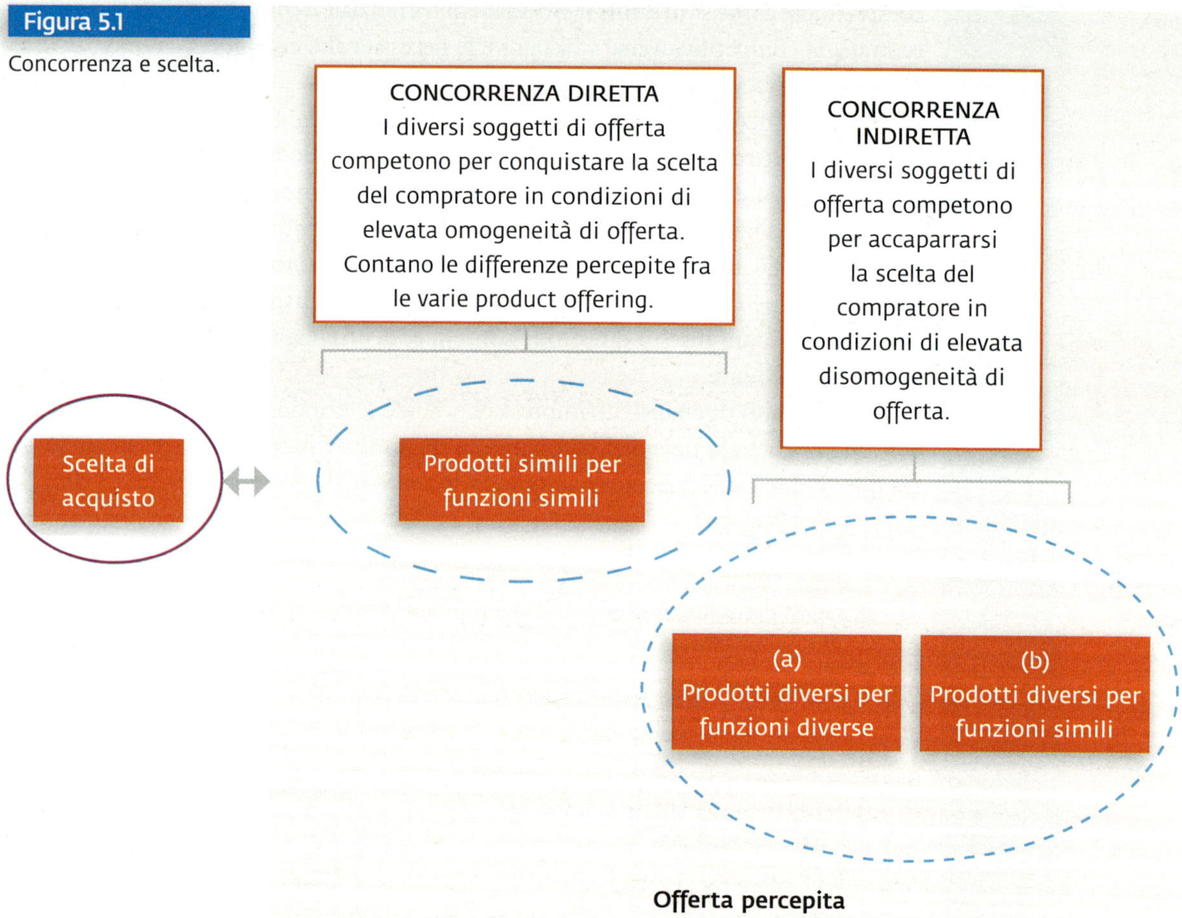

Lo scambio qui rappresentato mette in evidenza come la concorrenza sia, dal punto di vista del compratore, null'altro che lo spettro di possibili alternative di acquisto.
La scelta di acquisto si confronta, quindi, con l'intera offerta percepita, popolata da alternative di scelta dirette e indirette.

Concorrenza indiretta

(a) Lavastoviglie e divano

(b) Bicicletta elettrica e scooter

Concorrenza diretta

Red Bull e Burn, nel mercato degli energy drink

5.1 La concorrenza orizzontale

Quota di mercato

La quota di mercato è la percentuale del fatturato dell'impresa sul totale del settore (o di un mercato all'interno di un settore). Quanto maggiore è la quota di mercato, tanto maggiore è la capacità dell'impresa di imporre la propria strategia e controllarne la corretta applicazione.

La concorrenza orizzontale può essere definita come "la rivalità che s'instaura tra imprese che competono per fornire beni o servizi a un medesimo gruppo di clienti, di cui mirano a soddisfare lo stesso tipo di necessità o bisogni". Sono in una condizione di concorrenza orizzontale le imprese che offrono uno stesso prodotto (Hogan e Clark nelle calzature) o servizio (Alitalia e EasyJet nel trasporto aereo). In altre parole, si fanno concorrenza orizzontale le imprese che possono aumentare la propria quota di mercato, o il proprio fatturato, solo a scapito di altre imprese che operano sul medesimo mercato. Ad esempio, se Barilla aumenta la propria quota sul mercato delle paste alimentari, ci saranno altre imprese che vedono calare la propria, essendo quello della pasta un mercato non ulteriormente espandibile; se Banca Intesa vuole aumentare la penetrazione dei propri servizi finanziari presso le famiglie, lo potrà fare a scapito dei concorrenti. Nella tabella 5.1 rappresentiamo quanto appena esposto, con riferimento a un mercato le cui dimensioni siano sostanzialmente stabili.

Tabella 5.1

Andamento del mercato e della quota.

Anno	Vendite mercato (milioni di euro)	Vendite azienda Alfa	Quota mercato Alfa	Quota dei competitor
		Mercato *flat*		
2011	4000	2500	62%	38%
2010	3800	2300	61%	39%
2009	4200	2300	55%	45%
2008	4000	2200	55%	45%
		Mercato in contrazione		
2011	3000	2500	83%	17%
2010	3500	2300	66%	34%
2009	3800	2300	61%	39%
2008	4000	2200	55%	45%

Focus AGCM

L'Autorità garante della concorrenza e del mercato, meglio nota come *Antitrust*, è stata istituita in Italia nel 1990. È un'istituzione indipendente, che prende le sue decisioni sulla base della legge, senza possibilità di ingerenze da parte del Governo né di altri organi della rappresentanza politica. L'Autorità garantisce il rispetto delle regole che vietano le intese anticoncorrenziali tra imprese, gli abusi di posizione dominante e le concentrazioni in grado di creare o rafforzare posizioni dominanti dannose per la concorrenza, con l'obiettivo di migliorare il benessere dei cittadini. Dal 2007 è stato affidato all'Antitrust il compito di tutelare i consumatori stessi dalle pratiche commerciali scorrette e dalla pubblicità ingannevole. Per garantire che il confronto sul mercato avvenga lealmente, interviene anche contro la pubblicità comparativa che getta discredito sui prodotti dei concorrenti o confonde i consumatori (www.agcm.it).

Naturalmente ciò vale nell'ambito di un medesimo mercato. Le cose si complicano se si considerano mercati diversi, ad esempio a livello geografico, dove l'aumento di quota, o di fatturato, può costituire un effetto aggregato che non si riscontra necessariamente in ogni singolo mercato: in alcuni la quota cresce, in altri può calare. Esistono, infine, casi particolari in cui alcune imprese decidono di non competere in modo acceso le une con le altre, formando un cartello contro le altre imprese presenti su quel mercato, o addirittura contro gli interessi dei clienti o dei consumatori finali. Si tratta di comportamenti vietati dalla normativa antitrust in quasi tutti i paesi industrializzati, ma che ogni tanto trovano riscontro nella pratica, in quanto promettono alle imprese che costituiscono il cartello dei vantaggi in termini di volume d'affari, o di redditività.

Cartello

Accordo informale e segreto con cui alcune imprese decidono di coordinare le proprie strategie, ad esempio mantenendo i prezzi elevati a scapito dei clienti.

Anche la dimensione del mercato influenza la situazione competitiva orizzontale (tabella 5.1): ad esempio, le imprese possono veder crescere il loro fatturato e, ciò nonostante, la quota rimane la stessa, in quanto il mercato nel suo complesso sta a propria volta crescendo. Oppure, al contrario, un mercato in crisi in cui le vendite calano può consentire ad alcune imprese di aumentare la propria quota.
La natura dinamica del mercato rende, insomma, i processi competitivi assai complessi e costringe le imprese a considerare i molteplici compromessi che si manifestano nella gestione quotidiana, tra risultati di breve e di lungo periodo. Perseguire incrementi di fatturato nel breve, ad esempio attraverso le promozioni o i tagli di prezzo, può consentire l'aumento della quota di mercato, ma a scapito della redditività e quindi della capacità competitiva nel medio e lungo periodo. Inoltre, esiste un trade off tra fatturato e redditività che deve essere considerato quando si affrontano le decisioni legate alla concorrenza orizzontale. Date certe condizioni, l'impresa può addirittura decidere di operare con una quota di mercato ridotta, ma a vantaggio di una maggiore redditività, come accade ai prodotti altamente differenziati all'interno di un mercato più ampio (la Apple nell'ambito dell'elettronica di consumo, la Harley Davidson in quello delle moto). Più in generale, le imprese a volte scelgono di operare in mercati di piccole dimensioni, o anche nicchie, che però garantiscono loro un certo grado di protezione dalla concorrenza orizzontale delle imprese di maggiori dimensioni che operano sull'intero mercato, con risultati positivi in termini di redditività.

Trade off

Espressione indicante la relazione inversa fra due entità, in un medesimo contesto. Un tipico trade off è quello tra risparmio e consumo, nel decidere come impegnare il proprio reddito.

Focus La competizione non frontale: la nicchia

Nicchia è un termine che si presta a molte interpretazioni differenti, non tutte univoche: un mercato di nicchia, un prodotto di nicchia, un'impresa di nicchia, sono spesso accezioni che intendono riferirsi a un qualcosa di piccolo, limitato, per pochi. La nicchia è sostanzialmente uno spazio competitivo che trova collocazione in un più ampio spazio di categoria, caratterizzandosi in esso per *l'originalità* dell'offerta che la contraddistingue, la *specialità* delle performance del prodotto – che lo rendono adatto a un preciso target group e non alla totalità dei compratori potenziali della categoria – e la conseguente enfasi sul *valore* promesso (e prestato) che è in grado di offrire. Per queste ragioni la dimensione di ogni variabile di nicchia è *limitata*, ma in senso *relativo* al più ambito spazio competitivo di categoria di riferimento: la nicchia dei modelli vintage (500, Mini, New Beetle), nel mercato dell'automobile, esprime valori assoluti considerevoli, nell'ordine dei milioni di euro, ma limitati se considerati rispetto a quelli dell'auto nel complesso. Solitamente l'offerta di nicchia cerca di ritagliarsi uno spazio di mercato interstiziale e giustapposto (non sovrapposto) rispetto a quelli esistenti: l'offerta di nicchia cerca di essere un unicum, e ciò significa non contrapporsi frontalmente a nessun'altra offerta (▸ Capitolo 9).

5.1.1 Il settore industriale

Categoria di prodotto

Generica famiglia di prodotti, derivante da un processo produttivo omogeneo. La categoria si esprime in una gerarchia.

Tradizionalmente la concorrenza orizzontale si esprime nell'ambito del settore industriale, ovvero di un insieme di imprese accomunate dal fatto di produrre una medesima categoria di prodotto. Sono esempi di settori industriali quello calzaturiero (composto dalle imprese che producono calzature), quello farmaceutico (imprese che producono farmaci), quello assicurativo (imprese che producono pacchetti di servizi assicurativi).

Focus **Sistemi di classificazione industriale**

Esistono sistemi di classificazione ufficiali che consentono di individuare con una certa precisione i settori industriali: si va da elevati livelli di aggregazione (p.e. l'industria manifatturiera nel suo complesso), fino a livelli di dettaglio molto specifici (p.e. la produzione e confezione di articoli di abbigliamento in pelle, nell'ambito delle industrie tessili e dell'abbigliamento). La classificazione settoriale oggi più diffusa, e impiegata dall'Istat per le proprie rilevazioni, è Ateco 2007, che comprende 996 categorie, raggruppate in 615 classi, 272 gruppi, 88 divisioni, 21 sezioni (www.istat.it/strumenti/definizioni/ateco/). Queste classificazioni sono utili a fotografare un settore nei suoi tratti strutturali essenziali – dimensioni, valori, protagonisti ecc. – e quindi a consentire alle imprese di conoscere al meglio il proprio ambito specifico.

La composizione del settore e il tipo d'imprese che vi appartengono, non dipendono solo dall'omogeneità produttiva, ovvero dal fatto che le imprese realizzano (e vendono) un medesimo prodotto, ma anche dai seguenti fattori.

- *Omogeneità tecnologica*: le imprese di un medesimo settore possiedono comuni peculiarità in merito al livello e al tipo di tecnologia che impiegano. Il settore delle biotecnologie, ad esempio, appartiene al più ampio settore farmaceutico, ma costituisce un aggregato a sé stante, per il tipo di tecnologie che le imprese adottano per lo sviluppo dei nuovi prodotti.
- *Omogeneità del bisogno soddisfatto*: le imprese del settore sono orientate a soddisfare un medesimo bisogno, o bisogni molto simili, sebbene non necessariamente attraverso soluzioni-prodotto identiche. Per questo motivo nel settore vitivinicolo internazionale si distingue, ad esempio, fra fasce (o segmenti) *basic* e *luxury* (▶ Capitolo 2). Le differenze riguardano il prezzo, ma anche (e forse soprattutto) la funzione svolta dal prodotto: consumo quotidiano, occasioni speciali, regalo ecc. Le imprese che operano all'interno di una medesima fascia di valore sono fortemente omogenee per il tipo di bisogno che soddisfano (Castellino e Tavernello nella fascia basic), mentre quelle che operano in fasce diverse non si fanno concorrenza in modo diretto e immediato (l'Amarone Masi non è in concorrenza con il Santa Cristina Antinori). È peraltro vero che alcuni gruppi, con lo stesso marchio o tramite marchi diversi, o con la strategia delle acquisizioni, operano in più comparti contemporaneamente e quindi competono in modo assai articolato.
- *Omogeneità commerciali*: le imprese di uno stesso settore sono spesso accomunate dal fatto di usare i medesimi canali distributivi, nonché simili sistemi logistici. Nel caso dei prodotti della linea del freddo o del fresco, la tecnologia di stoccaggio e trasporto determina delle vere e proprie barriere alla competizione: le

Linea del freddo o del fresco

Nella linea del freddo passano surgelati e gelati, mentre merendine a base di latte e altri snack passano dalla linea del fresco. La differenza è data dalla temperatura di stoccaggio (intorno a –20 °C per il freddo e intorno a 0 °C per il fresco) che deve essere garantita nei magazzini, nei mezzi di trasporto e negli scaffali del punto vendita.

imprese che vogliono competere in questi settori devono dotarsi di piattaforme logistiche appropriate e trovare lo spazio commerciale all'interno dei canali della moderna distribuzione (▸ Capitolo 19).

- *Omogeneità nei materiali*: la concorrenza dipende anche dal tipo di materiali utilizzati nella realizzazione del prodotto. In alcuni settori il materiale di base per la realizzazione del prodotto può modificare in modo significativo lo schema della concorrenza: accessori in titanio, telai in carbonio, componenti in fibre speciali rendono differenti le biciclette (da strada o da montagna) e le rendono meno sostituibili ai modelli standard.

Per comprendere appieno gli importanti concetti legati alla concorrenza orizzontale e la complessità indotta dalla varietà di segmenti, tecnologie, canali distributivi vigenti in un settore, si può osservare quello dell'automobile, in cui operano imprese molto diverse tra loro (▸ Focus "Segmentazione e concentrazione nel mercato dell'auto").

Focus — Segmentazione e concentrazione nel mercato dell'auto

Nel settore automobilistico, a livello mondiale, operano decine di imprese, ma solo alcune hanno una presenza ramificata nei cinque continenti. Le imprese più grandi sono giapponesi, americane ed europee: nel 2009, su oltre 50 milioni di auto prodotte nel mondo le più diffuse sono Toyota (6 milioni), Volkswagen (6 milioni), General Motors (5 milioni), Hyundai (4 milioni), Ford (3 milioni), PSA (3 milioni), Honda (3 milioni), Nissan (2 milioni), Fiat (2 milioni) ecc. (fonte: www.oica.net). Nella classifica non compaiono Ferrari, Opel e Audi perché appartengono a gruppi conglomerati che controllano numerosi marchi.

Il gruppo Fiat controlla i marchi Abarth, Alfa Romeo, Ferrari, Fiat Auto, Lancia, Maserati. Il gruppo General Motors controlla Buick, Cadillac, Chevrolet, GM, GM Daewoo, Holden, Opel, Pontiac, Saab, Vauxhall. Un discorso a parte deve essere fatto per Porsche e Volkswagen, perché la struttura del gruppo è particolarmente articolata, e spiega anche la mancanza di Audi dalla classifica dei principali produttori.

È abbastanza evidente quanto ampio e frammentato sia il settore automobilistico a livello internazionale e, a causa della spinta differenziazione di marche e modelli, anche a livello nazionale. Inoltre, questa frammentazione è difficile da riconoscere anche a causa della presenza di gruppi che controllano numerosi marchi, si tratta di strategie di diversificazione del portafoglio marchi attuate tramite acquisizioni e fusioni, allo scopo di presidiare molteplici segmenti su fasce di valore diverse, e anche di ottenere recuperi di efficienza su scala produttiva, finanziaria e commerciale.

Struttura del gruppo Volkswagen-Porsche

Fonte: www.volkswagengroup.it

5.1.2 Strutture di mercato e concorrenza

Economia industriale

Paradigma struttura-condotta-performance: secondo l'economia industriale classica, la struttura del mercato (numero e caratteristiche delle imprese) determina il tipo di strategia che un'impresa può adottare, e di conseguenza influisce sui risultati conseguiti.

Secondo la letteratura classica di economia industriale, la concorrenza si sviluppa all'interno del settore in modo più o meno intenso in ragione della sua struttura, data da:

1. *numero di imprese*: più sono i player, maggiore sarà, *ceteris paribus,* l'intensità della lotta fra esse per accaparrarsi quote di mercato;
2. *concentrazione e distribuzione delle quote di mercato*: quote più concentrate abbassano l'intensità della competizione;
3. *differenziazione del prodotto*: più i prodotti sono percepiti come omogenei, maggiore è il grado di sostituibilità fra le marche presenti, e quindi maggiore lo sforzo per ciascuna di conquistare e mantenere quote di mercato.

Seguendo un'impostazione strettamente economica, la concorrenza orizzontale dovrebbe manifestarsi nella sua forma più pura nel caso di un elevato numero d'imprese, ognuna delle quali non ha modo di influenzare l'intero mercato con le proprie strategie (tabella 5.2). A questo stadio denominato, non a caso, di *concorrenza perfetta*, le imprese competono strenuamente per strapparsi a vicenda i clienti, i quali, a loro volta, trarrebbero un beneficio da questa tensione in termini di prezzi e di qualità dei prodotti.

Mano a mano che ci si sposta da settori frammentati (le imprese calzaturiere italiane sono circa seimila) a settori concentrati (i gestori di telefonia mobile in Italia sono quattro) si entra in regimi *oligopolistici*. Al diminuire del numero d'imprese, anche la pressione competitiva dovrebbe affievolirsi, e ciò in base a due elementi:

- la maggiore possibilità che ogni impresa possiede di influenzare il mercato;
- gli spazi di collusione, o concertazione, che il regime oligopolistico concede agli operatori di mercato.

Tabella 5.2

Strutture di mercato e forme di concorrenza fra le imprese.

Prodotto	Numerosità delle imprese		
	Una	Poche	Molte
Omogeneo	Monopolio (1)	Oligopolio omogeneo (2)	Concorrenza perfetta (3)
Differenziato		Oligopolio differenziato (5)	Concorrenza monopolistica (4)

Esempi
(1) Rete autostradale nazionale
(2) Telefonia mobile
(3) Alcune commodity
(4) Abbigliamento "griffato"
(5) Caffè in capsule per uso domestico

Differenziazione

Attribuzione a un prodotto di caratteristiche (attributi) percettibili che conferiscono al medesimo dei punti di differenza rispetto ad altri. Da non confondere con la diversificazione, strategia corporate d'impresa.

Ciò implica che nei settori concentrati la concorrenza sia meno intensa e si sposti su leve diverse dal prezzo per conquistare le scelte dei clienti: si fa premio, sostanzialmente, sulla differenziazione di prodotto, e cioè sul tentativo di far percepire le proprie product offering in modo differente dalle altre concorrenti, rendendole, quindi, non facilmente sostituibili. Attraverso condotte di vario genere, le imprese, nei settori concentrati e/o ad alta differenziazione, cercano di allontanare il confronto competitivo dal mero prezzo, e perciò puntano a ottenere quello che si de-

Premium price

Il mercato riconosce un "premio" alle imprese che riescono a convincere la propria clientela che il loro prodotto possiede caratteristiche distintive (e quindi un valore) superiori rispetto alla concorrenza. Può trattarsi di aspetti tecnici o simbolici, tangibili o intangibili, ma che comunque contribuiscono ad aumentare la soddisfazione del cliente.

finisce premium price. In base alle considerazioni precedenti, il settore industriale è dunque un aggregato d'imprese, legate da alcune omogeneità in base alle quali si genera una certa pressione competitiva, ovvero la *concorrenza orizzontale*. Un'impresa di un settore, pertanto, è in concorrenza innanzitutto con le imprese del medesimo settore e, in particolare, con quelle operanti nella medesima fascia di valore. È peraltro da considerare che le imprese di un settore non sono tutte uguali e si differenziano in vari modi: per la dimensione, per la quota di mercato, per i bisogni che intendono soddisfare, per la tecnologia impiegata, per i canali distributivi e logistici utilizzati e per i materiali che impiegano per realizzare i propri prodotti. Il settore, pertanto, può essere assai articolato al suo interno, come si è visto nel caso di quello automobilistico, il che implica che la concorrenza orizzontale possa risultare più o meno intensa, a seconda che le imprese considerate appartengano a una categoria o profilo simili o diversi: il produttore di SUV ad altre prestazioni (Audi Q5) non è in diretta competizione con il produttore di piccole utilitarie (Smart), anche se appartengono al medesimo settore. Resta peraltro il fatto che entrambi vendono automobili e quindi sono, ancorché indirettamente, in una relazione di natura competitiva.

5.2 Il distretto industriale e i cluster

Un manuale di marketing pensato essenzialmente per gli studenti italiani deve assicurare loro una piena consapevolezza della struttura imprenditoriale del paese nel quale, con tutta probabilità, molti di loro muoveranno i primi passi nel mondo del lavoro.

5.2.1 I quattro capitalismi italiani

La struttura industriale italiana è tradizionalmente articolata in quattro grandi aggregati, identificati con una sequenza che ha un rilievo strutturale, ma anche storico (Colli, 2002).

1. Il *primo capitalismo*: corrisponde alle grandi imprese sorte dal primo capitalismo familiare italiano, che risalgono ai primi del XX secolo (p.e. Fiat e Pirelli).
2. Il *secondo capitalismo*: consiste in una forma diretta e indiretta di intervento dello Stato nell'economia e si colloca a cavallo della Seconda guerra mondiale. Nel ventennio nasce l'IRI, attraverso il quale sono ristrutturate e rilanciate intere industrie e molte imprese passano sotto il controllo pubblico, spesso recuperando attività private in via di fallimento (p.e. Alitalia e Alfa Romeo).
3. Il *terzo capitalismo*: consiste nella massiccia crescita delle piccole e medie imprese a seguito del cosiddetto "miracolo italiano", ovvero tra gli anni Sessanta e Settanta. È in questo periodo che molti artigiani e dipendenti delle imprese maggiori si mettono in proprio e danno vita alla struttura industriale italiana, articolata in distretti industriali (p.e. il ceramico di Sassuolo).
4. Il *quarto capitalismo*: consiste in una tipologia di imprese di medie dimensioni, che non sono semplicemente una forma transitoria dello sviluppo aziendale dalle piccole alle grandi dimensioni, ma una forma stabile. Essa si mantiene in un

intorno dimensionale definito, che l'ufficio studi di Mediobanca identifica tra i 13 e 290 milioni di euro, e che occupa non meno di 50 e non più di 499 persone (www.mbres.it). Il consolidamento di questo aggregato è recente, come dimostrano la sua vitalità ed efficienza, soprattutto alla luce della crisi del 2008.

Attualmente lo scenario industriale italiano è caratterizzato da tipologie d'impresa appartenenti a tutte e quattro le categorie sopra elencate, ciascuna delle quali ha occupato spazi competitivi distinti, a seconda di varie condizioni storiche, settoriali e geografiche. Particolarità dell'Italia, comparativamente ad altri paesi industriali avanzati, non è, come sovente si afferma, il gran numero di piccole e medie imprese, bensì l'esistenza di un gran numero di distretti industriali e il loro successo competitivo di lunga durata.

5.2.2 I distretti italiani

4A
Espressione indicante i quattro principali ambiti di specializzazione merceologica dell'export italiano: automazione industriale e meccanica, abbigliamento, arredamento, alimentazione.

La Federazione distretti italiani (www.distretti.org) censisce 92 distretti, la quasi totalità dei quali collocata nelle 4A dell'export manifatturiero italiano (figura 5.2):

- 38 distretti nei settori della filiera tessile-abbigliamento;
- 22 nella produzione di mobili e accessori per la casa;
- 20 nelle industrie meccaniche;
- 10 nell'agroindustria e nella produzione alimentare.

Alla fine degli anni Duemila questi distretti comprendevano poco meno di 200.000 imprese e 1.500.000 di addetti. Sono distribuiti principalmente al Centro e al Nord, anche se ne esistono alcuni importanti al Sud e nelle isole.

Figura 5.2
Mappa dei distretti italiani.

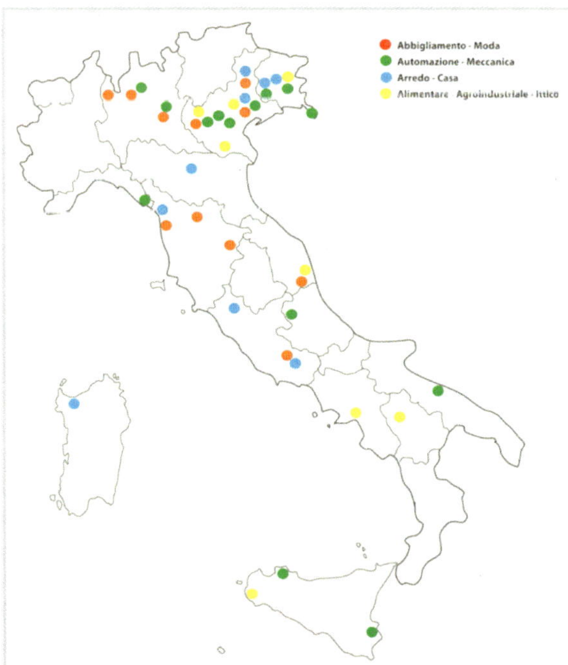

Fonte: Federazione distretti Italiani

Negli anni Sessanta e Settanta si sono manifestati in Italia dei processi di sviluppo dell'offerta e una crescita dell'industria manifatturiera senza precedenti storici. Questa espansione, piuttosto che determinare una crescita della dimensione media delle imprese, ne ha determinato uno sviluppo numerico, soprattutto di piccole e piccolissime dimensioni. La ragione va ricercata nelle particolari condizioni del capitalismo italiano, discorso che in questa sede, però, ci porterebbe lontano. La distribuzione di queste imprese sul territorio ha seguito una logica di aggregazione e specializzazione, con aree specifiche che via via si sono caratterizzate per un particolare orientamento produttivo: le calzature a Fermo e Macerata, la confezione maschile a Napoli, le piastrelle a Sassuolo, la produzione orafa a Valenza Po, le concerie a Santa Croce, Arzignano e Casoria.
Il distretto industriale può essere definito perciò come "un'aggregazione di imprese di piccola e media dimensione, localizzate in un territorio circoscritto con specifiche tradizioni industriali e culturali, specializzate in uno o più momenti della filiera produttiva e collegate da una complessa rete di relazioni economiche e sociali". In pratica, il processo produttivo si scompone in numerose fasi ordinate secondo una determinata sequenza, e le imprese si specializzano in specifici step, o componenti, di questo. In ognuna di queste fasi si assiste a un'elevata concorrenza orizzontale tra imprese che offrono lo stesso tipo di prestazioni, ma al tempo stesso il sistema permette una certa possibilità di collaborazione tra le imprese che lavorano insieme come clienti e fornitori. La specializzazione produttiva e i rapporti di fornitura e subfornitura danno vita a delle vere e proprie "reti di imprese", che collaborano stabilmente tra loro ed entrano in competizione con altre reti che realizzano lo stesso prodotto e servono lo stesso mercato. Nel settore calzaturiero, ad esempio, la filiera produttiva è organizzata come mostrato nella figura 5.3.

Ogni calzaturificio possiede un processo produttivo proprio e molteplici rapporti di fornitura e subfornitura con imprese specializzate su singole fasi o su particolari componenti. Le imprese che occupano la stessa posizione nella filiera, compresi i calzaturifici che coordinano le attività di tutte le altre imprese appartenenti alla rete, si fanno concorrenza orizzontale. Le imprese che sono legate da un rapporto di fornitura possono trovare spazi di collaborazione per rendere più efficace ed efficiente il sistema produttivo, e competere con le altre imprese e reti. Come si vedrà nel paragrafo seguente, i rapporti verticali a volte determinano rapporti d'intensa conflittualità (concorrenza verticale), ma in genere nei distretti i rapporti di scambio sono mediati da fattori culturali e storici che ammortizzano gli eventuali contrasti derivanti dalla dimensione meramente economica degli scambi.

Per definire delle aggregazioni industriali simili ai nostri distretti, la letteratura internazionale ha usato l'espressione *cluster* (Porter, 1998). Il cluster avrebbe una dimensione aggiuntiva rispetto a quanto detto sopra, e cioè il poter coinvolgere imprese che appartengono a settori diversi. In pratica il cluster sarebbe "un'aggregazione di imprese che appartengono a più settori diversi e che interagiscono tra loro per perseguire risultati comuni". Ciò porterebbe vantaggi legati alle economie di localizzazione e a varie forme di sinergia nella gestione di fattori, risorse e funzioni in comune. Assumono un particolare rilievo i cluster orientati all'innovazione e alle alte tecnologie, in quanto appartengono a settori i cui confini si spostano e i cui contenuti si trasformano rapidamente, grazie all'innovazione di prodotto portata avanti dalle imprese. Alcuni esempi di cluster tecnologici italiani sono riscontrabili a Torino, Pisa e Catania.

Per comprendere i modelli di concorrenza che si manifestano nelle industrie caratterizzate dalla presenza dei distretti industriali, è necessario integrare e con-

Figura 5.3

La produzione di calzature.

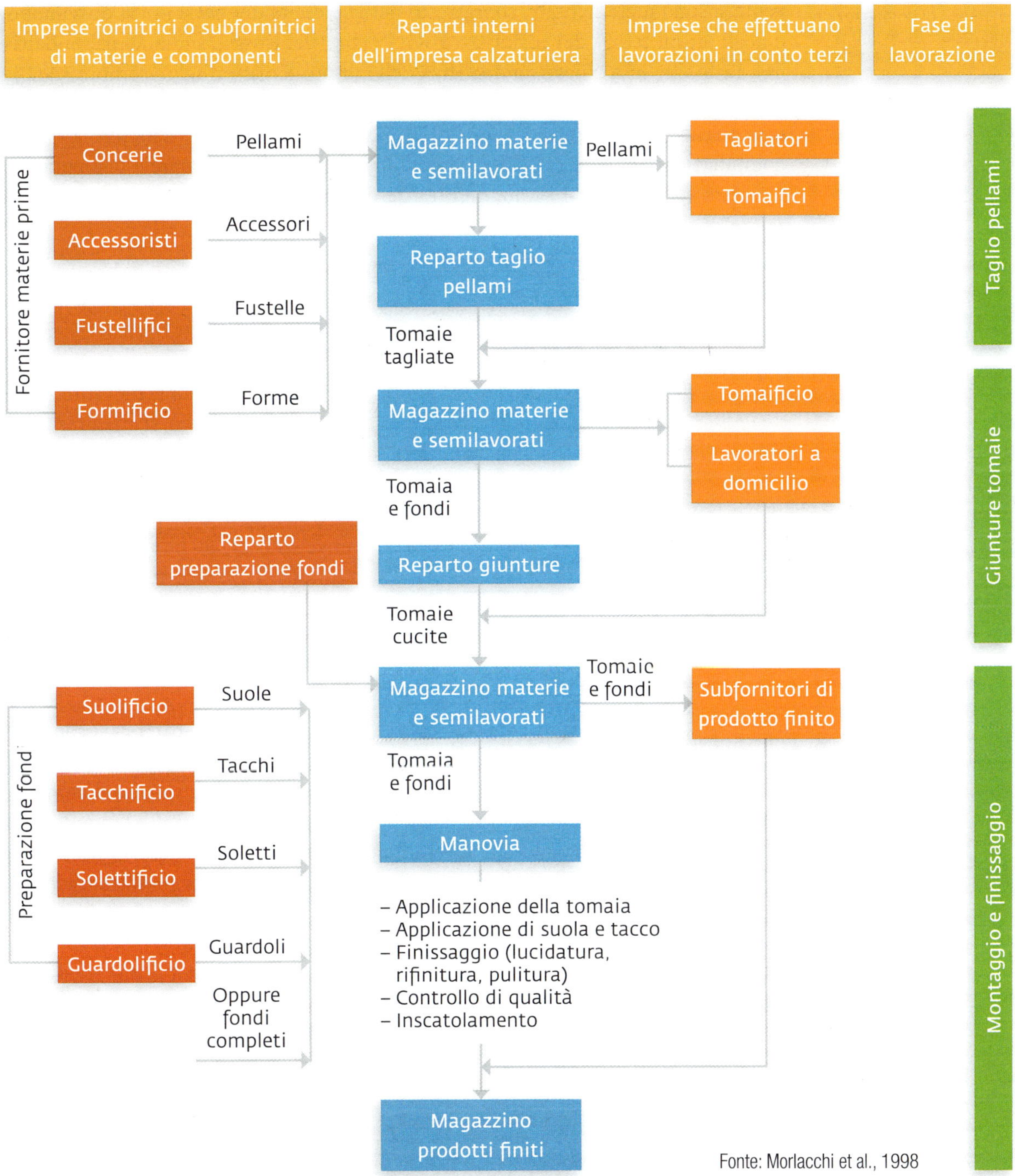

Fonte: Morlacchi et al., 1998

Cooperazione fra imprese

Attraverso questi rapporti le imprese sviluppano strategie che coinvolgono più attori che partecipano e costituiscono vere e proprie reti di imprese, o *network*. Nei distretti e nei cluster sono modalità di organizzazione industriale assai diffusi.

frontare la competizione con la cooperazione e comprendere come e dove convenga far riferimento all'una piuttosto che all'altra. Ogni impresa del distretto, infatti, ha la possibilità di instaurare relazioni più competitive o più collaborative a seconda del tipo di partnership in cui si trova a lavorare, a patto che ogni impresa abbia rapporti con molte altre, per ogni tipo di lavorazione o prestazione che fornisce all'esterno e, a monte, per ogni lavorazione o componente che deve acquistare. Le problematiche dell'organizzazione industriale per distretti sono notevoli, e di recente si sono incrementate, soprattutto per la crescita dei paesi in via di sviluppo, e negli ultimi tempi dei cosiddetti BRICS (Brasile, Russia, India, Cina, Sudafrica). Dato che una chiave competitiva delle imprese distrettuali è sempre stata la rapidità di risposta al mercato coniugata con un elevato livello di convenienza, la concorrenza proveniente dai nuovi paesi industriali punta esattamente a questa combinazione e mette in crisi il modello distrettuale. Per sfuggire a tale pericolo, le imprese dei distretti saranno costrette a cambiare strategia e spesso anche il modello di organizzazione della produzione.

5.3 La concorrenza verticale

La concorrenza orizzontale non è l'unica forma di competizione rilevante. Sebbene essa sia facilmente individuabile da chiunque, in quanto si manifesta sui mercati nella palese ricerca di acquisire clienti e conquistarne le scelte di acquisto, essa non è la sola. I marketing manager devono anche prestare attenzione a un diverso tipo di concorrenza, quella *verticale*, che è fondamentale vincere, anche al fine di potersi rinforzare sul piano orizzontale. La concorrenza verticale si manifesta quando due aziende, all'interno di un medesimo sistema di scambio, competono tra di loro per ottenere vantaggi che, in linea di massima, corrispondono a degli svantaggi per la controparte.

Si ha concorrenza verticale quando nello scambio si contrappongono interessi contrastanti dei due soggetti interessati: un venditore esige un prezzo superiore a quanto il compratore intenda pagare o, viceversa, un compratore pretende uno sconto che il venditore non intende concedere. Questo stato di cose, normalmente, tende a generare un conflitto tra le due parti, il cui superamento è legato alla capacità relazionale delle medesime.

Ci sono anche condizioni particolari in cui le due parti possono trovare ragioni per non competere, e in genere ciò corrisponde al caso in cui un accordo fra di loro può servire per aumentare la competitività delle due imprese considerate assieme, e quindi in competizione con altre in condizioni simili. Nella concorrenza verticale, questo tipo di accordi svolge una funzione simile a quelli di tipo collusivo nell'ambito della concorrenza orizzontale: le imprese si accordano

Sempre più spesso le imprese commerciali agiscono anche come competitori di quelle industriali, perseguendo proprie politiche di marketing. Nel largo consumo è una realtà ormai ben consolidata.

per conseguire vantaggi comuni superiori rispetto alla competizione sfrenata. Si tratta delle situazioni spesso definite *win-win*, in cui due agenti economici possono ottenere benefici senza sacrifici dell'uno a scapito o a vantaggio dell'altro. Ad esempio, gli accordi di distribuzione esclusiva, in cui un fornitore accetta di vendere i propri prodotti solo ad alcuni punti di vendita e non ad altri, servono a rendere l'offerta complessiva (fornitore + venditori esclusivisti) più competitiva rispetto a offerte concorrenti, ovvero altri fornitori con i loro venditori esclusivisti o altri canali distributivi in generale (figura 5.4).
La concorrenza verticale non ha lo scopo di conquistare o togliere clienti alla controparte, ma punta ad appropriarsi di una quota aggiuntiva del margine di redditività disponibile in quel sistema di scambio e, più in generale, in un dato canale distributivo, o in una filiera di produzione. Un'accesa conflittualità e un atteggiamento aggressivo possono portare vantaggi anche in termini di controllo, quando cioè si riescono a condizionare le scelte delle altre imprese appartenenti al canale/filiera.

Figura 5.4
Rapporti di concorrenza verticale nell'ambito dei canali di distribuzione.

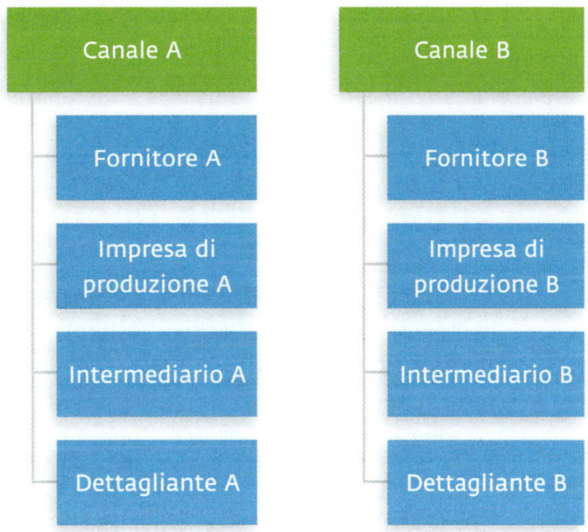

Una certa pressione competitiva sul piano verticale può portare all'impresa di un determinato stadio del canale (p.e. l'impresa di produzione A) alcuni vantaggi in termini di redditività e di controllo sul canale stesso. Ciò assume rilievo anche in relazione alla concorrenza orizzontale che intercorre tra l'impresa A e l'impresa B, appartenente a un altro canale. È il caso della concorrenza verticale che si crea tra un produttore di pasta (De Cecco) e una catena al dettaglio (Esselunga) e che può determinare effetti nella concorrenza orizzontale tra due produttori di pasta (De Cecco e Garofalo).
Come nel caso del distretto, anche nelle filiere e nei canali distributivi è necessario considerare con attenzione le opportunità (e i rischi) collegati a scelte eccessivamente conflittuali oppure, all'opposto, a scelte troppo appiattite sulla collaborazione. Nel primo caso c'è la possibilità che il venditore (o il compratore) scelgano di interrompere la relazione di scambio e cercare un altro partner. Un atteggiamento troppo fiducioso e cooperativo, invece, rischia di ridurre progressivamente i margini e il grado di controllo dell'impresa sul canale o sulla filiera e condurla in una condizione di subordinazione rispetto ai propri partner commerciali.

Se la logica del compromesso tra concorrenza verticale e orizzontale si diffonde all'interno del canale, o della filiera, è allora possibile che si formino delle strutture complesse formate da più imprese che decidono di collaborare, al fine di esercitare una più efficace azione competitiva nei confronti dell'intero mercato: nel campo della distribuzione si parla di **sistemi verticali di marketing** in tutti i casi in cui le imprese del canale non operano in modo indipendente e prendendo decisioni che di volta in volta riguardano gli scambi tra le singole imprese, ma si organizzano in modo integrato e coordinano le proprie decisioni (▸ Capitolo 19).

Sistema verticale di marketing

Un sistema verticale di marketing è un aggregato di imprese specializzate in attività e funzioni diverse, e coordinate – in genere – da un'impresa capofila, che competono tutte insieme contro sistemi analoghi.

In pratica, le imprese appartenenti al canale operano in stretto coordinamento e, seppure in presenza di un certo livello di concorrenza verticale all'interno, si pongono come un soggetto unitario nella competizione di mercato. Esempi di questo tipo si riscontrano nelle reti di franchising che collegano un produttore con un certo numero di dettaglianti: ogni impresa opera in concorrenza verticale con le imprese appartenenti al proprio stadio del canale (il produttore compete con altri produttori e i dettaglianti con altri dettaglianti), ma il sistema nel suo complesso esercita una pressione competitiva in quanto tale, nei confronti di altri sistemi simili o di altri operatori di piccole o grandi dimensioni che agiscono sullo stesso mercato.

5.4 Le nuove forme di competizione

Nelle pagine precedenti ci siamo concentrati su quelle forme di concorrenza che si basano su una qualche sostituibilità dei prodotti (*concorrenza orizzontale*) o sulle relazioni tra clienti e fornitori (*concorrenza verticale*), e dei relativi fattori moderatori che, in diverse condizioni, possono ridurre la propensione a competere per conseguire obiettivi di tipo collusivo, di cooperazione o differenziazione. Esistono però altri piani di concorrenza, che emergono dalla concorrenza internazionale e dalle dinamiche tecnologiche. Soprattutto queste ultime, particolarmente accentuatesi negli ultimi decenni, costringono i marketing manager a riconsiderare continuamente i confini dei loro spazi di competizione. Se prendiamo il settore televisivo, osserviamo, ad esempio, che i produttori di tablet e personal computer si pongono in condizioni di concorrenza orizzontale rispetto a quelli di televisori, per il consumo dei contenuti televisivi. Notiamo anche che le imprese televisive devono guardarsi dagli stessi produttori di televisori, che con le *smart TV* distribuiscono contenuti prodotti dagli spettatori stessi (*user generated content* tramite YouTube), nonché film e serie TV attraverso piattaforme alternative (come Hulu, iTunes e Netflix). Altri soggetti ampliano le potenzialità di distribuzione contenuti dei televisori applicandovi dei decoder fisici (Apple TV, Cubovision ecc.) o virtuali (Sky, Fastweb ecc.) che danno accessi alternativi ai contenuti televisivi. In tale quadro, appena parzialmente disegnato, chi sono i concorrenti della Rai? A domande come questa, emerse di recente in tanti settori, cercano di dare risposta i nuovi modelli di competizione e cioè:

1. la concorrenza allargata;
2. la convergenza;
3. l'ipercompetizione.

5.4.1 La concorrenza allargata

Il concetto di concorrenza allargata (Porter, 1982) prevede una stretta interazione tra dimensioni orizzontali e verticali della concorrenza (figura 5.5).

Figura 5.5

La concorrenza allargata.

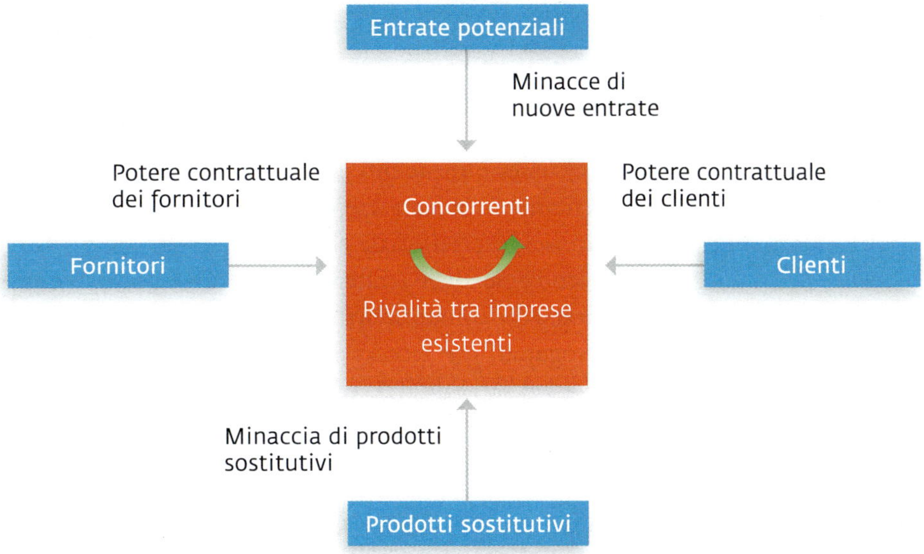

Nel quadro della concorrenza allargata, la pressione competitiva sull'impresa sarebbe indotta dalle iniziative delle imprese che operano sullo stesso mercato, ma anche dalle minacce portate da imprese che operano su mercati diversi, le quali però realizzano prodotti potenzialmente sostitutivi dei prodotti dell'impresa. Ad esempio, la recente ristrutturazione competitiva dei settori del trasporto ferroviario e aereo ha messo in diretta competizione i voli su alcune tratte con i corrispondenti collegamenti ferroviari, soprattutto sull'asse Milano-Roma-Napoli.
Un'altra forma di concorrenza orizzontale sarebbe quella derivante dalle minacce portate da imprese che attualmente non operano sul mercato, ma che potrebbero entrarvi. Ciò vale in particolare per la concorrenza internazionale che si sposta da un mercato geografico all'altro e può modificare la struttura competitiva dei settori di molti paesi differenti. Si tenga presente a tal proposito che, in alcuni settori, la concorrenza in Italia non è condizionata dai grandi operatori internazionali che invece occupano posizioni di grande rilievo all'estero: si veda il caso di Starbucks e Walmart che – al momento in cui si scrive questo testo – sono dati per probabili o prossimi entranti in Italia, ma ancora non hanno aperto punti di vendita sul territorio nazionale, salvo alcuni casi circoscritti a titolo sperimentale. Se si passa a considerare invece la concorrenza verticale, il modello della concorrenza allargata identifica i clienti e i fornitori come fonti di pressione competitiva.
Dalla sistematica considerazione delle cinque fonti di concorrenza (la concorrenza interna, i prodotti sostitutivi, le minacce di entrata, i clienti e i fornitori) deriva insomma un quadro competitivo per l'appunto "allargato", che chiarisce nella corretta maniera le complesse relazioni competitive che guidano la vita dell'impresa. Questo modello sarà approfondito ulteriormente quando sarà analizzato il processo di definizione e implementazione della strategia di marketing (▸ Capitolo 11).

5.4.2 La convergenza

Convergenza tecnologica

Fenomeno per cui la condivisione di un medesimo standard tecnologico comporta la possibile compresenza di più entità distinte (funzioni, prodotti) in una sola. Lo smartphone realizza la convergenza di telefono, camera fotografica, browser, personal computer ecc.

Una dimensione competitiva ulteriore, da considerare per arricchire il quadro sui processi di concorrenza, è quella tecnologica, e in particolare quella indotta dalla progressiva digitalizzazione di canali, contenuti e supporti. La **convergenza tecnologica** determina nuovi modelli di concorrenza e avvicina settori tradizionalmente separati fra loro: esempi recenti sono relativi al progressivo avvicinamento di supporti quali il televisore, il computer e le console. Grazie alla digitalizzazione dei contenuti (film, programmi TV, giochi) e dei canali (web, digitale terrestre, satellite), questi strumenti sono in grado di accedere a risorse simili e pertanto diventano, in misura crescente, sostituibili tra loro. Ciò determina forme di concorrenza intersettoriale che si modificano giorno dopo giorno con l'evolversi delle tecnologie, delle strategie competitive poste in essere dalle imprese e con il modificarsi dei comportamenti dei consumatori. I televisori di ultima generazione sono progettati per accedere ai contenuti digitali attraverso varie reti: dalla connessione LAN, al digitale terrestre, al satellite. Per ciò che riguarda l'interfaccia con Internet, questi televisori possiedono sistemi operativi e software (applicazioni e widget) simili a quelli dei computer che consentono di accedere ai contenuti, ma anche svolgere altre attività (prenotazioni online, giochi, lettura di giornali e periodici ecc.).
Le forme di concorrenza indotte dalla convergenza non riguardano solo i settori ad alta intensità di tecnologia, o caratterizzati dalla digitalizzazione. In alcuni settori si creano forme di concorrenza *ibrida*: ad esempio, nel campo dei beni alimentari si sono fatti strada negli anni i cosiddetti *alimenti funzionali*, ovvero cibi che sono in grado di produrre effetti benefici per la salute, alcuni dei quali

Il self-publishing consente di superare le barriere della pubblicazione estendendo lo spazio competitivo che le case editrici tradizionali si trovano oggi a governare.

con specifiche e certificate proprietà salutari, altri con funzionalità accessorie che possono contribuire al benessere, se associate a comportamenti e stili alimentari appropriati. Esempi del settore sono Actimel e Activia di Danone.

Nel campo della formazione e dell'intrattenimento si è sviluppato un settore nuovo, detto di *edutainment*, in cui si utilizzano prodotti e modelli del gioco allo scopo di divertire e al tempo stesso di educare. In questa prospettiva s'inquadra un sito di videogame (www.gamesforchange.org) che propone giochi a sfondo educativo che permettono ai bambini di apprendere contenuti quali l'economia, i diritti umani, la povertà, la tutela ambientale, e altri, attraverso il gioco.

5.4.3 L'ipercompetizione

Resta infine da definire un ultimo concetto che ha cittadinanza nell'analisi del fenomeno concorrenziale: l'*ipercompetizione*, la cui paternità va ascritta a Richard D'Aveni (1995). L'ambito di riferimento dell'ipercompetizione è assolutamente particolare: non è sempre presente, non si verifica in tutti i settori ed è strettamente legato all'innovazione radicale di prodotto.

Quando un'innovazione di prodotto rilevante crea un nuovo mercato, ad esempio i tablet, allo stadio iniziale del mercato medesimo, i produttori che si confrontano sono pochissimi. Le virtuali e potenziali prospettive di crescita dimensionale del mercato medesimo, dovute al molto probabile successo del prodotto, lasciano intravedere grandi fatturati ed elevata profittabilità. I player sanno bene che, in queste condizioni iniziali, affermare da subito il proprio brand come leader pone una seria ipoteca sulla leadership futura, ma in un mercato di dimensioni *n* volte superiori alle attuali. Il gioco, insomma, "vale la candela".

Secondo questa prospettiva, la concorrenza nei mercati di recente formazione, in cui non esistono paradigmi tecnologici o competitivi consolidati, assume tratti di elevata intensità, e le imprese si scontrano con grande aggressività con l'obiettivo di eliminare i concorrenti. In questo processo altamente conflittuale, le imprese sacrificano le proprie risorse allo scopo di smantellare le difese degli avversari e puntano alla destabilizzazione del mercato, piuttosto che al suo consolidamento o – men che meno – a forme di collusione. Nel 2011 Apple e Samsung si sono affrontate sui mercati e nei tribunali con reciproche accuse d'imitazione, che testimoniano l'intensità dello scontro in atto su un mercato in crescita vertiginosa. Un mercato che riguarda non solo i prodotti in sé (il tablet, appunto), ma anche il software e le applicazioni che questi terminali consentono agli utenti di usare in modi radicalmente diversi dal passato.

Focus **Sistemi di classificazione settoriale**

Hollywood si è cimentata nella ricostruzione della storia (e della competizione) fra Apple e Microsoft, una vicenda fatta di contrapposizione, anche personale, in cui per un certo tempo le due imprese hanno avuto obiettivi di costruzione del proprio vantaggio competitivo a scapito delle grandi imprese del tempo, soprattutto IBM, e al tempo stesso l'erosione del vantaggio dell'altra.

Il titolo del film è *I pirati di Silicon Valley* (M. Burke, 1999) e racconta la storia di Steve Jobs e Bill Gates, oltre che delle relative aziende.

La convinzione che il mercato si stia espandendo e che siano possibili straordinari sviluppi del fatturato e dei profitti stimola queste forme di aggressività, che possono addirittura spingere l'impresa a mettere in discussione la propria sopravvivenza, in un "gioco" di manovre e contromanovre. In questi contesti, a differenza dell'approccio tradizionale orientato alla creazione di un vantaggio competitivo sostenibile, si adotta un approccio orientato alla letterale "distruzione" del vantaggio competitivo degli avversari. Una condizione che si riscontra in mercati altamente dinamici e promettenti.

Case History — Geox

Geox nasce come impresa calzaturiera che sin dall'inizio sovverte i modelli classici di competizione di questo settore.

- L'impresa nasce come azienda calzaturiera, e in quanto tale identifica come concorrenti gli altri produttori di calzature. Si tratta quindi di concorrenza orizzontale, ovvero di quel rapporto di mercato che si instaura tra imprese che operano allo stesso livello della filiera produttiva o del canale distributivo e hanno i medesimi clienti potenziali.
- Il settore calzaturiero è tradizionalmente organizzato per distretti industriali, ovvero aree territoriali in cui sono presenti decine e spesso centinaia di imprese specializzate nelle varie fasi e attività produttive relative a uno specifico prodotto. Da questo punto di vista Geox si colloca nel distretto calzaturiero, ma la sua strategia competitiva contrasta in parte con la logica del distretto: non decentra la produzione nella stessa misura in cui decentrano le altre imprese, esercita un controllo molto rigoroso sul lavoro dei terzisti, fa un uso relativo del decentramento all'estero ecc.
- L'impresa cresce rapidamente e sviluppa un forte rapporto con il mercato, attraverso aggressive campagne pubblicitarie. Ciò determina la creazione di un forte legame con gli acquirenti finali, che viene utilizzato dall'impresa come argomento di vendita nei confronti della distribuzione: i prodotti Geox sono conosciuti e apprezzati dal consumatore e questo li rende attraenti per la distribuzione. Col passare del tempo e con la crescita del volume di affari, la distribuzione di Geox si trasforma, in date condizioni, in un ostacolo sulla strada del controllo del mercato, e l'impresa decide di aggirarlo, costituendo la propria rete di negozi. In questo caso la concorrenza verticale con gli intermediari commerciali viene affrontata attraverso una scelta di integrazione verticale a valle.

Conclusioni

Osservati dal lato dell'offerta, i mercati sono composti da varie tipologie di agenti economici, i quali competono tra di loro per la conquista della domanda (*concorrenza orizzontale*) o per il controllo degli scambi e l'acquisizione del profitto all'interno di una filiera, o di un canale distributivo (*concorrenza verticale*). In questi contesti, peraltro, i manager e gli imprenditori sono chiamati a decidere spesso se e quanto intensamente scontrarsi con i propri "colleghi", e se cercare (anche) forme di collaborazione

La concorrenza orizzontale si realizza nei settori industriali ed è determinata dalla struttura del mercato (numero e dimensioni relative delle imprese), dalla segmentazione della domanda e dalla differenziazione dell'offerta. L'effetto è quello che osserviamo sugli scaffali dei supermercati dove sono accostate e "messe in concorrenza" le varie product offering che lottano per conquistare la nostra attenzione. Questa lotta quotidiana implica decisioni sul prezzo e sui principali attributi del

→

prodotto e del brand che, nel loro complesso, contribuiscono ad aumentare la percezione di valore del cliente.
La concorrenza verticale si manifesta nei rapporti di scambio tra operatori economici e si manifesta tra imprese che, ad esempio, occupano posizioni diverse all'interno di una filiera produttiva o distributiva. La Coop, il più grande distributore italiano al dettaglio, è in grado di esercitare una forte pressione sui propri fornitori, anche sui grandi produttori di marca come Barilla e Ferrero.
Nei distretti industriali e nei più moderni cluster si riconoscono entrambe le forme di pressione competitiva, in quanto in essi convivono rapporti di concorrenza orizzontale tra imprese che forniscono i medesimi beni e servizi, e rapporti di concorrenza verticale tra imprese che risultano fornitori e clienti le une delle altre. In questi contesti si sviluppano forme di aggregazione tra imprese (reti o network) in cui le singole unità fanno gioco di squadra e competono contro altre "squadre": la ricerca di partnership e alleanze è altrettanto importante della ricerca del vantaggio competitivo.
L'evoluzione recente della tecnologia e la presenza di risorse e piattaforme di collegamento (Internet e derivati) mette in concorrenza imprese un tempo appartenenti ad ambiti competitivi radicalmente diversi, e fornisce ai consumatori nuovi strumenti per influire sui processi di mercato. In tale contesto, la concorrenza si esercita su piani multipli, differenziati e intersecati, generando nuovi modelli interpretativi.

6

Analisi della domanda

di **Daniele Dalli**

Indice del capitolo

Introduzione

6.1 L'evoluzione della domanda tra storia ed economia

6.2 Il processo d'acquisto

6.2.1 Il modello generale

6.2.2 Tipologie di prodotto e di domanda

6.2.3 Il ruolo degli intermediari commerciali

6.3 Configurazioni e analisi della domanda

6.3.1 Domanda potenziale, primaria e secondaria

6.3.2 La misurazione della domanda

6.4 La dimensione culturale della domanda

6.4.1 Cultura e nazioni

6.4.2 Cultura e individuo

Conclusioni

Abstract

La domanda è costituita dalla quantità e qualità dei prodotti, beni e servizi, richiesti dai clienti di un determinato settore, o mercato. I clienti esprimono una domanda in senso economico, che rappresenta gli acquisti effettivamente realizzati, o in senso psicologico, che rappresenta lo spazio dei loro desideri in base ai bisogni e alle necessità. Nel corso del tempo, la quantità e qualità di prodotti richiesti dalle persone si è modificata in modo sensibile, fondamentalmente per ragioni economiche (la variazione del potere d'acquisto delle popolazioni) e socioculturali (la mobilità sociale, la comunicazione di massa ecc.). Esistono differenze sensibili nella domanda laddove siano presi in considerazione i beni di consumo, i beni industriali, i servizi. Il *trade*, poi, gioca un ruolo determinante nel trasmettere (e condizionare) la domanda, dalla clientela alle imprese manifatturiere o di servizio. In chiave di marketing management, infine, la domanda, può assumere diverse configurazioni, tutte utili e necessarie per comprendere come si evolve il mercato e agire di conseguenza.

Introduzione

Oltre all'offerta, l'analisi del mercato si occupa della domanda, l'altro estremo del sistema di scambio. Essa si sostanzia nel numero di acquirenti, e nella quantità e qualità dei beni o servizi da questi domandati. Per quantità qui s'intende l'ammontare fisico in *volumi* (unità, litri, chilogrammi) o economico in *valori* (euro, dollari) dei prodotti richiesti. Per qualità se ne intende invece la tipologia e, indirettamente, il loro valore economico: sappiamo, dalla conoscenza delle fasce di valore affrontate nella ▸ Parte I, che un conto è acquistare un'utilitaria (*value market*) e un altro un'auto sportiva ad alte prestazioni (*premium* o *luxury market*); un conto è acquistare un vino in brick al supermercato e un altro una bottiglia di champagne all'enoteca. In termini quantitativi, la domanda di una certa categoria di prodotto si manifesta in termini fisici ed economici come un aggregato omogeneo, ma in termini qualitativi è assai articolata. Essa riflette la composizione della clientela, cioè la presenza nella domanda complessiva di gruppi distinti di clienti con esigenze diverse, che trovano puntuale riscontro nella varietà dell'offerta (p.e. i dentifrici anticarie, a effetto sbiancante, profumanti, antitartaro ecc.). In questo senso, l'analisi della domanda costituisce la premessa per la strategia di segmentazione che l'impresa è chiamata a definire nell'ambito del marketing strategico, e che vedremo nel ▸ Capitolo 9.

Segmentazione del mercato

La segmentazione consiste nella suddivisione di un mercato in comparti (segmenti) più circoscritti, all'interno dei quali sono offerti prodotti e servizi progettati in funzione dei bisogni e delle esigenze dei clienti in essi contenuti.

La domanda si manifesta in un determinato momento e contesto, cioè possiede dei precisi connotati spazio-temporali, ad esempio la domanda di penne a sfera in Italia nel 2013. Per un breve periodo essa può essere considerata costante e definita, ma, nel medio e lungo periodo, si modifica, alle volte anche in modo radicale. La domanda di prodotti di moda, ad esempio, cambia in quantità e qualità nel corso della stagione: all'inizio alcuni consumatori sono disposti ad acquistare le novità a prezzo pieno e, mano a mano che si avanza verso il termine della stagione, la disponibilità a pagare i medesimi prodotti diminuisce. Comprendere la dimensione storica ed evolutiva della domanda consente di capire in base a quali regole essa si rinnovi e trasformi nel tempo e, entro certi limiti, di prevederne gli andamenti in senso quantitativo e qualitativo. Notiamo, per inciso, che la previsione della domanda (*forecast*) è indispensabile ai fini di una corretta programmazione della produzione (▸ Capitolo 12).

È da considerare inoltre che la domanda si esprime in modi diversi a seconda dei settori o dei mercati di riferimento. Il modo in cui i consumatori finali esprimono una domanda di musica, o di altri prodotti culturali (libri e film), è assai diverso da quello in cui le imprese industriali domandano i beni capitali, le materie prime o la componentistica, necessaria per alimentare il loro processo produttivo. Anche nello stesso settore, operatori diversi esprimono domande diverse: in campo automobilistico, sia il concessionario che il consumatore finale esprimono al produttore una domanda di nuove auto, ma con criteri e procedure molto diverse. Dal punto di vista economico e commerciale, infine, la domanda si può manifestare con diverse configurazioni, la cui comprensione è di primaria importanza per il passaggio alle fasi successive della programmazione di marketing: un conto è misurare la domanda potenziale e un altro quella effettiva; un conto è la domanda di mercato (che corrisponde al mercato aggregato incontrato nel ▸ Capitolo 2), un altro la domanda che si rivolge all'impresa.

6.1 L'evoluzione della domanda tra storia ed economia

In questa epoca di sostanziale stagnazione economica, la domanda è uno dei principali indicatori economici a cui guardano i governi dei paesi occidentali: a differenza che in passato, da qualche tempo la si considera come uno degli elementi, se non il più importante, che determinano la crescita dei sistemi economici nazionali e dell'economia mondiale nel suo complesso. Perciò, nonostante il fatto che la ricchezza sia generata dalle attività svolte nelle catene del valore delle filiere produttive e dei canali distributivi, ciò che si considera prioritario per la crescita del PIL è la domanda, ovvero quell'attività che si situa a valle dei processi di produzione e distribuzione del valore. La politica economica e industriale si è orientata in questa direzione, e anche le associazioni di categoria considerano oggi la domanda come l'elemento su cui non si può non investire. È una situazione invertita rispetto a qualche decennio fa, quando l'attenzione era invece rivolta verso l'offerta che – in condizioni di crisi o di recessione – era oggetto di sostegno e supporto. Secondo questa nuova prospettiva di politica economica, sarebbero dunque i consumatori finali a sostenere lo sviluppo, esprimendo una domanda via via crescente. Metterli nelle condizioni di poter acquistare è perciò un obiettivo prioritario, che i governi perseguono attraverso incentivi diretti (www.incentivistatali.org) e indiretti, quali la politica fiscale.

La domanda, pertanto, non costituisce soltanto l'elemento che la direzione marketing delle imprese guarda con attenzione per comprendere se il mercato crescerà o calerà, e sulla quale fare opportuni investimenti. È anche un elemento fondamentale per la vita economica di molti paesi, nella convinzione che sia essa a *tirarne* lo sviluppo.

La nascita del ruolo propulsivo della domanda nell'economia di una nazione può essere collocata all'incirca in corrispondenza della Prima rivoluzione industriale, realizzatasi, come visto nel ▸ Capitolo 2, nel Regno Unito fra il Seicento e il Settecento. Se è vero che la storia economica ci racconta un periodo di forte innovazione tecnologica, investimenti in grandi strutture produttive, progressiva trasformazione della struttura sociale da agricola a industriale, è anche vero che, parallelamente all'evoluzione dell'offerta, si riscontrano significativi mutamenti nella domanda. Senza tutto ciò, infatti, non ci sarebbe stato lo spazio di mercato necessario ad assorbire gli incrementi di produzione che si andavano realizzando. Alcuni studiosi, come Neil McKendrick (1982), sostengono che sia stata anzitutto la nascita di una domanda di massa a generare le opportunità di vendita per i prodotti della Rivoluzione industriale e quindi, a ritro-

I governi cercano di sostenere i consumi delle famiglie e l'occupazione delle imprese nazionali concedendo incentivi e bonus che incoraggino a spendere.

so, la convenienza degli investimenti sul versante dell'offerta. È la società inglese del tempo che si trasforma e comincia a richiedere beni e servizi che fino a poco tempo prima erano appannaggio di una ristretta cerchia di alto-borghesi, nobili e della famiglia reale. Non si tratta di beni della stessa qualità, ma della progressiva "banalizzazione" delle merci che in precedenza erano realizzate in chiave artigianale, perciò molto costose e appannaggio di pochissimi, che in questo periodo invece sono convertite alla produzione di massa (commodification). Ciò implicò trasformazioni sociali di ampia portata, come la crescita demografica e lo spostamento verso le grandi città di grandi masse di persone, ma anche modifiche delle strutture microsociali: cambiano, ad esempio, i ruoli all'interno della famiglia, che si organizza come una vera e propria azienda di lavoro e consumo, in cui ognuno contribuisce al reddito complessivo che deve servire a soddisfare i bisogni di tutti (De Vries, 2008). L'industria tessile e quella dei trasporti sono due delle filiere trainanti di questo sviluppo, e forniscono alle famiglie inglesi beni di consumo e servizi logistici che contribuiscono alla loro progressiva emancipazione. Si pongono le basi, in sostanza, per la nascita e diffusione di ciò che oggi chiamiamo "società dei consumi".

Commodification

Un bene problematico (un accessorio di qualità, una prestazione esclusiva) richiede un processo d'acquisto complesso e articolato. Con l'aumento del potere d'acquisto e la diffusione sul mercato, il loro acquisto tende a somigliare a quello di beni più elementari e semplici quali, al limite, le materie prime (*commodity*).

Oggi come allora, l'evoluzione della domanda corre in parallelo a quella dell'offerta e determina l'evoluzione dei sistemi economici (figura 6.1): i consumatori costituiscono la sponda a cui le imprese si rivolgono, come nel caso dell'abbigliamento, e da questa interazione dipende l'evoluzione dei mercati, dei prezzi e delle tendenze. Il campo della moda si presta bene a tracciare l'evoluzione del rapporto fra domanda e offerta nei mercati. È vero che la moda è determinata da una ristretta cerchia di operatori economici, artisti e intermediari culturali, e che quindi il consumatore appare sostanzialmente un essere assoggettato al loro volere, ma in

Figura 6.1

Evoluzione della domanda e dell'offerta.

anni recenti la situazione si è progressivamente evoluta e la domanda di prodotti di moda si è parzialmente emancipata dai diktat di Valentino e Anna Wintour. Ciò accade, ad esempio, dando vita in modo spontaneo a circuiti d'informazione che non ricadono sotto il controllo delle associazioni di categoria: network sociali, forum e blog diventano via via più importanti e riportano verso la domanda un po' del potere di indirizzo che l'offerta aveva detenuto da sempre in questo settore. Naturalmente questi emergenti modelli di relazione domanda-offerta non sostituiscono quelli tradizionali, ma li integrano, con il risultato che i consumatori esprimono un ruolo più costruttivo e autonomo: le loro scelte si discostano dal modello delle *fashion victim* e assumono una crescente valenza critica, come, ad esempio, quando mettono in discussione la logica della griffe: uomini e donne smettono di vestire la stessa marca da capo a piedi, e creano guardaroba in cui marche e stili diversi coesistono e danno al consumatore la possibilità di rappresentarsi in modi sempre diversi da un giorno all'altro e da un'occasione all'altra. Le imprese reagiscono e si adeguano con il pronto moda, il fast fashion e altre innovazioni, assecondando tali tendenze di domanda. I consumatori diventano più sensibili al prezzo: non è che vogliono spendere meno, quanto avere una maggiore coscienza di quanto spendono e di cosa ricevono in cambio. Non accettano più supinamente le politiche di *premium price* delle marche più note e cercano la convenienza anche nell'acquisto dei prodotti di marca: l'offerta sviluppa il sistema degli outlet, le catene di convenienza (come Zara) e il commercio elettronico, dove si trovano le marche di alta gamma a prezzi ragionevoli. È il caso di Yoox (www.yoox.com), azienda italiana che opera in tutto il mondo con piattaforme proprie, gestendo anche le piattaforme di commercio elettronico di alcune delle marche più note su scala internazionale.

In conclusione, la domanda e l'offerta costituiscono, oltre che le parti dello scambio, anche le due facce dello sviluppo economico; dalla loro interazione i mercati emergono come istituzioni in cui acquirenti e compratori interagiscono scambiandosi merci e denaro. Nel paragrafo seguente saranno approfonditi gli aspetti organizzativi e i processi attraverso cui questi scambi vengono istruiti e perfezionati.

Pronto moda

Il pronto moda è una modalità di organizzazione della produzione e distribuzione dei prodotti di abbigliamento in cui non si segue la classica articolazione per stagioni (due collezioni all'anno), ma la produzione è rinnovata continuamente e le consegne seguono gli ordini senza soluzione di continuità.

Fast fashion

Secondo questo approccio, il nuovo prodotto deve essere realizzato e proposto al mercato nel modo più veloce possibile, senza passare dalla presentazione delle collezioni nelle sedi istituzionali: il prodotto passa direttamente dal design, alla produzione, al negozio. Esempi di fast fashion sono Zara e H&M.

6.2 Il processo d'acquisto

Il nucleo fondante del marketing management, come visto nella Parte I, è il *marketing concept*, introdotto negli Stati Uniti agli inizi degli anni Cinquanta. Esso consiste in una vera propria filosofia di gestione delle imprese e delle organizzazioni, basata sulla centralità del cliente, dei suoi bisogni e desideri. In base ai principi enunciati nel marketing concept, il marketing avrebbe il compito di analizzare e conoscere il compratore e, in base a questi elementi conoscitivi, proporgli delle product offering competitive e in grado di esprimere un adeguato valore a suo beneficio. Monitorando continuamente le reazioni della clientela alle proposte commerciali, e con il supporto operativo della distribuzione e della comunicazione, l'impresa dovrebbe stimolare la fedeltà della domanda. Così facendo si attiverebbe un circolo virtuoso, grazie al quale il

Bisogno

I bisogni sono necessità ed esigenze che il cliente percepisce nel momento in cui si accorge che non sono soddisfatte in modo adeguato. Un consumatore sente il bisogno di cambiare l'automobile quando quella che possiede diventa obsoleta, o quando il mercato mette a disposizione nuovi modelli, più attraenti o più convenienti.

Desiderio

I desideri sono gli oggetti (beni o servizi) che il cliente vorrebbe ottenere per soddisfare un determinato bisogno che, evidentemente, non è soddisfatto in modo adeguato. Un medesimo bisogno può determinare desideri diversi in base alle caratteristiche dell'individuo e del contesto sociale e culturale in cui è collocato.

cliente sarebbe soddisfatto e l'azienda dovrebbe incrementare i propri profitti. Il marketing concept non riguarda però soltanto la funzione Marketing, i suoi specialisti e le attività e strumenti a loro disposizione. Per rendere concreto l'ambizioso intendimento del marketing concept, è infatti necessario che tutta l'organizzazione si orienti al cliente, vero fulcro intorno a cui ruota l'intero sistema d'impresa, alla ricerca della sua massima soddisfazione e, per mezzo di essa, del profitto. Se quindi il cliente costituisce il principale elemento di riferimento per la funzione Marketing (e non solo), risulta fondamentale comprendere come se ne concretizzi il processo d'acquisto. Gli studi di mercato ne hanno definito un modello di validità universale, indipendentemente dal fatto che si tratti di un cliente professionale, o meno (vedi figura 1.2).

6.2.1 Il modello generale

In linea generale, il cliente comincia a pensare a un acquisto nel momento in cui percepisce uno stato di carenza o, per meglio dire, quando si rende conto che uno dei suoi bisogni non è soddisfatto in modo adeguato. Ciò vale sia per gli acquirenti consumatori responsabili di acquisto (*shopper*), che per gli acquirenti professionali, che si occupano degli approvvigionamenti di beni e servizi nelle organizzazioni (*buyer*). Nel primo caso, il consumatore si rende conto, ad esempio, che il proprio guardaroba deve essere rinnovato, o che il proprio conto corrente non corrisponde più alle sue esigenze e deve essere aggiornato; nel secondo, invece, è l'impresa manifatturiera o l'amministrazione pubblica che devono acquistare nuove macchine per lo svolgimento dei propri processi, o che richiedono nuovi servizi agli istituti di credito, a far insorgere la percezione del bisogno.

La programmazione dell'acquisto da parte della domanda parte dunque da una fase critica, che è quella della ricognizione del bisogno da soddisfare, cui ne seguono delle altre che, di norma, sono descritte secondo un modello sequenziale come quello descritto nella figura 6.2 e che riprenderemo anche a proposito della segmentazione, nel ▶ Capitolo 9.
È importante osservare, nella figura 6.2, che in corrispondenza delle fasi 1 e 2 il compratore è ancora nella *genericità*: percepisce un bisogno per far cessare il quale non ha ancora la soluzione. Nelle fasi successive, invece, si entra nell'area della

Figura 6.2

Modello generale di processo d'acquisto.

specificazione, dove iniziano a prender forma delle alternative di scelta, differenti fra loro e diverse anche in natura, ma accomunate dalla comune attitudine a far cessare il bisogno iniziale.

La ricerca delle alternative consiste in una fase in cui il cliente cerca le informazioni relative alle product offering dotate delle caratteristiche adatte a soddisfare il bisogno in modo adeguato. I consumatori finali fanno shopping (e così, più o meno consapevolmente, si formano un'adeguata conoscenza dell'offerta), preparano la lista della spesa, cercano e confrontano sul web i prodotti esistenti e quelli in uscita; le imprese manifatturiere partecipano alle fiere di settore e mettono a confronto le offerte dei fornitori, e le amministrazioni pubbliche aprono bandi di gara per raccogliere proposte e offerte. In questa fase si svolgono attività delicate e critiche per le fasi successive, che possono portare all'inclusione della product offering dell'impresa tra le alternative considerate per la valutazione (**consideration set**) oppure alla sua esclusione. Essere considerati tra le alternative tra cui operare la valutazione è uno degli obiettivi primari, in particolare della politica di comunicazione, e l'entità degli investimenti pubblicitari orientati in questa direzione è assai cospicua: si tratta di un investimento in ciò che in gergo si definisce *brand awareness* (consapevolezza della marca) e che costituisce la *conditio sine qua non* per essere inseriti nel *consideration set*.

Consideration set

Il consideration set è l'insieme delle marche recuperate dalla memoria, o identificate sul mercato, tra cui il cliente sceglie quella preferita (figura 6.3).

La fase della valutazione consiste nell'effettivo confronto tra le diverse product offering prese in considerazione e nell'identificazione dei relativi pregi e difetti. Il consumatore contemporaneo ha a disposizione servizi online che lo aiutano in questo compito. Ad esempio, il Trovafonino (www.telefonino.net) consente al consumatore di mettere a confronto molte marche e versioni di telefono cellulare, selezionando caratteristiche tecniche e tipologie di servizi. Il sito consente al consumatore di collegarsi ai siti di commercio elettronico e fornisce indicazioni sui prezzi di vendita. Esistono anche altre risorse di tipo *corporate*, ad esempio quelle delle catene di distribuzione o dei grandi siti di commercio elettronico, che permettono al consumatore di confrontare vari prodotti e individuare quelli che si adattano meglio alle proprie esigenze.

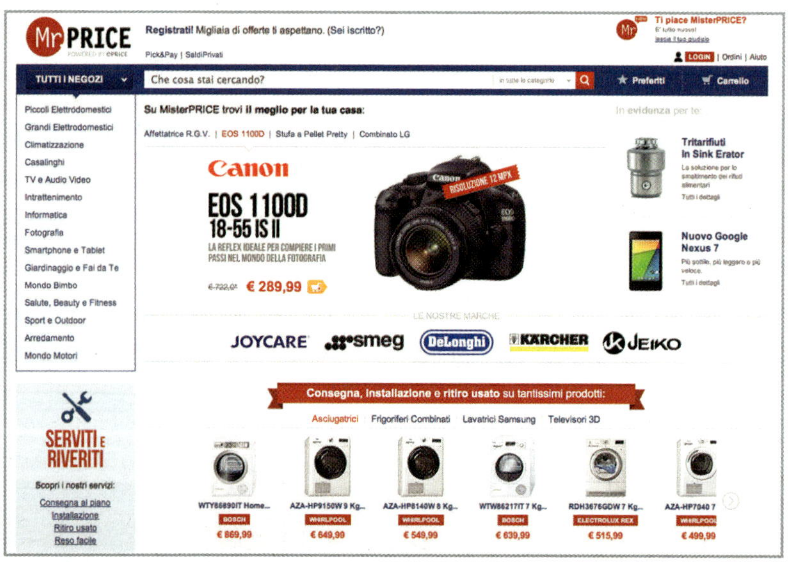

Oggi l'acquisto di un prodotto di elettronica di consumo avviene in un regime di trasparenza straordinario, grazie alle risorse digitali disponibili a chiunque.

La fase di acquisto corrisponde al momento in cui il cliente sceglie effettivamente la product offering che ha considerato migliore nella fase precedente. A una lettura superficiale la scelta dovrebbe essere un esito automatico della valutazione: una volta individuato il prodotto migliore, il cliente procede al suo acquisto, come presuppone la teoria economica classica. In pratica, tuttavia, esistono molteplici condizioni in cui ciò non avviene e in cui gli esseri umani si dimostrano assai diversi dalle rappresentazioni che ne offrono anche le più consolidate teorie economiche e psicologiche. Una difformità può aversi, ad esempio, quando il prodotto non è materialmente disponibile presso il punto vendita: nei supermercati può capitare che lo scaffale dove siamo abituati a trovare il nostro caffè preferito sia vuoto. In questo caso si parla di *rottura di stock*. Viceversa, può anche capitare che nel punto vendita il consumatore veda una product offering che non aveva considerato nella fase di valutazione, e che questa possieda caratteristiche migliori di quelle considerate sino a quel momento (p.e. un nuovo tipo di caffè di una marca nuova, a un prezzo pari a quello sempre acquistato). Infine è possibile che nel momento di effettuare l'acquisto alcune caratteristiche della product offering diventino più importanti di altre, rispetto al momento in cui sono state valutate. Il prezzo, ad esempio, presenta spesso questa doppia valenza: anche se viene tenuto in conto in fase di valutazione, quando il compratore si trova effettivamente a un passo dal pagamento (nel punto vendita, o nella pagina del pagamento sul sito di e-commerce), il prezzo può diventare improvvisamente più importante e ridurre la propensione all'acquisto per l'alternativa preferita. In tal caso è possibile che il cliente rinunci all'acquisto o lo rimandi, oppure che recuperi una delle alternative che aveva considerato inferiori, ma che al momento dell'acquisto diventano più attraenti perché più convenienti. In sostanza, nel momento esatto dell'acquisto è possibile che le valutazioni effettuate non siano rispettate alla lettera, e che la scelta finale effettiva sia di tipo diverso.

Nella figura 6.3 abbiamo rappresentato una situazione del genere: la product offering B potrebbe non essere presente nel punto vendita (*contesto di scelta*) in cui il cliente sta effettuando l'acquisto vero e proprio, mentre le product offering E ed F potrebbero risultare attraenti anche se non sono state considerate nelle precedenti fasi di selezione e valutazione. Una, ad esempio, potrebbe essere attraente perché in promozione, e l'altra potrebbe avere un prezzo così basso che solo al momento di pagare effettivamente il cliente si rende conto della sua reale convenienza.

Figura 6.3

Il ruolo del contesto di scelta.

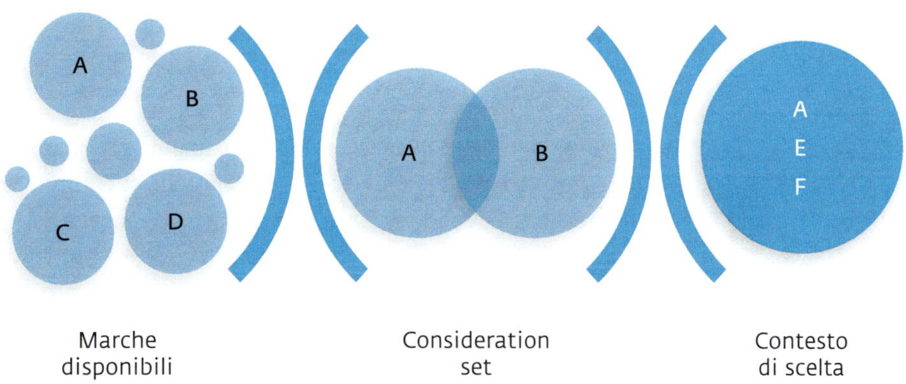

Focus Il consumerismo

Secondo la teoria economica e anche nella prospettiva del marketing management tradizionale, il consumatore ha sostanzialmente due alternative di fronte all'offerta di mercato: comprare e non comprare. Se non compra, significa che l'offerta non lo soddisfa e le imprese – che vedono calare le vendite – cercheranno di porvi rimedio. Se compra, invece, la bontà dell'offerta viene confermata e, se non ci sono sorprese, si può ritenere che il consumatore, soddisfatto, torni a comprare di nuovo.

In realtà già negli anni Settanta la teoria economica ha cominciato a considerare l'ipotesi che i consumatori abbiano a disposizione anche altri mezzi oltre al rifiutare l'acquisto. Albert Hirschman ci spiega che, oltre a confermare l'acquisto (*loyalty*) e al suo rifiuto (*exit*), i clienti possono discutere (*voice*) con i fornitori se l'offerta non li soddisfa. L'attivismo dei consumatori ha preso molte forme nel corso degli anni, e ha prodotto iniziative e comportamenti che tradizionalmente la teoria economica e di management fa fatica a spiegare: controinformazione, passaparola negativo, boicottaggio, resistenza ecc. Si tratta di iniziative spontanee, spesso individuali, ma sempre più collettive e organizzate dai movimenti sociali, che i consumatori pongono in essere quando non sono soddisfatti dell'operato delle imprese. Ciò accade quando i prodotti non sono adeguati alle attese, soprattutto quando ciò riguarda la salute, la sicurezza, la compatibilità ambientale, ma anche quando il processo produttivo, il rapporto con i fornitori e la gestione delle risorse umane non sono ispirati a criteri di rispetto, trasparenza e moralità.

La sociologa Michele Micheletti ha creato un'etichetta per questo modo di comportarsi che si traduce in "consumo politico", ovvero la scelta di considerare il consumo come un atto ispirato da principi ideologici, e che ha conseguenze non solo economiche, ma anche sociali e – appunto – politiche. Ciò significa, ad esempio, che un'iniziativa dei movimenti sociali per boicottare (o anche per sostenere) un'impresa e i suoi prodotti può avere effetti simili a quelli di una iniziativa legislativa del governo.

Questo modo di intendere il ruolo del consumatore nasce nel paese più capitalista del mondo, gli Stati Uniti, in cui a fronte di una fede nel libero mercato si sostiene sul piano legale e politico la tutela dei consumatori. Quest'ultima costituisce anzitutto una protezione per la salute e il benessere dei cittadini, ma al tempo stesso è una garanzia per lo sviluppo di una concorrenza libera e corretta tra le imprese.

La normativa sulla tutela dei consumatori si sviluppa agli inizi del Novecento negli Stati Uniti e assume nel tempo un ruolo e una caratterizzazione via via più complessi. Uno dei risultati più importanti è il riconoscimento del diritto alla class action, tramite la quale numerosi cittadini possono aderire a una medesima causa per risarcimento da far valere nei confronti delle imprese.

Nel settore dei tabacchi, ad esempio, la class action ha portato imprese come la Philip Morris a pagare indennizzi milionari a molti cittadini o alle famiglie di quelli defunti per i danni causati dal fumo. Uno dei principali sostenitori dei diritti dei consumatori è Ralph Nader, che fin dagli anni Sessanta combatte una vera e propria guerra per proteggere i consumatori dalle pratiche scorrette delle imprese americane. La normativa europea, nel dopoguerra, recepisce e personalizza alcuni aspetti di quella statunitense e assume caratteristiche parzialmente diverse. Anche in Italia esiste una normativa a protezione del consumatore (Legge 281, 30 luglio 1998, confluita nel Codice del consumo, Decreto legge 206, 6 settembre 2005) che dirime alcuni aspetti fondanti del diritto del cittadino a essere informato e garantito nel rapporto con le imprese che producono beni e servizi destinati al consumo. Esistono inoltre agenzie (p.e. l'Autorità garante della concorrenza e del mercato, www.agcm.it) che hanno specifici compiti istituzionali rivolti in questa direzione. Inoltre operano in Italia le associazioni a tutela dei consumatori riunite in una singola istituzione: il Consiglio nazionale dei consumatori e degli utenti.

L'attenzione delle imprese e delle istituzioni è fortemente orientata verso la fase dell'acquisto, poiché è in quel momento che si compie materialmente lo scambio e si realizza la vendita. È il momento in cui si verifica l'effettiva concorrenza tra i prodotti disponibili e si ottiene il successo di mercato o il suo contrario. È la fase in cui si riesce ad aumentare la quota di mercato rispetto ai concorrenti o la si perde. Questa attenzione spesso fa dimenticare il fatto che, dal punto di vista del cliente, l'acquisto è *soltanto* un momento propedeutico a ciò che gli interessa

Brand loyalty

Letteralmente *fedeltà alla marca*: consiste nella ripetizione durevole dell'acquisto della stessa marca, per convinzione e – spesso – per routine.

Brand switching

Indica il cambio di marca da parte del cliente. Può essere temporaneo ed episodico, quando cerca alternative alla marca abituale, o definitivo, quando sceglie di non acquistare più la marca precedente.

veramente, ovvero acquisire e utilizzare il bene, o il servizio, in questione. Che si tratti di un bene di consumo (un accessorio di abbigliamento, uno snack, un'auto, un libro) o di un bene industriale (una macchina utensile, un computer) o di un servizio (un conto corrente), il cliente è interessato all'utilizzo e vede la fase di acquisto come un'attività strumentale all'ottenimento di questo risultato. In verità, alcune attività di shopping assumono una valenza esperienziale e gratificante di per sé, ma ciò accade per tipologie di beni e categorie di consumatori particolari, il che non contraddice la regola generale in base alla quale *comprare è meno importante o significativo che consumare o usare* il prodotto. È importante tenere conto di questa dimensione e del rapporto dialettico tra acquisto e consumo/uso, in quanto è proprio nella fase di utilizzo dei beni che si creano le basi per i comportamenti successivi, ovvero quelli che portano al riacquisto della product offering (brand loyalty), o alla sua esclusione dagli acquisti futuri (brand switching), come si vedrà nel ▸ Capitolo 21.

La valutazione post-acquisto, come accennato, costituisce la fase in cui il cliente si appropria materialmente della product offering che ha acquistato e comincia a utilizzarla, godendone la performance. In tal senso, sia sul piano economico e funzionale, sia su quello simbolico e sociale, è in questa fase che si creano le basi per lo sviluppo di un rapporto di fedeltà con la marca. È qui e ora, pertanto, che la product offering deve dimostrare la propria capacità di soddisfare il consumatore. La soddisfazione del cliente (*customer satisfaction*), come noto, sta alla base del marketing concept: le analisi di customer satisfaction sono essenziali per verificare la continuità del rapporto con la clientela e per prevedere il turn over del portafoglio clienti. In questa fase, il prodotto deve dare il meglio di sé per soddisfare il cliente e far sì che decida di restare fedele alla marca e all'impresa. In questo, assumono rilievo i servizi accessori al prodotto che contribuiscono ad aumentare la soddisfazione: i servizi post-vendita (assistenza, garanzia ecc.) e la comunicazione al cliente, ad esempio, svolgono un ruolo determinante. Anche nel caso di problemi con il prodotto, e forse soprattutto in questi casi, i servizi svolgono un ruolo determinante nel mantenere un buon rapporto con la clientela, e possono condurre a quello che la letteratura e la prassi definiscono *service recovery paradox*: in date condizioni, un utente che ha ricevuto un disservizio può maturare un at-

La soddisfazione del cliente è frutto di una relazione complessa fra venditore e compratore che non si esaurisce nel mero scambio. Per i retailer questa sfida è cruciale.

teggiamento positivo addirittura superiore a quello precedente all'acquisto, se l'impresa si dimostra attenta ed efficace nel risolvere il problema. In questa condizione, infatti, il cliente prende atto che il problema che si è verificato è stato risolto con prontezza e che l'impresa lo tiene in considerazione rispondendo con rapidità ed efficacia: il problema viene presto dimenticato e il cliente si sente trattato con riguardo e considerazione. Si tratta di uno dei molteplici casi in cui la relazione con il cliente si sviluppa in senso positivo, grazie all'impiego di servizi e risorse umane efficaci che associano alla product offering un valore aggiunto ormai indispensabile.

Il processo d'acquisto può essere osservato nella sua dinamica articolata per fasi, allo scopo di cogliere le peculiarità delle attività legate a ciascuna e comprenderne la sequenza logica. È peraltro evidente che nella realtà il processo non risulta sempre e necessariamente così articolato, e che di fatto le sue fasi spesso si sovrappongono: la raccolta delle informazioni e la valutazione, ad esempio, possono sostanzialmente coincidere temporalmente, come nel caso di uno *shopper* che prende in rassegna l'offerta di diversi negozi facendo shopping e mentre osserva i diversi prodotti effettua contemporaneamente la valutazione. L'articolazione effettiva del processo, inoltre, può variare a seconda di vari aspetti del contesto decisionale e dell'esperienza del consumatore. Per prodotti di basso valore unitario, a basso coinvolgimento emotivo e di acquisto frequente (come nel caso dei prodotti a ricorrente acquisto) è da attendersi che il processo sia breve e semplificato, fino a trasformarsi in una routine comportamentale che il consumatore pone in essere in un modo quasi inconsapevole. A maggior ragione, ciò accade quando il consumatore matura un'elevata esperienza e un'ampia mole di competenze in merito al prodotto. In condizioni opposte, la mancanza di esperienza e il più alto rischio percepito associato a eventuali errori nella scelta da effettuare, il processo si fa più formale e articolato, e assorbe più tempo ed energia mentale del soggetto.

6.2.2 Tipologie di prodotto e di domanda

Il modello generale precedentemente proposto si applica in linea generale a qualsiasi contesto di scambio, e ha il grande beneficio di fornire una rappresentazione chiara, convincente e generalizzabile, indipendentemente dal tipo di prodotto oggetto di analisi. Deve tuttavia essere adattato quando ci si sposti dal livello teorico a quello operativo: su questo piano, le differenze nei comportamenti dei clienti possono essere molte, a seconda che si parli di consumatori finali (beni di consumo), di imprese (beni industriali), o di servizi (sia alla persona, sia *corporate*). Inoltre in questi contesti deve essere considerato il ruolo, peculiare e fondamentale, dell'intermediario commerciale – richiamato nella ▸ Parte I.
I beni di consumo, assunta una prospettiva che pone al centro il percorso di scelta di acquisto, sono distinti in:

- *convenience*;
- *shopping*;
- *specialty*.

Figura 6.4

Tipologie di prodotto e sistemi di scambio (vedi figura 1.2).

Sistema di scambio	Beni	Servizi
Business to consumer	Convenience, shopping, specialty	Al consumo
Business to business	Materie prime, componenti, beni capitali	Alle imprese
Business to trade	Di consumo e industriali	Al consumo e alle imprese

I *convenience goods* sono di acquisto frequente e di modesto valore unitario, e sono accomunati dal fatto che il consumatore non è disposto a spendere tempo e denaro per la loro ricerca: può essere disponibile a pagarne il prezzo, anche elevato rispetto alla categoria, ma nel punto vendita più vicino o accessibile. La categoria degli FMCG comprende la gran parte dei beni *convenience* che costituiscono la parte più cospicua degli assortimenti di supermercati e ipermercati.

Fast Moving Consumer Goods (FMCG)

Beni di largo consumo, caratterizzati da acquisti ricorrenti, basso prezzo unitario, bassa complessità di acquisto.

Assortimento

Insieme dei prodotti e delle marche (product offering) che formano l'offerta di un punto vendita.

I beni *shopping* sono quelli per cui il consumatore è disposto a investire tempo e denaro per la scelta. Si tratta delle categorie a cui prestano attenzione i soggetti che si dedicano – appunto – all'attività di shopping: abbigliamento, accessori, ma anche mobili, piccoli elettrodomestici ed elettronica di consumo. Questi prodotti sono usualmente distribuiti in modo selettivo, ovvero non tutte le marche sono disponibili in tutti i punti vendita che trattano la categoria (▸ Capitolo 19).
I beni *specialty*, infine, costituiscono prodotti acquistati molto di rado, sia per caratteristiche intrinseche (un'opera d'arte moderna, un abito da sposa ecc.), sia per il relativo posizionamento ed esclusività (un orologio di prestigio, un'auto sportiva ecc.). La distribuzione è altamente selettiva e sono pochi i punti vendita in cui è possibile trovare il prodotto, relativamente a un dato mercato geografico. Marche di lusso nell'ambito degli accessori (Hermés) o dell'elettronica di consumo (Bang & Olufsen) costituiscono validi esempi di quanto appena descritto.

I beni industriali si distinguono in:

- materie prime, che entrano nel processo produttivo come tali e in misura proporzionale all'output richiesto;
- componenti, cioè prodotti che entrano nel prodotto finito come parti del sistema (l'impianto frenante o le sospensioni di un'auto);
- beni capitali, cioè impianti e altre immobilizzazioni che contribuiscono allo svolgimento delle attività di trasformazione (macchine utensili).

I beni di cui sopra possono essere venduti direttamente al cliente finale o tramite un canale distributivo: in tal caso sono oggetto di un'attività business-to-trade e gli intermediari (▸ Capitolo 20) svolgono un ruolo assai delicato, come sarà evidente nelle sezioni seguenti.

I servizi al consumo possono riguardare la persona o la famiglia (servizi finanziari o assicurativi, servizi di formazione, trasporti ecc.), mentre i servizi alle imprese hanno come acquirenti le organizzazioni economiche (profit o non profit) e le aziende pubbliche. Anche in questo caso possono esserci intermediari commerciali che facilitano la distribuzione, il collocamento sul mercato e la fruizione del servizio da parte della clientela.

La domanda di beni di consumo

La letteratura sul comportamento del consumatore dimostra che l'attenzione, l'accuratezza e la formalizzazione dei processi decisionali impiegati nell'acquisto possono variare in modo significativo a seconda di una serie di condizioni. In linea generale, non ci si aspetta dal consumatore reale il rigore e la severità di giudizio che le teorie economiche pretendono egli abbia: spesso i consumatori commettono errori di valutazione, tralasciano informazioni importanti e risultano piuttosto frettolosi nei propri acquisti. Queste non sono tanto dimostrazioni di irrazionalità o approssimazione, quanto la conseguenza dei limiti cognitivi degli esseri umani e della necessità di allocare il tempo dedicato agli acquisti in modo soddisfacente. Quest'ultimo aspetto è piuttosto rilevante: nei loro acquisti quotidiani, i consumatori spesso non hanno il tempo per prendere le decisioni in modo rigoroso ed efficiente, e sono costretti ad affrettare le scelte, soprattutto per beni di rilevanza modesta. Gli errori che compiono possono essere considerati come i costi di questa fretta, che si giustifica pertanto con la necessità di svolgere altri compiti quotidiani che richiedono attenzione e dedizione. Si pensi, ad esempio, che investire tempo nella decisione d'acquisto significa toglierlo alla fase del consumo che, come si è visto in precedenza, assume un'importanza superiore dal punto di vista dell'individuo. In definitiva, pertanto, il compromesso tra accuratezza della decisione e risparmio di risorse cognitive e di tempo si risolve spesso a favore di quest'ultimo, e i consumatori tendono a compiere le loro scelte privilegiando sempre il modo che a loro appare meno problematico di altri. Questa tendenza alla semplificazione si risolve in una progressiva banalizzazione del processo d'acquisto, in cui il consumatore applica regole semplificate e ripetitive per l'acquisto di una crescente varietà di beni e servizi. Ne è prova il fatto che l'assortimento della grande distribuzione organizzata si sia progressivamente ampliato a categorie in precedenza oggetto di distribuzione specializzata, come gli pneumatici o i televisori.

Molte catene di distribuzione carburanti hanno ampliato la loro offerta con dei convenience store, così da offrire prodotti di uso corrente e banali ai loro clienti 24 ore su 24.

In linea generale, quindi, l'acquisto dei beni di consumo può assumere tratti più o meno rigorosi a seconda di una serie di elementi che riguardano l'individuo, la sua condizione nel momento in cui realizza l'acquisto e la tipologia di beni da acquistare. Hanno rilevanza perciò aspetti quali:

- il rischio percepito;
- l'esperienza e familiarità;
- la frequenza di acquisto e di consumo;
- il valore unitario.

Esistono prodotti che richiedono una particolare attenzione e determinano un processo decisionale più formale e articolato, e quindi rigoroso, in quanto implicano un certo livello di rischio percepito: acquistare un medicinale, un accessorio tecnico per lo sport preferito, un prodotto ad alta tecnologia, può determinare nel consumatore la percezione di un elevato rischio di errore. Per mancanza di competenza specifica nel prodotto, per l'elevata varietà di alternative con caratteristiche diverse e mutevoli nel tempo, per il ruolo svolto dal bene nell'attività di consumo in questione, il consumatore percepisce una certa criticità nell'acquisto che sta per realizzare e quindi organizza il processo in modo più accurato, onde ridurre il rischio di errore e limitare il rammarico che emergerebbe a seguito di una scelta sbagliata. In questi casi, infatti, i consumatori si basano spesso su indicazioni e pareri da parte di professionisti (medici), rivenditori o esperti dell'attività in cui il bene deve essere impiegato, o su risorse online (blog e forum) per reperire informazioni e opinioni di altri consumatori che abbiano già effettuato quel tipo di acquisto (▸ Capitolo 16). Anche i siti di commercio elettronico sono diventati sensibili a questa esigenza e consentono ai consumatori di esprimere le proprie valutazioni sulle product offering in vendita: la disponibilità di recensioni realizzate da altri consumatori che hanno acquistato il bene o il servizio in precedenza contribuisce a ridurre il rischio percepito. È da considerare infine lo sviluppo, cui si sta assistendo, di una tipologia particolare di recensioni, quelle video. Realizzate da semplici consumatori o da vere e proprie agenzie professionali, possono avere un canale dedicato su YouTube e presentare aggiornamenti continui in base alle uscite dei nuovi prodotti: videogiochi, elettronica di consumo, hardware e software sono tra i beni e i servizi al consumo che più di altri hanno beneficiato di questo supporto. Il rischio percepito può essere inferiore e il processo diviene di conseguenza più breve e semplificato, quando il consumatore matura una certa esperienza con quel tipo di acquisti o di prodotti e sviluppa quella che si definisce *familiarità*. Mano a mano che acquista dimestichezza con il prodotto, il consumatore si sente più sicuro e sceglie i propri acquisti successivi con maggiore disinvoltura e rapidità. Spesso la familiarità aumenta anche

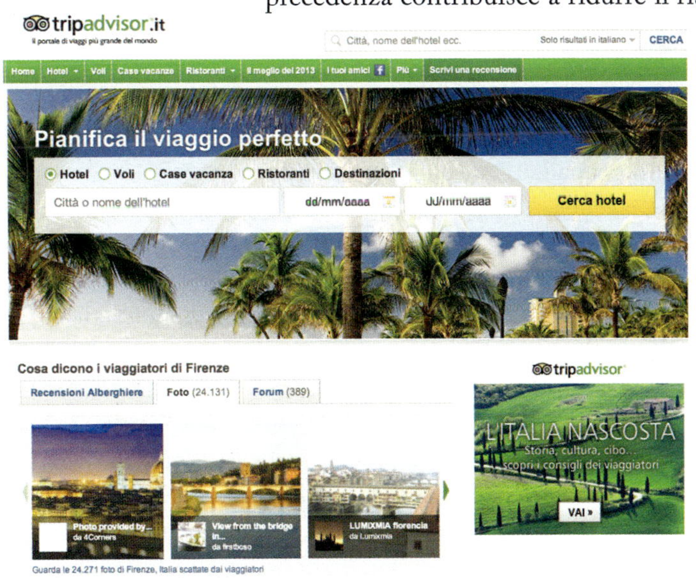

Il turismo è uno dei mercati più sensibili al passaparola come mezzo per la riduzione del rischio percepito. Tripadvisor opera anche con altri marchi e complessivamente riceve oltre 60 milioni di visite al mese, vanta oltre 20 milioni di iscritti e 60 milioni di recensioni per circa 1 milione e mezzo di esercizi. È nato nel 2000 e opera in 30 paesi con quasi 1500 dipendenti.

grazie alla frequenza d'acquisto: prodotti comprati di frequente consentono alle persone di fare esperienza e trasformare un processo problematico in uno via via più semplice.
La frequenza d'acquisto rende il processo d'acquisto più elementare anche perché spesso riguarda beni che costano relativamente poco: quasi tutti i componenti della spesa settimanale hanno un valore unitario modesto. La conseguenza è che per ognuno di essi sarebbe inconcepibile investire del tempo per effettuare un acquisto efficiente. Inoltre, il rischio percepito di un errore nell'acquisto è più basso, in quanto l'eventuale perdita economica è circoscritta.
Perciò i beni di valore unitario modesto sono acquistati con una certa disinvoltura e un certo distacco, e le relative scelte d'acquisto potrebbero non essere particolarmente efficienti.

Categorie problematiche

Tipi di prodotto associati a elevato rischio percepito, bassa frequenza d'acquisto ed elevato valore unitario.

Nel caso in cui il prodotto appartenga a **categorie problematiche**, l'attività di marketing deve prevedere adeguati supporti e suggerimenti per facilitare il processo decisionale del consumatore. Nelle condizioni opposte, invece, è necessario assecondare un processo di per sé assai semplificato, nell'ambito del quale il consumatore non ha il tempo per prendere in considerazione troppe informazioni e applica procedure cognitive e comportamentali di tipo semplificato.

La domanda di beni industriali

Gli acquisti di beni o servizi in ambito B2B presentano alcune peculiarità rilevanti rispetto al modello generale del processo d'acquisto e – soprattutto – rispetto alle osservazioni fin qui condotte sui comportamenti dei consumatori finali. In tale contesto assumono una rilevanza significativa, rispetto al modello generale, i seguenti aspetti:

- la natura di domanda derivata;
- la concentrazione del portafoglio clienti;
- la presenza di ruoli decisionali;
- la dimensione funzionale della domanda.

Domanda derivata

La domanda di beni industriali dipendente a sua volta dalla domanda di beni finali a cui si riferisce. Ad esempio, la domanda di macchine utensili espressa dai produttori di mobili deriva dalla domanda finale di mobili espressa dai consumatori finali.

È anzitutto da tenere presente che nei sistemi di scambio B2B si manifesta una **domanda derivata**, la cui entità ed evoluzione nel tempo dipendono dagli andamenti dei settori a valle (figura 6.5). In sostanza, la domanda espressa dal compratore finale è filtrata dalle imprese commerciali e si riflette a monte sui mercati in cui queste imprese domandano beni e servizi. Pertanto la domanda di beni industriali risente degli andamenti e della composizione della domanda finale.
Le imprese che operano nei settori B2B devono quindi comprendere l'evoluzione della domanda finale per ottimizzare i loro acquisti a monte presso la comunità dei produttori. Le attività di marketing e comunicazione, inoltre, devono essere proiettate anche verso il mercato finale, onde ottenere effetti di ritorno sul mercato in cui l'impresa opera. Imprese quali Kerakoll, Mapei e Saratoga forniscono beni e servizi per l'edilizia e settori collegati, ma fanno ampio ricorso alla pubblicità e alla sponsorizzazione sui mercati a valle per aumentare la propria *brand awareness* presso i consumatori, da utilizzare come argomento di vendita sul proprio mercato B2B.

Figura 6.5

Domanda finale e domanda derivata.

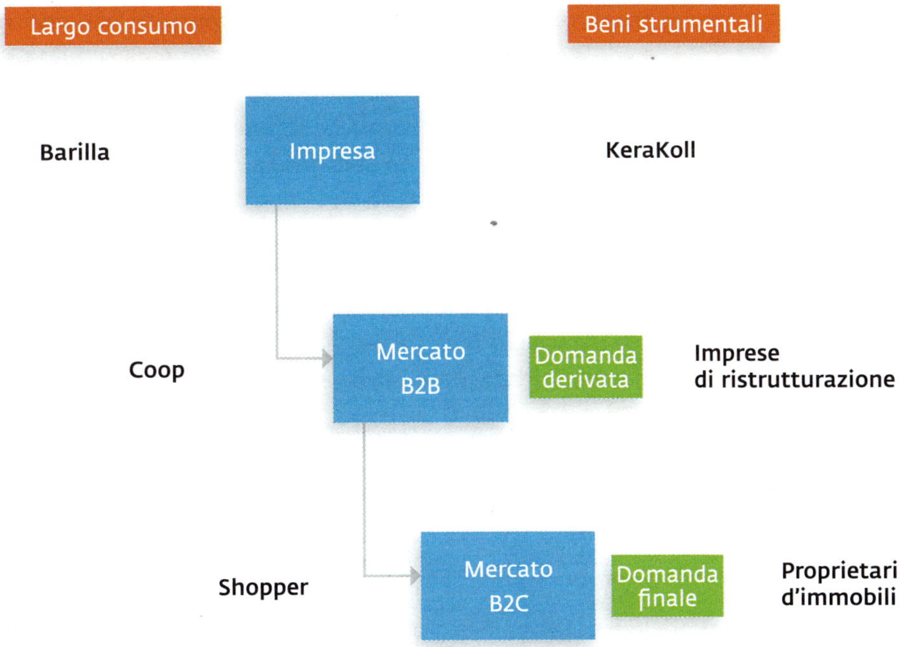

Un'altra peculiarità della domanda di beni industriali da considerare è che, a differenza della domanda finale, è l'espressione di un numero molto inferiore di soggetti: la domanda B2B è in generale più concentrata e quindi il numero delle relazioni commerciali da gestire è più ridotto. Ciò può significare che gli acquisti effettuati dal singolo cliente possono assumere maggiore rilievo di quanto non accade nei settori B2C, il che rende la funzione Vendite e le attività di gestione della clientela molto più significative: la perdita o la conquista di un singolo cliente possono avere conseguenze rilevanti per il fatturato aziendale. Più in generale, nei mercati concentrati l'impiego delle politiche di marketing ha effetti diversi che nei mercati di massa, principalmente perché i clienti hanno la possibilità di interagire tra loro e scambiarsi informazioni mettendo in competizione tra loro i fornitori, cosa che è decisamente più difficile nei

Esempio

Nel tentativo di anticipare e controllare la domanda finale dei settori a valle, Tetra Pak investe in comunicazione sul mercato finale, ma realizza anche importanti partnership ai vari livelli del canale di distribuzione. Ad esempio, collabora con i principali produttori industriali (Parmalat, Granarolo) e distributori commerciali (Coop, Carrefour) per mettere in evidenza il ruolo del packaging sia a supporto della qualità e freschezza dei prodotti, sia per garantire la sostenibilità e l'innovazione dell'offerta.

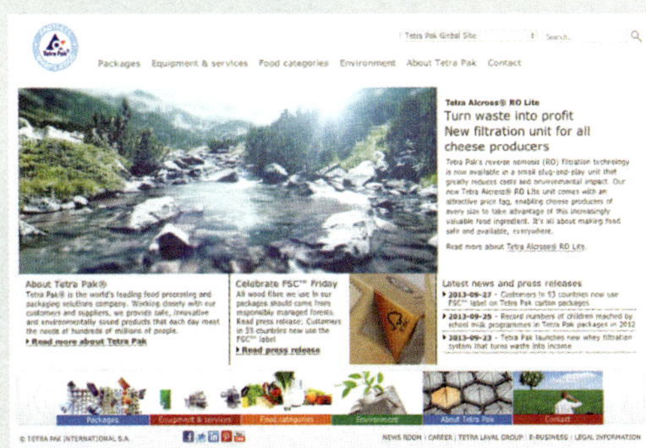

grandi mercati di massa. In sintesi, la concentrazione del mercato nei settori B2B rende la gestione della domanda al tempo stesso più critica e più complessa, e accentua la dimensione negoziale dell'attività di marketing.

Accanto a ciò, si riscontra che il processo d'acquisto, nel caso del B2B, è più articolato, in virtù della partecipazione di divesi soggetti. In particolare, mentre il responsabile degli acquisti di beni di consumo, lo *shopper*, è una persona sola che generalmente coincide con chi consuma il prodotto, nell'ambito dei beni industriali la responsabilità dell'acquisto è distribuita su più ruoli, e quello dell'utilizzatore finale non è sempre il più importante. I ruoli sono quello dell'*iniziatore*, che è il soggetto che dà inizio al processo d'acquisto, e può essere un dipendente che utilizza una macchina o un manager che sente il bisogno di supportare le proprie scelte di marketing con una ricerca (▸ Capitolo 7). Altro ruolo è quello dell'*utente*, che deve essere consultato per definire le specifiche del prodotto da acquistare, e dei soggetti *influenzatori*, che possono essere consulenti o membri dello staff tecnico dell'impresa impegnati a indirizzare le scelte, indicando alcune specifiche tecniche come la marca, il modello, il miglior fornitore ecc. I *decisori* hanno il compito di prendere in rassegna le alternative disponibili e definire le caratteristiche del prodotto da acquistare, e possono appartenere alla funzione Tecnica o di produzione. L'*acquirente* vero e proprio è colui che ha l'ultima parola sulla scelta, e generalmente è il responsabile degli acquisti o una figura del suo staff. Vi sono, infine, i *gatekeeper*, ovvero qualsiasi altro soggetto che assume un ruolo, ancorché marginale, nel processo d'identificazione e scelta del bene o servizio, come i responsabili della progettazione che potrebbero esprimere preferenze dal punto di vista tecnico, estetico o funzionale. Il combinato disporsi di questi ruoli dà vita al cosiddetto "centro d'acquisto" (*buying center*).

Nei settori B2B, infine, gli acquisti sono meno influenzati da fattori emotivi ed esperienziali e più caratterizzati in senso tecnico ed economico. Non si può tra-

Il servizio aereo è un prodotto complesso che integra più imprese, ma la percezione di valore da parte del cliente è unitaria.

scurare, infatti, che entrambi i soggetti dello scambio, in quanto imprese, perseguono obiettivi di profitto e quindi ragionano con le medesime categorie logiche, ovvero: costi, prezzi, ricavi, tempi di pagamento e consegna ecc.
Anche sul piano commerciale le relazioni con la clientela sono gestite in modi assai diversi rispetto al rapporto con l'utente finale. Il marketing B2B è più concreto e i benefici promessi alla clientela sono orientati verso attributi di performance più tangibili e soprattutto con riscontri economici più precisi. Il premium price di un bene industriale deve essere collegato in modo preciso a specifiche prestazioni che l'acquirente industriale deve essere in grado di valutare per decidere se scegliere quel prodotto. Anche nei settori B2B esistono spazi per la comunicazione, lo styling e il design, ma tale spazio è più limitato rispetto ai beni di consumo. In questo ambito, infine, la domanda si esprime tramite operatori professionali (responsabili degli acquisti, *buyer*) che traducono le esigenze dell'impresa a cui appartengono in specifiche tecniche e aspettative economiche.

La domanda di servizi

Le product offering che si usa definire "servizi" (che esamineremo diffusamente nel ▸ Capitolo 26) possono essere indirizzate sia ai consumatori finali, sia alle imprese: nel primo caso si parla di servizi alla persona (p.e. un abbonamento in palestra) e alla famiglia (p.e. un pacchetto vacanze) e la domanda presenta alcune delle specificità descritte nel ▸ §2.2.1, mentre nel secondo caso si parla di servizi alle imprese la cui domanda ha alcuni tratti in comune con la domanda di beni industriali. In questa sede si cerca di comprendere quali siano le peculiarità dei servizi e i relativi riflessi sulla domanda, a prescindere da quale sia il target: imprese o consumatori. Il marketing dei servizi sarà comunque affrontato in modo organico nel ▸ Capitolo 26.
Il primo tratto rilevante da sottolineare, per quanto attiene l'analisi della domanda, è la natura intangibile del servizio: il cliente che acquista un servizio non ottiene il possesso materiale di un oggetto fisico, ma la possibilità di usufruire per un certo periodo di un insieme di beni e attività che il fornitore gli mette a disposizione per generare una prestazione che ne soddisfi le esigenze. Le fasi del processo decisionale che servono a selezionare l'offerta più appropriata non possono pertanto fare riferimento ad attributi fisici o tangibili, a meno che le imprese non riescano a tradurre le proprietà intangibili della propria offerta in modo appropriato: le forchette dei ristoranti o le stelle degli alberghi consentono ai clienti di farsi un'idea della qualità intrinseca di questi servizi e quindi valutare appropriatamente la relativa promessa di prestazione.
I servizi sono anche eterogenei: utenti diversi richiedono prestazioni diverse, anche nel medesimo settore, principalmente per le esigenze soggettive che esprimono. Anche dal versante dell'offerta c'è una spinta all'eterogeneità, visto che la fornitura del servizio passa attraverso l'interazione tra il cliente e il personale di vendita, e in tale interazione possono emergere aspetti diversi da un caso all'altro (si pensi, ad esempio, al servizio al tavolo prestato da un cameriere). Perciò la domanda risulta eterogenea e difficilmente prevedibile in tutti i suoi aspetti, e l'offerta non è standardizzabile. In queste condizioni, le caratteristiche della domanda dipendono strettamente dal modo in cui il fornitore interagisce con i propri clienti e li guida a manifestare le proprie esigenze nel modo più appropriato.

Il front-line di un ristorante McDonald's costituisce un valido esempio di come un'accorta organizzazione del processo e della comunicazione interna possano supplire efficacemente ai problemi potenzialmente generati dalle circostanze appena descritte.

Quanto sopra descritto conduce a un altro elemento critico del marketing dei servizi, e cioè l'inseparabilità della produzione e del consumo o utilizzo del servizio: questo deve essere prodotto nel momento in cui l'utente desidera consumarlo, e quest'ultimo gioca un ruolo essenziale, facendo capire al fornitore se e come il servizio si adegui alle sue aspettative. Perciò le imprese devono darsi una struttura tale da soddisfare la domanda nel momento in cui si manifesta, e fornire al cliente la possibilità di partecipare alle attività di produzione e consumo in modo attivo. Ciò influisce sulla qualità del servizio, che è scarsamente prevedibile prima dell'esperienza di utilizzo. I servizi, infine, sono altamente deperibili e non possono essere immagazzinati, diretta conseguenza del punto precedente. L'effetto di questa proprietà è assai rilevante, ad esempio per l'organizzazione produttiva e distributiva: l'impresa deve essere in grado di servire la domanda nel momento in cui essa si manifesta, e in tali condizioni non può permettersi di rifiutare il servizio a chi lo richiede, altrimenti il cliente si rivolgerà ai concorrenti.

6.2.3 Il ruolo degli intermediari commerciali

Gli intermediari commerciali hanno un ruolo determinante nei processi di marketing, a volte assecondando le strategie dei produttori, altre volte operando in competizione con essi. Abbiamo visto nel capitolo precedente che il modello della concorrenza allargata di Porter recepisce questa evidenza, collocando gli intermediari commerciali (o clienti intermedi, se letti dal punto di vista della produzione) negli schemi di analisi competitiva dell'impresa. In questo capitolo, merita ricordarli in quanto anch'essi esprimono una domanda o, per meglio dire, costituiscono uno dei canali attraverso cui si manifesta la domanda. In tal caso si può parlare di domanda derivata.

In linea di massima, nella relazione di scambio fra il produttore e il trade, possiamo distinguere:

- una dimensione tecnica;
- una dimensione strategica.

Riassortimento

Operazione di fornitura con la quale il punto vendita viene rifornito delle product offering in via di esaurimento o esaurite.

La dimensione più tecnica, o pratica, della domanda espressa dagli intermediari consiste nelle richieste di riassortimento delle scorte di prodotto che l'intermediario vede progressivamente ridursi a seguito degli acquisti dei clienti finali. Che si tratti di un grande magazzino, di una boutique appartenente a una catena o di un piccolo negozio, la distribuzione interagisce con i produttori in modo quasi "meccanico" durante l'anno, per gestire l'approvvigionamento dei prodotti e il ricambio dell'assortimento. Esiste, peraltro, una dimensione più rilevante in chiave commerciale e strategica del rapporto di fornitura che è quella relativa agli ordini dei nuovi prodotti, e perciò alla modifica e rinnovamento degli assortimenti, nonché alla definizione dei contratti di fornitura che hanno generalmente cadenza annuale. In questa attività gli intermediari costituiscono un riferimento importante per le imprese manifatturiere, in quanto contribuiscono a modificare la struttura del mercato e influenzano i processi competitivi. Da un lato, possono collaborare con le imprese, aiutandole a sviluppare i prodotti più adeguati per le esigenze della domanda finale. Ma, dall'altro, possono porsi in contrapposizione con i fornitori, mettendoli in concorrenza tra loro o chiedendo contributi e sconti per farli accedere ai propri spazi di vendita.

In sintesi, il ruolo dell'intermediario commerciale nel processo di manifestazione della domanda non è neutrale, e può influire in modo piuttosto significativo sulla concorrenza tra le imprese industriali che cercano di conquistare quote crescenti di tale domanda. In alcuni casi, infine, l'intermediario si trasforma da cliente/distributore in vero e proprio concorrente, in quanto trova una convenienza nel soddisfare direttamente la domanda finale (▸ Capitolo 25).

Focus Gli intermediari nell'abbigliamento

In ogni settore industriale, la domanda degli intermediari può assumere una certa varietà e articolazione. Ad esempio, nell'industria dell'abbigliamento e accessori sono presenti diverse tipologie di canale che esprimono domande assai diverse.

- Distribuzione specializzata tradizionale: il sistema dei piccoli negozi che si riforniscono spesso presso grossisti e fornitori locali (e che stanno perdendo quote di mercato).
- Distribuzione specializzata organizzata: catene in franchising o di proprietà (o miste) in cui il fornitore industriale, generalmente una marca affermata a livello nazionale o internazionale, collabora con la rete dei propri negozi per diffondere i propri prodotti sul mercato in concorrenza con altre filiere. In questi casi, la domanda degli intermediari si manifesta nell'ambito di un rapporto contrattuale o di proprietà ed è oggetto di negoziazione con il fornitore, sia nella quantità e qualità dei beni richiesti, sia nella dimensione economica (prezzi e condizioni di pagamento), sia in quella di servizio.
- Grande distribuzione organizzata: in questo contesto operano i reparti della distribuzione generalista, come pure le catene di grandi punti di vendita (Zara, H&M, Patrizia Pepe). Questi operatori esprimono una domanda di beni e servizi a condizioni economiche molto competitive e hanno un rapporto piuttosto conflittuale con i fornitori, nel senso che pretendono condizioni economiche e di servizio assai impegnative per i propri partner. In alcuni casi i fornitori si trovano a lavorare in via esclusiva per queste catene e hanno margini di manovra molto circoscritti.
- Outlet: costituiscono un canale che si è sviluppato con grande dinamismo negli ultimi anni, e hanno modificato in modo radicale il comportamento d'acquisto dei consumatori. Costituiscono un'opportunità per i fornitori industriali in quanto (almeno in origine) manifestano una domanda per il prodotto invenduto, o comunque che non rientra nella collezione standard che si rivolge ai canali principali. Col tempo sono diventati un canale a tutti gli effetti e – anzi – rappresentano una quota di domanda significativa che i fornitori industriali non possono ignorare, tanto che spesso investono direttamente in tali attività e/o realizzano prodotti, collezioni o campagne ad hoc.
- Commercio elettronico: la domanda rappresentata dai siti come Yoox ha assunto una rilevanza notevole rispetto al mercato complessivo, e cresce in modo sostenuto. Il prodotto e i servizi richiesti da questi operatori hanno caratteristiche specifiche in relazione alle problematiche di mercato, che sono decisamente diverse rispetto alla distribuzione tradizionale.

Il successo di Benetton poggiò anche sulla rete informativa che connetteva i punti vendita ai centri di produzione, consentendo di operare precisi riassortimenti e analisi della domanda effettiva locale.

La domanda degli intermediari si caratterizza inoltre per elementi accessori e di servizio che non si riscontrano nella domanda finale dei consumatori. In particolare, viste le diverse caratteristiche strutturali e le tipologie di ordine effettuate dagli intermediari commerciali, ai fornitori sono richiesti servizi d'informazione, amministrativi, di consegna e supporto alle vendite. Ad esempio, molti intermediari sono connessi con i fornitori in via informatica, e i rispettivi processi amministrativi sono integrati, per rendere il processo di fornitura più efficiente e ridurre gli errori. La consegna deve essere effettuata rispettando i formati e le dimensioni degli ordini che dipendono dalle strutture commerciali e dai magazzini impiegati dalle piattaforme di distribuzione di cui si servono gli intermediari. Infine, una parte cospicua del contratto di fornitura riguarda il supporto alle vendite. Sia in termini finanziari, sia di risorse umane, gli intermediari pretendono dai propri fornitori industriali la messa a punto di attività di promozione e co-marketing che si svolgono nel punto vendita, ma non solo: dalla promozione delle vendite, alla realizzazione di campagne di comunicazione, alla stampa dei cataloghi delle offerte che le catene al dettaglio utilizzano sui mercati locali. In definitiva, pertanto, la domanda espressa dalla distribuzione riguarda i prodotti richiesti dalla domanda finale, ma prevede l'aggiunta di risorse e servizi accessori senza i quali la domanda stessa non si manifesterebbe e si rivolgerebbe ad altri fornitori.
In conclusione, la domanda espressa dagli intermediari commerciali non può essere considerata come una mera trasposizione quantitativa della domanda dei clienti finali alle imprese industriali. A seconda delle caratteristiche dell'intermediario, della sua condizione competitiva e del rapporto con il fornitore, la domanda espressa nei confronti di quest'ultimo può essere fortemente soggettiva e richiedere un certo grado di adattamento da parte del fornitore stesso. In tal senso, la domanda degli intermediari commerciali può assumere i tratti della domanda delle imprese nei settori B2B.

6.3 Configurazioni e analisi della domanda

Dopo aver considerato la domanda dal punto di vista dei soggetti che la esprimono e delle tipologie di beni e servizi, è opportuno ora concentrare l'attenzione sulle diverse configurazioni che essa può assumere, per comprendere come poi possa essere misurata. Un aspetto fondamentale del marketing management è infatti la costante attenzione alla misurazione delle variabili e dei fenomeni di mercato. Fra queste, la quantificazione della domanda – ex ante, nella forma di *stima*, ex post in quella di *misura* – è una delle più importanti, in quanto consente di valutarne l'appetibilità e, di conseguenza, dimensionare adeguatamente gli investimenti di marketing.

6.3.1. Domanda potenziale, primaria e secondaria

La domanda di una determinata categoria di prodotto può essere distinta in:
- domanda potenziale;
- domanda primaria;
- domanda secondaria.

La *domanda potenziale* consiste nella quantità domandata da coloro che potrebbero essere interessati al prodotto all'interno di un certo mercato, geograficamente definito.

Nella figura 6.6 la domanda potenziale è rappresentata con una retta, e cioè supposta costante: ciò è accettabile in un orizzonte temporale relativamente breve e nell'ipotesi che gli investimenti di marketing delle imprese (individualmente e nel complesso) non siano in grado di esprimere effetti significativi. Date certe condizioni, è peraltro possibile che le strategie di una o poche imprese possano stimolare il potenziale di mercato: ciò avviene, ad esempio, quando le imprese portano sul mercato nuovi prodotti tecnologicamente (p.e. televisori a schermo piatto) o economicamente (p.e. marche private) molto competitivi e riescono a far aumentare il numero di potenziali clienti interessati al prodotto o al servizio, non solo a quello dell'impresa, ma alla categoria in generale.
L'evoluzione del mercato degli smartphone o dei tablet può essere osservata secondo questa prospettiva: sono stati gli investimenti e le innovazioni delle imprese che hanno portato in tempi relativamente brevi sempre più persone a considerare l'acquisto di questi prodotti, inizialmente considerati come oggetti d'élite, e ad accrescere, come conseguenza immediata, la dimensione assoluta della domanda potenziale.

La *domanda primaria* consiste nella domanda effettivamente espressa per la categoria di prodotto nel complesso e si rivolge a tutti i produttori che operano su quel mercato. Corrisponde, inoltre, a tutti coloro che realmente richiedono e sono disposti ad acquistare il bene o il servizio in questione. Si tratta della domanda nella sua dimensione più ampia, con riferimento al mercato aggregato di cui al ▸ Capitolo 2, e costituisce il corrispondente dell'offerta all'interno di un dato settore. In questo senso si può parlare della domanda di auto, telefoni cellulari, servizi finanziari o assicurativi.

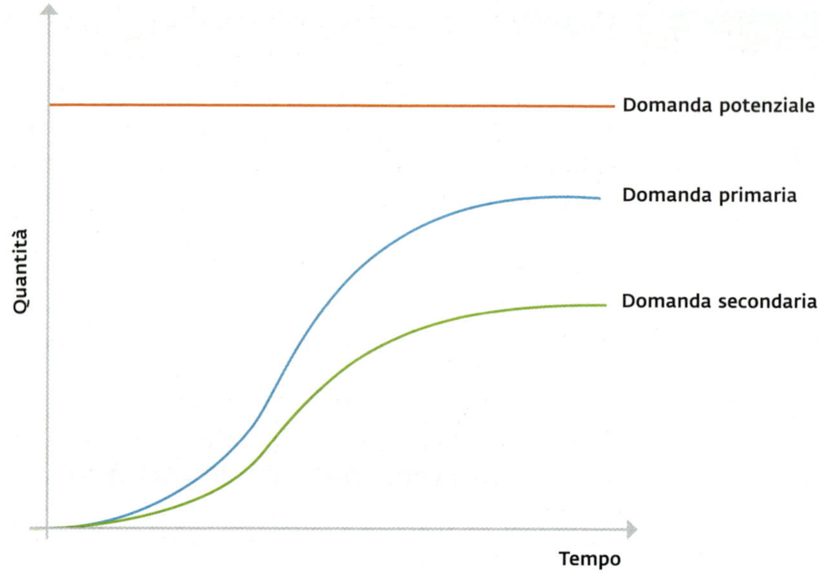

Figura 6.6
Domanda potenziale, primaria e secondaria.

Gap di domanda
Differenza, a livello di mercato aggregato, fra domanda potenziale e domanda primaria.

Heavy users
Classe di consumatori effettivi della categoria di prodotto, caratterizzati da elevata frequenza e dimensione del consumo

La differenza (**gap**) tra domanda potenziale e domanda primaria si può spiegare in vari modi: anzitutto potrebbero esistere un certo numero di potenziali user che non usano, né useranno il prodotto o servizio. Questo numero può essere ridotto progressivamente eliminando le cause tecniche, o economiche, che impediscono a questi clienti di accedere alla domanda primaria. Nel caso del telefono cellulare questo gap si è progressivamente ridotto fino quasi a scomparire, a differenza del telefono fisso per il quale – anzi – il gap è aumentato. In secondo luogo, alcuni clienti attuali potrebbero non utilizzare il prodotto in tutte le occasioni possibili: alcuni consumatori di caffè, ad esempio, lo bevono solo in alcune occasioni e lo evitano in altre, come la sera dopo cena. La quantità consumata, infine, può variare da un soggetto all'altro. Gli **heavy users** di Coca Cola possono berne oltre un litro al giorno in media all'anno, mentre il consumatore medio ne beve meno di un litro alla settimana. Come mostrato nella figura 6.6, la domanda primaria generalmente cresce nel tempo, e ciò è ragionevole considerando che i mercati nascono e si evolvono in funzione degli investimenti delle imprese: comunicazione, innovazione di prodotto, concorrenza di prezzo sono orientati a far crescere le vendite delle imprese, sia sottraendo clienti ai concorrenti, sia trasformando il maggior numero possibile di clienti potenziali in effettivi.

La *domanda secondaria* è quella parte della domanda primaria che si rivolge all'impresa e che si traduce nelle vendite. Quanto più la domanda secondaria si avvicina alla domanda primaria, tanto maggiore sarà la quota di mercato dell'impresa, che potrà contare quindi su un elevato livello di controllo del mercato aggregato. Viceversa, quando la quota di mercato è molto bassa, l'impresa gioca un ruolo marginale all'interno del mercato di riferimento. Nella figura si osserva che l'andamento della domanda secondaria segue quello della domanda primaria, il che significa che le vendite dell'impresa sono correlate con quelle dell'intero mercato aggregato. Ciò implica che la quota di mercato rimanga costante. Anche in questo caso si tratta di una semplificazione necessaria a rendere la sostanza del fenomeno,

ma, come si è visto nel capitolo precedente, il gioco competitivo può portare il fatturato dell'impresa a crescere in mercati stagnanti o in contrazione, o – viceversa – a diminuire anche in presenza di un mercato che cresce.
La quota di mercato può essere utilizzata per valutare l'efficacia delle politiche di marketing e misurare il successo dell'impresa sul piano competitivo, e può essere assunta come un obiettivo della strategia: raggiungere una quota di mercato del 25% in un dato arco temporale (▸ Capitolo 11).

6.3.2 La misurazione della domanda

L'analisi e la misurazione della domanda passano attraverso la definizione e la scelta della configurazione che s'intende misurare. In base a tale scelta, cambiano i metodi e i dati da impiegare per la misurazione.
La domanda potenziale non si può misurare in senso stretto, ma solo stimare, in quanto si tratta di un concetto virtuale che non risponde a comportamenti effettivi. Non si tratta infatti di acquisti che hanno riscontro in un fatturato, ma di interesse o intenzione o probabilità d'acquisto che devono essere stimate. Il ragionamento che sta alla base della misurazione del potenziale è di tipo probabilistico e parte dalla consistenza complessiva della popolazione residente nell'area geografica eletta a mercato obiettivo (▸ Capitolo 2).

$$\text{Domanda Potenziale} = N \times \Pi \times O \times Q$$

Il potenziale consiste nella stima complessiva del valore delle vendite che si possono realizzare su un determinato mercato in un certo lasso di tempo (tabella 6.1):

- N è la consistenza numerica della popolazione obiettivo;
- Π è la percentuale d'individui – appartenenti a N – che si stima possano essere interessati al prodotto;
- O sono le occasioni (o la frequenza) di consumo nel lasso di tempo considerato;
- Q è la quantità consumata per occasione, espressa in unità di prodotto.

Focus Il calcolo della domanda potenziale

A titolo di esempio, si può stimare la domanda di un nuovo cosmetico (una crema idratante unisex) per un determinato mercato geografico.

- Il prodotto è oggetto d'acquisto per la popolazione con un'età da 16 a 40 anni, con una netta predominanza delle donne che si accentua con il crescere dell'età: le donne consumano il doppio degli uomini fino a 25 anni e il triplo da 26 in su.
- I consumatori maschi da 16 a 25 anni acquistano meno di quelli più maturi: la media complessiva è di circa una confezione (50 grammi) ogni due mesi. Il resto dei consumatori maschi ne compra una al mese.
- Esiste una quota di maschi, circa il 50%, che non compra creme idratanti. Tra le femmine la quota è di circa il 15%.
- Nel mercato di riferimento (16-40) i maschi fino a 25 anni sono 650.000 e oltre i 25 sono 850.000. Le femmine, rispettivamente, 670.000 e 980.000.

Tabella 6.1

Calcolo del potenziale di mercato.

	Età	Popolazione	Potenziali clienti	Occasioni (anno)	Potenziale
Maschi	16-25	650.000	325.000	6	1.950.000
	26-40	850.000	425.000	12	5.100.000
Femmine	16-25	670.000	569.500	12	6.834.000
	26-40	980.000	833.000	36	29.988.000
Totale		3.150.000	2.152.500		43.872.000

Elasticità della domanda

L'elasticità della domanda al prezzo è data dalla reattività degli acquirenti alle variazioni di prezzo: la domanda è elastica quando le variazioni di prezzo determinano variazioni significative della quantità domandata. Viceversa, una domanda rigida varia in misura minore in corrispondenza di aumenti e diminuzioni di prezzo.

Una volta stimato il potenziale di mercato, è necessario comprendere come questo valore sarà ripartito sul mercato in ragione delle diverse offerte delle imprese. In questa fase, la stima dell'**elasticità della domanda** al prezzo è particolarmente importante al fine di comprendere se e quanto i clienti siano disposti ad acquistare ai diversi livelli di prezzo, soprattutto in un mercato come quello dei cosmetici nel quale la scala di prezzo di una product offering può variare da pochi euro a oltre cento, pur avendo pari quantità di contenuto della confezione (▸ Capitolo 15).

La domanda primaria consiste nell'aggregato delle vendite delle imprese presenti nel settore, e la sua misurazione si effettua sulla base dei dati disponibili presso le istituzioni pubbliche (ministero dello Sviluppo economico) e associative (Confindustria), nonché presso le società di ricerca di mercato (Nielsen, Iri Infoscan, Databank ecc.).

Nella figura 6.7 è rappresentata l'evoluzione delle immatricolazioni di automobili in Italia dai primi anni Settanta, con la quota percentuale di auto straniere. La fonte dei dati è UNRAE (Unione Nazionale Rappresentanti Autoveicoli Esteri) che a sua volta elabora i dati raccolti dall'ACI (Automobile Club d'Italia) e del ministero delle Infrastrutture e dei Trasporti.

Figura 6.7

Immatricolazioni di automobili in Italia e quota prodotti esteri.

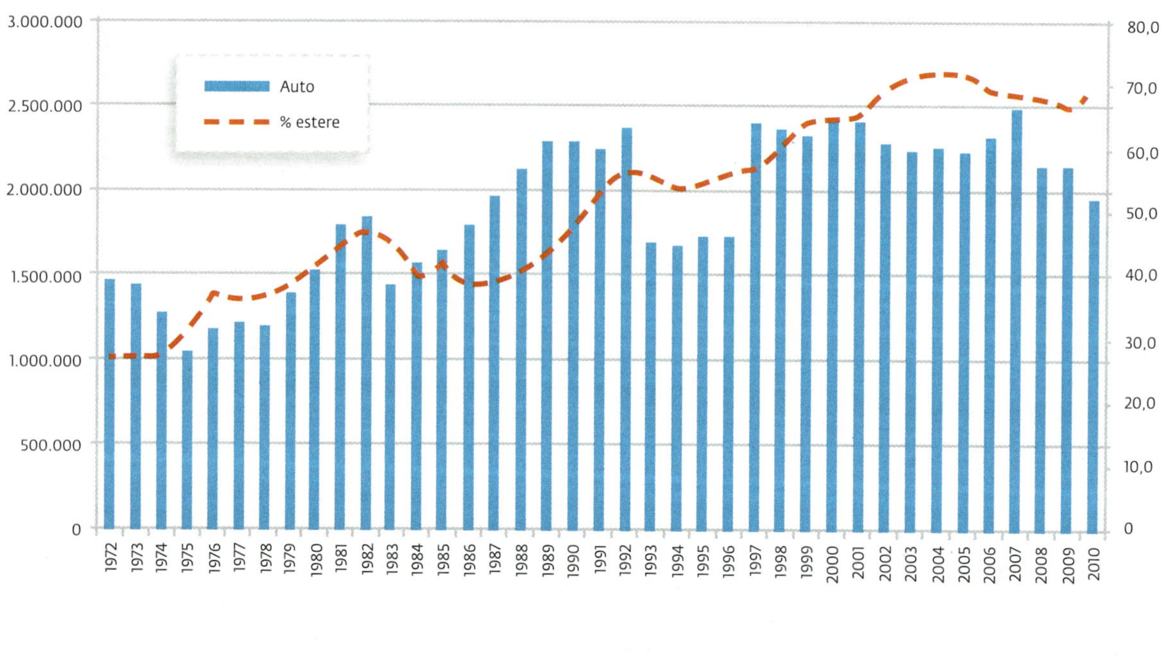

L'andamento della domanda primaria e la sua composizione, ad esempio il ruolo dei prodotti stranieri nel mercato dell'auto descritto nella figura, sono necessari per definire il posizionamento e la strategia competitiva dell'impresa rispetto alla domanda complessiva e alla concorrenza.
La domanda secondaria consiste nel fatturato dell'impresa in quella specifica categoria di prodotto. La misurazione della domanda secondaria viene fatta a preventivo (ex ante), nel corso dell'esercizio, e a consuntivo (ex post). Tali misurazioni sono particolarmente rilevanti anche ai fini della gestione della forza vendita (▸ Capitolo 20). La domanda secondaria deve essere considerata anche in relazione alla domanda primaria. Occorre pertanto analizzare la quota di mercato dell'impresa nelle sue diverse configurazioni: in quantità, a valore, relativamente al leader di mercato. Questi concetti verranno approfonditi nel ▸ Capitolo 11, dedicato alla definizione degli obiettivi e alla misurazione delle performance di marketing.

Le nozioni relative ai diversi concetti di domanda (potenziale, primaria e secondaria) sono necessari per impostare le analisi di mercato che dovranno produrre le stime e le valutazioni per l'impostazione del piano di marketing, soprattutto in relazione alle decisioni di natura strategica: segmentazione e posizionamento. Da un punto di vista tecnico, sono disponibili metodi qualitativi e quantitativi che consentono di approfondire diversi aspetti della consistenza, dell'evoluzione, della struttura e articolazione della domanda.

Focus — Principali metodi di stima della domanda

Nell'ambito della funzione Marketing, la stima della domanda futura costituisce uno snodo fondamentale in numerosi contesti, primi fra tutti la pianificazione strategica e l'organizzazione e gestione della forza vendita. Queste previsioni hanno una duplice, importante dimensione: da un lato servono a determinare e anticipare le condizioni di economicità della gestione, ovvero a stabilire se e in che misura sarà possibile conseguire risultati di redditività soddisfacenti. Dall'altro lato hanno anche un'importante dimensione incentivante, ovvero costituiscono dei veri e propri target per il personale: product manager e venditori, ma anche i rispettivi responsabili, sono incentivati e motivati al raggiungimento di obiettivi di vendita che derivano dalle stime della domanda, e in base al grado di successo nel raggiungimento di questi obiettivi ricevono premi aggiuntivi rispetto alla retribuzione di base.
I metodi di previsione possono essere distinti in due famiglie: i metodi *qualitativi* si basano su stime soggettive, ovvero sulle opinioni di particolari categorie di soggetti; i metodi *quantitativi*, invece, si basano sulla raccolta di dati di mercato. Entrambe le categorie hanno pregi e difetti: i metodi soggettivi sono meno costosi e complessi da applicare, ma tendenzialmente meno rigorosi e affidabili, a differenza dei metodi quantitativi che presentano caratteristiche opposte.

I principali metodi qualitativi (detti anche *soggettivi*) si distinguono nei seguenti tipi.

- Metodi basati sulle intenzioni d'acquisto: attraverso un'indagine di mercato si raccolgono le intenzioni d'acquisto presso un campione selezionato di clienti, in merito al periodo per cui s'intende produrre la stima. Si applicano alla domanda finale (consumatori e utenti) come pure alla domanda diretta (intermediari e distributori), sia nel settore consumer, sia in quello business e nei servizi.
- Metodi basati sulle opinioni della forza di vendita: la stima si basa sulla rilevazione delle opinioni dei venditori, i quali, essendo altamente competenti sulle caratteristiche e l'andamento del mercato nel proprio territorio di competenza, costituiscono una fonte affidabile per questo genere di misure.
- Metodi basati sulle stime degli esperti esterni (Delphi): si selezionano un certo numero di esperti del settore (consulenti, professionisti, tecnici o intermediari commerciali) e si richiedono stime sog-

→

gettive su quello che sarà l'andamento del mercato di un determinato territorio. Una volta effettuata una sintesi, la si sottopone di nuovo al gruppo degli esperti per una sua revisione e stima definitiva.

I principali metodi quantitativi (detti anche *oggettivi*) sono i seguenti.

- Metodi basati sull'estrapolazione dei dati dalle serie storiche: esistono vari modi di calcolare l'andamento del mercato futuro interpolando i dati storici. In alcuni casi si privilegiano le tendenze di medio o lungo periodo (per mercati altamente volatili), mentre in altri si utilizzano i dati a breve o medio, per cogliere le fluttuazioni di minore entità. Si basano sull'assunto, non sempre valido e quindi da verificare con cautela, che le vendite seguano andamenti analoghi a quelli del passato.
- Metodi che si basano sulla simulazione: sulla base dei dati di mercato attuali e storici, si elaborano modelli statistici che individuano le variabili più importanti nel determinare i risultati di vendita, e attraverso la loro manipolazione si simulano diversi scenari in cui, al variare della variabile di volta in volta considerata (p.e. l'investimento pubblicitario) si stimano gli effetti sulle vendite.
- Metodi che si basano su dati sperimentali: si identificano aree di mercato che corrispondano alle caratteristiche del mercato globale e si introduce il prodotto, oppure si realizza la campagna di comunicazione di cui si vogliono stimare i risultati di vendita e in base agli effettivi dati di mercato ottenuti a seguito dell'esperimento si generalizza l'effetto sul mercato nel suo complesso.

In linea di massima, non esiste una superiorità assoluta e definitiva di un metodo (o una classe di metodi) sugli altri e, soprattutto, le imprese tendono a impiegare più metodi contemporaneamente, in modo da compensare tra loro pregi e difetti dei singoli metodi, come pure i diversi livelli di accuratezza o di sensibilità alle tendenze di lungo, piuttosto che di breve termine.

6.4 La dimensione culturale della domanda

La domanda primaria si può esprimere, a seconda dell'interesse analitico, in relazione a un intero mercato aggregato o a una sua parte specifica, che può chiamarsi "segmento" e fa riferimento non alla categoria nel suo complesso (p.e. l'automobile) ma piuttosto a una sua variante (p.e. il SUV), o a un determinato gruppo di acquirenti (p.e. donne adulte residenti in aree metropolitane) cui ci si intende riferire (▶ Capitolo 9). Anche le vendite dell'impresa (domanda secondaria) sono un dato aggregato e costituiscono la somma degli acquisti di numerosi clienti, ognuno con le sue peculiarità. Nei sistemi di scambio B2C la domanda è composta da individui con caratteristiche eterogenee su molteplici piani: variabili geografiche (p.e. in base al comune di residenza), socio-demografiche (p.e. giovani uomini), psicografiche (p.e. casalinghe) e comportamentali (p.e. gli *heavy users* del prodotto). Ciascuno di questi piani può fungere da base per affinare la conoscenza della domanda e ottimizzare l'efficacia dei programmi di marketing (▶ Capitolo 9).

Il contatto fra popolazioni diverse è da sempre un poderoso fattore di contaminazione culturale e quindi ha interessato anche i consumi. Da qualche anno ad esempio anche in Italia si è diffuso il consumo di cous-cous.

6.4.1 Cultura e nazioni

Uno degli aspetti che di recente ha caratterizzato il dibattito professionale e teorico del marketing è legato alla dimensione culturale dei mercati, potenziale variabile di segmentazione della domanda consumer. L'attenzione dedicata alla cultura è cresciuta per vari motivi, a partire dai flussi migratori, che hanno portato individui dai tratti di domanda piuttosto misconosciuti a ravvivare dei mercati in precedenza "mono-culturali". Basti pensare al caso dell'Italia, che in pochi decenni ha visto crescere la quota di cittadini stranieri avvicinandosi alle medie europee: secondo l'Istat, nel 2011 gli stranieri residenti in Italia sono circa 4,6 milioni, pari al 7,5% della popolazione totale. Nel caso italiano, come in altri paesi europei e negli Stati Uniti, la domanda risulta pertanto diversificata a seconda della cultura di appartenenza degli individui. Ci saranno clienti che parlano una lingua diversa tra loro, che maturano esperienze e aspettative diverse, che seguono regole (anche religiose) diverse per decidere cosa consumare. Anche nelle prassi manageriali non mancano le differenze indotte dalla cultura di appartenenza. I mercati, dunque, possiedono una *dimensione culturale*, nel senso che in essi si possono incontrare persone appartenenti a culture diverse: ciò richiede un approccio segmentato, in cui a gruppi culturali diversi sono rivolti programmi di marketing diversi. Negli Stati Uniti la comunità ispanica ha da qualche tempo superato in termini numerici quella afroamericana, e in tutto il Sud Ovest sono diffusi prodotti e servizi orientati verso questo segmento: si contano, ad esempio, numerosi canali televisivi in lingua spagnola. Anche in Italia comincia a svilupparsi un'offerta di questo tipo: nel pacchetto d'offerta Sky, ad esempio, c'è un canale pensato per gli stranieri (Babel).

Il tema dei "nuovi italiani" non è solo sociale e politico, ma sempre più anche culturale: tutte dimensioni che non possono sfuggire all'analisi di mercato. Babel TV porta avanti in televisione il tema del melting pot italiano.

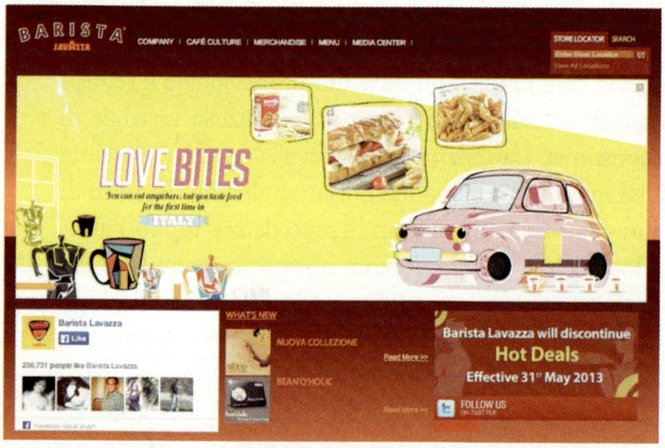

La catena indiana Barista è stata acquisita da Lavazza dall'imprenditore locale che l'aveva ideata e lanciata. La sua comunicazione stressa tutti i temi dell'italianità.

La comunicazione e la tecnologia, inoltre, mettono a disposizione dei clienti potenziali di una categoria una mole di informazioni sempre più ampia e un'offerta di beni, servizi e canali di distribuzione sempre più articolata, anche sul piano geografico e culturale. È possibile acquistare prodotti etnici in ambito alimentare (sia prodotti finiti, sia servizi di ristorazione), abbigliamento, arredamento ecc. È possibile acquistare i propri beni e servizi in negozi online che hanno la sede (e spesso la lingua) assai distante da quella del cliente, che può acquistare la propria bicicletta in Cina, l'abbigliamento in Giappone, e il cibo in Italia. Se quindi esiste una dimensione culturale che richiede approcci diversi a seconda della cultura di provenienza del cliente, esiste anche una progressiva apertura dei clienti a culture diverse. Anzi, in alcuni paesi si sviluppa una particolare attenzione per beni e servizi diversi rispetto a quelli della propria tradizione culturale. Da un lato si tratta di una domanda condizionata da quello che si usa definire *country of origin effect*: le auto tedesche, il vino francese o la moda italiana. Dall'altro lato esiste una vera e propria propensione per i prodotti stranieri in generale o – come accade sempre più spesso – i prodotti etnici: cibo, ristoranti, vestiti e mobili. Ci sono ormai catene specializzate in tal senso: Eataly è un'impresa italiana che porta all'estero il meglio della produzione agroalimentare italiana. Maisons du Monde è una catena francese di mobili e accessori per la casa con molti punti vendita anche in Italia.

All'interno di questa dimensione culturale il marketing tradizionale ha spesso affrontato l'analisi della domanda secondo una logica "globale": esistono bisogni trasversali dappertutto (la Coca Cola la bevono tutti, la Barbie è oggetto del desiderio di tutte le bambine del mondo, o quasi) e il compito del marketing è quello di adattare l'offerta alle specificità locali, una prospettiva spesso definita *glocal*, ovvero un progetto globale che deve essere poi declinato e adattato a livello locale. L'effetto è quello di segmentare il mercato in base alla cultura e cercare di avvicinare i clienti nel modo più efficace possibile dal punto di vista della cultura di appartenenza. Questa tendenza ha dei limiti e – nonostante il bisogno possa essere effettivamente trasversale – il mercato non recepisce il prodotto globale, ancorché adattato, ma richiede soluzioni ad hoc: in Europa e nel Medio Oriente è assai diffusa una cola posizionata in chiave antagonista rispetto alla Coca Cola rispetto a valori culturali, religiosi e ideologici (Mecca Cola). Nei paesi arabi è di grande successo la bambola Fulla, che somiglia moltissimo a Barbie e che è stata pensata appositamente per le bambine che vivono in questi contesti. Il caso di Fulla (www.fulla.com) è particolarmente interessante in quanto, dopo un'iniziale sviluppo geografico tra Egitto e Siria, adesso si lancia verso il mercato internazionale, forte delle proprie specificità. In un certo senso, parte da caratteristiche molto particolari che apparentemente sembrerebbero legate a un contesto culturale e geografico ben delimitato, per trasferirle poi su un mercato più ampio. Si tratta di un approccio opposto al *glocal* individuato in precedenza, e che potrebbe essere definito *locbal*, ovvero un prodotto locale che basa il proprio sviluppo internazionale globale proprio sulle specificità. Un caso simile è quello delle scarpe Camper che dal Mediterraneo, e precisamente da Maiorca, si sono diffuse in tutto il mondo. Altri casi nazionali che potrebbero essere osservati in questa prospettiva sono le catene di pizzerie e ristoranti che dall'Italia si espandono all'estero, percorrendo, per così dire, a ritroso la strada che hanno percorso McDonald's e Burger King: Fratelli La Bufala, Rossopomodoro ecc.

6.4.2 Cultura e individuo

Più in generale, e quindi a prescindere dal ruolo della geografia e della cultura nazionale di appartenenza, il consumo possiede un'importante dimensione culturale. Naturalmente ciò vale per i beni e i servizi destinati ai consumatori finali, i quali, nel momento in cui acquistano e usano certi prodotti, svolgono un'attività che ha anche una dimensione culturale, sia riguardo ai prodotti culturali in senso stretto (libri, musica, cinema), sia in senso più ampio. Mangiare e vestirsi sono modi per esprimersi e interagire con gli altri, entrambi caratterizzati da una forte connotazione culturale. Alcuni prodotti, come il vino, hanno generato una cultura che si è via via sviluppata, coinvolgendo sempre più persone che negli ultimi dieci o vent'anni hanno contribuito a modificare in modo radicale la domanda. Si beve di meno, si spende di più (almeno in termini unitari) e soprattutto si considera quello del vino un insieme di attività che vanno oltre l'accompagnamento del cibo: degustazioni, corsi di sommelier, letteratura ecc. Anche il cinema ha accompagnato questa tendenza con film importanti che hanno contribuito ad ampliare la valenza culturale del consumo di vino: *Sideways* (di A. Payne, 2004), *Bottle Shock* (di R. Miller, 2008), *Un'ottima annata* (di R. Scott, 2006).

Come nel caso del vino, in molti settori merceologici è possibile riconoscere una valenza culturale all'attività di consumo che è oggetto di una prospettiva di ricerca ormai consolidata (Arnould e Thompson, 2005), la quale produce risultati interessanti per comprendere come gli individui vivano le proprie esperienze di consumo. Ciò prende forma in varie modalità.

- Modalità di *espressione della propria identità*: per dimostrare concretamente che tipo di persona è (o vuole essere), l'individuo contemporaneo utilizza ampiamente le risorse che il mercato mette a disposizione. Beni, servizi e marche contribuiscono a costruire la personalità di ognuno di noi e sono impiegati per segnalare agli altri i propri valori. Non a caso alcuni passaggi o momenti speciali della vita quotidiana passano attraverso importanti rituali di consumo: il matrimonio, la laurea o, semplicemente, il pranzo di Natale.
- Beni e servizi creano una vera e propria *cultura di consumo*, come si è visto riguardo al vino: coloro che consumo lo stesso prodotto o la stessa marca sentono un particolare legame che li unisce. Nel settore delle motociclette, Harley Davidson e Ducati, pur in segmenti molto diversi, sono riuscite a dare alle rispettive marche e ai prodotti questa valenza relazionale: coloro che guidano queste moto si sentono partecipi di una cultura comune, fanno parte della stessa tribù.
- Il consumo è legato alla storia e al *capitale culturale* che si è sedimentato in una società o in un particolare gruppo. E le persone che crescono in un dato contesto maturano gusti che riflettono queste specificità.

- La dimensione culturale del consumo si esprime anche in senso *critico*: se è vero che molti consumatori seguono e apprezzano le indicazioni ricevute dagli operatori di mercato, basti pensare agli appassionati di moda, è anche vero che ci sono consumatori che sempre più si dimostrano sensibili a stili di consumo più semplici e parsimoniosi, sia per ridurre l'impatto sull'ambiente sociale e naturale, sia per moderare certi eccessi e recuperare un approccio alla vita quotidiana ispirato a valori morali di tipo meno eccessivo: moderazione, slow living ecc.

Concludendo, è possibile riconoscere nella domanda di beni e servizi una dimensione culturale che si esprime sia in chiave nazionale o etnica, e cioè con comportamenti che tendono ad avvicinarsi o ad allontanarsi dalla propria tradizione culturale, sia in chiave più generale, in tutti quei casi in cui un acquisto o un'esperienza di consumo non ha obiettivi meramente funzionali, ma soddisfa il bisogno delle persone di esprimersi e di relazionarsi con gli altri.

Case History — Ferrero

La Ferrero è un'azienda italiana con sede ad Alba (Piemonte) che ha sviluppato un portafoglio prodotti ampio e articolato sul mercato italiano e internazionale. Nel 2010 fattura circa 6,5 miliardi di euro con oltre 20.000 addetti in tutto il mondo. Molti dei suoi prodotti sono leader di mercato. Il caso tipico è quello di Nutella, che in buona sostanza ha "inventato" e sviluppato una categoria e la presidia con il 90% di quota.
I prodotti Ferrero fanno parte di un'industria (quella alimentare, comparto dolciario) a sua volta ampia e articolata, in cui operano grandi imprese internazionali. L'industria in questione serve decine di milioni di consumatori in Italia e all'estero attraverso una rete piuttosto complessa di canali di distribuzione.
I brand Ferrero sono conosciuti da tutti i consumatori per la loro longevità (molti sono sul mercato da decine di anni), per il fatto che l'azienda esercita un'elevata pressione pubblicitaria, per il loro posizionamento su molte generazioni diverse e per il fatto che si trovano in molteplici tipologie di punti vendita. In breve, sono prodotti di massa dall'elevato valore percepito.
La domanda di prodotti Ferrero è rappresentata anzitutto dai consumatori che costituiscono la domanda finale o primaria, quella cioè espressa da coloro che consumano o utilizzano il prodotto in via definitiva, senza impiegarlo per la realizzazione di un altro bene o servizio. Coloro che esprimono la domanda primaria sono i consumatori che affrontano le attività di acquisto e consumo con un misto di razionalità ed emotività, quest'ultima assai importante per i beni voluttuari di cui la Nutella e i prodotti dolciari in generale fanno parte.
I prodotti Ferrero sono parecchi e passano attraverso filiere diverse: le praline, le uova di cioccolata, i Tic Tac, Grand Soleil, la linea Kinder, hanno caratteristiche diverse e richiedono piattaforme, canali e supporti (scaffali) diversi a seconda della stagionalità e della temperatura di conservazione. La quota più cospicua di questo assortimento passa attraverso la GDO (Grande Distribuzione Organizzata) che si occupa di trasferire il prodotto al consumatore finale. Pertanto anche la GDO esprime una domanda, ancorché intermedia o derivata, collegata da un lato alle proprie dinamiche e convenienze e dall'altro alle richieste del consumatore finale. A differenza di queste ultime, disperse sul territorio e frammentate, i grandi gruppi della distribuzione sono pochi e detengono un elevato potere contrattuale nei confronti dei fornitori. I criteri e i processi con cui si esprime la domanda derivata sono assai diversi da quelli dei consumatori, e riguardano il prodotto, ma anche un complesso sistema di servizi accessori (finanza, logistica, marketing, promozione delle vendite ecc.).
Oltre alla GDO, esprimono una propria domanda anche altri canali distributivi, quali la distribuzione all'ingrosso attraverso cui passano gran parte dei prodotti destinati al consumatore finale, ma che transitano attraverso il dettaglio tradizionale di piccole dimensioni. Anche questa domanda all'ingrosso ha caratteristiche specifiche e richiede una dotazione di prodotti e servizi adeguata. Infine c'è il canale Ho.Re.Ca composto da agenzie e imprese che forniscono servizi di ospitalità e ristorazione: in questo ambito, ancor più della GDO e dell'ingrosso, i prodotti Ferrero entrano come componenti di un'offerta che viene poi trasferita al consumatore finale. Questi canali presentano perciò una domanda più vicina a quella dei settori B2B e hanno esigenze specifiche, ad esempio per i formati e le confezioni.

Conclusioni

Se osservato dal lato della domanda, il mercato risulta popolato di persone (utenti finali, o acquirenti industriali o commerciali) che esprimono bisogni, esigenze e desideri che si traducono in richieste (beni e servizi) e potenziale economico (spesa). Analizzare e misurare la domanda significa identificare i propri clienti, valutarne le richieste e la disponibilità a spendere, allo scopo di realizzare un'offerta di mercato convincente. Si tratta di un'attività determinante per il successo della strategia di marketing, in quanto costituisce il primo passo per la delimitazione del mercato-obiettivo: saper cogliere nel modo più efficace e o,riginale la consistenza e lo sviluppo della domanda è la condizione per il successo di mercato. All'opposto, non riuscire a interpretare il mercato in modo appropriato conduce verso il fallimento.

Dal punto di vista dell'impresa, la domanda si esprime in modi diversi a seconda del settore, o del mercato di riferimento. La domanda nel campo dei beni di consumo è altamente frammentata e articolata in base alle caratteristiche dei singoli prodotti. Nel campo dei beni industriali si riscontra una maggiore concentrazione, e un singolo cliente può assumere un peso rilevante nel mercato e/o per l'impresa. Lo stesso accade nell'ambito della distribuzione, che a sua volta esprime una domanda, ancorché derivata. Infine, la domanda di servizi (siano essi richiesti dagli utenti finali o da imprese o istituzioni) si esprime in modi particolari e richiede uno sforzo analitico e organizzativo per coglierne le opportunità e rispondere alle richieste del mercato.

Sul piano operativo, l'impresa affronta la domanda considerandola in almeno tre distinte prospettive: deve considerare e misurare la domanda potenziale, ovvero quella che il mercato esprime in linea generale e che non è necessariamente soddisfatta dall'offerta esistente. Alcune imprese hanno tratto profitto da una lettura originale ed efficace di questa domanda e sono riuscite a trasformare clienti potenziali, insoddisfatti dell'offerta esistente, in clienti veri e propri. In secondo luogo, deve considerare la domanda primaria, ovvero la domanda che si esprime effettivamente attraverso le vendite delle imprese presenti sul mercato. Analizzando con attenzione le modalità attraverso cui le imprese concorrenti soddisfano la domanda che si rivolge loro, è possibile individuare modalità nuove ed efficaci per offrire beni e soluzioni originali al mercato. Infine, l'impresa fronteggia la domanda secondaria, ovvero quella che si rivolge alle proprie product offering. L'analisi di questa domanda assume rilievo per la gestione corrente dei rapporti con i clienti e con i concorrenti, come pure per la predisposizione delle nuove strategie di marketing.

7

L'informazione per le scelte di marketing

di **Alberto Mattiacci**

Indice del capitolo

Introduzione

7.1 Lo scambio di marketing e la conoscenza
- 7.1.1 Conoscenza e sistema informativo di marketing
- 7.1.2 Conoscenza e sistema di scambio

7.2 Le ricerche di marketing
- 7.2.1 Le market research: conosci l'ambiente
- 7.2.2 Il consumer insight: conosci il cliente
- 7.2.3 Le market measurement: misura il tuo ambiente di mercato

7.3 Il metodo scientifico e la conoscenza del mercato
- 7.3.1 Ricerca qualitativa o quantitativa?
- 7.3.2 La ricerca integrata

7.4 Il processo di ricerca
- 7.4.1 Dal problema di marketing al tema di ricerca
- 7.4.2 La formula di ricerca
- 7.4.3 La definizione
- 7.4.4 Il report dei risultati

7.5 Tipiche tassonomie di ricerca

7.6 Social media e Big data

Conclusioni

Abstract

L'informazione è la linfa vitale dei processi decisionali d'impresa. La conoscenza dei fenomeni e delle dinamiche di mercato che il marketer matura, grazie a essa, è la base delle scelte gestionali, strategiche e operative, di marketing. Il sistema che produce l'informazione di mercato è molto articolato e si avvale largamente dei progressi delle information technology: dai database aziendali ai software di simulazione degli effetti delle scelte, dai sistemi di somministrazione dei questionari agli strumenti di rilevazione ottica, e via dicendo. Le ricerche di marketing formano, in quest'ambito, un corpo tecnico-specialistico della disciplina, estensione delle metodiche della ricerca scientifica ai contesti di mercato, appannaggio di professionisti dotati di strumenti culturali e tecnico-metodologici molto specifici.

Introduzione

Quando, fra gli scaffali del supermercato, la nostra attenzione è catturata da una confezione attraente; quando facciamo i conti per capire se la nuova offerta propostaci dal gestore telefonico sia conveniente e utile; quando, davanti alla televisione, lo spot pubblicitario ha per protagonista un testimonial che ci rassicura sulle qualità di una certa marca; quando si verificano queste e altre simili situazioni, abbiamo spesso la sensazione che dietro ci sia la mano di qualcuno che ha ben riflettuto prima di lanciare una nuova tariffa, confezione o affidarsi a un testimonial. In effetti è così. Un aspetto tipico e caratterizzante della professione del marketing manager (o marketer) è infatti quello di impostare il proprio lavoro su un continuo assumere ed elaborare informazioni, e decidere in conseguenza a esse.
La prassi, nei decenni, ha sviluppato allo scopo un vasto corpus tecnico-metodologico specifico, fatto di metodi e tecniche d'indagine, modelli di elaborazione dati, strumenti di osservazione e ascolto, e via dicendo. Questo armamentario tecnico a disposizione dell'impresa è solitamente allocato in società esterne, che nel Capitolo 4 abbiamo identificato come *partner di conoscenza*, e che comprendono: gli istituti di ricerca di marketing, le imprese specializzate nella produzione di informazione di mercato (p.e. GFK Eurisko, o AC Nielsen), le società di consulenza direzionale (p.e. Accenture), i dipartimenti e centri studi universitari (p.e. La Sapienza), gli istituti pubblici di statistica (p.e. Istat), i centri studi privati (p.e. Eurispes) e altri ancora.
Uno dei tratti caratterizzanti la società del XXI secolo è proprio l'abbondanza di informazione disponibile, e il problema, per il manager, diventa semmai quello di districarsi in un mondo fatto di sovraccarico informativo, per trovare quelle che gli servono. Evidentemente, la rete e il web hanno enormemente aumentato la possibilità di accrescimento della conoscenza personale: le opzioni di reperimento dati e informazioni si sono dilatate esponenzialmente, in pochi anni, e il problema più frequente diviene quello di verificare l'attendibilità delle fonti che offrono un certo dato, piuttosto che il reperimento del dato medesimo.
La digitalizzazione, anche in questo campo, si sta rilevando foriera di cambiamenti strutturali. Oggi le Intranet aziendali mettono a disposizione software di lettura e analisi dei dati, semplici e veloci da utilizzare, e le possibilità di alimentare questi sistemi con database sempre più ricchi e focalizzati sono ormai pressoché infinite. Alcune di queste basi dati sono di proprietà dell'impresa, altre derivano da monitoraggi e misurazioni prodotte da partner esterni (p.e. i dati Auditel). Siti come www.surveymonkey.com consentono a chiunque di costruire e realizzare, a costi pressoché nulli, una propria ricerca sul campo. La sempre maggiore presenza dei brand nell'ecosistema digitale, inoltre, impone l'implementazione di metodi di "ascolto della rete" per la quale esistono già strumenti ad hoc. Ancora, i progressi della ricerca scientifica nel campo delle scienze della mente, resi possibili sempre grazie ai progressi tecnici-digitali, vanno aprendo nuove possibilità di raccolta dati sui comportamenti di risposta delle persone agli stimoli di marketing.
In sostanza, la necessaria conoscenza di mercato che il manager deve avere per assumere le proprie scelte, è oggi estremamente agevolata da progressi tecnici recenti. Naturalmente, però, senza cultura metodologica di base nessuno strumento potrà mai dare il giusto contributo: questo capitolo si propone di fornire allo studente proprio quelle nozioni di base, utili a beneficiare al massimo dei vantaggi dell'era digitale per la conoscenza di mercato.

7.1 Lo scambio di marketing e la conoscenza

L'attività di gestione del mercato è fatta di scelte, continue ed eterogenee fra loro (▶ Capitolo 4): alcune, cosiddette *strategiche*, sono prese piuttosto raramente e guardano al medio-lungo termine, con un campo visivo piuttosto ampio (p.e. la scelta di entrare in un nuovo paese-mercato); altre, cosiddette *tattiche*, si orientano più al breve termine, sono focalizzate e circoscritte nello spazio e nel tempo (p.e. la modifica di un prezzo a scaffale, per rispondere a un'analoga mossa dei competitori); altre ancora, le *operation*, governano aspetti del business puntuali e ben determinati (p.e. a definizione del piano media nell'ambito del più generale piano di comunicazione). Compiere scelte significa sostanzialmente assumere delle decisioni, nella consapevolezza che, in linea di principio, non esista quella migliore in assoluto, ma che ciascuna rechi con sé una certa probabilità di fallimento. I modi in cui i decisori aziendali compiono le loro scelte sono tanti quante sono le persone, ma, per chiarezza espositiva, possono essere collocati fra due estremi ideali: da un lato c'è chi decide essenzialmente affidandosi all'intuito e all'esperienza personali (empirismo), dall'altro chi opera secondo le logiche "scientifiche" propugnate dalla disciplina di management (▶ Capitolo 2).
Lungi dall'esprimere valutazioni di merito sui due stili, possiamo però asserire che il profilo di rischio delle scelte del primo tipo appare, perlomeno in linea teorica, maggiore delle seconde. La differenza sostanziale fra i due è data dalla diversa conoscenza dei fenomeni sui quali s'interviene con la decisione: la conoscenza empirica appare, infatti, limitata, soggettiva e parziale (il che non significa, comunque, che non possa condurre a scelte esatte); l'altra, invece, poggia su basi più solide e di ampio respiro. Essa, infatti, gode della forza che le conferisce il fatto di poggiare su informazioni prodotte mediante l'applicazione dei metodi della conoscenza scientifica.

7.1.1 Conoscenza e sistema informativo di marketing

Fonte informativa

S'intende il soggetto che produce un determinato dato e ne possiede la titolarità, disponendo di conseguenza di come e se distribuirlo.

Sistema informativo di marketing

Sistema di conoscenze utili ad assumere le scelte di marketing, prodotte grazie all'uso di fonti, metodi di indagine e modellizzazioni.

L'informazione di marketing può provenire dunque sia da fonti informative informali – quali appaiono essere quelle dell'empirismo – sia da fonti informative formalizzate e strutturate – quali sono quelle tipiche del management. Il tutto va a comporre un unico serbatoio di conoscenza noto come sistema informativo di marketing. Si tratta sostanzialmente di un costrutto ideale – cui non corrisponde, per dire, un ruolo organizzativo e un ufficio – che ciononostante genera costantemente le informazioni che servono ai manager per agire. Possiamo analizzarne la complessa struttura con l'ausilio della figura 7.1, dove individuiamo in particolare:

1. le fonti d'informazione;
2. il sottosistema delle domande/risposte;
3. il decisore;
4. i risultati.

Le *fonti* costituiscono l'ideale "serbatoio" dal quale le informazioni sono attinte nella loro forma grezza (dati di base) o già elaborata, per poi essere trasferite all'interno del sottosistema delle domande/risposte e generare la conoscenza necessaria per assumere le decisioni di mercato. Possiamo distinguere due tipologie di dati.

- *Dati di fonte interna*: si tratta di dati che l'organizzazione produce in via ordinaria nello svolgimento della propria attività, oppure detiene al suo interno per i motivi più svariati (p.e. le informazioni raccolte dai venditori tramite osservazione diretta, o i dati amministrativi/contabili sul singolo cliente).
- *Dati di fonte esterna*: sono tutti i dati che risiedono al di fuori delle mura dell'organizzazione e che sono in qualche maniera accessibili alla stessa. Ne sono esempio i dati derivanti dal censimento Istat, quelli sulle previsioni macroeconomiche (utili a disegnare scenari di ambiente esogeno rilevante).

Figura 7.1

Gli elementi di un sistema informativo di marketing.

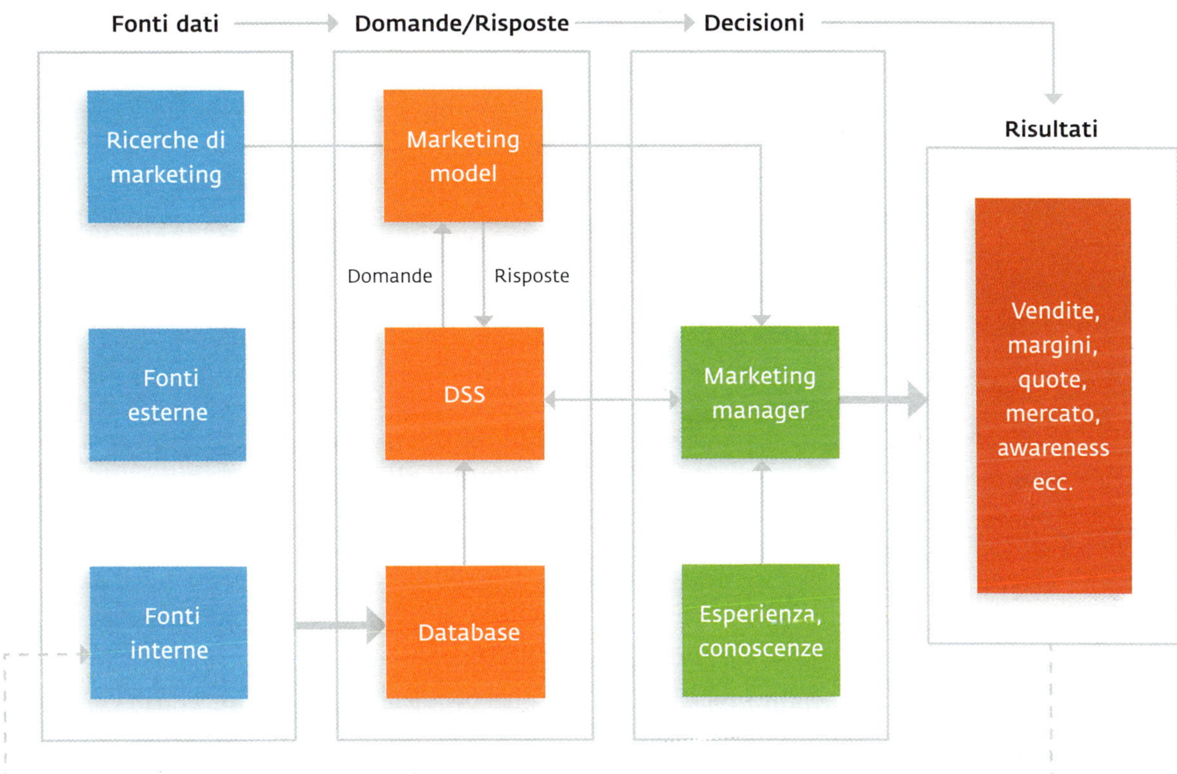

Un particolare sottosistema del sistema delle fonti è costituito dall'attività di *ricerca di marketing*, che vedremo approfonditamente, data la sua importanza, nel ▸ §7.2. La ricerca di marketing altro non è che un'applicazione particolare di un più ampio e preesistente bagaglio metodologico che è la *ricerca sociale*, a propria volta espressione dell'applicazione del metodo scientifico alla conoscenza dei fenomeni umani. La sua particolarità si deve in primis al fatto che essa è generalmente effettuata da partner esterni specializzati – quei partner di conoscenza che sono gli istituti di ricerca di marketing – dietro specifica richiesta (commessa) da parte dell'impresa. In secondo luogo, la ricerca possiede delle sostanziali peculiarità tecnico-metodologiche, che ne fanno la fonte informativa più delicata ma al contempo preziosa.

Fieldwork

Termine tecnico che identifica l'attività di ricerca sul campo (field) per la produzione di dati. Un esempio è l'attività di somministrazione dei questionari.

Concept Test

Idea di prodotto ancora non perfezionata in tutti i suoi aspetti tecnico-commerciali. È soggetta a verifica di efficacia presso gli user mediante i cosiddetti "concept test".

In generale, i dati che il sistema delle fonti mette a disposizione dell'impresa si possono distinguere nei seguenti due tipi.

- *Dati primari*: dati prodotti in risposta a una specifica esigenza di ricerca definita puntualmente in tutti i suoi aspetti, attraverso un'apposita rilevazione sul campo (fieldwork), o la raccolta presso il personale interno. Ne è esempio il grado di soddisfazione della clientela, o l'intenzione di acquisto registrata sul concept di un nuovo prodotto.
- *Dati secondari*: dati già realizzati dall'organizzazione medesima, o da qualsiasi altro soggetto esterno, in risposta a obiettivi conoscitivi diversi e indipendenti. Ne sono esempi: i dati sul clima di fiducia delle famiglie e imprese, la piramide demografica. Ai vantaggi di tempo e costo (relativi alle fasi di raccolta ed elaborazione) i dati secondari associano alcuni svantaggi, quali: (i) l'obsolescenza, (ii) la necessità di adattamento di dati esposti in forme diverse, (iii) l'accuratezza, intesa come credibilità e qualità del dato.

Il *sottosistema delle domande/risposte* identifica l'insieme di elementi attraverso i quali il dato grezzo viene elaborato e inserito nel sistema generativo di conoscenza dell'organizzazione. La conoscenza di marketing utilizzata dal manager nelle proprie scelte, infatti, scaturisce da un processo sequenziale che, partendo da un dato elementare grezzo, del genere di quelli visti sopra, passa attraverso una sua elaborazione e trattamento, al termine dei quali diviene informazione fruibile per il decisore aziendale. Il dato grezzo può essere elaborato con il suo inserimento in particolari sistemi.

- Database di marketing (*data warehouse*): un posto fisico nel quale sono collocate le memorizzazioni elettroniche dei dati che l'impresa produce nel suo operare. Un esempio è il database relazionale clienti (che vedremo meglio nel ▸ Capitolo 21) che contiene i riferimenti anagrafici e gli indirizzari dei clienti, i quali possono essere elaborati opportunamente per sottoporre offerte speciali, o fare proposte di riacquisto.
- Sistema di supporto alle decisioni (*Decision-Support System*, DSS): si tratta di un'applicazione informatica, solitamente fornita anche di un motore di ricerca interno, che supporta il manager nel prendere decisioni, fornendogli l'informazione necessaria al momento opportuno (figura 7.2). Ad esempio, prima di decidere presso quale insegna distributiva effettuare un lancio di nuovo prodotto, il manager potrebbe interrogare il sistema per comparare le vendite previste per il mese successivo, insegna per insegna, con lo storico delle vendite, istituendo correlazioni con l'anno precedente e precedenti lanci.
- Un tipo particolare di DSS è rappresentato dai *modelli di marketing*: sostanzialmente si tratta di schemi formali di relazione causale reciproca fra variabili di marketing che, sulla base dei dati di mercato e di certe ipotesi esplicitate dall'utilizzatore, mostrano i possibili esiti di certe operazioni di marketing. Ad esempio, usando un modello, il manager potrebbe verificare i possibili risultati di vendita (fondati sull'analisi dei database vendite) di specifiche opzioni promozionali, verificando cosa (*what*) succederebbe se (*if*) si modificassero certe condizioni (p.e. la meccanica promozionale, o il livello di sconto).

- Le imprese, indipendentemente dalla loro dimensione, possiedono oggi un sistema informatico che connette i computer fra di loro, generando così una *Intranet*, chiusa all'esterno. Attraverso questo sistema il dato grezzo e l'informazione sono veicolati e messi a disposizione dei decision maker, per gli usi opportuni. La complessità e strategicità di questi sistemi fanno sì che la figura degli specialisti di information technology (*IT specialist*) siano spesso presenti in impresa. È cruciale, per quanto di spettanza del marketing, che i manager sappiano interfacciarsi con loro per implementare di continuo il sistema stesso e accrescerne così l'efficacia.

Figura 7.2
La schermata di una Intranet aziendale.

Posto quanto affermato sopra, e seguendo lo schema logico rappresentato nella figura 7.1, è chiaro che il *marketing manager* assume le proprie decisioni utilizzando direttamente i risultati delle ricerche di marketing e/o appoggiandosi al DSS aziendale. Possiamo immaginare, visivamente, il manager seduto alla propria scrivania di fronte allo schermo del computer, intento ad analizzare le informazioni che la schermata dell'Intranet gli propone (figura 7.2). Accanto al mouse, questi potrà avere dei report cartacei, consegnatigli dall'istituto di ricerca, che contengono le risultanze di un'indagine campionaria sui consumatori. Durante la sua giornata, il manager si dividerà fra la lettura dei rapporti di ricerca, l'analisi e la ricerca di altre informazioni dentro l'Intranet e sul web: tutto questo verrà, più o meno consapevolmente, posto a sistema con le sue esperienze pregresse, dirette e indirette, con le conoscenze acquisite durante gli anni di studio universitario e successivi, con quelle assunte informalmente nel corso di seminari di aggiornamento, corsi di formazione e anche semplici confronti di idee con colleghi e partner. Il risultato finale sarà quello di prendere delle decisioni che, col tempo, produrranno risultati di mercato, misurabili nei loro effetti attraverso degli indicatori adeguati (▸ Capitolo 10).

Il processo è circolare: l'organizzazione, infatti, al pari dell'essere umano, apprende dalle proprie azioni. I risultati di ogni processo decisionale, quindi, vanno ad arricchire il database interno, per poi essere nuovamente immessi nel circuito e utilizzati al giro successivo.

7.1.2 Conoscenza e sistema di scambio

I temi sui quali il marketing manager è chiamato ad assumere decisioni vanno ricondotti allo scambio di mercato, fenomeno che, come visto nella ▸ Parte I, costituisce l'alveo della disciplina. Il processo di marketing che il produttore governa lo vede alle prese con alcune grandi categorie di scelta, rispetto a ciascuna delle quali può essere collocata idealmente una branca specifica delle conoscenze di marketing. Le vediamo nella figura 7.3, che riprende, adattandola a questo contesto, la figura 3.1.

- La scelta del proprio mercato di riferimento, ovvero dello spazio specifico di competizione all'interno di un più ampio mercato aggregato. Sta alle *market research* e alla raccolta ed elaborazione di *dati secondari*, il compito di produrre dati primari atti allo scopo. In particolare, in questi anni, particolare attenzione viene prestata all'attività di previsione e scenario.
- La scelta della configurazione d'offerta (product offering) con la quale aggredire e presidiare il proprio mercato di riferimento. È compito del *consumer insight* (o *research*) generare conoscenza sui consumatori e consentire così di adeguare commercialmente l'offerta ai loro desiderata, magari integrando l'analisi di *dati primari interni* presenti nella Intranet aziendale. Va osservato che anche in questo ambito si punta sempre più sul *foresighting*, ovvero su tecniche che consentano la previsione dell'evoluzione dei gusti, delle esigenze e dei comportamenti dei consumatori.
- La scelta d'investimento sulle attività operative, preliminari e successive alla vendita della configurazione d'offerta, sia in ottica di breve che di lungo termine. È compito delle *market measurement* generare le informazioni atte a governare in modo corretto le attività, indirizzando gli investimenti dove e quando necessario, nonché, ancora, del *consumer insight* che fornisce indispensabili informazioni, utili a aumentarne il profilo di efficacia sul target.

Figura 7.3

Attività di marketing e conoscenza di mercato.

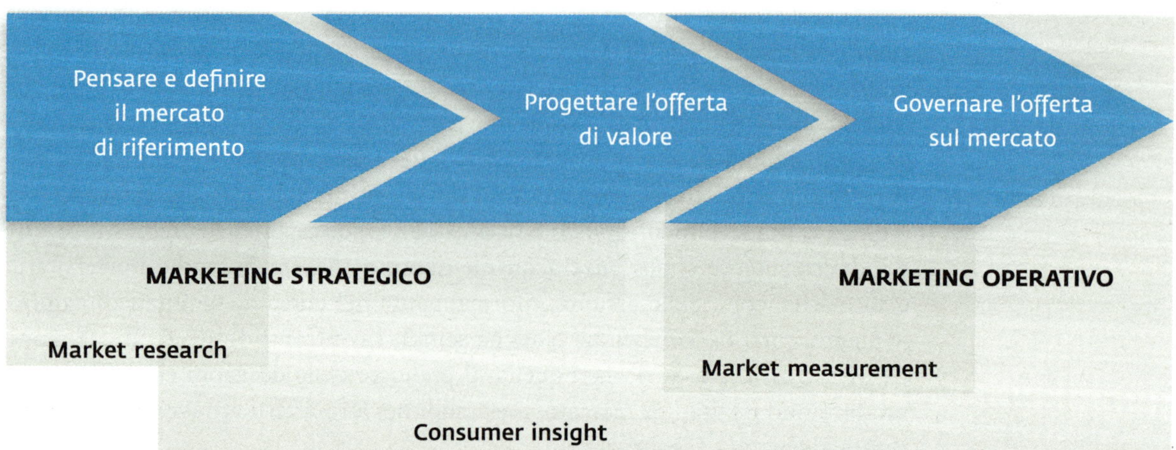

Concludendo, la conoscenza è una risorsa insostituibile del processo decisionale del marketing manager, che promana da un iter virtualmente infinito, di generazione e intelligenza di dati, che si autoalimenta nel tempo. Tutto ciò è supportato oggi da sistemi informatici eccezionalmente efficaci ed efficienti, solitamente racchiusi entro l'Intranet aziendale, e dall'ambiente digitale, che spalanca una finestra sul mondo intero, grazie alle sue molte applicazioni (web, social network, YouTube e applicazioni varie). Per questa ragione chi intende lavorare nel marketing non può non essere abilissimo nel manovrare questi strumenti e nel farne parte integrante, attraverso le piattaforme 2.0. Di contro, tuttavia, nessuno strumento, per quanto potente, potrà mai surrogare la cultura personale: quel mix, cioè, fatto di conoscenze acquisite e aggiornate nel tempo, di un continuo assorbimento d'informazioni della più svariata natura e fonte, che fanno poi, in definitiva, la differenza.

7.2 Le ricerche di marketing

Nella figura 7.1 abbiamo rappresentato, come fonte a sé stante, le "ricerche di marketing". Questa espressione identifica una classe precisa di attività di produzione dati e informazioni di marketing, che è bene approfondire in quanto di gran lunga la più importante delle altre. Le ricerche di marketing consistono nella produzione di dati e informazioni grazie all'esecuzione di progetti d'indagine a pagamento, che applicano una data formula di ricerca specificamente diretta alla risoluzione del problema conoscitivo di marketing. Vediamo di approfondire la definizione per mezzo delle sue parole chiave.

- *Progetti d'indagine*: una ricerca nasce da un progetto che viene concepito e redatto da tecnici (ricercatori) allo scopo di risolvere un determinato problema conoscitivo del marketing manager.
- *A pagamento*: il compito di concepire, redigere ed eseguire il progetto di ricerca viene affidato dall'impresa committente a un'altra impresa (*istituto di ricerca*) specialista nella materia: si tratta, quindi, di uno scambio B2B.
- *Formula di ricerca*: è la specifica combinazione originale di metodologia, tecniche di rilevazione, elaborazione e interpretazione dei risultati, impostata dal ricercatore per risolvere uno specifico problema di marketing.
- *Problema conoscitivo di marketing*: il manager, per decidere, ha bisogno di conoscere una data informazione che il ricercatore, elaborando tecnicamente il problema, sarà in grado di fornire.

Ricercatore

Termine che identifica il professionista della ricerca, dotato delle conoscenze e competenze per identificare il problema informativo e produrvi la più opportuna soluzione, scientificamente corretta.

Tecniche di rilevazione

Tecniche di produzione del dato grezzo. Sono tali l'intervista diretta, l'osservazione dei comportamenti, la misurazione delle reazioni fisiologiche a uno stimolo ecc.

La ricerca di marketing è quindi una classe di attività tecniche che generano conoscenza di marketing per il manager, è generata da partner professionisti – gli istituti di ricerca – e prevede l'esecuzione di una serie di attività tecniche di varia complessità. È, assieme a pochi altri, uno dei "mestieri" del marketing, data l'impossibilità di svolgerla senza possedere precise attitudini e competenze.

La varietà dei problemi conoscitivi di fronte ai quali il marketing manager è chiamato quotidianamente a prendere decisioni è vastissima. In risposta a essa, le ricerche hanno sviluppato un variegato armamentario tecnico-metodologico che, come visto nel paragrafo precedente, può articolarsi nei tre grandi aggregati delle *market research*, del *consumer insight* e delle *market measurement*.

7.2.1 Le market research: conosci l'ambiente

L'Istat (Istituto nazionale di statistica) fornisce gratuitamente molti dati e ricerche utili alle imprese e ai cittadini.

Una piccola precisazione terminologica preliminare è opportuna: le due espressioni "ricerche di mercato" e "ricerche di marketing" non sono sinonimi. In senso stretto, la prima denota una cosa ben precisa: la generazione delle informazioni necessarie a compiere la scelta del mercato di riferimento. La scelta del mercato, evidentemente strategica perché vincola a lungo termine molte azioni (e dunque scelte) successive di marketing, necessita di informazioni accurate, affidabili e aggiornate. Occorre infatti ridurre il rischio di errore al minimo livello possibile, ragion per cui si procede secondo il principio di *selettività*, ovvero: (i) la scelta delle fonti informative deve escludere quelle non sufficientemente affidabili, privilegiando quelle ufficiali (spesso di natura pubblica, come Istat) e comunque consolidate (p.e. Dun & Bradstreet); (ii) i dati e le informazioni da considerare devono essere solo quelli più aggiornati possibile e dei quali sia possibile comprendere la genesi tecnico-metodologica, onde poterne valutare i limiti esplicativi. Dalla qualità delle informazioni utilizzate dipende, in buona sostanza, quella del mercato prescelto.

Schematizzando per comodità espositiva, la scelta del mercato di riferimento –variabile multidimensionale (▸ Capitolo 2) – può avvalersi delle seguenti categorie d'informazione, che è compito, appunto, dell'attività di *market research* produrre:

- conoscenza strutturale dell'area geografica di riferimento (informazioni demografiche, culturali, sociali, economiche ecc.);
- conoscenza strutturale dell'offerta della categoria di prodotto esistente nell'area geografica di riferimento (offerta di categoria, fasce di mercato/prezzo, player ecc.);
- conoscenza della struttura distributiva per la categoria (normativa commerciale locale, struttura di canale della categoria ecc.);
- conoscenza della domanda potenziale ed eventuale identificazione del target (stili di vita e comportamenti, struttura delle preferenze, modelli di consumo ecc.).

Ad hoc

Espressione tecnica di origine latina che identifica le ricerche espressamente indirizzate a uno specifico fabbisogno conoscitivo.

In sostanza, le ricerche di mercato sono una classe particolare di fonte informativa che, raggruppando e assemblando dati di fonte esterna e conducendo indagini ad hoc, fornisce al decisore aziendale gli elementi conoscitivi utili a scegliere il mercato di riferimento. Si ricorderà, giova ribadirlo, che questo è un costrutto multidimensionale, e che perciò necessita che siano definite congiuntamente tutte le variabili qui richiamate.

7.2.2 Il consumer insight: conosci il cliente

Il cosiddetto *marketing concept* sarebbe lettera morta se non esistesse la possibilità concreta di fotografare i desiderata, le motivazioni e i comportamenti dei soggetti di domanda. Occorre conoscere il cliente, insomma, per potergli offrire ciò che desidera e di cui ha bisogno. Questa possibilità è offerta da una variegata congerie di strumenti che possiamo riunire sotto l'ombrello delle *consumer research* o *consumer insight*. Si tratta evidentemente di ciò che più comunemente s'intende per "ricerca", ed è un'attività di supporto alle scelte di marketing assai delicata e meritevole di accorta gestione. Riassumiamo per sinteticità nella tabella 7.1 alcuni principi generali che un'organizzazione dovrebbe darsi in questo campo.

Tabella 7.1

Regole aziendali per la corretta gestione delle ricerche.

Piani di ricerca	Sviluppare annualmente dei piani di ricerca che consentano di assumere decisioni corrette in tempi brevi e in armonia con i processi decisionali aziendali.
Disegno di ricerca	Assicurarsi che il livello qualitativo proposto sia appropriato ed equilibrato al budget.
Partner tecnico	Privilegiare l'affidabilità all'economicità. Creare un mix tra partner *stabili* nel tempo e *a rotazione*, da sperimentare.
Strumenti di supporto	Progettare una Intranet efficiente, con interfacce semplici da usare, e rapida nell'autoaggiornare i sistemi di supporto alle decisioni.
Utilizzo dei risultati	Formare il management nell'uso e interpretazione corretta dei risultati. Prevedere un'adeguata comunicazione interna dei risultati.
Norme di azione	Valorizzare l'esperienza di ricerche passate, costruendo norme aziendali di riferimento per la loro pianificazione e interpretazione.

All'attività di *consumer insight* possono essere riconosciuti tre fondamentali compiti:
1. supportare il management nella comprensione profonda del target;
2. valutare le reazioni del target a ipotesi di strutturazione dell'offerta;
3. valutare le reazioni del target a ipotesi di formulazione degli strumenti operativi di marketing, comunicazione in primis.

La grande rilevanza dei compiti suindicati si accompagna a una non banale difficoltà, concettuale prima ancora che tecnica. Conoscere in profondità il consumatore e testarne le reazioni a stimoli ipotetici postula innanzitutto l'esistenza di una solida conoscenza teorica dei principi di *consumer behaviour* (▸ Capitoli 6 e 9) quali variabili bisogna prendere in considerazione? Quali chiavi di lettura sono possibili? Come misurare le reazioni? Quali tecnicismi consentono di superare le resistenze di risposta? Questi sono solo alcuni dei possibili quesiti che il ricercatore si pone di fronte all'arduo compito indicato.

La lunga storia della ricerca di marketing, ormai quasi secolare, ha sviluppato negli anni, grazie a un proficuo cooperare delle imprese con gli istituti di ricerca, una serie di prassi e metodiche che nel complesso, sebbene non garantiscano verità assolute, riescono tuttavia a fornire, se ben fatte, utili informazioni decisionali. Le informazioni fornite, come vedremo, hanno fondamentalmente una duplice natura:

1. *qualitativa*, caratterizzata dal fatto che la rappresentazione delle informazioni prodotte è verbale (priva di dati e percentuali) e dalla non rappresentatività statistica delle risultanze, legata al particolare tipo di campione che si usa;
2. *quantitativa*, caratterizzata dal produrre un'informazione essenzialmente numerica e fondata su elaborazioni parametriche, nonché dalla rappresentatività statistica delle risultanze, esprimibile in termini probabilistici grazie all'uso di campioni statistici.

Il fatto che il consumer insight si occupi fondamentalmente di persone, soggetto intrinsecamente mutevole e "naturalmente" qualitativo, consente di esprimere un'accortezza fondamentale: la ricerca quantitativa non ha, di regola, alcuna superiorità esplicativa rispetto alla qualitativa. In altre parole, il fatto che i risultati siano espressi in forma di numero o meno, e che il campione sul quale sono prodotti sia statistico o meno, non può essere considerato di per sé un criterio di qualità della ricerca. Fatte salve poche eccezioni, infatti, la conoscenza del consumatore può essere ugualmente raggiunta applicando, a seconda del caso, tecniche che portano a una conoscenza quantitativa così come qualitativa. Il fatto che si scelga un percorso metodologico piuttosto che un altro, andrà a influenzare non la qualità dell'informazione, ma solo la sua caratteristica. Ogni approccio metodologico ha dei precisi e ineliminabili limiti esplicativi che, associati alla caratteristica dell'informazione prodotta, vanno saputi e sempre considerati. In altri termini, ciò che distingue una buona ricerca da una cattiva è la qualità dell'intero processo di ricerca (dalla sua concezione all'esecuzione) e non il fatto che si usi un metodo – o un tipo di campione – piuttosto che un altro. Le informazioni che le *consumer research* forniscono al decisore aziendale possono essere raggruppate in alcune forme tipiche, richiamate, per esigenze di sintesi, nella tabella 7.2.

Tabella 7.2

Le informazioni fornite dal consumer insight.

Usage and attitudes	Informazioni sui comportamenti di utilizzo dei prodotti, sulle esigenze specifiche, sugli atteggiamenti generali e specifici dell'ambito di consumo del prodotto.
Customer satisfaction	Informazioni sulla soddisfazione del cliente, valutazione della performance di prodotto e di specifiche sue attribuzioni, condizioni di fidelizzazione.
Corporate image	Informazioni sulla notorietà del brand, sulle image associate ai brand, valutazione del posizionamento percettivo dei brand di una data categoria.
Test:	
Concept test	Reazioni a ipotesi di nuovi prodotti o loro riformulazioni.
Packaging test	Reazioni a ipotesi di ridisegno delle confezioni.
Price test	Determinazione del prezzo (o dei prezzi) corretta/sostenibile.
Market test	Reazione a nuovi prodotti simulandone il lancio in aree campione.
Promotion test	Reazione a diverse ipotesi di disegno promozionale.
Advertising research:	
Pre-test	Reazioni a ipotesi di messaggi pubblicitari/direct marketing prima della campagna.
Post-test	Reazione a messaggi pubblicitari in corso/a conclusione di una campagna.

Da un'attenta considerazione dei contenuti della tabella, si nota che l'informazione di marketing scaturente da ciascuno dei tipi di ricerca richiamati potrà avere indifferentemente natura qualitativa o quantitativa. Ciò che conta ai fini della qualità dei risultati, ribadiamo, non è l'approccio metodologico, ma la qualità dell'intero processo di ricerca.

7.2.3 Le market measurement: misura il tuo ambiente di mercato

Decision making
Espressione che indica il processo decisionale considerandolo nella sua interezza.

Una delle caratteristiche salienti del pensiero di management è quella di fondare riflessioni e decisioni su un'attenta considerazione dei numeri che fotografano la realtà d'interesse. Senza la componente metrica del processo di decision making, infatti, la distanza tra il management e lo stile "empirico" di direzione aziendale – del quale dicemmo all'inizio – sarebbe molto ridotta (▶ Capitolo 11). Per questa ragione, le discipline manageriali sono alla continua ricerca di strumenti tecnici che consentano di produrre opportune misure degli accadimenti di mercato, avendo cura che siano più affidabili, tempestive e pertinenti possibile. In sintesi, le misure in questione:

1. monitorano il progresso delle marche nel mercato (quote, prezzo, brand image, copertura distributiva ecc.) con continuità spazio-temporale;
2. misurano e stimano – in questo caso si parla di forecast – le dimensioni del (o dei) mercato di riferimento, la loro evoluzione e il potenziale.

Occorre qui distinguere fra il momento della generazione delle misure e quello del loro utilizzo nell'ambito del *decision making* aziendale. Sul primo aspetto bisogna mettere in evidenza che si è oggi raggiunto un elevato grado di specializzazione e professionismo, anche grazie alla grande accessibilità alle tecnologie digitali e alla loro eccezionale versatilità. Gli strumenti di misura che ne promanano aumentano il potenziale generativo di conoscenze in misura straordinaria, sia con riferimento ai tempi di produzione, sia alla quantità di dati. È bene sottolineare che tutto ciò inte-

La vita quotidiana delle persone è una straordinaria fonte di informazione. La diffusione degli smartphone, ad esempio, consente alle imprese di espandere lo spazio e il tempo di contatto con i consumatori, ricavandone dati potenzialmente utili ai marketer.

ressa le *market measurement* molto da un punto di vista tecnico, solo marginalmente da quello metodologico, che è invece rimasto più simile a se stesso nel tempo e sostanzialmente del tutto affine a quello delle ricerche quantitative. Di fatto, il motivo fondamentale per il quale le *market measurement* – che in senso proprio non hanno nulla della ricerca in senso stretto, essendo solo produzione di dati – sono state tradizionalmente assimilate alle *marketing research*, è il fatto di ricorrere spesso a metodologie sostanzialmente simili alle campionarie. Passando invece all'utilizzo dei dati prodotti dalle misure, dobbiamo segnalare che esse conferiscono, al livello operativo delle attività di marketing, una sorta di *scientificazione*, permettendo: di monitorare (attraverso il metodo cosiddetto **tracking**) l'andamento temporale di un fenomeno in condizioni di omogeneità, il che rende i dati comparabili fra di loro anche se riferiti a tempi differenti e soggetti anch'essi differenti; di scomporre gli accadimenti di mercato misurati (vendite, quote ecc.) in componenti elementari e, conseguentemente, di individuare possibili percorsi risolutori che, nel loro complesso, siano suscettibili di modificare, al tempo 1, le condizioni misurate al tempo 0. Esigenze di sintesi non ci consentono di approfondire i punti sopra riportati, comunque generalmente ben esauriti dai principali manuali specialistici della materia, per cui ci limitiamo a richiamare, nella tabella 7.3, alcune fra le più comuni metriche di mercato e le relative metodologie di riferimento.

Tracking

Letteralmente "tracciamento", termine tecnico che indica rilevazioni continuative che misurano un fenomeno e ne tracciano, quindi, l'evoluzione.

Tabella 7.3

Principali misure di mercato.

Panel punti vendita		Misure
Misure di base	Dati di vendita	Numero pezzi venduti per marca, prezzi ecc.
	Fenomeni	Promozioni, presenza del prodotto a scaffale ecc.
Elaborazioni quota (%)	Volume	Pezzi venduti della marca A / totale pezzi venduti del mercato
	Valore	Valore vendite della marca A / valore totale del mercato
	Trattanti	Quota a valore della marca A / distribuzione ponderata
	Baseline	Vendite di base della marca A / vendite di base del mercato
	Depromozionata	Vendite di base della marca A / vendite totali del mercato
Distribuzione (%)	Numerica	Punti vendita nei quali la marca A è presente / totale punti vendita
	Ponderata	Valore fatturato di categoria dei punti vendita dove A è presente / valore totale
Indici promozioni (%)	Intensity	Vendite promozionate della marca A / totale vendite della marca A (promozionate + non promo)
	Promo effectiveness	Volumi incrementali della marca A / vendite promozionali di base
Panel consumer		**Misure**
Misure di base	Famiglie	Numero famiglie acquirenti, famiglie riacquirenti, acquirenti in promozione ecc.
	Volumi	Acquisti per marca, prezzo, promozione ecc.
Elaborazioni acquisto (%)	Coperto	Quota degli acquisti di categoria sviluppata dagli acquirenti della marca A
	Acquirenti	Quota di famiglie, sul totale acquirenti della categoria, che ha acquistato la marca A
	Indice di acquisto	Capacità di spesa nella categoria da parte delle famiglie acquirenti della marca A
	Quota acquirenti	Quota della marca sugli acquisti della categoria calcolati sui soli acquirenti della marca A
Quota di mercato marca A (%)	Scomposizione	Penetrazione (% acq.) * Indice Acquisto * Fedeltà (quota acq.)

7.3 Il metodo scientifico e la conoscenza del mercato

Prendiamola alla lontana e andiamo col pensiero fra i monti dell'antica Grecia, dove è nato il pensiero occidentale. Una delle ragioni fondamentali per le quali la filosofia è nata proprio lì, secondo alcuni studiosi è il fatto che il greco antico sia una delle poche lingue dell'antichità a disporre dei dispositivi linguistici necessari a descrivere dettagliatamente la realtà. Per questa ragione, i filosofi erano in grado di elaborare pensieri complessi e teorie, ovvero elaborazioni mentali strutturate, legate all'osservazione dello "spettacolo" offerto dai fenomeni reali, naturali e umani. Cosa c'entra tutto questo con le metodologie della ricerca di marketing? Fornisce essenzialmente la regola per definire quale approccio metodologico alla ricerca adottare, che è fondamentalmente imperniata su una domanda: si dispone di una conoscenza sufficientemente strutturata e aggiornata (ovvero di una teoria) sul fenomeno di mercato oggetto d'interesse? In altri termini: il fenomeno d'interesse – con tutte le sue manifestazioni – è già stato osservato adeguatamente, in tempi non remoti, per cui si può supporre che le sue fondamentali dimensioni siano note (e, nel caso, ancora valide)?

Teoria
Formulazione astratta e sistematica dei principi di una branca del sapere. È una parola che deriva dal verbo greco *theoréo* che ha il significato di "osservare".

Se la risposta a questo quesito è affermativa, l'approccio di ricerca sarà di tipo *descrittivo*; se la risposta è invece negativa – sia perché il fenomeno non è stato mai osservato, sia perché lo è stato, ma in tempi troppo remoti per poter assumere che le risultanze relative siano ancora valide – l'approccio di ricerca sarà definito *esplorativo*.

Ciascuno dei due approcci di ricerca possiede un tracciato metodologico di riferimento, che gli è proprio in quanto consente di produrre l'informazione desiderata in linea con le condizioni conoscitive di partenza. Schematizziamone per sinteticità nella tabella 7.4 le caratteristiche salienti.

L'approccio descrittivo di ricerca è volto a rappresentare una situazione, un fenomeno o un comportamento in un determinato contesto spazio-temporale. Attraverso le tecniche della ricerca descrittiva ci si propone di effettuare, ad esempio,

Tabella 7.4
I due fondamentali approcci di ricerca.

Approccio	Metodo	Caratteristiche	Strumento
Descrittivo	Quantitativo *Processo deduttivo della conoscenza*: dalla teoria all'osservazione.	Formazione del campione mediante procedimento statistico. Field estensivo, supportato da tecnologie informatiche. Rappresentazione delle risultanze numerica e supportata da grafici quantitativi.	Rilevazione dati: domanda chiusa, organizzata in sequenza strutturata (*questionario*). Elaborazione dati: algoritmi statistici.
Esplorativo	Qualitativo *Processo induttivo della conoscenza*: dall'osservazione alla teoria.	Formazione del campione mediante procedimento logico e basato sull'esperienza. Field ristretto, fondamentalmente basato sulla figura del moderatore-osservatore. Rappresentazione verbale delle risultanze.	Rilevazione dati: domanda aperta, organizzata in sequenza destrutturata (*traccia* o *scaletta*). Elaborazione dati: procedure non parametriche.

Auditel rileva gli ascolti dei programmi televisivi su un campione statistico di tipo panel.

una sorta di fotografia del mercato, delle performance di un prodotto, dei comportamenti di uno dei partner coinvolti nello scambio.

La ricerca descrittiva presuppone ovviamente una conoscenza dell'oggetto osservato più profonda di quella che si possiede nell'approccio esplorativo: se nella ricerca esplorativa si cerca infatti di accumulare il numero maggiore possibile di fatti e dati per sviluppare delle ipotesi–congetture, in quella descrittiva il ricercatore tenta di confermare o confutare tali ipotesi attraverso una verifica sul campo, misurando lo spessore relativo del manifestarsi delle variabili medesime. Le relative risultanze sono trattate, generalmente, sia in termini qualitativi sia descrittivi.

Nella ricerca descrittiva, le osservazioni possono essere condotte secondo due prospettive distinte: *longitudinali* e *trasversali*. Le prime hanno l'obiettivo di rappresentare l'evoluzione diacronica di un determinato fenomeno, attraverso una misurazione ripetuta nel tempo delle variabili che lo caratterizzano. Tali tecniche vengono utilizzate attraverso due modalità diverse di campionamento: il panel, che rappresenta un campione fisso di elementi sul quale vengono condotte delle rilevazioni a intervalli di tempo predefiniti; il campione indipendente, ovvero un campione variabile per ogni ciclo di misurazione.

Panel

Questo campione fisso, spesso composto da esperti della materia oggetto d'indagine, o da opinion leader, è investigato per misurare nel tempo un fenomeno. Ne è esempio il panel Auditel, per i consumi televisivi.

Le tecniche *trasversali* descrivono invece un fenomeno fotografandolo in un dato momento (in un'ottica statica), ma in comparazione con altri eventi. Si utilizzano, ad esempio, quando si vogliono definire le variabili che descrivono un dato comportamento di diversi sottogruppi di una popolazione (p.e possesso/utilizzo del telefono cellulare per fascia di età, o per reddito). Entrambe queste tecniche si fondano su dati primari che vengono raccolti attraverso il metodo del campionamento, con approcci di rilevazione fondati sulle seguenti tecniche.

- *Osservazione*: in questo caso si procede al riconoscimento e alla registrazione dei comportamenti, o del manifestarsi di certi eventi. I metodi di osservazione sono caratterizzati da un elevato grado di obiettività e precisione, in quanto non prevedono l'interazione personale dei soggetti interessati con il rilevatore e spesso non richiedono nemmeno la disponibilità degli intervistati a fornire collaborazione, il che garantisce il fatto che questi si comportino naturalmente, senza alcuna alterazione indotta dal sapersi osservati. L'osservazione può essere sia di carattere *umano* (p.e. "dilatazione pupille davanti agli annunci pubblicitari") che *meccanico* (p.e. "scanner codici a barre per le vendite dei supermercati").
- *Comunicazione*: sono forme di rilevazione nelle quali si instaura un rapporto di interazione, diretta o mediata, tra il rilevatore e l'osservato; le informazioni sono raccolte sulla base di risposte date attraverso strumenti vari (questionario somministrato via telefono, posta, Internet, colloquio faccia a faccia ecc.).

Somministrare

Termine tecnico che indica il processo di esecuzione di un questionario da parte dell'intervistatore.

Va detto, concludendo, che le ricerche descrittive sono quelle maggiormente utilizzate nella prassi, in quanto si fondano su tecniche statistiche di analisi e procedimenti deduttivi relativamente semplici.

Nei testi specialistici il metodo induttivo è accolto all'interno delle *ricerche esplorative*, così intendendo quelle che si pongono l'obiettivo di studiare un fenomeno che appare piuttosto vario ed eterogeneo nelle sue manifestazioni (p.e. "L'innovazione tecnologica nelle piccole e medie imprese italiane", oppure "Il turismo della salute: beauty farm e centri del benessere in Italia"). Il modello esplorativo riguarda l'individuazione e la definizione dei problemi della ricerca e, spesso, la formulazione d'ipotesi rilevanti per le verifiche successive.

Si affianca ai due metodi sopra richiamati un terzo approccio, detto *causale*, che consiste essenzialmente nell'applicazione dei metodi della sperimentazione scientifica ai fenomeni di scambio di mercato. Questa operazione – che nella realtà delle cose non è molto frequente – è condotta al fine di evidenziare delle relazioni causa-effetto tra le variabili considerate salienti (p.e. la performance su una variabile del prodotto – come la gentilezza del personale di front-line – al livello generale di soddisfazione della clientela), per poi eventualmente definire dei modelli predittivi degli andamenti di alcune variabili-risultato di mercato (p.e. legando i delta di *customer satisfaction* alla *loyalty* presunta della clientela medesima). Non tutti i temi di marketing sono affrontabili con un approccio di questa natura. Vi sono infatti delle precise condizioni che occorre soddisfare perché si possa impostare una ricerca su questi binari:

Front-line

Termine tecnico che identifica le persone che hanno contatto diretto con i clienti. Si appoggia a un back-office, solitamente non visibile ai clienti.

- la *covariazione* tra le variabili, cioè il fatto che a ogni cambiamento di una variabile X dovrebbe corrispondere una modificazione nella variabile Y (p.e. l'elasticità della domanda in volumi al prezzo di vendita);
- l'*ordine cronologico* degli interventi (la variazione del prezzo precede il manifestarsi dei volumi di vendita);
- l'*assenza* di altri fattori esterni, che possono influenzare la *covariazione* (si ipotizza l'assenza di promozioni, si neutralizza l'esposizione a scaffale, si standardizzano i prezzi dei concorrenti ecc.).

La ricerca causale si avvale della *sperimentazione* quale forma d'indagine scientifica, in cui il ricercatore controlla e manipola (attraverso il trattamento, o l'azione sperimentale) una o più variabili di azione (definite "unità sperimentali") e osserva in che modo si modificano le variabili di risposta a esse collegate. I vari modelli di ricerca possono presentare diverse varianti – presenza o meno di un gruppo di controllo, misurazioni a posteriori e/o a priori ecc. – sulle quali in questa sede non ci soffermiamo. A seguito dei ragionamenti fin qui addotti, bisogna anche segnalare che l'interazione tra intervistato e intervistatore – sempre presente, magari in forma mediata ma comunque esistente – conferisce ulteriori dosi di soggettività al lavoro di ricerca.

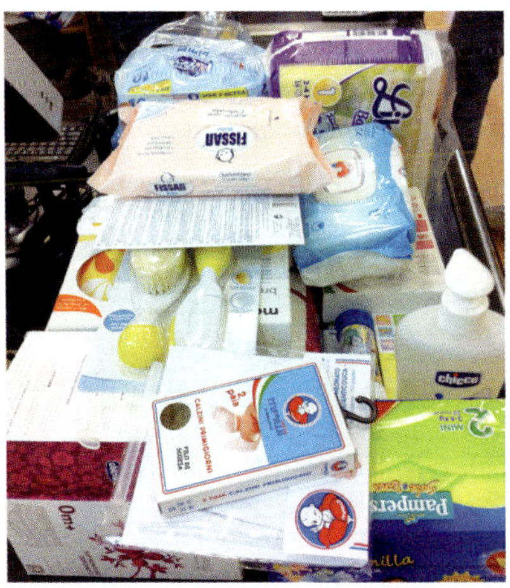

L'osservazione diretta dei comportamenti di acquisto è una tecnica utile per comprendere la domanda.

7.3.1 Ricerca qualitativa o quantitativa?

Nei fatti, la scelta fondamentale da compiere, quando si decide di avviare un processo di ricerca formalizzato, è fra un approccio di tipo induttivo o deduttivo al problema (vedi tabella 7.4). Proviamo a chiarire i termini della questione con l'esemplificazione di un caso reale: l'avvio di un'indagine di customer satisfaction. Di seguito riportiamo il ragionamento che conduce, per via induttiva, a costruire un impianto metodologico qualitativo, con i relativi strumenti tecnici e, successivamente, percorriamo il ragionamento che conduce al metodo quantitativo. Immaginiamo la seguente situazione: "il dottor Andrea Fabiano, direttore marketing della Servizi Srl, decide di verificare il livello di soddisfazione dei propri clienti, aumentati sensibilmente nel corso dell'ultimo anno. La concorrenza, infatti, sta facendosi sempre più incalzante, per cui appare opportuno controllare lo stato di salute delle performance della Servizi Srl, al fine di evitare eventuali cali di domanda. È la prima volta che si conduce una ricerca in azienda".

Ragionamento induttivo

Fabiano si rende subito conto di non sapere quali siano gli elementi su cui i propri clienti basino le loro valutazioni di soddisfazione. Il tipo di servizio offerto, infatti, si snoda lungo una serie potenzialmente lunga di momenti di contatto – e quindi di prestazioni. Cosa fa dire al cliente di essere soddisfatto? Cosa ritiene importante? Come valuta ciò che gli viene offerto?

NB: il dottor Fabiano non possiede una teoria di riferimento su come si produca la soddisfazione nelle attività di servizio che la propria azienda conduce. Non ha osservato già il fenomeno in precedenza e gliene mancano perciò le chiavi di lettura. Si trova perciò nella condizione mentale di dover "esplorare" la realtà di riferimento.

Ragionamento deduttivo

Fabiano ha lavorato per anni in un'azienda concorrente diretta della Servizi, dove oltretutto s'investiva molto in ricerche. Negli anni ha avuto quindi modo di leggere molti rapporti di customer satisfaction e ha un'idea piuttosto precisa su come funzionino le cose. Sa bene che i clienti prestano grande attenzione alla cortesia del frontline, così come alla velocità di prestazione.

NB: il dottor Fabiano possiede qui una teoria di riferimento su come si produca la soddisfazione nelle attività di servizio che la propria azienda conduce. A questo punto potrà prendere due direzioni: incaricare l'istituto di ricerca di verificare la soddisfazione seguendo gli schemi che la teoria in questione gli fornisce, oppure considerare opportuno fare una piccola verifica esplorativa, per vedere se questa teoria sia ancora valida e, nel caso, procedere a una misura della soddisfazione con un questionario. Questa seconda via – che miscela una fase qualitativa preliminare a una quantitativa – prende il nome di approccio integrato.

Focus group

Tecnica di indagine qualitativa che consiste nel condurre un colloquio d'indagine con più persone contemporaneamente.

Ciò posto, se il ragionamento proseguirà secondo il metodo induttivo, l'istituto incaricato dello studio produrrà un progetto di ricerca qualitativa, imperniato magari su interviste in profondità individuali e collettive (focus group), o sull'osservazione diretta (personale o strumentale); se, viceversa, si proseguirà in base al ragionamento deduttivo, il progetto proposto verterà sull'osservazione, per intervista, di un campione statistico della clientela e sulla lettura parametrica dei risultati – indagine quantitativa.

È importante focalizzare l'attenzione sugli strumenti utilizzati per raccogliere i dati nei due casi summenzionati, perché differiscono profondamente, in ragione proprio del diverso approccio mentale che li connota. La ricerca qualitativa poggia, come detto, su un intento esplorativo. Per tale ragione occorre che l'intervista/osservazione che si conduce sia quanto più possibile aperta, libera da schemi pregressi, destrutturata e continuamente flessibile a seconda delle risposte che vengono fornite. L'obiettivo esplorativo, infatti, postula una rappresentazione del fenomeno, se possibile, a 360 gradi, e occorre perciò che il colloquio d'intervista spazi quanto più possibile intorno all'asse centrale del discorso. Lo strumento, in tale situazione, prende il nome di *scaletta* (o traccia) d'intervista e, data la sua destrutturazione, richiede all'intervistatore un grado d'intervento notevole. Possiamo infatti asserire che la qualità di un'intervista qualitativa risiede, per più di un 50%, nella preparazione e capacità dell'intervistatore.

Diametralmente opposta, la situazione dell'indagine quantitativa. L'intervista mira a verificare il fenomeno con gli occhi di una rappresentazione strutturata dello stesso: si dispone, cioè, di una teoria di partenza e, su questa, si costruisce l'impalcatura di osservazione del fenomeno. Lo strumento di rilevazione, perciò, dovrà essere strutturato a modello della conoscenza che si ha del fenomeno, così da poterne leggere le manifestazioni. In questo caso si ricorre perciò alla definizione di un questionario, che si manifesta perciò come una successione organizzata di domande, lungo un filo logico ben determinato. All'intervista quantitativa non è richiesto, in altri termini, di spaziare intorno al fenomeno, bensì di coglierne, con precisione, solo alcune manifestazioni, seguendo uno schema preordinato. In tale contesto, l'assenza di intenti esplorativi limita il ruolo dell'intervistatore alla mera ripetizione delle domande e registrazione delle risposte, nella forma esatta in cui è previsto che siano fornite (tabella 7.5).

Tabella 7.5
Scaletta e questionario.

Scaletta Successione di temi di discussione, organizzata in maniera aperta e destrutturata, lungo un ideale percorso esplorativo a 360 gradi.	**Questionario** Successione organizzata di domande predefinite, organizzata per blocchi tematici, secondo una logica rigida.
Ruolo dell'intervistatore Fondamentale. Spetta a lui stimolare, raccogliere e interpretare le risposte e rilanciare la discussione su queste, creando di volta in volta le domande opportune.	*Ruolo dell'intervistatore* Strumentale. Gli è richiesto di leggere le domande esattamente come sono formulate e di registrare le risposte esattamente come richiesto dalla formula di risposta prevista.
Criticità La scaletta deve prevedere una fase introduttiva (warm-up) di preparazione e mantenere la rotta di discussione, pur nella destrutturazione, lungo una direttrice precisa.	*Criticità* Le domande devono essere ben progettate, nel testo, nella meccanica di risposta, nella composizione delle voci di risposta, nella organizzazione della loro successione e degli eventuali salti.
Durata L'intervista supportata da scaletta può durare anche diverse ore, dipende dai casi.	*Durata* Dipende dallo strumento di supporto all'intervista utilizzato. La durata deve essere contenuta nel caso di indagine telefonica (da 7 a 15 minuti massimo); può essere più lunga nei casi di intervista personale (fino a 25-30 minuti massimo).

La ricerca quantitativa, per il fatto di ricorrere ampiamente all'uso della statistica, conferisce alle risultanze dell'indagine un grado di veridicità parametrico e una affidabilità misurabile, elementi assenti nel caso dell'indagine qualitativa, più legata alla qualità delle persone che la conducono, che al metodo e alle tecniche utilizzate. Ciò non significa però, giova ribadirlo, istituire una graduatoria di qualità fra i due metodi, ma solo avere sempre la consapevolezza dei pro e contro dell'uno e dell'altro, entrambi sempre presenti.

7.3.2 La ricerca integrata

Date le questioni appena discusse, dovrebbe essere agevole comprendere che l'informazione qualitativa sorregge processi decisionali di due tipi:

1. situazioni caratterizzate da un'elevata indeterminatezza, ovvero problemi ancora non chiaramente definiti nella mente del manager;
2. elementi del marketing per loro natura qualitativi e soggetti a valutazioni di natura verbale, che non avrebbe senso rappresentare attraverso numeri.

Se uniamo quanto detto sopra con il fatto che il campione solitamente utilizzato nei field qualitativi non ha natura probabilistica – e quindi il suo grado di rappresentatività è limitato e circoscritto – emerge che l'informazione qualitativa produce per sua natura delle *indicazioni*.

Field

Abbreviazione di *fieldwork*. In genere si integra a una fase, detta *desk*, d'indagine a tavolino.

L'informazione quantitativa sorregge invece, a propria volta, processi decisionali di due tipi:

1. situazioni caratterizzate da un'elevata determinatezza e focalizzazione, delle quali interessa conoscere la rappresentazione dimensionale di aspetti specifici;
2. elementi del marketing per loro natura quantitativi e soggetti a valutazioni di natura numerica, che non avrebbe senso rappresentare attraverso parole.

Focus Group. In un colloquio-intervista di gruppo, il moderatore sollecita i partecipanti e governa le dinamiche di gruppo.

Il campione utilizzato nei field quantitativi deve avere una natura probabilistica, perché in caso contrario ne verrebbe meno il contributo precipuo (che è quello della precisione dei numeri), e pertanto l'informazione prodotta finirebbe per assumere quel valore indicativo, proprio invece dell'informazione qualitativa. Pertanto, si può affermare che l'informazione quantitativa produce per sua natura dei *dati*, il cui successivo trattamento analitico in varie forme produrrà l'informazione utilizzabile nei processi decisori di marketing.

Accade molto spesso anche che la formula di ricerca prescelta derivi da una rappresentazione complessa del problema di marketing, tale da richiedere l'integrazione di *indicazioni* e *dati*, vale a dire, di informazioni sia qualitative che quantitative, da trarre da un campione avente le medesime caratteristiche di profilo. L'approccio metodologico che supporta questo tipo di scelta prende il nome di *integrato*, e solitamente prevede la seguente scaletta (figura 7.4):

1. indagine qualitativa *esplorativa*, finalizzata a disegnare il fenomeno nella sua complessità;
2. redazione del questionario di rilevazione, avvalendosi del contributo informativo prodotto dall'indagine qualitativa;
3. indagine quantitativa *estensiva*, tesa a misurare – assegnando pesi numerici derivanti dalle risposte del campione – le dimensioni del fenomeno emerse dalla qualitativa;
4. eventuale altra indagine qualitativa di approfondimento, su aspetti o temi il cui interesse discende dalle risultanze degli step precedenti.

Figura 7.4

Formula di ricerca univoca e integrata.

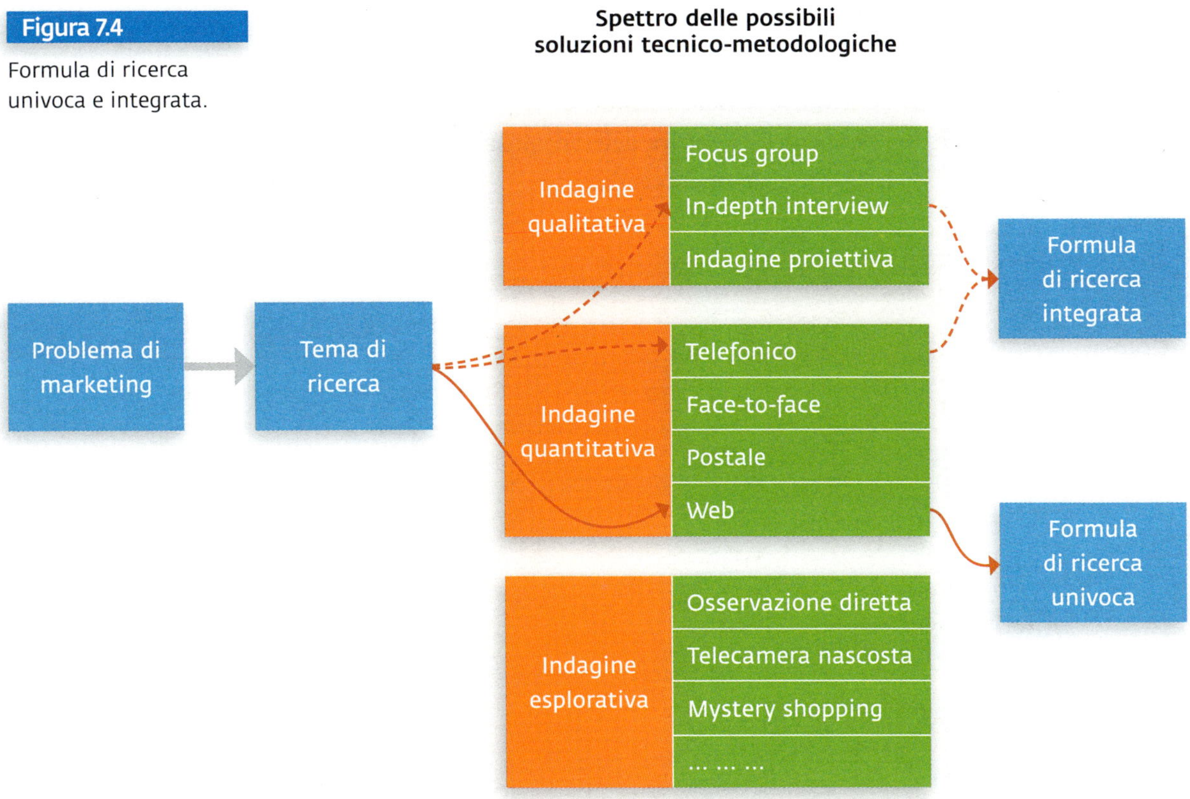

La linea continua mostra il percorso tecnico-metodologico che conduce a una formula di ricerca univoca.
La linea tratteggiata mostra il percorso tecnico-metodologico che conduce a una formula di ricerca integrata.

Single source
Rilevazioni e osservazioni plurime condotte su un singolo soggetto.

Codice EAN
Codice a barre che serve a identificare univocamente i prodotti destinati al consumatore finale. Sta per European Article Number.

Un tipo di integrazione diverso da quello sopra descritto è infine quello costituito dalle ricerche denominate single source. Nella loro formulazione più completa, esse integrano dati di natura (e utilità di marketing) differente, pur insistendo sulle medesime unità campionarie, solitamente riunite in un panel consumatori. Le informazioni in esame riguardano solitamente:

- gli acquisti di beni e servizi (rilevati mediante diario e scanner codice EAN);
- i consumi televisivi (rilevati tramite *meter*);
- i consumi mediatici, come cinema, riviste ecc.;
- le abitudini di uso della rete (tramite *meter*);
- il sistema di valori, opinioni, atteggiamenti ecc., dichiarati in questionari una tantum.

7.4 Il processo di ricerca

Il processo di ricerca di marketing applica operativamente i dettami della ricerca scientifica e si sostanzia perciò in una metodologia che deve essere sempre chiarita e specificata per iscritto, così che chiunque possa essere in grado di verificarne la qualità. Gli step fondamentali di un processo di ricerca (figura 7.5) sono:

1. la definizione del problema di marketing;
2. la specificazione del tema di ricerca;
3. la definizione della formula di ricerca;
4. l'esecuzione operativa della formula;
5. la presentazione dei risultati.

Figura 7.5
Il processo di ricerca.

7.4.1 Dal problema di marketing al tema di ricerca

Un piano di ricerca ben impostato dovrebbe essere in diretta relazione con uno specifico quesito di marketing, posto dal manager, che percepisce un vuoto di conoscenza su un dato fenomeno di mercato. Tale relazione diretta, tuttavia, non implica parallelamente l'esistenza di una correlazione altrettanto diretta e, soprattutto, obbligatoria fra un dato tema di marketing e la formula di ricerca. In altre parole, il principio generale vuole che a ogni dato problema di marketing espresso dal committente – e specificato con chiarezza in tutti i suoi aspetti assieme al ricercatore – corrispondano alcune diverse soluzioni di ricerca e, salvo casi particolari pure esistenti, mai una e una sola strada obbligata.
Il lavoro del ricercatore consiste, infatti, da questo punto di vista, nell'individuazione del percorso metodologico relativamente ottimale rispetto al quesito di ricerca indicato dal committente. Ciò implica anche, a fronte di ogni dato tema di ricerca, la coesistenza di uno spettro definito di alternative tecnico-metodologiche fra le quali il committente (con la consulenza del ricercatore) saprà poi scegliere, sulla base di una serie di variabili (messe in evidenza sinteticamente nella figura 7.6).

Figura 7.6

Lo spettro metodologico.

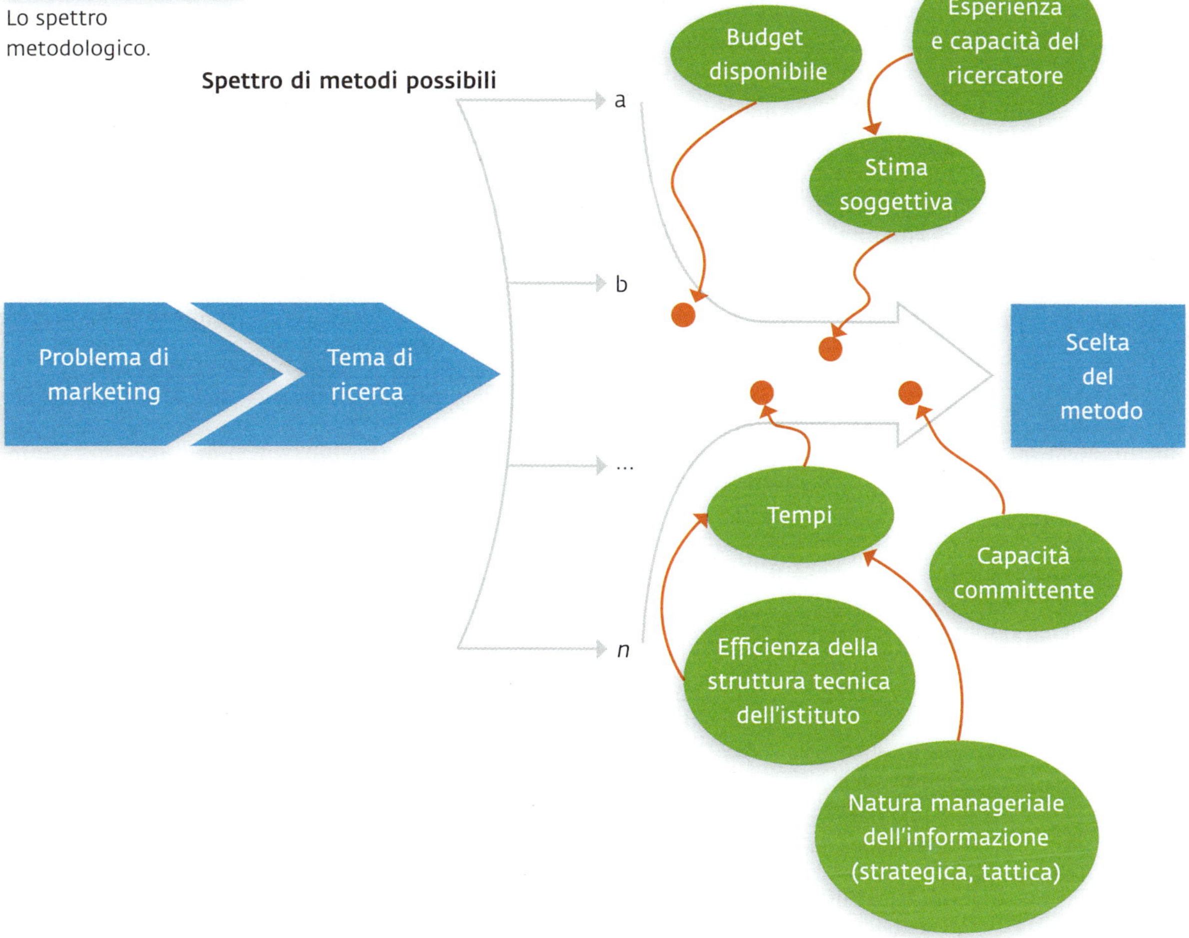

Fonte: Mattiacci, 2007

Il problema di marketing viene esplicitato in un tema di ricerca.
Ogni tema di ricerca può essere svolto mediante diversi metodi, ciascuno dei quali ha dei pro e dei contro.
Considerati i vari fattori richiamati nelle ellissi, ricercatore e manager pervengono alla decisione del metodo (relativamente) ottimale da seguire.

La questione della specificazione del problema di marketing in tema di ricerca è assolutamente cruciale: non fare bene questo passaggio significa avere una ricerca inefficace. Nella tabella 7.6 – che ha contenuti essenzialmente esemplificativi e non esaurisce la gamma delle possibili manifestazioni dell'argomento – si riporta nella prima colonna di sinistra l'area del marketing management cui fa riferimento il problema che ha prodotto nel committente l'esigenza di effettuare una ricerca (seconda colonna). Solitamente accade che il committente percepisca il problema di marketing in forma abbastanza generica e indefinita, e che con analoga imprecisione lo presenti poi al ricercatore, o informalmente – magari anche con una semplice telefonata, specie se il rapporto tra il committente e l'istituto è di vecchia data – oppure formalmente – mediante uno specifico documento chiamato *briefing*. È a questo punto che possiamo individuare un primo atto della relazione committente-ricercatore: la formalizzazione del problema di marketing in uno *statement* condiviso.

Tabella 7.6

Problema di marketing e tema di ricerca.

Se tutto va bene, il primo atto della relazione si chiude con una definizione completa del problema di marketing percepito dal committente, preludio ottimale al secondo atto: la traduzione del problema di marketing in un tema di ricerca conte-

Area del marketing	Problema di marketing*	Problema di ricerca*
Mercato obiettivo	*Definizione del mercato:* conoscere la dimensione della domanda potenziale nell'area geografica prescelta.	Misurare la quantità di famiglie che, nell'arco temporale di validità del piano di marketing, manifestano una propensione all'acquisto del prodotto. Definire il profilo delle famiglie propense e di quelle non propense e listare le motivazioni della non propensione.
	Segmentazione della domanda: verificare se la domanda potenziale presenti delle disomogeneità, di struttura e comportamento, rilevanti ai fini della differenziazione dell'offerta.	Definire le variabili soggettive (comportamentali, sociali, demografiche ecc.) che discriminano i comportamenti dei consumatori target nei confronti del prodotto. Stimare la numerosità e la dimensione dei segmenti risultanti dall'applicazione delle variabili di cui sopra.
Domanda finale	*Valutazione della soddisfazione:* verificare se i consumatori siano soddisfatti delle prestazioni del prodotto.	Definire gli attributi elementari della prestazione in base ai quali i consumatori esperiscono le proprie valutazioni. Scegliere il modello di misura della soddisfazione da utilizzare.
	Comportamenti d'uso del prodotto: scoprire in che modo il consumatore utilizzi il prodotto.	Comprendere se la confezione sia concepita in maniera funzionale all'utilizzo abituale del prodotto da parte del consumatore. Misurare l'intensità d'uso del prodotto secondo le varie modalità possibili.
Domanda intermedia	*Aspettative sul livello di servizio:* conoscere il livello dei servizi aggiuntivi che il trade desidera.	Scoprire la struttura delle aspettative del trade. Definire lo spettro dei servizi che il trade desidera ricevere dai propri fornitori.
	Comportamento dell'acquirente sul punto vendita (pdv): scoprire cosa influenzi maggiormente l'acquirente sul pdv nello scegliere la marca del prodotto.	Osservare le azioni dell'acquirente di fronte allo scaffale per individuare delle costanti comportamentali nella scelta della marca. Rilevare il ricordo delle affissioni interne al pdv e delle promozioni.
Concorrenza	*Posizionamento dei brand:* definire i differenziali di percezione del consumatore nei confronti dei brand competitori.	Identificare il paniere di brand che il consumatore associa a un dato prodotto. Rilevare le principali differenze che il consumatore riconosce sussistere fra i brand stessi.
	Valutazione comparativa della performance di prodotto: capire l'attitudine del prodotto a competere con i sostituti diretti sul piano della performance funzionale.	Definire il set di attributi di prestazione che il consumatore prende in considerazione nel comparare i brand fra di loro. Definire il valore relativo e assoluto associato dal consumatore ai vari attributi di prestazione.
Offerta dell'impresa	*Lancio di nuovi prodotti:* verificare l'efficacia potenziale di un nuovo concept.	Comprendere la categoria di appartenenza del nuovo prodotto agli occhi del consumatore. Valutare la comprensione del concept e la percezione della proposta di valore.
	Efficacia della comunicazione pubblicitaria: capire se e quanto la pubblicità abbia impatto sulle vendite del prodotto.	Misurare il livello degli indicatori di conoscenza, ricordo e comprensione di marca. Rilevare il ricordo in merito ai contenuti della campagna pubblicitaria e alla immagine di marca.

Fonte: Mattiacci, 2007

* Quanto riportato nella colonna è da intendersi semplicemente come un esempio, parziale e assolutamente incompleto, di alcuni problemi corrispondenti a quanto richiamato nella colonna precedente.

nente espliciti obiettivi conoscitivi. Gli obiettivi conoscitivi costituiscono la versione operativa della formulazione del problema di ricerca (terza colonna nella tabella 7.6) e costituiscono il punto di partenza del processo di ricerca vero e proprio.

7.4.2 La formula di ricerca

A valle dell'attività precedente, si snoda l'intero percorso di ricerca, che si avvale del fondamentale contributo di alcuni documenti tipici:

1. il briefing;
2. il progetto;
3. il report finale.

Il briefing è sostanzialmente una scheda mediante la quale si trasferisce il fabbisogno informativo rilevato (tema di ricerca), perché l'istituto definisca la proposta di una o più metodologie (formula di ricerca) reputate adeguate a risolvere il tema. Solitamente le informazioni contenute in un briefing dovrebbero essere piuttosto dettagliate: le richiamiamo nella tabella 7.7.

Tabella 7.7

Il briefing.

Contenuti di un briefing di ricerca
Nome del committente di ricerca (ovvero dell'iniziatore) e sua posizione organizzativa, eventuali contatti
Prodotto/brand interessato dalla ricerca
Oggetto della ricerca
Background, ovvero le condizioni di marketing che hanno fatto emergere il fabbisogno informativo
Obiettivo di marketing (indicativo)
Target della ricerca
Tempi a disposizione per l'intero processo, ovvero timeout di presentazione dei risultati definitivi
Costi della ricerca stimati dal committente o budget indicativo (entrambi, non sempre)
Supporti forniti dal committente all'istituto (non sempre)
Risorse professionali interne al committente coinvolte nel progetto e relativi ruoli (non sempre)
Prima traccia metodologica proposta dal committente sulla base di esperienze passate o per standard di lavoro interno (non sempre)
Particolari obiettivi e sub-obiettivi conoscitivi della ricerca (non sempre)
Modalità di selezione per l'assegnazione dell'incarico (non sempre)

La ricezione del briefing avvia l'intero processo interno all'istituto di ricerca, al termine del quale si propone solitamente al committente un primo progetto. Va subito detto che non sempre questo progetto risulterà poi essere quello definitivo, accettato e successivamente messo in opera. Accade anzi quasi sempre che il primo progetto dia il via a un processo negoziale durante il quale i principali soggetti della ricerca (in genere il ricercatore, lo specialista e/o l'iniziatore, qualche volta coinvolgendo anche il moderatore) limano e rivedono le scelte metodologiche fatte, fino a stilare la formula di ricerca definitiva, che trova cittadinanza nel progetto finale. Solitamente, un buon progetto di ricerca dovrebbe comporsi come nella tabella 7.8.

Tabella 7.8

Il progetto di ricerca.

Contenuti di un progetto di ricerca
Background: si richiama esplicitamente il briefing, per dimostrare che si sono ben comprese le condizioni di marketing che hanno fatto emergere il fabbisogno informativo
Obiettivo dello studio
Metodologia: indicazione formalizzata della formula di ricerca, esplicitata in: – Disegno metodologico e relative motivazioni – Tecniche d'indagine prescelte – Campione – Timing del field e dell'analisi – Struttura del questionario/scaletta intervista
Modalità tecniche di analisi dei risultati
Output previsti e modalità di rappresentazione dei risultati, comprendendovi l'indicazione di eventuali presentazioni formali
Tempi di consegna e investimento necessario per il committente
Appendici tecniche (non sempre)

Il progetto di ricerca scioglie alcuni nodi essenziali del processo e cioè: (i) la definizione della formula di ricerca; (ii) l'esecuzione della formula.

7.4.3 La definizione

Formula di ricerca

Specifica combinazione originale di metodologia, tecniche di rilevazione, elaborazione e interpretazione dei risultati, impostata dal ricercatore per risolvere uno specifico problema di marketing.

La definizione della **formula di ricerca** si snoda in quattro attività decisionali chiave, distinte per chiarezza espositiva, ma sempre fuse assieme nella mente del ricercatore quando è immerso nell'opera progettuale:

1. la determinazione del disegno di ricerca e delle fonti dei dati;
2. lo sviluppo delle procedure operative di collezione dati;
3. il profilo degli intervistati-target;
4. la scelta delle tecniche di analisi dei dati e presentazione dei risultati.

A seguito della determinazione del tema di ricerca, dunque, il primo passo è quello di costruirvi intorno un'intelaiatura tecnico-metodologica pertinente. In sostanza, ciò implica il disegno formale del progetto e l'identificazione delle più appropriate fonti da cui trarre tutti i dati necessari alla produzione dell'informazione di marketing. Il disegno formale di ricerca è perciò il piano base, che guida la raccolta dati e le varie analisi, specificando il tipo d'informazione che deve essere raccolto, la relativa fonte dati e le procedure analitiche (figura 7.7).

I dati da raccogliere possono essere distinti secondo due diverse ottiche, già viste in precedenza, che fanno riferimento alla natura della fonte (dati interni ed esterni) e alla originalità (primari e secondari). Mettendoli a matrice si ottiene una rappresentazione di grande utilità in merito alla definizione del *disegno di ricerca*, in quanto consente di definire quattro distinte fattispecie.

Nel caso A si ha un *processo informale di ricerca*. La produzione di dati primari da fonte interna, infatti, non viene effettuata molto frequentemente in maniera formalizzata, ma si preferisce adottare modalità informali e non progettate, quali, ad esempio, riunioni con la forza vendita, meeting di area, colloqui informali con personale interno o consulenti o partner di varia natura ecc. Nel caso B si ha un *processo di esplorazione interna*. Spesso alcuni dati di produzione interna consentono di risolvere il problema di ricerca. È buona norma, in genere, verificare attentamente se il problema di marketing possa trovare adeguato supporto informativo in dati di questo tipo, in quanto si possono realizzare dei rilevanti risparmi di tempo e denaro. Nel caso C si ha un *processo di esplorazione esterna*. La nostra epoca si caratterizza anche per l'ampissima disponibilità di statistiche e relazioni, talvolta addirittura tanto abbondante da richiedere una rilevante scrematura fra le fonti a disposizione. In generale, un buon suggerimento pratico è quello di iniziare qualsiasi ricerca di dati di questa natura presso l'Istat, la cui recente riforma ne ha aumentato l'utilità per gli operatori di ricerca. Da osservare che spesso devono prevedersi tempi e costi di adeguamento dei dati alle necessità informative dell'impresa.

Figura 7.7

Quattro possibili disegni di ricerca.

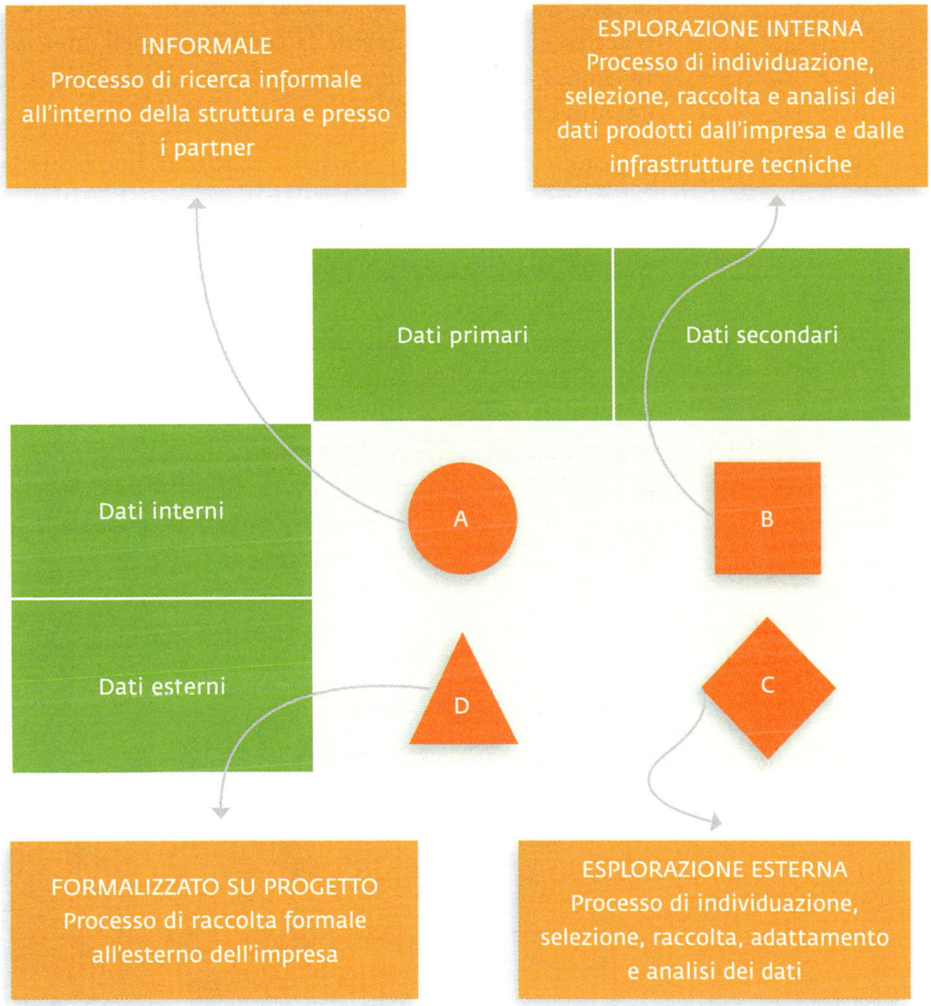

Fonte: Mattiacci, 2007

Naturalmente, qualora il problema di ricerca possa essere opportunamente soddisfatto con il ricorso ai tre iter fin qui descritti, il processo di ricerca ha sostanzialmente termine, "saltando" direttamente alla fase della redazione del report e presentazione dei risultati. Quanto segue, perciò, fa riferimento essenziale alla sola ipotesi in cui s'identifichi la necessità di ricorrere a dati di natura primaria e di fonte esterna, caso in cui (D nella figura) si ha un *processo di ricerca formalizzato su progetto*. In questo caso, le opzioni che idealmente si aprono di fronte al ricercatore sono sostanzialmente quattro:

1. una raccolta di dati elementari suscettibili di trattamento statistico (*indagini quantitative*);
2. una raccolta di dati elementari suscettibili di analisi non-algoritmica (*indagini qualitative*);
3. una raccolta di dati mediante osservazioni dirette (*indagini sperimentali*);
4. una raccolta di dati elementari che integri le prime due (*indagini integrate*).

Le opzioni sopra richiamate sono accomunate dal fatto di essere tutte delle modalità di raccolta di dati che, comunque sia, andranno poi elaborati cognitivamente, al fine di generare un'informazione utile in termini di marketing management e accrescere successivamente la conoscenza dell'impresa. Ciò che le divide nettamente è sia la modalità di raccolta (*fieldwork*), sia le tecniche di elaborazione cognitiva (*data analysis*).

Passando alle *procedure di collezione dati* entriamo nel mondo della professionalità "pura" del ricercatore: in questa fase, infatti, si esaltano le sue capacità di conoscenza, esperienza e creatività, nel difficile compito di concettualizzare esattamente le domande da porre (o le osservazioni da condurre) in relazione al tema di ricerca. Le sue conoscenze in materia attengono in particolare:

- le tecniche di redazione del questionario (nelle *indagini quantitative*);
- le tecniche di somministrazione del questionario (nelle *indagini quantitative*);
- le tecniche di redazione della scaletta (nelle *indagini qualitative*);
- le tecniche di utilizzo della scaletta (nelle *indagini qualitative*);
- gli strumenti informatici hardware e software di supporto alla somministrazione e all'elaborazione (prevalentemente nelle *indagini quantitative*);
- gli strumenti tecnici di osservazione (nelle *indagini sperimentali*).

Computer Aided Telephone Interview (CATI). Le interviste telefoniche sono la più diffusa forma di esecuzione delle ricerche basate su questionari. Il questionario viene somministrato da un intervistatore con l'ausilio di un software apposito, grazie al quale, oltretutto, è possibile disporre dei primi risultati in tempo reale.

Campione probabilistico

Il campionamento si dice *probabilistico* quando ciascuna unità della popolazione di riferimento ha la stessa probabilità di entrare a far parte del campione.

Campione non probabilistico

È il cosiddetto "campione ragionato". Si ha quando il ricercatore sceglie le unità campionarie a proprio giudizio, in maniera tale che il campione costruisca nel complesso un insieme somigliante – per alcuni caratteri ritenuti fondamentali ai fini della ricerca – alla popolazione da cui è stato estratto.

Viene poi la delicatissima fase della definizione del *target* dell'indagine. In questo campo è invalso l'uso pratico – tecnicamente non ineccepibile – di parlare di "campionamento", mentre alcuni ritengono più corretto che si parli di "popolazione", anche perché nell'indagine qualitativa i numeri degli intervistati non consentono rappresentatività statistica. Non ci addentriamo in questa sede nella disputa, limitandoci ad assumere la convenzione di prassi, e quindi useremo il termine "campionamento" come metodologia per la definizione di un target di ricerca che può essere, a seconda delle necessità, probabilistico o non probabilistico. Il principio fondamentale vuole che la validità di un'indagine campionaria dipenda in gran parte dalla qualità del processo di campionamento, vale a dire che le informazioni prodotte avranno un significato e un'affidabilità – intesa come probabilità di non indurre in errore il committente – tanto maggiore quanto migliore sarà il campionamento effettuato. Ciò premesso, gli step fondamentali nella fase di disegno campionario sono:

- l'identificazione chiara e non ambigua della popolazione di riferimento in tutti i suoi caratteri strutturali e rilevanti ai fini della ricerca;
- la scelta della metodologia di campionamento relativamente migliore, in ottemperanza alle condizioni dello studio e alla reperibilità di eventuali liste;
- la determinazione della numerosità campionaria.

L'esecuzione

L'*esecuzione* della formula di ricerca attiene alla realizzazione operativa della formula di ricerca sopra progettata. Volendo puntualizzare gli step più rilevanti, essi certamente sono: (i) la raccolta dei dati elementari (*fieldwork*); (ii) il trattamento elementare dei dati raccolti; (iii) l'analisi dati; (iv) la redazione del report e la presentazione dei risultati.

Il *fieldwork* è un'attività critica della ricerca, tanto per la sua influenza sulla qualità del risultato finale, quanto per la sua incidenza sul costo complessivo di ricerca, che è la più elevata fra tutte le attività. Le tipologie di fieldwork sono diverse e variano a seconda della specifica modalità di collezione dati. In generale, possiamo distinguere fra (figura 7.8):

- metodi di raccolta basati su questionari;
- metodi di raccolta basati su scalette di rilevazione od osservazione.

Il questionario è uno strumento di rilevazione dati all'apparenza semplice. Si presenta come una successione logicamente organizzata di domande – di varia natura – finalizzata alla raccolta d'informazioni sulle variabili oggetto dell'indagine. Le fasi salienti nella redazione del questionario sono tre:

1. la costruzione dello *schema concettuale* del questionario;
2. la *redazione* del questionario;
3. la *verifica* (test) del questionario.

I possibili metodi di raccolta basati sul questionario si distinguono in base alla tecnologia di supporto alla formulazione delle domande (vedi figura 7.8). La maggior parte delle ricerche oggi condotte si avvale del telefono e quasi sempre,

di un sistema computerizzato di intervista (*Computer Aided Telephone Interview*, CATI) che consente non solo maggiore rapidità ed economicità rispetto ad altre forme, ma apre al ricercatore numerose vie per disegnare questionari dai percorsi più complessi e quindi più consoni a rilevare i fenomeni in senso maggiormente rispondente alla realtà delle cose.
L'informatica interviene anche a supporto delle interviste dirette, o *Face-to-Face*, grazie ai personal computer (*Computer Aided Personal Interview*, CAPI), apportando non solo i vantaggi della fattispecie precedente, ma consentendo anche la conduzione di interviste complesse con supporto multimediale (video, suono, immagini ecc.).
Ancora, l'informatica è alla base delle interviste attraverso la rete (*Computer Aided Web Interview*, CAWI) che, a oggi, costituiscono ancora la grande scommessa del settore, ma che sono in crescente diffusione presso gli operatori.

Figura 7.8
I metodi di raccolta.

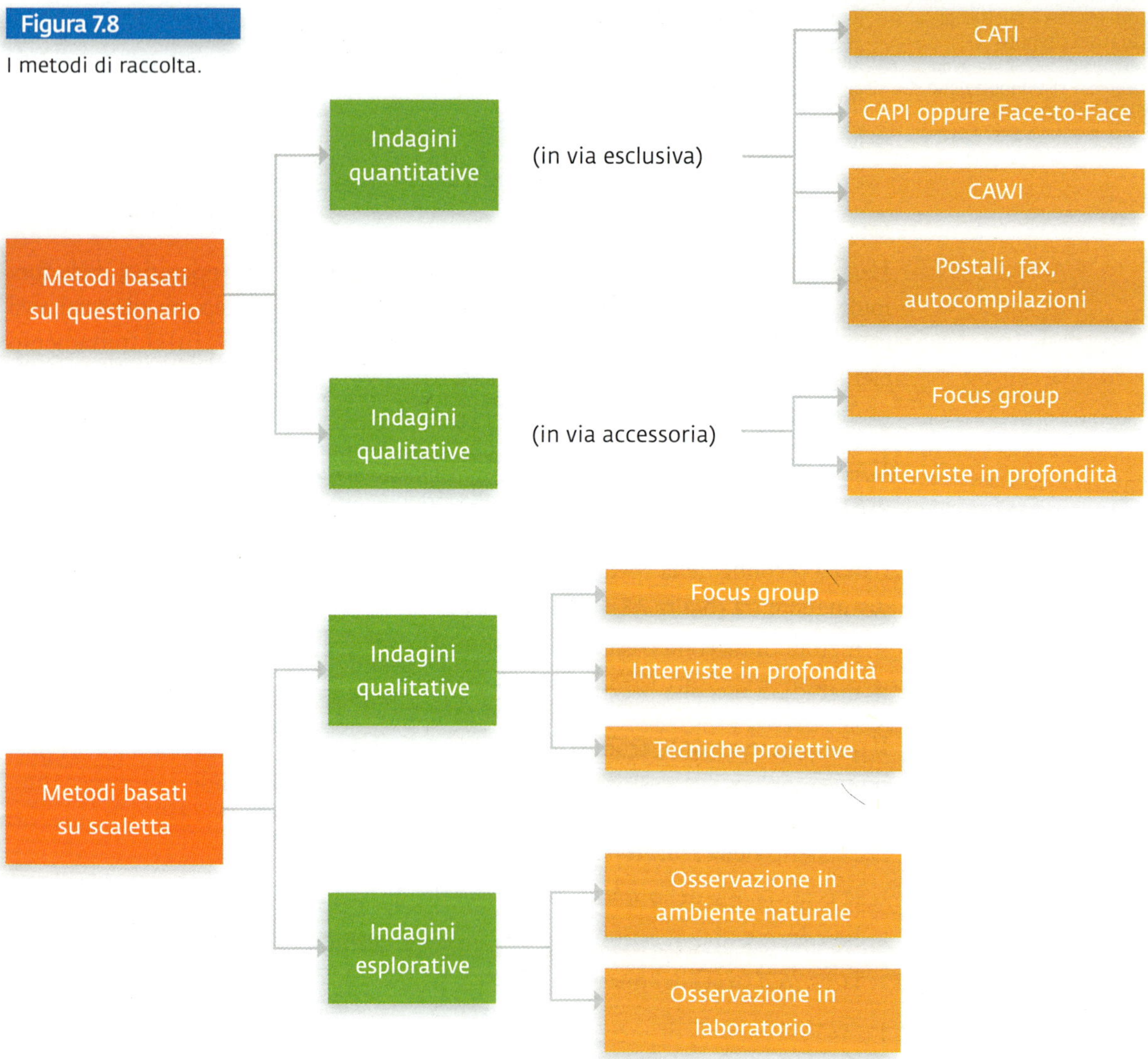

Fonte: Mattiacci, 2007

Tabella 7.9

Quadro sinottico delle tecniche di somministrazione del questionario.

	Vantaggi	Svantaggi
Telefoniche	Costo unitario d'intervista relativamente basso Rapidità di esecuzione Prime elaborazioni immediate CATI: possibilità di gestire questionari complessi con molti salti	Campione limitato agli abbonati al servizio telefonico Difficoltà di verifica dell'effettivo rispondente Elevate distorsioni di risposta Questionario breve e strutturato
Face-to-face	Questionario lungo e destrutturato Possibilità di supporti multimediali Grande flessibilità	Costo unitario d'intervista mediamente elevato Distorsioni di risposta causate dal rapporto intervistatore-intervistato Difficoltà di esecuzione della formula di ricerca
Autocompilazione	Basso costo unitario di intervista Obbligatorio in caso di metodologie speciali Flessibilità elevata	Bassissima redemption Tempi lunghi e non prevedibili di ritorno Questionario semplicissimo e breve Impossibilità di controllare l'identità dell'effettivo rispondente
Web	Rapidità Economicità Possibilità di supporti multimediali Prime elaborazioni immediate	Campione limitato ai soli internauti Problemi di infrastruttura hard del rispondente Questionari semplici Impossibilità di controllare l'identità dell'effettivo rispondente

L'attività di trattamento elementare dei dati raccolti occupa un ruolo di rilievo nel complessivo lavoro di ricerca e se ne possono individuare perlomeno tre sub-attività: (i) il controllo; (ii) il trattamento preanalisi e le prime elaborazioni di base. Il controllo del fieldwork può essere *concomitante* e *successivo*, e fornisce ulteriori garanzie in merito alla qualità del lavoro di rilevazione sul campo. Il primo tipo, effettuato solitamente dai supervisori, ha in genere lo scopo di tenere sotto osservazione dei parametri tecnici di notevole rilevanza economica per la profittabilità del lavoro per l'istituto, ad esempio: la durata media dell'intervista, l'effettiva somministrazione dell'intero questionario, il rapporto tentativi/effettive interviste concluse e i modi con cui l'intervistatore conduce un'intervista. Il secondo controllo tende invece a:

- verificare che gli intervistatori abbiano effettivamente realizzato le interviste, esaurendo ogni parte del questionario;
- analizzare che il tasso di risposta realizzato (rapporto percentuale fra il numero contatti utili [=interviste complete] sul totale dei contatti effettuati) sia mediamente allineato fra tutti gli intervistatori e pari alle ipotesi sulle quali si fondò la quotazione del progetto;
- misurare la durata media d'intervista, perché sia pari a quanto progettato e quotato nel progetto.

L'innovazione di commodity passa spesso attraverso ricerche che individuano desideri e fabbisogni latenti sui quali focalizzarsi. Interpretare la carta igienica come complemento d'arredo è un esempio di tale attività.

Il trattamento preanalisi consiste nel verificare che le risposte siano state registrare in modo corretto e nelle operazioni di:

- *editing*, ovvero revisionare i moduli di raccolta dati per verificarne la leggibilità, la completezza e l'effettiva rispondenza delle risposte alle domande;
- *verbatim*, ovvero la separata registrazione di tutte le risposte alle domande aperte per prepararle alla codifica (di cui al punto successivo);
- *coding*, ovvero definire delle categorie virtuali sotto le quali raggruppare le risposte alle domande aperte e poterle così successivamente trattarle quantitativamente.

A questo punto del processo i dati sono pronti per le opportune operazioni di elaborazione. Basti notare che una buona sequenza-tipo di analisi prevede in genere:

- la costruzione delle distribuzioni di frequenza (assolute, parziali, relative ecc.), delle tavole di contingenza (semplice o stratificata);
- il calcolo degli indici di tendenza centrale (media, mediana, moda ecc.) e delle associate misure di dispersione (scarto quadratico, varianza ecc.);
- la determinazione di prime risultanze statistiche (analisi della varianza e della covarianza, correlazione multipla ecc.);
- l'approfondimento della lettura e interpretazione dei dati attraverso specifici approcci multidimensionali.

A questo punto la formula di ricerca è stata definita in tutti i suoi elementi, generali e particolari.

7.4.4 Il report dei risultati

Report

Documento formale che presenta i risultati della ricerca.

Ultimo importante documento che lega assieme i soggetti della ricerca nell'esperimento del lavoro è il report. Solitamente e tradizionalmente in forma cartacea, le pesanti iniezioni di tecnologia delle quali le ricerche vanno sempre più forti stanno oggi trasformando il concetto stesso di report, rendendolo sempre più snello, operativo e digitalizzato.

Al di là di tali importanti e benefici aspetti evolutivi, tuttavia, il report è un documento che deve assolvere un'insostituibile funzione informativa, circa i risultati e i percorsi dello studio, a beneficio di tutti coloro i quali vi siano interessati (e autorizzati all'accesso) presso l'impresa committente. Ciò impone che – indipendentemente dal supporto tecnologico del quale ci si avvale – il report si articoli nei seguenti capitoli.

- *Background e obiettivi dello studio*: breve richiamo agli analoghi capitoli del progetto al fine di allineare sul tema di studio tutti gli eventuali lettori che non hanno partecipato ad alcuna fase del lavoro (p.e. l'amministratore delegato dell'impresa committente).

- *Executive summary*: (relativamente) breve sintesi commentata dei risultati salienti della ricerca, onde consentire al lettore con poco tempo a disposizione di cogliere immediatamente il senso delle risultanze.
- *Marketing implications*: riflessioni del ricercatore sulle possibili applicazioni – strategiche e/o operative – di marketing legate alle risultanze dello studio (non sempre).
- *Descrizione dei risultati*: dettaglio dei risultati – classificati per categorie concettuali – con letture incrociate e qualche commento a corredo.
- *Appendici tecniche*: sempre necessarie perché il lettore, presane visione, deve poter esperire un giudizio circa l'affidabilità dei risultati e la loro veridicità.

7.5 Tipiche tassonomie di ricerca

Le tipologie di ricerca sono numerose e ordinabili in tassonomie che spesso si sovrappongono fra di loro. Pertanto, l'unico modo per poter definire completamente lo spettro dei tipi di ricerca di marketing possibili, è necessariamente quello di presentare contemporaneamente diverse chiavi di categorizzazione. L'utilità espositiva di un lavoro del genere sta nella possibilità di mettere in evidenza la ricchezza dello strumento, in termini di campi di applicazione, metodi, tecniche, nonché i limiti euristici insiti in ciascun approccio. Le distinzioni a nostro avviso rilevanti s'imperniano su:

- i *temi* di ricerca;
- i *settori* di attività;
- i *fruitori* della ricerca;
- la stabilità del *campione*;
- lo spessore intellettuale dell'*informazione*;
- *particolari prodotti* di ricerca.

La composizione di una pagina pubblicitaria è complessa e richiede spesso test di supporto per essere certi di esprimere, attraverso i molti linguaggi possibili, il messaggio in modo corretto.

La prima chiave presenta i *temi* di ricerca quali contesti rilevanti in termini di marketing management, per la gestione dei quali è utile implementare i seguenti processi informativi.

- *Advertising research*: riguardano tutto ciò che è pubblicità e possono essere ulteriormente distinte in: (i) *processi*: *pre-testing* e *post-testing* pubblicitario (studiano rispettivamente l'efficacia di singoli elementi o dell'insieme della formula pubblicitaria prescelta, prima e dopo la sua azione sul mercato), *media vehicle audience* (misura del numero di persone esposte al veicolo pubblicitario), *advertising exposure* (misura del numero di persone esposte a uno specifico spot in uno specifico veicolo pubblicitario), *advertising perception* (il numero di persone che hanno percepito uno specifico spot in uno specifico veicolo pubblicitario), *advertising communication* (la frazione delle persone dell'indice precedente

Il packaging può giocare un ruolo fondamentale nell'arricchimento e differenziazione della product offering.

che hanno compreso degli specifici elementi del comunicato pubblicitario), *sales response* (frazione dell'indice precedente, espressiva del numero di persone che hanno dato vita a un acquisto quale risultato dell'esposizione precedente); (ii) *oggetti*: *copy test* (verifica dell'efficacia dei singoli componenti del messaggio e del loro insieme integrato: colori, grafica, fotografie, azioni ecc.), media test (verifica efficacia dei potenziali veicoli pubblicitari in termini di costo contatto ecc.).

- *Product research*: hanno come oggetto il prodotto, nuovo o esistente che sia. Ulteriori sottoclassificazioni delle ricerche sul prodotto possono essere: (i) *concept test*: studi aventi per oggetto il prodotto in versione *blind*, ovvero senza le distorsioni percettive indotte dalla confezione, dalla marca e via dicendo; questi test vengono usati per verificare la migliore formulazione di un nuovo prodotto in un set definito di alternative, per la scrematura delle idee di nuovi concept all'interno di una data ennupla, per verificare l'effettivo utilizzo del prodotto (*usage test*); (ii) *as marketed test* (o *as-to-market test*) nei quali, monadicamente (cioè prendendo i prodotti uno per volta) o in comparazione, i prodotti vengono testati introducendo le distorsioni percettive che si ritrovano nella realtà; a questa categoria si avvicinano anche i test di acquisto simulato, che si possono condurre tanto in laboratorio quanto in contesti reali. In questi anni vanno affermandosi tecniche e metodologie di *co-creation* che attraverso il coinvolgimento diretto e immediato dei consumatori, sviluppano nuove idee di prodotto e di comunicazione.
- *Packaging research*: studi che hanno come oggetto la confezione del prodotto della quale vengono testati gli aspetti *funzionali* (praticità d'uso, pesantezza, ingombro ecc.), tanto quanto quelli *comunicativi* (caso simile al copy test).
- *Promotion research*: studi che mirano – in analogia con le advertising research – a studiare le miglior iniziative promozionali e i loro esiti di mercato. Una classe particolare d'interesse è costituita dalle ricerche sulle carte fedeltà, che configurano una fattispecie di confine con il cosiddetto database marketing.
- *Pricing research*: le ricerche sul prezzo possono esser condotte in diverse fasi della vita di mercato di un prodotto e con diverse finalità. Possiamo distinguere in quest'ambito: (i) *price measurement*, ovvero le verifiche dei prezzi effettivi di sell out – propri e dei competitori – condotte una tantum o su base continuativa, utilizzando un campione stabile; (ii) *price sensitivity*, ovvero le misure dell'elasticità della domanda al variare del prezzo e, più in generale, sul valore percepito. Usualmente le prime sono di tipo multiclient e basate su panel, le seconde ad hoc e su campioni variabili.
- *Distribution research*: gli studi sulla distribuzione che il produttore può essere interessato a condurre possono essere riconducibili a due categorie: (i) *per-*

formance test, coi quali si misurano attraverso numerosi indicatori i risultati assoluti e differenziali dei vari canali distributivi dei quali si serve l'impresa; (ii) *channel test*, coi quali si verifica, attraverso test condotti in determinate città, l'attitudine potenziale relativa di diverse opzioni distributive a veicolare il prodotto sul mercato. Mentre i primi tendono a essere studi multiclient su panel, i secondi, di nuovo, tendono a essere studi ad hoc.

La lettura delle ricerche in base al settore economico di attività dell'impresa consente di distinguere le ricerche in classi per niente significative sotto l'ottica dei metodi e delle tecniche, ma molto importanti per comprendere la struttura del mercato delle ricerche. Avremo:

- *agricultural research*;
- *automotive research*;
- *business-to-business research*;
- *consumer marketing research*;
- *financial research*;
- *food & drink*;
- *industrial research*;
- *international marketing research*;
- *Internet research*;
- *medical/pharmaceutical research*;
- *travel/tourism research*;
- *wholesale or retail research*.

I *fruitori* della ricerca non sono sempre coincidenti con un'impresa specifica, interessata a focalizzare la ricerca su un tema determinato. Adottando questa chiave di lettura, le ricerche possono essere allora classificate in due insiemi.

La logica multiclient non è rara nei mercati. Più produttori possono collaborare, per esempio, nel lanciare campagne di promozione della categoria.

1. *Multiclient*: gli istituti si trovano a organizzare delle vere e proprie "cordate imprenditoriali" per supportare un progetto di ricerca che risolve un problema comune, dei cui risultati ciascun supporter beneficerà in maniera più o meno ampia. I dati restano di proprietà dell'istituto, che replica il field a intervalli di tempo regolari e aggiorna e implementa la metodologia; ne sono esempio Sinottica, Auditel ecc. Un tipo particolare di multiclient sono gli *omnibus*, che consistono in round di ricerca condotti a intervalli regolari su panel, ai quali tutti possono partecipare comprando una o più domande.
2. *Ad hoc monoclient*: ricerca commissionata e progettata da una singola impresa per le proprie personali e non condivisibili esigenze informative (da cui l'espressione *ad hoc*) di marketing management; i risultati sono di proprietà unica ed esclusiva del committente e provengono da un piano di ricerca "ritagliato su misura" e perciò non fungibile da altri.

Il *campione* adottato nel lavoro permette di distinguere queste categorie.

- *Ricerche su panel*: campione continuativo e permanente idoneo a stimare comportamenti, atteggiamenti, caratteristiche ecc. di un dato target per un intervallo di tempo definito. Il panel – costituito potenzialmente da persone, famiglie, organizzazioni, imprese commerciali e industriali – è adatto a implementare studi di natura longitudinale, atti a fornire informazioni comparabili nel tempo e continui. I panel comportano numerosi problemi specifici, per prevenire i quali l'istituto è chiamato ad adottare precauzioni di metodo quali la rotazione.

- *Ricerche su campione variabile*: costituiscono le tipiche ricerche ad hoc, che si basano su un campione determinato di volta in volta nei suoi aspetti quali-quantitativi più rilevanti ai fini dell'indagine. Naturalmente queste ricerche non consentono normalmente la comparazione longitudinale delle risultanze.

Lo *spessore intellettuale* dell'informazione prodotta dalla ricerca porta a distinguere le seguenti categorie.

- *Ricerche da "datificio"*: sempre di più, i sistemi di controllo manageriale di marketing basano molti processi di verifica di efficacia ed efficienza su indicatori prodotti attraverso le tecniche e i metodi della ricerca di marketing. Ne sono esempio i dati sulla *customer satisfaction* (per i quali si usano espressioni come barometri, cruscotti e similari), i dati di *brand awareness*, di *sell out* e via dicendo. La banalizzazione dei processi di ricerca che questi indicatori richiedono è totale, tanto che a nostro avviso sarebbe ora di porsi l'interrogativo se questi indici possano ancora considerarsi dei prodotti di ricerca, oppure vadano solo letti come dati "stupidi", frutto di un processo industriale di produzione di numeri (appunto *datificio*). Naturalmente chi scrive propende per la seconda tesi.
- *Ricerche vere e proprie*: costituiscono il frutto di un percorso intellettuale complesso, caratterizzato dalla presenza dell'incertezza, del dubbio, della scelta iterativa fra alternative di metodo.

Infine, *particolari prodotti di ricerca* solitamente presenti nei cataloghi degli istituti e quindi meritevoli di menzione separata, pur sovrapponendosi largamente a molti dei casi sopra disegnati, sono i seguenti.

- *Segmentation and positioning research*: modelli di ricerca che producono informazioni di processo indispensabili al marketing management.
- *Customer satisfaction measurement*: modelli di ricerca descrittivo-correlazionale finalizzati a studiare le determinanti della soddisfazione e gli impatti sulla fidelizzazione.
- *Child research*: tema particolarmente scottante soprattutto nei suoi risvolti etici: è corretto studiare i bambini?
- *Web research*: la particolarità tecnica del mezzo, del target, dei processi cognitivi che sottendono i comportamenti di uso e adozione di Internet, tanto per citare alcuni aspetti, sono tutti temi che giustificano lo sviluppo di metodologie, tecniche e indicatori ad hoc.
- *Stili di vita*: tradizionalmente, forse è il primo vero e proprio "prodotto" di ricerca che sia stato sviluppato dai ricercatori sociali e immesso sul mercato tarandolo sulle esigenze informative delle imprese.
- *Tracking pubblicitari*: l'entità degli stanziamenti pubblicitari delle imprese giustifica sforzi progettuali ad hoc da parte degli istituti per elaborare e formalizzare modelli specifici di studio.

Gli eventi sportivi rappresentano importanti occasioni di raccolta di dati primari su aspetti quali: le audience, l'esposizione ai loghi e ai messaggi, i comportamenti collettivi di consumo ecc.

I prodotti di ricerca sono dunque delle metodologie standardizzate sviluppate dall'istituto che le propone, e utilizzate per un singolo committente per risolvere un problema ricorrente in modo analogo. Tali indagini, se ripetute in modo omogeneo dal punto di vista del metodo (questionario, campione ecc.), possono andare a costruire una base d'indicatori di riferimento (banca dati).

Come premesso, non si pretende di aver esaurito il novero delle possibili chiavi di ricerca, tuttavia quanto fin qui esposto ricopre certamente una quota maggioritaria di possibili tipi di ricerca. Ribadiamo il concetto che i criteri suesposti non sono giustapponibili, ma si intrecciano continuamente in ogni formula di ricerca, combinandosi in modalità sempre eterogenee e variabili.

7.6 Social media e Big data

L'enorme penetrazione che i *social media* hanno rapidamente guadagnato presso la popolazione, e la loro peculiare funzionalità – che consente di amplificare opinioni, esperienze, gusti, idiosincrasie individuali e personalissime, a beneficio di una platea enorme, innescando in misura esponenziale effetti-eco e giri di risposta – pone alla ricerca di marketing una sfida nuova e ricca di fascino. L'analisi dei social media (*social media data, online community*) fornisce alle imprese delle interessanti informazioni sui brand gestiti, promettendo di raccogliere in maniera precisa le idee delle persone, gli atteggiamenti e notizie sui comportamenti. Con gli strumenti di ricerca delle parole chiave (p.e. gli *hashtag* di Twitter) i ricercatori possono facilmente identificare gruppi omogenei di persone, analizzarne i *post* per trovare dei modelli di comportamento e interpretarli. Anche le procedure di campionamento possono essere semplificate, accelerando notevolmente il tempo complessivo di esecuzione della ricerca e focalizzando dei micro-universi di popolazione.

Ovviamente non occorre esagerare nel decantare i meriti dell'analisi dei social media: allo stato attuale è ben evidente che si tratta di un utile e talvolta prezioso arricchimento della conoscenza di mercato dell'impresa, ma è altrettanto chiaro che non si sostituirà in toto alle più tradizionali metodologie e tecniche. Una delle ragioni – e dei limiti intrinseci dell'analisi dei social – sta nell'universo degli user, certamente squilibrato a favore dei giovanissimi e dei giovani, e meno intensamente presidiato dai più maturi; un'altra, è che l'analisi non sembra prestarsi per tutte le necessità di marketing knowledge.

Un'altra dirompente novità di questi anni è quella che va sotto l'etichetta di *Big data*: solo nel 2010 abbiamo creato collettivamente 800 exabyte di dati, cioè 800 miliardi di gigabyte. Si pensi che, appena dieci anni fa, il dato si attestava su "solo" 5 exabyte. C'è un fiume di dati che la nostra società produce giornalmente: i nostri acquisti, il comportamento d'uso del dispositivo mobile, la visione dei video su YouTube, l'invio di mail, gli spostamenti monitorati dal Telepass, i sensori incorporati negli oggetti d'uso quotidiano, e potremmo continuare a lungo, sono gesti quotidiani che generano dati.

L'incorporazione, la pulitura e l'analisi di questa enorme massa di dati può essere di grande utilità per le imprese, nell'analisi dei rischi e delle opportunità, nel miglioramento delle *operations*, nella comprensione dei comportamenti d'uso dei prodotti, nell'individuazione e "sfruttamento" di micro e macro-segmenti e via dicendo. Il campo dei Big data è ancora lungi dalla maturità piena e si è facili profeti nel riconoscergli uno sviluppo futuro letteralmente illimitato: ne consegue l'assoluta necessità, per il marketing manager, di dotarsi degli strumenti tecnico-culturali adatti a governarlo e comprenderlo a fondo. Tuttavia, perlomeno allo stato attuale delle cose, non sembra possibile preconizzare la fine delle ricerche di marketing a opera del Big data: un approccio integrato, infatti, sembra essere oggi la via più adeguata per rispondere ai fabbisogni di conoscenza delle imprese.

Case History — Unilever

di **Riccardo Primerano**

Unilever è una delle più importanti multinazionali del largo consumo (tra i marchi più conosciuti dell'azienda citiamo: Dove, Mentadent, Algida, Lipton, Knorr, Svelto, Lysoform). In particolare, è leader a livello mondiale in tutte le categorie alimentari in cui opera: gelati, thè, insaporitori e condimenti. È leader mondiale anche nel settore dei prodotti di massa per la cura della pelle e dei deodoranti. Infine, si colloca ai primi posti nelle categorie di prodotti per la pulizia della casa e la cura della persona. Nata nel 1930 dalla fusione di due società, l'inglese Lever Brothers e l'olandese Margarin Unie, a oggi conta un giro d'affari di circa 40 miliardi di euro e circa 163.000 dipendenti. È presente in 100 paesi con circa 200 filiali e i suoi prodotti sono venduti in 170 paesi in tutto il mondo.
Da sempre la conoscenza e la comprensione del mercato e del consumatore sono attività importanti per l'azienda, tanto che a esse è dedicata una funzione specifica: il *Consumer & Market Insights* (CMI) – circa 750 persone impiegate nel mondo. Il CMI è una struttura di supporto al marketing con il compito di assicurare che il consumatore sia sempre al centro delle attività di *business*. Per questo la funzione, pur essendo all'interno del *team* di *marketing*, è indipendente, rispondendo gerarchicamente a un responsabile CMI. Questo tipo di organizzazione permette al CMI di essere più oggettivo nelle sue valutazioni e analisi, e di fornire raccomandazioni basate principalmente sugli *output* delle ricerche. Nel dettaglio, ci sono due specifiche aree di attività, speculari alla struttura organizzativa di marketing.

- *Brand Development CMI*: dedicato allo sviluppo dei *brand*. Lavora all'interno della *Marketing Category* e ha il compito di supportare la definizione delle strategie e le innovazioni dei *brand*. Ad esempio, CMI che lavorano in quest'area si occupano di *product test*, *pre-advertising test* e le altre ricerche per l'ottimizzazione del marketing mix prima del lancio di un prodotto sul mercato.
- *Brand Building CMI*: dedicato a "costruire" i *brand* nel mercato specifico. Lavora all'interno delle strutture nazionali e ha il compito di fornire *insights* locali e analisi del brand all'interno del mercato di riferimento. Ad esempio, CMI che lavorano in quest'area si focalizzano sulla comprensione e il monitoraggio delle performance dei brand nel mercato (analisi di *tracking* e *panel retail*), sull'identificazione delle opportunità di business dal punto di vista dello *shopper* e del *customer*.

Il vero punto di forza della conoscenza e comprensione del consumatore e del mercato in Unilever è comunque l'integrazione di comunicazione e lo scambio d'informazioni che avviene tra le due aree sopra citate. Questa dinamica è fondamentale per portare in azienda una conoscenza olistica del consumatore, presupposto per la creazione di un vero vantaggio competitivo.

Conclusioni

Prendendo in prestito un'espressione di Federico Fellini – "nulla si sa, tutto s'immagina" – possiamo dire che il compito del ricercatore di marketing è appunto quello di immaginare come rappresentare, nella maniera più veritiera possibile, la parte di realtà che interessa, avvalendosi del metodo scientifico e del bagaglio di tecniche consolidate che il mestiere gli mette a disposizione, e delle quali abbiamo parlato in questo capitolo.

Nella ricerca non parliamo mai di *verità*, ma di *veridicità* e *verosimiglianza*: il ricercatore capace sa, infatti, che l'inevitabile soggettività di molte delle scelte che deve compiere conferisce ai risultati della ricerca una validità parziale, limitata nel tempo e nello spazio e comunque sempre suscettibile d'infiniti affinamenti. Per questo, come si avrà modo di approfondire, salvo rare eccezioni – che costituiscono comunque delle convenzioni accettate, più che delle verità indiscusse – l'approccio alla progettazione di una ricerca non potrà mai essere deterministico e chiuso ("si fa così e basta!"), ma sempre relativo e discutibile ("si può fare così oppure in quest'altro modo; dipende..."). Il relativismo degli esiti di una ricerca sta nei metodi stessi sui quali si fonda, e che possono essere ricondotti alle due grandi categorie di approccio alla conoscenza razionale: quello induttivo e quello deduttivo.

La natura scientifica del processo speculativo sul quale si basa la ricerca riconduce il più delle volte alla razionalità induttiva, ovvero a un cammino di approssimazione a una conoscenza generale attraverso la disamina di un caso particolare. L'induzione – che, come ebbe a segnalare il filosofo Hume, sostenendo che l'uomo è un animale induttivista, costituisce il modo naturale del pensiero umano – consente il formarsi di concetti mediante l'astrazione, ovvero l'estensione intellettuale dei risultati di un'osservazione parziale (per quanto ampia possa essere) a regola generale. I ragionamenti di astrazione, ma prima ancora quelli che conducono a isolare la fattispecie oggetto di osservazione particolare (delimitazione del campo d'indagine), la determinazione delle scale di misura, la scelta delle domande e via dicendo (potremmo richiamare qui tutte le fasi di un qualsiasi processo di ricerca), sono tutte scelte soggettive del ricercatore, e perciò limitate e criticabili. Il "rigore metodologico", che impone al ricercatore di spiegare sempre e argomentare le scelte di metodo compiute in una ricerca, cerca di superare i limiti propri della natura induttiva del pensiero umano attraverso la ricerca di precisione, imparzialità e misurabilità oggettiva dei fenomeni scelti. La produzione e manipolazione di dati al fine di supportare il manager nelle scelte di marketing, in sostanza, è un'operazione di grande rilevanza, che apporta al marketing management la forza del rigore scientifico del metodo. L'uso dei suoi risultati – l'informazione – non può mai prescindere, però, dalla considerazione degli ineliminabili tratti di soggettività che ogni ricerca sempre presenta.

Parte III
Creazione del valore e definizione degli obiettivi

La crescente centralità delle problematiche di mercato ha consentito al marketing di apportare un notevole contributo tecnico e culturale alla disciplina del management. In un certo senso si può dire che laddove il pensiero di marketing beneficiò, a inizio Novecento, della solidità strutturale del management, esso restituì il favore, a partire dagli anni Ottanta, offrendo strumentazioni logico-analitiche, decisionali e strumentali al management, affinché questi potesse mantenersi all'altezza dei nuovi compiti gestionali richiesti. Il management – che come sostiene Gary Hamel, uno dei suoi maggiori esegeti, «è stato inventato per risolvere il problema dell'*in*efficienza» – posto di fronte alle nuove criticità competitive rappresentate dal mercato, si volse, infatti, al marketing, trovandovi un ricco bagaglio di strumentazioni adeguate a gestire correttamente l'approccio dell'impresa al mercato.

La strategia è divenuta, in particolare, il territorio di contatto e ibridazione fra i due campi del sapere tecnico-economico e si è realizzata, sostanzialmente, portando le problematiche di domanda all'interno delle matrici analitico-decisionali dei manager. Una visione del management orientata all'efficienza, infatti, considera prioritarie le questioni interne al sistema d'impresa, subordinando la soddisfazione del cliente al raggiungimento di adeguati condizioni di economicità interna. Una visione del management orientata all'efficacia – ovvero alla qualità delle relazioni di mercato e alla sua sostenibilità complessiva nel lungo periodo – considera invece la soddisfazione del cliente come variabile indipendente e subordina a essa ogni altro aspetto gestionale, esaltando flessibilità gestionale e capacità di mercato.

Nel pensiero strategico contemporaneo le due impostazioni si miscelano in un corpus teorico e paradigmatico unitario, tanto che oggi non esiste praticamente nessun testo di strategie d'impresa che non consideri le problematiche di scambio al pari di quelle di gestione.

I capitoli di questa Parte III presentano i concetti e le strumentazioni essenziali della strategia di marketing, sottolineando come, nell'originale impostazione "filosofica" che il marketing management conferisce alla materia, il fine ultimo di ogni scelta di azione sia, in definitiva, la soddisfazione del cliente e la sua fedeltà nel tempo.

Il Capitolo 8 presenta una panoramica sintetica delle strategie d'impresa e di marketing, collegandola opportunamente a quanto presentato nel Capitolo 4. Il Capitolo 10 focalizza l'attenzione su una classe particolare di decisioni strategiche, che è poi quella maggiormente rilevante per il marketing: le strategie di business. Il Capitolo 9 presenta il concetto/strumento di marketing che rappresenta uno dei più importanti contributi della disciplina al management, e cioè la segmentazione della domanda. Il Capitolo 11, infine, si occupa di illustrare gli obiettivi delle strategie politiche di marketing e le relative metriche, organizzando la loro grande varietà in uno schema consistente ed efficace.

> Così ci affacceremo al nuovo millennio senza sperare di trovarvi nulla di più di quello che saremo capaci di portarvi.
>
> I. Calvino, *Lezioni americane*, "Leggerezza"

Indice della parte

Capitolo 8
Baricentro strategico e scelta dei business

Capitolo 9
Comportamento e segmentazione della domanda

Capitolo 10
Strategie competitive

Capitolo 11
Obiettivi e metriche

8 Baricentro strategico e scelta dei business

di **Alberto Pastore**

Indice del capitolo

Introduzione

8.1 Strategic management e marketing strategico

8.2 La definizione del baricentro strategico

8.3 L'analisi dell'ambiente e delle risorse

8.4 La scelta dei business

- 8.4.1 La determinazione degli obiettivi di marketing strategico
- 8.4.2 Le strategie di sviluppo nei prodotti-mercati
- 8.4.3 La definizione di nuovi business e la strategia di innovazione del valore
- 8.4.4 L'analisi di portafoglio

Conclusioni

Abstract

Il capitolo affronta la tematica del marketing strategico, collocandolo nel contesto dello strategic management. Seguendo le macrofasi del processo di marketing strategico, dapprima vengono presentati gli elementi del baricentro strategico, che ispirano e guidano l'esistenza, le dinamiche evolutive e l'approccio al mercato dell'impresa: missione, valori e obiettivi di lungo termine. Si procede con l'analisi dell'ambiente e delle risorse, realizzata per fornire indicazioni inerenti le opportunità e le minacce relative all'ambiente esterno e valutare l'adeguatezza delle risorse interne. La strategia di marketing a livello corporate si sofferma poi sulla scelta dei business dove operare, che richiede la definizione degli obiettivi di marketing strategico, la qualificazione delle strategie di crescita, l'analisi di portafoglio.

Introduzione

Per competere efficacemente in un ambiente economico-competitivo complesso e fortemente dinamico, oggi le imprese devono avere delle strategie flessibili e seguire un approccio di gestione strategica, più o meno formalizzato. La gestione strategica porta l'impresa a ragionare in una prospettiva di lungo termine, ad analizzare le opportunità e le minacce provenienti dall'ambiente esterno, a valutare le proprie forze e debolezze e le capacità di competere, così da individuare le migliori opzioni strategiche e le relative linee di azione che le consentiranno di conseguire delle posizioni di vantaggio competitivo rispetto ai concorrenti, e per questa via ottenere soddisfacenti risultati economici e di mercato in modo duraturo. Come vedremo meglio di seguito, tale processo si sviluppa a più livelli (corporate, business unit, area funzionale) e comprende in ciascuno di essi l'adozione di decisioni e lo svolgimento di attività di marketing.
L'obiettivo di questo capitolo è di condividere i principali concetti inerenti il baricentro strategico, ovvero le componenti fondamentali dell'indirizzo strategico dell'impresa, e le attività del processo di strategic marketing management, riferite sia alla fase di analisi sia alla scelta del business.

8.1 Strategic management e marketing strategico

Richiamando Alfred Chandler, uno dei padri degli studi sulla strategia d'impresa, possiamo affermare che essa concerne la definizione degli obiettivi di lungo termine, lo sviluppo delle attività, il reperimento e l'allocazione delle risorse necessarie per raggiungere tali obiettivi, il tutto tenendo in considerazione le minacce e le opportunità dell'ambiente esterno (Chandler, 1962).
Si tratta, evidentemente, di un concetto che riguarda l'impresa nel suo complesso e le sue molteplici dimensioni costitutive e gestionali: la strategia prende corpo anzitutto a livello corporate, trovando poi specifiche declinazioni a livello di Strategic Business Unit e poi a livello funzionale.

Le *strategie corporate* riguardano l'impresa nel suo complesso e si occupano di definire i valori dell'impresa, gli obiettivi di lungo termine, l'ambito di attività, e inoltre di reperire le risorse e di allocarle alle diverse aree di business e funzionali, di realizzare l'opportuno indirizzo e coordinamento delle stesse. È a questo livello pertanto che si individuano gli stakeholder prioritari, si qualifica la cultura aziendale, vengono fatte le scelte di portafoglio e individuati i business in cui operare, vengono stabilite le strategie di sviluppo.
La strategia d'impresa prevede poi lo sviluppo delle *strategie di business*, o competitive, che concernono le modalità attraverso le quali l'impresa intende affermarsi in un determinato mercato.
Le imprese diversificate, che operano in più mercati, generalmente creano al loro interno le Strategic Business Unit (SBU), ovvero delle unità organizzative autonome, con una propria dotazione di risorse, che definiscono le loro specifiche strategie competitive, in coerenza con le strategie generali. A questo livello, per ogni business si deve decidere il target specifico cui rivolgersi, la proposizione di valore

Asset

In generale il termine anglosassone *asset* viene utilizzato per qualificare qualsiasi elemento, tangibile o intangibile, posseduto o controllato dall'impresa e da essa orientato a produrre valore economico.

che viene offerta ai clienti, le competenze e gli asset sui quali creare e mantenere un vantaggio competitivo rispetto ai concorrenti, l'allocazione delle risorse tra le varie aree funzionali (▸ Capitoli 9 e 10).

Esempio

Procter & Gamble, colosso statunitense operante nel settore dei beni di largo consumo, è una società fortemente diversificata con marchi globali in portafoglio come Dash, Gillette, Pampers, Oral-B e Duracell. Al fine di eliminare inefficienze, sprechi e sovrapposizioni, nel 2012 la compagnia si è riorganizzata su due Global Business Unit: *beauty and grooming* e *household care*. Ogni Global Business Unit si focalizza sui consumatori, sulle marche e sui competitor di tutto il mondo ed è responsabile per l'innovazione, la profittabilità e i ritorni sugli investimenti dei propri business.

All'interno di ciascuna Strategic Business Unit, la strategia deve essere declinata a livello della singola *area funzionale*, mantenendo sempre una coerenza a livello generale. Vengono definite pertanto le strategie funzionali relative a finanza, organizzazione, acquisti, produzione, logistica, marketing, commerciale, innovazione, tecnologie, sistemi informativi, risorse umane ecc.

In un'impresa multibusiness, dunque, la strategia funzionale è parte della strategia di business e quest'ultima è parte della strategia corporate.

Ciò premesso, il marketing strategico è un processo che si sviluppa fondamentalmente ai livelli corporate e business, intersecandosi e, per taluni aspetti, sovrapponendosi con lo strategic management.

Come abbiamo visto nella ▸ Parte I, il *marketing strategico* è un processo orientato al lungo termine, finalizzato a identificare le migliori opportunità di mercato per l'impresa, anche in relazione alle competenze e agli asset disponibili, nonché a definire le migliori strategie nei mercati di pertinenza, perseguendo un obiettivo di crescita e di redditività.

Il *marketing operativo* invece è un processo di breve-medio termine, riferito al business esistente, orientato all'azione, finalizzato alla definizione e attuazione del piano di marketing, ovvero dell'insieme di politiche e azioni che esprimono la presenza sul mercato dell'impresa.

Focus **Il concetto di strategia**

Il concetto di strategia ha molteplici valenze, significati e interpretazioni:

- costituisce un modello decisionale coerente, unificante e integrato;
- esplicita l'orientamento e gli obiettivi di lungo termine;
- delinea una riposta alle opportunità e alle minacce dell'ambiente generale e di marketing in relazione alla dotazione di risorse e capacità;
- definisce il portafoglio di business;
- qualifica i confini dell'arena competitiva, in termini di competitor diretti e indiretti;
- definisce gli elementi costitutivi dei vantaggi competitivi perseguiti;
- individua la proposizione di valore offerta ai clienti e agli altri stakeholders;
- induce lo sviluppo delle core competencies e delle capacità;
- stabilisce le priorità nell'allocazione delle risorse;
- specifica i piani di azione.

Il processo di marketing strategico è costituito da diverse fasi.

1. Definizione degli elementi del baricentro strategico: missione, valori e obiettivi generali dell'organizzazione (livello corporate).
2. Analisi dell'ambiente (analisi esterna) e delle risorse (analisi interna), per conoscere le opportunità e le minacce provenienti dall'ambiente e valutare le risorse disponibili per competere (livello corporate e livello business).
3. Analisi del portafoglio, valutazione di nuove opportunità, definizione del campo di attività, definizione della strategia di sviluppo e individuazione dell'insieme di business o prodotti-mercati in cui operare (livello corporate).
4. In ciascuno dei business selezionati, definizione della strategia competitiva e della proposizione di valore (livello business).
5. Implementazione e controllo.

Figura 8.1

Il processo di marketing strategico.

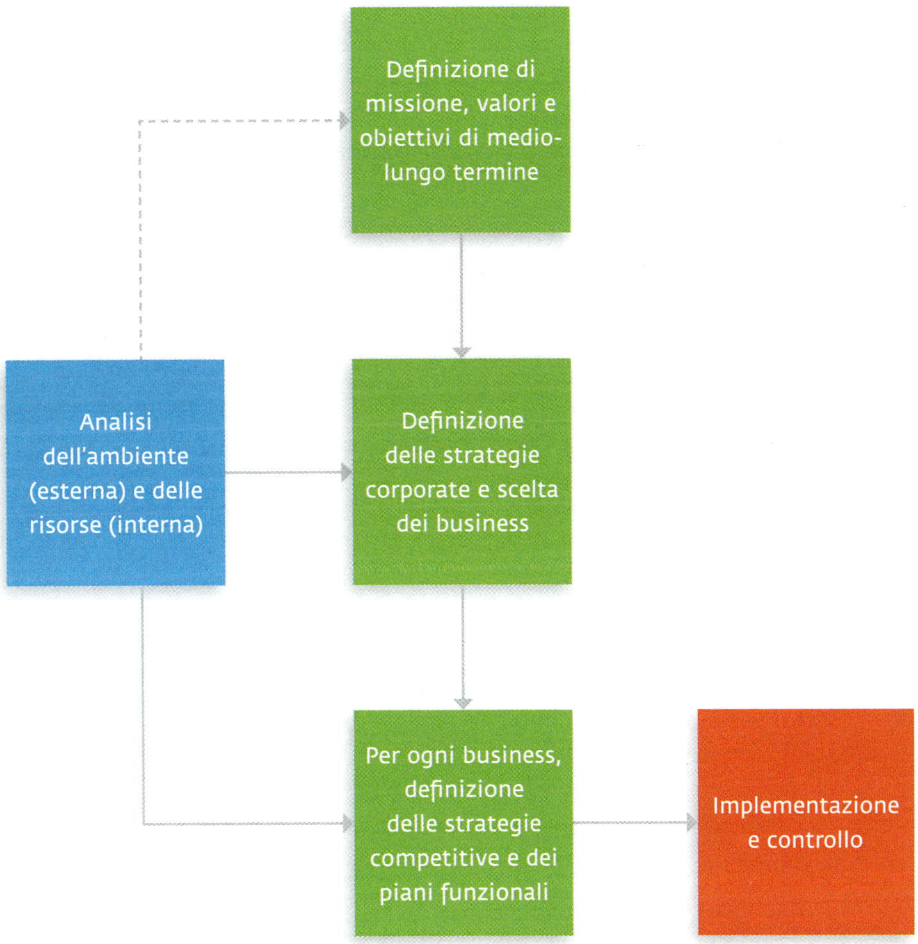

Nel seguito di questo capitolo tratteremo gli aspetti del marketing strategico che si collocano nell'ambito delle decisioni a livello corporate e, più in particolare, le decisioni inerenti il baricentro strategico e la scelta dei business. Nel ▸ Capitolo 10, invece, parleremo degli aspetti del marketing strategico di tipo competitivo, riferiti a uno specifico business.

8.2 La definizione del baricentro strategico

Il punto di partenza delle strategie di marketing risiede nella definizione degli elementi che costituiscono il baricentro strategico dell'impresa, ovvero di quell'insieme di fattori che, nel lungo periodo, ne devono ispirare e guidare l'esistenza, le dinamiche evolutive e l'approccio al mercato.
Il baricentro strategico è influenzato dalla storia dell'impresa, dalle sue competenze e dai suoi asset, e deve tenere conto delle condizioni dell'ambiente generale e di marketing. Esso è costituito dalla missione, dai valori, dagli obiettivi di lungo termine.

La missione

Nell'ambito del processo di gestione strategica, la missione svolge il ruolo di delineare il contesto all'interno del quale le strategie devono essere formulate. Essa può essere definita a un livello ampio, facendo riferimento fondamentalmente alle finalità generali e ai valori dell'organizzazione, oppure a un livello più approfondito, specificando anche chi sono i potenziali clienti, quali gli stakeholder da soddisfare in via prioritaria, le competenze fondamentali, l'ambito di attività dell'impresa e i suoi possibili sviluppi futuri.

Esempio

Particolarmente significativa risulta la missione di Procter & Gamble: «Forniremo prodotti e servizi di marca, di qualità e valore superiore in grado di migliorare la vita dei consumatori nel mondo, oggi e per le generazioni a venire. Grazie a questo impegno, i consumatori ci ricompenseranno garantendo la leadership nelle vendite, la crescita nei profitti e la creazione di valore. Di ciò beneficeranno le nostre persone, gli azionisti e le comunità nelle quali viviamo e lavoriamo».

Fonte: www.pg.com

Naturalmente, affinché la missione possa effettivamente costituire il punto di partenza per la definizione delle strategie, essa deve essere sufficientemente dettagliata. Da rilevare la necessità che essa sia orientata al mercato e non al prodotto, facendo eventualmente riferimento alla classe di bisogni che l'impresa intende soddisfare. Ciò risulta indispensabile affinché venga stimolata l'innovazione e la capacità di cogliere le nuove opportunità offerte dal mercato.

I valori dell'organizzazione

I valori dell'organizzazione sono il riferimento fondamentale del modo di essere e di agire dell'impresa e delle persone che ne fanno parte. I valori sono gli elementi costitutivi della cultura dell'impresa, danno un indirizzo ai comportamenti, costituiscono il collante dell'organizzazione e la premessa per la finalizzazione coordinata delle risorse. Sovente comprendono l'interpretazione del ruolo sociale dell'impresa, cui consegue l'atteggiamento nei confronti dei vari stakeholder. Essi possono essere richiamati nella missione, in modo più o meno approfondito.

Esempio

Il sito istituzionale dell'Enel esplicita chiaramente i valori perseguiti.

Orientamento ai risultati. È la tensione al miglioramento continuo per garantire risultati crescenti e rispondere alle aspettative degli azionisti. È un approccio al lavoro quotidiano: "fare di più con meno".

Rigore etico. È la competenza e capacità di fare bene il nostro lavoro per raggiungere l'eccellenza senza scorciatoie.

Responsabilità sociale. È la responsabilità individuale e collettiva verso la società in cui viviamo e, specialmente, verso l'ambiente. È l'importanza di rendere trasparenti e verificabili tutte le nostre azioni.

Rispetto. È l'impegno prioritario per la sicurezza di chi lavora per noi e con noi. È l'attenzione costante alle esigenze dei clienti.

Attenzione alle persone. È l'attenzione ai talenti e alle aspirazioni delle persone che lavorano in Enel. È premiare il merito di chi mette il proprio talento al servizio dell'azienda.

Gli obiettivi di lungo termine dell'organizzazione

Al livello strategico occorre inoltre esplicitare i macro-obiettivi che l'intera organizzazione persegue in via prioritaria nel lungo termine. Ad esempio, un'attenzione particolare verso la quotazione azionaria, i profitti, la quota di mercato, il ritorno degli investimenti, il numero di clienti serviti, la soddisfazione dei clienti, la loro fedeltà, l'efficienza produttiva, l'innovazione.

Vi sono imprese che, anche in virtù del loro assetto societario, sono particolarmente attente ad aspetti di tipo finanziario, quali il valore delle azioni, mentre altre esprimono in via prioritaria una propensione verso obiettivi di lungo termine di mercato, come la soddisfazione e la fedeltà dei clienti.

Anche gli obiettivi di lungo termine dell'organizzazione possono essere richiamati nella missione, con diversi gradi di profondità.

8.3 L'analisi dell'ambiente e delle risorse

La strategia di marketing è la risultante di un equilibrio finalizzato alla creazione di valore tra due forze: l'ambiente esterno e la situazione interna. Pertanto, il processo di marketing strategico deve alimentarsi anzitutto delle risultanze dell'analisi dell'ambiente (o esterna) e delle risorse (o interna) sia a livello corporate sia a livello business.

A livello corporate queste analisi risultano essere indispensabili per qualificare le condizioni e le tendenze dell'ambiente esogeno rilevante (o generale) e dell'ambiente competitivo nel quale si trova a operare l'impresa, per identificare le opportunità e le minacce provenienti da tali contesti, per valutare l'adeguatezza delle risorse disponibili e programmare l'acquisizione di quelle necessarie e non disponibili, per fare le più opportune scelte di portafoglio, per individuare nuove occasioni di business.

Come vedremo nel ▸ Capitolo 10, i due tipi di analisi devono essere svolti necessariamente anche con riferimento a un ambiente di business specifico, allo scopo di indirizzare nel modo più opportuno, in quel contesto, le strategie competitive dell'impresa.

L'analisi dell'ambiente viene fatta a due distinti livelli: l'ambiente esogeno rilevante e l'ambiente competitivo (▸ Capitolo 4).
Per quanto riguarda l'analisi dell'ambiente esogeno rilevante, abbiamo precedentemente condiviso i concetti generali e abbiamo presentato uno degli strumenti più utilizzati, il modello PEST, che, come sottintende l'acronimo, si rivolge ai diversi contesti ambientali specifici che qualificano l'ambiente generale dell'impresa: Politico, Economico, Socioculturale, Tecnologico. A essi, secondo una interpretazone più recente, si affiancano l'ambiente Legale e quello Ecologico (modello PESTLE).

Normativa antitrust
Comprende il complesso delle norme giuridiche che sono poste a tutela della concorrenza nei mercati. La finalità è quella di sostenere un'economia di mercato libera, caratterizzata da una forte concorrenza e dunque da una distribuzione più efficiente, prezzi più bassi, migliore qualità, massima innovazione.

In merito, si sottolinea che le imprese devono monitorare tutte le componenti (PESTLE) dell'ambiente esogeno rilevante, ma che al suo interno la rilevanza di ciascun sub-ambiente è differente a seconda dei settori di attività. Ad esempio, nel settore farmaceutico rivestono particolare importanza gli aspetti politici, legali, tecnologici (autorizzazioni, brevetti, ricerca ecc.); nel settore musicale hanno prevalenza gli aspetti tecnologici e socioculturali (modalità di acquisto e di fruizione della musica); nel settore automobilistico si rilevano soprattutto le variabili economica, tecnologica, ecologica.

Focus Un'estensione della PEST

L'ambiente legislativo. L'ambiente legislativo permea tutti gli aspetti dell'attività di un'impresa e deve essere conosciuto in profondità, per la corretta gestione del business e valutazione delle future opportunità. La normativa può essere di carattere sovranazionale (p.e. a livello UE), nazionale, locale (p.e. regionale). Essa può riguardare aspetti generali, come la **normativa antitrust**, oppure specifici, come la normativa per la distribuzione dei farmaci senza prescrizione medica.
Ad esempio, nel 2008 e nel 2012 sono state adottate delle disposizioni normative volte a liberalizzare il settore della distribuzione dei carburanti, favorendo il corretto e uniforme funzionamento del mercato e tutelando la libera concorrenza. Secondo tale legge, infatti, il rilascio di un'autorizzazione per l'apertura di un nuovo impianto non può essere subordinato né alla chiusura di impianti esistenti, né al rispetto di altri vincoli (contingentamenti numerici, distanze minime obbligatorie); inoltre, non possono esservi restrizioni o obblighi circa la possibilità di offrire attività o servizi integrativi. In tal modo, sono aumentate la concorrenzialità, l'efficienza del mercato e la qualità dei servizi.

L'ambiente ecologico. L'ambiente ecologico consiste nell'insieme delle normative e delle pressioni provenienti da istituzioni, società civile, consumatori, riguardo alla sostenibilità dell'attività dell'impresa in termini di impatto sull'ambiente fisico e di salvaguardia dei diritti dei consumatori. L'impresa deve cogliere le istanze di sostenibilità che emergono nell'ambiente esterno e definire le più opportune strategie, incorporando le soluzioni nei propri processi organizzativi e produttivi. Ad esempio attraverso inziative di *eco-branding* (differenziazione basata sugli attributi "verdi" del prodotto), e di *eco-efficiency* (riduzione dei consumi di materiali, energia, acqua).
Henkel, azienda chimica tedesca operante a livello mondiale nei settori *laundry & home care, beauty care* e *adhesive technologies*, per ridurre la propria "impronta" ambientale si impegna per ottimizzare tutti i processi produttivi e di logistica, al fine di utilizzare in maniera più efficiente l'energia, evitare emissioni di gas serra e di acque reflue, ridurre il consumo di materiali, la produzione di rifiuti e i consumi idrici.

L'Istat fornisce gratuitamente dati e informazioni utili e affidabili per condurre l'analisi PEST relativamente all'Italia.

L'analisi dell'ambiente esterno prosegue poi con l'ambiente competitivo, dove, ai fini della scelta dei business dove operare, viene valutata l'attrattività delle diverse opzioni strategiche, andando a studiare: struttura e trend del mercato, motivazioni e comportamenti dei consumatori, eventuali bisogni non soddisfatti o non adeguatamente soddisfatti, caratteristiche e performance della concorrenza. Si tratta di temi affrontati più diffusamente in altre parti del testo (▸ Capitoli 5, 6, 9), che pertanto in questa sede richiamiamo brevemente.

L'*analisi del mercato* ci porta a individuare i mercati (e i segmenti) che presentano una maggiore attrattività per l'impresa, anche in relazione alle proprie risorse, e a comprendere le dinamiche di tali mercati. Questi due aspetti consentono di fare la scelta dei business ove operare e supportano la definizione delle strategie di marketing. Gli elementi da indagare sono molteplici e comprendono:

- l'articolazione in sub-mercati e la valutazione delle dinamiche degli stessi (le variabili di seguito proposte dovranno essere analizzate sia a livello del mercato sia a livello dei sub-mercati ritenuti rilevanti);
- la dimensione attuale e potenziale del mercato (numero di consumatori, fatturato ecc.);
- le prospettive di crescita derivanti dalle dinamiche della domanda e dalla fase del ciclo di vita del prodotto-mercato (▸ Capitolo 12);
- la redditività: che dipende fondamentalmente dal regime e dal livello concorrenziale, dalla minaccia di prodotti sostitutivi e dalle barriere all'entrata, dal potere contrattuale dei fornitori e dei clienti (▸ Capitolo 5, modello delle cinque forze competitive);
- la struttura della catena del valore, le attività chiave, il relativo assorbimento dei costi;
- l'assetto dei canali distributivi, che costituiscono in molti business un fattore critico per l'accesso al mercato finale dei consumatori (▸ Capitolo 19).

Di ciascun mercato è importante comprendere i trend rilevanti guidati dalla domanda, che delineano la direzione nella quale tenderà a evolvere il business.

Focus — I cinque trend secondo McKinsey

Secondo uno studio McKinsey (2011), cinque sono i trend principali che influenzeranno il settore dei beni di largo consumo nel prossimo decennio:

1. un miliardo di nuovi consumatori nei mercati emergenti;
2. la crescita dei "consumatori digitali";
3. la preferenza verso prodotti *value* e primo prezzo;
4. l'impatto dei cambiamenti demografici (invecchiamento della popolazione e altri) sulle modalità di consumo;
5. l'aumento progressivo della volatilità della *supply chain*, determinato dalla scarsità di risorse naturali e contemporaneamente dall'emergere di pochi grandi fornitori.

È importante altresì avere chiaro quali siano i fattori critici di successo di un determinato business, anche allo scopo di verificare la corrispondenza con le risorse detenute.

Esempio

L'esperienza di Amazon e Yoox, per citare solo due casi eccellenti, mostra che nell'e-commerce i fattori critici di successo sono legati a:
- monitoraggio delle preferenze e del comportamento dei consumatori;
- personalizzazione dell'offerta;
- engagement e interazione con i clienti.

Nell'ambito della fase analitica della strategia di marketing si colloca poi l'*analisi dei clienti/consumatori* che fornisce delle indicazioni indispensabili per la scelta dei business e per la definizione delle strategie competitive. Tale analisi verrà sviluppata in profondità nel prossimo capitolo, andando ad affrontare i seguenti temi fondamentali.

- Analisi delle motivazioni della clientela: quali utilità e valori ricerca in via prioritaria il cliente? In quali elementi o attributi del prodotto tali valori risiedono? Come evolvono le motivazioni dei clienti?
- Definizione dei segmenti del mercato: secondo quali criteri (motivazioni, bisogni, caratteristiche) è più opportuno suddividere il mercato in segmenti?
- Analisi della clientela: chi sono i miei clienti? Quali sono i più importanti/strategici? Quali i più redditizi?
- Identificazione di bisogni non soddisfatti: vi sono bisogni che l'impresa non riesce a soddisfare adeguatamente? Vi sono bisogni nuovi ed emergenti sul mercato?

Arena competitiva
L'arena competitiva è composta dalle imprese che vengono considerate le dirette concorrenti, con le quali confrontarsi sul mercato.

L'analisi dell'ambiente competitivo si completa poi con *l'analisi del sistema d'offerta e della concorrenza*, tema affrontato per altri versi anche nel ▸ Capitolo 5. L'analisi della concorrenza è finalizzata in particolare a delineare l'arena competitiva, a comprendere le dinamiche competitive e a individuare i punti di forza e di debolezza

La qualità dell'esperienza di navigazione sul sito è cruciale per i retailer, in quanto direttamente influente sul buon esito della shopping expedition.

dei concorrenti. L'indagine riguarda aspetti strutturali (dimensione, costi, assetto finanziario, portafoglio brand/prodotti ecc.), di performance (fatturato, redditività, innovazione, immagine, loyalty ecc.), strategici (mosse strategiche recenti, attese per il futuro, potenziali risposte a nostre strategie ecc.). In caso di numerosità elevata di player, ai fini dell'analisi strategica è utile aggregare le imprese concorrenti aventi medesime caratteristiche (strutturali, di performance, strategiche) in raggruppamenti omogenei, definiti gruppi strategici.

Player

Il termine "player", (giocatore), viene utilizzato nel linguaggio manageriale per qualificare i soggetti operanti in un determinato business.

La fase analitica del processo di marketing strategico prosegue con l'analisi delle risorse dell'organizzazione: know how, risorse finanziarie, risorse materiali, tecnologie ecc. A questo livello, l'analisi deve essere indirizzata in particolare a individuare due particolari tipologie di risorse, sulle quali fare leva nel definire le proprie strategie di marketing: le competenze strategiche (*core competencies*) e gli asset strategici. Una *competenza strategica* è un'attività che l'impresa è in grado di svolgere in maniera eccellente e che in uno specifico business assume un'importanza strategica. Come vedremo successivamente, approfondendo il concetto di vantaggio competitivo e analizzando le sue fonti, l'impresa può sviluppare le proprie competenze strategiche in due direzioni fondamentali:

1. può sviluppare una particolare competenza in termini di efficienza e produttività, ottenendo una riduzione dei costi (in una determinata attività produttiva, nella distribuzione fisica, nei processi organizzativi);
2. può concentrarsi sull'efficacia dell'azione strategica e dell'approccio al mercato, concentrando le sue risorse nella market analisys, nella ricerca e nello sviluppo di nuovi prodotti, nel branding e nella comunicazione.

Un *asset strategico*, invece, è una risorsa posseduta dall'impresa avente un rilievo particolare e perciò in grado di sostenere lo sviluppo di posizioni di vantaggio rispetto ai concorrenti. Si pensi a una tecnologia o a un brevetto, a un brand forte, a una struttura commerciale consolidata, a una rete distributiva capillare, a una base clienti ampia, a una presenza internazionale, al possesso di una capacità produttiva, all'esistenza di alleanze strategiche virtuose, a una particolare dotazione finanziaria ecc. Da sottolineare come un asset importante possa essere anche la sinergia esistente tra le differenti aree di attività, un fattore che può generare economie di scala o di scopo, ad esempio derivanti dalla condivisione di determinate attività, come quella di ricerca o di vendita.

Tabella 8.1

Esempi di competenze e asset strategici.

Competenza strategica	Asset strategico
Processo produttivo	Capacità produttiva
Logistica in uscita	Centri distribuzione regionali
Processi organizzativi	Sistema informativo
Branding e comunicazione	Portafoglio brand
Ricerca e sviluppo	Brevetti
Retailing	Struttura commerciale
Marketing analisys	Base clienti ampia
	Alleanze strategiche
	Sinergie tra business

La ricognizione delle competenze e degli asset troverà un pieno compimento nell'ambito della strategia competitiva (▶ Capitolo 10), dove esse devono essere analizzate in profondità e con riferimento allo specifico business, nonché confrontate con quelle dei concorrenti al fine di verificare la loro capacità di costruire un vantaggio competitivo. Nell'ambito dell'analisi interna vengono poi esaminati i sistemi di marketing: assetti organizzativi, sistemi informativi, procedure.

8.4 La scelta dei business

La fase successiva del processo di marketing strategico a livello corporate è definita sinteticamente "la scelta dei business". Essa concerne la definizione del campo di attività, la determinazione degli obiettivi di marketing strategico, la definizione delle strategie di crescita, l'analisi del portafoglio, la valutazione di nuove opportunità, e la conseguente individuazione dell'insieme di business o prodotti-mercati in cui operare. La scelta dei business naturalmente deve essere fatta in piena coerenza con gli elementi del baricentro strategico e alla luce delle risultanze dell'analisi esterna e interna e della valutazione dell'attrattività dei potenziali business e della competitività dell'impresa sugli stessi. Occorre sottolineare che il business deve essere definito secondo una logica di mercato strategico, ovvero a partire dal bisogno, e non dal prodotto. La strategia competitiva verrà formulata a livello di prodotto-mercato, ovvero nei confronti di un gruppo di clienti, per soddisfare un determinato bisogno, utilizzando una certa tecnologia (prodotto).

Esempio

Barilla, azienda storica nata a Parma nel 1877 e leader mondiale nella produzione della pasta secca, ha creato nel 2004 il sub-brand Piccolini, pasta identica all'originale nella forma e nel gusto ma di dimensioni molto ridotte. Tale linea è stata pensata per un target di bambini (sopra i tre anni), al fine di educarli a mangiare sano (alcuni formati di pasta contengono nell'impasto vitamine e verdure) e a condividere il piacere della tavola con la famiglia, garantendo la qualità del prodotto attraverso le stesse modalità (artigianale nelle materie prime e industriale nel processo) dei formati per adulti.

Il prodotto-mercato è definito dunque da:

- gruppo di clienti (bambini);
- bisogno (alimentazione sana, primo piatto, convivialità familiare);
- tecnologia (pasta secca, formati ad hoc).

8.4.1 La determinazione degli obiettivi di marketing strategico

Per ciascun prodotto-mercato, in relazione alle condizioni di attrattività e competitività, l'impresa deve definire i propri obiettivi di marketing strategico, da cui discenderanno le decisioni inerenti i business in cui operare. Le opzioni alternative sono fondamentalmente cinque.

1. La *crescita*: può derivare da una concentrazione nel prodotto-mercato di origine, dallo sviluppo dei prodotti o dei mercati, da un'integrazione verticale di processi a monte o a valle dell'attività dell'impresa, da una diversificazione del portafoglio, dovuta all'ingresso in nuovi business. Su questa opzione strategica ci soffermeremo più diffusamente nel prossimo paragrafo.
2. Il *mantenimento*: prevede la difesa di una posizione favorevole nei confronti di possibili attacchi dei concorrenti o di nuovi entranti. Le posizioni di leadership possono essere assai vantaggiose in termini di potere di mercato, risultati economici e finanziari, immagine e reputazione; pertanto è importante adottare tutti i provvedimenti necessari per consolidare la posizione, continuando a investire sul brand, sull'innovazione, sui sistemi distributivi ecc. Talvolta la strategia di mantenimento deriva invece dalla volontà di attesa di fronte a uno scenario futuro incerto.
3. La *nicchia*: concerne la focalizzazione su una porzione o segmento del mercato più circoscritto, espressione di bisogni particolari, non presidiato dalle imprese leader a causa dei suoi volumi. Seguita soprattutto da imprese di non grande dimensione, con risorse finanziarie limitate, la strategia di nicchia richiede un sistema d'offerta ad alta differenziazione e livello di servizio.
4. La *mietitura*: è rivolta a ridurre gli investimenti ai fini di massimizzare il cash flow e i ritorni economici di breve termine. Si tratta di una strategia interessante soprattutto in condizioni di maturità o di declino del mercato. Tipicamente, vengono ridotti gli investimenti in attività con ricadute di medio-lungo periodo (marketing e comunicazione, ricerca e sviluppo) al fine di raccogliere risorse da poter destinare a business più promettenti.
5. Il *disinvestimento*: l'eliminazione di un business dal portafoglio avviene quando il mercato è in contrazione e l'impresa genera perdite e flussi di cassa negativi in modo continuativo. Ciò avviene sovente quando la quota di mercato detenuta è modesta. In caso di mercati che presentano delle opportunità di crescita, l'impresa può tentare un turnaround ed eventualmente cedere le attività solo a fronte di un insuccesso della fase di ristrutturazione. Il disinvestimento può essere dettato anche da un'esigenza di razionalizzazione: di fronte a modeste sinergie e complementarità del business in oggetto con le altre aree di attività dell'impresa, attraverso la cessione si possono raccogliere risorse finanziarie da reinvestire in business più funzionali a una strategia complessiva.

Turnaround

La strategia di turnaround (svolta) viene adottata quando l'impresa ha perso capacità competitiva ma ritiene di poterla recuperare. Essa si sviluppa in due fasi: recupero dei fondamentali (riduzione dei costi, ristrutturazione del debito ecc.) e rilancio (riposizionamento, innovazione dei prodotti, sviluppo del mercato).

Esempio

Nel 2010 Unilever, multinazionale anglo-olandese, ha ceduto Findus Italia al colosso britannico dei surgelati Birds Eye Iglo e al fondo di investimento Permira. Si tratta di un esempio di disinvestimento dettato da motivazioni di razionalizzazione del portafoglio business: Unilever, infatti, ha ritenuto di abbandonare le attività concentrate in singoli mercati (come Findus Italia) per concentrarsi su marche e business globali.

8.4.2 Le strategie di sviluppo nei prodotti-mercati

Tra le strategie sopra citate, quella che indubbiamente gode della maggiore attenzione da parte dei decisori strategici è senz'altro la crescita. Per un'impresa, infatti, è fisiologico perseguire lo sviluppo dimensionale, alla ricerca di economie di scala, di un maggiore potere contrattuale con i fornitori e i clienti, di una migliore posizione sul mercato rispetto ai concorrenti, di maggiori profitti, di una più elevata remunerazione del capitale investito ecc.. Non va dimenticato inoltre che, nella prospettiva dei top manager, la crescita dimensionale è correlata al loro status e al loro potere.

Sotto il profilo organizzativo e della cultura aziendale, poi, le strategie di crescita costituiscono delle iniezioni di linfa vitale: sono stimolanti e mettono alla prova l'impresa ponendola di fronte a nuove sfide.

Il percorso di sviluppo può seguire diverse opzioni strategiche. Le imprese, nate per operare in un determinato business, nella loro dinamica evolutiva possono perseguire una strategia di sviluppo basata su:

1. concentrazione nel prodotto-mercato di origine;
2. ampliamento dei mercati serviti;
3. ampliamento della gamma dei prodotti;
4. diversificazione del portafoglio, con l'ingresso in nuovi business;
5. integrazione verticale di processi collocati a monte o a valle dell'attività dell'impresa.

Tali alternative vengono opportunamente evidenziate nell'interpretazione evolutiva del modello di Ansoff presentata nella figura 8.3, e descritte di seguito.

Figura 8.3
Le strategie di sviluppo.

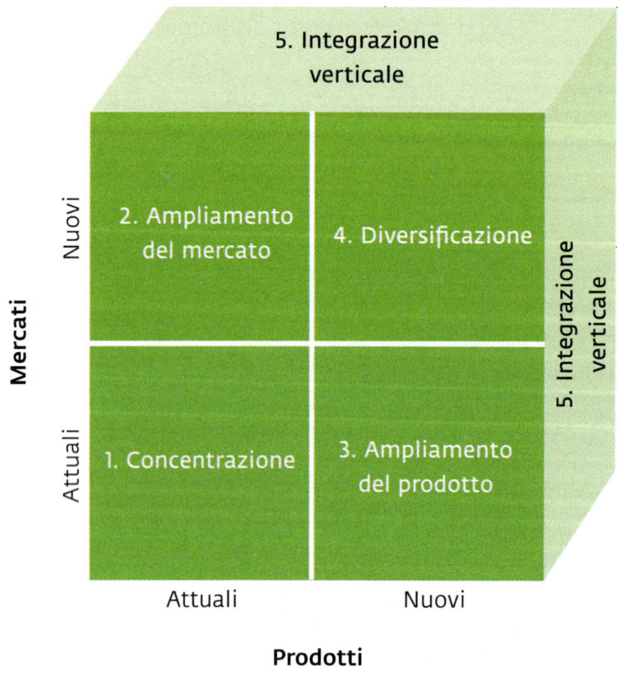

La strategia di *concentrazione* (quadrante 1), o penetrazione del mercato, consiste nel cercare di migliorare la propria posizione nei prodotti-mercati ove l'impresa è correntemente impegnata. Risulta essere particolarmente interessante per imprese dotate di competenze e asset strategici rilevanti nel settore e a fronte di un mercato che presenta ulteriori opportunità. Questa strategia può essere perseguita fondamentalmente attraverso tre modalità.

1. *Ampliamento della domanda*: l'impresa, soprattutto se in posizione di leadership, può puntare a raggiungere consumatori che non usano il prodotto, oppure a incrementarne l'utilizzo da parte dei consumatori attuali, stimolando un utilizzo più regolare o nuove occasioni di consumo. Una particolare attenzione dovrebbe essere rivolta, dunque, ai non utilizzatori, per comprendere gli eventuali ostacoli che essi riscontrano verso il prodotto, e ai light users, per valutare come spingerli a un utilizzo più intensivo (p.e. attraverso una comunicazione di ricordo o incentivi promozionali).
2. *Incremento della quota di mercato*: per crescere in un determinato mercato, la via più immediata è quella di cercare di aumentare la propria quota a discapito dei concorrenti. In merito, occorre lavorare sull'intera product offering cercando di incrementare il valore trasferito al cliente, ottenendo come conseguenza un incremento della customer satisfaction e quindi da una parte una maggiore fedeltà dei clienti attuali (opzione più semplice e redditizia), dall'altra la sottrazione di clienti alla concorrenza (opzione più rischiosa e costosa). Tra le possibili aree di intervento si possono considerare il miglioramento del prodotto e/o dei servizi, la rivitalizzazione della marca, il rafforzamento della rete distributiva, una riduzione strutturale dei prezzi ecc.
3. *Acquisizione di mercato*: la penetrazione del mercato attraverso un incremento della quota può essere altresì ottenuta attraverso una strategia di acquisizione di imprese concorrenti, con l'ottenimento della relativa quota di mercato, e di alleanze.

Light users

I light users fanno un uso/consumo del prodotto in misura inferiore alla media; essi si contrappongono agli heavy users, che, viceversa, sono gli utilizzatori/consumatori più intensivi; questi ultimi costituiscono sovente il target più proficuo.

Esempio

Lavazza, impresa italiana tra le più rilevanti realtà produttive di caffè nel mondo, ha seguito nel recente passato una strategia di penetrazione dei mercati già serviti seguendo due linee di azione. Nel mercato domestico, al fine di ampliare la domanda, ha mantenuto alta la pressione promozionale e ha innovato la gamma, in particolare nella fascia premium, lanciando "Lavazza a modo mio" (caffè in capsule e macchine espresso). Nei mercati internazionali, in un'ottica di ampliamento tramite acquisizioni, in alcuni paesi ha sviluppato alleanze attraverso l'acquisizione di quote di minoranza di imprese locali, in altri ha stretto degli accordi con i player ritenuti più idonei alla realizzazione di investimenti indiretti.

La strategia di *ampliamento del mercato* (quadrante 2) persegue l'obiettivo di incrementare il volume d'affari dell'impresa proponendo gli stessi prodotti su mercati nuovi, eventualmente prevedendo un minimo grado di adattamento. Lo sviluppo del mercato si può realizzare sia verso nuove aree geografiche sia verso nuovi segmenti.

1. *Espansione geografica*: può essere realizzata sia a livello nazionale, da parte di imprese precedentemente operanti a livello regionale, sia a livello internazionale. Le modalità di entrata nei mercati esteri prevedono diversi livelli di impegno, riguardando modalità di esportazione (appoggio a intermediari), collaborative (franchising, licensing ecc.), e di investimento diretto (joint venture, filiali commerciali ecc.). Il tema verrà trattato approfonditamente nel ▸ Capitolo 27, dedicato al marketing internazionale.
2. *Entrata in nuovi segmenti*: la scelta di rivolgersi a un nuovo segmento target può aprire nuovi orizzonti di mercato, pur in costanza di gamma offerta. Ciò può richiedere degli adattamenti al prodotto/servizio offerto, così come, in molti casi, l'adozione di nuove scelte distributive. La segmentazione della domanda viene affrontata in dettaglio nel ▸ Capitolo 9.

Esempio

Un esempio di strategia di sviluppo dei mercati è quella perseguita da Luxottica. L'azienda, leader mondiale nel settore degli occhiali, da tempo investe nella propria espansione internazionale. Già da molti anni è presente in quei mercati che ora vengono identificati come emergenti, in particolare su quello cinese dove, investendo nella crescita della divisione retail, gestisce un network di oltre 200 punti vendita. Luxottica ha un portafoglio brand molto articolato. Accanto ai 13 brand proprietari ne gestisce anche 23 in licenza.

PROPRIETARY BRANDS

alain mikli · arnette · ESS · K&L · LUXOTTICA · MOSLEY TRIBES · OAKLEY · OLIVER PEOPLES · Persol · Ray-Ban · Revo · Sferoflex · VOGUE eyewear

LICENSE BRANDS

Brooks Brothers · BVLGARI · BURBERRY · CHANEL · CHAPS · COACH · DOLCE&GABBANA · DKNY · DONNA KARAN · miu miu · POLO · Paul Smith SPECTACLES · PRADA · Ralph Lauren Purple Label · RALPH · RALPH LAUREN · REED KRAKOFF · STELLA McCARTNEY · TIFFANY&Co. · Tory Burch · VERSACE · EMPORIO ARMANI · GIORGIO ARMANI

La strategia di *ampliamento del prodotto* (quadrante 3) comporta il miglioramento e/o l'ampliamento della gamma dell'impresa sui mercati attuali. Le modalità sono diverse e vanno dall'estensione di linea (nuove versioni di prodotto con caratteristiche aggiuntive), al rinnovo del prodotto o della linea (miglioramento della qualità, delle performance, del design ecc.), al lancio di nuovi prodotti. Sovente, l'asset sul quale poggia questa strategia è la disponibilità di una marca forte. Questi temi vengono ripresi e approfonditi nel ▸ Capitolo 12, dedicato alla politica di prodotto.

Esempio

Il brand Vitasnella è un caso di successo di sviluppo di prodotto attraverso strategie di ampliamento della gamma. Con la marca Vitasnella sono commercializzate diverse categorie di prodotto anche non affini: acque minerali, biscotti, sostituti del pane, snack e prodotti lattieri freschi. I prodotti sono stati sviluppati da Danone in momenti temporali diversi nel rispetto della promessa della marca: benessere della persona, principalmente donna, e contenimento del peso. Nel 2012, Danone ha ceduto la linea delle acque minerali a Ferrarelle e le linee snack, biscotti e sostituti del pane a Kraft Food. Le linee yogurt, formaggi freschi e dessert a base di latte, sulla base della specializzazione produttiva della Danone, rimangono di proprietà della stessa.

La strategia di *diversificazione* (quadrante 4) implica l'ingresso in nuovi business, caratterizzati da nuovi prodotti e nuovi mercati. Si tratta di una strategia molto impattante, soprattutto sotto un profilo finanziario e organizzativo, in linea generale attuata nel perseguimento di obiettivi di crescita, ottenimento di sinergie, aumento della redditività, riduzione del rischio.

È necessario distinguere due tipologie di diversificazione, le cui implicazioni di analisi sono differenti: la diversificazione correlata e la diversificazione non correlata.

1. La diversificazione correlata (o concentrica), prevede l'ingresso in prodotti-mercati caratterizzati da una complementarità tecnologica e/o commerciale con il business originario. Tale complementarità può generare sinergie con il nuovo business grazie alla condivisione di risorse e competenze, e consentire l'ottenimento di economie di scala. L'ingresso in un business complementare può consentire da una parte di ridurre gli investimenti e i costi necessari per l'avvio della nuova attività, dall'altra di ottenere un incremento del volume d'affari e della redditività.

Le risorse condivisibili sono di diversa natura: una marca dotata di elevata notorietà, immagine, fiducia, che può essere utilizzata anche nel nuovo business (brand extension); le competenze di marketing, che possono favorire il più efficace approccio al mercato intermedio e finale; la capacità commerciale (vendita, distribuzione fisica), che può consentire di raggiungere i clienti in modo più efficiente; le competenze tecnologiche e produttive, che possono supportare lo sviluppo dei nuovi prodotti e la loro realizzazione.

Esempio

LEGO, azienda danese di giocattoli fondata nel 1932, leader nel settore dei giocattoli da costruzione, nell'ambito del suo sviluppo ha abbracciato più volte la strategia di diversificazione, sia di tipo correlato sia non correlato. Dalla sola produzione dei famosissimi mattoncini, LEGO ha diversificato la propria attività entrando nei settori dei parchi a tema (Legoland), del merchandising e dei videogame. A partire dal 1997 (anno del primo lancio), LEGO ha introdotto trenta nuovi videogiochi basati sui set in licenza, come LEGO Harry Potter, LEGO Batman e LEGO Guerre stellari.

2. La diversificazione non correlata (pura) è rivolta all'entrata in quei business che non hanno alcun collegamento con le attività originarie. Si tratta di una strategia rischiosa e complessa, che porta l'impresa a cimentarsi su un terreno del tutto nuovo. Le motivazioni sono di carattere prevalentemente finanziario: allocare risorse disponibili, entrare in un business avente elevate prospettive di crescita e di redditività, distribuire i rischi su più mercati, rifocalizzare il portafoglio business. Accanto a queste, vi possono essere ulteriori spiegazioni di natura opportunistica, come acquistare un'impresa a un prezzo d'occasione o realizzare "sinergie" di carattere fiscale. Occorre sottolineare che le strategie di diversificazione pura sono particolarmente delicate e che spesso non portano i risultati auspicati. Infatti, i legami di tipo finanziario non possono garantire il risultato dell'investimento, e la mancanza di esperienza, nonché l'assenza di omogeneità tecnologica e/o commerciale tra i business, riduce di molto le probabilità di successo.

Per attuare la strategia di diversificazione vi sono diverse modalità che, in un ipotetico *continuum* caratterizzato da crescenti livelli di impegno organizzativo per l'impresa, comprendono: acquisizione, joint venture, franchising, licensing, venture capital, crescita per vie interne.

Joint venture

La Joint venture è una società a capitale misto, costituita da due o più imprese, come nuovo soggetto giuridicamente indipendente dalle imprese *co-venturer*, generalmente finalizzata a cogliere nuove opportunità di business attraverso la comunione delle risorse.

Licensing

Con il licensing il soggetto licenziante (licensor) mette a disposizione del licenziatario (licensee) il diritto di utilizzare e sfruttare economicamente elementi quali il marchio, le tecnologie di processo e di prodotto o altre conoscenze. Tipico contratto è quello di produzione su licenza.

Venture capital

Il venture capital è l'apporto di capitale di rischio da parte di un investitore per finanziare l'avvio o la crescita di un'attività in settori a elevato potenziale di sviluppo.

Esempio

Il mercato dell'abbigliamento è senza dubbio la categoria in cui il licensing riesce meglio a esprimere le proprie potenzialità. È con l'applicazione dei modelli di licensing in questo campo che Playboy si è riposizionato da rivista per soli uomini a fashion brand per donne, e che il brand Fiat è diventato, a pochi mesi dal minimo storico del titolo in borsa, un must have nello sportswear. In questo settore, sovente la chiave di successo di una strategia di licensing risiede nella creazione di concetti lifestyle, dove i brand vivono una seconda vita nelle estensioni di prodotto: si pensi ai casi di successo di Pirelli Pzero (fashion), Aereonautica Militare (performance e mascolinità), MomoDesign (stile e attenzione ai particolari), Ferrari (prestigio reso accessibile), New York Yankees (mito americano pop).

La strategia di *integrazione verticale* (dimensione 5), infine, riguarda l'assunzione del governo di un'attività posta a monte dell'attività dell'impresa, sul mercato di fornitura, o a valle, sul mercato distributivo. Un'impresa industriale, ad esempio, può ritenere opportuno di realizzare in proprio la produzione di materie prime o componenti, ottenendo il controllo di una fonte di approvvigionamento di importanza strategica (integrazione verticale a monte), o di svolgere direttamente le attività distributive, gestendo i punti vendita e il rapporto con l'acquirente/consumatore (integrazione verticale a valle). Vediamo più da vicino i vantaggi e gli svantaggi di tali alternative strategiche.

Make-or-buy

Le scelte di make-or-buy concernono la valutazione della convenienza ad acquistare o produrre in proprio determinati prodotti e/o servizi destinati a essere impiegati nel processo produttivo dell'impresa.

Flessibilità strategica

La flessibilità strategica riguarda la possibilità di modificare le scelte di business riallocando gli investimenti in aree caratterizzate da maggiore attrattività.

Costo-opportunità

La valutazione del costo-opportunità concerne l'assegnazione di risorse scarse a un determinato progetto a discapito di alltri potenziali impieghi.

1. *Integrazione a monte*. L'opportunità di tale strategia è basata sulle tipiche valutazioni delle alternative di make-or-buy. I vantaggi di un'integrazione a monte sono di diversa natura: l'impresa può favorire una maggiore integrazione dei processi, contrarre i tempi di approvvigionamento e di produzione, ridurre i costi di transazione, assicurarsi regolarità e qualità delle forniture, controllare una tecnologia. Per contro, tale strategia comporta una limitazione della flessibilità strategica, poiché si determina un irrigidimento della struttura, nonché la rinuncia a una divisione del lavoro nel segno della specializzazione, con possibili ricadute negative sul piano della capacità innovativa.
2. *Integrazione a valle*. I vantaggi sono soprattutto legati ad aspetti di natura commerciale-marketing: l'impresa si assicura uno sbocco sul mercato, controlla la diffusione della product offering, gestisce il rapporto con l'acquirente/consumatore, integra gli elementi complementari dell'offerta, si appropria del margine commerciale. Anche in questo caso vi sono delle controindicazioni in termini di investimenti richiesti, costo-opportunità, incremento dei costi fissi e della complessità gestionale.

Un'ulteriore motivazione, comune a entrambe le alternative strategiche e particolarmente rilevante per i business soggetti a forti pressioni sulla marginalità, è quella di cercare di entrare in aree a maggiore valore aggiunto, maggiormente profittevoli. In alternativa all'integrazione verticale, l'impresa può ricercare gradi crescenti di collaborazione nel canale attraverso il ricorso a contratti di lungo termine, accordi commerciali, alleanze strategiche, licensing, franchising, joint venture.

Esempio

Un chiaro esempio di mercato perfettamente integrato verticalmente è quello dei carburanti. A livello mondiale, tutti i grandi player operanti nel settore (BP, Chevron, ExxonMobil, Eni, Shell, Total SA) presidiano sia le attività a monte che quelle a valle della filiera: esplorazione, estrazione, trasporto, raffinazione, vendita.

Le strategie di crescita sopra descritte possono avere un impatto sulle attività attuali dell'impresa e sulle sue performance competitive a diversi livelli: da un livello incrementale, passando per livelli intermedi, fino a un livello di rottura.

Le strategie di concentrazione hanno un impatto incrementale sull'impresa, prevedendo, ad esempio, interventi di miglioramento della product offering esistente; esse possono produrre dei risultati competitivi favorevoli, ma raramente di entità consistente, poiché vengono realizzate in un agone competitivo definito, generalmente caratterizzato da forti pressioni concorrenziali.

Le strategie di sviluppo del mercato o del prodotto, così come quelle di integrazione verticale, invece, producono un effetto più significativo sull'impresa: richiedono un impegno organizzativo rilevante, assorbono risorse finanziarie consistenti, aprono a nuove combinazioni prodotto-mercato; esse possono generare effetti più significativi sulle performance dell'impresa.
La diversificazione, comportando l'ingresso in nuovi business, è la strategia che maggiormente incide sulle attività dell'impresa, determinando una modificazione strutturale del suo portafoglio. Come abbiamo visto sopra, si tratta di una strategia molto rischiosa, cui possono corrispondere risultati economici di segno incerto, ma che possono dare delle buone soddisfazioni.

8.4.3 La definizione di nuovi business e la strategia di innovazione del valore

Le strategie di crescita sono indissolubilmente legate ai processi di innovazione dell'impresa: di prodotto, di processo, di mercato, sviluppate ai vari livelli (tema che verrà ripreso più avanti, in particolare nel ▸ Capitolo 12). Nell'ambito delle strategie di crescita, le imprese devono considerare anche l'opportunità di definire nuovi business. In proposito è importante sottolineare la differenza tra innovazione per l'impresa e innovazione per il mercato.

1. L'*innovazione per l'impresa* consiste in una modificazione relativa al proprio sistema d'offerta. Tale modificazione, incrementale o radicale, viene realizzata secondo le strategie sopra citate e opera nel segno del consolidamento della posizione competitiva dell'impresa. Può seguire percorsi e prevedere soluzioni che sono già state adottate dalla concorrenza.
2. L'*innovazione per il mercato* consiste invece in una modificazione evolutiva del sistema d'offerta che viene proposto ai consumatori, che si arricchisce di nuovi elementi; essa può essere incrementale o radicale e provenire da uno o più player del mercato. Le innovazioni di mercato di tipo radicale vengono definite di rottura.

Innovazione di rottura

Un'innovazione di rottura scaturisce da una nuova combinazione di risorse, capace di creare un sistema d'offerta che destabilizza la situazione di mercato precedente a proprio vantaggio.

Esempio

Un esempio di innovazione di rottura di prodotto è rappresentato dall'iPhone, il primo e più famoso smartphone al mondo. Lanciato il 29 giugno 2007 da Apple, l'iPhone ha rivoluzionato completamente il concetto di "mobile", incorporando in un unico prodotto le funzionalità di fonia, connessione alla rete, utilizzo di applicazioni software (app).

Un'impresa che diversifica entrando in un settore esistente, dunque, segue un percorso innovativo per l'impresa, ma non per il mercato. La definizione di nuovi business, viceversa, prevede l'implementazione di un'innovazione per l'impresa e per il mercato, un'innovazione di rottura, avente un impatto radicale, in grado di creare un mercato e generare nuova domanda. Molto spesso tali innovazioni hanno una matrice tecnologica, ovvero nascono dalla disponibilità di una nuova tecnologia, tuttavia, come vedremo di seguito, vi sono anche altri percorsi per generarle.

Focus Le tecnologie del prossimo futuro

Un recente studio McKinsey ha individuato le 12 tecnologie dirompenti che avranno un ruolo chiave del prossimo futuro, e stimato l'enorme impatto economico, su produttività e consumi, che esse potrebbero determinare. Esse si riferiscono fondamentalmente al mondo dell'informatica, della meccanica-robotica, della genetica, dei materiali, dell'energia.
Tecnologie come stampanti 3D (produzione di beni distribuita e su misura), big data (analisi istantanea di enormi entità di dati), mobile e cloud computing (connessione always on e dati residenti in rete), nanomateriali (per computer, immagazzinamento energia ecc.), nanotecnologie (cura e prevenzione a livello di singola cellula), sono già in uso, anche se la loro diffusione è stata rallentata dalla crisi globale. È tuttavia da attendersi che nei prossimi anni esse si diffonderanno sempre più, offrendo enormi opportunità alle imprese che sapranno sfruttarle.

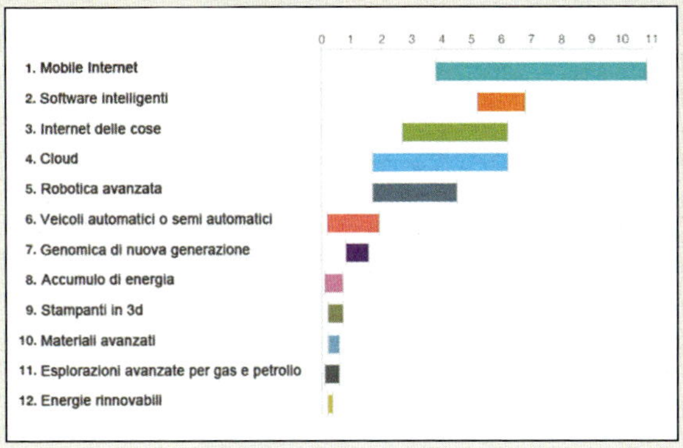

Stima dell'impatto economico annuo (migliaia di miliardi di dollari) delle tecnologie del prossimo futuro.

Da quanto detto, risulta evidente che le innovazioni che costituiscono un vantaggio rispetto alla concorrenza sono quelle che sono tali sia per l'impresa che per il mercato. Ciò vale evidentemente sia per le innovazioni incrementali sia per quelle più incisive, fino ad arrivare a quelle di rottura. Tuttavia, mentre le innovazioni incrementali non sono in grado di produrre vantaggi significativi e duraturi, quelle di rottura possono portare a posizioni competitive difficilmente eguagliabili dalla concorrenza e difendibili nel medio termine.
Un'innovazione di rottura, dunque, può portare alla creazione di nuovi business e l'impresa che è protagonista di tale processo può ottenere dei vantaggi straordinari. Una particolare tipologia di innovazione di rottura è quella che è stata definita *innovazione di valore* da W. Chan Kim e Renée Mauborgne nel loro libro *Strategia oceano blu*. Essa non è legata a un salto tecnologico, bensì a una profonda riconfigurazione del sistema d'offerta, tale da creare un nuovo business, uno spazio di mercato incontrastato, che va oltre i confini originari, andando a creare e conquistare una nuova domanda.
Un'innovazione di valore punta a incrementare il valore offerto al cliente nel nuovo mercato modificando il set di attributi della product offering in modo originale,

Focus Strategia "oceano blu"

Secondo W. Chan Kim e Renée Mauborgne le imprese devono smettere di concentrarsi sugli oceani rossi e cercare di creare degli oceani blu (Kim e Mauborgne, 2005). Negli oceani rossi i confini del settore sono definiti, con il passare del tempo la domanda si stabilizza, le numerose imprese competono per accaparrarsi una quota della domanda esistente a discapito della concorrenza, le prospettive di crescita e reddituali si riducono. La competizione all'ultimo sangue tinge l'oceano di rosso. Negli oceani blu, viceversa, lo spazio di mercato è inedito e incontestato, non vi sono concorrenti, le regole del gioco sono da definire e vi sono enormi opportunità per una crescita redditizia. Secondo gli autori, per creare un oceano blu è necessario adottare l'approccio dell'"innovazione di valore".

Applicando la strategia del valore, il Cirque du Soleil ha inventato un nuovo modo di fare spettacolo, creando un oceano blu.

riducendo gli investimenti verso quelli ritenuti non rilevanti per il nuovo target e incrementando l'impegno verso quelli ritenuti strategici e differenzianti. L'innovazione di valore tende a superare così la tradizionale dicotomia tra strategia basata sulla leadership di costo e strategia basata sulla differenziazione (▸ Capitolo 10), seguendo un approccio di *cost-effective differentiation*.

Per attuare una strategia "oceano blu" occorre dapprima definire il quadro strategico e poi creare la nuova curva del valore.

Spiegheremo questi concetti facendo ricorso a esemplificazioni relative a un caso di studio emblematico: il Cirque du Soleil, nato nel 1984 in Canada. In quegli anni il settore dei circhi tradizionali era certamente un settore in crisi, attaccato da forme di intrattenimento moderne (home entertainment, eventi sportivi ecc.), condizionato da certe sue strutture interne (scarsa innovazione, potere negoziale degli artisti, elevati costi di gestione ecc.), criticato per l'uso degli animali. In questo contesto, Cirque du Soleil ha reinventato il business, modificandone profondamente la formula, e rivolgendosi a un target parzialmente diverso: non più le famiglie con bambini, ma adulti di alto profilo socio-culturale, disposti a pagare un prezzo elevato per uno spettacolo straordinario. Esaminiamo le due fasi fondamentali della strategia di innovazione di valore.

1. *Definizione del quadro strategico*. Consiste nel selezionare gli elementi caratterizzanti del sistema d'offerta e rilevare la modalità con la quale essi vengono interpretati dalle imprese presenti sul mercato.
   Nel circo tradizionale gli elementi del sistema d'offerta, semplificando, possono essere così sintetizzati: presenza di artisti di fama internazionale, numeri con animali, uso di più piste contemporaneamente, umorismo e divertimento, suspense e pericolo, livello di prezzo. Come si può vedere nella figura 8.4, tali elementi, pur con un posizionamento di qualità diverso, vengono interpretati in modo similare dai diversi player, dal leader Barnum & Bailey e dai circhi locali.
2. *Creazione della nuova curva del valore*. A partire dall'analisi dei consumatori, e con l'attenzione soprattutto ai bisogni non soddisfatti, l'impresa deve riformulare l'offerta di valore, operando in quattro direzioni, le prime due finalizzate a ridurre i costi, le altre ad aumentare il valore per i consumatori.
   - *Eliminazione*. Eliminazione degli elementi che non forniscono valore al cliente, e che le imprese danno per scontati.
   - *Riduzione*. Riduzione degli investimenti sugli elementi che possono essere ridotti al di sotto degli standard di settore senza influenzare la soddisfazione dei consumatori.
   - *Aumento*. Aumento degli investimenti a livelli superiori rispetto agli standard di settore sugli elementi che hanno un'importanza significativa per il target.
   - *Creazione*. Identificazione di nuovi fattori rilevanti per la creazione di valore e per la qualificazione del nuovo business.

La curva del valore innovativa deve distinguersi da quella delle aziende presenti sul mercato e focalizzare i propri aspetti distintivi su pochi elementi rilevanti.

Nel caso del Cirque du Soleil la riconfigurazione della curva del valore ha comportato l'eliminazione di elementi quali le star internazionali (di scarso appeal reale e di elevato costo), dei numeri con animali (molto costosi e deleteri in termini di immagine), dell'uso di più piste contemporaneamente (non più necessario nel nuovo concept di spettacolo). Dall'altro lato si è avuto un aumento di investimenti sulle dimensioni di umorismo e divertimento, suspense e pericolo (attraverso sceneggiature di altissimo livello), la creazione di nuovi elementi caratterizzanti come la tematizzazione e sceneggiatura, la scenografia e i costumi, musiche e danze artistiche originali, l'ambiente raffinato.

Figura 8.4

Il caso Cirque du Soleil: quadro strategico e curve di valore.

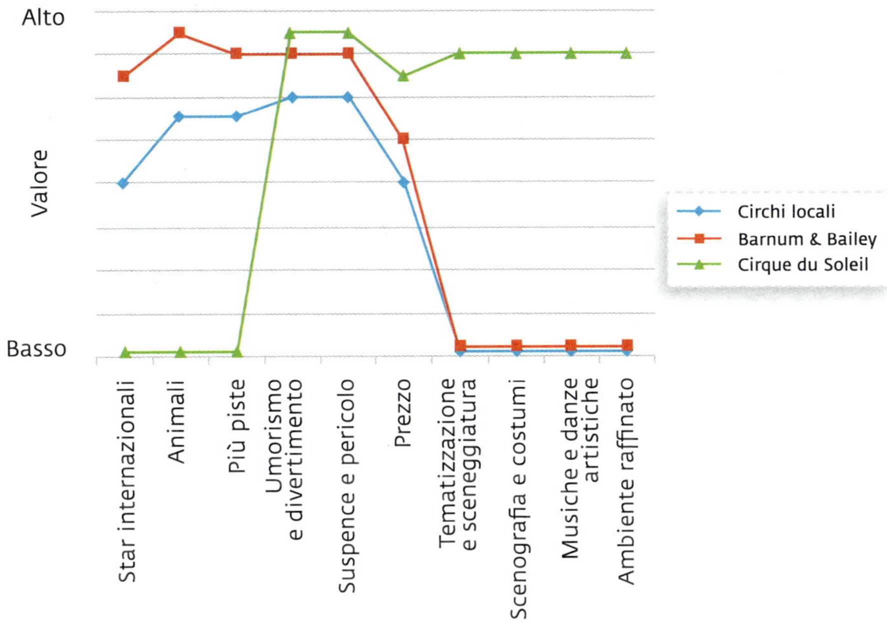

Ne è scaturita una proposta di valore del tutto innovativa, un nuovo modo di fare spettacolo, che ha avuto un successo straordinario in tutto il mondo. Oggi Cirque du Soleil è un'azienda con un fatturato superiore a 700 milioni di euro e oltre 4000 dipendenti, che mette in scena contemporaneamente 12 spettacoli in sede fissa e altri 9 in tournée in tutto il mondo.

8.4.4 L'analisi di portafoglio

La definizione dell'insieme di business in cui operare non può prescindere da un'analisi di portafoglio, finalizzata alla valutazione della struttura di un gruppo di aree di business, del posizionamento competitivo di ciascuna di esse, dei loro rapporti in termini di potenziale sinergia, complementarità e competizione per l'allocazione di risorse, finanziarie e non.

Tra i modelli utilizzati per l'analisi di portafoglio di un gruppo diversificato, presentiamo la celebre matrice GE-McKinsey, sviluppata alla fine degli anni Sessanta dalla società internazionale della consulenza McKinsey in occasione del progetto di razionalizzazione del portafoglio di business di General Electric, che allora contava addirittura 200 diverse aree di affari.

Il modello si basa su una matrice multifattoriale che pone in relazione l'attrattività del mercato con la posizione competitiva dell'impresa, fattori qualificati ciascuno da una molteplicità di variabili (figura 8.5).

Figura 8.5

L'analisi di portafoglio secondo la GE-McKinsey.

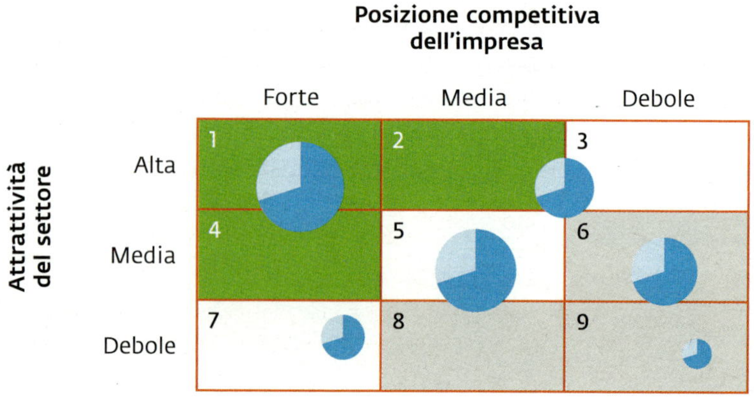

Diversamente da altri modelli di analisi del portafoglio, questo approccio consente di qualificare le due dimensioni chiave in modo articolato (più variabili) e personalizzato (variabili diverse per ogni impesa analizzata), come risulta dall'esempio riportato nella tabella 8.2.

Tabella 8.2

Esempio delle variabili della competitività e attrattività del settore.

1. Posizione competitiva	2. Attrattività del settore
Quota di mercato relativa	Tasso di crescita del mercato
Know how del management	Margini profitto
Redditività	Intensità concorrenza
Posizione relativa nei costi	Barriere all'entrata
Capacità innovativa	Compatibilità risorse (interno vs. esterno)
Prestazione dei prodotti/servizi	Condizioni ambiente esterno
Brand/immagine/reputazione	Opportunità emergenti
Potere di mercato	Grado di rischio e incertezza

A ciascuna variabile viene assegnato un peso nell'indicatore complessivo e una valutazione in termini di performance. Così procedendo, calcolando una semplice media ponderata si ottiene il valore complessivo dell'indicatore di competitività o di attrattività.

Tabella 8.3

Esempio di calcolo dell'indicatore di competitività.

Variabile	Peso	Valutazione (1-5)	Punteggio
Quota mercato	40%	4	1,6
Brand equity	30%	3	0,9
Efficienza produttiva	20%	5	1,0
Capacità innovativa	10%	4	0,4
Totale	100%	–	3,9

Nella matrice i diversi business vengono rappresentati da cerchi aventi un diametro proporzionale alla dimensione del mercato e una sezione evidenziata corrispondente alla quota di mercato dell'impresa.

A fronte di un portafoglio business ampio e complesso, questa analisi consente di individuare le strategie da seguire in ciascun business, in funzione del posizionamento nei nove quadranti della matrice. In linea di massima, nei quadranti in alto a sinistra, caratterizzati da attrattività e competitività alte e medie, la strategia deve essere quella di investire e puntare allo sviluppo; mentre nei quadranti in basso a destra, caratterizzati da attrattività e competitività medie e basse, la strategia è di mietere o disinvestire. Più in dettaglio, nei vari quadranti (1-9) la strategia può essere così sintetizzata:

1. concentrare gli sforzi per mantenere la posizione preminente;
2. investire per puntare alla leadership, facendo leva su asset e competenze strategiche;
3. costruire selettivamente, investendo sui punti di forza e cercando di superare le debolezze;
4. difendere la posizione, consolidare i vantaggi competitivi e i flussi economici;
5. investire selettivamente per migliorare la posizione;
6. mietere, minimizzando gli investimenti e razionalizzando le attività;
7. difendere, raccogliere flussi di cassa e rifocalizzare;
8. gestire per risultati economici riducendo gli investimenti;
9. disinvestire, cercando di cedere le attività al massimo realizzo.

Case History — Walt Disney Company

di **Ludovica Cesareo**

La Walt Disney Company, fondata nel 1923 da Walter Elias Disney, è un'azienda statunitense tra le più importanti al mondo nei settori media e spettacolo, leader nell'intrattenimento per l'infanzia. Secondo la classifica Brandz *Top 100 most valuable global brands*, la Disney si classifica al 26° posto con un valore di marca pari a 23.913 milioni di dollari, con un incremento del 40% rispetto all'anno precedente.

La struttura dell'azienda è molto cambiata dalla fondazione a oggi: nata originariamente per la produzione e distribuzione di cartoni animati (il primo, *Alice nel paese delle meraviglie*, viene disegnato da Walt Disney a 22 anni), è solo con la nascita di Topolino nel 1926 e la produzione del primo cartone animato sonoro, *Steamboat Willie*, che inizia il successo dell'impresa e si viene a definire quello che sarà il suo *core business*: lo studio di animazione. Da lì a pochi anni, dato il successo del personaggio, l'idea di commercializzare prodotti con la sua immagine e orientare l'azienda verso altri business nasce naturalmente. Il fondatore opta quindi per la diversificazione a livello strategico, facendo leva sulle sinergie e le complementarità dei business di volta in volta prescelti.

Negli anni Trenta la Disney inizia a produrre fumetti ("Topolino" è pubblicato per la prima volta in Italia nel 1934) e giocattoli. Nel 1937 viene prodotto il primo lungometraggio di animazione, *Biancaneve e i sette nani*, che frutterà a Walt Disney l'Oscar d'onore, e nel 1938 viene aperta una sede in Italia, la prima fuori dagli Stati Uniti.

Negli anni Cinquanta la compagnia inizia a produrre anche film e programmi televisivi. In quel periodo, inoltre, intuendo la potenzialità del business dei parchi a tema, non colta fino a quel momento, immaginò e realizzò un nuovo format dove far vivere ai visitatori la "magia" Disney. Walt inaugura nel 1954 il primo parco a tema, Disneyland in California, a cui seguiranno Orlando (Florida) nel 1971, Tokyo (Giappone) nel 1983, Parigi (Francia) nel 1992 e molti altri.

Con l'obiettivo di rafforzare ulteriormente la strategia di branding e di commercializzare l'insieme dei prodotti e del *merchandise* a marchio Disney, nel 1987 apre il primo flagship store Disney in California.

Dagli anni Novanta l'azienda inizia un periodo di acquisizioni, nel segno di una strategia di diversificazione sia concentrica sia conglomerata. Nel 1996 acquista la ABC, avendo così accesso a canali televisivi, stazioni radio e agenzie di stampa. Successivamente, nel 2006, con l'obiettivo di modernizzare le tecnologie per la creazione di film di animazione, acquista Pixar, azienda leader nell'animazione digitale, con cui realizza film di incredibile successo come *Toy Story*, *Ratatouille*, *Cars* e *Up*. Nel 2009

→

Disney acquista Marvel Entertainment, ottenendo così l'accesso al vasto portafoglio dei personaggi e supereroi dei fumetti. Nel 2010 acquista Playdom, una delle software house più influenti nel campo dei social game e, infine, nel 2012, Disney acquista Lucasfilm, diventando così titolare dell'azienda creatrice di *Guerre stellari*.

Al termine di questo lungo processo, oggi la Walt Disney Company è un'azienda diversificata, operante in cinque business principali:

1. studios (distribuzione film, vendita e noleggio di home entertainment, produzioni teatrali e musical, colonne sonore);
2. media (trasmissione via cavo e via radio);
3. parchi a tema (parchi, linea crocieristica, vacation club, centri sportivi ESPN zone);
4. prodotti derivati (merchandising a marchio Disney);
5. interactive media (piattaforme online, mobile e di console video).

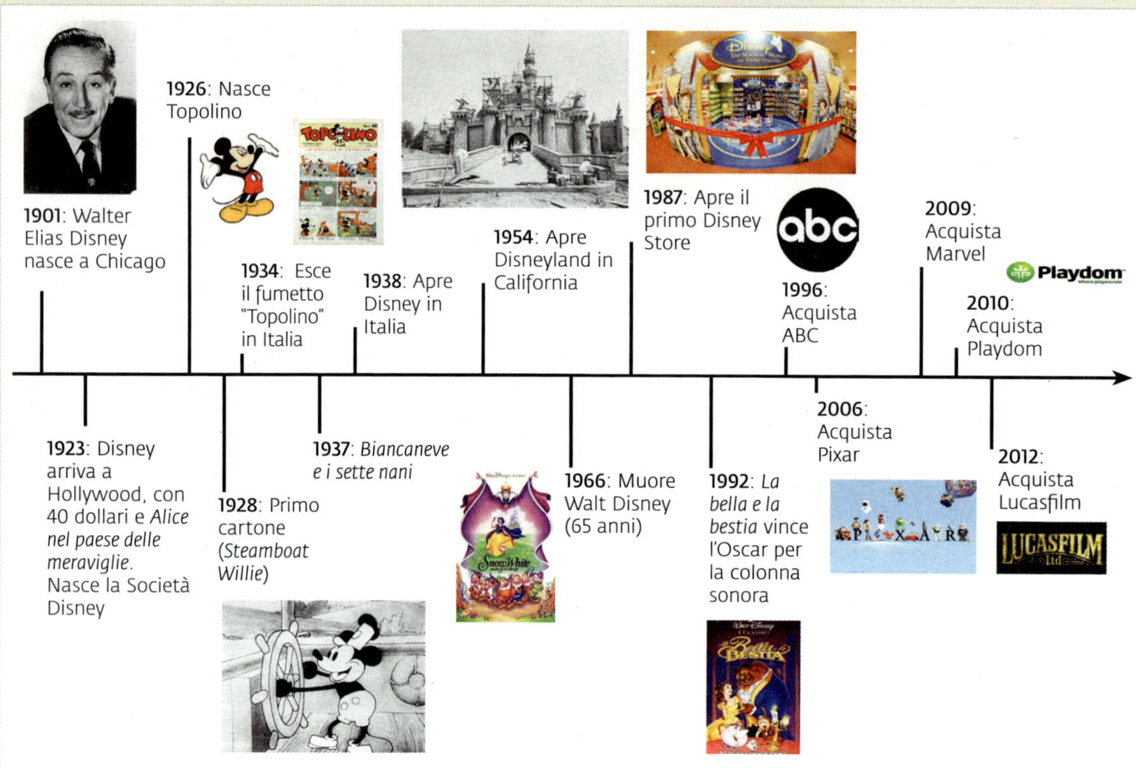

Conclusioni

Le decisioni di marketing strategico hanno un'importanza fondamentale nel determinare la sopravvivenza e il successo dell'impresa nel lungo periodo. In un ambiente complesso e fortemente competitivo, è indispensabile affrontare tali decisioni seguendo un approccio basato su una solidità metodologica e al tempo stesso snello e flessibile, capace di adattarsi continuamente ai repentini cambiamenti del contesto. Tuttavia, la strategia di marketing non può limitarsi a dar risposte all'evoluzione dell'ambiente, ma deve fissare obiettivi ambiziosi, oltre il raggio di azione e le capacità attuali dell'impresa. L'impresa deve sviluppare una cultura rivolta all'innovazione, deve diventare una *learning organization*, che rinnova continuamente le sue conoscenze, capacità ed esperienze, e che, a partire da queste, rielabora costantemente la sua strategia di mercato.

9

Comportamento e segmentazione della domanda

di **Alberto Mattiacci**

Indice del capitolo

Introduzione

9.1 Il comportamento del compratore
- 9.1.1 Ambiente di consumo e marketing
- 9.1.2 Processo di acquisto e marketing
- 9.1.3 Comportamento di acquisto e marketing
- 9.1.4 I modelli descrittivi

9.2 Il dilemma strategico

9.3 La segmentazione della domanda potenziale
- 9.3.1 I requisiti di un segmento
- 9.3.2 Dal segmento al target

9.4 I criteri di segmentazione
- 9.4.1 La carta d'identità
- 9.4.2 Lo stile di vita
- 9.4.3 Il comportamento di consumo
- 9.4.4 I benefici ricercati

9.5 La domanda B2B e la sua segmentazione
- 9.5.1 Peculiarità del B2B
- 9.5.2 Segmentare la domanda

Conclusioni

Abstract

La domanda è il riferimento fondamentale di ogni scelta di marketing. L'essenza stessa del *marketing concept*, infatti, si fonda sulla centralità del compratore. La domanda potenziale di una categoria qualsiasi di prodotto, tuttavia, è solo apparentemente omogenea: a un occhio attento essa appare, invece, uno scrigno di istanze, bisogni, atteggiamenti, personalità, motivazioni, sempre diverse e differentemente miscelate fra loro. Per aiutare a capire e analizzare un quadro tanto complesso, la teoria di marketing ha sviluppato dei costrutti analitici – come l'ambiente di consumo, il processo e il comportamento d'acquisto – e uno strumento analitico di straordinaria utilità: la segmentazione della domanda. La comprensione del compratore, che è il riferimento indispensabile al fine di definire la product offering e i programmi di marketing, avviene attraverso l'uso di concetti economici e non che in questo capitolo vengono adeguatamente descritti.

Introduzione

La domanda riveste un'importanza straordinaria nel marketing, sia per il fatto di essere la controparte con la quale l'offerta costruisce e intrattiene relazioni, sia per il suo essere collocata al centro, e al principio, di ogni processo decisionale attinente il mercato dell'impresa. Nelle economie OCSE – quelle dei paesi più avanzati – la domanda delle varie categorie si manifesta con delle caratteristiche generali piuttosto comuni: cresce poco in termini quantitativi, in ragione del fatto che le famiglie e le persone sono ormai dotate di numerosissimi prodotti, è piuttosto sofisticata e gli acquisti tendono a essere più di rinnovo che di dotazione. La domanda di frigoriferi in un paese in via di sviluppo, ad esempio, tende a manifestare numeri più interessanti di quella relativa all'Italia, dove i frigoriferi sono comprati solo per sostituire quello vecchio, o in occasione di eventi eccezionali – come l'attrezzare una casa ex novo (magari a seguito di un divorzio, o di un cambio di città).

OCSE
Organizzazione internazionale non governativa che raggruppa alcuni paesi aventi in comune l'economia di mercato e un sistema politico democratico. Comprende le principali economie avanzate.

L'analisi della domanda condotta nel ▸ Capitolo 6 mostra poi che, in questo campo, le dimensioni contano: nessuna impresa, ad esempio, non considera la Cina come la terra delle opportunità. Oltre un miliardo di persone, infatti, rappresentano un eccezionale serbatoio di domanda potenziale, che promette di assorbire quantità di produzione considerevole, quale che sia la categoria in questione.

Questo primo scorcio di XXI secolo mostra l'esistenza di una differenza profonda, tuttavia, fra la domanda di un paese con una massa di persone che ha raggiunto il benessere, come l'Italia, e quella di uno le cui famiglie percorrono un percorso di progressivo affrancamento dalla povertà. La prima è tendenzialmente guidata da istanze di consumo che si sono affrancate dalle necessità di base. Il prodotto si sceglie in base a considerazioni di ordine superiore, non meramente legate al prodotto. Ragioniamo su questo esempio: nell'ambito di un orientativo livello di prezzo, ognuno di noi sceglie che jeans comprare sulla base di elementi legati all'estetica e al taglio, alla tinta e al brand ecc. Questo in Italia, oggi. Nei paesi in via di sviluppo, non dotati ancora di una classe media rilevante, si possono osservare invece, in aggiunta a questa, due situazioni estreme (in Italia sostanzialmente assenti, o relegate a frange di popolazione). Da un lato c'è chi compra il jeans "per il jeans": la sola occasione di possesso del prodotto è di per sé una ragione sufficiente ad acquistarlo. Dall'altro c'è chi guarda al prezzo nel senso opposto e si orienta all'acquisto se e solo se trova un jeans disponibile a quel livello di prezzo, elevatissimo, che desidera pagare: il prezzo elevato è, in sostanza, la ragione di acquisto del prodotto. Stringendo l'obiettivo sui compratori di jeans italiani, poi, ci accorgiamo che pur trattandosi di acquirenti della medesima categoria, essi motivano diversamente la scelta di marca e/o modello compiuta: c'è chi privilegia degli aspetti pratici, funzionali, chi estetici; chi si indirizza a brand ampiamente noti e di tradizione (e che magari sono i medesimi che acquistava da giovane); chi va in cerca di brand particolari; chi ama cambiare marca, chi il contrario; chi cerca prodotti unbranded ecc.

La domanda di una medesima categoria, in pratica, possiede un'intrinseca eterogeneità legata al fatto che ogni persona è unica e irripetibile, e che questa monade identitaria si riflette nelle scelte di acquisto e consumo, laddove sussistano le condizioni materiali per farlo. Se spostiamo l'attenzione sui sistemi B2B, la que-

→

stione dell'eterogeneità intrinseca della domanda non cambia di molto: a fronte della medesima categoria di prodotto, le piccole imprese manifestano necessità e istanze che possono essere anche molto differenti da quelle delle medie imprese. In parallelo, poi, il modo in cui esse effettuano gli acquisti cambia anche considerevolmente: in alcune essi sono diretti, in altre sono il frutto di un lungo percorso decisionale che coinvolge più soggetti.

La pratica del marketing ha trasformato il dato di fatto dell'eterogeneità intrinseca della domanda in uno strumento manageriale molto efficace e intelligente, chiamato *segmentazione* della domanda. La segmentazione è lo strumento capace di mettere assieme l'esigenza di conferire massima efficacia alla product offering e quella, apparentemente opposta, di governare l'efficienza tecnico-economica dell'impresa.

9.1 Il comportamento del compratore

Istanze (driver) di consumo

Molle motivazionali che guidano le scelte di acquisto e consumo. Possono essere legate a elementi di stimolo ambientale, o a tratti della personalità individuale.

Per i marketer la domanda è l'oggetto di analisi dentro il quale sono racchiusi due fatti di mercato fondamentali: l'acquisto e il consumo. In senso stretto, il primo evento determina lo scambio fra il denaro e la proprietà/possesso, il secondo la fruizione e percezione delle performance del prodotto. Abbiamo già visto nella ▸ Parte I che, nel B2C, acquirente (*shopper*) e utilizzatore finale (*user*) sono le due soggettività rilevanti che, assieme, formano il generico *consumatore*. Il ▸ Capitolo 6 ha inoltre mostrato – introducendo il modello generale di acquisto- che shopper e user agiscono secondo diverse scansioni temporali: lo shopper svolge un insieme di attività precedenti al manifestarsi dell'atto di acquisto vero e proprio e in ciò è possibile sia influenzato dall'esistenza di istanze di consumo – come desideri specifici o certune aspettative – che ne guidano le scelte.

Focus La scelta

La scelta d'acquisto è l'output di un processo razionale, percettivo e cognitivo, più o meno intricato a seconda della tipologia di prodotto che ne è interessata. Essa è figurata, in altri termini, come esito definitivo di un ricorsivo sforzo di percezione e ponderazione delle alternative disponibili sul mercato, messo in atto dai consumatori a valle del consapevole riconoscimento dell'esistenza di un bisogno. La scelta può anche essere rappresentata nei suoi contenuti, ovvero per come è composto il suo oggetto. La scelta del consumatore emerge così come una variabile *composita*, perché risulta sempre definita contemporaneamente in 5 W + 1 H (figura 9.1) che rappresentano cinque elementi distinti:

1. *prodotto*, sia esso inteso come bene o servizio (distinzione che in questa sede assumiamo come non rilevante);
2. *brand* (del produttore);
3. *punto vendita/insegna*;
4. *prezzo finale*;
5. *tempo*, inteso come allineamento fra momento della presa di possesso del prodotto e timing del sostenimento effettivo del relativo sacrificio economico.

In altri termini, perché possa dirsi che un consumatore ha effettivamente esperito la propria scelta d'acquisto, occorre che tutte le variabili suindicate vengano definite ed espresse in un paniere definitivo compiuto. La product offering – che esploreremo in questa parte – rappresenta l'offerta che l'impresa compone nella consapevolezza di questa natura composita della scelta d'acquisto. L'impresa, quindi, non vende prodotti: è invece il sistema d'offerta, rappresentato dal produttore e dal distributore, che inventa, compone e presenta una product offering dotata di un certo valore, affinché venga scelta dal compratore.

La scelta vera e propria è un atto conclusivo di un processo. Tale atto, che avviene in uno specifico set di condizioni spazio-temporali, è soggetto a un continuo interscambio di stimoli (figura 9.1). Nel B2B troviamo una situazione analoga, dove si distingue il compratore (*buyer*) dall'utilizzatore (*user*). Analogamente a quanto vale per il consumatore, anche qui i due ruoli possono convergere sulla medesima persona (l'artigiano che acquista direttamente in fiera l'arredo per il proprio punto vendita) oppure no (l'ufficio acquisti di un'impresa mette in gara più agenzie pubblicitarie per la gestione del budget della campagna). Anche in questo caso il processo si può svolgere secondo una sequenza di fasi successive, che può durare anche un tempo considerevole.

Ambiente di consumo
Insieme di condizioni, definite nello spazio e nel tempo, nelle quali il compratore viene a contatto con l'offerta accessibile ed esprime la propria azione decisionale.

Processo d'acquisto
Insieme di attività elementari, ordinate in sequenza, mediante le quali il compratore mira a soddisfare un'esigenza di partenza: raccolta d'informazioni, considerazione di alternative, comparazione, decisione.

Comportamento di acquisto
Agire del compratore sotto l'influenza integrata di variabili d'offerta (p.e. esposizione dei prodotti a scaffale) e individuali (p.e. motivazione, preferenze). È il modo in cui il compratore conduce il processo.

L'individuo-acquirente, impresa o persona che sia, si muove in un ambiente di consumo all'interno del quale esprime una serie di attività – il processo d'acqui sto – influenzate da numerose variabili e fenomeni, sia esterni sia interni a se medesimo. L'interazione che si attiva fra queste variabili e fenomeni determina il comportamento di acquisto. In ambito *consumer* possiamo esemplificare i concetti nel modo seguente.

- L'*ambiente di acquisto* determina la condizione specifica – fatta di stimoli ambientali e aspetti personali anche contingenti – entro la quale il soggetto si trova a compiere la propria scelta di acquisto e condiziona i gradi di libertà con cui lo shopper compie i propri acquisti. Per fare un esempio relativo al condizionamento espresso dal punto vendita sulla scelta, vediamo che può essere: di *prodotto* (posso acquistare il biologico solo se presente in assortimento), di *marca* (posso scegliere la marca di birra fra quelle marche presenti sullo scaffale, non fra tutte le marche esistenti, a meno che non mi sposti nello spazio, ovvero cambi punto vendita), di *prezzo* (acquisto offerte di primo prezzo, concorrenti con il discount, solo se il supermercato persegue una strategia di offerta che lo preveda), di *servizio* (acquisto il prosciutto preaffettato al banco frigo, oppure al banco servito).

Figura 9.1
Ambiente di consumo, processo di acquisto e scelta.

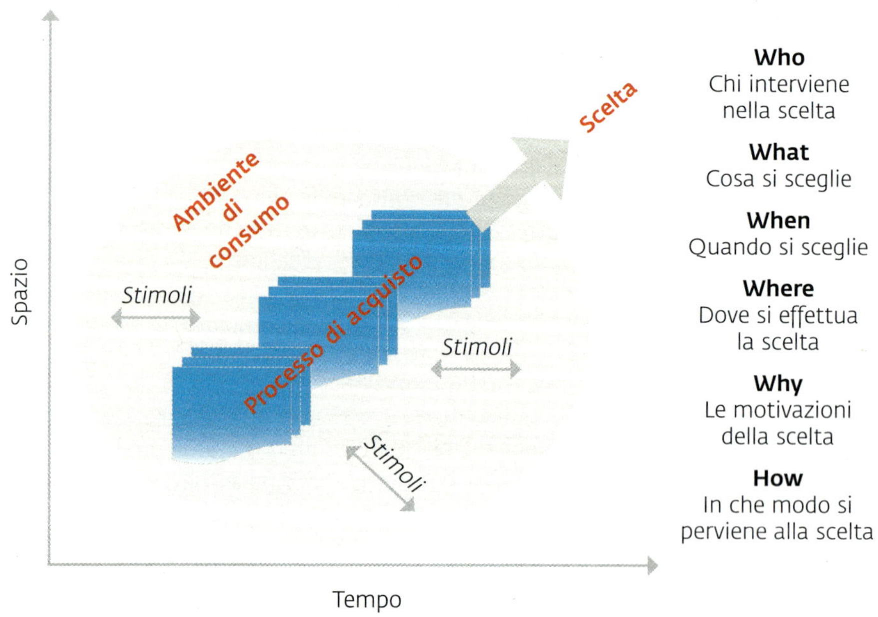

Libero servizio

Tecnica di vendita al dettaglio che lascia al compratore ampia libertà di movimento all'interno dello spazio commerciale.

Acquisti d'impulso

Scelta di acquisto non ponderata, derivante dall'immediata traduzione in acquisto dell'esposizione visiva della product offering.

- Il *processo di acquisto* configura l'insieme dei passaggi che vengono esperiti dallo shopper nell'ambiente di acquisto ed è influenzato dalle condizioni in cui esso è organizzato. Nei punti a libero servizio, ad esempio i supermercati, lo shopper ricerca, compara, verifica, sceglie, sostanzialmente da solo, basandosi anche sulla confezione (detta perciò "venditore silenzioso") e sul prezzo esposto; nei punti vendita *a servizio assistito* – ad esempio la farmacia, o il tabaccaio – lo shopper interagisce con il venditore, che perciò può esercitare un'influenza diretta sul processo. Il processo, poi, può essere articolato, complesso e lungo, come nel caso dei beni problematici, ad esempio un'automobile, o estemporaneo e semplificato, come negli acquisti d'impulso, ad esempio delle caramelle.
- Il *comportamento di acquisto* concerne il modo in cui il processo prende forma nell'ambiente. Che lo shopper sia un professore universitario o un operaio metalmeccanico determinerà probabilmente qualche differenza nel *modo* di eseguire il processo dell'uno rispetto all'altro; così anche se è una casalinga (espertissima nel mestiere dello shopper) o uno studente fuori sede (orientato al massimo risparmio); o una giovane mamma in carriera (e perciò costantemente in debito di tempo) piuttosto che una persona in pensione da tanti anni (che di tempo, in genere, ne ha di più). Non si tratta di esprimere, si badi, giudizi di valore, nel senso che uno sia migliore dell'altro, ma solo di evidenziare delle differenze nel modo di percorrere il percorso di scelta, che dipendono squisitamente dall'individuo. La cultura, il reddito disponibile, la classe sociale di riferimento, il tempo disponibile, sono tutte variabili che influenzano il comportamento e lo rendono assai eterogeneo.

Comunità di consumo

Gruppi di individui che si organizzano per effettuare acquisti in comune, scambi di prodotti e, in generale, ricercare economicità grazie alla collaborazione.

Routine di acquisto

Tecnica di acquisto che consente al compratore di risparmiare tempo ed energie psicofisiche, grazie al rendere automatica la scelta della product offering. Si ha in contesti di bassissimo coinvolgimento emotivo.

Il compratore può esercitare un processo di scelta molto vario, in quanto l'ambiente di consumo dipende, in ultima analisi, dal suo personale stile di vita: un ambientalista, ad esempio, tenderà a essere maggiormente esposto a stimoli *green* e alle suggestioni del *consumo equo e solidale* e probabilmente frequenterà molti mercati e centri distributivi a chilometri zero, più che i centri commerciali e si appoggerà a comunità di consumo; una persona che pratica molto sport sarà relativamente più attento e propenso a spendere per acquistare prodotti di supporto alla sua passione, piuttosto che accessori moda, seguirà molto i forum specialisti (p.e. Orzare.it) e ne ricaverà stimoli per lui più rilevanti, rispetto ad esempio alla pubblicità. Anche la condizione dell'acquisto è rilevante per comprendere il comportamento: un professionista tende a vivere l'acquisto di un biglietto aereo come attività piuttosto routinaria e perciò sarà poco attento a qualsiasi stimolo di marketing.

Ogni persona, poi, sviluppa un comportamento che ne riflette il modo di essere, la formazione educativa e culturale, il grado di affinamento del gusto, l'apprendimento di regole sociali e di status non scritte: una persona raffinata mostrerà una certa tendenza all'understatement e perciò sceglierà brand non vistosi, si dedicherà a consumi culturali e via dicendo. Non vi sono, insomma, né regole né rigidità possibili, dato che il comportamento costituisce il territorio in cui si esprime il potere del compratore con tutta la sua soggettività, varietà, variabilità e indeterminatezza di persona (▶ Focus "L'arbitraggio").

Focus L'arbitraggio

L'arbitraggio è un'operazione che tutti compiamo senza rendercene conto. Essa consiste nel modificare le condizioni in cui si esprime il processo di acquisto giocando sostanzialmente sulle variabili *spazio-tempo*, con il fine di raggiungere le condizioni di massima convenienza per il compratore.
Desideriamo acquistare una determinata product offering e giochiamo sulla variabile *spazio*: intendiamo acquistare un determinato scooter e visitiamo più concessionari per verificare chi ci offre le condizioni migliori, sia in termini di prezzo, sia di servizi accessori (garanzie, tagliandi). Oppure privilegiamo la variabile *tempo:* aspettiamo che passi un po' di tempo dall'uscita del nuovo modello di televisore, consapevoli che questo ne determinerà, di lì a breve, una sensibile riduzione di prezzo.
L'arbitraggio può esercitarsi anche su variabili di product offering: immaginavo, ad esempio, di acquistare uno scooter di piccola cilindrata, ma girando per concessionari realizzo che allo stesso prezzo posso scegliere un modello più performante se mi oriento su un brand diverso.
L'arbitraggio è, nella dialettica di scambio fra i venditore e il compratore, certamente un'arma a disposizione di quest'ultimo per assicurarsi condizioni più vantaggiose.

Questa eterogeneità di condizioni nelle quali i soggetti della domanda esercitano la loro azione, pone le imprese venditrici di fronte a un dilemma: affrontare tutti con un'offerta sostanzialmente omogenea, valida universalmente, prendendo atto dell'enorme varietà di condizioni possibili, oppure, all'opposto, puntare sui singoli compratori, presi uno a uno, e cercare di costruire un'offerta quanto più possibile su misura (tailor-made), ritagliata sulle esigenze e sui comportamenti specifici? Lasciamo per un breve momento ancora in sospeso la soluzione a questo dilemma e vediamo in che modo ambiente, processo e comportamento riescano a indirizzare le scelte di mercato del produttore.

9.1.1 Ambiente di consumo e marketing

Attenzione selettiva
Comportamento di selezione degli stimoli ambientali esterni cui si è esposti, in ragione di aspetti personali, della reputazione della fonte di stimolo, e dei valori individuali.

Categorie speciali
La vendita dei prodotti è regolamentata per legge in ogni paese. In Italia essa distingue tre casi: i prodotti alimentari, i non alimentari, le categorie speciali (tabacchi, carburanti, farmaci, quotidiani ecc.). La ratio legis è che questi prodotti giocano un ruolo speciale nella vita personale e sociale.

Nell'ambiente di consumo il compratore è esposto agli stimoli di marketing che gli provengono dall'intero sistema d'offerta cui è esposto, e li assorbe – in maniera selettiva – all'interno del proprio perimetro identitario: i produttori investono, ad esempio, in pubblicità e attività di comunicazione sul punto vendita, talvolta secondo piani concertati con il distributore, il quale, a propria volta, usa più strumenti, sul punto vendita e fuori, per stimolare i desideri e orientare le scelte. Naturalmente tutto ciò avviene in condizioni di concorrenza, per cui i produttori e distributori che operano in tal modo sono numerosi e abbiamo così, come consumatori, la sensazione di essere sottoposti a un "bombardamento" di stimoli. Un formidabile protagonista dell'ambiente di consumo è dunque il punto vendita, luogo in cui lo shopper è abituato ad andare a cercare una determinata categoria di prodotto, e che perciò costituisce un vincolo alle scelte di distribuzione del produttore. La Bic sa che dovrà collocare le proprie penne in cartoleria, così come Repubblica non può permettersi di esser fuori dai circuiti di fornitura delle edicole. Naturalmente questo vincolo non è quasi mai assoluto – eccezion fatta per categorie speciali, come i tabacchi, i farmaci da prescrizione, i carburanti – e certo Repubblica può collocare il proprio quotidiano anche nei supermercati, presso le stazioni di servizio carburanti, nei treni, ai semafori importanti ecc. Tuttavia que-

Touch point

Canale attraverso il quale i consumatori interagiscono con la product offering dell'impresa, con i programmi di marketing messi in atto, o con l'impresa medesima.

ste scelte hanno lo scopo di aggiungere ulteriori punti di accessibilità alle offerte, piuttosto che di sostituire i "tradizionali" con dei nuovi. Altro grande protagonista degli acquisti è lo *spazio comunicativo*, ovvero il contesto ideale all'interno del quale il soggetto è fatto bersaglio dei messaggi commerciali più disparati, nelle forme e nelle modalità di invio. L'ossatura di questo spazio è costituita dai media classici e dalle loro forme di fruizione nell'arco della giornata. Questa si articola in ambienti e attività che espongono lo shopper agli stimoli di diversi media e soggetti influenti (figura 9.2). La vita dinamica e in mobilità, che caratterizzerà l'uomo del XXI secolo, pone alle imprese che intendono raggiungerlo il problema di entrare in contatto con lui. Di qui la rilevanza del concetto di touch point che riprenderemo nel Capitolo 18.

Figura 9.2

Lo spazio comunicativo.

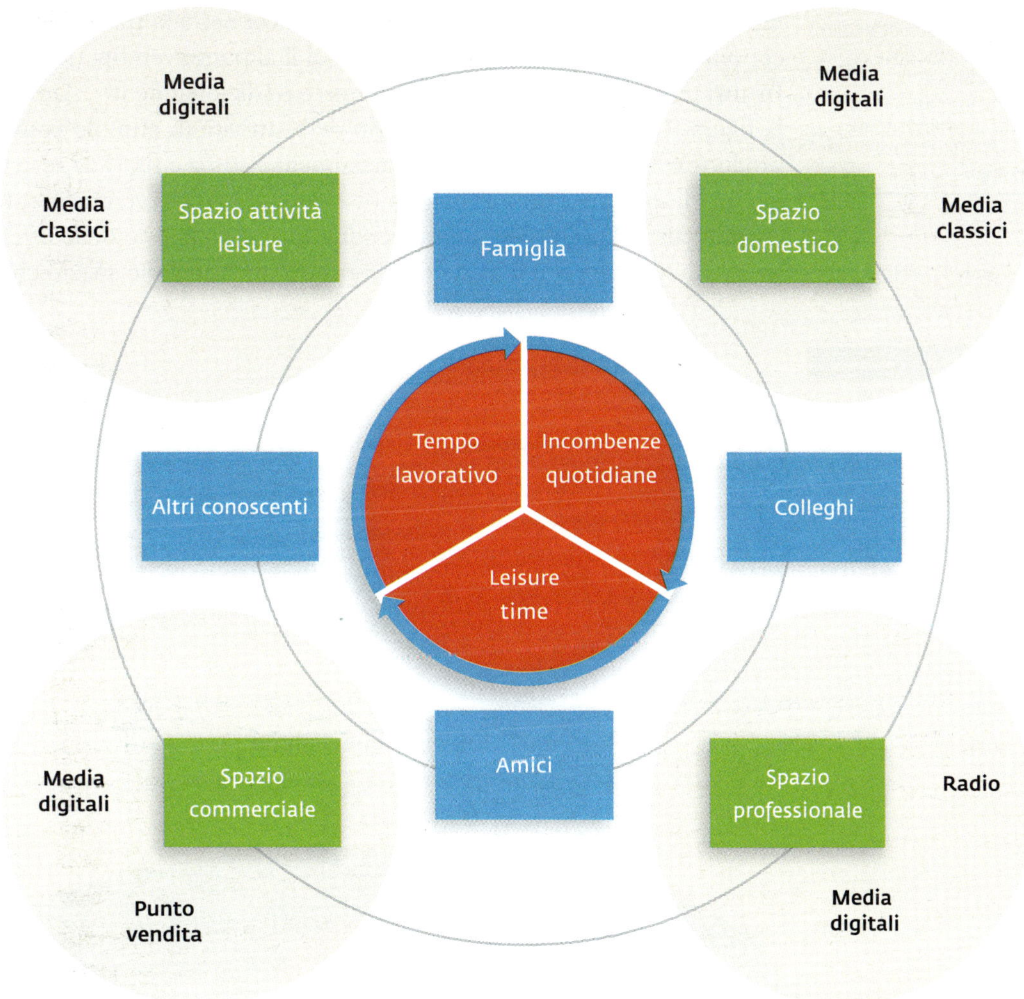

Fonte: Mattiacci, 2012

Cerchio centrale: la suddivisione delle ore di veglia per classe di attività
Cerchio mediano: i soggetti con i quali l'individuo può intrattenere relazioni ed esporsi
Cerchio esterno: i luoghi di esposizione dell'individuo ai messaggi media

L'ambiente di consumo, perciò, "immerge" il consumatore in un contesto d'offerta che esprime e genera continui stimoli al suo pensare e agire: alcuni di questi sono frutto delle scelte distributive del produttore (che analizzeremo negli aspetti tecnici nei ▸ Capitoli 14, 19 e 20), altri delle scelte di marketing del distributore (che vedremo nel ▸ Capitolo 25), altri ancora delle scelte di comunicazione del produttore e/o del distributore medesimo (delle quali ci occuperemo nei ▸ Capitoli 17 e 18). Sembra semplice, ma non lo è, e non solo per le possibili difficoltà tecniche che s'incontrano nel condurre queste attività. Il problema principale è che oggi, a causa di un radicale mutamento che sta avvenendo nei processi di fruizione dei media, nel concetto stesso di medium, in quelli di scelta delle modalità secondo le quali effettuare gli acquisti – tutti aspetti rivoluzionati dalla digitalizzazione, trattata nel ▸ Capitolo 3 – e, in definitiva, nei nostri stessi **stili di vita**, si sta interrompendo quella sostanziale linearità che connette lo spazio di esposizione del consumatore ai messaggi commerciali e di lì al punto vendita (figura 9.3).

Stile di vita

Espressione coniata dallo psicologo austriaco Adler per esprimere sinteticamente il modo di vita di un individuo, e il suo rifletterne aspetti personali e sociali.

In altri termini, il punto vendita costituisce tradizionalmente – lato superiore della figura 9.3 – il punto di atterraggio delle attività di stimolo comunicativo dei produttori: queste avvengono sostanzialmente prima e fuori da esso (in televisione con gli spot, per la strada con le affissioni ecc.), e poi eventualmente richiamate e rinforzate all'interno del punto vendita (con il volantino delle offerte, le dimostrazioni in-store ecc.) il quale è poi, sostanzialmente, uno spazio chiuso.

Figura 9.3

Come cambia l'ambiente di consumo.

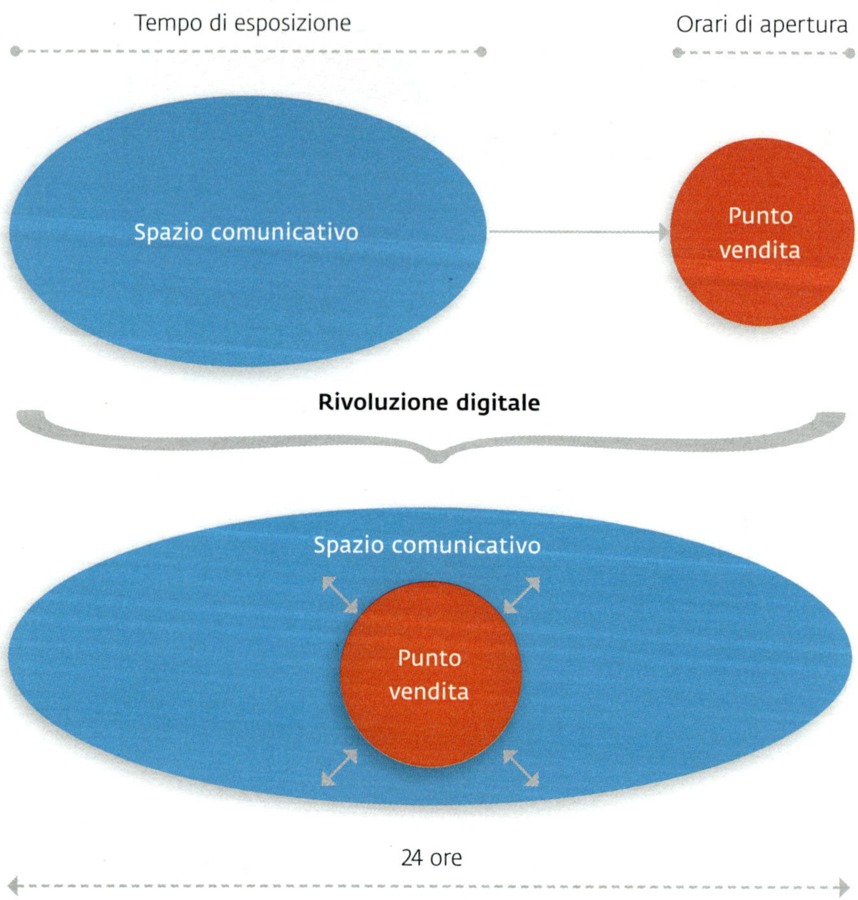

La digitalizzazione sta rapidamente costruendo una condizione differente, che modifica l'ambiente di consumo in profondità: da un lato la portabilità dei *digital device* (smartphone, tablet) e la disponibilità di sempre più potenti reti di connessione (il 4G, la rete cellulare) consentono al consumatore di godere della condizione nota come *always on*, cioè di connessione costante alla rete e ai suoi contenuti; di contro, il progresso digitale abbatte considerevolmente i costi d'uso della rete per tutti i player d'offerta, per cui dotarsi di un website (magari di e-commerce), di un sistema di app e di presidio dei social network, è sostanzialmente alla portata di tutti, indipendentemente dalla dimensione aziendale. Il combinato disporsi di questi fenomeni modifica radicalmente l'ambiente di consumo, in quanto:

- dilata il perimetro dell'ambiente comunicativo, sia in senso spaziale sia temporale, così che il consumatore è potenzialmente raggiungibile e può esperire fasi e processi di acquisto in qualsiasi momento della giornata e della notte, nonché in qualunque luogo o località;
- modifica la direzione del contatto fra stimoli e consumatore (il mondo *one-way* dell'inserzione pubblicitaria classica accoglie accanto a sé quello two-ways, dove il consumatore stesso agisce verso il sistema d'offerta;
- apre il punto vendita e ne potenzia la capacità di stimolo, grazie alla possibilità d'integrare forme di offerta tradizionali con forme digitali, sviluppare comunicazione e promozione mirate e basate sulla connessione, integrare in forme nuove commercio online e offline.

One-way e two-ways

Il primo modello delinea un flusso unidirezionale dello stimolo, il secondo l'interazione con lo stimolo che va e viene fra i due soggetti.

L'*always on* che caratterizza lo spazio comunicativo creato dai nuovi *digital device*, in sostanza, è una qualifica che si va estendendo anche all'ambiente di consumo. Avremo modo di tornare su questi importanti adeguamenti strutturali del marketing nel Capitolo 16 e in tutta la Parte V del manuale.

La "casalinga" è uno stile di vita classico, che denota, generalmente, una persona dal basso grado d'istruzione, dall'elevato consumo di televisione, dalla ristretta apertura mentale e di prospettiva.

9.1.2 Processo di acquisto e marketing

Il modello generale di processo di acquisto che si è descritto nel ▸ Capitolo 6 nasce come tentativo di formalizzare uno schema di massima del come un individuo effettui le proprie scelte, sulla base del quale indirizzare poi le opportune azioni di marketing. L'obiettivo euristico, in sostanza, è quello di capire come intervenire a influenzare, se non addirittura a indirizzare, le scelte di acquisto e consumo. Il processo, a ben vedere, mette in evidenza l'esistenza di due stati.

1. *Genericità*: è lo stato di percezione del bisogno che, in quanto stato di necessità, è per propria natura generico e ha lo scopo di indurre all'azione; il senso di fame spinge a ricercare del cibo, il matrimonio di un amico induce a considerare l'adeguatezza del guardaroba a una cerimonia.
2. *Specificazione*: è lo stato prodromico all'insorgere del desiderio, ovvero dell'attrazione esercitata da una determinata product offering in merito al bisogno; la vetrina dei negozi di abbigliamento cerca d'indurre il desiderio di acquisto esponendo oggetti attraenti.

Il produttore è ben consapevole di dover intervenire nell'interstizio fra genericità e specificazione, affinché, a valle dell'insorgere di un bisogno, la propria offerta sia riconosciuta come oggetto del desiderio e quindi acquistata. L'intero marketing management esiste per riuscire a determinare positivamente per l'impresa l'esito di questo processo. Come già visto nella ▸ Parte I, ciò richiede continuità d'azione, nello spazio e nel tempo, e nel garantire sempre soddisfatte, in particolare, due condizioni tecniche:

1. l'*accessibility*, ovvero la reale disponibilità delle offerte nei punti vendita nei quali il consumatore è abituato a cercare determinati prodotti (tabella 9.1);
2. *l'awareness*, ovvero la conoscenza e ricordo della product offering, stimolati entrambi mediante un ricorsivo e ampliato utilizzo dei touch point disponibili (tabella 9.2).

Tabella 9.1

Le continuità di *accessibility*.

	Spazio	Tempo
Obiettivo	Rendere la product offering effettivamente disponibile nei punti vendita dell'area geografica di riferimento.	Offrire al consumatore la certezza della costante presenza della product offering nei punti vendita.
Rischio da evitare	Non copertura del mercato: la product offering non si trova dove il consumatore si attende di trovarla.	Rottura di stock: la product offering è esaurita e non è più disponibile.

L'*accessibility* pone l'attenzione sul fatto che il punto vendita – reale o elettronico che sia – produce l'esito di numerose attività di marketing senza le quali, in definitiva, anche la migliore product offering esistente non avrebbe mercato. Nel caso di alcuni beni durevoli, inoltre, la necessità di ampliare lo spettro di valore dell'offerta attraverso *servizi accessori* – come l'installazione di un forno, o il tagliando di uno scooter – rappresenta un ulteriore fattore condizionante da considerare nelle scelte. Il punto di riferimento di queste scelte, giova ribadirlo,

Merchandiser
Rulo organizzativo che si occupa di governare la corretta esposizione dei prodotti nel punto vendita.

è lo shopper, la sua abitudine ad andare a cercare una determinata categoria di prodotto in un certo tipo di punto vendita e non in altri. Fargli trovare la product offering nel luogo e nel tempo desiderato costituisce – come vedremo nel ▸ Capitolo 14 – un tassello fondamentale alla complessiva offerta di valore che il produttore gli rivolge. Come vedremo poi nel ▸ Capitolo 23, alcune imprese si dotano di una precisa figura organizzativa – il merchandiser – per essere certi che l'*accessibility* sia garantita nel mercato, nel rispetto delle regole di presenza a scaffale che è opportuno seguire.

Tabella 9.2
Le continuità di *awareness*.

	Spazio	Tempo
Obiettivo	Rendere la product offering nota in tutte le sue caratteristiche essenziali di valore, esponendola all'attenzione del consumatore laddove questi la diriga.	Assicurarsi che, una volta conosciuta, la product offering sia ricordata e riconosciuta dal consumatore, in particolare nell'ambiente di consumo.
Rischio da evitare	Assenza della marca dal set delle marche conosciute, nell'ambito di una determinata categoria di prodotto.	Affievolirsi del ricordo di marca nel tempo, oblio.

Marketing push
Strategia di collaborazione fra produttore e trade per "spingere" le product offering verso lo shopper.

Marketing pull
Strategia del produttore per indurre lo shopper a richiedere (e perciò "tirare") la product offering al distributore.

L'impresa dispone sia di strumenti *in-store*, di comunicazione sul punto vendita e di merchandising, sia di altri, inserendo messaggi comunicativi sui media e sfruttando l'intero universo dei touch point a disposizione. Opera in questo modo un'azione di comunicazione continuativa nel tempo, di tipo sostanzialmente push, creando le condizioni perché vi sia anche una riposta pull da parte del consumatore sul punto vendita.

9.1.3 Comportamento di acquisto e marketing

Il comportamento del consumatore – che, ribadiamo, è prima di tutto una persona e quindi porta la propria individualità in tutto ciò che fa, acquisti compresi – è influenzato da numerosissimi fattori.

Possiamo ricondurre la loro varietà a tre fondamentali chiavi di analisi, ciascuna delle quali formata da un ampio set di variabili (figura 9.4).

Classe sociale
Stratificazione degli individui di una determinata società in categorie differenti. Nelle società moderne, al ceto e alla nascita si sono sostituite variabili di natura economico-culturale nel determinare la composizione per classi.

Gruppo sociale di riferimento
Insieme d'individui cui un soggetto appartiene o desidera appartenere. Induce comportamenti, atteggiamenti, schemi valoriali ed esperienze.

- L'*io-individuo*: ogni individuo è diverso dall'altro per cui, in presenza di un medesimo oggetto da acquistare, ciascuno di noi può seguire logiche e percorsi diversi. Ciò chiama in campo variabili di natura estremamente disomogenea fra di loro: demografiche, identitarie, psicologico-cognitive, psicologico-affettive. È bene sottolineare il fatto che anche nei mercati B2B, dove gli scambi avvengono fra imprese, l'individuo è rilevante allo stesso modo: le imprese, infatti, sono fatte da uomini.
- L'*io-sociale*: l'individuo non vive isolato, ma inserito in una o più comunità antropiche delle quali è, oltretutto, il frutto. Cultura e classe sociale gli conferiscono una certa visione del mondo e delle cose, la dialettica circolare con i gruppi di riferimento e le interazioni coi suoi membri ne influenzano le preferenze e le azioni.

- *L'io-decisore*: il modo in cui il soggetto esperisce il processo di acquisto non è una libera espressione di quanto detto sopra, ma vive anche il condizionamento di variabili di natura economica che lo riguardano direttamente, ad esempio la ricchezza disponibile, la propensione al consumo ecc. L'io-decisore è naturalmente influenzato anche dall'ambiente di consumo che abbiamo prima descritto.

Propensione al consumo
Quota di reddito disponibile destinata ai consumi. Quanto più basso è il reddito, tanto essa è più elevata.

Le tre componenti sopra evidenziate entrano costantemente in gioco nel determinare il modo in cui si esperisce il processo di acquisto nell'ambiente di consumo prescelto. Si comprende agevolmente, perciò, quanto complesso sia l'acquisto e quanto possa esser vano ogni tentativo di dirigerlo "meccanicamente": il massimo risultato ottenibile è infatti quello di riuscire a indovinare quale miscela di elementi entri in gioco e di sapersi connettere con la situazione risultante. Il tentativo di comprendere come la partita si svolga, tuttavia, è sempre vivo.

Figura 9.4
I tre "io" del comportamento d'acquisto.

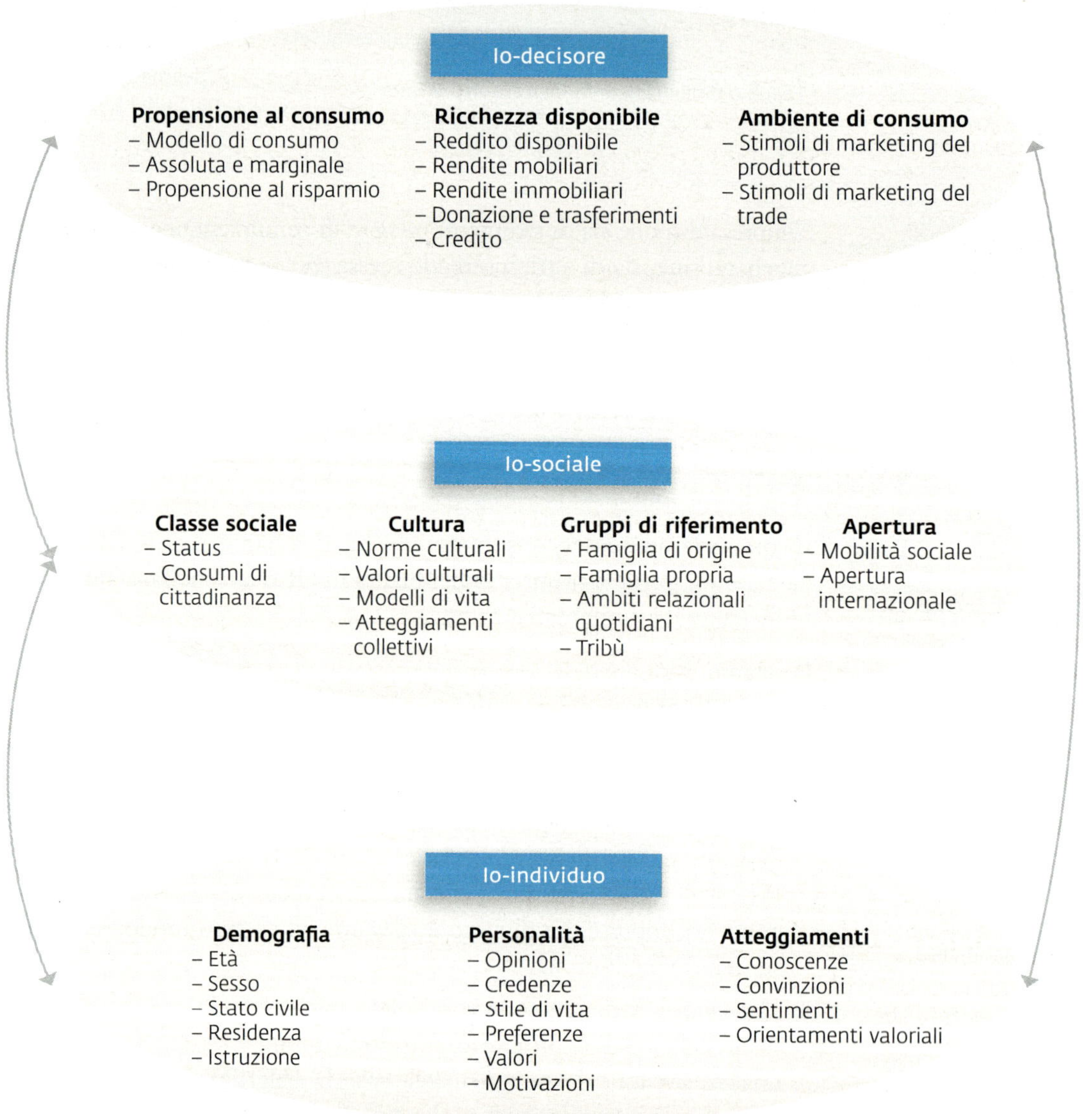

9.1.4 I modelli descrittivi

Scienziati sociali della più diversa estrazione – economisti, sociologi, psicologi, antropologi ecc. – si sono cimentati nella costruzione di modelli capaci di fotografare in uno schema semplificato l'idea, fin qui sostenuta, che l'acquisto è un fenomeno che mette in campo l'essere umano in tutta la sua complessità. Questo sforzo interpretativo ha generato numerosi risultati che hanno il merito di aver messo in evidenza: (i) la molteplicità di elementi che a ogni atto d'acquisto entra in gioco, direttamente e indirettamente, consapevolmente o meno; (ii) le relazioni fra tali elementi e il punto del processo in cui hanno luogo. Ciò ha smantellato l'idea positivista di *homo economicus* perfettamente razionale e guidato nelle proprie azioni e scelte da ragionati calcoli di convenienza, a favore di una rappresentazione più difficile da manovrare, ma certo più prossima alla realtà.

Black box model
La scelta di acquisto è l'output di un procedimento di elaborazione di molteplici stimoli esterni (input) all'interno di uno "spazio" dove risiede la personalità e il sistema motivazionale della persona. Come tale elaborazione avvenga non è dato osservare: di qui la scatola nera.

I modelli descrittivi che la teoria di marketing ha proposto sono spesso di considerevole complessità e si fondano essenzialmente su una rappresentazione grafica di un reticolo d'input e output, in mezzo ai quali vi è un atto di elaborazione, interno alla psiche del consumatore, e perciò invisibile all'esterno. A causa di tale impenetrabilità da parte di qualunque osservatore esterno, si parla al proposito di scatola nera (black box).

Valori
Gli obiettivi e le aspirazioni di lungo temine dell'individuo, concernenti la sua visione del mondo.

In particolare il modello EKB – acronimo dei cognomi degli autori (figura 9.5) – è interessante per la sua capacità di evidenziare i seguenti elementi che guidano il comportamento di acquisto.

Atteggiamenti (attitude)
Insieme organizzato e relativamente stabile di conoscenze, convinzioni, sentimenti e orientamenti valoriali. Formano la disposizione psicologica dell'individuo verso la product offering.

- Un *sistema percettivo*: la capacità di assorbire informazioni in entrata e di farne una prima elaborazione, sulla base della loro comprensione. L'insieme d'informazioni così prodotto interagisce con le conoscenze, i valori e gli atteggiamenti individuali e ne determina e orienta le preferenze.
- Un *sistema motivante*: la forza che spinge l'individuo a muoversi, data da informazioni ambientali interiorizzate e fatte proprie, che si combina con delle motivazioni personali connesse all'io-individuo e sociale.

Figura 9.5
Modello EKB (Engel, Kollat, Blackwell) semplificato.

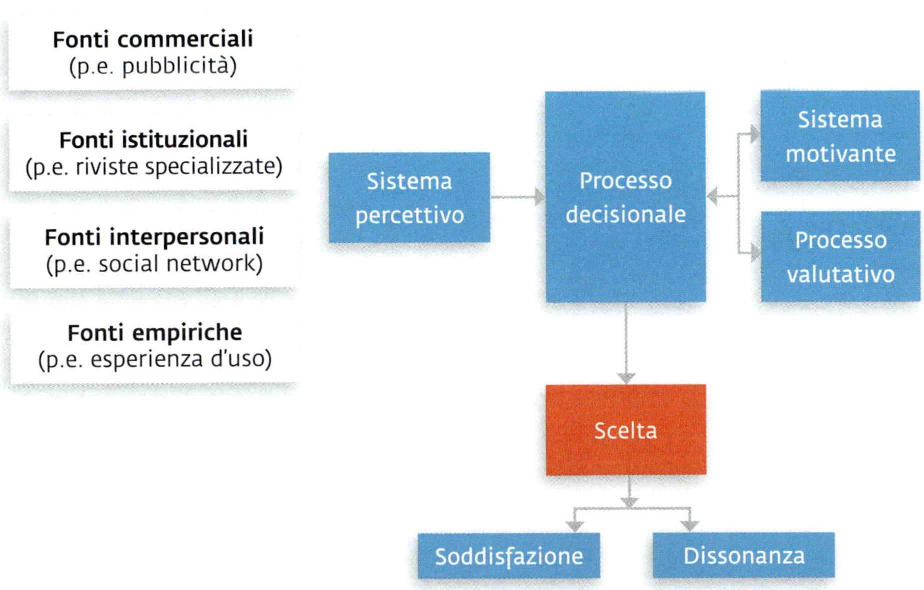

- Un *sistema valutativo*: che attiene il modo in cui le informazioni sulla product offering sono usate per valutare il valore da essa offerto. Il consumatore segue qui una sequenza logica che, in relazione al livello di coinvolgimento emotivo nell'acquisto e al grado di differenza percepita fra le offerte, può esprimere diversi comportamenti (▸ Focus "Le sequenze logiche del processo valutativo").

Focus – Le sequenze logiche del processo valutativo

La matrice logica di Assael, dal nome dello studioso che la propose nel 1987, identifica alcuni modelli-tipo di processo valutativo del consumatore.

Il consumatore si orienta alla *ricerca della varietà* quando è disposto a sostenere un modesto sforzo mentale nell'acquisto, il che si traduce in scelte contingenti che poggiano essenzialmente sul processo valutativo del momento, nella consapevolezza che esistono molte marche, ciascuna portatrice di promesse di valore differenti. Un grado di coinvolgimento maggiore cambia invece la natura del processo, orientandolo alla *ripetizione della scelta di marca* laddove il primo acquisto abbia generato soddisfazione: l'atteggiamento del pre-acquisto è legato alla valutazione post-acquisto dell'esperienza precedente (vi influisce e ne dipende).
Laddove invece la differenziazione percepita sia modesta, un basso coinvolgimento psicologico conduce a comportamenti fortemente dipendenti dall'ambiente di consumo e dalle contingenze del momento: non vi è traccia dell'esperienza post-acquisto precedente e le scelte sono vissute piuttosto passivamente. Ci si affida all'*abitudine* e si ricerca, sostanzialmente, la convenienza. La *dissonanza cognitiva* si ha laddove, pur prestando attenzione all'acquisto, l'assenza del portato dell'esperienza, la modesta capacità di comprendere le differenze fra le varie offering, portano a concludere scelte che lasciano vivo il timore di non aver fatto la scelta migliore possibile. È perciò forte, nell'individuo, la ricerca di rassicurazione.

- Un *processo decisionale*: una successione organizzata di passaggi attraverso i quali il consumatore perviene alla scelta (sostanzialmente quello descritto nel ▸ Capitolo 6 e più volte richiamato).

È agevole comprendere, dall'analisi del modello, quanto erratico e frammentato in molteplici forme a seconda delle situazioni di contesto, del tipo di prodotto, dell'entità del sacrificio finanziario richiesto e via dicendo, possa essere il comportamento del consumatore. Ciò che in definitiva ha rilevanza per l'impresa, in questo inestricabile groviglio comportamentale, è il riuscire a cogliere la leva motivazionale fondamentale, il *driver*, il fattore rilevante che poi, in definitiva, spinga lo shopper alla scelta della propria offerta. Naturalmente ciò riflette necessariamente la natura poliedrica e multiforme dell'individuo-consumatore e perciò le ragioni di appeal non potranno che essere altrettanto varie, come mostrato nella tabella 9.3. Vedremo fra breve come la segmentazione della domanda sia l'operatore concettuale che risolve in parte questo problema.

Tabella 9.3

Le dimensioni di *appeal*.

	Fondamento dell'appeal	Esempio
Product concept	Le caratteristiche funzionali del prodotto e il grado complessivo di innovatività dell'esperienza di consumo che promette.	Il tablet è un device digitale che abilita la persona a essere always on e a potenziare la propria quotidianità con l'uso di app sempre nuove.
Brand system	I valori simbolici e di fiducia di cui una marca è dotata e la sua capacità di rinnovarli nel tempo.	La 500 della Fiat sfrutta il filone del vintage per offrire un'esperienza di consumo calda, elegante e ricercata.
Prezzo	La diminuzione del sacrificio economico percepito, necessario per godere dei benefici della product offering.	La frammentazione del prezzo di un'automobile – anticipo, rate, saldo finale – consente di accedere a consumi altrimenti inaccessibili.
Servizi accessori	Prestazioni accessorie rispetto a quella centrale (core benefit) che aumentano il valore percepito della product offering.	L'assicurazione degli acquisti (anche effettuati online) che American Express garantisce ai titolari di carta compensa le condizioni di minore convenienza.
Accessibilità	La riduzione del costo complessivo a carico dello shopper, scaricandolo degli oneri di acquisto.	TicketOne offre la possibilità di acquistare con largo anticipo biglietti per i concerti, senza doversi recare alla biglietteria.

Occorre infine segnalare, in conclusione, che il comportamento di acquisto viene distinto dal modello EKB in due momenti rilevanti (significativi anche ai fini della *segmentazione per comportamenti*, che vedremo fra breve): (i) il *primo acquisto*, ovvero la scelta di una determinata product offering per la prima volta (p.e. l'acquisto di Dama di Bialetti come prima moka); (ii) gli *acquisti ripetuti*, ovvero la ripetizione dell'acquisto per sostituzione, o esaurimento, del primo prodotto acquistato. In questa prospettiva le imprese dedicano grande attenzione oggi al comportamento post-acquisto e, in particolare, all'esito della performance della product offering percepita dal consumatore. La customer satisfaction è la metrica fondamentale che viene utilizzata per controllare che la performance sia stata all'altezza delle aspettative, nel convincimento che un suo valore positivo sia la condizione necessaria (ancorché non sufficiente) affinché l'acquisto si ripeta. Tratteremo a fondo questa importantissima questione nel ▸ Capitolo 21.

9.2 Il dilemma strategico

La domanda potenziale di una qualsiasi categoria è dunque intrinsecamente e naturalmente dinamica, liquida ed eterogenea: le persone che la compongono sono differenti fra loro per elementi personali, sociali e di comportamento; le aziende che la compongono, nel B2B, sono anch'esse eterogenee per dimensione, localizzazione e tipo di processo d'acquisto. Dal lato della domanda, dunque, c'è un compratore, difficile da decifrare e intercettare. Questi desidera prodotti che gli assomiglino il più possibile, nel senso di soddisfarne esigenze e problemi, da un lato, e fargli vivere esperienze piacevoli e gratificanti, dall'altro. Sul versante dell'offerta, popolato di produttori e distributori, si ha invece un sistema che ha necessità di standardizzare quanto più possibile i propri processi di mercato e di produzione, in quanto ciò consente di contenere i costi e poter agire in regime di economicità complessiva. A complicare il quadro c'è la circostanza che ciascun produttore si trova a dover competere sulla scelta di acquisto di un compratore con molti altri concorrenti e ciò, oltre che innalzare presumibilmente gli oneri di marketing, conduce (come vedremo meglio nel Capitolo 10) di fronte a un bivio strategico: (i) competere sui *prezzi*, cercando di contenere al massimo i costi così da poter trasferire al compratore il margine economico risparmiato, abbattendo i suoi oneri di acquisto e acquisendo per questa via competitività; (ii) competere sulla *differenza*, cercando di offrire al compratore delle product offering che siano facilmente percettibili come differenti da quelle dei competitori, dove gli elementi di differenza abbiano un valore per il compratore. Poniamo questi due punti di riferimento sulla direttrice verticale nella figura 9.6. Questo ragionamento può essere condotto in combinazione con il dilemma richiamato in precedenza: (i) offrire a tutti un'offerta sostanzialmente omogenea, oppure, all'opposto, (ii) puntare sui singoli compratori, presi uno a uno, e cercare di costruire un'offerta tailor-made. Poniamo questi due punti di ragionamento sull'asse orizzontale nella figura 9.6.

Figura 9.6
Una matrice di strategie demand-oriented.

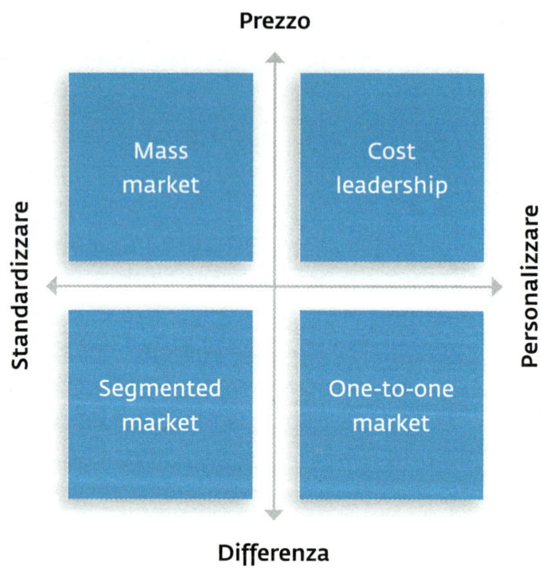

L'incrocio fra queste due considerazioni configura i seguenti possibili quattro approcci strategici.

1. *Mass market*, o *marketing indifferenziato*: si ha quando il produttore decide di offrire alla domanda una product offering sostanzialmente uguale per tutti, che non offre perciò un particolare valore di esperienza o di personalizzazione, ma che di contro garantisce la prestazione *core* della categoria a un prezzo basso, accessibile a tutti. L'Economy Class di Alitalia, il motore di ricerca Google, le penne Bic, il latte Granarolo ne sono esempi. Non sfuggirà come il punto di atterraggio di questo approccio di mercato sia rappresentato naturalmente dalle fasce del *value market*.

2. *One-to-one market*, o *marketing personalizzato*: è l'approccio diametralmente opposto, nel quale il produttore punta a esaltare l'unicità e l'individualità del consumatore, offrendo una product offering disegnata sulla persona e quindi differente, perché unica, da tutte le altre. È il caso della sartoria su misura, di molti servizi alla persona, della customizzazione di una motocicletta di grande cilindrata e via dicendo. In questo caso il **posizionamento di prezzo** naturale tende a essere nelle fasce premium e luxury del mercato di categoria.

Price positioning
Scelta della fascia di valore nella quale collocare la product offering.

3. *Segmented market*, o *marketing differenziato*: configura una sorta di via di mezzo fra le due precedentemente illustrate. Il produttore cerca di aggregare i consumatori in grandi cluster, significativi anche sotto il profilo economico, e, riconoscendone l'omogeneità sotto qualche punto di vista, cerca di costruire una product offering quanto più tarata su queste caratteristiche. È il caso della pasta Garofalo senza glutine per ciliaci, della linea Conad Biologici per chi è attento a determinati valori nutrizionali, della linea Neonato di Original Marines. Il posizionamento di prezzo di queste offerte tende a collocarsi fra il premium e la linea superiore del value, in quanto da un lato raccoglie il valore economico della maggiore personalizzazione, dall'altro consente il recupero dei maggiori costi di adattamento. Il punto fondamentale è la scelta del criterio in base al quale segmentare la domanda, tema del quale ci occuperemo diffusamente nel prossimo paragrafo.
4. *Cost-leadership strategy*: cerca di combinare la capacità di governare i processi di produzione in maniera molto efficiente, così da contenerne i costi (▶ Capitolo 12), e i vantaggi delle tecnologie digitali che consentono personalizzazioni molto spinte. Si tratta di una circostanza emergente, soprattutto a livello di competizione globale e B2B, dove molte multinazionali dei paesi in via di sviluppo possono godere dei vantaggi di una forza lavoro abbondante e specializzata e del possesso di tecnologie molto avanzate. Nei mercati di consumo, tuttavia, questa strada sembra ancora lontana.

Vintage
Tendenza di consumo che privilegia il recupero di temi, brand e design del passato, reinterpretandoli secondo una chiave tecnologicamente aggiornata.

Diadora ha scelto di focalizzare la propria product offering e i programmi di marketing su un target che riconosce valore ai richiami emozionali degli anni Settanta-Ottanta.

La scelta di approccio parte da alcuni dati di fatto. Innanzitutto nessuna impresa, in nessun campo, può ormai pensare di soddisfare le esigenze di tutti gli acquirenti di una determinata categoria in maniera profittevole. La K-Way, storico brand dell'outdoor recuperato in chiave **vintage**, punta esplicitamente a una clientela giovane, o comunque giovanile, e non si affanna a catturare le attenzioni di persone avanti negli anni. All'epoca in cui il brand K-Way fu lanciato, invece, esso si caratterizzava per la proposta di un prodotto particolare, adatto a chiunque, senza distinzione alcuna di genere, anagrafe e via dicendo. Un trentennio di crescita del benessere delle popola-

zioni dei paesi ricchi, di progressiva saturazione delle esigenze di base e sofisticazione delle istanze di consumo, infatti, hanno determinato una struttura della domanda frammentata e tendenzialmente focalizzata su marche e prodotti che si sentono vicini. Sorte analoga è toccata alla Vespa, o alla Fiat 500: un tempo entrambe protagoniste della prima motorizzazione di massa degli italiani, oggi puntano a un profilo di consumatore ben preciso, attento allo stile e disposto a pagare un prezzo superiore per possedere un oggetto vintage dall'alto contenuto simbolico.
Inoltre, viviamo in un'epoca nella quale la globalizzazione ha generato una proliferazione quantitativa di prodotti e brand alternativi, in misura mai sperimentata finora dall'umanità. Questa sovrabbondanza ha progressivamente mutato le abitudini di consumo, in particolare nei mercati consumer: le persone sono abituate all'idea di poter disporre, più o meno sempre, di molte possibilità alternative a product offering standardizzate e uguali per tutti. Ad esempio, praticamente nessuno ormai acquista del dentifricio che non sia indirizzato a qualche specifica esigenza di consumo: sbiancante, disinfettante, anticarie, aromatizzato e via dicendo. Questa struttura della domanda in qualche misura forza le imprese a ricercare sempre nuove modalità di differenziazione, aiutate in ciò da una tecnologia di produzione sempre più in grado di offrire la necessaria flessibilità a costi contenuti.

In buona sostanza, la questione di fondo che un'impresa deve risolvere, una volta che, individuato un mercato di riferimento, si confronti con la relativa domanda potenziale, è molto semplice: decidere se raccogliere o meno la sfida della differenziazione della product offering lanciata dall'intrinseca eterogeneità della domanda. In altri termini, si tratta di *guardare* la domanda potenziale della categoria (automobile), o della classe di prodotto (city car), e valutare se la diversità delle persone che compongono la domanda meriti di esser *vista* come un'opportunità di valore. Si è volutamente giocato su due verbi similari, *guardare* e *vedere*, per sottolineare la circostanza che questa operazione si trova nella sfera di soggettività del decisore aziendale. Due imprese possono guardare alla medesima domanda potenziale e vedervi l'esistenza di gruppi differenti di persone, oppure l'una può vederla, l'altra considerare tale eterogeneità sostanzialmente poco rilevante. In tale cornice possiamo identificare, per specificare meglio la figura 9.5, quattro condizioni particolari che derivano dal grado di considerazione dell'eterogeneità della domanda (tabella 9.4).

L'elevato livello di benessere e il progresso scientifico-tecnologico sono i fattori alla base dell'ipersegmentazione della domanda che si riscontra in molti mercati. Gli integratori vitaminici rappresentano un chiaro esempio di questa tendenza.

Tabella 9.4
Eterogeneità della domanda e approcci di mercato.

Eterogeneità (E)	Approccio	Product offering
E=0	*Indifferenziato* L'eterogeneità di domanda è considerata irrilevante, non presente o non significativa per il business. Differenziare non costituisce un'opportunità per l'impresa.	Prodotto standard; gestione del brand system orientata alla notorietà; price point basso; servizi accessori assenti. Esempio: la passata di pomodoro Mutti
0>E<1	*Segmentato* L'eterogeneità di domanda è rilevante, presente e significativa per il business. Tuttavia la struttura dell'impresa e/o lo status del mercato rendono sufficiente un approccio differenziato per grandi aggregati di clienti potenziali.	Prodotto con lievi, ma significative differenze; brand system che esplicita le differenze; price point medio-elevato; servizi accessori possibili. Esempio: il canale per bambini Boing
E≈1	*Focalizzato (o di nicchia)* L'eterogeneità di domanda è rilevante, presente e significativa per il business. La struttura dell'impresa e/o lo status del mercato rendono opportuno (o necessario) un approccio differenziato per micro-gruppi di clienti potenziali.	Prodotto con sostanziali differenze; brand system apposito, che le esalti; price point medio-elevato; servizi accessori opportuni. Esempio: il quaderno Moleskine
E=1	*Personalizzato (o one-to-one)* L'eterogeneità di domanda è rilevante, presente e significativa per il business. La struttura dell'impresa e/o lo status del mercato rendono opportuno (o necessario) un approccio micronizzato per singolo cliente potenziale.	Prodotto su misura; brand system poco rilevante; price point medio-elevato; servizi accessori opportuni. Esempio: un abito di sartoria

9.3 La segmentazione della domanda potenziale

L'operazione di segmentazione della domanda può essere vista in due modi equivalenti, ciascuno corrispondente a un differente metodo di lavoro:

- raggruppare gli individui (persone o imprese, a seconda che si operi nel consumer o nel business market) che compongono la domanda potenziale in insiemi omogenei;
- frammentare la domanda potenziale in sottoinsiemi distinti fra di loro e che, complessivamente, esauriscano la domanda medesima.

Nel primo caso si parte dall'individuo e lo si raggruppa entro cluster popolati da individui a lui simili, che poi definiranno i segmenti. Nel secondo si parte dalla domanda e se ne individuano degli aspetti di eterogeneità rilevante, sulla base dei quali vengono definiti dei perimetri (detti anch'essi *segmenti*) nei quali collocare gli individui della domanda medesima.

Cluster

Letteralmente "grappolo", costituisce l'insieme di consumatori aggregati per caratteristiche simili. Denomina la cluster analysis, una tecnica statistica usata per la segmentazione.

Ipersegmentazione

Segmentazione della domanda potenziale in un numero molto elevato di segmenti, esasperando l'eterogeneità della domanda ai fini di adattamento della product offering.

Controsegmentazione

Riduzione del numero dei segmenti, riaccorpandone alcuni o cambiando le chiavi di analisi.

La quantità dei segmenti in cui una determinata domanda potenziale può essere suddivisa risponde più a valutazioni soggettive, al giudizio del marketer che porta avanti la segmentazione, che a criteri scientifici. Non è possibile stabilire quale sia un numero ideale di segmenti, né definire dei criteri rigidi, o degli algoritmi, per stimarlo. Oltretutto, la frammentazione di una domanda potenziale in un determinato numero di segmenti è possibile che cambi nel tempo, aumentando, diminuendo e/o modificando il numero e il profilo dei segmenti. Si possono avere condizioni cosiddette di ipersegmentazione laddove il processo competitivo spinga le imprese a ricercare segmentazioni sempre più estreme e parcellizzate – frammentando i segmenti in ulteriori sottogruppi, o aggregando gli individui in gruppuscoli molto caratterizzati – che tendenzialmente alla fine distruggono il valore. L'operazione contraria, detta controsegmentazione, opera nella direzione inversa, riaccorpando segmenti più piccoli in aggregati di maggiori dimensioni, per recuperare sostanza numerica e rilevanza economica al segmento.

Focus La nicchia

Gli aspetti salienti che contraddistinguono una nicchia sono quattro:

1. *Specialità*. La nicchia si basa su un sistema di prodotto (product offering) *speciale*. Esso costituisce la traduzione, in specifiche prestazioni differenziali:
   - di una specifica scheda di domanda del consumatore-target, che non trova rispondenza diretta nel panorama delle altre product offering presenti nella categoria di riferimento (ne deriva la creazione di una nuova sottocategoria "pura" – p.e. il fuoristrada nelle auto – o "d'intersezione" – p.e. il SUV nelle auto);
   - di una scheda di domanda non preesistente, che emerge dall'intersezione fra più categorie di prodotto e nella quale il consumatore-target giunge a riconoscere la soddisfazione di una particolare istanza finora insoddisfatta (p.e. i probiotici, intersezione fra parafarmaco e derivati del latte), oppure nella modifica *disruptive* di una categoria (p.e. l'iPod e i lettori MP3).

   La specialità è data dal prodotto e supportata dal brand.
2. *Originalità*. La product offering di nicchia tende a mettersi subito in evidenza nel panorama d'offerta per la sua originalità, tanto da risultare immediatamente riconoscibile come tale agli occhi dei consumatori-target e, pertanto, priva di sostituti perfetti. Se la tensione dell'impresa verso il carattere di originalità della nicchia cala, l'intera impalcatura dell'offerta viene meno e così le vendite.

   Il patrimonio di originalità è valorizzato dal brand e dal suo posizionamento.
3. *Enfasi del valore*. La nicchia riesce a monetizzare, nel premio di prezzo, il plusvalore che il consumatore-target riconosce alla product offering speciale. La centralità del mantenimento della promessa di valore enfatizza il ruolo della customer satisfaction: la soddisfazione del consumatore, ovvero l'effettivo riscontro delle caratteristiche di specialità promesse nella prestazione del prodotto, è il vero motore della sopravvivenza del business.

   La promessa di valore è sinteticamente espressa dal posizionamento di prezzo.
4. *Relatività. (dimensioni numericamente contenute)*. La natura tendenzialmente innovativa della nicchia e la specificità del proprio target, comunque inteso, limitano naturalmente le dimensioni del business, perlomeno in avvio. Dal punto di vista quantitativo, tutte o quasi le grandezze distintive del business (vendite a volume, numero di trattanti, *market share*, numerica distributiva ecc.) sono di dimensione inferiore a quella del mercato di riferimento.

   La relatività influenza la gestione operativa della nicchia e i suoi economics.

Come conseguenza di quanto sopra, si realizza una sorta di "isolamento concorrenziale": il business di nicchia evita lo scontro frontale con le product offering (di nicchia o meno) del mercato di riferimento, preferendo la *giustapposizione* alla *contrapposizione*. Il carattere di specialità della product offering dovrebbe imprimere rigidità alla curva di domanda specifica, rompendo la concorrenza e annullando l'effetto-sostituzione con altri prodotti della medesima categoria.

Fonte: Mattiacci, 2008

Non è nemmeno possibile stabilire quali siano i segmenti giusti di un determinato mercato, ovvero definire criteri di qualità dei segmenti. L'operazione di segmentazione è estremamente soggettiva, ribadiamo, e una medesima domanda potenziale può essere oggetto di differenti segmentazioni, idealmente tante quanti sono i player che competono per conquistarla. La Rai segmenta l'audience complessiva del digitale terrestre per interesse verso i contenuti (Storia, News, Sport ecc.), Mediaset invece opera una segmentazione in base alle caratteristiche individuali dello spettatore (donne, giovani, bambini ecc.). Entrambe le chiavi di lettura portano a definire un portafoglio d'offerta di successo, per cui non può dirsi quale sia migliore di un'altra. Restando nel campo televisivo, si nota anche come, a fronte di diverse chiavi di segmentazione perseguite si possa finire per competere sulla scelta di un segmento di audience molto simile: La Effe, Rai5, Sky Arte, Arte, insistono su uno spettatore evoluto, culturalmente vivace e attento, pur perseguendo ciascuna diverse strategie di mercato.

In tanta indeterminatezza e soggettività, tuttavia, è possibile individuare alcuni criteri da seguire, che possono valere anche come principi di buona segmentazione, da tenere sempre e comunque in considerazione.

9.3.1 I requisiti di un segmento

Una volta definita la ripartizione di una domanda in gruppi, occorre domandarsi se ciascuno di questi rispetti o meno i seguenti criteri.

- *Massima similitudine e omogeneità interna*: i clienti di un segmento dovrebbero essere quanto più omogenei possibile rispetto alla caratteristica che li ha aggregati (variabile discriminante) e al tipo di risposta offerta agli stimoli di marketing. Se il segmento è formato da donne residenti in grandi centri urbani, tutte le persone che compongono il segmento saranno omogenee da quel punto di vista, mentre non è necessario che lo siano anche sullo stato civile o il titolo di studio; si suppone inoltre che avranno una simile reazione di fronte, ad esempio, a una nuova city car.

Variabile discriminante

È la variabile – o il set di variabili congiunte – in base alla quale si decide di formare il segmento.

- *Massima distanza ed eterogeneità esterna*: i clienti di differenti segmenti dovrebbero essere fra loro quanto più distanti possibile rispetto alle variabili usate per aggregarli e al tipo di risposta offerta agli stimoli di marketing. Il segmento formato da donne residenti in grandi centri urbani è molto distante da quello formato da uomini residenti in città di medie dimensioni, ma se entrambi rispondono al medesimo modo a una nuova city car, allora non sono buoni segmenti.
- *Rilevanza economica*: il segmento dovrebbe essere di dimensioni sufficientemente grandi da consentire, in prospettiva, a fronte di uno specifico programma di marketing, la generazione di un volume di reddito soddisfacente e in linea con gli obiettivi dell'impresa (▸ Capitolo 11). Un segmento buono sotto i due requisiti precedenti, ma formato solo di poche persone, non sarà probabilmente rilevante (a meno che, forse, non si parli della Rolls-Royce).
- *Misurabilità*: tutte le grandezze rilevanti per descrivere il segmento e definirne le dimensioni dovrebbero essere oggettivamente misurabili, così da potersi pre-

disporre adeguati piani di business (numerosità, valore economico, potenziale di crescita ecc. Un segmento non misurabile, ma solo definito concettualmente, non è un buon segmento.

- *Sostenibilità*: un buon segmento dovrebbe esser fondato su caratteristiche significative, tali da giustificare lo sforzo di adattamento della product offering e/o dell'intero programma di marketing. Queste caratteristiche devono non solo esistere, ma anche mostrare attitudine a durare nel tempo.
- *Operatività*: le dimensioni di eterogeneità della domanda usate nella formazione del segmento dovrebbero esser tali da funzionare come indirizzo per la definizione della product offering e dei programmi di marketing.

In considerazione di quanto detto sopra, possiamo affinare ulteriormente la definizione di segmento: "un (relativamente) omogeneo gruppo d'individui, economicamente significativo e operativamente raggiungibile, che manifesta un'elevata probabilità di rispondere a un medesimo stimolo di marketing in modo similare". È importante sottolineare che la rispondenza dei segmenti individuati a tutti questi criteri non è un esercizio di stile, ma un preciso imperativo gestionale: solo se saranno soddisfatti i criteri, infatti, l'impresa potrà attendersi risultati economici, competitivi e di mercato positivi e sostenibili.

9.3.2 Dal segmento al target

La segmentazione produce dunque una sorta di "frammentazione concettuale" della domanda potenziale di una data categoria. L'impresa *guarda* alla domanda, riconosce e *vede* in essa la presenza di opportunità di business attraverso la sua frammentazione, e verifica la rispondenza dei segmenti ai criteri, definendone un certo numero e tipo. A questo punto, accertata la presenza di segmenti nella domanda, il processo di marketing management prevede che si operi una scelta strategica, che si sostanzia nel termine target. Il target rappresenta il segmento cui ci s'intende rivolgere, intorno al quale la product offering è costruita e al quale indirizzare gli stimoli di marketing; è il segmento con il quale si costruisce la relazione di mercato, orientandola al lungo periodo, laddove possibile e adeguato; è l'individuo protagonista del processo di acquisto nell'ambiente di mercato.
Le scelte di target possono porre l'impresa in una delle tre condizioni di seguito specificate (vedi tabella 9.4).

1. *Mass marketer*: l'impresa decide che la segmentazione operata non è significativa, oppure si accorge di non disporre delle risorse adeguate per farvi fronte. Decide perciò di azzerare il proprio punto di vista sulla disomogeneità e rivolgersi a tutta la domanda. L'acqua minerale Guizza segue questo percorso.
2. *Segmenter*: l'impresa decide di eleggere uno o più segmenti a proprio target, focalizzando sulle specificità di ciascuno di essi una specifica formula di valore e uno specifico programma di marketing. La Smart si focalizza su un solo segmento del più ampio mercato delle city car, mentre la Toyota affronta il medesimo spazio competitivo con offerte differenziate, indirizzate e progettate su segmenti differenti.

- *Combiner*: l'impresa, verificata l'esistenza di alcuni segmenti, decide di operare una strategia di offerta che ne elegga a proprio target una loro combinazione, dedicando a questo macrosegmento una specifica proposta di valore e programma di marketing. Fructis di Garnier, ad esempio, offre uno shampoo 2 in 1, formulato per differenti problemi di salute del capello, puntando contemporaneamente al segmento delle persone che lavano i capelli con grande frequenza e a quello di chi ha problemi (secchi, crespi ecc.).

Anche in questo caso non sussiste una regola da seguire, né alcun algoritmo che consenta di determinare quale sia la scelta migliore da perseguire. I gradi di libertà con i quali l'impresa può, di fatto, procedere su questo terreno sono ampi e nella qualità di questa scelta e del suo saperla perseguire con perseveranza risiede parte del successo di mercato.

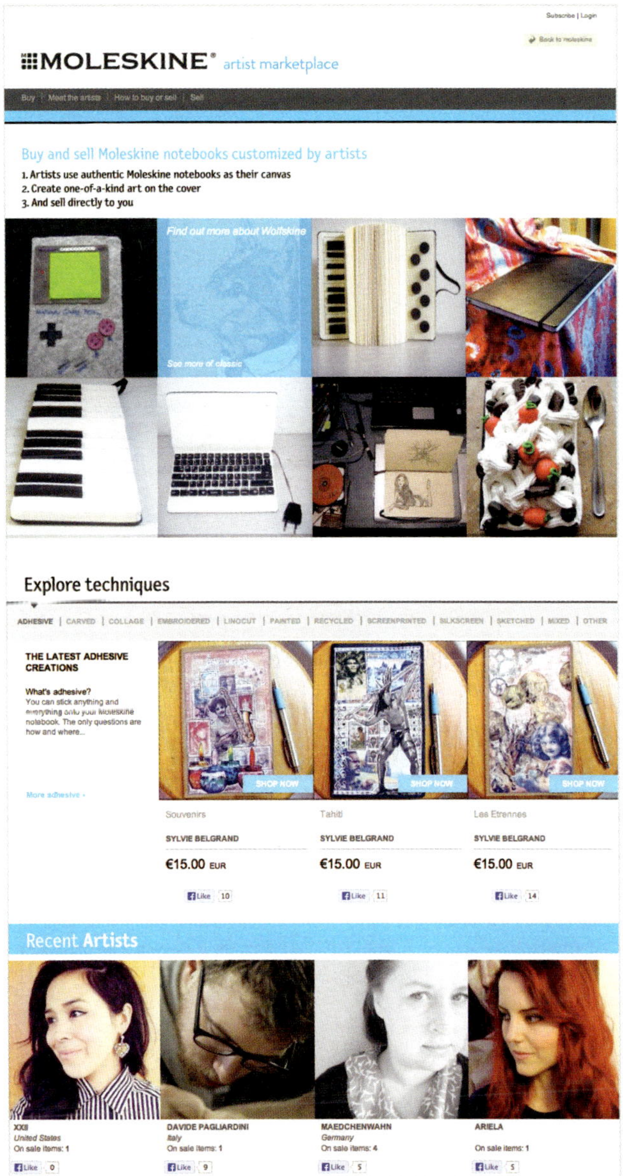

Moleskine conduce un'attenta analisi delle modalità d'uso del prodotto e su questa base individua dei sub-segmenti ai quali offrire esperienze personalizzate. Il segmento degli artisti (o supposti tali) è un chiaro esempio di questa strategia.

9.4 I criteri di segmentazione

Si è più volte sostenuto che segmentare la domanda potenziale di una categoria rappresenti una scelta soggettiva, con la quale chi la guarda riesce a leggervi la presenza di uno o più segmenti possibili target. Ma, nei fatti, come vengono definiti questi segmenti? Quali sono le variabili discriminanti?

Possiamo asserire che il marketer "può indossare diversi tipi di lenti per guardare la domanda". A ciascun tipo di lente corrisponde un punto di vista particolare e, quindi, una specifica chiave interpretativa sulla base della quale operare poi la definizione del segmento. La figura 9.7 richiama sinotticamente le principali classi di variabili tradizionalmente usate per identificare i segmenti di domanda consumer, cui ci dedicheremo nelle prossime pagine.

Figura 9.7

Variabili di segmentazione.

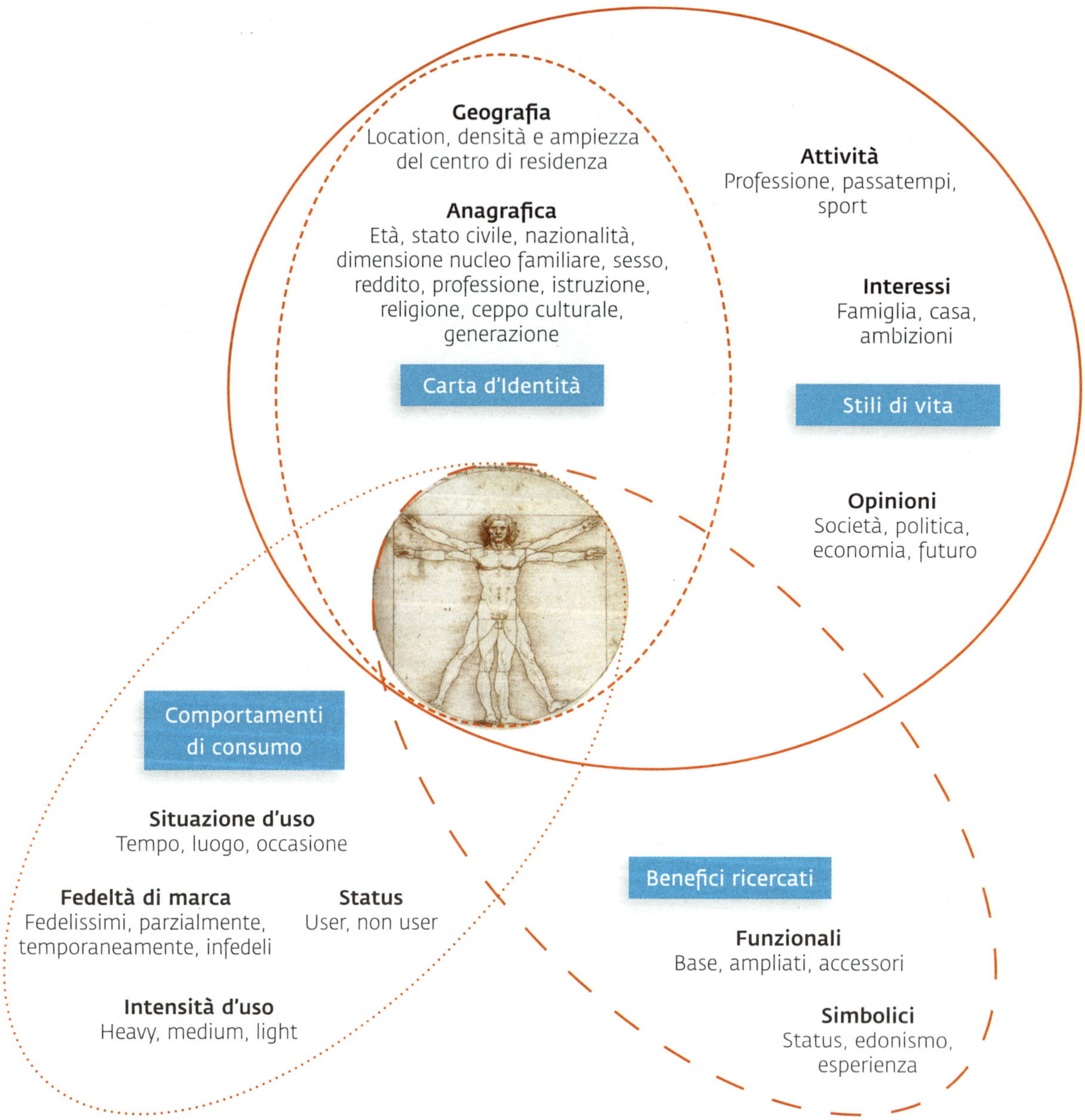

9.4.1 La carta d'identità

Osserviamo la carta d'identità di una persona: essa contiene delle informazioni fondamentali che ci consentono di tracciarne un profilo identitario unico e non replicabile. Il combinato di una certa età, luogo di residenza e di nascita, professione, sesso e stato civile, infatti, è difficilmente lo stesso in due persone differenti. L'uso delle variabili geografiche costituisce la prima forma storica di segmentazione e si fonda su un assunto logico del tutto condivisibile: l'eterogeneità della domanda è, innanzitutto, spaziale. Per restare al caso italiano, ad esempio, il consumo di pasta secca assume connotati differenti fra nord e sud, così come quello di prodotti per la pulizia della casa, di maglieria e via dicendo. Pur nella sua semplicità, che sfiora addirittura il semplicismo, è indubbio che l'adozione di variabili geografiche come discriminanti dei segmenti porta alcuni vantaggi:

- rispecchia e ricomprende, sebbene grossolanamente, le differenze antropiche di natura culturale, quelle che si sono sedimentate nei secoli e che sono legate anche a fattori climatici e geografici;
- essendo lo spazio definito secondo le partizioni politico-amministrative del territorio (regioni, province e comuni, Stati e municipi), risulta piuttosto agevole, immediato ed economico disporre delle statistiche di base che consentono di valutare la rilevanza quantitativa dei segmenti.

Le variabili demografiche rappresentano una forma *naturale* di segmentazione per molte categorie di prodotto. L'abbigliamento, i prodotti per la cura e pulizia della persona (*toiletry*), i contenuti creativi di molte produzioni culturali (programmi televisivi e radiofonici, collane editoriali e riviste) si fondano su una segmentazione, innanzitutto, per sesso; le automobili, i viaggi-vacanza, le imbarcazioni, i gioielli, sono categorie segmentate anche per reddito e professione; ancora l'abbigliamento, i farmaci, certe forme di entertainment sono piuttosto segmentate in base all'età. Anche in questo caso, pur sottolineando la superficialità di questa segmentazione, ne possiamo individuare alcuni vantaggi importanti:

- la praticità, nel senso che i censimenti e le altre forme di statistiche ufficiali mettono a disposizione dati aggiornati e affidabili sulla consistenza dei vari segmenti demografici, consentendo un rapido apprezzamento della consistenza dei segmenti;
- la significatività, in quanto effettivamente, nella vita reale, certe categorie o classi di prodotto appaiono molto sensibili ai differenziali demografici delle persone. Una signora molto anziana alla guida di una automobile cabriolet, ad esempio, rappresenta un'immagine inconsueta e simpatica, proprio a ragione della sua non naturalezza nell'immaginario collettivo.

Queste variabili di segmentazione vengono sempre utilizzate perlomeno in due modi: (i) come *variabili discriminanti*, in base alle quali gli individui vengono aggregati in cluster omogenei; oppure (ii) come **variabili descrittive**, nel senso di disegnare ex post il profilo demografico del segmento emerso dall'uso di altre variabili. Non è inusuale, infine, che criteri geografici e demografici vengano miscelati in un unicum.

Variabile descrittive

Esprimono il profilo di un segmento, definito in base ad altri criteri, e lo arricchiscono d'informazione.

9.4.2 Lo stile di vita

«L'uomo è un animale sociale», soleva osservare Aristotele, mettendo con ciò inconsapevolmente l'accento su un aspetto molto rilevante per il marketing: le azioni individuali non sono mai autoreferenziali, ma tengono sempre conto delle osservazioni e dei giudizi altrui, della collocazione sociale e culturale dell'individuo all'interno della società e dei gruppi di riferimento. Una scelta di consumo non sempre (se non mai) segue una logica strettamente utilitaristica, come quella dettata dai primi teorici della scienza economica; emerge, piuttosto, come forza vettoriale risultante dal combinarsi di più forze, aventi ciascuna verso, direzione e intensità differenti.

Il modello EKB, mostrato nella figura 9.5, evidenziava anche questo carattere ampio della scelta. Verso la metà del secolo scorso e naturalmente negli Stati Uniti – contesto commerciale più avanzato e dotato di quelli europei – venne maturando un'idea operativa di segmentazione che cercava di mettere assieme tutte o, perlomeno, quasi tutte le variabili che possono incidere sulla scelta di acquisto. Si tentò, in altri termini, di definire un costrutto unico, dotato di un'architettura concettuale rigorosa e affidabile, e basato su una metodologia di ricerca sul campo, capace di fornire una rappresentazione olistica e sintetica dei comportamenti dei consumatori. Emerse così il concetto di *stile di vita*, espressione delle caratteristiche e dei comportamenti dell'individuo, capace di cogliere a un tempo sia i suoi aspetti interiori e intimi, sia quelli relazionali e socialmente visibili. La segmentazione per stili di vita disegna sostanzialmente dei cluster di consumatori offrendone una lettura ampia, al contempo di stampo psicologico, sociologico, demografico e antropologico. In questo senso questo procedimento supera i limiti di quello geo-demografico, senza tuttavia perderne l'informazione relativa, anzi incorporandola in sé, come abbiamo voluto rappresentare anche graficamente nella figura 9.7.

Ricerca sul campo (field)
Attività con la quale l'informazione di marketing viene prodotta attraverso un contatto diretto con il target.

Esistono diversi metodi e modelli teorici che consentono di esprimere una segmentazione di questo tipo, anche perché diverse società di *marketing service* ne hanno fatto il loro core business: in Italia abbiamo Sinottica di Eurisko e, fino a tempi recenti, anche il monitor 3SC di GPF. Un'articolazione interessante delle variabili usate in questa tecnica è nota come "modello AIO", acronimo di Attività, Interessi e Opinioni. Le principali variabili osservate sono le seguenti.

- *Attività*: professione, passatempo, eventi sociali, vacanze, divertimenti, appartenenza a club, attivismo sociale, acquisti, sport.
- *Interessi*: famiglia, casa, lavoro, alimentazione, tempo libero, moda, comunità, abitudini di consumo mediatico, ambizioni personali.
- *Opinioni*: politica, società, cultura, affari, economia, istruzione, prodotti, futuro, se stessi.

Nella segmentazione psicografica, quindi, gli individui vengono raggruppati per omogeneità di valori, atteggiamenti, opinioni, visioni del mondo e via dicendo, col risultato interessante per cui individui disomogenei, ad esempio, sul piano economico-professionale possono condividere un segmento simile, magari sulla base di una comunanza di valori profondi, come la religione. La segmentazione psicografica per stili di vita è da sempre al centro di numerose riflessioni intorno alla sua efficacia e solidità scientifica. Allo stato attuale essa pare adeguata ed efficace soprattutto nell'indirizzare gli investimenti media delle imprese verso i target di riferimento.

9.4.3 Il comportamento di consumo

Il comportamento è il modo in cui l'individuo agisce. Ogni comportamento dà luogo quindi a un complesso di atteggiamenti osservabili, che avvengono in risposta a stimoli ambientali, o alla presumibile presenza di spinte interne. La segmentazione comportamentale raggruppa gli individui focalizzandosi sulle modalità di utilizzo del prodotto, rovesciando perciò il punto focale dell'attenzione: dall'individuo in sé, al suo rapporto con il prodotto. La prassi di questa segmentazione ha sviluppato alcune chiavi di discriminazione della domanda potenziale comunemente utilizzate dai marketer nelle loro analisi. Si noti che, rispetto alle due personalità del consumer, è lo user e non lo shopper a essere analizzato e segmentato.

Promozione di convenienza

Offerta speciale che si basa su uno straordinario (nel senso di "non ordinario") vantaggio economico per il compratore. Può assumere la forma di taglio-prezzo (-10%), o di plus di prodotto (3 per 2).

Packaging

Confezione. Dotazione accessoria del bene, che produce benefici funzionali e semantici a vantaggio del compratore.

- *Intensità* d'uso del prodotto: fa riferimento alla quantità di prodotto consumata dalla persona in un arco temporale considerato significativo. Gli *heavy, medium* e *light users* sono i tre segmenti risultanti da quest'analisi e, a seconda del prodotto, assumono valori e descrittori differenti. Questa segmentazione consente di sviluppare programmi di marketing ad hoc in ragione della quantità consumata, e perciò si presta particolarmente bene per promozioni convenienza o modifiche del packaging.
- *Status* verso il prodotto: fa riferimento alla circostanza per cui non è detto che tutti i componenti della domanda potenziale del prodotto ne siano già consumatori. I segmenti di riferimento sono: *non-user*, *user*, *ex-user*, *user potenziali*, *nuovi user* e *user abituali*. Questa segmentazione offre la possibilità di indirizzare specifici programmi di marketing a target aventi un rapporto molto differente con il prodotto e apre molte possibilità alla creatività di marketing. In particolare focalizzarsi sui *non-user*, ad esempio, potrebbe consentire di ampliare le proprie vendite senza entrare in confronti competitivi diretti con i concorrenti.

L'uso di strumenti digitali di marketing, come l'email, per raggiungere i propri clienti (user) e creare occasioni di fidelizzazione, è oggi diffuso anche presso piccolissime imprese, come i ristoranti.

- *Situazione* d'uso del prodotto: fa riferimento alla condizione di consumo del prodotto, che può differire sul *tempo* (momenti della giornata, giorni della settimana ecc.), sul *luogo* (dentro il punto vendita, fuori dal punto vendita), sull'*occasione* (lavoro, tempo libero). Il punto fondamentale, in questo approccio, è che ciascuno di noi può avere un diverso modo d'uso del prodotto a seconda delle condizioni in cui si trova e ciò può fornire stimoli per adattamenti della product offering o dei programmi di marketing;

- *Fedeltà* del consumatore: come meglio vedremo nel Capitolo 21, si fa qui riferimento alla ripetizione dell'acquisto di un determinato prodotto. Se essa avviene ripetendo anche la scelta di marca, avremo una condizione di fedeltà, altrimenti no. I segmenti espressi da quest'analisi sono: *fedelissimi*, *parzialmente fedeli*, *temporaneamente fedeli* e *infedeli*.

Ciascuna di queste chiavi di lettura offre al marketer la possibilità di sviluppare strategie di adattamento della product offering esistente (p.e. sviluppando una confezione di grandi dimensioni per gli *heavy users*), oppure suggerendo programmi di marketing ad hoc (p.e. offrendo incentivi alla prova prodotto per i *non-user*). Si noti come ciascuna delle aggregazioni che possono emergere da questa chiave di segmentazione ricorra poi alle variabili geo-demografiche per descrivere sotto quel punto di vista i segmenti emersi.

9.4.4 I benefici ricercati

Un beneficio è un vantaggio di cui una persona gode in una determinata condizione e può avere natura materiale o immateriale. Questa definizione di beneficio ne mette in luce la centralità nelle economie dell'abbondanza di oggi, dove i prodotti non sono acquistati solo per ciò che fanno, ma anche per ciò che significano; ciò avviene secondo le seguenti modalità.

- Area dei *benefici funzionali* di prodotto: vantaggi pratici, concretamente verificabili, che il consumatore riceve dall'utilizzo del prodotto. Riguardano sostanzialmente la ragion d'essere stessa del prodotto e sono alla base della sua ideazione e progettazione (torneremo sul concetto nel Capitolo 12).
- Area dei *benefici simbolici* di prodotto: mettono in campo aspetti "socio-relazionali", come la comunicazione di un certo status attraverso il possesso di un prodotto/brand, "edonistici", come il piacere egocentrico che si ricava dal possesso e uso, "emozionali", come la sperimentazione di situazioni esclusive legate al possesso.

Status

Collocazione di rango dell'individuo all'interno della società, o di un gruppo sociale.

È evidente come la segmentazione per benefici ricercati conduca dentro i territori più profondi della personalità umana e costituisca pertanto una manifestazione molto elevata di quel mix di arte e mestiere che fa del marketer una professionalità unica nel panorama del management. Ciascuno di noi, di fronte a una medesima product offering, esprime interesse per certi suoi aspetti che saranno probabilmente differenti da individuo a individuo. Per fare l'ormai classico esempio del dentifricio – caso che portò negli anni Sessanta la nascita di questo approccio – c'è chi si fa guidare nella scelta di marca dal prezzo basso, chi dalla sua capacità di prevenire la carie, chi dal potere di conferire lucentezza ai denti, chi dal sapore, chi dall'estetica della confezione. Conoscere questi benefici ricercati, mapparli e stimarne la rilevanza relativa può offrire straordinari spunti di differenziazione dell'offerta e dei programmi di marketing.

Rilevanza

La rilevanza relativa dei benefici di un prodotto può essere stimata rilevando un voto (rating) per ciascuno dei suoi attributi e poi ordinandoli (ranking) in ordine di importanza percepita.

9.5 La domanda B2B e la sua segmentazione

La maggior parte delle persone, di fronte alla parola "cliente", è portata a pensare, quasi in automatico, al consumatore. Nella realtà della maggior parte delle organizzazioni, invece, quel termine è riferito a un'impresa, o comunque a un'organizzazione, e non al consumatore. Ad esempio: per la casa editrice Einaudi un cliente è la catena di librerie Airon, per Harmont & Blaine è la Rinascente, per Peroni è un grande grossista come Bernabei ecc. Naturalmente, come si è visto nel ▸ Capitolo 2, la struttura del sistema di scambio comporta che, ad esempio, a Harmont & Blaine interessi e anche molto che il consumatore finale acquisti le proprie product offering e ne sia soddisfatto. Questo riguardo, tuttavia, è inserito in un quadro ben più ampio, che pone al vertice delle preoccupazioni commerciali del produttore i suoi clienti-distributori.

Figura 9.8
Cosa può significare la parola "cliente" nel B2B.

9.5.1 Peculiarità del B2B

Vi sono alcuni elementi di fondo che contraddistinguono l'ambiente di consumo, il processo e il comportamento di acquisto dei compratori cosiddetti *business*, che è bene tenere in considerazione.

- *Ambiente di consumo*: gli stimoli all'acquisto provengono da esigenze di base, legate il più delle volte al funzionamento dell'organizzazione e alla sua capacità di soddisfare, a propria volta, i propri clienti finali. Queste esigenze sono piuttosto semplici se confrontate con quelle che muovono i consumatori: si acquistano prodotti da rivendere (p.e. la Grande Distribuzione Organizzata), o da immettere nel proprio ciclo di trasformazione (p.e. la Fiat che acquista dei tergicristalli). Una seconda importante specificità dell'ambiente di consumo in esame è data dal fatto che gli stimoli esterni al compratore vengono portati il più delle volte direttamente, da parte di agenti e venditori del produttore (▸ Capitolo 20) che contattano e visitano direttamente il compratore potenziale, piuttosto che da forme di comunicazione indiretta e massiva come la pubblicità.

- *Processo d'acquisto*: un tratto caratterizzante questo contesto di mercato è il fatto che le scelte di acquisto non di rado vengano assunte da un gruppo di persone, più che da un solo individuo. Ciò si motiva con l'importanza tecnico-economica di molte decisioni di acquisto (p.e. l'acquisto di un macchinario industriale, o l'allestimento di una palestra) e la loro criticità per il buon funzionamento del business del cliente stesso. La realtà mostra l'esistenza di alcuni specifici ruoli che possono avere spazio e influenza sulla decisione finale. Vediamo, ad esempio, con riferimento a un macchinario: (i) l'*utilizzatore* è probabilmente il responsabile di reparto; (ii) gli *influenzatori*, gli ingegneri e i ricercatori interni, che valutano la flessibilità del macchinario; (iii) il *buyer* è il responsabile acquisti che esperisce il procedimento amministrativo di acquisto secondo le regole interne, è anche chi, nei fatti, spesso conduce le trattative coi venditori; (iv) i *decisori*, la persona cui spetta, in ultima istanza, la decisione se procedere o meno nell'acquisto; (v) i *gatekeeper*, persone che, a vario titolo, possono facilitare, filtrare, ostacolare il passaggio di informazioni all'interno dell'organizzazione (p.e. la segretaria che non fa passare le telefonate per prendere un appuntamento con il responsabile acquisti).
- *Comportamento d'acquisto*: il compratore business è solitamente meno legato e influenzato da fattori emozionali ed esperienziali, meno suscettibile alle suggestio-

Il web offre uno straordinario supporto per segmentare le imprese potenziali clienti e partner. Le procedure di iscrizione, infatti, consentono di raccogliere dati primari che popolano i database e consentono semplici ma efficaci analisi di segmentazione.

ni intangibili della product offering. "Bada al sodo", si potrebbe dire, e in effetti il modo di procedere nel processo di scelta appare legato prevalentemente a fattori ed elementi di tipo economico-finanziario e tecnico, nonché alla certezza di ricevere le forniture al posto giusto e nel momento giusto. In secondo luogo, dato che spesso la decisione di acquisto in azienda è assunta con il concorso di più persone, possono assumere grande rilevanza elementi legati alle relazioni interpersonali. Non va trascurato il fatto, infine, che l'effettuazione di acquisti secondo *routine* è un costume molto presente in questo ambito, dato che spesso le esigenze si ripresentano nel tempo sempre allo stesso modo. Ad esempio, la necessità di carta per stampante da parte di un'università o di un'azienda si presenta sostanzialmente sempre con le medesime caratteristiche, per cui diviene efficiente (a parità di efficacia) ripetere l'acquisto con le medesime modalità, magari automatizzandolo.

Non va mai dimenticato che, in fin dei conti, le persone che effettuano gli acquisti all'interno di un'organizzazione, impresa o meno che sia, sono pur sempre esseri umani e quindi le dimensioni comportamentali discusse a proposito dei consumatori valgono anche per loro. I buyer, ad esempio, ricercano relazioni umane di buona qualità coi loro fornitori, le persone coinvolte nel processo devono andare d'accordo fra di loro e non essere legate da competizione reciproca, e via dicendo. In generale, perciò, una decisione di acquisto in ambito *business* e *organizational* presenta, se analizzata nella sua interezza, una grande complessità, legata alla compresenza di tanti obiettivi e interessi soggettivi eterogenei. L'impresa interessata legge ogni scelta di acquisto alla luce delle proprie esigenze d'innovazione e competizione sul mercato, ne valuta il possibile impatto sulla customer satisfaction dei propri clienti, pondera l'utilità dell'acquisto con i conti interni e le esigenze di profittabilità imposte dai piani aziendali. Chi compie queste valutazioni, in impresa, sono sempre e comunque degli essere umani, i quali, a propria volta, si trovano a lavorare prestando attenzione a certi bisogni personali. Le aspirazioni di carriera, l'apprezzamento da parte dei superiori, le buone relazioni con gli altri membri dello staff, potranno avere il loro gioco nell'influenzare le decisioni, così come anche la propensione al rischio, all'innovazione e alla sperimentazione.

Gli acquisti che un'organizzazione effettua possono avere una triplice natura, se ne consideriamo il profilo complessivo.

1. *Acquisto completamente nuovo*: il fabbisogno d'informazione richiesto è elevato e l'intera organizzazione di acquisto è coinvolta per un tempo che può essere anche molto lungo (oltre l'anno).
2. *Riacquisto costante*: è la condizione di routine maggiore, dove si persegue il risultato con il minimo sforzo possibile in termini di tempo impiegato, energie profuse e persone coinvolte.
3. *Riacquisto modificato*: è lo status di mezzo fra i due precedenti, dove tuttavia si cerca sempre di perseguire la maggior efficienza possibile.

Naturalmente, a seconda di quale sia la condizione fra le tre sopra elencate, le criticità di marketing da considerarsi da parte del venditore saranno differenti. In generale, premesso che la varietà di condizioni possibili è elevatissima e perciò è arduo fare asserzioni di universale validità, quanto più l'acquisto si configura come routinario, tanto maggiori sono le possibilità di avvalersi di strumenti di comunicazione impersonale di marketing (p.e. la pubblicità su riviste specializzate) e viceversa. Fonti informative impersonali, di cui i manager degli acquisti possono avvalersi, sono dunque i cataloghi di vendita, le web page, riviste di settore e specifiche per gli acquisti. Fonti informative personali – considerate invece decisive laddove gli acquisti siano non routinari e comunque importantissime laddove l'acquisto possa essere modificato – sono le visite della forza vendita, le fiere e le manifestazioni di prova prodotto.

9.5.2 Segmentare la domanda

La segmentazione della domanda professionale segue i medesimi principi di quella, già vista, dei mercati di consumo. Gli obiettivi e l'utilità della segmentazione non cambiano, così come alcuni dei criteri di scelta della variabile discriminante. Nei fatti, si può osservare una certa gerarchia di criteri seguiti, in base alla frequenza d'uso.

- *Profilo anagrafico dell'impresa*: settore di attività, classe dimensionale, localizzazione.
- *Variabili operative*: capacità del cliente, intensità d'uso del prodotto, tecnologia utilizzata.
- *Variabili organizzative*: complessità dell'organizzazione decisionale, natura delle relazioni, policy di acquisto, criteri seguiti.
- *Fattori contingenti*: urgenza, applicazioni specifiche, dimensioni dell'ordine.
- *Caratteristiche personali*: analogia acquirente-venditore, attitudine al rischio, fedeltà.

In questi mercati, comunque, l'eterogeneità della domanda manifesta una dinamica molto più lenta di quella dei mercati consumer e la prevedibilità delle istanze di acquisto è molto superiore. In conseguenza di ciò, le imprese che operano come venditori nei contesti B2B sono meno stressate sul versante della segmentazione e tendono a conservare più a lungo i medesimi target di riferimento.

Case History **Rai**

Rai, da sempre, vuol dire televisione e, ancora di più, televisione generalista. Per il suo carattere di servizio pubblico, ha dovuto sempre offrire contenuti per tutti i tipi di target, trasversali sia ai caratteri demografici dei telespettatori (età, istruzione, classe sociale ecc.) sia agli specifici interessi dei singoli gruppi riguardo i generi (informazione, intrattenimento, fiction, cinema, varietà ecc.). I tre canali generalisti – Rai 1, Rai 2 e Rai 3 – hanno sempre assolto questo ruolo in continuità con la storia e la cultura aziendale. Oggi, l'offerta dei canali tematici sul digitale segue il solco segnato dai generalisti, mantenendo saldi i valori e le caratteristiche fondanti dell'azienda.

La storia della Rai coincide inevitabilmente con la storia della televisione italiana, dalla sua nascita e nel suo sviluppo negli anni. In Italia, come è noto, la televisione nasce con le trasmissioni Rai e, lungo il suo percorso, tutte le principali innovazioni (tra cui le trasmissioni in differita, l'introduzione del colore ecc.) sono legate a doppio filo alla storia della concessionaria del servizio pubblico. La Rai rappresenta una realtà aziendale grande ed estremamente complessa, che conta a oggi circa 13.400 dipendenti. È di proprietà del ministero dell'Economia e delle Finanze per il 99,56% e della SIAE per lo 0,44%. La sua governance è affidata a un consiglio di amministrazione e a un direttore generale e la sua struttura

→

organizzativa è divisa in cinque aree di business, che riflettono il carattere di *azienda multimediale* assunto negli ultimi anni dalla concessionaria pubblica: area editoriale TV, area editoriale radiofonica, area editoriale new media, area commerciale e area trasmissiva e DTT.

Il *revenue model* della Rai si basa sostanzialmente su tre fonti di ricavi, che sono:

1. il canone di abbonamento;
2. la pubblicità;
3. i ricavi commerciali.

L'incremento della pressione competitiva all'interno del settore opera a tutti i livelli: dall'acquisizione dei fattori produttivi (diritti, contenuti, talenti ecc.) all'attenzione (ascolti) e alla spesa del pubblico (correlata soprattutto alle forme di TV a pagamento), fino alla raccolta pubblicitaria. In termini di modelli di offerta, le innovazioni procedono da un lato con la specializzazione dei canali televisivi (ovvero con una focalizzazione per tipologia di pubblico e/o di tematiche), dall'altro con lo sviluppo di offerte non lineari.

In questo contesto di rapido mutamento, la Rai, facendo leva sulla sua centralità d'uso in qualità di televisione generalista e sulla sua capacità di rivolgersi a pubblici estremamente differenziati, ha saputo affrontare positivamente i mutamenti del mercato. Ciò è avvenuto (e sta avvenendo) grazie a una profonda strategia di ripensamento e di "razionalizzazione" della propria offerta, con lo scopo di: (i) presidiare tutti i segmenti di mercato; (ii) mantenere e, soprattutto, rafforzare nella *complessità* che le è propria – sia a livello di organizzazione, sia a livello di target e di contenuti che gestisce – un'immagine forte e nello stesso tempo semplice, retaggio della storia e dell'*heritage* che le appartiene.

L'offerta televisiva attuale (www.rai.it) promana da una riorganizzazione che miscela assieme un approccio mass market – le reti generaliste – con una segmentazione ampia – i canali semigeneralisti, come Rai 4 – e una più ristretta – i canali tematici come Rai Storia.

Conclusioni

La segmentazione della domanda potenziale di un prodotto è un'operazione che sta al cuore stesso della professionalità del marketer. Essa comporta l'esistenza di una miscela di conoscenza molto articolata e multidisciplinare, che si estende anche alle scienze umane (le cosiddette *humanities*). La segmentazione è operazione squisitamente soggettiva e ha natura strategica: non esiste, infatti, un solo modo per segmentare, cioè non esiste un solo modo possibile per interpretare una domanda potenziale, ed è una scelta che influenza le decisioni sulla product offering e sui programmi di marketing. Segmentare presuppone anche la dimestichezza con tecniche e metodi che, grazie agli affinamenti delle strumentazioni digitali, si fanno sempre più accurati e che promettono di aprire nuove chiavi interpretative dei comportamenti di acquisto e consumo.

10

Strategie competitive

di **Alberto Pastore**

Indice del capitolo

Introduzione
10.1 Il framework teorico
10.2 L'analisi SWOT
10.3 Il vantaggio competitivo
10.4 La declinazione della value proposition
10.5 Il posizionamento
10.6 Posizioni competitive e strategie di business
Conclusioni

Abstract

Il capitolo affronta il tema della definizione della strategia competitiva (o di business), ovvero della modalità con la quale competere all'interno di uno specifico mercato. L'analisi muove dalla condivisione del framework teorico, secondo il quale, anche per la strategia competitiva, il processo comprende una fase analitica (analisi interna ed esterna) e una fase strategica (identificazione degli asset strategici, scelta dei segmenti obiettivo, definizione della value proposition, predisposizione dei piani funzionali). Di seguito, vengono presentati i principi e gli strumenti per la definizione della strategia competitiva. Per alcuni di essi occorre un rimando a quanto già delineato nei capitoli precedenti (▸ Capitoli 8 e 9 in particolare), mentre altri vengono trattati dettagliatamente in questa parte del testo: lo strumento di analisi strategica SWOT, la nozione di vantaggio competitivo e le conseguenti strategie generiche di base, la declinazione della value proposition, la definizione del posizionamento, le diverse strategie di business connesse alle posizioni competitive.

Introduzione

Stabilito il portafoglio dei business nel quale l'impresa intende operare (▸ Capitolo 8), in ciascuno di essi occorre definire una specifica strategia competitiva (o strategia di business), ovvero stabilire le modalità attraverso le quali concorrere con successo nella specifica arena competitiva: quali vantaggi costruire rispetto ai concorrenti, quale proposizione di valore (*value proposition*) offrire ai clienti, come mettere a disposizione dei clienti stessi tale proposizione di valore. L'insieme delle scelte inerenti la strategia competitiva, che esamineremo in dettaglio nei prossimi paragrafi, deve auspicabilmente portare alla definizione di un vantaggio competitivo duraturo e sostenibile, ovvero a una posizione distintiva di vantaggio rispetto ai concorrenti che possa essere mantenuta nel medio termine.

10.1 Il framework teorico

Il framework teorico relativo alle strategie competitive è descritto nella figura 10.1. Da essa si evince che, evidentemente, in analogia a quanto visto con riferimento alla strategia di marketing a livello corporate (▸ Capitolo 8), anche la definizione della strategia di business prevede una fase analitica e una decisionale.
Nella fase analitica, con riferimento allo specifico business, si procede a un'analisi dell'ambiente esterno (mercato, clienti/consumatori, sistema d'offerta) e delle risorse interne (competenze e asset strategici), mettendo in luce le opportunità e le minacce dell'ambiente nonché i punti di forza e di debolezza dell'impresa; un'attività rilevante, da ritenersi propedeutica alla definizione della strategia competitiva.

Figura 10.1

La strategia competitiva.

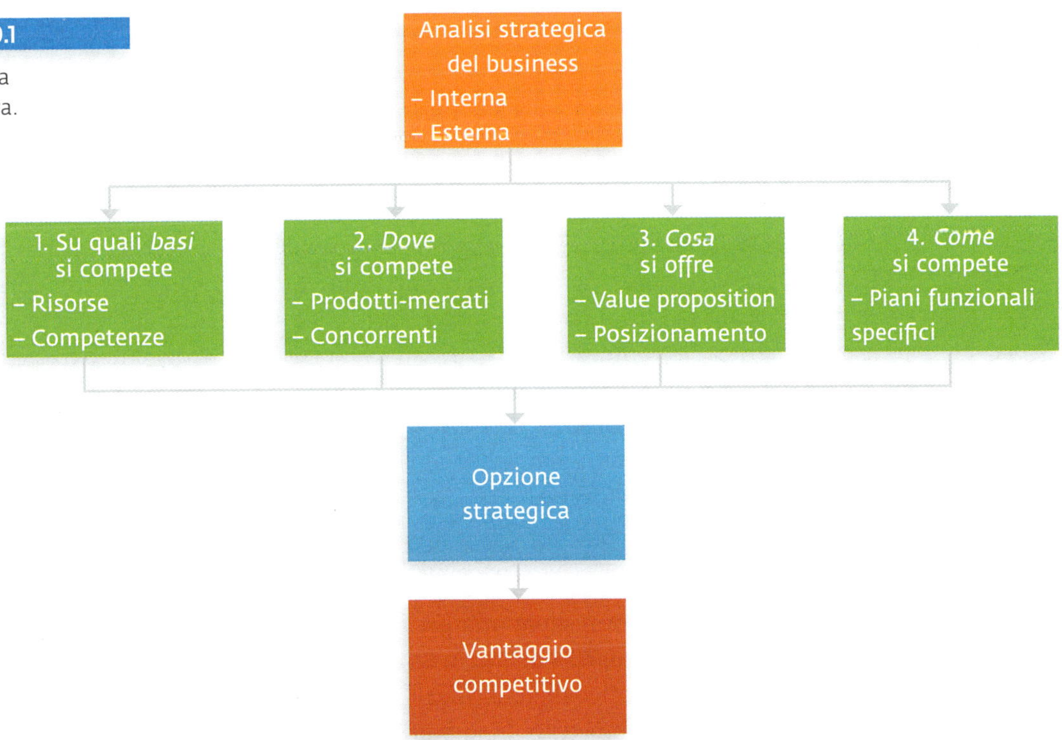

Dopo la fase analitica, si passa a quella di definizione della strategia, nell'ambito della quale occorre:

1. individuare le competenze e gli asset strategici (▸ Capitolo 8) sui quali basare la competizione e, se non disponibili, stabilire come acquisirli;
2. specificare, all'interno del business, i prodotti-mercati di riferimento e i relativi target (▸ Capitolo 9) e qualificare l'arena competitiva, individuando i concorrenti;
3. esplicitare la *value proposition*, ovvero l'insieme degli elementi tangibili e intangibili che caratterizzano il sistema d'offerta (valore, qualità, performance del prodotto, design, innovazione, presenza globale, brand image ecc.) e che troveranno la loro espressione nella product offering, evidenziando quelli sui quali si fonda l'opzione strategica distintiva;
4. definire i piani specifici funzionali (ricerca e sviluppo, produzione, branding, comunicazione, distribuzione ecc.).

Seguendo l'impostazione di David A. Aaker, definiamo *opzione strategica* una specifica proposizione di valore, rivolta a un certo prodotto-mercato, in competizione con determinati concorrenti, supportata da un insieme di risorse e competenze, attuata attraverso piani specifici funzionali, presentata con un determinato posizionamento (Aaker, 2005). L'opzione strategica, dunque, riassume la strategia di business prescelta, che comprende tutti e quattro gli aspetti sopra citati e che tende a fare leva su un vantaggio competitivo.
Alcuni dei concetti richiamati sono già stati trattati nei capitoli precedenti: analisi esterna e delle risorse, competenze e asset strategici (▸ Capitolo 8), segmentazione e scelta del target (▸ Capitolo 9). Nei paragrafi successivi pertanto ci soffermeremo su altri aspetti rilevanti nella strategia di business, e in particolare su un modello per l'analisi strategica del business (SWOT), sulle fonti del vantaggio competitivo, sulla declinazione della value proposition, sul posizionamento, sul rapporto tra posizione competitiva e strategia competitiva.

10.2 L'analisi SWOT

Per delineare il quadro strategico all'interno del quale deve essere definita la strategia di business viene generalmente utilizzato il modello SWOT, che consente di analizzare in modo organico e strutturato l'ambiente di marketing esterno e interno. L'acronimo SWOT richiama le seguenti aree oggetto d'indagine:

- i punti di forza (Strenghts);
- i punti di debolezza (Weaknessess);
- le opportunità (Opportunities);
- le minacce (Threats).

I primi due punti si situano nell'ambito dell'analisi interna, mentre gli altri due sono relativi all'analisi esterna. Tale modello si propone di rilevare in modo organizzato le informazioni utili per fare delle valutazioni in chiave strategica sulla posizione dell'impresa nel business di riferimento, offrendo degli spunti sui passi da realizzare per cogliere al meglio le opportunità del mercato e migliorare le performance competitive (figura 10.2).

Figura 10.2

L'analisi SWOT.

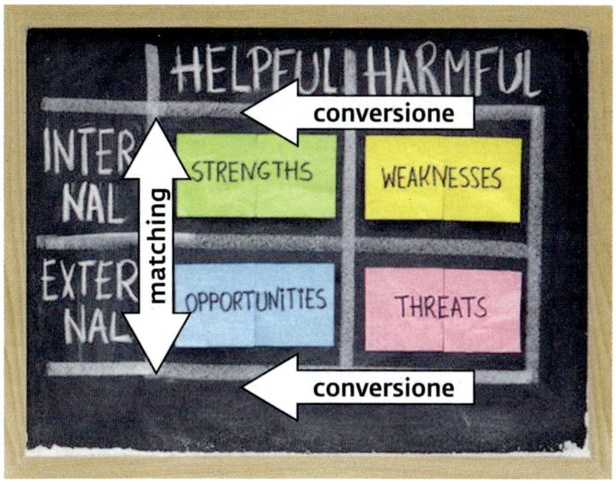

L'approccio è strutturato nelle seguenti fasi:

1. esame delle opportunità e delle minacce dell'ambiente;
2. rilevazione dei punti di forza e di debolezza dell'impresa;
3. assegnazione dell'importanza ai fattori individuati (opportuntà-minacce, forze-debolezze);
4. confronto del posizionamento sui fattori interni ed esterni;
5. individuazione delle linee di azione.

Esame delle opportunità e delle minacce dell'ambiente

È fondamentale per l'impresa monitorare i motivi chiave e le tendenze dell'ambiente di marketing relativo al business di riferimento. Tali motivi-tendenze possono influenzare positivamente o negativamente le prospettive dell'impresa. Le opportunità sono quei motivi-tendenze ambientali che, se sfruttate adeguatamente, possono favorire un miglioramento delle performance dell'impresa (competitività, crescita, profitti ecc.). Le minacce, viceversa, sono quei motivi-tendenze che, se non adeguatamente fronteggiate, possono mettere a repentaglio i suoi risultati. Occorre sottolineare che tali concetti sono relativi, nel senso che un'opportunità-minaccia deve essere considerata come tale da un'impresa in relazione al suo specifico posizionamento competitivo in quel business. In pratica, ciò che può costituire un'opportunità per un'impresa, al tempo stesso può essere una minaccia per un'altra. Ad esempio, la disponibilità di una nuova tecnologia può costituire un'opportunità per l'impresa che ha la capacità di acquisirla prima dei suoi concorrenti, mentre può essere una minaccia per quella che non ha la medesima capacità. Ciò precisato, nella tabella 10.1 presentiamo un'esemplificazione di alcune possibili opportunità e minacce.

Tabella 10.1

Esempi di opportunità e minacce.

Opportunità	Minacce
Incremento del numero di potenziali acquirenti	Incremento del potere contrattuale dei distributori
Nuove occasioni di consumo	Nascita di prodotti sostitutivi
Nuove tecnologie produttive	Modifica della regolamentazione normativa
Nuovi materiali	Cambiamento dei gusti dei consumatori
Facilità di accesso a nuovi canali distributivi	Ingresso sul mercato di nuovi concorrenti
Apertura di nuovi mercati	Convergenza settoriale

Rilevazione dei punti di forza e di debolezza dell'impresa

Guardando alle proprie risorse, competenze, capacità, l'impresa deve mettere in evidenza i propri elementi distintivi, i punti di forza sui quali fare leva per sostanziare il suo vantaggio competitivo. Parimenti, deve prendere consapevolezza delle proprie carenze, dei punti di debolezza da colmare per non pregiudicare le proprie prestazioni. Anche in questo caso il principio è relativo e la valutazione *context specific*, nel senso che forze e debolezze per un'impresa sono tali in relazione alla situazione di mercato e competitiva. Ad esempio, la mancanza di competenze di digital marketing è un punto di debolezza di un'impresa nel momento in cui, nel business in oggetto, i consumatori tendono ad acquistare maggiormente online e i principali concorrenti si stanno muovendo in questa direzione. Nella tabella 10.2 riportiamo alcune esemplificazioni di variabili che, a seconda dei valori rilevati, possono costituire punti di forza o di debolezza.

Tabella 10.2

Esempi di punti di forza e punti di debolezza.

Variabile	Punto di forza	Punto di debolezza
Flessibilità strategica	Alta	Bassa
Immagine di marca	Elevata	Modesta
Price positioning	Competitivo	Non competitivo
Copertura distributiva	Alta	Bassa
Economie di scala	Vigenti	Non vigenti
Efficienza produttiva	Alta	Bassa
Innovatività della gamma di prodotti	Alta	Bassa
Performance prodotti	Alta	Bassa
Know how esclusivo	Vigente	Non vigente
Capacità di innovazione	Alta	Bassa
Quota di mercato	Alta	Bassa
Accordi strategici	Vigenti e rilevanti	Non vigenti
Clima aziendale	Buono	Non buono
Competenze di marketing	Elevate	Basse
Capacità produttiva (mercato stagnante)	Alto utilizzo	Basso utilizzo
Capacità produttiva (mercato in crescita)	Disponibile	Non disponibile

Assegnazione dell'importanza ai fattori individuati (opportunità-minacce, forze-debolezze)

L'analisi non si esaurisce nella mera elencazione di fattori interni ed esterni, ma, poiché intende supportare il processo di definizione delle alternative strategiche, prosegue con la valutazione dei fattori individuati. Le forze-debolezze vengono dunque qualificate in termini di rilevanza e di prestazione; ad esempio, nel business in esame, il fattore "copertura distributiva" può essere considerato "molto rilevante" e la prestazione dell'impresa "scarsa", evidenziando un'area di intervento per le strategie future. Le opportunità-minacce, invece, vengono valutate in termini di attrattività (le opportunità) o gravità (le minacce) e in relazione alla probabilità di verificarsi; ad esempio, l'ingresso sul mercato di un nuovo importante concorrente può essere considerato "molto rilevante" e la sua probabilità di verificarsi "molto elevata", attivando la pianificazione di tempestive azioni di risposta.

Confronto del posizionamento sui fattori interni ed esterni

Aver identificato delle opportunità rilevanti non significa essere in grado di sfruttarle al meglio. È necessario fare una valutazione integrata tra le risorse e le competenze disponibili e quelle necessarie per cogliere le opportunità e per fronteggiare le minacce. Ove i punti di forza dell'impresa coincidano con i fattori necessari per cogliere le opportunità offerte dal mercato, si determinano i presupposti per l'ottenimento di un vantaggio competitivo significativo.

Individuazione delle linee di azione

Considerando i fattori individuati (opportunità-minacce, forze-debolezze) e la loro valutazione, anche integrata, il modello offre delle indicazioni in merito a possibili linee di azione strategica. Ad esempio: sviluppo di una competenza distintiva oggi carente ma indispensabile per cogliere un'opportunità emergente; riduzione degli investimenti su un fattore di scarsa rilevanza strategica; monitoraggio di un evento di possibile accadimento e con ripercussioni sul business ecc. Il modello ha il limite di essere statico, di fotografare una situazione nel momento in cui esso viene applicato, mentre i fenomeni che indaga sono per definizione dinamici. Pertanto, è necessario che tale analisi sia ripetuta periodicamente, così da offrire nel tempo nuovi spunti di riflessione strategica.

10.3 Il vantaggio competitivo

Il cuore della strategia di business consiste nello sviluppare il cosiddetto vantaggio competitivo, ovvero una posizione di superiorità rispetto ai concorrenti riconosciuta come tale dagli acquirenti/consumatori e sostenibile nel tempo. Tale superiorità deriva dall'insieme di caratteristiche detenute dalla marca (o dal prodotto) e ha origine in particolare in alcune capacità dell'impresa, ovvero le fonti del vantaggio competitivo, che segnano in maniera più significativa la differenza rispetto ai concorrenti. Le strategie alternative finalizzate a perseguire posizioni di vantaggio competitivo vengono definite *strategie generiche*.
Prima di esaminare le diverse tipologie di strategie generiche, per comprendere appieno le diverse tipologie di vantaggio competitivo e le relative fonti, è opportuno richiamare preliminarmente taluni concetti inerenti il valore, che vengono illustrati anche con l'ausilio della figura 10.3: valore percepito dal cliente (o beneficio percepito), valore reso al cliente (o *consumer surplus*), valore creato dall'impresa.

Figura 10.3

Il valore della product offering.

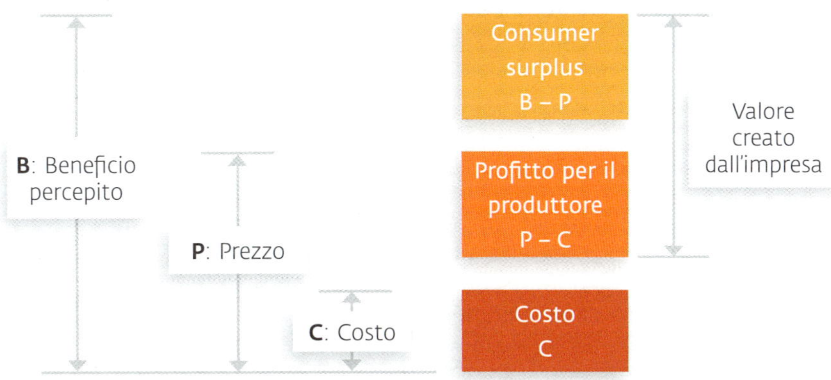

- *Beneficio percepito* (B). Il beneficio percepito dal consumatore riguarda la valutazione della product offering, nei suoi elementi costitutivi di tipo funzionale e simbolico. Dal valore attribuito alla somma dei benefici offerti dalla product offering devono essere detratti i costi sopportati per ottenere la disponibilità e per l'uso del prodotto (consegna, installazione, costi di esercizio, manutenzione ecc.).
- *Consumer surplus* (B – P). È la differenza tra il beneficio percepito dal consumatore e il prezzo pagato. Il cliente individua le caratteristiche della product offering in funzione delle sue preferenze (componenti della product offering e livello di beneficio percepito) e tra i vari fornitori selezionati sceglie quello che gli offre il livello di consumer surplus più elevato. Ovviamente, se il consumer surplus è negativo, il cliente non acquista, mentre quanto maggiore è la sua entità tanto maggiore è la soddisfazione.
- *Valore creato dall'impresa* (B – C). La creazione di valore da parte dell'impresa è misurabile dalla differenza tra beneficio percepito dal consumatore e costi sostenuti dall'impresa. Tale valore viene poi ripartito tra profitto dell'impresa e consumer surplus.

Ne deriva che l'impresa, nel gestire la creazione del valore, può operare sia sul fattore costi (C), sia sul fattore beneficio percepito (B), mentre nei rapporti di mercato e competitivi, oltre che sulle due grandezze prima citate, può intervenire anche sul fattore prezzo (P).

Economie di esperienza

Le economie di esperienza si verificano al crescere del volume cumulato di produzione. Esse consistono nella riduzione del costo unitario di produzione dovuta al perfezionamento dei processi e ai miglioramenti di produttività ottenuti grazie all'esperienza sviluppata dall'organizzazione e dalla forza lavoro.

Ritorniamo ora nell'alveo delle nostre argomentazioni sul vantaggio competitivo. Secondo Michael Porter, l'autore che ha introdotto questo concetto negli studi sulle strategie d'impresa, il vantaggio competitivo può essere fondato su tre fattori fondamentali: costi, differenziazione, focalizzazione (Porter, 2005).

1. Il *vantaggio competitivo di costo*, detto anche vantaggio competitivo interno, è fondato sulla superiorità dell'impresa nella gestione dei costi e nell'efficienza operativa. Grazie alle sue competenze organizzative e tecnologiche, alla sua cultura low cost, l'impresa che persegue un vantaggio competitivo di costo si concentra sull'eccellenza operativa: configura dei processi produttivi logistici e gestionali altamente efficienti, persegue economie di scala e di esperienza, defi-

Esempio

Walmart, azienda statunitense fondata da Sam Walton nel 1962 a Bentonville (Arizona), è il più grande distributore al dettaglio del mondo, con oltre 2 milioni di dipendenti e un fatturato, nel 2012, di oltre 445 miliardi di dollari.
Il vantaggio competitivo di costo che la caratterizza (come sottolineato anche dallo slogan aziendale: *save money, live better*) deriva da una strategia complessiva che si sostanzia in particolare su: l'efficienza negli approvvigionamenti e negli acquisti (globali e centralizzati); gli investimenti in tecnologie di automazione e la condivisione delle informazioni mediante sistemi online; l'ottimizzazione del mix di prodotto (grocery e non grocery); l'elevata rotazione del magazzino e delle vendite; i sistemi di sicurezza e le procedure di gestione dei punti vendita; le contrattazioni di tassi di leasing e canoni di affitto privilegiati in zone convenienti dal punto di vista immobiliare; la gestione e le modalità di retribuzione/incentivazione del personale di vendita.

Product offering no-frills

Una product offering no-frills (letteralmente "senza fronzoli") si concentra sull'utilità fondamentale dell'offerta e non prevede attributi/servizi non essenziali.

nisce product offering no-frills, utilizza al meglio la propria capacità produttiva. Naturalmente, il vantaggio competitivo di costo è tale solo se consente di generare un consumer surplus (B – P) superiore a quello della concorrenza. A un livello di costo contenuto, dunque, deve corrispondere un prezzo di mercato del tutto concorrenziale (P) e comunque un livello di beneficio percepito per il consumatore (B) più che proporzionale rispetto a prezzi (P) e costi (C). In termini di fasce di mercato, tale strategia colloca la product offering nell'ambito del value market, come primo prezzo o mainstream (▸ Capitolo 15).

2. Il *vantaggio competitivo di differenziazione*, detto anche vantaggio competitivo esterno o di qualità, è basato sulla superiorità dell'impresa nel definire product offering aventi caratteristiche uniche e distintive rispetto alla concorrenza e nell'innovarle costantemente. Tali elementi distintivi possono essere di natura funzionale (performance del prodotto), di servizio (servizi accessori e relazioni con i clienti) e anche simbolica (valori associati alla marca). Essi sovente sono legati alla disponibilità di un'ampia capacità di innovazione e di elevate competenze di marketing (marketing sense, strategy, implementation). In funzione del valore distintivo dell'offerta, i clienti attribuiscono un elevato beneficio percepito (B) e sono disposti a pagare un premium price, ovvero un prezzo elevato (P), garantendosi comunque un elevato livello di consumer surplus (B – P).

Marketing sense

Si intende l'insieme di attività di marketing conoscitivo relative alla fase analitica del processo di marketing.

Esempio

BMW, azienda tedesca produttrice di autoveicoli e motoveicoli, detiene un forte vantaggio competitivo legato alla differenziazione del suo brand, ottenuto grazie a standard di primissimo livello e innovazioni continue sui propri prodotti, in tutti i segmenti rilevanti. Gli elementi distintivi della marca BMW, cui i clienti attribuiscono un valore e per i quali sono disposti a pagare un premium price, sono di tipo funzionale (p.e. legati a innnovazioni tecnologiche di varia natura) e di natura simbolica (la marca BMW è simbolo di prestigio, raffinatezza, elevato status e alta qualità dei prodotti). Nel 2013, infatti, la BMW si posiziona al 24° posto nella Top 100 Most Valuable Global Brands, con un brand value di oltre 24.000 milioni di dollari.

3. Il vantaggio competitivo di focalizzazione è fondato sulla disponibilità in via esclusiva di competenze chiave, specifiche di un determinato prodotto-mercato. Nell'ambito della strategia di focalizzazione, l'impresa concentra i suoi

Esempio

Prink è un'azienda italiana, fondata nel 1999 a Bologna, leader in Europa nella vendita di prodotti di consumo per stampanti e ufficio (cartucce e filtri per stampanti, toner, kit di ricarica, carte speciali, testine per cartucce). Il suo vantaggio competitivo è fondato sulla focalizzazione: Prink produce e commercializza, tramite la sua rete di negozi in franchising in 13 nazioni europee, esclusivamente prodotti compatibili con le stampanti di tutte le marche presenti sul mercato negli ultimi venti anni, offrendo ai clienti specializzazione, vastissima profondità di gamma, garanzie, assistenza, qualità e risparmio.

sforzi (finanziari, organizzativi, di conoscenza ecc.) in un determinato prodotto-mercato, potendo superare, proprio grazie a questa strategia di nicchia, le performance di concorrenti operanti su molteplici mercati. Il vantaggio competitivo di focalizzazione può risiedere su fattori inerenti sia ai costi sia alla differenziazione, potendo incidere su tutti gli elementi dell'equazione del valore.

Nell'interpretazione originaria di Porter, elaborata oramai alcuni decenni addietro, in un contesto certamente diverso da quello odierno, le strategie presentate sono considerate tra loro alternative (figura 10.4), dal momento che, per l'autore, le capacità e la cultura necessarie per competere in un campo sono sostanzialmente opposte a quelle richieste nell'altro (Porter, 1985).

Tuttavia, questo schema interpretativo è stato criticato, integrato e ampliato, considerando soprattutto che, nella prassi aziendale, moltissime imprese mirano a differenziare la propria offerta dai concorrenti mantenendo contestualmente un'elevata concorrenzialità nei costi. Alle tradizionali strategie competitive generiche si accosta dunque un'ulteriore strategia, che definiamo *cost-effective differentiation*, la quale costruisce il vantaggio competitivo su una combinazione originale di attributi di costo e differenziazione, nell'ambito di una product offering basata su un'innovazione di valore (▸ §8.3). La chiave di questa strategia risiede nel dare una risposta efficace alle precise attese dei consumatori, attraverso un sistema d'offerta value for money: orientato al cliente, personalizzato, tempestivo (*time to market*), efficiente, innovativo, al minor prezzo. Tale approccio, dunque, attribuisce priorità all'obiettivo di fornire la soluzione più idonea rispetto alle esigenze del cliente (adeguatezza dei termini quali-quantitativi del beneficio B), accompagnata dal più elevato consumer surplus (B – P) e tende a configurare gli altri elementi dell'equazione del valore (P, C) per conseguenza.

Value for money

Un acquisto value for money combina la massima efficienza ed efficacia dell'acquisto (soddisfazione delle attese) con la convenienza del prezzo.

Esempio

H&M è un gruppo svedese operante nel *fast fashion*, nato nel 1947, che vanta a oggi oltre 17 miliardi di dollari di vendite annuali e 2600 negozi in 43 paesi. L'azienda occupa il secondo posto tra i rivenditori di abbigliamento al mondo (dopo Inditex SA, capogruppo di Zara) e si posiziona al 69° posto nella Top 100 Most Valuable Global Brands 2013, con un brand value di oltre 12.700 milioni di dollari. Il suo vantaggio competitivo è basato sul connubio tra efficienza e differenziazione: i prezzi bassi sono garantiti dall'impiego di manodopera a basso costo (in Asia ed Europa orientale), dall'acquisto di grandi volumi e da efficienti reti di logistica e di distribuzione; la differenziazione dei prodotti è basata su un continuo e rapido processo creativo di design che trae ispirazione dall'alta moda come dalla moda di strada, dai film, dalle culture, dalle fiere, dalle mostre, nonché dalla storia della moda e dalle collaborazioni con prestigiose fashion house per realizzare le limited edition.

Quale che sia la fonte, un vantaggio competitivo deve essere significativo e difendibile: esso deve affermare una differenza riconosciuta come rilevante dai clienti e deve fare leva su fattori detenuti in modo esclusivo dall'impresa e di non facile replicazione da parte di terzi.

Figura 10.4
Le strategie generiche.

10.4 La declinazione della value proposition

Abbiamo precedentemente affermato che un'opzione strategica deve comprendere quattro elementi: competenze e asset strategici, prodotti-mercati di riferimento, value proposition, piani specifici funzionali.
In un determinato contesto competitivo, combinando gli elementi suddetti, le possibili opzioni strategiche sono innumerevoli e molto ampia è la discrezionalità del decisore aziendale, la cui figura (esperienze, competenze, motivazioni ecc.) è determinante per la scelta dell'opzione, o più diffusamente della serie di opzioni, più idonea e per il successo dell'attività.
In merito, tuttavia, sulla scorta di quanto definito nel paragrafo precedente, è possibile individuare alcune tipologie di opzioni strategiche più comuni, basate su proposizioni di valore caratterizzate, che richiamiamo brevemente di seguito.

- *Qualità*. Ricerca di una superiorità complessiva della product offering, così come percepita dai clienti, rispetto alle alternative offerte dalla concorrenza. Riguarda tutti gli aspetti dell'offerta: caratteristiche e performance dei prodotti/servizi, conformità alle richieste, supporto al cliente, processo d'acquisto e di consumo ecc.
- *Costo*. Cultura, processi, condizioni strutturali low cost consentono di erogare un'offerta di funzionalità base (*no-frills*), al prezzo più basso della categoria.
- *Valore*. Selezione degli elementi dell'offerta che portano valore al cliente e riduzione di quelli non rilevanti, con conseguente generazione di un elevato customer surplus (alta percezione del valore e costi bassi).
- *Attributi del prodotto*. Assunzione di una posizione di dominio su uno specifico attributo del prodotto, considerato fondamentale dai consumatori.
- *Innovazione*. Sviluppo della capacità innovativa e relativi continui miglioramenti della value proposition (incrementali e radicali), offrendo all'impresa i vantaggi dei first mover e incrementandone credibilità e prestigio.

First mover

Un first mover è un soggetto che realizza una scelta strategica per primo, ad esempio in funzione di un'innovazione.

- *Specializzazione*. Offerta di un completo mix di prodotti/servizi, disposto per rispondere a tutte le esigenze di uno specifico target.
- *Customer intimacy*. Focalizzazione sul coinvolgimento del cliente e sulla gestione della relazione, attraverso l'offerta di benefici di varia nutura: di servizio (p.e. CRM), emozionali, sociali e di autoespressione.
- *Responsabilità sociale*. Assunzione organica dei principi della responsabilità sociale nella cultura, nelle strategie e nelle operazioni dell'impresa.
- *Notorietà e familiarità del brand*. Massima estensione della notorietà e attivazione di relazioni di familiarità con il brand, allo scopo di ottenere la fiducia dei consumatori e di essere tra le prime marche considerate per l'acquisto.
- *Strategia globale*. Presenza sui mercati globali con un approccio omogeneo, volto a sfruttare l'interrelazione dei mercati nazionali e dunque a sviluppare sinergie, economie di scala, flessibilità strategica.

10.5 Il posizionamento

Coerentemente con l'opzione strategica o il mix di opzioni strategiche prescelte, l'impresa deve stabilire il posizionamento strategico nel business, ovvero il modo con il quale essa, e il suo brand, aspira a essere percepita rispetto ai concorrenti.
Il posizionamento consiste, dunque, nel processo di concezione di una marca, dei suoi benefici e della sua immagine, e nella costruzione, nella mente dei consumatori, di una posizione favorevole e distinta da quella delle marche concorrenti. Attraverso il posizionamento, l'impresa definisce e soprattutto rende espliciti gli elementi di differenziazione della propria marca rispetto ai competitor. È ben evidente l'importanza di questa scelta strategica: essa delinea un chiaro indirizzo per la declinazione della product offering, e in particolare

Focus Le diverse prospettive della concorrenza

La concorrenza può essere esaminata da diversi punti di vista.
Nella prospettiva dell'offerta, si definiscono "concorrenti" tutte le imprese appartenenti a un determinato settore che offrono prodotti realizzati con una determinata tecnologia e che svolgono la stessa funzione d'uso. Ad esempio, considerando il settore del trasporto ferroviario, il leader Trenitalia – fino a poco tempo addietro monopolista – oggi su alcune tratte ferroviarie per vettori ad alta velocità compete con l'impresa Nuovo Trasporto Viaggiatori. In dettaglio, la competizione tra le due imprese si fonda sulla vendita di un servizio di base, il trasporto passeggeri su rotaia, che risulta essere identico sia per funzione d'uso sia per tecnologia.
Nella prospettiva della domanda, invece, si definiscono concorrenti tutte le imprese che sono in grado di soddisfare lo stesso bisogno di una determinata classe di clienti, prescindendo dalla modalità con la quale esse vanno incontro a tale bisogno, intesa come prodotti-servizi-tecnologie. Ad esempio, riferendosi al bisogno di trasporto, in particolare all'esigenza di coprire una determinata distanza geografica, i clienti possono scegliere tra una serie di alternative: treno, aereo, trasporto su gomma. Tutte queste, pur non condividendo la stessa tecnologia, soddisfano il medesimo bisogno.
Indubbiamente, in una chiave di marketing, la seconda prospettiva appare la più idonea, in quanto garantisce una corretta visione delle effettive minacce competitive e favorisce lo sviluppo di strategie di business volte all'innovazione.

per la politica di prodotto, gli investimenti in R&S, il pricing, il branding, la comunicazione.

Per meglio comprendere i concetti sottostanti e le modalità operative, è utile analizzare il processo di definizione del posizionamento strategico, che si sviluppa nelle seguenti fasi: qualificazione dell'ambiente competitivo di riferimento, identificazione dei punti distintivi dalla concorrenza, definizione del posizionamento, comunicazione del posizionamento.

1. *Qualificazione dell'ambiente competitivo di riferimento.* A partire dal prodotto-mercato prescelto (un gruppo di clienti, per soddisfare un determinato bisogno, utilizzando una certa tecnologia), occorre identificare i concorrenti rispetto ai quali condurre l'analisi e definire il posizionamento. Tale attività porta con sé non banali complicazioni: difatti la qualificazione dei confini competitivi è tutt'altro che agevole. Basti pensare alle diverse dimensioni della concorrenza così come riportate dal modello delle cinque forze competitive (concorrenti diretti, nuovi entranti **incumbent**, prodotti sostitutivi, clienti, fornitori). Una particolare complicazione può scaturire per i brand operanti in più ambienti competitivi, per i quali può rivelarsi necessario sviluppare un posizionamento specifico nei confronti di ogni classe di concorrenti.

Incumbent

Si definisce incumbent un'impresa avente grandi capacità finanziarie e potere di mercato che potrebbe entrare con un forte impatto nel settore.

Esempio

Il produttore di biscotti Gentilini opera prevalentemente su scala locale (Lazio e Italia centrale) ma ambisce a diventare un produttore di livello nazionale, e focalizza la sua attività in particolare sulla produzione di biscotti per la prima colazione. Nel corso degli ultimi anni, l'offerta si è allargata a categorie complementari, come i prodotti da forno per ricorrenza (panettoni, pandori, colombe), le marmellate, biscotti da pasticceria; tali nuove categorie, i cui prodotti sono realizzati da co-packer, mantengono tuttavia un ruolo marginale nel business. La strategia di branding, come è naturale che sia, per sfruttare le sinergie della *line extension*, è di tipo monolitico: anche nelle nuove categorie si mantiene il brand originario. Nella qualificazione del proprio ambiente competitivo di riferimento, Gentilini ha fatto una valutazione di tipo "conservativo" da un punto di vista del bisogno da soddisfare e della relativa tecnologia (biscotti per la prima colazione), mentre è stata più "ambiziosa" da un punto di vista del target/gruppo di clienti (i consumatori italiani).

2. *Identificazione dei punti distintivi dalla concorrenza.* Il processo di posizionamento prevede poi di identificare i benefici che sono rilevanti per il target e di verificare su questi i punti di differenziazione e i punti di parità rispetto alla concorrenza. I punti di differenziazione sono quei benefici/attributi in relazione ai quali i consumatori riconoscono a una determinata marca una posizione superiore. Essi possono essere riferiti a numerosi aspetti: funzionali o performance del prodotto, di servizio, immateriali legati all'immagine della marca, legati al prezzo e alle condizioni di vendita. Naturalmente, una marca forte può vantare molteplici punti di differenziazione. Accanto ai punti di differenziazione, occorre rilevare anche i cosiddetti punti di parità con la concorrenza, ovvero quegli elementi della product offering ritenuti fondamentali dai consumatori e sui quali le performance dell'impresa non possono scendere al di sotto di un determinato standard di prestazione o al di sotto di un determinato livello di prestazione del diretto competitor. Solo se i punti di parità sono soddisfatti, il brand può ambire a posizionarsi in modo distintivo sui punti di differenziazione.
3. *Definizione del posizionamento.* Qualificato l'ambiente competitivo di riferimento e identificati i punti di differenziazione e i punti di parità con la concorrenza, l'impresa deve decidere su quali elementi costruire il posizionamento competitivo della propria marca. I criteri utilizzabili sono molteplici e, come descritto in dettaglio nella tabella 10.3, possono riguardare sia aspetti funzionali/materiali sia simbolici/immateriali del sistema d'offerta. Tra le variabili di tipo funzionale/materiale, che richiamano dunque valutazioni maggiormente di ordine razionale, si collocano: gli attributi tangibili e le performance del prodotto, i benefici ricercati dai consumatori, il prezzo di vendita, l'occasione d'uso, la focalizzazione sul target, la comparazione con il concorrente. Tra le variabili di tipo simbolico/immateriale, che sollecitano valutazioni di tipo soggettivo e valoriale, troviamo l'immagine di marca, il paese di origine, il forte riconoscimento con un testimonial/opinion leader. Il

Paese di origine

L'effetto paese di origine (Country-of-Origin Effect, COE) consiste nell'associazione dei valori detenuti da un paese, in un determinato campo di attività, alla marca che richiama la provenienza dei suoi prodotti da tale paese.

Esempio

Un brand di grande successo nel mercato dei prodotti salati fuori pasto è Pringles. Le patatine create da Procter & Gamble negli anni Sessanta si basano su una serie di punti di differenziazione rispetto alle tradizionali patatine: la croccantezza, la forma originale del prodotto (frutto di una tecnologia produttiva basata su un particolare processo di estrusione della materia prima), il fatto che non ungono al tatto e il packaging innovativo. L'insieme di questi punti di differenziazione pongono il brand Pringles in una posizione superiore rispetto ai competitor.

Tabella 10.3

Criteri di posizionamento.

posizionamento viene esplicitato e sottolineato anche dallo slogan, una breve frase che svolge il ruolo di potenziamento del valore descrittivo, evocativo, persuasivo del brand name.

Criteri	Descrizione	Prodotto	Slogan
Criteri basati prevalentemente su aspetti funzionali/materiali			
Attributi tangibili e performance del prodotto	Fondato su attributi funzionali, caratteristiche tecniche, performance del prodotto. Occorre scegliere un nucleo ristretto di attributi. È un criterio vulnerabile rispetto al cambiamento e all'innovazione.		Riso Scotti "Il riso che non scuoce"
Prezzo di vendita	La differenziazione è basata sul prezzo, che può essere il più basso della categoria, il più alto della categoria, il migliore value for money.		Ryanair "The low fares airline"
Occasioni d'uso	Si enfatizza la particolare appropriatezza del prodotto rispetto a una specifica occasione d'uso.		Baci Perugina "Chi ama, Baci"
Categorie di consumatori	Basato sulla capacità della product offering di soddisfare in modo superiore una specifica categoria di consumatori.		4 Salti in padella "Pronti in 5 minuti"
Benefici ricercati	La leva è la capacità dell'impresa di fornire uno specifico beneficio al consumatore, sia di tipo razionale sia psicologico.		Yogurt Activia "La tua pancia sorride"
Concorrenza	Basato sulla contrapposizione tra la marca dell'impresa e un concorrente. Spesso adottato dai follower, sfrutta l'immagine del concorrente nella mente dei consumatori per costruire una posizione diversa ma a essa collegata.		Pepsi "Change, you can"
Criteri basati prevalentemente su aspetti simbolici/immateriali			
Elementi simbolici	Focus sull'immagine della marca; differenziazione basata su aspetti immateriali (emozionali, esperenziali, psicologici, sociali, di espressione personale). Offre elevate possibilità di sostenibilità nel lungo termine.		Harley Davidson "Più che una moto... uno stile di vita"
Testimonial o opinion leader	Enfatizzare i legami con un testimonial o un leader di opinione creando positive associazioni tra personalità e immagine della marca e del personaggio coinvolto.		Martini "No Martini, no party"
Paese d'origine	Fa riferimento all'associazione tra la marca e un luogo geografico specifico al fine di far propria un'immagine di qualità o una specifica competenza correlata al luogo.		Nastro Azzurro "C'è più gusto a essere italiani"

Il criterio prescelto deve essere tale da garantire una differenziazione unica, effettiva, distintiva, non facilmente imitabile, rilevante per il consumatore, sostenibile nel tempo con le risorse dell'impresa, comunicabile in modo efficace. È ben evidente come questa scelta abbia una grande rilevanza nella strategia di business. Una volta definito il criterio, attraverso apposite ricerche di mercato è necessario individuare il posizionamento attuale della marca dell'impresa e compararlo con quello dei concorrenti. Conseguentemente, si può definire il posizionamento strategico obiettivo. Risulta dunque evidente che tra posizionamento progettato e posizionamento percepito può esserci un gap, da colmare con opportune strategie di marketing e di comunicazione. Uno strumento utile per svolgere queste analisi è la mappa percettiva, che è una raffigurazione grafica di come le diverse marche sono percepite rispetto alle variabili di posizionamento prescelte.

Figura 10.5

Un esempio di mappa percettiva.

Fonte: nostra elaborazione da Hernstein et al., 2008

Nell'esempio proposto, attraverso dei sondaggi e dei focus group con i consumatori (suddivisi in tre categorie: turisti, business e prima classe), i ricercatori hanno creato una mappa percettiva relativa al posizionamento delle principali compagnie aeree operanti nel Mediterraneo, in base alle due variabili prescelte: nazionalità/internazionalità e popolarità/esclusività. Avendo come benchmark di riferimento la compagnia israeliana El Al, lo studio ha rilevato che i consumatori reputano come sostituti (nazionali e popolari) Turkish Airlines, Tarom e Croatia Airlines; che Austrian Airlines e Etihad Airways (Abu Dhabi) sono percepite come molto esclusive e nazionali; che Alitalia e Iberia hanno un'immagine popolare e internazionale, mentre British Airways, Lufthansa, Swissair e Singapore Airlines sono percepite come le più esclusive a livello internazionale. A partire da questa rilevazione, la compagnia israeliana El Al ha definito il suo posizionamento competitivo obiettivo, che ambisce a spostarsi sull'asse orizzontale, verso una percezione di maggiore esclusività del brand.

4. *Comunicazione del posizionamento.* La quarta e ultima fase del processo consiste nella comunicazione del posizionamento, indispensabile al fine di ottenere l'obiettivo ultimo, ovvero una determinata collocazione della marca nella mente dei consumatori, rispetto ai concorrenti.

Promessa della marca

La promessa consiste nel principale beneficio (funzionale o simbolico) offerto dal prodotto.

Il punto di partenza è la definizione del cosiddetto "mantra" della marca, ovvero di una locuzione sintetica, correlata ai concetti di essenza e di **promessa della marca**, che qualifica il cuore e l'anima della marca stessa. Il mantra si rivolge sia all'interno dell'impresa, a tutti i membri dell'organizzazione, sia all'esterno, ai consumatori in primis, ma anche agli altri interlocutori sociali e di mercato. All'esterno dell'impresa, il mantra può assumere la veste di slogan ed essere veicolato attraverso gli strumenti del marketing communication mix: logo, campagne pubblicitarie, attività di PR ecc. (▸ Capitoli 17 e 18).

Esempio

American Express, società statunitense operante nei servizi finanziari e di viaggio, con leadership nei settori delle carte di credito, dei servizi assicurativi e dei viaggi, ha come brand mantra: *worldclass service, personal recognition*. Tale mantra, semplice ed efficace, riflette i cosiddetti *point of difference* su cui si basa il posizionamento e l'anima della marca stessa: riflette da un lato l'eccellenza del servizio offerto (p.e. le carte di credito American Express sono tra le poche a essere accettate in tutto il mondo), dall'altro la personalizzazione e l'attenzione alle esigenze del singolo cliente (*customer* o *business*).

Per affermare il proprio posizionamento, dopo avere definito il mantra, l'impresa deve specificare l'appartenenza alla categoria, e successivamente marcare la propria differenza rispetto ai concorrenti. I consumatori devono poter facilmente comprendere che cosa è il prodotto e a che cosa serve, collocarlo in una categoria, sapere per conseguenza con quali altre marche compete e poterne a questo punto apprezzare le qualità distintive. Per evidenziare la categoria di appartenenza, in comunicazione si possono adottare diversi accorgimenti: far leva sui benefici della categoria, richiamare i brand leader della categoria, utilizzare il **descrittore del prodotto**.

Descrittore del prodotto

Il descrittore del prodotto è un breve testo che viene associato al brand name proprio per qualificarne la funzionalità.

La marcatura della differenza viene fatta in relazione al criterio stabilito e veicolata attraverso il logo, lo slogan, le campagne di comunicazione, utilizzando gli elementi testuali, visivi, sonori dei messaggi. Da evidenziare che, talvolta, l'identificazione degli elementi di differenziazione sui quali fare leva presenta delle difficoltà, ad esempio quando gli attributi possono avere una connotazione sia positiva sia negativa (una marca avente una lunga storia è esperta/affidabile o antiquata/non al passo con i tempi?) o quando alcuni di essi, detenuti dalla marca, sono potenzialmente tra loro correlati negativamente (prezzo vs. qualità, robustezza vs. raffinatezza, design vs. funzionalità).

Focus — Il posizionamento attraverso la narrazione di marca

Negli ultimi anni, taluni esperti di marketing hanno suggerito approcci più innovativi, qualitativi e creativi per posizionare la marca nella mente dei consumatori: lo *storytelling* di marca è uno tra questi.
La narrazione di marca mira a creare un posizionamento basato su una storia che abbia un'ambientazione (in termini di luoghi e tempi), dei personaggi (in termini di ruoli, relazioni, responsabilità della marca), un arco narrativo (in termini di azioni, esperienze, eventi) e un linguaggio ben preciso (in termini di voci, simboli, metafore e motivi). La narrazione lega così la marca ai consumatori, entrando in profondità nella loro memoria, agendo sulle associazioni mentali e collegandosi alle esperienze e storie del singolo.

10.6 Posizioni competitive e strategie di business

La strategia di business non può non essere fortemente condizionata dalla posizione competitiva dell'impresa nel mercato di riferimento e dalle strategie dei concorrenti. È indispensabile, dunque, definire correttamente la propria arena competitiva, e dunque i concorrenti, e comprendere la posizione di ciascuno. Grazie a questa attività, risulterà più agevole qualificare la migliore strategia di business, consapevoli delle reali forze in campo e dei mezzi necessari per perseguire gli obiettivi definiti.

Come già accennato in altre parti del testo, quest'attività è tutt'altro che scontata, e nasconde molte insidie. Qualificare un mercato di riferimento in modo troppo ampio può risultare dispersivo e sfocato e condurre a scarse performance; di contro, delimitarlo in modo troppo stretto non consente di guardare alle forme di concorrenza allargata e preclude prospettive di sviluppo e innovazione nel medio-lungo termine.

Per identificare e classificare i concorrenti si può fare riferimento a due variabili fondamentali: i bisogni serviti e le tecnologie/risorse utilizzate. Come si rileva nella figura 10.6, in questo modo si possono identificare i concorrenti diretti, indiretti, potenziali.

Figura 10.6

Analisi della concorrenza.

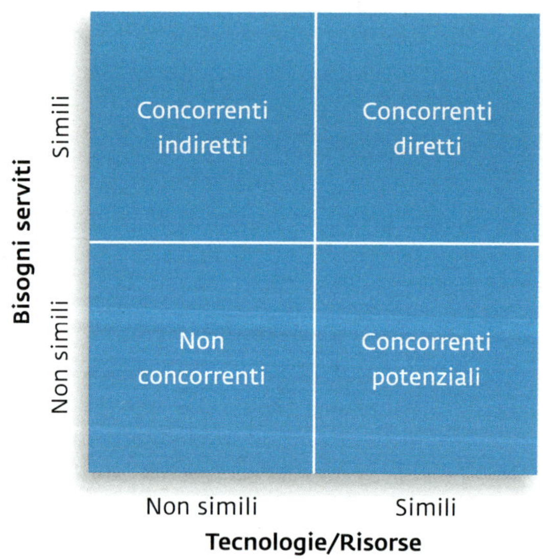

Una volta qualificata l'arena competitiva, è possibile studiare i diversi posizionamenti competitivi e poi definire la strategia di business.

La posizione competitiva è fondamentalmente determinata dalla quota di mercato detenuta. È in relazione a tale elemento che tipicamente vengono identificate quattro diverse tipologie di strategie competitive: quella del leader, dello sfidante, del follower, dello specialista.

Il *leader* di mercato è l'impresa, o la marca, che detiene la quota di mercato (a volume) più ampia e dunque assume la posizione dominante nel mercato stesso, riconosciuta dai concorrenti. In relazione al suo potere, il leader è in grado di determinare la natura della concorrenza, stabilendo gli standard di prezzo, qualità, innovazione, comunicazione ecc. L'impresa leader può adottare diverse strategie:

- *attaccare il mercato*, cercando di sviluppare la domanda complessiva (raggiungimento di nuovi clienti, stimolo a un maggiore utilizzo, estensione a nuove occasioni d'uso) o cercando di sottrarre quota ai concorrenti;
- *difendere la posizione* dagli attacchi dei concorrenti, attraverso iniziative di tipo proattivo (innovazione, differenziazione ecc.) o di tipo difensivo (ribasso dei prezzi, copertura distributiva, comunicazione).

Esempi di marche leader sono Ferrero, Google, Dash (brand di P&G).

Lo *sfidante* è un'impresa, o una marca, che aspira a migliorare significativamente la propria posizione di mercato, migliorando la quota fino a voler soppiantare il leader. Perciò, adotta delle strategie competitive aggressive, che richiedono di:

- individuare gli avversari (l'impresa dominante, imprese rivali in condizioni competitive fragili, imprese locali e di piccole dimensioni);
- scegliere la strategia di attacco: frontale (su tutti gli elementi della product offering), laterale (su aspetti specifici ove si ritiene vi siano elementi di debolezza: mercati geografici, elementi della product offering, ecc.).

La strategia dello sfidante è molto delicata. Occorre considerare attentamente le risorse disponibili, in quanto l'erosione di quota di mercato richiede quantità e qualità di risorse. Inoltre, è probabile che il leader reagisca all'attacco, per cui è importante che venga valutata attentamente la possibile reazione e le proprie capacità di difesa. Esempi di marche sfidanti sono Mediaset premium (contro Sky) Samsung (contro Apple).

Il *follower* è un'impresa, o una marca, che occupa una posizione di mercato meno rilevante e che preferisce un comportamento adattivo, seguendo il leader, a uno proattivo, di sfida. Non fa leva sull'innovazione, evitandone i costi e i rischi, quanto sull'imitazione, concentrandosi in particolare sull'efficienza operativa. Le strategie del follower più comuni sono:

- l'adattamento, ovvero la creazione di prodotti specifici aventi una matrice di ispirazione nel prodotto dell'impresa leader, ma con l'adeguamento di talune caratteristiche, al fine di rivolgersi a specifici target;
- l'imitazione, ovvero la creazione di prodotti simili a quelli del leader, a eccezione di elementi legati a prezzo, confezionamento, canali distributivi, comunicazione;
- la clonazione, ovvero l'imitazione spinta di tutti gli elementi del prodotto, realizzata dai cosiddetti copycat o look-alike products.

Copycat o look-alike products

I prodotti copycat, o look-alike, sono quelli che imitano in tutto i prodotti leader, in particolare nelle forme esteriori e nel packaging, al fine di appropriarsi delle associazioni positive d'immagine detenute dal leader.

Esempi di marche follower sono le private label, le marche esclusive dei distributori, nella loro configurazione "base": Auchan, Carrefour, DiMeglio, A&O ecc. (▸ Capitolo 24).

Lo *specialista* è un'impresa, o una marca, che decide di rivolgersi a piccoli segmenti di mercato, o nicchie, sui quali generalmente le grandi imprese non vogliono impegnarsi, con l'obiettivo di occupare una posizione preminente in un contesto più circoscritto. La strategia di nicchia richiede l'individuazione di una chiave di specializzazione rilevante a fini competitivi, che può essere di tipo geografico, sulla tipologia di cliente, sui contenuti e il livello di servizio, su una determinata tecnologia di prodotto, su un mix delle precedenti.

Esempi di imprese/marche specialiste sono Ferrari, Zippo, Moleskine.

Case History — Red Bull

di Ludovica Cesareo

La Red Bull GmbH, azienda austriaca produttrice dell'omonima bevanda, è leader mondiale nella produzione di energy drink. Dietrich Mateschitz, ispirandosi alle bevande funzionali già molto popolari in Asia, fonda nel 1982 la compagnia Red Bull, mettendo a punto la formula del prodotto e sviluppando un marketing concept unico. Il lancio del prodotto sul mercato austriaco nel 1987 segna non solo l'ingresso di un prodotto innovativo, quanto anche la nascita di una nuova categoria merceologica. Oggi, Red Bull ha raggiunto oltre 165 paesi, 35 miliardi di lattine consumate e ha un brand value pari a 10.558 milioni di dollari, posizionandosi all'83° posto nella Top 100 Most Valuable Global Brands 2013 di Brandz. All'originale energy drink si sono aggiunte nel tempo la versione sugar free, la cola e varie edizioni speciali (p.e. Red Bull Red, Red Bull Silver e Red Bull Blue). La chiave del vantaggio competitivo di Red Bull sta proprio nell'adozione di un approccio di marketing molto innovativo, non convenzionale e in un posizionamento distintivo basato sulla differenziazione. La strategia di posizionamento scelta dall'azienda austriaca è un "attacco ai fianchi": difatti, non volendo il confronto diretto con i principali player del mercato nei segmenti soft drink e sport drink, l'azienda ha sfruttato la mancanza di un energy drink nel mercato per creare una nuova categoria – le bevande energetiche.

Il nuovo prodotto ha una funzione d'uso diversa da quella dei drink tradizionali (dissetarsi con gusto), soddisfa diversi bisogni della clientela (dall'apporto di energia alla sete, dal gusto al divertimento) e si rivolge a un target, sia giovane sia adulto, più ampio rispetto a quello dei principali competitor.

In un mercato di soft ed energy drink molto affollato, Red Bull basa il suo posizionamento sulla differenziazione di prodotto sia in termini di attributi tangibili sia intangibili. Nel primo caso, la differenza sta nell'apporto energetico che il prodotto austriaco propone prima di ogni altro player nel mercato: nel prodotto infatti sono presenti sia caffeina sia taurina. Questo ha garantito a Red Bull il vantaggio del first mover e, nonostante le imitazioni da parte dei competitor, la leadership nella categoria. Nel secondo caso, sono l'immagine e tutte le iniziative di marketing (dalla pubblicità al sampling, dalle sponsorship a eventi su sport estremi) a conferire unicità alla marca. Il posizionamento di Red Bull viene infatti supportato da uno slogan e una pubblicità molto noti ("Red Bull ti mette le ali"), dalla creazione di eventi legati a sport estremi (Red Bull X-fighters, Red Bull air race, Red Bull BC one, Red Bull Thre3style, Red Bull cliff diving, rispettivamente competizioni di motocross, aeronautica, break dance, musica e tuffi), dall'ownership di due scuderie di Formula 1 e dalla sponsorship di alcuni eventi unici, come il Red Bull Stratos, che ha visto la concretizzazione del record mondiale del salto con paracadute in *free fall* (39.000 metri di altezza).

Conclusioni

Il contesto competitivo odierno è caratterizzato da un regime di ipercompetizione, dettato dalla globalizzazione dei mercati, dall'impatto delle nuove tecnologie produttive e della comunicazione, dalla riduzione della durata del ciclo di vita dei prodotti, dalla convergenza settoriale, dal nuovo ruolo assunto dai consumatori. Le imprese che ambiscono a giocare un ruolo importante nel business, a crescere e a generare profitti nel tempo, devono definire una strategia competitiva che, mettendo in sinergia le opportunità del mercato e le proprie risorse distintive, consenta loro di affrancarsi dalla concorrenza e creare un valore distintivo per i clienti, fondato su un vantaggio competitivo duraturo. La definizione della strategia di business è la fase nodale nell'esplicarsi del processo di marketing. Essa deve poggiare su solide basi metodologiche e utilizzare i più efficaci modelli. Tuttavia, evidentemente, se l'applicazione dei principi della gestione strategica, sintetizzabili in un manuale, fosse sufficiente a garantire il successo dell'impresa, allora il mestiere dell'amministratore delegato sarebbe a rischio di estinzione. La risorsa chiave, allora, è la capacità e la creatività del manager, che, alla luce dell'analisi interna ed esterna, deve saper costruire il vantaggio competitivo, declinare value proposition e posizionamento, qualificare le più opportune strategie di business.

11

Obiettivi e metriche

di **Alberto Pastore** e **Camilla Barbarossa**

Indice del capitolo

Introduzione
11.1 Il contributo del marketing ai risultati dell'impresa
11.1.1 La marketing accountability
11.2 La pianificazione e il controllo di marketing
11.3 La marketing scorecard
11.4 La dimensione di mercato
11.4.1 Awareness, immagine, valore percepito
11.4.2 Customer satisfaction
11.4.3 Loyalty e brand equity
11.5 La dimensione competitiva
11.5.1 Price positioning, consideration e share of mind
11.5.2 Quota di mercato
11.6 La dimensione economico-finanziaria
11.6.1 Costi, ricavi, margini
11.7 Le difficoltà applicative del controllo di marketing
Conclusioni

Abstract

Il capitolo affronta il tema della definizione degli obiettivi e della valutazione delle performance di marketing, collocandoli nell'ambito del ciclo di direzione aziendale e del processo di marketing.

Il sistema degli obiettivi e delle *marketing metrics* viene compendiato nella cosiddetta *marketing scorecard*, che si sviluppa su diverse dimensioni e comprende sia indicatori di performance intermedi sia di risultato finale. Successivamente vengono presentati i principali indicatori di mercato, competitivi ed economici, e tra di essi viene proposto un approfondimento relativo alla customer satisfaction, alla quota di mercato e al *Return On Marketing Expenditures* (ROME).

Introduzione

Come abbiamo visto nel ▸ Capitolo 3, il marketing è un processo manageriale integrato nella gestione complessiva dell'impresa, e in quanto tale risponde agli stessi principi del ciclo di direzione, articolato nelle fasi di pianificazione, organizzazione, gestione e valutazione.

Il processo di marketing, dunque, prevede:

- la definizione degli obiettivi di mercato dell'impresa (pianificazione);
- la predisposizione delle risorse finanziarie, tecniche, umane, di conoscenza, necessarie per perseguire gli obiettivi (organizzazione);
- un'adeguata *execution*, ovvero un'efficace conduzione delle attività (gestione);
- la misurazione delle performance e del grado di raggiungimento degli obiettivi (valutazione).

Efficacia ed efficienza

L'efficacia è data dal rapporto tra gli obiettivi definiti e quelli effettivamente raggiunti (grado di raggiungimento degli obiettivi). L'efficienza è data dal rapporto tra i risultati conseguiti e le risorse utilizzate.

La fase di definizione degli obiettivi e quella di valutazione delle performance evidentemente sono tra loro strettamente integrate. In sede di controllo, infatti, vengono misurati i risultati raggiunti rispetto a quelli programmati, favorendo in itinere l'adozione di misure correttive e alimentando al termine del periodo un nuovo ciclo di pianificazione.

In questo capitolo affronteremo il tema delle *marketing metrics*, quali misure per la valutazione dell'efficacia e dell'efficienza dell'azione di marketing dell'impresa, assumendo che tali variabili-misura, parimenti, debbano essere utilizzate per la definizione degli obiettivi.

11.1 Il contributo del marketing ai risultati dell'impresa

L'analisi dello stato della funzione Marketing all'interno delle organizzazioni rivela come la legittimazione e la credibilità del marketing nelle imprese siano sovente messe in discussione. In molti casi, si rileva una condizione piuttosto negativa, in cui il marketing ha perso progressivamente il proprio potere strategico e i marketing manager sono chiamati, sempre più spesso, a prendere decisioni puramente tattiche. Secondo alcuni autori, il rischio di una progressiva marginalizzazione del marketing all'interno dell'impresa è legato alla difficoltà di comprendere il valore effettivamente generato dalla funzione Marketing e il contributo di quest'ultima al perseguimento degli obiettivi aziendali. Di conseguenza, il marketing corre il rischio di essere percepito come poco rilevante agli occhi del vertice aziendale e delle altre funzioni.

Molte delle affermazioni negative circa la rilevanza del marketing rimangono asserzioni prive di alcun fondamento empirico: ad esempio, si pensi al ruolo primario svolto dal marketing in imprese come Ferrero, Barilla, Diesel, Unilever. Nonostante ciò, la difficoltà di riconoscere il contributo del marketing nell'economia dell'impresa ha conseguenze e ripercussioni reali all'interno dell'organizzazione. Ad esempio, può accadere che:

- la funzione Marketing si sposti verso la base della piramide aziendale, perdendo importanza e potere negoziale rispetto alle altre funzioni;
- le questioni di marketing ricevano minore attenzione e considerazione all'interno dell'impresa;
- le decisioni strategiche vengano spostate verso altre funzioni aziendali;
- le attività di marketing vengano generalmente percepite come costi e, solo raramente, come investimenti, i cui ritorni sono considerati peraltro imprevedibili e dubbi.

È importante, dunque, capire come gli operatori di marketing possano riaffermare e legittimare il proprio ruolo all'interno dell'organizzazione, dimostrando il contributo del marketing al perseguimento degli obiettivi aziendali. A tal fine, risulta essere fondamentale dotarsi dell'*accountability*, ovvero della capacità di rilevare gli effetti delle decisioni e azioni aziendali, e tradurli in informazioni, dati e indici chiari e comprensibili, attribuendoli alle strutture organizzative di riferimento (*marketing accountability*).

11.1.1 La marketing accountability

Galileo Galilei, noto fisico, filosofo, astronomo e matematico italiano, vissuto tra il XVI e il XVII secolo, nella sua celebre affermazione «Misura ciò che è misurabile, e rendi misurabile ciò che non lo è», esprimeva la convinzione che la capacità di riportare tutti gli eventi a una dimensione numerica fosse condizione necessaria per la conoscenza di un fenomeno.
A differenza delle scienze esatte come la fisica, nell'ambito delle scienze sociali, a cui l'economia e, in particolare, il marketing afferiscono, questa affermazione rimane vera, seppure in parte. Se, da un lato, la conoscenza, l'analisi e la comprensione di un fenomeno non richiedono necessariamente la traduzione del fenomeno stesso in indici numerici, dall'altro lato, gli operatori economici sono sempre più spesso chiamati a esplicitare azioni e risultati attraverso metriche standardizzate.
Analogamente, all'interno dell'impresa (soprattutto se di grandi dimensioni), i marketing manager sono sempre più spesso chiamati a dimostrare l'efficacia e l'efficienza delle proprie azioni facendo ricorso a un insieme di metriche condivise. A tale riguardo, possiamo affermare che «si occupano di marketing prevalentemente persone creative, mentre sono poche quelle che adottano un approccio left brained, analitico, alla disciplina» (McGovern et al., 2004, p. 72). In tal senso, sebbene alcuni indicatori delle performance di marketing abbiano natura e origine squisitamente qualitativa (p.e. l'immagine di una marca), l'adozione di indici numerici diviene sempre più una necessità imprescindibile.

Left brained
L'emisfero sinistro del cervello è quello volto a presidiare i processi cognitivi di tipo logico-razionale.

Nel 2007, il Chief Marketing Officer (CMO) Council (un comitato che riunisce più di 6 mila amministratori delegati e 50 mila marketing manager di tutto il mondo) esplicita, per la prima volta, la priorità per il vertice aziendale di misurare il valore degli investimenti di marketing. Nel 2011, a distanza di ben quattro anni, il report annuale del CMO Council identifica ancora una volta come priorità as-

Balanced scorecard

La balanced scorecard è un sistema di controllo integrato rivolto all'alta direzione e basato su indicatori finanziari e non finanziari, nell'accezione originale riferiti alle dimensioni economico-finanziaria, mercato, processi interni, innovazione e sviluppo.

Tableau de bord

Il tableau de bord, o marketing dashboard, è un cruscotto sintetico composto dagli indicatori chiave (KPI, Key Performance Indicators) di controllo dell'attività di marketing.

solute all'interno dell'organizzazione il miglioramento dei sistemi di misurazione delle performance, il monitoraggio dell'efficacia e dell'efficienza delle azioni di mercato, l'adozione di un sistema integrato di metriche di marketing. La conoscenza e l'utilizzo di un set di metriche volte a monitorare le performance di marketing (*Marketing Performance Measurement System* – MPMS) vengono dunque evidenziate quali elementi chiave.
Diversi sono i sistemi di misurazione delle performance che sono stati proposti nella letteratura di marketing e, più in generale, di management. Si pensi, ad esempio, alla **balanced scorecard**, o al **tableau de bord**, definito nel maketing anche *marketing dashboard*. Nonostante le differenti denominazioni, queste concettualizzazioni prevedono tutte un set di misure capaci di riflettere la strategia aziendale e le relazioni di causa-effetto tra decisioni e *outcome*. Tra queste, in ragione dell'ampio utilizzo sia nella letteratura sia nella pratica manageriale, ci focalizzeremo sulla trattazione della balanced scorecard applicata alle attività di marketing e denominata, quindi, *marketing scorecard*.
I paragrafi che seguono sono volti a descrivere la *marketing scorecard* e le metriche che la costituiscono, previa descrizione della sua collocazione all'interno del processo di pianificazione e controllo di marketing.

11.2 La pianificazione e il controllo di marketing

La configurazione di un adeguato sistema di pianificazione e controllo di marketing appare come la più efficace soluzione per orientare in modo organico e finalizzato gli investimenti di marketing, per valutarne l'efficacia e l'efficienza, per verificare il contributo che essi recano alla profittabilità dell'impresa.
La pianificazione e il controllo di marketing presentano diverse analogie con sistemi similari applicati ad altri ambiti della gestione aziendale, così come talune peculiarità.
Come sopra accennato, il sistema di pianificazione e controllo deve essere perfettamente integrato, in modo che, una volta definiti gli obiettivi, il loro perseguimento sia costantemente monitorato, allo scopo di attivare, ove necessario, provvedimenti gestionali correttivi.
Il processo si svolge secondo quattro modalità, con differenti articolazioni temporali:

1. ex ante;
2. concomitante;
3. a consuntivo;
4. strategico.

Il *controllo ex ante* viene svolto nell'ambito del processo di programmazione. In questa fase viene verificata la coerenza delle scelte di mercato per l'esercizio a venire e viene valutata la loro sostenibilità da un punto di vista delle risorse disponibili e in termini economico-finanziari. Ne scaturisce un piano di marketing "validato", con l'esplicitazione degli obiettivi dell'azione di mercato declinati su una molteplicità di indicatori di processo e di risultato e comprensivo del relativo budget di investimenti e di spese correnti.

Il *controllo concomitante* viene svolto durante l'esercizio e si rivolge ai diversi ambiti della gestione commerciale e di marketing con una tempistica differenziata a seconda dell'oggetto di valutazione. Ad esempio, l'andamento delle vendite verrà verificato giornalmente, quello dei margini commerciali settimanalmente, le spese della forza vendita e pubblicitarie mensilmente. Come riportato nella figura 11.1, attraverso la rilevazione periodica dei risultati e il confronto con gli obiettivi del piano si possono mettere in evidenza gli scostamenti e definire degli interventi correttivi allo scopo di correggere le deviazioni dal piano; ove si rilevasse la sopravvenuta inadeguatezza degli obiettivi, si procederà viceversa alla loro revisione.

Figura 11.1

Il controllo concomitante.

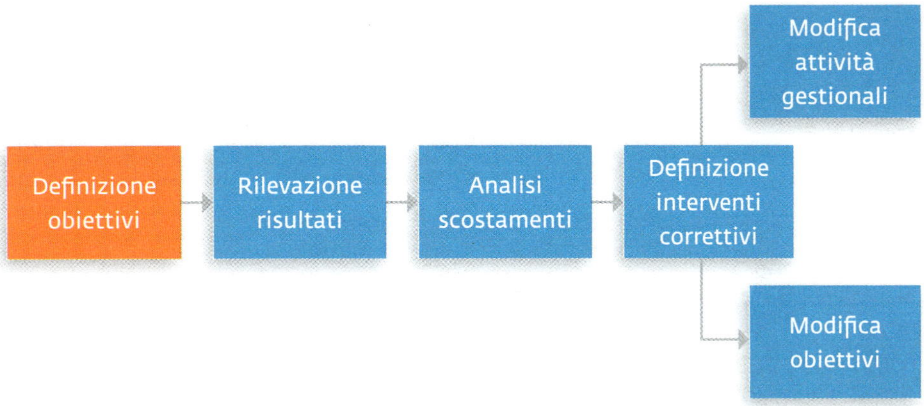

Al termine del periodo (il trimestre, il quadrimestre, l'esercizio contabile-anno), viene svolto il *controllo a consuntivo* dei risultati conseguiti, in termini di efficacia, di efficienza e di esiti economico-finanziari.
Tale attività consente di fare delle valutazioni sulla bontà dell'attività gestionale, nonché di indirizzare la formulazione delle decisioni per il futuro.
Le attività di controllo ex ante, concomitante e a consuntivo si rivolgono a un orizzonte temporale limitato e si basano sul piano di marketing (▶ Capitolo 23). Sovente, tuttavia, le aziende più strutturate realizzano anche una pianificazione di mercato orientata a un orizzonte temporale di medio-lungo periodo, di carattere strategico. In questo caso vengono attivate anche le attività di controllo di marketing strategico, o prospettico, volte a valutare la congruità delle strategie aziendali rispetto al divenire dello scenario esterno (economico, tecnologico, competitivo ecc.), nonché l'adeguatezza della struttura, dell'organizzazione, delle risorse umane e delle competenze rispetto agli obiettivi di mercato di medio-lungo termine perseguiti.

Focus Caratteristiche degli obiettivi di mercato

Gli obiettivi di mercato devono essere SMART:

- Specifici, riferiti a elementi ben definiti;
- Misurabili, quantificabili attraverso l'utilizzo di indicatori;
- Attuabili, raggiungibili con le risorse e le capacità a disposizione dell'impresa;
- Rilevanti, aventi un peso importante nell'attività di business;
- Temporalmente definiti, declinati in un orizzonte temporale.

Il sistema di pianificazione e controllo di marketing presenta, inoltre, talune peculiarità che lo qualificano in modo singolare rispetto agli analoghi sistemi riferiti ad altre aree dell'impresa.
Tali peculiarità derivano fondamentalmente dal fatto che l'azione di marketing si rivolge sovente ad aspetti di grande rilevanza che sono da considerarsi degli antecedenti rispetto ai risultati economico-finanziari dell'impresa. La notorietà della marca, la qualità percepita del prodotto, il know how di marketing, l'innovazione di prodotto sono esempi di metriche intermedie e prospettiche rispetto ai risultati finali. Dunque, occorre analizzare attentamente le catene causa-effetto tra i diversi fenomeni e monitorare adeguatamente ogni fase della catena. Ad esempio, un efficace sistema di *customer care* può influenzare positivamente la *customer satisfaction* e questa favorire la fedeltà del cliente, cui consegue un maggior flusso di ricavi nel tempo e la relativa profittabilità (figura 11.2). Evidentemente gli antecedenti della *customer satisfaction* possono essere molteplici (qualità del prodotto, rapporto tra valore percepito e prezzo ecc.), il che sottolinea l'importanza di svolgere un'analisi approfondita dei nessi tra gli elementi del sistema per poter configurare il modello di controllo più efficace.

Figura 11.2

Nessi causali tra gli elementi del sistema.

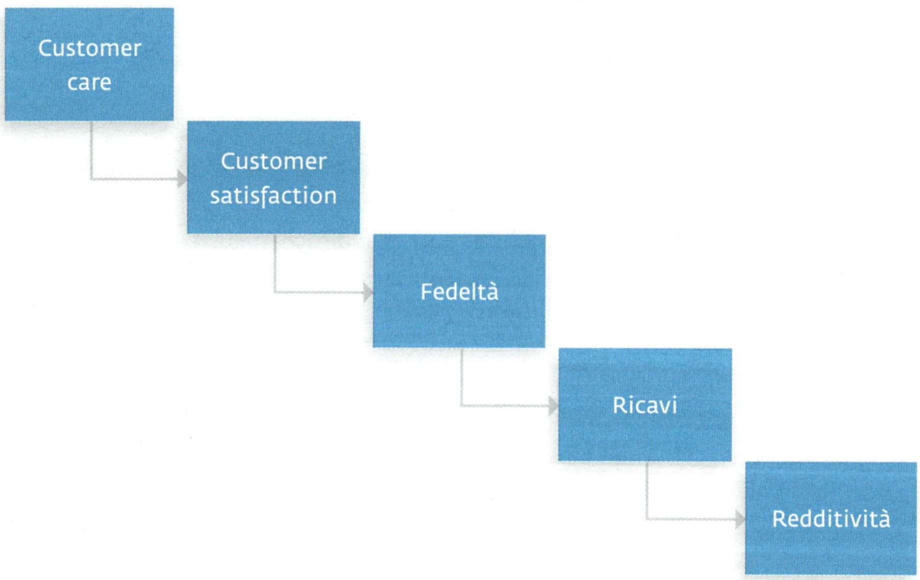

Pertanto, il sistema di pianificazione e controllo di marketing prevede di definire degli obiettivi e misurare le performance sia su indicatori di risultato intermedi sia su indicatori di risultato finali. In questo modo sarà possibile rilevare un problema di mercato prima che esso si ripercuota su ricavi, quote di mercato, profittabilità.
Inoltre, il sistema abbraccia diverse dimensioni: di mercato (orientamenti, risposte cognitive e comportamentali dei consumatori e dei clienti finali e intermedi), competitiva (effetti relativi dell'azione di mercato dell'impresa rispetto ai concorrenti), economico-finanziaria (costi, ricavi, redditività, ritorno degli investimenti, flussi finanziari) che, come vedremo nel §11.3, vengono compendiate nel modello integrato della *marketing scorecard*.

11.3 La marketing scorecard

La *marketing scorecard* è lo strumento di pianificazione e di controllo che comprende le variabili-misura relative alla gestione di mercato che l'impresa ritiene più rilevanti, in relazione al suo contesto competitivo e alla sua strategia, al fine di indirizzare e monitorare la sua azione commerciale e di marketing. Come sopra accennato, essa deve annoverare sia variabili-misura intermedie sia di risultato finale, e deve valutare sia gli aspetti di mercato sia quelli competitivi ed economico-finanziari.

Senza alcuna pretesa di esaustività, ma solo allo scopo di presentare la logica e i contenuti teorici del sistema, proponiamo di seguito una rappresentazione sintetica dei contenuti di una marketing scorecard standard (figura 11.3). Lo schema proposto rimane a un livello generale, presentando gli elementi costitutivi del sistema, ovvero gli aspetti oggetto del controllo, senza entrare nel dettaglio delle specifiche variabili-misura adottate per la sua valutazione.

Nello schema sintetico, ad esempio, troviamo la fedeltà della clientela, la quale tuttavia può essere misurata attraverso l'impiego di diversi indicatori: il tasso di fidelizzazione dei clienti, il churn rate, la share of wallet, l'anzianità media prospettica. Nella marketing scorecard dovranno pertanto essere inserite, sotto la voce "fidelizzazione", le relative metriche specifiche.

La marketing scorecard è una componente fondamentale del sistema di pianificazione e controllo che si focalizza sui risultati dell'azione commerciale e di marketing, sia intermedi sia finali. Occorre rilevare tuttavia che il sistema complessivo si completa attraverso due ulteriori componenti:

- la programmazione e la rilevazione di talune variabili operative e di processo (p.e. relative all'attività della forza vendita, al customer care, ai reclami, all'innovazione di prodotto);
- la valutazione dell'efficacia e dell'efficienza di specifiche azioni (p.e. le campagne pubblicitarie, le iniziative promozionali, i loyalty program).

Nei successivi paragrafi verranno esaminate più da vicino le metriche relative alle performance intermedie e finali delle tre dimensioni della marketing scorecard

Churn rate
È la percentuale di utenti di un servizio che abbandona la sottoscrizione dello stesso in un determinato arco temporale.

Share of wallet
È la percentuale di spesa che un consumatore fa presso un'impresa in un dato periodo nell'ambito delle categorie merceologiche da essa trattate.

Loyalty program
È un'iniziativa di marketing strutturata, finalizzata a incoraggiare, attraverso un sistema di ricompense, un comportamento d'acquisto fedele da parte del consumatore.

Figura 11.3
Un esempio di marketing scorecard.

		Dimensioni		
		Mercato	Competitiva	Economica
Indicatori di risultato	Intermedi	Notorietà Immagine Valore percepito	Price positioning Consideration Share of mind	Prezzi vendita (premium price) Costi di marketing Costi commerciali
	Finali	Acquisto Soddisfazione Fedeltà Brand equity	Quota di mercato Copertura Penetrazione	Vendite Margini Redditività ROME ROS

citate, focalizzando l'attenzione in particolare sulla *customer satisfaction*, sulla quota di mercato e sul *Return On Marketing Expenditures* (ROME).

11.4 La dimensione di mercato

Le misure di risultato afferenti alla dimensione di mercato concernono le percezioni, le valutazioni e i comportamenti (ovvero gli aspetti cognitivi, affettivi e comportamentali) posti in essere dai consumatori sia prima sia dopo l'atto di acquisto del prodotto o della marca.
Le variabili intermedie principalmente utilizzate sono:

- l'awareness;
- l'immagine;
- il valore percepito.

Le variabili di risultato principalmente utilizzate, invece, sono:

- la customer satisfaction;
- la loyalty;
- la brand equity.

Le variabili intermedie, generalmente, si soffermano sulle fasi del processo antecedenti all'acquisto del prodotto-marca; viceversa, quelle di risultato riguardano effetti successivi all'atto di acquisto e di consumo del prodotto-marca. Tuttavia, l'obiettivo conoscitivo dell'impresa, talvolta, può consistere nell'analisi della variazione delle percezioni, delle valutazioni e dei comportamenti dei consumatori prima e dopo l'atto di acquisto. Conseguentemente, la misurazione di alcune variabili (p.e. l'immagine di marca) avviene sia prima sia dopo l'acquisto e il consumo del prodotto-marca.
Di seguito vengono analizzate le misure di risultato di mercato sopra citate, con particolare riferimento alla definizione e misurazione della customer satisfaction.

11.4.1 Awareness, immagine, valore percepito

L'awareness

La notorietà di una marca (*brand awareness*), sia essa riferita a una marca prodotto o a una marca *corporate*, è definibile come la capacità di un consumatore di conoscere e riconoscere un prodotto e di associarvi l'appartenenza a una specifica categoria di prodotto. La brand awareness può assumere tre configurazioni:

1. spontanea;
2. aiutata;
3. top of mind.

L'*awareness spontanea*, rileva il grado con cui un individuo nomina spontaneamente una marca, con riferimento a una classe di prodotto o settore, senza l'ausilio di alcun supporto (p.e. supporto grafico). L'*awareness aiutata,* invece, indica il grado con cui un individuo riconosce la specifica marca come appartenente a una categoria di prodotto o settore, nel momento in cui il nome della marca viene incluso in una lista di marche. Sulla base del livello di awareness spontanea, si individua la marca *top of mind*, ovvero la prima marca che un individuo ricorda spontaneamente nella categoria. La notorietà di una marca gioca un ruolo fondamentale nel processo d'acquisto, in quanto essa ne è variabile antecedente significativa: tanto più la marca è nota, tanto maggiore è la probabilità che essa rappresenti una delle prime scelte di acquisto del consumatore rispetto a marche concorrenti.

Esempio

Supponiamo che, nel settore dell'abbigliamento, Zara sia interessata a valutare il grado di notorietà della propria marca rispetto ai concorrenti principali, quali Calvin Klein, H&M e Benetton. Supponiamo ancora che, a tale scopo, l'impresa coinvolga una società di ricerche di mercato. Quest'ultima somministra due questionari a due campioni di 500 giovani consumatrici rappresentativi della popolazione indagata (età: 18-35 anni).
Per verificare il livello di brand *awareness spontanea*, al primo campione viene posta la seguente domanda:

Nell'ambito del settore dell'abbigliamento, quali marche conosce?

....

....

....

....

I risultati della nostra ipotetica *survey* sul primo campione indicano che, su 500 consumatrici, 386 hanno spontaneamente citato Zara tra le marche conosciute nel settore dell'abbigliamento e 120 hanno menzionato Zara come prima marca. Di conseguenza, Zara gode di una brand *awareness spontanea* del 77,2% ed è una *top of mind* per il 24% delle consumatrici intervistate.

Per verificare il livello di brand *awareness aiutata*, invece, al secondo campione, indipendente dal primo, viene richiesto:

Nell'ambito del settore dell'abbigliamento, conosce le seguenti marche?

CK	Sì ☐	No ☐	H&M	Sì ☐	No ☐
ZARA	Sì ☐	No ☐		Sì ☐	No ☐

I risultati della *survey* indicano che 450 consumatrici su 500, dopo aver visto il logo, hanno riconosciuto la marca. Di conseguenza, Zara gode di una brand *awareness aiutata* del 90%.

L'immagine

L'immagine *percepita* di una marca, sia essa riferita a una marca prodotto o a una marca *corporate*, è l'insieme delle rappresentazioni mentali, cognitive e affettive, che di essa hanno i consumatori. L'immagine percepita viene generalmente confrontata con l'immagine *voluta*, ovvero il modo in cui l'impresa desidera che la marca sia percepita dal segmento-target in base a decisioni strategiche di posizionamento.

Il valore percepito

Il valore percepito di un prodotto-marca deriva dalla valutazione comparata tra prezzo e qualità, la quale è volta a verificare la coerenza di posizionamento tra questi due *driver* del valore. Operativamente, viene chiesto ai consumatori di valutare la congruità del prezzo di un prodotto-marca, dato un determinato livello di qualità, e viceversa di valutare la congruità della qualità di un prodotto-marca, dato un determinato livello di prezzo.

11.4.2 Customer satisfaction

La *Customer Satisfaction* (CS) può essere definita come la capacità dell'impresa di offrire prodotti e servizi in linea con le aspettative della domanda. Essa, quindi, viene misurata come differenza tra il livello delle percezioni post-acquisto dei clienti e il livello delle aspettative che i clienti avevano formato circa il prodotto o la marca prima dell'acquisto:

$$\text{CS} = \text{Percezioni post-acquisto} - \text{Aspettative pre-acquisto}$$

Expectancy disconfirmation model

Analizza la customer satisfaction focalizzando sul gap tra performance e aspettative

Questa differenza può risultare maggiore, uguale o minore di zero Qualora il cliente sviluppi delle percezioni post-acquisto sul prodotto in linea o superiori rispetto alle proprie aspettative, è definito come "cliente soddisfatto" (**expectancy disconfirmation model**). Al contrario, qualora il cliente sviluppi delle percezioni post-acquisto inferiori rispetto alle aspettative è definito come "cliente insoddisfatto". In quest'ultimo caso, si è davanti a un vero e proprio *gap di valore*, in quanto il cliente attribuisce all'offerta dell'impresa un livello di soddisfazione inferiore rispetto a quella desiderata.

La differenza tra percezioni post-acquisto e aspettative pre-acquisto ha un'importante funzione segnaletica, in quanto evidenzia l'esistenza di eventuali problemi nella relazione impresa-mercato che potrebbero, nel tempo, minare la competitività dell'impresa (p.e. la progressiva riduzione della quota di mercato).

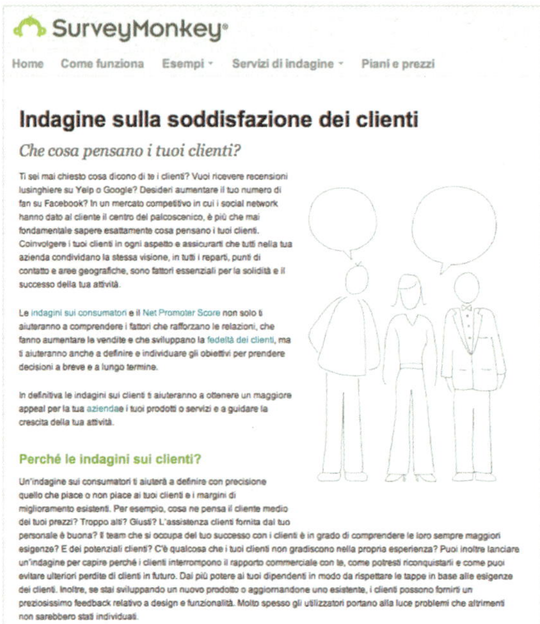

Alcune app online offrono la possibilità di impostare indagini di soddisfazione della clientela in modo semplice ed economico.

Per misurare la customer satisfaction, vi sono una pluralità di modalità. Alcune sono piuttosto grezze, puntano su variabili indirette e possono dare un'indicazione solo approssimativa del livello di soddisfazione: le variazioni dei volumi di vendita; la frequenza e la variazione dei reclami; le percezioni rilevate dalla forza vendita o dalle imprese commerciali.

Accanto a queste, vi sono strumenti più avanzati, che prevedono indagini ad hoc, tra i quali citiamo le *customer satisfaction survey*, e più in particolare l'*overall satisfaction*, il *gap di customer satisfaction* (tabella 11.1).

Tabella 11.1

Misure indirette e dirette di customer satisfaction.

Misure indirette	Misure dirette
Variazioni dei volumi di vendita	Overall satisfaction
Frequenza e variazione dei reclami	Gap di customer satisfaction
Feedback della forza vendita o delle imprese commerciali	

Le *customer satisfaction survey* sono indagini di tipo quantitativo volte a creare degli indicatori numerici di soddisfazione della clientela confrontabili nel tempo, su un determinato parco clienti. Possiamo individuare diverse tipologie di *customer satisfaction survey:*

- L'*overall satisfaction* è una *survey* (erogazione di un questionario a un campione rappresentativo di clienti) che misura la percentuale di clienti che si dichiarano "soddisfatti" o "molto soddisfatti" di uno specifico prodotto, marca o impresa. Questa misura sintetica è facilmente e rapidamente ottenibile, ma deve essere accompagnata da altre indagini più approfondite.
- Il *gap di customer satisfaction* è una survey che si basa sul gap di valore. Essa misura la soddisfazione attesa su differenti attributi del prodotto-marca (p.e. design, facilità d'uso, performance, accuratezza dei servizi post-vendita). Il *gap* viene misurato come differenza tra le valutazioni attese (aspettative) misurate su ciascun attributo e le valutazioni post-acquisto misurate sui medesimi attributi.

In conclusione, occorre sottolineare che la customer satisfaction è una variabile chiave nella costruzione, sviluppo e mantenimento di una relazione con il cliente. Essa, infatti, è una variabile antecedente della fiducia che il cliente ripone nell'impresa. La fiducia, intesa come livello di certezza delle aspettative create dall'impresa, è a sua volta, una variabile antecedente significativa della fedeltà alla marca (*brand loyalty*).

Focus — Promesse e soddisfazione

La customer satisfaction è influenzata anche dal livello delle aspettative. In tal senso, esemplificativa è la raccomandazione di John Gamble (1988): «Non fare promesse che non puoi mantenere». Sulla scorta di tale principio, alcune imprese utilizzano la strategia di ridurre le aspettative pre-acquisto dei propri clienti. Ad esempio, Xerox dichiara appositamente un tempo di consegna di un prodotto o il tempo di visita di un rappresentante superiore rispetto al tempo effettivo. Nel momento in cui il prodotto viene consegnato in anticipo rispetto a quanto preventivato, il cliente è positivamente impressionato, sviluppa delle percezioni post-acquisto favorevoli ed è soddisfatto.

11.4.3 Loyalty e brand equity

La loyalty

La *brand loyalty*, ovvero la fedeltà di un consumatore a una specifica marca (sia essa una marca di prodotto o una marca *corporate*), può essere definita secondo una triplice prospettiva: comportamentale, di atteggiamento e di scelta.
La prospettiva comportamentale definisce la fedeltà come semplice riacquisto della marca, nel tempo, da parte del consumatore.
La prospettiva di atteggiamento, oltre alla dimensione puramente comportamentale, indica quanto il consumatore percepisca una marca come unica e quale sia il grado con cui egli si identifica con essa. La prospettiva di atteggiamento, quindi, attribuisce alla brand loyalty un'accezione di *resonance* (eco o risonanza), la quale fa riferimento alla natura della relazione consumatore-marca e al grado con cui i consumatori percepiscono una vera e propria sintonia (*sync*) con il brand.
Infine, la prospettiva di scelta enfatizza le ragioni dell'acquisto, ovvero indaga quelle variabili motivazionali che spingono un consumatore a optare costantemente per la medesima marca.

Esempio

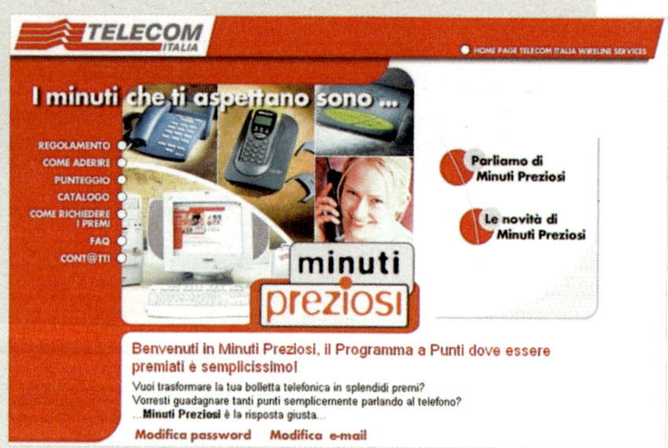

Gli operatori di telefonia subiscono il problema dei clienti "trottola" che cambiano gestore più volte all'anno alla ricerca dell'offerta migliore. Oltre a motivazioni legate alla presenza di promozioni temporanee che portano i consumatori a cambiare operatore, alcuni motivi di insoddisfazione portano alla defezione dei clienti. Per ridurre il churn rate e aumentare il customer life time value, i principali operatori di telefonia hanno attuato forti programmi di loyalty. Ad esempio, Telecom Italia ha sviluppato i programmi Comunico e Minuti preziosi, Vodafone ha lanciato il programma Vodafone You e Wind il DayBuyDay.

Cercando di fornire una definizione il più possibile esaustiva e comprensiva delle tre prospettive sopra citate, richiamiamo quella di David Aaker, il quale definisce la brand loyalty come la probabilità per un consumatore di optare per una marca, specialmente quando la marca concorrente effettua un cambiamento nel prezzo o nelle caratteristiche del prodotto (Aaker, 1991). Da un punto di vista operativo, accogliendo questa definizione, la brand loyalty viene misurata attraverso il grado di accordo/disaccordo dei consumatori circa affermazioni quali: «Io non acquisto altre marche, se la marca X è disponibile nel punto vendita»; «La marca X è la mia prima scelta»; «Io mi ritengo fedele alla marca X».
A livello di mercato, infine, la fedeltà dei clienti viene misurata attraverso indici quali:

- il tasso di fidelizzazione, cioè il rapporto tra la numerosità dei clienti dell'impresa a fine esercizio e la numerosità dei clienti a inizio esercizio;

- il *churn rate*, cioè la percentuale di utenti di un servizio che abbandona la sottoscrizione dello stesso in un determinato arco temporale;
- l'anzianità media prospettica, cioè la longevità media della relazione con il cliente;
- la *share of wallet*, cioè la percentuale di spesa che un consumatore fa presso un'impresa, in un dato periodo, nell'ambito delle categorie merceologiche da essa trattate;
- il *customer life time value*, inteso come il valore prospettico del cliente che deriva da: (i) i ricavi generati durante la singola transazione; (ii) il ciclo di vita medio della relazione; (iii) la frequenza o il numero di volte che il cliente ha effettuato acquisti.

Queste definizioni di loyalty indicano tutte una forte e diretta relazione tra la fedeltà e l'equity della marca, evidenziando come la fedeltà costituisca una componente *core* della brand equity. Il tema della loyalty verrà ripreso e approfondito nel ▸ Capitolo 21.

La brand equity

La *brand equity* (o capitale di marca) può essere definita e misurata secondo una triplice prospettiva: finanziaria, manageriale e *consumer-based.*
La prospettiva finanziaria definisce il capitale di marca come un *asset* (elemento attivo) che può essere venduto separatamente o incluso in una voce distinta del bilancio dell'impresa. La prospettiva manageriale enfatizza la *forza* di una marca, intesa quale differenziale di prezzo che i consumatori sarebbero disposti a pagare per un prodotto *branded* rispetto al corrispettivo *unbranded.* La prospettiva *customer-based* associa il capitale di marca alle percezioni cognitive e affettive dei clienti, e definite nel §11.4.1 come immagine di marca (*brand image*).
Diversi studi suggeriscono che le misure di tipo *customer-based* e manageriale possono essere considerate accurate *proxy* del valore finanziario di una marca.
In definitiva, cercando di riassumere le tre prospettive sopra esposte, la brand equity può essere definita, e conseguentemente misurata, come un insieme di attività e passività legate a una marca che aggiunge o sottrae valore a un prodotto o servizio di un'impresa e ai suoi clienti.

11.5 La dimensione competitiva

Le metriche di marketing relative alla performance competitiva dell'impresa riguardano la misurazione del vantaggio competitivo, ovvero dell'eventuale superiorità dell'impresa (di un suo prodotto o marca) rispetto ai concorrenti.
In questa area, le principali variabili intermedie che l'impresa monitora sono costituite da:

- il *price positioning*;
- la *consideration*;
- la *share of mind.*

Mentre le metriche di risultato finale che l'impresa monitora sono fondamentalmente costituite da:

- la quota di mercato;
- il grado di copertura;
- il grado di penetrazione.

Di seguito vengono riportate le metriche suindicate, dedicando particolare attenzione alla trattazione della quota di mercato. Copertura e penetrazione del mercato verranno trattate anche nel ▸ Capitolo 13, dedicato alle scelte distributive.

11.5.1 Price positioning, consideration e share of mind

Il price positioning

Nella propria strategia di marketing, l'impresa definisce e persegue, per la propria product offering, l'appartenenza a una fascia di valore, nonché un determinato posizionamento di prezzo rispetto ai brand concorrenti.

Il *price positioning*, dunque, si configura come un obiettivo da monitorare, in modo particolare quando esso è di tipo **premium** (nei premium market) o di convenienza (nei value market).

Premium

Il premium price è il livello di prezzo più elevato della categoria, riconosciuto dai consumatori alle marche che offrono un valore superiore.

In ogni caso, l'impresa può fare riferimento a talune variabili-misura, tra le quali possiamo elencare:

- la *willingness to pay*, ovvero l'intenzione dei consumatori a pagare un determinato prezzo per l'acquisto del prodotto-marca;
- l'elasticità della domanda;
- le variazioni dell'elasticità della domanda a seguito di attività di marketing.

La consideration

Con riferimento a una specifica categoria di prodotto, la *consideration* rappresenta l'inclusione di una marca nel set di marche che i consumatori conoscono e che considerano per l'acquisto (figura 11.4).

Un ulteriore step conoscitivo per l'impresa, è costituito dal passaggio tra *consideration* e *share of mind*. Nel momento in cui una marca passa dall'essere una delle opzioni di scelta alla prima scelta per i consumatori, la *consideration* diviene *share of mind* (o quota di mente).

Figura 11.4

Awareness, consideration e share of mind.

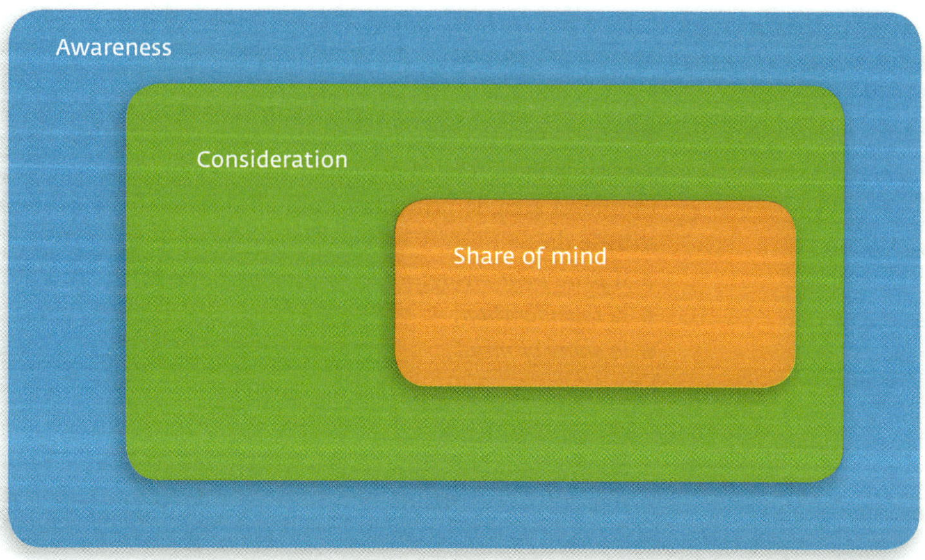

La share of mind

La *share of mind* (o quota di mente) costituisce la quota di mercato potenziale dell'impresa in quanto il prodotto-marca rappresenta la prima scelta dei consumatori all'interno del mercato di riferimento. Essendo definita come quota di mercato potenziale, la share of mind va collegata alla quota di mercato effettiva (▸ §11.5.2), la quale rappresenta l'ammontare delle vendite dell'impresa (relative a un prodotto-marca) rapportate alle vendite complessive rilevate nel mercato in cui l'impresa opera.
Qualora la share of mind sia maggiore della quota di mercato, il potenziale della marca risulta sottoutilizzato. Questa situazione può verificarsi, ad esempio, nel caso in cui il prodotto-marca non venga adeguatamente distribuito sul mercato, oppure quando una parte degli acquisti è deviata da attività promozionali in-store (p.e. promozioni di prezzo) su marche concorrenti, che portano i consumatori, davanti allo scaffale, a decidere di optare per altre marche, malgrado queste non rientrassero precedentemente nella loro share of mind.
Al contrario, qualora la share of mind risulti minore della quota di mercato, è probabile che altri fattori legati alla marca in esame (p.e. promozioni di prezzo in-store a opera delle imprese commerciali) incidano positivamente sulle vendite. Malgrado quest'ultima possa apparire una situazione appetibile nel breve periodo, nel lungo periodo può essere sintomo di debolezza dell'immagine della marca, poiché risulterebbe che fattori di contesto non gestiti dall'impresa influenzano maggiormente le scelte di acquisto dei consumatori rispetto a elementi pianificati dall'impresa.

11.5.2 Quota di mercato

La Quota di Mercato (QM) rappresenta uno dei principali indicatori delle performance competitive dell'impresa, in quanto esprime il dominio esercitato sul mercato in cui essa opera.
Si definisce quota di mercato *assoluta* il rapporto tra l'ammontare delle vendite dell'impresa e le vendite complessive rilevate nel mercato di riferimento. Per cui:

$$QM_i = VA_i / VT$$

dove:
QM_i = quota di mercato dell'impresa *i*-esima
VA_i = vendite (espresse in valore o in quantità) dell'impresa *i*-esima
VT = vendite totali (espresse in valore o in quantità) del mercato di riferimento

I termini del rapporto sono generalmente espressi in valore (unità di misura monetaria) ma possono essere espressi anche in volumi (unità, chilogrammi, litri ecc.). Il confronto tra quota di mercato in valore e quota di mercato in volumi fornisce indicazioni sulla politica dei prezzi adottata dall'impresa (si veda quanto detto nel ▸ §11.5.1 in termini di *price positioning*). Se la quota di mercato in volume è maggiore di quella in valore, l'impresa pratica dei prezzi inferiori rispetto alla media di mercato. Viceversa, se la quota di mercato in volume è minore di quella in valore, l'impresa pratica dei prezzi superiori rispetto alla media di mercato. Infine, se l'allineamento tra quota di mercato in volume e quota di mercato in valore avviene per tutte le imprese che compongono il mercato, allora vi è una tendenziale omogeneità di prezzo nel mercato e la competizione avviene su basi diverse da quelle di prezzo. Come sopra esposto, VT rappresenta le vendite totali del mercato di riferimento. Tuttavia, sovente l'obiettivo conoscitivo dell'impresa non è solo acquisire informazioni sulla posizione competitiva rispetto all'intero mercato (quota di mercato *assoluta*). L'impresa è altresì interessata a conoscere la propria quota di mercato *relativa*, ovvero la posizione competitiva rispetto al leader oppure ai concorrenti principali, al fine di monitorare l'andamento e l'evoluzione delle distanze competitive nel tempo.

Esempio

Ipotizziamo che le imprese considerate operino tutte nel settore del *laundry & home care*, con specifico riferimento ai detersivi per bucato in lavatrice, e che tutte operino sia in Italia sia in Spagna.

Aziende	Mercati	
	Italia	Spagna
Azienda A	15	15
Azienda B	30	10
Azienda C	25	15
Azienda D	15	8
Azienda E	10	50
Azienda F	5	2
Totale (mercato di riferimento)	100	100

Consideriamo come oggetto di analisi l'impresa A che, in entrambi i paesi, detiene una quota di mercato assoluta del 15% (15/100). Per analizzare la quota di mercato relativa dell'impresa A rispetto al leader dominante, consideriamo che l'impresa che detiene la maggiore quota di mercato è in Italia l'impresa B, mentre in Spagna è l'impresa E. La quota di mercato relativa dell'impresa A rispetto al leader dominante sarà pertanto il 50% (15/30) in Italia e il 30% (15/50) in Spagna, evidenziando due posizioni competitive molto diverse tra loro (più favorevole la prima rispetto alla seconda). Per calcolare la quota di mercato relativa rispetto ai leader (p.e. i primi tre concorrenti principali), consideriamo che, in Italia, i concorrenti principali dell'impresa A sono rappresentati dalle imprese B, C e D. L'impresa A detiene, quindi, una Quota di Mercato Relativa (QMR) pari a circa il 21% (15/70) del mercato. In Spagna, i concorrenti principali dell'impresa A sono rappresentati dalle imprese E, C e B, per cui l'impresa avrà una QMR pari al 20% (15/75) del mercato.

A tale riguardo, si definisce:

- quota di mercato *relativa* rispetto al leader dominante, l'ammontare delle vendite dell'impresa in rapporto alle vendite dell'impresa leader di mercato (ovvero, l'impresa che detiene la quota più elevata nel mercato di riferimento);
- quota di mercato *relativa* rispetto ai leader, l'ammontare delle vendite dell'impresa in rapporto alle vendite dei primi due o tre concorrenti principali.

Al fine di comprendere la struttura degli acquisti della clientela (sia essa costituita dalla distribuzione o dai consumatori finali), la quota di mercato può essere scomposta introducendo un ulteriore fattore: gli *acquisti totali della categoria di prodotto effettuati dalla clientela servita dall'impresa* (Acs). La quota di mercato viene quindi espressa come prodotto di due indici:

- il *grado di penetrazione* (VA_i/Acs_i);
- il *grado di copertura ponderata* (Acs_i/VT).

$$QM_i = (VA_i/Acs_i) * (Acs_i/VT)$$

dove:
QM_i = quota di mercato della impresa *i*-esima
VA_i = vendite dell'impresa *i*-esima
Acs_i = quantità totali della categoria di prodotto acquistate dai clienti dell'impresa *i*-esima
VT = vendite totali del genere di prodotto nel mercato di riferimento

Il *grado di penetrazione* (VA_i/Acs_i) esprime le vendite della marca *i*-esima in rapporto alle quantità totali della categoria di prodotto acquistate dai clienti (distributori o clienti finali) dell'impresa *i*-esima. Esso rappresenta la quota di mercato dell'impresa *i*-esima, considerando come mercato di riferimento solamente quello costituito dagli acquisti effettuati dalla propria clientela nella categoria di prodotto considerata.
L'*indice di copertura ponderata* (Acs_i/VT) è il rapporto fra gli acquisti totali della categoria di prodotto effettuati dai clienti dell'impresa *i*-esima (distributori o clienti finali) e le vendite totali della categoria di prodotto nel mercato di riferimento.

La quota di mercato, quale indicatore delle performance competitive, presenta molti vantaggi, ed è perciò assai utilizzata per le seguenti ragioni.

- Permette di valutare se l'impresa sta acquisendo o perdendo potere rispetto alla concorrenza, soprattutto qualora si calcoli la quota di mercato relativa al leader o ai concorrenti principali.
- Presenta una correlazione positiva con altri indicatori economico-finanziari, come i margini di profitto e i ritorni sugli investimenti, per cui ha una funzione segnaletica indiretta anche in quella direzione: le imprese che detengono quote dominanti nei loro mercati godono anche di margini di profitto e ritorni sugli investimenti più elevati (grazie a economie di scala e di esperienza, potere di mercato ecc.).
- Può essere calcolata in modo abbastanza facile e in tempi piuttosto rapidi, grazie alle rilevazioni degli istituti di ricerca (Nielsen, Iri Infoscan, GFK Eurisko) o dei distributori; all'opposto, diverse altre metriche di marketing sono più complesse e costose, richiedendo la realizzazione di ricerche ad hoc.

Tuttavia, la quota di mercato deve essere necessariamente integrata da ulteriori metriche, che esprimano l'efficienza delle azioni di marketing intraprese nonché il contributo di tali azioni alla redditività aziendale. Queste variabili-misura sono costituite dagli indici economico-finanziari descritti nei paragrafi che seguono.

11.6 La dimensione economico-finanziaria

Gli indicatori afferenti alla dimensione economico-finanziaria forniscono informazioni circa l'efficacia e l'efficienza delle decisioni e delle attività di marketing dell'impresa. Tali indicatori, infatti, sono espressione vera e propria del contributo

del marketing alla redditività aziendale. Come per le altre dimensioni, anche gli indicatori della dimensione economico-finanziaria possono essere distinti in intermedi e di risultato finale.
Gli indicatori intermedi descrivono la posizione dell'impresa in termini di:

- prezzi di vendita (*premium price*);
- costi commerciali e di marketing.

Gli indicatori di risultato finale, invece, comprendono:

- ricavi;
- margini;
- indici di rendimento (ROI, ROS, ROME).

11.6.1 Costi, ricavi, margini

Costi commerciali e di marketing

I costi commerciali e di marketing sono quegli oneri che l'impresa sostiene per definire e attuare le proprie strategie e politiche commerciali e di mercato.
Essi possono essere distinti in due categorie.

- *Costi fissi e/o discrezionali*: non sono direttamente correlati al volume di attività dell'impresa, inteso qui come volume delle vendite; i costi fissi devono essere comunque sostenuti, in quanto derivano da impegni di lungo termine assunti (p.e. il costo del personale dipendente); i costi discrezionali possono essere sostenuti o meno, nell'esercizio, a seconda di valutazioni del management (p.e. una ricerca di mercato).
- *Costi variabili*: hanno una diretta rispondenza con il volume di attività dell'impresa (p.e. uno sconto promozionale).

I costi commerciali riguardano le attività di vendita e di distribuzione e includono: i costi delle risorse umane operanti nella funzione (dipendenti, rappresentanti, agenti); i costi infrastrutturali (ammortamenti/leasing/affitti di uffici, attrezzature, automezzi, strutture logistiche ecc.); i costi di promozione commerciale (listing fees, omaggi, scontistiche varie, iniziative promozionali), i costi per prestazioni di servizi (operatori logistici ecc.).

Listing fees
È il corrispettivo che il produttore deve pagare per ottenere l'inserimento del suo prodotto nell'assortimento del distributore.

I costi di marketing concernono invece le attività legate alla configurazione del sistema d'offerta e alla sua comunicazione al mercato. Essi comprendono: i costi delle risorse umane operanti nella funzione; i costi infrastrutturali (ammortamenti/leasing/affitti di uffici, attrezzature); i costi legati al sistema informativo di marketing (ricerche di mercato, marketing intelligence, Sistema Informativo di Marketing (SIM) interno ecc., e connesse prestazioni di servizi specialistici); costi relativi alla definizione della product offering (progettazione e gestione del brand identification system, packaging ecc., e connesse prestazioni di servizi specialistici), costi relativi al marketing communication mix (progettazione e gestione di sito web, campagne pubblicitarie, direct marketing, eventi, sponsorizzazioni, marketing non convenzionale ecc., e connesse prestazioni di servizi specialistici da parte di agenzie di comunicazione, nonché acquisto di spazi pubblicitari presso le concessionarie ecc.). Tali tipologie di costo sono riassunte, in veste esemplificativa e non certo esaustiva, nella tabella 11.2, dalla quale si evince, tra i costi commerciali e di marketing, la netta preminenza di costi di natura fissa e discrezionale.

Tabella 11.2

Esempi di costi commerciali e di marketing.

	Costi fissi e discrezionali	Costi variabili
Costi di marketing	Costo del personale	
	Costi infrastrutturali (uffici, attrezzature ecc.)	
	Ricerche di mercato	
	Progettazione e gestione campagne di comunicazione	
	Prestazioni di servizi di agenzie specialistiche	
	Acquisto spazi pubblicitari presso concessionarie	
	Progettazione e gestione sito web	
	Sponsorizzazioni	
Costi commerciali	Costo del personale fisso	Costo del personale variabile (premi, provvigioni ecc.)
	Listing fees	Omaggi
	Iniziative promozionali quota fissa	Iniziative promozionali quota variabile
	Costi infrastrutturali (uffici, automezzi, attrezzature ecc.)	Sconto di canale
	Cataloghi, listini, volantini	Sconto di fine anno
	Progettazione e gestione e-commerce	

È grazie ai costi commerciali e di marketing che l'impresa è in grado di realizzare i suoi processi di marketing e di perseguire i suoi obiettivi di mercato. Dunque i costi commerciali e di marketing sono il presupposto per lo svolgimento delle relative attività; tuttavia, in quanto costi, essi non possono essere considerati dei veri e propri indicatori intermedi, quanto piuttosto dei componenti di indicatori più articolati, i quali pongono in corrispondenza le risorse impiegate con i risultati conseguiti.
I costi aziendali, poi, possono essere distinti in costi diretti, ovvero direttamente imputabili all'oggetto di controllo, e segnatamente al prodotto, e costi indiretti, sostenuti a un livello superiore e generale, e non attribuibili al singolo oggetto di controllo. Tale distinzione è applicabile anche ai costi commerciali e di marketing, e risulta utile in particolare nell'analisi dei margini commerciali.

Punto di pareggio

Il punto di pareggio corrisponde al volume di vendite al cui raggiungimento i ricavi coprono i costi (fissi e variabili) e a partire dal quale ogni vendita aggiuntiva genera un margine di profitto per l'impresa.

Vendite

Nell'area economico-finanziaria, l'indicatore di performance delle attività commerciali-marketing per antonomasia è costituito dalle vendite. Il volume delle vendite riveste una particolare importanza, in quanto da esso deriva:
- il raggiungimento del punto di pareggio (*break-even point*) e l'eventuale generazione di marginalità dopo la copertura dei costi fissi;

- l'ammontare complessivo del margine commerciale, disponibile per la copertura dei costi di produzione e di gestione;
- la quota di mercato detenuta, con le conseguenti ricadute in termini di potere di mercato;
- il livello dei costi unitari di produzione, in funzione del grado di utilizzo della capacità produttiva;
- la rotazione del capitale circolante e del capitale investito;
- la rotazione delle *marketing expenditures*;
- il ritorno degli investimenti commerciali e di marketing.

Capitale circolante

Il capitale circolante è definibile come l'ammontare di risorse che compongono e finanziano l'attività operativa di un'azienda ed è un indicatore utilizzato allo scopo di verificare l'equilibrio finanziario dell'impresa nel breve termine. L'indice di rotazione del capitale circolante indica il numero di volte in cui, nell'esercizio, il capitale circolante si riproduce attraverso le vendite.

Il fenomeno delle vendite deve essere monitorato con un sistema articolato su tre dimensioni.

1. *Natura del dato*: preventivo, consuntivo, forecast.
2. *Oggetto dell'analisi*: le vendite devono essere rilevate e analizzate con riferimento ai diversi oggetti di controllo (prodotti, nuovi prodotti, brand, canali distributivi, punti vendita, aree geografiche, clienti ecc.).
3. *Tempo*: a seconda dell'oggetto di controllo, le vendite vengono rilevate e analizzate su base quotidiana, settimanale, mensile.

Forecast

In corso d'anno, il forecast è una proiezione del dato consuntivo al quale viene aggiunto il budget del periodo mancante.

Margini*

I *margini* sono degli indicatori di redditività che esprimono la differenza tra gli elementi positivi del conto economico e i costi a diversi livelli. Essi possono essere espressi in valore assoluto, o in percentuale sulle vendite.
Nella prospettiva del marketing, è interessante analizzare in particolare il margine prima delle spese indirette, conosciuto anche come Profit Before Indirect (PBI), che rappresenta l'ultimo margine calcolato a livello di prodotto/categoria e su cui il product manager, il brand manager e il marketing manager hanno un'accountability in larga parte diretta.
Ma prima di arrivare al PBI, ci sono altri margini, altrettanto importanti, su cui il marketing ha un'influenza molto rilevante e che cercheremo di riassumere in breve.
Quale che sia il livello al quale viene condotta l'analisi (azienda, divisione, categoria, brand, prodotto, canale ecc.), il conto economico parte dal valore lordo delle vendite (Gross Sales Value, GSV) calcolato moltiplicando il prezzo di listino lordo di ogni singolo prodotto venduto per i volumi di vendita del prodotto stesso nel periodo di riferimento.
Per arrivare al fatturato netto (Net Sales, NS), dal fatturato lordo vengono dedotti gli sconti, abbuoni e premi commerciali corrisposti ai clienti/consumatori per massimizzare le quantità vendute.
Tali sconti possono essere di varia natura, riconducibili a due famiglie principali:

1. gli sconti contrattuali, che sono di solito stabiliti in percentuale sul venduto, sono specifici per ogni singolo cliente e rimangono fissi per il periodo contrattuale, normalmente annuale;
2. gli sconti promozionali, che sono espressi, come quelli contrattuali, in percentuale, ma sono riferiti a uno specifico prodotto/brand/categoria, a uno specifico periodo e, talvolta, a uno specifico cliente.

* Si ringrazia Fabrizio Cannizzaro per il contributo.

Ad esempio, in un'impresa industriale, il product manager, essendo responsabile della profittabilità del prodotto che gestisce, ha la responsabilità di definirne il prezzo di vendita e il GSV unitario, e anche di stabilire le linee guida promozionali, da concordare con i retailer.
Dunque, il valore lordo delle vendite, al netto degli sconti, è costituito dal fatturato netto, come risulta nella tabella 11.3.

Tabella 11.3
Fatturato netto.

Elementi del conto economico	
Fatturato lordo - Gross Sales Value (GSV)	100
–Sconti contrattuali	–20
–Sconti promozionali	–10
–Altri sconti, abbuoni e premi	–5
Fatturato netto - Net Sales (NS)	65
Fatturato netto / Fatturato lordo	65%

Costo del venduto
Comprende tutti i costi di produzione del prodotto direttamente imputabili allo stesso: materie prime, imballi, personale di fabbrica.

Costi di logistica
Comprendono tutti i costi che servono per rendere disponibile il prodotto ai consumatori nel punto vendita.

Il fatturato netto rappresenta il primo margine rilevante per l'azienda, in quanto considera alcune categorie di costi commerciali sul fatturato lordo.
Partendo dal Net Sales, vengono dedotti il costo del venduto (COGS, Cost Of Goods Sold) e i costi di logistica, e si arriva al margine industriale (Gross Margin, GM) (tabella 11.4).
Il marketing è "accountable" anche per questo margine, essendo responsabile delle caratteristiche del prodotto e, in particolare, della proporzione dei componenti che formano la ricetta del prodotto stesso.
Tali componenti hanno prezzi molto diversi tra loro e il livello di presenza di ciascuno può influenzare il costo in maniera molto rilevante. Ad esempio, parlando di prodotti alimentari, si pensi a un pesce panato e alla proporzione quantitativa tra pan grattato e pesce nella composizione del prodotto finito.

Tabella 11.4
Margine industriale.

Elementi del conto economico	
Fatturato netto - Net Sales (NS)	65
–Costo del venduto- Cost Of Goods Sold (COGS)	–25
–Costi logistici	–5
Margine industriale	35
Margine industriale / Fatturato netto - Gross Margin (GM)	53,6%

Il margine successivo, come già anticipato all'inizio del paragrafo, è il margine di contribuzione (Profit Before Indirects, PBI), che si ottiene detraendo dal Gross Profit i costi di marketing e promozionali (Advertising and Promotions) (tabella 11.5).
Il PBI è l'ultimo margine aziendale che si può calcolare in modo diretto sul singolo oggetto di controllo: categoria, brand, prodotto, canale. Da qui in avanti, i costi hanno natura indiretta e possono essere attribuiti al singolo oggetto di controllo solo attraverso dei parametri di allocazione (p.e. le vendite a volume o a valore), con possibili effetti distorsivi, dovuti all'approssimazione del criterio rispetto alla complessità gestionale che causa il verificarsi del costo stesso.

Tabella 11.5
Margine di contribuzione.

Elementi del conto economico	
Margine industriale - Gross Margin (GM)	35
–Costi di marketing e promozionali	–10
Margine di contribuzione - Profit Before Indirect (PBI)	25
Margine di contribuzione / Fatturato netto	38,4%

Il contributo alla redditività aziendale apportato dai marketer viene misurato al livello del margine di contribuzione, ciascuno per la categoria, brand, prodotto, canale di competenza. A valle del margine di contribuzione viene poi calcolato il margine operativo (Operating Profit, OP), considerando tutti i costi indiretti, inclusi quelli commerciali e di marketing (tabella 11.6).

Tabella 11.6
Margine operativo.

Elementi del conto economico	
Margine di contribuzione - Profit Before Indirect (PBI)	25
–Costi indiretti	–10
Margine operativo - Operating Profit (OP)	15
Margine di contrbuzione / Fatturato netto	23%

Il margine operativo esprime il risultato della gestione caratteristica dell'impresa, e non tiene conto del risultato della gestione finanziaria (proventi e oneri finanziari) e fiscale (tasse) che sono normalmente di competenza della funzione Finanza a supporto della direzione generale.

Focus Il return on marketing expenditures

Gli indici di *rendimento* misurano il ritorno sul capitale investito per generare tale reddito. L'indicatore a cui si fa solitamente ricorso è il *Return On Investment* (ROI):

$$ROI = RO / K$$

dove:
RO = reddito operativo
K = capitale investito che ha generato il reddito stesso

Con riferimento alle attività di marketing, l'indice di rendimento degli investimenti di marketing viene definito *Return On Marketing Expenditures* (ROME).

Il ROME, quindi, è calcolato come:

$$ROME = RO / ME$$

dove:
RO = reddito operativo
ME = investimenti di marketing (*marketing expenditures*)

Il ROME può essere ulteriormente scomposto nel prodotto di due indicatori, i quali costituiscono due importanti driver della redditività:

- *Return On Sale* (ROS), redditività delle vendite;
- *Tasso di rotazione degli investimenti di marketing* (rME).

I due indici sono calcolati moltiplicando per il valore delle vendite il numeratore e il denominatore del ROME:

$$ROME = (RO / V) * (V / ME)$$

dove:
RO = reddito operativo
ME = *marketing expenditures*
V = vendite di un determinato prodotto-marca

→

La prima frazione (RO/V) indica il *Return On Sales* (ROS), ovvero l'indice di redditività delle vendite:

$$ROS = RO / V$$

La seconda frazione, invece, indica il *tasso di rotazione delle marketing expenditures* (rME), ovvero il numero delle volte in cui il capitale investito in una specifica attività di marketing si rinnova in un arco temporale (generalmente un esercizio) mediante i realizzi dei ricavi derivanti da quella attività. Quindi:

$$rME = V / ME$$

Riassumendo, il *Return On Marketing Expenditures* (ROME) deriva da tre *driver*: reddito operativo, vendite e *marketing expenditures* (come illustrato nella figura sottostante). Esso è, quindi, calcolabile come:

$$ROME = RO / ME = (RO / V) * (V / ME) = ROS * rME$$

La scomposizione dell'indice consente di comprendere quale parte del ROME sia dovuta all'influenza dell'indice di redditività delle vendite e quale parte al tasso di velocità del capitale investito.

Il ROME, dunque, fornisce importanti informazioni sul contributo del marketing alla redditività aziendale. Laddove siano disponibili le informazioni necessarie, esso può essere calcolato in modo analitico, per diverse iniziative e attività di marketing, fino ad arrivare a uno specifico strumento di comunicazione (pubblicità, pubbliche relazioni ecc.) o a una particolare campagna, fornendo importanti indicazioni sull'efficacia degli investimenti.
La sua applicazione concreta, tuttavia, sovente si scontra con la difficoltà di rilevare i dati necessari, e in particolare di mettere in diretta relazione gli investimenti di marketing con i risultati conseguiti.

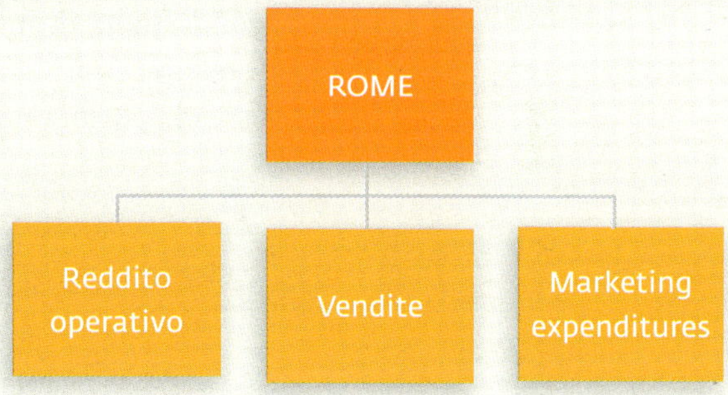

11.7 Le difficoltà applicative del controllo di marketing

In questo capitolo abbiamo identificato le principali metriche volte a esplicitare il contributo del marketing al perseguimento degli obiettivi dell'impresa (*marketing accountability*). La *marketing scorecard* risponde a questa necessità. Essa costituisce un sistema di metriche che coprono *outcome* (intermedi e di risultato finale) di mercato, competitivi ed economico-finanziari, i quali possono essere condivisi con le altre funzioni e con il vertice aziendale. Da un punto di vista teorico, essa offre un prezioso supporto per l'ottimizzazione dei processi decisionali, per massimizzare l'efficienza e l'efficacia delle strategie e politiche di marketing e, conseguentemente, per favorire la legittimazione del marketing all'interno dell'impresa. Tuttavia, a fronte di un contributo teorico così rilevante, la *marketing scorecard* non riesce a risolvere appieno un problema endemico del controllo di marketing, ovvero la difficoltà di stabilire, in maniera oggettiva, la relazione di causa-effetto tra specifiche azioni di marketing e relativi risultati. Tale difficoltà ha origine in tre problematiche:

1. la concomitanza di fattori di contesto;
2. la concomitanza di molteplici attività di marketing;
3. la dilazione nel tempo degli effetti derivanti da azioni di marketing.

Il primo punto, ovvero la *concomitanza di fattori di contesto*, richiama la difficoltà di discriminare quanto il miglioramento di un *outcome* aziendale (p.e. l'aumento delle vendite di un prodotto-marca) derivi da operazioni di marketing poste in essere dall'impresa, piuttosto che da fattori di contesto favorevoli quali, ad esempio, la stagionalità della domanda oppure l'aumento dei prezzi o la riduzione della pressione pubblicitaria da parte dei concorrenti.

Il secondo punto, invece, ovvero la *concomitanza di molteplici attività di marketing*, richiama la difficoltà di stimare il contributo specifico di ciascuna attività sui risultati aziendali. Si pensi alla difficoltà di discriminare quanto l'aumento delle vendite di uno specifico prodotto-marca derivi da promozioni all'interno del punto vendita piuttosto che da una campagna pubblicitaria, qualora entrambe le leve siano realizzate in un medesimo arco temporale.

Infine, il terzo punto, concerne la *dilazione nel tempo degli effetti derivanti da azioni di marketing* e la conseguente difficoltà di misurare la relazione di causa-effetto tra risorse investite e ritorni ottenuti. Tali difficoltà sono spiegate dall'effetto *lag* e dall'effetto *carry over*. L'effetto *lag* consiste nel differimento temporale tra il momento in cui l'attività di marketing viene posta in essere e il momento in cui si verificano i relativi ritorni. L'effetto *carry over*, invece, riguarda attività di marketing pregresse che ancora manifestano i propri effetti nel tempo.

Case History — Alpitour World

di **Attilio Bruni**

Nel sistema turistico italiano, Alpitour World è oggi leader nelle vacanze organizzate con un fatturato di circa 1,2 miliardi di euro, 3,1 milioni di clienti e 3.000 occupati. Il gruppo è caratterizzato da un'offerta che copre i cinque continenti con oltre 200 destinazioni. Fondata nel 1941 con il nome Alpi, Alpitour World è il brand turistico di riferimento per una vasta fascia di clientela italiana con una *brand awareness* del 90% (*top of mind* 40%) (GFK Eurisko, 2010). Il gruppo, unica realtà italiana che copre l'intera *filiera turistica*, comprende 5 *business unit* ciascuna con dei propri *brand*: (i) *incoming* con il brand *Jumbo Tours*, attiva in Spagna; (ii) *distribuzione* con il brand *Welcome Travel Group*, uno dei maggiori network italiani, formato da circa mille agenzie di viaggio; (iii) *compagnia aerea* con il brand *Neos* vettore di eccellenza del *trasporto charter* italiano; (iv) *alberghiero* con il brand *Alpitour World Hotels & Resorts*; (v) *tour operator*, presente sul mercato con 8 differenti *brand*, è il core business di Alpitour World e copre il 60% del fatturato totale. In particolare, il tour operator è leader nel mercato italiano grazie ai brand *Alpitour* (11%) e *Francorosso* (8%).

La dimensione aziendale, la complessità delle aree strategiche di business e, non ultima, l'articolazione del portafoglio brand/prodotti di *Alpitour World* rendono determinante l'uso di una *marketing scorecard* finalizzata al controllo per livelli e aree funzionali.

Gli ambiti chiave per Alpitour World, come per molte imprese di settore, sono quelli relativi: (i) alla gestione di *attività e rete di vendita*, in particolare dei canali offline; (ii) al livello di performance dei *sistemi booking*; (iii) al sistema di monitoraggio delle *performance del brand*; (iv) alla gestione della *redditività del business*. Fondamentale, per la *profittabilità del business*, è il governo degli indicatori relativi alla cosiddetta *area Yield* e allo stesso tempo dei *costi commerciali* e *di marketing* (*consumer* e *trade*). Entrambe le aree, rilevanti per la definizione dei *margini*, sono strettamente correlate a una gestione "chirurgica" dell'andamento degli ordini nel canale di vendita e sui sistemi di prenotazione che collegano il tour operator con il retail.

Premesso ciò, assume un'importanza crescente la relazione con il *cliente* in una logica di CRM che confina elettivamente, data la rilevanza dello strumento web, con il tema delle *e-metrics*. Marketing e comunicazione sono, infatti, sempre più focalizzati sul versante digitale sia in una logica commerciale (e-commerce e, soprattutto, info-commerce) sia per ciò che attiene le attività dirette al cliente finale (portali e-CRM, strategie evolute di brand/product loyalty).

Queste sono, dunque, le sfere di controllo in ordine alle quali il business del *tour operating* di Alpitour World è più sensibile e da cui dipendono presidio di *mercato*, *competitività* e, di conseguenza, i risultati *economico-finanziari*. Nella tabella seguente ne diamo una sintetica rappresentazione.

→

Le metriche di marketing in uso in Alpitour World (divisione tour operator)

	Dimensioni		
	A. Mercato	B. Competitiva	C. Economica
Indicatori di risultato	***Brand awareness:*** spontanea, sollecitata e top of mind ***Brand image*** ***Customer care*** ***Intention to buy*** ***Customer satisfaction e monitor qualità:*** – indice overall (vacanza) – indici per macrocomponente prodotto (p.e. assistenza per località, organizzazione, volo, albergo) – indici specifici (p.e. pulizia camere, servizio ristorante, programma di animazione) ***Brand loyalty*** (p.e. retention rate, churn rate, longevità media con i clienti) ***Sistema booking*** ***Portafoglio/database clienti*** (p.e. indicatori di risposta alle attività di CRM, n. e tipologia di prodotti acquistati per brand e stagioni di vacanza) ***Performance gestione ordini/pagamenti*** (p.e. per punto vendita, network, area geografica, canale, date ordini e partenza) ***Occupazione strutture ricettive vs. contratti/allotment*** (p.e. n. camere occupate/camere precontrattate) ***Yield Management/produzione*** (p.e. n. seats occupati/seats precontrattati, ordini anticipati vs. last minute) ***Gestione reclami clienti***	***Price positioning*** (p.e. per brand/prodotto, destinazione, struttura ricettiva, tratte volo) ***Consideration*** ***Share of mind*** ***Market share*** (volumi o valore) per singoli brand/prodotto, totale, segmenti di mercato, canali ***Indice di penetrazione*** ***Copertura numerica*** ***Copertura ponderata***	***Pricing*** (p.e. giornaliero, stagionale, località) ***Costi di marketing e commerciali*** (p.e. per brand/prodotto, commissioni agenzie di viaggi, costi media, sconti/bonus trade e consumer, escursioni, costi per servizi a terra, transfer e seat, costo cataloghi) ***Vendite*** (p.e. per brand/prodotto, pacchetto, località, canale, struttura ricettiva) ***Margini*** (p.e. Net Sales, Gross Margin, Profit Before Indirect, Operating Profit per brand, pacchetto, albergo, canale distributivo, destinazione. Margini per catalogo, oscillazioni di cambio) ***ROS*** ***ROME***

Fonte: nostra elaborazione su dati interni

Conclusioni

La costruzione di un adeguato sistema di pianificazione e controllo di marketing costituisce un fattore di fondamentale importanza per massimizzare l'efficienza e l'efficacia di mercato dell'impresa. Tuttavia, come abbiamo visto, vi sono delle oggettive difficoltà nel valutare con chiarezza i nessi causali tra gli investimenti realizzati e i risultati ottenuti, soprattutto su un piano economico-finanziario. Ne consegue che tale sistema deve necessariamente fondarsi su un approccio integrato di *marketing scorecard*, andando a comprendere un insieme di metriche di tipo intermedio e di risultato finale, riferite alle dimensioni di mercato, competitiva e economico-finanziaria.

Parte IV
Definizione del sistema d'offerta

I capitoli della Parte IV sono di grandissima importanza, in quanto affrontano un tema centrale dell'impalcatura concettuale del marketing management: l'offerta di valore al cliente. Tutte le attività e analisi presentate nei capitoli precedenti e fin qui discusse, infatti, trovano concretizzazione nella generazione di un'offerta da presentare al cliente potenziale prescelto.

Valore è un termine molto rilevante nelle riflessioni di marketing, in quanto rappresenta il territorio concettuale nel quale domanda e offerta s'incontrano e sul quale si confrontano. Nella relazione di scambio il valore ha due facce, una corrispondente al punto di vista del venditore, l'altra del compratore.

Nell'ottica del venditore, il valore è quanto si estrae dalla relazione di mercato, sia in termini economici, attraverso il prezzo, che immateriali, attraverso la generazione di reputazione e fiducia, pre-requisiti della fedeltà del cliente di cui si dirà nella ▸ Parte V.

Il produttore si occupa perciò di ideare e realizzare un *prodotto*, esprimendo le proprie capacità manifatturiere nel rispetto dei vincoli tecnici (imposti dalla tecnologia disponibile) ed economici (imposti dal modello di business seguito), sempre presenti. Il prodotto esprime però una prestazione, a beneficio del consumatore, insufficiente a incontrarne le molteplici esigenze legate alla sfera intangibile dell'io-sociale (p.e. i benefici di status), a quella dell'io-individuo (p.e. i benefici di autorealizzazione) e dell'io-decisore (p.e. la semplificazione degli acquisti). Il sistema di *marca*, il supporto *digitale*, il *servizio commerciale* associato, addirittura il *prezzo* stesso, assolvono a queste funzionalità superiori, tipiche di una società complessa come l'attuale, arricchendo di fatto il prodotto di funzionalità accresciute. Chiamiamo l'insieme integrato, coerente e sinergico di queste componenti "product offering".

Dal punto di vista del compratore, invece, il valore emerge dal confronto fra le percezione dei benefici attesi (e promessi) dal venditore e la percezione di sacrificio che gli viene richiesto di sostenere per acquisire la proprietà e/o il possesso del prodotto. La dotazione cognitiva su cui il compratore può contare – data dall'insieme di conoscenze, esperienze, atteggiamenti e via dicendo, visti nel ▸ Capitolo 9 – influenza grandemente la sua capacità di apprezzare il contenuto di valore della product offering.

Il compratore si confronta con la product offering, che il sistema produttore/trade gli compone e presenta, seguendo un approccio olistico. In altri termini, egli non opera alcun distinguo fra la prestazione che spetta al produttore e quella del trade, né fra prodotto, brand, servizio commerciale e via dicendo. Il compratore esperisce il proprio processo di acquisto, visto nei ▸ Capitoli 6 e 9, considerando varie product offering, comparandole e analizzandone il contributo al suo proprio benessere complessivo. Ma le considera, ciascuna, come un tutt'uno.

I capitoli della Parte IV descrivono le problematiche con le quali l'impresa deve confrontarsi all'atto dell'ideazione e composizione di una product offering da rivolgere al target prescelto. Ciascuna di queste scelte di marketing viene esposta, in ossequio all'impostazione concettuale del marketing, avendo cura di evidenziarne tutti i riflessi sul comportamento del cliente, potenziale ed effettivo.

> I modelli per il processo di formazione degli esseri viventi sono il *cristallo* (immagine d'invarianza e regolarità di strutture specifiche) e la *fiamma* (immagine di costanza di una forma globale esteriore, malgrado l'incessante agitazione interna) [...] così vorrei che quanti si considerano seguaci della fiamma non perdessero di vista la calma e ardua lezione dei cristalli.
>
> I. Calvino, *Lezioni americane*, "Esattezza"

Indice della parte

Capitolo 12
Il perno dell'offerta: il prodotto

Capitolo 13
Il perno dell'offerta: il brand system

Capitolo 14
Scelte distributive

Capitolo 15
La funzione del prezzo

Capitolo 16
Il ruolo del digital marketing

12

Il perno dell'offerta: il prodotto

di **Alberto Mattiacci**

Indice del capitolo

Introduzione
12.1 Processi, prodotti e mercato
12.1.1 La funzione di produzione
12.1.2 Struttura tecnica e struttura di marketing
12.1.3 La gerarchia di prodotto
12.2 Modelli di analisi del prodotto
12.2.1 Il prodotto come insieme di attributi
12.2.2 Il prodotto come stratificazione di livelli
12.2.3 Il prodotto come concept
12.3 Il prodotto e la sua vita
12.3.1 La creazione di nuovi prodotti
12.3.2 L'innovazione di prodotto come processo
12.3.3 Il ciclo di vita del prodotto
12.4 L'adozione del nuovo prodotto
Conclusioni

Abstract

Il termine "prodotto" assume, nel marketing management, diverse accezioni, a seconda del punto di considerazione. Questa polisemia risponde a diverse esigenze analitiche e gestionali.

Nel concreto, le scelte di prodotto sono espressione di condizionamenti tecnico-economici, sinteticamente espressi dall'area *produzione*, delle istanze espresse (o esprimibili) dalla domanda (con la *segmentazione* a fare da trait d'union concettuale fra produzione e mercato) e del confronto competitivo. Tutto ciò assume, nel ciclo di vita, una dimensione longitudinale e intertemporale.

Il prodotto è ovviamente centrale nella vita dell'impresa, e le scelte che concernono la sua concezione e organizzazione complessiva investono il cuore stesso del suo modello. Le imprese, in fondo, nascono perché c'è qualcuno che sa fare un certo prodotto.

Introduzione

Nelle cose umane un fenomeno conta davvero se, in relazione a esso, ha senso parlare di un "prima" e di un "poi". La Rivoluzione industriale ha questa precisa caratteristica: esistono un mondo *pre*-industriale e uno *post*-industriale. In mezzo, c'è l'*epopea industriale*. La produzione è, infatti, un'attività umana antichissima, ma è solo grazie al cambio di paradigma della tecnologia, maturato in Europa fra la fine del Settecento e la seconda metà dell'Ottocento, che essa è evoluta nella forma che oggi ci è consueta. Oltre cento anni d'industria (un nulla dal punto di vista della storia, un'enormità da quello delle nostre vite) hanno trasformato radicalmente il mondo in cui viviamo, aumentando lo spettro e il numero dei manufatti che popolano la nostra quotidianità; nuovi prodotti (dal frigorifero all'automobile, dal telefono portatile al web) si sono inseriti nella vita delle persone, stravolgendola e facendo sembrare ormai impossibile vivere senza di essi.
Il prodotto e la produzione sono i protagonisti assoluti dell'economia, insomma, anche nel bel mezzo di quel mondo che il sociologo Domenico De Masi ebbe a definire *post-industriale*: un mondo, cioè, che vive una società basata sulla produzione e consumo d'informazioni, servizi, simboli, valori, estetica; un mondo che produce nuovi stili di vita e modalità di lavoro, ma che comunque dei prodotti manifatturieri non può certamente fare a meno.
Il prodotto è al centro: le imprese nascono perché una persona (o un gruppo) è capace di realizzare un determinato prodotto, i consumatori fanno la lista della spesa elencando alcuni prodotti di uso corrente e risparmiano parte del loro reddito per poterne acquistare degli altri nel futuro. Dentro l'impresa, a ben guardare, il prodotto si colloca al confine fra due sue partizioni organizzative – la *produzione*, appunto, e il *marketing* – ma anche fra due mentalità, culture e obiettivi distinti: l'efficienza e l'ottimizzazione dei processi, la prima, l'efficacia e la soddisfazione dei clienti, la seconda.
Non è solo questione di organigrammi aziendali, però, ma anche di uomini: i responsabili di produzione hanno solitamente background culturali basati sulle scienze cosiddette *esatte* (ingegneria, fisica ecc.), laddove i marketer provengono invece solitamente da percorsi formativi più umanistici (come economia o sociologia) e questo sembra sistemare le cose in modo tale che le due funzioni siano fatte proprio per non capirsi. In realtà, queste due anime primarie dell'impresa sono in costante integrazione e armonizzazione reciproca, alle volte spinte da nuove filosofie gestionali che s'impongono – come fu il Total Quality Management (TQM) giapponese negli anni Ottanta del Novecento – altre per opera di uomini straordinari e capaci di cambiare il senso delle cose – come fu Steve Jobs nell'informatica ed elettronica di consumo. Resta il fatto che l'una (la produzione) senza l'altra (il marketing) non ha oggi senso di esistere, e viceversa.
Il mondo dei prodotti è letteralmente straordinario: la globalizzazione e la tecnologia hanno generato una proliferazione di varietà di prodotti mai vista nella storia umana. La frontiera ultima della produzione, ovvero la personalizzazione industriale dei prodotti, con la Terza rivoluzione industriale, sembra essere uscita dal mondo del possibile per entrare in quello del reale.

Ottimizzazione
La messa a punto dei processi in maniera da essere economicamente efficienti e tecnicamente adeguati.

TQM
Filosofia gestionale che s'ispira ai principi del miglioramento continuo e dello "zero-difetti". Nasce per ottimizzare la produzione e si estende poi all'intera impresa.

BANG

Acronimo di Bit, Atomo, Neuroscienze, Genoma. Si tratta dei quattro campi di ricerca scientifica dai quali si ritiene promaneranno le invenzioni del futuro.

La dialettica produzione-consumo sembra sperimentare nuove soluzioni, basate sulla partecipazione e collaborazione reciproca fra domanda e offerta. I progressi nel BANG lasciano immaginare innovazioni ancora più straordinarie che investiranno materiali, prodotti e, dunque, le nostre vite.

12.1 Processi, prodotti e mercato

Il prodotto è, come visto nel ▸ Capitolo 1, la materia fondamentale dello scambio, dunque la base essenziale per la quale l'intera impalcatura del marketing management ha ragione di esistere. A seconda del punto di osservazione dal quale lo si guardi, esso infatti può rappresentare diverse realtà.

Focus | La Terza rivoluzione industriale

È la fine di aprile del 2012 quando la prestigiosa rivista *The Economist* dedica la copertina e un rapporto speciale al fenomeno che definisce "la Terza rivoluzione industriale". L'espressione non è nuova – fu già utilizzata, fra gli altri, da prestigiosi studiosi come Jeremy Rifkin, Kenichi Ohmae e, per stare all'Italia, Enzo Rullani, ciascuno con una propria connotazione – ma nondimeno segnala un fenomeno assolutamente significativo: il cambiamento di paradigma della produzione manifatturiera.

La Prima rivoluzione industriale si deve alla meccanizzazione dell'industria tessile avvenuta nel Regno Unito nel XVIII secolo; la Seconda è riassunta nell'innovazione operata da Henry Ford nel Novecento, che avviò l'epoca della produzione di massa, creando la catena di montaggio.

Questi due passaggi modificarono strutturalmente il mondo, rendendo la massa delle persone che lo abitavano sempre più benestanti e trasformandole in cittadini "urbanizzati". La Terza scorre sotto i nostri piedi e cambierà per sempre i nostri modelli economici e le nostre vite (una tale caratteristica viene detta *disruptive*). Essa sorge dal combinato disposto di più eventi:

- la diffusione di *tecnologie intelligenti*, generatrici di soluzioni nanotecnologiche ai problemi della vita quotidiana;
- la creazione e il perfezionamento di *nuovi materiali*, come la fibra di carbonio, in grado di offrire prestazioni d'uso ai limiti delle leggi della fisica;
- il perfezionamento della *robotica*, che ridisegna le macchine utensili, ma in prospettiva anche quelle domestiche;
- l'innovazione di *processo*, sostenuta dalla diffusione delle cosiddette "stampanti tridimensionali", strumenti capaci di realizzare prototipi e oggetti in casa disegnandoli sul computer, il cui effetto netto sarà di rendere più rilevanti e diffuse le competenze di progettazione;
- il potenziamento del contributo della digitalizzazione, con la crescita dei servizi *Internet-based* di supporto e la possibilità di generare innovazione su base collaborativa (*crowdsourcing*).

Questa miscela fruttuosa consentirà di liberare la produzione dalle logiche tecnico-economiche della scala dimensionale e quindi di produrre oggetti personalizzati a costi contenuti. Così come la digitalizzazione sta cambiando le radici dell'industria media e della distribuzione (▸ Capitolo 3), il mix sopra richiamato cambierà la manifattura: il lavoro sarà sempre più progettuale e capace di dialogare con macchine e software (è ciò che si dice *knowledge intensive*); gli enormi edifici adibiti a stabilimento produttivo perderanno ulteriormente ragion d'essere (il Lingotto di Torino è un chiaro esempio di tutto ciò), sostituiti da tanti microspazi di produzione, anche domestici; verranno meno in parte le esigenze di *outsourcing* e *off-shoring* che hanno deindustrializzato il cosiddetto Vecchio Mondo, così come perderanno progressivamente di senso le politiche protezioniste dei paesi.

In sostanza, questa Terza rivoluzione industriale, certamente in atto, promette ancora una volta di cambiare il nostro mondo e le nostre vite attraverso le cose, e forse l'era post-industriale e post-fordista sarà più correttamente definita *neo*-industriale.

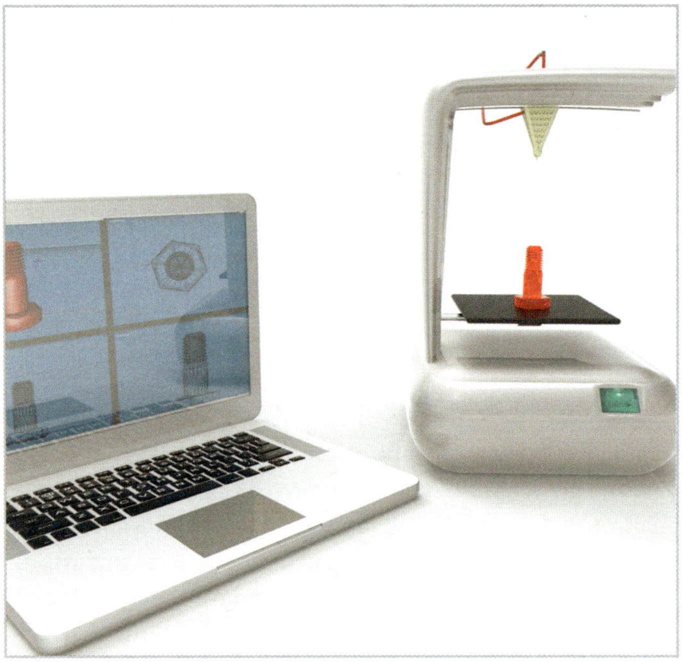

Le stampanti 3D sono il simbolo della Terza rivoluzione industriale. A loro è affidata la sfida di trasformare il mondo di *user* in uno di *maker*.

1. L'oggetto fondamentale dello scambio di mercato (▸ §1.2.3): le persone, cioè, cedono volontariamente del denaro per ottenere in cambio un telefono portatile.
2. Il perno della formula di offerta (product offering) che il venditore propone al compratore, dotandola di una chiara collocazione in una fascia di valore (▸ §1.3.2): una bottiglia di Brunello di Montalcino, ad esempio, viene offerta a un prezzo elevato, espressione di un valore ricco e articolato, superiore a quello di un brick di Tavernello.
3. Il generico output di un processo di trasformazione, detto *product category*, che definisce un mercato in termini aggregati: il mercato delle acque in bottiglia, ad esempio, aggrega in un unicum, le offerte (e gli acquisti) di qualsiasi tipologia di acqua in bottiglia, indipendentemente dal fatto che si tratti di una naturale, iposodica, frizzante, effervescente o altra ancora.
4. Un *quid* che a seconda della natura prevalente delle sue caratteristiche prende il nome di bene (se materiali) o servizio (se immateriali): vedremo le peculiarità del servizio nel ▸ Capitolo 23, a esso dedicato.

Questa molteplicità di punti di vista sul prodotto dà conto di quanto sia complesso l'argomento, tanto da un punto di vista teorico che pratico, al punto da rendere sensata la questione: cosa è un prodotto?

12.1.1 La funzione di produzione

Layout

Disegno tecnico dell'impianto produttivo. Concerne la collocazione fisica nello spazio dei macchinari e delle persone, funzionale alla migliore esecuzione dei processi produttivi.

Esternalizzazione

Scorporo di attività dell'impresa e affidamento a soggetti esterni a essa. Nei termini della catena del valore, rappresenta la dismissione di uno o più anelli, per affidamento a partner esterni.

Iniziamo questo ideale viaggio all'interno del prodotto partendo dall'area tecnica, quella principalmente investita dalle sue problematiche. All'area della produzione, all'interno dell'impresa, sono assegnati precisi obiettivi strategici progettuali: decidere quale scala dimensionale e capacità produttiva conferire agli impianti, quale struttura tecnica (tecnologia) scegliere per l'impianto, dove localizzare l'impianto, come progettarne la struttura (layout) e in che misura integrare verticalmente (e/o esternalizzare) tutte le fasi che portano dalle risorse iniziali al prodotto finito. L'insieme di queste scelte sono "non redimibili" nel breve periodo, per cui conferiscono all'impresa una struttura produttiva pro tempore costante (Dringoli, 1995). In altri termini, una volta assunte queste decisioni, l'impresa si è messa nelle condizioni di realizzare una data varietà di prodotti, con dati quantitativi massimi producibili, a un costo unitario di produzione che dipende dalla tecnologia installata e dall'efficienza ottenibile dal miglior funzionamento dell'impianto di cui si è capaci. Scopo della funzione di produzione nelle condizioni appena delineate è, con un'adeguata programmazione e controllo delle varie attività manifatturiere, perseguire tre obiettivi chiave.

1. La *riduzione dei costi unitari medi*, attuabile sostanzialmente attraverso: la standardizzazione dei prodotti, la generazione di volumi di produzione ottimali per la tecnologia installata, la minimizzazione dei costi di non qualità, il dotarsi di risorse specializzate in impianti ad alta intensità di capitale.
2. La *flessibilità*, strettamente dipendente dal livello tecnologico degli impianti: riguarda l'attitudine a realizzare dei prodotti differenziati pur con un medesimo impianto, potendo contare su bassi tempi (e quindi costi) di setup delle macchine.
3. L'*elasticità*: anch'essa legata al livello degli impianti e concernente la capacità di variare rapidamente i volumi di produzione senza incrementarne i costi unitari medi.

In buona sostanza, alla funzione di produzione sono richieste delle capacità di pensare (aspetto strategico) e governare (aspetto operativo) i processi manifatturieri, in modo tale da garantire: (i) il livello qualitativo del prodotto che è stato progettato; (ii) la disponibilità dei volumi di produzione nei tempi previsti, in funzione delle esigenze di mercato; (iii) il costo unitario medio sul quale basare il posizionamento nella fascia di valore prescelta (▸ Capitolo 2) e le politiche di pricing. Allo stato attuale della tecnologia manifatturiera disponibile – ma abbiamo già visto che siamo all'alba di una nuova Rivoluzione industriale che promette di disarticolare questo modello – l'impresa può trovarsi in una delle quattro situazioni indicate nella figura 12.1.

Figura 12.1
Tipologie di processi.

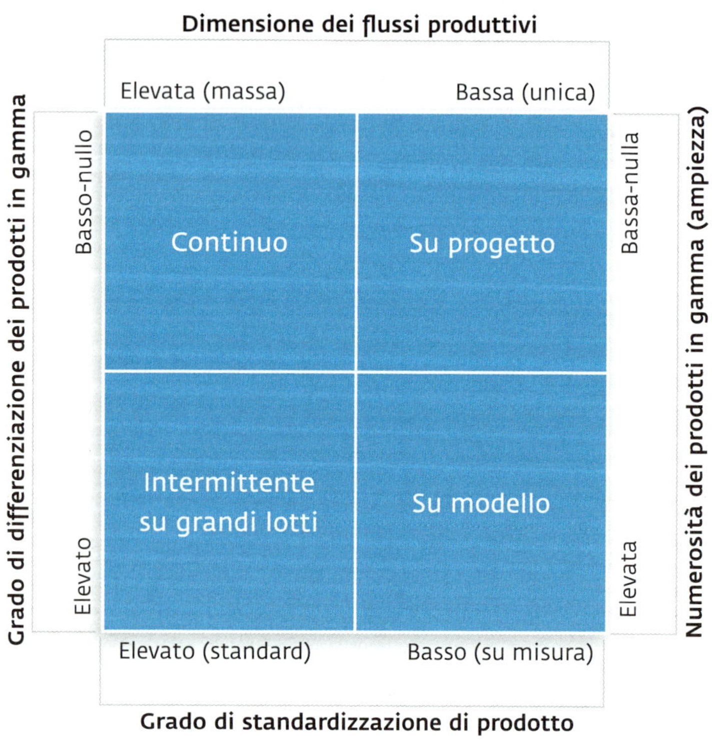

La *produzione a progetto* (detta anche *job-shop*) si caratterizza per il fatto che l'impresa nasce e si organizza ai fini di realizzare un prodotto unico: la Torre Eiffel, una grande produzione cinematografica (p.e. *Il signore degli anelli*), un laboratorio di ricerca focalizzato (p.e. per il vaccino anti-Aids). La struttura è specifica e transitoria, nel senso che è pensata e fatta per realizzare e vendere solo quel manufatto, e si scioglie una volta realizzato. Di fatto non si può parlare di un vero e proprio *mercato*: il prodotto realizzato è sostanzialmente unico (o in pochissimi esemplari) e spesso esso è pre-venduto rispetto alla realizzazione, è, cioè, "su commessa".

Commessa
Tipologia di contratto di scambio nella quale il prodotto viene definito a priori dal compratore in tutte le sue caratteristiche fondamentali. Molto praticata nella produzione conto-terzi, dove il produttore realizza output che verranno commercializzati con brand altrui.

La *produzione su modello* si caratterizza per la realizzazione di piccole serie che ripetono un modello pre-venduto rispetto alla sua realizzazione materiale: sono tali gli impianti aerospaziali (p.e. l'Airbus A380), l'edilizia abitativa (si pensi ai quartieri residenziali fatti di villette tutte uguali), le macchine utensili, le costruzioni navali (le imbarcazioni da diporto della Ferretti), certe produzioni di alta moda ecc. In questa situazione i flussi di produzione sono discontinui nel tempo – ragion per cui sono chiamati processi intermittenti a piccoli lotti – e le quantità di prodotto da collocare sul mercato sono limitate.

Lotto
Unità di suddivisione del flusso di prodotto realizzato in un determinato lasso temporale.

Le due situazioni produttive sopra richiamate pongono delle condizioni di stato del tutto particolari all'esperirsi dei processi di marketing: il prodotto, infatti, ha delle caratteristiche spesso uniche, non replicabili e comunque fortemente calate sulle specifiche esigenze e richieste del cliente-committente. Le macchine utensili utilizzate sono generiche e fungibili, cioè possono servire per molti altri usi (una cinepresa, una gru) e non progettate ad hoc per quel tipo di produzioni. Dal punto di vista del produttore, conseguentemente, i processi di marketing vanno suddivisi in due ambiti, che esemplifichiamo di seguito con riferimento a due situazioni-tipo.

- *Attività pre-produzione*: il progetto di nuovo aeromobile viene presentato "sulla carta" ai potenziali acquirenti (sostanzialmente i vettori aerei) e, solo dopo aver raccolto su questa base delle lettere d'intenti commerciali – ovvero una sorta di manifestazione d'interesse verso il prodotto e d'intenzione di acquisto – si passerà alla decisione se procedere alla produzione o meno. La natura di questi prodotti rende piuttosto semplici le attività di segmentazione della domanda e targettizzazione, così come la personalizzazione del prodotto in base ai desiderata del cliente. Della massima criticità, delicatezza e complessità è, invece, la cura della reputazione e immagine di marca (▸ Capitolo 13): acquistereste più volentieri un jet dell'europea Airbus o della russa Tubolev? In questi campi, infine, il peso delle relazioni istituzionali, con soggetti pubblici, mass media e via dicendo, è rilevantissimo.

Targeting
Scelta del segmento sulle cui esigenze distintive progettare e indirizzare la product offering.

- *Attività post-produzione*: una volta realizzata una grande opera cinematografica come *Il signore degli anelli*, la casa di produzione attiva i processi di marketing operativo finalizzati a estrarre il massimo valore economico possibile dalla vendita del prodotto. Il prodotto viene declinato in tutte le sue varianti (doppiaggio locale, tagli e montaggi ad hoc, versioni home-video e community ecc.), la comunicazione sfrutta tutti i canali, mezzi e veicoli possibili al fine di raggiungere e stimolare un'audience potenziale globale e di massa, le pubbliche relazioni assicurano una copertura mediatica globale del lancio del film, si avviano accordi commerciali per la distribuzione del materiale di merchandising legato alla pellicola e via dicendo.

L'industria cinematografica statunitense eccelle nella capacità di fare produzioni job-shop e vi fonda il proprio vantaggio competitivo.

Le situazioni di mercato più vicine alla nostra esperienza diretta di consumatori si hanno nelle altre due condizioni produttive possibili.

La *produzione intermittente su grandi lotti*, che si basa su un ciclo operativo complesso – richiedente grandi investimenti in costi fissi e macchine specializzate – capace di rilasciare una molteplicità di prodotti ripetuti in grande serie (scarpe, magliette polo, automobili e motoveicoli ecc.) ma suddivisa in sottogruppi per meglio cogliere esigenze di domanda specifiche (p.e. le taglie per le scarpe, le motorizzazioni per le auto, i colori per le maglie). Di qui il nome "intermittente", a indicare che il flusso di produzione si deve interrompere, di tanto in tanto, per consentire alle macchine di essere riprogrammate alla bisogna. Queste produzioni prevedono la possibilità di usare il magazzino prodotti finiti, come cassa di compensazione delle discontinuità di domanda. Il mercato è sostanzialmente quello dei beni di consumo durevoli, dove i processi di marketing s'integrano in diversi momenti con quelli produttivi.

Copertura distributiva

Espressione tecnica che esprime il grado di presenza della product offering nei punti vendita di una determinata area geografica di mercato.

La *produzione continua*, infine, genera grandi flussi di prodotto, che è sostanzialmente standardizzato, privo cioè di significativi adattamenti alle esigenze di domanda. Ciò si deve, in misura non trascurabile, alla tecnologia degli impianti e alla natura delle risorse utilizzate: la benzina o il cemento, ad esempio, mal si prestano per propria natura ad adeguamenti al cliente. La riduzione dei costi è il fattore di competitività prevalente, e il ruolo delle economie di scala assolutamente cruciale. Si tratta di situazioni nelle quali il mercato funziona secondo logiche – già incontrate – di *mass market*: alti volumi di produzione, da collocare con logiche estensive, sia di copertura distributiva (▸ Capitolo 14), sia di comunicazione.

12.1.2 Struttura tecnica e struttura di marketing

Sistema d'impresa

L'impresa è rappresentabile come un insieme di componenti elementari, separate, ma unite da relazioni. Il valore dell'insieme delle parti così legate fra loro è superiore a quello della somma dei valori delle singole parti.

La tipologia di processo produttivo su cui l'impresa basa la propria attività condiziona dunque l'approccio di business, quello di mercato e quindi il marketing management. L'impresa è infatti un sistema dinamico, aperto alle influenze e ai cambiamenti esterni e dotato di capacità di autoregolazione, che, in ogni dato momento, si fonda su una struttura specifica:

- *tecnico-produttiva*, che riflette le scelte di strategia produttiva (vedi figura 12.1) e che presenta determinate caratteristiche di dimensione (capacità produttiva), produttività e flessibilità;
- di *marketing*, che riflette la strategia di interpretazione e copertura del mercato da parte dell'impresa e presenta determinate caratteristiche di dimensione (figura 12.2), efficienza e potere di mercato.

Entrambe queste componenti vanno considerate pro tempore costanti, cioè non suscettibili di significative modifiche nel breve termine. Vi è, quindi, un legame e

Figura 12.2
Approcci di mercato.

un condizionamento reciproco fra le due strutture, che vincola e indirizza i processi di marketing. Premesso che il processo di marketing presentato nel ▸ Capitolo 4 è un modello di comportamento universalmente valido, le condizioni in cui esso si esperisce variano considerevolmente in ragione della situazione produttiva dell'impresa. Assunto questo punto di vista, è possibile rappresentare la relazione corrente, nel breve termine, fra la struttura tecnica e quella di mercato, individuando quattro grandi approcci di mercato (vedi figura 12.2) e due generali modelli di business (▸ Focus "Modelli di business fra volumi e valori").

Il *mass market* è l'approccio che si basa su una struttura tecnica fatta per i grandi volumi di produzione, standardizzati o lievemente differenziati. È la situazione, ad esempio, della pasta alimentare Barilla, delle mozzarelle di bufala campana DOP, del caffè Lavazza, delle commodity agricole e via dicendo. Il *segmented market* è l'approccio che sfrutta impianti di produzione flessibili, capaci di differenziare il prodotto finale senza significativi aggravi di costi e perdita di economie di scala. È la situazione, come visto nel ▸ Capitolo 9, degli shampoo e dei succhi di frutta, dei soft drinks e dei detergenti per la casa. Il *niche market* è un'estremizzazione dell'approccio precedente che si può basare su produzioni sperimentali in piccoli lotti, realizzate con impianti specifici – come le automobili Ferrari o le scarpe da free-climbing La Sportiva – o realizzate con impianti despecializzati – come i capi di alta moda o i divani Cassina. All'estremo si trova il cosiddetto *one-to-one market*, espressione massima della personalizzazione del prodotto sui desiderata espressi dal cliente-committente: un abito su misura, una libreria artigianale, uno yacht di lusso.

Personalizzazione

Detta anche *customizzazione* o *tailor-made*, esprime il grado massimo di adattamento del prodotto al profilo individuale del consumatore. È una tendenza in forte crescita.

Quanto detto sopra rinforza l'evidenza che, pur in un medesimo mercato di categoria, i player che popolano un determinato mercato con le loro offerte non sono, ovviamente, tutti uguali. Se ci addentriamo dietro le quinte di quella scena che è il mercato di una categoria, vediamo infatti che ciascun player persegue i propri obiettivi di scambio in modo diverso, seguendo una linea di pensiero diversa, con strutture produttive figlie di impostazioni e storie diverse. Non si tratta soltanto – per continuare in metafora – di vestire costumi differenti, di entrare in scena in modi e con tempi differenti, di giocare parti differenti ma sempre connesse – talora in senso di conflittualità aperta, tal'altra cercando vie di convivenza pacifica. Non si tratta di questo, perlomeno non per quanto ha rilevanza in questa sede.
Il punto è che il comportamento di ciascuno obbedisce a una precisa logica, tecnica ed economica. La logica tecnica vincola le scelte di mercato attraverso la struttura produttiva, che nel breve termine è costante e che si esprime anche, in logica economica, attraverso una struttura di costi specifica. La logica economica impone una scelta del modello di reddito da perseguire, partendo dal monte ricavi che la gestione genera – e che sappiamo (▸ Capitolo 1) fondarsi su questa elementare relazione:

$$\text{Ricavo} = P_i \, Qv_i$$

In base alla logica prevalente che il player segue nel generare i propri ricavi e, data anche la struttura tecnica installata, trarne margini di reddito, possiamo definire due classi di modello di business: i *mass marketer* e gli *special marketer* (▸ Focus "Modelli di business fra volumi e valori").

Focus Modelli di business fra volumi e valori

Mass marketer: è il player che persegue un *modello a volumi*, ovvero cerca di collocare grandi quantità di prodotto col proprio brand, a un prezzo sostanzialmente basso/medio-basso e comunque accessibile alla gran parte dei potenziali compratori della categoria. Immaginiamo Barilla: una confezione di qualsiasi tipo di pasta del player emiliano si presenta con un prezzo accessibile alla maggior parte dei responsabili di acquisto, e per questo, sorretto anche da una robusta infrastruttura commerciale e comunicativa, riesce a vendere grandi masse di prodotto, costantemente nel tempo. Il *mass marketer* è infatti un player che interpreta la propria funzione di ricavo con questa declinazione:

p = medio/basso, basso
q = elevato
prodotto = standard, scarsamente differenziato e di qualità media accettabile

Il *mass marketer* genera sempre fatturati di considerevoli dimensioni, che convertirà in redditi sulla base di un moltiplicatore mediamente molto basso, a causa degli elevati costi di struttura e operatività che caratterizzano questo modello – con una struttura tecnica con elevati costi fissi e sensibile all'*effetto scala*.

Opposto comportamento economico caratterizza il player che adotta un modello da *special marketer*. Questi, infatti, decidendo di giocare la propria partita in uno spazio commerciale legato a tutto ciò che non è massa, ovvero nel campo esattamente opposto a quello del precedente player, interpreta la propria funzione economica in modo specularmente opposto:

p = medio/alto, alto
q = medio/bassa, bassa
prodotto = differenziato, fino a esclusività, qualità tecnica elevata

→

Evidentemente, offrendo prodotti/brand con prezzi più elevati, lo specialista non si rivolge all'intera domanda, ma solo a una porzione di essa, con l'ovvia conseguenza che non gli sarà possibile generare elevati volumi di venduto, perlomeno nella singola area geografica. Per questo motivo, della situazione dello *special marketer* si parla come di un modello *a valori*. Il player che opera in questo segmento di offerta sa bene che dovrà offrire un supporto evidente e continuativo alla promessa di maggior performance complessiva della propria offerta, che è implicita nel prezzo più elevato di quello dei *mass marketer*. Il suo monte ricavi è mediamente inferiore di molto a quello dei *mass marketer*, ma sarà invece caratterizzato da una profittabilità superiore, grazie alla sua maggiore marginalità.

È del tutto evidente e, a questo punto chiaro, perciò, che pur insistendo in un medesimo mercato, la Fiat e la Porsche, ad esempio, non sono player concorrenti: il primo brand viene gestito in ottica *mass marketer*, il secondo in chiave *special marketer*. Il primo deve fare elevati volumi di venduto per garantirsi quel monte ricavi che gli serve, ed essere sempre efficientissimo; il secondo cerca di qualificare la propria clientela sull'alto spendente, perseguendo più il mantenimento di alti prezzi che una crescita di volumi, e privilegiando la soddisfazione della clientela all'efficienza. È altresì del tutto evidente la corrispondenza ideale esistente fra la fascia di mercato nella quale si decide di operare e il business model di riferimento (figura 12.3).

Figura 12.3

Sinossi produzione-mercato.

		Indice prezzi	Quota domanda primaria	Orientamento vincente	Fattori critici di produzione	Business model
Icon Ultrapremium	Luxury market	500 e oltre	>1%	cliente prodotto	Economie di varietà Qualità del prodotto Customizzazione	A valori
Superpremium		300-500	>5%	marketing prodotto cliente		
Premium	Premium market	150-300	Fino a 40%			
Premium economy		130-150		vendita marketing produzione	Economie di scala Riduzione dei costi unitari medi Produttività	A volumi
Mass market	Value market	100 = prezzo medio	60-40%			
First price		70 e giù	Fino al 10%	produzione		

Come già mostrato nel ▸ Capitolo 2, al crescere del prezzo, il **numero di compratori** che possono accedere alle offerte diminuisce considerevolmente. I player possono operare idealmente in qualsiasi fascia, ma nella consapevolezza che ciascuna ha le sue caratteristiche: nei modelli a volumi, l'efficienza e il contenimento dei costi sono decisivi; in quelli a valori, la priorità relativa è data alla relazione e al branding.

Jeff Bezos, creatore di Amazon, esprime così su "Wired" il proprio pensiero intorno al modello di funzionamento economico della propria azienda:

> Ci sono due modi per costruire un'azienda di successo. Primo, mettercela tutta per convincere il cliente a pagare prezzi alti. Secondo, dare il massimo per permettersi di offrire ai clienti prezzi bassi. Funzionano entrambe le strategie. Noi siamo degli irriducibili del secondo campo. È complicato, perché devi eliminare i difetti ed essere molto efficiente. Ma è anche un modo di guardare le cose. Preferiamo avere una base di clienti molto ampia e bassi margini di guadagno, piuttosto che una base ristretta di consumatori e margini più elevati.

12.1.3 La gerarchia di prodotto

Occorre ora, per completare il quadro, specificare ulteriormente il termine "categoria di prodotto" (*product category*), già introdotto nel ▸ Capitolo 1. Dal punto di vista tecnico-merceologico, ognuno dei processi produttivi delineati nel paragrafo precedente può idealmente generare una certa varietà di prodotto, che, opportunamente organizzata, prende il nome di gerarchia di prodotto.

Gerarchia di prodotto

Data una tecnologia produttiva, esprime il complesso delle varianti di prodotto che tale tecnologia consente di realizzare. È resa vitale dall'innovazione tecnologica (che apre nuove possibilità) e dalla competizione per differenziazione.

- Al livello più alto abbiamo la *product category* (o *product class*): nel caso dei mezzi di trasporto, il livello superiore è distinto in *classi* quali, ad esempio, le automobili, i bus, i camion ecc.
- Subito sotto, ogni product category è suddisiva in varianti di primo livello (*product form*): le automobili sono suddivise in berlina, monovolume, station-wagon, city car ecc.
- Ogni variante di primo livello può essere poi articolata in sottovarianti (*variations of class*): le monovolume possono essere articolate in piccole, medie e grandi, e ulteriormente distinte in base al tipo di motore (diesel, benzina o ibrido).
- All'ultimo livello stanno i *brand*: ciascuna sottovariante viene ulteriormente articolata in relazione ai brand che la offrono su un dato mercato, coi relativi livelli di prezzo.

La gerarchia di prodotto costituisce perciò la mappa delle possibili varianti di prodotto che un dato processo produttivo – a tecnologia data – è in grado di realizzare. Essa è storicamente determinata, nel senso che cambia nel corso del tempo e nello spazio: nel primo caso si avvale del progresso tecnico e tecnologico, che, modificando le macchine utensili, consente di realizzare maggiori varietà di prodotto e di migliore qualità (si confrontino, ad esempio, le automobili degli anni Settanta con quelle odierne); nel secondo caso si mette in evidenza il fatto che le tecnologie di produzione disponibili non sono ovunque le medesime. La crescita industriale dei paesi orientali, ad esempio, è iniziata spesso importando macchine utensili dismesse, perché superate tecnologicamente, da parte d'imprese occidentali (così fu negli anni Cinquanta anche in Italia). I prodotti che appartengono alla stessa categoria, per quanto differenti fra di loro possano apparire, sono omogenei nella struttura tecnica che li esprime (tecnologia), nelle funzioni d'uso di base e in alcuni aspetti esteriori, che rendono ciascuna varietà di prodotto immediatamente riconoscibile come appartenente alla categoria medesima. Sono infatti un aggregato di output, accomunati dalla medesima tecnologia di produzione e modalità di presentazione all'acquirente. Una Smart e una Ferrari, per quanto distanti possano apparire, sono comunque riconoscibilissime come *automobili*. Ricorrendo a una facile analogia, possiamo dire che tutti i prodotti di una categoria sono fra di loro *fratelli* – e riconosciuti come tali dal consumatore, perché si assomigliano – ma non sono mai *gemelli*.

La categoria di prodotto può essere anche espressa – è tipicamente il caso di quanto avviene nel retail marketing (▸ Capitolo 22) – in termini *funzionali*, ovvero utilizzando come criterio di raggruppamento delle diverse forme e varianti di prodotto non la tecnologia di produzione, ma l'uso che il consumatore ne fa. I biscotti, allora, potranno rientrare nella categoria "prodotti per la prima colazione", popolata anche di altre categorie merceologiche, distanti tecnologicamente da quella dei biscotti (figura 12.4).

Funzione d'uso

Rappresenta il bisogno fondamentale che un dato prodotto generico soddisfa. Normalmente a una medesima funzione d'uso possono fare riferimento più prodotti diversi.

Figura 12.4

L'albero della categoria.

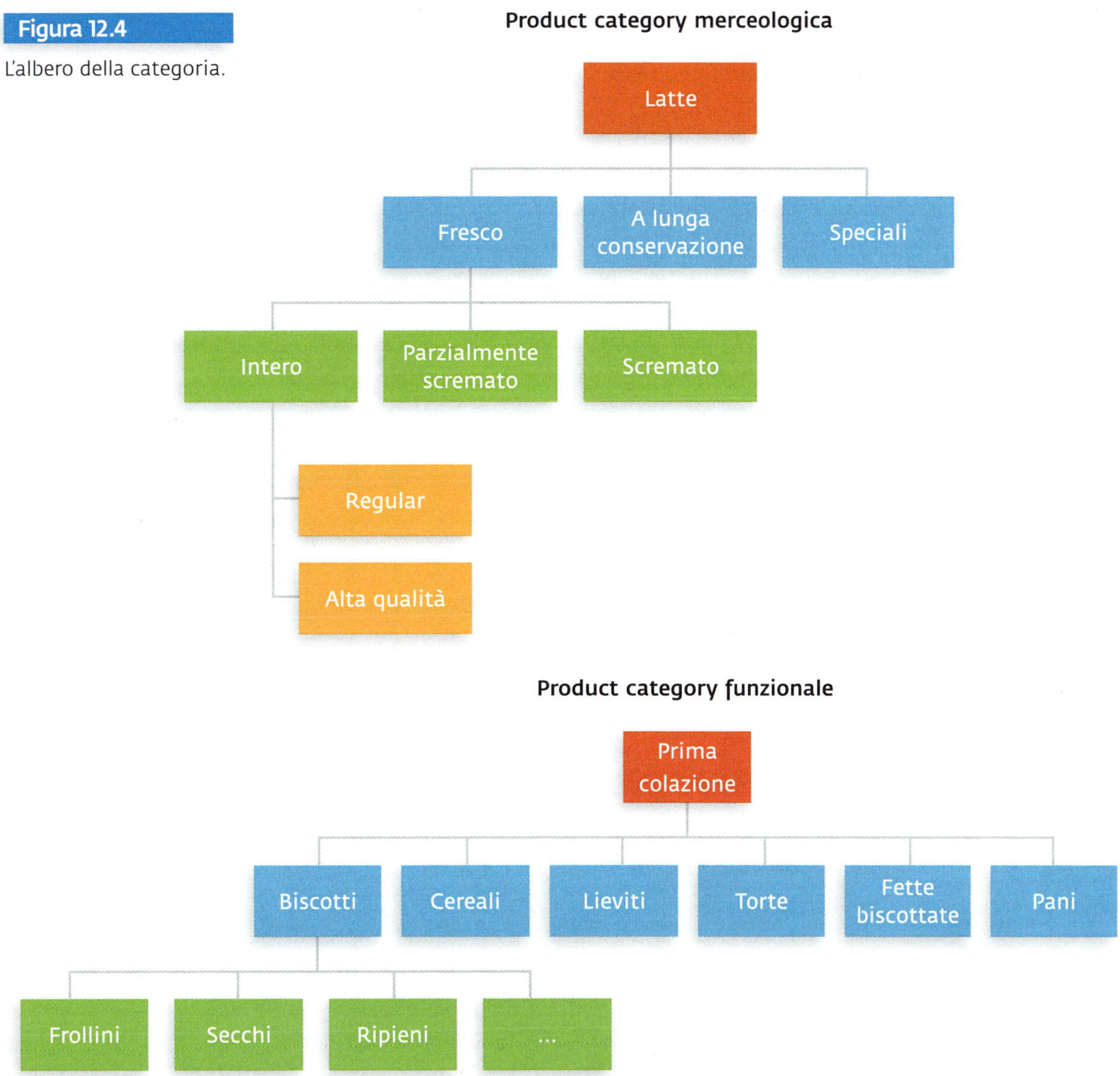

Questa gerarchizzazione è importante perché consente all'analista di mercato di farsi un quadro completo dell'offerta, sia merceologica (classi e varianti di prodotto) sia commerciale (brand e modelli connessi alle varianti), vigenti in un dato momento all'interno di una determinata area geografica. Il livello di analisi potrà essere di volta in volta stabilito, a seconda delle esigenze conoscitive, nella categoria (mercato dell'auto), nella variante di primo livello (mercato delle city car), o ulteriori. Riprendiamo a titolo di esempio l'articolo di quotidiano già citato nel ▸ Capitolo 2:

Ancora in frenata il mercato *italiano* dell'*auto*. A *settembre* [...] il balzo indietro è stato pari al 5,51%. [...] La principale novità è nella flessione più netta, anche se di poco, riportata dai *marchi italiani* (-6%), che finora avevano accusato ribassi inferiori alla media. [...] Nel mese scorso in totale sono state *immatricolate* 176.112 vetture, contro le 186.381 dello scorso anno. ("Il Sole24Ore", 1° ottobre 2008)

È chiaro, ora, che il giornalista che l'ha redatto si riferiva all'intera categoria, ovvero al complesso delle automobili vendute in Italia, indipendentemente dalla marca, dalla tipologia, dal prezzo, dal tipo di acquirente. L'articolo ci dice che il complesso delle automobili vendute in Italia nel mese di febbraio 2009 è diminuito di oltre il 5% rispetto all'anno precedente. Non si specifica, perché evidentemente non interessa in quella sede, se tutti i tipi di automobile (cioè tutte le product form) abbiano condiviso questo destino, o se, per esempio, le city car abbiano avuto un andamento in controtendenza rispetto al mercato aggregato, o, ancora, se un dato player, ad esempio Fiat, abbia performato meglio o peggio. In quella sede, evidentemente, il giornalista desiderava parlare della categoria e metterne in luce le cattive performance complessive, richiamando a tal fine dei numeri, delle misure.

Performare

Termine inglese italianizzato da *performance* e usato nel gergo business per esprimere il risultato realizzato da una determinata attività o progetto.

Misure di mercato

Insieme d'indicatori parametrici che consentono di esprimere valutazioni in merito all'efficacia e all'efficienza dei programmi e attività di marketing.

La gerarchia di prodotto è la base sulla quale viene definito il mercato di riferimento e si conviene di esprimerlo attraverso delle misure, che ne descrivono lo stato e le dinamiche. Queste possono essere in valore assoluto o in percentuale, e fanno riferimento a grandezze differenti (tabella 12.1).

Tabella 12.1

Il mercato delle acque confezionate in Italia: un esempioi di misure di mercato.

Variabili del mercato	Unità di misura	2006 (t)	2007 (t+1)
Fonti/sorgenti	n.	190	192
Marche	n.	321	325
Produzione, di cui:	Mln.litri	12.250	12.300
Export netto	Mln.litri	1000	1000
Consumi interni	Mln.litri	11.250	11.300
Consumi pro capite	Litri	192	192
Giro d'affari produttori	mln €	2200	2250
Ripartizione per varianti:			
Piatte	%	63	64
Effervescenti naturali	%	16	15
Gassate	%	21	21
Ripartizione per pack:			
Bottiglie in plastica	%	78	79
Bottiglie in vetro	%	20	19
Boccioni	%	2	2
Mix per area geografica:		Popolazione	Consumo
Nordovest	%	26,5	30
Nordest	%	18,9	20
Centro	%	19,3	20
Sud	%	24	20
Isole	%	11,4	10

Fonte: "Largo Consumo", 7-8/2008, p.162

1. *Vendite* della categoria, rappresentate mediante due chiavi di lettura:
   - *volumi*, ovvero le quantità vendute all'interno dello spazio di mercato definito in un dato arco temporale (11,3 milioni di litri nel 2007);
   - *valore* degli scambi complessivi del mercato, ottenuto aggregando i volumi per i rispettivi prezzi (2,2 miliardi di euro nel 2006).
2. *Consumi pro capite* della categoria, articolati nei vari segmenti (192 litri di acque confezionate pro capite), o in sottoripartizioni geografiche dell'area di mercato in esame (il 30% dei consumi di acque al Nordovest).

Ampiezza di categoria
Il numero di varianti di primo livello (product form) nelle quali una categoria si articola.

Profondità di categoria
Il numero di livelli nei quali una categoria si declina.

Una qualsiasi categoria di prodotto presenta infine delle dimensioni orizzontali (ampiezza) e verticali (profondità). Quanto più remota nel tempo è la storia di un mercato, tanto più articolata ne sarà la categoria, sia in ampiezza sia in profondità: la competizione fra imprese, infatti, passa sovente attraverso la creazione di nuove varianti di categoria, e questo, con il tempo, determina una crescita della varietà complessiva della categoria medesima. La Smart creò la variante city car, cancellando di fatto quella delle utilitarie da città. Anche il progresso tecnologico agisce sulla categoria, modificando la struttura tecnica nel senso di conferirle maggiore flessibilità e produttività, e perciò aumentando le capacità d'innovazione di prodotto dell'impresa, come meglio vedremo nel prosieguo di questo capitolo.

12.2 Modelli di analisi del prodotto

Gli stati di mercato propri del marketing management, come visto nel Capitolo 5 del libro, sono quelli oligopolisti e della concorrenza monopolistica, dove cioè un numero relativamente basso di produttori competono sostanzialmente per conquistare le preferenze di scelta dei consumatori. La creazione di *differenze percepite* fra i vari prodotti costituisce la strada maestra lungo la quale s'indirizzano tutti gli sforzi congiunti della funzione tecnica e di quella di marketing, per vincere il confronto competitivo. Ciò postula di disporre di un'idea iniziale, di un modello teorico di riferimento del prodotto, da usare come base di partenza per esercitare questo fondamentale effetto di mercato. Negli anni ne sono stati prodotti più di uno. A noi sembra opportuno richiamarne tre, ciascuno dei quali offre spunti di riflessione utili, originali e non alternativi:
1. il prodotto come insieme di attributi percepiti;
2. il prodotto come stratificazione di livelli di valore;
3. il prodotto come *concept* della product offering.

12.2.1 Il prodotto come insieme di attributi

L'idea di fondo di questa interpretazione parte dal collocarsi nella posizione dell'acquirente che, di fronte a diverse alternative, deve valutare quale sembri avere un maggior valore per lui. Un secondo assunto di questo modello è che l'insieme inscindibile, dato dal prodotto e dalla relativa marca, costituisca il *quid* che il com-

Attributo di prodotto

Caratteristica di prodotto che corrisponde direttamente a un beneficio ricercato dal compratore.

pratore compara con altri omologhi. Ciò posto, l'idea è che questo insieme inscindibile sia formato da un certo numero di attributi, alcuni dei quali sono tangibili, altri intangibili. La valutazione di acquisto prende quindi in esame entrambi.
Un attributo è una variabile che può avere due distinte nature.

- *Funzionale*: attiene prettamente il prodotto come fatto tecnico e capace di performance concrete. Ne sono esempi la potenza del motore in un'automobile, la varietà olfattiva in un vino, la stabilità di una barca, la leggerezza di un capo di cachemire. La progettazione e generazione di questi attributi è di pertinenza dell'area tecnica, mentre al marketing è dato stabilire il giusto mix di attributi (e i loro livelli) rispetto alla fascia di mercato che si andrà a presidiare.
- *Simbolico*: attiene alcuni attributi tecnici del prodotto – come il design e il packaging (che vedremo a breve) – e la capacità del brand di svolgere un ruolo comunicativo dal soggetto verso gli altri (aspetto segnaletico) e se stessi (edonistico). Sono esempio del primo tipo la forma della Vanity Fair di Poltrona Frau, o il rombo dell'Harley Davidson, del secondo le borse di Gucci, o i coccodrilli Lacoste.

In quanto variabile, ogni attributo può esser presente a diversi gradi nei vari prodotti, differenziando in tal modo un medesimo prodotto sul piano della prestazione: l'iPod è, ad esempio, disponibile in versione Shuffle, Nano, Classic e Touch, ciascuna delle quali declina in maniera diversa l'attributo funzionale della capacità di memoria e dell'interfaccia utente. Ogni categoria di prodotto, inoltre, presenta un certo numero di attributi che sono da considerarsi "di base", ossia immancabili, e facenti parte dell'essenza stessa del prodotto. Questi sono considerati ovvi dal cliente e perciò non hanno potere differenziante, né di stimolo all'acquisto. La differenziazione avviene, infatti, sia agendo sul livello degli attributi di base (ogni prodotto Ferrari ha un'accelerazione superiore a ogni prodotto Lancia), sia arricchendo il paniere complessivo di attributi con degli altri, aggiuntivi rispetto alle configurazioni di base.

Tabella 12.2

Attributi e fasce di valore.

	Funzionali	Simbolici
Luxury	Eccitanti	Esclusività
Premium	Performance	Distinzione
Value	Base	Assenti

La tabella 12.2 mostra come, a seconda della fascia di valore nella quale l'impresa intenda operare, i diversi attributi assolvano ruoli differenti. Nei *value market* gli attributi funzionali è sufficiente che siano di base, infatti i prodotti sono sostanzialmente standardizzati e il contenimento dei costi di produzione è la priorità produttiva; essendo fasce di mercato dove il consumatore ha atteggiamenti di tipo "problem solving", non sono necessari (né sarebbero sostenibili) attributi simbolici particolari. Nei *premium market*, invece, gli attributi svolgono un ruolo motivazionale, dovendo generare un valore maggiore a fronte di un prezzo più elevato: gli attributi funzionali sono orientati a conferire una maggiore capacità di performance, e quelli simbolici devono sostenere e trasmettere istintività e comunicare il *savoir vivre* di chi li consuma. Nei *luxury market* vengono estremizzati entrambi gli attributi, conferendo all'offerta di prodotto delle dotazioni di esclusività e capacità di prestazione superiori alle aspettative.

Concludiamo la disamina di questa rappresentazione del prodotto osservando come la sua utilità distintiva risieda nella capacità di connettere le scelte di prodotto – che sono essenzialmente, lo ribadiamo, tecnico-produttive – con la capacità del consumatore di percepirne il valore. È una visione, in sostanza, marketing-oriented del prodotto, ottica che è alla base anche della classificazione classica dei beni di consumo riportata nel ▸ Focus "Classificare i prodotti sulla base del processo di acquisto".

12.2.2 Il prodotto come stratificazione di livelli

L'idea di fondo di questa interpretazione è che la differenziazione del prodotto risieda in diverse dimensioni dello stesso, le quali possono essere manovrate dall'impresa a piacimento, secondo una logica di stratificazione successiva. I livelli individuati da Theodore Levitt (1980), cui si deve questo modello, sono quattro:

Focus Classificare i prodotti sulla base del processo di acquisto

Se guardiamo a come si acquistano i prodotti di consumo, ovvero quelli che le persone fisiche ricercano per soddisfare i propri bisogni individuali, otteniamo una classificazione delle categorie ricca di indicazioni per i marketer.

Convenience: categorie di prodotto di cui il consumatore necessita ma per le quali non è disposto a impiegare né tempo, né sforzi. Sono acquistati frequentemente, in maniera spesso abitudinaria e ripetitiva, senza particolare coinvolgimento emotivo e intellettuale, e hanno un basso prezzo. I convenience possono essere:

- di base (*staple*), ad acquisto ricorrente e routinario (pasta, acqua in bottiglia, dentifricio ecc.);
- d'impulso (*impulse*), ad acquisto non programmato e strettamente connesso al luogo e momento in cui l'acquirente li vede (caramelle, fiammiferi ecc.);
- di emergenza (*emergency*), acquistati immediatamente nel momento stesso in cui si manifesta una necessità (un ombrello da un ambulante durante un temporale, un beautycase all'aeroporto).

Preference: categorie per le quali il consumatore percepisce un grado di coinvolgimento maggiore rispetto ai primi, pur dedicando all'acquisto risorse di tempo e mentali non molto superiori. In genere si subisce l'effetto delle politiche di brand dei produttori, che inducono un maggior coinvolgimento nella scelta. Ne sono esempio tutti i beni di largo consumo di marca industriale.

Shopping: categorie che il consumatore ritiene meritevoli di attenzione e tempo in occasione dell'acquisto, per compararli fra diverse marche alternative. Gli shopping possono distinguersi in due modi.

- Percepiti *omogenei*: prodotti di un certo grado di complessità ma le cui differenze fra le varie marche non sono evidenti o consistenti (computer portatili, automobili di media categoria, viaggi aerei ecc.). Gli sforzi sono finalizzati alla ricerca del prezzo migliore, a sostanziale parità (percepita) di prodotto.
- Percepiti *eterogenei*: sono analoghi ai precedenti ma presentano agli occhi del consumatore dei contenuti di differenza, anche sostanziali, e che perciò giustificano pienamente sforzi di acquisto (abbigliamento, arredi e complementi). Il processo di acquisto richiede tempo ed energie, tutte giustificate dall'elevato valore percepito.

Speciality: prodotti a elevato grado di desiderabilità da parte del consumatore, che è disposto a sostenere anche sforzi straordinari per trovarli. Siamo nel mondo delle fasce di valore elevate (▸ Capitolo 1), del superpremium e luxury, dove i prodotti sono caricati di alto valore simbolico (una Maserati, un Sassicaia, un libro d'antiquariato ecc.). Gli sforzi sono orientati a specifici oggetti di acquisto desiderati, che possono essere anche non necessari.

Unsought: prodotti cui il consumatore non pensa, o perché ignora l'esistenza della categoria stessa, o perché non ne fa abitualmente uso. Senza uno specifico sforzo di marketing, difficilmente verranno acquistati. Possono essere tali sia perché nuove categorie non ancora note alla domanda potenziale (il fax o il robot da cucina ai loro primordi), sia perché sistematicamente trascurati dal consumatore.

1. prodotto generico;
2. prodotto atteso;
3. prodotto ampliato;
4. prodotto potenziale.

Al livello elementare troviamo il *prodotto generico*, corrispondente all'oggetto realizzato dal produttore con le sue caratteristiche tecniche. A questo livello non vi è differenziazione possibile. Il produttore che intenda posizionarsi nel mass market – in particolare ai livelli di primo prezzo – può decidere di fermarsi qui e offrire un prodotto avente solo le caratteristiche base che la tecnologia richiede. È il caso, ad esempio, dei prodotti cosiddetti *white label*, o di alcune marche commerciali di base.
A un livello immediatamente superiore si trova il *prodotto atteso*, in cui si dota il generico di quelle caratteristiche minimali che il consumatore si attende. Queste possono variare in ragione del consumatore, e consentono dei primi adattamenti differenzianti, sebbene ancora minimali. L'acqua in bottiglia fornita nelle versioni da due litri, un litro e mezzo litro (per le vending machine) è un esempio di questo primo livello di differenziazione.

Vending machine

Distributore automatico di prodotti. Grazie al miglioramento tecnico che le hanno interessate, le VM rappresentano ormai un vero e proprio canale distributivo che va a integrarsi con quelli più tradizionali.

Accessorio

Elemento che si aggiunge al prodotto nella sua configurazione di base per ampliarne il valore e lo spettro di prestazioni fornite.

Il produttore può decidere di giocare la partita della differenziazione a livello di *prodotto ampliato*, dotandolo nella configurazione di base di attributi aggiuntivi (i cosiddetti accessori) che consentono al prodotto di superare le aspettative medie del consumatore e lo distinguono, in virtù di questo, dai prodotti concorrenti. La Toyota fu la prima a offrire la garanzia totale di tre anni o centomila chilometri, di serie su tutte le proprie vetture, distanziando in tal modo i competitori sul piano del valore prestato.
Il quarto livello di differenziazione, infine, si può avere a livello di *prodotto potenziale*, dove si differenzia il prodotto mediante degli attributi originali che, potenzialmente, possono stimolare il desiderio del consumatore. Oggi Samsung sperimenta una nuova formulazione di televisore, la cosiddetta *smart TV*, scommettendo sulle potenzialità d'integrazione fra la rete Internet e l'elettrodomestico.

L'idea di prodotto di Levitt cerca di fornire al produttore una guida utile alla sua configurazione, mettendo a sistema le ragioni di appeal per il consumatore, i costi di produzione interni e il confronto competitivo. La stratificazione proposta, perciò, rende potenzialmente possibile per l'impresa concepire prodotti semplici, sostanzialmente non differenziati e mirati alle esigenze di base (il prodotto generico e atteso, come protagonista dei *value market*); prodotti complessi, dotati di caratteri distintivi rispetto ai competitori e di appeal per il compratore (da posizionare in fasce *premium*), e prodotti sperimentali, di rottura delle convenzioni di mercato, dotati di potenziale concorrenziale e di soddisfazione del cliente di tipo *disruptive*.

12.2.3 Il prodotto come concept

Questo punto di vista sul prodotto si basa sulla considerazione dell'esistenza di due soggetti: il prodotto *generico*, rappresentato nell'architettura della gerarchia di prodotto, e quello *specifico*, che la singola impresa concepisce e realizza. Una cosa, in altri termini, sono i biscotti frollini, *product form* della categoria "biscotti", altra le Macine del Mulino Bianco, variante proposta dall'impresa parmigiana, assieme ad altre (Galletti ecc.) in contrapposizione ai Bucaneve, piuttosto che agli Atene della Doria. Questo secondo soggetto è il *product concept*, ovvero la specifica formulazione di prodotto che l'impresa concepisce e con la quale va a popolare una product category esistente – a qualsiasi livello gerarchico della stessa – o ne crea una nuova.

Esemplificando, la Ferrero crea ciò che sul mercato chiama Grand Soleil generando una nuova *product category* (i fine pasto) di tipo funzionale, prima inesistente, inserendosi, al contempo, nella categoria merceologica dei dessert, a livello di nuova *product form*. Con il product concept, in sostanza, l'impresa concepisce e propone una propria interpretazione della categoria (una sorta di "cover" musicale) dotata di un certo grado di differenziazione dagli altri esistenti. La varietà, numerosità e innovatività dei product concept proposti, costituiscono un'espressione della capacità innovatrice dell'impresa stessa. Olivetti, 3M, Sony, Siemens, per citare solo alcuni nomi, sono state (o sono) imprese che hanno brevettato centinaia di nuovi concept, contribuendo a cambiare il mondo e renderlo così come oggi è.

Il product concept fonde sinteticamente in un unicum delle caratteristiche:

- *tecniche*, che conferiscono un determinato livello qualitativo al prodotto;
- di *forma*, che impattano sulla capacità del prodotto di produrre sia la propria performance funzionale, che quelle estetica e simbolica;
- di *servizio*, che aumentano la capacità del prodotto di generare i benefici funzionali per il consumatore.

Le *caratteristiche tecniche* sono sinteticamente riassumibili nel termine *qualità*. Quello della qualità del prodotto è un tema assai ricco, che investe, in un flusso continuo e integrato, la progettazione, la realizzazione e la percezione di prestazione del prodotto. La qualità del product concept è un tema che riveste interesse per il marketing, in particolare, su due fronti:

1. la *customer satisfaction*, ovvero il livello della soddisfazione che il consumatore ricava, sul piano funzionale, grazie agli attributi del product concept, il quale deve essere almeno in linea con le aspettative tipiche della fascia di valore nella quale si opera;
2. i costi complessivi di produzione, che devono consentire di posizionarsi in modo profittevole nella fascia di mercato di riferimento.

I due argomenti sono evidentemente collegati. Esemplifichiamo con l'aiuto della tabella 12.3: l'iPad di Apple è stato posizionato nella fascia premium del mercato dei tablet con un prezzo finale (per la variante da 16 GB) di 499 dollari. Fatti i debiti conteggi, i costi complessivi del prodotto devono essere non superiori al 50% circa del prezzo finale, assicurando al contempo una piena funzionalità dell'apparecchio al livello di prestazione progettato. Se la produzione non è capace di realizzare un'adeguata qualità di prestazione a quei costi, ma solo a costi superiori, allora o il consumatore sarà insoddisfatto, o il prezzo finale dovrà salire. In entrambi i casi Apple rischierebbe di "andare fuori mercato", come si suole dire. Non sfuggirà al lettore che una delle forti ragioni di outsourcing e offshoring degli ultimi anni è proprio legata a questo meccanismo.

Tabella 12.3

Cosa c'è dentro l'iPad 1? Distribuzione del valore della versione 16 GB wi-fi (2010).

Voci		Valoril (USD)		%	
Prezzo retail		499		100	
Costi		262		52,5	
	Materiali e componenti		154		30,9
	Lavoro - non identificato		25		5
	Lavoro - Cina		8		1,6
	Logistica e distribuzione		75		15
Margini lordi*		237		47,5	
	Apple		150		30,1
	Altri fornitori		34		6,8
			27		5,4
			12		2,4
			7		1,4
			7		1,4

* Non comprendono i costi del lavoro

Fonte: "The Economist", 21 aprile 2012

Industrial design

La concezione e progettazione di un product concept ai fini della sua riproduzione seriale.

Ergonomia

Attiene la massimizzazione della qualità e performance percepita nel rapporto funzionale fra l'essere umano e gli oggetti per questi progettati.

Le *caratteristiche di forma* sono sinteticamente riassumibili nel termine **industrial design**. Si tratta di un processo creativo e tecnico che miscela fattori ingegneristici e tecnologici, i materiali produttivi e l'estetica da realizzare, e che convoglia il tutto in soluzioni riproducibili dalle macchine utensili all'interno di un processo manifatturiero. Il design, in sostanza, ha a che fare sia con la capacità del concept di produrre prestazioni funzionali all'altezza delle aspettative – il bilanciamento in mano di una penna, la comodità e correttezza di una seduta, l'aerodinamica di un motoscafo, la funzionalità di un dosatore di dentifricio – sia con quella di produrre un'esperienza estetica. È bene sottolineare che ogni prodotto manifatturiero, fin dai tempi dell'artigianato antico, possiede un design – termine qui inteso nel senso della sua componente ingegneristica ed **ergonomica** – ma è solo dai primi del Novecento che il termine è andato a cogliere anche le potenzialità differenzianti insite nella componente estetica del disegno industriale. I grandi maestri italiani del design industriale, che hanno trovato e trovano sbocco nelle produzioni di eccellenza del made in Italy (Ettore Sottsass, Gino Valle, Sergio Pininfarina, Giorgetto Giugiaro, Roberto Sambonet, Michele De Lucchi, per citarne solo alcuni), sono professionisti che hanno saputo miscelare, in progetti originali e bellissimi, entrambe le dotazioni. Va osservato che, sebbene nel parlare comune l'espressione "quell'oggetto è di design" stia a indicare un prodotto costoso, nella realtà così non è: Ikea deve il proprio successo anche all'aver saputo miscelare un design anche di alto livello estetico con prezzi bassi; la Fiat 500, la Mini, la Vespa, il Maggiolino – oggi oggetti di culto e "di design" – nascono come prodotti accessibili alla massa; l'edilizia estetica e fiabesca del quartiere romano di Garbatella era dedicata ad alloggi popolari, per i contadini e gli operai.

Il design può esprimersi anche attraverso una componente particolare del product concept, e cioè il *packaging*, ovvero la confezione materiale che, da un punto di vista funzionale:

- *fraziona* il prodotto nell'unità di vendita e consumo: la pasta è frazionata in confezioni da 500 grammi, il latte da un litro, i Baci Perugina in tubi da tre, cinque e otto praline ecc.;

- facilita *l'uso corretto* del prodotto: il dentifricio è confezionato in dosatori ergonomici, che consentono di esaurire il prodotto e mantenere il tappo;
- consente il *trasporto* del prodotto dal luogo di acquisto a quello di consumo, difendendone l'integrità;
- consente lo *stoccaggio*, sia negli scaffali dei punti vendita, sia in casa.

Vincitrice del Compasso d'Oro nel 1989, la lampada Tolomeo è un esempio di design funzionale ed estetico per il quale il nostro paese è celebre nel mondo. La capacità di creare stile sostiene l'export italiano.

Per queste fondamentali utilità funzionali, il packaging può rientrare nella progettazione complessiva del design industriale. Il packaging assume anche delle importantissime funzioni comunicative e promozionali, che affronteremo però in altra sede (▸ Capitolo 18).

Le *caratteristiche di servizio* del product concept, infine, fanno riferimento a un'ampia congerie di attributi che, sostanzialmente, innalzano la capacità del prodotto di esprimere tutto il proprio valore a beneficio del compratore. Esse possono essere utilizzate per espandere il profilo di valore del product concept e come elemento di differenziazione dai competitori. Possiamo ricondurle ai seguenti caratteri.

- *Customer information*: informazioni sull'utilizzo che consentono al consumatore di far correttamente funzionare il prodotto, facendogli esprimere tutto il proprio potenziale. Possono essere veicolate sul packaging (p.e. i 4 Salti in padella di Findus illustrano come preparare il prodotto), in un supporto a parte (si pensi alle istruzioni di montaggio di un giocattolo), oppure online (nel caso di un software).
- *Customer service*: servizio di assistenza in remota che risolve i problemi di utilizzo del prodotto e raccoglie eventuali segnalazioni d'insoddisfazione. Può essere erogato per via telefonica (il caso dei call center Alitalia per i clienti Freccia Alata), o mediante altri strumenti digitali (il sito aziendale di Vodafone Business è un vero e proprio portale di servizio).
- *Servizio d'installazione e manutenzione ordinaria*: l'uso di alcuni prodotti presuppone un'installazione non accessibile a chiunque (si pensi a una vasca idromassaggio, o a un condizionatore), ragion per cui l'offerta del prodotto è da intendersi completata da questo servizio. Molti prodotti presuppongono poi una manutenzione ordinaria che, almeno per i primi cicli, viene offerta come parte integrante dell'offerta di prodotto (tipico il caso dei primi due tagliandi di un'autovettura nuova).
- *Garanzia*: esplicita ulteriormente al compratore la promessa di valore che il venditore esprime sul proprio product concept. Offrire garanzie superiori alla media del mercato può costituire un elemento differenziante (come nel già citato caso della Toyota) formidabile. Naturalmente i suoi legami con la notorietà e reputazione di marca del venditore sono considerevoli, come meglio vedremo nel prossimo capitolo.

Tabella 12.4

La scheda concept.

	Significato	Esempio
Consumer insight	Evidenzia il problema che è alla base della soluzione promessa dal concept	Un biscotto-snack che dia energia
Target	Il profilo del consumatore al quale il concept è diretto	Bambini
Product category	Il livello al quale si colloca il concept nella gerarchia di prodotto	Biscotto frollino farcito
Benefit	La promessa fondamentale che risolve il problema dell'insight	Dà energia al tuo bambino in modo per lui gradevole
Reason why	La giustificazione concreta del mantenimento della promessa del prodotto	Il cacao dà gusto, la crema alla vaniglia conferisce le sostanze del latte
Key elements	Gli elementi chiave che creano la percezione del prodotto e danno credibilità alla promessa	Pavesi è leader nella produzione di biscotti da molto tempo
Brand	Il brand del prodotto e la sua collocazione nella famiglia di brand aziendali	Ringo-Pavesi
Concept design	L'immagine a computer (rendering) o del prototipo del prodotto	Fotografia del biscotto Ringo
Pakgaging	Le dimensioni della confezione con la quale verrà commercializzato	Snack da sei biscotti; tubo da dodici
Trading	I canali distributivi attraverso i quali si pensa di commercializzare il prodotto	GDO per il tubo, vending e retail per lo *snack*
Prezzo	Il posizionamento nella fascia di prezzo finale	Premium: 0,90 € per lo *snack*, 1,20 € per il *tubo*
Concorrenti	L'indicazione dei concorrenti esistenti e i punti di differenza del concept	Doria Doricrem
Wrap up	Riassunto che rinforza la promessa	*Do You Ringo?*

Fonte: Pratesi e Mattia, 2002

Concludendo, vogliamo ribadire che, quale che sia il modello di riferimento che si adotti, il produttore dispone di molte possibilità di differenziare la propria offerta attraverso il proprio output. I limiti a tutto ciò risiedono nella struttura tecnica installata, pro tempore costante, nella struttura dei costi e dei prezzi nella fascia di mercato di riferimento (elementi di competitività diretta) e nella sua capacità d'innovazione, tema che tratteremo nel prossimo paragrafo.

12.3 Il prodotto e la sua vita

La Vespa Piaggio fu il prodotto che dotò l'Italia del secondo dopoguerra di una motorizzazione di massa: nasceva dalla riconversione della Piaggio all'industria pacifica, utilizzando materiali di magazzino e avvalendosi di processi intermittenti dotati di grande efficienza e produttività, così da poterne contenere il prezzo di vendita, rendendolo accessibile all'intera domanda potenziale (▸ Capitolo 1). Oggi la Vespa è un prodotto *cult* che sfreccia per le vie di Manhattan ed è esibito come simbolo del *savoir vivre* e del gusto *vintage* che denota alcuni stili di vita urbani. In buona sostanza, la Vespa è un prodotto che ha conosciuto un percorso di vita lungo e articolato, durante il quale ha cambiato più volte posizione di mercato, valore percepito e configurazione di offerta. In generale, ogni categoria di prodotto di successo – come l'automobile, il cappello, il lettore digitale, o la pasta fresca industriale – ha una propria storia, che nasce nel momento in cui essa fu concepita per la prima volta.

Vespa ha saputo attraversare i decenni mutando forma e contenuto della propria formula di valore. Oggi il brand sostiene una promessa di benefici unica e non imitabile e veicola prodotti di categorie diverse, ma connesse da uno stile comune.

12.3.1 La creazione di nuovi prodotti

La gran parte delle categorie di prodotto che utilizziamo, desideriamo, acquistiamo, conosciamo, sono state ideate tanto tempo fa. L'uomo, infatti, si è da sempre creato gli oggetti di cui aveva bisogno, avendo come unico limite la tecnologia e le tecniche di produzione disponibili: gli arredi domestici, le posate e i rubinetti che usiamo, ad esempio, sono stati inventati millenni fa, e ciò che noi utilizziamo altro non è che un ripensamento, tecnologicamente aggiornato, di quelle idee. Il XX secolo è stato poi, senza ombra di dubbio, quello in cui le scoperte scientifiche progressivamente compiute hanno trovato sbocco e declinazione in una miriade di nuove categorie prima impensabili: l'automobile e la radio sono entrambe creazioni di fine Ottocento, il forno a microonde è del 1945, il cellulare del 1973 e così via. Oggi l'innovazione di prodotto consiste, il più delle volte, nel ripensare "in salsa tecnologicamente avanzata" classi e varianti di categorie di prodotto già esistenti: la fotocamera digitale ripensa una categoria di prodotto creata nella seconda metà dell'Ottocento; il telefono cellulare costituisce l'evoluzione di un'invenzione dello svedese Lars Ericsson di fine Ottocento; il progetto Internet nasce negli anni Sessanta del secolo scorso, così come il primo browser ha ormai oltre trent'anni. Un interessante aspetto attuale dell'innovazione di prodotto va inoltre qui rimarcato: il senso comune che oggi affidiamo alla parola "nuovo", nell'acquisto dei prodotti, è ampliato rispetto al significato primo della parola, che è quello di "non usato". Esso infatti comprende anche il fatto che il prodotto sia percettibile come "differente rispetto al passato", il fatto cioè che l'offerta sia dotata di "connotati di discontinuità". In altri termini, se vado ad acquistare una lavatrice Indesit nuova, non solo pretendo che essa non sia mai stata usata da nessun altro, ma mi aspetto anche che essa abbia un quid che la distingua dalle lavatrici Indesit del passato, anche recente. Quest'aspettativa sul nuovo va tenuta nella massima considerazione da parte dei venditori.

Un esempio di cosmetextile. La tecnologia consente oggi la sperimentazione di prodotti finora prerogativa della fantascienza.

In sostanza, l'innovazione di prodotto, ovvero la concezione dell'idea di una categoria prima non esistente, va intesa in due sensi, non necessariamente disgiunti fra loro: (i) l'ideazione di un prodotto nuovo per l'impresa e con il quale essa crea un mercato fin lì non esistente; (ii) l'ideazione di un prodotto nuovo per l'impresa, ma di una categoria già esistente e quindi non nuovo in assoluto per il mercato (tabella 12.5). Generalmente la prima tipologia d'innovazione viene chiamata **technology push**; alla seconda sono ricondotte in genere le innovazioni **demand pull**. Nel primo dei due casi parliamo di "invenzione", e ciò,

Technology push

Innovazione che nasce sostanzialmente dai risultati della sperimentazione tecnica e ricerca tecnologica (p.e. il fax, il GPS, la Vitamica C).

Demand pull

Innovazione la cui fonte preminente di ideazione è il cliente e le sue esigenze particolari d'uso (p.e. le sottilette Fila e Fondi Kraft, o lo shampoo antiforfora).

se ha successo, dà il via a un processo successivo di popolamento della categoria e arricchimento in varietà, creando un nuovo mercato (ovviamente inteso nel senso aggregato visto nel ▸ Capitolo 2). In quest'ambito oggi si assite alla nascita di nuove aree di business, o nuovi mercati, resi oggi possibili dalla convergenza, su una categoria comune, di più tecnologie produttive. Abbiamo così:

- il *cosmetextile*, intersezione fra il textile e il personal care (p.e. Bayscent);
- l'*healthfabrics*, intersezione fra il textile e il pharmaceutical (p.e. Sigvaris);
- il *cosmeceutics*, intersezione fra personal care e pharmaceutical (p.e. Somatoline Cosmetics);
- il *nutricosmetics*, unione di food e personal care (p.e. Olay Vitamins);
- il *nutriceutical*, frutto della convergenza fra food e pharmaceutical (p.e. Alixir).

Tabella 12.5

Innovazione per l'impresa e il mercato.

Tipologia	Grado innovazione per il mercato	Grado innovazione per l'impresa	Significato
Line extension	Basso-medio	Basso	Integrazione del nuovo in una linea preesistente. Esempio: Sottilette Fila e Fondi.
Category extension	Basso-medio	Medio	Partendo da una linea e brand esistenti, ci si sposta verso un'altra categoria. Esempio: Nivea for Men.
Breakthrough	Alto	Alto	Innovazioni assolute. Esempio: TomTom navigatore GPS.
New improved	Basso	Basso-medio	Riformulazione di esistenti per accrescerne la performance. Esempio: nuova formula shampoo Clear.

Nel secondo dei casi, parliamo di un'innovazione che si colloca a valle della product category e può dar vita a nuove forme (product form) e varianti della categoria: un esempio del primo tipo è la creazione della monovolume, la cui versione moderna si deve all'Espace Renault del 1984 (sebbene già la Fiat 600 Multipla, utilizzata negli anni Sessanta come taxi, ne fu precursore); anche il ripensamento del telefono portatile, operato da Apple con l'iPhone nel 2007, crea la variante degli smartphone. Esempi del secondo caso sono innumerevoli: l'Aprilia, costruttore di moto da corsa, con lo Scarabeo entrò nel mercato degli scooter, interpretando il prodotto a suo modo; Giorgio Armani con Armani Casa realizza prodotti non nuovi per il mercato, ma interpretati secondo il proprio stile.

12.3.2 L'innovazione di prodotto come processo

Identificare, immaginare e sviluppare nuove idee di prodotto, e saper applicare le conseguenti strategie di mercato, è in molti contesti produttivi il fattore chiave che determina il successo, o il fallimento, di un'impresa. Settori poco dinamici e maturi – come l'edilizia, o la trasformazione agroalimentare – sono meno sensibili alla criticità del rinnovamento delle categorie di prodotto, mentre altri – come la *consumer electronics*, il chimico-farmaceutico, la meccanica industriale – lo sono moltissimo. Diverse sono le ragioni per le quali un nuovo prodotto può non avere successo: una sottovalutazione della concorrenza, una sopravvalutazione del valore percepito del nuovo prodotto, l'incapacità tecnico-economica di realizzare compiutamente il progetto e altro ancora. In sostanza, il premio che attende l'impresa innovatrice è elevato e appetibile, ma altrettanto elevati ne sono i rischi di fallimento. Per questa ragione le imprese maggiormente strutturate (il che in genere coincide con l'intendere le imprese di grande dimensione) si dotano di procedure formalizzate per governare il processo di sviluppo di nuovi prodotti. Le modalità concrete sono numerose e cambiano da impresa a impresa in ragione di molti fattori: la cultura aziendale favorevole o meno all'innovazione, la competenza e attitudini del management, la struttura organizzativa preesistente.

È comunque possibile identificare, nella varietà di situazioni sopra descritta, alcuni passi tipici del processo, che richiamiamo nella figura 12.5 unitamente alle variabili gestionali corrispondenti.

Figura 12.5

Il processo di sviluppo di nuovi prodotti.

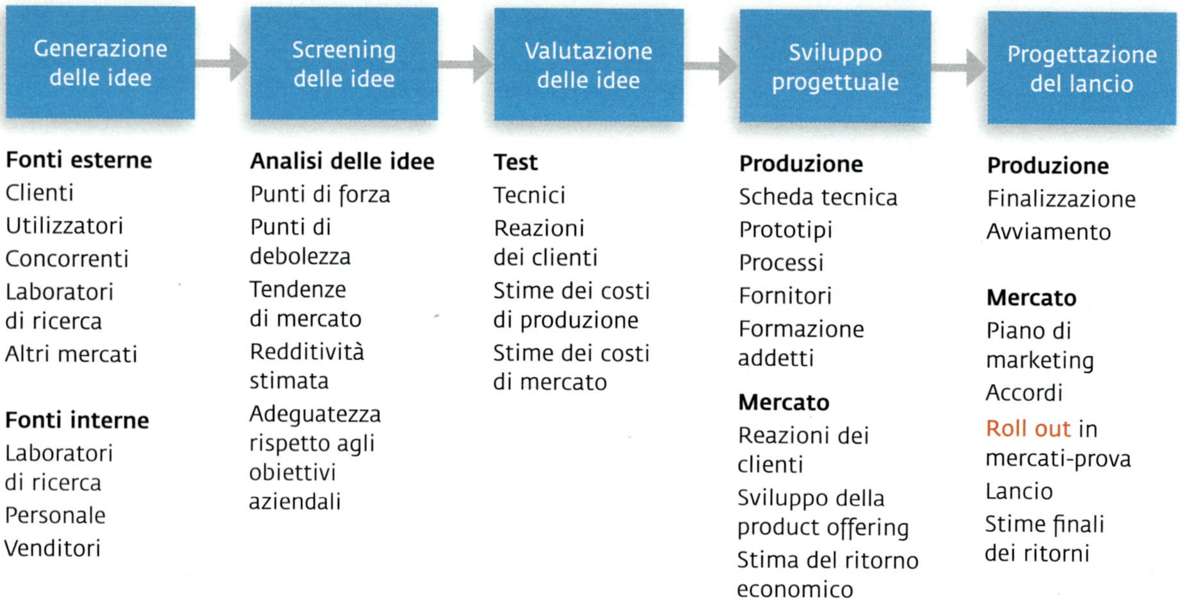

Roll out

Fase terminale dell'avviamento di un progetto d'innovazione prodotto.

Un aspetto importante del processo, da tenere sempre in debita considerazione, è che ogni idea di nuovo prodotto deve sempre dimostrare la propria profittabilità e capacità di generare ritorni positivi sugli investimenti. L'ipotesi di lavoro, continuamente stressata, è che la nuova idea "non" sarà profittevole. Ne consegue che essa, a ogni step successivo, sarà costantemente chiamata a dimostrare l'infondatezza dell'ipotesi di partenza: con tale approccio è evidente che l'impresa ben gestita assume un comportamento aperto all'innovazione, ma prudenziale in merito alla sua fattibilità e opportunità economica.

L'esperienza insegna che gli elementi sopra ricordati, uniti a una serie di fattori critici, formano il paniere dei fattori di successo nell'innovazione di prodotto. Questi sono: il supporto del top management, l'adozione di team d'innovazione multifunzionali, una chiara comprensione di bisogni del cliente, una gestione del processo efficiente in termini di tempi, la predisposizione di piani di marketing adeguati la capacità di tradurre l'idea in efficienti pratiche di produzione.

12.3.3 Il ciclo di vita del prodotto

Il ciclo di vita del prodotto è un modello che descrive degli stati-tipo che una determinata categoria di prodotto (o uno qualsiasi dei suoi livelli gerarchici inferiori) può attraversare negli anni: si può parlare di un ciclo di vita dell'automobile e di uno del SUV, di un ciclo per il vino e di uno per i vini rosati, di un ciclo di vita degli accessori moda da uomo e di uno per il cappello, e così via. Scopo della rappresentazione è essenzialmente l'individuare alcune condizioni-tipo di mercato che un dato prodotto tende normalmente a sperimentare, a seconda della fase in cui si trova.

Alle volte la volontà di rompere gli schemi conduce a insuccessi commerciali.
Avantime della Renault fu un flop di mercato dovuto, probabilmente, a questo tentativo.

La tesi di fondo, in sostanza, è che le problematiche competitive e il marketing management non siano uguali se, ad esempio, il nuovo concept sia stato appena lanciato, oppure sia sul mercato da molti decenni. In generale, infatti, alcune variabili di mercato tendono a mutare forma, verso e intensità di comportamento nel corso del tempo:

- i *consumatori* sono usualmente guardinghi e conservatori, poco restii, nella massa, ad accogliere nuove proposte di prodotto;
- i *concorrenti* adottano spesso comportamenti prudenti ma attenti e, al lancio di un prodotto nuovo, spesso tendono ad attenderne i risultati di mercato prima di, eventualmente, lanciarsi in massa anche loro nella sua realizzazione;
- i *distributori* ragionano su piani di certezza, per cui sanno bene che un nuovo prodotto avrà una certa fatica a garantire nel breve termine la medesima performance dei prodotti già esistenti, per cui tendono a resistere;
- le *vendite totali* del prodotto (e così i profitti da esse generate) tendono a manifestarsi lentamente, riflesso di quanto detto sopra e anche dei necessari tempi tecnici necessari a che un prodotto raggiunga una distribuzione sufficiente a garantire un'adeguata copertura della domanda.

Ragionando per analogia coi processi biologici, si è proposto perciò un modello che sinteticamente rappresentasse e comprendesse tutte queste situazioni, sviluppando un'architettura basata su due variabili: (i) il tempo; (ii) le vendite cumulate nel tempo. Il risultato è una rappresentazione grafica (figura 12.6) che, con la forma di un'onda gigante, dipinge la vita del prodotto come un polittico composto da:

1. lancio o introduzione sul mercato;
2. crescita del mercato;
3. maturità del mercato;
4. post-maturità: declino, pietrificazione o rivitalizzazione delle vendite.

Figura 12.6

Ciclo di vita del prodotto.

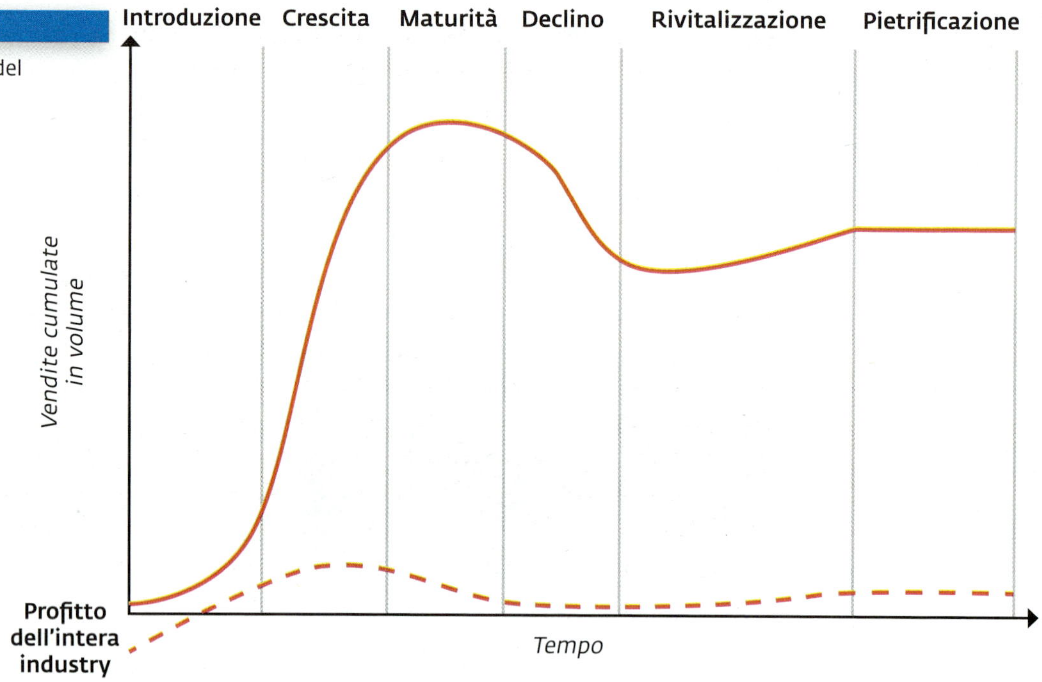

La linea continua rappresenta le vendite del settore in quantità cumulate nel tempo; la linea tratteggiata i profitti di tutti i player.

Notorietà di marca

Risposta cognitiva del consumatore agli stimoli di marketing. Comprende sia un aspetto conoscitivo puro (conosco/ignoro) che associativo (conosco e associo a un determinato prodotto).

In-store promotion

Iniziative di stimolo agli acquisti condotte all'interno dei punti vendita.

Il *lancio* corrisponde alla nascita del mercato (è il t0 delle ascisse), fase nella quale le vendite sono bassissime per il fatto che la domanda-target ancora non conosce l'esistenza del nuovo prodotto e i distributori coperti sono ancora pochi. Questa circostanza impone di investire cifre anche considerevoli su azioni di marketing operativo molto importanti: pubblicità su quanti più media possibile per creare notorietà di marca, promozioni di stimolo – tanto al trade quanto al consumatore – per sollecitare alla prova del nuovo prodotto, investimenti commerciali per aumentare rapidamente la copertura distributiva e dare al prodotto visibilità all'interno del punto vendita (in-store promotion e merchandising), eventi sul target per accelerare in essi la crescita di consapevolezza dei benefici differenziali proposti, movimentazione sui social media per stimolare l'attenzione e l'interesse della rete verso le novità. In sostanza in questa fase i costi di marketing sono molto elevati e, a fronte di un monte vendite ancora asfittico, ciò pone il conto economico di prodotto in perdita economica.

La *crescita* del mercato si ha quando la domanda sia stata innescata con successo: le vendite del prodotto conoscono un rapido incremento che si mantiene costante per un po' di tempo a tassi anche crescenti. Evidentemente in questa fase il mercato, per così dire, si sblocca e libera tutte le proprie potenzialità: introdurre il prodotto nei canali diviene più semplice anche perché i distributori sanno che i clienti cercano e desiderano quel prodotto; i clienti, anche attraverso meccanismi virali di comunicazione, sono coperti dalla notorietà e consapevolezza del prodotto e lo inseriscono nei loro panieri di spesa; i concorrenti iniziano a farsi numerosi. Quest'ultima circostanza ha effetto sulla profittabilità del prodotto: nella fase di crescita, infatti, i profitti per l'intero novero dei produttori crescono e raggiungono il loro massimo livello, mettendo a reddito tutto il potenziale di novità del prodotto. Tuttavia l'intensificarsi della competizione che ne deriva innesca nuovi investimenti anche sul prodotto – per realizzarne nuove varianti che si differenzino dai concorrenti e incontrino le esigenze di domanda ormai espresse – ma soprattutto sul mercato, per completare, nel più breve tempo possibile, la copertura distributiva sulla scia del successo in atto.

La *maturità* del prodotto è il momento in cui le vendite cumulate toccano il loro massimo storico, ma in cui i tassi di crescita delle stesse rallentano, per poi fermarsi definitivamente. Ciò inizia a conferire alla curva del ciclo di vita, in questa fase, un andamento *flat* o *a plateau*, cioè orizzontale all'asse delle ascisse. In parallelo, qui si esprimono appieno le condizioni competitive più aggressive: concorrenza sui prezzi, anche attraverso promozioni, modifiche incrementali di prodotto e sfruttamento estremizzato del potenziale di brand, condotte imitative da parte dei competitori e degli stessi distributori ecc. Questo stato di cose, per il mercato di categoria nel suo complesso, può durare anche anni: i jeans, i profumi, le automobili, i frigoriferi, per fare solo alcuni dei moltissimi esempi possibili, sono in tale situazione da tanto tempo. L'ingresso di competitori aggressivi, in vista delle condizioni di redditività, rende via via meno profittevole il mercato – a meno che non ci si trovi in una condizione di oligopolio (come la telefonia mobile in Italia). Diverso il discorso per le imprese che, all'interno di questo quadro generale di categoria, possono sperimentare condizioni di ciclo di vita del tutto diverse: tale fu, ad esempio, il caso di Diesel che, in una situazione di stallo delle vendite del jeans, seppe rinnovarlo nel profondo, sfilandosi dalle condizioni di mercato della maturità e innescando nuovi processi di rivitalizzazione del capo casual per eccellenza.

Successivamente alla fase di maturità, la categoria può sperimentare sostanzialmente tre situazioni possibili:

1. il *declino*, in cui il prodotto esce progressivamente dalla sfera d'interesse dei consumatori, dei clienti e dei produttori, per marginalizzarsi in una "nicchia di ritorno" (p.e. il cappello da uomo), o sparire completamente perché magari superato tecnologicamente (p.e. le lame da rasoio intercambiabili);
2. la *pietrificazione*, cioè l'assestamento delle vendite su un certo livello di volumi, con una condizione produttiva e di mercato sostanzialmente fissa, assestata su livelli bassissimi di volumi (p.e. quella delle candele da illuminazione), o anche elevati ma comunque *flat* (p.e. i camper);
3. la *rivitalizzazione*, in cui qualche produttore riesce a innescare un nuovo ciclo di vita del prodotto, introducendo un'innovazione tecnica che lo rende adeguato ai tempi (Moleskine coi quaderni), o reinventando un mercato (la mozzarella con la diffusione della varietà di bufala nelle pizzerie), o ripensando gli attributi fondamentali del concept (il ripensamento del jeans in chiave fashion dopo gli anni Settanta).

Il ciclo di vita del prodotto non disegna, per un'impresa e i suoi prodotti, una prospettiva certa di mercato, né un modello previsionale di vendite. È una modellizzazione empirica che determina alcune condizioni-tipo di scambio e indica in linea di massima le priorità di marketing da seguire e di cui aver cura. La curva specifica dell'impresa, o di un suo determinato brand, infatti, può seguire destini differenti da quella della categoria cui si riferisce, ma comunque risulta utile e proficuo, per il manager, avere coscienza delle condizioni-tipo nelle quali questi esprime il proprio potenziale competitivo.

Tabella 12.6
Scelte di marketing e ciclo di vita.

Variabile di marketing	Fase			
	Introduzione	Crescita	Maturità	Post-maturità
Product category	Modello unico, sperimentale	Nuove versioni, ricerca formulazione migliore	Imitazioni Differenze percepite diminuiscono	Razionalizzazione dell'offerta
Brand awareness	Informazione sulla categoria	Familiarità dei brand di categoria	Differenze fra brand	Azioni selettive e mirate
Copertura distributiva	Costruzione dei canali	Dalla selezione all'estensione	Totale del mercato	Selezionare
Prezzi	Dipende: scrematura o penetrazione	Differenziazione per fasce Allineamento (in oligopolio) Tendenziale diminuzione dei prezzi medi		
Appeal	Novità, prestazioni avanzate	Risvolti pratici	Marca come garanzia	Prezzi bassi
Adozione della categoria	Innovatori	Pionieri	Maggioranza anticipatrice e ritardataria	Ritardatari
Customer database	Sperimentazione del target, costruzione database	Popolamento del database	Strategie di valorizzazione del database clienti Popolamento e aggiornamento database	
Stato competitivo	Monopolio	Concorrenza monopolistica od oligopolio	Come in crescita, tendenza verso uno stato di concorrenza pura	

12.4 L'adozione del nuovo prodotto

Non tutte le persone hanno i medesimi atteggiamenti di fronte all'innovazione: c'è chi è, per suo proprio carattere e natura, resistente, c'è chi, all'opposto, la rincorre e la pone a discriminante di scelta; le persone anziane tendono a essere più conservative, i giovani più inclini alla sperimentazione, e via dicendo. Gli studi condotti sul tema hanno prodotto, su base empirica, una rappresentazione di come in media i compratori si rapportino di fronte a una nuova categoria di prodotto, proponendone una tassonomia così articolata.

- *Innovatori* (2%): la curiosità intellettuale per ciò che è nuovo e per le performance che può indurre è l'atteggiamento mentale preminente. Sono propensi al rischio, intellettualmente curiosi e cognitivamente dotati nei termini delle capacità di comprensione e uso del nuovo prodotto.
- *Pionieri* (15%): l'atteggiamento mentale prevalente è l'attenzione al contributo della performance che il nuovo prodotto promette. La dotazione cognitiva tecnica, tendenzialmente inferiore agli innovatori, è discreta e, unita alla bassa propensione al rischio, li pone in situazioni di ansia.

- *Maggioranza anticipatrice* (34%): compratori che rifiutano la nuova categoria, almeno fino a quando non abbia avuto tempo di diffondersi. Si tratta di compratori tendenzialmente avversi al rischio e fortemente emotivi.
- *Maggioranza ritardataria* (34%): segue la precedente categoria a breve distanza di tempo. Il prezzo basso costituisce la leva fondamentale per stimolare l'adozione della categoria, e la marca – come garante di qualità – gioca un ruolo rilevantissimo.
- *Ritardatari* (16%): entrano in campo a effetto-novità ormai scaduto. Sono attenti ai prezzi e alla facilità d'uso del prodotto.

Quanto detto sopra accomuna, pur con lievi differenze di contesto, i compratori sia business sia consumer: le imprese sono fatte da uomini, e di questi recano l'impronta attitudinale e cognitiva. Per questa ragione vi sono imprese più aperte al nuovo e alla sperimentazione (che quindi si riconoscono nel ruolo degli innovatori) e imprese più caute (che si riconoscono in quello della maggioranza ritardataria). Queste categorie, infine, sono ovviamente tendenziali, e fotografano comportamenti medi: non è matematico, ad esempio, che il lancio di un nuovo probiotico accolga nei primi sei mesi il 2% di compratori, e solo dopo ulteriori tre mesi raccolga il 15% dei pionieri. Sono numeri evidentemente indicativi che servono a dare il senso e la direzione delle cose, non la misura.

Case History — Banfi

di **Luca De Vigili**

Banfi è un'impresa vitivinicola italiana di medie dimensioni, articolata in due unità di produzione integrate: Montalcino, in Toscana, e Strevi, nel basso Piemonte. La storia di Banfi parte dall'intuizione di una famiglia italo-americana di New York, i Mariani, da sempre attiva nel wine business, che alla fine degli anni '70 decise di investire in una zona della Toscana di cui, all'epoca, doveva essere ancora espresso il reale potenziale di produzione e mercato. Una scelta pionieristica che ha gettato le basi per l'affermazione di Montalcino e la sua denominazione principe, il Brunello, in tutto il mondo.

L'approccio alla produzione della Banfi si è da sempre contraddistinto per l'innovazione: in *agronomia*, con la ricerca e lo sviluppo di piante sempre migliori (cosiddetta selezione clonale del Sangiovese) e l'ottimizzazione dei terreni attraverso studi scientifici di zonazione; in *enologia*, con la sperimentazione di tecniche di vinificazione all'avanguardia –soprattutto con l'affinamento in legno- e la creazione di innovativi processi e strumenti di produzione. Grazie a questa leadership di produzione, l'azienda montalcinese ha potuto affermare e consolidare negli anni un approccio di mercato misto, prevalentemente focalizzato sui premium market, ma anche capace di cogliere le opportunità del mass market di qualità. Questo modello è stato fondamentale per consolidare l'offering complessiva sul sangiovese e in primis sul Brunello, il prodotto che esprime, *in nuce*, l'identità aziendale.

Il portafoglio dei brand di proprietà è articolato in tre famiglie, ciascuna composta da prodotti che condividono un determinato approccio al prodotto: *Castello Banfi*, la linea delle produzioni di punta qualitativa (Brunello, Rosso di Montalcino, Supertuscans), *Banfi Toscana* la linea dei prodotti interpreti delle grandi tradizioni enoiche toscane (Chianti, Chianti Classico, Bolgheri ecc.), *Banfi Piemonte* i vini mossi della tradizione piemontese (bollicine e rossi del basso Piemonte).

Oltre a quelli di proprietà, attraverso la controllata *Banfi Distribuzione*, sono stati inseriti in portafoglio altri brand, con l'intento di fornire alla forza vendita in Italia e nel mondo, un portafoglio prodotti quanto mai ampio, differenziato e razionale, capace di assecondare i mutevoli *desiderata* dei consumatori;

→

accanto agli Champagne sono stati introdotti gli *icewine* canadesi di Inniskillin, i vini cileni a brand Concha Y Toro e Emiliana, quelli siciliani di Palari e per ultimi i Riesling di Pacific Rim e il Pinot Nero di Rainstorm dalla costa pacifica degli Stati Uniti.

La continua attenzione ai gusti e ai comportamenti di consumo, ha portato Banfi a sviluppare un nuovo concept, che sapesse rispondere alle richieste di un target femminile, che va alla ricerca di un prodotto fresco, da degustare senza sovrastrutture emotive ma solo alla ricerca di un piacere leggero. La ricerca Banfi si è concentrata sulle potenzialità del vermentino, un vitigno italiano di grandi tradizioni, sperimentandone diverse interpretazioni possibili, alla ricerca del punto di distinzione che s'intendeva offrire al target. È nato così *La Pettegola*, un prodotto facilmente bevibile, con un packaging fresco allineato ai gusti dominanti, e una collocazione di mercato esclusiva sull'Horeca, attorno agli 8 € al consumatore. A corollario, l'ideazione di un merchandising ad hoc –cover per palmari, borse spiaggia, t-shirt– cerca di svilupparne l'affettività e creare uno stile riconoscibile e identificabile.

Conclusioni

Produzione e marketing sono le anime del prodotto: la prima dota l'impresa di una struttura tecnica, la seconda di una di mercato, insieme sono parte fondante del modello di business dell'impresa. Le scelte di prodotto sono la risultante del continuo intrecciarsi dei vincoli e delle opportunità presentate dalle due strutture. L'innovazione di prodotto è la linfa vitale stessa dell'impresa: le imprese meglio strutturate governano questo delicato processo dotandosi di processi e ruoli organizzativi ad hoc. La vita del nuovo prodotto dopo il lancio può essere lunga o breve: il modello del ciclo di vita offre una narrazione indicativa di come la gestione di mercato e della produzione possano adattarsi nel tempo alle mutate esigenze competitive.

13 Il perno dell'offerta: il brand system

di **Alberto Mattiacci**

Indice del capitolo

Introduzione

13.1 Marca e business model

13.2 Marca e acquisto

13.3 Il brand system

13.3.1 La microarchitettura

13.3.2 Le tessere cognitive

13.3.3 Le tessere semantiche

13.4 La gestione ordinaria del brand system

13.4.1 La macroarchitettura

13.4.2 L'efficacia cognitiva

13.4.3 L'efficacia semantica

13.5 La gestione straordinaria del brand system

13.5.1 L'estensione di marca

13.5.2 Il riposizionamento della marca

13.5.3 Il co-branding

Conclusioni

Abstract

Branding è un temine fondamentale nel lessico del marketing. Il suo significato è ampio e comprende tanto le scelte ordinarie di gestione, quanto le scelte più estemporanee e sporadiche. L'oggetto del branding è il *brand system*, un costrutto complesso che assolve importanti funzioni, tanto sul piano cognitivo quanto su quello emozionale del consumatore. La sua architettura è delicata e complessa, e richiede accortezze considerevoli.

Il capitolo conduce il lettore all'interno di questa fondamentale componente della product offering, cercando di enfatizzarne le problematiche gestionali e al contempo evidenziandone le molteplici connessioni con le altre variabili della product offering e le marketing operations in generale.

Introduzione

La marca: che sia oggetto di desiderio, di vituperio, di esaltazione e di esecrazione, comunque la si consideri, insomma, non le si può disconoscere un ruolo di assoluta protagonista nel costume dei nostri acquisti quotidiani e nella formazione dei nostri stessi desideri, figli (qualcuno direbbe "prodotti") del benessere materiale del XX secolo.

Per cogliere appieno la portata della marca nella nostra vita di consumatori, ci si può sottoporre a un piccolo test e provare a elencare dieci prodotti "non di marca" (*unbranded*), oppure dei quali si ritiene che non esista un corrispondente di marca. Con tutta probabilità, il lettore che avrà avuto la pazienza di sottoporsi a questa prova avrà incontrato non poche difficoltà nello stilare la lista; si sarà probabilmente rifugiato, dopo qualche riflessione, nei prodotti *banali*, come la lattuga, le viti, il filo elettrico e via dicendo. Avrà avuto comunque il dubbio – fondato, molto fondato – che però possano esservi in commercio anche delle viti "firmate", o delle lattughe con applicato un qualche bollino (alla maniera di certe mele e banane, per intenderci): in tutti e due i casi questo paziente lettore avrebbe ragione, in quanto esistono entrambe.

La marca, come oggi la intendiamo, non è sempre esistita. È una creazione antica, se la consideriamo nella sua funzione essenziale di segno distintivo, ma è un prodotto recentissimo se la leggiamo, invece, nel proprio ruolo simbolico ed emozionale. Pensiamo a brand di antica storia industriale, come Campari o Zegna. Cosa li accomuna? E pensiamo a brand di più recente nascita e successo, come Apple, Blackberry o Google. Cosa accomuna questi altri brand? La risposta è semplice: il primo gruppo di marche nasce in un mondo sociale ed economico molto differente da quello in cui sono nate le marche del secondo gruppo. In quel mondo lì – parliamo del primo ventennio del Novecento – manifattura domestica e artigianato convivevano e competevano fortemente con l'industria nel realizzare prodotti: gli industriali di allora trovavano dunque normale, e necessario, "metterci la faccia", dando ai prodotti il loro nome, esattamente come si fa per i figli. Gli industriali di allora affrontavano, infatti, la difficile sfida di conquistare la fiducia e poi la scelta di consumatori che, spesso, quei prodotti sapevano farli da sé, o li trovavano dall'artigiano sotto casa. Il mondo del secondo gruppo di marche è molto diverso: in un contesto di ampio e diffuso benessere, che ha ormai accettato e assorbito pacificamente i frutti della modernità industriale e post-industriale, non è più necessario che l'imprenditore "metta la faccia sui propri prodotti", chiamandoli come se fossero propri figli. La sofisticazione della società dei consumi è un fatto compiuto, il *consumismo* un dato accettato, e i mercati vivono molto più di suggestioni, esperienze ed emozioni, che di ancoraggi alle persone. Il *fil rouge* di quelle marche storiche, quindi, è il fatto di essere dei cognomi degli imprenditori; quello delle marche più giovani, del secondo gruppo, è il fatto di essere nomi di fantasia, che trasformano un semplice segno in una narrativa, rappresentazione mentale di un sistema valoriale.

Brand, termine originariamente indicante il segno di marchiatura delle bestie in zootecnia, assurge, in questo modificato contesto socioeconomico, a valore in sé, che implica regole di costruzione e gestione. Arte e mestiere – guardiamo a Steve Jobs per capire – si fondono straordinariamente in questo campo del marketing management, dotandolo di un fascino e dinamismo probabilmente senza pari.

Focus Due funzioni di produzione

Proviamo a condurre un semplice esercizio analitico che ci farà capire la particolarità del ruolo che la marca riveste oggi nelle formule di business delle imprese. Analizziamo un prodotto ben noto a tutti: la polo bianca griffata Lacoste.
La polo è un prodotto molto diffuso, trasversalmente in ogni fascia di età, cultura, reddito e via dicendo. È, insomma, una categoria di successo, che in quanto tale ha visto negli anni l'affermarsi di tanti brand in competizione fra loro, popolando l'offerta complessiva di molte differenziate alternative. Il brand Lacoste si caratterizza per un posizionamento premium piuttosto solido, grazie alla riconosciuta qualità del tessuto, alla performance di stile (vestibilità ed eleganza sportiva), alla robustezza e tenuta nel tempo del prodotto. Immaginiamo di andare ad acquistare una polo Lacoste classica di colore bianco e di pagarla 80 euro. Chiediamoci: come si distribuisce quel valore fra le varie componenti della product offering Lacoste? Per trovare la risposta possiamo seguire un metodo semplice: immaginiamo di togliere alla polo tutti gli elementi iconici del brand – il coccodrillo verde, l'etichetta sul collo, la busta – e mettiamo nuovamente in vendita quella polo. Quanto ne otterremo? Diciamo 20 euro. La differenza è in tabella.

	Valore di scambio
Polo griffata LACOSTE	80
Polo senza brand	20
Differenza	60

Di fronte a questa situazione molto realistica, l'impresa si trova di fronte alla necessità di definire un business model che poggia su due distinte funzioni di produzione: la prima, quella di cui ci siamo occupati nel capitolo precedente, è attrezzata per generare un valore di scambio di 20 euro – tanto è il valore che si riconosce alla polo senza gli elementi iconici del brand. La seconda funzione di produzione è progettata per generare un valore di 60 euro, tanta è la differenza che il brand aggiunge alla polo *unbranded*. La prima funzione di produzione è fatta d'impianti, capannoni, operai, materie prime, ago e filo, brevetti ecc. È la funzione di produzione dell'età moderna, reale, tangibile, parametrica e gestita nell'ottica della sua ottimizzazione tecnica. La seconda è, invece, fatta di elementi più intangibili, come l'immagine, l'identità, lo stile, l'organizzazione dell'assortimento nel punto vendita, la scelta dei colori e via dicendo. È la funzione di produzione dell'età postmoderna, intangibile, difficilmente standardizzabile, liquida ed eterea e gestita con l'obiettivo di seguire (se non anticipare) lo spirito dei tempi.
Questo esercizio sovverte completamente i canoni del valore tipici dell'uomo della strada, perlomeno in certe fasce di mercato: ciò che vale di più è il mondo rappresentato dalla marca, mentre il prodotto viene successivamente, con un ruolo di sostanziale conferma della promessa di prestazione compiuta dalla marca. Il consumatore riconosce tutto ciò, e "svaluta", "deprezza" il prodotto senza marca. Di qui il messaggio per l'impresa è chiaro: occorre costruire un *business model* articolato su una funzione di produzione del tangibile – la *fabbrica* – e uno sull'intangibile – il *branding*.

13.1 Marca e business model

Più volte, nelle pagine di questo manuale, abbiamo avuto modo di osservare come il prodotto, di per sé, rappresenti solo una componente della più articolata offerta d'impresa: l'impresa non vende meramente prodotti, infatti, ma delle "offerte di prodotto" composte di più elementi integrati fra loro. Si ricorderà che l'oggetto della seconda macrofase processuale del marketing management – la "progettazione della product offering" – attiene proprio alla definizione a tavolino di tutto ciò, con il fine di comporre un'offerta di valore competitiva (▸ Capitolo 4). Nel capitolo precedente si è posto anche l'accento sulla natura tecnica del prodotto, output di un flusso di attività manifatturiere che presentano vincoli e caratteristiche non trascurabili dal marketer. Più avanti, nel ▸ Capitolo 26, si vedrà come "prodotto" possa

Branding

Insieme di attività attinenti alla creazione, gestione e valorizzazione del brand system. Opera sia sulle singole unità elementari del brand, sia sul brand system medesimo.

Brand system

Sistema-marca risultante dalla giustapposizione di elementi diversi (tessere cognitive e tessere semantiche) in uno schema narrativo che aggiunge valore alla product offering.

anche significare "output intangibile", e allora si parla di un *servizio* e delle sue specifiche caratteristiche, che impongono condizioni differenti, nella produzione così come nell'erogazione e nella distribuzione, per il marketing management.

In questo capitolo affronteremo, invece, il tema del **branding**, ovvero di quella "funzione di produzione" che produce un valore immateriale, il quale si integra a quello della funzione di trasformazione, manifatturiera o di servizio. In altri termini il **brand system** – che è il risultato finale, l'output, del branding – opera sul bene/servizio una seconda trasformazione, che va ad aggiungersi a quella già avvenuta nel processo produttivo. Questa "trasformazione" del prodotto operata dal brand system va letta in senso: (i) *commerciale*, perché dota il prodotto di alcuni elementi che ne facilitano, in ultima istanza, la vendibilità (p.e. il colore distintivo che isola visivamente sullo scaffale una certa marca); (ii) *intellettuale*, perché veste il prodotto di elementi che attengono alla mente dello shopper, sia sul lato dei processi cognitivi (p.e. facilitando, grazie al nome o alla grafica dell'etichetta, la memorizzazione di un certo vino che si è gradito), sia su quello della percezione (p.e. richiamando subito una marca di cellulare quando se ne sente la suoneria); (iii) *simbolico-emozionale*, perché aggiunge (in qualche caso esalta) delle valenze simboliche ai prodotti, indispensabili a creare quel valore complesso che l'animale simbolico per eccellenza, l'essere umano, sempre ricerca. Nelle pagine che eseguono faremo riferimento prevalente ai beni, per comodità espositiva – dato che la gran parte dei concetti sono equivalenti – richiamando i servizi solo laddove essi rechino problematiche peculiari da considerare. In quest'ottica, il ▸ Focus "Due funzioni di produzione" ha mostrato come il business model – considerato al netto della finanziarizzazione dell'impresa e quindi nella sua sola componente **reale** – poggi essenzialmente su due fondamentali funzioni di produzione.

Nella moda forse più che in altri settori, il brand system gioca un ruolo cruciale nella generazione del valore offerto. La necessità di trovare sempre nuove (o rinnovate) forme di espressione del contenuto simbolico porta all'emergere di fenomeni come il vintage.

Economia reale

L'economia che attiene all'innovazione, alla trasformazione delle idee in prodotti (beni e servizi) e alla loro valorizzazione economica. Si contrappone solitamente a quella finanziaria.

1. La funzione di produzione del tangibile: è il sistema di trasformazione manifatturiera, che genera *product concept* ed esprime un valore prevalentemente funzionale-emozionale, legato cioè all'uso del prodotto e alla sua performance, e marginalmente anche del valore simbolico, legato a componenti intangibili (p.e. l'estetica del design).

2. La funzione di produzione dell'intangibile: è il sistema di creazione di valori intangibili che chiameremo *branding*, un processo che genera e governa l'insieme di elementi simbolico-linguistici che conferiscono un'identità unica e distinta al product concept, e che ne riassumono la promessa originale di prestazione a beneficio del compratore.

Nella figura 13.1 rappresentiamo queste due funzioni di produzione come delle entità con propri processi tipici e propri, distinte ma non separate: vi sono sempre degli elementi di contatto fra trasformazione e branding, che sono fondamentali ai fini della costruzione dell'offerta di valore e che devono essere accuratamente progettati e gestiti dal management.

Figura 13.1

Trasformazione e branding.

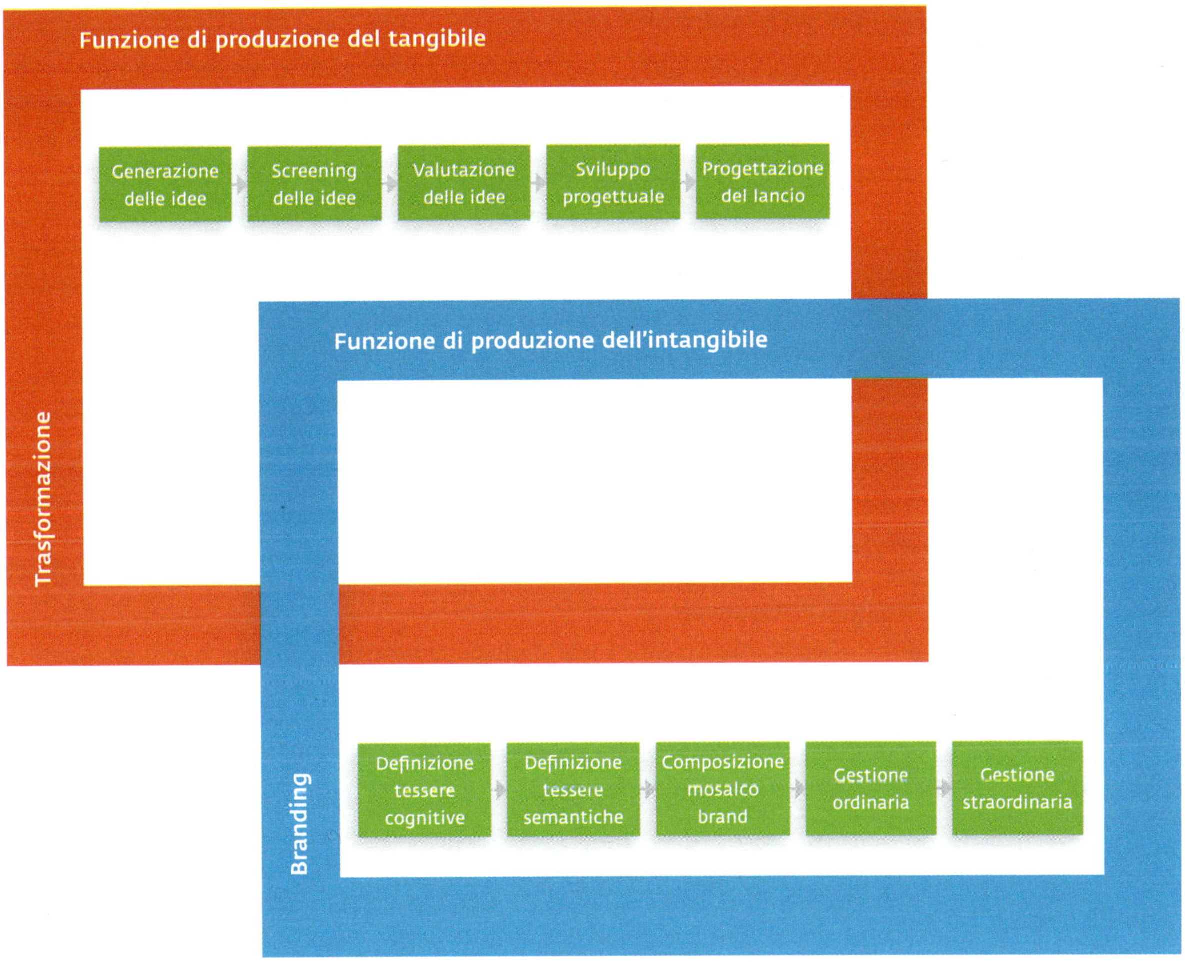

La funzione di produzione del tangibile e quella dell'intangibile presentano, ciascuna, un processo proprio e indipendente.

La trasformazione svolge questo processo all'interno del sistema di fabbrica, in senso alto; il branding lo svolge nella rete di partner di conoscenza e strategici dei quali l'impresa si avvale.

Le due funzioni di produzione non sono tuttavia perfettamente indipendenti: esiste un'area nella quale esse si intersecano, producendo item comuni di offerta.
Sono tali il design e il packaging, attributi della product offering che assolvono sia una funzione tecnica sia estetica.

In altri termini, la product offering dell'impresa si compone di una miscela coordinata di item di natura sia manifatturiera sia di significato, e il ruolo del branding, nella generazione di questi ultimi, è essenziale.
Per concludere, il brand system è un ingrediente oggi indispensabile della complessiva formula competitiva, o business model, dell'impresa. Ne accresce il valore della product offering e la sua probabilità di affermarsi nelle scelte di acquisto del compratore. In quanto tale, esso offre un contributo originale alla potenza competitiva della product offering, che si articola in alcune proposizioni che di seguito esprimiamo ed esemplifichiamo, con riferimento a un particolare brand system collettivo: il Brunello di Montalcino.

La marca fa la differenza

Punto di differenza
Insieme di attributi che conferiscono al brand una personalità propria e una percezione distinta rispetto ai concorrenti.

La marca dà la possibilità al produttore di posizionarsi in rapporto ai propri concorrenti e di far conoscere le qualità distintive – il punto di differenza – che rivendica per le proprie produzioni. La marca funge così da strumento della lotta concorrenziale e contribuisce a ridurre per il consumatore la nebulosità dell'offerta.

> Il costrutto di significati che veste il Brunello di Montalcino è sapientemente assemblato e comunicato da ciascun produttore, avendo cura di non sovrapporre questo immaginario a quello di altre produzioni, e di assemblarlo al brand aziendale. Quest'operazione distingue orizzontalmente quel vino dagli altri e, verticalmente, offre comodità e orientamento all'acquirente (§13.2).

La marca vale

L'awareness e l'immagine di marca accumulano il valore delle azioni che si sono andate susseguendo nel tempo. Alcune marche sono addirittura ultracentenarie, e per il produttore che le possiede costituiscono un cespite patrimoniale vero e proprio, che si può paragonare a una riserva (intangibile) in conto capitale, risultato di anni d'investimento.

> Le aziende, esattamente come qualsiasi altra merce, possono essere acquistate e vendute. Un'azienda produttrice di Brunello di Montalcino varrà, a parità di altre condizioni, molto di più di una produttrice, per dire, di Nero d'Avola, o di Asti. Per quale ragione? Tra le tante – e complesse – non ultima è quella che la lega al brand delle sue produzioni.

Il logo collettivo del Brunello di Montalcino funge da consorzio del vino, "ombrello" dei brand dei singoli produttori.

La marca attraversa il tempo, il prodotto no

Contrariamente a quello che di solito si crede, la marca non è una rendita, una sorta di "abbonamento" pattuito con il consumatore; essa vive e prospera solo se è in grado di apportare un vero valore aggiunto al consumatore, evolvendosi in armonia coi tempi. Di fatto, il consumatore la sottopone ogni volta a un test, istituendo confronti, abituandosi velocemente alle innovazioni che propone, a tal punto da considerare "normale" anche la più recente innovazione apportata. Come conseguenza, la marca ha davanti a sé una strada obbligata per sopravvivere: rimettere il prodotto costantemente in gioco, innovarlo, adeguarlo all'evoluzione dei gusti e dei desideri dei consumatori, modificandone prestazioni, valore d'uso, qualità. Alle volte questo processo può risultare tanto accelerato da rendere l'immagine della marca "più vecchia" del prodotto che connota. In sostanza, il prodotto passa, la marca no (a condizione di evolvere).

Connotazione
Sfumatura di senso che una parola veicola insieme al suo significato di base.

Il Brunello di Montalcino è sempre quello da quando, circa 150 anni fa, il suo "inventore" Biondi Santi ne formalizzò la formula di lavorazione. Ciò che è cambiato, a costanza di brand, è però la tecnologia di vigna e di cantina, che hanno prodotto rispettivamente delle uve di elevata qualità e le loro eccezionali trasformazioni. Il brand è lo stesso, pur evolvendosi nei suoi valori di senso, il vino che vi sta dentro è stato migliorato dal *savoir faire* dell'uomo e della tecnica.

La marca garantisce sul prodotto

La marca è una vera e propria "firma", che identifica un produttore e che lo responsabilizza in modo continuativo nei confronti della clientela alla quale si riferisce: nel passato, come richiamato a inizio capitolo, ciò si sostanziava nel fare del cognome dell'imprenditore la marca dei propri prodotti. Una volta costruita una marca e fattala conoscere e apprezzare, il produttore deve vigilare affinché il livello di qualità che a essa era originariamente associato non venga mai meno, e anzi sia costantemente implementato.

Nel panorama dell'offerta attuale di vino di qualità, estremamente affollato, ciascun produttore di Brunello di Montalcino è ben consapevole che la propria capacità di fare una qualità letteralmente "eccezionale" è il fondamento primario del proprio posizionamento sul mercato. Il valore percepito, anche dai non esperti, dell'offerta di un Brunello è elevatissimo, e il prodotto deve essere in grado di mantenere sempre e comunque tale promessa, affinché per l'acquirente la marca continui a essere sinonimo di fiducia, qualità e garanzia.

13.2 Marca e acquisto

Scelta
Momento centrale dell'attenzione del marketer. Variabile-risultato dell'investimento complessivo o, dal punto di vista del consumatore, risultato di un processo percettivo-cognitivo complesso. L'oggetto di scelta è la product offering.

Il paradigma gestionale, che il marketing propugna e formalizza nell'espressione del *marketing concept*, pone al centro della sfera d'interesse dei player il cliente finale. La scelta che questi ha la libertà di compiere, nell'atto dell'approvvigionamento dei beni e servizi che gli sono necessari, costituisce, infatti, "il" problema sul quale tutte le attenzioni degli operatori economici tendono fatalmente a convergere, sia che si tratti di contesti B2B che B2C (▸ Capitoli 6 e 9). Senza tale libertà di scelta, l'idea stessa del paradigma di marketing management sarebbe sostanzialmente superflua, futile e mero esercizio di stile: in monopolio non c'è scelta e perciò non vi è *ratio* economica che giustifichi l'investimento aziendale nel management di marketing. Ciò posto, abbiamo mostrato che il marketing vede la scelta di acquisto come una *variabile-risultato*: siffatta natura le deriva dal fatto di essere espressa come "output" ultimo di un processo razionale, percettivo e cognitivo, più o meno intricato, a seconda della tipologia di prodotto che ne è interessata. Essa è figurata, in altri termini, come esito definitivo di un continuo sforzo di percezione e ponderazione delle alternative disponibili sul mercato, messo in atto dai consumatori successivamente al consapevole riconoscimento dell'esistenza di un bisogno (figura 13.2).

La scelta dell'individuo appare poi influenzata da una molteplicità di elementi, fra i quali conviene qui ricordare i seguenti (▸ Capitolo 9).

- *Aspetti personali*: quando parliamo di cliente consideriamo l'individuo con tutta la sua complessità intrinseca, cogliendolo in un momento preciso della sua vita attiva, ossia nell'atto dell'approvvigionamento che effettua attraverso i propri acquisti. Nel far ciò, il cliente reca sempre con sé il proprio essere (la formazione, il carattere, l'identità culturale e sociale di contesto, automatismi mentali ed emozioni che sono il portato dell'evoluzione della specie ecc.), che costituisce la base fondante delle proprie scelte (possiamo chiamarlo io-individuo); nondimeno, conta in questo processo anche la considerazione delle relazioni dell'individuo medesimo con i gruppi sociali di riferimento con i quali si rapporta e il suo ambiente antropico in generale (possiamo distinguere questa qualità definendola io-sociale).

Io-individuo

Costrutto teorico che esprime l'insieme della variabili che denotano una persona come un unicum irreplicabile.

Io-sociale

Costrutto teorico che esprime lo spazio di relazione interpersonale dell'individuo e l'influenza di tale spazio sui suoi processi di scelta.

- *Attività di sollecitazione agli acquisti*: le imprese si avvalgono di un'ampia strumentazione per cercare d'indirizzare le scelte dei consumatori in maniera favorevole verso le loro product offering e mantenerle nel tempo, se possibile accrescendone il valore. Si tratta sostanzialmente dell'insieme degli strumenti sui quali si esercita l'attività di marketing operativo.
- *Aspetti contingenti situazionali*: la variabile-risultato scelta dipende poi anche dalla situazione del momento. Il *marketing esperienziale* enfatizza molto il ruolo del punto vendita sulle scelte del consumatore, al fine di comprendere se e in qual modo l'ambiente e le situazioni di acquisto contingenti abbiano effetto sul fatto che questi indirizzi la propria scelta nel modo desiderato. Queste condizioni contingenti, ovviamente, modificano la qualità del *decision-making* individuale (situazioni che possono essere racchiuse nella categoria concettuale di "io-decisore").

Figura 13.2

La scelta di acquisto (▸ Capitolo 9).

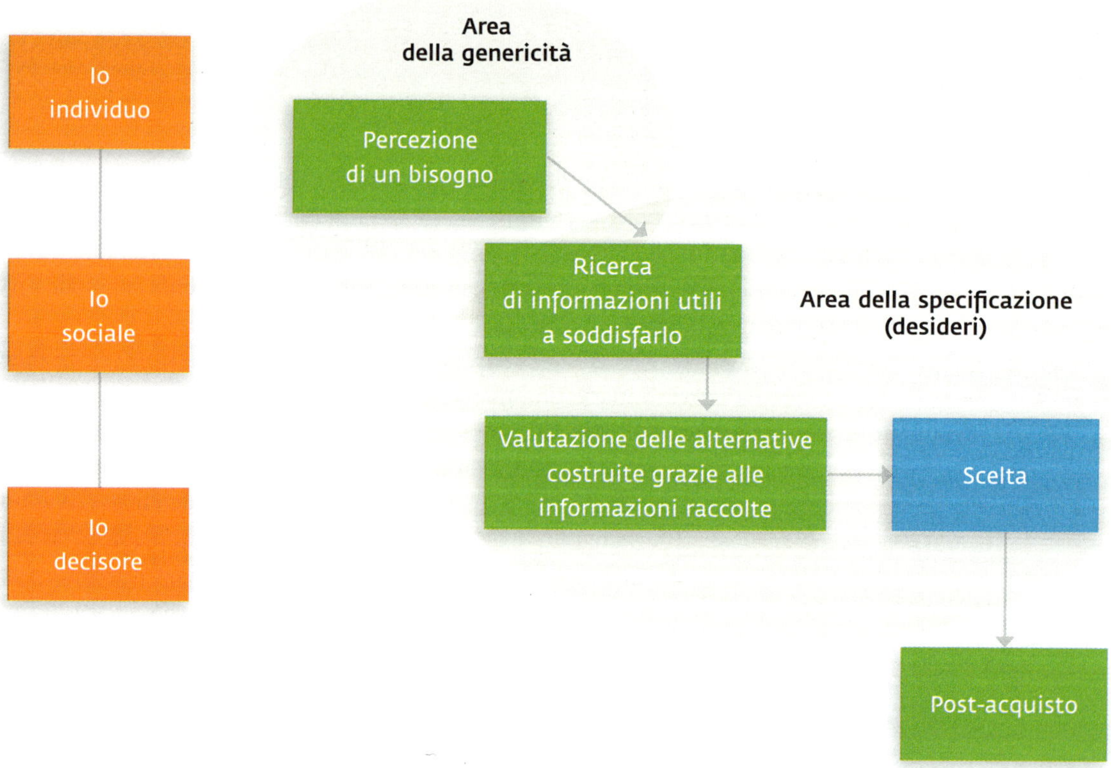

Nel processo di scelta lo shopper riflette sempre se stesso, come individuo e come animale sociale.
Nella fase della specificazione dei desideri, intervengono anche elementi contingenti dello spazio (p.e. punto vendita) e del tempo (p.e. umore personale), che influenzano la decisione.

Posta la natura processuale della scelta, che la qualifica come risultato di un percorso nel quale coabitano razionalità "classica", componente genetico-evolutiva umana, contesto d'acquisto e componente sociale dell'individuo, possiamo passare ora a verificarne i contenuti. Non possiamo pensare che un soggetto tanto complesso – l'acquirente – si limiti ad acquistare meramente dei prodotti – intesi nel senso di output di una trasformazione – magari scegliendoli solo in base al loro valore d'uso e/o al prezzo. Emozioni, idiosincrasie, voglia di appartenenza, condivisione, anticonformismo, espressione del sé, sono alcuni fra i tanti aspetti facilmente riscontrabili nella quotidianità degli acquisti delle persone: basta il "semplice" prodotto a soddisfare tutto ciò? La risposta è no. Chi acquista, oggi, sceglie delle formule di valore complesse, le product offering, appunto, e di volta in volta si fa guidare nella scelta da una o più componenti della stessa. Non raramente, anzi sovente, proprio il brand assurge al ruolo di protagonista principale della scelta: difficile non vedere che dietro l'acquisto di una borsa griffata Fendi non vi sia qualcosa di più, e di diverso, che il solo manufatto. Riportiamo dunque nella tabella 13.1 degli atteggiamenti-tipo di acquisto, enfatizzando di volta in volta la funzione driver rivestita da una o più delle variabili che compongono la scelta finale del consumatore. È evidente come il ruolo del brand system sia cruciale in molte situazioni.

Driver

Termine tecnico che esprime la funzione-guida esercitata da un elemento nell'ambito di un processo. I driver della scelta sono, ad esempio, le ragioni fondamentali che spingono un individuo verso una determinata opzione.

Tabella 13.1

Modelli di scelta e brand.

Modello di acquisto	Variabile driver di scelta	Esempio
Preference oriented	Concept di prodotto	Una specifica componente del sistema di filtraggio di un acquario domestico
	Brand system	Un televisore Bang & Olufsen
	Punto vendita	Una libreria Feltrinelli
Economy oriented	Prezzo	La penna Bic costa poco
	Punto vendita	Hard discount
Bargain oriented	Arbitraggio sul tempo	Attesa dei saldi
	Arbitraggio sul punto vendita	Ricerca dell'offerta più bassa
Brand-gain oriented	Prezzo strutturalmente ribassato e Brand system	Modello specifico dei factory outlet village

In termini molto generali, la marca offre delle precise utilità di acquisto allo shopper, talmente efficienti da averla resa ormai indispensabile. Le richiamiamo esemplificandole – continuando quanto fatto nel paragrafo precedente – con il caso del Brunello di Montalcino.

La marca orienta l'acquirente

La marca è il segnale che indica l'esistenza di un complesso specifico di caratteristiche in un dato prodotto. La marca funge da elemento di orientamento, in quanto il consumatore utilizza le informazioni che essa contiene per orientare le proprie scelte di acquisto, in funzione dei propri desideri o delle situazioni di consumo contingenti.

Brunello di Montalcino è un brand non aziendale – è una Denominazione di Origine Controllata e Garantita – che richiama un immaginario fatto di Toscana, tradizione, alta qualità di prodotto e superiore capacità dei toscani di far vino eccellente, e via dicendo, traducendo tutto ciò in un vestito che arricchisce il liquido di Sangiovese invecchiato (che è il prodotto).

La marca aiuta l'individuo a comunicare se stesso

Oggi il consumatore mostra di essere alla ricerca di prodotti che lo aiutino anche a esprimere verso l'esterno il proprio essere un individuo unico. La marca si connota quindi anche come un mezzo di *comunicazione sociale,* che consente di far sapere chi si è e quale sia il nostro sistema di valori; permette, insomma, di appropriarsi – mediante il possesso dell'oggetto marcato – del mondo simbolico legato alla specifica marca prescelta.

Chi a una cena offerta in casa accompagna le vivande con una bottiglia di Brunello di Montalcino manifesta di essere un sapiente intenditore di vino. Si connota per essere persona capace di distinguere l'ordinario dall'eccezionale, e in possesso di un patrimonio cognitivo specifico – sapere di viticoltura e degustazione – che ne innalza il rango culturale e sociale. Non è solo questione di soldi, quanto piuttosto di *savoir vivre.*

La marca guida il gioco della scoperta

Nelle società opulente, dove i bisogni cosiddetti *di base* dei consumatori sono totalmente soddisfatti, i desideri di novità, sorpresa, avventura ecc., diventano molle motivazionali forti. Per il consumatore il processo di scoperta e scelta di una marca appaga il desiderio di tentare nuove esperienze, provare nuovi prodotti e di conoscere nuove fonti di soddisfazione e appagamento.

L'appassionato di vino, amante della straordinaria capacità varietale dell'uva lavorata, è sempre alla ricerca di nuove emozioni sensoriali e nuove formule di vino cui legarsi. Ogni produttore di Brunello di Montalcino è ben consapevole che nessun suo cliente potrà mai essere fedele in via esclusiva a un solo vino, e allora decide di estendere il valore del brand territoriale a connotare altre sue produzioni – come il Rosso di Montalcino, il Moscadello o il Sant'Antimo.

La marca è comoda

La marca è un mezzo pratico e comodo che il consumatore utilizza per memorizzare le caratteristiche – tangibili e non – dei prodotti e associarvi un nome. Se facilmente memorizzabile e riconoscibile, la marca consente al consumatore di adottare – se non desidera imbarcarsi in un processo di ricerca continua di novità – un comportamento ripetitivo e routinario che ne semplifica il processo decisionale.

Siete in ritardo per andare a una cena importante alla quale vi hanno invitato. Entrate in un supermercato che sapete dotato di una cantina ben fornita e vi dirigete, senza indugi, verso una bottiglia di Brunello di Montalcino. Perché lo fate? Perché la conoscenza di quella marca e di tutti i valori positivi associati vi semplifica le cose, permettendovi di compiere la scelta in economia di tempo e massimizzandone l'efficacia.

13.3 Il brand system

Il modo giusto di rappresentare la marca, nella sofisticazione dell'economia dei consumi che questo inizio di XXI secolo ci presenta, e nella molteplicità dei contesti di esposizione della marca all'attenzione del consumatore, è quello del *sistema*, ovvero dell'insieme integrato e coordinato di componenti elementari autonome e sinergiche fra di loro. Il brand è appunto un sistema che integra e giustappone più componenti elementari distinte; di qui la dizione *brand system*. È utile, per memorizzarlo, utilizzare metaforicamente l'idea di mosaico: esattamente come il mosaico è un'immagine composta di tante tessere, ciascuna delle quali assume significato solo nell'insieme del mosaico stesso e diventa essenziale in quanto componente dell'insieme, contribuendo al senso del mosaico medesimo, così funziona anche la marca. Un mosaico si compone di un progetto grafico, sul quale vengono collocate tessere chiare e scure, come nell'esemplare romano riportato nella figura 13.3. Anche il brand system si manifesta con le stesse componenti.

1. *Architettura* (progetto grafico): è il disegno complessivo che integra tutti gli elementi del brand e conferisce loro, pur nella molteplicità che li caratterizza, unitarietà e valore. Abbiamo una *microarchitettura*, data dall'impianto del singolo brand system, e una *macroarchitettura*, data dal portafoglio brand dell'impresa e dalla sua organizzazione complessiva.
2. *Tessere cognitive* (tessere chiare): sono le componenti del brand system che servono a far conoscere, riconoscere e ricordare il brand stesso. Si chiamano cognitive perché hanno lo scopo di impattare positivamente, per l'appunto, sui processi cognitivi dell'individuo: conoscenza, ricordo, memorizzazione, comprensione. Il *brand name*, ad esempio, è una tessera cognitiva (▸ §13.3.2).
3. *Tessere semantiche* (tessere scure): sono le componenti del brand system che servono a dare significato, sia a livello *denotativo* – ovvero dell'interpretazione condivisa – sia *connotativo*, ovvero della interpretazione soggettiva. È fondamentale, nel gestirle, prestare attenzione alla semplicità della corretta percezione del loro significato da parte dell'individuo e al loro potere distintivo. La *brand reputation*, ad esempio, è una tessera semantica (▸ §13.3.3).

Brand portfolio

Insieme dei brand di cui un'impresa è proprietaria. L'uso di diversi brand in un medesimo mercato/prodotto si giustifica con l'obiettivo di presidiare più fasce di valore, target e ambiti competitivi. Fiat possiede 500, Alfa Romeo, Lancia, Maserati, Ferrari; Barilla possiede Voiello.

Figura 13.3

Il brand system come mosaico.

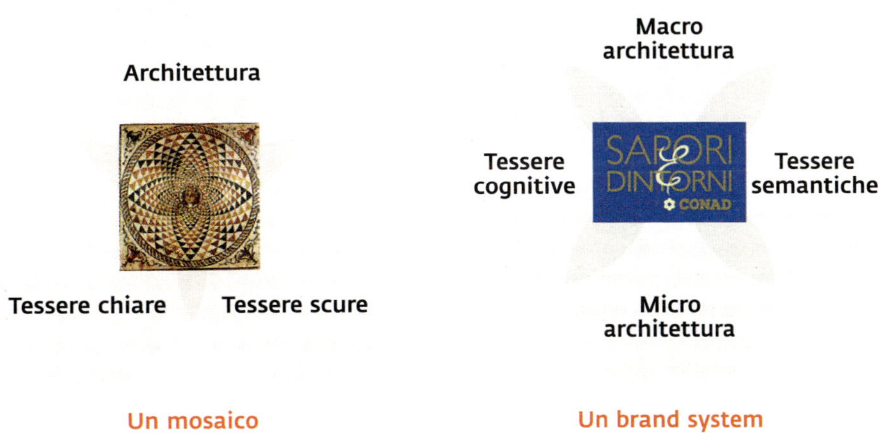

Se immaginassimo il brand come una scatola, le prime tessere sarebbero la scatola stessa, le seconde il contenuto della scatola. La metafora del mosaico illustrata nella figura 13.3 consente di comprendere chiaramente come: (i) il brand system sia la risultante di un insieme coordinato di elementi singoli; (ii) questo coordinamento avvenga tanto a livello verticale, integrando il brand singolo nel più ampio portafoglio aziendale, quanto orizzontale, componendo le singole tessere e il disegno in un unicum integrato; (iii) è l'insieme che assume senso, valore e significato competitivo, non la singola tessera.

13.3.1 La microarchitettura

La composizione e strutturazione di un prodotto complesso come il sistema di marca avviene, come abbiamo appena indicato, su due livelli. In questo paragrafo dedichiamo la nostra attenzione alla microarchitettura; ci occuperemo dell'altra nel §13.4.

Focus | Il brand nella visione dell'American Marketing Association

Giochiamo un po', a questo punto del ragionamento, con le definizioni, che sempre fotografano l'opinione dominante sulla rappresentazione del reale. Nel marketing – come in tutte le scienze sociali alle quali, per il tramite dell'economia, si pregia di appartenere – le definizioni non sono mai oggettive, ma frutto di interpretazione soggettiva maturata sotto l'ipotesi di validità di certe condizioni entro le quali si effettua l'osservazione della realtà che ne è alla base. Un atomo, in altri termini, possiede una e una sola definizione, un mercato no. L'American Marketing Association (AMA) è la più grande e autorevole associazione nordamericana di marketing. Unendo gli sforzi e le culture degli accademici e dei *practitioner*, l'AMA costituisce il fondamentale riferimento culturale nella disciplina a livello mondiale, e vi si fa spesso riferimento allorché si vogliano studiare i fenomeni di mercato.

Nel dizionario online dell'AMA (www.marketingpower.com/layouts/Dictionary.aspx) il termine "brand" è presente da decenni in questa forma:

«A name, term, design, symbol, or any other feature that identifies one seller's good or service as distinct from those of other sellers».

È del tutto evidente come tale concezione della marca sia sostanzialmente "strutturale" e faccia riferimento alla funzione storicamente da essa giocata negli scambi: identificare e segnare il punto di differenza dell'offerta interessata rispetto alle concorrenti. Resisi conto dell'evidente insufficienza di questa definizione – meramente tecnica e formale – nel raccontare appieno la realtà odierna, i tecnici dell'AMA si premurarono di aggiornare il significato della parola, estendendolo per ben due volte nel tempo. La prima, fa registrare un decisivo passo in avanti:

«A brand is a customer experience represented by a collection of images and ideas; often, it refers to a symbol such as a name, logo, slogan, and design scheme».

L'aggiornamento richiamato è fondamentale: si riconosce che il brand è qualcosa che ha cittadinanza nella mente del consumatore; è lì, per il tramite dell'esperienza, che se ne formano i valori, i significati e lo stesso senso identitario. Si prende anche atto della ricchezza di elementi che costruiscono l'architettura del brand, esplicitandoli in un successivo aggiornamento concettuale:

«A brand often includes an explicit logo, fonts, color schemes, symbols, sound which may be developed to represent implicit values, ideas, and even personality».

Con questo secondo step la giusta e necessaria correzione del concetto di brand, da mero aggregato di segni (la prima definizione citata) a soggetto dotato d'identità nella mente del consumatore e capace di produrre esperienza a suo vantaggio (che emerge dai due aggiornamenti di cui sopra), è completata. Nelle società affluenti di oggi, è evidente, quando parliamo di brand facciamo riferimento a tutto ciò.

La microarchitettura del brand system si preoccupa d'ideare e comporre tutti i segni della marca in un unicum, avendo cura che essi abbiano: (i) *coerenza* fra di loro, rispetto al posizionamento di valore che il brand andrà a ricoprire sul mercato; (ii) *efficacia comunicativa*, nel senso di usare codici linguistici e iconici appartenenti al campo di esperienza del target e perciò da questi facilmente comprensibili; (iii) *flessibilità*, nel senso di essere facilmente utilizzabili in più e differenti contesti, senza perdere in identità.

Posizionamento di valore
Concerne la collocazione di un determinato brand in una precisa fascia di prezzo. È il brand che si posiziona, non i prodotto.

La microarchitettura produce dunque la marca, un quid dotato di valore di per sé: l'agenzia statunitense Interbrand (www.interbrand.com), ad esempio, effettua da anni stime del valore economico dei brand in sé, considerandoli enti di valore autonomi e distaccati dagli asset materiali che ne creano i prodotti. Ne emerge una classifica che valorizza, in dollari statunitensi, il capitale della marca. La formula che sta dietro calcoli di questo tipo, spesso effettuati nel corso di operazioni di compravendita aziendali, considera in genere elementi quali:

1. il patrimonio di notorietà della marca e la sua familiarità presso il target;
2. l'importanza della marca nella categoria di prodotto, legata alla frequenza con il cliente vi fa riferimento nell'atto di acquisto;
3. il differenziale di valore che la marca aggiunge al prodotto, rispetto al valore che esso avrebbe senza la stessa;
4. la reputazione della marca presso il target e presso i clienti di categoria (brand reputation);
5. la fiducia che la marca sa attivare coi propri clienti e il suo perdurare nel tempo;
6. il tempo di presenza della marca sul mercato (*brand heritage*);
7. il grado di sintonia del target con la marca sul piano dello stile di vita (valori, immagine sociale, aspirazioni ecc.) di cui essa si fa portabandiera;
8. i ricavi netti generati specificamente dalla marca, eventualmente al netto degli oneri di branding;
9. i ricavi prospettici, potenzialmente generabili attraverso operazioni di gestione straordinaria della marca medesima, che si ravvisano possibili.

Brand reputation
La considerazione di cui un brand gode in virtù della propria capacità di mantenere la promessa contenuta nell'identità.

Le variabili sopra elencate vengono misurate con apposite metriche e stime, per poi essere combinate assieme in algoritmi più o meno complessi che mirano a esprimere un numero: il valore della marca (brand equity). La ragione per la quale non esiste un unico modello di riferimento per calcolare la brand equity è molto semplice: in primo luogo, nelle cose sociali non esiste mai una definizione univoca e universale degli oggetti, per cui le idee sul come si componga il valore di una marca sono naturalmente molte e differenti; secondariamente, la marca è una profittevole e crescente linea di business per società di consulenza, agenzie pubblicitarie e professionisti, che si contendono i clienti a forza di modelli e formule originali. Il combinato disposto di questi due elementi genera quella miriade di libri, modelli, idee sul brand che probabilmente non ha pari negli altri temi di marketing. Una delle conseguenze della misurabilità della brand equity è che, in linea di principio e di fatto, una marca può essere oggetto di scambio fra due imprese: è successo, ad esempio, al brand automobilistico Bugatti, venduto senza che poggiasse su alcun valore se non quello della sua notorietà e standing di lusso.

Brand equity
Espressione usata con diverse accezioni. In generale esprime il valore della marca, considerato quale risorsa immateriale dell'impresa, frutto di investimenti pluriennali.

Il progetto architettonico del brand system si articola in due sotto-progetti, l'uno indispensabile all'altro, esattamente come la progettazione di un edificio abitativo sarebbe inutile senza quella degli impianti (elettrico, riscaldamento, telefonico ecc.) e viceversa. Continuando in metafora, il progetto abitativo prende corpo nella definizione della componente identificativa del brand system, quello impiantistico nel disegno della sua componente valutativa e fiduciaria. Nei paragrafi che seguono passeremo a descriverle avendo cura di metterne in luce l'impatto sui processi percettivi e decisionali del consumatore, in ossequio al principio fondamentale del marketing concept di centralità del cliente.

13.3.2 Le tessere cognitive

Espressione di una forma per un carattere grafico. Nel marketing dovrebbe esprimere unicità e riconoscibilità immediate. Il lettering Walt Disney, ad esempio, è immediatamente riconoscibile.

La nostra memoria di persone, prima che di consumatori, incamera costantemente stimoli informativi che le pervengono dall'ambiente esterno attraverso i sensi. La memoria opera selezioni fra la pletora costante di stimoli che riceve, incamerandone alcuni, scartandone degli altri, secondo logiche e meccanismi sempre oggetto di studio da parte degli scienziati della mente, ma ancora non perfettamente definiti (e chissà se mai lo saranno). Obiettivo dei marketer è far sì che gli stimoli con i quali un brand system sollecita la memoria siano efficaci, nel senso di colpire l'attenzione, suscitare l'interesse del soggetto e assicurarsi un posto nella ideale "cassettiera" della memoria. Il ricordo della marca è infatti fondamentale nel risolvere favorevolmente per l'impresa il percorso di scelta che abbiamo illustrato nella figura 13.2. Una marca nota e ben presente nella memoria dello shopper, infatti, ha maggiori probabilità di affermarsi nel processo di specificazione dei generici bisogni, in un'alternativa di acquisto dell'oggetto di desiderio. In altri termini, se una marca è forte dal punto di vista cognitivo, la probabilità che essa venga immediatamente collocata nel set di alternative fra le quali effettuare la scelta finale di acquisto è elevata.

Obiettivo dell'impresa proprietaria di un brand system è quindi quello di progettarlo – e successivamente gestirlo – in modo che sia capace di interagire al meglio coi processi percettivi e mentali dell'individuo. Dati i meccanismi di selettività che il cervello mette in opera per sua propria natura – spesso improntati al risparmio energetico – quanto più adeguata ai meccanismi mentali ne sarà la progettazione, tanto maggiore ne sarà l'efficacia in termini cognitivi.
Per quanto interessa in questa sede, i sensi particolarmente coinvolti dalle componenti architettoniche del brand system sono:

1. la *vista*, che è sollecitata dagli elementi grafici, come il lettering, da quelli simbolici, come il logo, dai colori che sono usati a sottolineare visivamente l'identità della marca;
2. l'*udito*, che è sollecitato dai suoni che, in forma sinteticamente semplice (jingle) o più articolata (brano musicale, magari già celebre), vengono ripetuti in contesti di associazione univoca a una determinata marca;
3. l'*olfatto*, gioca un ruolo terzo rispetto ai due precedenti, in quanto relegato a situazioni e contesti di esposizione della marca al consumatore meno frequenti; ciò non toglie, tuttavia, che l'odore specifico di un prodotto giochi un ruolo cognitivo (il profumo della Coccoina, l'aroma di Chanel n° 5 ecc.).

Logo

Tema grafico – fatto di codici tipografici, figurativi, plastici – che realizza l'identità visiva del brand e la applica, moltiplicandone le opportunità di esposizione, estensivamente su prodotti e supporti.

Jingle

Breve motivo musicale, semplice e facilmente memorizzabile, associato a un testo pubblicitario.

Gli studi di psicologia cognitiva hanno dimostrato che maggiore è il numero di sensi stimolati contemporaneamente da un soggetto – in questo caso la marca – più alta è la probabilità di memorizzarlo. Ne discende che il marketer ha interesse a dotare la marca di un numero di tessere cognitive quanto più elevato possibile, in grado cioè di stimolare quanti più sensi possibile del consumatore. Le accortezze da usare in questo procedimento sono riassunte nella tabella 13.2.

Tabella 13.2

Accortezze di progettazione delle tessere cognitive.

Semplicità	Facili da ricordare
Coerenza	In linea con il prodotto, l'impresa, il target
Distintività	Capaci di creare un punto di differenza dagli altri
Unicità	Possibilità di proteggerli anche legalmente da imitazioni
Flessibilità	Attitudine a funzionare in vari contesti (prodotti, culture ecc.) di utilizzo

Vediamo ora quali sono le tessere a disposizione del marketer. Ne proponiamo un elenco che è probabilmente sovrabbondante rispetto a quelle che ogni singola marca utilizza di fatto, mettendo in evidenza come ciascuna tessera possa avere un rapporto giuridico differente con l'impresa.

1. Tessere *proprietarie*: si tratta di elementi del brand system che vengono ideati, costruiti e gestiti direttamente dal player. Sono a tutti gli effetti di sua proprietà e tendono a restare legate al prodotto, sostanzialmente, per sempre. Si tratta delle seguenti componenti.
   - *Brand name*: il nome, ovvero la parte pronunciabile della marca. Può puntare su elementi immediati, denotativi (p.e. 4 Salti in padella, Mondadori, Eni), oppure dal significato più mediato, connotativo e di fantasia (Tic Tac, Tex, Punto).
   - *Brand logo*: la parte grafica della marca, che riassume in sé i colori, le immagini, i simboli e gli stessi caratteri coi quali il nome è scritto (*lettering*). Questa componente ha grande criticità in quanto concretizza l'identità visiva (*visual identity*) del brand, attributo cruciale della brand identity (come meglio vedremo nel paragrafo che segue) e ideale ponte di collegamento fra i due insiemi di tessere.
   - *Brand slogan*: è una breve frase che, accostata al brand name, ne comunica informazioni di carattere descrittivo (p.e. Hallmark Channel, il ritmo del cuore), persuasivo (p.e. YouTube, broadcast yourself) o evocativo (p.e. Rai, di tutto di più). Lo slogan (pay off) è un componente di grande potenza, in quanto contribuisce a definire la consapevolezza di un brand, in maniera immediata e sintetica.
   - *Brand sound*: la componente musicale del messaggio identitario del brand. È solo in anni recenti che è andata crescendo la consapevolezza della sua utilità in termini di risposta cognitiva del consumatore, e quindi il suo utilizzo deliberato: si pensi ai contesti dell'hi-tech, dove player come Nokia, Windows, Motorola, Intel e Apple non trascurano mai di utilizzare propri messaggi musicali unici. Un tipo particolare di sound è il *jingle*, un lungo slogan musicale, associato al brand in via univoca.

Pay off

In pubblicità è la frase, solitamente brevissima, che sintetizza il posizionamento del brand a cui si riferisce.

2. Tessere *contrattualizzate* (o *acquisite*): si tratta di elementi del brand system che vengono legati al brand attraverso forme contrattuali, e tendono quindi a restarvi legate per archi temporali, definiti e limitati, anche lunghi. È il caso

dei *brand testimonial*, personalità note e dotate di carisma e capacità rappresentativa presso il target di riferimento. Questi vengono legati in modo univoco ed esclusivo al brand, istituendo un legame cognitivo forte con l'obiettivo di accrescere, in questa sede, la forza cognitiva del brand system. Pur essendo idealmente soggetto a notevole mobilità orizzontale, il personaggio aiuta il brand a formare il proprio patrimonio cognitivo.

È importante sottolineare che le tessere cognitive a impatto visivo, in particolare, rientrano in un più ampio contesto d'uso noto come *brand identification system*. Si tratta sostanzialmente della progettazione e gestione coordinata delle modalità di presenza degli elementi iconici della marca (lettering, logo ecc.) su una moltitudine di supporti che supera ampiamente il perimetro di stretta pertinenza commerciale. Gli elementi cognitivi del brand system vengono così applicati a tutti quei contesti di contatto visivo fra il brand stesso e il consumatore, estendendo quindi il campo della presenza di marca al punto vendita (p.e. un punto vendita Tim che richiama i codici grafici delle pubblcità), al packaging (p.e. gli snack Kinder Ferrero, visivamente collegati fra loro), il website (p.e. il sito Feltrinelli che richiama i medesimi codici dei punti vendita), gli edifici (p.e. il palazzo Sky sulla via Salaria in Roma, "vestito" del logo), gli automezzi (p.e. i furgoni Bofrost, che riprendono in toto i segni visivi del brand), la pubblicità (p.e. Conad che usa sempre i medesimi codici).

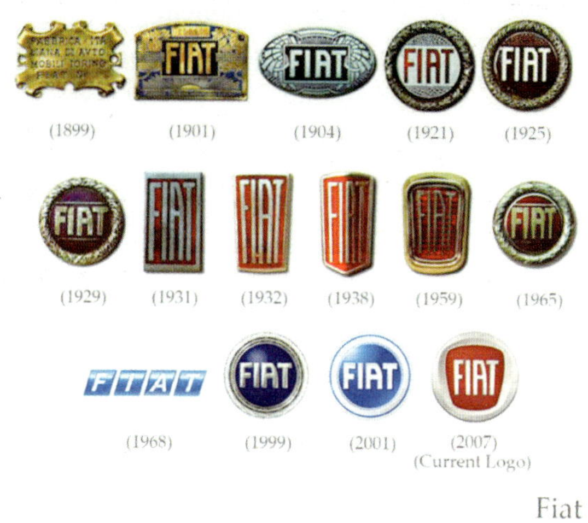

Il brand logo Fiat ha accompagnato la vicenda centenaria della casa automobilistica torinese, vestendo con l'acronimo di Fabbrica Italiana Automobili Torino centinaia di prodotti.

13.3.3 Le tessere semantiche

Il brand system costituto dalle tessere cognitive, metaforicamente parlando, è un po' come una "scatola vuota", un contenitore magari anche solido (ovvero ben conosciuto) ma, così com'è, privo di significati associati, e perciò vuoto. Occorre quindi, continuando in metafora, "riempirlo" di contenuti, compito affidato e assolto da una seconda famiglia di tessere del mosaico del brand: le tessere semantiche. Queste sono accomunate, nella loro diversità, dal fatto di dotare il brand di significati e senso, compito per il quale le tessere precedentemente esaminate appaiono del tutto inefficaci, perché inadatte allo scopo.

Le tessere semantiche, nel loro insieme, dotano il brand system di un costrutto importantissimo, la **brand image**, che per l'appunto attiene ai significati, alle associazioni mentali, alle utilità (funzionali e simbolico-emozionali) promesse dai brand ai loro utilizzatori. Alle tessere semantiche, al loro miscelarsi nel brand system, è affidato il compito di definire e veicolare l'**unique selling proposition** del brand verso lo shopper, cercando per questa via di conquistarne la scelta.

Brand image

Complesso di rappresentazioni mentali associate a un brand name/logo. L'image è un costrutto importantissimo nella costruzione dell'equity della marca ed è solo in parte governabile direttamente dall'impresa.

Unique selling proposition

La promessa fondamentale di valore dell'offerta che il brand porta sul mercato. Si fonda sul punto di differenza essenziale e realisticamente dimostrabile con il quale il brand si posiziona.

Appare opportuno rappresentare l'universo delle tessere semantiche in ragione della loro genesi, e non del legame contrattuale che le lega all'azienda. In altri termini, ciò che conta per le tessere semantiche non è "di chi siano", ma "chi" sia a generarle e governarle. A differenza infatti delle tessere cognitive, che rientrano completamente entro la sfera decisionale del management – che le sceglie, le miscela e le governa – quelle semantiche sono anche il frutto di elementi fuori dal controllo puntuale del management, come il tempo di esistenza del brand sul mercato, o la performance dei suoi prodotti percepita dai consumatori. Distinguiamo perciò i seguenti elementi.

- Tessere *endogene*: elementi del brand system che vengono ideati, costruiti e gestiti direttamente dall'impresa. Sono a tutti gli effetti di sua proprietà, e tendono a restare legate al prodotto sostanzialmente per sempre. Esse vengono formalizzate dai marketer, con processi che spesso vedono anche il contributo creativo di partner esterni – pubblicitari, copywriter, agenzie di branding, consulenti ecc. (▸ Capitolo 4) – che aiutano l'impresa a focalizzare gli obiettivi. Si tratta dei seguenti concetti.
  - *Brand identity*: l'insieme dei contenuti di significato del brand name, progettati dal management e trasmessi nel posizionamento competitivo. Si tratta, in sostanza, di un'idea di significato identitario, codificata dall'azienda proprietaria e da essa, attraverso i canali a disposizione, trasferita al target, affinché connoti il brand medesimo come desiderato dal management. La brand identity mostra un solido legame con le tessere cognitive nella cosiddetta *visual identity*, ovvero nella codifica visiva dei segni che compongono il logo e ogni altra manifestazione visiva del brand.
  - *Brand heritage*: l'eredità, il lascito, il patrimonio di notorietà che viene conferito a un brand system dalla sua longevità ed esistenza sul mercato da un lungo periodo di tempo. L'heritage di un brand capitalizza il tempo nella reputazione, veicolando messaggi di affidabilità e competenza specifica (p.e. la Marchesi de' Frescobaldi, che produce vino dal XIV secolo), e conferisce un posizionamento di rango elevato nella categoria (p.e. i grandi caffè ottocenteschi che abitano le piazze italiane, come il Gran Caffè Gambrinus di Napoli, e spesso le denotano storicamente).
- Tessere *esogene*: elementi del brand che incidono sulla sua immagine, sebbene siano del tutto fuori dalla sfera di controllo del player.
  - *Brand reputation*: la considerazione, o attenzione benevola/malevola, di cui un brand gode in virtù della propria capacità di mantenere la promessa contenuta nell'identità. È, da un altro punto di vista, un contenuto di *autorevo-*

lezza che al brand è riconosciuto quale tipica variabile-risultato, che promana dall'esperienza diretta e/o indiretta del consumatore. Rientra in questo ambito anche la *corporate reputation*, ovvero la reputazione dell'impresa, che può riverberarsi su quella dei propri brand: si pensi all'effetto positivo che Apple esercita su tutti i propri sub-brand.

- Country-of-Origin Effect: non è presente in tutti i mercati, ma in alcuni è un potentissimo *endorsement* che rafforza la brand image dell'impresa, dotandola di per sé di credibilità in una determinata produzione. Si pensi, ad esempio, alle automobili tedesche o ai complementi d'arredo italiani.

COE – Country-of-Origin Effect

È il valore aggiunto di cui gode una product offering per il solo fatto di essere realizzata in un paese che gode di un'elevata reputazione produttiva in quel campo.

Da quanto detto sopra appare evidente, quindi, il fatto che il brand system svolge, oltre ai compiti di awareness, un fondamentale lavoro in termini di *image*, generando *appeal* grazie al combinato agire di questo secondo set di tessere e alla loro produzione di un'*unique selling proposition* unica e posizionata in un'area di non sovrapposizione con altre.

13.4 La gestione ordinaria del brand system

Il *brand management*, ovvero la gestione del brand system, denota una serie di attività analitiche, decisionali e operative che si snodano lungo l'intero arco di vita della marca e che prendono il via a seguito della sua progettazione, fin qui descritta. È da questo momento, da quando cioè una marca nasce e prende forma di brand system, che possiamo riconoscere l'esistenza di due scuole di pensiero distinte, e non conciliabili fra loro, sul ruolo che essa debba avere nelle politiche di marketing dell'impresa.

- L'impostazione *marca-centrica*: l'idea di fondo è che i consumatori desiderano, scelgono e consumano marche, non prodotti. Di conseguenza ha senso affidare alla marca il ruolo-guida nelle politiche di mercato, e subordinare a essa tutte le altre variabili. È possibile immaginare una *catena del valore della marca*, che fa dipendere la performance di mercato dell'impresa (e quindi il suo valore) dalla qualità dell'interazione fra il programma di marketing e le strutture cognitive del cliente. Siccome queste ultime sono abili a interfacciarsi con le marche, non con i prodotti, è al brand che spetta il ruolo guida.
- L'impostazione *valore-centrica* (product offering): l'idea di fondo è che i consumatori desiderano, scelgono e consumano delle strutture di valore complesse e integrate, le product offering, perno delle quali è comunque il prodotto, sebbene non sempre in posizione-guida. Alle volte i consumatori scelgono guidati dalla marca (p.e. le birre), alle volte dal prodotto (p.e. i farmaci), altre dal prezzo (p.e. le promozioni), altre ancora dal punto vendita (p.e. gli hard discount). In ogni caso, quale che sia la variabile-guida, il prodotto riveste sempre un ruolo, anche lievemente, preminente, grazie al suo apporto funzionale al benessere del consumatore. È questa l'idea di fondo che guida questo manuale.

La prima impostazione ribalta completamente il processo di marketing management, subordinando le scelte di prodotto, comunicazione e distribuzione alle scelte in tema d'identità della marca e suo posizionamento rispetto al target. Si tratta di un modello affascinante e per certi mercati, ma non tutti, convincente, che si deve a uno studioso americano, Kevin Lane Keller (figura 13.4).

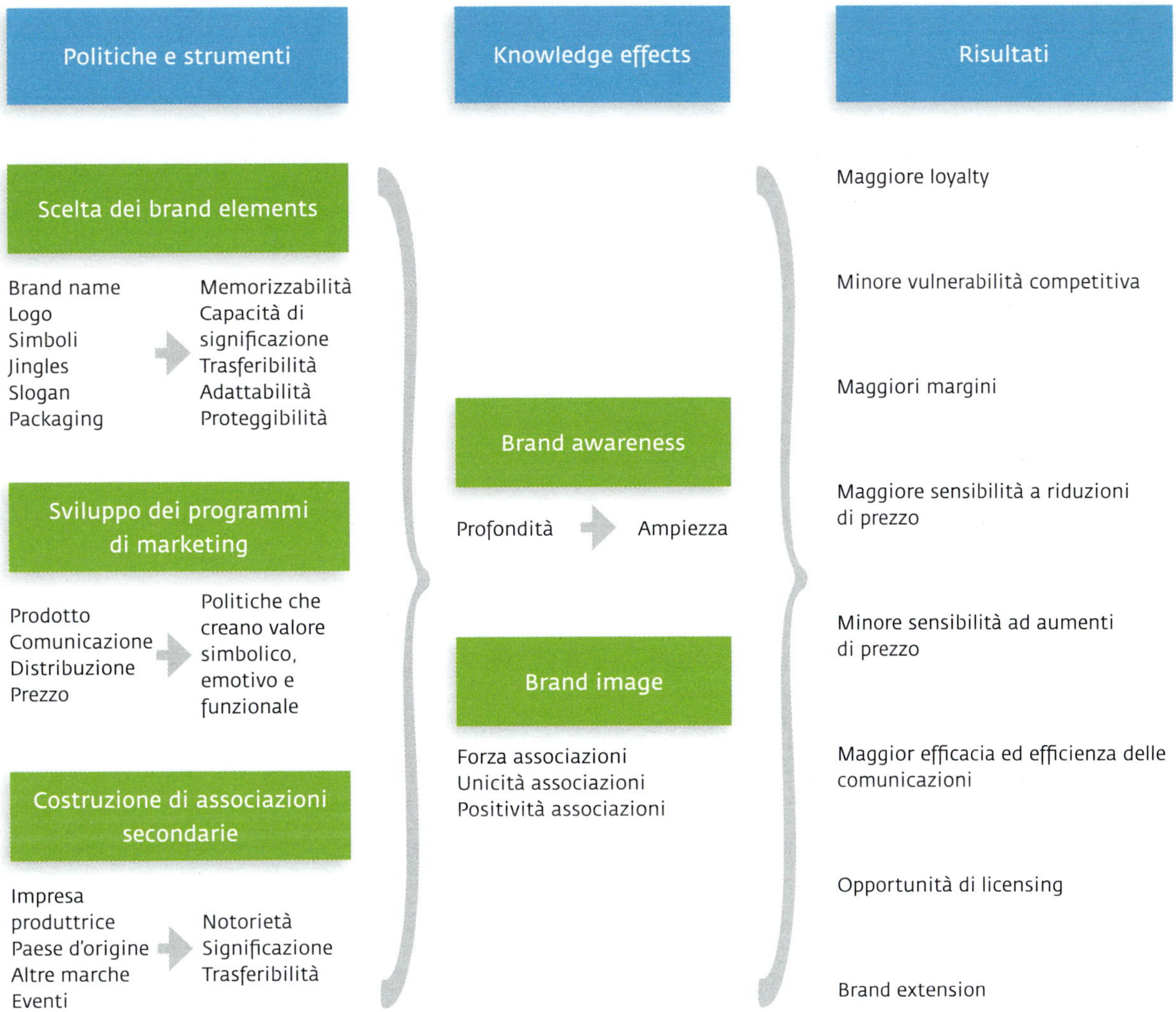

Figura 13.4

Le determinanti della brand equity secondo Keller (2005).

La gestione della marca, in ottica di product offering, mira ad alcuni specifici obiettivi:

- operare una prima *trasformazione commerciale* del product concept, rendendolo conoscibile, memorizzabile e ricordabile;
- incrementare il *valore percepito* del product concept, attraverso l'aggiunta di valore emozionale e simbolico, quest'ultimo sia di tipo autoreferenziale (il piacere che si prova a indossare un capo griffato) sia sociale (la comunicazione dello status della persona che indossa un capo firmato);
- incrementare la *percezione di qualità* del prodotto, fungendo da surrogato informativo laddove il consumatore non possegga le conoscenze atte a comprenderla;
- accrescere il *potenziale competitivo* della product offering, definendone il punto di differenza rispetto ai competitor, attraverso il posizionamento, e "parlando" al target;
- facilitare le *marketing operations*, in particolare la comunicazione e il *customer relationship management*, fungendo da "ancora" cui legare le attività.

Il brand system, dunque, assolve molti e cruciali compiti nel marketing management, sia strutturando maggiormente la product offering, sia potenziandone l'efficacia di mercato. La sua gestione da parte del management, pertanto, è questione assolutamente decisiva per gli esiti che può generare a beneficio dell'impresa (come mostrato nella parte destra della figura 13.4). È possibile isolare alcuni momenti gestionali chiave che, a dispetto dell'enorme varietà di situazioni possibili, sono sempre rilevanti per il management e di cui ci si occuperà nei successivi paragrafi: (i) la macroarchitettura della marca, ovvero le scelte da compiere laddove un'impresa abbia una pluralità di marche; (ii) il governo dell'efficacia cognitiva del brand, ovvero la generazione di risposte cognitive positive; (iii) il governo dell'efficacia semantica del brand, ovvero il suo posizionamento differenziale rispetto ai competitori.

13.4.1 La macroarchitettura

Capita molto spesso che le imprese dispongano di un portafoglio brand con il quale presidiano più mercati, aree geografiche, target ecc. Anzi, che un'impresa sia mono-brand è quasi l'eccezione. Questa situazione pone i manager nelle condizioni di dover organizzare il proprio portafoglio in modo tale da: non creare confusioni, sovrapposizioni e ridondanze, da un lato; creare delle sinergie fra i vari brand system, presidiare meglio il canale e fidelizzare i consumatori, dall'altro. Emergono, in questa operazione, nuove e rilevanti qualificazioni della marca, che occorre conoscere, e che sono il riflesso diretto delle politiche di organizzazione del portafoglio prodotti dell'impresa.

- *Umbrella brand*: è la marca-madre (*parent brand*) sotto la quale si addensano delle altre marche (*sub-brand*), secondo un ordine logico che può essere di canale (L'Oreal Professionel nel diretto e L'Oreal Paris nel mass market), di target (Nivea for Men), e altri.
- *Corporate brand*: il livello superiore di brand, che identifica l'impresa oltre che le product offering che essa genera. Sono tali Fiat e Geox, ad esempio.
- *Line brand*: brand che si estende su più tipi di prodotto fra loro complementari. Fructis di Garnier copre tutti i prodotti per capelli.

La macroarchitettura della celebre griffe è rigorosa e ordinata. Gli elementi del brand sono declinati per evidenziare immediatamente l'appartenenza a una casa comune, così da innescare un rinforzo percettivo e valoriale.

- *Family brand*: copre diverse categorie di prodotto e può articolarsi a sua volta in diversi brand di prodotto: ne è esempio Mulino Bianco, che ha le Macine e i Galletti come frollini, le Crostatine come lieviti ecc.

Le soluzioni per progettare un'efficace mappa delle marche dell'impresa, tale da assicurare un efficace presidio del mercato e consentire contemporaneamente di usare efficientemente le risorse investite, sono molte. Esattamente come numerose sono le formule proposte per la microarchitettura di brand esaminata nel ▸ §13.3.1, anche in questo caso la varietà di formule è diretto riflesso delle grandi opportunità per consulenti e pubblicitari. In questo *mare magnum*, si distingue l'interessante soluzione proposta da David A. Aaker e Erich Joachimsthaler che, studiando come le imprese hanno risolto questo problema, hanno evidenziato l'esistenza di un continuum di possibilità.

A un estremo vi è la forma cosiddetta *branded house*, che organizza tutti i brand aziendali lungo un medesimo *fil rouge* dato dal brand originario. È la scelta compiuta dalla Rai per la propria offerta sul digitale terrestre, ad esempio, o dalla Virgin. All'estremo opposto vi è la scelta cosiddetta *house of brands*, con la quale l'impresa "si nasconde" dietro i brand coi quali opera sul mercato, lasciando che sia ciascuno di essi a giocare la partita competitiva. È il caso di molte multinazionali del largo consumo, come Beiersdorf. In posizione intermedia, e prossima alla prima, vi è la strategia di *sub-branding*, con la quale al brand primario viene associato un termine qualificante la differenza (p.e. Armani Jeans). Speculare a questa, infine, è la strategia di *endorsed branding*, con la quale un brand autonomo viene però ricondotto, sebbene più "silenziosamente", a un *parent brand* noto (p.e. Polo by Ralph Lauren). Quale sia la strada migliore da percorrere non è dato dirlo, in quanto essa dipende sempre dalle condizioni specifiche in cui si trovano l'impresa e il mercato. Ovviamente si riconoscono dei vantaggi specifici in ciascuna delle scelte ora richiamate. In particolare, fermandoci solo alle due scelte estreme del continuum, riconosciamo che: (i) la scelta *branded house* presenta la caratteristica dell'endorsement, ovvero del rafforzamento del legame fra i vari brand, che consente a quelli nuovi di godere del patrimonio di associazioni mentali di quello principale; (ii) la scelta *house of brands* conferisce al player un'identità caratterizzata dalla maggior ricchezza – in termini di varietà e contenuti – della propria offerta e, parallelamente, legittima una maggiore flessibilità nella gestione del portafoglio, decidendo nuovi inserimenti e modifiche con maggiori gradi di libertà rispetto alla prima scelta.

Endorsement
Azione con la quale un soggetto (p.e. testimonial) esprime il proprio apprezzamento e gradimento per un altro (p.e. un brand).

13.4.2 L'efficacia cognitiva

Le tessere cognitive del brand system sono progettate sostanzialmente per facilitare una sola determinante risposta nel consumatore: la memorizzazione e l'annesso ricordo. È molto importante, infatti, che un brand sia noto, venga richiamato e sia ben presente alla memoria dello shopper, proprio all'atto dell'esperirsi del processo di scelta. Questo risultato non garantisce che la scelta ricada sulla product offering della quale il brand system è parte, ma ne aumenta di molto la probabilità. È impossibile, infatti, che un consumatore acquisti i prodotti di un brand di cui non conosce l'esistenza, mentre è probabile che, se un brand rappresenta per lui "il nome e cognome" di una determinata categoria di prodotto, egli diriga le sue scelte proprio sul brand che conosce. A tutto ciò si aggiunga il fatto che un certo

Ricordo
Dimensione intertemporale della conoscenza. Attiene l'avere ancora in mente un quid dopo un certo tempo.

livello di notorietà può tendere a indurre, di per sé, un certo livello di fiducia nel consumatore. L'insieme di questi due effetti mette in luce come la gestione della risposta cognitiva del consumatore agli stimoli di marketing sia essenziale alle vendite, e quindi alla generazione di valore per l'impresa.

Esistono brand che, avendo innovato profondamente i mercati, sia inventando nuove categorie di prodotto, sia rinnovandone profondamente di esistenti, godono del "vantaggio del creatore", imponendo il loro brand name come nome della categoria, e posizionandosi saldamente – anche grazie a questo – ai vertici delle vendite. Citiamo al riguardo: Scotch (nastro adesivo della 3M), Nutella (crema di gianduia spalmabile della Ferrero), Kleenex (fazzoletti di carta della Kimberly-Clark), Clark (polacchina scamosciata della Clark) ecc. La forza di questi brand è impressionante, sostanzialmente impossibile da scalfire: essendo stati i primi a lanciare un prodotto (poi rivelatosi di successo), il loro nome si è impresso nella memoria collettiva a significare il prodotto stesso e a garantire il consumatore sulla qualità del prodotto. Acquistare quel prodotto e sceglierne una marca diversa dall'originale, può rivelarsi emotivamente difficile per lo shopper, che sa di compiere una scelta che lo allontana dall'originale e lo mette nel campo dell'imitazione.

A questo punto è chiaro che l'impresa dovrà profondere adeguati sforzi nella creazione a un tempo t_0 e nel mantenimento nel tempo di un adeguato livello di conoscenza del proprio (o dei propri) brand. Si tratta di un'operazione che virtualmente non ha mai fine, e che necessita di un attento monitoraggio della variazione di livello della notorietà del brand nel corso del tempo (tabella 13.3). La ragione è molto semplice e facilmente intuibile: il ricordo tende, naturalmente e inesorabilmente, a dissolversi. Ciò determina la necessità di ricordare al consumatore, di tanto in tanto, che la marca esiste. Per fare un (debole) parallelismo con temi vicini al lettore, siamo nelle medesime condizioni dello studio pre-esame: i concetti si studiano da circa un mese prima e si dedicano gli ultimi due giorni a un ripasso *full immersion*. Metaforicamente parlando, lo studio crea conoscenza di un concetto e il ripasso ne rinvigorisce il ricordo. La risposta cognitiva del brand è gestita con logiche similari.

Tabella 13.3

Domande di rilevazione della brand awareness.

D1. Parliamo di smartphone. Mi saprebbe nominare qualche marca di smartphone che lei personalmente conosce? Basta che le abbia sentite solo nominare, non occorre che le abbia mai acquistate.
Questa domanda viene posta in modalità aperta (senza risposte predeterminate). Le marche citate sono registrate dall'intervistatore così come sono dette. Questa domanda offre una misura della *notorietà spontanea* delle marche. In sede di analisi dei risultati, la marca che viene citata il numero maggiore di volte al primo posto prende il nome di *Top of Mind*.
D2. Continuiamo a parlare di smartphone. Ora le citerò alcune marche di smartphone. Mi può dire quale/i di queste lei personalmente conosce, anche solo per sentite nominare?
Questa domanda viene posta in modalità chiusa (l'intervistatore legge, da un elenco, le marche, eccezion fatta per quelle citate in D1). Le marche riconosciute sono registrate dall'intervistatore. Questa domanda offre una misura della *notorietà sollecitata* delle marche. In sede di analisi dei risultati, la marca che viene citata il numero maggiore di volte prende il nome di *Recalled*.

La brand awareness, espressione tecnica di ciò di cui si sta ragionando, è pertanto fra gli obiettivi primari e costanti degli investimenti di marketing delle imprese. Come si vedrà meglio nel ▸ Capitolo 18, si tende ancora a utilizzare la pubblicità come strumento fondamentale per generarla e mantenerla, seguendo in ciò precise regole e tecniche di ripetizione. Così operando con perseveranza nel tempo, si è nelle condizioni di produrre una risposta cognitiva positiva nel consumatore, che può assumere due distinte forme, entrambe misurabili con apposite strumentazioni e metodi:

1. *brand recognition*, la capacità dello spettatore di riconoscere una marca, sentendola nominare;
2. *brand recall*, la capacità dello spettatore di richiamare alla memoria un brand name, sentendo citare la categoria di prodotto di appartenenza (p.e. a una domanda sui canali televisivi sportivi, si richiamano Eurosport, RaiSport, Sky Sport24 ecc.).

È opportuno, per chiudere, ribadire e sottolineare il fatto che, in tale contesto, il brand system viene costruito e gestito al solo scopo di generare risposte cognitive, senza implicazioni di altra natura, né giudizi di valore. Non si ha spazio per approfondire il tema in questa sede, ma si consideri che la risposta cognitiva a stimoli di marketing è piuttosto meccanica e poco influenzata dalla volontà dell'individuo. Un bravo tecnico, che abbia un adeguato budget a disposizione, può garantire in pratica di raggiungere, con verosimile certezza, un buon livello di awareness presso il target.

13.4.3 L'efficacia semantica

Stimolo-Risposta

Teoria psicologica che, partendo dal principio dell'inerzia, interpreta le azioni come risposta ad adeguati stimoli.

Le tessere semantiche del brand system sono progettate per facilitare una risposta complessa da parte del consumatore: la produzione dei contenuti di senso del brand, la loro comprensione, accettazione e ricordo. Si tratta, evidentemente, di un tipo di risposta che non è solo cognitiva, ma anche, se non soprattutto, emotiva. In quanto tale, essa è ben più complessa da ottenere di quanto non sia la risposta cognitiva: quest'ultima è ragionevolmente certa se si realizza un'adeguata copertura del target e ripetizione del messaggio, la prima no. In sostanza, non basta ottenere un'esposizione ripetuta del target al brand system per realizzare la risposta semantica desiderata. La pratica e la dottrina del marketing management hanno elaborato allora diversi strumenti logici e tecnici per rispondere anche a questa difficile esigenza. Vediamo di esaminarne brevemente i principali, considerando che le tessere semantiche particolarmente coinvolte in questo campo specifico sono due: la *brand identity* e la *brand reputation*.

La *brand identity* poggia su un elemento *core*: il *punto di differenza* rispetto ai competitor. Esso costituisce l'insieme di caratteristiche funzionali e simboliche che il brand possiede in maniera unica, distintiva e/o superiore rispetto agli altri. Questa condizione ha valore di marketing, se e solo se è tale agli occhi del consumatore-target. In tal senso ha luogo un processo grazie al quale l'*identity* diviene *image*, così che il consumatore: (i) capisce quale sia il punto di differenza di cui il brand system è emblema; (ii) lo considera desiderabile e rilevante; (iii) considera il brand credibile nel proporlo; (iv) ne associa facilmente il ricordo al brand name/logo; (v) ne riconosce l'unicità rispetto al panorama d'offerta.

Punto di parità

Attributi non differenziati della product offering.

È utile che s'identifichi anche, oltre al precedente, il punto di parità rispetto ai competitori, ovvero le caratteristiche della product offering comuni agli altri, perché il mercato richiede un profilo minimo da soddisfare sempre e comunque. Sono i cosiddetti "fattori igienici", ovvero elementi della product offering che devono essere garantiti, ma che non hanno attitudine a fare la differenza: la sicurezza di un'automobile, la connettività di uno smartphone ecc. Talvolta è opportuno che nella comunicazione al target i manager si preoccupino anche di sottolineare l'assolvimento di questi minimi.

La brand identity, come già segnalato, è un qualcosa che si progetta "a tavolino" (*desk*). I suoi contenuti vengono poi tradotti in codici – linguistici e simbolici, verbali e visivi – per divenire poi contenuti comunicativi da scambiare, sia *one-way* (p.e. con gli spot televisivi) sia *two-way* (p.e. con Facebook), con i consumatori. Lo scopo di quest'attività è molteplice:

- associare univocamente la identity alle tessere cognitive del brand nella mente del consumatore-target;
- fissare la posizione del brand system nella ideale mappa di categoria presente nella mente del target;
- scegliere per il brand system, in tale mappa, una posizione distante da quelle degli altri competitori;
- mantenere nel tempo questa distanza, accrescendone il valore percepito.

L'insieme di queste operazioni prende il nome di *posizionamento competitivo*, e costituisce una delle grandi innovazioni intellettuali portate nel Novecento alle scienze manageriali, dall'allora giovane disciplina del marketing management. Riportiamo nella figura 13.5 un esempio figurato di mappa mentale delle percezioni, che esemplifica quanto fin qui detto.

Figura 13.5

Mappa di posizionamento. La mappa visualizza il profilo dei brand percepito e, distanziandoli, identifica i punti di differenza di ciascuno. Ad esempio, Fiuggi è riconosciuta quale player per la cura/salute, rientra in un vissuto "maschile" e si associa ad alcune caratteristiche peculiari (▲).

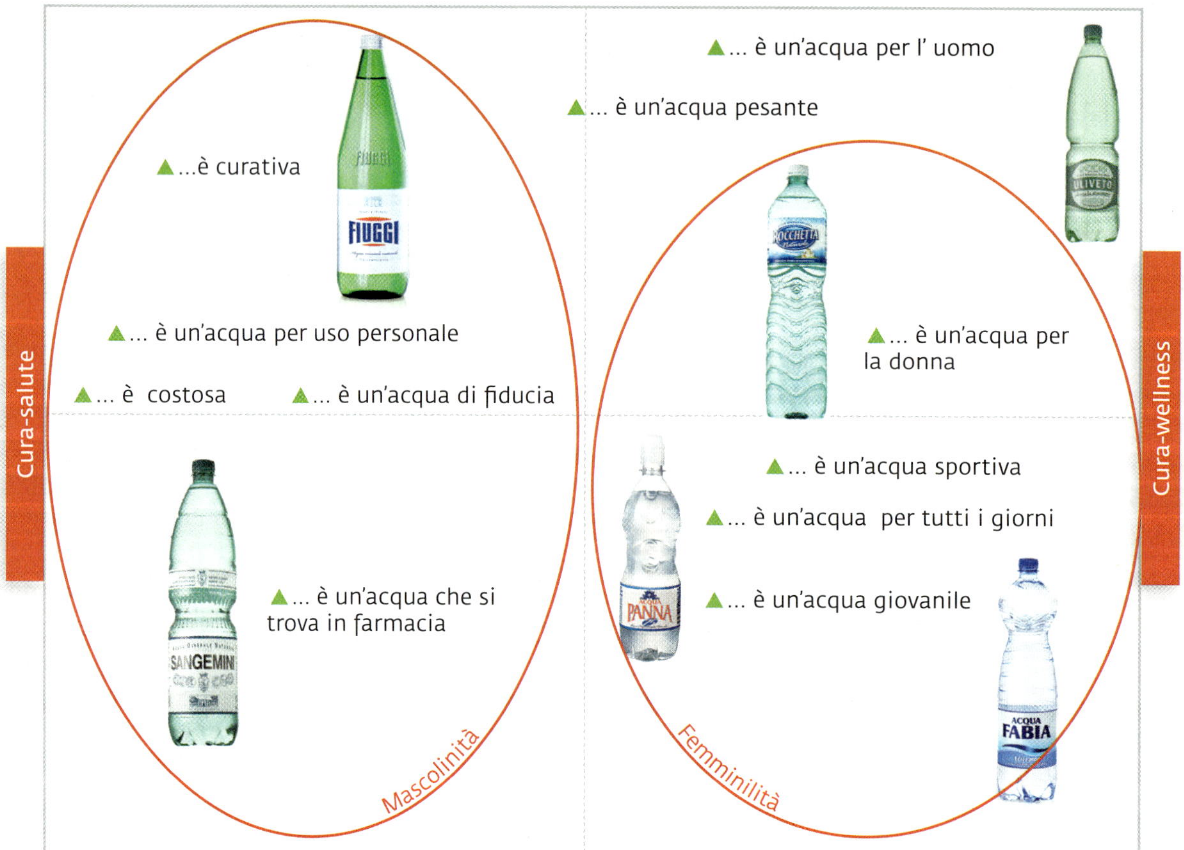

Riprenderemo il tema del posizionamento nel capitolo successivo, trattando della scelta di valore e prezzo.

Veniamo ora alla *brand reputation*, che deriva, come indicato in precedenza, dall'esito percepito della performance della product offering. La promessa di valore e quindi di prestazione, che il brand veicola allo shopper, è messa alla prova dallo user che, beneficiando delle prestazioni della product offering, è il soggetto in grado di esprimere valutazioni. La reputazione è perciò la valutazione di performance del brand da parte dei consumatori che, sedimentando nel lungo periodo, diviene componente strutturale dell'image del brand medesimo. Questo contenuto di significato si genera dunque all'esterno della sfera di influenza diretta dell'impresa, e quindi non è controllabile, ma solo verificabile. Si pensi alla criticità che oggi riveste l'ascolto della rete per i brand: Facebook ancor più di Twitter, ad esempio, sono una sorta di "territorio selvaggio" per i brand, dove può succedere molto (formarsi di opinioni e movimenti, circolazione di giudizi ecc.) e nulla si può fare per impedire che accada; se ne può solo recepire il divenire.
Un primo territorio di controllo della salute del brand system sul piano semantico è la *customer satisfaction*: si tratta della metrica indice del livello di assonanza fra le aspettative di prestazione costruite dalla product offering e il grado di mantenimento di quella promessa effettivamente realizzato. La soddisfazione, in questa sede, è un costrutto che interessa qualitativamente, più che per il suo livello. La gestione ordinaria della marca, sul piano della sua reputazione, infatti, rende necessario:

- monitorare costantemente il livello di performance percepita e le sue determinanti chiave (*key performance factor*);
- verificare l'assonanza fra questi e il brand system, e il suo livello di forza;
- controllare i riflessi della performance sul capitale di reputazione della marca;
- misurare la fiducia nella capacità di promessa della marca.

Una seconda leva importante di controllo è, come si accennava, l'ascolto della rete. Come detto, i social media (p.e. blog, forum e social network) sono diventati una tra le principali fonti d'informazione per i consumatori **always on**. Attraverso la condivisione di opinioni ed esperienze in merito a brand, prodotti e imprese, infatti, i consumatori influenzano la notorietà, le percezioni, le valutazioni e le scelte d'acquisto degli altri utenti.
La presenza di contenuti veicolati dai consumatori – e fuori dal controllo diretto da parte del brand – rende la reputazione un fattore critico per tutte le imprese operanti online. Inoltre, sui canali digitali, la gestione della brand reputation è molto complessa, e richiede l'implementazione di attività di (i) monitoraggio, (ii) **engagement** e (iii) misurazione. In particolare, il monitoraggio prevede l'individuazione e la valutazione delle conversazioni sul brand o sui prodotti. Questa prima fase termina con la scelta dei social media di maggiore rilevanza e interesse, sui quali dovranno poi essere implementate le attività di engagement.
Queste ultime sono finalizzate, da un lato, a creare relazioni stabili e durature con i singoli clienti e, dall'altro, a stimolare un passaparola positivo tra gli uten-

Always on

Espressione che rappresenta la tendenza all'iperconnessione del consumatore moderno, attraverso le varie forme di device.

Engagement

Letteralmente "ingaggio", il termine indica lo stato di legame, funzionale e affettivo, che un brand riesce a innescare col proprio target.

Lead generation

Il processo di raccolta di informazioni sui potenziali clienti e la conseguente costruzione di database commerciali.

ti. Gli effetti delle attività di engagement vengono infine misurati (anche se in modo spesso parziale) in termini di *awareness*, *reputation* e **lead generation**.

Concludiamo sottolineando nuovamente la differenza gestionale esistente fra la *brand identity* e la *brand reputation*, entrambi "ingredienti" della più ampia e rilevante *brand image*: la prima è gestibile in quanto tessera di natura endogena, la seconda è solo verificabile, in quanto tessera di natura esogena.
In definitiva, l'impresa si deve preoccupare di costruire e governare un'*image* positiva, orientando le proprie performance alla soddisfazione del cliente – affinché nel tempo sedimenti una *reputazione* favorevole – e costruendo un'*identità* sostenibile e di appeal.

13.5 La gestione straordinaria del brand system

Il *branding* non è fatto solo di scelte strategiche e attività quotidiane. Sebbene, infatti, queste ultime impegnino il budget di marketing in attività ricorsive, e sviluppino un asse di competenza tecnico-metodologica specifico del marketer, la gestione del brand system prevede anche dei momenti di importante discontinuità.
In particolare si tratta di queste operazioni:

- *brand stretching/extension*: l'applicazione del brand system a più product concept differenti;
- *brand repositioning*: il riposizionamento del brand system;
- *co-branding*: la combinazione di brand system differenti in una medesima product offering.

Il merchandising sportivo stressa gli elementi dell'identità visiva su un gran numero di categorie, costruendo l'appeal delle offerte su variabili affettive ed emozionali.

13.5.1 L'estensione di marca

L'estensione di marca è una delle operazioni straordinarie di gestione che stanno alla radice della proliferazione di offerte che oggi ci troviamo davanti in pressoché tutte le categorie. Ogni impresa che è nelle condizioni di farlo tende a stressare le proprie marche applicandole a nuovi prodotti, siano essi: (i) delle semplici varianti all'interno della medesima categoria; (ii) delle categorie diverse da quella originaria. Nel primo caso si parla di **line extension**, nel secondo di *category extension*. La *line extension* è un'operazione frequentissima, addirittura "naturale" in alcuni settori: nel mobile, ad esempio, Calligaris è un corporate brand che viene esteso a tutte le creazioni d'arredo (mobili, divani, luci ecc.) dell'azienda; Technogym, leader mondiale del fitness, estende il proprio brand system su tutti i prodotti. Essa può avvenire in tre direzioni.

Line extension
Estensione del brand system a prodotti differenti (medesimo ambito merceologico) da quello originario.

1. *Trading down*: estensione del brand verso il basso. Una marca posizionata nel superpremium, ad esempio, decide di lanciare una nuova product offering in una fascia inferiore, al fine di cogliere nuovi target, o presidiare aree di mercato dove il tasso di sviluppo è maggiore. Tale fu nel 1997 il clamoroso lancio della Classe A, con la quale Mercedes uscì dal limbo del superpremium per "democratizzarsi".
2. *Trading up*: estensione del brand verso l'alto. Una marca posizionata nel mainstream, ad esempio, cerca di offrire esperienze più sofisticate di prodotto ai propri clienti, lanciando una varietà superiore. Lavazza, leader nella fascia di massa, presenta Qualità Oro, posizionandola su un punto di prezzo più elevato delle altre product offering, e rivolgendosi a quei consumatori fedeli al brand che vogliono provare la qualità del 100% arabica, senza però potersi permettere Illy. Operazioni più radicali di trading up, si badi bene, richiedono però il lancio di una nuova marca per essere credibili: Toyota inventa Lexus per competere nel superpremium dell'auto; Barilla usa Voiello per lavorare nel premium.
3. *Orizzontale*: l'estensione di linea interessa la medesima fascia di valore e target di riferimento. Parmareggio propone fette di parmigiano reggiano DOP confezionato nelle varianti Bio, 22, 24, 36 mesi.

Tabella 13.4
Pro e contro della brand extension.

Pro	Contro
Facilita il lancio di: – nuovi product concept – product offering reingegnerizzate – nuove product offering – accessori di prodotto	Proliferazione eccessiva: – aumento di confusione, affollamento – calo della vocazione/reputazione produttiva – cannibalizzazione delle vendite – rifiuto e resistenze nel canale
Rinforza l'equity del brand system: – maggiore awareness – consolidamento della reputation – maggiore rilevanza del brand nella categoria – interesse per la marca rinvigorito	Diluizione dell'equity del brand: – diminuzione dell'efficacia semantica – incoerenza di messaggio – errori di posizionamento
Consolida il pricing: – consolidamento del posizionamento – maggiore chiarezza della scala prezzi	

La category extension è anch'essa molto frequente e rappresenta, dal punto di vista del branding, la "veste marketing" delle strategie corporate di diversificazione (▶ Capitolo 8). Questa scelta strategica amplia il portafoglio prodotti dell'impresa, consentendole di operare in più mercati diversi fra loro. Un'impresa che diversifica è solitamente un'impresa forte, coi conti in ordine, opportunità di investire liquidità in esubero guadagnata sul mercato originario, disponibilità di un brand dotato di una solida equity. Si pensi alla linea di abbigliamento e accessori della Vespa, o a Quechua, il brand di accessori e abbigliamento outdoor di Decathlon.

La brand extension, comunque intesa, genera un curioso paradosso: da un lato, le imprese stressano l'uso della marca anche per aiutare le product offering a ritagliarsi spazi di visibilità all'interno di un'offerta sempre più affollata; dall'altro, l'effetto cumulato del fatto che molte imprese agiscono secondo questo ragionamento contribuisce ad affollare ulteriormente lo spazio di offerta, alimentando così un circolo vizioso che acuisce ulteriormente il fabbisogno di branding.

13.5.2 Il riposizionamento della marca

Il riposizionamento del brand system è un'operazione straordinaria nel senso più letterale del termine, cioè esula dalle condizioni ordinarie di funzionamento di questo fondamentale asset aziendale. In genere, il riposizionamento è una risposta a un problema che si riscontra sul mercato e che può concernere le seguenti dinamiche.

1. L'affievolirsi, o appiattirsi, del mercato stesso: le vendite hanno un andamento stabile o addirittura declinante, per cui si cercano aree limitrofe di opportunità; alcuni brand dello yogurt si stanno riposizionando nell'area dei sostituti del pasto.
2. La perdita di consonanza del target: il mio brand è "invecchiato" e i giovani cui intendo riferirlo lo abbandonano; fu il caso della Levi's negli anni Ottanta.
3. La perdita di rilevanza delle variabili su cui il brand aveva costruito il proprio punto di differenza: un dentifricio affermatosi per le proprie capacità anticarie perde terreno rispetto ai concorrenti, perché l'appeal di queste caratteristiche declina a vantaggio di benefici estetici.

Sebbene il riposizionamento si riconosca più frequentemente come risposta alle ragioni esterne sopra richiamate, non mancano tuttavia esempi di riposizionamento compiuto per cogliere opportunità.

1. Meta-mercato del *vintage*: le operazioni Fiat 500, Vespa Piaggio, per fare un esempio relativo solo ai due brand italiani storici, rappresentano poderose operazioni di rilancio e riposizionamento di brand invecchiati, se non addirittura "in sonno" per decenni.
2. Ciclicità delle *mode*: i cappelli Borsalino, una volta prodotto mass market per tutti, stanno conoscendo nuova linfa, riposizionando il brand su un'area premium.

La scelta di riposizionamento, in sostanza, viene a incidere sulla collocazione del brand system nella ideale mappa mentale dei consumatori, modificandola. Si tratta, è bene sottolinearlo, di un'operazione della massima delicatezza, difficile da implementare e non sempre dagli esiti favorevoli.

13.5.3 Il co-branding

Sempre più frequentemente i brand si legano in programmi di mercato che fanno leva sui rispettivi punti di forza.

Quest'operazione straordinaria si colloca nel novero delle attività volte a cogliere e/o creare delle opportunità di mercato per il brand system di riferimento. Il co-branding concerne l'uso congiunto di due o più brand system in una o più product offering, e presuppone tecnicamente la presenza di un accordo contrattuale fra le imprese proprietarie. Come tutte le operazioni di partnership, l'accordo su obiettivi e linee di azione strategici e il coordinamento operativo delle attività di marketing rappresentano gli elementi più delicati della questione. La realtà commerciale mostra l'esistenza di un'enorme varietà di formule d'offerta nelle quali è riconoscibile l'operazione di co-branding, dovuta alla naturale flessibilità d'uso del brand system. Senza pretesa di esaustività, quindi, possiamo richiamare alcune fattispecie di co-branding, facendo riferimento all'impatto che queste mirano a ottenere sul mix di benefici per il consumatore. Possiamo dunque avere un arricchimento della product offering dei seguenti tipi.

- *Funzionale*: si tratta di incrementare la capacità della product offering di generare benefici pratici per il consumatore, miscelando più componenti brandizzate assieme. Si tratta del cosiddetto *ingredient co-branding*, con il quale un brand noto si integra nel product concept di un altro, nell'intento di rafforzarsi reciprocamente. Ne sono esempi celebri Intel e certe marche di computer, marche automobilistiche che usano componenti noti (p.e. i freni Brembo). Rientra in questa categoria anche il co-branding relazionale, realizzato da brand diversi che uniscono le proprie operazioni di CRM per potenziare i rispettivi programmi fidelity: ne sono esempio le carte Alitalia-American Express, Agip-Auchan e l'operazione Nectar.
- *Simbolico*: si tratta di generare un potenziamento dell'immagine delle marche partner attraverso un endorsement reciproco dei brand. Ne sono esempio l'uso degli interni in pelle Poltrona Frau sui treni Italo, o le auto Maserati.
- *Comunicativo*: uso congiunto di brand nella comunicazione, per accrescere l'awareness reciproca. Ne sono esempio l'uso di brand di detergenti nelle pubblicità di marche di elettrodomestici.

In conclusione, il co-branding costituisce una classe di operazioni straordinarie di branding che cerca di aumentare il valore della marca e sfruttarlo al massimo delle proprie potenzialità, sebbene in archi temporali definiti e circoscritti. Una delle caratteristiche chiave per il successo dell'operazione, infatti, sembra esserne la temporaneità.

Case History — Alitalia

Alitalia – Compagnia Aerea Italiana, nata dall'integrazione di Alitalia e Air One, ha avviato le proprie attività il 13 gennaio 2009. Il network è incentrato su sei basi operative – Roma, Milano (Linate e Malpensa), Torino, Venezia, Napoli e Catania – e dispone di una flotta di oltre 140 aerei, tra le più giovani al mondo (solo 6,5 anni di età media dei velivoli al 1° gennaio 2013), tra le più efficienti (grazie a una riduzione del numero delle famiglie di velivoli) e a basso impatto ambientale. Alitalia è, inoltre, partner di Air France – KLM, membro della joint venture transatlantica con Air France – KLM e Delta, nonché membro dell'alleanza globale SkyTeam.

Il brand system di Alitalia esprime fortemente l'idea d'Italia nel mondo, declinandola nei suoi significati più positivi, caldi, rappresentativi, e sostenendola con un sistema iconico di grande tradizione e storia. Le sue componenti cognitive sono state caratterizzate dall'aggiornamento nel tempo della visual identity, avendo cura di conservare una certa linearità con l'heritage del brand.

Le componenti d'image sono costantemente oggetto di cura, anche a causa dei non positivi trascorsi della vecchia compagnia di bandiera. L'*heritage* è molto ben valorizzato, anche con programmi e campagne vintage, e l'*identity* s'impernia sul concetto d'italianità inteso come il modo "Alitalia" di fare le cose: non un "cosa" ma un "come". Per questo, in tutto si cerca di esprimere l'eleganza, la creatività, il "tocco di umanità", il "saper vivere", quei valori, insomma, tipicamente associati al prodotto italiano.

L'architettura di marca è imperniata sul modello branded house, dove si legge lo specifico intento di definire e tirare un fil rouge fra tutte le componenti. Il portafoglio-brand, così, è articolato per classi di prodotto, livelli di servizio, ambienti ecc., mantenendo costante la presenza del logo.

Conclusioni

L'economia contemporanea assegna alla marca funzioni e rilevanza di massimo livello. Non è esagerato affermare che i trent'anni che vanno dagli anni Ottanta del Novecento a oggi, saranno ricordati anche per esser stati quelli in cui le merci si sono compiutamente evolute in segni e simboli: il brand, in tutto ciò, ha avuto ruolo e forza propulsiva. Il lessico stesso della marca si è arricchito, e così il suo proprio campo di esistenza, coprendo praticamente ogni genere di merceologia e servizio. La trasformazione del marchio in un quid superiore e più ampio si è completata anche sul piano economico-finanziario, divenendo la marca un valore in sé, possibile oggetto di scambio in transazioni B2B. Lasciamo lo studente con una domanda: sarà sempre così?

14

Scelte distributive

di **Alberto Pastore**

Indice del capitolo

Introduzione

14.1 Il ruolo economico della distribuzione e la creazione di valore per gli acquirenti

14.2 Struttura dei canali distributivi e strategie commerciali

14.2.1 Gli intermediari commerciali e la struttura dei canali

14.2.2 Le strategie distributive dei produttori

14.3 Le decisioni di politica distributiva

14.4 I costi di distribuzione

14.4.1 L'analisi dei costi di distribuzione

14.4.2 Il margine del distributore

Conclusioni

Abstract

Il capitolo si propone di delineare un quadro generale sulle strategie e politiche distributive. Nei primi paragrafi vengono analizzati il ruolo economico della distribuzione nelle moderne economie di mercato e le funzioni distributive che vengono svolte all'interno dei canali di marketing, allo scopo di creare valore per gli acquirenti. Vengono altresì messe in evidenza le ragioni d'essere degli intermediari al fine di garantire l'incontro tra domanda e offerta in condizioni di efficienza e di efficacia. Di seguito vengono esaminate le principali dimensioni delle scelte distributive, con particolare riferimento alla configurazione del canale distributivo, alla copertura del mercato intermedio, ai costi di distribuzione.

Introduzione

Nell'ambito del processo di marketing, l'impresa deve definire le strategie e le politiche distributive, ovvero deve predisporre quell'insieme di condizioni strutturali, organizzative, relazionali, competitive, coerenti con la sua strategia complessiva, che le consentano di realizzare la commercializzazione della proria product offering, rendendo i prodotti disponibili all'acquirente per l'uso o il consumo nel luogo, nel momento, nella forma e nella quantità atte a soddisfare le sue necessità.

Funzioni distributive
Insieme di attività di tipo logistico, informativo e accessorio, che consentono di trasferire un prodotto dal produttore al consumatore attraverso un canale distributivo.

La commercializzazione viene realizzata tramite un canale di distribuzione (o canale di marketing) dove vengono svolte le funzioni distributive, prevedendo o meno l'intervento di intermediari commerciali.

È opportuno sottolineare come le scelte distributive rivestano un'estrema rilevanza nel marketing management. Una valida strategia distributiva infatti è *conditio sine qua non* per un efficace approccio al mercato. Essa può influenzare significativamente le altre variabili di marketing (prezzo, comunicazione, servizio) e può richiedere ingenti investimenti o impegni di lungo termine nei confronti dei partner commerciali.

Il complesso tema della distribuzione, stante la sua rilevanza nel marketing management, viene affrontato nel testo in modo diffuso, in ben quattro capitoli: nel capitolo corrente, dopo un inquadramento del ruolo del canale distributivo nella generazione del valore per il cliente, vengono esaminate le strategie e le politiche distributive delle imprese industriali; nel ▸ Capitolo 20 si tratterà la problematica della gestione del canale e dei rapporti industria distribuzione; nel ▸ Capitolo 24 verrà fatto un approfondimento sul marketing delle imprese commerciali (retailing); nel ▸ Capitolo 26 infine verranno esaminate le peculiarità inerenti il marketing dei servizi.

14.1 Il ruolo economico della distribuzione e la creazione di valore per gli acquirenti

I canali di distribuzione sono costituiti da un insieme di soggetti interdipendenti (individui, come i venditori diretti, e organizzazioni, come le catene in franchising) che svolgono il complesso di attività necessarie a facilitare i processi di scambio creando valore per gli acquirenti, in termini di utilità di luogo, di tempo, di stato e di varietà. In altre parole, si rende il prodotto disponibile in un luogo, in un momento e secondo modalità (p.e. unità di vendita) diverse dalla produzione. Tali attività vanno a costituire il servizio commerciale.

Servizio commerciale
L'insieme di servizi commerciali elementari che qualificano le attività distributive svolte all'interno di un canale distributivo.

Il servizio commerciale mira a incontrare i bisogni del consumatore target con riferimento a diversi aspetti.

- *Prossimità.* Il servizio di prossimità favorisce l'accesso al prodotto da un punto di vista spaziale; esso viene realizzato sostanzialmente attraverso l'ubicazione dei punti vendita, le attività di trasporto e di consegna.
- *Disponibilità.* Il canale distributivo deve dare risposta alla richiesta di disponibilità del prodotto con una tempistica coerente con le richieste del mercato

Logistica
Disciplina che si occupa della gestione del flusso fisico delle merci.

(p.e. disponibilità immediata, tempi di consegna adeguati). A tale finalità sono rivolte le attività logistiche: magazzinaggio, trasporto, consegna.

- *Quantità acquistabili.* Il cliente ha la necessità di poter acquistare quantità di prodotto secondo le proprie necessità e prescindendo da eventuali vincoli tecnici propri del sistema produttivo (p.e. produzione a lotti o a flusso continuo vs. unità di vendita).
- *Varietà dell'offerta.* Le esigenze di varietà dell'acquirente concernono da una parte la possibilità di concentrare gli acquisti di diverse categorie di prodotto in un'unica occasione, potendo fruire di un assortimento ampio (come nell'ipermercato, dove ci sono molte categorie), dall'altra riguardano la possibilità di scelta in ciascuna categoria, grazie a un assortimento profondo (numerose marche e referenze in ciascuna categoria).

Referenza
È l'unità elementare dell'assortimento, differente dagli altri per una particolare caratteristica. Ad esempio Barilla, pasta di grano duro, spaghetti n. 8, confezione da 500 grammi.

- *Informazione.* Attraverso il canale distributivo l'acquirente ottiene informazioni inerenti l'impresa fornitrice, la marca, le caratteristiche dei prodotti, le condizioni d'acquisto, le occasioni promozionali ecc.; sovente, è proprio nel punto vendita, reale o virtuale, che l'acquirente costruisce la mappa delle alternative possibili.
- *Relazione.* Il contatto tra il canale distributivo e il cliente è il vettore sul quale può essere attivata una relazione fiduciaria, personalizzata e duratura, un aspetto particolarmente rilevante nel caso dei prodotti problematici e dei servizi alla persona.
- *Garanzia.* Il canale distributivo può fungere da garante dell'offerta che esso propone ai propri clienti.
- *Servizi accessori funzionali.* Attraverso il canale distributivo il cliente può fruire di ulteriori servizi, quali il credito, l'installazione, l'assistenza post-vendita (riparazione o manutenzione).
- *Servizi accessori esperienziali.* Nel punto vendita si può esprimere la dimensione ludica, esperienziale e sociale del processo d'acquisto.

L'erogazione di questi servizi dà luogo a flussi di diversa natura tra gli attori del processo di scambio (figura 14.1): flussi di tipo *logistico* (trasferimento fisico del prodotto dal luogo di produzione a quello di acquisto o di consumo), *informativo* (selezione degli assortimenti, informazioni di mercato, ordini), *finanziario* (assunzione del rischio, finanziamento, pagamento), *giuridico* (trasferimento del possesso e del titolo di proprietà).

Figura 14.1
Il valore aggiunto della distribuzione alla product offering.

I clienti chiedono dunque ai fornitori l'erogazione del servizio commerciale più idoneo in relazione alle loro esigenze e aspettative. Il sistema d'offerta dovrà configurarsi in modo tale da massimizzare l'efficienza e l'efficacia dei processi commerciali nei confronti dello specifico target di mercato, con l'obiettivo di accrescere il valore della product offering e di aumentarne l'appetibilità e la visibilità nel punto vendita rispetto ai concorrenti diretti.
Nel definire le proprie strategie distributive, pertanto, l'impresa è chiamata a dare risposta alle seguenti domande.

- Quale servizio commerciale s'intende erogare a livello di canale?
- Con quali modalità?
- Quali soggetti (intermediari commerciali) dovranno partecipare al processo?
- Come vengono ripartite le attività del servizio commerciale tra i soggetti partecipanti (impresa e intermediari)?

14.2 Struttura dei canali distributivi e strategie commerciali

14.2.1 Gli intermediari commerciali e la struttura dei canali

Condivise le motivazioni a fondamento della ragion d'essere degli intermediari, vediamo ora quali sono le diverse figure che possono collocarsi all'interno dei canali distributivi, per poi esaminare quali sono le diverse configurazioni strutturali che il canale può assumere.
La prima categoria di intermediari commerciali è quella dei *commercianti*, i quali assumono il diritto di proprietà dei beni che distribuiscono (acquistano e poi rivendono). Tra i commercianti distinguiamo i grossisti (*wholesaler*), che acquistano i prodotti dai produttori per rivenderli in quantità inferiori ai dettaglianti, e i dettaglianti (*retailer*), i quali acquistano dai produttori o dai grossisti e rivendono direttamente ai clienti finali.
È opportuno sottolineare che nell'ambito di tale categoria di intermediari si è osservata negli ultimi anni una costante innovazione delle **formule distributive**, in relazione alla maturazione del processo di modernizzazione del commercio, che ha visto, in molti settori, la marginalizzazione dei distributori tradizionali (punti vendita di prossimità di piccole dimensioni) e dei grossisti. Su questo importante tema ci soffermeremo diffusamente nel ▸ Capitolo 20.
Gli *agenti* (o rappresentanti), invece, sono degli intermediari che non assumono diritto di proprietà dei beni ma negoziano per conto di una o più imprese mandanti, per cui vengono definiti rispettivamente "monomandatari" o "plurimandatari"; funzioni similari vengono svolte dai **mediatori** e dai **broker**.
Infine, in un canale distributivo ritroviamo anche delle *società di servizi*, intermediari ausiliari o facilitatori, che svolgono le attività di supporto necessarie per il funzionamento del sistema; si pensi anzitutto agli operatori logistici, ma anche ai fornitori di tecnologia, oppure agli **infomediari** sul web.

Formula distributiva
È il "prodotto" dell'impresa commerciale, costituito da uno specifico mix di servizi commerciali elementari.

Mediatori e broker
Sono degli intermediari che hanno la funzione di porre in contatto acquirenti e venditori, assistendoli nella negoziazione.

Infomediario
È un intermediario dell'infomazione, che fornisce indicazioni utili al fine dello sviluppo del processo di marketing online.

Figura 14.2

Configurazioni-tipo della struttura del canale.

La struttura del canale discende dalla numerosità e dalla tipologia d'intermediari che lo compongono. Le fattispecie tipologiche sono molto articolate, tuttavia è possibile identificare alcune configurazioni-tipo (figura 14.2).
La prima è quella del *canale diretto*, che prevede la vendita diretta dal produttore al cliente senza il ricorso a intermediari. Il canale diretto può essere realizzato attraverso punti vendita di proprietà, vendita telefonica, televisiva, per corrispondenza, via Internet (e-commerce), attraverso terminali mobili (m-commerce), tramite venditori. Si tratta di un canale utilizzato sovente nel B2B, dove la fase distributiva e le relazioni con i clienti, che nel settore hanno un'importanza fondamentale nel processo di marketing, vengono generalmente gestite attraverso una struttura commerciale di venditori. Nel B2C, invece, nella maggior parte dei casi il canale diretto si configura con dei negozi monomarca e viene utilizzato quando è richiesto un elevato controllo dell'immagine e del livello di servizio, come per le grandi marche del fashion.

Focus — I format distributivi della distribuzione diretta

Tra i formati distributivi utilizzati dall'impresa industriale per la distribuzione diretta, e dunque "monomarca", vi sono le seguenti tipologie.

1. Negozio monomarca: è un punto vendita gestito direttamente dall'impresa, di dimensioni piccole o medie a seconda delle esigenze di servizio dettate dalla merceologia e dal posizionamento dell'insegna. Si collocano talvolta nell'ambito di reti miste in franchising.
2. E-commerce: il produttore vende direttamente al consumatore finale sulla propria piattaforma digitale. Tale strategia può affiancarsi alla distribuzione fisica (monomarca o non) o, in taluni casi, costituire l'unica modalità prescelta di approccio al mercato.
3. Flagship store: è il negozio bandiera, con funzione di branding oltre che commerciale, sviluppato su grandi superfici di vendita, ambientazioni ricche e originali, location prestigiose, ampi bacini di utenza. Propone un'offerta di prodotti e servizi fortemente caratterizzata in termini esperienziali, con un forte coinvolgimento dei visitatori.
4. Corner o Shop in shop: è uno spazio riservato all'impresa all'interno di un punto vendita multimarca (p.e. in un grande magazzino), che consente una gestione relativamente autonoma dell'attività commerciale, del marketing e della comunicazione in-store.
5. Temporary shop: è un punto vendita che resta aperto per un tempo limitato, un nuovo luogo di acquisto ma al tempo stesso una sorta di evento, di "parco a tema", con una fusione di finalità commerciali e comunicazionali.

Il flagship store Apple sulla Fifth Avenue a New York. Aperto 24 ore su 24, si dice sia il punto vendita che fattura di più al mondo.

La seconda configurazione tipo è quella del *canale corto*, che prevede il ricorso a un intermediario. Nel B2C il canale corto è diffuso soprattutto nei *fast moving consumer goods*, dove, in linea di massima, i servizi commerciali possono essere erogati in modo più efficiente ed efficace dai distributori, all'interno di punti vendita multimarca. È in questo ambito che i sistemi distributivi hanno subito negli scorsi decenni profonde trasformazioni, con la crescita delle imprese della Grande Distribuzione Organizzata e la diffusione delle forme distributive moderne, che hanno sancito il ruolo chiave del dettagliante nel canale. Il canale corto è assai diffuso anche nel B2B, in alternativa al canale diretto; in questo caso le figure di intermediario più utilizzate sono i distributori industriali e gli agenti.
Infine, abbiamo i *canali lunghi*, dove operano due o più intermediari. Nel B2C essi sono fondati sulla figura del grossista, attraverso il quale si può realizzare una distribuzione capillare e raggiungere un numero elevato di punti vendita, anche di piccole dimensioni. Nel B2B invece il canale lungo raramente viene adottato, in quanto riduce al massimo la possibilità di controllo per il produttore.

14.2.2 Le strategie distributive dei produttori

Ponendosi nella prospettiva del produttore, la scelta di ricorrere a intermediari può presentare degli aspetti sia negativi sia positivi. Quando nel canale si introducono uno o più intermediari, il produttore perde il controllo di una parte del processo di marketing, che viene acquisito dal distributore; non ha più il contatto diretto con i clienti finali e deve cedere ad altri attori della filiera una parte, talvolta significativa, del valore aggiunto generato a livello di sistema.
D'altro canto, la presenza degli intermediari nel canale di marketing può portare significativi vantaggi.

In primo luogo, il produttore, delegando le attività distributive agli intermediari, può concentrare le sue risorse (finanziarie, manageriali) sul suo *core business* d'impresa industriale; in una logica di costo-opportunità infatti può essere prioritario investire in ricerca e sviluppo, innovazione di prodotto e di processo, politiche di marca, piuttosto che nell'implementazione e gestione diretta del canale distributivo. Un secondo ordine di vantaggi riguarda il *livello di servizio*. Da questo punto di vista, i distributori, da una parte, possono offrire un importante valore aggiunto attraverso la definizione di assortimenti plurimarca, ampi e/o profondi; dall'altra, in virtù della loro specializzazione e dello specifico know how detenuto, possono garantire una maggiore qualità del servizio e anche promuovere l'innovazione dello stesso.

Infine, la presenza di un intermediario può incidere positivamente sull'efficienza e sul livello complessivo dei *costi* di canale. I distributori infatti possono godere di economie di scala gestionali e logistiche, di **economie di scopo**, e inoltre garantire una razionalizzazione e moltiplicazione dei contatti e delle relazioni commerciali. Infatti, la distribuzione con intermediari, grossisti e dettaglianti, può essere più efficiente poiché riduce il numero di transazioni e di relazioni da gestire, consentendo altresì di raggiungere un numero elevato di clienti. Si osservi la figura 14.3: in assenza di intermediari ciascun produttore deve attivare e gestire dei rapporti commerciali con ciascuno dei tre clienti, così che a livello di sistema si generano nove relazioni; nel canale corto invece, ciascun produttore si rivolge all'intermediario, e questi a sua volta ai tre clienti, per un totale di sei relazioni da gestire. Evidentemente il distributore dovrà vedere remunerata la sua attività con il margine commerciale (▸ §14.4.2), tuttavia si intuisce come l'intervento dell'intermediario possa portare a un miglioramento del sistema.

Economie di scopo

Le economie di scopo nella distribuzione intervengono quando si definisce un'offerta assortimentale ampia: i costi aumentano in misura meno che proporzionale rispetto all'aumento della varietà delle categorie trattate.

Figura 14.3

Razionalizzazione e moltiplicazione dei contatti.

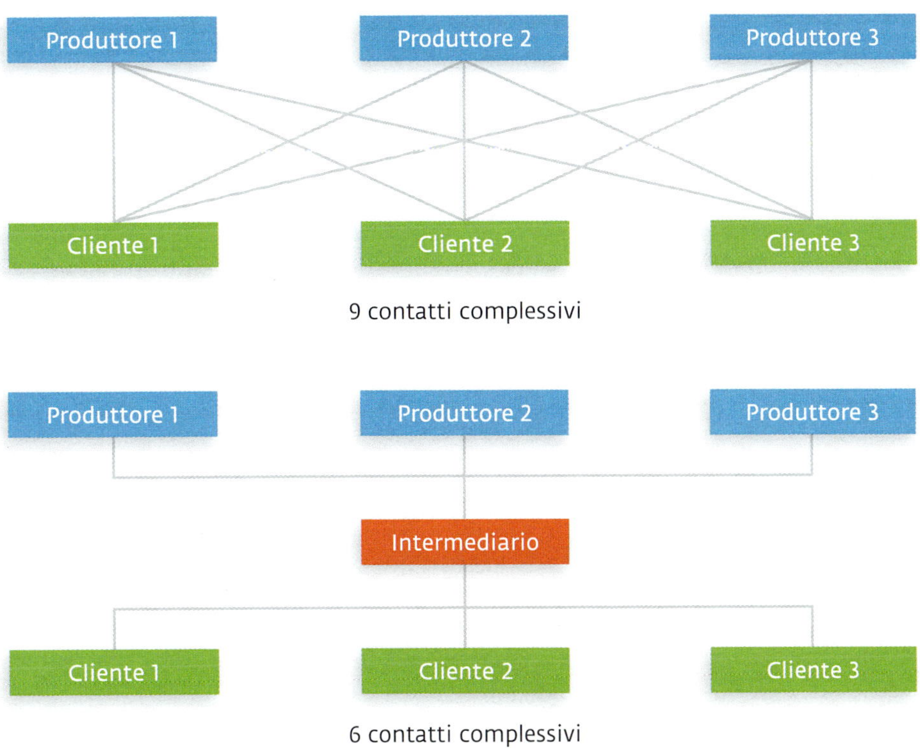

Oltre che dai fattori sopra citati, le scelte relative alla struttura del canale discendono anche da altri elementi:

1. caratteristiche intrinseche dei beni;
2. qualità specifiche dell'impresa;
3. caratteristiche del mercato.

Per quanto riguarda le caratteristiche dei prodotti si rileva un approccio differente tra i beni banali e i beni problematici.

I beni banali (*convenience goods*) hanno un basso valore unitario, vengono acquistati in modo routinario, seguendo un processo d'acquisto semplificato e caratterizzato dalla concentrazione degli acquisti. Per la loro commercializzazione prevale il canale indiretto (corto o lungo), in quanto siamo in presenza di un basso valore aggiunto della distribuzione e di significative economie di scopo che impediscono l'integrazione a valle dei produttori. Fanno eccezione i prodotti deperibili, per i quali è spesso utilizzato il canale diretto, per motivazioni strettamente collegate alla loro conservabilità.

I beni problematici (*shopping goods*), invece, hanno un alto valore unitario, sono contraddistinti da un paniere di attributi articolato, richiedono un servizio commerciale più esteso (informazione, assistenza all'acquisto), sono caratterizzati da un processo d'acquisto complesso. In questi casi la fase distributiva assume una rilevanza fondamentale, quale interfaccia informativa tra produzione e consumo, per cui l'industria tende ad adottare delle soluzioni d'integrazione del canale distributivo, prevalentemente a carattere contrattuale, che le consentano di mantenere un elevato controllo. La commercializzazione dei beni problematici, pertanto, avviene prevalentemente attraverso canali diretti. Anche i servizi devono essere resi accessibili e disponibili al mercato obiettivo, alla stessa stregua dei beni fisici. In funzione della loro intangibilità e della conseguente criticità del momento di contatto con il venditore nella fase commerciale, la distribuzione dei servizi avviene normalmente con canali diretti o corti (il tema del marketing dei servizi sarà trattato nel ▸ Capitolo 25).

Pertanto, osservando i diversi comparti merceologici, si può evidenziare che ciascuno si caratterizza per una struttura del sistema distributivo peculiare, che prevede una minore-maggiore lunghezza del canale, il ricorso a determinate tipologie di intermediari, l'utilizzo di taluni format distributivi, l'erogazione di particolari servizi commerciali.

Esempio

La distribuzione nel comparto del vino si articola in due canali distinti. Il primo è il canale "asporto" (**off-trade**), che prevede l'acquisto presso punti vendita di diversa natura (enoteche e bottiglierie tradizionali, negozi alimentari di vicinato, discount, superette, supermercati, ipermercati) e il consumo realizzato successivamente in altro luogo. Il secondo è il canale "mescita" (**on-trade**), che invece prevede l'acquisto del prodotto presso pubblici esercizi e contestualmente il relativo consumo (bar, pub, enoteche con mescita, wine bar, ristoranti). In Italia il canale "asporto" ha una quota pari a circa il 40% e il canale "mescita" pari al rimanente 60%.

Off-trade

Espressione tecnica che esprime il fatto che il consumo avviene fuori dal luogo di acquisto.

On-trade

Espressione tecnica indicante la contestualità spaziale fra acquisto e consumo.

Anche alcuni aspetti specifici riferiti all'impresa possono influire sulla struttura del canale. Pensiamo all'ampiezza della gamma di prodotti disponibile, che può consentire o meno soluzioni di accorciamento del canale, alla capacità finanziaria, e dunque alle risorse potenzialmente destinabili a ipotesi di gestione diretta del canale, al livello di autonomia e/o controllo desiderato, in coerenza con le strategie di mercato complessive.

Come si evince dalla figura 14.4, infatti, il canale lungo non consente al produttore di svolgere un controllo delle attività distributive, ma d'altro canto non richiede investimenti, non determina un irrigidimento della struttura, né comporta rischi finanziari. All'opposto si colloca il canale diretto di tipo tradizionale, basato su punti vendita di proprietà o venditori, che presenta un elevato grado di controllo, significativi investimenti, elevato livello di costi fissi e alti rischi; diverso è il caso del canale diretto online, che attenua significativamente gli aspetti critici citati. Da evidenziare il caso specifico del franchising, che si distingue per il fatto di offrire un notevole livello di controllo a fronte di investimenti e rischi finanziari modesti.

Figura 14.4

Investimenti, rischi e controllo del canale.

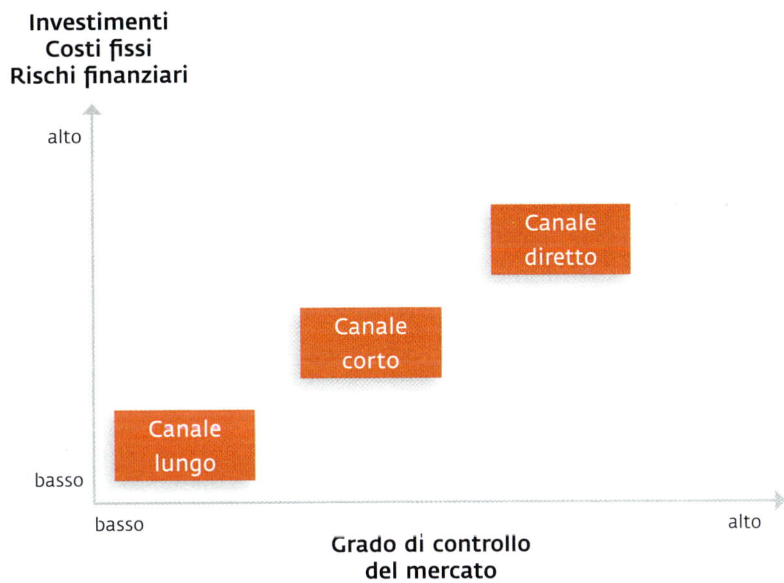

Lunghezza del canale

Caratteristica data dalla numerosità dei soggetti intermediari presenti. Più sono, più il canale è lungo.

Infine, la lunghezza del canale è condizionata dalle caratteristiche del mercato, e più in particolare dalla dimensione, numerosità, dispersione geografica e abitudini d'acquisto dei clienti. Il canale lungo sarà preferito quando i clienti sono di piccole dimensioni, acquistano modeste quantità, sono molto numerosi e distribuiti su una vasta area geografica.

Naturalmente, le scelte di canale non sono univoche né tanto meno esclusive, cosicché molte imprese scelgono convenientemente di adottare una strategia distributiva multicanale. Spesso vengono utilizzati canali differenti nell'ambito dello stesso mercato per raggiungere diversi segmenti di clientela, o più semplicemente per dare un maggior livello di servizio, attraverso l'offerta di più alternative, o ancora per ottimizzare l'efficienza e l'efficacia. Si pensi alla tipica integrazione tra il canale fisico e quello online. In altri casi la multicanalità può essere adottata per affrontare diversi mercati, ad esempio un mercato consumer e un mercato business.

Esempio

Europ Assistance è una compagnia di assicurazioni presente in 248 paesi con 420 mila centri di assistenza. Per la commercializzazione dei propri prodotti e servizi in Italia, l'azienda ha adottato una strategia di distribuzione multicanale: sul mercato business opera con banche e istituti di credito, società finanziarie, case costruttrici di auto e moto, società di leasing, società di noleggio, e inoltre con tour operator e tour organiser; sul mercato consumer utilizza sia un canale corto, basato sulla collaborazione con broker assicurativi e agenzie di viaggio, sia un canale diretto costituito da una rete di negozi a insegna Europ Assistance, da un call center e da un sito web.

In merito, va sottolineato come, negli ultimi anni, le opportunità offerte dalle tecnologie ICT abbiano aperto a nuove opportunità per lo svolgimento dei processi distributivi. La diffusione dell'e-commerce, ovvero dei processi di commercializzazione fondati su un'interazione a distanza mediata da sistemi tecnologici digitali, infatti, induce una profonda ristrutturazione della catena del valore, fino a determinare in taluni settori profonde modificazioni della configurazione dei canali: cambiano i soggetti coinvolti, le relazioni, le interazioni tra gli stessi.

Rimandando al ▸ Capitolo 14 per gli opportuni approfondimenti sull'e-commerce, qui evidenziamo le opzioni evolutive di tipo strutturale derivanti dalla sua diffusione, che vanno in direzioni opposte: dalla disintermediazione alla nuova intermediazione.

L'e-commerce infatti può determinare le seguenti dinamiche.

- La *disintermediazione* (dal produttore al consumatore): il produttore può rivolgersi direttamente e in modo mirato alla domanda finale, internalizzando alcune attività tipicamente delegate all'intermediario (p.e. Dell).
- La *destrutturazione del canale distributivo* (dal produttore ai network commerciali): la separazione delle attività informative da quelle logistiche, accompagnata alla riduzione dei costi di transazione e al potenziale di connettività offerto dalla tecnologia, produce una destrutturazione della catena del valore e il conseguente sviluppo di network composti da figure commerciali altamente specializzate e collocate in differenti stadi del canale, che collaborano nell'ambito di un sistema integrato (p.e. settore turistico).
- Il *riposizionamento dei distributori tradizionali* e la *multicanalità* (dal distributore al consumatore): un numero crescente di insegne commerciali ha abbracciato strategie multicanale, affiancando alla distribuzione nei canali fisici tradizionali un'attività commerciale in rete, facendo leva sulle sinergie tra i due (▸ Capitolo 3). Questo modello misto, detto **click and mortar**, è particolarmente efficace (p.e. Media World).

Click and mortar

Imprese che operano contestualmente sul canale fisico e su quello online. A esse si affiancano le cosiddette *bricks and mortar*, che invece non hanno aperto a strategie multicanale online. Infine, vi sono le imprese commerciali *pure players*, che operano esclusivamente in rete (p.e. Yoox).

- La *nascita di nuovi intermediari*: in rete emergono nuove figure di intermediari, che sostituiscono, generalmente per specifiche funzioni, quelli tradizionali. Con l'affrancamento dell'informazione dai tipici supporti fisici (il prodotto, il punto vendita), i nuovi intermediari, detti anche "infomediari", gestiscono in modo specializzato i contenuti informativi del processo di marketing, secondo diversi modelli (p.e. Expedia, eBay).

Nelle strategie di commercializzazione, tra le opzioni possibili vi è anche quella di fare delle alleanze, ad esempio allo scopo di utilizzare i canali di marketing di un'altra organizzazione. Questa opzione può essere scelta convenientemente da imprese che entrano in un nuovo mercato, o da imprese dotate di un potere non elevato e che intendono sfruttare delle sinergie con altri operatori, non concorrenti, che si rivolgono agli stessi mercati obiettivo.

Expedia è l'intermediario online leader nel settore turistico. Il turismo è il primo settore ad aver sperimentato, agli albori della new-economy, la disintermediazione.

Ma il tema della collaborazione nei canali è assai più ampio e ci conduce a considerare come al giorno d'oggi non ci si possa limitare a vedere separatamente le singole porzioni della catena del valore, e ad adottare una chiave di lettura sequenziale delle attività distributive. Oggi i sistemi di generazione del valore sono assai più complessi, seguono logiche reticolari, vanno analizzati con un approccio sistemico. Nei processi di esplorazione e di creazione del valore occorre abbracciare una logica di *demand chain management*: a partire dalla rilevazione di un bisogno del mercato si deve progettare un sistema d'offerta capace di dare a tale bisogno una risposta efficiente ed efficace, e dunque competitiva, attraverso l'organizzazione di risorse interne ed esterne all'impresa, attivabili attraverso un'opportuna strategia relazionale.

Concludendo questo paragrafo su strategie e strutture commerciali, riteniamo opportuno evidenziare che nell'ambito di un canale distributivo si possono rilevare diversi livelli concorrenziali. Un primo livello è quello della competizione orizzontale, dove si trovano a competere imprese commerciali operanti nello stesso canale di distribuzione, con formule distributive uguali o diverse (concorrenza *intertype*). Il secondo livello è quello della competizione verticale, che riguarda le relazioni tra produttori e distributori, e le relazioni tra grossisti e dettaglianti. Il terzo livello concerne la competizione tra sistemi verticali di marketing, o tra reti di soggetti che operano nei vari stadi del canale e collaborano in modo molto stretto nel sistema di generazione del valore. È evidente come il tema delle relazioni verticali, siano esse collaborative o competitive, sia di importanza fondamentale nelle strategie distributive, pertanto esso verrà ripreso e approfondito successivamente.

14.3 Le decisioni di politica distributiva

Nell'impostare la propria strategia e politica distributiva, l'impresa deve affrontare numerose rilevanti questioni, che devono essere risolte in regime di stretta coerenza con il posizionamento della product offering nella fascia di valore corrispondente (▸ Capitolo 2):

- la selezione, la gestione, la valutazione degli intermediari;
- il livello di integrazione e di controllo del canale;
- le modalità di copertura del mercato.

Inoltre, come vedremo nel ▸ Capitolo 20, essa deve definire le proprie strategie nei confronti degli altri attori del canale, trovando un bilanciamento delle politiche di marketing verso il trade e verso il consumatore finale. Tali strategie troveranno una diversa esplicitazione a seconda della configurazione strutturale del canale e del maggiore o minore grado di integrazione dello stesso.

Per ciò che riguarda le decisioni inerenti la modalità di copertura del mercato, esse riguardano la numerosità, la natura e la qualità degli intermediari che vengono prescelti per la commercializzazione. Tale decisione è condizionata dalla tipologia dei beni trattati, nonché dal posizionamento della marca, fattori che influenzano le modalità con le quali si estrinseca il processo d'acquisto. Gli approcci sono sostanzialmente tre: la distribuzione intensiva, la distribuzione selettiva, la distribuzione esclusiva.

La distribuzione *intensiva* prevede di utilizzare il numero di intermediari più elevato possibile al fine di raggiungere la più ampia parte di mercato attraverso una distribuzione capillare. Si ottiene così la massima esposizione del prodotto ai potenziali acquirenti, e conseguentemente un alto potenziale di quota di mercato. Questa strategia sovente viene realizzata con un approccio multicanale e viene applicata soprattutto per i prodotti di largo consumo. Se, da una parte, la distribuzione intensiva consente di ottenere un'ampia copertura del mercato potenziale, dall'altra, porta con sé alcuni limiti, connessi in particolare alla difficoltà di controllo della rete distributiva, e quindi delle azioni di marketing realizzate dai distributori, nonché al possibile verificarsi di conflitti tra i canali.

La distribuzione *selettiva*, invece, è attuata dai produttori che selezionano un numero limitato di intermediari per la commercializzazione dei loro prodotti. La selezione avviene sulla base della capacità degli intermediari di collaborare per l'attuazione delle strategie di marketing di canale (immagine, qualità del servizio, competenza) e in relazione ad altri elementi caratterizzanti (dimensione, ubicazione, affidabilità

Esempio

Perfetti Van Melle è una società italiana operante nel settore del confectionery (caramelle e gomme da masticare) presente in oltre 130 paesi nel mondo. La società è proprietaria di marche quali: Brooklyn, Vigorsol, Chupa Chups, Golia, Big Babol, Mentos, Happydent. La strategia distributiva è di tipo intensivo: in Italia essa distribuisce i propri prodotti in ben 200 mila punti vendita tra il canale Ho.Re.Ca (in particolare bar e caffè) e la distribuzione moderna; da qualche anno è anche presente nel canale vending (distributori automatici).

Focus La misurazione del grado di copertura del mercato

Nell'ambito delle strategie distributive di tipo intensivo, e parzialmente anche di tipo selettivo, è importante misurare il grado di copertura del mercato, ovvero quale sia il livello di presenza dei prodotti dell'impresa presso i punti vendita della distribuzione rispetto al potenziale. A tale scopo vengono utilizzati due indici.

Copertura numerica

$$\frac{\textit{Numero punti vendita che trattano il prodotto dell'impresa}}{\textit{Totale numero punti vendita potenziali}}$$

Copertura ponderata

$$\frac{\textit{Fatturato (nella categoria) dei punti vendita che trattano il prodotto dell'impresa}}{\textit{Totale fatturato (nella categoria) di tutti i punti vendita potenziali}}$$

L'azienda ACME produce prodotti da forno, e in particolare biscotti e fette biscottate, con un posizionamento da primo prezzo. Il suo mercato potenziale è composto da tutti gli ipermercati (960), supermercati (13.404) e discount (4185) collocati sul territorio nazionale, per un totale di 18.549 punti vendita potenziali. Il fatturato complessivo del settore si attesta sui 1200 milioni di euro. L'azienda è presente in 1140 punti vendita su un potenziale di 18.549. Pertanto la sua copertura del mercato è pari al 6,1% (1140/18.549). I 1140 punti vendita che trattano i prodotti ACME sviluppano un fatturato complessivo nella categoria dei prodotti da forno (biscotti e fette biscottate) pari a 90 milioni di euro, rispetto al fatturato nella categoria di 1200 milioni sviluppato da tutti i punti vendita potenziali. Pertanto la sua copertura ponderata è pari al 7,5% (90/1200). Mediamente, i prodotti ACME sono presenti in punti vendita di più grandi dimensioni, o comunque più performanti nella categoria.

finanziaria). La distribuzione selettiva prevede l'utilizzo di un canale corto e viene adottata soprattutto per talune categorie di beni di consumo durevoli. Il vantaggio consiste fondamentalmente in una maggiore integrazione del canale, mentre il limite più significativo si ritrova nella possibile insufficiente copertura del mercato.
Abbiamo visto nel ▸ Capitolo 11 come la quota di mercato possa essere scomposta negli indici di *penetrazione* e *copertura ponderata*. Tale analisi fornisce elementi utili per pianificare (o rettificare) gli obiettivi della politica distributiva nel tempo (figura 14.5). Nel caso in cui sia il grado di penetrazione sia la copertura ponderata assumano valori elevati, all'impresa è semplicemente consigliato di consolidare la propria presenza presso i distributori di cui già si avvale. In presenza di un indice di penetrazione elevato e di una ridotta copertura ponderata, la quota di mercato può esse-

Esempio

Electrolux è una società svedese leader globale nel settore degli elettrodomestici e delle apparecchiature per uso professionale, che vende oltre 40 milioni di prodotti ai consumatori di 150 paesi nel mondo. Diverse sono le marche di proprietà dell'impresa, tra cui, per l'Italia, AEG-Electrolux, Rex e Molteni. La strategia distributiva è di tipo selettivo: i prodotti sono infatti commercializzati tramite distributori selezionati con dei criteri specifici, inerenti la tipologia di negozio, la presentazione dei prodotti, la consulenza in-store, i servizi post-vendita e la commercializzazione tramite Internet.

re incrementata migliorando la struttura distributiva (p.e. aumentando il numero di distributori). Al contrario, se a un elevato indice di copertura ponderata si contrappone un grado di penetrazione limitato, l'aumento della quota di mercato può essere ottenuto migliorando l'accettazione del prodotto presso i distributori con adeguati interventi di marketing (p.e. sconti ai distributori). Infine, qualora entrambi gli indici abbiano valori ridotti, per aumentare la propria quota di mercato l'impresa può seguire due comportamenti, spesso attuati in sequenza tra loro:

1. migliorare la distribuzione del proprio prodotto-marca, aumentando così la copertura ponderata;
2. investire risorse per migliorare l'accettazione del prodotto presso i distributori già serviti, in modo da incrementare l'indice di penetrazione.

Figura 14.5

Quota di mercato e politiche distributive.

Fonte: Castaldo, 1995

La distribuzione *esclusiva* si ha quando il produttore concede a un distributore l'esclusiva per la commercializzazione dei suoi prodotti in un dato mercato (area geografica); il distributore, dal canto suo, si impegna a non trattare altre marche nella categoria merceologica in oggetto. Si creano così le condizioni per una profonda collaborazione, basata sulla integrazione delle reciproche risorse, nel perseguimento dell'obiettivo condiviso di creazione di valore per il cliente.
Nell'ambito della distribuzione esclusiva si colloca la forma di grande successo del *franchising*, regolamentata contrattualmente (legge 6 maggio 2004, n. 129 "Norme per la disciplina dell'affiliazione commerciale"), secondo la quale un'impresa affiliante (*franchisor*) mette a disposizione di una o più imprese affiliate (*franchisee*) la propria formula commerciale, il marchio/insegna, il know how organizzativo, gestionale e di mercato, nonché una serie di altri servizi accessori, allo scopo di permettere lo svolgimento dell'attività in oggetto nelle condizioni più favorevoli. Quale corrispettivo, per poter usufruire di una formula di successo e del citato supporto gestionale, l'affiliato riconosce all'affiliante un canone d'ingresso e delle *royalties* sulle vendite. L'affiliato inoltre si fa carico dell'investimento per la predisposizione del punto vendita e si impegna ad attenersi alle indicazioni dell'affiliante in merito alla politica di marketing (*merchandising*, assortimento, prezzi, comunicazione ecc.) e ad altre scelte gestionali.

Esistono tre tipi di franchising, a seconda della natura dell'attività svolta: franchising di produzione, di distribuzione, di servizi. Rispetto ai sistemi verticali di marketing diretti, il franchising risulta particolarmente efficace, dal momento che esso

Un punto vendita in franchising della catena italiana Carpisa.

consente al franchisor di sviluppare la rete distributiva senza investimenti finanziari significativi, e mantenendo uno stretto controllo sull'attività commerciale. Per l'affiliante, poi, vi è il vantaggio di ottenere la collaborazione di piccoli imprenditori altamente motivati e profondamente integrati nei rispettivi mercati. Nell'ottica dell'affiliato, invece, i benefici possono essere sintetizzati nella possibilità di utilizzare una formula commerciale di successo, garantita dall'esperienza dell'affiliante e dalla notorietà della marca/insegna utilizzata, di acquisire un know how avanzato su aspetti gestionali e di marketing, di ottenere prezzi di acquisto migliori, nonché di usufruire di una serie di servizi accessori organizzati, di elevato livello qualitativo, a condizioni competitive. Per l'affiliato le insidie della formula risiedono fondamentalmente in due aspetti: da una parte, nel livello di *break-even*, che può essere particolarmente elevato a fronte dell'entità degli investimenti strutturali e dei costi di gestione (royalties, affitti, personale ecc.) necessari per ottenere gli standard richiesti dall'affiliante; dall'altra, nella difficoltà di riconoscere un ridimensionamento del proprio ruolo imprenditoriale, dal momento che l'affiliato deve rispettare le indicazioni gestionali dettate dall'affiliante.

Royalties

È una delle modalità secondo le quali il franchisee riconosce al franchisor il corrispettivo per i prodotti/servizi ricevuti. Viene calcolata come percentuale dei ricavi ottenuti dal franchisee.

La formula del *franchising* ha registrato negli ultimi anni un notevole successo. In Italia il numero di reti in franchising supera oramai le 880 unità, e il numero di punti vendita franchisee le 54 mila unità. Circa il 28% del giro d'affari dei generi di largo consumo viene commercializzato attraverso la formula in esame.

Esempio

Calzedonia è una nota azienda italiana, nata nel 1986, che si occupa dell'ideazione, produzione e distribuzione di abbigliamento intimo, calze e costumi per donna, uomo e bambino con i brand Calzedonia e Intimissimi. Utilizza una rete di vendita mista, composta da 101 punti vendita di proprietà e 1910 in franchising, dei quali 725 all'estero, ubicati in 25 paesi, prevalentemente europei. Il franchisee Calzedonia è un imprenditore autonomo, totalmente responsabile della sua gestione, che opera in pieno accordo con il sistema del franchisor, dal quale riceve un continuo supporto manageriale, operativo e professionale.

14.4 I costi di distribuzione*

14.4.1 L'analisi dei costi di distribuzione

Come sopra accennato, uno dei fattori rilevanti per le definizione delle strategie distributive è costituito dai costi del canale. I costi di distribuzione infatti costituiscono una componente assai rilevante del costo complessivo dei beni, e quindi del relativo prezzo finale, nella maggior parte dei settori manifatturieri.

* Di Alberto Pastore e Maria Vernuccio.

In taluni settori, i costi di distribuzione sono addirittura superiori ai costi di produzione, che possono essere esaminati secondo due diverse prospettive: la prospettiva micro, riferita alla singola impresa (di produzione o distribuzione), e quella macro, relativa al canale distributivo nel suo complesso.
Nell'ottica dell'impresa, il costo di distribuzione è dato dall'insieme degli oneri sostenuti per realizzare il collocamento del bene nel proprio mercato di sbocco, attraverso l'erogazione del servizio commerciale. Esso, dunque, è costituito dalla somma dei corrispettivi economici delle varie attività di carattere distributivo, sia di tipo logistico (trasporto, stoccaggio, movimentazione) sia di tipo commerciale e informativo (attività promozionali, vendita/gestione del punto vendita, amministrazione ecc.).
Un'adeguata conoscenza dei costi di distribuzione è il punto di partenza imprescindibile per l'adozione di importanti decisioni di marketing. Dalla scelta relativa alla struttura del canale (diretto, corto ecc.), all'organizzazione della struttura commerciale e della forza vendita, fino ad arrivare alla valutazione relativa al mantenimento o all'esclusione di determinati prodotti dal portafoglio o di dati segmenti di domanda dai mercati serviti. Assai rilevante in merito è la struttura dei costi di distribuzione, nei termini dell'incidenza dei costi fissi rispetto ai costi variabili. Nella prassi aziendale esistono differenti dimensioni di analisi per valutare l'efficienza delle politiche distributive, ciascuna delle quali utilizza una diversa configurazione di costo. Il costo complessivo viene pertanto scomposto nelle sue componenti di dettaglio secondo criteri differenti, derivanti dalla finalità conoscitiva. Distinguiamo tre principali dimensioni di analisi.

1. *Analisi per natura di costo*: è focalizzata sull'articolazione dei costi distributivi a seconda della loro natura o tipologia, così come configurata dal sistema di contabilità generale (costi del personale, assicurazioni, affitti, energia, ammortamenti ecc.).
2. *Analisi per attività*: è rivolta a valutare i costi delle diverse attività facenti parte del processo distributivo (trasporto, stoccaggio, movimentazione, vendita, gestione del punto vendita, promozione, amministrazione vendite ecc.).
3. *Analisi per destinazione*: ha come oggetto i prodotti, i clienti, le aree di vendita. Dall'analisi dei costi per destinazione, considerando fatturati e margini commerciali, con un efficace sistema di contabilità analitica si può giungere a un'analisi di redditività riferita alle tre dimensioni di cui sopra (prodotti/linee, clienti/cluster di clienti, aree di vendita/mercati), che può assumere notevole rilevanza gestionale.

Tutte le analisi sopra dette devono prevedere un confronto con il budget di tipo temporale (p.e. in confronto all'anno precedente) e spaziale (p.e. benchmark tra diversi mercati o punti vendita); i dati di costo devono essere valutati in termini assoluti e come incidenza percentuale, sia sulle vendite sia sul totale dei costi di distribuzione.

Assumiamo ora l'ottica macro, riferita al canale nel suo complesso. In questa prospettiva, che travalica i confini della singola impresa, il costo di distribuzione può essere correttamente inteso come la somma dei costi commerciali sostenuti da tutti i soggetti attivi nel canale (anche i produttori), che hanno contribuito a trasferire il prodotto verso il mercato finale: quindi, dal momento in cui il bene può essere considerato *finito* dal punto di vista produttivo, a quello in cui arriva sul mercato.
Più precisamente, dal punto di vista generale, è possibile scomporre il costo della distribuzione in due parti fondamentali: il costo dei fattori e i margini di profitto.

Da una parte, infatti, bisogna considerare tutti gli oneri relativi ai fattori impiegati direttamente nelle attività distributive svolte dagli attori del canale; dall'altra, i margini di profitto (netto) spettanti agli stessi (tranne quelli del produttore che rientrano tra i costi di produzione), che vanno a remunerare le funzioni da loro svolte.

14.4.2 Il margine del distributore

Il margine del distributore è un concetto fondamentale per l'analisi del *valore aggiunto del canale distributivo*.
Le valutazioni intorno al margine del distributore sono rilevanti non solo, come evidente, per l'impresa commerciale stessa, ma anche per l'impresa industriale.
Ad esempio, conoscendo la struttura dei costi e i margini del distributore, un produttore può valutare l'opportunità d'internalizzare le attività distributive; oppure può perfezionare le sue politiche di pricing, magari per garantire marginalità sostenibili per i suoi partner commerciali. Il margine del distributore si calcola come differenza tra il prezzo unitario pagato dall'ultimo acquirente (prezzo di vendita) e il prezzo pagato al produttore dal primo acquirente (costo di acquisto, pari al costo di produzione più il margine di profitto del produttore). Nel caso di canale indiretto lungo, dove più intermediari partecipano alla distribuzione del prodotto, il margine di distribuzione complessivo di canale è pari alla sommatoria dei margini di ciascun operatore. Con riferimento a un *singolo distributore*, il margine unitario (lordo) è dunque uguale a:

$$M = P - C$$

dove:
M = Margine del distributore
P = Prezzo di vendita
C = Costo d'acquisto

In taluni settori merceologici il calcolo del margine commerciale assume una certa complessità. Rimandando al ▸ Capitolo 20 per un approfondimento, qui accenniamo che, per quanto riguarda il calcolo dei costi di acquisto, dal costo riportato nella fattura del fornitore occorre sottrarre i vari tipi di sconto imputabili al prodotto (legati alle quantità acquistate, ai servizi logistici, alle modalità di pagamento ecc.), mentre, con riferimento agli elementi positivi del conto economico, bisogna considerare le varie tipologie di contributi erogati dai fornitori (contributi promozionali, listing fees, contributi merchandising ecc.).
In genere, il margine del distributore viene espresso in termini relativi, come percentuale o del prezzo di vendita (P) o del costo d'acquisto (C).
Quando M viene rapportato a P si ottiene il *margine commerciale* (MC), che rappresenta la percentuale del prezzo di vendita che va a coprire i costi di gestione del distributore e a formare il profitto. Si ha quindi:

$$MC = \frac{P - C}{C} \qquad [1]$$

pertanto:

$$P = \frac{C}{1 - MC} \qquad [2]$$

Laddove il margine del distributore venga rapportato al costo d'acquisto, si ottiene, invece, il cosiddetto *margine di ricarico* o *mark-up* (MR), che consiste nella percentuale che, aggiunta al costo d'acquisto di un bene, ne determina il prezzo finale:

$$MR = \frac{P - C}{C} \qquad [3]$$

pertanto:

$$P = C \times (1 + MR) \qquad [4]$$

In genere, il distributore valuta la propria redditività con riferimento al margine commerciale, rapportando le varie configurazioni di costo e di marginalità al fatturato.

Case History — Zara

di **Annaluce Latorre**

Nata nel 1975, Zara è l'insegna leader di Inditex, gruppo di produzione e distribuzione al dettaglio verticalmente integrato con sede in Galizia, nel Nord Ovest della Spagna.

Zara propone, a prezzi particolarmente contenuti, articoli di abbigliamento femminile e maschile di tendenza, ispirati alle collezioni di stilisti rinomati. La politica aziendale, simile a quella adottata dalle imprese del pronto-programmato, è fondata su un time to market ridottissimo, che consente di disegnare, produrre e distribuire il prodotto in poche settimane. Essa si fonda essenzialmente su una struttura operativa integrata, che permette di controllare l'intera filiera produttiva, riducendo al massimo il *lead time* delle collezioni ed eliminando le scorte di magazzino.

Zara opera attraverso 1608 punti vendita localizzati in 74 paesi e nel 2010 ha registrato un fatturato di circa 11 miliardi di euro. Con riferimento alla struttura della rete, Zara utilizza sia il canale diretto che il *franchising*. Solitamente, i punti vendita di proprietà sono ubicati in luoghi ad alta visibilità, nelle strade più alla moda e nei centri commerciali di lusso. Grazie al *franchising* la rete distributiva è potuta crescere rapidamente, andando a coprire un'ampia parte del mercato, senza compromettere il grado di controllo del canale e senza richiedere ingenti investimenti. In virtù della possibilità di commercializzare i prodotti a marchio Zara, l'impresa applica ai *franchisee* una *royalty* che varia tra il 5% e il 10% del fatturato ma, allo stesso tempo, offre un *franchising package* di sicuro successo, comprendente anche servizi relativi alla formazione del personale e alla logistica.

La scelta di una struttura distributiva che permette un elevato controllo del mercato, sostenuta da un sistema informativo integrato a livello *corporate*, garantisce a Zara un flusso di informazioni continuo, consentendole una risposta rapida e flessibile alle richieste del mercato, in tempi ridotti e con prezzi inferiori a quelli praticati dai *competitor*. Tale

→

scelta distributiva rientra in un più ampio orientamento strategico alla *Quick Response*, un insieme di politiche e tecniche orientate al miglioramento del coordinamento tra la distribuzione e la produzione, avente l'obiettivo di aumentare la velocità e la flessibilità della risposta alle variazioni del mercato. Zara ha adottato quindi una struttura operativa integrata a monte, verso la fornitura, e a valle, verso la distribuzione. I punti vendita emettono gli ordini due volte a settimana. Circa il 75% della merce viene spedita via strada, mentre il 25% per via aerea. I prodotti vengono consegnati in tutto il mondo entro le 48 ore. I capi invenduti vengono ritirati dai punti vendita e rispediti al centro di distribuzione per essere reinviati ad altri punti vendita. In caso di ulteriore invenduto, vengono trasferiti al mercato secondario dei *factory outlet*. L'obiettivo è quello di ridurre al minimo l'entità del magazzino destinato alla vendita sotto-prezzo durante il periodo di saldi, al termine della stagione.
Si può affermare che il vantaggio competitivo di Zara deriva soprattutto dalla sua forte integrazione verticale combinata con un'organizzazione a rete, sia nella produzione sia nella distribuzione. Tale configurazione strutturale, supportata da un efficace sistema informativo integrato, le consente di essere in costante contatto con il mercato, di definire un'offerta centrata sulle esigenze del mercato in tempi molto rapidi, di mantenere un pieno controllo del canale distributivo, di ottenere un elevato livello di efficienza operativa e logistica.

Conclusioni

Nelle moderne economie di mercato le attività distributive hanno un ruolo fondamentale nello svolgimento dei processi di marketing, essendo deputate a mettere a disposizione i prodotti e i servizi per l'uso o il consumo in modo efficiente ed efficace. L'odierno contesto è caratterizzato da una estrema dinamicità, in termini di evoluzione strutturale dei sistemi distributivi, d'innovazione delle formule, di opportunità offerte dalle nuove tecnologie. In questo quadro, l'impresa deve impostare le sue strategie distributive cercando di comprendere quale servizio commerciale viene richiesto dal mercato a livello di canale, e conseguentemente quali soggetti (intermediari commerciali) dovranno partecipare al processo e quali attività dovranno svolgere. Il ricorso a intermediari può apportare importanti risorse al sistema di generazione del valore, ma riduce il livello di controllo del canale e non permette il contatto diretto con gli acquirenti. Le scelte distributive pertanto devono considerare congiuntamente gli aspetti inerenti i costi, il servizio, l'efficacia commerciale e il controllo del processo di marketing.

15

La funzione del prezzo

di **Alberto Mattiacci**

Indice del capitolo

Introduzione

15.1 Il prezzo nelle relazioni di mercato

15.2 Il prezzo e l'economia

15.2.1 Inflazione e competizione

15.2.2 Elasticità della domanda

15.3 Gli obiettivi di prezzo nel lungo periodo

15.4 Il price point

15.4.1 Aspetti generali

15.4.2 Pricing e domanda

15.4.3 Pricing e costi

15.4.4 Pricing e concorrenza

15.5 La gestione ordinaria del price point

Conclusioni

Abstract

La determinazione del prezzo di vendita è una scelta la cui rilevanza, all'interno delle politiche di marketing, è enorme. Il prezzo, infatti, possiede una natura complessa, sia economico-finanziaria sia psicologica, e ciò lo rende un elemento cruciale della formula di valore con cui la product offering si posiziona sul mercato. La connessione fra il posizionamento di brand e di prezzo è strettissima, così come quella fra il livello al quale è fissato (luxury, premium, value) e la struttura e dinamica dei costi d'impresa. Il posizionamento di prezzo, poi, qualifica la mappatura della concorrenza diretta, identificando i brand che insistono sulla medesima posizione e si propongono perciò quali alternative effettive di scelta. Data la sua natura, rilevanza e complessità, la piena comprensione di questa variabile richiede la conoscenza di fondamentali concetti economici.

Introduzione

Il ruolo giocato dal prezzo nelle relazioni di mercato è cruciale e non si esaurisce nel solo aspetto economico/finanziario della transazione: detto in altre parole, il prezzo non è solo questione di soldi.
Noi occidentali impariamo fin da bambini, attraverso i primi esercizi matematici della scuola primaria, che il denaro è un'unità di misura importante e che, tendenzialmente, è meglio riceverne quanto più possibile e darne il meno (e il più tardi) possibile.
Facciamo piccoli esercizi di compravendita, dai quali impariamo che è imortante ricevere una somma maggiore dei costi sostenuti, apprendendo così, fra le righe, il concetto di profitto, guida della nostra società economica. Il ruolo del prezzo nella formazione del profitto coglie un aspetto importantissimo dell'economia, ovviamente, ma non basta a rappresentare la molteplicità delle funzioni a esso affidate nella realtà odierna degli scambi di mercato. Osservando certi fenomeni commerciali degli ultimi anni (come l'iPad, i SUV, il Nespresso, per citarne solo tre a caso), non riusciamo infatti a spiegarci come si verificano, se guardiamo al prezzo secondo una mera logica di *do ut des* della razionalità economica. Come mai si spendono tanti soldi per un prodotto che si potrebbe avere lo stesso, con qualche piccola differenza, pur pagando molto meno?
Il punto, evidentemente, è che la realtà sottesa dal prezzo è molto più ampia e varia di quanto la semplice lettura economico/finanziaria sappia mettere in mostra. L'*homo economicus*, "fulgido esemplare" di perfezione razionale, che effettua le proprie scelte ponderando numeri e dati, semplicemente non esiste. I consumatori sono esseri umani, sottomessi a una razionalità che è limitata: usano, pertanto, il prezzo come una delle numerose informazioni in base alle quali effettuano le loro scelte. La formula dei prezzi bassi come sinonimo di successo è, poi, semplicemente un mito: ogni categoria presenta fasce di valore, per cui c'è la possibilità per le product offering di disporre di uno spazio di mercato a vari livelli di price-point. Una volta effettuata la scelta, essa però va mantenuta. La manovra dei prezzi verso il basso è infatti sempre governata con estrema cautela: in ballo, nell'abbassare un price point, non c'è solo la redditività, ma anche la percezione di valore della product offering. Ciò posto, l'impresa è un soggetto che ha natura economica e attitudine competitiva, ragion per cui deve comunque fare i conti con le manifestazioni economico/finanziarie della propria attività e dei concorrenti, oltre che, ovviamente, con le risposte dei clienti. Il rispetto degli economics e il governo delle modalità con le quali il prezzo si forma e muove nel sistema di scambio sono dunque i due fondamentali imperativi di comportamento con cui i marketer sono chiamati ogni giorno a confrontarsi.

15.1 Il prezzo nelle relazioni di mercato

Nei capitoli della ▸ Parte I, e più volte nelle pagine di questo manuale, abbiamo avuto modo di richiamare la presenza del prezzo come variabile fondamentale delle relazioni di mercato. Riprendiamo i concetti fondamentali con l'ausilio della figura 15.1, che riprende e integra la figura 1.3 del ▸ Capitolo 1.

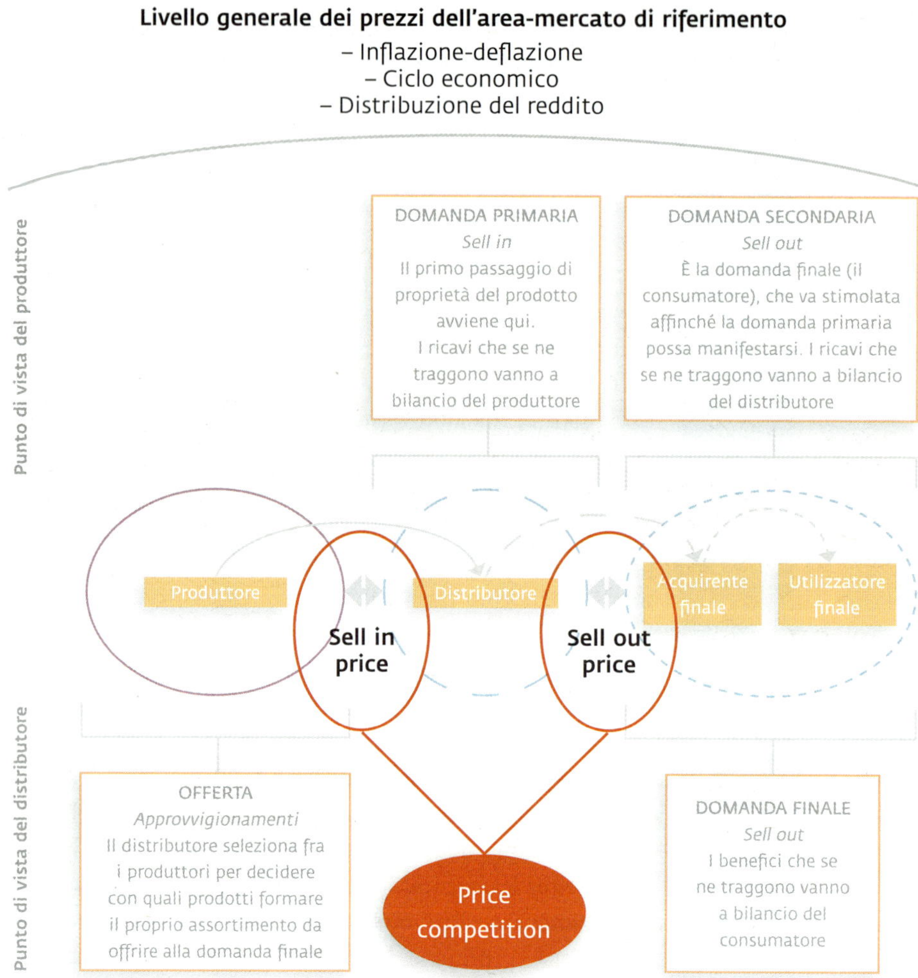

Figura 15.1

Il prezzo nel sistema delle relazioni di scambio.

In alto il livello dei prezzi nella variabile "Economia" della PEST analysis.

Lo Scenario Esogeno Rilevante (SER) si colloca a monte del sistema di scambio specifico, nel quale i prezzi hanno rilevanza sia come sell in price, che come sell out price.

La competizione orizzontale basata sul prezzo si esercita tanto a livello di sell in che di sell out.

Il prezzo misura sostanzialmente il valore scambiato tra le parti, e lo fa secondo una chiave di lettura piuttosto articolata.

- A livello di scenario esogeno rilevante, il prezzo interessa la componente E della *PEST analysis*: l'economia. Le imprese sono infatti interessate al livello generale dei prezzi vigente nel mercato geografico di riferimento e al loro andamento. Come noto, l'inflazione misura una tendenza generale all'aumento dei prezzi in un dato paese, la deflazione il contrario. Interessa anche, per i riflessi indiretti che ciò esercita sui prezzi, la distribuzione del reddito e la misura in cui essa sia più o meno equilibrata: una distribuzione equilibrata aumenta il benessere materiale delle famiglie, le dota delle risorse necessarie a sostenere i proprio consumi, e quindi consente loro anche una certa flessibilità nei confronti dei prezzi praticati dall'offerta; si verifica invece la situazione contraria, laddove la distribuzione non sia equilibrata e la ricchezza prodotta si concentri nella mani di pochi soggetti.

Inflazione

Periodo di aumento generalizzato dei prezzi dei beni e delle risorse di produzione.

Deflazione

Periodo in cui diminuiscono la maggior parte dei prezzi e dei costi.

- Dal punto di vista del *venditore*, il prezzo rappresenta il parametro di valorizzazione delle quantità scambiate sul mercato, e regge perciò la formula di ricavo, punto fondamentale degli *economics* d'impresa. Si sono individuati due distinti prezzi:
  - *sell in price*, che regola le relazioni di scambio fra produttori e distributori, ad esempio fra la San Benedetto e Auchan;
  - *sell out price*, che regola le relazioni fra lo shopper, acquirente finale e il venditore, ad esempio il prezzo a scaffale dell'acqua San Benedetto negli ipermercati Auchan.
- Dal punto di vista del *compratore*, il prezzo rappresenta una grandezza negativa, che gli sottrae disponibilità economico-finanziarie. In quanto tale, la sua valutazione da parte del compratore tiene anche in considerazione il costo-opportunità derivante dal non possibile impiego per altri scopi dei denari che il prezzo rappresenta. Anche in questo caso distinguiamo:
  - *sell in price*, che rappresenta una voce di costo (solitamente variabile) di approvvigionamento da parte del retailer, e il compratore esercita tutto il proprio potere contrattuale per abbattere questo costo al livello più basso possibile;
  - *sell out price*, che rappresenta una misura numerica del sacrificio percepito; lo shopper valuta l'adeguatezza del prezzo richiesto e, in genere, lo affronta come un onere da sostenere per acquisire il possesso e la disponibilità della product offering.
- Dal punto di vista dei *concorrenti*, il prezzo cui è posizionata una product offering chiarisce i seguenti punti.
  - Il quadro dei concorrenti diretti effettivi in una determinata fascia di valore: il concorrente diretto di una penna a sfera Montblanc non è la penna a sfera Bic. Questa informazione aiuta il player a operare un sostenibile posizionamento di valore sul mercato.
  - I margini di manovra tattica che si possono operare sul prezzo delle proprie product offering. Una posizione in fascia *value* è solitamente molto più sensibile alle promozioni di taglio-prezzo, ad esempio, rispetto a una posizione superpremium.
  - I margini che possono essere utilizzati nel condurre politiche di concorrenza price-based, soprattutto a livello di sell in.

È perciò del tutto evidente che la funzione che il prezzo riveste nello scambio è cruciale e ha natura:

Il sottocosto è un caso eccezionale, in cui il prezzo di *sell out* è posto a un livello pari o appena inferiore a quello di *sell in*.

Strategia competitiva di prezzo (price-based)

È la scelta di portare la competizione relativa alla scelta dell'acquirente su prezzi più bassi. Postula la capacità di gestire un'efficienza superiore.

1. *economica*, il prezzo può manifestarsi sotto forma di costo e di ricavo a seconda del player dello scambio considerato;
2. *finanziaria*, la manifestazione monetaria effettiva di un costo o di un ricavo (un prezzo può dar luogo a un debito per il compratore che non lo paga interamente all'atto dello scambio, e parallelamente a un credito che il venditore riceve in cambio);
3. *informativa*, il punto-prezzo (▶ §15.4) rappresenta una dichiarazione di valore con la quale il venditore accompagna la propria offerta e che il compratore percepisce, interpreta e memorizza, e in quanto tale è utilizzata da tutti i player coinvolti e interessati nello scambio.

Punto-prezzo

Prezzo esatto, definito fin nei dettagli dei centesimi. È quello che, ad esempio, troviamo sullo scaffale.

15.2 Il prezzo e l'economia

La scienza economica fornisce al management i concetti fondamentali sulla struttura delle relazioni di mercato e sul suo funzionamento, consentendogli così di assumere delle scelte gestionali oculate ed equilibrate in termini di conti aziendali. Ovviamente il tema dei prezzi occupa un ruolo fondamentale nell'intelaiatura concettuale complessiva, ma a vari livelli di attenzione.

15.2.1 Inflazione e competizione

A livello generale (macroeconomia), come mostrato nella figura 15.1, al decisore aziendale i prezzi interessano soprattutto in riferimento all'inflazione vigente e prevista. Un'impresa che esporta in un paese ad alta inflazione, ad esempio, dovrà preoccuparsi di considerare nei propri contratti questa tendenza all'aumento generalizzato dei prezzi. In genere, infatti, un contratto di fornitura prevede dei pagamenti dilazionati nel tempo: dato che il venditore, solitamente, non ottiene il pagamento in contanti, ma con una dilazione di pagamento, egli maturerà un credito verso il compratore locale. Il valore nominale del credito tende a diminuire nel tempo se l'inflazione cresce, e quindi il venditore dovrà garantirsi contro questa eventualità.
La dottrina economica sottolinea poi che i margini di manovra sul prezzo per l'impresa cambiano a seconda dello stato concorrenziale vigente sul mercato. Su questo piano analitico si è sviluppato un corpus di conoscenza considerevole, sin dal principio del secolo scorso. Non è sfuggita all'attenzione degli studiosi, infatti, la circostanza che il numero di soggetti che offrono una medesima categoria di prodotto su un determinato mercato geografico ne influenzi considerevolmente il prezzo e, a cascata, il valore complessivo percepito, qualità del prodotto in primis. È evidente che se un'impresa si trovasse a essere la sola a offrire un determinato prodotto, condizione detta di *monopolio*, la sua tensione a migliorare la qualità del prodotto medesimo sarà modesta, mentre sarà orientata ad approfittare di questa condizione per muovere i prezzi a proprio piacimento. La presenza di più player che offrono una determinata categoria di prodotto sul mercato, in sostanza, al contempo incentiva il miglioramento del valore offerto dalla product offering al cliente e inibisce condotte di prezzo predatorie. Questa semplice constatazione è parte del pensiero liberista, e coglie una realtà di fatto: senza stimoli, l'essere umano tende a non migliorare e a trarre il massimo beneficio dallo status quo. Una semplice analisi com-

parata del mercato della telefonia mobile (aperto in tempi recenti alla concorrenza) e di quello del trasporto pubblico urbano (esercitato tuttora in regime di monopolio) consente di esprimere un accurato giudizio personale sulla questione.

Seguiamo la tabella 15.1. Quando si è in *monopolio*, i gradi di libertà nella fissazione del prezzo sono molto elevati per l'impresa, a meno che non intervengano regole del decisore pubblico per calmierarli – come nel caso delle cosiddette public utilities. Il consumatore solitamente percepisce un alto impatto di queste product offering sulla propria qualità della vita, ma ciò è legato sostanzialmente alla sola funzionalità del prodotto. Si pensi, ad esempio, al trasporto pubblico urbano, o al servizio di pronto soccorso sanitario.

Public utility

Impresa di servizi di pubblica utilità – trasporti, utenze domestiche ecc. Per il particolare impatto dei loro prodotti sul benessere delle famiglie, esse sono spesso sottoposte a regimi di prezzi controllati o imposti.

Le cose cambiano di poco nel caso dell'*oligopolio indifferenziato*, dove l'interdipendenza fra i concorrenti è elevatissima e la percezione del differenziale di valore del prodotto offerto dai player è bassa. In questo caso, le politiche di pricing tendono ad allinearsi al leader che, come si dice in gergo, "fa il prezzo". È il caso, ad esempio, del mercato dei carburanti da autotrazione. Non è inusuale che si riscontrino in questa situazione dei comportamenti collusivi fra imprese.

L'*oligopolio differenziato*, invece, vede salire il livello di intensità competitiva sul mercato, e il ruolo del prezzo può determinare lo spostamento di notevoli quote di domanda fra brand concorrenti. In questa condizione (si veda il caso della telefonia mobile), la leva prezzo può essere manovrata con grande intensità e frequenza. Questa manovra, di solito, viene accompagnata da scelte che mirano ad accrescere la percezione di differenziazione della product offering, ad esempio accompagnandola con una promozione di continuità (p.e. raccolta punti), o con maggiori livelli di customer service.

Promozioni di continuità

Formule che incentivano il consumatore a perseguire la medesima scelta di marca (o insegna commerciale) nel tempo. Si basano sulla condivisione del plusvalore economico della fedeltà fra i due soggetti dello scambio. Ad esempio raccolte punti, tessere fedeltà ecc.

In *concorrenza monopolistica*, vero territorio di elezione del marketing management, dove esso sprigiona tutta la propria valenza competitiva (▸ Capitolo 5), la differenziazione delle product offering viene attuata agendo su tutte le componenti del valore: brand system, profilo e caratteristiche del sistema prodotto, prezzo e condizioni accessorie, supporto digitale e via dicendo. La competizione si sposta, in altri termini, dal versante del prezzo a quello della differenziazione percepita, cercando di creare nel consumatore una situazione di "monopolio psicologico" della product offering. Un indiscusso maestro di questo tipo di competizione è stato certamente Steve Jobs, che ha saputo costruire una formula di valore delle product offering Apple tale da renderle mai perfettamente sostituibili con quelle dei concorrenti, costruendo una sorta di gabbia affettiva intorno alle proprie creazioni, in cui i consumatori si rinchiudono volontariamente.

In *concorrenza perfetta*, status poco più che teorico, se non in qualche commodity, l'impresa non ha alcun grado di libertà nel fissare il prezzo che sorge dal libero gioco della domanda e dell'offerta.

Tabella 15.1

Prezzo e stati concorrenziali.

Valore percepito	Numero di player		
	Uno solo	Pochi	Molti
Elevato e semplice	Monopolio		
Elevato e articolato		Oligopolio differenziato	Concorrenza monopolistica
Basso		Oligopolio indifferenziato	Concorrenza perfetta

15.2.2 Elasticità della domanda

Nella teoria economica dello scambio (microeconomia) l'analisi dei prezzi è legata a quella delle quantità vendibili. In altri termini, la microeconomia misura se e in che misura una variazione del prezzo di una determinata product offering possa incidere sulla quantità domandata della medesima sul mercato. Questa conoscenza è della massima rilevanza per il manager, in quanto è a tutti noto che le due grandezze sono legate da una relazione, normalmente (ma non sempre) inversa. Data una certa categoria di prodotto, quest'attitudine della quantità domandata a reagire alle variazioni di prezzo si chiama *elasticità della domanda*, e configura tre diverse situazioni possibili.

Le esemplifichiamo dapprima con riferimento alla categoria delle birre, e poi indicando delle categorie di prodotto la cui domanda ha un'attitudine a muoversi secondo il rapporto prezzi/quantità. Partiamo, con l'ausilio della figura 15.2, dal lato destro in basso.

Figura 15.2

Elasticità della domanda al prezzo. Un esempio di calcolo dell'elasticità è nella successiva Tabella 15.2.

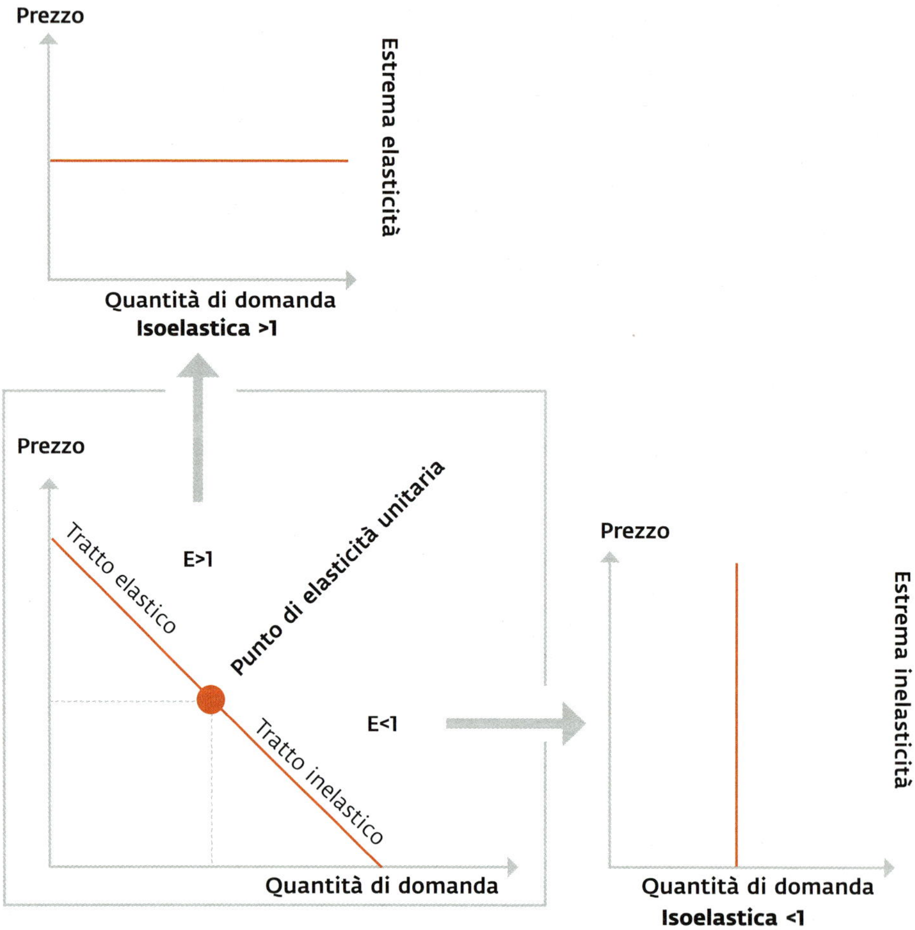

L'elasticità E esprime il rapporto tra variazione % di Q e la variazione % di P.
La generica curva di domanda (nel riquadro) presenta "di natura" un tratto elastico, uno inelastico e uno d'indifferenza (E = 1).

- *Domanda elastica*: la variazione percentuale della domanda in risposta a un incremento del prezzo è forte. Nel caso delle birre si tratta delle birre cosiddette standard (la Peroni, la Moretti, la Dreher): una piccola variazione del prezzo, magari operata anche con una promozione, produrrà presumibilmente un'alta risposta in termini di vendite. Considerando altre categorie, è il caso, ad esempio, del prezzo delle abitazioni, o del biglietto del cinema. La isoelastica > 1 nella figura 15.2 esprime la condizione di elasticità estrema.
- *Domanda inelastica*: la variazione percentuale della domanda in risposta a un incremento del prezzo è debole. Nel caso delle birre, si tratta delle cosiddette birre artigianali e/o di abbazia: la loro specialità rende i consumatori poco o affatto sensibili a variazioni di prezzo. Passando ad altre categorie, siamo nel caso, ad esempio, delle cosiddette "spese obbligate", come il gas e la corrente elettrica la isoelastica < 1 nella figura 15.2 esprime la condizione di inelasticità estrema.
- *Elasticità unitaria*: la variazione percentuale della quantità domandata è esattamente pari a quella del prezzo. Si ha nel caso di alcuni prodotti/brand di lusso.

Nella figura 15.2 mostriamo i due casi estremi delle isoelastiche: verticale, nel caso dell'estrema inelasticità (il cui caso di scuola è costituito dai beni di necessità), orizzontale nel caso di estrema elasticità (caso di scuola, quello dei beni di lusso). Si tratta, è bene considerarlo, di situazioni sostanzialmente teoriche.

Tabella 15.2

Il calcolo dell'elasticità.

a Q	b variazione Q	c P	d variazione P	e Q media	f P media	g var P/Pmedia	h var Q/Qmedia	i E
				Q1 + Q2/2	P1 + P2/2			
0		6						
10	10	4	2	5	5	0,4	2	5
20	10	2	2	15	3	0,7	0,7	1
30	10	0	2	25	1	2	0,4	0,2

Calcoliamo l'elasticità della domanda (colonna i) mettendo in relazione:
- la colonna h che considera ogni variazione di Q (colonna b) standardizzata rispetto alla media fra le Q nuove e quelle precedenti (colonna e);
- la colonna g, che considera ogni variazione di P (colonna d) standardizzata rispetto alla media fra il P nuovo e quello precedente (colonna f).

Il rapporto fra h e g misura l'elasticità della domanda relativa a ogni ipotesi di prezzo.
L'abbattimento di prezzo da 6 a 4 genera una risposta elastica (5 > 1), quello da 4 a 2 una risposta equivalente, quello da 2 a 0 una risposta inelastica (0,2 < 1).

L'elasticità della domanda tende a essere superiore all'unità nel medio periodo, in quanto nell'immediato i consumatori possono non essere nelle condizioni di modificare le proprie scelte in risposta a un aumento del prezzo, cosa che invece accade nel tempo. Ad esempio, se entro nella mia pizzeria preferita e, solo dopo essermi seduto, scoprirò che i prezzi sono considerevolmente aumentati, difficilmente mi alzerò e cambierò pizzeria. Nel breve periodo, cioè, accetterò *obtorto collo* questa nuova condizione, salvo poi scegliere un'altra pizzeria la volta successiva. L'elasticità è anche influenzata dalla facilità con la quale i consumatori possono effettivamente sostituire la product offering, il cui prezzo aumenta, con altre marche. Se il prezzo della pasta De Cecco sale di 10 centesimi, posso facilmente sostituirla con un'altra marca presente sullo scaffale; ma se il prezzo di tutte le marche di pasta sale, in conseguenza di un aumento del prezzo del grano sui mercati mondiali, allora la domanda della pasta diviene inelastica (e probabilmente l'inflazione cresce).

Non è affatto detto, poi, che l'elasticità della domanda di una determinata product offering possa tradursi automaticamente in un aumento della quantità domandata, a seguito di una diminuzione di prezzo: l'elasticità ci dice soltanto che questo risultato è tendenzialmente possibile, ma non certo. Problemi di non adeguata copertura distributiva del mercato, di non conoscenza o bassa reputazione della marca, ad esempio, possono vanificare l'abbattimento del prezzo e non generare la sperata risposta di vendita. Il concetto di elasticità della domanda, comunque, è alla base dello strumento di stimolo delle vendite probabilmente più celebre e usato dalle imprese: il taglio-prezzo (figura 15.3).

Figura 15.3

Il taglio-prezzo.

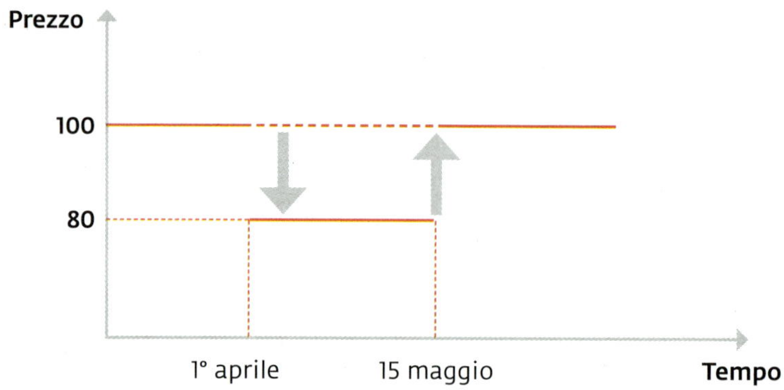

La promessa di valore della promozione nella figura 15.3 è chiara: solo e soltanto nell'intervallo temporale dichiarato, il prezzo viene eccezionalmente abbassato. Subito dopo, concluso il periodo, esso tornerà ai livelli precedenti. È chiaro che con questa azione l'impresa intende stimolare una risposta di acquisto immediata.

Elasticità incrociata della domanda

Attitudine della domanda di un bene a variare in ragione della variazione del prezzo di un altro.

Esistono, infine, delle relazioni incrociate di domanda che influiscono sull'elasticità delle singole categorie di prodotto. Un prezzo più elevato delle connessioni mobili abbasserà le quantità domandate di smartphone, in quanto prodotti *complementari*; un prezzo più elevato della benzina aumenterà la domanda di trasporto pubblico urbano, perché sono *sostitutivi*, ma non influenzerà la domanda di quotidani, perché *indipendenti*.

15.3 Gli obiettivi di prezzo nel lungo periodo

La microeconomia insegna che il prezzo è la risultante del gioco combinato di domanda e offerta sul mercato: esso si fissa laddove la curva di domanda e quella di offerta s'incontrano. Quel punto esprime il livello di prezzo al quale il venditore è disposto a cedere il prodotto e il compratore ad acquistarlo. Di conseguenza, possiamo interpretare quel punto come il prezzo che soddisfa gli obiettivi economico-finanziari del venditore e le necessità del compratore.

È chiaro che l'economia vera, quella che avviene "sul campo", raggiunge la situazione teorica sopra richiamata in maniera non lineare: il gioco dello scambio, infatti,

Saldi
Periodo programmato di abbattimento straordinario dei prezzi, per consentire ai retailer di smaltire le scorte e ai consumatori di risparmiare. Per ragioni di tutela della concorrenza sono regolati dalla legge.

varia molto a seconda delle situazioni contingenti nelle quali si realizza (una insegna commerciale può decidere di usare un brand per una campagna *sottocosto*, per battere la concorrenza delle altre), del momento in cui avviene (p.e. nel periodo dei **saldi**, i prezzi sono falsati), dello stato concorrenziale vigente (le imprese petrolifere sono spesso accusate di fare cartello per non farsi concorrenza).
In ogni caso, ogni impresa ben gestita, nel fissare il price point, si dà degli obiettivi di lungo periodo, che cioè considerano la prospettiva temporale e non il momento contingente. Ciò consente numerosi vantaggi: (i) aiuta a fare i conti e a equilibrare i bilanci aziendali (il cui respiro temporale è l'anno); (ii) costituisce un punto fermo sul quale applicare successivamente le necessarie politiche di prezzo di breve termine (come le promozioni) e per cliente (differenziando le condizioni di prezzo a seconda del cliente); (iii) consente di governare la natura segnaletica del prezzo espressa dal posizionamento del brand nella fascia di valore di pertinenza.
In tale cornice, l'impresa deve dunque chiarirsi preliminarmente quali siano gli obiettivi che intende raggiungere con la determinazione del punto-prezzo. È utile ricordare a tal proposito che la funzione economica fondamentale è espressa – nella sua formula più semplificata, che ipotizza un solo prodotto, l'assenza di imposizione fiscale e una sola linea di reddito – dalla seguente relazione:

$$\text{PROFITTO} = P \cdot \text{QUANTITÀ VENDUTA} - \text{COSTI TOTALI}$$

È perciò chiaro ed evidente che il prezzo si pone in relazione diretta – nel senso che ne influenza il livello – con i ricavi totali, con le quantità domandate (per via dell'elasticità) e coi profitti; si pone in relazione indiretta – nel senso che ne è influenzato – con i costi. I suoi obiettivi di lungo periodo possono essere di tre tipi.

1. *Obiettivi di redditività*: l'impresa si dà un obiettivo di ritorno sugli investimenti complessivi, o di massimizzazione dei ricavi e quindi del profitto, fissandone un livello-obiettivo. In buona sostanza, questi obiettivi prevedono la manovra della leva p in chiave interna all'impresa, e presuppongono un'ottima capacità di conoscenza dei costi totali (poco realistica, nel mondo reale) e una sostanziale marginalità dell'influenza competitiva, di canale (ossia lungo il canale distributivo) e orizzontale (con i concorrenti diretti). Le grandi **imprese conglomerate** spesso ragionano con questa logica, apprezzando il fatto che essa consente delle semplici comparazioni fra le performance complessive delle diverse aree di attività. La Unilever, ad esempio, ha ritenuto opportuno, a quanto si dice, vendere la Findus, in quanto i ritorni di profitto che essa era in grado di generare in Italia si collocavano al di sotto della linea di obiettivo minima stabilita come necessaria per mantenere il business in portafoglio. L'obiettivo di massimizzazione del profitto non richiede necessariamente incremento dei prezzi: le imprese di servizi di telefonia mobile (Tim, Vodafone, Wind, Tre) hanno visto crescere i loro profitti quando hanno diminuito i prezzi, rendendo accessibile economicamente il servizio a tutti. Le piccole imprese familiari si pongono spesso obiettivi di questo genere (anche in maniera informale): massimizzare i profitti significa, sostanzialmente, raggiungere e mantenere uno stile di vita di buon tenore materiale.

Impresa conglomerata
Impresa di grandi dimensioni che opera in via integrata su più aree di business, con logica di diversificazione dell'attività.

Politica di penetrazione

Punta a far entrare la product offering nelle case del più elevato numero possibile di clienti potenziali della categoria, abbattendo la barriera di prezzo.

Politica di scrematura

Punta a selezionare i clienti, imponendo una barriera di prezzo che escluda la quota maggiore di clienti potenziali della categoria.

2. *Obiettivi di volume*: l'elasticità della domanda ci ha insegnato che esiste una relazione indiretta fra il prezzo e le quantità vendute. Ciò è espresso, come noto, dall'inclinazione negativa della curva. In linea di massima, al lancio di un nuovo prodotto ci si attende che i volumi di vendita siano alti se si fisserà un prezzo di penetrazione – cioè basso – contenuti se si sceglierà l'opposta direzione del prezzo di scrematura – cioè elevato. La telefonia mobile fu lanciata in Italia con questa seconda strategia, poiché la capacità produttiva per reggere volumi di massa non era stata ancora ultimata, mentre Samsung ha conquistato rapidamente la leadership nel mercato dei televisori a schermo piatto riconfigurando le quote di mercato, lanciando numerose varianti di prodotto (una per ciascun livello di prezzo). Gli obiettivi di volume possono essere resi necessari dalla struttura dei costi dell'impresa: la figura 15.4 – che riprende la figura 1.5 – riassume le condizioni di rilevanza del pricing nelle tre fasce di valore fondamentali. È agevole così constatare che le problematiche del quadrante destro riguardano brand come Ferrarelle, Fiat, Mondo Convenienza, Benetton, Cirio; quelle del quadrante sinistro brand come Eataly, Maserati, Artemide, Cucinelli.

Figura 15.4

Il prezzo nelle fasce di mercato.

Condizioni interne
La struttura dei costi risente di funzioni di produzione orientate alla qualità. Le economie di scala sono un obiettivo importante ma via via meno vincolante.

Condizioni di canale
Non occorre presidiare canali distributivi di massa. L'elevato appeal dei brand premium e luxury mette il produttore in una condizione contrattuale più favorevole.

Condizioni di domanda finale
L'elasticità della domanda al prezzo è poco elastica. L'approccio di acquisto è orientato all'experience e all'aspirazione, per cui il prezzo pesa relativamente meno di altre variabili.

Condizioni di confronto competitivo
La domanda dell'impresa è tendenzialmente anelastica. L'impatto del branding nella formula di valore è fortissimo.

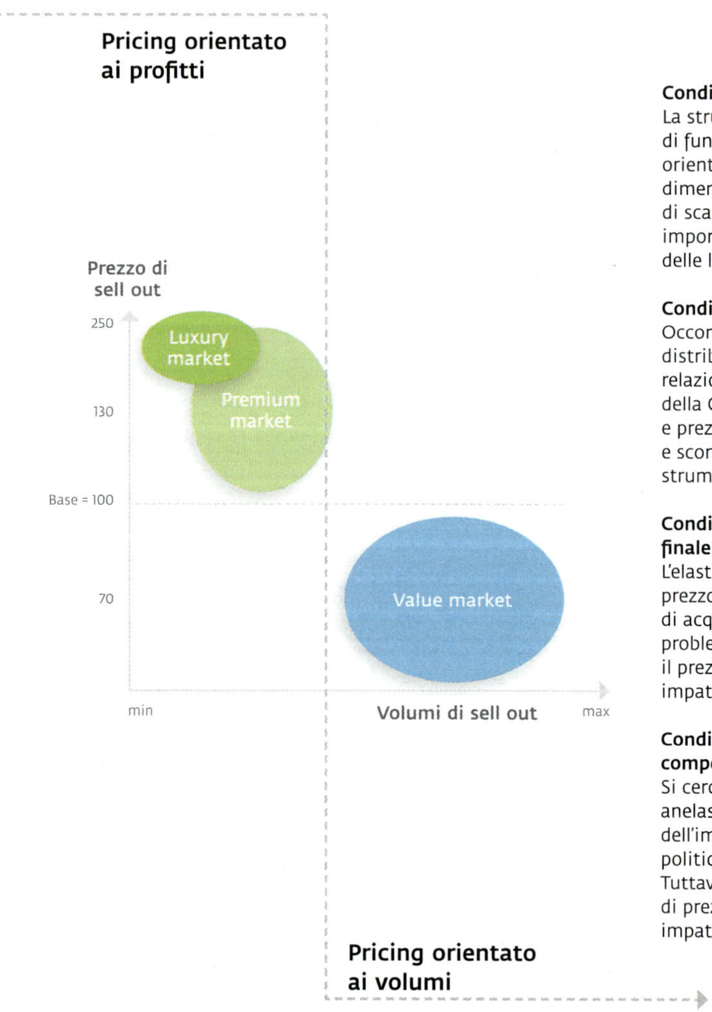

Condizioni interne
La struttura dei costi risente di funzioni di produzione orientate alla scala dimensionale. Le economie di scala sono un obiettivo importante e il prezzo una delle leve per realizzarle.

Condizioni di canale
Occorre presidiare canali distributivi di massa. La relazione con le imprese della GDO è complessa e prezzi bassi di sell in e scontistica sono utili strumenti di trattativa.

Condizioni di domanda finale
L'elasticità della domanda al prezzo è elastica. L'approccio di acquisto è orientato al problem solving per cui il prezzo ha un rilevante impatto sulle scelte.

Condizioni di confronto competitivo
Si cerca di rendere più anelastica la domanda dell'impresa attraverso politiche di branding. Tuttavia la promozione di prezzo ha un rilevante impatto.

Leader di mercato

Il leader, in senso stretto, è il brand (e dunque l'impresa) che ha la quota di mercato a volumi più elevata. Possiamo avere un leader di categoria (Barilla nella pasta) o di fascia (Illy relativamente alla fascia premium). In entrambi i casi, però, il primato si fonda sui volumi.

Guerra dei prezzi

Competizione frontale fra imprese condotta attraverso l'abbattimento ricorsivo dei prezzi da parte di tutti i contendenti.

Rientrano in questa categoria anche gli obiettivi di quota di mercato a volume: molte imprese si prefiggono lo scopo di acquisire la leadership di un mercato, e governano il prezzo di conseguenza. Va detto che tale logica, che può rispondere a disegni strategici di più ampio respiro, è spesso piuttosto popolare nelle imprese, e presenta oltretutto minori difficoltà di calcolo rispetto a quella della massimizzazione dei profitti.

3. *Obiettivi di confronto competitivo*: premesso che le considerazioni del ▸ §15.2.1 sono da questo punto di vista preminenti, non sono rari i casi in cui i marketer sono soddisfatti dello *status quo* competitivo, e cercano di non rompere gli equilibri raggiunti con scelte di prezzo che potrebbero comprometterlo. È noto ed evidente, infatti, che il prezzo rappresenta la leva di più immediata manovra e risposta per reagire a scelte dei concorrenti che si considerano aggressive o predatorie, e che basta poco per scatenare la cosiddetta guerra dei prezzi, eventualità solitamente sgradita.

Una volta scelta la logica di lungo periodo cui ispirare la politica di prezzo, i marketer si applicano a definire quale debba essere il prezzo preciso, cosiddetto *price point*, con il quale accompagnare la product offering verso la domanda.

15.4 Il price point

Il compratore è del tutto disinteressato alle logiche in base alle quali un'impresa segue le proprie politiche di prezzo. Al compratore, sia esso il distributore, il cliente intermedio, o lo shopper (cliente finale) interessa soltanto che la product offering che ha di fronte rappresenti una proposta di valore coerente e, se possibile, ben differenziata dalle altre. Si vada a rivedere, in proposito, il Focus "I miti crollano" nel ▸ Capitolo 1. *Coerenza* e *differenza* sono, giova ricordarlo, le keyword fondamentali di marketing che ogni manager o imprenditore deve seguire nella progettazione della propria product offering, e il prezzo non fa eccezione.

15.4.1 Aspetti generali

La scelta di posizionare la product offering a un determinato livello di prezzo di mercato, che prende il nome di *price positioning*, è assunta per gradi successivi:

1. la scelta della fascia di valore;
2. la determinazione del price point effettivo.

Value, *premium* o *luxury*? Questi i noti termini di riferimento in base ai quali condurre il ragionamento sul primo punto. In altri termini, l'impresa si chiede qui se la product offering possegga in potenza le caratteristiche adatte a un mercato di massa, di segmento o esclusivo. Sciogliere questo nodo significa prendere in considerazione tanti elementi – come la capacità produttiva, le competenze di mercato, l'heritage del brand, l'affollamento della fascia e altre ancora – ed è una scelta che si suole definire "strategica", a ragione della sua sostanziale non modificabilità, una volta assunta, e del condizionamento che impone a tutte le altre scelte di product offering. In altri termini, come visto nella ▸ Parte I, la scelta di collocare la product offering su una fascia premium (o luxury), oppure su una value, dipende da un complesso di considerazioni, e impone poi un comportamento coerente nella manovra di tutte le componenti di valore dell'offerta.

Scelta la fascia, la fissazione del punto-prezzo, tanto a livello di sell in che di sell out, rappresenta il passaggio immediatamente successivo. Qui entrano in gioco anche le scelte di distribuzione (▸ Capitolo 14) adottate, in quanto, a seconda che si sia scelta o meno una modalità diretta, il prezzo sarà più o meno governabile dall'impresa. Yamamay è in grado di decidere il price point di tutti i propri prodotti ed è certa che i propri punti vendita di proprietà e in franchising seguiranno quelle indicazioni di prezzo. Il prezzo a scaffale dei petti di pollo Amadori, invece, scaturirà da una negoziazione fra il produttore e il buyer della catena commerciale distributiva, e perciò l'impresa sarà costretta a contrattare sia a livello di sell in sia di sell out. La fissazione del price point, poi, dipenderà anche dalla natura del prodotto e dalla sua relazione di complementarità con gli altri prodotti presenti in portafoglio.

Volendo fissare dei principi generali per la fissazione del punto-prezzo possiamo fare riferimento a quattro parole chiave.

1. *Concorrenti*: il prezzo è scelto tenendo in considerazione quello praticato dai concorrenti diretti, quelli cioè che si trovano nella medesima fascia di valore nella quale s'intende posizionare il brand. Si considera, infatti, che il compratore effettui la propria scelta fra product offering di prezzo sostanzialmente analogo, comparando le rispettive proposte di valore.
2. *Impresa*: il prezzo deve riflettere la struttura dei costi complessivi, sia quelli di produzione sia quelli legati alle relazioni di mercato (costi di canale, di comunicazione ecc.), nonché considerare i complessivi equilibri di portafoglio (▸ Capitolo 8).
3. *Domanda*: la scelta di prezzo riflette anche la misura del sacrificio economico-finanziario percepito dal compratore, nonché la necessità di sostenere e confermare il posizionamento di marca (brand image).
4. *Ambiente esogeno rilevante*: l'ambito geografico di mercato può essere caratterizzato da normative, così come da consuetudini e prassi commerciali, che intervengono a modificare le decisioni di prezzo dell'impresa (▸ Capitolo 3).

Tutto ciò dice che il ruolo effettivo che il prezzo gioca sul mercato oscilla contemporaneamente fra: l'essere un fattore di stimolo alla domanda (tanto quanto lo è, ad esempio, l'advertising), il vivere anche di condizionamenti ambientali esogeni, il costituire la base della redditività sostenibile di lungo periodo e il guidare il confronto con la concorrenza, sia verticale sia orizzontale. La decisione di prezzo è estremamente complicata perché deve compendiare aspetti di natura estremamente eterogenea, come gli *economics* d'impresa e la psicologia del consumatore, le relazioni con i partner commerciali e il rispetto delle leggi, e via dicendo.

A complicare ulteriormente il quadro, poi, vi è la circostanza che nel mondo reale la responsabilità di prezzo rientra spesso nelle prerogative di diverse componenti dello staff aziendale. Sovente la forza vendita (di cui ci occuperemo a fondo nel ▸ Capitolo 19), in virtù del suo contatto diretto con il compratore, rivendica il diritto-dovere di disporre di margini di manovra sul punto-prezzo. Ciò, se da un lato aumenta il grado di flessibilità delle politiche di marketing sul mercato (ed è cosa buona), può generare anche dei conflitti interni all'impresa. Il marketing, infatti, come abbiamo fin qui descritto, compie il lavoro di fissazione del price point sulla base di un framework analitico e informativo, e si sforza di mantenere con coerenza le decisioni assunte, nell'interesse della capacità competitiva della product offering; la forza vendita si trova invece a dover agire in risposta a esigenze impellenti e molto specifiche (quelle di un particolare cliente, o di una specifica area), cosa che impone rapidità, prontezza e flessibilità. Il quadro si complica ulteriormente quando poi l'impresa si appoggia ad agenti esterni, che agiscono magari con pluralità di mandati commerciali. In questo caso, infatti, gli agenti possono compiere scelte di prezzo che rispondono prima di tutto a loro interessi personali, o a quelli dell'impresa che rappresentano. Un agente di vini, ad esempio, potrebbe decidere di vendere sottocosto alcune bottiglie di un vino pregiato a un'enoteca, presentando quest'offerta come incentivo all'acquisto di una grande quantità di un vino più anonimo (ma sul quale l'agente ottiene una provvigione maggiore). Il problema che si presenta, in casi come questo, è considerevole e ha sostanzialmente due facce.

Un chiaro posizionamento di prezzo. Mondo Convenienza scommette su una promessa di valore di tipo value, con prezzi bassi e supporto finanziario allo shopper.

1. La *coerenza del posizionamento prezzo/brand*: il punto-prezzo è una componente importantissima del posizionamento, in quanto conferma la promessa di valore che il brand system porta avanti. Si pensi all'incongruenza di messaggio derivante dal trovare un medesimo profumo griffato (p.e. My Land di Trussardi) a 28 euro in una piccola profumeria, a 18 euro in un ipermercato, a 22 euro in un negozio Sephora e a 20 sul sito.
2. Le *relazioni con i clienti intermedi*: la fissazione del prezzo deve considerare gli equilibri relazionali con i rivenditori attuali. Continuando nell'esempio precedente, appare evidente che il proprietario della piccola profumeria (che paga un sell in price di 20 euro) si risentirà del fatto che il profumo venga offerto a prezzi così inferiori, e probabilmente cesserà di acquistarlo. In generale il prezzo di sell in è uno strumento essenziale delle politiche commerciali, ed è tanto più delicato, quanto più l'impresa persegue condotte multicanale.

Per queste ragioni le imprese devono evitare l'insorgere d'incongruenze nel pricing. In tanta complessità possiamo comunque ridurre i termini di riferimento nella fissazione del prezzo a: la domanda, i costi, la concorrenza.

15.4.2 Pricing e domanda

Si è segnalato, a inizio paragrafo, che nelle scelte di pricing la domanda rilevante è sia intermedia (trade) sia finale (consumer). Il prezzo di acquisto di una determinata product offering, infatti, assume una veste differente nelle formule economiche dei due player. Per il consumatore finale il prezzo è la misura del sacrificio monetario che gli è richiesto di sostenere per poter avere il possesso (si pensi al noleggio di un'automobile) o la proprietà di un bene (l'acquisto di un rasoio elettrico) e goderne perciò i benefici promessi. Per l'intermediario costituisce il costo – solitamente variabile – di approvvigionamento dei prodotti/brand, che poi formeranno il proprio assortimento (▶ Capitolo 24).
La reazione dello shopper al prezzo è ovviamente influenzata dai ragionamenti addotti a proposito dell'elasticità della domanda, tuttavia essa rappresenta una componente del quadro necessaria ma non sufficiente. Il valore percepito della product offering costituisce, infatti, un punto di riferimento cardinale che – in condizioni di mercato oligopolistico e di concorrenza monopolistica, in particolare – sarebbe esiziale per il marketer non considerare. L'acquirente "legge" il prezzo come misura monetaria del sacrificio che gli è chiesto di sostenere per poter godere dei benefici promessi dalla product offering. Questa percezione ha diversi aspetti interessanti.

1. *Rischio*: confronta un elemento certo (il pagamento di denaro) con un elemento incerto (la prestazione corrispondente alla promessa). Sono certo di dover pagare 15 euro per l'ultimo romanzo di Niccolò Ammaniti, ma non sono certo che mi piacerà. Questo iato fra certezza e incertezza determina una percezione di rischio.
2. *Soggettività*: la percezione di onerosità del prezzo è fortemente soggettiva, così come anche la lettura della performance della product offering, legata alle aspettative individuali. Per quanto attiene il prezzo, ciò dipende dal fatto che la disponibilità economico-finanziaria individuale è diversa da persona a persona (vedi figura 15.5). Per una persona che lavora 15 euro sono una cifra irrisoria, per uno studente universitario no. Anche l'attitude è soggettiva, e ciò ha un suo peso nel determinare la gravosità del prezzo.
3. *Apparenza*: il prezzo è spesso solo apparentemente oggettivo. Il fatto che il prezzo sia espresso attraverso numeri gli conferisce un alone di oggettività che, in verità, non sempre sussiste. I prezzi dispari stanno lì a dimostrarlo, mettendo in luce come il rapporto primario con il prezzo che la mente delle persone istituisce abbia natura fotografica (percepisco e ricordo le immagini/cifre di sinistra) più che matematica (faccio i conti e mi accorgo che 9,90 e 10 sono la stessa cosa).

Il credito al consumo rappresenta una fonte di finanziamento dei consumi molto rilevante.

Rischio economico

Dissonanza cognitiva fra la congruità del prezzo pagato e la prestazione attesa. Il rischio percepito può essere anche *sociale* (disapprovazione sociale della scelta), *fisico* (timore di pericolosità del prodotto), *funzionale* (timore sulla tenuta del prodotto), *psicologico* (insoddisfazione a posteriori per la scelta).

Product attitude

Atteggiamento mentale verso il prodotto, derivante dalla posizione che la product offering riveste nella scala di valori/*lifestyle* individuale. Se sono appassionato di orologi, 2000 euro può essere una cifra accettabile.

Prezzi dispari

Riduzione di un prezzo intero (10 euro) a una sua frazione (9,90) che scala la parte sinistra del numero di un'unità.

4. *Pigrizia*: la mente individuale ha un funzionamento orientato al risparmio di energie, e fare i conti, implicando l'uso di un *software* (le capacità matematiche), appreso e non naturale, consuma maggiori energie, e perciò si evita, laddove possibile. A ciò si accompagna la circostanza che le capacità matematiche delle persone sono normalmente basse. I prezzi frazionati fondano la loro efficacia sul disposto di tutti questi elementi.

Frazionamento del prezzo

Tecnica con la quale il prezzo di partenza di un prodotto (25.000 euro) viene frazionato in: anticipo (1500 euro), rate a prezzo dispari (199 euro per 36 mesi) e saldo finale lontano nel tempo (4500 euro).

Il prezzo, letto con gli occhi del consumatore, è quindi una variabile piuttosto lontana da una percezione oggettiva, e ciò offre all'impresa la possibilità di enfatizzare il valore percepito della product offering rispetto al price point percepito. In altri termini, l'investimento in differenziazione percepita sulle altre variabili di product offering – product concept, brand system, utilità commerciali, supporto digitale – consente di creare le condizioni di accettazione di un prezzo superiore a quello dei concorrenti. La soggettività e imperfezione percettiva di entrambi i termini dell'equazione del valore rende perseguibili condotte di pricing basate sul valore percepito (tabella 15.3).

Tabella 15.3

Valore percepito e pricing.

Metodo degli attributi
La product offering viene scomposta in attributi (tangibili e intangibili, funzionali e simbolici) per ciascuno dei quali si stima l'importanza percepita e la performance assoluta del brand che interessa rispetto al concorrente diretto. Si calcola il valore relativo di ciascun attributo, ponderandolo per il rispettivo giudizio di importanza. Ogni attributo viene valorizzato (in euro). Il prezzo finale si determina come somma dei valori degli attributi più performanti rispetto ai competitori.
Metodo della fascia di valore
La product offering viene posizionata nella fascia di valore prescelta. S'identificano i brand concorrenti già presenti e se ne riscontrano i prezzi base (al netto di promozioni, frazionamenti di packaging, e altre alterazioni temporanee del price point). Si verifica la sostenibilità, in termini di performance percepita di product offering, di un prezzo allineato ma non identico ai concorrenti. Si verifica la sostenibilità interna, in termini di costi e obiettivi di pricing, e relazionale, in termini di forza distributiva, dell'ipotesi di prezzo. Si fissa il prezzo.

Infine, come mostrato nella figura 15.5, il consumatore dispone di una certa disponibilità finanziaria complessiva rispetto alla quale esperisce le proprie valutazioni. Il prezzo di sell out della product offering potrà essere eventualmente accompagnato da condizioni accessorie che, nel complesso, mirano ad accrescerne la sensazione di sostenibilità e accessibilità, e in definitiva a ridurre la sensazione sgradevole che il compratore patisce nel doversi privare di denaro. Lo shopper, nel valutare un prezzo, considera perciò l'acquisto alla luce di un quadro più ampio, per cui valuta anche elementi quali il costo-opportunità che l'accettazione di quel prezzo comporta (se compro oggi un quadro, non potrò cambiare il divano), oltre, ovviamente, alla coerenza del price point rispetto all'idea di valore che il brand system veicola (mi aspetto di pagare molto per un capo Armani). Per il compratore *professional*, condizione tipica del B2B, le considerazioni sopra richiamate valgono meno, in quanto la visione-costo del prezzo predomina e quella psicologica è sostanzialmente assente.

Condizioni accessorie di prezzo

Elementi che accrescono la sostenibilità del prezzo per lo shopper. Supporti finanziari (come la rateizzazione), il ritiro e valorizzazione dell'usato ecc.

Figura 15.5

Prezzo e consumatore.

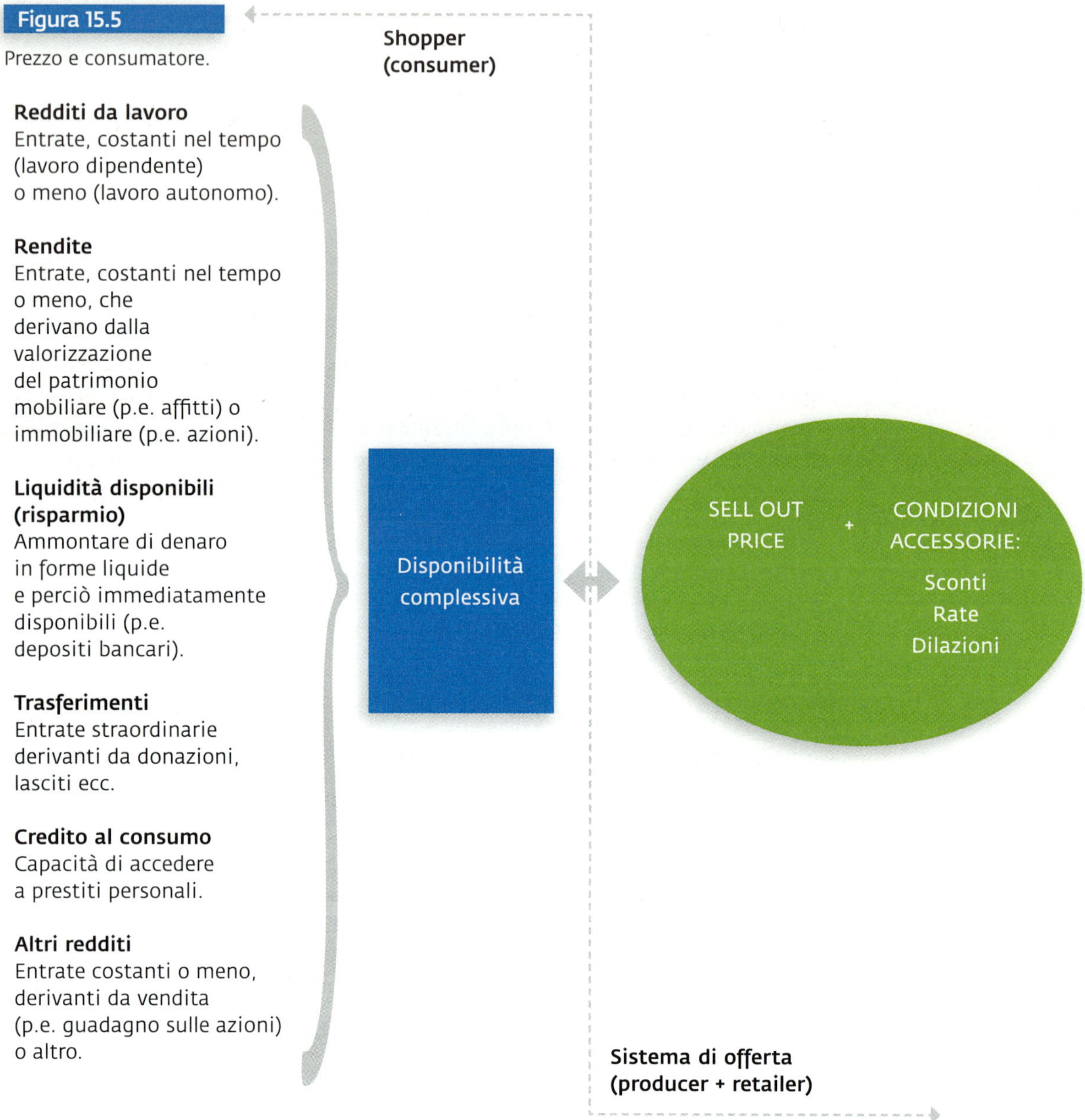

15.4.3 Pricing e costi

Mark-up

Metodo di fisszione del prezzo che si fonda sulla determinazione di un ricarico.

Considerare i costi come parametro di riferimento per la fissazione del prezzo è la via più naturale e semplice, anche grazie al fatto che l'unità di misura di riferimento è omogenea: si tratta di aver a che fare soltanto con numeri e non, come nel caso precedente, anche con degli elementi psicologici. È inoltre la via più consueta, per manager e imprenditori, in quanto il fabbisogno informativo necessario è prevalentemente di fonte interna. Il procedimento è piuttosto semplice, almeno in apparenza: si calcolano i costi e si decide se fissare un punto-prezzo pari a essi, oppure se aggiungerci un quantum, detto mark-up, che può assumere la forma di un ammon-

Focus Prezzo e qualità

"Buon rapporto qualità-prezzo" è un'espressione frequente del lessico quotidiano. In realtà essa non significa nulla, in senso letterale, è solo un modo di dire. Sappiamo che la fascia dei *value market* rappresenta la sede naturale del *good value for money* e che in essa si collocano product offering che puntano proprio su questa promessa di valore: dare tanto a poco. La natura semantica del prezzo, al di là di quanto detto sopra, è però ben più ampia, e gli studi di marketing hanno rappresentato un certo ventaglio di situazioni nelle quali esso assolve una funzione di segnale di qualità del prodotto. Sovente questo ruolo è assolto in combinato con il brand system.
Il prezzo viene interpretato dal compratore come segnale di qualità del prodotto quando:

1. la *qualità del prodotto* non è percepibile aprioristicamente (p.e. la qualità di un nuovo ristorante);
2. lo user non ha la *dotazione cognitiva sufficiente* a decodificare il prodotto (scegliere un vino è difficile se non si conosce un po' come viene fatto, quali sono i tipi di vino ecc.);
3. lo shopper abbia una *percezione di rischio* elevata nella situazione d'acquisto (dovendo acquistare per la prima volta un omogeneizzato, potrebbe optare per il più costoso in commercio);
4. il *ventaglio prezzi* delle alternative è ampio (*price range*), per cui quanto maggiore è il ventaglio di prezzi presente, ad esempio, nello scaffale delle macchine fotografiche, tanto più il prezzo segnala la qualità dei vari modelli;
5. la *differenza fra il prezzo* minore e il maggiore a scaffale è elevata (se la distanza di prezzo fra il televisore più economico e quello più costoso è elevata, si sarà indotti a ritenere ciò indice dell'esistenza di ampi differenziali qualitativi);
6. la product offering risponde a esigenze segnaletiche di *status sociale*, quindi poter mostrare che si è speso può essere usato anche come segno del bon vivre, di persona che sa scegliere la qualità.

tare stabilito di denaro (ricarico fisso), o di un ammontare calcolato in percentuale. La decisione se fissare il punto-prezzo a una misura pari ai costi (e quindi senza margini di guadagno) è legata alle condizioni competitive e alle esigenze commerciali del momento: un produttore che lavora sulle economie di scala, ad esempio, potrà trovare ugualmente conveniente vendere le quantità che gli consentono di raggiungere il punto di ottimo tecnico anche a un prezzo pari ai soli costi, puntando a beneficiare delle economie di scala su tutta la produzione. Un'altra situazione possibile si ha quando si dispone di un portafoglio prodotti e si ritiene opportuno "alleggerire" le product offering più deboli (p.e. una variante di dentifricio di nicchia), o quelle appena lanciate sul mercato, di alcuni costi, così da poter praticare un prezzo di vendita più leggero. In sostanza, le circostanze possibili sono molte, e l'importante è tenere a mente il principio che non sempre la determinazione del punto-prezzo segue rigide regole contabili e la ricerca del massimo guadagno possibile, anzi. La competizione di mercato è talmente dura, instabile e frastagliata, spesso condotta a livello microterritoriale, o su cluster di clienti, che fissare regole universali di pricing è sostanzialmente velleitario; meglio sistemare alcuni principi.
Il punto critico risiede nella determinazione dei costi, in quanto: (i) non sempre il sistema contabile interno consente di misurare con esattezza quanto costi un prodotto; (ii) esistono numerose configurazioni di costo che si possono prendere in considerazione, e in ciascuna i margini di soggettività sono considerevoli; (iii) la reticolarizzazione ed esternalizzazione delle attività d'impresa rende ancora più complesso determinare i costi complessivi, in quanto molte voci "escono" dalla sfera del controllo contabile interno.

Focus I limiti della fissazione del prezzo sui soli costi

La fissazione del prezzo del prodotto sulla base del costo medio totale del prodotto medesimo, è una prassi frequentissima: lavorazioni artigianali su misura, prodotti speciali (p.e. una ristrutturazione domestica, piccole consulenze ecc.), sono alcuni campi di applicazione di questo criterio. In particolare questa pratica presenta dei difetti che vanno conosciuti:

1. trascura completamente la domanda;
2. trascura la concorrenza;
3. dà per scontata la certezza contabile del costo medio;
4. è esposta al problema della rispondenza del consuntivo al preventivo;
5. non tiene conto dell'elasticità.

Sebbene i limiti suindicati condizionino molto l'efficacia del pricing basato sui costi, e lo allontanino molto dai principi di razionalità economica che dovrebbero seguire, questa pratica resta diffusissima.

Per quanto possa sembrare strano, infatti, non sempre le imprese hanno una contabilità analitica organizzata in modo tale da determinare con certezza il costo del prodotto. Il più delle volte, pur in presenza di accurati sistemi di registrazione contabile, ci sono alcune voci che sono oggetto d'*imputazione*, seguendo criteri che rendono il costo una grandezza soggettiva.

Poste queste importanti premesse, le configurazioni di costo che si considerano solitamente sono richiamate nella tabella 15.4, in corrispondenza della loro utilità nella determinazione del punto-prezzo. Va considerato anche che, salvo eccezioni, le imprese sono multi-prodotto e spesso operano su diverse linee di attività. Ciò che interessa ai manager, in questi casi, non è tanto il costo del singolo prodotto, ma l'intero ammontare dei costi aziendali, e le politiche di prezzo puntano perciò a ottenere dei prezzi che siano convenienti rispetto a questo totale. I costi comuni a più prodotti, infatti, possono essere consistenti, e la loro manovra consente di operare politiche molto differenziate.

Tabella 15.4

Configurazioni di costo e prezzi.

Nome	Configurazione	Prezzo
Costi fissi	Costi che non variano al crescere del volume di produzione	*Prezzo di pareggio* Il prezzo di vendita è calcolato in funzione dei costi complessivi e delle quantità che occorre vendere per recuperarli.
Costi variabili	Costi che variano al crescere del volume di produzione	
Costi diretti	Costi direttamente imputabili alla produzione. Non considerano costi generali (p.e. la sicurezza) né comuni a più produzioni (p.e. il sito aziendale)	*Prezzo limite* Corrisponde al totale dei costi diretti e non prevede l'aggiunta di alcun ricarico. È il limite inferiore sotto cui non si vende, altrimenti si va sotto anche delle spese.
Costi totali	Costi relativi alla produzione, al marketing, alla struttura (costi generali)	*Prezzo tecnico* Prezzo che copre i costi totali. Consente una copertura maggiore del caso precedente, dove invece i costi generali sono scoperti.
Costo pieno	Costo totale medio del prodotto	*Cost-plus pricing* Prezzo ottenuto applicando un margine (solitamente percentuale) al costo medio del prodotto.

15.4.4 Pricing e concorrenza

Abbiamo diffusamente osservato, in questo capitolo e anche in tutta la ▸ Parte I, come la concorrenza diretta, all'interno della medesima categoria, si esprima compiutamente a livello di fasce di valore. La fissazione del price point, da questo punto di vista, consente all'impresa di chiarire quali siano i propri competitori di riferimento, avviando un confronto competitivo:

- *frontale*, con quelle product offering che abbiano il medesimo price point, o uno appena prossimo;
- *ampliato*, con quelle product offering che si collochino in un intorno di prezzo contenuto nei termini di pochi punti percentuali.

Evidentemente, in aggiunta a quanto sopra, la fissazione del price point otterrà anche l'effetto di *isolare* la product offering da quelle il cui prezzo sia marcatamente distante.

La concorrenza esercita i propri effetti sulle scelte di pricing, sia in ragione della situazione competitiva che la loro numerosità sul mercato determina (vedi tabella 15.1), sia del valore percepito dal cliente, a seguito di una sua valutazione bilanciata fra i benefici promessi e il sacrificio percepito: come noto, ciò s'intende con l'espressione "valore percepito dal cliente". In ragione di quest'ultima, l'impresa può cercare di perseguire alcune filosofie strategiche.

1. La *parità competitiva*: il prezzo viene fissato al medesimo livello del concorrente di più diretto riferimento, offrendo sostanzialmente la medesima formula di beneficio, che genera un atteggiamento di sostanziale indifferenza nel cliente fra le due marche. I succhi Santal della linea Limpidi tendono a collocarsi sul medesimo livello di quelli Skipper della linea Sempre con te.
2. La *strategia del valore*: il prezzo viene fissato a un livello sostanzialmente omogeneo al concorrente di riferimento, se non addirittura al medesimo livello, offrendo però un profilo di benefici più articolato e arricchito. È la strategia attualmente seguita dalla Ford Italia che, con il mantra "democratizing technology", offre dotazioni di soft technology, tipiche della fascia premium, di serie su tutti i modelli posizionati in fascia value.
3. La strategia di *cost innovation*: un approccio emergente e caratterizzante in particolare le multinazionali dei paesi emergenti, i quali riescono a combinare prezzi aggressivi, fissati a un livello sensibilmente più basso dei concorrenti, e product offering altamente innovative, solitamente lanciate sempre a prezzi superiori.

Il confronto fondato sui prezzi è certamente la forma più dinamica e tempestiva di competizione e sovente sfocia anche in manovre di breve respiro, dette perciò *tattiche*, che possono alterare lo stato di equilibrio del mercato e avviare così intensi periodi di lotta concorrenziale.

15.5 La gestione ordinaria del price point

Le decisioni sui prezzi, in generale, sono volte a massimizzare il profitto dell'impresa, sebbene questo obiettivo sia di difficile determinazione e misurazione, per ragioni che esulano dai nostri interessi in questa sede. Vi sono circostanze, tuttavia, nelle quali il pricing di una determinata product offering può essere gestito in regime di eccezione rispetto a questo principio. Fra le principali annoveriamo alcune fattispecie speciali.

- *Prezzi civetta*: l'abbattimento del price point di product offering note e desiderate in misura considerevole, tale da essere immediatamente notata dal consumatore. Questa scelta è solitamente compiuta da imprese commerciali (▸ Capitolo 24) per definire un posizionamento di convenienza dell'insegna e attrarre nuovi clienti, possibilmente sfilandoli ai competitori.
- *Promozioni prezzo*: l'abbassamento temporaneo del price point di qualche punto percentuale o ammontare di denaro (vedi figura 15.3) risponde a necessità di accelerare le vendite, la rotazione dei prodotti e stimolare lo shopper a una riposta di acquisto immediata.
- *Prezzo di penetrazione*: abbassamento del price point nella fase di lancio di una nuova product offering al fine di accrescere la base clienti e favorire la prova del nuovo prodotto. È il contrario del *prezzo di scrematura*, che si propone invece di incontrare solo una piccola e qualificata parte ("la crema") della domanda di categoria.
- *Guerre di prezzo*: tattiche di manovra del price point in risposta a iniziative aggressive dei concorrenti diretti. Solitamente si genera un circuito di attacchi-risposte che, prima o poi, termina con un accordo fra i contendenti.
- *Discriminazione dei prezzi* (*prezzi multipli*): politiche di manovra del price point che lo differenziano a seconda del target (p.e. vendere una medesima product offering a un prezzo più basso per i clienti migliori), del momento del consumo (p.e. le tariffe di alta stagione), o del mercato (prezzi diversi in paesi o aree diverse).
- *Prezzi imitativi*: soprattutto in presenza di rilevanti incertezze nella stima dei costi, si possono adottare scelte da *price follower*, di fissazione del price point a un livello uguale, o simile, a quello scelto dai concorrenti di riferimento, o a qualche punto di distanza da quello del leader di mercato (*price leader*). Questa condotta, detta *parità competitiva*, è particolarmente indicata laddove i prodotti siano percepiti come indifferenziati o siano sostanzialmente standardizzati.
- *Prezzo-barriera*: un'impresa particolarmente efficiente e quindi in grado di governare verso il basso la funzione di costo, può fissare il price point a un livello molto basso, tale da scoraggiare potenziali competitori e fungere così da barriera.

Tabella 15.5

Criteri di discriminazione dei prezzi.

Criteri	Esempi
Destinazione del prodotto	Prezzo più basso per la benzina acquistata dagli autotrasportatori.
Posizione commerciale del compratore	Prezzi più bassi ai *grandi clienti*, ai clienti *fedeli nel tempo*.
Volumi acquistati	Prezzi più bassi man mano che salgono le quantità acquistate.
Modalità di pagamento	Prezzi più bassi per pagamenti immediati in contanti.
Momento di consumo	Prezzi più elevati in alta stagione.
Posizione economica del compratore	Tasse universitarie agevolate ai meno abbienti.
Assegnazione degli oneri logistici	*Free on board*: il prezzo si calcola ipotizzando la consegna allo stabilimento. *Cost, insurance, freight*: il prezzo comprende gli oneri di consegna fino al luogo indicato dal compratore.

L'utilizzo delle pratiche di pricing sopra richiamate è prassi quotidiana nella realtà degli scambi di mercato. Il fatto gestionale più rilevante ai fini della gestione ordinaria del price point, tuttavia, resta la relazione di canale fra il produttore e il retailer. L'impresa commerciale, infatti, si ricorderà dal ▸ Capitolo 1 che è un soggetto economico autonomo, dotato di una sua propria funzione economico-finanziaria e che si trova per necessità reciproca a interagire con il produttore. Le tensioni sul prezzo di sell in sono sempre considerevoli, data la natura di costo per l'una e di ricavo per l'altra parte, ma anche quelle sul prezzo di sell out non sono da meno. Nel ▸ Capitolo 24 si comprenderanno le logiche di marketing che guidano il dettagliante nella fissazione e gestione dei propri prezzi, e si comprenderà come esse possano divergere, alle volte, dalle necessità del produttore di realizzare e mantenere il price positioning legato anche alla brand image. In certe circostanze, il produttore esercita il proprio potere d'influenza nel canale e definisce il *prezzo consigliato* (al pubblico), cioè quello con il quale il produttore cerca di indurre il distributore a non applicare proprie politiche di prezzo, se non in riduzione (si pensi al prezzo impresso sulle copertine dei libri).

Alcune volte, infine, ai produttori non è lasciata libera possibilità di fissare i prezzi, per ragioni d'interesse superiore; in tal caso si ha il *prezzo amministrato*, definito solitamente da provvedimenti della Pubblica amministrazione per calmierare l'impatto di alcuni servizi e beni essenziali sull'inflazione e tutelare alcune fasce sociali (p.e. trasporti pubblici urbani, gas e luce).
In ogni caso occorre sempre tener presente che la manovra del price point, una volta fissato e realizzato sul mercato, è estremamente delicata, per via del suo impatto sulla percezione di valore complessiva della product offering. Si ricorre perciò allo strumento della promozione, o delle condizioni accessorie (sconti, abbuoni, ribassi ecc.) per raggiungere il risultato senza intaccare strutturalmente il posizionamento di valore costruito col price point.

Case History — NTV – Nuovo Trasporto Viaggiatori

di **Gianluca Pinto**

Il settore ferroviario in Italia negli ultimi anni è al centro di un significativo cambiamento, sia in termini di qualità del servizio erogato sia di pricing. Man mano che il rilascio dei lavori sull'infrastruttura permetteva di ridurre i tempi di percorrenza tra le maggiori città italiane attraverso il collegamento ad Alta Velocità (AV), l'allora monopolista Trenitalia apportava degli incrementi di prezzo in modo da mantenere costante il rapporto costo/opportunità del consumatore. In questa prima fase l'espansione della domanda sull'AV è stata soprattutto a discapito dell'aereo, grazie all'abbattimento dei tempi di percorrenza e all'applicazione di prezzi che, seppur incrementati rispetto al passato, risultavano comunque più competitivi.

Dal 28 aprile 2012, con l'ingresso del servizio Italo operato da NTV – Nuovo Trasporto Viaggiatori – l'apertura alla concorrenza del mercato AV ha portato non solo un miglioramento del servizio (maggior numero di collegamenti giornalieri, incremento della qualità del servizio a bordo in termini di comfort, intrattenimento e customer service), ma anche una riduzione dei prezzi medi dell'AV del 30% circa rispetto a quelli praticati nel settore in fase di monopolio. Tutti questi fattori, uniti alla presenza di un'alternativa, oltre che a un periodo di recessione che ha visto aumentare il costo della mobilità su gomma, hanno apportato un'ulteriore crescita complessiva del mercato AV, attraverso la creazione di "domanda generata", ossia persone che in precedenza non viaggiavano in treno.

→

Il pricing del settore ferroviario oggi è molto simile a quello delle compagnie aeree, in quanto alcune caratteristiche del business sono assimilabili: disponibilità di offerta limitata, impossibilità di stoccaggio dell'offerta per far fronte a picchi di domanda, costi variabili di vendita bassi. I costi operativi (p.e. pedaggio, personale di bordo), seppur variabili nel lungo periodo, diventano costi fissi una volta che lo scheduling (gli orari) è definito, poiché, una volta acquistato il permesso per effettuare un collegamento, questo costo viene sostenuto a prescindere da quanti passeggeri vengono effettivamente trasportati sul treno. È stato sviluppato in NTV un sistema di revenue management che permette quindi di vendere a un prezzo differente la stessa tipologia di servizio, facendo leva sia sulla product attitude (p.e. il segmento business è propenso a pagare un prezzo maggiore avendo la possibilità di cancellare il proprio viaggio o modificarne l'orario/giorno di partenza), sia sulle previsioni di riempimento dei treni (maggiore è la domanda su un determinato treno, maggiore sarà il prezzo applicato, in modo da scremare parte della domanda, non essendoci sufficiente offerta per soddisfare tutta la domanda potenziale). Attraverso il revenue management si è passati dalla regola tradizionale, per cui l'azienda definisce il punto di prezzo in modo da massimizzare il risultato della combinazione P × Q, a un approccio di maggiore segmentazione della domanda, offrendo lo stesso servizio a differenti tipologie di clientela con diversa product attitude o willing to pay, raggiungendo un fatturato maggiore attraverso le varie combinazioni di P × Q.

Nel definire la struttura pricing al momento del lancio del servizio, NTV ha seguito cinque principi:

1. chiarezza e semplicità;
2. offerte per tutte le tipologie di clientela;
3. differenti combinazioni di flessibilità e prezzi;
4. disponibilità dinamica delle offerte più convenienti per ambiente di servizio, giorno, orario e momento di prenotazione;
5. trasparenza.

Questi principi sono stati seguiti in quanto conformi a una strategia a monte di tutta l'azienda: la trasparenza nei confronti dei viaggiatori.

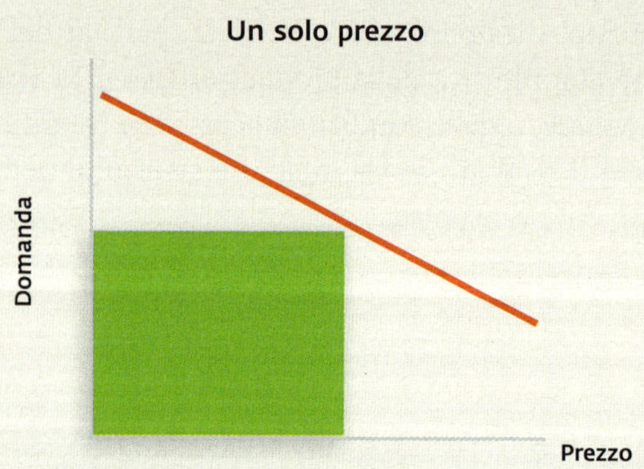

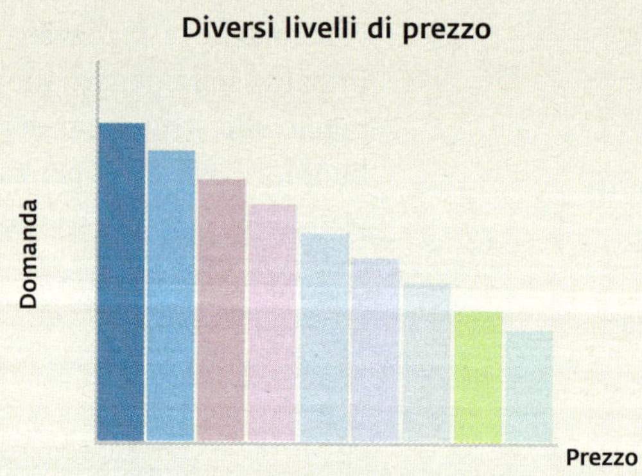

Conclusioni

Le decisioni inerenti la fissazione e la gestione del price point sono di enorme rilevanza nella formula competitiva dell'impresa, in quanto influenzano direttamente il livello della domanda, determinano la redditività del business, sostengono e chiariscono il posizionamento di valore del brand, guidano e assistono il brand nello scontro competitivo, contribuiscono a governare le relazioni di mercato. La natura semantica del prezzo, in particolare nei sistemi di scambio B2C, fa comprendere come il suo contributo alla product offering operi anche sul piano valoriale e di significato, in un sistema di perfetta integrazione con le altre scelte di offerta. Per questa ragione, una volta determinato un price point qualsiasi manovra che lo interessi deve essere svolta in regime di massima attenzione e chiarezza. Si ricordi: il consumatore vuole prezzi chiari, non prezzi bassi sempre.

16

Il ruolo del digital marketing

di **Margherita Pagani**

Indice del capitolo

Introduzione

16.1 La creazione del valore per gli acquirenti online

16.2 La definizione del contenuto: i benefici del prodotto online

16.2.1 Gli attributi del prodotto online

16.2.2 Branding online

16.2.3 Il coinvolgimento del cliente nella progettazione del prodotto

16.3 La definizione della strategia di e-commerce

16.3.1 Il ruolo degli infomediari

16.3.2 Tipologie di commercio elettronico

16.4 Pricing online

16.4.1 Fixed pricing

16.4.2 Dynamic pricing

16.5 La gestione della community

Conclusioni

Abstract

Il capitolo si propone di delineare un quadro generale sul ruolo offerto dallo sviluppo delle tecnologie digitali nella definizione delle strategie di marketing. Nella prima parte viene analizzata la strategia di contenuto, ossia come le tecnologie digitali incrementino il valore del prodotto offerto al consumatore e consentano nuove opportunità di coinvolgimento del medesimo nella fase di sviluppo. A seguire viene esaminata la strategia di e-commerce, approfondendo il ruolo degli infomediari e le diverse tipologie di e-commerce e pricing online.

Introduzione

L'economia digitale nasce e si sviluppa con la diffusione delle nuove Information and Communication Technologies (ICT), le quali offrono alle organizzazioni ed agli individui capacità di elaborazione e di comunicazione delle informazioni sempre maggiori a costi decrescenti. Si è avviato così un processo di sviluppo e di profonda trasformazione dell'economia che da una parte sta cambiando radicalmente il modo con il quale le imprese fanno business e generano valore per i loro clienti, dall'altra sta modificando il ruolo del consumatore stesso nel sistema economico.

In questo contesto, si aprono alle imprese enormi e inusitate opportunità di mercato, che richiedono la definizione di un'appropriata strategia di digital marketing, integrata, quando non coincidente, alla strategia complessiva dell'impresa, e volta ad accrescere il valore complessivo della product offering grazie all'impiego degli strumenti digitali.

L'approccio al business e al marketing digitale può essere concepito a diversi livelli.

- A livello *core*, quando coincide con la strategia di marketing complessiva, come è il caso delle imprese *pure player*, ovvero operanti solo in rete;
- A livello *strategico*, quando l'impiego delle tecnologie digitali consente di innovare profondamente la product offering, come spesso avviene per le imprese *click and mortar*, operanti sia nel mercato fisico che virtuale;
- A livello *tattico*, integrando operativamente alcune funzionalità, di carattere prevalentemente informativo, offerte dalle nuove tecnologie. Un approccio seguito ad esempio da molte imprese *brick and mortar*, operanti sul mercato fisico.

Nel caso di imprese operanti sia nel mercato fisico che in quello virtuale, riferite dunque alla seconda e alla terza fattispecie di cui sopra, la strategia di digital marketing deve dare una risposta alle seguenti principali questioni.

- Quali obiettivi di marketing vengono perseguiti attraverso la digitalizzazione della product offering?
- Quali elementi della product offering, di tipo informativo e/o commerciale, ampliare o sviluppare in modalità digitale?
- Come si intende collocare la product offering digitale nel sistema cognitivo del potenziale cliente (▸ Capitolo 9)?
- Come integrare e rendere sinergici gli elementi fisici e digitali della product offering?

Va sottolineato che tra gli aspetti critici da considerare per definire e realizzare un'efficace strategia di digital marketing si collocano quelli di carattere culturale e organizzativo. Il consumatore online infatti non è assimilabile a quello offline, ma presenta atteggiamenti, aspettative e schemi valoriali del tutto peculiari. Per l'impresa che affronta il mondo digitale, pertanto, è indispensabile disporre di competenze e conoscenze specifiche specialistiche e dotarsi di una struttura organizzativa adeguata, capace di superare il rischio di una probabile separazione tra la cultura brick and mortar e la cultura digitale.

16.1 La creazione del valore per gli acquirenti online

Nell'ambito del processo di creazione di valore per l'acquirente online la prima scelta da fare è quella del posizionamento online, che determina il collocamento della product offering digitale negli schemi cognitivi degli utenti.

Il posizionamento online dell'offerta avviene a due livelli:
- a livello di sito web/mobile app/social (*online positioning*);
- a livello di prodotto/servizio (*e-com positioning*).

I due livelli sono tra loro gerarchici: per accedere alle offerte occorre infatti prima accedere al sito web/mobile app o social media, e difficilmente un buon posizionamento della product offering può coesistere con un cattivo posizionamento online. Questi due livelli devono inoltre essere coerenti e reciprocamente autonomi, sebbene in un disegno integrato.
Il *posizionamento a livello di sito web/mobile app/social media* dipende dall'immagine che l'impresa dà attraverso il sito web, l'applicazione mobile o la presenza sui social media nel suo complesso e, quindi, dallo spazio che il brand conquista online negli schemi cognitivi degli utenti.

Il posizionamento online è generato dal mix delle tre C che caratterizzano il profilo dell'offerta online:
- *Contenuto*, ovvero l'insieme delle informazioni e dei servizi che sono forniti all'interno del sito web/applicazione mobile/social;
- *Commerce*, ovvero la parte legata alle transazioni online;
- *Community*, ovvero la parte di presenza online dedicata all'interazione sociale che permette ai navigatori di attivare chat, partecipare a forum, blog, comunità virtuali o essere in contatto con i propri pari attraverso i social media (Facebook, Twitter, LinkedIn, YouTube).

Agli elementi costitutivi della product offering (product concept, brand system, price point e accessibilità), che assieme ad alcune attività operative possono essere ricondotte alla C di "commerce", appare essenziale aggiungere gli elementi editoriali e di interazione con il cliente. Il governo di un sito, di una community di follower online, infatti, richiede all'impresa di dotarsi di competenze editoriali, tratto inedito ed emergente del bagaglio culturale del marketer. Il posizionamento di successo di una product offering, perciò, richiede l'integrazione interna tra le singole variabili, che a sua volta dipende dalla coerenza tra le 3C. In particolare le 3C richiedono lo sviluppo di alcune competenze critiche:
- competenze editoriali per il contenuto;
- competenze di marketing, logistiche e tecnologiche per il commerce;
- competenze di entertainment e Customer Relationship Management (CRM) per la community.

Nel nuovo ecosistema digitale, dove i concorrenti sono "alla portata di un click", elemento determinante per costruire un solido e duraturo vantaggio competitivo è perciò la capacità di generare nuove proposizioni di valore, facendo leva sulle diverse tecnologie digitali (web, TV, mobile app, social media) al fine di mantenere e sviluppare una relazione di lungo periodo con la propria base clienti. Se consideriamo che il valore per il cliente può essere definito pienamente dalle convinzioni mentali

Esempio

Applicando le logiche di marketing sociale (Community) e le possibilità interattive del Web 2.0 (Content), Leo Burnett ha curato la campagna di comunicazione 2.0 del lancio di Fiat 500. Attraverso il sito della *Fiat 500*, si è riusciti a catalizzare l'attenzione del mercato e a ottenere informazioni utili non solo per il posizionamento del prodotto, ma addirittura per la sua progettazione. Prima del lancio, infatti, sul sito era già stato messo a disposizione il "configuratore di 500" che, in pochi mesi, aveva raccolto circa 1,5 milioni di allestimenti realizzati dai possibili acquirenti.
Proprio analizzando gli allestimenti e le esperienze online degli utenti, si è riusciti a comprendere come, ad esempio, i colori pastello inizialmente progettati per il lancio non fossero graditi, modificando di conseguenza la produzione. Grazie ai riscontri ottenuti si è anche deciso di posizionare più "in alto" la 500, facendone lievitare anche il costo base.

Risultati

Vendite: in meno di due mesi dal lancio di Fiat 500, più di 70 mila ordini di acquisto.
Time to market: 18 mesi dalle specifiche di prodotto al lancio di mercato.
Fiducia – come per 500x500: un ordine ogni 40 secondi, sebbene il prezzo, prodotto e caratteristiche finali e le sue performance fossero sconosciuti.

e dalle attitudini che questi forma verso il prodotto, questo valore si traduce nella creazione di un'intera esperienza di consumo che inizia dalla fase di consapevolezza del prodotto e della marca, continua in tutti i successivi punti di contatto con il prodotto e termina con l'utilizzo del prodotto e il servizio di assistenza post-acquisto.
La rete, in tutte le sue articolazioni, interviene ormai in maniera pervasiva nella fase di ricerca delle informazioni (▸ Capitolo 5), riuscendo a integrare tutte le diverse tipologie di fonti: da quelle tipicamente classificate come "commerciali" a quelle definibili come "interpersonali". Tale influenza si espande poi alle fasi valutative pre-acquisto, grazie agli strumenti di comparazione (motori di ricerca e agenti intelligenti in grado di ricercare e comparare informazioni su Internet secondo i parametri dati dall'utente, o di controllare un sito web e avere una notifica quando quest'ultimo viene aggiornato) e alla "conoscenza sociale" che si sviluppa nella rete (social network, comunità virtuali, forum di discussione, blog), arrivando a interessare la stessa fase di acquisto, che, per un numero crescente di categorie di prodotto, può svolgersi interamente online. I nuovi ambienti digitali infine esercitano la propria influenza anche nelle fasi del post-acquisto, fornendo un potente supporto informativo per le attività di utilizzo/consumo, ma anche condizionando la formazione degli stati di soddisfazione/insoddisfazione da parte del consumatore (▸ Capitolo 21).
Internet e le tecnologie digitali possono incrementare i benefici offerti ai clienti e nello stesso tempo consentire un risparmio dei costi per l'azienda. Il presente capitolo esplora il ruolo delle tecnologie digitali nella proposizione di valore online.

16.2 La definizione del contenuto: i benefici del prodotto online

Con lo sviluppo delle tecnologie digitali (▸ Capitolo 3) emergono nel consumatore una nuova serie di benefici desiderati (che si affiancano a quelli tradizionali

legati più strettamente al prodotto) che le aziende devono considerare per conquistare una chiara collocazione nel sistema di percezioni del cliente, con riferimento all'offerta informativa e commerciale complessiva.
Gli utenti online sono maggiormente attenti ad attributi intangibili d'offerta quali:
1. un'efficiente navigazione web;
2. la velocità di download;
3. una chiara organizzazione del sito;
4. il design del sito attrattivo e utile;
5. la sicurezza nelle transazioni online;
6. la difesa della propria privacy;
7. la libertà di accesso alle informazioni o servizi;
8. la navigazione facile e intuitiva.

La strategia di contenuto online, attraverso la quale l'azienda comunica il posizionamento che intende perseguire, deve perciò considerare attentamente questi bisogni degli utenti. Le opportunità e i benefici offerti dalle tecnologie digitali continuano a espandersi aprendo delle nuove, e oggi ancora sconosciute, opportunità per i marketer. Si pensi, a riguardo, allo sviluppo della TV digitale, connessa e interattiva, che offre la possibilità di interagire con il brand in modo personalizzato (pubblicità interattiva); o la cosiddetta social TV, che consente di condividere l'esperienza televisiva con la propria rete sociale e con le fanpage dei brand. Particolare rilevanza assumono inoltre l'ubiquità (ossia la possibilità di accedere ovunque al contenuto online) offerta dalle tecnologie mobili e le nuove forme d'interazione con il brand attraverso i social media (brand page). Per capitalizzare su queste opportunità, che appaiono ancora non perfettamente definite, ma certo in crescita, le aziende che intendono avvalersi delle tecnologie digitali (web, TV, mobile, social media) nella propria strategia di marketing devono innanzitutto definire l'insieme di benefici di prodotto che consentono di soddisfare i nuovi bisogni dei clienti target.

16.2.1 Gli attributi del prodotto online

Il product concept può anche essere rappresentato come un insieme finito di "attributi", dal cui complesso derivano le prestazioni – e dunque il valore – del prodotto. L'acquirente ricerca nel prodotto una varietà di attributi che ne determinano l'utilità complessiva. Secondo questa impostazione teorica, un attributo rappresenta una proprietà di un prodotto (p.e. il nome, l'immagine, il colore). Qualora l'offerta venga presentata attraverso le tecnologie digitali, occorre considerare che altri attributi entrano a far parte integrante della proposizione di valore percepita dall'utente.
Caratteristiche legate all'utilizzo delle tecnologie digitali quali, ad esempio, la velocità del servizio online (nella richiesta d'informazioni, ordine di acquisto, track della spedizione) o la possibilità di personalizzare la scelta sono attributi intrinseci del prodotto online che influenzano la scelta e la collocazione del medesimo nel sistema di percezioni del cliente.
I benefici rappresentano invece tutto ciò che gli attributi fanno per risolvere i problemi o incontrare uno specifico bisogno o necessità dell'utente. In altri termini, secondo questa impostazione teorica di analisi del prodotto, i benefici sono

ciò che gli attributi producono a vantaggio dello user. Ad esempio social network relazionali quali Facebook o MySpace, o professionali quali Xing o LinkedIn, comprendono numerose pagine di profili web (attributi) che aiutano gli utenti a connettersi online con vecchi e nuovi amici, o vecchi e nuovi colleghi, in modo semplice, intuitivo ed efficace (benefici). I benefici di prodotto rappresentano le componenti chiavi della proposizione di valore con cui la product offering viene proposta al target.

Le tecnologie digitali amplificano i benefici offerti al consumatore in numerosi modi, rivoluzionando così le strategie di marketing. Si pensi a riguardo alla categoria dei *prodotti configurabili* che offrono all'utente la possibilità di scegliere all'interno di un set di attributi (colore, forma ecc.) la combinazione preferita, definendo così il proprio prodotto ideale.

La gestione degli attributi online non si limita al caso dei prodotti configurabili, ma permette anche altre forme di personalizzazione dei prodotti online (intesi come beni fisici o servizi). Prodotti tangibili, quali ad esempio i computer, possono essere venduti da soli o in *bundle* con altri prodotti (come stampanti, o mouse

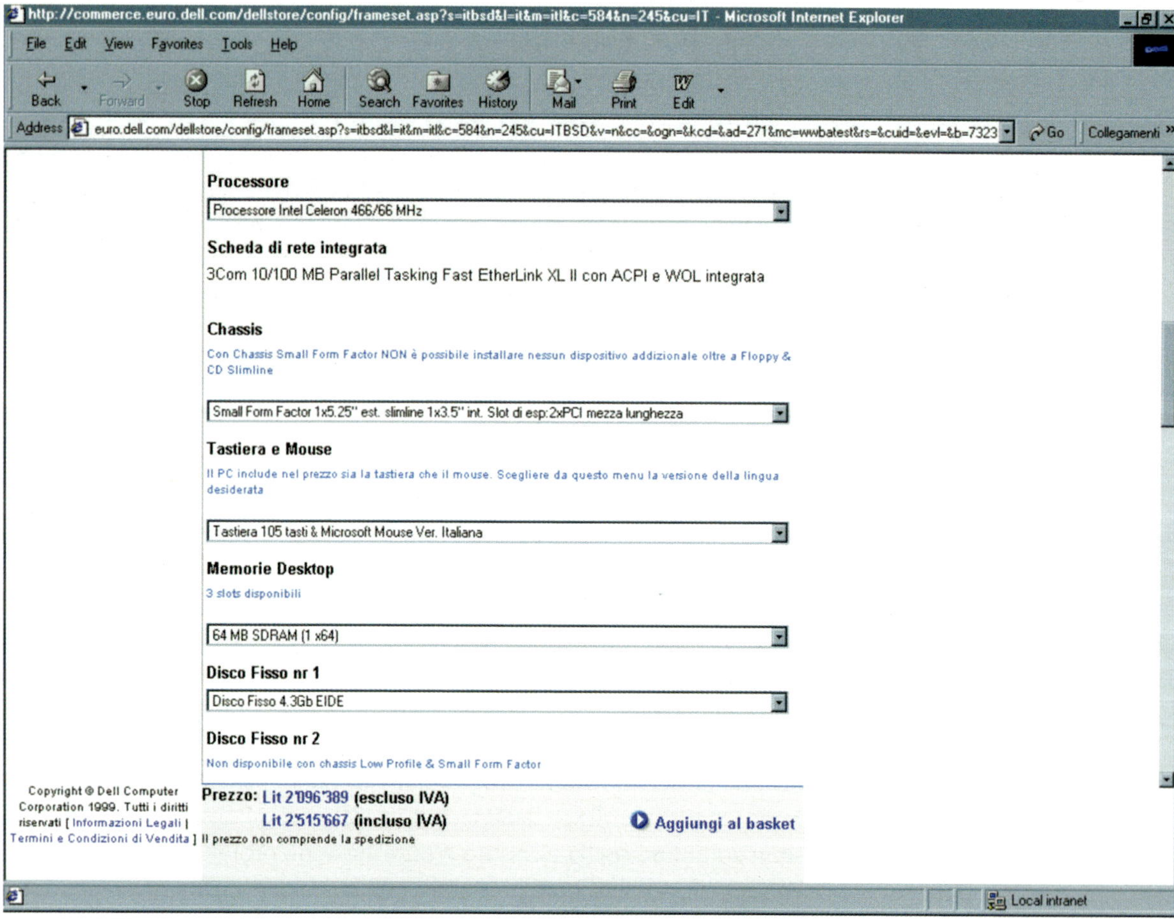

Il negozio online di Dell consente la configurazione del PC ideale attraverso la personalizzazione di una serie di attributi che permettono di definire i benefici del prodotto. La customizzazione della product offering costituisce una delle grandi promesse del web 2.0.

senza fili) beneficiando di vantaggi di prezzo, di garanzia ecc. e offrendo così il soddisfacimento di grappoli di bisogni. Lo stesso vale per i prodotti intangibili: si pensi all'offerta di bundle Sky e Fastweb, che consente con un atto di acquisto unico online di assicurarsi numerose prestazioni di servizio (TV satellitare, telefono, ADSL) a condizioni di vantaggio in termini di price point.

Sebbene questo *bundling* di benefici abbia luogo sia offline sia online, Internet offre agli utenti un'unica opportunità di personalizzare i prodotti automaticamente. Il nuovo cliente dell'offerta Sky-Fastweb può infatti configurare da sé online il proprio pacchetto di canali e servizi accessori. Per fare un altro esempio, Blue Nile, retailer online di gioielli (www.bluenile.com), offre ai clienti la possibilità di scegliere tra numerose caratteristiche di gemme (tipo di pietra, chiarezza e dimensione) e creare un anello personalizzato.

Altre forme di personalizzazione della prestazione desiderata dal cliente vengono realizzate attraverso sistemi di tracking delle informazioni rilasciate dall'utente al momento della registrazione sul sito web, partecipazione a survey o community, e consentono l'identificazione dell'utente e la personalizzazione dell'offerta in linea con gli interessi e preferenze manifestati.

L'agenzia online Travelprice consente al navigatore di costruire il bundle del proprio viaggio, combinando i vari elementi relativi al trasporto, all'ospitalità ecc.

16.2.2 Branding online

La marca, con tutte le sue componenti, svolge notoriamente una funzione di garanzia nel processo di acquisto, come visto nel ▸ Capitolo 12. Nel caso di acquisto online (dove il prodotto non può essere toccato fisicamente) tale ruolo fiduciario appare ancor più rilevante. Amazon, grazie all'ingente investimento in termini d'immagine di marca, è riuscita a creare intorno al suo marchio un'immagine di garanzia che le permette di vendere anche prodotti "look and feel", che richiedono cioè la prova (p.e. abbigliamento) e che quindi sono più difficili da vendere online. Analogamente si riscontra un successo online di operatori che già nel mercato offline hanno saputo sviluppare una forte immagine di marca (Victoria's Secrets,

Look and feel

Metodo di fissazione del prezzo che si fonda sulla determinazione di un ricarico.

Esselunga). Specularmente, la complessità di creare un'immagine di marca dal nulla ha creato non pochi problemi a siti che si proponevano di commercializzare prodotti "look and feel", come evidenziano il caso internazionale di Boo.com e quello italiano di Moda one-to-one. Per branding online s'intende perciò lo sviluppo della brand reputation sulla rete, operato attraverso tutta la strumentazione digitale. Il numero di blog, forum, social network e altri spazi virtuali di discussione, cresce costantemente, ed è inevitabile che parte di questi contenuti digitali facciano riferimento anche ai brand e ai relativi prodotti. Tuttavia se un passaparola positivo può rivelarsi una forma di comunicazione gratuita per un'azienda, la diffusione di opinioni negative o d'informazioni riservate può anche rappresentare un serio rischio per l'immagine stessa del brand. Per questi motivi è di fondamentale importanza che le aziende svolgano costantemente un monitoraggio delle discussioni online, in modo da poter pianificare successive azioni di *branding online* finalizzate al miglioramento della reputazione. Svolgendo questa attività di ricerca (detta anche di "ascolto" della rete) in maniera costante, è possibile:

- costruire un indicatore della reputazione online dell'azienda;
- conoscere il livello di soddisfazione verso le product offering che l'impresa offre sul mercato;
- aumentare la competitività del brand, effettuando anche confronti con le altre aziende del settore;
- pianificare strategie di marketing per aumentare la notorietà del brand;
- reagire in maniera tempestiva ai feedback negativi provenienti dal mercato.

16.2.3 Il coinvolgimento del cliente nella progettazione del prodotto

Se andiamo a guardare al passato dei mercati, anche recente, non possiamo non accorgerci della rilevante discontinuità introdotta dalle tecnologie digitali. Come già discusso nel ▸ Capitolo 3, infatti, la rivoluzione digitale punta alla qualità e alla quantità delle relazioni di mercato tra venditore e compratore, consentendo a quest'ultimo di superare asimmetrie informative, e dandogli un potere sempre crescente. Questo progressivo spostamento del potere dal venditore all'acquirente (*customer empowerment*) rappresenta senza dubbio una grande innovazione con la quale il marketing dovrà fare sempre più spesso i conti. Considerando l'ampiezza del mercato di riferimento (*reach*) realizzabile sulla rete, questo consente la creazione di "ecosistemi di valore" in grado di beneficiare sinergicamente della collaborazione tra azienda e consumatore. Questa espressione vuole identificare uno spazio ideale di contatto e interazione fra le parti dello scambio, reso possibile dal digitale. Si viene a creare, sebbene in modo virtuale, la medesima condizione d'interesse tipica dell'epoca preindustriale, col produttore che opera con il pieno concorso d'idee e sollecitazioni del compratore. I player dell'ecosistema possono creare cluster sinergici per aiutare la creazione del design di prodotto, offrendo in tal modo valore aggiunto al consumatore.

Il cosiddetto *collaborative marketing* si basa sulla partecipazione del cliente alla progettazione del prodotto, permettendogli così di divenire un co-produttore. La personalizzazione dei prodotti entra in tal modo a pieno titolo nelle strategie di marketing effettivamente perseguibili anche su numeri di clienti elevati, perché presenta indubbi vantaggi, tra cui fornire più alternative di acquisto, ridurre il rischio di offrire prodotti che nessuno compra e avere più informazioni sulle preferenze dei clienti. L'approccio one-to-one descritto nel ▸ Capitolo 9, in genere limitato a produzioni artigianali e a molti servizi alla persona, trova perciò una possibilità di applicazione estensiva. È un processo appena agli inizi, ma che promette grandi evoluzioni future.

Esempio

Il Gruppo LEGO, produttore di giocattoli, offre ai consumatori la possibilità di scaricare il software per creare design LEGO virtuali (factory.lego.com). I consumatori possono poi caricare le loro costruzioni e robot nella LEGO gallery online, dove ai prodotti viene assegnato un prezzo ed è possibile effettuare l'ordine.

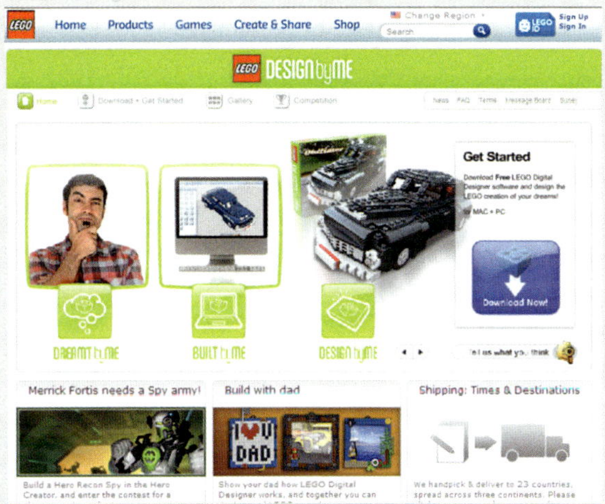

Molti siti stimolano la creazione di contenuto. Amazon offre la possibilità ai lettori di postare delle review dei prodotti, mentre agli autori dei libri offre la possibilità di creare dei blog sullo stesso sito. CNN incoraggia le notizie (breaking news) create direttamente dai cittadini "giornalisti". I blog rappresentano uno strumento comunicativo che consente il co-sviluppo di contenuti web, poiché i bloggers invitano a rilasciare commenti ai loro post incrementando il valore del contenuto per i lettori. Le aziende ricercano i feedback dei consumatori per migliorare i prodotti attraverso la creazione di blog finalizzati a raccogliere le idee e gli stimoli creativi dei clienti. Lo sviluppo di siti che consentono di caricare video e condividere commenti, il rilevante ruolo del word of mouth, la velocità e ampiezza di copertura di Internet e il fatto che i consumatori diano maggiore fiducia ai suggerimenti dei propri simili più che alle aziende, fanno da stimolo alla condivisione di commenti sui punti di forza e debolezza dei prodotti. In tal modo si viene a creare un dibattito, una circolazione di idee, opinioni e pareri online (buzz) grazie al cui monitoraggio le imprese possono cogliere spunti utili all'accrescimento del valore della product offering.

Word of mouth

Il word of mouth online è la trasposizione del passaparola nell'ambiente digitale dove, in relazione alle opportunità di diffusione (anche virale) offerte dalle nuove tecnologie, esso assume una efficacia potenziale straordinaria.

16.3 La definizione della strategia di e-commerce

L'espressione *commercio elettronico* (e-commerce) si riferisce all'insieme delle transazioni per la commercializzazione di beni e servizi tra produttore e consumatore realizzate tramite Internet. Si tratta di un contesto di scambio che non muta nelle strutture di fondo, esaminate nel ▸ Capitolo 1, ma le cui dinamiche e peculiarità sono fortemente condizionate dal progresso della tecnologia digitale. L'e-commerce rappresenta la seconda C della formula con cui la rivoluzione digitale, esposta nel ▸ Capitolo 3, contribuisce alla creazione di valore della product offering. In particolare ciò avviene mediante:

- gli infomediari;
- i siti e le app che consentono acquisti online.

L'e-commerce modifica l'ambiente di consumo nel quale lo shopper esperisce il processo d'acquisto, modificandone il comportamento talora in modo significativo. Tale modifica avviene secondo due dimensioni:

1. orizzontale, accrescendo il numero di punti vendita a disposizione e perciò ampliando le possibilità di *accessibility* (▸ Capitolo 9);
2. verticale, approfondendo le possibilità di scelta effettiva d'acquisto, arricchendole di contenuti di personalizzazione del servizio commerciale e perciò ampliando le fonti di *appeal* (▸ Capitolo 9) della product offering.

16.3.1 Il ruolo degli infomediari

Il trasferimento di prodotti e servizi dal produttore al consumatore finale richiede, come visto nel ▸ Capitolo 14, lo svolgimento di due funzioni fondamentali:

- logistica, ovvero lo spostamento fisico delle merci;
- informativa, ovvero lo scambio di conoscenza tra le parti.

Le ICT permettono di separare i flussi informativi da quelli logistici, rendendo autonoma l'intermediazione informativa da quella logistica. In pratica le due funzioni sono svolte, nel commercio tradizionale, dallo stesso operatore (figura 16.1). La complessità del processo di raccolta, gestione e comunicazione di informazioni sulla rete porta, nella maggior parte dei casi, alla nascita di nuovi operatori specia-

Figura 16.1

Il superamento del trade off tra reach e reachness.

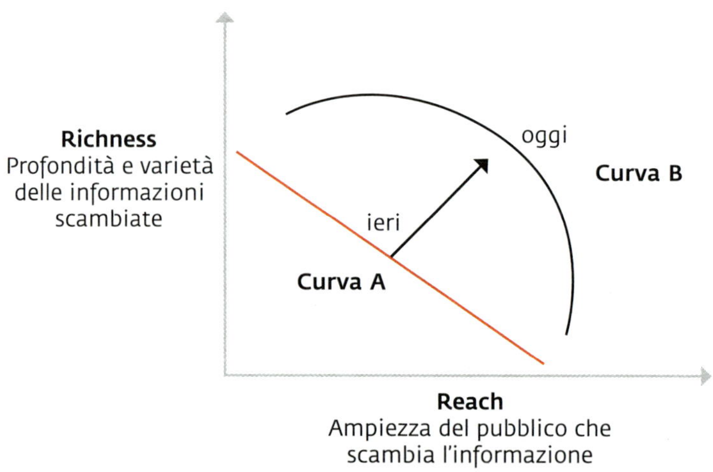

lizzati nel suo svolgimento, gli *infomediari* (▸ Focus "Le tipologie di infomediari"). Tali operatori si affiancano ai tradizionali intermediari e gestiscono l'informazione alla base del processo di acquisto del prodotto e servizio, agevolando in tal modo lo scambio e aumentando contemporaneamente:

- il numero massimo di contatti raggiungibili (reach);
- la profondità e ricchezza dell'informazione nelle product offering (richness);
- le relazioni con i clienti.

L'infomediario aggiunge un valore molto ricco alla product offering del produttore, conferendo alla sua forza competitiva i seguenti vantaggi.

- Maggiore *awareness*: grazie alla più elevata reach, espande la base di potenziali clienti, rendendo loro nota la product offering.
- Maggiore *accessibility*: grazie alla separazione tra flussi logistici e informativi, consente di facilitare l'accesso a target più estesi.
- Maggiore *appeal*: grazie alla più elevata richness, consente al target di apprezzare al massimo la proposta di valore che la product offering gli offre.

Le nuove competenze di marketing che l'infomediario deve sviluppare sono perciò le seguenti.

- Agevolare la richiesta e raccolta di informazioni (*search*): ciò avviene sia rendendo user-friendly le interfacce, sia avvalendosi delle numerose possibilità tecniche disponibili.

Focus Le tipologie di infomediari

Gli infomediari dell'economia digitale possono essere classificati nelle tipologie seguenti.

1. *Service provider*: sono le porte di accesso tecnologico al mondo virtuale. Svolgono la funzione di connessione della tecnologia locale del consumatore con quella della rete. Nel caso di Internet, prendono il nome di "Internet service provider".
2. *Portali orizzontali*: sono le porte di accesso informativo e detengono le informazioni per dirigere gli utenti su specifici indirizzi. Originariamente erano semplici motori di ricerca, mentre poi hanno acquisito la veste di generatori di specifiche informazioni. Alcuni esempi sono Yahoo, Google, Virgilio.
3. *Portali verticali*: il loro vantaggio competitivo è rappresentato dalla profondità dei contenuti (richness) e dal consolidamento delle relazioni nel tempo per poter successivamente ampliare l'offerta dei servizi (affiliation). I portali verticali si differenziano tra di loro secondo le aree tematiche (p.e. Ivillage.com, Farmacia.it), le applicazioni tecnologiche (p.e. Mp3.com); l'ambito geografico di riferimento (p.e. Virgilio.it).
4. *Virtual marketplace*: sono mercati virtuali che consentono l'incontro tra domanda e offerta. Svolgono una funzione di aggregazione degli operatori.
5. *E-tailer*: i retailer del mondo online vengono anche chiamati e-tailer. Gli e-tailer godono di un vantaggio rispetto ai competitor tradizionali sotto il profilo della reach. Possono inoltre godere di un vantaggio con riferimento alle informazioni di tipo consumer-specific. Alcuni esempi sono Amazon, Dell, Esselunga.
6. *Auctioner*: le aste, o auction, sono volte a mettere in competizione tra loro più clienti e/o più fornitori. La *forward auction*, o asta classica, si svolge tra più acquirenti (meccanismo di demand aggregation), mentre la *reverse auction*, o asta inversa, coinvolge più fornitori.
7. *Comunità virtuali*: sono aggregazioni sociali che emergono nel cyberspazio quando un gruppo di persone sviluppa delle discussioni pubbliche su temi di interesse, creando reti di relazioni personali. Si possono distinguere diverse tipologie di comunità virtuali: comunità virtuali di consumatori (parentplace.com), imprese come comunità (p.e. progetti innovativi di knowledge management), comunità professionali online (p.e. professionalità emergenti nell'ambito delle nuove tecnologie, come Aquanet), comunità verticali settoriali (p.e. i nuovi distretti industriali telematici).

- La profilatura dei clienti (*profiling*): si tratta, come meglio si vedrà nel ▸ Capitolo 21, di un'operazione tecnica che consente delle segmentazioni a posteriori dei contatti online, utili al fine di predisporre product offering ad hoc.
- Alimentare le relazioni (*Customer Relationship Management*).

Gli infomediari possono essere classificati in due principali categorie: i) *pure player* che operano esclusivamente sulla rete; ii) *click and mortar* che uniscono il mercato fisico tradizionale a quello virtuale.

16.3.2 Tipologie di commercio elettronico

Una prima distinzione dei modelli di e-business riguarda se il modello è esclusivamente online (pure-play model) o se rappresenta un estensione del canale offline (click-and-mortar model). Distinguiamo inoltre diversi tipi di commercio elettronico a seconda della modalità di transazione (figura 16.2).

- Business-to-business (B2B): si riferisce al commercio elettronico tra imprese (p.e. Alibaba, Globalsources o Tradekey).
- Business-to-consumer (B2C): si riferisce alla vendita e acquisto di beni e servizi attraverso il web. Le parti della transazione sono solitamente un rivenditore web e un individuo (un cliente web). Questa modalità rappresenta una forma di commercio al dettaglio (attraverso negozi online).
- Consumer-to-business (C2B): nel commercio elettronico è una forma di commercio particolare in cui sono i consumatori stessi a offrire un determinato prezzo per un determinato bene/servizio, saranno poi le aziende a poter accettare o meno l'offerta, il tutto attraverso appositi siti intermediari che hanno il compito di smistare le offerte dei potenziali clienti alle varie aziende.
- Consumer-to-consumer (C2C): si riferisce a transazioni online di beni e servizi tra individui. Le parti sono entrambi consumatori (persone fisiche). Tra gli esempi rientrano i siti di aste (p.e. eBay).

Figura 16.2

Le tipologie di commercio elettronico in funzione di input e output della relazione.

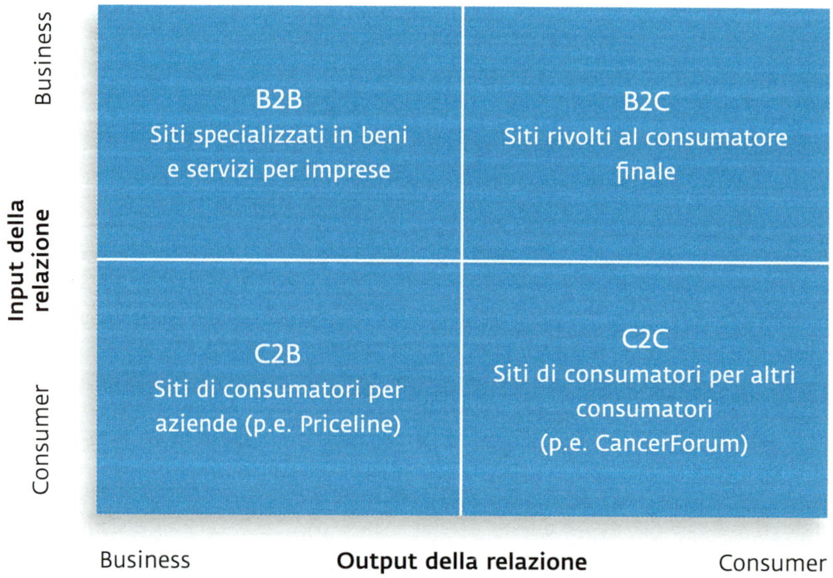

S'individuano poi altre modalità di commercio elettronico.

- Business-to-employee (B2E): si riferisce alla creazione di una rete intra-business che permette alle aziende di fornire prodotti e/o servizi ai propri dipendenti (p.e. richieste di fornitura online, offerte speciali per i dipendenti).
- G2X-X2G: riguarda le transazioni in cui partecipa il governo e le sue istituzioni, e includono i pagamenti online, il pagamento delle bollette, rinnovo patenti ecc. Questa categoria può essere declinata in:
  - business-to-government (B2G);
  - citizen/consumer-to-government (C2G);
  - government-to-citizen (G2C);
  - government-to-government (G2G);
  - government-to-employee (G2E);
  - government-to-business (G2B).
- Un'evoluzione dell'e-commerce tradizionale è rappresentata dal mobile commerce (m-commerce) che si avvale di dispositivi mobili (p.e. un telefono cellulare, un PDA, smartphone o altri dispositivi mobili emergenti) per lo svolgimento della transazione di acquisto e persino per il pagamento, grazie alle tecnologie Near Field Communication (NFC).

16.4 Pricing online

La C di commerce trova nella variabile prezzo un fondamentale strumento di supporto. Il contributo del pricing online è infatti soprattutto per il venditore che, grazie alla tracciabilità e riconoscibilità del cliente, ha la possibilità di operare scelte di discriminazione del prezzo, nonché di trasferire al consumatore parte dei risparmi guadagnati grazie alla digitalizzazione. Il compratore, di contro, può ridurre anche significativamente le proprie carenze informative d'acquisto, usando la rete per raccogliere informazioni e comparare prezzi. Le tecnologie digitali semplificano la strategia di pricing online in quanto i venditori hanno la possibilità di cambiare istantaneamente i prezzi, o adeguarli al profilo e/o al comportamento previsto del cliente.

Naturalmente è opportuno ricordare che le imprese che adottano un sistema distributivo multicanale devono considerare le variazioni di costo per ogni canale e le diverse percezioni di valore degli acquirenti, comparando l'acquisto online rispetto a quello nel punto vendita. Sebbene tutte le tradizionali strategie di pricing già illustrate nel ▸ Capitolo 15 siano, in linea di principio, applicabili anche online, ci focalizziamo di seguito su due principali strategie: fixed pricing e dynamic pricing.

16.4.1 Fixed pricing

Con la strategia fixed pricing il venditore definisce in modo omogeneo il prezzo per ogni acquirente. Le due principali strategie di fixed pricing online sono denominate *price leadership* e *promotional pricing*.

- *Price leadership*: il price leader è il prezzo più basso d'ingresso in una particolare categoria. Sia online sia offline, Walmart è price leader definendo il prezzo considerato come riferimento dagli altri retailer. Per implementare questa strategia i concorrenti devono minimizzare i costi attraverso efficienze di costo spesso ottenute grazie al web marketing. Solitamente i produttori di maggiori dimensioni sono price leader grazie alle economie di scala che riescono a ottenere. Su Internet, Buy.com è price leader in numerose categorie, vendendo molti item sottocosto e recuperando le perdite attraverso la vendita di pubblicità sul sito.
- *Promotional pricing*: molti retailer online definiscono prezzi promozionali per incoraggiare il primo acquisto, o la ripetizione di acquisto, o chiudere i saldi.

16.4.2 Dynamic pricing

La strategia di dynamic pricing si basa sulla definizione di diversi prezzi per diversi consumatori. Essa è motivata dalle seguenti ragioni:

- prezzi differenziati a seconda delle circostanze nelle quali uno stesso prodotto viene acquistato (tipicamente più bassi in prossimità della scadenza per tutti i beni a elevata deperibilità);
- rapido aggiornamento dei prezzi al variare delle condizioni di produzione (p.e. le compagnie aeree abbassano i prezzi quando il traffico è minore).

Si contano due tipologie di dynamic pricing.

1. *Segmentazione di prezzo*: utilizza le proprietà di Internet per una customizzazione di massa differenziando i prezzi sulla base della dimensione dell'ordine e tempi, livelli di domanda e offerta e altri fattori di decisione. Con una segmentazione di prezzo online l'impresa utilizza regole di decisioni per definire i livelli di prezzo per segmenti di consumatori così come per un singolo individuo (p.e. a ogni persona che prenota un volo entro sette giorni dalla partenza viene applicato il prezzo pieno senza alcuno sconto). La segmentazione del prezzo a livello individuale è più semplice online, grazie a software sofisticati e ampi database che permettono alle imprese di definire le regole ed effettuare cambiamenti di prezzo in tempi veloci. Utilizzando cookie files, i venditori online riconoscono l'utente e sono in grado di personalizzare offerte e prezzi per motivare le transazioni (raccomandazioni personalizzate offerte da Amazon). La segmentazione di prezzo può essere efficace quando il mercato è segmentabile, e i diversi prezzi riflettono reali differenze nelle percezioni del valore del prodotto da parte dello specifico segmento. È inoltre appropriato quando il costo della segmentazione e il relativo pricing non eccedono i ricavi extra ottenibili da differenze di prezzo.
2. *Negoziazione dei prezzi* e auction: il prezzo è definito in più fasi successive, caratterizzate da conseguenti trattazioni. Nei mercati C2C la fiducia tra consumatori e tra venditori è un elemento critico, dato che le transazioni avvengono tra soggetti che non si conoscono. Per assistere i clienti, eBay utilizza un sistema di rating dei venditori basato sulle valutazioni assegnate dagli utenti stessi.

Cookie

In informatica, il termine cookie, letteralmente "biscotto", indica stringhe di testo di piccola dimensione che vengono utilizzate per eseguire delle autenticazioni automatiche o memorizzazione di informazioni specifiche riguardanti gli utenti che accedono a un server.

Auction

Una auction, o asta, è un processo che prevede la vendita/acquisto di un prodotto attraverso un sistema di offerte, con l'assegnazione al miglior offerente.

16.5 La gestione della community

Le terza C che delinea gli elementi del marketing mix digitale riguarda agli aspetti legati alla gestione della community che si può creare online attraverso una serie di strumenti di comunicazione digitale (che verranno approfonditi nel ▸ Capitolo 18) quali forum, blog presenti nel sito web, o attraverso una presenza sui social media (brand page, location based social networks).
Come vedremo di seguito, una opportuna gestione della community può farne una risorsa di rilevanza economica.
Distinguiamo quattro principali tipologie di comunità.

1. Comunità virtuali di consumo: individui accomunati da medesimi interessi e orientati a condividere le rispettive esperienze di acquisto.
2. Imprese come comunità: prevalentemente basate su reti Intranet, volte a favorire scambio di conoscenze per ottimizzare i processi (p.e. progetti innovativi di knowledge management).
3. Comunità professionali online: volte ad accogliere individui con competenze specifiche nell'ambito di un determinato settore (p.e. professionalità emergenti nell'ambito delle nuove tecnologie).
4. Comunità verticali settoriali: distretti industriali online volti a consentire più efficienti modalità di comunicazione tra aziende appartenenti al medesimo settore (p.e. i nuovi distretti industriali telematici).

Knowledge management
L'nsieme di strategie e metodi volti a identificare, raccogliere, sviluppare, conservare e rendere accessibile la conoscenza delle persone che fanno parte di un'organizzazione.

In questo paragrafo ci focalizziamo sulle *comunità virtuali di consumo*, che consentono all'impresa di conoscere sempre più a fondo le esigenze dei propri consumatori. Distinguiamo a riguardo quattro principali tipologie.

1. *Comunità a supporto dei processi di transazione*: agevolano le operazioni di commercio elettronico, ovvero facilitano le attività di acquisto e vendita di prodotti e servizi, così come il trasferimento delle informazioni ed esperienze di acquisto (p.e. Ciao.com).
2. *Comunità di interesse*: aggregazioni di individui volti ad approfondire tematiche comuni, scambiarsi informazioni su argomenti specifici e aggiornarsi e costantemente arricchire le rispettive conoscenze (p.e. Experts-exchange, Yahoo groups, Google+).
3. *Comunità di fantasia*: gravitano, fondamentalemente, nell'area dell'entertainment, e sono determinate dalla volontà dei partecipanti di creare nuovi ambienti e storie, di assumere un'identità virtuale e di continuare ad alimentarla nel tempo (p.e. Secondlife).
4. *Comunità di Relazione*: volte a creare un tessuto d'interazioni con altri utenti della rete attraverso la condivisione di esperienze e la creazione di forti legami sociali (p.e. Englishtown).

Le funzioni fondamentali di una comunità virtuale di consumo dal punto di vista dell'impresa si riconducono almeno a quattro.

1. Aggregazione della domanda su scala globale: la possibilità di ampliare il mercato potenziale superando i confini territoriali e facendo leva sulla dimensione sociale.

2. Analisi del mercato: comprendere sempre più a fondo le esigenze dei consumatori attraverso l'analisi dei commenti e suggerimenti scambiati online.
3. Ridefinizione e intensificazione dei flussi di comunicazione tra i consumatori, che consentono di fare leva sull'esperienza di community e social per incrementare l'engagement dell'utente con il brand.
4. Catalisi dei processi di innovazione: stimolando la fase di generazione e selezione delle idee.

È dunque il bilanciamento della componente informativa e della componente relazionale-emotiva a trasformare le comunità virtuali in dispositivi di apprendimento delle esigenze dei consumatori e delle tendenze di mercato. Esse consentono inoltre di generare un modello di innovazione centrato su una logica di tipo collaborativo (p.e. Barilla con "Nel Mulino che vorrei", Ducati, Alfa Romeo).

Esempio

Threadless è una piattaforma dedicata per *creare T-shirt online* dove si possono inviare e votare i design delle T-shirt. Come recita la fanpage italiana: "Threadless è un sito basato sul concetto di community che produce e stampa T-Shirt create e scelte da te".

Tutti i design stampati su Threadless vengono *votati e scelti dalla community*. Gli utenti presentano i propri lavori, che vengono poi votati dalle altre persone entro un periodo massimo di sette giorni. Passati i sette giorni, il design riceve un punteggio da 0 a 5, che viene utilizzato come indicatore per decidere cosa inserire in catalogo.

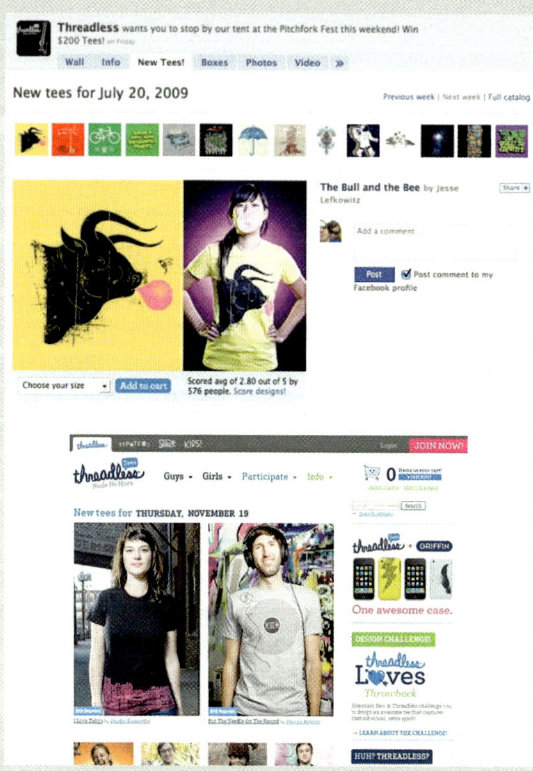

Case History — Nike

Nike nasce nel 1967 negli USA ad opera di Bill Bowerman (allenatore della Oregon University) e Phil Knight (studente della facoltà di economia della stessa università) i quali crearono un marchio per l'importazione di scarpe sportive dal Giappone. I fondatori scelsero il nome Nike, la dea della vittoria secondo le mitologia greca. L'azienda oggi è la più importante impresa al mondo nel settore sportsware, con un fatturato che nel 2012 supera i 24 miliardi di dollari (+ 16% dall'anno precedente), ed una redditività straordinaria.

L'azienda investe cospicue risorse nell'ambiente digitale e ha realizzato un posizionamento online di elevato profilo su tutte e tre le dimensioni rilevanti: Contenuto, Commerce e Community (www.nike.com/it).

Nike è particolarmente attenta all'interazione con i consumatori e ha sviluppato una interessante applicazione per il loro coinvolgimento nella configurazione del prodotto.

Il sito di *Nike* consente di creare il proprio paio di scarpe personalizzate partendo da una cifra base di 70 euro e scegliendo tra più di 120 modelli proposti. Le collezioni Nike disponibili per la personalizzazione sono: Shox, Air Max, Nike+ e Sportswear di cui si possono scegliere materiali, colori dei lacci, del rivestimento esterno, della tomaia, della suola, in pratica di tutte le parti che compongo la scarpa. Anche lo swoosh (la virgola simbolo della Nike) è personalizzabile, e si può pure aggiungere un codice, una sigla, un nome sul tallone o sul dorso per rendere ancora più unico il proprio modello di sneakers.

TeamLOCKER è una sezione di NIKEiD pensata per le squadre. Consente ai team di creare e personalizzare insieme l'abbigliamento che desiderano indossare per l'intera stagione, votando i migliori progetti personalizzati e acquistando in gruppo.

Per la consegna occorrono quattro settimane. Non appena si effettua l'ordine, esso è inviato a uno degli stabilimenti di produzione. Il nuovo prodotto disegnato viene poi programmato, i materiali preparati e poi assemblati. La qualità e la corrispondenza sono controllate durante tutto il procedimento. A questo punto, il prodotto viene confezionato per esser poi spedito direttamente presso l'abitazione del cliente.

Conclusioni

I caratteri distintivi dei nuovi ambienti digitali, caratterizzati da una valenza sempre più sociale e accessibili simultaneamente attraverso diversi terminali di accesso (PC, terminali mobili e TV digitale), generano importanti influenze sul valore prodotto per il consumatore. Dal punto di vista manageriale, la pervasività dell'ambiente digitale rispetto ai processi decisionali dei consumatori, richiede non solo una chiara comprensione degli strumenti, ma anche la capacità di utilizzarli in modo integrato e complementare con quelli più tradizionali che, pure, sopravvivono e – in alcuni casi – derivano nuova linfa vitale proprio dal web.

Sono numerose le implicazioni manageriali che le nuove tecnologie digitali aprono al business. In primo luogo si assiste alla sempre maggiore importanza dell'utilizzo di nuove modalità comunicative per la diffusione della proposizione di valore online. Il coinvolgimento del consumatore rappresenta una delle principali leve per una strategia di e-marketing di successo, che si riflette nella possibilità di personalizzare il prodotto scelto ma anche in una relazione con il brand più coinvolgente.

Emergono, inoltre, nuove modalità di transazione che facilitano il pagamento e la fase di acquisto, garantendo la privacy e sicurezza dei dati personali (si pensi alle tecnologie Near Field Communication emergenti nel mobile).

Cambia la strategia di marketing ma soprattutto emergono nuovi ecosistemi del valore, nei quali diversi player (imprese, consumatori e partner informativi, produttivi, finanziari, commerciali e logistici) collaborano per la creazione del valore che si riverbera nell'esperienza di acquisto online del consumatore.

Parte V Diffusione e gestione del valore

La product offering è il cuore dell'offerta di mercato dell'impresa.
In essa convergono tutti gli sforzi dell'impresa per ideare, definire e comporre un sistema di offerta che abbia valore per il cliente e sia in grado di affermarsi sulla concorrenza. La product offering, tuttavia, rimane al rango di mera potenzialità, se non attivata da specifici investimenti che le consentono di "esistere" sul mercato.
L'uomo della strada assegna alla comunicazione di marketing, e in quest'ambito alla pubblicità, il ruolo di "regina" delle attività in questione, se non altro per la sua naturale evidenza e preponderante presenza nella vita quotidiana di tutti noi. In verità, tuttavia, un utilizzo anche eccellente degli strumenti di comunicazione poco produrrebbe in termini di mercato, se non parallelamente accompagnato da un adeguato investimento relazionale con i clienti e il trade. È, in sostanza, il sinergico comporsi degli sforzi dell'impresa in tutte le attività operative del marketing a produrre il risultato di vendite durature e crescenti nel tempo, di una fidelizzazione della clientela acquisita e di un successo costante nell'accrescimento della base clienti.
Questa importante sezione del manuale si apre con due capitoli dedicati, in ossequio alla tradizione didattica anglosassone, alla comunicazione, e in particolare a quella di marketing. A nessuno sfugge che l'agire comunicativo dell'impresa è ormai, in piena rivoluzione digitale, assolutamente pervasivo. Nel tempo, infatti, quello che era un sapere squisitamente tecnico e riservato ai professionisti della comunicazione si è esteso, applicandosi a fatti e contesti del tutto differenti dalla "semplice" comunicazione commerciale.
La partita, tuttavia, si gioca il più delle volte nei punti vendita: reali o elettronici che siano, essi rappresentano il luogo di formazione delle conoscenze dello shopper, lo spazio di esercizio del suo potere e di espressione della sua libertà. La rete commerciale e il suo efficiente funzionamento rappresentano la condizione strutturale perché le imprese possano offrire le loro product offering consumatori distribuiti sul territorio e tendenzialmente poco propensi alla mobilità commerciale. Le imprese si devono avvalere comunque di uno staff di tecnici di vendita (*sales force*) che assicuri un costante presidio commerciale del territorio, funga da sensore di mercato e contribuisca a consolidare le relazioni coi rivenditori e i clienti.
La Parte V si chiude con quella competenza fondamentale del marketer che, in ordine di tempo, è la più recente: il management della relazione con la clientela.
Si suggerisce, ai fini di una piena comprensione delle problematiche trattate, di operare una lettura "a sistema" dei due capitoli sulla comunicazione con quello sul brand (Capitolo 13), di quello sul trade marketing con quello sulle scelte distributive (Capitolo 14), di quello sul CRM con quello sul comportamento e segmentazione della domanda (Capitolo 9).
Si suggerisce inoltre di rivedere i capitoli sulla rivoluzione digitale (Capitolo 3) e sul ruolo del digital nella product offering (Capitolo 16).

> La fantasia è un posto dove ci piove dentro.
>
> I. Calvino, *Lezioni americane*, "Visibilità"

Indice della parte

Capitolo 17
Corporate e marketing communication

Capitolo 18
Comunicazione di marketing: gli strumenti

Capitolo 19
Gestione del canale e trade marketing

Capitolo 20
Gestione delle vendite

Capitolo 21
Gestione della relazione con i clienti

17

Corporate e marketing communication

di **Alberto Pastore**

Indice del capitolo

Introduzione

17.1 La comunicazione nell'impresa
- 17.1.1 Il ruolo della comunicazione
- 17.1.2 Le aree della comunicazione d'impresa
- 17.1.3 Tipologie e modelli

17.2 Corporate communication

17.3 Marketing communication
- 17.3.1 Gli effetti della comunicazione di marketing
- 17.3.2 Il marketing communication mix
- 17.3.3 Le tendenze evolutive
- 17.3.4 Media revolution

Conclusioni

Abstract

Il capitolo affronta il tema della comunicazione d'impresa e più in particolare della comunicazione di marketing. Nella prima parte viene illustrato il ruolo strategico assunto dalla comunicazione nel governo dell'impresa e vengono esaminate le aree, gli obiettivi e le modalità attraverso le quali essa prende corpo. Nella seconda parte del capitolo la trattazione si sofferma sulla comunicazione di marketing, secondo la sua più moderna interpretazione di integrated marketing communication, concentrandosi in particolare sulle nuove tendenze, dovute all'innovazione tecnologica, alla rivoluzione dei mezzi e ai cambiamenti nella fruizione degli stessi da parte degli utenti.

Introduzione

Nell'odierna economia, come visto nel ▸ Capitolo 4, l'impresa deve ricercare la massima legittimazione nel suo ambiente di riferimento e deve sviluppare la propria attività di business in piena coerenza con i *desiderata* del mercato cui si rivolge. A questo scopo, le organizzazioni imprenditoriali sono chiamate a gestire una complessa rete di relazioni commerciali e cooperative: con il mercato di riferimento, i business partner, le componenti interne dell'impresa, gli attori sociali, le istituzioni. L'attività dell'impresa dunque è fondata su un continuo interscambio con tutti gli stakeholder, nell'ambito di relazioni avviate e gestite attraverso una ricca e complessa categoria di attività e strumenti che va sotto il nome di "comunicazione".

La comunicazione d'impresa e, al suo interno, la comunicazione di marketing, pertanto, assumono una rilevanza strategica nel governo delle organizzazioni, poiché costituiscono la linfa vitale dei processi relazionali tra l'impresa, l'ambiente esogeno rilevante e competitivo (▸ Capitolo 4) e i suoi interlocutori sociali e di mercato.

Il tema assume un interesse ancora maggiore negli ultimi anni, nei quali, in relazione a spinte innovative di carattere economico, tecnologico e sociologico, lo svolgimento dei processi comunicazionali delle imprese ha subito profonde modificazioni, aprendo nuove opportunità da cogliere e nuove complessità da governare. In particolare, la cosiddetta rivoluzione digitale ha letteralmente stravolto le logiche tradizionali della comunicazione, avviando un cambiamento che è in atto ed è ben lungi dall'essersi concluso.

17.1 La comunicazione nell'impresa

17.1.1 Il ruolo della comunicazione

La comunicazione d'impresa comprende un insieme di attività che nutrono le relazioni biunivoche tra l'impresa e i suoi pubblici interni ed esterni. Si tratta dunque di un processo circolare, sovente interattivo e bidirezionale.

Essa ha l'obiettivo di attivare i contatti, gestire i rapporti, creare e mantenere la fiducia, stimolare la coevoluzione, l'adattamento, la dialettica, la retroazione, ovvero tutto ciò che consente all'impresa di vivere e svilupparsi interagendo con il suo ambiente. La comunicazione consente poi di esercitare strategie di influenza e di condizionamento verso tutti gli stakeholder.

Inoltre, si può affermare che la comunicazione ha la capacità di diffondere e di creare valore (figura 17.1).

Figura 17.1
Diffusione e creazione di valore.

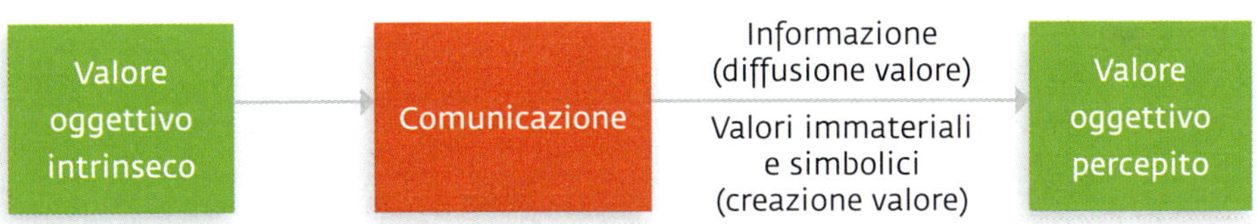

Si consideri che l'impresa nel suo complesso e i suoi output produttivi (product offering) hanno un valore intrinseco, derivante dalle loro caratteristiche oggettive,

funzionali e semantiche, il quale, tuttavia, se non adeguatamente percepito dal pubblico di riferimento, resta una mera potenzialità. Dunque il primo compito della comunicazione è quello di diffondere il valore intrinseco oggettivo di un'impresa o di una product offering.
Inoltre, poiché il pubblico dell'impresa non attribuisce valore esclusivamente agli elementi oggettivi e materiali ma anche agli elementi immateriali e simbolici, ecco che la comunicazione ha la possibilità di creare valore addizionale, contribuendo alla definizione dell'immagine e dunque alla costruzione del brand system.

17.1.2 Le aree della comunicazione d'impresa

Nella realtà dell'impresa, la comunicazione si rivolge a molteplici destinatari, perseguendo una pluralità di obiettivi e assumendo differenti contenuti. In relazione a tali variabili (destinatari, obiettivi, contenuti) la comunicazione d'impresa viene tipicamente articolata in quattro macroaree.

1. La *comunicazione di marketing* rivolta ai clienti attuali e potenziali, intermedi e finali, con l'obiettivo di strutturare e potenziare le relazioni con il mercato nonché di sostenere e diffondere il valore dell'offerta aziendale, evidenziando la sua capacità di soddisfare i bisogni dei target prescelti.
2. La *comunicazione istituzionale*, o *corporate communication* indirizzata a tutti i pubblici dell'impresa, a tutti gli stakeholder, con la finalità di tenere alta la reputazione dell'impresa e di ottenere un atteggiamento favorevole e il consenso da parte dei suoi interlocutori economici, sociali, istituzionali.
3. La *comunicazione economico finanziaria* diretta ai portatori di risorse finanziarie e al sistema finanziario (azionisti, soci, istituti di credito, analisti finanziari, società di rating ecc.), con lo scopo di esplicitare l'affidabilità dell'impresa e la sua capacità di operatore economico in grado di generare stabilmente valore.
4. La *comunicazione organizzativa* o *gestionale* riferita a tutti i soggetti che sono coinvolti direttamente (personale) o indirettamente (fornitori, distributori, collaboratori altamente integrati nei processi) nella gestione dell'impresa, con l'obiettivo di consolidare e diffondere i valori guida e la cultura aziendale, di condividere strategie e obiettivi, acquisire consenso, adesione, motivazione.

L'ampiezza di ambiti applicativi, l'eterogeneità dei pubblici, la varietà di obiettivi perseguiti, evidenziati anche dall'articolazione della comunicazione nelle quattro macroaree, sottolineano la necessità di adottare una strategia di comunicazione capace di rispondere efficacemente alle esigenze di specializzazione e d'integrazione che tale varietà impone. Da una parte, dunque, le imprese devono dotarsi di competenze e tecniche specialistiche e utilizzare canali e messaggi specifici, per poter perseguire in modo efficiente ed efficace particolari obiettivi di comunicazione verso un determinato target. Dall'altra, esse devono assicurare una coerenza di fondo della comunicazione, e dunque, a partire da un substrato valoriale univoco, devono cercare di coordinarne i contenuti, per ottenere un'immagine uniforme e un effetto sinergico volto a massimizzare i risultati complessivi.

17.1.3 Tipologie e modelli

La necessità d'integrazione della comunicazione deriva anche dal fatto che essa può avere sia natura di comunicazione deliberata sia di comunicazione non deliberata. L'agire comunicativo delle imprese può scaturire da una pianificazione ad hoc (comunicazione deliberata), così come può emergere da processi di altra natura (comunicazione non deliberata) (figura 17.2).

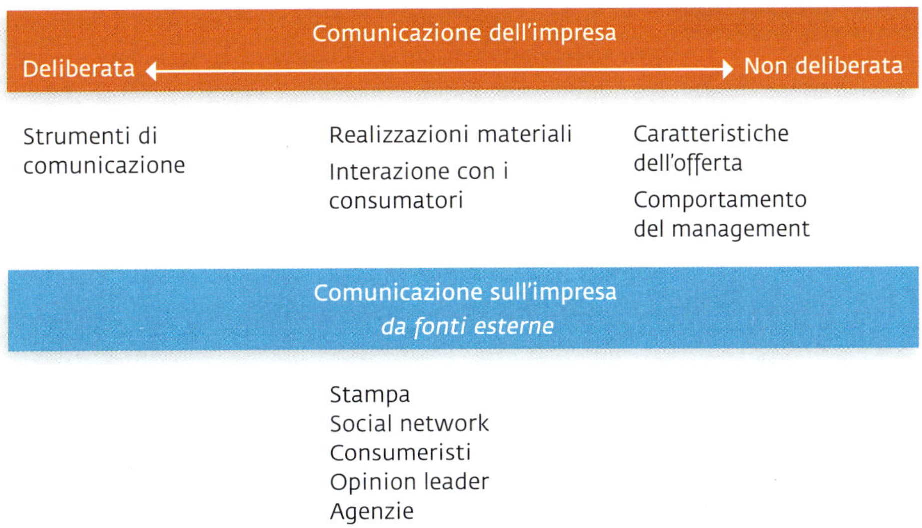

Figura 17.2
La comunicazione dell'impresa e sull'impresa.

La comunicazione deliberata consiste in iniziative pianificate, rivolte a un target definito, con un obiettivo specifico, realizzate attraverso gli strumenti, i mezzi, i veicoli tipici della comunicazione d'impresa (p.e. il sito ufficiale, una campagna pubblicitaria, un comunicato stampa, il bilancio sociale ecc.). L'impresa persegue i suoi obiettivi comunicazionali anzitutto attraverso strategie, politiche, campagne, iniziative di comunicazione deliberata. Tuttavia, l'agire comunicativo dell'impresa comprende anche altre dimensioni, talune con gradienti variabili di pianificazione (l'interazione dei consumatori con la marca e il prodotto, le realizzazioni materiali come impianti, uffici, punti vendita, il design), altre di natura non deliberata, come le caratteristiche dell'offerta (gamma, servizi, innovazione, materiali, tecnologia ecc.) o il comportamento del management e del personale.

Occorre sottolineare, infine, che accanto all'agire comunicativo dell'impresa (comunicazione dell'impresa) si collocano dei flussi informativi provenienti da fonti esterne ma riferiti all'impresa (comunicazione sull'impresa), come gli articoli che sulla stampa si occupano dell'impresa, i dialoghi sull'impresa che si hanno nei social network, le posizioni espresse dai movimenti dei consumatori, le azioni degli opinion leader ecc. Il potenziale d'influenza delle fonti esterne è significativo e crescente, sicché è indispensabile che il management si ponga l'obiettivo di monitorarle e, laddove possibile, di indirizzarle.

Compito del management è di realizzare processi comunicazionali efficienti ed efficaci, riferiti a una matrice valoriale comune, ma focalizzati e specializzati per obiettivi, garantendo la coerenza tra la comunicazione deliberata e quella non deliberata.

Per perseguire questi obiettivi, il manager della comunicazione deve conoscere la modalità attraverso la quale si esplicano i processi comunicazionali. In proposito, si possono identificare tre modelli:

1. modello lineare;
2. modello a due input;
3. modello interattivo.

Il modello lineare è considerato il modello base della comunicazione (figura 17.3). Esso fu ideato negli anni Cinquanta per spiegare il funzionamento degli strumenti di comunicazione a distanza. Nonostante la sua natura meccanicistica, il modello lineare si presta comunque a spiegare i concetti principali del processo di comunicazione.

Figura 17.3

Il processo di comunicazione lineare.

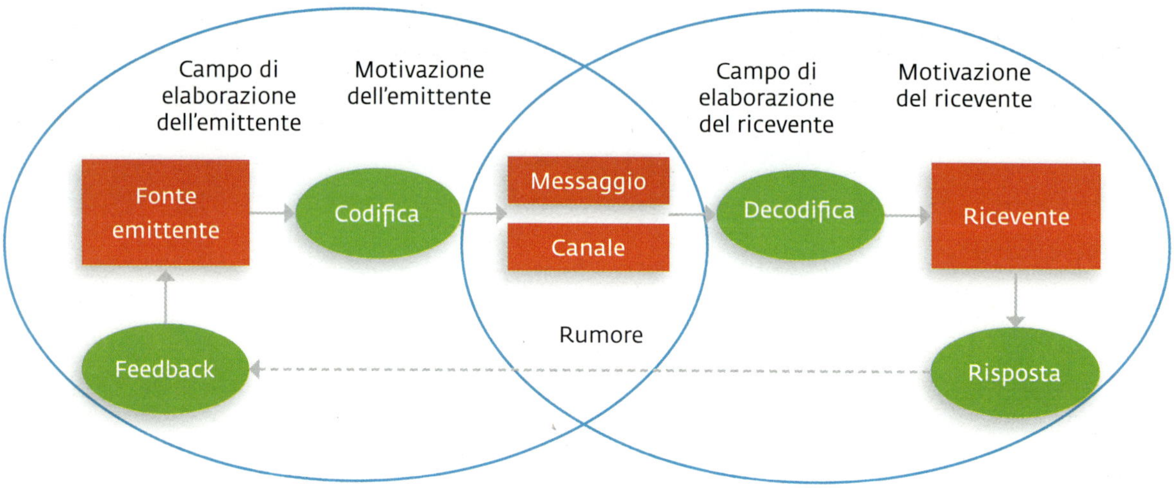

Esso prevede diverse fasi, che si susseguono secondo una sequenza predefinita. Il processo viene attivato da una fonte emittente che ha un obiettivo di comunicazione nei confronti di uno specifico target, costituito da uno o più riceventi. A questo scopo, la fonte codifica un messaggio e sceglie il canale, personale o non personale, attraverso il quale farlo pervenire al destinatario. Il destinatario riceve il messaggio mediante il canale e lo decodifica all'interno del suo campo di elaborazione (valori, conoscenze, esperienze ecc.), attribuendogli un significato. Per questa via, esso genera una risposta, che può essere di tipo cognitivo (p.e. notorietà, immagine) e/o comportamentale (p.e. richiesta di informazioni, visita del punto vendita, acquisto del prodotto). Al termine del processo, la fonte emittente cercherà di misurare la risposta del destinatario, ottenendo il feedback dell'azione comunicazionale attivata.

Il modello lineare viene utilizzato tipicamente nella *mass-communication,* esempio principe della quale è la televisione "tradizionale". Si tratta di un tipo di comunicazione *one-to-many* (una fonte emittente, numerosi destinatari), unidirezionale (non prevede l'interazione), impersonale (mediata da tecnologia), standardizzato (non è possibile la personalizzazione).

Tuttavia, molto spesso i flussi comunicazionali non rispecchiano la semplicità e la monodirezionalità descritta dal modello lineare. Gli individui sono sottoposti contemporaneamente a più input informativi, provenienti anche dall'esterno dell'impresa. Il modello a due input, in particolare, tiene in considerazione l'influenza che determinate categorie di persone possono avere nel processo comunicazionale (figura 17.4). Ci riferiamo a soggetti che hanno un alto interesse e si vedono riconosciute ampie conoscenze e un'alta reputazione sulla tematica considerata (*opinion leader*), oppure a persone che sono coinvolte professionalmente nella stessa (*opinion former*) e che perciò esprimono opinioni ritenute estremamente affidabili. Ad esempio, nel mercato del vino, i sommelier o i recensori delle guide fungono indubitabilmente da influenzatori.

Figura 17.4

Il processo di comunicazione a due input.

La terza tipologia di processo comunicazionale è quella interattiva (figura 17.5). In questo caso, i ruoli di emittente e ricevente si confondono, in un flusso comunicativo bidirezionale che prevede un'interazione circolare. Il processo può essere *one-to-one*, personalizzato, come nel rapporto tra un venditore e un cliente o in un'azione di direct marketing che prevede una risposta a uno stimolo (▸ Capitolo 18), oppure *many-to-many*, con una pluralità di emittenti e riceventi, come nella comunicazione che si svolge in un social network.

Figura 17.5

Il processo di comunicazione interattivo (one-to-one).

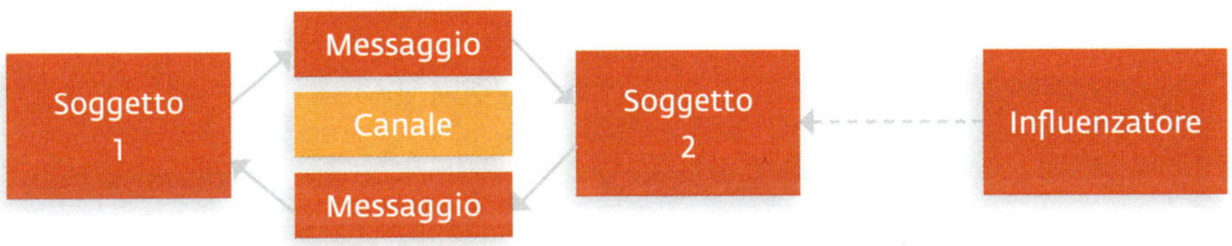

17.2 Corporate communication

Corporate identity

L'insieme di aspetti sulla base dei quali l'impresa vuole essere riconosciuta e che devono qualificare le sue relazioni. Tali elementi riguardano, ad esempio, gli elementi costitutivi, la cultura, i valori.

Corporate image

È la percezione che gli interlocutori dell'impresa hanno maturato riguardo all'essenza dell'impresa stessa, attraverso la corporate communication deliberata, la comunicazione non deliberata e le altre fonti esterne. L'immagine dell'impresa non esiste al suo interno, ma solo presso i soggetti esterni che la percepiscono.

Come abbiamo precedentemente accennato, la *corporate communication*, o comunicazione istituzionale, è la macroarea della comunicazione d'impresa che ha l'obiettivo di trasferire agli stakeholder gli elementi qualificanti della corporate identity, andando a determinare la corporate image e, nel medio termine, a costruire la reputazione dell'impresa, favorendo così la sua legittimazione all'interno dell'ambiente in cui essa opera.

Attraverso la *corporate communication*, dunque, l'impresa esplicita la propria identità, comunica i propri valori e le proprie strategie, costruisce delle relazioni con gli stakeholder (▸ Capitolo 4) basate sul rispetto reciproco, sulla fiducia, sulla cooperazione, sulla condivisione di obiettivi, genera *goodwill*, ovvero un valore immateriale di fiducia e relazionale.

Un efficace governo della comunicazione corporate, dunque, favorisce l'incontro tra l'operato dell'impresa e le aspettative degli stakeholder nel lungo termine (figura 17.6). Si viene così a consolidare la reputazione dell'impresa, che riassume la valutazione sedimentata nel tempo che i suoi portatori d'interessi esprimono in merito alla credibilità delle sue affermazioni, alla qualità dei suoi prodotti e servizi, all'efficienza ed efficacia dei suoi processi, alla rilevanza delle sue relazioni, alla responsabilità delle sue azioni.

Social responsibility

Secondo il libro verde della Commissione europea, è "the responsibility of enterprises for their impacts on society".

Public affairs

Comprendono le attività relazionali (lobbying), rivolte ai pubblici poteri e tese a vedere riconosciuti dagli stessi i legittimi interessi dell'impresa.

È ben evidente come ciò sia un presupposto fondamentale per un più efficace svolgimento di tutti i processi di business dell'impresa e, in particolar modo, come la comunicazione corporate possa favorire il governo delle relazioni con il mercato. Dato l'obiettivo che essa si pone, i contenuti della comunicazione istituzionale sono molto ampi e spaziano dagli elementi fondanti della missione ai valori prioritari, dagli aspetti identitari dell'impresa alla social responsibility, fino ad affrontare temi specifici come i public affairs (o relazioni istituzionali) o la gestione delle crisi. Gli strumenti utilizzati sono prevalentemente quelli delle pubbliche relazioni (rapporti con la stampa, eventi speciali, sponsorizzazioni, bilancio sociale, pubblicazioni aziendali ecc.) e la pubblicità (▸ Capitolo 18).

Evidentemente, la *corporate image* e la *corporate reputation* costituiscono un punto di partenza fondamentale per la *marketing communication*, poiché la costruzione di valore dei brand system deve essere progettata e condotta in un regime di rigorosa coerenza con la *corporate image* e *reputation*.

Figura 17.6

Gli stakeholder dell'impresa.

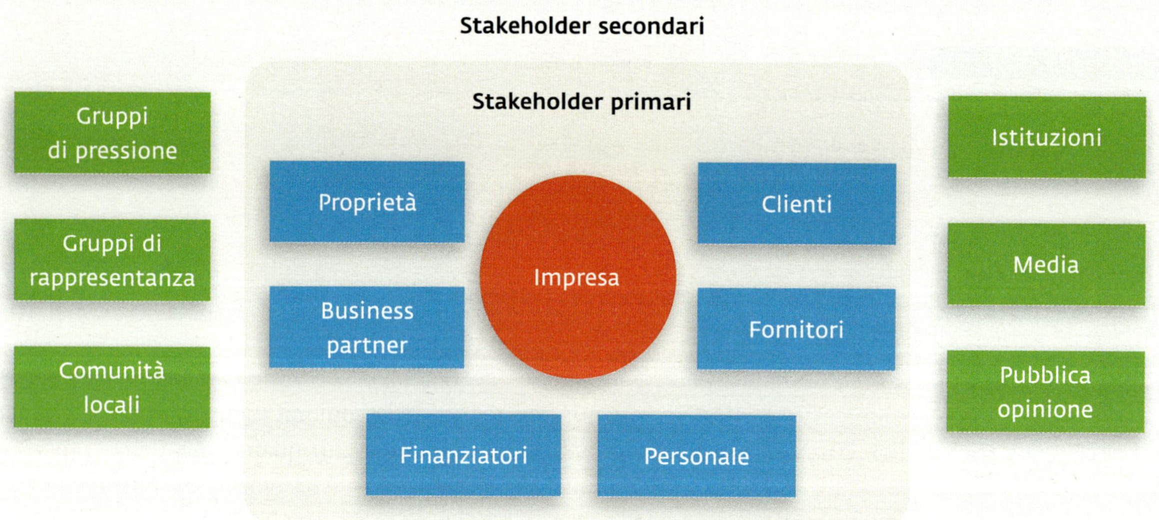

17.3 Marketing communication

17.3.1 Gli effetti della comunicazione di marketing

Come già enunciato, la comunicazione di marketing ha l'obiettivo di attivare e gestire le relazioni con i soggetti che si collocano nel mercato di sbocco, clienti intermedi e finali, attuali e potenziali, intervenendo sulla conoscenza e sulla percezione del valore dell'offerta dell'impresa e favorendo lo sviluppo delle relazioni di scambio in un'ottica di lungo periodo. Più in particolare, gli investimenti in comunicazione di marketing determinano i loro effetti su tre piani distinti: cognitivo, affettivo, comportamentale.

Un esempio di campagna istituzionale: Fastweb. Sempre più spesso i brand e le imprese offrono rappresentazioni di loro stesse che enfatizzano le persone.

1. Sul piano *cognitivo*, la comunicazione di marketing opera fondamentalmente sul grado di notorietà del brand system e sulla conoscenza delle caratteristiche dell'offerta.
2. Sul piano *affettivo*, gli effetti sono più compositi e coinvolgono aspetti sia razionali sia simbolici, emozionali ed esperienziali: la comunicazione determina l'insorgere di atteggiamenti e preferenze, costruisce l'immagine e il posizionamento del brand, attiva valutazioni inerenti al valore atteso e percepito, promuove la consideration, rafforza la qualità della relazione con l'impresa.
3. Da un punto di vista *comportamentale*, gli esiti della comunicazione di marketing si spostano sul piano dell'azione, assumono finalità di stampo persuasivo, e riguardano anzitutto l'influenza sulla decisione d'acquisto e sul comportamento post-acquisto; accanto a queste, vengono perseguite anche risposte comportamentali di tipo intermedio, come la visita a un punto vendita, l'attivazione del passaparola, la richiesta di un catalogo, il rilascio d'informazioni.

Consideration

Una marca è nella *consideration* del potenziale acquirente quando è presente nel set di opzioni d'acquisto che questi considera con riferimento a una determinata categoria di prodotti.

Da un altro punto di vista, possiamo affermare che gli investimenti in comunicazione possono influenzare altresì la conformazione della curva di domanda, determinando due conseguenze tra loro collegate (figura 17.7).

Figura 17.7

Gli effetti della comunicazione sulla curva di domanda.

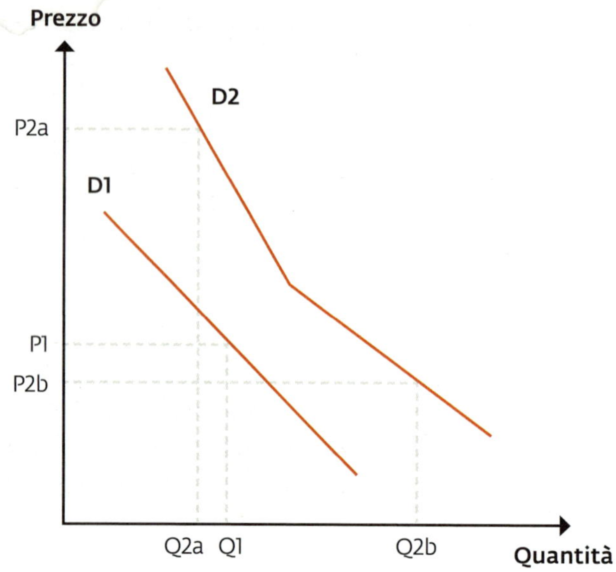

A causa del combinato degli effetti suddetti (cognitivi, affettivi, comportamentali), infatti, la curva di domanda può subire uno spostamento verso destra (da D1 a D2), con maggiori vendite a parità di prezzo, o il mantenimento dei volumi a prezzi superiori. È evidente che questo esito è perseguito nelle cosiddette politiche premium, dove l'investimento sulla brand equity punta proprio all'accrescimento della dotazione di valore semantico (p.e. le griffe di moda).

Inoltre, gli investimenti in comunicazione possono determinare anche un cambiamento dell'elasticità della domanda alle variazioni di prezzo: da una parte, il maggiore livello di *brand image* e di *brand loyalty* ottenuto fa sì che a fronte di un incremento del prezzo la quantità venduta vari in misura inferiore rispetto alla situazione precedente (P2a, Q2a); dall'altra, la maggiore attrattività dell'offerta fa sì che a un decremento di prezzo corrisponda una variazione incrementale del volume di domanda più che proporzionale (P2b, Q2b).

Va sottolineato altresì che a taluni effetti della comunicazione di marketing non corrispondono immediati ritorni di natura commerciale, e conseguentemente economica, il che mette in evidenza le difficoltà di valutazione degli investimenti

Esempio

Coca Cola è una marca che gode di una posizione di leadership assoluta nella sua categoria, la quale in virtù di ingenti e continuativi investimenti in comunicazione ha generato una forte *brand image* e *brand loyalty*. A fronte di un incremento di prezzo, per una marca di questo tipo si attende una riduzione di domanda contenuta, purché naturalmente l'incremento di prezzo si mantenga in un *range* accettabile dal mercato.

La domanda della bevanda "tipo cola" a marca commerciale Carrefour invece è maggiormente dipendente dalle variazioni di prezzo, non disponendo di elevati livelli di *image* e *loyalty*.

in comunicazione e di definizione del budget ottimale. In altri termini, non è possibile calcolare l'effetto diretto degli investimenti in comunicazione sull'andamento delle vendite e dunque stabilire il giusto investimento da realizzare.

In merito a tale problematica, sulla scorta di quanto argomentato nel ▸ Capitolo 10, va considerato ancora che la strategia di comunicazione deve necessariamente essere rivolta contestualmente a obiettivi di risultato intermedi, di tipo comunicazionale in senso stretto, e a obiettivi di risultato finali, di tipo commerciale e economico-finanziario.

Sotto un profilo più strategico, dunque, si può rilevare come la comunicazione possa contribuire significativamente alla costruzione di vantaggi competitivi per la product offering, operando sugli attributi immateriali dell'offerta, su differenziazione e posizionamento, sulla costruzione di una forte *brand image* e di posizioni di *brand loyalty*, con conseguente capitalizzazione in termini di *brand equity*.

17.3.2 Il marketing communication mix

I processi comunicazionali dell'impresa vengono declinati attraverso il marketing communication mix, che è caratterizzato da due fondamentali elementi costitutivi: gli strumenti e i mezzi.
Nell'ambito del processo di comunicazione, gli strumenti costituiscono le modalità attraverso le quali l'impresa/organizzazione raggiunge il proprio target di comunicazione, veicolandogli un messaggio attraverso un mezzo (figura 17.8).

Figura 17.8
Strumenti, mezzi e target di comunicazione.

Esempio

La campagna istituzionale del WWF Francia "Before is too late" è stata realizzata dall'agenzia TWBA di Parigi. Lo strumento utilizzato è stato la pubblicità, il mezzo la stampa periodica, i veicoli diversi magazine politici e di costume francesi.

Come si evince dalla figura 17.8, gli strumenti della comunicazione di marketing, che verranno trattati approfonditamente nel ▸ Capitolo 18, sono fondamentalmente i seguenti:

- pubblicità;
- pubbliche relazioni;
- promozioni;
- direct marketing;
- vendita personale;
- altri (punto vendita, packaging, comunicazione non convenzionale ecc.).

Vi sono strumenti più idonei a influenzare la sfera cognitiva del consumatore, altri più efficaci nella dimensione affettiva, altri ancora che maggiormente possono influenzare una risposta comportamentale. Ad esempio, la pubblicità è utilizzata anzitutto per sviluppare la notorietà e fare *branding*, le pubbliche relazioni vengono utilizzate principalmente per creare interesse e ottenere un atteggiamento favorevole, le promozioni per favorire l'incremento delle vendite, il direct marketing per attivare un dialogo personalizzato con il destinatario.
I vari strumenti poi si differenziano in relazione al grado di controllo detenuto dall'impresa, ai costi di accesso, alla credibilità per i destinatari, alla dispersione dei contatti (tabella 17.1).
Date le caratteristiche distintive ma complementari, e potenzialmente sinergiche, dei vari strumenti, come vedremo meglio di seguito, una campagna di comunicazione efficace prevede necessariamente l'utilizzo congiunto di un mix di

strumenti, allo scopo di fare leva sulle sinergie ottenibili tra di essi rispetto agli obiettivi perseguiti. Per ciascuno strumento poi dovranno essere definiti i mezzi (canali generici) e i veicoli (canali specifici) che consentiranno di raggiungere il target di comunicazione.

Tabella 17.1

Profilo tecnico degli strumenti di comunicazione.

	Pubblicità	Promozioni	Pubbliche relazioni	Direct marketing	Vendita personale
Obiettivo principale	Informazione Differenziazione	Persuasione	Informazione Differenziazione	Persuasione Rinforzo	Persuasione
Controllo	Medio	Alto	Basso	Alto	Medio
Costi	Alto	Medio	Basso	Medio	Alto
Credibilità	Basso	Medio	Alto	Medio	Medio
Dispersione	Alta	Media	Alta	Bassa	Bassa

In merito, è interessante la classificazione dei mezzi proposta nella tabella 17.2, che distingue i mezzi broadcast, stampa, outdoor, digital, in-store, altri.

Tabella 17.2

Mezzi e veicoli.

Classe media	Tipo Media	Veicoli (esempi)
Broadcast	TV	Sky – *X Factor*
	Radio	Rai 2 – *Caterpillar*
Stampa	Quotidiani	Corriere della Sera – Economia
	Periodici	L'Espresso
Outdoor	Fissa	Poster 6 × 3 – Circuito Roma
	Dinamica	Autobus – Circuito Milano
	Speciale	Poster 15 × 6 – Via del Corso Roma
Digital	Internet	Sito web – Facebook
	Digital TV	Cielo
In-store	Punto vendita	Coop supermercati – Volantini
	Packaging	Confezioni Coca Cola
Altri	Cinema	Circuito UCI Cinema
	Fiere	Vinitaly
	Product Placement	Film – *Io, Robot*
	Guerrilla	Out of Place Art
	Ambient	Stazione – Milano Centrale

17.3.3 Le tendenze evolutive

La comunicazione di marketing negli ultimi anni ha subito profonde trasformazioni, sospinta dai cambiamenti legati fondamentalmente all'evoluzione della tecnologia e dei consumatori.

L'evoluzione della tecnologia, delle ICT e di Internet in particolare, come abbiamo visto nel capitolo precedente, apre a opportunità inedite e straordinarie sia riguardo ai mezzi a disposizione sia alla natura del rapporto con i consumatori (interattività, *co-creation*, personalizzazione, *engagement*, superamento del *trade-off* tra *reach* e *richness*). Per quanto riguarda i consumatori, rileva in particolare il cambiamento che si è verificato nella fruizione dei mezzi, dovuto a un insieme di fattori: dalle dinamiche di tipo sociale e demografico, ai mutamenti nella cultura e negli stili di vita, alla digitalizzazione stessa (consumatori always on, fruizione *multitasking*, partecipazione attiva).

Alla luce di ciò, le tendenze evolutive della comunicazione di marketing possono essere sintetizzate nei seguenti punti.

- *Relazione*: il communication mix viene sempre più indirizzato alla gestione della relazione con il consumatore, in un'ottica interattiva, partecipativa, personalizzata, orientata al medio-lungo periodo.
- *Narrowcasting*: gli investimenti in pubblicità (**broadcasting** o **above the line**) mostrano crescenti problemi di efficacia, in funzione del sovraffollamento dei mass media, dell'eccessiva pressione verso il target, della specifica natura di comunicazione standardizzata, *one-to-many*, unidirezionale. Si osserva pertanto lo spostamento degli investimenti verso strumenti e mezzi maggiormente capaci di raggiungere target specifici (*narrowcasting*), come il *direct marketing* e il web, fino ad arrivare al *one-to-one marketing*.
- *Interattività e co-creation*: le nuove tecnologie consentono di attivare un rapporto interattivo tra impresa e consumatore, che si ripercuote sul controllo del mezzo (minore controllo per l'impresa), sulla sincronizzazione dei messaggi, sulla generazione dei contenuti. Il consumatore può partecipare in modo attivo al processo comunicativo (*consum-attore*), generando propri contenuti (p.e. negli **User Generated Media**), fino a contribuire direttamente alla determinazione delle caratteristiche del sistema d'offerta (*prosumer*).

Broadcasting o above the line

La comunicazione *broadcasting* è rivolta a un target di comunicazione ampio e indistinto; essa viene veicolata generalmente con lo strumento della pubblicità classica, in gergo definita *above-the-line*, attraverso i mass-media (televisione, radio, stampa).

User Generated Media

Gli User Generated Media (UGM) sono i mezzi nei quali i contenuti vengono definiti dagli utenti (social network, blog ecc.).

Esempio

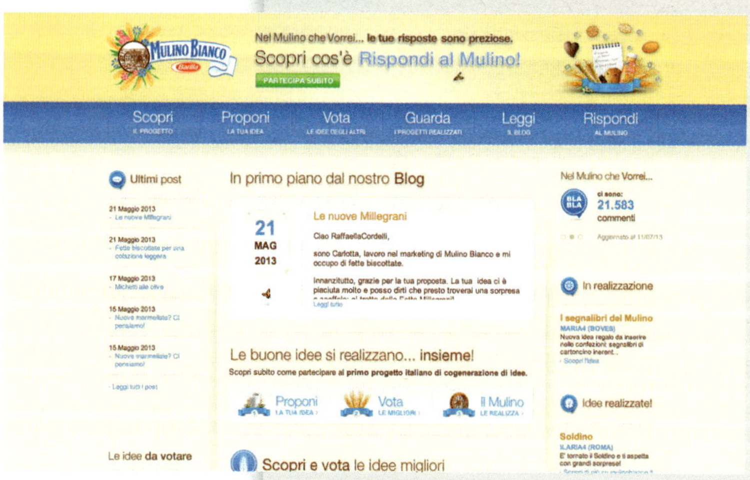

A marzo 2009 Barilla ha dato vita al primo progetto italiano di co-generazione delle idee per il brand Mulino Bianco: "Nel Mulino che vorrei" (www.nelmulinochevorrei.it).

Il progetto ha l'obiettivo di coinvolgere i consumatori nel processo di innovazione, di crescita e di miglioramento del brand. Esso si basa su una piattaforma online partecipativa, aperta, nella quale l'utente è invitato a intervenire per esprimere un'idea su come vorrebbe il prodotto, il packaging, le promozioni oppure l'impegno corporate su tematiche ambientali o di responsabilità sociale. Le idee proposte vengono condivise, votate dalla community e infine sottoposte a un'attenta analisi di fattibilità. Se l'esito è positivo, Mulino Bianco si impegna a realizzarle; in caso contrario vengono pubblicamente spiegate le motivazioni della mancata realizzazione.

Per questa via, partendo dalle idee e dai bisogni espressi dai consumatori viene attivato il processo di innovazione.

- *Engagement*: i consumatori sono raggiunti da una straordinaria quantità di input comunicazionali, cosicché sono indotti a elevare dei filtri cognitivi che rendono i suddetti input inefficaci. Pertanto, oggi più che mai, la comunicazione di marketing deve basarsi su strumenti, mezzi, messaggi capaci di coinvolgere l'audience mediante un mix di contenuti e stimoli soprattutto di carattere emozionale. I brand cercano di coinvolgere i consumatori operando congiuntamente sul piano cognitivo, affettivo e comportamentale, favorendo per questa via la sua fidelizzazione.
- *Esperienzialità*: il paradigma del marketing esperienziale fonda l'approccio al mercato dell'impresa sulla centralità e multidimensionalità dell'esperienza di consumo, focalizzandosi sugli aspetti situazionali. Tale approccio fa leva in particolare su nuove forme di comunicazione di marketing. Attribuendo particolare rilevanza ai *driver* emozionali del consumo, definisce il sistema d'offerta a partire dall'esperienza, la quale viene costruita su diverse dimensioni: *sense* (percezione sensoriale), *feel* (affetti e emozioni), *think* (processi cognitivi di apprendimento), *act* (comportamenti e stili di vita), *relate* (interazione).
- *Social media e* User Generated Content: il fenomeno dei social media ha assunto dimensioni straordinarie, con tassi di crescita annui eccezionali. In ambiente *social* i contenuti della comunicazione vengono sviluppati direttamente dagli utenti e sfuggono al controllo delle imprese, pur riguardando molto spesso brand e prodotti. Le conversazioni orizzontali tra utenti, pertanto, si sovrappongono alle comunicazioni pianificate dalle imprese, con una capacità di influenza sulle opinioni dei destinatari ampiamente superiore. Le imprese quindi si preoccupano di ascoltare, analizzare, partecipare, cercare di amministrare i flussi comunicazionali e di condivisione che si svolgono tra i consumatori.

User Generated Content

Gli User Generated Content (UGC) sono i contenuti generati dagli utenti in un contesto di comunicazione aperto (giudizi degli utenti, comunicazione orizzontale nei social media, viral marketing ecc.).

Esempio

Un commento di un utente rilasciato su TripAdvisor o su Amazon risulta essere molto più credibile e affidabile per il destinatario rispetto a una comunicazione pubblicitaria veicolata su un mass media.

- *Contestualizzazione*: le ICT e la diffusione dei device mobili (smartphone e tablet) consentono di attivare flussi comunicazionali personalizzati in funzione di una contestualizzazione spazio-temporale. Ciò apre la possibilità di attivare iniziative di proximity marketing e di customizzazione spinta con tassi di redemption inusitati.

Proximity marketing

Proposta commerciale o comunicazionale personalizzata in relazione alla geolocalizzazione del destinatario.

Redemption

Il tasso di risposta ottenuto a fronte di uno stimolo comunicazionale avente un obiettivo di risposta comportamentale.

Esempio

Foursquare, nato nel 2009, è un social network basato sulla geolocalizzazione, disponibile su web e su terminali mobili. Gli utenti registrati possono condividere la posizione con i loro contatti, scambiarsi informazioni e giudizi su attrazioni, attività, operatori economici, esercizi commerciali presenti nell'area e ricevere proposte geolocalizzate da parte di questi ultimi.

Figura 17.9

I touch point si moltiplicano e si frammentano.

- *Moltiplicazione e frammentazione dei touch point*: la varietà di mezzi a disposizione delle imprese per comunicare è enormemente cresciuta, e i nuovi mezzi aumentano a dismisura il potenziale d'interazione nei processi di comunicazione. L'impresa entra in contatto con i destinatari mediante una molteplicità di *touch point* dove si sostanzia lo scambio informativo con i consumatori (figura 17.9). Essa pertanto deve gestire la *crossmedialità* dei suoi processi comunicazionali, ovvero la complementarità, integrazione sinergica e osmosi degli stessi, perseguendo un adeguato grado di copertura e d'integrazione.

17.3.4 Media revolution

Sospinta dalle nuove tecnologie, nell'ultimo decennio si è realizzata una vera e propria *media revolution*, caratterizzata dalla moltiplicazione e frammentazione dei mezzi, dall'accrescersi del loro potenziale interattivo, dalla loro complementarità (cross medialità) e ibridazione (*online* vs. *offline*), dalle nuove modalità di media consumption.

Media consumption

La modalità quali-quantitativa di fruizione dei mezzi di comunicazione da parte degli utenti.

I media tradizionali, come la televisione, la radio, la stampa, giocano ancora un ruolo importante nelle strategie di comunicazione delle imprese, soprattutto in determinati settori, come nei generi di largo consumo. Tuttavia, come sopra accennato, oggi le imprese possono utilizzare un ampio ventaglio di nuovi mezzi dalle caratteristiche molto attraenti, sia per le imprese sia per gli utenti. Questi ultimi, poi, manifestano comportamenti sempre più orientati all'uso contemporaneo di più mezzi. Conseguentemente, l'attenzione delle imprese e gli investimenti in comunicazione si stanno sempre più spostando sui nuovi media.

Alla luce di questo profondo cambiamento, è necessario guardare ai mezzi secondo nuove chiavi di lettura, tenendo in considerazione variabili quali il livello di controllo, il grado di interattività, entità e modalità di copertura dei costi, misurazione dei risultati. Per questa via si perviene alla distinzione tra *paid media*, *owned media*, *earned media*, *sold media* (tabella 17.3).

Tabella 17.3

Tipologie di mezzi (POEs).

Tipologia	Definizione	Esempi
Paid	Acquisto di spazi di comunicazione presso terze parti	Pubblicità (televisiva, stampa, radio ecc.), pubblicità online (banner, interstitials, key word advertising ecc.), product placement
Owned	Realizzazione e utilizzo di canali di comunicazione proprietari	Sito aziendale, pagine aziendali su social network, canale YouTube, applicazioni per device mobile, direct marketing (newsletter, mailing, telemarketing, mobile marketing), punti vendita di proprietà/franchising, pubblicazioni aziendali, cataloghi
Earned	Consumer generated media e consumatori che parlano dell'impresa e del brand	Social media, word of mouth, blog, organic search su motori di ricerca
Sold	Vendita di spazi di comunicazione proprietari ad altre imprese	Sito web, punto vendita, house organ, direct marketing

- I *paid media* comprendono le forme della pubblicità classica *above-the-line* (televisione, radio, stampa, *outdoor*, cinema), le forme della pubblicità online (*banner*, *interstitials*, *search marketing*, *key word advertising* ecc.), il *product placement*. Nelle fattispecie della pubblicità classica, l'inserzionista acquista uno spazio presso l'editore o suo concessionario (▸ Capitolo 18), mettendo in opera così una comunicazione a pagamento, pianificata e controllata, in forma one-to-many, standardizzata, unidirezionale. Nelle fattispecie online, la comunicazione è comunque a pagamento, ma vi sono diversi gradi di qualificazione del target e di personalizzazione del messaggio.
- Gli *owned media* sono mezzi proprietari dell'impresa, da essa detenuti e gestiti con piena autonomia, per i quali non è richiesto un esborso a terzi per l'acquisto di spazi, ma solo il sostenimento delle spese di "produzione". Hanno caratteristiche molto eterogenee e trovano applicazione in rete (sito aziendale, pagina aziendale su social network, canale YouTube, applicazioni per device mobile), attraverso gli strumenti del direct marketing (newsletter, mailing, telemarketing, mobile marketing), nei punti vendita diretti, nelle pubblicazioni aziendali. In funzione delle loro caratteristiche, costi e livello di controllo in primis, gli *owned media* costituiscono sempre più un punto di attenzione prioritario per le imprese.
- Gli *earned media* sono quegli ambienti di comunicazione many-to-many all'interno dei quali l'impresa o la marca viene citata e commentata dagli utenti, come i social network, i blog, le community. L'impresa ha un potere d'influenza su tali conversazioni assai modesto, se non nullo, ma deve monitorare attentamente ciò che accade in tali ambienti, ciò che i consumatori e gli opinion leader dicono su di essa e sui suoi prodotti. Quando la comunicazione generata dagli utenti contribuisce favorevolmente alla notorietà e all'immagine del brand, i media in oggetto diventano "earned", ovvero si accostano ai canali utilizzati dall'impresa nella comunicazione pianificata.

- I *sold media* sono parte degli *owned media* che, eventualmente, un'impresa può vendere a terze parti. Un mezzo proprietario, caratterizzato da un ampio traffico e rivolto a un target specifico, può risultare d'interesse per un'impresa inserzionista, che pertanto potrà acquistare degli spazi al suo interno. Casi tipici sono il sito aziendale, il punto vendita, alcuni strumenti di direct marketing (newsletter, mailing ecc.), talune pubblicazioni aziendali (**house horgan** ecc.).

House organ

Pubblicazione periodica realizzata dall'impresa per i dipendenti o per i clienti.

La *media revolution* induce importanti cambiamenti nella pianificazione e nella gestione della comunicazione, e richiede nuove competenze. I nuovi media devono essere gestiti in modo integrato, assegnando a ciascuno un ruolo ben preciso. Ad esempio, i mezzi *paid* possono essere utilizzati per due macrofinalità:

1. per sostenere e ampliare i mezzi *owned*, i quali possono gestire la relazione con il cliente e costruire un'*engaging experience* in modo molto più efficace ed efficiente;
2. per gli scopi più tradizionali, come comunicare il lancio di una nuova product offering o di un'iniziativa promozionale.

Gli investimenti in comunicazione devono essere allocati opportunamente; i mezzi *owned* infatti richiedono risorse, know how, impegno, soprattutto per realizzare programmi di generazione di traffico e ricchezza di contenuti.

La strategia digital, e in particolare quella relativa ai social network, assume un ruolo chiave, sia per perseguire l'obiettivo di orientare un *User Generated Media* verso un *earned media*, sia per affrontare eventuali "attacchi al brand".

Case History — Benetton

Benetton è un grande gruppo industriale italiano, operante nel settore della moda a livello mondiale, presente in 120 paesi con una rete di oltre 6500 punti vendita, con un fatturato di oltre 2 miliardi di euro, sviluppato con i suoi quattro brand: United Colors of Benetton, Undercolors of Benetton, Sisley e Playlife.

La chiave di successo dell'azienda può essere ricondotta a tre aspetti fondamentali, sui quali l'azienda ha da sempre dimostrato capacità d'innovazione straordinaria: il prodotto, la rete commerciale, la comunicazione.

Quanto alla gamma dei prodotti, e più in generale al sistema di offerta, va sottolineato che Benetton è stata un'antesignana del fast fashion, proponendo, attraverso una coordinata rete di subfornitura, un nuovo tipo di abbigliamento, destinato a un pubblico giovane, con un ottimo rapporto qualità-prezzo.

Riguardo alla rete commerciale, in Benetton essa riveste da sempre il ruolo di veicolo fondamentale della sua proiezione sul mercato. La strategia è di distribuzione esclusiva, basata su punti vendita monomarca, di proprietà o gestiti da terzi secondo una formula affine al franchising, ai quali, a partire dagli anni Novanta, si sono affiancati i megastore.

"Il bambino Benetton" (1985)

Ma la dimensione più interessante, originale, creativa della strategia Benetton è sicuramente quella della comunicazione, in merito alla quale è interessante ripercorrere le principali tappe evolutive lungo la storia dell'impresa, che evidenzia un approccio pienamente sinergico tra comunicazione istituzio-

→

nale e comunicazione di marketing. Fino a tutti gli anni Settanta, Benetton aveva preferito utilizzare la leva della comunicazione in modo marginale, concentrando viceversa le sue risorse sulla fase produttiva e distributiva, e assegnando ai punti vendita il ruolo di promozione sul mercato.

Negli anni Ottanta, viene avviata una strategia di sviluppo internazionale, con un approccio "global" sia in termini di prodotto sia di comunicazione. In questa fase la strategia di comunicazione, realizzata con l'agenzia parigina Eldorado per la quale lavora Oliviero Toscani, è finalizzata a costruire un'immagine globale, aperta, cosmopolita, multietnica del brand. Lo slogan della prima campagna, "United Colors of Benetton", si trasformerà addirittura nel nuovo brand, utilizzato sui prodotti e sulle insegne dei negozi.

Nel 1989, Oliviero Toscani viene assunto direttamente dalla Benetton per guidare le strategie di comunicazione del gruppo. Negli anni Novanta, si assiste a un cambiamento radicale delle stesse con il passaggio da una comunicazione di prodotto, pur a connotazione valoriale, a una comunicazione istituzionale, fondata su temi politici, sociali, universali, estranea al prodotto, ma capace di esprimere a livello globale il carattere di una marca impegnata e sensibile, vicina ai problemi, talvolta drammatici, dell'umanità.

Nel primo periodo i temi più trattati sono stati quelli dell'uguaglianza e dell'integrazione, sottendendo l'obiettivo di combattere le diversità sotto la bandiera della marca. Poi il dialogo si è esteso, andando ad abbracciare soggetti molto impegnativi (la malattia, la violenza, la mafia, l'immigrazione forzata, la guerra, le catastrofi naturali, la religione, la pena di morte ecc.) portando alla ribalta dell'opinione pubblica i grandi nodi politici e sociali, utilizzando codici comunicazionali del tutto nuovi rispetto agli stereotipi della comunicazione pubblicitaria del mercato.

Più di recente, Benetton ha avviato anche nuovi progetti di comunicazione aperta, interattiva e multimediale. Tra questi si colloca "Benetton live windows" (2010), il progetto ideato da Fabrica che trasforma le vetrine tradizionali dei punti vendita in finestre *hi-tech* multimediali, dove vengono trasmessi contenuti in alta definizione in collegamento con il mondo web. Altro progetto innovativo è la campagna di comunicazione interattiva e multimediale "It's my time", un'iniziativa planetaria online che coinvolge i giovani, stimolandoli a esprimersi liberamente sui loro stili, il loro tempo, la loro visione del futuro.

In sintesi, Benetton ha fatto della comunicazione una leva competitiva fondamentale, utilizzandola in modo innovativo e originale, riuscendo a creare un posizionamento unico e distintivo, fondato soprattutto su aspetti valoriali.

"Coloured condoms" (1991)

Conclusioni

Corporate e marketing communication hanno un ruolo fondamentale nella creazione, diffusione e gestione del valore. Le nuove tecnologie e i cambiamenti nella fruizione dei mezzi stanno modificando profondamente i processi comunicazionali delle imprese e l'interscambio informativo *con* e *tra* i consumatori, *con* e *tra* gli altri stakeholder, ponendo nuove sfide al management della comunicazione.

Risulta indispensabile che le imprese si dotino delle necessarie competenze, anche in una logica di network, che allochino adeguate risorse secondo principi di efficienza ed efficacia, che definiscano adeguati piani per poter cogliere le grandi opportunità che si presentano nel nuovo scenario.

18 Comunicazione di marketing: gli strumenti

di **Alberto Pastore**

Indice del capitolo

Introduzione
18.1 La pubblicità
18.1.1 Generalità
18.1.2 La definizione di una campagna pubblicitaria
18.1.3 La pianificazione dei media
18.2 Promozioni
18.3 Pubbliche relazioni
18.4 Direct marketing
18.5 Marketing non convenzionale
18.6 Comunicazione digitale
18.7 Altri strumenti
Conclusioni

Abstract

Il capitolo esamina gli strumenti di comunicazione di marketing utilizzati dalle imprese per entrare in contatto con i clienti e con i consumatori, e per veicolare loro contenuti e messaggi. Verranno esaminati gli strumenti tradizionali come la pubblicità, le promozioni, le pubbliche relazioni, il direct marketing, così come quelli più innovativi, come la comunicazione non convenzionale e le specifiche applicazioni della comunicazione in ambiente digitale. Ciascuno strumento si distingue per caratteristiche e potenzialità comunicazionali, sicché il management è chiamato a definire un communication mix integrato e sinergico, capace di perseguire gli obiettivi di comunicazione dell'impresa in modo efficace.

Introduzione

Le strategie di comunicazione delle imprese si fanno sempre più complesse. Oggi i punti di contatto con i consumatori si sono moltiplicati e frammentati, e il comportamento delle persone in termini di fruizione dei mezzi è sempre più articolato e personalizzato.
Le imprese hanno a disposizione una vasta gamma di strumenti, mezzi, veicoli per gestire la loro relazione con i consumatori, e devono declinare le loro strategie comunicazionali qualificando di volta in volta il communication mix più idoneo, sia in termini di efficienza sia di efficacia.
Ogni strumento è caratterizzato da propri aspetti distintivi, ad esempio in termini di inclinazione a perseguire determinati obiettivi, attitudine a raggiungere target specifici, possibilità di personalizzazione e/o di interazione ecc. Pertanto, per poter configurare il giusto communication mix, è necessario approfondire la conoscenza dei principali strumenti.

18.1 La pubblicità

18.1.1 Generalità

La pubblicità è una forma di comunicazione non personale nella quale un inserzionista ben identificato acquista uno spazio per trasmettere un messaggio a un pubblico definito attraverso uno o più media. Nella forma tradizionale si tratta di una modalità di comunicazione unidirezionale, top-down, che consente all'impresa di raggiungere un'ampia audience con un messaggio predefinito e standardizzato, in tempi rapidi e con un costo per contatto contenuto. Può essere utilizzata dall'impresa per una molteplicità di finalità, di carattere cognitivo, affettivo e comportamentale: accrescere la notorietà, trasmettere informazioni, qualificare l'immagine, costruire un posizionamento, sviluppare un atteggiamento favorevole alla marca e anche stimolare la preferenza e persuadere all'acquisto.

Audience

L'audience relativa a un veicolo pubblicitario (o a un media) è data dall'insieme degli individui (telespettatori, lettori, ascoltatori) esposti ai messaggi dello stesso in un determinato periodo di tempo.

Focus — I top spender della pubblicità in Italia

Gli investimenti in comunicazione nel nostro paese sono concentrati prevalentemente nei settori alimentare, automotive e telecomunicazioni.
Nel ranking dei top spender (Nielsen, 2012) troviamo, nelle prime dieci posizioni, quattro grandi imprese internazionali operanti nel fast moving consumer goods (Ferrero, P&G, Unilever, L'Oreal), tre grandi imprese delle telecomunicazioni (Telecom, Vodafone, Wind) e tre grandi case automobilistiche (Fiat, Volkswagen, PSA).

Rank	Azienda	Milioni di euro
1	Telecom	140
2	Vodafone	139
3	Ferrero	133
4	Fiat	132
5	Wind	131
6	Procter & Gamble	119
7	L'Oreal	101
8	Volkswagen	90
9	Unilever	90
10	PSA Peugeot Citroën	87

La pubblicità è lo strumento più importante del marketing communication mix, quello che tutt'oggi assorbe la maggior parte degli investimenti in comunicazione delle imprese. In Italia, circa la metà degli investimenti complessivi in comunicazione di marketing viene destinato alla comunicazione pubblicitaria (Nielsen, 2012). Tuttavia, si osserva un trend decrescente, dovuto alla sempre minore efficacia dello strumento, attribuibile da una parte al sovraffollamento pubblicitario dei mass media e dall'altra alla natura intrinseca della pubblicità classica, che non consente di attivare quegli elementi d'interazione e personalizzazione sempre più richiesti dal pubblico e offerti invece da altri strumenti di comunicazione.

Essendo una forma di comunicazione controllata dal venditore, per di più in forma standardizzata e non interattiva, la pubblicità non gode della piena credibilità agli occhi del pubblico destinatario. Ciò nonostante, essa svolge un'importante funzione informativa, riferita alle caratteristiche dell'offerta rivendicate dall'impresa e al relativo *positioning*, riducendo l'onere di tempo richiesto al consumatore per la raccolta delle informazioni.

Un esempio di pubblicità d'immagine che intende associare al brand il concetto di felicità.

Considerando gli obiettivi e i contenuti, si possono distinguere tre fondamentali forme di pubblicità.

1. *Pubblicità informativa.* La comunicazione pubblicitaria informativa ha come precipuo scopo quello di generare interesse, rilevanza, desiderio, notorietà, di orientare le preferenze, in modo da stimolare l'acquisto. Numerose campagne vengono sviluppate con l'obiettivo prevalente di creare conoscenza, interesse, preferenza e *intention to buy*. Conseguentemente, i contenuti si concentrano sui benefici distintivi del bene/servizio, sull'eccellenza delle sue specifiche funzionalità e caratteristiche distintive del prodotto, sulle modalità di utilizzo. Tale fattispecie può essere opportuna, ad esempio, nel caso di lancio di un prodotto fortemente innovativo o complesso, da valutare sotto il profilo qualitativo.
2. *Pubblicità d'immagine.* A differenza della pubblicità informativa, la pubblicità d'immagine è concentrata sulla marca sia a livello corporate sia di prodotto. Essa

trova la sua ragion d'essere nell'obiettivo strategico di comunicare un dato brand positioning e di affermare una coerente e forte immagine di marca. Pertanto, i contenuti di questa forma pubblicitaria saranno riconducibili ai valori chiave e simbolici del brand, che ne rappresentano gli assi di posizionamento.

3. *Pubblicità promozionale*. Quest'ultima macrocategoria ha una natura tattica e un respiro di breve periodo. Infatti, l'obiettivo in questo caso non è la costruzione dell'immagine di marca nel tempo in linea con il posizionamento prescelto, né è lo sviluppo della conoscenza della *value proposition*, ma è lo stimolo di una risposta comportamentale da parte del destinatario: l'acquisto, l'adesione a iniziative promozionali ed eventi di marketing, il passaparola, il rilascio di informazioni. I contenuti di questa forma pubblicitaria vengono ideati, realizzati e veicolati in modo da presentare una valenza fortemente persuasiva, capace di sollecitare, in un arco temporale ridotto, la cosiddetta "call to action".

Call to action
Sollecitazione che interviene sul piano conativo e induce il destinatario ad attuare una determinata azione.

Focus La pubblicità comparativa

La pubblicità comparativa è quella modalità di comunicazione pubblicitaria con la quale un'impresa promuove i propri beni o servizi mettendoli a confronto con quelli dei concorrenti. Tali concorrenti possono essere citati in modo esplicito (pubblicità comparativa diretta) o implicito (pubblicità comparativa indiretta).
In Italia, la pubblicità comparativa è ritenuta lecita solo se non è ingannevole: essa deve mettere a confronto beni o servizi che soddisfano gli stessi bisogni o si propongono gli stessi obiettivi; deve comparare oggettivamente una o più caratteristiche essenziali, pertinenti, verificabili e rappresentative, compreso eventualmente il prezzo, di tali beni e servizi; non deve ingenerare confusione tra i marchi, le denominazioni commerciali, altri segni distintivi, i beni o i servizi dell'impresa e dei concorrenti; non deve causare discredito o denigrazione di marchi, denominazioni commerciali, altri segni distintivi, beni, servizi, attività o posizione di un concorrente.
Si tratta di una forma di pubblicità che presenta un elevato potenziale competitivo. Tuttavia, nella prassi viene utilizzata raramente e con molta accortezza, in quanto può implicare ripercussioni negative sia di ordine strategico (reazioni commerciali dei concorrenti) sia di ordine giuridico (reazioni legali dei concorrenti). Nel nostro paese l'utilizzo della pubblicità comparativa è piuttosto raro. Nei paesi anglosassoni, invece, e negli USA in particolare, essa ha una discreta diffusione. Un caso emblematico è quello di Pepsi e Coca Cola, che da decenni combattono a colpi di "creatività comparativa".

18.1.2 La definizione di una campagna pubblicitaria

La strategia di comunicazione delle imprese viene sempre più messa in atto attraverso delle campagne di comunicazione integrata, che prevedono l'impiego coordinato di molteplici strumenti e mezzi di comunicazione. Tra di essi, come sopra accennato, generalmente la pubblicità assume un ruolo primario, al punto di condizionare la declinazione degli altri strumenti.
La campagna pubblicitaria si colloca evidentemente all'interno di un piano di marketing e di un piano di comunicazione più generale, dai quali essa deve prendere le mosse, in modo da garantire piena coerenza d'indirizzo e di finalizzazione. La sua definizione è un processo complesso, che si sviluppa in diverse fasi e che prevede il coinvolgimento di una molteplicità di attori (figura 18.1): l'impresa inserzionista, l'agenzia pubblicitaria, gli specialisti della produzione, il centro media, le concessionarie dei mezzi, che vendono gli spazi messi a disposizione dagli editori.

Figura 18.1

Il processo di definizione di una campagna pubblicitaria.

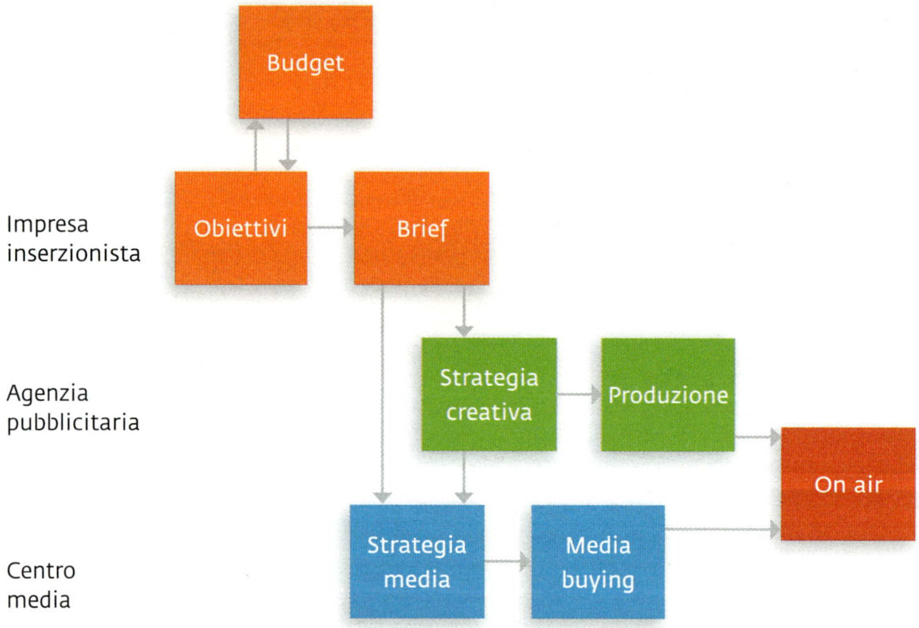

Anzitutto, l'impresa inserzionista deve definire gli obiettivi di marketing e di comunicazione della campagna e qualificare di conseguenza il target di comunicazione, ovvero i destinatari della campagna stessa, ai quali rivolgere il messaggio attraverso i mezzi prescelti.
Naturalmente gli obiettivi della campagna devono essere compatibili con il budget disponibile.
L'impresa formalizza tutti gli elementi strategici della campagna in un documento formale, il *brief*, che ha lo scopo di indirizzare l'operato dell'agenzia pubblicitaria, la quale viene coinvolta per la definizione della strategia creativa e l'attuazione della campagna. Il *brief* deve contenere la descrizione del progetto, gli obiettivi, il target di comunicazione, l'inquadramento di marketing (mercato, concorrenti, consumatori, strategie e politiche di marketing dell'impresa, posizionamento del brand, risultati di marketing ecc.), l'inquadramento di comunicazione (immagine, campagne precedenti ecc.), il budget disponibile, altri aspetti tecnici (timing, aspetti legali ecc.).

Focus Advertising brief: Tim Young

Scenario
Tim Young è la gamma d'offerta di Tim dedicata al target dei giovani sotto i 30 anni.
Sul mercato da giugno 2011, nel corso del tempo ha arricchito la sua selling proposition passando da "offerta Internet e sms", attivabile solo da web, a un mondo fatto di offerte full optional, esperienze, eventi, contest, sia web-based sia on the ground.
A poco più di un anno dal lancio, l'offerta presenta attivazioni superiori alle aspettative, grazie anche alla forte capacità acquisitiva dell'offerta Tim Young XL. Nell'ultimo periodo si rileva un rallentamento delle attivazioni dovuto alla forte pressione competitiva.
La ricchezza della proposta di Tim Young (eventi, concerti, premi esperienziali, cubomusica ecc.) e una comunicazione mirata sul target si rivelano fondamentali per distinguersi dalle proposte della concorrenza e dare valore al brand, rallentando gli effetti negativi di una competizione basata esclusivamente sulla leva prezzo.
Rispetto ai competitor Tim Young può contare sui seguenti fattori.

- Copertura: nonostante le offerte dell'operatore 3 siano molto più convenienti, la forza del brand Tim e la scarsa copertura di 3 riescono a calmierare le cessazioni verso il competitor.
- Qualità della rete dati: Wind non ha mai investito fortemente sulla componente dati nelle sue offerte (né su terminali e smartphone evoluti), e la qualità (reale e percepita) della sua rete dati è piuttosto scarsa.
- Trasparenza: nell'ultimo periodo, una strategia poco chiara di Vodafone sul mercato si è tradotta sui clienti nella percezione negativa di scarsa chiarezza nell'offerta e scarsa trasparenza nelle politiche commerciali.

Nello scorso anno l'offerta Tim Young ha beneficiato del supporto costante della comunicazione ATL e BTL, utilizzando format diversi per i diversi mezzi, così come riportato di seguito.

Obiettivi di marketing

- Sostenere e incrementare le attivazioni dell'offerta Tim Young in un momento in cui la pressione competitiva e l'aggressività commerciale sono molto forti.
- Posizionare Tim Young nei luoghi mentali di interesse del target (musica, cinema, sport, moda ecc.), facendo leva sul desiderio di protagonismo e sulla voglia di interagire.

Obiettivi di comunicazione

- Awareness: Tim Young deve farsi notare dal target, sia come offerta sia come riferimento per eventi, esperienze, contest ecc.
- Dare forma e valorizzare il claim "Con Tim Young il protagonista sei tu", per sottolineare l'esclusività delle iniziative riservate ai clienti Tim Young e costruire nel tempo il senso di appartenenza alla community Tim Young.

Target
Si richiede di focalizzare la comunicazione sulla parte alta del target 19-25 anni, in modo da generare identificazione/aspirazione per i ragazzi in quella fascia d'età, ed essere comunque molto prossimi anche agli interessi, ai valori, ai linguaggi della fascia superiore (fino a 30 anni).

Media mix
Coerentemente con gli obiettivi di marketing, e in considerazione dei risultati raggiunti, si richiede per il 2013 un media mix così articolato.

TV	WEB/AFFIX	SPONSORIZZAZIONI	BTL

Trattamento: format istituzionale	**Trattamento**: format «YOUNG» (o video a supporto TV)	**Trattamento**: format «YOUNG» («*Con TIM YOUNG IL PROTAGONISTA SEI TU!*»)	**Trattamento**: format «YOUNG» con materiale dedicato
Evidenze: segna sempre un ***incremento delle attivazioni***, che si mantiene nel tempo, e una sempre più **rapida reattività** al messaggio (***ricordo persistente***)	**Evidenze**: **formati web interattivi** e ***soluzioni innovative*** (es. realtà aumentata) per massimizzare il ritorno d'immagine (*il mezzo è il messaggio*) e stimolare l'interesse	**Evidenze**: ***protagonismo*** e ***partecipazione*** come chiavi del successo per attrarre il target e generare il tam tam	**Evidenze**: il format dedicato ci garantisce la ***riconoscibilità*** all'interno dei punti vendita

→

- TV generalista: comunicazione d'offerta.
- TV verticale: comunicazione d'offerta.
- Web: comunicazione dell'offerta attraverso il mondo Tim Young ("Con Tim Young il protagonista sei tu").
- Affissione: comunicazione d'offerta.
- Radio: comunicazione d'offerta e del mondo Tim Young.
- Attività on the ground: comunicazione d'offerta e del mondo Tim Young.

Ulteriori specifiche
Nuovo format
Pur volendo mantenere il carattere distintivo della comunicazione Tim Young, e una soluzione creativa che ci garantisca flessibilità e capacità di adattamento su mezzi diversi e innovativi, si richiede una maggior coerenza e una forte sinergia con il nuovo format di comunicazione.

Comunicazione locale e attività on the ground
Traendo spunto dagli ottimi risultati ottenuti dalle offerte dedicate ai territori a bassa quota di mercato, si richiede di provare a realizzare dei mini piani media a livello locale (affissioni, radio locali) con creatività vicine al territorio.
Si richiede inoltre di inserire all'interno del media mix una serie di attività on the ground che abbiano come obiettivo principale quello di attirare clienti all'interno dei punti vendita (p.e. domination dei centri commerciali di alcune aree metropolitane).
Infine, considerando la vicinanza del nuovo format a un target giovanile, sfruttare la customer base Tim Young per dare risonanza e valore agli eventi e alle iniziative (concerti, flashmob ecc.) legati alla diffusione del nuovo format.

Web
In attesa di consolidare i risultati delle precedenti edizioni, si richiede di realizzare il seguito dei games legati a Tim Young, adeguando la creatività a quanto verrà definito sul nuovo format. Inoltre, nell'ottica di una maggiore sinergia fra i due format, incrementare la pianificazione di campagne video realizzate con le declinazioni degli spot TV o con web clips dedicate all'offerta. Nel 2013 l'obiettivo è di valorizzare il concept "Con Tim Young il protagonista sei tu" come minimo comune denominatore di tutte le iniziative e della comunicazione web.

Selling proposition
In base ai mezzi, la selling proposition sarà concentrata sull'offerta, oppure sul mondo Tim Young.

Selling proposition d'offerta (aprile)
- Hai meno di 30 anni?
- Solo con Tim Young hai Internet senza limiti, sms e cubomusica a 6 euro al mese!
- Per tutti i nuovi clienti!

Selling proposition d'offerta (convention)
- Hai meno di 30 anni?
- Con Tim Young il numero amico è sempre gratis!
- Chiamate, Internet, sms e cubomusica a partire da 6 euro al mese!

Selling proposition del mondo Tim Young
- Hai meno di 30 anni?
- Con Tim Young il protagonista sei tu!
- Un mondo di esperienze, premi, concerti solo per te che sei Tim Young!

Timing
Da aprile 2013

Si ringraziano Stella Romagnoli e Alessandra Bucci di Telecom Italia

Art director
La figura professionale dell'agenzia pubblicitaria che si occupa della parte visuale e grafica della strategia creativa.

Copy writer
La figura professionale dell'agenzia pubblicitaria che si occupa della parte verbale e testuale (slogan, headlines, script ecc.) della strategia creativa.

Sulla base del *brief*, l'agenzia pubblicitaria sviluppa la strategia creativa, attraverso dei team costituiti dall'art director e dal copy writer, che consiste nella definizione del messaggio e nella sua contestualizzazione formale (spot televisivo, inserzione stampa ecc.). A seconda del posizionamento del brand e degli obiettivi perseguiti, la strategia creativa può fare leva su argomentazioni di carattere logico-razionale o su elementi di carattere più simbolico ed emozionale.
Nel primo caso, essa può essere basata sull'individuazione della *Unique Selling Proposition* (USP), ovvero sull'affermazione di un elemento di unicità o di superiorità della marca che può essere sostenuto e argomentato formalmente.

Nell'ambito degli approcci logico-razionali si colloca anche la *copy strategy*, secondo la quale devono essere identificati esplicitamente, quali elementi costitutivi della strategia comunicazionale: la promessa, la *reason why*, la *supporting evidence* e il *tone*. La strategia creativa può essere impostata, all'opposto, su stimoli di carattere affettivo ed emozionale, operando sulla costruzione della personalità della marca e sulla relazione della stessa con il consumatore. Si ricerca in questo caso la *Unique Emotional Proposition* (UEP), un elemento di unicità dell'offerta basato appunto su elementi simbolici ed evocativi.

San Pellegrino, brand del gruppo Nestlé, promuove la sua aranciata facendo leva sulla provenienza delle arance utilizzate dalla Sicilia.

Le imprese dei settori del lusso e della moda tipicamente adottano una strategia creativa basata su stimoli di tipo affettivo, simbolico ed emozionale.

Una volta definita la strategia creativa, occorre procedere all'effettiva realizzazione dei messaggi nelle forme stabilite. Questa fase si svolge sotto la direzione del reparto creativo dell'agenzia e dell'ufficio produzione, e prevede il coinvolgimento di un gruppo di fornitori e tecnici specializzati, che vengono individuati in relazione ai mezzi e ai supporti da attivare (registi, fotografi, case di produzione, testimonial ecc.).

Contestualmente allo sviluppo della strategia creativa viene definita la strategia media, che spesso viene affidata a una struttura specializzata, il centro media, che definisce il piano del mezzi e ne negozia l'acquisto presso le concessionarie (▸ §18.1.3). Il processo si conclude con un'attività di controllo operativo sulla corretta attuazione della campagna e con un controllo dei risultati raggiunti, per verificare la loro conformità o meno agli obiettivi previsti.

18.1.3 La pianificazione dei media

Contatti

I contatti esprimono il numero di volte che il messaggio raggiunge il target. Si distinguono i contatti netti (numero di destinatari raggiunti almeno una volta dal messaggio) e i contatti lordi (numero di volte che il messaggio è stato ricevuto, comprese le duplicazioni). Un contatto non in target determina uno spreco di risorse finanziarie.

Costo per contatto

Il costo per contatto è dato dal rapporto tra l'ammontare dell'investimento in comunicazione e il numero di contatti generati.

La scelta dei media e dei veicoli da utilizzare è un'attività fondamentale per l'attuazione di una campagna efficiente ed efficace. I mezzi prescelti, infatti, devono:

- avere la capacità di raggiungere il target di comunicazione in modo efficiente, senza dispersione di contatti;
- essere in grado di veicolare il messaggio in modo efficace, con la necessaria capacità espressiva, svolgendo il ruolo assegnato nell'ambito degli obiettivi comunicazionali;
- avere dei costi adeguati alle disponibilità dell'inserzionista, in termini di soglia di accesso, e in relazione ai risultati ottenibili, in termini di costo per contatto.

Come sopra accennato, i soggetti coinvolti sono molteplici: l'azienda inserzionista sovente fa ricorso alle competenze di un *centro media*, ovvero un'agenzia specializzata che detiene un forte know how sul panorama dei mezzi e veicoli disponibili, sulle loro caratteristiche, sui relativi utenti, sui costi. Il centro media definisce il *media mix* e, ottenuto l'avallo del committente, provvede all'acquisto presso la concessionaria dell'editore proprietario degli spazi.

I mezzi della pubblicità sono i classici mass media, come la televisione, la radio, la stampa, le affissioni (*Out of Home*) e il cinema. A essi si affiancano i mezzi digitali, che verranno trattati in seguito.

Esempio

Lavazza ha avviato oltre 50 anni fa una proficua collaborazione con l'agenzia pubblicitaria Armando Testa, che ha creato nel corso del tempo personaggi e storie univocamente legate al brand (si pensi a Carmencita in *Carosello*, piuttosto che alla scelta dell'ambientazione "paradiso").
Per la pianificazione dei mezzi, Lavazza si è avvalsa fino a maggio 2012 di Media Italia, centro media appartenente al gruppo Testa. Di recente, invece, ha affidato l'attività di media planning a MEC del gruppo WPP, che può garantire un maggior supporto e capillarità a livello globale.

Audience utile

L'audience utile è costituita dalla quota di audience totale che appartiene al target individuato nella campagna di comunicazione.

Ciascuno di questi mezzi (e dei relativi veicoli) presenta caratteristiche peculiari, in termini di *audience*, audience utile, profilazione del target, velocità di contatto, capacità espressiva, costi assoluti e costi per contatto utile. Pertanto, all'interno di una campagna pubblicitaria integrata, realizzata con più mezzi, a ciascuno di essi può essere assegnato un ruolo specifico.

- La televisione è il mezzo principe della pubblicità, e assorbe oltre la metà degli investimenti in pubblicità delle imprese (56% in Italia; Nielsen, 2012). Il sistema d'offerta sta registrando profondi cambiamenti, con la televisione generalista che subisce la pressione competitiva della televisione satellitare, del digitale terrestre, della TV in streaming. La televisione generalista è un mezzo capace di raggiungere un'ampia audience in tempi rapidi, con elevata frequenza, bassi costi, buon potenziale di creatività ed espressività; d'altro canto non consente una puntuale selezione del target, è un mezzo molto affollato, intrusivo, e presenta un'elevata soglia d'ingresso dell'investimento.
- La radio è il mezzo che vanta la più elevata penetrazione (74% in Italia; Nielsen, 2012) e consente un'elevata frequenza di contatto. È caratterizzata da una discreta capacità di profilazione, anche su base geografica, da un carattere amichevole, da un basso costo di produzione e di contatto; per converso, offre capacità espressive molto contenute, limitate alla dimensione sonora.
- La stampa è un mezzo che sta subendo forti pressioni competitive, in virtù dello spostamento in rete dei consumatori e delle testate e della conseguente contrazione degli investimenti pubblicitari. I business model di tali imprese editoriali tendono a evolvere, anche se la nuova configurazione del settore non è ancora chiaramente delineata. Ai fini di una puntuale analisi delle relative caratteristiche per un investitore pubblicitario, occorre distinguere la stampa quotidiana (nazionale, locale, sportiva, economica e politica) da quella periodica (magazine familiari, femminili, maschili, d'informazione generale, di politica/cultura/economia ecc.). La stampa quotidiana gode di un'elevata autorevolezza, ha una buona flessibilità dal punto di vista geografico, velocità di penetrazione, alta frequenza; tuttavia, ha un elevato costo per contatto, scarsa qualità di stampa, una rapida "usura" dei messaggi. La stampa periodica, invece, ha una notevole capacità di profilazione e di coinvolgimento del lettore, buona qualità di stampa, "lunga vita" del supporto; presenta tuttavia dei limiti dovuti soprattutto all'elevato affollamento pubblicitario e alla scarsa selettività geografica.
- La Out of Home è un mezzo articolato, che riassume al suo interno diverse forme come le affissioni esterne, le affissioni dinamiche, i formati speciali. Ha qualità di elevata capillarità e selettività geografica, ma presenta altresì limiti di selettività del target, modalità di fruizione veloce e superficiale e può avere dei costi di produzione elevati.

Affissioni esterne

Le affissioni stradali vengono fatte attraverso cartelloni di varia misura (i più diffusi sono 6 × 3, 3 × 2, 1,40 × 1) che vengono apposti nelle pubbliche vie in spazi autorizzati.

Affissioni dinamiche

Le affissioni dinamiche vengono realizzate su mezzi di trasporto pubblici, come gli autobus, i tram, i taxi.

Formati speciali

I formati speciali comprendono i grandi cartelloni fuori misura, gli allestimenti speciali di edifici o mezzi di trasporto, le *domination* (allestimenti complessivi e predominanti con formati speciali diversificati) in spazi pubblici come le metropolitane o le stazioni.

- Il cinema, infine, ha un ruolo marginale, e prevede la proiezione di spot all'interno delle sale cinematografiche. Esso è dotato di una discreta capacità di raggiungere target particolari e di elevata capacità espressiva, ma con elevati costi e bassa copertura.

18.2 Promozioni

Le promozioni comprendono un insieme di stimoli che vengono impiegati per influenzare il comportamento d'acquisto del consumatore. Pur essendo lo strumento del communication mix maggiormente votato ad agire sul piano comportamentale del destinatario, le promozioni non devono essere considerate meramente uno strumento di sviluppo commerciale orientato al breve termine, in quanto, come vedremo meglio di seguito, esse hanno assunto, in particolare negli ultimi anni, anche una valenza strategica e comunicazionale.

Lo strumento promozionale trova sempre maggiore impiego nell'ambito delle strategie di marketing delle imprese industriali e commerciali, soprattutto nel settore dei generi di largo consumo. Basti considerare che nelle imprese della distribuzione moderna l'incidenza delle vendite in promozione raggiunge ormai il 27,4% (Nielsen, 2012), con un trend di incessante crescita negli anni precedenti. Le motivazioni alla base di questa tendenza sono molteplici: l'incremento dei livelli concorrenziali, il minore reddito disponibile per i consumatori e la loro crescente sensibilità al prezzo, la maggiore diffusione di forme distributive a self-service, la capacità dello strumento di contribuire all'immagine e al posizionamento nonché al coinvolgimento emotivo ed esperienziale dell'acquirente.

È necessario identificare due categorie di attività promozionali, tra di loro distinte per finalità strategiche e modalità operative.

1. Le *promozioni di prezzo* (*value-increasing*) stimolano l'acquisto proponendo al consumatore un vantaggio immediato, connesso alla riduzione di prezzo o alla variazione del rapporto quantità/prezzo; esse vengono utilizzate fondamentalmente allo scopo di incrementare le vendite nel breve periodo, ma hanno anche la capacità di influenzare, in modo favorevole o non, il posizionamento del prodotto o dell'insegna.
2. Le *promozioni di valore* (*value-adding*) propongono dei vantaggi di varia natura relativi all'offerta di prodotto, eventualmente legati a un comportamento richiesto al consumatore (acquisto, fedeltà ecc.). Esse vengono realizzate per perseguire differenti obiettivi: stimolo alla prova, engagement, fidelizzazione, posizionamento.

Naturalmente, le imprese industriali e le imprese commerciali utilizzano lo strumento promozionale con delle logiche diverse, operando le prime in una prospettiva di marca-prodotto, le seconde in una prospettiva insegna-assortimento.

Le imprese industriali dunque devono evitare un eccessivo ricorso alle promozioni di prezzo per non incorrere nel rischio di banalizzazione della marca, per scongiurare la sistematizzazione di comportamenti speculativi e per non innescare una escalation promozionale dei concorrenti.

Le imprese commerciali, viceversa, possono fare più ampio ricorso a tale tipologia di promozioni per sostanziare il loro posizionamento di convenienza e per generare traffico nei punti vendita. Va precisato, peraltro, che le strategie delle imprese commerciali per competere sul prezzo sono sostanzialmente due:

- l'approccio *HI-LOW*, che è quello delle promozioni di prezzo: al prezzo normale (HI), periodicamente si sostituisce il prezzo promozionale (LOW), per una durata limitata e predefinita (ad esempio settimanale);
- l'approccio *Every Day Low Price (EDLP)*, che consiste in un riposizionamento strutturale e permanente verso il basso dei prezzi di vendita, senza il ricorso alle promozioni, un approccio utilizzato dai discount o da imprese leader come Walmart.

Quanto alle modalità operative, le promozioni trovano attuazione mediante numerose tecniche, ciascuna delle quali meglio si presta al perseguimento di obiettivi specifici.
Per le promozioni di prezzo le principali modalità operative sono le seguenti.

- *Offerta speciale* (taglio-prezzo): si tratta di una temporanea riduzione di prezzo, generalmente espressa in misura percentuale (p.e. -30%), comunicata a scaffale o più raramente direttamente sulla confezione del prodotto. Talvolta tale opportunità viene riservata ai clienti più assidui, possessori di carta fedeltà. Può essere utilizzata per sostenere il lancio di un nuovo prodotto, per favorire il sell out, per generare traffico e significare il posizionamento di convenienza dell'insegna.
- *Buoni sconto* (*couponing*): consistono nell'erogazione di buoni per la riduzione del prezzo per un acquisto futuro del medesimo prodotto o di prodotti diversi (*cross couponing*). Vengono erogati in modalità tradizionale (fisica, cartacea) e anche in modalità elettronica. Inducono alla ripetizione dell'acquisto, alla prova di un nuovo prodotto o di un prodotto marginale.

Il taglio-prezzo punta a suscitare una reazione immediata nello shopper (▸ Capitolo 15).

- *N* × *M*: prevedono l'acquisto di N unità di prodotto al prezzo di M: 3 × 2, 2 × 1 ecc. È una modalità promozionale utilizzata dalle imprese della grande distribuzione soprattutto per favorire il sell out, incrementare le vendite e generare traffico.
- *Formati speciali*: consistono in confezioni che contengono una maggiore quantità di prodotto al prezzo della quantità standard. Si tratta di una modalità che favorisce il sovrastoccaggio del consumatore.
- *Vendite straordinarie* (saldi): sono riduzioni generalizzate dei prezzi di un'impresa commerciale realizzate in particolari periodi dell'anno (fine stagione) o per eventi speciali (ristrutturazione, chiusura ecc.), con l'obiettivo di favorire lo smaltimento delle scorte di prodotto.

Focus Il cause-related marketing

Il *cause-related marketing* comprende le attività di marketing collegate a una causa sociale e realizzate in collaborazione tra un'impresa profit e un'organizzazione non profit.

Tale collaborazione può prevedere diverse forme: l'impresa trasferisce alla non profit una quota dei vantaggi economici derivanti dal progetto congiunto (p.e. una promozione); l'impresa veicola il messaggio della non profit attraverso i suoi prodotti o le sue attività; l'impresa riconosce delle royalties in relazione all'utilizzo del marchio della non profit; l'impresa collabora nella raccolta di fondi per la causa della non profit.

Si tratta di un approccio cui le imprese pongono crescente attenzione per dare contenuto alla *Corporate Social Responsibility* (CSR).

Un esempio di charity promotion

Focus I loyalty program e i coalition program

Le promozioni di valore nascono nel 1850 negli USA a opera di un certo B. T. Babbel, un produttore di sapone da bucato. Ai tempi, il sapone veniva venduto a blocchi, tagliati da una forma più grande. Babbel pensò di utilizzare la carta per il confezionamento come prova d'acquisto, da raccogliere e conservare per ottenere un premio (una litografia colorata) cui si aveva diritto al raggiungimento di 25 acquisti.

Oggi definiamo programmi fedeltà (*loyalty program*) quelle iniziative promozionali definite su un ampio arco temporale e rivolte a un gruppo di clienti ai quali, a fronte di un determinato comportamento d'acquisto, si offrono una serie di benefici (premi, sconti ecc.) con l'intento di incrementarne la fedeltà e di sviluppare con loro un legame emozionale.

Nel nostro paese lo sviluppo dei *loyalty program* ha avuto una straordinaria accelerazione negli anni Novanta con la diffusione delle carte fedeltà. Esse, infatti, consentono una gestione automatizzata delle promozioni di continuità, rendendole efficienti, attraenti e *user friendly*. Oggi, le nuove tecnologie (web, mobile, email) offrono diverse soluzioni per il Customer Relationship Management e per la comunicazione con il cliente, ampliando ulteriormente le potenzialità dei *loyalty program*.

Nell'ambito dei programmi fedeltà, un fenomeno che si sta diffondendo sempre più è quello dei *coalition program*, ovvero di programmi sviluppati in partnership da più soggetti. I *coalition program* offrono ai consumatori l'opportunità di realizzare la raccolta punti acquistando i prodotti di diverse imprese, appartenenti a settori differenti; propongono loro ampie alternative di ricompensa nell'ambito delle attività dei vari partner; hanno dei costi di gestione inferiori per le imprese partner, in quanto essi vengono ripartiti tra più soggetti.

Il caso per eccellenza è quello di Nectar. Nata nel Regno Unito nel 2002, Nectar Card coinvolge numerosi partner sponsor, appartenenti a diversi settori, tra i quali: Sainsbury (grande distribuzione), British Petroleum (petrolifero), Barclays (finanziario), Vodafone (telefonico), Ford (automotive), E-energy (energia) e tanti altri. Nella sua versione commerciale online, Nectar eStore permette ai titolari di collezionare punti facendo acquisti, tra gli altri, presso eBay, Amazon, CdNow, Dell.

Nel 2010, Nectar è stata lanciata anche in Italia, con Auchan (grande distribuzione) e IP (petrolifero) come sponsor principali, ai quali si sono aggiunti nel tempo altri 40 partner.

Le promozioni di valore, invece, trovano attuazione mediante le seguenti tecniche.

- *Premi*: comprendono una serie di metodiche di varia natura secondo le quali, a fronte di un comportamento del consumatore (p.e. ripetizione degli acquisti), questi riceve un premio costituito da un prodotto, un servizio, uno sconto aggiuntivo. L'ottenimento del premio si può avere senza ulteriore esborso (*trading stamp*) o a fronte di un esborso aggiuntivo (*self liquidating offer*). Si collocano in questa tipologia i *loyalty program* (raccolte punti o promozioni di continuità), che, come qualificato dal nome stesso, perseguono obiettivi di fidelizzazione nonché di animazione.
- *Concorsi*: la partecipazione al concorso può essere condizionata a una determinata azione (acquisto del prodotto, rilascio di informazioni ecc.) e la vincita del premio legata alla sorte e/o a una determinata conoscenza o abilità. L'obiettivo perseguito è soprattutto di engagement e di animazione.
- *Omaggi* (*sampling*): come nel caso precedente, la distribuzione di campioni del prodotto può essere condizionata a particolari azioni (acquisto del prodotto, rilascio di informazioni ecc.). L'obiettivo perseguito è lo stimolo alla prova.
- *Charity*: si tratta di iniziative promozionali che, a fronte dell'acquisto di un determinato prodotto, prevedono il conferimento di un contributo (finanziario o in opere) a una causa benefica.

Occorre evidenziare che le campagne promozionali, oggigiorno, sovente vengono realizzate utilizzando in modo integrato diverse tecniche, sfruttando le opportunità della tecnologia e della rete, coniugando obiettivi di marketing differenti.

Esempio

Un'impresa della grande distribuzione realizza un concorso riservato ai clienti che hanno sviluppato un certo volume d'acquisti in un determinato periodo. A essi viene richiesto di registrarsi su un apposito sito per poter concorrere a una vincita immediata (premio, buono sconto, omaggio ecc.) attraverso una slot-machine digitale. Tra tali clienti, coloro che ritirano la carta fedeltà possono partecipare all'estrazione finale del super premio.
Attraverso un'iniziativa di questo genere, l'azienda persegue anche degli obiettivi accessori allo stimolo alle vendite e all'animazione: arricchisce il suo database, ponendo le premesse per la realizzazione di future efficaci campagne di Direct Marketing, e amplia il novero dei possessori di carta fedeltà, consolidando il proprio loyalty program.

Stanti le ingenti risorse che vengono destinate alle promozioni, stringente è la necessità di monitorare l'efficacia di tali investimenti. Tuttavia, la misurazione dei risultati di una campagna promozionale è un'attività molto complessa, poiché numerose sono le variabili che possono influenzare tale valutazione, rendendola potenzialmente fallace. Ciò nonostante, è possibile individuare i concetti fondamentali intorno ai quali devono essere elaborate le opportune valutazioni. Nel caso di una promozione di prezzo realizzata da un'impresa industriale, tali concetti sono sintetizzati nella figura 18.2.

Figura 18.2
Gli effetti di una promozione di prezzo.

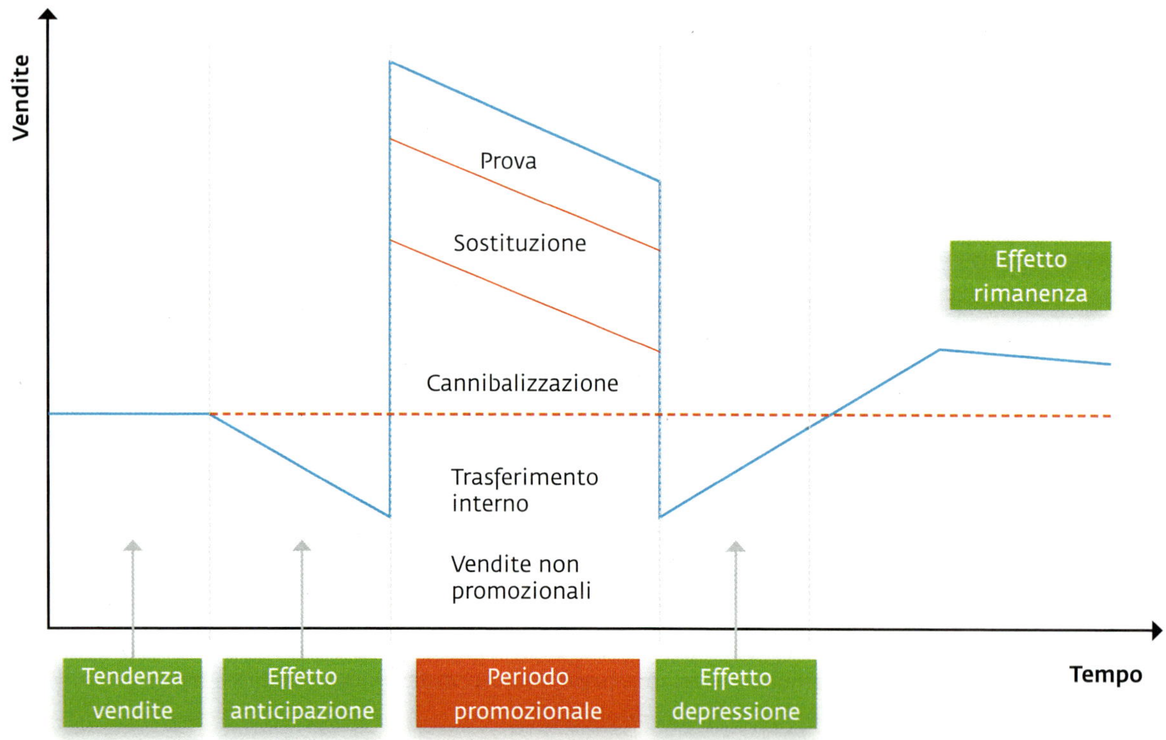

Nel periodo antecedente alla promozione, il trend normale delle vendite è definito. In prossimità dell'avvicinarsi del periodo promozionale, laddove sia noto al mercato l'inizio dello stesso, è lecito attendersi una riduzione delle vendite (effetto anticipazione). Nel periodo promozionale si verificherà con ogni probabilità un incremento del volume delle vendite. Tuttavia, esso va interpretato secondo la seguente logica: il quantitativo corrispondente alla tendenza normale delle vendite sarebbe stato comunque venduto, ma a prezzo pieno e non a prezzo promozionale; inoltre, un certo quantitativo di vendite potrebbe scaturire dalla cannibalizzazione di un prodotto della stessa impresa, che nel periodo viene venduto a prezzo pieno; l'effetto ricercato è quello di indurre alla prova del prodotto nuovi consumatori (prova) o sottrarre consumatori alle marche concorrenti (sostituzione). Al termine del periodo promozionale si attende una temporanea flessione delle vendite, dovuta al sovrastoccaggio realizzato dai consumatori nel periodo promozionale (effetto depressione). Subito dopo si può misurare la nuova tendenza delle vendite. Se la promozione ha consentito di raggiungere e mantenere dei consumatori nuovi per la marca, allora, dopo la promozione, il volume di vendite normale si stabilizza su livelli superiori (effetto rimanenza).

Cannibalizzazione

Vendita di un prodotto da parte di un'impresa a discapito di un altro suo prodotto.

18.3 Pubbliche relazioni

Le pubbliche relazioni (PR), secondo l'accezione tradizionale, riguardano la gestione delle relazioni tra l'impresa e i suoi stakeholder allo scopo di sviluppare la sua credibilità nell'ambiente di riferimento (*corporate public relations*). Le pubbliche relazioni veicolano agli stakeholder i valori, le strategie, le qualità dell'impresa, le ricadute positive della sua attività, in modo da consolidarne l'immagine e la reputazione presso i pubblici influenti cui essa si rivolge e ottenere la loro benevolenza (*goodwill*). Le *corporate public relations* dunque sono lo strumento principe della corporate communication.

Accanto a questo ruolo primario, tuttavia, esse svolgono anche una funzione di supporto al marketing, poiché, operando in sinergia con gli altri strumenti del communication mix, partecipano alla promozione di marche e prodotti verso specifici pubblici di riferimento, come la stampa, gli "addetti ai lavori", gli opinion leader, i distributori, gli interlocutori istituzionali, cercando di ottenere la loro fiducia e collaborazione (*marketing public relations*). In questa seconda funzione, le *marketing public relations* costituiscono uno strumento importante della integrated marketing communication.

Dunque le pubbliche prelazioni possono essere utilizzate per dialogare, perseguendo le finalità sopra descritte, con diversi pubblici, dai collaboratori dell'impresa (*internal relations*), agli investitori (investor relations), alle istituzioni (*corporate affairs* o *lobbying*), ai consumatori (*consumer relations*), alla società nel suo complesso (*media relations*).

Ne consegue che, vista la complessa articolazione delle PR e i suoi molteplici destinatari, debbano essere definiti diversi programmi specifici che, tuttavia, non verranno approfonditi in questa sede.

Investor relations

Le *investor relations* sono lo strumento fondamentale della comunicazione economico-finanziaria e hanno lo scopo di gestire le relazioni con i portatori di capitale (azionisti, istituti di credito, investitori istituzionali, obbligazionisti), con gli influenzatori del mercato (analisti finanziari, giornalisti economici, società di rating), con le autorità di regolazione.

Le PR sono vengono definite come "strumento composito" del communication mix, in quanto trovano applicazione attraverso una molteplicità di mezzi, di seguito brevemente descritti.

- I *rapporti con la stampa*: si tratta di fornire ai media le informazioni relative all'attività dell'impresa in modo efficace, inducendo l'organo di stampa a farle proprie e a presentarle al pubblico. Una comunicazione sull'impresa veicolata da un media importante potrà raggiungere un'ampia audience, con un elevato livello di credibilità.
- Le *sponsorship*: consistono nel sostegno, spesso finanziario, fornito a una persona, un gruppo, un'organizzazione, una specifica manifestazione, ottenendo in cambio l'esplicita evidenziazione della sponsorship al pubblico. Le più diffuse sono quelle sportive, cui seguono quelle culturali e sociali. Le finalità sono prevalentemente legate alla notorietà e all'immagine del corporate o del product brand e alla costruzione di un legame con i consumatori; è fondamentale pertanto che l'impresa sponsor selezioni il partner considerando l'osmosi di immagine e valore che conseguirà alla sponsorship.

Esempio

La compagnia aerea degli Emirati Arabi Fly Emirates è particolarmente attiva nelle sponsorship sportive.
Dopo Paris Saint-Germain in Francia, Amburgo in Germania, Olympiacos in Grecia e Arsenal in Inghilterra, dal 2010 Fly Emirates è sponsor anche della squadra italiana del Milan. L'accordo è quinquennale e l'investimento complessivo pari a 60 milioni di euro, cui si aggiungono i bonus legati al raggiungimento dei risultati sportivi.

- Gli *eventi*: consistono nella realizzazione di manifestazioni di carattere tematico, rivolte a uno specifico pubblico e finalizzate a un determinato obiettivo. Si distinguono i *product events*, inerenti il sistema di offerta e destinati ai consumatori (inaugurazione di un punto vendita, sostegno al lancio di un nuovo prodotto ecc.); i *corporate events*, costruiti intorno all'impresa nel suo complesso (visite aziendali, open day, convention ecc.); i *community events*, realizzati di concerto con le istituzioni e le comunità locali.

Open day
L'apertura al pubblico della sede dell'impresa (sede principale, sedi periferiche, stabilimento ecc.), finalizzata a realizzare una forte partecipazione e coinvolgimento dei consumatori.

- I *PR media digitali*: la rete presenta nuove opportunità di comunicazione alle imprese, così come nuove sfide da fronteggiare. Le PR online si possono avvalere oggi di strumenti aziendali come il sito, le pagine nei social network, i blog gestiti direttamente. Esse poi devono preoccuparsi di monitorare e, laddove possibile, moderare la comunicazione orizzontale tra i consumatori, che ha luogo nei consumer generated media come i social network, i blog, le community, i newsgroup.

Le pubbliche relazioni non prevedono l'acquisto di spazi di comunicazione presso concessionarie, per cui richiedono investimenti più contenuti rispetto alla pubblicità. Inoltre, rispetto all'advertising, esse sono dotate di un notevole potenziale di coinvolgimento del pubblico e di una più elevata credibilità.

18.4 Direct marketing

Il *Direct Marketing* (DM) è uno strumento di comunicazione volto a interagire con il target definito in modo diretto, interattivo e personalizzato, ottenendo risposte misurabili. Gli obiettivi perseguiti sono prevalentemente di tipo comportamentale e comprendono: la generazione di un ordine (*direct order generation*), l'ottenimento di informazioni e/o la registrazione a un database/sito/servizio (*lead generation*), la visita a un punto vendita o ad altro luogo commerciale (*traffic generation*).

Avvalendosi di un opportuno database commerciale, il direct marketing consente d'impostare delle campagne di tipo *narrowcasting*, ovvero caratterizzate da un elevato livello di personalizzazione, fino ad arrivare al one-to-one marketing, senza il ricorso a figure di intermediario.

Il database commerciale (DB), un archivio digitale nel quale vengono archiviate e organizzate tutte le informazioni sui clienti e sui prospect, è il cuore di questa strategia, al punto che taluni usano il termine *database marketing* in alternativa a *direct marketing*. Le informazioni contenute nel DB potranno essere utilizzate per realizzare un customer profiling molto avanzato e pianificare in modo personalizzato le campagne di DM.

One-to-one marketing

One-to-one marketing significa definire un approccio di marketing e di comunicazione specifico per ogni destinatario.

Prospect

È un cliente potenziale, interessato al sistema d'offerta dell'impresa e in grado di acquistarne i prodotti.

Customer profiling

La profilazione della clientela (attuale e potenziale) secondo variabili di varia natura, da quelle di tipo socio-demografico a quelle comportamentali.

Grazie alle caratteristiche sopra evidenziate, il DM si prospetta come un eccellente approccio per attuare le seguenti strategie.

- *Acquisition* (acquisizione di nuovi clienti): a tale scopo è necessario costruire un database di *prospect* e comunicare con essi in modo personalizzato, con l'obiettivo di indurli alla prova del prodotto.
- Up-selling (vendita di prodotti/servizi di maggiore valore): si rivolge in particolare a clienti che stanno entrando nella fase di sviluppo del ciclo di vita della relazione con l'impresa, ai quali vengono proposti prodotti/servizi, nella stessa categoria, aventi valore e marginalità superiori.
- Cross-selling: (vendita di prodotti/servizi complementari): si rivolge in particolare a clienti che hanno una relazione matura e consolidata con l'impresa, ai quali vengono offerti ulteriori prodotti/servizi, in categorie di prodotto nuove e/o complementari a quelle tradizionali, incrementando così fatturato e marginalità.
- *Retention* (mantenimento del cliente): monitorando il comportamento del cliente, si possono cogliere dei segnali utili per ridefinire l'offerta o proporre degli incentivi per rafforzare la relazione.

Up-selling

È finalizzato a stabilizzare la relazione con il cliente e a renderla più profittevole. A tale scopo si promuove la vendita al cliente attuale di prodotti e/o servizi appartenenti alla medesima categoria ma di maggiore valore e marginalità: ad esempio l'estensione della garanzia o la vendita di prodotti di gamma superiore.

Cross-selling

Ha l'obiettivo di consolidare la relazione, incrementare il fatturato e la profittabilità. L'estensione dell'offerta a prodotti complementari consente inoltre di offrire un servizio integrato (*bundle*): si pensi ai vettori aerei come Ryanair, che dopo avere venduto online il biglietto aereo propongono l'affitto di auto, albergo, servizi turistici ecc.

Secondo la Direct Marketing Association, circa il 60% degli investimenti in DM è rivolto all'obiettivo di catturare nuovi clienti, mentre il 40% è finalizzato alla gestione del mantenimento dei clienti attuali.

L'utilizzo di un approccio diretto, senza intermediari, e la possibilità di attivare facilmente un contatto, attraverso le informazioni presenti nel database, generano elevati rischi di intrusività nella privacy del destinatario, con la conseguenza di poter determinare un effetto negativo nella percezione dello stesso. Pertanto, nell'ambito delle azioni di DM, sovente si procede alla richiesta

preventiva al destinatario del "permesso" di attivare una relazione, seguendo i principi del *permission marketing*.
Per tale via, da una parte, si evita l'effetto negativo che potrebbe generare la ricezione di un messaggio non desiderato e, dall'altra, si incrementa fortemente il potenziale di redemption dei messaggi veicolati.

In alternativa, si può cercare di comunicare con il consumatore in contesti che, implicitamente, lasciano intendere un potenziale interesse specifico verso ciò che l'impresa gli propone.

Focus Permission marketing

Il concetto è stato sviluppato da Seth Godin nel 1999, nel suo libro *Permission marketing*. Una "permission relationship" viene avviata nel momento in cui un consumatore esprime un esplicito consenso a ricevere messaggi commerciali da parte dell'impresa. Basata su tale presupposto, la relazione di marketing sprigiona molteplici vantaggi.

Per i consumatori:
- riduzione dei costi di ricerca delle informazioni;
- migliore organizzazione delle attività di ricerca delle informazioni;
- maggiore rilevanza delle informazioni ricevute.

Per l'impresa:
- più efficace targeting e personalizzazione;
- acquisizione di nuovi clienti;
- consolidamento della relazione con i clienti attuali;
- maggiore efficienza ed efficacia nella gestione della relazione con i clienti attuali e potenziali.

Esempi di modalità per applicare il permission marketing sono: newsletter, mailing list, fan page facebook, RSS, vodcasting ecc.

La newsletter di Chicco è un interessante esempio di DM rivolto a un pubblico selezionato secondo la logica del permission marketing. La newsletter viene inviata a coloro che s'iscrivono liberamente alla stessa, con l'intento di sostenere e incoraggiare il cammino dei genitori. Essa veicola prevalentemente contenuti legati all'infanzia, seguendo le tappe evolutive della crescita del bambino a partire dall'attesa fino alla scuola elementare, proponendo spunti di riflessione, soluzioni pratiche e idee concrete di taglio educativo. Interessante rilevare che i contenuti sono differenziati a seconda dell'età del bambino e che vi è una chiara separazione tra la parte informativa e la parte commerciale della newsletter.

Esempio

Molto interessante è l'esempio di Shazam, l'applicazione che consente all'utente di identificare un brano musicale durante il suo ascolto e di poter immediatamente procedere all'acquisto dello stesso. L'applicazione propone poi all'utente interessato ulteriori informazioni e opportunità commerciali in relazione agli interessi espressi (p.e. i biglietti per un concerto dello stesso autore o un libro sulla sua biografia).

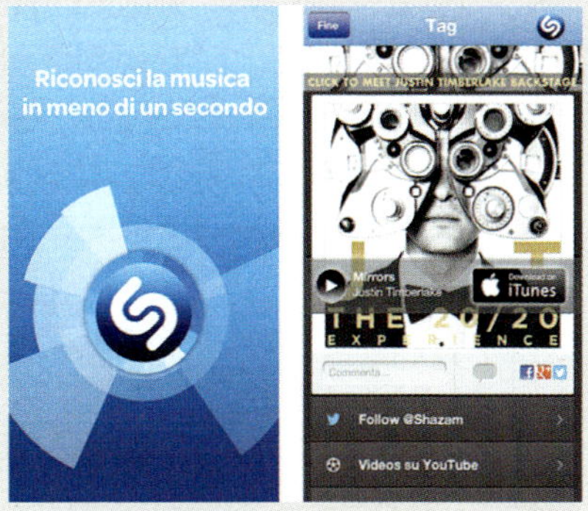

Anche il DM trova applicazione attraverso numerosi mezzi, tra i quali si collocano i seguenti.

- *Direct mail*: invio postale di corrispondenza commerciale; è il mezzo più utilizzato attualmente, e per questo sconta una potenziale limitata efficacia dovuta proprio al sovraffollamento. Grazie ad avanzate tecnologie di stampa, attraverso l'integrazione con il database, il direct mail può rivolgersi in modo personalizzato ai vari cluster di clienti.
- *Email marketing*: invio di email; è uno dei mezzi più convenienti e personalizzabili, di grande interesse in particolare per sostenere le attività di comunicazione e di commercializzazione online, potendo convogliare in modo assai efficace i destinatari su siti e piattaforme commerciali. Va utilizzato con molta attenzione, in quanto è particolarmente esposto al rischio di spamming.
- *Telemarketing*: contatto attraverso il mezzo telefonico; consente un approccio personalizzato, real time e soprattutto interattivo, particolarmente utile per instaurare un primo rapporto con il cliente, ma anche per gestire la relazione e dare un buon livello di customer service. Si tratta di un mezzo sempre più utilizzato nel B2B, per svolgere attività di gestione del cliente tradizionalmente svolte dalla forza vendita.

Spamming

L'invio di email a destinatari non in target, che conseguentemente non gradiscono l'intrusione commerciale.

Focus Email marketing

L'email marketing è uno strumento di direct marketing che prevede l'utilizzo esclusivo del mezzo posta elettronica. Esso unisce alle potenzialità delle comunicazioni *one-to-one* i vantaggi della digitalizzazione, ovvero: costi ridotti di produzione e invio, creatività, personalizzazione, tempestività della spedizione e misurabilità dei risultati ottenuti. Il successo di una campagna di email marketing è legato a tre aspetti sostanziali:

1. la corretta costruzione e gestione del database clienti a cui destinare l'invio;
2. la scelta del *subject* utilizzato nella mail, che deve attirare l'attenzione e la curiosità dell'utente utilizzando solo poche parole;
3. la scelta e la formulazione dei contenuti, che devono essere adeguati al mezzo e rilevanti per chi li riceve.

L'attenzione a questi tre aspetti, infatti, riduce enormemente il rischio di inviare comunicazioni non richieste o percepite come intrusive e non gradite ai clienti. Per le sue caratteristiche, l'email marketing rappresenta uno strumento di grande interesse per gli inserzionisti che devono raggiungere dei target specifici e che puntano a stimolare un'azione da parte dell'utente, come la sottoscrizione, l'acquisto, la partecipazione a una promozione o a una ricerca di mercato, soprattutto in ambiente digitale.

- *TV digitale*: utilizzo delle piattaforme televisive interattive; si tratta di una modalità che presenta un enorme potenziale, in forte crescita ma, in taluni mercati, ancora marginale. Ha il vantaggio di poter veicolare messaggi fortemente contestualizzati, in relazione al contesto narrativo specifico.
- *Mobile marketing*: concerne tutte le attività di marketing, comunicazione, vendita (*M-commerce*), realizzate attraverso un canale *mobile* (applicazioni wireless, smartphone, tablet). La connessione mobile è "ovunque e 24 ore su 24", aprendo alle imprese straordinarie opportunità di contatto e di relazione. Le campagne di DM *mobile* possono godere di opportunità di personalizzazione contestuale di grande efficacia, nell'ambito del *proximity marketing*.

Focus **Proximity marketing**

Una particolare applicazione del *mobile marketing* è quella del *proximity marketing* che, identificando la localizzazione del destinatario (p.e. grazie alla tecnologia GPS), attiva una comunicazione contestuale e geolocalizzata, con informazioni o contenuti multimediali che sono associati al luogo o al punto di interesse dove si trova il destinatario. Il potenziale della rete abbinato alla contestualizzazione geografica o di uso si esprime alla massima potenza, garantendo livelli di *redemption* eccezionali.
Molto interessante è l'esempio di *Blue Legends*, l'applicazione lanciata dalla compagnia area Lufthansa che, sfruttando le API di Foursquare, permette ai viaggiatori di accedere a promozioni personalizzate e di vincere numerosi premi semplicemente facendo il "check-in" presso le sale d'attesa della compagnia e gli aeroporti.

- *World wide web*: il servizio di Internet che permette di navigare e di usufruire di un insieme vastissimo di contenuti; la rete evidentemente è l'ambiente dove l'approccio di DM trova la sua più naturale espressione. Attraverso appositi software, infatti, è possibile analizzare il comportamento del consumatore in rete, in particolare nelle sue interazioni con l'impresa, combinare queste informazioni con quelle di carattere anagrafico e con quelle presenti nel database commerciale, e definire delle campagne digital (web, email ecc.) di straordinaria efficacia. Ritorneremo su questo argomento nel paragrafo dedicato alla comunicazione digitale.

18.5 Marketing non convenzionale

Di fronte alla moltiplicazione degli stimoli comunicazionali veicolati al pubblico e all'affollamento dei media, la sfida fondamentale per l'impresa che comunica è riuscire a superare la soglia percettiva dei destinatari, catturarne l'attenzione, stimolarne l'interesse, coinvolgerli emotivamente. Gli strumenti tradizionali manifestano limiti in tal senso per diverse ragioni (personalizzazione, interazione, coinvolgimento, capacità espressive, affollamento, consuetudine), sicché le imprese fanno sempre più ricorso alle opzioni del marketing non convenzionale, un insieme di approcci, soluzioni, strumenti di comunicazione innovativi, che hanno la capacità di sorprendere e/o coinvolgere i consumatori, entrando nella loro sfera emotiva. Il marketing non convenzionale può operare in rete, con il supporto delle nuove tecnologie (*e-word of mouth*), nel mondo fisico (guerrilla marketing, marketing tribale) o in entrambi (marketing esperienziale).

- Il *viral marketing* (o *buzz marketing* o *Word Of Mouth – WOM – marketing*) è una forma di marketing non convenzionale che reinterpreta in forma moderna una delle più antiche forme di comunicazione: il passaparola. Si tratta di una forma di comunicazione, realizzata prevalentemente sul web, che fa leva sulla partecipazione attiva dei destinatari alla successiva diffusione del messaggio, generando le condizioni per una crescita esponenziale della sua notorietà e influenza. Quando il messaggio ("idea virus") è efficace, la diffusione dello stesso avviene autonomamente (in modo incentivato o non) senza ulteriori interventi da parte dell'emittente, grazie alle interazioni che intervengono tra gli utenti stessi. I mezzi di diffusione del messaggio possono essere i più diversi, dall'email al video YouTube, al post su social media.

Esempio

Procter & Gamble, colosso statunitense dei beni di largo consumo, con marche in portafoglio come Gillette, Duracell e Pampers, è stata al centro del *buzz* mondiale per il video virale "Best job", facente parte della campagna di marketing "Proud sponsors of moms", organizzata in occasione delle Olimpiadi di Londra 2012. Il video ha come protagoniste le mamme degli atleti, focalizzando in ogni scena l'attenzione sui sacrifici che queste fanno per portare i futuri olimpionici dalla culla al podio. Pubblicato l'11 aprile 2012, il video è stato visto oltre 14 milioni di volte, condiviso più di 2 milioni di volte su Facebook, ha ricevuto oltre 80 mila tweet ed è stato postato su oltre 1500 blog.

- Il *guerrilla marketing* (o *guerrilla communication*) è una strategia di comunicazione non convenzionale che, grazie alla forza di un'idea creativa originale, sorprendente e veicolata in maniera sensazionale, ha l'obiettivo di superare le barriere percettive dei destinatari e di ottenere un'elevata visibilità con mezzi contenuti. Date le peculiarità dell'idea, esso si configura come un approccio di comunicazione a elevato contenuto d'intrattenimento (advertainment). Il buon rapporto tra investimenti e risultati della comunicazione è dovuto al fatto che il guerrilla marketing non prevede l'acquisto di mezzi di comunicazione ma fa leva sul passaparola e sul *media hunting*, ovvero sul coinvolgimento dei media per ottenere l'amplificazione del messaggio.

Advertainment

Il neologismo "advertainment" scaturisce dalla crasi dei due termini "advertising" ed "entertainment" e qualifica una forma di comunicazione connotata da forti contenuti di intrattenimento.

Un esempio di guerrilla marketing realizzato attraverso un'installazione outdoor del WWF, nell'ambito di una campagna contro l'inquinamento atmosferico in Cina.

- Sulla scorta delle tendenze culturali del consumatore postmoderno (recupero dei legami, ricerca di socialità autentica ecc.) si osserva la crescita di strategie di *marketing tribale*. Si tratta di una serie di azioni realizzate dall'impresa per supportare la costituzione e lo sviluppo di gruppi di persone (tribù) non necessariamente omogenee per caratteristiche sociodemografiche, ma accomunate tra di loro dalla condivisione di una forte passione per un prodotto, una marca, un'attività specifica. L'impresa, individuata la tribù e comprese le sue caratteristiche (valori, relazioni, rituali, codici), può operare al fine di rafforzare i legami al suo interno, estenderne le dimensioni e cercare di estrarre valore dalla tribù stessa. Ne possono derivare ricadute importanti in termini di *branding*, passaparola, vendite.

Esempio

Uno degli esempi più ricorrenti di *tribal* marketing è, senza dubbio, il caso Ducati. Fondata nel 1926, Ducati era sull'orlo del fallimento quando, nel 1996, fu rilevata da Federico Minoli per conto di Texas Pacific Group, un fondo d'investimento americano.
Per rilanciare l'azienda, Minoli ha scommesso tutto sulla tribù, designando fin dall'inizio non un marketing manager ma un *tribe director*. Non avendo la possibilità di mettere in atto una strategia comunicativa rivolta al grande pubblico, perché troppo onerosa, Ducati ha puntato sul *tam tam* della tribù e su un insieme di eventi (tra cui i Ducati Weekends e la World Ducati Week) che le hanno permesso di costruire una tribù virtuale del brand (12 milioni di visitatori all'anno sul sito ducati.com) intorno a una tribù reale di circa 200 mila affezionati clienti.

- Il *marketing esperienziale*, basandosi sulle più recenti indicazioni provenienti dagli studi sul comportamento dei consumatori, fonda l'approccio al mercato dell'impresa sulla centralità e multidimensionalità dell'esperienza di consumo, focalizzandosi sugli aspetti situazionali. Tale approccio, attribuendo particolare rilevanza ai *driver* emozionali del consumo, definisce il sistema d'offerta a partire dall'esperienza, la quale viene costruita su diverse dimensioni: *sense* (percezione sensoriale), *feel* (emozioni), *think* (processi cognitivi di apprendimento), *act* (comportamenti e stili di vita), *relate* (interazione). Nel retailing il marketing esperienziale trova applicazione in particolare attraverso i format del flagship store e del concept store.

Nel flagship store di Pirelli il visitatore entra nel mondo dell'automobilismo e del motociclismo, vivendone anche le esperienze di guida in un ambiente simulato.

18.6 Comunicazione digitale*

Le imprese, quale che sia il loro livello di impegno strategico nel contesto digitale, devono ormai gestire la comunicazione di marketing integrando i mezzi tipici del communication mix offline con i cosiddetti "media digitali". Con tale espressione intendiamo in questa sede tutti i mezzi – infrastrutture, hardware/device e applicazioni software – che basano il loro funzionamento sull'utilizzo dei bit nella codificazione dei contenuti (audio, video, testi, algoritmi) e per i quali è sempre più importante la connessione in rete nella fase di diffusione/condivisione dei contenuti stessi. Dal punto di vista del fruitore finale, i media digitali sono soprattutto i device, quali smartphone, PC, tablet, console ecc. Sono questi supporti mediali, infatti, a determinare nei fatti la *user experience*. Occorre ricordare però che questi device sono componenti di sistemi mediali digitali più ampi, quali Internet, il web o il mobile. Inoltre, dal punto di vista del management, sono media digitali anche gli strumenti di comunicazione di marketing digitale, che andremo a delineare sinteticamente più avanti, quali i blog, i social network o le app. Pertanto, la locuzione "media digitale" presenta diversi livelli di significato e non può essere riferita in via esclusiva ai meri strumenti di *delivery* dei messaggi, ma più correttamente a nuovi "sistemi culturali" emergenti nell'ambito della comunicazione di marketing. Quest'ultima, progressivamente, si digitalizza, tendendo di conseguenza ad acquisire quelle *caratteristiche innovative* che sono peculiari del marketing digitale (▸ Capitoli 3 e 16): la *reticolarità*, l'*interattività*, la *decentralizzazione*, la *dinamicità* e l'*apertura alla collaborazione*. Nello specifico risultano importanti le seguenti caratteristiche.

- *Reticolarità*, poiché le comunicazioni da gestire non sono più esclusivamente lineari/sequenziali (impresa-communication target audience), ma presentano in modo crescente l'architettura di un network. I nessi da costruire e monitorare con l'attività del management, online come offline, non sono solo quelli tra impresa e clienti, ma anche tra clienti stessi. Tali dinamiche sono assai evidenti nell'ambito dei social media, dove il brand deve giocare il ruolo di soggetto dialogante con una pluralità di stakeholder, tutti nodi di un network virtualmente globale.
- *Interattività*, in quanto i flussi di comunicazione sono bidirezionali e, sempre più spesso, anche multidirezionali (*multi-way communication*), coinvolgendo appunto più nodi del network.
- *Decentralizzazione*, dato che i *touchpoint* si moltiplicano e in questi molteplici contesti l'impresa non può più essere l'unico "emittente", ma deve porsi verso i diversi interlocutori rilevanti con un approccio paritario improntato all'ascolto, anzitutto, e quindi al dialogo, tenendo presente che lo *storytelling* della marca non può più essere fortemente accentrato come nella comunicazione di massa.
- *Dinamicità e collaborazione*, poiché i messaggi "di marketing", ovvero quelli aventi a oggetto i valori della product offering, non sono più creati e diffusi esclusivamente dall'impresa/brand (*brand generated content*), ma sono sempre più spesso il frutto della partecipazione e del contributo diretto degli utenti, ad esempio online attraverso gli *user generated content* nella forma di proposte creative (p.e. My Starbucks Idea), commenti e ranking ("vota il prodotto"),

* Di Maria Vernuccio.

product review (p.e. recensioni dei libri su Amazon) o narrazione di esperienze di consumo (p.e. Tripadvisor). Grazie alla collaborazione aumenta anche il livello di personalizzazione dei messaggi di marketing, come vedremo di seguito.

Con l'espressione "comunicazione di marketing digitale" si vuole intendere quindi la comunicazione che, nel perseguimento dei classici obiettivi cognitivi (brand awareness), affettivi (atteggiamento, preferenze, brand image) e comportamentali (acquisto, passaparola), utilizza i media digitali. Il fatto che gli obiettivi di fondo della comunicazione di marketing siano i medesimi del mondo offline, seppure arricchiti da nuovi obiettivi come la partecipazione e il coinvolgimento del cliente, non deve trarre in inganno, conducendo a sottovalutare la portata innovativa dei nuovi strumenti che vanno integrandosi nel communication mix. Infatti, la digitalizzazione rappresenta la causa fondamentale del radicale cambiamento del tradizionale paradigma della comunicazione di massa. Si tratta di una vera e propria rivoluzione, che introduce, dal punto di vista dell'impresa, non solo nuovi significativi elementi di complessità manageriale (p.e. reticolarità, decentralizzazione ecc.), ma anche opportunità rilevanti in termini di maggiore *reach* (ampiezza), *richness* (profondità) ed *engagement* (coinvolgimento), come andiamo a illustrare brevemente di seguito (▸ Capitolo 16).

- *Reach*: grazie all'estesa diffusione a livello globale della rete e di una grande varietà di device digitali (PC, smartphone, tablet ecc.), i messaggi di marketing possono raggiungere un numero molto elevato di individui.
- *Richness*: per le proprietà interattive dei media digitali i contenuti possono essere personalizzati in funzione delle caratteristiche di specifici target e arrivare a essere mirati alle istanze/profili di singoli utenti; in questo senso, può aumentare notevolmente la profondità della comunicazione di marketing.
- *Engagement*: il coinvolgimento dell'utente nella comunicazione di marketing può essere aumentato grazie alle possibilità d'interazione e socializzazione delle esperienze online, oltreché attraverso un buon utilizzo della multimedialità (audio, video, testi).

L'ampiezza del communication target (*reach*), il livello di personalizzazione dei contenuti di marketing (*richness*) e il livello di coinvolgimento degli utenti verso il brand, sono tre dimensioni strategiche della comunicazione di marketing, che grazie alla digitalizzazione possono essere accresciute contemporaneamente.
Dunque, la sfida per i manager è anzitutto quella di prendere piena consapevolezza delle specificità e delle potenzialità sopra esposte, al fine di cercare di cogliere

Esempio

Il contributo in termini di contenuti di marketing da parte degli utenti non si estrinseca solo nelle raccomandazioni e recensioni dei prodotti, ma può arrivare finanche alla partecipazione alla fase creativa di una campagna pubblicitaria. Costituita nel 2007, Zooppa.com è leader nel mercato del "social advertising", basato proprio sul contributo diretto in termini di idee creative da parte degli utenti. A oggi, oltre 100 imprese (p.e. LEGO, Postemobile, Diesel, Unicredit, P&G, Amazon, Telecom Italia, Sony, Nike) hanno affidato alla community di Zooppa le loro campagne pubblicitarie e gli utenti iscritti (oltre 100 mila) sono stati messi in competizione tra loro per vincere premi in denaro.

le nuove opportunità strategiche modificando il consueto *modus operandi*.
In secondo luogo, la sfida consiste nell'integrare online e offline la comunicazione di marketing, mantenendo coerenza in termini di *brand identity* e *brand positioning*, nonostante la moltiplicazione dei contesti e dei meccanismi comunicativi. A quest'ultimo proposito, occorre sottolineare che alla varietà degli strumenti e mezzi offline si aggiunge una nuova ed estremamente mutevole varietà da gestire, quella digitale, che presenta meccanismi di funzionamento, come visto, assai diversi dai mass media. Un'ulteriore importante sfida per il management è quindi sintetizzabile con l'apprendimento continuo, in quanto chi gestisce la comunicazione, più che in passato, deve sviluppare in modo continuativo sempre nuove competenze riguardo ai nuovi strumenti di comunicazione che nascono e si diffondono a ritmi sempre più intensi.
Nell'ambito di tale varietà, i principali strumenti di comunicazione digitale che oggi vengono utilizzati nel perseguimento degli obiettivi di marketing (definiti spesso dagli addetti ai lavori "digital media channel"), sono i seguenti.

- *Search marketing*: in senso ampio, il search marketing è da intendersi come l'insieme delle attività tecniche (*Search Engine Optimization*, SEO) e pubblicitarie (*Search Engine Marketing* o *Paid Search Marketing* o *pay-per-click*), che consentono al brand di ottenere la massima visibilità in rete attraverso l'utilizzo dei motori di ricerca. Questa migliore condizione di visibilità si estrinseca nella conquista di posizioni prioritarie nelle pagine risultato dei motori di ricerca, quali Google. In particolare, attraverso il SEO i contenuti digitali inerenti alla marca (testi del sito web, video su YouTube, presentazione su SlideShare ecc.) vengono "ottimizzati", ossia costruiti in modo che i motori di ricerca ne riconoscano la rilevanza e li presentino di conseguenza tra i primi risultati, cosiddetti "organici" (figura 18.3). Ciò si realizza, ad esempio, ottimizzando sia il "codice sorgente" in HTML sia gli aspetti di tipo semantico. Il *Search Engine Marketing* (SEM), invece, fa riferimento alla pubblicità veicolata tramite i motori di

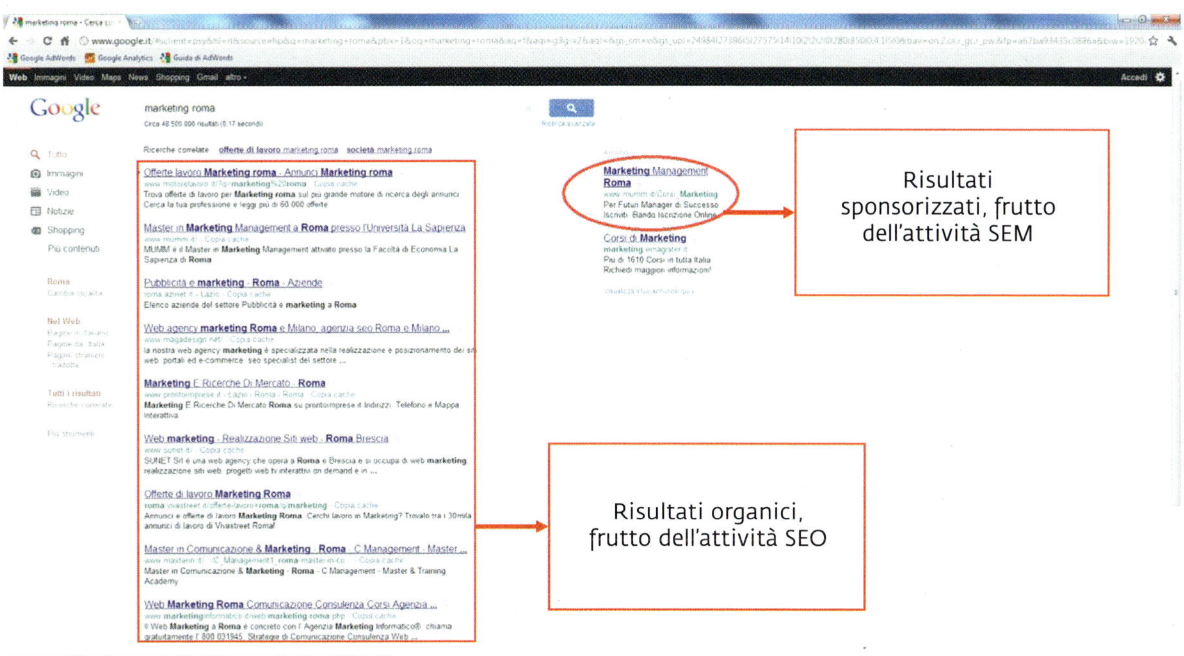

Figura 18.3
Risultati organici (SEO) e a pagamento (SEM).

ricerca, che tipicamente prende la forma del *keyword advertising*: gli annunci commerciali pertinenti con la *query* effettuata dall'utente vengono visualizzati sulla destra della pagina risultato. Con il SEM, la comunicazione di marketing è altamente personalizzata in quanto *on-demand* e il costo della pubblicità per l'inserzionista dipende dal numero dei click effettivamente generati dagli annunci sponsorizzati (costo variabile o *pay-per-click*).

- *Display advertising*: la pubblicità online è rappresentata ancora oggi per una porzione consistente dai banner di diversi formati, sempre più multimediali fino ad arrivare a veri e propri video. Anche se la display advertising può generare una risposta immediata attraverso il *click-through*, il suo obiettivo più naturale è la brand awareness. Il costo, in questo caso, è basato sulle visualizzazioni del messaggio pubblicitario (*cost-per-impressions*) e non sui click.
- *Online PR*: sempre di più la costruzione e la difesa della reputazione di marca nei contesti sociali digitali assume un'importanza strategica. Le attività di PR online comprendono sia l'ascolto, il monitoraggio (*sentiment analysis*) e, laddove necessario, la partecipazione alle conversazioni che si svolgono in rete e che hanno a oggetto il brand, sia lo sviluppo di piattaforme *owned* (p.e. il corporate blog, la brand fanpage) dove attrarre gli stakeholder, sia ancora il coinvolgimento degli *influencer* digitali, come i blogger, per la diffusione di contenuti positivamente associati alla marca.
- *Mobile advertising*: le grandi potenzialità di targettizzazione, contestualizzazione (anche in termini di geolocalizzazione) e interazione abilitate dai device mobili consentono alla mobile advertising d'integrarsi su un piano di comunicazione, accrescendone l'efficacia. La pubblicità su dispositivi mobili può assumere diverse forme, ma in genere viene fruita dagli utenti quando navigano nel mobile web, utilizzano app o giocano. Sono quattro i principali modelli di mobile advertising.
  - *Mobile banner e display*: anche in questo caso si tratta di elementi grafici pubblicitari (inseriti in pagine web mobile, giochi o app), cliccabili e collegati a specifiche offerte o a pagine di marca (*mobile landing page*).
  - *Mobile pay-per-click*: simili agli annunci a pagamento visti sopra, visualizzati dai motori di ricerca in modalità *pay-per-click*.
  - *Contextual mobile advertising*: sono annunci, testi o immagini, *pay-per-click* visualizzati in un mobile web site, invece che nella pagina dei risultati di un motore di ricerca.
  - *Idle screen advertising*: è la pubblicità che viene visualizzata mentre l'utente attende, ad esempio, il download di una mobile application.

Esempio di mobile banner e landing page. Yamaha attira l'attenzione del navigatore con il banner e lo porta in una pagina definita ad hoc dove viene presentata, in formato mobile, la proposta commerciale

- *Social Media Marketing* (SMM): può essere inteso come un processo che consente agli individui/brand di promuovere i propri siti, prodotti o servizi attraverso canali sociali e di raggiungere una community più ampia di quella che sarebbe raggiungibile tramite i tradizionali canali pubblicitari, con un maggior livello di interazione e coinvolgimento. Gli strumenti del social media marketing sono le piattaforme/media sociali, o *social media*, ossia applicazioni online, piattaforme e media che hanno l'obiettivo di facilitare l'interazione, la collaborazione e la condivisione di contenuti.
  Avendo riguardo al diverso profilo della *user experience*, i social media possono essere distinti nelle seguenti tipologie.
  – *Social network*: sono piattaforme di comunicazione con grado variabile di apertura, dove prevale l'aspetto relazionale (sociale), in quanto consentono ai partecipanti (iscritti) di accedere a contenuti personali di altri nodi della rete e di interagire direttamente con questi. Ne sono esempi Facebook, Google+ e LinkedIn.

Esempio

Nato nel 2004 con la finalità di favorire la socializzazione tra gli studenti del campus universitario di Harvard, Facebook è diventato oggi, con oltre un miliardo di iscritti, il primo social network a livello mondiale. Le imprese utilizzano Facebook sia per campagne pubblicitarie targettizzate anche sulla base degli interessi specifici degli utenti del network sia per attività di branding e marketing relazionale attraverso le "brand fan page". Queste ultime sono particolarmente utili per rafforzare il legame con la marca, coinvolgendo gli utenti in una comunità virtuale di appassionati del brand (p.e. le numerose brand fan page di Disney, che raccolgono milioni di fan in tutto il mondo e generano percentuali molto elevate di conversazioni).

  – *Blog*: è una sorta di giornale interattivo "personale", che offre agli utenti un mix di strumenti per scambiare informazioni di varia natura e dialogare con un numero potenzialmente elevato di individui. Per le attività di PR online ed e-CRM, le imprese fanno ricorso soprattutto ai corporate blog, dove sono i dipendenti stessi a interagire con gli utenti (p.e. i corporate blog di Microsoft e di HP). Di rilievo il fenomeno del cosiddetto micro-blogging e, in particolare, di Twitter, che è specializzato in una forma di comunicazione molto dinamica e sintetica (i "tweet" hanno un limite di lunghezza di 140 caratteri) e, per questo, assai adatto a lanciare iniziative di marketing e a gestire il CRM.
  – *Content on-demand*: questa categoria comprende le molteplici forme di contenuti multimediali per i quali è prevista una fruizione *on-demand*. Può trattarsi di *podcast*, nella forma di un file audio/video fruibile e archiviabile tramite PC o altro media player, o di *content aggregators*, applicazioni che consentono agli utenti di personalizzare il servizio informativo cui desiderano accedere, sottoscrivendo un servizio di distribuzione via Internet (*syndication feeds* come l'RSS – *Really Simple Syndication*), grazie al quale è possibile ricevere aggiornamenti automatici sui temi di specifico interesse, sul supporto preferito. Tale servizio è assai utile nelle attività di media relation (p.e. la sezione Feed RSS del sito corporate di General Motors).

- *Content community*: piattaforme basate sui principi di fondo dell'organizzazione partecipata delle informazioni e della condivisione di particolari tipologie di contenuti tra utenti (autori e semplici "lettori"). Sono molto utili per attività di brand-building e PR. Ne sono esempi di successo YouTube per i video, Pinterest e Flickr per le foto, SlideShare per le presentazioni e Wikipedia per il *collaborative publishing*. Si vedano ad esempio i diversi canali YouTube di Nike.
- *Mondi virtuali*: ambienti simulati, dove l'utente può "vivere" virtualmente diversi tipi di esperienze (p.e. giocare, acquistare beni e partecipare a un evento) attraverso un "avatar", ossia un'icona grafica che ne rappresenta l'identità virtuale. Ne sono esempi il celebre Second Life e Habbo.
- *Forum*: contesti virtuali, ormai tradizionali del web, vocati al libero scambio, in modalità asincrona, di idee e informazioni intorno a temi di interesse. Ne è un esempio alFemminile.com.

18.7 Altri strumenti

Il set degli strumenti del communication mix si completa con ulteriori elementi che, per motivi di spazio, citiamo sommariamente, rimandando ad altra sede per un opportuno approfondimento.
Tra questi vogliamo menzionare il punto vendita, il packaging, le fiere, il product placement.

- Il *punto vendita*, come abbiamo visto nel ▸ Capitolo 13, e come ribadiremo ancora nei ▸ Capitoli 19 e 25, è da considerarsi in tutto e per tutto uno strumento di comunicazione, essendo il luogo fisico dove avviene l'incontro tra la domanda e l'offerta. Nel caso di distribuzione diretta, l'impresa industriale utilizza il punto vendita monomarca per presentare la propria product offering, composta di prodotti, servizi, valori del brand; nel caso di distribuzione indiretta, il punto vendita multimarca è gestito dal distributore, che avoca a sé la funzione comunicazionale nei confronti dei propri clienti.

Figura 18.4
Il ruolo comunicazionale del packaging.

- Il *packaging*, la confezione del prodotto, ha un duplice valore: da una parte, svolge una funzione tecnico-funzionale, in quanto consente di proteggere, conservare, movimentare il prodotto; dall'altra, esso svolge un complesso ruolo comunicazionale (figura 18.4), poiché è parte integrante del prodotto, lo presenta al consumatore esaltandone le qualità (nome del prodotto, marca, slogan, rappresentazione del prodotto, testi persuasivi ecc.), ed è potenzialmente veicolo di ulteriori informazioni di marketing (prezzo, utilizzo del prodotto, gamma ecc.).
- Le *fiere* sono degli spazi economici collettivi, sia B2B che B2C, dove le imprese perseguono finalità di

tipo commerciale e comunicazionale. La partecipazione a una fiera consente all'impresa di entrare in contatto con clienti, fornitori, distributori, business partner, istituzioni; permette di sviluppare le proprie relazioni istituzionali e di business, costruire alleanze, aumentare la notorietà, migliorare l'immagine e la reputazione, incrementare la base clienti e le vendite, sostenere il lancio di un nuovo prodotto, approfondire la conoscenza del cliente, monitorare la concorrenza ecc.

Esempio

Il Salone internazionale del mobile di Milano è la fiera internazionale più importante al mondo per il settore dell'arredamento. Avviato nel 1961 dall'intuizione di un piccolo gruppo di mobilieri italiani per promuovere le esportazioni italiane, nell'edizione del 2013 ha accolto 2500 espositori nazionali e internazionali e oltre 325 mila visitatori, di cui circa l'85% operatori del settore provenienti da 160 paesi diversi.

- Il *product placement* è una forma di comunicazione in cui prodotti, packaging, brand name, logo, corporate name sono intenzionalmente posizionati in contesti narrativi (p.e. film o programmi televisivi) in cambio di un corrispettivo monetario (*production fee*) o extramonetario (p.e. fornitura di attrezzature, servizi gratuiti ecc.), secondo un accordo tra società di produzione e impresa inserzionista. Il *product placement* ha un'elevata efficacia comunicazionale, in quanto l'inserzionista si avvantaggia delle associazioni tra il suo messaggio (prodotto, brand ecc.) e gli elementi del contesto narrativo (trama, protagonista, attore ecc.) e si rivolge a un destinatario che, in quel contesto specifico, è maggiormente disposto a ricevere un input comunicazionale.

Un esempio di product placement: Aston Martin in *007 Casino Royale*.

Esempio

Uno dei casi di product placement di maggior successo è legato al film *E.T. l'Extra-Terrestre* di Steven Spielberg (1982). Nel film il protagonista Elliott usa le caramelle Reese's Pieces per attirare E.T. Il posizionamento del prodotto fece registrare nei tre mesi successivi all'uscita del film un aumento delle vendite del 65%. Steven Spielberg in prima battuta aveva contattato la Mars Inc. che però aveva rifiutato la proposta, portando il regista a scegliere il prodotto della Hershey.

Case History — Fanta

di **Annaluce Latorre**

Creato nel 1941 da un imbottigliatore tedesco, Fanta oggi è un brand commercializzato in 190 paesi, appartenente al portafoglio prodotti di The Coca-Cola Company, il più grande produttore di bevande al mondo. Il brand intende essere associato a momenti di felicità e divertimento, in famiglia e con gli amici; la sua immagine positiva è espressione di una personalità frizzante, che va di pari passo con i suoi colori vivaci, il suo sapore effervescente e le sue bollicine.

In Italia, i prodotti Fanta vengono acquistati ogni anno da 9,8 milioni di consumatori, dei quali circa 3 milioni sono teenager. Si tratta di una marca leader nella sua categoria, con una quota di mercato del 41,5%, che tuttavia ha registrato negli ultimi anni una leggera flessione delle vendite, soprattutto tra i ragazzi di età compresa tra i 12 e i 19 anni, il segmento chiave di riferimento. A fronte di ciò, l'azienda ha ritenuto di rilanciare il prodotto Fanta Orange, puntando ad aumentarne la frequenza d'acquisto tra i teenager. A questo scopo si è lavorato su una nuova occasione di consumo: la pausa pomeridiana. Nel 2012 è stato affidato all'agenzia Starcom Italia il compito di ideare e realizzare un progetto di comunicazione integrata, avente l'obiettivo primario di associare il consumo della Fanta Orange al momento più giocoso e divertente della giornata, la pausa pomeridiana. Una tipica occasione di svago per i giovanissimi, un momento di relax durante il quale i ragazzi sono soliti dedicarsi alle loro attività preferite.

L'innovativo progetto di comunicazione – intitolato "Fanta Break Time" – è stato fondato su una sponsorship di uno dei programmi di maggior successo tra i più giovani, il talent show *Amici*, al quale sono state associate una campagna pubblicitaria tradizionale (TV e radio) e una campagna di social media marketing a essa fortemente integrata, attivando il proprio target sulla fanpage Facebook di Fanta. Il piano editoriale è stato studiato per creare il massimo livello di engagement tra i teenagers, sfruttando al massimo la partnership con il media endorser *Amici*, particolarmente efficace sul target. In particolare, Fanta ha postato contenuti esclusivi nell'ambito del talent show, con l'obiettivo di stimolare la partecipazione attiva degli utenti e il passaparola.

In sintonia con il concept della campagna "Fanta Break Time", tutte le attività social sono state con-

→

centrate in orario pomeridiano, tra le 16 e le 19, durante il quale i ragazzi sono in contatto con i propri amici e possono dedicarsi alle attività social proposte dal brand, scegliendo Fanta, appunto, come compagno del loro break. Per stimolare la partecipazione e l'interazione con la Fanta community sono stati lanciati diversi giochi a premi: il Fanta Village e il Fanta Amici Game, con premi di diversa natura, tra i quali i biglietti per il concerto finale di *Amici* all'Arena di Verona.Inoltre, per rafforzare il legame con il mondo dei giovani, durante il periodo della maturità sono state realizzate delle attività di "seeding" e dei progetti speciali online in collaborazione con Scuolazoo, editore premium del portale Leonardo.it. La campagna ha raggiunto dei risultati molto interessanti: in soli quattro mesi, da gennaio a maggio, il numero delle adesioni alla fanpage Facebook si è quintuplicato, passando da 67.785 a 401.145, e le interazioni degli utenti hanno generato 138.925 like, 23.547 condivisioni e 26.657 commenti. A oggi, la community italiana dei Fanta fan è la quarta per numero di aderenti tra le Fanta community mondiali, e i teenager rappresentano il 60% del totale dei fan. Diversi mesi dopo la conclusione della campagna, ben il 40% del totale dei fan risulta essere ancora attivo.

Conclusioni

Negli ultimi anni abbiamo assistito a radicali cambiamenti nel sistema di marketing e della comunicazione, dovuti ad aspetti economici, competitivi, tecnologici, culturali, sociali. Più in particolare, i processi comunicazionali cambiano completamente volto, in relazione alle opportunità presentate dalla tecnologia e alle modalità di fruizione e di partecipazione dei consumatori.

Oggi, l'impresa che si relaziona a un mercato deve cercare di governare un sistema comunicazionale complesso, definendo un'opportuna strategia e pianificando specifiche campagne, utilizzando in modo sinergico, in relazione ai propri obiettivi, tutte le potenzialità dei vari strumenti a disposizione, da quelli tradizionali a quelli digitali, innovativi e non convenzionali. A questo scopo dovrà definire altresì le migliori soluzioni organizzative e integrare le necessarie competenze.

19

Gestione del canale e trade marketing

di **Alberto Pastore**

Indice del capitolo

Introduzione
19.1 L'evoluzione dei sistemi distributivi
- 19.1.1 La rivoluzione commerciale
- 19.1.2 L'innovazione
- 19.1.3 L'internazionalizzazione

19.2 I rapporti tra industria e distribuzione
- 19.2.1 La natura dei rapporti verticali
- 19.2.2 L'evoluzione dei rapporti verticali
- 19.2.3 La collaborazione e il marketing sistemico di canale
- 19.2.4 Approcci di marketing e relazioni di canale
- 19.2.5 Le dimensioni concorrenziali

19.3 La configurazione del sistema distributivo in Italia: gruppi strategici e centrali d'acquisto
- 19.3.1 I gruppi strategici
- 19.3.2 Le supercentrali d'acquisto

19.4 Il trade marketing
- 19.4.1 La segmentazione del mercato intermedio
- 19.4.2 Le leve del trade marketing

Conclusioni

Abstract

Dopo avere delineato il percorso evolutivo dei sistemi distributivi, connotato dalla progressiva modernizzazione e concentrazione del trade e dalla crescente apertura internazionale, il capitolo esamina la complessa tematica delle relazioni di canale. Vengono analizzati i fattori influenti e le modalità con le quali si esplicano i rapporti tra industria e distribuzione, che possono spaziare dal conflitto alla collaborazione, nonché le diverse forme di concorrenza presenti nel canale di marketing. Inizialmente viene esaminata la configurazione del sistema distributivo, in termini di tipologia di imprese e di fattispecie organizzative tra imprese. Nei canali non integrati la distribuzione è il mercato primario cui si rivolge l'impresa industriale, pertanto, nella parte finale, vengono analizzate le strategie e le politiche di trade marketing, ovvero del marketing rivolto ai clienti commerciali.

Introduzione

L'efficacia dell'azione di marketing dell'impresa, sia essa industriale o commerciale, è fortemente condizionata dalle modalità di gestione del canale e dalle relazioni verticali che s'instaurano tra le due tipologie di player all'interno del sistema distributivo.
Nei canali indiretti, produttori e distributori operano all'interno dello stesso sistema e si interfacciano secondo modelli che si muovono lungo un continuum, spaziando dai rapporti competitivi e conflittuali per arrivare a quelli di tipo collaborativo.
Per definire le più opportune strategie e politiche di canale, pertanto, occorre analizzare le caratteristiche strutturali dei canali di marketing, comprenderne le dinamiche competitive, interpretare le variabili influenti.

19.1 L'evoluzione dei sistemi distributivi

19.1.1 La rivoluzione commerciale

Lo sviluppo economico verificatosi negli ultimi decenni nelle economie industrializzate, con tempi e modalità diverse nei vari paesi, ha portato con sé il progressivo passaggio da una struttura dell'apparato distributivo frammentata, dominata da piccole imprese familiari condotte con metodologie empiriche, a una struttura più integrata, composta da imprese moderne che operano con criteri capitalistici e manageriali, sovente su scala internazionale, e che sono in grado di proporre un servizio commerciale più complesso, innovativo e differenziato. La modernizzazione del commercio avviene con ritardo rispetto allo sviluppo generale dell'economia: per lungo tempo, infatti, l'attività distributiva rimane estranea allo sviluppo e alla logica del sistema economico capitalistico. Lo stimolo ad avviare un processo di rinnovamento dell'offerta commerciale nasce quando lo sviluppo economico genera un ampliamento della diffusione dei beni di consumo e quando il cambiamento delle condizioni di vita di un numero crescente di consumatori (dovuto a inurbamento, crescita dei livelli d'istruzione, mobilità ecc.) produce, a partire dalle aree più evolute, una domanda consistente di nuovi servizi commerciali. Si attiva così un percorso inesorabile, che vede la piccola impresa "precapitalista" cedere crescenti quote di mercato all'impresa moderna, che fa propria una logica di mercato e sviluppa il know how e le risorse necessarie per innovare i prodotti e i processi della fase distributiva, per meglio rispondere alle esigenze della domanda.

Concentrazione tecnica
La concentrazione tecnica concerne la riduzione del numero complessivo di esercizi dovuta all'apertura di punti vendita di grandi dimensioni e alla conseguente espulsione di punti vendita di piccole dimensioni.

Capital intensive
Una formula distributiva è *capital intensive* quando richiede investimenti strutturali significativi e impiega in misura minore il fattore lavoro (p.e. un ipermercato).

Category killer
È una grande superficie al dettaglio specializzata in una o in un gruppo di categorie funzionali (p.e. Decathlon o Trony).

Il processo di modernizzazione e di concentrazione tecnica del sistema distributivo, definito con la locuzione "rivoluzione commerciale", prende forma con modalità e tempi differenti per le diverse tipologie di beni e nei diversi mercati.
La rivoluzione commerciale si manifesta anzitutto nel settore dei beni di largo consumo ad acquisto ripetuto, o beni banali. Nei beni banali, infatti, le nuove formule distributive industrializzate e capital intensive, ipermercati e supermercati davanti a tutti, si dimostrano da subito in grado di rispondere in modo efficiente ed efficace alla domanda di servizi commerciali che consentano la concentrazione degli acquisti, risparmi di tempo, ampie possibilità di scelta, prezzi più competitivi. L'evoluzione strutturale si estende poi in una fase successiva ai settori dei beni di consumo durevole (p.e. elettronica, fai da te, articoli e abbigliamento sportivo ecc.), con la diffusione di nuovi format distributivi come le Grandi Superfici Specializzate (GSS) o category killer.

Le Grandi Superfici Specializzate hanno oramai soppiantato la distribuzione tradizionale nelle tipiche categorie del non-food.

Nei vari mercati geografici la maturazione delle rivoluzione commerciale ha avuto una tempistica assai differenziata. Negli Stati Uniti, gli anni Sessanta sono stati il periodo decisivo per lo svolgimento della rivoluzione commerciale; in Europa, altrettanto precoce è stato lo sviluppo dell'apparato distributivo nel Regno Unito, mentre la Francia e la Germania hanno manifestato una maggiore crescita nel decennio successivo, raggiungendo solo a cavallo tra gli anni Settanta e gli anni Ottanta la maturazione del proprio sistema distributivo.
In Italia invece, il processo di crescita strutturale e qualitativa dell'apparato distributivo si è avviato con decisione solo a partire dai primi anni Ottanta. Il ritardo rispetto agli altri paesi europei trova una spiegazione nell'analisi storica del percorso evolutivo del settore commerciale verificatosi in Italia. In effetti, le condizioni macroeconomiche per lo sviluppo del sistema distributivo si erano create in Italia già dalla seconda metà degli anni Sessanta, ma le prospettive di crescita sono state frenate da una regolamentazione di tipo restrittivo che, nell'intento di conseguire obiettivi di tipo macroeconomico e sociale, ha sacrificato l'efficienza settoriale, inibendo di fatto per lungo tempo il funzionamento dei meccanismi concorrenziali. Nonostante i vincoli normativi, negli anni Ottanta si avvia, pur con una certa lentezza, il processo evolutivo del nostro sistema commerciale, che procede e si consolida negli anni Novanta, fino a trovare un nuovo impulso nel 1998 con l'emanazione della nuova disciplina per il commercio.
Superati i vincoli normativi, il processo di ristrutturazione della rete distributiva italiana ha avuto una discreta accelerazione, avviandosi in questi ultimi anni verso un buon livello di compimento. Certamente la distribuzione dei beni di largo consumo è quella che più profondamente e visibilmente è stata interessata dal fenomeno, e perciò vale la pena di soffermarcisi brevemente.

Focus La disciplina del commercio in Italia

La disciplina del commercio è stata fondata per quasi trent'anni sulla legge 426 del 1971, la quale, nata con lo scopo di agevolare un processo controllato di modernizzazione guidato dall'evoluzione della domanda, nei fatti ha avuto un effetto ampiamente restrittivo sull'evoluzione in senso moderno dell'apparato distributivo e sullo sviluppo delle imprese nazionali.
Nel 1998 viene emanato il cosiddetto decreto Bersani per la liberalizzazione del commercio. La nuova disciplina, come noto, è improntata a un criterio generale che potremmo definire di "liberalizzazione amministrata" e introduce importanti cambiamenti, tra i quali l'eliminazione delle tabelle merceologiche e dei relativi contingentamenti per la concessione delle licenze.
La nuova legge, in sintesi, è volta a perseguire le seguenti finalità: trasparenza del mercato, concorrenza, libertà d'impresa e libera circolazione delle merci; tutela del consumatore, con particolare riguardo all'informazione, alla possibilità di approvvigionamento (servizio di prossimità), all'assortimento, alla sicurezza dei prodotti; efficienza, modernizzazione e sviluppo della rete distributiva, nonché evoluzione tecnologica dell'offerta, anche al fine del contenimento dei prezzi; pluralismo ed equilibrio tra le diverse tipologie di strutture distributive e le diverse forme di vendita, con particolare riguardo alla valorizzazione del ruolo delle piccole e medie imprese; salvaguardia del servizio commerciale nelle aree urbane, rurali, montane e insulari.

Beni grocery

Prodotti di largo consumo a rotazione veloce (fast moving consumer goods) appartenenti alle categorie alimentari, cura della persona, pulizia della casa.

Negozi di prossimità

Punti vendita di piccole dimensioni, caratterizzati da un assortimento limitato e dal servizio di vendita personale, che esercitano la loro influenza su un bacino di utenza molto limitato.

Gruppo strategico

Un insieme di imprese caratterizzate dai medesimi tratti strutturali, strategici e gestionali.

In Italia, a seguito del significativo processo di selezione che ha investito i punti vendita del commercio alimentare tradizionale, la quota della distribuzione moderna nel mercato dei beni grocery è ormai prossima all'80% (tabella 19.1). I negozi di prossimità infatti hanno subito una drastica riduzione, passando dalle oltre 400 mila unità del 1970 alle attuali 76.500, evidenziando il ruolo sempre più marginale occupato dalla distribuzione tradizionale e specializzata di piccole dimensioni a conduzione familiare. Nella stessa direzione vanno anche gli altri indicatori strutturali e qualitativi del sistema distributivo italiano, come l'articolazione dei canali di vendita, il grado di concentrazione commerciale delle vendite e degli acquisti, il posizionamento competitivo dei gruppi strategici, la presenza delle insegne internazionali. L'analisi congiunta di questi fattori conferma il buon livello di modernizzazione del sistema distributivo oramai raggiunto anche dal nostro paese.

Peraltro, si ritiene che il modello distributivo italiano resterà caratterizzato da proprie peculiarità: fondato su un pluralismo di formule distributive, con un'offerta ampia ed equilibrata e il mantenimento, almeno nel medio periodo, di un certo livello di capillarità, nonostante il sostenimento di costi di sistema più elevati.

Tabella 19.1

Evoluzione della quota di mercato della distribuzione moderna in Italia (grocery).

Anni	Modern trade (iper, super, superette)	Traditional trade, discount, drug store
1970	17,0	83,0
1980	26,0	74,0
1990	54,0	46,0
2000	65,4	34,6
2010	79,8	20,2

Fonte: elaborazione su dati Nielsen e Iri Infoscan

Concentrazione economica

Concerne la distribuzione della quota di mercato, e conseguentemente del potere di mercato, tra i diversi player.

È opportuno sottolineare infine che la rivoluzione commerciale non si esaurisce nel fenomeno della modernizzazione e della concentrazione tecnica (numero di punti vendita) del sistema distributivo. Essa implica anche la tendenza alla concentrazione economica e finanziaria del settore, che in Italia, peraltro, segue un percorso particolare, condizionata, come vedremo meglio di seguito, dalla forte presenza dei gruppi d'acquisto e delle cooperative. Il processo di rivoluzione commerciale, nel suo insieme, comporta anche una maturazione culturale e manageriale delle imprese commerciali, tema del quale ci occuperemo oltre (▸ Capitolo 25).

19.1.2 L'innovazione

Il processo evolutivo che ha attraversato il sistema distributivo, a partire dalle modificazioni di tipo più strettamente strutturale, riguarda dunque anche aspetti strategici e gestionali. Semplificando, possiamo dire che esso si è sviluppato in tre fasi fondamentali, focalizzate rispettivamente su tre parole chiave: efficienza, relazioni, convergenza (tabella 19.2).

Tabella 19.2

Le fasi dell'innovazione della distribuzione.

Prima fase: innovazione basata sull'efficienza
Trasformazione di tipo strutturale tra tradizionale e moderno e, successivamente, sviluppo di una dimensione concorrenziale tra le diverse insegne.
Seconda fase: innovazione basata sulle relazioni
Ipersegmentazione del mercato, adattamento dei sistemi di offerta secondo modalità customer-based, differenziazione dell'insegna commerciale.
Terza fase: innovazione basata sulla convergenza
Offerta cross-settoriale, partnership, servizio one stop, competizione per la share of wallet.

Prima fase: innovazione strutturale basata sull'efficienza

Come abbiamo visto nel paragrafo precedente, in una prima fase, il sistema distributivo è soggetto a una trasformazione di tipo strutturale, con la competizione che si sviluppa sostanzialmente tra le diverse formule distributive (intertype) e in particolare tra canale tradizionale e canale moderno, per estendersi successivamente a una dimensione concorrenziale tra le varie insegne commerciali (intratrade). Tale processo è dettato fondamentalmente dalla diversa capacità competitiva delle formule distributive moderne, che da una parte presentano una product offering che incontra le aspettative di ampi segmenti del mercato, dall'altra beneficiano di economie di scala e di scopo. In linea generale, le innovazioni sono abbastanza "basic" in questo periodo, riferendosi soprattutto a variabili come la convenienza, l'assortimento, il risparmio di tempo. Il processo di modernizzazione e di concentrazione dell'apparato distributivo che prende corpo in questa fase ha generato indubbi effetti di benessere nei confronti dei consumatori (convenienza, miglioramento dei livelli di qualità e servizio, maggiore rispondenza alle esigenze dei diversi segmenti di domanda), nonché importanti recuperi di efficienza all'interno della filiera produzione-distribuzione.

Intertype
La competizione intertype si sviluppa tra formule distributive differenti, ad esempio tra ipermercato e supermercato.

Retailing
Indica il marketing delle imprese commerciali.

Marca commerciale
Detta anche marca privata, è la marca esclusiva del distributore.

Micromarketing
Consiste nello sviluppo di azioni di marketing a elevata focalizzazione, fino ad arrivare alla personalizzazione *one-to-one*, ovvero un prodotto diverso per ogni cliente.

Category management
Approccio gestionale focalizzato sulla gestione interfuzionale della categoria, intesa come strategic business unit.

Seconda fase: innovazione basata sulle relazioni

La seconda fase prende avvio quando il sistema distributivo raggiunge una fase di avanzata modernizzazione e dunque di maturità. A questo punto, la concorrenza tra insegne che gestiscono formule distributive del medesimo tipo è molto intensa e il processo innovativo si rivolge soprattutto ai processi di relazione con i diversi segmenti di clientela. Come vedremo successivamente, nel ▸ Capitolo 25 dedicato al retailing, il focus si sposta su strategie di differenziazione dell'insegna commerciale (p.e. attraverso la leva della marca commerciale), di ipersegmentazione del mercato, di sviluppo di sistemi di offerta customer based, configurando formule distributive flessibili, integrate e ad alto coefficiente di servizio.
Le imprese della Grande Distribuzione Organizzata (GDO) perseguono quest'obiettivo anche attraverso soluzioni organizzative e tecnologiche che consentono di ottimizzare l'efficienza e l'efficacia di mercato, come il micromarketing o il category management. Le Piccole e Medie Imprese (PMI) commerciali, d'altro canto, cercano di perseguire recuperi di competitività attraverso un'interpretazione innovativa delle variabili che tipicamente ne caratterizzano il modello di business: la specializzazione, l'assistenza all'acquisto, la personalizzazione dei servizi. Inoltre, esse cercano di colmare il gap strutturale rispetto alla grande distribuzione

Brand/store equity

La brand equity (store equity nel caso di imprese commerciali) qualifica la forza della marca (o insegna) nei confronti del mercato.

Bundled value

Il *bundle* è un pacchetto di offerta composto da più elementi, prodotti e servizi, il cui valore d'insieme è superiore a quello dei singoli elementi separati.

aderendo a organizzazioni (gruppi d'acquisto, cooperative, franchising) che consentano loro di beneficiare di economie di scala (negli acquisti, nelle attività di marketing) e di soluzioni gestionali altrimenti non fruibili.

Terza fase: innovazione basata sulla convergenza

In una fase più recente, di fronte alla maturità dei consumi e alla difficoltà di crescere nel business originario, si osserva un'importante tendenza a innovare l'offerta commerciale estendendola ad attività complementari, che diventano convergenti rispetto a quella di origine.
Come abbiamo visto nel ▸ Capitolo 5, la "convergenza settoriale" consiste nel processo attraverso il quale i confini tra settori, mercati, esperienze dei consumatori tendono progressivamente a dissolversi, aprendo nuove opportunità di business finalizzate a incontrare i bisogni della domanda e a generare valore.

Focus Le diverse dimensioni della convergenza

Il fenomeno della convergenza può essere analizzato secondo tre prospettive differenti: quella tecnologica, quella competitiva e quella customer based. L'innovazione tecnologica ha certamente un ruolo fondamentale nello spingere l'innovazione e le dinamiche strutturali a livello di *industry*. Numerosi sono gli esempi al riguardo, basti pensare al processo di convergenza digitale, dove telefonia, televisione, informatica tendono a fondersi in un'unica area di affari multimediale; oppure alla convergenza tra chimica farmaceutica e biotecnologie a sostegno della cosmetica (*cosmeceutica*), tra nutrizionismo e settore farmaceutico (*nutriceutica*), tra educazione ed entertainment (*edutainment*).
La convergenza, poi, spesso è guidata dalle strategie competitive delle imprese. In contesti ipercompetitivi come quelli odierni, esse possono perseguire strategie di crescita e di sviluppo della profittabilità allargando la propria influenza a business contigui o contendibili.
Naturalmente la convergenza guidata dalle strategie competitive è più efficace se attuata da imprese che godono di un'elevata **brand/store equity** e inoltre se può fare leva su strategie reticolari e su alleanze tra imprese.
Accanto alla prospettiva tecnologica e a quella competitiva, si pone la prospettiva *customer based*, secondo la quale i sistemi di offerta convergenti hanno ragion d'essere in quanto rispondono a bisogni reali dei consumatori, che riconoscono un valore a soluzioni integrate (pacchetti d'offerta) a valore aggiunto (**bundled value**).

Store loyalty

Il consumatore sviluppa un atteggiamento di *store loyalty* verso un'insegna quando sceglie il punto vendita in via prioritaria rispetto ai brand industriali.

One-stop shopping

La strategia di *one-stop shopping* vuole massimizzare il risultato del contatto con il potenziale acquirente nel punto vendita offrendogli un assortimento ampio, esteso a un numero elevato di categorie di prodotti e servizi.

Nella distribuzione, il fenomeno della convergenza ha natura competitiva e customer based, e si manifesta fondamentalmente nell'estensione dell'offerta a tipologie di prodotti/servizi del tutto nuovi per i format tradizionali del commercio. Nel regime d'ipercompetizione che caratterizza la distribuzione, si apre una nuova frontiera concorrenziale orizzontale e verticale tra imprese provenienti da settori di origine diversa che si contendono vendite e clienti su categorie e prodotti/servizi "cross-settoriali". Facendo leva sulla **store loyalty** e realizzando alleanze (*equity* o *non equity*) e accordi di collaborazione, i *retailer* possono perseguire strategie di sviluppo anche nell'ambito di business diversi da quello originario, sottraendo clienti a imprese di altri settori attraverso una strategia di **one-stop shopping** e di massimizzazione della *share of wallet*. Nel settore grocery, ad esempio, si osserva l'estensione assortimentale verso servizi turistici, di ristorazione, assicurativi e finanziari, di telecomunicazioni, di entertainment, prodotti farmaceutici, carburanti e autolavaggio, libri, ticketing e altri ancora.

Per le imprese commerciali, in un mercato maturo, diventa fondamentale l'acquisizione della capacità di soddisfare i consumatori anche al di fuori del territorio tradizionale d'azione.

Un esempio di estensione dell'offerta: Conad, a partire dal 2005, è entrata nel business della distribuzione di carburanti con delle stazioni di servizio recanti la denominazione dell'insegna.

Focus Un esempio di rivalità intersettoriale

Uno degli ambiti più significativi per rappresentare le problematiche di rivalità intersettoriale è quello dei consumi alimentari extradomestici. I consumi "fuori casa" sono aumentati vertiginosamente negli anni addietro, in relazione alle note dinamiche evolutive di tipo socio-demografico. Nel 1980 la percentuale di consumi alimentari extradomestici era pari al 13%, mentre oggi essa si attesta intorno al 35%, con previsioni di ulteriore sviluppo per i prossimi anni. Questo fenomeno ha determinato il restringimento del mercato tipico della distribuzione grocery, dal momento che l'incremento dei consumi alimentari extradomestici va a discapito dell'acquisto dei prodotti alimentari presso i punti vendita della GDO.

Dunque, le imprese commerciali hanno reagito sviluppando strategie e politiche volte a recuperare, almeno in parte, la quota perduta, operando sostanzialmente su tre fronti.

Da una parte, esse incentivano i consumi nel punto vendita, sovrapponendosi parzialmente al formato della somministrazione: viene modificato l'assortimento con l'inserimento di piatti pronti e vengono allestiti appositi spazi per il servizio di ristorazione. Un esempio è quello del Rist'Auchan, spazio nell'omonimo ipermercato dedicato a una pausa tra gli acquisti per un pasto leggero.

Dall'altra, viene stimolato il consumo a casa, attraverso la vendita di soluzioni gastronomiche ad alto contenuto di servizio, che richiedono poco tempo e poco coinvolgimento per la preparazione. L'industria alimentare, e di conseguenza la distribuzione commerciale del settore grocery, interpretano questa esigenza offrendo confezioni monodose per le famiglie mononucleari e per i single, e cibi pronti per un consumo immediato.

Da ultimo, le imprese commerciali, per non perdere quota di mercato, entrano direttamente nel nuovo business, aprendo proprie catene di ristoranti e caffetterie. Si pensi, ad esempio, alle catene Brek Ristorante, Brek Cafe, De Gustibus e Tosto, del Gruppo Pam, o ai Bar Atlantic del gruppo Esselunga. Tali catene contano oggi numerosi punti vendita in diverse città italiane, collocati soprattutto all'interno di centri commerciali in prossimità dell'insegna di pertinenza.

19.1.3 L'internazionalizzazione

Nell'ambito delle dinamiche evolutive del sistema distributivo, accanto al fenomeno della modernizzazione (declinata nelle tre fasi dell'efficienza, delle relazioni e della convergenza), si pone un altro fenomeno di grande rilevanza: l'internazionalizzazione. L'internazionalizzazione della distribuzione si sviluppa in una fase successiva rispetto all'internazionalizzazione dell'industria. Affinché le imprese commerciali possano perseguire strategie di sviluppo internazionale, infatti, è indispensabile che i processi distributivi abbiano raggiunto la fase dell'industrializzazione e che si siano verificate le necessarie trasformazioni strutturali; in buona sostanza, occorre che la rivoluzione commerciale sia giunta a un'avanzata fase di maturazione. La distribuzione, infatti, deve superare diverse difficoltà in più rispetto all'industria nell'intraprendere uno sviluppo internazionale:

- la natura immateriale del prodotto commerciale;
- l'imitabilità delle formule di offerta;
- la diversità dei comportamenti d'acquisto dei consumatori;
- le differenze nel quadro normativo del commercio.

La natura immateriale del prodotto commerciale non ne consente l'esportazione tout court, per cui le imprese commerciali non possono seguire un iter progressivo come l'industria (esportazione, creazione di filiali commerciali, produzione all'estero). Le modalità per realizzare l'internazionalizzazione della distribuzione sono più limitate e generalmente hanno carattere più impegnativo, come nel caso dell'investimento diretto o delle joint venture, a causa della necessità di investire in impianti distributivi (magazzini e punti vendita).
Nel mercato distributivo le formule d'offerta e le relative innovazioni sono facilmente replicabili, per cui esse difficilmente possono andare a costituire un vantaggio competitivo difendibile nei mercati esteri.
I profili culturali e i relativi comportamenti d'acquisto dei consumatori presentano significative peculiarità nei diversi mercati, richiedendo alle imprese commerciali un oneroso sforzo di adattamento dell'offerta alle realtà locali.
Infine, occorre considerare anche le difficoltà che derivano dalle diversità del quadro istituzionale e normativo relativo al commercio che si riscontrano nei diversi paesi.
Nonostante queste limitazioni, nel tempo il processo di internazionalizzazione della distribuzione sta assumendo sempre più rilievo. Ciò deriva dalle forti motivazioni che spingono le imprese commerciali a perseguire strategie di crescita internazionale.
Un primo ordine di fattori riguarda la dimensione e l'attrattività degli ambiti competitivi: a stimolare l'internazionalizzazione si collocano dunque situazioni di saturazione o vincoli protezionistici alla crescita del mercato interno, nonché migliori prospettive di sviluppo e reddito offerte da paesi caratterizzati da livelli concorrenziali più bassi.
Accanto a ciò si pongono tipici obiettivi di miglioramento dell'efficienza e dell'efficacia gestionale legati all'incremento dimensionale, come il conseguimento di maggiore potere contrattuale negli acquisti, l'ottenimento di economie di scala gestionali, l'estensione del mercato delle marche commerciali.
Con riferimento alle relazioni verticali, infine, lo sviluppo internazionale può essere visto come un fattore che rafforza ulteriormente il potere negoziale del trade, opportuna risposta alle strategie globali dell'industria.

Negli ultimi anni, si è riscontrata una decisa accelerazione dei processi di internazionalizzazione delle imprese commerciali, prevalentemente condotta attraverso acquisizioni e accordi e attraverso il franchising, un'accelerazione che sta producendo un'ulteriore spinta all'evoluzione strutturale, significativi cambiamenti degli assetti proprietari e una discreta progressione della concentrazione del settore.

Le grandi imprese commerciali internazionali, dunque, progressivamente acquisiscono posizioni di preminenza nei mercati emergenti e sembrano destinate a continuare a crescere, congiuntamente allo sviluppo di tali mercati.
Come ha affermato il CEO di Tesco, Sir Terry Leahy: «Retailing is still a local industry, but the balance is slowly changing».
In merito, purtroppo, dobbiamo rilevare che il nostro paese guarda al fenomeno dell'internazionalizzazione dello scenario distributivo in una posizione difensiva, quale soggetto passivo delle strategie di penetrazione delle grandi multinazionali della distribuzione.

Alla fine degli anni Novanta le grandi catene francesi Auchan e Carrefour sono entrate con forza nel nostro paese, acquistando le storiche imprese nazionali SMA, Rinascente e GS.

Focus Il panorama dei retailer internazionali

Il comparto del retailing internazionale, composto dalle imprese commerciali aventi una spiccata presenza sui mercati esteri, nel 2010 sviluppa un fatturato complessivo pari a circa 8000 miliardi di euro, e una crescita media annua del 4,3% nell'ultimo quinquennio.
Esso si dispiega in sei principali segmenti di mercato: food and grocery (63% del fatturato complessivo), apparel, accessories and luxury goods (13,7%), house and garden (10,2%), electricals and electronics (8%), media products (3,6%), sport and leisure (1,5%).
Il comparto è caratterizzato da una concentrazione modesta, seppure crescente, con un numero di operatori piuttosto elevato. Tuttavia, al suo interno si possono identificare alcune grandi realtà di particolare rilievo, caratterizzate da un forte potere finanziario e da posizioni di brand equity davvero significative.
Le principali imprese sono Walmart, Carrefour SA, Metro AG, Tesco, le quali insieme sommano il 6,8% del fatturato complessivo dei retailer internazionali.
Walmart, statunitense, è la più grande azienda commerciale del mondo, con un fatturato nel 2010 pari a 307 miliardi di euro. Tratta assortimenti molto ampi, food e non food, ed è presente in tutti i continenti. Segue una strategia multicanale, anche online, e si distingue comunque per il posizionamento di convenienza.
Carrefour SA, francese, è il big retailer del food and grocery, con un fatturato nel 2010 di 91 miliardi di euro. Opera in Europa, Sud America, Asia, con una rete di oltre 15 mila punti vendita, appartenenti ai formati ipermercato, supermercato, hard discount, convenience store.
Tesco, britannica, è focalizzata prevalentemente nel food and grocery, con un fatturato nel 2010 di 70 miliardi di euro. La sua rete di vendita si estende in 14 paesi, tra Europa, Nord America e Asia, ed è costituita da 4811 punti vendita con le insegne Express, Metro, Superstore, Extra e Homeplus, cui si affianca una rilevante attività di e-commerce.
Metro AG, tedesca, è una grande impresa commerciale diversificata, con un fatturato nel 2010 di 67 miliardi di euro. Ha una presenza concentrata in Europa, Asia e Africa, una rete di 2100 punti vendita nei formati cash and carry, ipermercati, grandi superfici specializzate (elettronica) e department stores.

19.2 I rapporti tra industria e distribuzione

19.2.1 La natura dei rapporti verticali

Come abbiamo visto nel ▸ Capitolo 1 e nel ▸ Capitolo 13, nei sistemi di scambio si confrontano soggetti economici (produttore, trade e acquirente) che hanno funzioni economiche diverse, potenzialmente in contrapposizione tra loro.
All'interno dei canali indiretti, che prevedono la presenza di una o più figure di intermediari commerciali, pertanto, il problema centrale riguarda la definizione e la gestione delle relazioni che sussistono tra i diversi soggetti che operano al suo interno, e in particolare dei rapporti tra industria e distribuzione.
In merito, si possono osservare diversi tipi di relazioni tra produttori e distributori e, conseguentemente, diverse soluzioni organizzative per la gestione dei rapporti verticali.

- I *canali convenzionali* sono costituiti da soggetti che operano nelle varie fasi in modo separato e autonomo, con un'ottica prevalentemente transazionale e di breve periodo, mirando a ottenere i massimi benefici dalle condizioni contrattuali dello scambio, le quali vengono definite prevalentemente sulla base del potere di mercato. Le relazioni che si instaurano tra produttori e distributori sono sostanzialmente di tipo negoziale-contrattuale, anche se nella dinamica degli assetti competitivi esse possono assumere carattere conflittuale.
- I *sistemi verticali di marketing*, invece, sono composti da soggetti che operano in modo coordinato, allo scopo di ottimizzare la loro efficacia sul mercato e di realizzare economie nella gestione e nell'acquisizione delle risorse. Le relazioni sono fondate su un rapporto di collaborazione e cooperazione; i membri del canale si costituiscono a sistema, con l'obiettivo di gestire in modo sinergico il processo di generazione di valore per il cliente finale. Il sistema sovente viene attivato su stimolo di un soggetto "promotore", che assume la funzione di coordinamento e d'indirizzo; in alcuni casi si tratta di una collaborazione "a senso unico", dettata dal potere di mercato di uno dei soggetti.
- I *canali contesi* sono quelli dove i soggetti che interagiscono nel canale di marketing esprimono un contrasto sulle reciproche aree d'influenza e sull'appropriazione di quote di valore aggiunto. Sostanzialmente si mette in discussione

carpisa

Esempio

Il marchio Carpisa, nato nel 2001 e di proprietà della Kuvera SpA, è diventato uno dei marchi più noti nel settore della pelletteria e degli accessori, con quattro collezioni stagionali all'anno, a cui si aggiungono la linea professionale, la linea di valigeria e di accessori moda.
La rete commerciale di Carpisa si articola in negozi monomarca in franchising distribuiti capillarmente sul territorio italiano (394 punti vendita) e all'estero (55 punti vendita). Lo stretto rapporto tra l'azienda e il singolo punto vendita contraddistingue la catena di franchising Carpisa, con un'assistenza da parte dell'azienda prima e dopo l'apertura del punto vendita e con delle linee guida specifiche per i franchisee in termini di location, formazione del personale, layout merceologico, prezzi di vendita, atmosfera in-store e comunicazione.

il principio della specializzazione e dell'integrazione funzionale, in quanto il produttore e il distributore ambiscono entrambi a governare un più vasto ambito del processo, acquisendo in particolare il controllo delle attività di marketing. In queste condizioni, le relazioni verticali assumono tendenzialmente una connotazione conflittuale.

Esempio

Il caso di Barilla (storica azienda leader mondiale nel mercato della pasta) ed Esselunga (catena italiana della grande distribuzione) rappresenta un interessante esempio di canale conteso. Le due aziende sono state protagoniste, nei primi anni Ottanta, di un incredibile braccio di ferro in merito a forti disaccordi sugli sconti e sul display dei prodotti.
Barilla riteneva penalizzante la disposizione dei propri prodotti sugli scaffali dei supermercati Esselunga. Lo scontro divenne sempre più aspro e il risultato fu che, per anni, il marchio leader della pasta italiana fu escluso dai negozi Esselunga, con svantaggi per entrambi i soggetti.

Il rapporto tra produttore e distributore dunque, all'interno di una configurazione di canale indiretto, può assumere caratteri diversi a seconda che prevalgano condizioni di natura negoziale, collaborativa o conflittuale.
Il verificarsi dell'una o dell'altra tipologia di relazioni dipende, oltre che dalle strategie dei rispettivi player, dalla modalità con la quale si ripartiscono, tra le imprese di produzione e le imprese commerciali, due fattori fondamentali: la creazione di valore aggiunto e il potere di mercato.
Il contributo recato dalla funzione distributiva alla creazione del valore aggiunto all'interno del canale influisce in modo determinante sulla possibilità di sviluppare relazioni di natura collaborativa e strategica: quando il ruolo del distributore nella generazione del valore aggiunto è significativo, infatti, i produttori sono assai motivati a instaurare delle relazioni stabili e collaborative con i distributori.
Una situazione di questo tipo si verifica in particolare in presenza di tre condizioni: (i) l'assenza di economie di aggregazione o di scopo, (ii) l'erogazione nella fase distributiva di servizi accessori ai prodotti/servizi commercializzati, (iii) la personalizzazione del prodotto/servizio. Condizioni che si ritrovano in particolare nei settori dei prodotti problematici.
L'altro elemento che influenza i rapporti di canale è il potere di mercato. Il potere di un membro di un canale è rappresentato dalla sua capacità di controllare le variabili su cui si fondano le scelte strategiche e operative di un altro soggetto, operante a un livello diverso dello stesso canale, e di determinare le condizioni dello scambio. Di fronte a uno squilibrio del potere di mercato, il rapporto sovente assume le vesti di una collaborazione a senso unico, ovvero di una collaborazione imposta dal partner più forte, che stabilisce le regole di funzionamento del canale, le condizioni contrattuali ecc.; quando invece industria e distribuzione detengono un potere paritario, il sistema sviluppa tendenzialmente situazioni di conflitto, derivanti dalla volontà dei due soggetti di imporre alla controparte le proprie politiche e le proprie condizioni.

Valore aggiunto

Il valore aggiunto della distribuzione è il corrispettivo economico che l'acquirente finale è disposto a pagare per i servizi commerciali ricevuti dal distributore; esso è dato dalla differenza tra il costo d'acquisto del prodotto commercializzato sostenuto dal distributore e il prezzo di vendita pagato dall'acquirente finale.

Prodotti problematici

I prodotti problematici hanno in genere un alto valore unitario e sono caratterizzati da elevata differenziazione; la decisione d'acquisto comporta dei rischi per l'acquirente, il quale necessita di informazioni e di assistenza all'acquisto e tendenzialmente valuta diverse alternative. Il processo d'acquisto dunque risulta essere complesso, o problematico.

Nonostante la forza competitiva contribuisca in modo rilevante a determinare l'impronta della natura delle relazioni verticali, e malgrado le imprese siano inclini a fare leva sul potere di mercato nei rapporti con i partner commerciali, il contenuto delle relazioni tuttavia non assume necessariamente caratteri competitivi; come vedremo meglio di seguito, infatti, l'acquisizione di una visione sistemica del canale mette in evidenza ragioni di collaborazione molto forti, che fanno emergere relazioni collaborative a prevalente contenuto strategico, orientate al lungo periodo.

19.2.2 L'evoluzione dei rapporti verticali

Prendendo come esempio significativo il canale grocery, comparto distributivo che, come prima osservato, ha subito le modifiche più profonde nel corso della rivoluzione commerciale, vediamo come, al mutare delle condizioni ambientali, economiche e competitive, la dinamica evolutiva dei rapporti di canale si sia sviluppata nel tempo secondo una sequenza di fasi (tabella 19.3).

Tabella 19.3

Evoluzione dei rapporti verticali in Italia (distribuzione grocery).

Periodo	Condizioni di mercato	Rapporti industria-distribuzione
1950-1960	Produzione e distribuzione frammentate.	Leadership del grossista.
1960-1980	Sistema produttivo in sviluppo. Apparato distributivo polverizzato. Prodotti di marca "prevenduti".	Leadership dell'industria. Situazione "win-loose".
1980-1990	Si avvia la rivoluzione commerciale. Cresce il potere contrattuale del trade. Sviluppo dei gruppi distributivi regionali e nazionali.	Rapporti conflittuali. Focus sulle condizioni commerciali.
1990-2000	Concentrazione della distribuzione (acquisizioni, centrali di acquisto). Crescita delle marche private. Sviluppo del canale discount. Marketing distributivo.	Rapporti tendenzialmente conflittuali. Si fa strada la cultura della creazione congiunta del valore per il consumatore (ECR).
2000-2010	Internazionalizzazione. Crisi economica. Consolidamento potere di mercato del trade.	Rapporti conflittuali e collaborativi. Fase del marketing sistemico di canale.

In una prima fase, in Italia collocabile fino ai primi anni Cinquanta, la leadership era detenuta dal grossista, che garantiva il coordinamento di tutte le attività realizzate all'interno del canale. I rapporti tra industria e distribuzione erano regolati secondo un criterio di divisione del lavoro, che assegnava agli intermediari commerciali il compito di adattamento e di trasferimento dei prodotti dalla produzione al consumo, e ai produttori le funzioni di trasformazione manifatturiera in senso stretto.
Negli anni seguenti crescono i consumi e si sviluppa la produzione di massa, sfruttando le economie di scala derivanti dalla standardizzazione e dalla crescente dimensione delle imprese. In questa fase, i produttori acquisiscono il governo dell'intero processo commerciale: sviluppano strategie di marketing basate sul prodotto e sulla marca; fanno cospicui investimenti in comunicazione per costrui-

Sell in

Sell in e sell out sono due logiche commerciali contrapposte nei rapporti industria-distribuzione. La logica di sell in si focalizza sulla vendita al cliente commerciale, mentre quella di sell out volge l'attenzione al momento successivo, quello della vendita dal distributore al consumatore finale.

re una posizione di brand loyalty, con l'obiettivo di ridurre il potere del distributore (prima il grossista e poi il dettagliante) relegandolo a una funzione meramente logistica; perseguono una politica distributiva di tipo estensivo, gestita in via diretta attraverso una forza vendita che opera prevalentemente secondo logiche di **sell in**.

Con il mutamento strutturale del sistema dovuto alla rivoluzione commerciale, a partire dagli anni Ottanta si entra progressivamente in una nuova fase: il potere di mercato acquisito dai distributori, accostato alla loro crescita culturale, organizzativa, manageriale, determina un mutamento di specie dei rapporti di canale, i quali si spostano su un terreno caratterizzato da contenuti sostanzialmente competitivi e conflittuali.

In questo periodo si sviluppa una relazione sinergica tra concentrazione, efficienza e potere della distribuzione: l'aumento della concentrazione della distribuzione, l'incremento del suo potere di mercato, la modernizzazione delle unità operative, e dunque la maggiore efficienza nello svolgimento delle funzioni commerciali, si alimentano vicendevolmente, in un circolo virtuoso che attribuisce al trade un ruolo sempre più determinante all'interno del canale.

A seguito dei cambiamenti competitivi dettati dalla rivoluzione commerciale, la distribuzione è soggetta a una forte concorrenza orizzontale, ed esprime proprie strategie e politiche di marketing, incentrate sulla differenziazione dell'insegna, con l'obiettivo di conquistare le preferenze dei consumatori a discapito dei concorrenti. Il trade cessa di essere una funzione controllata dall'industria. I produttori non vendono più i loro prodotti ai consumatori *tramite* la distribuzione, ma li vendono *alla* distribuzione, che si configura pertanto come un mercato intermedio da conquistare (▸ Capitolo 5).

Emerge, dunque, in tutta evidenza la necessità per le imprese industriali di affrontare la concorrenza su due livelli successivi e interdipendenti: sul mercato

L'evoluzione dei punti vendita è il segno tangibile della rivoluzione commerciale italiana. La sobrietà funzionale dei punti vendita del passato ha lasciato il posto a suggestioni esperienziali di quelli attuali.

intermedio della distribuzione e sul mercato finale del consumo. Il produttore non può più raggiungere il consumatore in maniera autonoma e indipendente poiché alla sua politica di consumer marketing si sovrappone la politica di retailing del distributore, che si sviluppa con obiettivi spesso contrastanti rispetto a quelli dell'industria, e che gode di un vantaggio decisivo, ovvero del contatto diretto con il consumatore. L'offerta dell'impresa di distribuzione è basata sull'insegna e sul servizio commerciale, il quale è composto da una serie di servizi associati alla proposta di un assortimento di prodotti, mentre l'offerta dell'impresa industriale è basata sulla marca e sul prodotto. Questa sostanziale differenza è alla base della conflittualità delle politiche di marketing dei due soggetti: l'obiettivo principale del distributore è quello di vendere al consumatore il proprio servizio commerciale e il proprio assortimento e, quindi, di ottenere che la scelta del punto vendita, ovvero dell'insegna commerciale, diventi prioritaria rispetto alla scelta del prodotto industriale (*store loyalty* vs. *brand loyalty*).

In questa fase, dunque, le prerogative naturali del settore grocery (basso valore aggiunto generato nella fase distributiva ed equilibrio nei rapporti di forza tra le imprese del comparto industriale e quelle del comparto distributivo) unite all'autonomia della distribuzione, enfatizzano le componenti competitive del rapporto verticale, il quale assume dei connotati a prevalente natura conflittuale.

Il conflitto si genera in diversi ambiti gestionali: nella negoziazione e nella definizione delle condizioni commerciali, nella politica di prodotto e assortimentale, nella politica di prezzo e promozionale, nella politica di marca, nella logistica, nella gestione delle informazioni (tabella 19.4).

Tabella 19.4

I motivi di conflitto nel canale distributivo.

Condizioni commerciali	Il vantaggio economico di un soggetto è a discapito della controparte.
Politica di prodotto e assortimentale	Il marketing del produttore è incentrato sul prodotto, quello del distributore sull'assortimento.
Politica di prezzo e promozionale	Il prezzo di vendita viene definito dal distributore, il quale opera in una logica assortimentale.
Politica di marca	Il produttore persegue la brand loyalty, il distributore la store loyalty. Inoltre, la marca commerciale compete direttamente con le marche industriali.
Logistica	Il processo logistico determina dei costi che possono essere a carico del produttore o del distributore.
Gestione delle informazioni	Il distributore svolge il ruolo di "interfaccia informativa" tra i produttori e i consumatori, detiene informazioni di mercato preziose per l'industria.

Negli anni successivi, l'ambiente si modifica ancora, con l'affermarsi della globalizzazione, la crescente internazionalizzazione del trade, la crisi economica, che induce dei cambiamenti nei comportamenti d'acquisto e di consumo. I distributori acquisiscono una cultura e delle competenze manageriali e di marketing sempre più avanzate. L'intero sistema evolve, cercando di superare le logiche competitive che lo avevano caratterizzato in precedenza, allo scopo di massimizzare il valore aggiunto generato dal sistema.

19.2.3 La collaborazione e il marketing sistemico di canale

L'impostazione dei rapporti verticali sui binari di una costante ed elevata conflittualità ha generato una competizione esasperata, sia nella dimensione orizzontale (nei due comparti) sia verticale, la quale ha portato alla definizione di processi di interfacciamento poco efficienti ed efficaci e ha determinato una forte riduzione dei margini di redditività delle imprese industriali e delle imprese commerciali, causando una vera e propria degenerazione del gioco competitivo.

A ben vedere, la contrapposizione che si verifica tra produttori e distributori riguardo alla ripartizione delle funzioni di marketing, e quindi indirettamente del valore aggiunto generato nel canale, torna a ricomporsi con riferimento alla generazione del *surplus* stesso. Nel sistema verticale, infatti, vi è un interesse divergente nella distribuzione del valore aggiunto e dunque vi è conflittualità; ma è altrettanto vero che vi è un interesse comune alla massimizzazione del valore aggiunto complessivo del prodotto, il che richiama la necessità di passare a una logica collaborativa.

L'attivazione di meccanismi di coordinamento tra i diversi componenti del canale, infatti, può consentire di incrementare l'efficienza e l'efficacia dell'intero sistema, e conseguentemente il *surplus* generato e i relativi benefici per i singoli componenti.

Tale coordinamento si sviluppa su tre direttrici fondamentali:

1. l'integrazione dei processi logistici e amministrativi;
2. l'efficacia di mercato e la generazione della domanda;
3. i rapporti contrattuali-negoziali.

Per quanto riguarda l'integrazione dei processi logistici e amministrativi, la comunione d'interessi tra produttori e distributori è piuttosto evidente, di fronte a soluzioni che possono accrescere l'efficienza, e quindi ridurre i costi per entrambi i comparti, e incrementare l'efficacia, ovvero il livello di servizio al consumatore. Attraverso una gestione integrata della *supply chain,* infatti, si può ottimizzare la durata del ciclo ordine-consegna e i relativi costi, ridurre il volume complessivo delle scorte del canale, evitare le rotture di stock, minimizzare le perdite di prodotto, diminuire i costi relativi all'imballaggio e alla gestione amministrativa.

Rottura di stock

Si verifica quando in un punto vendita viene a mancare il prodotto a scaffale. Ciò comporta sia la perdita della vendita sia un disservizio al consumatore.

Nel marketing e nelle relazioni commerciali, invece, le difficoltà di coordinamento e di collaborazione sono maggiori. Posta la forte interdipendenza tra marketing industriale e marketing commerciale, la comunione d'interessi si ritrova da una parte nella necessità di evitare che la sovrapposizione delle politiche renda inefficaci le iniziative dei singoli operatori, dall'altra nell'opportunità di sfruttare le potenziali sinergie nello sviluppo del mercato che derivano da un approccio integrato. Per realizzare una collaborazione nel marketing e nelle relazioni commerciali, tuttavia, occorre fare un notevole "salto culturale", volto ad adottare una gestione di tali processi coerente con la nuova visione del canale, e ciò costituisce senza dubbio un rilevante ostacolo allo sviluppo dell'auspicata integrazione. È facile, infatti, che prevalgano interessi particolaristici di breve periodo, dettati peraltro da una logica "istintiva" e miope, incapace di fare propri i progressi di più ampia portata, acquisibili nel medio-lungo termine mediante la costituzione di un sistema-canale integrato per la realizzazione di un approccio coordinato al mercato.

Nell'area del marketing, soluzioni fondate sulla collaborazione verticale vengono ricercate nell'ambito di problematiche di grande rilevanza, come il lancio di nuovi prodotti, le politiche promozionali, la definizione degli assortimenti, la gestione degli spazi nel punto vendita. A partire dalla condivisione delle informazioni di mercato, sugli acquirenti, sui consumatori, il focus si sposta sulla ricerca di un incremento di efficacia del sistema di offerta, anche attraverso il ricorso al *category management*, nonché sulla gestione di relazioni durature e profittevoli con i consumatori, basata sui principi del CRM (▸ Capitolo 21).
Nell'area delle relazioni negoziali trovare ambiti di collaborazione potrebbe apparire per definizione problematico. Tuttavia, a oggi vi è un'elevata criticità in questo ambito e una significativa insoddisfazione da parte degli operatori di entrambi i comparti. In effetti il modello negoziale attuale è basato su una contrattazione prevalentemente "muscolare", che denota una mancanza di orientamento al mercato e al consumatore e l'assenza di obiettivi condivisi. A ciò si aggiungano tempi e costi elevati della negoziazione, molteplicità di livelli negoziali, mancata condivisione delle informazioni, scarsa trasparenza, inefficienze nell'attuazione degli accordi. Anche in questo ambito dunque si può realizzare senza alcun dubbio un'ottimizzazione dei processi.
Da quanto detto, risulta ben evidente che l'auspicata collaborazione richiede un'integrazione sia di tipo culturale sia organizzativo e tecnologico.

Focus La collaborazione nei canali distributivi: il progetto ECR

Parlando di collaborazione nei rapporti verticali, non si può non evidenziare il ruolo chiave svolto in proposito da ECR (Efficient Consumer Response). ECR Italia nasce nel 1993 come associazione paritetica fra imprese industriali e imprese commerciali avente la missione di definire e favorire l'applicazione di strumenti di raccordo tra industria di marca e Grande Distribuzione Organizzata, con particolare riguardo al miglioramento dell'efficienza dei rapporti tra i due comparti e dell'intero ciclo produzione-distribuzione-consumo. Partecipano a ECR le principali imprese industriali operanti nel nostro paese e le principali organizzazioni della GDO. Accanto a ECR Italia, in Europa vi sono altre venti organizzazioni operanti a livello nazionale. Le organizzazioni nazionali partecipano poi a ECR Europe, che costituisce il punto di raccordo dove si svolge un confronto e una valutazione delle pratiche e delle esperienze nazionali.
Dalla sua nascita a oggi, ECR (oggi Indicod-ECR) ha realizzato numerosi progetti che hanno affrontato tutte le problematiche sopra esposte, a partire da quelle relative alla *supply side*, per proseguire con quelle riferite alla *demand side* e giungere ai temi "facilitatori" (tecnologie, standard, linguaggi ecc.) e infine a quelli trasversali, come il modello di negoziazione e la responsabilità sociale e ambientale.

19.2.4 Approcci di marketing e relazioni di canale

I meccanismi di funzionamento del canale e le relazioni tra industria e distribuzione sono influenzati anche dall'approccio di marketing adottato dall'impresa industriale, che può assegnare la priorità e destinare maggiori risorse alla strategia di marketing rivolta ai consumatori finali (consumer marketing) o alla strategia di marketing rivolta ai clienti intermedi (trade marketing).
Come già accennato nel ▸ Capitolo 4, nella prospettiva del produttore il problema principale è quello di ottenere un bilanciamento tra consumer marketing e trade

marketing, allo scopo di ottenere la collaborazione dei distributori, da una parte per facilitare l'inserimento dei prodotti nell'assortimento commerciale (referenziamento), dall'altra per ottenere il sell out, ovvero la vendita al consumatore finale. In merito, agli estremi di un continuum che prevede differenti soluzioni intermedie, si collocano la strategia push e la strategia pull.

- La strategia *push* si basa sull'allocazione prioritaria degli investimenti di marketing (condizioni di vendita, promozioni, servizi) al trade. Per questa via il produttore si assicura la collaborazione dei distributori, i quali saranno propensi ad accogliere in assortimento i suoi prodotti e a sostenerli per la vendita al consumatore finale. In linea generale, questa strategia viene seguita da imprese di non grandi dimensioni, in posizione di follower, e anche in sistemi basati sulla distribuzione selettiva.
- La strategia *pull,* invece, privilegia gli investimenti di marketing rivolti ai consumatori finali (branding, comunicazione, innovazione), finalizzati prevalentemente a rafforzare l'immagine di marca e generare un atteggiamento di *brand loyalty*, ovvero di fedeltà alla marca industriale a discapito dell'insegna commerciale (il consumatore sceglie prima la marca e poi il punto vendita). In questo modo, il produttore ottiene la collaborazione del distributore (referenziamento, sell out) a seguito dell'esplicita richiesta del consumatore, che riconosce alla marca valori distintivi. La strategia pull viene seguita generalmente dalle grandi imprese, dotate della capacità finanziaria e del know how di marketing necessari.

Follower

Un'impresa follower si colloca in una posizione competitiva inferiore all'impresa leader, in termini di potere di mercato, quota di mercato, brand loyalty.

Come sopra anticipato, nella stragrande maggioranza dei casi si osservano delle strategie miste (strategie *twin*), ma al tempo stesso, in relazione al crescente potere di mercato dei distributori, un progressivo spostamento dagli investimenti di consumer marketing a quelli in trade marketing.

19.2.5 Le dimensioni concorrenziali

A seguito delle considerazioni esposte nei paragrafi precedenti, e coerentemente con quanto già introdotto nel ▸ Capitolo 5, appare chiaro come nei canali distributivi l'analisi competitiva debba essere sviluppata su più dimensioni.

- *Concorrenza orizzontale nel comparto industriale.* La competizione tra imprese industriali è crescente, stimolata da numerosi fattori, tra i quali la globalizzazione dell'economia, l'eccesso di offerta (capacità produttiva e numero di prodotti), la continua innovazione dei prodotti indotta dalla concorrenza e dai nuovi modelli di consumo. Anche l'evoluzione del settore distributivo contribuisce ad accentuare le dinamiche concorrenziali nell'industria: nel suo ruolo di "interfaccia informativa" tra produzione e consumo, infatti, la distribuzione sottrae al produttore parte delle funzioni di marketing, e anche parte del mercato, attraverso lo sviluppo delle marche commerciali.
- *Concorrenza orizzontale nel comparto distributivo.* La competizione aumenta anche tra le imprese commerciali, con il completamento della trasformazione strutturale del settore e la crescente apertura internazionale. Il livello concorrenziale è oramai a livelli molto elevati e i retailer si confrontano con strategie di marketing improntate alla differenziazione dell'insegna, all'innovazione dei

format distributivi, all'implementazione di soluzioni gestionali avanzate, al miglioramento dell'efficienza dei processi, per risultare vincenti nel percorso di selezione degli operatori di mercato in atto.

- *Conflittualità verticale.* Come sopra accennato, il rapporto competitivo tra produttori e distributori dipende fondamentalmente dal fatto che ciascun soggetto ambisce a controllare una fase più ampia del processo di marketing, con l'obiettivo di ottenere la maggiore quota possibile del valore aggiunto generato all'interno del canale; esso deriva dunque in buona sostanza dalla tendenziale incompatibilità degli obiettivi di marketing delle due categorie di imprese.
- *Concorrenza tra sistemi verticali.* I processi competitivi tendono a svilupparsi sempre più in una dimensione interorganizzativa, all'interno della quale le fonti del vantaggio competitivo non sono più riconducibili in modo assoluto alle risorse specifiche della singola organizzazione, quanto al network nel suo complesso. Si diffonde dunque una visione sistemica del canale e si sviluppano accordi verticali tra imprese industriali e imprese commerciali che vanno a configurare soluzioni integrate, talvolta alternative e perciò tra loro concorrenti, per il soddisfacimento della domanda di beni e di servizi commerciali dei consumatori. Emerge, dunque, una dimensione competitiva tra sistemi verticali, all'interno della quale il successo del binomio industria-distribuzione dipende dalla sua capacità di fondere le rispettive competenze e risorse in un contesto di collaborazione e di fiducia.
- *Concorrenza tra settori convergenti.* Come sopra accennato, emerge oggi un'ulteriore dimensione competitiva, di tipo orizzontale e verticale, che coinvolge imprese provenienti da settori di origine diversa, le quali si contendono vendite e clienti su categorie e prodotti-servizi "cross-settoriali".

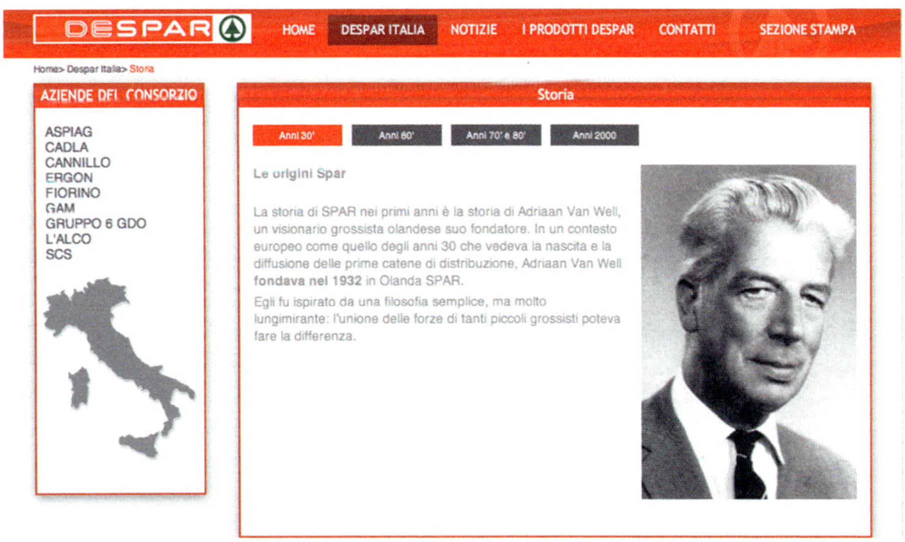

Molti grossisti si sono evoluti in forme imprenditoriali complesse, come le unioni volontarie e i sistemi di franchising; un interessante esempio è quello di Despar.

19.3 La configurazione del sistema distributivo in Italia: gruppi strategici e centrali d'acquisto

19.3.1 I gruppi strategici

Il sistema distributivo è composto da imprese commerciali aventi caratteristiche assai diverse in termini strutturali, strategici, organizzativi e gestionali. Occorre pertanto analizzare più da vicino la configurazione del sistema commerciale, per meglio comprenderne le dinamiche competitive sia in una dimensione orizzontale sia verticale. Tale approccio analitico risulta essere di grande interesse sia nell'ottica dell'industria, che deve comprendere le caratteristiche del mercato intermedio cui si rivolge, sia nell'ottica della distribuzione, che deve conoscere i competitors con i quali si confronta.
I caratteri strutturali, strategici, organizzativi e gestionali delle imprese commerciali possono essere indirettamente rilevati in base alla struttura societaria (azionaria, cooperativa, consortile) e organizzativa (succursalista, associativa), nonché in relazione alla dimensione e alla diffusione territoriale. Per questa via si determina la "clusterizzazione" delle imprese della distribuzione commerciale, che individua i cosiddetti gruppi strategici:
1. unioni volontarie;
2. gruppi d'acquisto e cooperative di dettaglianti;
3. cooperative di consumo;
4. grande distribuzione nazionale e internazionale;
5. indipendenti.

I primi due gruppi sono forme di regolazione e di coordinamento tra operatori della distribuzione commerciale, sostanzialmente tra PMI, volti a favorire l'ottenimento di sinergie organizzative e gestionali e il raggiungimento di economie di scala.
Le *unioni volontarie* sono accordi promossi da uno o più grossisti nei confronti di commercianti al dettaglio e/o pubblici esercizi che nascono con l'obiettivo di innovare e riconvertire l'attività di ingrosso tradizionale attraverso una forma associativa di integrazione verticale a valle.
I *gruppi d'acquisto* e le *cooperative di dettaglianti*, invece, sono associazioni tra dettaglianti volte a ottenere delle sinergie in taluni ambiti gestionali grazie all'azione congiunta e coordinata dei soggetti aderenti. Gli associati conservano la propria autonomia giuridica e patrimoniale, e si accordano al fine di organizzare in comune attività nell'ambito degli acquisti, del marketing e dei servizi.
Tali organizzazioni possono essere considerate come la risposta imprenditoriale delle PMI commerciali alla crescita delle grandi imprese distributive. In effetti, l'associazionismo appare l'unica via per le piccole e medie imprese per poter realizzare economie di scala a monte (negli acquisti e nella logistica, integrando la

Esempio

Tra i numerosi gruppi d'acquisto nazionali operanti nel grocery ritroviamo Despar, Selex, Sigma, Sisa, Interdis, C3. Nell'elettronica di consumo Expert.

funzione dell'ingrosso), a valle (p.e. attuando una politica d'insegna e sviluppando le marche commerciali), nonché nell'erogazione di servizi gestionali.
Le funzioni svolte dai gruppi associativi si sono evolute nel tempo, andando a delineare tre fasi successive, caratterizzate da livelli crescenti di contenuti, che definiscono una sorta di ciclo evolutivo dell'associazionismo nella distribuzione.
Nella prima fase, con l'industria in una posizione di leadership nel canale e dotata di un potere contrattuale dominante nei confronti dei distributori, i gruppi d'acquisto si occupano prevalentemente di fare massa critica negli acquisti, allo scopo di ottenere condizioni più vantaggiose dai fornitori.
In una fase successiva, l'azione si estende alla realizzazione di soluzioni manageriali di diversa natura (logistica, finanza, consulenza, formazione, sistemi informativi) che consentano di migliorare l'efficienza e l'efficacia dei processi di gestione; tali servizi possono essere erogati convenientemente a livello centralizzato, grazie alle economie di scala e all'approccio tecnico-manageriale ottenibili a livello di gruppo associativo.
Nella terza fase, nel contesto di un'elevata competitività orizzontale tra insegne e tra formule distributive moderne, i gruppi d'acquisto concentrano l'attenzione sulle relazioni con il mercato, facendosi promotori di una politica d'insegna comune per gli associati, dello sviluppo delle marche commerciali, nonché di altre iniziative di marketing a livello centrale (promozioni, fidelizzazione, co-marketing ecc.).
Nella realtà italiana i gruppi associativi hanno seguito percorsi evolutivi differenti che hanno portato a situazioni difformi: vi sono gruppi che sono ancora prevalentemente concentrati sul fronte degli acquisti e altri che hanno sviluppato di più il ruolo di centrale di marketing e di servizio.
Nell'ambito dell'associazionismo commerciale si collocano poi le *cooperative di consumo*, che, come le cooperative di dettaglianti, si caratterizzano per le specificità di *governance* del modello cooperativo.

Modello cooperativo

Una cooperativa è un'associazione di persone che si uniscono volontariamente per soddisfare i propri bisogni economici, sociali e culturali e le proprie aspirazioni attraverso la creazione di una società di proprietà comune e gestita secondo principi partecipativi.

Focus Il ruolo delle cooperative nella distribuzione commerciale in Italia

Tra le peculiarità che contraddistinguono il settore distributivo in Italia, vi è il rilevante peso assunto dalle imprese cooperative. Nel grocery, infatti, Coop e Conad occupano rispettivamente il primo e il secondo posto per quota di mercato.

coop

Coop è una cooperativa di consumatori, leader della distribuzione commerciale in Italia, con oltre 7 milioni di soci, suddivisa in 115 cooperative (di cui 9 grandi Coop). La rete è costituita da 1444 punti vendita, ipermercati (insegna Ipercoop), supermercati (insegna Coop), superette (insegna Incoop) e discount (insegna Dico). Assieme a Sigma, Despar, Il Gigante, forma Centrale Italiana, polo distributivo nazionale per gli acquisti in comune, al fine di ottenere condizioni migliori in risposta alla crescente presenza di gruppi stranieri nella grande distribuzione. Sul piano internazionale Coop aderisce alla Centrale Europea Intercoop. Ha una quota di mercato in Italia pari al 17,2%.

CONAD

Conad è una cooperativa di dettaglianti, costituita da 2938 imprese associate in 8 cooperative sovraregionali, a loro volta riunite nell'ambito del consorzio nazionale. Gestisce una rete di 1506 supermercati (insegna Conad), 1132 superette (insegna Margherita), 31 ipermercati (insegna Leclerc) e 269 discount (insegna Todis). Ha attivato una partnership strategica con Leclerc per lo sviluppo del canale iper e partecipa alla supercentrale europea Coopernic. Detiene una quota di mercato in Italia pari all'11,5%.

Organizzazione succursalista

Un'organizzazione commerciale si dice succursalista quando la sua rete di vendita è composta da punti vendita di proprietà (succursali).

Tra i gruppi strategici della distribuzione commerciale, si ritrova poi la *Grande Distribuzione* (GD). Essa è composta dalle grandi imprese operanti su scala nazionale o internazionale, dotate di un'organizzazione succursalista e multicanale, con una configurazione societaria e organizzativa proprietaria e centralizzata che consente un forte coordinamento di tutti gli aspetti strategici e gestionali. Le imprese della GD interpretano un deciso orientamento al marketing e alle vendite, con incisive strategie di branding, e una forte autonomia dall'industria.

Esempio

Nel nostro paese le più rappresentative imprese della GD internazionale sono Auchan, Carrefour, Rewe; le più rilevanti della GD nazionale Esselunga, Pam e Finiper.

Infine, citiamo il gruppo strategico degli *indipendenti*, costituito da imprese succursaliste di interesse regionale caratterizzate da un posizionamento rilevante nel contesto territoriale di riferimento.
I gruppi strategici citati, vengono a loro volta aggregati in due cluster superiori, che qualificano le due tipiche macrotipologie di organizzazioni: la Distribuzione Organizzata (DO) composta dai gruppi associativi delle piccole e medie imprese (unioni volontarie, gruppi d'acquisto e cooperative di dettaglianti) e la Grande Distribuzione (GD) composta dalle grandi imprese nazionali e internazionali e dalla Coop Italia, che a esse si avvicina quanto a modello gestionale. GD e DO Insieme vanno a costituire la Grande Distribuzione Organizzata (GDO) (figura 19.1).

Figura 19.1
I gruppi strategici della distribuzione in Italia.

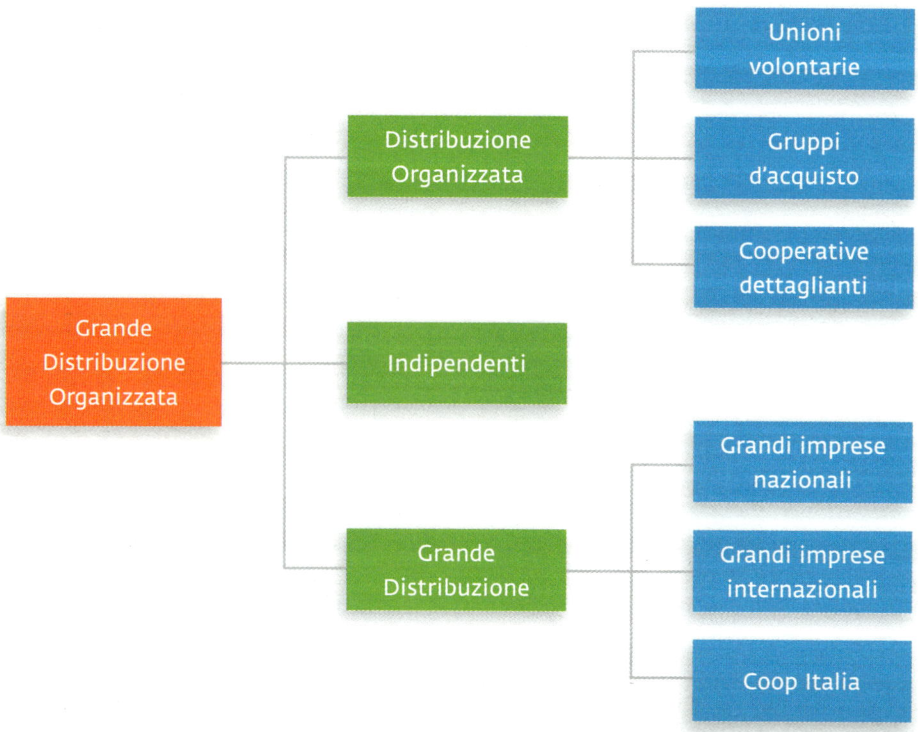

Focus Quali prospettive competitive per la distribuzione organizzata?

In origine GD e DO si distinguevano in maniera abbastanza decisa in relazione a: mercati serviti, forme distributive adottate, comportamento competitivo, potenzialità di sviluppo, politiche di marketing, strutture organizzative, potere negoziale nei confronti dell'industria. Alcune di queste caratteristiche distintive tendono a permanere, tuttavia si osserva una sorta di processo di convergenza dei due gruppi strategici: in particolare la DO sviluppa una crescente centralizzazione, realizza una specie di succursalismo associativo, mutua prassi manageriali tipiche della GD; dall'altra parte la GD fa proprie strategie tipiche della DO, come lo sviluppo della rete attraverso il franchising. Quanto al potere di mercato negli acquisti, come vedremo meglio di seguito, in funzione del fenomeno delle supercentrali d'acquisto vi è una chiara tendenza all'allineamento delle condizioni di vendita, a prescindere dall'appartenenza a un gruppo strategico o a un altro. Certamente rimangono delle differenze rilevanti. Rispetto ai grandi gruppi succursalisti della GD, le centrali associative scontano maggiori difficoltà di integrazione e coordinamento. Esse, infatti, essendo costituire da PMI, possono avere problemi di condivisione delle scelte da parte di basi associative eterogenee (per cultura, dimensione ecc.), carenze nella snellezza dei processi decisionali, complessità derivanti da strutture distributive composite (per formati, ubicazioni ecc.). Le centrali d'acquisto della DO dovranno lavorare per cercare di minimizzare questi svantaggi strutturali e al tempo stesso dovranno valorizzare i loro elementi di specificità, ovvero la capacità imprenditoriale e di marketing degli appartenenti al network, il loro radicamento sul territorio, la flessibilità del modello organizzativo, basato sull'**empowerment** delle componenti periferiche, capace di dare risposte efficienti ed efficaci sia nelle relazioni con i fornitori sia nelle relazioni con il mercato. In ogni caso, per il successo di queste forme organizzative, risulta fondamentale che gli associati siano accomunati da un'identità culturale, condividano finalità e obiettivi e che i loro rapporti siano contraddistinti da una forte fiducia reciproca.

Empowerment

Per empowerment s'intende la delega e la responsabilizzazione delle unità organizzative dell'impresa.

19.3.2 Le supercentrali d'acquisto

Il fenomeno delle alleanze tra imprese commerciali non si ferma al livello dei gruppi d'acquisto. Spinte dalla necessità d'incrementare ulteriormente il potere di mercato nei confronti dei fornitori, le diverse organizzazioni della distribuzione commerciale hanno costituito delle supercentrali d'acquisto, ovvero aggregazioni superiori di più soggetti della GDO, sia a livello nazionale, sia su un piano ancora superiore e con ulteriori aggregazioni, a livello europeo.

Lo scopo principale è di ottenere un miglioramento delle condizioni contrattuali, grazie alla maggiore dimensione e all'inserimento di un ulteriore livello di contrattazione. Oggi tuttavia, soprattutto a livello internazionale, le supercentrali tendono ad ampliare il loro ruolo e a trasformarsi in intese strategiche. Nonostante si tratti nella maggior parte dei casi di supercentrali ibride, eterogenee da un punto di vista strutturale, vi sono diversi ambiti ove viene sviluppata una collaborazione che va al di là del rapporto negoziale con i fornitori: strategie e vendite della marca privata, ottimizzazione dei processi logistici, sfruttamento dei differenziali di prezzo sui mercati internazionali, progettazione di attività promozionali internazionali, scambio di know how e di informazioni di mercato.

Va sottolineato che, nell'esperienza italiana, le supercentrali hanno subito negli ultimi anni un continuo processo di riposizionamento, con una notevole mobilità degli accordi, dovuta soprattutto alla forte eterogeneità dei componenti, che ha portato alla nascita e allo scioglimento di numerose organizzazioni. Tale processo ha portato a una concentrazione delle organizzazioni, che negli ultimi 15 anni sono passate da 30 a 10, con un ulteriore incremento della loro forza contrattuale verso l'industria.

19.4 Il trade marketing

Nei canali non integrati verticalmente, caratterizzati da un comparto distributivo concentrato e dotato di un forte potere di mercato, i produttori devono intendere il mercato intermedio come il loro primo mercato di riferimento, un mercato da conquistare, che si affianca, con proprie regole competitive, al mercato dei consumatori finali. In questi contesti, pertanto, le imprese industriali sviluppano delle strategie per cercare di rendere coerenti e compatibili le proprie politiche di mercato con quelle dei distributori. Il focus dell'approccio di marketing si modifica, andando a contemplare, accanto alla gestione dei prodotti e dei mercati al consumo, un'attenta considerazione del mercato primario distributivo, la cui azione di *retailing marketing* potenzialmente è in grado di rendere vani gli sforzi impostati meramente secondo una logica tradizionale di tipo *consumer*.

Accanto al *consumer marketing*, ovvero al marketing rivolto ai consumatori, nasce il *trade marketing*, ovvero il marketing rivolto ai clienti commerciali, che dunque si pone l'obiettivo di integrare le politiche commerciali dei produttori e dei distributori, cercando di soddisfare i bisogni degli operatori del mercato intermedio.

L'approccio al mercato, focalizzato tradizionalmente sul prodotto e sulla marca, si estende al binomio canale-cliente, la cui gestione diventa un'area di confronto con la concorrenza su cui sviluppare dei vantaggi competitivi, così come avviene sul *brand*.

Il merchandising ha la capacità d'influenzare significativamente le decisioni d'acquisto dei consumatori.

Con il trade marketing si vuole conoscere, pianificare e gestire il mercato intermedio al fine di ottenere un buon posizionamento nella distribuzione e, per questa via, il massimo risultato sul mercato finale. Per realizzare questi obiettivi è necessario adottare un approccio metodologico quale quello applicato nell'*industrial* e nel *service marketing* (▸ Capitolo 26). Il mercato distributivo infatti presenta molte analogie con quello dei beni industriali e dei servizi: il rapporto *business-to-business*, una clientela concentrata, la rilevanza del servizio, la necessità di personalizzazione del prodotto/servizio, il rapporto di cointeressenza che lega fornitore e cliente.

Il processo di trade marketing riflette la tipica logica del processo di marketing. Esso ha origine in ambito strategico (analisi e definizione del mercato, segmentazione, posizionamento) e prosegue sul piano delle politiche, dove vengono definite le leve gestionali utilizzate per l'implementazione del piano operativo. Il processo di trade marketing prevede inoltre la definizione delle procedure di pianificazione e controllo, del sistema informativo, dell'organizzazione, tutti elementi necessari per un efficace approccio al mercato intermedio. Esso si esplica parallelamente al processo di consumer marketing, interagendo con questo nello sviluppo della strategia, nella ripartizione delle risorse e nelle fasi di attuazione dei piani e di controllo.

19.4.1 La segmentazione del mercato intermedio

Nella fase strategica del processo di trade marketing, la segmentazione del mercato intermedio assume una rilevanza particolare, poiché costituisce il presupposto per la definizione di un'offerta mirata rispetto alle esigenze dei differenti target e per l'ottimizzazione dell'efficacia degli investimenti di marketing. Le variabili utilizzate sono molteplici e riguardano sia i vantaggi ricercati dall'acquirente, sia aspetti competitivi, reddituali, strategici.

Segmentazione in base ai vantaggi ricercati

La clientela commerciale può essere segmentata in funzione dei vantaggi da essa ricercati, in particolare in termini di prezzo e di servizio. Alcuni clienti attribuiscono una rilevanza fondamentale all'aspetto economico della relazione commerciale, altri attribuiscono un valore prioritario alle componenti di servizio. Il produttore può declinare la sua offerta sul mercato intermedio per conseguenza.

Segmentazione in base al potere contrattuale del cliente commerciale

Nell'ambito di una relazione commerciale, il potere di mercato detenuto dal cliente è funzione di diversi parametri, di natura qualitativa e quantitativa. Fatta una clusterizzazione dei clienti in base a tale variabile, nella destinazione delle risorse di marketing l'impresa industriale potrà tenere in particolare considerazione le imprese dotate di un maggiore potere di mercato. Da un punto di vista quantitativo il potere di mercato del distributore si può valutare misurando il peso, in termini di fatturato, che il distributore ha per il produttore attraverso il seguente rapporto.

$$\frac{\text{Fatturato del produttore con il cliente commerciale}}{\text{Fatturato totale del produttore}}$$

Oppure, simmetricamente, il potere di mercato del distributore si può valutare anche attraverso l'importanza che il produttore ha per il distributore, espressa ancora in termini di incidenza del fatturato.

$$\frac{\text{Acquisti del distributore presso il produttore}}{\text{Totale acquisti del distributore}}$$

Segmentazione in base ai margini di contribuzione

Il rapporto commerciale con il distributore genera un margine reddituale, definito "margine di contribuzione", dato dalla differenza tra:

$$\text{Prezzo di vendita} - (\text{Costo del prodotto} + \text{Costi commerciali})$$

Il margine di contribuzione viene calcolato al netto dei costi del prodotto e dei costi commerciali, ovvero dei costi sostenuti per servire il cliente (costi di vendita, logistici, di servizio ecc.). In termini di politica distributiva, ne deriva che il produttore potrà assegnare una particolare attenzione ai clienti più profittevoli, e parallelamente definire dei programmi specifici per migliorare la redditività dei clienti meno profittevoli, fino a valutare di eliminare quelli che non portano la marginalità attesa all'impresa.

Segmentazione in base alle prospettive di crescita

In termini strategici, il produttore può ritenere di voler investire su clienti che, anche se non detengono un alto potere di mercato o non generano adeguati flussi reddituali, tuttavia presentano prospettive di crescita particolarmente interessanti.

19.4.2 Le leve del trade marketing

Nella parte operativa, il trade marketing trova applicazione attraverso una serie di strumenti di varia natura, il cui mix viene determinato in funzione degli obiettivi strategici e delle esigenze del segmento servito. I principali obiettivi perseguiti sono da una parte il referenziamento, ovvero l'inserimento del prodotto nell'assortimento, e dall'altra un'adeguata gestione del prodotto *in-store*, che favorisca la vendita al consumatore finale.

Politiche di prezzo

I prezzi di vendita ai distributori devono consentire al retailer di ottenere un margine di contribuzione soddisfacente, tenendo conto del prezzo di vendita praticabile al consumo e dei costi di gestione del prodotto, determinati, tra l'altro, dalla rotazione del prodotto stesso.

Rotazione

La rotazione delle scorte è un indice di efficienza nella gestione del magazzino. Essa è data dal rapporto tra le vendite e la giacenza media. Un indice di rotazione basso denota un'elevata incidenza dei costi di magazzinaggio e di immobilizzazione finanziaria in scorte. Il termine, tuttavia, nel gergo distributivo è usato anche per indicare il volume delle vendite.

Utilizzo delle condizioni di vendita (dal sell in al sell out)

Nella definizione delle condizioni di vendita (sconti, incentivi ecc.), un approccio di trade marketing tende a privilegiare quelle finalizzate a favorire lo sviluppo del mercato e il sell out dei prodotti (p.e. un contributo promozionale) e non quelle rivolte a obiettivi di sell in (p.e. uno sconto quantità). In questo modo gli obiettivi del produttore e quelli del distributore convergono, concentrando le risorse sulla vendita al consumatore finale.

Utilizzo industriale del DPP-DPC

L'impresa industriale può lavorare sulle caratteristiche del prodotto allo scopo di ridurre l'impatto dello stesso sui costi di gestione dell'impresa commerciale (Direct Product Costs), così da incrementare la profittabilità del prodotto per il retailer (Direct Product Profit). Ciò può essere fatto, ad esempio, intervenendo sulle dimensioni del prodotto e sul packaging.

Direct Product Costs

I DPC, o Direct Product Costs sono costituiti dai costi direttamente imputabili al prodotto commercializzato, che incidono sul conto economico del distributore. Si tratta di costi relativi al personale (movimentazione, trasporto), all'occupazione degli spazi (in magazzino, sul mezzo di trasporto, nel punto vendita), all'immobilizzazione finanziaria in scorte.

Direct Product Profit

Il DPP, o Direct Product Profit, è il margine di contribuzione netto del prodotto, detratti tutti i costi diretti (DPC).

Lancio dei nuovi prodotti

Produttori e distributori sono entrambi interessati al buon esito del lancio di un prodotto. I produttori, infatti, devono mettere a frutto gli investimenti in ricerca e sviluppo e di marketing sostenuti in materia e i distributori devono ottimizzare l'offerta assortimentale, l'utilizzo degli spazi nel punto vendita, il sostegno promozionale. L'industria può fare degli accordi inerenti gli investimenti di marketing nel punto vendita, dall'inserimento del prodotto al display, alle azioni promozionali.

Attività promozionale

L'attività promozionale in linea generale può essere pianificata in modo integrato tra produttori e distributori, allo scopo di ridurne i costi di gestione e massimizzarne l'efficacia. Ciò riguarda sia le promozioni di prezzo, che hanno l'obiettivo di offrire convenienza all'acquirente, sia quelle di servizio, che viceversa si propongono di offrire dei benefici nell'area dell'omaggio e/o dell'intrattenimento, con possibili ricadute sull'immagine e sul posizionamento.

Merchandising industriale

Per l'industria è fondamentale poter usufruire di un posizionamento *in shop* favorevole, per cui vengono adottate delle iniziative di "merchandising industriale", volte a influenzare le scelte del distributore nella gestione dello spazio espositivo e nella modalità di presentazione dei prodotti agli acquirenti (▸ Capitolo 25). Esse si concretizzano, ad esempio, nell'acquisto di spazi espositivi preferenziali, nell'offerta di servizi di gestione e di promozione del prodotto nel punto vendita, nella fornitura di materiale POP.

Materiale POP

Il materiale POP, Point Of Purchase, comprende tutti quegli strumenti di comunicazione in-store utilizzati per ottimizzare la presentazione del prodotto: espositori, locandine, evidenziatori da banco ecc.

Progetti di category management

I produttori hanno un know how di marketing focalizzato sulle categorie di loro pertinenza e perciò assai più approfondito di quello che, nella specifica categoria, hanno i distributori, che sono impegnati nella commercializzazione di un numero assai elevato di categorie. Tale know how di marketing può essere messo a disposizione del distributore nell'ambito di progetti di gestione integrata della categoria (category management) dove le decisioni inerenti assortimento, pricing, promozioni, allocazione dello spazio dei prodotti vengono prese congiuntamente dal produttore partner di categoria e dal distributore, con l'obiettivo di massimizzare le performance complessive.

Fornitura marca commerciale

La fornitura congiunta di prodotti a marca commerciale e di prodotti propri a marca industriale può favorire l'impostazione di relazioni strategiche con il distributore e l'assunzione da parte del produttore del ruolo di partner primario di categoria. Per questa via, produttore e distributore condividono in toto la finalità della massimizzazione dei risultati della categoria.

Comunicazione (consumer)

Un'impresa industriale che fa cospicui investimenti in comunicazione verso il mercato consumer incrementa la notorietà e l'attrattività del brand, ponendo le condizioni per facilitare il sell out dei prodotti inseriti nell'assortimento commerciale.

Servizio logistico

Il fornitore in grado di garantire un servizio logistico eccellente, soprattutto in termini di tempestività, regolarità e accuratezza delle consegne, consente al distributore di ridurre i costi e migliorare l'efficienza, senza incorrere in problemi di rotture di stock. Per ottenere questo risultato, sovente è necessario realizzare soluzioni di logistica integrata, anche con il coinvolgimento di operatori logistici specializzati.

Focus Le condizioni commerciali per il trade marketing

Le condizioni commerciali che regolano i rapporti tra industria e distribuzione sono classificabili in tre gruppi.

1. Incremento dell'efficienza dei processi operativi:
   - condizioni logistiche (ordini efficienti, miglioramento della supply chain);
   - condizioni di pagamento.
2. Sviluppo del mercato:
   - disponibilità e visibilità a scaffale (mantenimento dell'assortimento stabilito, inserimento di nuovi prodotti);
   - contributi promozionali (realizzazione di iniziative promozionali ai consumatori congiunte);
   - comunicazione (dal trade al consumatore).
3. Altre condizioni commerciali:
   - non legate a controprestazioni (sconti in fattura, sconti customer specific);
   - sconti a risultato (sconti fine anno, sconti per raggiungimento di target specifici);
   - contributi per operazioni speciali (apertura/ristrutturazione del punto vendita ecc.).

Case History — McDonald's

Nata nel 1937 negli Stati Uniti su iniziativa dei fratelli Richard e Maurice McDonald, l'azienda è oggi la più grande catena di ristorazione al mondo.
McDonald's è oggi la più grande catena di ristorazione al mondo, presente in ben 119 paesi, dove serve ogni giorno 60 milioni di clienti con un uno staff di 1,8 milioni di persone.
A partire dalla seconda metà degli anni Ottanta l'azienda sviluppa con forza il processo di internazionalizzazione: negli anni Ottanta l'azienda sbarca in Europa, nei primi anni Novanta in Russia e in Cina.
L'approccio di marketing seguito si è evoluto nel tempo: da azienda tipicamente global, che esportava il suo format in tutto il mondo, McDonald's negli ultimi anni si è sempre di più radicata nelle specificità dei mercati locali, abbracciando una filosofia di tipo *glocal* (▸ Capitolo 27). Basti pensare, in Italia, alle proposte di prodotti come il panino McItaly, al menù Caprese salad, all'inserimento in assortimento di insalate e frutta, al lancio dei McCafè.

L'ingresso in Italia risale al 1985, e da allora McDonald's ha raggiunto risultati considerevoli nel nostro paese: circa 1 miliardo di euro di fatturato, 600 mila clienti serviti ogni giorno, circa 15.500 dipendenti.
Il business model prevede una stretta integrazione con i suoi business partner, a monte con i fornitori, e a valle con i franchisee.
Come in tutto il mondo, anche in Italia la rete commerciale è di tipo misto, con 432 ristoranti, dei quali il 20% diretti e l'80% in franchising, gestiti da 130 licenziatari. L'imprenditore affiliato dispone del *franchising package* McDonald's, costituito da prodotti, processi, tecnologie, know how gestionale, brand, layout di punto vendita ecc. A fronte di ciò, all'atto dell'avviamento dell'attività l'affiliato deve corrispondere una *fee* di entrata nella rete e provvedere ai costi di allestimento del ristorante; ad attività in corso, esso riconosce all'azienda l'affitto per la disponibilità del locale (tra il 14 e il 20% del fatturato), le royalties (5% del fatturato) e un contributo alle spese di marketing (4% del fatturato).
Anche la partnership con i fornitori è molto radicata: nel nostro paese ben il 75% delle materie prime proviene dai circa 60 fornitori italiani. I fornitori operano seguendo i severi standard previsti dall'azienda applicati a tutte le fasi della catena, dalla scelta delle materie prime ai processi produttivi, dallo stoccaggio al trasporto e alla consegna nei ristoranti, dove McDonald's richiede il pieno rispetto dei requisiti di qualità e di sicurezza alimentare.

Conclusioni

Il canale distributivo ha un ruolo fondamentale per la creazione e diffusione del valore al cliente finale. Nei canali indiretti, produttori e distributori devono relazionarsi tra loro, anche in funzione del relativo potere di mercato, allo scopo di configurare un sistema efficiente ed efficace. Le imprese industriali definiscono a tale scopo delle specifiche strategie e politiche di marketing rivolte ai propri clienti intermedi per cercare di gestire i rapporti di canale.
In merito, laddove le condizioni competitive e di mercato lo consentano, lo sviluppo di relazioni verticali collaborative si prospetta come la strategia ottimale, in quanto permette di finalizzare le risorse agli obiettivi comuni in modo sinergico.

20

Gestione delle vendite

di **Tiziano Vescovi**

Indice del capitolo

Introduzione
20.1 Vendita di relazione e sales management
20.2 Il processo di vendita
20.3 Il sistema informativo di vendita
20.4 L'organizzazione della sales force
20.4.1 Le figure professionali
20.4.2 Il dimensionamento
20.4.3 La forma organizzativa
20.5 La motivazione e la retribuzione
20.6 La previsione vendite e il piano di vendita
20.6.1 L'analisi
20.6.2 Le previsioni
20.6.3 Gli obiettivi
20.6.4 Le strategie
20.6.5 Il budget
20.6.6 Il controllo
Conclusioni

Abstract

Il capitolo affronta un tema di fondamentale importanza nel marketing operativo: la gestione delle vendite, ovvero dell'azione commerciale dell'impresa. Inizialmente viene sottolineata la necessità per le imprese di maturare, nel rapporto con i clienti, il passaggio da un orientamento transazionale, di breve termine, a un orientamento relazionale, orientato al medio-lungo termine. Tale evoluzione porta con sé l'assunzione di un nuovo ruolo da parte del venditore, dedito maggiormente ad attività a valore aggiunto, di consulenza e servizio, e determina la riconfigurazione delle attività del processo di vendita, valorizzando in particolare il contributo apportato da un adeguato sistema informativo di vendita e dalle nuove tecnologie. La disamina prosegue analizzando le principali problematiche connesse all'organizzazione della rete di vendita: l'impiego di venditori diretti o di agenti, il suo dimensionamento, i criteri secondo i quali definirne l'articolazione e infine la motivazione e la retribuzione dei venditori. Il capitolo si conclude con l'analisi delle diverse fasi del piano di vendita.

Introduzione

L'orientamento strategico al cliente, che descriveremo in dettaglio nel prossimo Capitolo, sposta l'attenzione dell'impresa dal breve al lungo termine. Ciò comporta la trasformazione dell'azione di vendita dell'impresa da fatto rilevante nel breve termine a risultato di una relazione: da un marketing orientato alla singola vendita, cioè, si passa a un marketing del rapporto, nel quale assume centralità la ricerca della massimizzazione del valore per il cliente e per l'impresa nel tempo. In questa nuova prospettiva, l'impresa si impegna per conoscere le esigenze dei clienti, sceglie quelli più profittevoli e quelli che sono disponibili ad avviare una relazione con essa, e che quindi condividono i valori della marca e vogliono far parte del mondo in cui si colloca.
Tale impostazione, oltre a cambiare il punto di riferimento delle scelte di mercato delle imprese, modifica significativamente il modo di collocare la vendita nel complessivo disegno organizzativo e gestionale. Nella tradizionale impostazione di marketing la vendita era il risultato finale dell'azione commerciale; ora l'attenzione è spostata a monte sulla ricerca del cliente, sull'analisi delle sue esigenze e sullo sviluppo della relazione. In tale situazione la vendita diviene il logico risultato dell'azione di marketing svolta nei confronti del cliente.
I problemi strutturali della gestione strategica di vendita sono oggi sostanzialmente due:

1. l'orientamento al lungo periodo che deve prevalere su quello a breve, ovvero il primato della relazione sulla vendita *tout court*;
2. la differente prospettiva di mercato: *ampia* e *generale* quella dell'impresa, *locale* e *specifica* quella del venditore.

Showroom

Lo showroom è una struttura di vendita di un'impresa nella quale essa espone e mostra alla clientela i propri prodotti.

Per realizzare l'attività di vendita, per raggiungere i propri clienti, l'impresa deve creare e gestire un insieme di strutture fisiche (filiali, depositi, magazzini, showroom) e di personale che opera ai vari livelli dell'organizzazione, dalla direzione Vendite fino agli *area manager* e ai venditori. L'azienda considera inoltre la politica generale verso il mercato solitamente più importante dei singoli adattamenti che essa dovrebbe subire per far fronte alle esigenze specifiche dei mercati locali. A ciò si oppone l'atteggiamento del venditore, che opera invece in un contesto locale e che tende a privilegiare la situazione specifica a quella generale. La mentalità di indipendenza che quasi sempre contraddistingue i venditori, e il fatto stesso di passare la gran parte del tempo sul mercato piuttosto che presso la sede dell'impresa, può creare un distacco tra venditore e impresa, mentre nei confronti del cliente l'immagine dell'impresa deriva direttamente dal rapporto con il venditore.

Può accadere che i venditori vengano considerati quasi come persone esterne, difficili da gestire e controllare, in un rapporto a volte conflittuale tra la sede centrale, che emana le direttive e individua le politiche generali, e la forza di vendita, che è focalizzata su condizioni specifiche della propria area-mercato di riferimento.

Occorre realizzare, viceversa, che la struttura di vendita forma l'anello di congiunzione operativo tra la politica di marketing dell'impresa e i clienti: le vendite rappresentano il momento in cui si realizza la politica di marketing presso il cliente. Il ruolo del venditore diviene allora quello di risolutore di problemi, volto a bilanciare l'offerta generale dell'impresa con le esigenze specifiche e contingenti della clientela.

20.1 Vendita di relazione e sales management

I rapporti di vendita variano in un continuum che va dalla singola *vendita occasionale* in cui i due operatori (venditore e compratore) non si aspettano di essere coinvolti in future transazioni di vendita, alla *relazione funzionale*, che può evolvere in *partnership relazionale* fino alla *partnership strategica*. Quando entrambi i partner compiono rilevanti investimenti per migliorare la redditività di ciascuna delle due parti con un orizzonte temporale di lungo termine, la partnership viene definita "strategica". Ovviamente, la relazione è costruita per cogliere comuni opportunità, come visto nei ▸ Capitoli 18 e 19, e ciò crea un elevato grado di dipendenza reciproca, che si manifesta in un continuo scambio di informazioni e nella creazione di momenti decisionali comuni. L'obiettivo dell'attività di vendita diviene quello di costruire la relazione e quindi l'orientamento si sposta sul lungo termine, mentre il ruolo chiave del venditore diviene quello di creare valore per il cliente e per l'impresa.
È questa un'ottica che vede il venditore impegnato direttamente nell'innovazione commerciale, cioè nella creazione di nuove soluzioni per il cliente, sviluppando una vera partnership. Si sviluppa in tal modo un'attività di marketing di vendita che integra le risorse aziendali nella vendita, che avvicina l'impresa al cliente, ma soprattutto il cliente all'impresa. Seguendo tale evoluzione il venditore diviene sempre più responsabile della gestione del marketing operativo verso un gruppo di clienti.
Il *sales manager* pianifica, dirige, controlla l'attività di vendita, incluse le attività di organizzazione, reclutamento, selezione, addestramento e assegnazione di compiti, supervisione, motivazione, valutazione della forza di vendita. Rientrano tra le sue funzioni la previsione delle vendite, l'analisi di mercato, la pianificazione strategica delle vendite, l'analisi dei comportamenti dei clienti, l'individuazione di opportunità, l'allocazione di risorse, l'analisi dei costi e dei profitti, la pianificazione e la gestione del budget, l'esercizio della leadership sulla forza vendita assegnata nonché il presidio dei processi comunicazionali verso la clientela (▸ Capitolo 17).

20.2 Il processo di vendita

Il processo di vendita è costituito da più fasi successive (figura 20.1), attraverso le quali l'azione della forza di vendita dovrebbe arrivare a chiudere positivamente la trattativa.

Figura 20.1
Il processo di vendita.

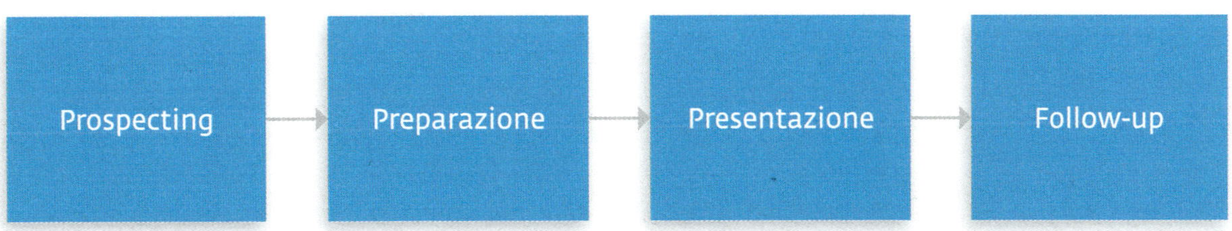

Prospecting

Il prospect è un soggetto che ricade nel target dell'impresa e che perciò viene considerato un cliente potenziale.

La prima fase riguarda l'attività d'identificazione dei potenziali clienti (prospecting) e la loro classificazione secondo il livello di attrattività per il fornitore. Un buon cliente potenziale viene esaminato attraverso la compilazione di opportune "check-list", attraverso le quali viene data risposta a precisi quesiti.

- Il cliente potenziale individuato presenta un bisogno o una richiesta che può essere soddisfatta da un prodotto dell'impresa?
- Il cliente potenziale ha la capacità di far fronte ai pagamenti necessari?
- Il cliente potenziale ha il potere decisionale di acquistare. Come influenza la decisione di acquisto?
- Il cliente potenziale può essere avvicinato con relativa facilità?

La seconda fase del processo riguarda la *preparazione* della visita. In questa fase vi sono due momenti principali, quello della pianificazione della visita e quello del contatto con il cliente. Si dice che una vendita di successo dipenda per il 40% dalla preparazione, per il 20% dalla presentazione e per il restante 40% dal *follow-up*. L'accuratezza della preparazione consente senza dubbio una maggiore probabilità di successo e una maggiore efficienza dell'azione di vendita. La pianificazione della visita comprende diverse attività come:

- la raccolta di informazioni sul cliente potenziale;
- la definizione degli obiettivi della visita, che possono riguardare la raccolta di informazioni, la presentazione di prodotti, la chiusura della trattativa, la soluzione di problemi post-acquisto ecc.;
- lo sviluppo di una strategia di visita (inquadrandola all'interno di una strategia complessiva di relazione anche in funzione del tipo di rapporto che si vuole realizzare, delle azioni della concorrenza, della situazione del mercato);
- la fissazione di un appuntamento.

Follow-up

Espressione tecnica che concerne le attività da svolgere a valle di un incontro commerciale e finalizzate ad accrescerne l'efficacia.

La terza fase del processo riguarda la *presentazione* da parte del venditore dell'offerta dell'impresa. Spesso l'importanza di questa fase è sopravvalutata da parte della forza di vendita tradizionale, mentre viene sottovalutata la proposta scritta, la fissazione del prezzo definitivo e il follow-up, che invece ne sono parte importante. L'enfasi attribuita alla fase di presentazione dipende dal fatto che in genere questa è la parte della vendita più personale, meno codificabile, più legata alle abilità *teatrali* del venditore e quindi dove le differenze e l'unicità di approccio sono più evidenti.

La quarta fase del processo di vendita riguarda il *follow-up* della visita. La relazione con il cliente non finisce con la vendita del prodotto, ma in realtà inizia in quel momento. Efficaci attività di *follow-up* riducono la dissonanza cognitiva dell'acquirente, i suoi dubbi, possono migliorare l'uso del prodotto e quindi la soddisfazione. L'azione post-vendita può riguardare, ad esempio, la verifica che il prodotto sia giunto al cliente in buone condizioni, oppure la corretta installazione e istruzione tecnica sull'utilizzo. La creazione di una relazione positiva richiede la capacità di gestire correttamente i reclami e le lamentele dei clienti, anche attraverso il supporto delle tecnologie di comunicazione. Il contatto con il cliente deve essere mantenuto costantemente, così da poter prevenire situazioni di crisi o cogliere immediatamente richieste e opportunità di vendita.

20.3 Il sistema informativo di vendita

Il sistema informativo di vendita si sviluppa nell'ambito del sistema informativo di marketing (▸ Capitolo 7) pur seguendo proprie specificità. Esso è volto a supportare l'attività di *sales management* in diversi modi: (i) nella pianificazione delle vendite; (ii) nelle previsioni e proiezioni di vendita; (iii) nelle attività di controllo e analisi dei risultati.

L'attività di **sales intelligence** è fondata su due pilastri:

1. la funzione di raccolta di dati e informazioni esercitata dal venditore;
2. la dotazione di adeguati supporti tecnologici (device, software, database ecc.).

Sales intelligence
L'attività di sales intelligence comprende tutte le rilevazioni e le analisi su clienti, concorrenti, mercato, realizzate per pianificare e gestire l'attività commerciale dell'impresa.

La forza di vendita è uno strumento importante nella raccolta di informazioni dal mercato, soprattutto quelle riguardanti dati per i quali l'impresa non dispone di sistemi di rilevazione propri (p.e. i dati scanner) e che riguardano situazioni locali. Le informazioni di carattere generale sono, infatti, reperibili anche con altri strumenti, come le ricerche di marketing o il ricorso a dati secondari, mentre è realmente difficile trovare informazioni che riguardano mercati specifici locali, geograficamente segmentati.

Quanto alla strumentazione tecnica, sempre più avanzata grazie all'evoluzione tecnologica, e sempre più diffusa grazie alla diminuzione dei relativi costi di utilizzo, essa costituisce il cuore di una moderna attività commerciale, ed è capace di massimizzare l'efficienza e l'efficacia dell'azione di mercato, favorendo la riduzione dei tempi di reazione dell'impresa alle richieste dei clienti e ai cambiamenti del mercato, nonché la personalizzazione della relazione con il cliente e quindi dell'offerta a lui rivolta. L'utilizzo delle tecnologie può arricchire e rafforzare la relazione fornitore-cliente, influendo fortemente sulle condizioni di sviluppo e di gestione delle relazioni di scambio.

Le reti informative consentono di supportare le attività di vendita attraverso l'automazione di alcune parti meno importanti del processo di vendita. Grazie a esse si semplificano i preliminari della relazione con il cliente. Il cliente può fare riferimento a fonti disponibili in qualunque momento (p.e. sito web dell'azienda) dove rilevare tutte le informazioni sull'azienda fornitrice, sui prodotti offerti, sui prezzi, sulle modalità di consegna ecc. Lo stesso vale per il venditore, che può raccogliere in rete notizie riguardanti l'azienda potenziale cliente. Con il ricorso al web si ottiene un duplice risultato: il cliente si attiva autonomamente nella ricerca delle informazioni e delle soluzioni, consentendo all'impresa di ridurre i costi di vendita; l'impresa utilizza i clienti stessi come fonti informative per la sua pianificazione di mercato. Il venditore in tal modo può concentrarsi sulle attività a maggior valore aggiunto del suo lavoro, partecipando attivamente alla pianificazione e azione di marketing rivolta ai singoli clienti, alla personalizzazione del rapporto e dell'offerta.

Le tecnologie che rendono sempre più stretta la relazione cliente-fornitore fanno sorgere una serie di preoccupazioni nelle strutture territoriali di distribuzione e vendita rispetto a un possibile processo di *disintermediazione* che ne potrebbe derivare. La minaccia di disintermediazione, infatti, non riguarda soltanto la distribuzione, ma si manifesta anche nel processo di vendita, dove si riducono le

funzioni del venditore. Basti pensare alla funzione informativa tradizionalmente svolta dal venditore, che tende a ridursi pesantemente nelle dimensioni pur concentrandosi, per un altro verso, su aspetti di qualità più elevata.
Nel processo di vendita, il venditore interviene come facilitatore, soprattutto nei momenti in cui viene richiesta una consulenza a valore aggiunto. Le visite e le attività di routine perdono di significato. La comunicazione personale non viene sostituita, ma riformata, mediata e rafforzata nella sua parte di valore, quella su cui si dovrebbe concentrare maggiormente il lavoro del venditore, e sulla quale i clienti giudicano la qualità dell'organizzazione di vendita del fornitore.

20.4 L'organizzazione della sales force

L'adozione di un orientamento al marketing e lo sviluppo della relazione con la clientela spingono molte imprese alla riorganizzazione delle attività di vendita, al fine d'incrementare l'efficacia della loro azione commerciale e costruire un più stretto legame con i clienti. L'organizzazione della forza di vendita è un compito cruciale per la direzione commerciale, poiché ha un diretto impatto sulle prestazioni di vendita. Spesso l'organizzazione è vista solamente come la determinazione della struttura, ma è una visione distorta. Organizzare è un compito continuo del management, che richiede costante attenzione e continui adattamenti. Le due determinanti principali di ogni soluzione organizzativa, infatti, sono da un lato le strategie commerciali dell'impresa, dall'altro le risorse umane, tecniche e finanziarie a disposizione. Poiché le une e le altre mutano continuamente nel tempo, l'organizzazione di vendita risulta in costante divenire. Le risorse a disposizione rappresentano un vincolo fondamentale su cui costruire le soluzioni, così come, trattandosi di definire relazioni tra persone, la cultura dell'impresa e dei mercati in cui questa è inserita. Ignorare questi aspetti, privilegiando tecnicismi perfetti sulla carta, conduce a distorsioni ed errori. L'organizzazione rappresenta quindi la continuità tra la pianificazione strategica e le azioni operative.

L'attività dei venditori è supportata da software gestionali avanzati che ne incrementano notevolmente la produttività.

20.4.1 Le figure professionali

La prima scelta sulla struttura di vendita riguarda il ricorso a risorse interne o a risorse esterne, quindi a venditori, o ad agenti e rappresentanti. I *venditori* sono dipendenti diretti dell'azienda, ai quali vengono affidati compiti di relazione con i clienti. Gli *agenti* o *rappresentanti* sono professionisti indipendenti o organizzati in società, che hanno una relazione contrattuale con l'impresa, la quale concede loro la rappresentanza dei propri prodotti nei mercati definiti dal contratto stesso. In genere i contratti prevedono criteri di esclusiva territoriale o di prodotto-marca, con clausole di regolazione della concorrenza. Essi possono essere monomandatari,

Agente monomandatario

Un agente monomandatario ha un mandato unico di rappresentanza conferito da una sola impresa per la vendita dei suoi prodotti.

Agente plurimandatario

Un agente plurimandatario gestisce la vendita di più marche e prodotti, appartenenti a imprese (mandanti) diverse.

e operare per conto di una sola impresa (mandante), o plurimandatari, e gestire la vendita di più marche e prodotti appartenenti a più imprese (mandanti). È evidente che nel caso di agenti plurimandatari la possibilità d'influenza, controllo e guida da parte dell'impresa è più modesta, ed è correlata al valore del mandato specifico all'interno del loro portafoglio.

Dunque, le alternative strutturali fondamentali disponibili per definire la propria struttura di vendita sono:

- utilizzare venditori diretti, *in esclusiva*;
- utilizzare venditori non diretti, agenti operanti in esclusiva (monomandatari) o non in esclusiva (plurimandatari).

I criteri di scelta tra le due soluzioni sono di diversa natura:

1. economici;
2. di adattamento e flessibilità;
3. strategici e di controllo;
4. composizione dell'assortimento e potenziale di vendita.

I *criteri economici*, sono basati sulla diversa struttura dei costi delle due alternative (figura 20.2).

Figura 20.2

Costo di un venditore diretto e costo di un agente a confronto.

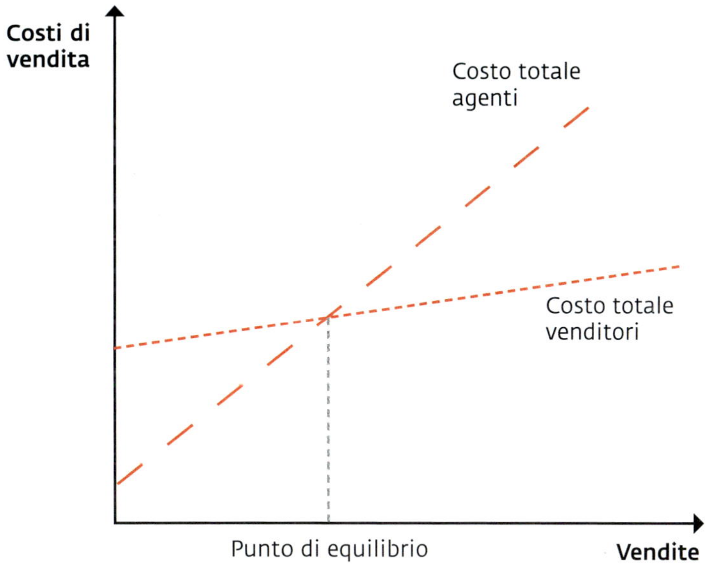

Nel caso di venditori diretti, la retribuzione è in gran parte costituita da elementi fissi stipendiali, cui si affianca una quota variabile, che viene erogata sotto varie forme, per incentivare il venditore a raggiungere certi traguardi di vendita o a espletare, secondo parametri definiti, determinate funzioni (assistenza al cliente, merchandising). Nel caso dell'agente invece, anche quando gli si riconosca mensilmente una quota fissa, la gran parte della remunerazione è legata alla provvigione percentuale sulle vendite, per cui il costo totale è prevalentemente variabile. Ponendo a confronto le due alternative sotto un profilo squisitamente economico, l'impresa dovrebbe preferire la soluzione dei venditori interni quando preveda di raggiungere un volume di vendite superiore al punto di equilibrio, mentre la scelta dovrebbe ricadere su agenti in caso di un fatturato previsto inferiore a tale punto.

I *criteri di adattamento e flessibilità* riguardano la possibilità di variare la dimensione della struttura di vendita in relazione alle dinamiche di mercato. Pertanto, le imprese che operano in mercati turbolenti, esposti a rapidi e imprevedibili cambiamenti, o che devono fronteggiare brevi cicli di vita dei prodotti, si affidano maggiormente ad agenti indipendenti, per mantenere una certa flessibilità nella vendita e distribuzione.
I *criteri strategici e di controllo* si basano sulle caratteristiche dei prodotti e dei clienti e conseguentemente sulle funzioni prioritariamente svolte dalla forza vendita: vendita, assistenza, consulenza. In quest'ottica, si ritiene preferibile la forza vendita diretta quando è richiesta una rilevante competenza tecnica dei venditori, l'erogazione di un elevato livello di servizio, la predisposizione di un sistema d'offerta altamente personalizzato, tutti aspetti che risultano generalmente incompatibili con una struttura composta da agenti indipendenti.
Infine, ulteriori criteri rilevanti sono la *composizione dell'assortimento* e il *potenziale di vendita dell'impresa*. Secondo questi criteri occorre valutare la capacità che l'impresa ha di offrire un assortimento di prodotti, o una quantità di vendite, sufficiente a coprire i costi di un venditore diretto. Ove le vendite previste da parte dell'impresa non siano sufficienti, l'unica soluzione percorribile è quella dell'agente con contratto plurimandatario, cioè in possesso di un portafoglio di mandati di vendita di più aziende (tabella 20.1).

Tabella 20.1
Venditori o agenti?

Venditori	Agenti
Costo fisso	Costo variabile
Controllo	Copertura mercati
Livello di servizio	Flessibilità
Personalizzazione	Motivazione (economica)
Competenza tecnica	
Motivazione (sviluppo carriera)	

La presenza di una rete di vendita indiretta richiede un importante ruolo ponte tra l'esterno e l'interno dell'impresa, che viene assunto dall'*area manager*. A questa figura, direttamente dipendente dall'azienda, vengono assegnati compiti d'indirizzo, assistenza, formazione, controllo e valutazione degli agenti, per mantenere la maggior coerenza possibile tra le politiche dell'azienda e le azioni dei venditori indipendenti sul mercato.
In alcuni mercati, come la distribuzione alimentare, i clienti business tendono a concentrarsi in poche grandi unità d'acquisto. Questo fenomeno richiede la definizione di un ruolo di vendita che consenta di gestire in modo appropriato le relazioni con tali clienti, che hanno un'importanza strategica per l'impresa poiché rappresentano una parte significativa del volume d'affari attuale o futuro. In tal caso la relazione non è basata solo sullo scambio di prodotti ma soprattutto su aspetti di servizio, ed esistono evidenti vantaggi per le due parti nello sviluppo di una partnership, piuttosto che nella ricerca della massima efficienza della transazione. Si rende necessario allora un tipo di venditore specializzato, il key account manager, con competenze di gestione di relazioni complesse e di vendita a grandi organizzazioni, in grado di sviluppare la relazione secondo l'orientamento strategico dell'impresa.

Key account manager
Il key account manager è una figura professionale, inserita nella direzione Vendite di un'impresa industriale, che ha l'obiettivo di gestire la relazione commerciale e le relative leve di trade marketing, con uno o più importanti clienti commerciali.

20.4.2 Il dimensionamento

Definita la tipologia della rete di vendita occorre valutarne la dimensione. Per determinare il numero ottimale dei venditori vi sono diversi metodi cui si può ricorrere, ognuno dei quali presenta pregi e limiti che si devono valutare in relazione alla situazione e alle strategie aziendali. I principali metodi cui si fa riferimento sono i seguenti.

- Il metodo *a esaurimento* è concettualmente il più semplice. Sulla base dell'esperienza precedente, si definisce un venditore medio come unità di vendita, assumendo che ogni persona abbia lo stesso potenziale produttivo. Per determinare la dimensione della forza di vendita, si dividono le vendite totali desiderate dall'impresa per le vendite attese dall'attività prodotta dal singolo venditore medio.
- Il metodo del *carico di lavoro* si fonda sulla valutazione dell'impegno in termini di tempo dedicato dal venditore per l'ottenimento dei risultati di vendita, in relazione ai servizi, metodi, tipi di relazione definiti dall'impresa. Tale approccio deve tuttavia prevedere la considerazione di specificità territoriale (p.e. distanze da percorrere) e di mix clienti.
- Il metodo del *potenziale delle vendite* richiede una stima del potenziale di vendita dell'impresa, basato sulle dimensioni del mercato di riferimento, sugli obiettivi aziendali e sulla quota di mercato desiderata. Presumendo che ogni venditore agisca secondo uno standard di riferimento definito dall'impresa, la dimensione della struttura di vendita si definisce considerando una determinata produttività media per persona.

20.4.3 La forma organizzativa

Un ulteriore importante aspetto relativo all'organizzazione della forza vendita riguarda il criterio secondo il quale essa viene articolata. In merito si possono considerare le seguenti variabili:

- geografica;
- di clientela;
- di prodotto;
- di mercato;
- misti.

L'organizzazione per *area geografica*, probabilmente la soluzione più diffusa, consente al venditore di acquisire una migliore conoscenza dell'ambiente, del territorio e della clientela, permettendo inoltre dei risparmi sulle spese di viaggio e trasferta. Tale criterio si applica a condizione che esista una certa omogeneità dei prodotti da negoziare (merceologica, distributiva, di consumo ecc.) e, soprattutto nel business-to-business, che l'insieme dei prodotti trattati rientri nelle competenze tecniche del venditore. Diviene più difficile gestire clienti che hanno interessi e localizzazioni (p.e. uffici, stabilimenti e punti vendita) su più aree, con diversi livelli di autonomia negli acquisti.

L'organizzazione basata sui *tipi di clientela*, focalizzata sulle diverse richieste di adattamento alle necessita dei clienti che emergono dal mercato, considera più alternative: per dimensione dei clienti, tipologia di servizio richiesto, fedeltà ecc.

L'organizzazione per *tipologia di prodotto* si applica in genere quando l'impresa offre sul mercato marche o linee di prodotto che differiscono per complessità tecnica, utilizzo e posizionamento d'immagine. Si tratta di prodotti diversi che

richiedono diversi tipi di conoscenze tecniche (nel caso di beni destinati alla produzione) o differenti strategie di mercato (nel caso di beni di consumo), e che richiedono anche diversità di comportamenti nelle persone preposte alle vendita.
L'organizzazione *per mercato* si basa sulla considerazione che esistano apprezzabili diversità nelle attese e nei comportamenti dei diversi mercati. In questo tipo di struttura l'attenzione della forza vendita viene focalizzata maggiormente sui bisogni della clientela e, per quanto riguarda i beni destinati alla produzione, sui singoli mercati di utilizzo dei prodotti venduti, riportandone informazioni più puntuali rispetto alle necessità d'uso, all'innovazione tecnologica e alle azioni della concorrenza.
Naturalmente, i criteri suddetti non si escludono, per cui sovente si riscontrano reti di vendita organizzate secondo più criteri, tra loro ordinati gerarchicamente.
Le forza vendita viene coordinata da area manager, che sono chiamati sempre più a funzioni di formazione delle competenze, di indirizzo strategico, di pianificazione delle attività, di motivazione dei venditori, mentre va via via riducendosi la classica funzione di cinghia di trasmissione delle decisioni della direzione. La rete, poi, si avvale del supporto di una struttura interna, di servizio alle attività esterne e di staff alla direzione Vendite, la quale svolge attività di tipo amministrativo, di raccolta e gestione delle informazioni, di organizzazione dell'attività dei venditori.

Focus | Le aree commerciali

L'area geografica di mercato di un'impresa viene sovente distinta in micropartizioni territoriali, che, a seconda del punto di vista:

- sommano più aree geografiche in macroaree;
- frammentano l'unità geografica in sottoinsiemi di riferimento.

Un esempio chiarirà il concetto.
Nel largo consumo si è soliti fare riferimento alle aree Nielsen. Queste possono essere viste:

- come la sommatoria, ciascuna, di più regioni amministrative indipendenti (p.e. l'area 1 è composta da Piemonte, Valle d'Aosta, Liguria e Lombardia);
- come la frammentazione del mercato-Italia in quattro micromercati (area 1, 2, 3 e 4), ciascuno dei quali dotato di diverse potenzialità commerciali, struttura distributiva e della popolazione ecc.

Al di là di convenzioni comunemente adottate a riferimento di mercato, come quella sopra indicata, ciascuna impresa si dà ovviamente la propria, in ragione della disponibilità di agenti in loco, della propria storia (p.e. l'impresa avrà come area a sé quella corrispondente alla propria location storica), del tipo di prodotto, delle caratteristiche generali del mercato.

20.5 La motivazione e la retribuzione

Motivazione
L'espressione dei motivi che inducono una persona a una determinata azione.

La motivazione della forza di vendita è uno degli aspetti chiave, e rappresenta un punto di potenziale fragilità, di tutta la gestione dell'attività di vendita. Ciò perché la supervisione del lavoro del venditore può essere condotta solo in modo non continuo, e in ogni caso il lavoro non può prescindere da una spinta autonoma dell'individuo, che deve avere un alto coinvolgimento nel proprio impegno per poter superare le obiezioni del cliente e le frustrazioni derivanti dagli inevitabili insuccessi di vendita. Evidentemente il problema della motivazione, proprio a causa di condizioni di lavoro difficili, variabili, incerte, non prevedibili o standardizzabili, presenta aspetti di complessità superiore rispetto ad altre funzioni aziendali. La motivazione dei venditori dipende da diversi fattori:

- soddisfazione nel lavoro;
- status e riconoscimenti sociali;
- sviluppo di carriera;
- retribuzione in denaro.

È molto importante dunque che il sistema di incentivi sia multidimensionale ed equilibrato.

Per quanto riguarda gli aspetti retributivi della forza vendita, essi presentano talune peculiarità, in relazione alle condizioni particolari in cui si svolge il lavoro del venditore:

- l'attività si svolge in condizioni logistiche disagiate;
- il lavoro è sottoposto a frustrazioni frequenti;
- la supervisione e il controllo non possono essere garantiti con continuità;
- la vendita si svolge in condizioni d'isolamento dall'organizzazione centrale;
- l'attività avviene in un contesto di forte variabilità che deve essere mantenuta entro le linee guida strategiche dell'impresa.

Il sistema retributivo dei venditori presenta una struttura dei compensi di tipo misto, parte fissa e parte variabile, con un'incidenza diversa di ciascuna parte, secondo le caratteristiche del lavoro, le relazioni contrattuali (agenti o venditori diretti), gli usi del settore e gli obiettivi dell'impresa.

Le imprese organizzano annualmente delle convention con i venditori al fine di spiegare i programmi di marketing e motivarli a raggiungere gli obiettivi.

La struttura degli incentivi deve essere strettamente correlata all'insieme di attività e obiettivi, e dunque non solo alle vendite, ma, ad esempio, anche alla gestione della relazione con il cliente o all'acquisizione di nuovi clienti.

Generalmente, la forza vendita ha un livello retributivo più elevato rispetto ai dipendenti di pari grado impiegati in altre funzioni.

Le parti principali che costituiscono la retribuzione di un venditore diretto, quindi con un contratto di dipendente, sono le seguenti.

- *Stipendio*: costituisce la forma retributiva fondamentale, stabilita su base fissa, indipendente dai risultati di vendita.
- *Commissioni*: una forma di retribuzione variabile ancorata a risultati misurabili, come le vendite (in volume o valore) o i margini direttamente procurati dal venditore.
- *Premi e incentivi*: pagamenti di somme una tantum, come ricompensa di un impegno straordinario o al raggiungimento di obiettivi individuali o di gruppo (acquisizione nuovi clienti, riduzione di costi ecc.).
- *Gare e concorsi*: ricompense in denaro o in natura (prodotti, servizi) legati a programmi di incentivazione volti a stimolare il raggiungimento di risultati di breve termine.

- *Fringe benefit*: è un emolumento costituito da beni e/o servizi, corrisposto per accrescere il livello di coinvolgimento e il senso di appartenenza (auto, telefono, computer, assicurazioni sanitarie, piani pensionistici ecc.).
- *Rimborsi spese*: non fanno parte direttamente della retribuzione ma possono influenzare la motivazione dei venditori e il loro compenso reale come parte di veri e propri fringe benefit (diarie per vitto e alloggio, rimborsi viaggio in classe superiore ecc.).

Come appare evidente, un piano retributivo adeguato dovrebbe cercare di ottenere così un equilibrio soddisfacente tra le esigenze di: (i) motivazione e incentivazione, (ii) flessibilità, (iii) rapporto con i risultati effettivamente raggiunti, (iv) sicurezza e stabilità per il venditore.

20.6 La previsione vendite e il piano di vendita

Il piano di vendita si colloca all'interno del più ampio piano di marketing (▸ Capitolo 22) e, in questo ambito, focalizza l'attenzione sulla parte commerciale, prevedendo un'articolazione nelle tipiche fasi (figura 20.3):

1. l'analisi della situazione;
2. la previsione delle vendite;
3. la definizione degli obiettivi di vendita;
4. la formulazione delle strategie di vendita;
5. la redazione del budget;
6. la valutazione e controllo dei risultati.

Figura 20.3
Il piano di vendita.

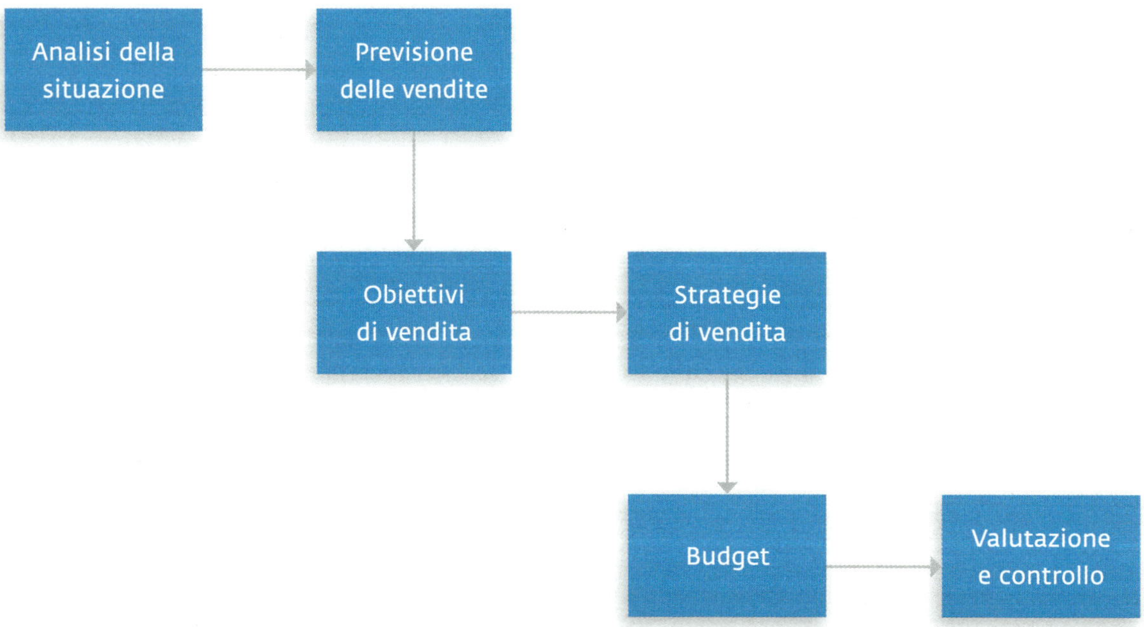

20.6.1 L'analisi

L'analisi della situazione si basa sul sistema informativo di marketing, che consente di raccogliere informazioni sia all'interno dell'impresa, attraverso i dati derivanti dal ciclo dell'ordine (ordine-produzione-consegna-fatturazione) e dai rapporti del personale di vendita, sia all'esterno, attraverso le ricerche di marketing e le azioni di marketing intelligence. Più precisamente, le principali informazioni che sono utili alla pianificazione delle vendite riguardano i dati storici di vendita, l'analisi finanziaria delle vendite, la disponibilità di prodotto, i risultati delle analisi di *customer satisfaction*, le informazioni sui concorrenti, l'individuazione delle opportunità e delle minacce di mercato.
Lo studio degli andamenti delle vendite nel tempo aiuta a identificare situazioni di crisi in atto, o potenziali, e possibili problemi nelle varie aree o mercati. Ovviamente, nell'analisi storica è necessario avere dei termini di riferimento esterni (p.e. i potenziali di vendita di una determinata area) così da porre le prestazioni raggiunte in relazione con le condizioni oggettive di mercato. In questa fase del processo tre oggetti di analisi assumono particolare valenza:

- le diverse caratteristiche dei clienti;
- le classi di valore di appartenenza;
- i costi di vendita.

I *clienti* rappresentano la chiave di volta dell'attività di vendita, e lo studio della clientela è un'attività continua dell'organizzazione di vendita. Conoscere quale sia la composizione del portafoglio clienti consente di programmare azioni specifiche per migliorare il servizio a clienti più redditizi o considerati di valore strategico, così come di ridurre la presenza su altri, valutati eccessivamente rischiosi o costosi. I vari tipi di clienti possono essere analizzati, ad esempio, sulla base del processo d'acquisto, verificando secondo quale criterio prioritario essi scelgano i fornitori e i prodotti (servizio, prezzo, affidabilità, rendimento ecc.). Nel caso di imprese industriali si possono considerare categorie di dimensione (fatturato, quantità prodotta, numero dipendenti), nel caso di distributori si possono individuare gruppi per tipo di assortimento (p.e. per i negozi di mobili si definiscono classi di design). È importante che la classificazione suggerisca comportamenti di vendita specifici per gruppo di clienti.
Le categorie di *valore* riguardano la cosiddetta classificazione ABC. Si possono suddividere i clienti in tre diverse classi di importanza (A, B e C) sulla base di variabili quali il potenziale di acquisto, il fatturato realizzato con l'impresa, la redditività che il cliente procura. A ogni categoria si assegnano poi risorse specifiche nella

I clienti vengono classificati per rilevanza secondo il metodo ABC, allo scopo di allocare in maniera ottimale le risorse.

vendita, come il tempo di visita, il numero di visite in un anno, tipi di servizio, sconti, promozioni ecc. Le categorie di *rischio* segnalano potenziali problemi che i clienti possono rappresentare in futuro per l'impresa. I tipi di rischio generalmente considerati sono quelli finanziari e di mercato.
Vi sono due livelli di analisi dei *costi* di vendita, quello delle spese causate direttamente dai venditori nelle loro normali operazioni di vendita e quello delle spese dovute alla struttura e alle condizioni di mercato delle aree di vendita. Lo studio dei costi di vendita dovrebbe portare a riflessioni sull'uso delle risorse, anche comparando diverse aree, diverse soluzioni e diverse strutture di vendita, così da costituire una base solida di *benchmarking* per il processo di pianificazione, evidenziando situazioni di minore efficienza e ricercandone le relative cause.

20.6.2 Le previsioni

La pianificazione procede con la *previsione delle vendite*, che si può sviluppare su due approcci fondamentali, eventualmente integrabili tra di loro:

- la previsione *top-down*, realizzata centralmente, dalla direzione Commerciale, sulla base di indicatori generali e tenendo conto delle condizioni competitive delle diverse aree;
- la previsione *bottom-up*, che scaturisce da valutazioni realizzate dalla forza vendita e/o dai distributori.

Premesso che vi è, di fatto, qualche sovrapposizione concettuale fra la stima delle vendite e quella ex ante della domanda potenziale – trattata nel ▸ Capitolo 6 – possiamo elencare alcuni metodi-tipo di *forecasting*. Alcuni sono *oggettivi*, perché si fondano essenzialmente su dati, altri *soggettivi*, perché si basano su percezioni ed esperienze. In queste pagine esamineremo brevemente i principali e cioè:

- il metodo a catena;
- il metodo per classificazione dei settori;
- il metodo dell'indice di consumo/potere di acquisto;
- il metodo dei test di mercato;
- il metodo Delphi;
- il metodo bottom-up.

Euristica

La parte della ricerca il cui compito è quello di favorire l'accesso a nuovi sviluppi teorici o a scoperte empiriche. Si definisce, infatti, *procedimento euristico* un metodo di approccio alla soluzione dei problemi che non segue un chiaro percorso, ma che si affida all'intuito e allo stato temporaneo delle circostanze, al fine di generare nuova conoscenza.

Vi sono metodi euristici come il metodo *a catena*, basato su un'interconnessione gerarchica di stime della domanda per ogni livello della gerarchia di mercato. L'idea di base è di iniziare con una stima della domanda potenziale totale di una classe di prodotto in uno specifico mercato (p.e. una nazione) e quindi, attraverso successive suddivisioni basate su popolazione e ipotesi di consumo pro capite, giungere alla domanda di una particolare marca in una porzione (p.e. una regione o distretto) di quel mercato o area.
Un ulteriore metodo è quello che considera la *classificazione* dei settori, utilizzato soprattutto nei mercati business. Secondo tale approccio il mercato è diviso seguendo una classificazione ufficiale (p.e. quella proposta dall'Istat) seguendo la quale sono disponibili dati statistici. S'identifica così un'area geografica e se ne stima il mercato sulla base del numero di imprese di un determinato settore, della loro dimensione (dipendenti, fatturato, produzione) e di altri fattori che di volta in volta si considerano significativi.

Un terzo metodo è quello dell'*indice del potere di acquisto* o *indice di consumo*, utilizzato nel caso di mercati di consumo. L'algoritmo prende in considerazione tre elementi principali:

$$IC_i = \alpha R_i + \beta V_i + \delta P_i$$

dove R_i è la percentuale del potere di acquisto (reddito spendibile) dell'area i sul totale nazionale, V_i è la percentuale di vendite di beni di consumo alimentare nell'area sul totale nazionale e P_i è la percentuale di popolazione sul totale nazionale residente nell'area i, mentre α, β e δ sono pesi derivati da studi empirici e analisi di regressione (relativamente al consumo dello specifico prodotto). Sostituendo i rispettivi valori nella relazione si ottiene l'indice di consumo e quindi il potenziale dell'area:

$$IC_i = 0{,}5(2{,}425) + 0{,}3(1{,}985) + 0{,}2(1{,}842) = 2{,}176$$

Il valore 2,176 rappresenta il potenziale di prodotti, percentuale delle vendite totali nazionali, che si possono vendere nell'area i. Se, ad esempio, le vendite nazionali ammontassero a 250 milioni di euro, nell'area i vi sarebbe un potenziale di 250 × 2,176%, vale a dire di 5,44 milioni di euro. Stabilito in questo modo il potenziale dell'area, si possono definire gli obiettivi di vendita di una data marca, sulla base di considerazioni competitive e di assegnazioni di risorse.
Evidentemente nel caso di un nuovo prodotto o, ancor più, di un nuovo mercato risulta piuttosto difficile misurare l'impatto di tali variabili. In questi casi si può ricorrere a *test di mercato* attraverso i quali, in un'area limitata di quello che sarà poi il mercato effettivo, vengono provate alcune soluzioni di marketing mix e si misurano gli effetti di alcune variabili causali, misure che saranno utilizzate successivamente per costruire il modello di previsione generale delle vendite.
I metodi *soggettivi* di previsione e stima della domanda sono fondati su una base maggiormente empirica e più vicini alla situazione della domanda specifica di un'azienda. Il metodo *Delphi* comprende il giudizio di un gruppo di esperti ai quali viene richiesto di rispondere in modo anonimo a un questionario riguardante uno specifico mercato. I risultati di questa prima indagine sono elaborati e comunicati nuovamente al gruppo di esperti che riformula il suo giudizio, in una seconda tornata, anche sulla base di quanto emerso dalla prima ricerca. In questo modo si tende a ridurre la soggettività delle risposte del singolo esperto.
L'approccio *bottom-up* prevede il coinvolgimento diretto della forza di vendita nella stima delle vendite ed è comunque preferibile in genere integrarlo ai sistemi *top-down*, poiché consente un maggiore coinvolgimento e motivazione dei vari livelli dell'organizzazione di vendita. Il passo che ne deriva, quello della definizione degli obiettivi e delle quote di vendita, diviene meno conflittuale se basato sulla condivisione del quadro di riferimento, dove le previsioni giocano un ruolo fondamentale. Il metodo si basa sull'opinione dei distributori o dei venditori dell'impresa alla quale viene chiesto di stimare la domanda complessiva e le relative vendite possibili nelle aree di loro pertinenza. Sommando le singole previsioni si giunge a un totale complessivo del mercato di riferimento dell'azienda che va confrontato con quanto emerge dai sistemi *top-down*, in modo da ottenere un controllo incrociato delle previsioni di vendita.

20.6.3 Gli obiettivi

Gli obiettivi di vendita rappresentano i traguardi posti all'organizzazione e forniscono ai venditori motivazione e orientamento per le loro azioni di mercato. Naturalmente gli obiettivi devono essere coerenti con la missione dell'impresa e con le più generali strategie di marketing dell'azienda. Fungono da punti di riferimento per la scelta delle strategie e delle tattiche di vendita. Dovrebbero quindi essere formulati con chiarezza e semplicità, in modo da risultare comprensibili per tutta l'organizzazione, essere precisi nelle dimensioni e facilmente misurabili ed essere cadenzati nel tempo.

In genere si sviluppano due livelli di obiettivi, un primo livello di carattere generale e un secondo livello più specifico, definito *quote*.
Gli obiettivi di carattere generale descrivono gli orientamenti dell'impresa, per quanto riguarda le politiche di vendita, e servono da indirizzo alle azioni dei venditori. Possono riguardare politiche di servizio al cliente, di trasformazione dell'organizzazione territoriale, di scelta dei distributori, di comportamenti competitivi. Sono verificati annualmente, anche se possono riguardare archi temporali più lunghi, e disegnano, infatti, il quadro di riferimento entro cui si definiscono gli obiettivi di secondo livello.
Una quota di vendita può essere definita come la parte proporzionale di un totale di mercato, che deve essere ottenuta in una specifica ripartizione territoriale, o di persone. Sono utilizzate come standard di misurazione della prestazione del venditore, sia quantitativi sia qualitativi, e come punti di riferimento per definire gli sforzi di vendita necessari e le risorse da attivare. Una buona quota dovrebbe avere tre requisiti: essere raggiungibile con uno sforzo sfidante, facile da comprendere e completa, misurare più aspetti dell'attività di vendita.

Le quote più comunemente utilizzate sono:
- il fatturato;
- i risultati economici;
- i clienti;
- i punteggi;
- le attività.

Il *fatturato* è un tipo di quota facilmente misurabile e comprensibile sia da parte dei venditori sia dal resto dell'impresa. Può essere direttamente collegata ai potenziali di mercato e quindi risultare accettabile da tutti; inoltre rappresenta l'obiettivo di base dell'attività del venditore ed è quindi la quota con cui maggiormente s'identifica.
Le quote di *risultato economico* riguardano il margine di contribuzione generato, e sono connesse dunque anche al controllo dei costi.
Le *quote di clienti* misurano il raggiungimento di obiettivi riguardanti il mantenimento dei clienti attuali o l'acquisizione di clienti nuovi.
Le *quote di punteggio* fanno riferimento a più variabili insieme (fatturato, risultati economici, clienti ecc.), a ciascuna delle quali viene assegnato un punteggio (una ponderazione) commisurato all'importanza assegnata a ciascun elemento.
Le *quote di attività* riguardano le funzioni che il venditore dovrebbe compiere (visite ecc.).

20.6.4 Le strategie

La modalità con cui le quote devono essere raggiunte riguarda le strategie di vendita, che si possono riassumere in quattro tipi di base:
1. costruzione;
2. mantenimento;
3. raccolta;
4. disinvestimento.

La strategia di *costruzione* pone come obiettivo primario lo sviluppo del mercato, per questo la forza di vendita è chiamata a raccogliere nuovi clienti e a sviluppare i clienti attuali, attraverso un alto livello di servizio e assistenza, così come di indagine e lettura del mercato.
La strategia di *mantenimento*, prevede di consolidare la posizione di mercato acquisita.
La strategia di *raccolta* prevede invece la riduzione dei costi di vendita, e può essere dovuta all'esigenza di ottenere risorse da investire in altre aree attraverso la spremitura delle posizioni forti di mercato.
La strategia di *disinvestimento* prevede l'abbandono di certi mercati o categorie di clienti, tagliando al minimo i costi di vendita.

20.6.5 Il budget

La formulazione del budget è una funzione chiave della direzione delle vendite. Per poter programmare le attività e tenere sotto controllo i risultati ottenuti è importante rendersi conto dei costi che si generano prima e dopo l'azione di vendita. L'attività di budgeting comprende la stima preventiva delle vendite, dei costi di vendita e del margine di contribuzione. Il budget delle vendite viene articolato ai vari livelli della struttura commerciale (p.e. venditore, filiale, area, mercato, azienda), così come quello dei costi, oltre che per natura di spesa (p.e. spese di viaggio, spese promozionali, spese di formazione, di selezione ecc.).
Il budget ha il fine di orientare all'efficienza l'azione di vendita e consente di controllare con continuità l'andamento delle attività, in modo da poter intervenire tempestivamente qualora si rendessero necessarie delle azioni correttive.
Esso normalmente copre un arco temporale di un anno, anche se si possono avere budget di durata inferiore, considerando particolarità fortemente stagionali di alcuni mercati: si pensi, ad esempio, ai prodotti di ricorrenza.

20.6.6 Il controllo

Nel processo di pianificazione il controllo dei risultati è un'attività chiave, poiché da questa discende la valutazione sull'attività di *sales management*, le strategie e tattiche scelte e attuate, le previsioni fatte, i comportamenti tenuti. Rappresenta inoltre la base per una serie di adempimenti importanti, come la retribuzione dei venditori. Il controllo delle vendite dovrebbe seguire una logica gerarchica, partendo da aggregazioni territoriali o di mercati fino alle unità di minori dimensioni. La visione aggregata dovrebbe far emergere i problemi più significativi, mentre la successiva indagine in approfondimento dovrebbe identificare da dove nascano. Il passo successivo sarà quello di individuare le cause che hanno portato a prestazioni inferiori o superiori alle attese.

Tabella 20.2

Esempio di analisi delle vendite (impresa Y).

Valori in migliaia di euro	Zona A	Zona B	Zona C	Totale
Mercato totale	60.000	27.000	15.000	102.000
Acquisti totali dei clienti dell'impresa Y (non solo da Y)	8400	18.720	6100	33.200
Vendite impresa Y	6000	6250	3750	16.000
Numero totale distributori	500	250	250	1000
Numero distributori impresa Y	180	60	140	380
Quota mercato impresa Y	10%	23%	25%	16%
Copertura distributiva impresa Y	36%	24%	56%	38%

Sebbene il controllo delle vendite e dei costi sia fondamentale per la valutazione delle prestazioni, esso non è sufficiente per una completa valutazione delle performance di vendita, poiché può produrre una visione distorta se non si considerano anche i *comportamenti* che la forza di vendita assume nelle varie aree (tabelle 20.2 e 20.3). Il numero di *visite clienti*, ad esempio, aiuta a comprendere se il venditore copre il territorio secondo le disposizioni della direzione. Questo dato può anche essere di aiuto nella riprogrammazione della dimensione della forza di vendita, qualora si dovesse notare che il numero di visite considerato ottimale non viene mai raggiunto. L'*utilizzo del tempo* può essere misurato attraverso il *numero di giornate lavorate*, il *numero visite giornaliere* e il *tempo medio di visita*. Questi parametri possono essere utilizzati nella definizione del numero ottimale dei venditori. Anche le *spese per venditore* forniscono un dato di valutazione della prestazione, soprattutto se collegate ai risultati. In questo caso è doveroso considerare che in alcune aree, a causa della loro configurazione territoriale o delle caratteristiche del mercato, si può rendere necessario un ammontare di risorse superiore alla media. Un'ultima categoria di comportamenti può riguardare le *attività non direttamente legate alla vendita*, che riguardano azioni di marketing o amministrative che il venditore è chiamato a compiere. Soprattutto le prime andrebbero attentamente considerate, tra le quali rientrano il numero di incontri con i distributori, le azioni promozionali, di *merchandising*, di addestramento.

Tabella 20.3

Esempio di analisi delle vendite di dettaglio (impresa Y – zona A).

Dimensioni cliente (acquisti in migliaia di euro)	<90	91-160	161-440	>440	Totale
Mercato					
Mercato totale	12.375	12.500	18.000	17.125	60.000
Numero clienti	215	100	60	25	500
Valore medio acquisti della classe clienti	58	125	300	685	120
Clienti Y					
Acquisti totali (non solo da Y)	4480	2320	1100	500	8400
Vendite Y	3530	1440	680	350	6000
Numero clienti	159	16	4	1	180
Valore medio classe clienti Y	22	145	275	500	47
Quota di mercato Y	29%	12%	4%	2%	10%

Case History — Irsap

L'impresa Irsap, leader italiana nella produzione di radiatori tubolari in acciaio, decise di procedere a una riorganizzazione della sua struttura commerciale nazionale, prima di impegnarsi nella conquista dei mercati internazionali.
La situazione di partenza, frutto di una sedimentazione di decisioni prese anni addietro, evidenziava una struttura molto tradizionale, con una suddivisione delle aree di vendita fondata sulla divisione amministrativa territoriale per provincie. Alcune aree erano gestite da agenti plurimandatari, che coprivano più provincie; altre erano invece coperte da venditori diretti aziendali, cui venivano assegnate le aree di competenza in relazione alla conoscenza del territorio. La situazione complessiva risultava essere piuttosto disomogenea.
Negli anni recenti l'azienda aveva ottenuto un crescente successo di vendite grazie all'innovazione nel design dei prodotti, che ne aveva accentuato la funzione di elementi di arredamento e non solo di impianti funzionali.
La direzione dell'azienda decise di procedere a una riorganizzazione della struttura commerciale, operando su tre aspetti in particolare:

1. la ridefinizione delle aree di vendita;
2. la riconfigurazione dell'organizzazione di vendita tra agenti e venditori diretti;
3. l'assegnazione degli specifici territori ai venditori.

La direzione coinvolse nel progetto i responsabili commerciali dell'azienda e un consulente esterno.
Il criterio prescelto per la definizione delle aree di vendita fu quello del potenziale di mercato, con aggiustamenti marginali legati a eventuali situazioni territoriali specifiche.
Il problema, nel settore in esame, era la modalità di calcolo del potenziale di mercato dei singoli territori. L'impresa aveva a disposizione dati relativi al mercato nazionale, ma di carattere generale e cumulativo, provenienti dalle associazioni di categoria (soprattutto dati di produzione), integrati da dati di import ed export. Con questi dati era possibile definire la dimensione del mercato nazionale, ma non era possibile definire l'entità dei singoli mercati locali o provinciali.

In una prima fase si pensò di poter ottenere il dato di potenziale sulla base delle nuove costruzioni per area geografica, ma il dato disponibile era scarsamente aggiornato e non teneva conto di fenomeni di abusivismo, significativi in alcune aree. Per le vendite di sostituzione, si pensò di considerare variabili indirette, come la popolazione, e di stimare dei tassi di sostituzione; ma i criteri risultavano discrezionali e le elaborazioni imprecise.

Il comitato di progetto cercò allora un'altra soluzione e pensò di rivolgersi alla struttura distributiva, composta da grossisti e rivenditori di materiali per l'edilizia, per conoscere i potenziali della propria area di vendita. Si poneva però un ulteriore problema: non tutti i distributori erano disponibili a fornire l'informazione richiesta. I distributori più collaborativi rappresentavano una minoranza e da soli non avrebbero permesso di ottenere un'informazione significativa; altri distributori, che trattavano anche prodotti della concorrenza, erano restii a svelare la dimensione del proprio mercato.
Si doveva quindi cercare un modo meno diretto, ma comunque affidabile, per reperire i dati del potenziale di mercato.
Si valutò allora l'idea di considerare il magazzino radiatori dei rivenditori. Infatti, dopo anni di relazioni commerciali, era noto che la dimensione del magazzino era stabilita in relazione a un tempo medio di permanenza del prodotto pari a quattro settimane: l'esperienza della forza vendita consentiva di valutare in modo abbastanza preciso il numero di elementi scaldanti in magazzino in occasione delle visite ai clienti distributori. Tale stock di magazzino era quello necessario per garantire la fornitura ai clienti installatori in attesa delle riconsegne dai produttori. Così, la somma dei magazzini dei distributori di un'area consentiva di definire il mercato potenziale annuo di quell'area.

→

L'indice applicato era il seguente:

mercato potenziale = $M_i * 13 * S_t + M_i * 13 * S_t + ...$

dove
M_i = magazzino del rivenditore i
13 = periodi annuali di 4 settimane
S_t = fattore correttivo stagionale (in certi periodi dell'anno il magazzino è inferiore per stagionalità edilizia)

Questo metodo convinse il management. Furono raccolti i dati e, per verificarne la veridicità, fu confrontato il dato cumulativo ottenuto con il sistema bottom-up con il dato generale di mercato di tipo top-down, scoprendo che combaciavano perfettamente.
Stabilito il metodo e individuati i dati, l'azienda calcolò il potenziale territoriale attuale per rivenditore e, sommando i diversi rivenditori, per provincia e regione. A questo punto, vennero ridisegnate le aree di vendita sulla base del potenziale, riallocando il personale di vendita per conseguenza: alcune aree infatti risultarono sottodimensionate, mentre altre sovradimensionate.

L'azienda era ora in possesso della mappa del mercato potenziale e poteva riprogettare non solo i territori di vendita, ma anche l'organizzazione della forza di vendita. Si poteva a questo punto stabilire quali aree di vendita assegnare agli agenti e quali ai venditori diretti.La nuova geografia delle aree di vendita secondo i potenziali di mercato aveva evidenziato l'esistenza di territori con potenziale strategico diverso. Diversamente dal passato, i territori a maggior potenziale furono affidati in linea di massima a venditori diretti, mentre quelli meno rilevanti furono assegnati ad agenti.

La rilevazione del potenziale di mercato aveva consentito, inoltre, di valutare con maggiore efficacia la quota di mercato detenuta dall'impresa in ciascun territorio. Alcune aree evidenziavano una presenza forte dell'impresa, mentre altre, pur rilevanti come potenziale, risultavano presidiate debolmente.
Il direttore commerciale incontrò singolarmente i venditori della propria struttura, allo scopo di comprendere le attitudini e le capacità di ciascuno, codificando ognuno di essi nei due profili di base, quello del "venditore gestore" e quello del "venditore missionario": il primo più adatto a mantenere e gestire territori consolidati, il secondo più votato a esplorare e conquistare territori nuovi. Pertanto, i "gestori" furono assegnati ai territori nei quali l'impresa aveva un'alta quota, mentre i "missionari" furono assegnati ai territori nei quali vi era maggiore spazio di sviluppo del portafoglio clienti. Per conseguenza, venne rivista coerentemente la struttura delle retribuzioni e dei premi a risultato.

Conclusioni

La forza vendita rappresenta il braccio commerciale dell'impresa e la sua azione è determinante nel configurare i risultati dell'impresa, nel breve e nel lungo termine. Essa infatti da una parte ha il compito di sviluppare le preferenze dei clienti e stimolare le loro decisioni d'acquisto, dall'altra di gestire le relazioni con i clienti e orientarle verso la soddisfazione dei loro bisogni nel lungo periodo. Pertanto, risulta essere di fondamentale importanza configurare un sistema commerciale efficiente ed efficace, basato su un sistema informativo di vendita adeguato e supportato dalle più recenti tecnologie. Per tale via, le attività routinarie tendono a essere automatizzate e la rete di vendita può dedicarsi ad attività di analisi, servizio, consulenza a valore aggiunto, partecipando alla creazione di valore per il cliente. Per garantire buone performance della forza vendita occorre definire adeguatamente la sua struttura, in relazione alle strategie commerciali dell'impresa e alle condizioni di mercato e competitive. La tipologia di venditori, il dimensionamento della rete, i criteri di articolazione della stessa, la definizione degli obiettivi, i sistemi d'incentivazione sono delle decisioni molto importanti, in quanto possono incidere significativamente sui risultati, sia sulle vendite sia sui costi.

21

Gestione della relazione con i clienti

di **Gennaro Iasevoli**

Indice del capitolo

Introduzione

21.1 Il marketing relazionale e la fedeltà

21.1.1 I vantaggi della fedeltà dei clienti

21.1.2 Le trappole della fedeltà dei clienti

21.2 La raccolta delle informazioni e l'analisi del portafoglio clienti

21.2.1 Il customer profiling e l'analisi del portafoglio clienti

21.3 Le strategie orientate alla fidelizzazione

21.4 Gli strumenti di gestione delle relazioni

Conclusioni

Abstract

Il capitolo si propone di sottolineare l'importanza di gestire relazioni durature e profittevoli con la clientela. Dapprima vengono approfonditi i vantaggi economici e immateriali derivanti dalla fedeltà dei clienti e anche gli eventuali rischi connessi a una gestione impropria delle relazioni. Successivamente, vengono approfondite le modalità di analisi del portafoglio clienti al fine d'individuare i clienti più strategici per l'impresa e anche quelli che, al contrario, potrebbero procurare una perdita di valore. A conclusione del capitolo vengono esaminate le principali opzioni strategiche riguardanti la gestione del portafoglio dei clienti acquisiti e i relativi strumenti di fidelizzazione per un'ottimale governo delle relazioni.

Introduzione

Nel corso degli ultimi vent'anni le modalità con cui le imprese più dinamiche e competitive si sono rapportate nei confronti del mercato e dei propri clienti sono profondamente mutate. Fino alla fine degli anni Novanta, le attività di marketing management avevano come obiettivi prevalenti la crescita della quota di mercato, l'acquisizione costante di nuovi clienti o l'apertura di nuovi canali di vendita; negli ultimi tempi, invece, si è avvertita l'esigenza di spostare il fulcro delle attività dalla massimizzazione delle singole transazioni nel breve periodo e dalle altre pratiche del **marketing di conquista**, alla costruzione di un rapporto a lungo termine con i clienti, siano essi acquisiti o potenziali. Non si è modificato il ruolo e il peso che la domanda aveva nei processi di programmazione strategica, e in generale di marketing management, ma è cambiato il concetto stesso di "cliente": una persona, fisica o giuridica, di cui si devono conoscere l'intero paniere di esigenze e aspettative, e di cui è utile stimare il valore, non solo economico, che può generare in tutto il **ciclo di relazione**, soprattutto nel medio-lungo periodo.

Marketing di conquista

Complesso di azioni, anche di vendita, finalizzate all'acquisizione di nuovi clienti.

Ciclo di relazione

Include tutte le interazioni, di acquisto, consumo, assistenza e altra natura, che si sviluppano tra un cliente e un'impresa.

È sulla base di queste premesse che si sviluppa il marketing relazionale come vera e propria "filosofia" per la gestione dell'impresa: lo sviluppo di un orientamento strategico che pone l'attenzione sulla costruzione, sviluppo e mantenimento di una base di clienti fedeli che siano in grado di incrementare la redditività nel medio-lungo periodo.

Sono numerosi i fattori dello scenario che a vario titolo hanno favorito lo sviluppo del marketing relazionale all'interno delle imprese.

- La *crescita del potere informativo* della clientela e della capacità di incidere sulla reputazione aziendale. In particolare, grazie anche alla diffusione dei social network e in generale delle funzionalità tipiche del web 2.0, si è radicalmente invertita la logica passata dove era l'impresa che comunicava al mercato in modalità one-to-many. Rispetto a questi fenomeni, come visto nei ▸ Capitoli 3 e 16, le imprese, soprattutto quelle più grandi ed esposte in termini di brand image (▸ Capitolo 13), hanno sviluppato sistemi di monitoraggio della cosiddetta "web reputation" finalizzati proprio a stimare in che misura la reputazione sia associabile ad atteggiamenti, idee e situazioni, positive o negative, espresse dal mondo delle rete.
- Lo *sviluppo di offerte complesse e integrate*, dove l'identificazione della componente di prodotto e servizio diventa talmente labile da rendere complessa una loro distinzione netta (▸ Capitolo 12). A partire dalla metà degli anni Duemila, la presenza di prodotti sviluppati congiuntamente da più imprese, o i cui componenti siano "co-branded", rappresenta una costante in tutti quei mercati in cui si vogliono offrire soluzioni integrate in grado di soddisfare una specifica funzione d'uso. Nel mercato dell'auto, ad esempio, molte case automobilistiche stanno creando delle partnership con i produttori di application, di smartphone e di altri servizi (p.e. gli editori di giornali o libri) per rendere più esperienziale il tempo di permanenza in auto.

→

- La *diffusione delle tecnologie ICT*. Un'altra tendenza ormai fortemente consolidata è rappresentata dalla crescente penetrazione, tra tutte le fasce di clientela, dell'uso di tecnologie, strutture e sistemi, in grado di connettere tra loro milioni di persone, facilitando e accrescendo in tal senso il potere cognitivo dei singoli clienti.
- La *velocità* e la *capacità di risposta in tempi ridotti*. Lo sviluppo delle tecnologie interattive incorpora, in molte situazioni, la capacità di saper rispondere in tempi ridotti a stimoli esterni; addirittura, molti siti e/o applicazioni disponibili sugli smartphone suggeriscono in anticipo al cliente informazioni, o servizi, di cui potrebbe aver bisogno nell'immediato futuro.
- *Pressione concorrenziale*. La crisi che sta caratterizzando i primi anni del nuovo secolo, nonché l'intensificazione dei processi di globalizzazione, stanno avendo come effetto l'ulteriore inasprimento delle dinamiche competitive e le lotte per il mantenimento delle posizioni di mercato acquisite. In termini operativi, ciò vuol dire che la domanda primaria (▸ Capitolo 6) di molti mercati si contrarrà, le imprese avranno conseguentemente maggiori difficoltà ad acquisire nuovi clienti, e focalizzeranno le loro politiche verso i clienti già acquisiti.

21.1 Il marketing relazionale e la fedeltà

L'enfasi sul mantenimento nel tempo di relazioni profittevoli con la clientela, piuttosto che soltanto sulla chiusura della singola transazione di vendita, ha influenzato anche il modo in cui le imprese più dinamiche organizzano oggi le proprie attività di marketing, favorendo l'affermazione di quello che comunemente viene definito come "marketing relazionale". Non è un caso che l'American Marketing Association nel modificare la definizione istituzionale del termine "marketing" nel 2004 abbia voluto inserire la necessità di gestire relazioni tra le attività prevalenti del marketing. Per marketing relazionale si può intendere:

Quel complesso di attività, processi e strumenti di marketing finalizzato a creare, consolidare e sviluppare relazioni durature e profittevoli con i clienti e gli altri partner, in grado di accrescere il valore singolarmente e complessivamente generato.

Il marketing relazionale ha conosciuto un'evoluzione graduale nel corso degli anni, anche in coerenza con le esigenze strategiche espresse dalle imprese. In particolare, si è passati da offerte rivolte quasi indistintamente alla massa dei clienti a situazioni dove, grazie anche alle potenzialità delle tecnologie interattive, si commercializzano proposte personalizzate anche su larga scala (in questi casi si parla di *mass customization*). È evidente che il marketing relazionale non si è diffuso alla stessa maniera e con la stessa intensità in tutti i settori merceologici e in tutti i mercati geografici. Oggi si registrano settori industriali dove le imprese operano quasi esclusivamente con le logiche del Customer Relationship Management (CRM) e altri invece dove tali approcci sono praticamente inesistenti. Tra le condizioni che a vario titolo hanno incentivato un marketing di relazione (rispetto a quello cosiddetto "di conquista") se ne possono rimarcare sicuramente tre (figura 21.1).

Figura 21.1
Orientamenti a confronto.

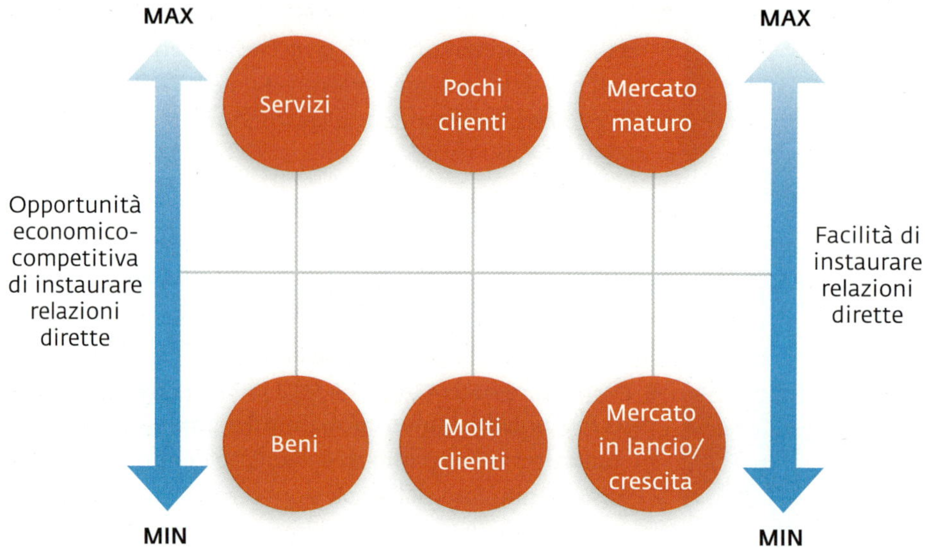

1. *Caratteristiche dell'offerta*. Facendo riferimento alla classica distinzione tra beni e servizi, si sottolinea che tipicamente le imprese di servizi hanno una maggiore probabilità di interagire, anche fisicamente presso luoghi di vendita/consumo, con il cliente finale e addirittura di conoscerne l'anagrafica, laddove sia necessario stipulare un contratto di erogazione (p.e. servizi telefonici, assicurazioni, public utilities, servizi alberghieri, sportivi ecc.). Tale caratteristica consente alle imprese di servizi di conoscere direttamente il cliente e quindi di rilevarne, ed eventualmente di archiviare, tutte le informazioni sui comportamenti di consumo e sulle esigenze più o meno esplicitamente manifestate. In un'ideale scala di adozione, se i servizi si pongono ai primi posti, i prodotti di largo e generale consumo, invece, sono quelli che presentano le maggiori difficoltà d'interagire con il cliente finale (mentre rimangono inalterate le opportunità di applicazione se si considerano i clienti intermedi).
2. *Numerosità della clientela*. È evidente che la numerosità della clientela, associata alla complessità del prodotto/servizio commercializzato, potrebbe rappresentare un ostacolo allo sviluppo della "filosofia" relazionale, soprattutto in considerazione della gran mole di dati da dover raccogliere, archiviare ed elaborare. Indubbiamente, quando un'impresa interagisce, magari attraverso un'ampia rete di intermediari, con un gran numero di clienti, potrebbe avere maggiori difficoltà a elaborare le informazioni e ad arrivare a indicatori di sintesi validi.
3. *Intensità competitiva e dinamica del mercato*. Quando un mercato evidenzia segnali e tendenze di sviluppo, è piuttosto frequente che le imprese si proiettino ad acquisire nuovi clienti e a praticare quello che viene identificato come un marketing di conquista; al contrario, quando il mercato raggiunge una fase di maturità, addirittura di declino, le strategie di marketing sono orientate a consolidare l'esistente e quindi il focus delle attività si sposta verso un marketing di relazione.

In sintesi, la situazione di massima praticabilità di un marketing fortemente orientato alla gestione di relazioni personalizzate è quella che si presenta nelle imprese di servizi, che gestiscono un numero di clienti poco numeroso (p.e.

nei contesti B2B) e che competono in mercati in fase di maturità o declino del ciclo di sviluppo. Ecco perché, solitamente, i programmi di fedeltà più avanzati sono proprio quelli proposti dalle aziende di servizi, quali le compagnie aeree (p.e. Freccialata di Alitalia), le catene alberghiere (p.e. Hilton HHonors), le catene distributive anche di carburanti (p.e. You&Eni) ecc.

21.1.1 I vantaggi della fedeltà dei clienti

Al di là dell'intensità di adozione di pratiche relazionali, le imprese che riescono a prolungare nel tempo le relazioni con i propri clienti profittevoli sono anche quelle che presentano maggiori tassi di crescita della redditività complessiva. Già a partire dagli anni Novanta, è stato dimostrato, analizzando il reddito medio per cliente, che la redditività complessiva di un'impresa aumenta quasi esponenzialmente con l'aumentare della durata delle relazioni che intrattiene con la propria clientela.
L'esistenza di un legame tra la durata delle relazioni e la redditività complessiva può essere attribuita a una serie di aspetti, tra cui i più rilevanti riguardano (figura 21.2):

- l'aumento dei ricavi;
- la riduzione dei costi;
- l'incremento delle risorse immateriali.

Figura 21.2
I vantaggi della fedeltà.

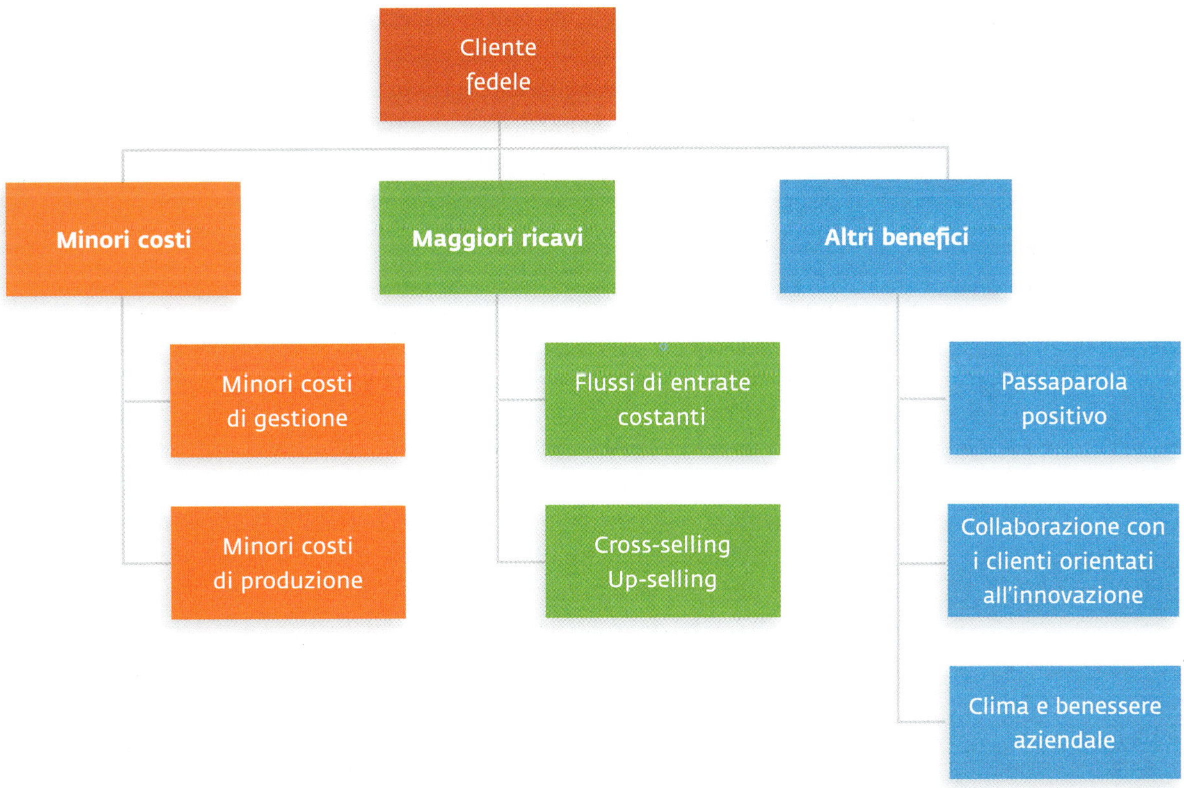

Trading up
Tecnica di vendita che mira a offrire ai clienti già acquisiti soluzioni con un più alto margine per l'impresa.

Innanzitutto, va considerato che consolidare la relazione con i clienti, soprattutto quando quest'ultima si basa su una reciproca soddisfazione, implica una maggiore disponibilità da parte della clientela a indirizzare il proprio portafoglio verso offerte a più alto prezzo o valore (il cosiddetto *up-selling*) oppure ad acquistare soluzioni a più alto margine per l'impresa (trading up).

Inoltre, in aggiunta a queste due ipotesi, l'impresa può ulteriormente accrescere i ricavi avendo la possibilità di sviluppare con maggior efficacia azioni di *cross-selling*, ovvero proporre al cliente fedele un mix di prodotti/servizi aziendali aggiuntivi a quelli già acquistati e in tal modo far crescere il valore e i margini complessivi della relazione. I maggiori ricavi, o **margini**, possono derivare anche da una minore presenza di politiche promozionali o sconti; in particolare, soprattutto in quei mercati dove la competizione si gioca nel sottrarre clienti ai concorrenti (p.e. il mercato della telefonia mobile), i clienti fedeli non necessariamente potrebbero costituire il target primario di azioni promozionali (sconti) aggressive, giacché queste ultime sono generalmente rivolte all'acquisizione di nuovi clienti.

Margini

La differenza in valore assoluto o percentuale tra ricavi e costi.

Anche riguardo i costi ci sono dei vantaggi immediati nel gestire i clienti acquisiti rispetto alle altre tipologie di clienti. Innanzitutto, è stato dimostrato che i costi per mantenere un cliente sono significativamente minori rispetto a quelli necessari per acquisirne uno nuovo. Inoltre, risulta che anche i costi di promozione sono in genere più bassi, in quanto le imprese, essendo già note al cliente, possono orientare le proprie attività di comunicazione verso obiettivi "comportamentali" (e quindi di stimolo all'acquisto) e ridurre di molto quelle rivolte invece a obiettivi meramente "informativi" (▸ Capitolo 9).

Le grandi catene commerciali offrono programmi di fidelizzazione sempre più ricchi e attraenti.

Infine, i clienti fedeli, rispetto a quelli di nuova acquisizione, consentono all'impresa anche altri vantaggi di natura prevalentemente immateriale, la cui quantificazione economica non sempre risulta immediata e agevole. Innanzitutto, quando un cliente vive una relazione pienamente soddisfacente con l'impresa fornitrice, è abbastanza probabile che comunichi la propria situazione ad altri clienti, e in tal modo li incoraggi verso i prodotti aziendali. Questo flusso di comunicazione, basato essenzialmente sul **passaparola**, se assume una consistenza significativa, può contribuire notevolmente al miglioramento dell'immagine aziendale e della reputazione nei mercati in cui opera l'impresa. Tutto ciò risulta ancor più significativo, se il processo si attiva attraverso i social network o tramite quegli strumenti in grado di connettere facilmente migliaia di potenziali consumatori.

Passaparola

Detto anche WOM (Word Of Mouth), rappresenta un flusso di comunicazione, generato anche spontaneamente, che prevede il trasferimento di informazioni da un cliente a un altro.

Un altro vantaggio di natura immateriale per l'impresa, riguarda la possibilità di sviluppare più facilmente soluzioni innovative. Soprattutto quando l'impresa adotta processi d'interconnessione e di coinvolgimento dei clienti nei processi di sviluppo e miglioramento dei prodotti, in una sorta di mutuo scambio di ruoli, il cliente può proporre o spingere verso soluzioni migliorative che in tal modo incrementano la propensione all'innovazione e quindi la competitività stessa dell'impresa.

Infine, un aspetto non trascurabile riguarda l'effetto della soddisfazione e della fedeltà della clientela sul clima interno all'impresa e sulla conseguente maggiore soddisfazione dei dipendenti, soprattutto quelli che operano al **front-office**.

Front-office

Struttura deputata a relazionarsi senza intermediari con i clienti, sia erogando direttamente servizi (p.e. sportello), sia accogliendo richieste e trasferendole ad altre strutture (il cosiddetto back-office).

21.1.2 Le trappole della fedeltà dei clienti

Le imprese, sulla base di indicazioni molto convincenti circa i vantaggi di gestire relazioni durature con i clienti acquisiti, hanno ormai da anni orientato i propri investimenti verso programmi e strutture finalizzate alla gestione dei clienti fedeli. Come

anticipato, una delle convinzioni più accreditate, sulla cui base si intensificano gli investimenti, è quella per cui i clienti fedeli risultano più redditizi nel lungo periodo.
In realtà, non è da escludere, considerate alcune specifiche caratteristiche del mercato e delle singole imprese, che la fedeltà presenti delle "trappole" e dei "falsi miti". In talune situazioni, infatti, non si può escludere a priori che il costo di gestione di un cliente fedele, anziché ridursi nel tempo, subisca una variazione, anche significativa, in aumento. Infatti, soprattutto nei mercati B2B, i clienti con maggior potere contrattuale potrebbero divenire meno profittevoli se richiedono frequentemente sconti quantità o monetari e se richiedono, a parità di prezzo, servizi più personalizzati. Essi infatti, nella consapevolezza del loro alto potere contrattuale (in quanto clienti fedeli), potrebbero legittimamente cercare di tradurlo in vantaggio diretto in termini di minor costo complessivo di acquisto.
Inoltre, soprattutto se un cliente ha la possibilità di mettersi in contatto con l'impresa attraverso diversi canali (il cosiddetto approccio multichannel), potrebbe accadere che preferisca spostarsi, sempre a parità di prezzo, da un canale i cui costi aziendali risultano meno costosi a uno che richieda maggiori oneri aziendali (anche se probabilmente più performante per il cliente), rischiando in tal modo di rendere la sua relazione meno profittevole nel lungo periodo (p.e. quando un cliente preferisce l'assistenza di personale specializzato in un punto vendita rispetto all'assistenza online offerta da un sito web).

Multichannel

La gestione multichannel della clientela avviene quando un'impresa utilizza e mette a disposizione contemporaneamente più strumenti interattivi di contatto e di relazione.

Un'altra "trappola" che può presentarsi nella gestione dei clienti fedeli, riguarda le aspettative verso il processo di passaparola e di sostegno nei confronti dei prodotti aziendali. In realtà, non è da escludere che il passaparola generato dai clienti fedeli risulti più basso rispetto a quello generato dai clienti che hanno un comportamento d'acquisto poco fedele, ovvero da quelli che, pur continuando la relazione con l'impresa, si rivolgono contestualmente anche ad altre imprese concorrenti (in quel tipico processo noto come "fedeltà poligama"). Prendendo le mosse da tali risultati è stato dimostrato che non sempre i clienti più longevi sono quelli che generano minori costi rispetto a quelli più recenti, così come non sempre è vero che i clienti fedeli sono disposti ad acquistare "pacchetti di prodotti" (*bundle*) a prezzi più elevati (Reinartz e Kumar, 2002). Conseguentemente le imprese devono porre maggiore attenzione ai dati riguardanti i singoli clienti e magari cercare di stimare il profitto effettivamente generato da ognuno di essi; tale esigenza risulta ancora più necessaria se si considera che soltanto una percentuale ridotta di clienti "durevoli" risulta essere realmente redditizia, così come risulta dalla figura 21.3.

Fedeltà poligama

Si ha quando il cliente, per l'acquisto di uno specifico bene/servizio, si rivolge contemporaneamente e in modo duraturo e ripetuto a un ristretto numero di imprese fornitrici.

Figura 21.3

Redditività dei clienti e durata della loro relazione.

Redditività	Durata della relazione: Breve		Durata della relazione: Lunga	
Molto elevata	**Farfalle**		**Amici veri**	
	Corporate service provider	20%	Corporate service provider	30%
	Grocery retail	15%	Grocery retail	30%
	Mail order	19%	Mail order	31%
	Direct brokerage	10%	Direct brokerage	32%
Scarsa	**Estranei**		**Sanguisughe**	
	Corporate service provider	9%	Corporate service provider	21%
	Grocery retail	34%	Grocery retail	15%
	Mail order	29%	Mail order	21%
	Direct brokerage	33%	Direct brokerage	17%

Se si procede a mappare i clienti secondo le dimensioni della figura 21.3, sarà possibile riconoscere quattro cluster cui indirizzare specifici approcci:

- focalizzare innanzitutto i suoi sforzi sui clienti realmente convenienti (gli "amici veri");
- convincere i clienti che hanno una relazione non intensa con l'impresa a consolidare il rapporto nel tempo;
- tenere sotto controllo la redditività dei clienti impegnativi, sia dal lato dei costi sia dei ricavi;
- massimizzare le singole transazioni effettuate dai clienti "estranei" o dai cosiddetti "mercenari".

21.2 La raccolta delle informazioni e l'analisi del portafoglio clienti

Con il marketing relazionale si accetta una vera e propria filosofia aziendale, ovvero quella di porre i clienti acquisiti al centro della gestione dei processi e di attribuire alla cosiddetta *customer loyalty* un ruolo preminente nelle strategie di marketing. In questo contesto, favorite anche da uno sviluppo e da un costo calante delle tecnologie, un numero crescente di imprese è passato da una raccolta e gestione sporadica e casuale delle informazioni a una orientata alla rilevazione e archiviazione sistematica dei dati in tutte le fasi del ciclo di acquisto, utilizzando appositi strumenti gestionali denominati *customer* database o *customer information file*. L'aspetto complesso di tali database riguarda la capacità di far confluire una quantità enorme di dati, provenienti da fonti e contesti diversi, in un unico collettore, e successivamente trasformare i dati in informazioni utili ai marketing manager. Le fonti da cui estrarre i dati, come è noto, possono essere molto diverse tra loro, sia in termini di processi gestionali sia di strumentazioni di raccolta impiegate, e soprattutto possono essere sia interne sia esterne alla funzione Marketing. Senza dubbio, una delle principali fonti dei dati è rappresentata dalla funzione Amministrativa-contabile dell'impresa, considerato che è sempre necessario conoscere i comportamenti e la situazione economico-finanziaria dei clienti. Tali dati possono essere ulteriormente integrati con quelli raccolti da altre aree aziendali e in particolare con quelli provenienti da tutti i servizi di vendita e assistenza al cliente (customer service, call center ecc.). Non si trascuri, infine, la possibilità di raccogliere i dati direttamente dal cliente, spingendolo a compilare moduli di registrazione offline e online.

L'eterogeneità dei dati, se da un lato rappresenta un vantaggio per l'impresa, dall'altro potrebbe rendere più complessa l'aggregazione, soprattutto quando i dati presentino caratteristiche tra loro differenti. Proprio per risolvere tale problema, è piuttosto frequente che le imprese attuino processi avanzati di data warehousing (DW) ovvero d'integrazione, omogeneizzazione e storicizzazione dei dati elementari, interni ed esterni, inerenti i singoli clienti. In particolare il Data Warehouse deve essere *focalizzato* nel senso di includere dati relativi a un unico soggetto, anche se raggruppati in aree o temi ritenuti di interesse (consumi, ven-

Data warehousing
Il DW è un insieme di dati focalizzati su un soggetto integrato, variante nel tempo, non volatile e creato per supportare le decisioni aziendali.

dite, costi ecc.). Un DW deve inoltre essere *integrato*, ovvero deve garantire che i dati si presentino come omogenei in termini di codifica e formato, anche se ovviamente differenziati in termini di contenuti e aree aziendali; deve essere *variante nel tempo*, cioè idoneo a includere non solo i dati correnti ma anche quelli futuri; infine deve essere anche *non volatile*, cioè in grado di archiviare i dati stabilmente e soprattutto in maniera non alterabile da persone non autorizzate, ad esempio in presenza di attacchi di "hackeraggio" esterni.

Al fine di rendere quanto più efficiente ed efficace possibile il customer database, è opportuno che l'impresa trovi il giusto equilibrio tra l'*ampiezza* e la *profondità* dei dati: la prima in particolare interessa il numero di fenomeni da monitorare e informazioni da produrre, mentre la seconda riguarda il livello di dettaglio dei singoli dati da raccogliere. La decisione può risultare complessa soprattutto in quelle situazioni dove i clienti interagiscono con l'impresa in diversi momenti del ciclo di acquisto e soprattutto anche con diversi canali di contatto. Come risulta dalla figura 21.4, il ciclo di relazione può essere caratterizzato da diversi momenti: concettualmente si parte dalle fasi relative alla conoscenza (*awareness*) e all'atteggiamento del cliente nei confronti dei prodotti e delle marche aziendali (▸ Capitolo 6), e si continua con le fasi più prettamente comportamentali, quali quelle dell'esperienza d'uso e quella relativa alla soddisfazione (▸ Capitolo 9). La relazione solitamente presenta un percorso ciclico laddove, in presenza di elevati livelli di soddisfazione, il cliente elabora nuovamente le informazioni relative ai cicli di riacquisto e in tal modo crea relazioni basate sulla fiducia e sulla fedeltà.

Figura 21.4

Le fasi del ciclo di relazione fedeltà-impresa.

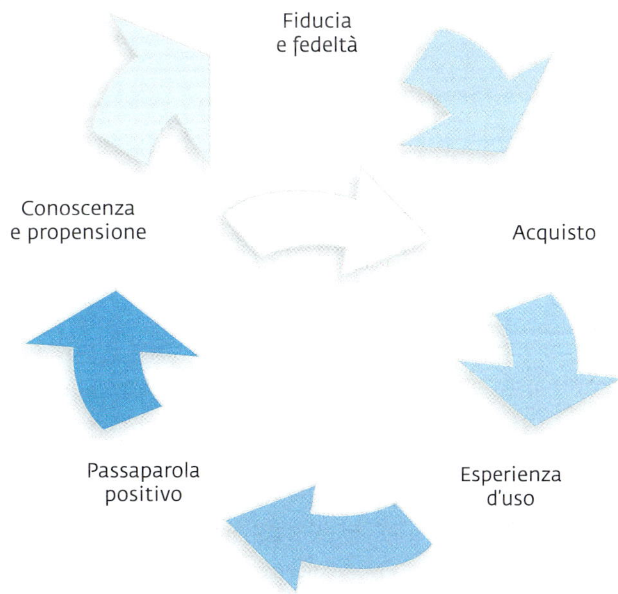

21.2.1 Il customer profiling e l'analisi del portafoglio clienti

La conoscenza e l'analisi del comportamento dei singoli clienti rappresenta un'attività fondamentale, nell'ambito del marketing relazionale, ai fini di un'efficace gestione dei processi di acquisizione, fidelizzazione ed eventuale recupero dei clienti. Tramite l'analisi della clientela si vuole poter disporre di informazioni sul comportamento attuale e atteso dei singoli clienti, ovvero poter conoscere i prodotti/servizi utilizzati, e stimare le probabilità che il cliente resti fedele nel tempo, accrescendo in tal modo il valore complessivamente generato.

Costumer profile

Descrizione di un cliente, o di un gruppo omogeneo di clienti, sulla base di variabili demografiche, geografiche e di comportamento di acquisto e consumo.

I sistemi di analisi, denominati anche di customer profiling, permettono una conoscenza approfondita dei singoli clienti e rappresentano la base sulla quale formulare e implementare le strategie di fidelizzazione. Grazie alle attività di "profilazione" si potranno anche identificare le azioni operative di marketing più efficaci tra quelle finalizzate all'acquisizione di nuovi clienti e quelle tese alla conservazione di quelli acquisiti. L'esame dei clienti acquisiti ha come obiettivo ultimo la stima del reale valore sviluppato dal cliente nel suo ciclo di relazione (il cosiddetto *Customer Life Time Value*, CLTV) così da quantificare più efficacemente l'entità degli investimenti anche in base ai ritorni auspicati.

L'analisi dei clienti nel loro complesso, denominata *analisi del portafoglio clienti*, può avvenire attraverso diverse modalità, che naturalmente prevedono livelli di complessità e di calcolo crescenti e che partono dall'utilizzo di sistemi di analisi piuttosto semplificati, basati sull'uso di un'unica variabile. Tali sistemi, noti anche come analisi ABC, prevedono come output finale l'identificazione di una sorta di piramide della clientela, al cui vertice ricadono in genere i clienti più redditizi (▶ Capitolo 20). Qualora si volesse approfondire ulteriormente l'analisi, si potrebbero utilizzare due variabili e attraverso queste costruire le cosiddette "matrici portafoglio clienti". È possibile anche prevedere l'applicazione di analisi a tre o più variabili (le cosiddette "analisi multivariate") che, a fronte di una metodologia di calcolo molto articolata, forniscono informazioni più dettagliate sul valore prospettico e attuale dei clienti presenti nel portafoglio aziendale.

Analisi ABC

Modalità per classificare i clienti basata sull'utilizzo di una sola variabile,solitamente rappresentata dal fatturato.

I metodi per analizzare il portafoglio clienti

Nell'ambito delle tecniche che prevedono l'uso di una sola variabile per valutare l'importanza dei clienti presenti nel portafoglio (analisi ABC), la più utilizzata si basa sul calcolo del fatturato generato in un determinato periodo di tempo. In quest'ottica, i clienti vengono classificati in ordine decrescente in base al fatturato da loro generato; solitamente si rileva, confermando il famoso principio di Pareto, che il 20% della clientela genera circa l'80% del fatturato totale. Dall'analisi può risultare che all'interno della categoria dei clienti "top" esistono dei clienti "diamante", che pur rappresentando una minima parte del portafoglio (circa il 5%) sono in grado di garantire il 20-25% del fatturato complessivo. Sebbene da un punto di vista concettuale l'analisi ABC si presenti come una tematica facilmente comprensibile, ciò che invece può risultare complesso nella sua applicazione riguarda la definizione del numero di classi in cui suddividere il portafoglio e conseguentemente stabilire le soglie di fatturato che distinguono una classe dall'altra. I metodi di calcolo possono essere diversi e di conseguenza risulta necessario verificare di volta in volta quale si adatti meglio alle caratteristiche e al profilo dell'azienda che effettua l'analisi.

Principio di Pareto

Il principio di Pareto afferma che la maggior parte degli effetti è dovuta a un numero ristretto di cause.

Un metodo piuttosto semplificato è quello che si basa sul calcolo del fatturato medio della clientela e quindi del valore attraverso cui suddividere il portafoglio clienti in due distinte classi. Nell'esempio della figura 21.5 risulta che il fatturato medio dei 30 clienti in portafoglio è pari a circa 157.000 euro, e che i clienti codificati dall'1 al 12 possono essere classificati come i clienti più strategici, o clienti di "fascia alta".

Coorte

La coorte si compone di un certo numero di clienti che presentano valori di fatturato o fedeltà tra loro piuttosto simili.

Successivamente, si potrebbe procedere suddividendo la coorte superiore in altre due classi, attraverso il calcolo di un'ulteriore media aritmetica basata sui fatturati che rientrano tra il valore massimo e il valore medio precedentemente identificato (sempre con riferimento all'esempio riportato nella figura 21.5, la media dei fatturati dei primi 12 clienti è pari a circa 282.000 euro; in tal modo, la prima classe dei clienti A è compresa tra il valore massimo e 282.000 euro mentre quella dei clienti B è compresa tra 282.000 euro e 157.000). Tale calcolo ovviamente può essere effettuato anche per la coorte inferiore, arrivando in tal modo a identificare quattro classi in cui suddividere l'intero portafoglio (A e B superiori alla media generale e altre due classi, C e D, inferiori alla media generale).

Figura 21.5

Esempio di identificazione delle classi di un portafoglio clienti.

Codice cliente	Fatturato
1	475.068,20
2	471.810,00
3	330.835,00
4	315.590,75
5	302.030,35
6	294.368,00
7	264.286,00
8	213.194,00
9	205.471,00
10	195.331,00
11	163.070,00
12	162.630,00
13	151.733,00
14	131.366,00
15	126.327,50
16	106.471,00
17	99.384,00
18	81.249,00
19	80.200,00
20	77.198,00
21	72.290,00
22	60.340,00
23	59.696,00
24	51.362,00
25	48.660,00
26	47.801,52
27	42.740,00
28	39.373,00
29	35.100,00
30	16.433,00

Media dei clienti 1-12 = 282.807

Media dei clienti 13-30 = 73.762

Media dei 30 clienti = 157.380

Clienti fascia A

Clienti fascia B

Clienti fascia C

Clienti fascia D

L'analisi ABC può essere utilmente integrata affiancando al fatturato anche altre informazioni, tra cui innanzitutto quelle relative ai costi e ai margini di contribuzione, e in tal modo consentire la costruzione delle cosiddette "matrici portafoglio clienti", basate appunto sull'uso di due variabili. La rappresentazione a matrice presenta il primario vantaggio, rispetto al metodo ABC, di affinare l'analisi e anche di facilitare l'identificazione dei clienti attribuendo ai diversi quadranti colori e nomi facilmente distinguibili. La criticità, in questo caso, risiede nella selezione delle variabili da utilizzare in ascisse e ordinate, tra le innumerevoli basi informative a disposizione dell'impresa e adeguatamente presenti nel customer database. Anche in questo caso, ogni impresa dovrà classificare i propri clienti selezionando le due variabili ritenute come più qualificanti per il proprio business; nella tabella 21.1 sono riportate due serie di voci che, opportunamente incrociate, possono consentire la costruzione di infinite matrici attraverso cui classificare la clientela aziendale.

Tabella 21.1
Variabili di classificazione dell'importanza della clientela.

Determinanti dell'importanza del cliente	Determinanti della difficoltà nel gestire un cliente
Volume degli acquisti	Intensità della concorrenza
Potenzialità future	Posizioni dei concorrenti nei confronti del cliente
Redditività	Numero dei concorrenti
Immagine	Complessità del prodotto
Importanza del cliente in termini di: – posizione competitiva – apertura verso i mercati – miglioramento competenze produttive – miglioramento competenze verso altri clienti	Caratteristiche del cliente in termini di: – comportamento d'acquisto – competenze teoriche – esigenze particolari

Matrice
Tabella ordinata di elementi che consente di rappresentare fenomeni complessi in forma semplificata.

In linea di massima è possibile raggruppare le matrici di analisi della clientela in tre macrocategorie.

1. *Matrici di analisi della profittabilità dei clienti.* Queste matrici si basano sull'impiego di variabili di natura economica e si prefiggono d'identificare quei clienti che contribuiscono maggiormente alla creazione di un valore economico (o che al contrario depauperano il capitale aziendale).
2. *Matrici di analisi della situazione competitiva dei clienti.* Attraverso queste matrici si vuole stimare la competitività dei clienti nei loro rispettivi mercati di riferimento e anche la complessità nel presidiare i rapporti con i clienti, soprattutto laddove esista una forte concorrenza che si rivolge alla medesima base di clienti.
3. *Matrici di analisi della relazione con i clienti.* La valutazione delle relazioni con i singoli clienti può essere rappresentata anche con variabili non necessariamente di natura economica (p.e. il livello di soddisfazione, il numero di reclami, la facilità gestionale ecc.), ma che comunque consentano di esprimere il potenziale comportamento del cliente.

Tra le matrici che nel tempo si sono affermate maggiormente, anche per effetto delle tipologie di clienti rappresentate, vi è sicuramente quella basata sul livello di soddisfazione e di fedeltà. In particolare, rispetto a queste due variabili "relazionali", i clienti possono essere classificati in quattro tipologie (figura 21.6):

1. *apostoli*, ovvero coloro che si dimostrano completamente soddisfatti sia delle prestazioni fondamentali sia di quelle accessorie e al tempo stesso manifestano un'assoluta fedeltà nei confronti dell'impresa;
2. *ostaggi*, cioè clienti fortemente insoddisfatti dell'offerta aziendale che tuttavia, a causa delle scarse alternative d'offerta o per costi di transazione elevati, continuano la relazione con l'impresa;
3. *mercenari*, cioè coloro che pur manifestando un buon livello di soddisfazione sono fortemente attratti da altre offerte (caratterizzate in genere da prezzi più bassi), dimostrando in tal senso un basso livello di affezione nei confronti dell'impresa;
4. *terroristi*, ovvero clienti profondamente insoddisfatti che avendo alternative di acquisto abbandonano l'impresa e attivano al tempo stesso un intenso processo di passaparola negativo.

Figura 21.6

Tipologie di clienti e relazioni tra la soddisfazione e la fedeltà.

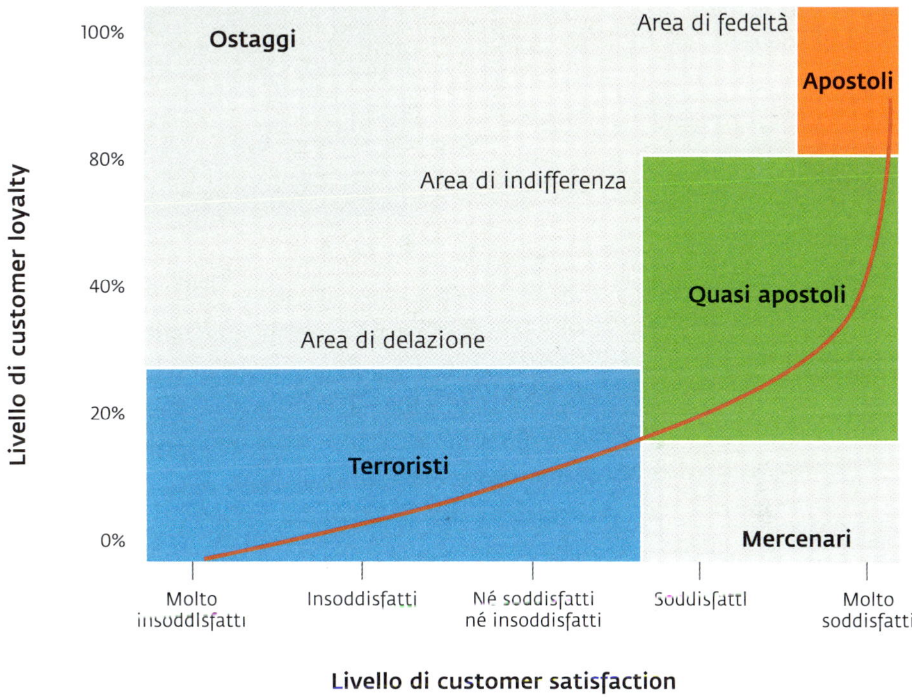

Un'altra matrice altrettanto efficace, soprattutto quando le informazioni disponibili ne consentono la costruzione, è quella basata sulle seguenti variabili.

- *Size of wallet* (dimensione del portafoglio), ovvero l'ammontare di risorse che il cliente destina all'acquisto di un determinato bene o servizio. In tal senso, il cliente può essere classificato come un cosiddetto "big spender" o "light spender", a seconda che il suo budget sia rispettivamente di grandi o di piccole entità.
- *Share of wallet* (quota di portafoglio), ovvero la parte delle spese relative a un bene/servizio destinate specificamente all'impresa fornitrice che effettua l'analisi. Si dirà che la quota di portafoglio è elevata se il cliente si rivolge esclusivamente o quasi all'impresa che effettua l'analisi, che nei fatti diventa l'unica fornitrice del bene/servizio; all'opposto, si avrà una quota portafoglio estremamente ridotta quando l'impresa che effettua l'analisi fornisce una quantità marginale se confrontata con quella di altre imprese concorrenti.

In base alla posizione del cliente nella matrice (come mostrato nella figura 21.7), si potranno definire le strategie di fidelizzazione più efficaci. Ad esempio, nei confronti dei clienti ad alta quota di portafoglio ma bassa spesa complessiva (in basso a destra nella matrice), potrebbe essere funzionale attuare azioni di fidelizzazione o proposte che incentivino la spesa media (*up-selling*); al contrario, nei confronti dei clienti con bassa quota di portafoglio ed elevata spesa (in alto a sinistra) potrebbe essere utile indirizzare proposte di *cross-selling* che siano in grado di incrementare la quota di portafoglio ed erodere in tal modo quote di vendita alle imprese concorrenti.

Figura 21.7

Matrice di classificazione della clientela in base all'ammontare di spesa e alla ripartizione tra fornitori.

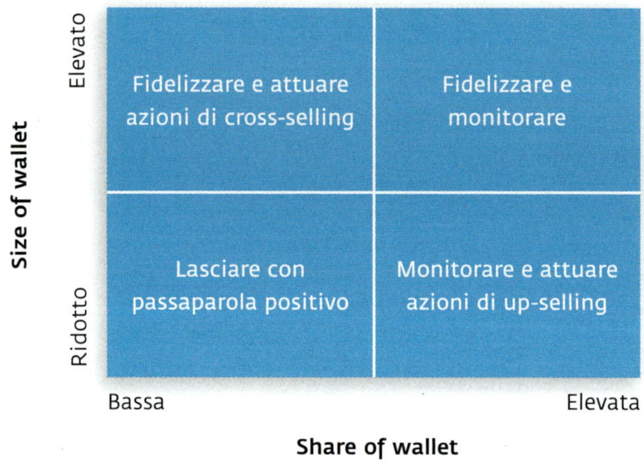

Un altro criterio utilizzato per individuare i clienti più strategici è il cosiddetto FRM (*Frequency-Recency-Monetary*), che si basa sull'uso di tre variabili:

1. la *frequency* si riferisce alla frequenza di acquisto imputabile a uno specifico periodo di tempo;
2. la *recency* è legata all'ultimo acquisto effettuato;
3. la *monetary* riguarda l'ammontare monetario degli acquisti generato nello stesso periodo di tempo.

Indicizzare

Metodo attraverso cui esprimere in maniera omogenea l'intensità di variabili che presentano metriche diverse in modo da renderle confrontabili.

Per arrivare a una stima del potenziale del cliente, sarà innanzitutto necessario indicizzare le tre variabili che altrimenti non potrebbero essere confrontate avendo unità di misura differenti (la frequenza ha come unità di misura il numero di volte, la *recency* adotta come unità la data di acquisto e la *monetary* utilizza una valuta). Contestualmente, si dovranno assegnare dei pesi alle tre variabili e quindi calcolare i valori riferiti ai singoli clienti. In tal modo, si potranno identificare i clienti a maggior potenziale nei confronti dei quali eventualmente destinare risorse e attenzioni più rilevanti (come esemplificato nella tabella 21.2).

Tabella 21.2

Il metodo FRM: un esempio di calcolo.

Cliente	Frequency	Recency	Monetary	Punteggio frequency	Punteggio recency	Punteggio monetary	Totale
Rossi	1	Luglio	400.000	5	10	16	31
Bianchi	2	Aprile	150.000	10	5	6	21
Verdi	2	Febbraio	550.000	10	5	322	37

Ipotesi di indicizzazione (analisi effettuata a fine anno)
Recency = 15 per il terzo quadrimestre; 10 per il secondo; 5 per il primo quadrimestre
Frequency = numero acquisti moltiplicato per 5
Monetary = 0,004% del valore

In aggiunta all'analisi statica della clientela e alla costruzione delle matrici o delle piramidi, l'impresa può eseguire anche un'*analisi dinamica* e in tal modo verificare gli spostamenti (le cosiddette "migrazioni") che ogni singolo cliente potrebbe aver effettuato tra un periodo e un altro, e soprattutto identificare verso quale classe è migrato. In particolare, è possibile individuare cinque differenti flussi di migrazione all'interno di un portafoglio di clienti (figura 21.8):

1. tasso di clienti "statici", ovvero che restano nella classe di partenza;
2. tasso di clienti "in crescita", cioè che migrano verso classi superiori;
3. tasso di clienti "in calo", cioè che migrano verso classi inferiori;
4. tasso di defezione, ovvero di clienti che abbandonano definitivamente l'impresa;
5. tasso di acquisizione, cioè nuovi clienti acquisiti nel periodo.

Tali indicatori possono essere calcolati sull'intero portafoglio ma anche prendendo come riferimento le singole classi, e in tal modo offrire un quadro ancora più dettagliato della dinamicità della clientela aziendale.

Figura 21.8

L'analisi dinamica della clientela.

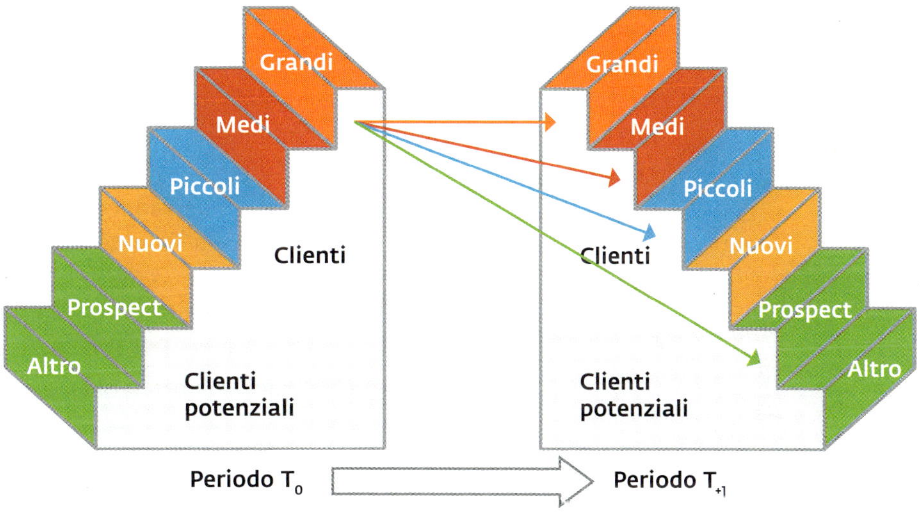

Altri indicatori per l'analisi della fedeltà e del valore dei clienti

La complessità dei fenomeni di acquisto e di consumo da tenere sotto controllo, nonché l'aumentata pressione competitiva di numerosi settori industriali, ha stimolato le imprese nell'individuare nuove e più approfondite modalità di misurazione della fedeltà della clientela e in generale del valore dei singoli clienti. Al giorno d'oggi la casistica è sufficientemente ampia e tale da consentire una prima distinzione basata sul fattore temporale, cioè di metodi che tendono a valutare la fedeltà passata rispetto a quelli che invece stimano la fedeltà o il valore prospettico. Nell'organizzare un quadro sintetico di strumenti, o nel costruire un cosiddetto "cruscotto di monitoraggio" della fedeltà, è necessario che vi sia la chiara consapevolezza che i singoli indicatori forniscono informazioni parziali e spesso non comparabili tra loro. In tal senso, la situazione ideale sarebbe quella di predisporre un sistema formalizzato, basato su misurazioni continuative e sull'uso contestuale di strumenti di natura e significato diverso. Gli indicatori più frequentemente utilizzati sono (Iasevoli, 2000a; Kumar, 2008):

Cruscotto di monitoraggio

I cruscotti aziendali, grazie all'impiego di specifici software, permettono l'utilizzo di indicatori di performance e di altre metriche aziendali per consentire una visione d'insieme dei risultati a fronte degli obiettivi.

- il Customer Retention Rate;
- l'anzanità media della clientela;
- il Churn Rate;
- la probabilità di riacquisto.

Tra gli indicatori che stimano la fedeltà in termini passati e che si riferiscono al portafoglio complessivo (o a una parte di esso) vi è innanzitutto il *Customer Retention Rate* (CRR), che esprime il numero di clienti rimasti fedeli a fine periodo rispetto a quelli che esistevano a inizio periodo e ai nuovi clienti acquisiti. Nonostante il CRR sia utile per fornire una chiara visione del portafoglio clienti o di una parte di esso (p.e. soltanto i clienti top o quelli marginali), questo tasso non offre indicazioni circa l'importanza dei clienti che hanno abbandonato/continuato la relazione. Tale limite, tuttavia, potrebbe essere superato ricorrendo al CRR ponderato, che considera oltre al numero di clienti anche il volume di spesa da essi generato.
Partendo dal CRR è possibile stimare un altro indicatore "passato" della fedeltà, ovvero l'"anzianità media della clientela", che identifica la durata media in anni della relazione (si ottiene sottraendo da 1 il CRR). In particolare, si può dimostrare che aumentando di poco il tasso di fedeltà, ad esempio dall'80% all'85%, si ottengono incrementi della durata media più che significativi in quanto l'anzianità passa da 5 anni a 6,67 anni.
Un indicatore piuttosto simile al CRR è il cosiddetto *Churn Rate*, ovvero quello che stima il tasso di abbandono della clientela a favore di uno specifico concorrente; in tal caso, servendosi anche di apposite matrici definite di "acquisizione-defezione", è possibile stimare quanta parte della clientela sia migrata verso un concorrente. Analogamente potrà essere stimato anche il numero di clienti, rispetto al totale portafoglio, che è stato acquisito dai concorrenti (il cosiddetto *Acquisition Rate*).
Tra gli indicatori che invece tendono a stimare la fedeltà prospettica è utile introdurre innanzitutto la cosiddetta "Probabilità attiva" (anche nota come *P active*), ovvero la probabilità che il cliente resti attivo anche nei mesi successivi; ad esempio, se un cliente ha effettuato 7 acquisti in un anno, e l'ultimo acquisto risale al nono mese, si potrà ragionevolmente stimare che il P *active* sarà a pari a 0,133, ovvero P *active* = $(9/12)^7$.
Un indicatore ugualmente finalizzato alla stima della fedeltà futura e che si basa sempre sugli acquisti passati è il cosiddetto *Interpurchase Time* (IPT), ovvero il tempo medio che intercorre tra un acquisto e quello successivo. Ad esempio, se si stima che il tempo medio di riacquisto sia 3 mesi e un cliente non riacquista da 5 mesi, si può ragionevolmente supporre che la sua fedeltà sia a rischio se non addirittura che sia tendente a 0.

Anche sulla base delle informazioni fornite da tali indicatori, l'impresa dovrà cercare di stimare il valore generato dal cliente nel tempo, sia in termini passati che prospettici. Ogni singolo cliente può rappresentare una fonte di generazione di valore per l'impresa che può essere stimata attraverso il calcolo del cosiddetto Customer Life Time Value (CLTV). Una stima piuttosto semplificata del CLTV è quella che si ottiene nel seguente modo: "valore medio acquisto unitario" × "frequenza di acquisto nel periodo" × "durata media della relazione".

In realtà, questa formula non tiene conto della probabilità che il cliente resti attivo nel futuro e soprattutto dei reali margini di contribuzione generati nel tempo. Una formula sicuramente più avanzata, che tiene in parte in considerazione tali elementi, è la seguente:

$$CLTV = \sum_{t=1}^{T} P\ active \frac{MMdC_{it}}{(1+d)^{t}}$$

dove:
MMdC = Margine medio di contribuzione nel periodo t calcolato anche rispetto ai periodi precedenti
P active = Probabilità che il cliente i-esimo sia attivo al tempo t
i = indice del cliente
t = periodo per il quale il CLTV è stimato
T = numero di periodi oltre t
d = tasso medio di sconto

Il valore attuale netto del cliente, calcolato secondo queste modalità, presenta tuttavia alcune forti semplificazioni che potrebbero essere incluse nella formula. Innanzitutto, non tiene conto dei costi di attrazione e dei costi di acquisizione dei clienti, che possono essere in alcuni casi molto elevati, e poi difficilmente tiene conto di una puntuale ripartizione dei costi fissi e di struttura (salvo non ricorrere all'utilizzo dei valori medi) tra le diverse tipologie di clienti. Determinare correttamente il valore del cliente può aiutare l'impresa a formulare strategie di marketing maggiormente focalizzate sui singoli clienti e soprattutto può fornire un valido supporto all'implementazione di strategie di marketing relazionale di cui si possono stimare gli effetti, in termini di variazione di valore generato nel tempo.

21.3 Le strategie orientate alla fidelizzazione

Molto spesso le imprese, non disponendo di informazioni dettagliate sulla redditività dei propri clienti, adottano strategie di marketing focalizzate esclusivamente sugli attribuiti dell'offerta (p.e. miglioramento della qualità offerta), che non sempre rappresentano l'alternativa migliore per accrescere il valore complessivo dell'impresa se comparato con quanto effettivamente possono generare i singoli clienti.
Se l'obiettivo ultimo è la massimizzazione del valore per l'impresa e per il cliente allora, nel valutare e selezionare le alternative strategiche in maniera realmente "clientocentrica" sarebbe utile stimare gli effetti generati dalle singole iniziative sul profitto complessivo, tenuto conto del profilo dei singoli clienti o almeno delle classi di appartenenza.
Il primo passo riguarderà l'identificazione del target verso cui rivolgere le azioni di *relationship*, ovvero stabilire quale fra le classi di clienti presenti nel portafoglio risulti essere prioritariamente da gestire in un'ottica di incremento di valore. Successivamente, si potranno valutare le diverse alternative strategiche e,

Focus Alcuni indicatori di customer loyalty

Customer Retention Rate (CRR) = $\left[\dfrac{\text{Clienti a fine periodo} - \text{Clienti acquisiti}}{\text{Clienti inizio periodo}}\right]$

Esempio: Clienti a inizio periodo = 100; Clienti fine periodo = 120; Clienti acquisiti nel periodo = 40
CRR = (120-400)/100 = 80%

Tasso di defezione della clientela = [1-CRR]
Esempio: CRR = 80%
Tasso defezione = (1-0,80) = 20%

Anzianità media della clientela = $\left[\dfrac{1}{1-\text{CRR}}\right]$
Esempio: CRR = 80%
Anzianità media = 1/(1-0,80) = 5 anni

Churn Rate = $\left[\dfrac{\text{Nr. clienti migrati vs concorrente "X"}}{\text{Tot. clienti nel portafoglio}}\right]$

Esempio: Numero clienti migrati = 60
Numero clienti in portafoglio = 200
Chrun Rate = 30%

Acquisition Rate = $\left[\dfrac{\text{Nr. clienti acquisiti dal concorrente "X"}}{\text{Tot. clienti nel portafoglio}}\right]$
Esempio: Numero clienti acquisiti dai concorrenti = 40
Numero clienti in portafoglio = 200
Acquisition Rate = 20%

P active = $\left[\dfrac{\text{Periodo di tempo acquisto più recente}}{\text{Periodo di tempo usato come riferimento}}\right]^{\text{Nr. acquisti effettuati nel periodo}}$

Esempio: Numero acquisti nell'anno = 7
Ultimo acquisto = nono mese su dodici mesi
Periodo riferimento = anno solare
P active = 13,3%

Interpurchase Time = $\left[\dfrac{\text{Nr. di acquisti effettuati dal primo periodo fino al termine periodo di analisi}}{\text{Periodo di analisi}}\right]$

Esempio: Numero acquisti dall'inizio del periodo = 12
Periodo di riferimento = 8 settimane
Interpurchase Time = 1,5 settimane

in particolare, quanta parte del budget destinato alla fidelizzazione debba essere destinata alle azioni di "crescita" (cioè finalizzate a far crescere i clienti nelle piramidi), di "mantenimento" (destinate a consolidare la posizione dei clienti nella piramide) e di "recupero" (rivolte agli ex clienti che hanno deciso di abbandonare la relazione con l'impresa). In questo ambito, l'impresa, in aggiunta al tradizionale obiettivo di acquisizione di nuovi clienti e accrescimento della base clienti, dovrà definire anche gli obiettivi di marketing relazionale che intende perseguire in termini di:

- numero e tipologia di clienti che possono crescere nella piramide;
- numero e tipologia di clienti che possono restare nella stessa classe;
- numero e tipologia di ex clienti da recuperare tra quelli che hanno abbandonato o manifestato di abbandonare l'impresa.

Anche in questo caso la selezione delle alternative strategiche potrà essere risolta confrontando le spese da sostenere con i possibili ritorni generati dai clienti presenti nella classe (un esempio è riportato nel ▸ Focus "Alcune tipiche alternative").

Nella valutazione delle alternative, i manager dovranno anche valutare quali soluzioni potrebbero risultare più efficaci nel perseguimento degli obiettivi. In particolare, partendo dal concetto di CLTV e dagli elementi che ne determinano la costruzione, i cosiddetti driver attraverso cui ottenere un incremento del valore del cliente potrebbero essere i seguenti:

- incrementare il livello di spesa, ovvero dell'ammontare che il cliente sostiene con l'impresa fornitrice;
- incrementare il *cross-buying*, cioè incentivare il cliente a comprare anche altri prodotti/servizi presenti nella gamma dell'impresa;

Focus Alcune tipiche alternative

Si consideri ad esempio la seguente situazione:

- un'impresa possiede un portafoglio di circa 1000 dealer;
- raggiunge un fatturato complessivo di oltre 11 milioni di euro;
- ha un tasso di fidelizzazione dell'80% e consegue mediamente un margine di profitto del 14% dai clienti A (top), un 16% dai clienti B (medi) e un 12% dai clienti C (marginali).

In particolare, dall'analisi del portafoglio emergono i seguenti dati.

	Clienti A	Clienti B	Clienti C	Totale
Numero clienti dealer	180	320	540	1040
Fatturato totale (migliaia di euro)	7000	2900	1200	11.100
Margini (%)	14%	16%	12%	

Prendendo in considerazione i dati emersi dall'analisi, e riducendo le alternative a disposizione, si vuole valutare quale delle seguenti ipotesi potrebbe generare un maggior incremento di valore per l'impresa.

1. Aumentare del 5% il numero dei clienti A. Una maggiore incentivazione alla forza vendita (sotto forma di premi all'acquisizione) costerebbe circa 400 mila nel primo anno.
2. Convertire il 20% dei clienti secondari (B) in primari (A). Per far migrare i clienti della classe B verso la A sarebbe necessario organizzare un'iniziativa a premi per i clienti (omaggi crescenti in relazione ai volumi d'acquisto). Una simile azione costerebbe circa 1,7 milioni nel primo anno.
3. Persuadere i clienti C ad acquistare prodotti di prezzo superiore. Per far crescere il valore unitario degli acquisti del 20% sarebbe necessario spendere in omaggi e iniziative di cosiddetto cross-selling circa 200 mila nel primo anno.
4. Ridurre il tasso di defezione totale dal 20% al 15% annuo. Per aumentare la loyalty sarebbe necessario organizzare un'apposita struttura interna (retention team) che genererebbe costi per circa 700 milioni nel primo anno.

Confrontando le quattro alternative risulta che la prima ipotesi potrebbe generare una perdita di valore pari a circa 50 mila; la seconda potrebbe generare un incremento di 200 mila, la terza un incremento di circa 140 mila e la quarta un incremento di circa 150 mila. In tal senso, nel breve periodo la soluzione più vantaggiosa sarebbe la seconda. È evidente che i risultati potrebbero essere radicalmente diversi se proiettati in un periodo più lungo, laddove si dovrebbe utilizzare come base di calcolo il CLTV.

- incentivare il cliente, in maniera coerente con l'effetto *cross-buying*, a diversificare i suoi acquisti e comunque la sua propensione anche verso categorie diverse da quella di suo esclusivo interesse;
- incentivare il cliente a ridurre i tempi medi di riacquisto ricorrendo agli strumenti di fidelizzazione;
- incentivare il cliente a ridurre il numero dei rifacimenti/resi richiesti;
- incentivare il cliente a ridurre la frequenza dei contatti o comunque spingerlo verso canali di comunicazione a costo di gestione più basso.

È evidente che, per supportare adeguatamente l'implementazione delle strategie relazionali, l'impresa debba contestualmente favorire lo sviluppo di una cultura aziendale realmente incentrata sul cliente e creare strutture organizzative coerenti e adeguate. In questo ambito, ad esempio, è piuttosto frequente l'istituzione di uffici appositamente preposti alla gestione dei clienti più strategici, soprattutto per quanto attiene i servizi di post-vendita. Il ruolo di quelli che vengono solitamente definiti "Key Account Manager" (KAM) è sostanzialmente quello di consolidare le relazioni con i clienti chiave, in una logica di mutua interdipendenza, accrescendo il valore di tutti gli attori coinvolti. Rispetto a un tradizionale ufficio vendite, il KAM persegue l'obiettivo di massimizzare innanzitutto lo share of wallet contestualmente a un incremento del size of wallet. Certamente il KAM ha un orizzonte temporale di medio-lungo periodo e considera lo scambio di informazioni come una leva strategica per l'ottimizzazione della relazione e in generale per migliorare i rispettivi business.

21.4 Gli strumenti di gestione delle relazioni

La consapevolezza dell'importanza di gestire efficacemente le relazioni con i clienti e di controllare e contrastare la crescente mobilità dei clienti nei mercati più competitivi ha spinto le imprese a individuare e creare nuove azioni di fidelizzazione basate sul valore generato nel tempo dai singoli clienti.

Al giorno d'oggi la casistica di strumenti si è indubbiamente arricchita, al punto che si possono effettuare anche della classificazioni. Innanzitutto, gli strumenti relazionali possono essere utilmente suddivisi in due macrocategorie in base ai benefici offerti ai clienti (Bhattacharya e Bolton, 2000; Dabholkar et al., 1994):

- strumenti che offrono prevalentemente benefici di natura economica, come i servizi aggiuntivi gratuiti, premi o sconti economici ecc.;
- strumenti che offrono benefici di natura prevalentemente immateriale e sociale, come le partecipazioni a forum, l'iscrizione a club, premi per la partecipazione a eventi ecc.

Questi stessi strumenti potrebbero essere suddivisi anche in base al momento in cui viene erogato il beneficio (Dowing e Uncles, 1997), ovvero in strumenti che forniscono un vantaggio immediato al cliente rispetto a quelli che invece richiedono un periodo più ampio (p.e. i programmi fedeltà) prima che il cliente ne possa ottenere il possesso.

Un'ulteriore classificazione degli strumenti è quella basata sugli obiettivi di gestione e ottimizzazione delle relazioni con i clienti. In particolare, si possono immaginare tre differenti categorie:

- strumenti finalizzati all'allungamento della *durata* della relazione, che corrispondono ai tentativi di consolidare la fedeltà e la probabilità che il cliente continui il più a lungo possibile la relazione con l'impresa;
- strumenti finalizzati a estendere l'*ampiezza* della relazione, che interessano le modalità per favorire il cosiddetto *cross-buying*, vale a dire l'acquisto da parte del cliente di prodotti/servizi aziendali differenti da quelli già utilizzati;
- strumenti finalizzati a estendere la *profondità* della relazione, cioè che favoriscono una frequenza di uso e di acquisto più intensa, o comunque che riguardano le decisioni di aggiornare o acquistare prodotti *premium price* rispetto a quelli di minor costo.

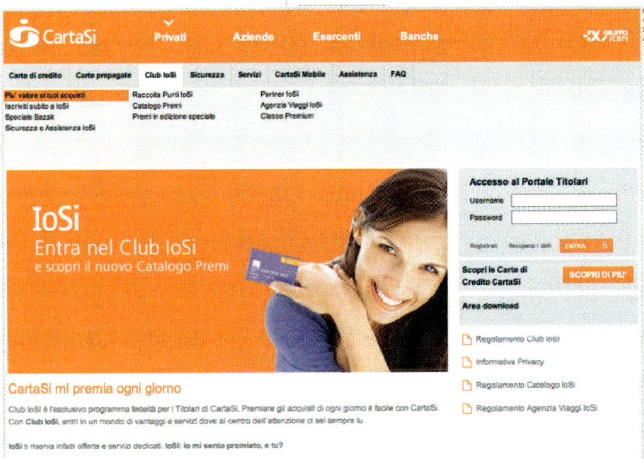

Nei servizi è frequente il ricorso al meccanismo del premio legato all'accumulo di punti, tanto che i clienti lo considerano parte integrante e necessaria dell'offerta.

Un'ulteriore classificazione delle azioni di fidelizzazione e di gestione delle relazioni è quella che distingue gli strumenti in funzione del grado d'impatto organizzativo e della capacità di sfruttare le competenze distintive aziendali (azioni strategiche o tattiche) e in base alla fase della relazione e alle risposte attese (azioni proattive o reattive). In tal senso si possono identificare quattro differenti macrocategorie di azioni, così come riportato nella figura 21.9 (Busacca, 2002).

- *Strategiche-proattive*, ovvero strumenti che perseguono la finalità di gestire il cliente soprattutto nelle prime fasi della relazione e di accrescere il valore erogato rispetto alla concorrenza (p.e. welcome call, istruzioni personalizzate all'uso, strumenti informativi dedicati ecc.) o prevenire problemi o intenzioni di abbandono (customer club, panel, forum clienti ecc.) o comunque accrescere la percezione e la soddisfazione nei confronti delle prestazioni ricevute (incentivi al riacquisto, iniziative di *member get member* ecc.).
- *Strategiche-reattive*, cioè azioni finalizzate a una gestione tempestiva e personalizzata di un eventuale problema procurato del cliente; s'includono in questa categoria le azioni di gestione dell'assistenza e dei reclami al customer service, le operazioni di rifacimento e sostituzione dei prodotti.
- *Tattiche proattive*, ovvero azioni finalizzate a ridurre il cosiddetto "attrition" anche creando barriere al passaggio verso un altro concorrente. In quest'ultima categoria rientra la maggioranza dei programmi di fidelizzazione tradizionali, come le iniziative di *bundling* di prodotto/servizio o di cliente (si tende a legare fra di loro i clienti appartenenti allo stesso nucleo familiare, alla stessa azienda ecc.), o l'innalzamento dei cosiddetti costi di transazione (penali, vincoli temporali di contratto ecc.).
- *Tattiche-reattive*, di cui fanno parte le classiche azioni di gestione autorevole di un'eventuale disdetta. Rientrano in questo ambito, ad esempio, le telefonate o programmi di mailing molto personalizzati, tesi sostanzialmente a ridurre l'insoddisfazione dei clienti e quindi l'eventuale passaparola negativo o anche quelle azioni finalizzate a recuperare i clienti (le azioni cosiddette *win-back*) basate sull'offerta di soluzioni più vantaggiose.

Figura 21.9

Strumenti per la gestione.

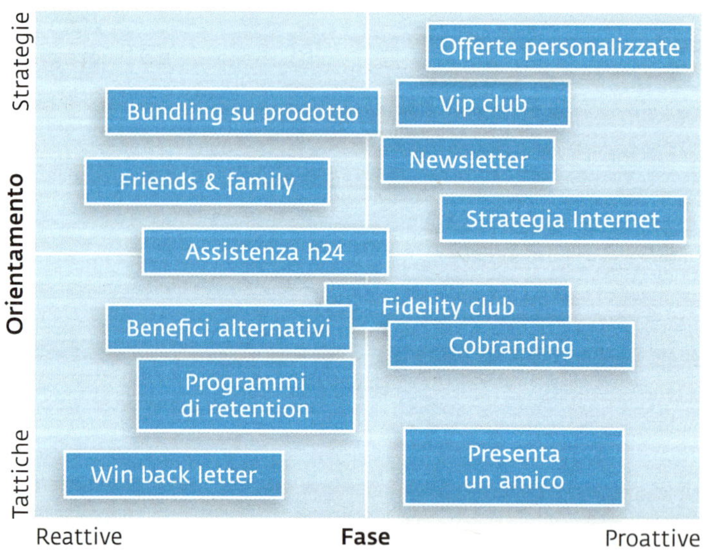

Case History — I customer club

Per garantirsi la fiducia e la fedeltà del cliente le imprese, in aggiunta alle attività rivolte a migliorare le performance dei propri prodotti, hanno cominciato a istituire i cosiddetti **customer club**, con l'intento di offrire ai propri clienti fedeli un mix di benefici differenziati e personalizzati.

> **Customer club**
>
> È "il risultato di un complesso di attività poste in essere da un'organizzazione con l'intento di avviare e sviluppare relazioni durature e dirette con i membri partecipanti, di accrescere il valore percepito dell'offerta e quindi assicurare un incremento delle risorse di fiducia e fedeltà nel tempo, offrendo un mix di benefici "(Iasevoli, 2000b).

Nell'ambito dei settori che per primi hanno iniziato a offrire programmi di fidelizzazione vi è sicuramente quello delle carte di credito, dove esempi come il Membership Rewards di American Express o il Diners Club hanno certamente rappresentato un punto di riferimento per molte imprese, operanti anche in settori completamente differenti.

In Italia, da qualche anno anche il gruppo CartaSi propone ai propri clienti, titolari di una carta di credito in versione individuale, l'opportunità di iscriversi al Club IoSi; in particolare, i clienti interessati, che rientrano nelle categorie previste da un apposito regolamento, pagando una quota annua di 12 euro, possono iscriversi utilizzando uno dei diversi canali messi a disposizione dal club. È prevista infatti l'opportunità d'iscriversi tramite il portale online riservato ai soci, oppure utilizzando uno smartphone o tablet e l'apposita app CartaSi; è inoltre prevista l'opportunità d'iscriversi anche tramite numero verde dedicato, inviando un sms o attraverso il canale tradizionale dello sportello bancario.

I clienti, una volta iscritti, ricevono il codice personale IoSi necessario per accedere alle offerte, richiedere i premi del catalogo IoSi e godere di tutti i vantaggi che il club propone in esclusiva.

Oltre al classico catalogo di raccolta punti (in termini sintetici, il cliente accumula un punto per ogni euro addebitato sulla carta di credito, oltre ad altri punti extra specificamente identificati), attraverso cui i titolari hanno la possibilità di tramutare i punti accumulati in premi, il club offre anche altre tipologie di vantaggi. Ad esempio, grazie ad accordi stipulati con altre imprese, i clienti che si rivolgono e comprano i prodotti dei cosiddetti Partner IoSi ottengono punteggi premio extra o altri benefici previsti di volta in volta; inoltre, recentemente è stata anche aperta una vera e propria agenzia di viaggi (Agenzia Viaggi IoSi), che, in aggiunta a servizi di accesso prioritari e canali dedicati, offre ai titolari anche sconti rispetto alle offerte presenti sul mercato o proposte dai tour operator. Un ulteriore servizio riservato ai titolari è quello di assistenza e sicurezza aggiuntiva che prevede una gestione dedicata in caso di emergenza.

Nel corso del tempo, il club ha anche segmentato i titolari e i relativi servizi (con vantaggi e partnership più prestigiose) aprendo una sezione Premium IoSi, dedicata ai titolari delle carte più esclusive.

Fonte: www.cartasi.it

Conclusioni

Gestire il cliente è l'imperativo del marketing management nei mercati maturi, atteso che la conquista di nuovi spazi di mercato può avvenire solo a discapito dei concorrenti e perciò si rivela molto effimero, rischioso e costoso. Le metodologie e le tecniche di governo di questo importantissimo asset d'impresa sono numerose e si basano, oggi, sugli straordinari progressi della tecnologia digitale. Il successo dei programmi di relazione consente inoltre al marketer di misurare esattamente l'efficacia dei programmi di marketing, con evidente beneficio per l'intera gestione del mercato. L'impresa competitiva, oggi, è un'impresa che vede la prima vendita solo come il principio di una relazione orientata al lungo periodo.

Parte VI
Il management del marketing

Il marketing ha incontrato il management nella seconda metà del Novecento, così, da disciplina tecnica deputata a governare, essenzialmente, la persuasione e distribuzione commerciale, è divenuto filosofia di gestione e dunque tassello essenziale del valore dell'impresa.
Quello affidato al marketing, quindi, è un compito piuttosto complicato, che deve considerare congiuntamente le problematiche interne al sistema d'impresa e quelle provenienti dal mercato e dalla lotta competitiva. È nel risolvere questa complessità che il contributo del management al marketing sprigiona il suo potenziale e s'identifica, in particolare, in due aspetti tecnici: la pianificazione e programmazione delle attività di marketing (Capitolo 22) e la composizione di una struttura organizzativa in grado di concepirle e realizzarle (Capitolo 23).
Il piano di marketing, oggetto del primo dei tre capitoli di questa parte, è un'entità ricca di sfaccettature: è *risultato* e *strumento*, *pensiero* e *azione*, *forma* e *sostanza*. Il piano è infatti un documento che contiene le determinazioni assunte nel corso di un processo decisionale piuttosto articolato, che vede confrontarsi le diverse anime dell'impresa sulle scelte di mercato e competitività. La sua articolazione rispecchia fedelmente la struttura di pensiero del management: contiene analisi, sintesi, scelte, esplicitazioni dei programmi e delle procedure. Il piano circola all'interno dell'organizzazione assolvendo in tal modo a una funzione comunicativa essenziale al buon funzionamento dell'impresa: mettere ciascuna persona in grado di conoscere le intenzioni dell'impresa e del proprio ruolo in questo disegno.
Il capitolo successivo si occupa dell'organizzazione, ovvero dell'arte e mestiere di comporre un disegno strutturale nel quale ciascuna persona trovi collocazione, in virtù del proprio profilo di competenza, e possa conoscere le proprie attribuzioni specifiche. Senza una capacità organizzativa adeguata ogni disegno strategico, anche il più perfetto, sarebbe vano.
Comporre un disegno strutturale per il marketing significa innanzitutto immaginare la sua collocazione gerarchica rispetto al top management e alle altre aree dell'impresa, ma non solo. In relazione all'orientamento d'impresa infatti – se essa sia, cioè, più o meno orientata al marketing (▸ Capitolo 2) – il numero e la varietà delle posizioni organizzative deputate a governare i processi di mercato sarà maggiore e crescente.
Il maturare dell'economia capitalistica di mercato, infine, fa emergere dei problemi rilevanti che toccano non solo l'economia, ma l'equilibrio esistenziale stesso delle persone, le donne e gli uomini che muovono e vivono questo modello di economia. Fu già verso il finire degli anni Sessanta del Novecento che le prime avanguardie critiche dell'economia capitalistica ne misero in evidenza alcuni gravi limiti: i movimenti hippy negli Stati Uniti, o il '68 europeo (francese, in particolare) furono lucidi, e in certi casi profetici, analisti dei problemi etici e ambientali che quel modello iniziava a generare. L'enorme crisi che dal 2008 interessa le economie avanzate, e che non è solo economica ma anche (e forse soprattutto) geopolitica, dimostra con inconfutabile evidenza i limiti di sostenibilità del modello economico occidentale. Il Capitolo 24 analizza il tema in una prospettiva ampia, mettendo in luce come proprio il marketing possa far emergere quei necessari correttivi, etici e ambientali, che l'economia capitalistica di mercato deve necessariamente assumere.

> La velocità mentale vale per sé, per il piacere che provoca in chi è sensibile a questo piacere, non per l'utilità pratica che si possa ricavare.
>
> I. Calvino, *Lezioni americane*, "Rapidità"

Indice della parte

Capitolo 22
Piano di marketing

Capitolo 23
Organizzazione di marketing

Capitolo 24
Verso il marketing sostenibile

22 Piano di marketing

di **Federica Ceccotti**

Indice del capitolo

Introduzione

22.1 La logica del piano

22.2 Il piano di marketing
- 22.2.1 Il piano e il tempo
- 22.2.2 Il piano e la coerenza

22.3 La struttura del piano strategico
- 22.3.1 La mission
- 22.3.2 La parte analitica
- 22.3.3 Obiettivi e strategie
- 22.3.4 Le operations
- 22.3.5 Il budget

22.4 L'esecuzione del piano

Conclusioni

Abstract

La pianificazione è il processo attraverso il quale l'impresa determina, fissa e formula le proprie intenzioni d'intervento sul mercato, in uno specifico arco spaziale e temporale di riferimento. Nell'ambito di tale processo manageriale, riveste particolare importanza il piano di marketing, il documento che formalizza le analisi e le conseguenti decisioni di marketing che i marketer assumono come valide per un determinato prodotto-mercato in un certo periodo di tempo, per conseguire gli obiettivi prefissati.

Il capitolo si apre con una breve riflessione sull'approccio alla pianificazione, per comprendere la distinzione tra piano strategico e operativo. Si scende poi nel dettaglio della struttura del piano di marketing, al fine di evidenziarne le principali sezioni: la parte analitica, la definizione degli obiettivi e delle strategie, le operation e il budget.

Introduzione

Le decisioni d'impresa, sia di ordine strategico sia operativo, possono essere assunte seguendo un metodo empirico o un approccio manageriale. Come si è detto in altre parti del manuale (▸ Capitolo 4), infatti, l'imprenditore o il manager può decidere di volta in volta in base alle condizioni di contesto, secondo la sua esperienza personale; in alternativa, può procedere pianificando ex ante gli obiettivi, le decisioni strategiche e operative necessarie per conseguirli in un dato prodotto-mercato e in un certo orizzonte temporale. Si segue, in questo secondo caso, l'approccio manageriale, che pone al centro l'attività di pianificazione (di medio-lungo termine) e di programmazione (di breve termine).

Questo approccio più strutturato alle decisioni d'impresa si rende oggi necessario per il mantenimento della competitività in mercati caratterizzati da rilevanti cambiamenti: la pianificazione, infatti, contrariamente a quanto si possa immaginare, non si pone l'obiettivo di vincolare l'attività imprenditoriale in schemi rigidi e immutabili. È, invece, un processo che consente ai decisori di capire in profondità l'ambiente di riferimento, foriero di opportunità e di minacce, e di analizzare le risorse/competenze aziendali di cui dispone l'impresa per poter affrontare al meglio le turbolenze di mercato. Infatti, solo dopo aver approfondito le peculiarità dell'ambiente esterno e interno, l'impresa potrà definire gli obiettivi, le condotte strategiche, gli aspetti operativi, il timing delle attività e, infine, individuare le risorse – finanziarie e umane – necessarie per il conseguimento degli obiettivi prefissati.

Il processo di pianificazione trova formalizzazione nel piano di marketing, il documento che fissa e sintetizza le analisi e le conseguenti decisioni di marketing per un determinato arco temporale/spaziale.

Pur introducendo nelle pagine che seguono una distinzione tra le diverse tipologie di piano (strategico, operativo e tattico), un dettaglio maggiore sarà dedicato alla disamina del piano strategico, che rappresenta la vera impalcatura dell'azione di mercato dell'impresa market-oriented. In tal modo, si metterà in luce il ruolo fondamentale del piano di marketing quale strumento di allineamento, di condivisione e di negoziazione tra le diverse funzioni aziendali (in primis la produzione, ma anche le risorse umane, la R&S, la finanza), coinvolte a vario titolo dalle decisioni che i marketing manager ritengono di dover assumere per conseguire le traiettorie di sviluppo di mercato auspicate.

22.1 La logica del piano

Per pianificazione s'intende qui il processo attraverso il quale l'impresa *determina*, *fissa* e *formula* le proprie intenzioni d'intervento sul mercato, in un definito arco spaziale e temporale di riferimento.

Comitato

Struttura organizzativa deputata alla determinazione del piano e alla sua redazione. Solitamente è composto dal top management e dalle varie aree funzionali dell'organizzazione.

- *Determina*: il piano discende da un'analisi tecnica e dal confronto interno fra le persone dell'organizzazione sulle conclusioni dell'analisi e i possibili scenari che esse disegnano. La determinazione dei contenuti del piano scaturisce da questa dialettica interna, che mette a confronto le diverse anime dell'impresa (p.e. produzione, marketing, commerciale, finanza).
- *Fissa*: il piano è un documento formalizzato, che riporta in forma scritta le determinazioni assunte dal comitato. Ciò mette in luce la natura "comunicativa"

del piano, ovvero il fatto che la sua circolazione (parziale o integrale) all'interno dell'impresa consente d'informare tutti sulle intenzioni di mercato per il futuro.

- *Formula*: il piano si struttura su diversi livelli di specificazione, ciascuno dei quali, in una logica "a imbuto", parte dai principi generali e finisce alle espressioni quantitative delle decisioni assunte.

Con il piano, dunque, l'impresa individua un set di obiettivi di mercato da raggiungere e le azioni necessarie per conseguirli, utilizzando le risorse disponibili e individuando, laddove necessario, le modalità per reperirne altre. Giova sottolineare che il piano si struttura in seguito alla chiara definizione dei confini spaziali (p.e. mercato cinese delle grandi città di secondo livello) e temporali (p.e. 2014-2018) di riferimento.

In quanto chiaro riflesso delle possibili linee strategiche, come abbiamo visto nel ▸ Capitolo 8, l'attività di pianificazione può declinarsi a tre livelli:

1. a livello *corporate*, se si guarda all'impresa nel suo insieme e si perviene alla definizione delle varie aree di business nelle quali competere (Unilever, ad esempio, ha dismesso la proprietà di Findus nell'ambito di una determinazione strategica di questo tipo);
2. a livello di *business*, se il piano concerne la definizione delle leve competitive da utilizzare in uno specifico spazio di mercato predeterminato (Barilla, ad esempio, ha deciso di focalizzare nuovamente il business sui primi piatti, stressando la leva della comunicazione);
3. a livello *operativo/tattico*, se prevede il dettaglio degli aspetti più operativi necessari per l'esecuzione della strategia di business (Ferrero, ad esempio, sperimenta nuovi gusti per Grand Soleil testando l'impatto delle diverse varianti sul gradimento dei consumatori).

A prescindere dalla natura dell'attività di pianificazione, deve essere ovviamente garantita a tutti i livelli la coerenza interna, così come l'integrazione tra obiettivi e decisioni. Sul punto torneremo tra breve.

Nell'ambito della più generale pianificazione di business – della quale non possiamo occuparci in questa sede – il piano di marketing assume una particolare rilevanza, tanto maggiore quanto più spiccato è l'orientamento al mercato dell'impresa.

Per capire meglio questo concetto, è utile ripercorrere l'evoluzione dei sistemi di pianificazione che può riscontrarsi all'interno dell'impresa (figura 22.1). Le fasi che possono essere individuate sono essenzialmente cinque.

1. *Assenza di pianificazione*: è la situazione tipica delle imprese di nuova costituzione o di piccole dimensioni, nelle quali l'attenzione è più sulla quotidianità piuttosto che sulla programmazione delle attività a medio-lungo termine. Come accennato sopra, siamo nell'ambito dell'empirismo, situazione in cui l'orientamento e la personalità dell'imprenditore influenzano notevolmente la rotta seguita dall'impresa.
2. *Budget finanziario*: quando si supera la fase di start-up e si aumenta il volume di attività, l'imprenditore, anche quello più "empirico", si rende presto conto della necessità di dare sistematicità e formalizzazione almeno al reperimento e all'u-

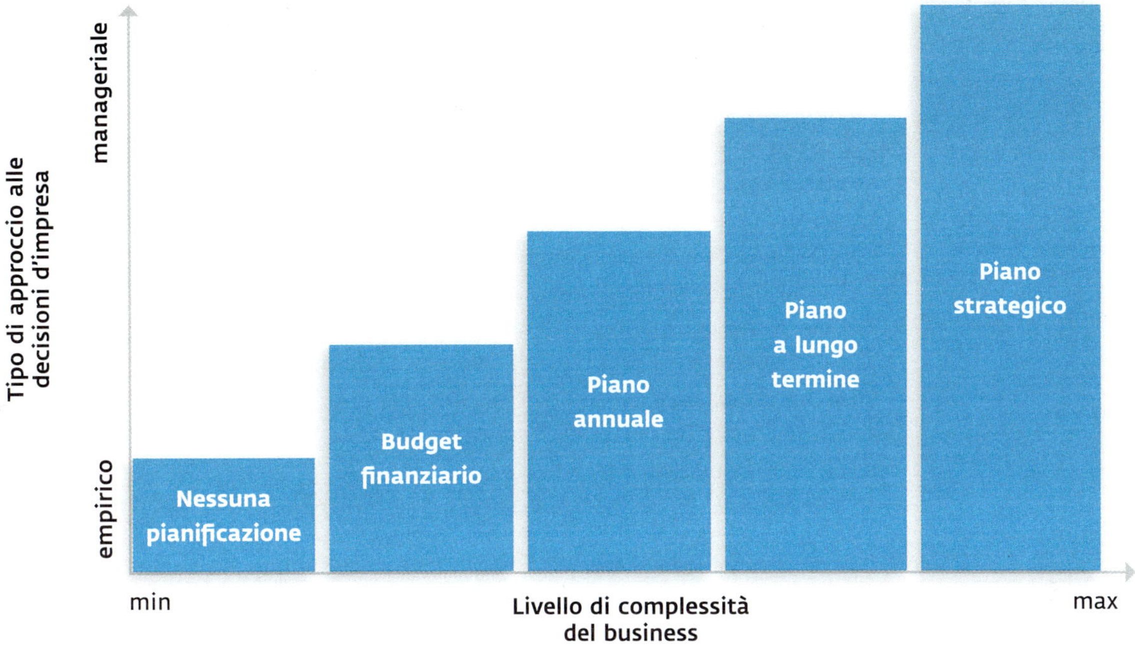

Fonte: nostra elaborazione da Troilo, 2005

Figura 22.1
Tipologie di piano.

tilizzo delle risorse finanziarie. È questo uno dei motivi per cui l'acquisizione di esperti di finanza in azienda precede solitamente l'introduzione di figure di marketing.

3. *Piano annuale*: la crescente complessità del business rende necessario formalizzare le attività da compiere nell'anno e si dà vita a un documento di sintesi che termina col *budget*, documento tecnico-contabile che individua le voci di costo e di ricavo che discendono dallo svolgimento delle operazioni pianificate.
4. *Piano a lungo termine*: dai dati della pianificazione annuale possono essere tratte informazioni utili per gli anni successivi, in una prospettiva che spazia dai tre ai cinque anni. Si passa così alla pianificazione delle attività a medio-lungo termine, con l'individuazione delle decisioni d'investimento in capacità produttiva, in ricerca e sviluppo, nel personale ecc. Il piano annuale e quello a lungo termine sono tipicamente "figli" dell'orientamento alle vendite (▸ Capitolo 2), in cui sta al centro delle attività l'individuazione della domanda potenziale: le azioni individuate nei piani partono infatti dalla definizione delle vendite future, senza considerare in modo adeguato tutte le componenti del sistema di scambio.
5. *Piano strategico*: l'ultima fase evolutiva della pianificazione prende le mosse dall'analisi del sistema di scambio per valutare l'attrattività del mercato e la competitività dell'impresa nell'area prodotto-mercato in cui si trova a operare. A seguito dell'individuazione delle opportunità e delle minacce dell'ambiente di riferimento e delle forze e delle debolezze dell'impresa, il management potrà avere consapevolezza degli obiettivi e delle migliori condotte da adottare per conseguirli. È col piano strategico che prende concretezza l'orientamento al marketing.

22.2 Il piano di marketing

Il *piano di marketing* è un documento che formalizza le analisi (interne e esterne all'impresa) e le conseguenti decisioni di marketing che i marketer considerano valide per un determinato arco temporale e spaziale. Premesso che non esiste una struttura rigida e universalistica del piano, in quanto ogni impresa tende a definirlo in maniera più o meno articolata in ragione della propria cultura e attitudine gestionale, può nondimeno individuarsi una sua composizione-tipo, che comprende:

1. l'analisi dello scenario e di mercato, con l'individuazione delle opportunità e delle minacce derivanti dall'ambiente esterno;
2. l'analisi dei punti di forza e di debolezza dell'impresa;
3. la determinazione degli obiettivi di marketing;
4. l'individuazione delle linee strategiche;
5. la definizione dei programmi operativi;
6. la redazione del budget previsionale.

Business strategy
Strategie competitive il cui fine è massimizzare il valore dell'impresa attraverso l'implementazione di piani di successo per i vari mercati di riferimento.

Corporate strategy
Strategie che concernono la massimizzazione di lungo termine del valore dell'impresa, attraverso la selezione e la governance delle aree di business nelle quali essa si articola.

Non sfuggirà che la declinazione del documento sopra definita rispecchia la struttura concettuale del processo strategico descritta nei ▸ Capitoli 8 e 10, né potrebbe essere altrimenti, dato che il piano di marketing serve, ribadiamo, a formalizzare le analisi lì condotte e le decisioni lì assunte.
La pianificazione delle attività può assumere oggetti differenti: può contenere infatti le direttrici strategiche di business dell'impresa intera (piano di marketing di Lavazza), oppure può riguardare una linea di prodotti (piano di rilancio della linea "ready-to-eat"), una specifica product offering (piano di riposizionamento del Piaggio MP3), uno specifico brand (piano di riorganizzazione del portafoglio brand di Mediaset), e il relativo dettaglio delle attività operative. Tutti questi casi citati concernono, evidentemente, il livello business della strategia e perciò qui il piano di marketing diventa uno strumento di successiva implementazione delle strategie di marketing individuate a livello corporate, e deve integrarsi con i piani strategici di ordine superiore, mantenendo un elevato grado di coerenza tra i diversi piani decisionali.

Da quanto detto sopra, emerge l'esistenza di differenti tipologie di piano, che possono essere individuate in base a quattro differenti dimensioni (figura 22.2):

1. l'orizzonte temporale di riferimento;
2. il livello decisionale;
3. l'ampiezza del campo decisionale (e dunque il coinvolgimento delle risorse aziendali);
4. l'impatto sulle altre funzioni.

Quando il piano di marketing formalizza decisioni di medio-lungo termine, assunte al massimo livello direzionale, e coinvolge consistenti risorse aziendali, allora esso assume la valenza di *piano strategico*. Tale piano avrà un impatto rilevante anche sulle altre funzioni aziendali, rispetto alle quali fungerà da guida e da orientamento. In particolare, le aree che sono maggiormente investite dalle scelte del marketing in questa fattispecie sono le seguenti.

- *Ricerca e sviluppo*: il marketing trasferisce all'interno dell'azienda gli *insight* della domanda e le analisi della concorrenza per poi richiedere lo sviluppo di nuovi product concept – totalmente nuovi o varianti di esistenti – che possano rispondere alle esigenze dei consumatori. Il reparto R&S dal canto suo dovrà lavorare per rispondere a tali stimoli elaborando proposte e prototipi.

- *Produzione*: interfaccia principale del marketing (▶ Capitolo 12), la funzione è interessata dal piano – a portafoglio prodotti invariato – soprattutto in quanto è chiamata a generare i volumi necessari alle previste iniziative di stimolo della domanda. Fondamentale, infatti, è la capacità di assicurare, senza aggravi significativi in termini di costo medio, i volumi nei tempi richiesti.
- *Risorse umane*: il piano di marketing può prevedere l'implementazione di attività speciali per le quali diventi necessaria la presenza di personale con specializzazioni ad hoc, o da formare adeguatamente.
- *Finanza*: le previsioni e le spese di marketing vengono comunicate alla direzione finanza, che solitamente fissa vincoli agli investimenti da poter pianificare in un certo orizzonte temporale e comunque legge le azioni in termini di impieghi che richiedono l'attivazione di determinate fonti di reperimento fondi. Di solito, la finanza assume una visione più ampia del solo business oggetto del piano, inserendone le conseguenze in un più ampio quadro finanziario.

Figura 22.2

Differenti tipologie di piano di marketing.

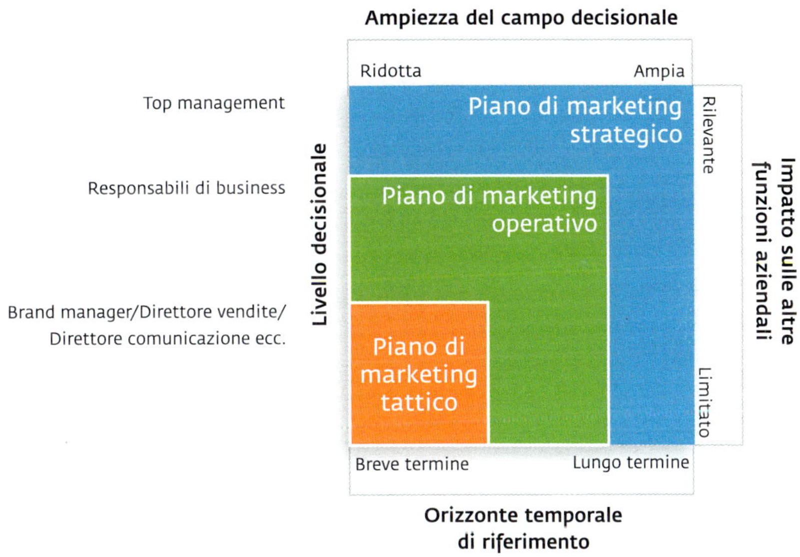

Il piano di marketing richiede la collaborazione delle diverse anime tecniche dell'area marketing e commerciale: partecipano, infatti, alla redazione di questo importante documento anche i responsabili delle ricerche, della comunicazione, del commerciale/vendite, fornendo informazioni utilissime per l'analisi e l'assunzione delle decisioni. In quest'ottica, il piano di marketing rappresenta un importante strumento di soluzione delle seguenti questioni.

- *Riflessione per il management*: il piano richiede una pausa di riflessione dalle contingenze della quotidianità e dalle emergenze di breve termine, per pensare a direttrici di sviluppo dell'impresa nel medio-lungo periodo.
- *Negoziazione*: l'assunzione di decisioni di investimento deve avvenire nel rispetto dei vincoli stabiliti dal budget disponibile. Spesso all'interno dell'azienda si avvia un vero e proprio processo di "contrattazione" per aumentare il budget a disposizione di

alcune funzioni a scapito di altre. Il maggiore ammontare di fondi destinati a un'area deve essere naturalmente giustificato dall'importanza delle decisioni da assumere, che potrebbero avere ripercussioni positive anche sulle altre funzioni aziendali.

- *Motivazione e "responsabilizzazione"*: la fissazione di alcuni obiettivi sfidanti e realizzabili rappresenta uno stimolo al management a raggiungere i risultati nel modo più efficiente possibile, rispettando la tempistica delle attività disegnata in sede di pianificazione. Il direttore marketing, dunque, è responsabile della realizzazione del piano e risponde in prima persona degli eventuali scostamenti tra il pianificato e il conseguito.
- *Comunicazione e allineamento*: il piano di marketing è molto importante nella comunicazione interna, in quanto consente la condivisione della direzione da seguire ai vari livelli (dal top management al livello operativo) e guida l'intera impresa nella realizzazione dei risultati.

22.2.1 Il piano e il tempo

Come precedentemente accennato, il piano di marketing strategico riguarda decisioni di medio-lungo termine. In alcuni settori relativamente più "stabili" – si pensi al settore del mobile e dell'arredo, o all'alimentare – tale orizzonte temporale può arrivare a tre-cinque anni. In *industry* più dinamiche (p.e. quelle legate alla tecnologia, alla biologia, ai media ecc.) la pianificazione strategica di marketing può riguardare lassi temporali più brevi, tuttavia non inferiori all'anno.

Spesso il piano prevede una focalizzazione sulle attività da svolgere nel primo anno, alla quale fa seguito l'implementazione di più piani operativi/tattici. Questi ultimi, come illustrato nella precedente figura 22.2, si caratterizzano per avere un impatto decrescente sulle altre funzioni dell'impresa, un coinvolgimento di risorse medio-basso e prevedono decisioni che ricadono sotto la piena responsabilità di livelli organizzativi più bassi (p.e. il brand manager, il direttore commerciale, il direttore comunicazione ecc.).

Il piano operativo e quello tattico potranno prevedere attività che influenzino le componenti della product offering, senza andare a intaccare tuttavia il posizionamento competitivo acquisito dall'impresa e dal brand in un determinato prodotto-mercato.

Col passare del tempo, i piani "scorrono", adeguando i contenuti laddove le previsioni (dette anche *forecast*) si scontrino con i consuntivi (detti anche *actual*) e intervengano fatti nuovi e/o non previsti, che modifichino in qualche grado le determinazioni assunte al momento della redazione del piano (▸ Capitolo 4, sulle strategie emergenti e cessanti).

Osservando la figura 22.3, possiamo immaginare che nell'anno 2 si operi una rettifica alle previsioni disegnate nel piano strategico dell'anno 1, che tenga conto di quanto accaduto nel periodo in corso e dei risultati conseguiti rispetto ai pianificati. In tal modo, quanto realizzato può rappresentare una solida base di partenza per l'eventuale revisione dell'analisi dell'anno successivo, così da rendere continuamente allineati i piani a mutamenti piccoli o grandi delle condizioni dell'impresa e del contesto.

Figura 22.3

L'orizzonte temporale del piano di marketing.

Per meglio comprendere la distinzione tra le varie tipologie di piano si riportano nella tabella 22.1 alcuni esempi, prendendo spunto dai diversi oggetti di pianificazione. Si noti come ciascuna tipologia di piano si riferisca a una dimensione temporale differente, in ragione della maggiore complessità delle analisi da condurre e delle decisioni da assumere.

Tabella 22.1

Il piano di marketing strategico, operativo e tattico: alcuni esempi.

Piano strategico	– Piano per l'impresa nel suo complesso (piano strategico di Biscotti Gentilini) – Piano che coinvolge una particolare divisione dell'impresa (piano strategico per la divisione autoveicoli industriali Fiat) – Piano di lancio di un nuovo prodotto in un mercato già presidiato (lancio dell'auto elettrica Fiat in Italia) – Piano di lancio in un nuovo mercato di un prodotto già esistente nel portafoglio dell'impresa (lancio di Fiat 500 in Nordamerica) – Piano di lancio di una nuova linea di prodotti (lancio dei sughi pronti Barilla)
Piano operativo	– Piano commerciale per la vendita di Fiat 500 in Nord America – Piano di comunicazione per il lancio dei sughi pronti Barilla
Piano tattico	– Piano delle offerte commerciali per i concessionari nordamericani di Fiat 500 che sviluppano i maggiori volumi di venduto – Piano promozionale di coupon sconto per la prova del sugo pronto Barilla

22.2.2 Il piano e la coerenza

Uno dei principi fondamentali che deve ispirare la pianificazione di marketing è quello della *coerenza*, ovvero della sussistenza di un solido legame logico fra dimensioni differenti di pianificazione (figura 22.4). Tale coerenza può declinarsi a più livelli:

- tra strategie corporate e strategie di marketing;
- interna al piano tra obiettivi, strategie e operation;
- tra piani operativi (p.e. il piano di produzione, degli approvvigionamenti, del controllo e finanza).

Come ben intuibile, la coerenza è essenziale al buon funzionamento del piano come strumento di supporto alla gestione del mercato e, in definitiva, al buon esito della gestione stessa dell'impresa. Il piano, in quest'ambito, assolve un ruolo strumentale fondamentale, in quanto consente alle diverse aree dell'impresa e ai vari livelli decisionali su cui essa stratifica il proprio operato, di avere coscienza e chiara rappresentazione delle azioni in essere e in fieri, indipendentemente da quale sia l'area gestionale che le attiva.

Figura 22.4
Il processo di pianificazione.

Nelle pagine che seguono, porremo l'attenzione principalmente sul piano di marketing strategico, per indagarne la struttura e le criticità di redazione. La scelta è imputabile essenzialmente al fatto che si tratta della tipologia più complessa e articolata: il piano operativo e tattico rappresentano in questo senso documenti semplificati da un lato – per la numerosità di fasi da seguire nella loro stesura – e più dettagliati dall'altro – per la necessità di fornire informazioni specifiche su iniziative particolari.

22.3 La struttura del piano strategico

La forma tipica del piano strategico ricalca il ciclo delle attività di marketing management che, come visto nel ▸ Capitolo 2, prevede un momento analitico, uno strategico – i quali, integrati, si concretizzano nell'attività di pianificazione – e, infine, un momento operativo – che si declina nell'attività di programmazione. Nelle pagine successive, seguendo lo schema della figura 22.4, andremo a spiegare brevemente i contenuti delle varie parti del piano, con l'avvertenza che si tratta di indicazioni generali e di prospettiva universale, ma che, da azienda ad azienda, possono trovare applicazioni differenti.

22.3.1 La mission

Il piano di marketing strategico è strettamente legato all'attività di pianificazione corporate, dalla quale prende le mosse per la definizione e l'implementazione delle strategie di business in un dato prodotto-mercato. Non sorprende allora

Mission

La mission sintetizza chi è l'impresa, i valori che ispirano la sua attività, l'area di business nella quale vuole operare, gli obiettivi generali ed economici che intende perseguire.

ritrovare nel documento un richiamo alla mission aziendale, vero faro nel guidare l'attività dell'impresa, in quanto sintesi di almeno quattro aspetti fondamentali:

1. la storia e la cultura dell'impresa;
2. la definizione della/e area/e di business (mercato/i di riferimento);
3. gli obiettivi prioritari di alto livello che l'impresa si pone nello svolgimento della sua attività;
4. le strategie di base adottate (differenziazione o leadership di costo). A queste si aggiunge solitamente anche un richiamo ai valori, alla responsabilità sociale, agli stakeholder prioritari, alle strategie di base.

Esempio

"Perseguire l'eccellenza e la qualità dei prodotti attraverso la continua ricerca e l'innovazione in tutte le fasi del processo produttivo, in coerenza con la vocazione di essere interprete di un design consapevole della tradizione e dello stile italiani".

La mission di Poltrona Frau trova compimento anche nei sette valori individuati nel 2009 dal gruppo.

1. *Senso di responsabilità*: adoperarsi per mantenere le promesse e gli impegni presi e stimolare il senso di responsabilità dei singoli individui nel raggiungimento degli obiettivi prestabiliti.
2. *Leadership*: esprimere la leadership in ogni ruolo e missione, per soddisfare le esigenze e promuovere gli interessi degli stakeholder (azionisti, clienti, fornitori, istituzioni, ambiente), assicurare lo sviluppo dei collaboratori e il rispetto delle comunità di riferimento.
3. *Qualità e design*: focalizzarsi sulla qualità totale di materiali, prodotti e servizi, per assicurare i più alti canoni di bellezza, lusso e perfezione, simboli della migliore tradizione italiana.
4. *Attenzione alle persone*: creare un ambiente di lavoro piacevole e sereno, rispettare e motivare le persone fornendo opportunità di formazione e sviluppo.
5. *Integrità*: perseguire e mantenere elevati standard etici esprimendo apertamente e onestamente le proprie idee. Attenzione all'ambiente e alla sicurezza al fine di assicurare una crescita sostenibile.
6. *Teamwork*: collaborare con spirito di squadra, condividere sia le esperienze di successo sia gli errori commessi per migliorare continuamente e assicurare una comunicazione efficace a tutti i livelli.
7. *Cambiamento e innovazione*: mettere passione in quello che si fa, creando soluzioni sempre migliori e innovative, pronti ad affrontare nuove sfide e a promuovere il cambiamento.

Fonte: www.poltronafraugroup.com

22.3.2 La parte analitica

Audit
Attività di analisi/controllo delle principali variabili amientali esterne all'impresa (p.e. nell'analisi PEST) e interne (per valutare risorse e competenze distintive, forze e debolezze).

Una sezione rilevante del piano di marketing strategico è dedicata all'analisi dell'ambiente – generale e competitivo – dell'impresa e a prendere consapevolezza delle forze e delle debolezze dell'impresa stessa, in relazione ai competitor attuali e potenziali che popolano il mercato di riferimento. Come accennato in precedenza, infatti, la stesura del piano di marketing consente al management di prendere fiato dalla routine quotidiana, per osservare fenomeni più "alti", sui quali difficilmente si può concentrare l'attenzione.

Per poter vincere è dunque necessaria una profonda conoscenza dell'ambiente di riferimento (e in modo particolare di quello competitivo, dove si trovano gli avversari economici), oltre alla contestuale presa di consapevolezza dei punti di forza e di debolezza dell'impresa (audit esterno e interno).

Focus La strategia: mercato o guerra?

Spesso si è soliti comparare l'attività decisionale – soprattutto di matrice strategica – alla strategia di guerra, richiamando i principi del famoso saggio di Sun Tzu *L'arte della guerra*. Sono infatti molte le analogie rinvenibili tra le decisioni d'impresa e quelle da assumere in occasione di un conflitto, come si può dedurre dalle parole seguenti.

«E così, nelle operazioni militari: se conosci il nemico e conosci te stesso, nemmeno in cento battaglie ti troverai in pericolo.
Se non conosci il nemico ma conosci te stesso, le tue possibilità di vittoria sono pari a quelle di sconfitta.
Se non conosci né il nemico né te stesso, ogni battaglia significherà per te sconfitta certa».

Abbiamo già avuto modo di vedere nel ▸ Capitolo 4 come il concetto di ambiente sia stratificato essenzialmente su due livelli: (i) l'*ambiente esogeno rilevante* e (ii) l'*ambiente competitivo di riferimento*. Non ripeteremo perciò quanto lì indicato. In questa delicatissima fase di analisi, il sistema della conoscenza di marketing riveste una considerevole importanza, essendo lo strumento essenziale di individuazione, reperimento, costruzione e analisi dell'informazione di marketing. Collegandoci a quanto descritto in merito nel ▸ Capitolo 6, riportiamo nella tabella 22.2 le principali fonti che istituzionalmente producono dati secondari utili nell'analisi dell'ambiente esogeno rilevante e dell'ambiente competitivo di riferimento.

Tabella 22.2
Le fonti di dati secondari (internazionali, nazionali e locali): alcuni esempi.

	Istituzione	Esempi di ricerche/dati prodotti	A. esogeno rilevante	A. competitivo
Fonti internazionali	Organizzazione per la Cooperazione e lo Sviluppo Economico (OCSE)	Economic outlook Dati socio-demografici dei paesi membri	X	
	Organizzazione Mondiale del Commercio (WTO)	Statistiche sul commercio mondiale	X	
	Fondo Monetario Internazionale	World economic outlook	X	
	Eurostat	Statistiche generali e regionali Economia e finanza Popolazione e condizioni sociali Industria, commercio e servizi Agricoltura e pesca Commercio internazionale	X	

→

	Istituzione	Esempi di ricerche/dati prodotti	A. esogeno rilevante	A. competitivo
Fonti nazionali	Istat	Dati demografici (censuari e aggiornati) Dati macroeconomici Cultura in cifre Statistiche del commercio estero	X	
Fonti nazionali	Banca d'Italia	Statistiche monetarie e redditizie sui rapporti con l'estero Bilanci delle famiglie italiane	X	
Fonti nazionali	ICE - Agenzia per la promozione all'estero e l'internazionalizzazione delle imprese italiane	Dati sugli scambi di merci, sugli investimenti diretti esteri in Italia, dati macroeconomici e di settore	X	X
Fonti nazionali	Ministeri	Ministero delle Attività produttive – Osservatorio sul commercio: statistiche strutturali ed economiche sul commercio in sede fissa e ambulante		X
Fonti nazionali	Centro Studi Confindustria	Analisi e previsioni sull'economia italiana Studi di settore	X	X
Fonti nazionali	Associazioni di settore/ categoria	Utenti Pubblicità in Italia (UPA): investimenti pubblicitari in Italia Unione Rappresentanti Autoveicoli Esteri (UNRAE): immatricolazioni di vetture in Italia IAB Italia: andamento investimenti digital		X
Fonti locali	Regioni, Province e Comuni	Osservatorio sul commercio e pubblici esercizi	X	X
Fonti locali	Starnet Unioncamere/ Camere di commercio	Dati sull'economia e la demografia a livello provinciale	X	

Benchmarking

Processo strutturato di confronto dell'impresa con i principali competitor, al fine di individuare la posizione competitiva rispetto al concorrente con le prestazioni migliori (benchmark) e rispetto agli altri player operanti nel prodotto-mercato di riferimento.

Come abbiamo visto nel ▸ Capitolo 10, l'analisi dell'ambiente esterno è solitamente accostata a quella interna, nella quale si valutano le principali risorse e competenze aziendali, al fine di delineare la forza competitiva dell'impresa nel quadro di circostanze esterne descritto con l'analisi ambientale. L'audit interno, necessario per individuare i punti di forza e di debolezza dell'impresa, viene svolto in termini relativi, avviando un processo strutturato di benchmarking, così da delineare al meglio la posizione dell'impresa stessa rispetto ai principali competitor (figura 22.5). Il quadro che ne deriva è, dunque, la sintesi dell'analisi della concorrenza, avviata nella fase di audit esterno (ambiente competitivo di riferimento), e del processo di analisi interna.

Società di consulenza direzionale

Partner di conoscenza dell'impresa che supportano il management nell'attività di pianificazione strategica e nell'organizzazione per l'implementazione dei piani.

Non di rado la responsabilità di effettuare questa attività viene affidata a soggetti esterni all'impresa – tipicamente le società di consulenza direzionale – sulla base di una semplice, ma ragionevole, constatazione: il soggetto cui si chiede di cogliere le caratteristiche di forza e debolezza di una data impresa, in un determinato momento, è bene non sia una persona coinvolta direttamente, anche emotivamente, nell'organizzazione stessa. La sua "immersione" nell'impresa, le relazioni (gerarchiche, amicali, conflittuali ecc.) che intrattiene con i colleghi, gli interessi soggettivi che questi può avere verso l'orientarsi della strategia in una direzione piuttosto che in un'altra, sono tutte ragioni che danno valore all'opinione di chi preferisce affidare a enti indipendenti l'audit interno.

Figura 22.5

Benchmarking: una rappresentazione.

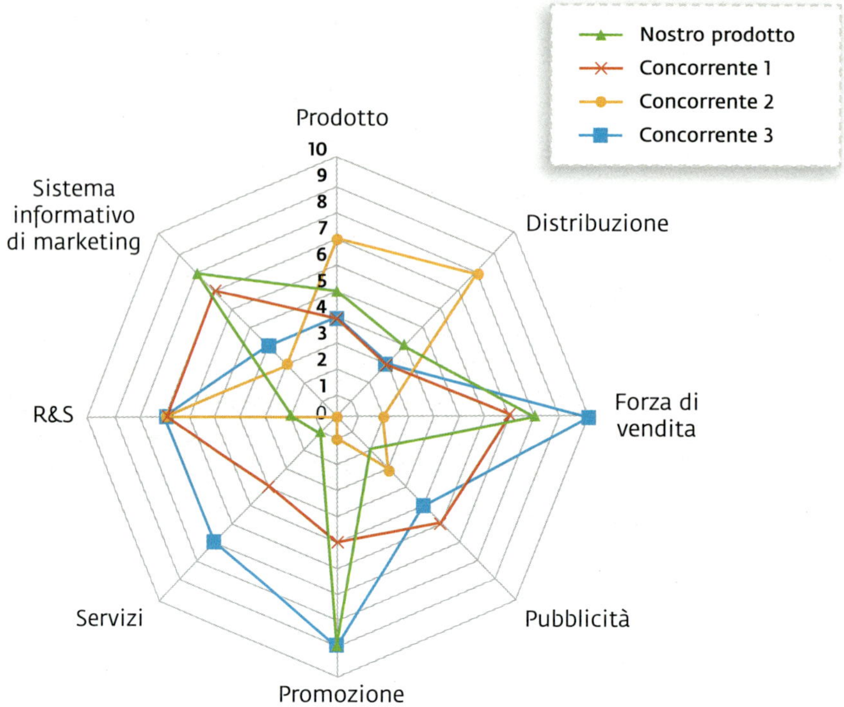

La prassi anglosassone – cui si deve una filosofia orientata alla semplificazione e alla praticità – ha immaginato un semplice ma efficace strumento concettuale, che riassume e pondera le risultanze dell'analisi esterna e interna in uno schema unico. Questo strumento, denominato "matrice SWOT" – già incontrata nel Capitolo 10 – rappresenta una sorta di "ponte logico" fra l'analisi e le determinazioni strategiche e operative individuate e descritte nelle sezioni successive del piano (figura 22.6).

Figura 22.6

Lo SWOT nel processo di pianificazione.

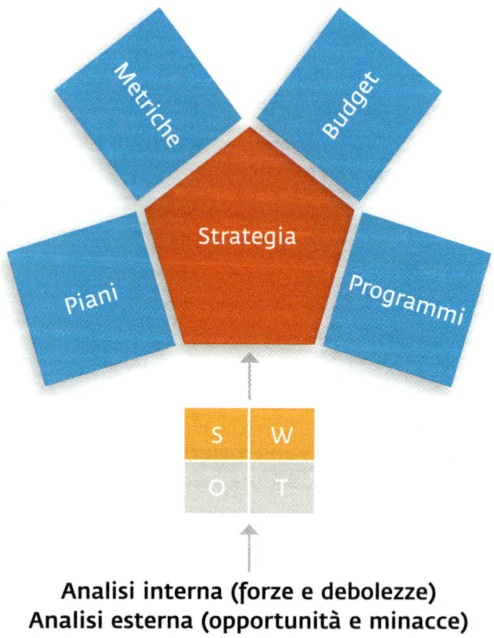

22.3.3 Obiettivi e strategie

Come visto nel ▶ Capitolo 2, l'essenza stessa della logica gestionale di management poggia sul fatto di fissare degli obiettivi da raggiungere, che siano razionali, realistici, misurabili e sfidanti. Richiamando quanto detto nel ▶ Capitolo 11, ribadiamo che tali obiettivi possono essere di mercato (p.e. l'awareness o la customer satisfaction), competitivi (p.e. la share of mind o la quota di mercato), economici (p.e. il fatturato o il margine di contribuzione).
Il piano contiene perciò gli obiettivi stabiliti nel processo strategico e identifica le responsabilità di esecuzione all'interno dell'organizzazione del sistema d'impresa, definendo inoltre i tempi e i momenti di controllo. Come evidenziato nel ▶ Capitolo 10, il piano descrive inoltre le strategie competitive di base adottate (leadership di costo, differenziazione, cost-effective differentiation, focalizzazione), la declinazione della value proposition (p.e. qualità, valore, innovazione, specializzazione, performance tecnica ecc.), il posizionamento ricercato, la strategia di business seguita (aggressiva, difensiva, dello sfidante, del follower, dello specialista ecc.).
La strategia di mercato decisa può essere formulata in una breve frase che ne fotografi e delinei i contenuti. *Strategic statement* è il nome di questa formulazione, utile a sintetizzare e ad aprire la strada alla proposizione delle azioni operative che il piano intende portare avanti.

Focus — Dagli obiettivi alla strategia

L'*obiettivo* dell'impresa di telefonia mobile che detiene il brand A è incrementare la quota di mercato del 10% nel segmento under 30 entro due anni.
La *strategia* da seguire sarà il riposizionamento del brand, in base ad attributi più *trendy* e di appeal per i giovani (figura a fianco). Al momento della pianificazione, infatti, l'unico elemento di attrattività dell'offerta verso il segmento under 30 è rappresentato dalla convenienza di prezzo rispetto ai competitor (dato emerso in fase di analisi e sintetizzato nella SWOT).
Per conseguire l'obiettivo, si ritiene utile procedere con alcune modifiche alla product offering (bundle di servizi voce e dati offerti, servizi aggiuntivi, tariffe ecc.) e con una strategia di comunicazione integrata focalizzata sul segmento target.

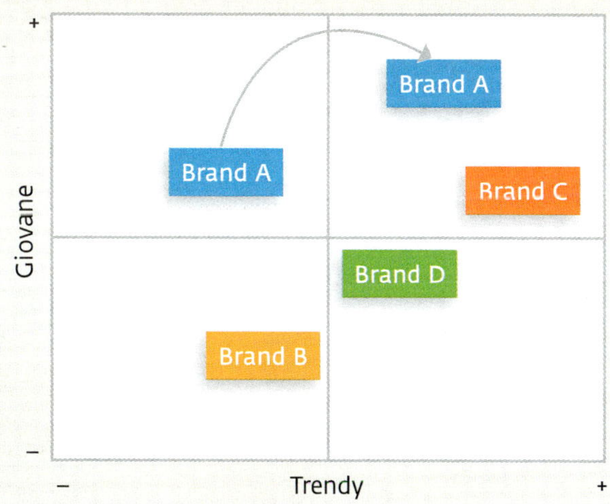

22.3.4 Le operations

Il piano conterrà una chiara espressione del legame fra l'idea strategica e il mix di azioni operative applicative. In questa fase, si declinano nel dettaglio tutte le attività che l'impresa ritiene di dover porre in essere, oltre alla tempistica di realizzazione. Come più volte ribadito, di fondamentale importanza è la coerenza tra obiettivi, strategie e operation, che devono essere tutti in linea con quanto emerso nella fase di analisi.

Focus Dalla strategia alle decisioni operative

Strategia: riposizionamento del brand, in base ad attributi più trendy e di appeal per i giovani.

Modifica di prodotto – dettaglio attività operative (alcuni esempi):

- personalizzazione delle tariffe in base al consumo (traffico dati/voce);
- abbinamento di servizi aggiuntivi che, in base all'attività di analisi, risultano essere di particolare appeal sul segmento giovani.

Comunicazione – dettaglio attività operative (alcuni esempi):

- creazione di una community di giovani under 30, promossa dall'impresa e nutrita attraverso i diversi social network più utilizzati dal target (fan page su Facebook, profilo su Instagram, canale YouTube ecc.);
- limitato utilizzo della pubblicità su media tradizionali (televisione e radio), per privilegiare mezzi più affini al target;
- pubblicità online (sui siti che nella fase di analisi risultano essere più frequentati dal target in esame);
- promozione "porta un amico" nella community (riduzioni di prezzo e bonus per chi suggerisce la community ad altri consumatori potenziali in target);
- partnership con le più grandi università italiane (distribuzione materiale pubblicitario, creazione di offerte particolari per gli studenti);
- giochi e concorsi, ad esempio con il lancio nelle principali piazze italiane (nella stagione invernale – winter edition) e nelle spiagge italiane (summer edition) di un concorso a premi destinato esclusivamente a giovani under 30;
- iniziative di guerrilla marketing come stickering, flash mob nelle principali stazioni ferroviarie italiane.

A seguito delle decisioni operative, si deve precisare il timing delle attività individuate, così da agevolare anche il controllo concomitante e successivo dell'implementazione del piano. A titolo di esempio si rappresenta nella figura 22.7 il dettaglio temporale delle attività di comunicazione e dei mezzi utilizzati per il conseguimento degli obiettivi e la realizzazione delle strategie indicate nei due focus precedenti.

Figura 22.7
Timing delle attività di comunicazione.

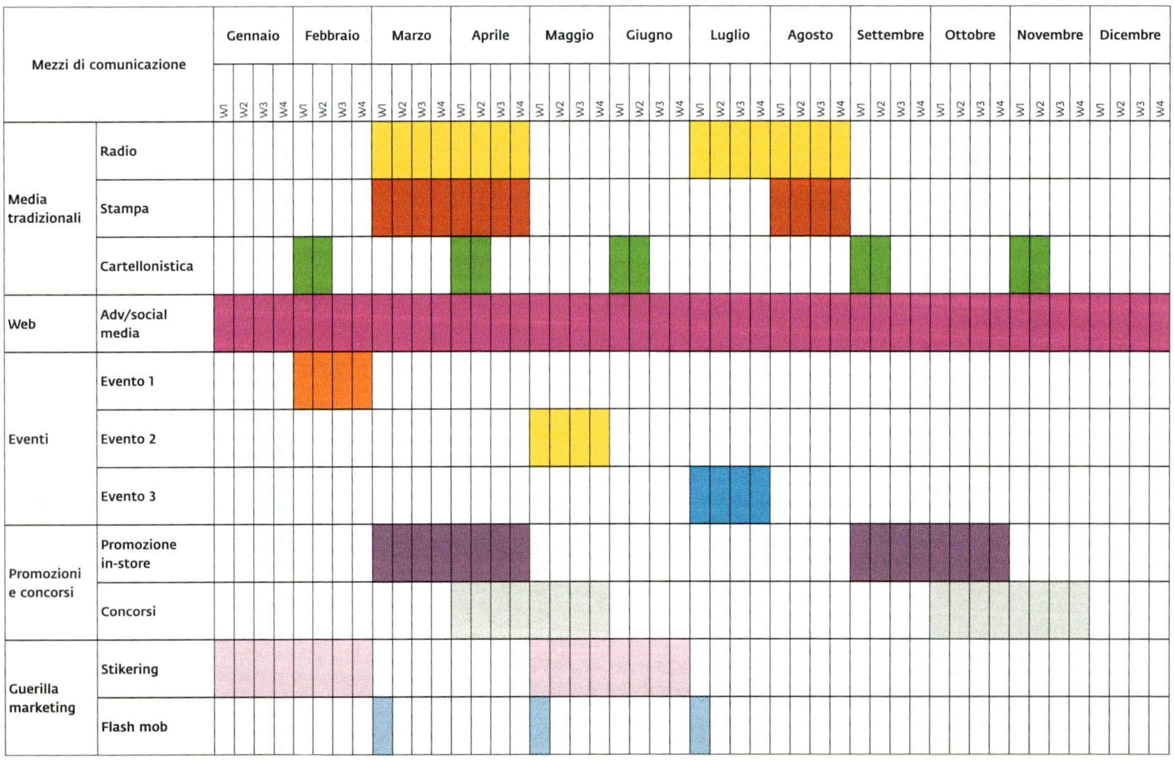

22.3.5 Il budget

Il budget è uno strumento tecnico della massima rilevanza, in quanto consente di esprimere secondo il linguaggio naturale dell'impresa, ovvero quello dei numeri economici (costi e ricavi), le scelte operate nel piano. In altri termini, il piano di marketing si esprime attraverso parole: le analisi interne ed esterne, ancorché possano essere suffragate anche da dati, disegnano a parole lo stato dell'arte; la strategia, ancorché si appoggi a obiettivi misurabili quantitativamente, si esprime attraverso uno *statement* che descrive a parole la scelta compiuta; le azioni operative sono esposte, magari con il supporto di immagini e anche qualche dato, pur sempre a parole. Si può dire che il budget traduce tutto ciò in numeri, seguendo uno schema formale, didascalico e temporale.

- *Formale*: il budget è una tabella costruita su righe e colonne (una sorta di foglio Excel, o similari).
- *Didascalico*: le righe accolgono le grandezze operative rilevanti per il piano (p.e. costi di trasporto, investimenti pubblicitari).
- *Temporale*: le colonne esprimono i valori assunti dalle grandezze sopraindicate nell'arco temporale entro il quale il piano prende esecuzione.

Partiamo da quest'ultimo aspetto: il tempo. Si è già visto che il piano di marketing può assumere differenti configurazioni a seconda del tempo che prende in considerazione: breve, medio e lungo. Il tempo è un'entità rilevantissima per qualsiasi attività di business, ma non è uguale per tutti. Ogni impresa può decidere di rappresentare le proprie azioni secondo uno schema temporale differente. Ad esempio, le filiali italiane di multinazionali straniere lavorano secondo un *fiscal year* che inizia il 1° luglio e termina il 30 giugno; quelle italiane con un *fiscal year* coincidente con l'anno solare, e via dicendo. Il tempo-anno, poi, può essere suddiviso in diverse partizioni, scelta che l'impresa compie in ragione della propria struttura e processi organizzativi, degli usi e delle prassi del mercato di riferimento, della natura stagionale della domanda e così via. Richiamiamo le opzioni possibili nella tabella 22.3.

Questa operazione è particolarmente utile in quanto consente una maggiore accuratezza sia delle operazioni di programmazione delle azioni del piano, sia del loro controllo di efficacia.

Tabella 22.3

Partizione dell'anno nei budget.

Anno fiscale					
I Semestre			II Semestre		
I Quadrimestre		II Quadrimestre		III Quadrimestre	
I Trimestre		II Trimestre	III Trimestre		IV Trimestre

Altro ragionamento concerne le voci che popolano le righe del budget, quel contenuto, cioè, che abbiamo definito sopra "didascalico". Una rappresentazione classica del budget di marketing può essere quella indicata nella tabella 22.4. Non sfuggirà che le macrovoci in cui si articola la struttura corrispondono essenzialmente alle attività di diffusione del valore che abbiamo trattato nella ▸ Parte V del manuale.

Tabella 22.4

Partizione classica del budget di marketing.

	Voce di costo	Modi (alternativi) di esprimere le voci di costo (esempi)
a	Ricerche di marketing	*Classificazione in base alla tipologia*: – ad hoc – panel *Classificazione in base all'approccio metodologico*: – qualitative – quantitative *Classificazione in base al tema di ricerca:* – product test – customer satisfaction
b	Comunicazione di marketing	*Classificazione per macrotipologie*: – above the line – below the line *Classificazione per strumenti*: – pubblicità – promozioni – eventi *Classificazione in base ai destinatari della comunicazione*: – al trade – al consumatore
c	Trade	*Classificazione in base alla tipologia*: – promozioni – incentivi – contributi *Classificazione per attività*: – comunicazione – logistica – servizi
d	Forza vendita	*Classificazione in base al tipo di compenso*: – salari – benefit – commissioni *Classificazione in base alla tipologia di venditori*: – dipendenti – monomandato – plurimandato
e	Relazioni clienti (CRM)	*Classificazione per attività*: – acquisizione – fidelizzazione *Classificazione per tipologia di clienti*: – clienti classe A – clienti classe B
f	Spese vive	– viaggi – spedizioni

a + b + c + d + e + f = Totale marketing budget

Nel marketing management, si ricordi, non è in genere saggio indicare un solo modo, rigido, di fare le cose, la cosiddetta *one best way*. In generale, come già abbiamo avuto modo di segnalare, la risposta giusta a qualsiasi tema di mercato è: *dipende*. È possibile, allora, che la struttura del budget segua diverse linee di pensiero, differenti impostazioni logico-concettuali. Una possibilità è mettere al centro dell'attenzione l'obiettivo di conquistare e mantenere nel tempo la *scelta* del cliente (▸ Capitoli 9 e 21) e riclassificare le voci di spesa del budget secondo le variabili-risultato che si intendono ottenere. Abbiamo avuto più volte occasione di vedere come questa impostazione consenta di riconoscere in quattro variabili-risultato il mix degli investimenti in attività di marketing: (i) *awareness*, intesa come risposta cognitiva del consumatore agli stimoli di marketing; (ii) *accessibility*, intesa come copertura distributiva operativa, che pone lo shopper nelle condizioni effettive di acquistare la product offering; (iii) *appeal*, intesa quale interfaccia della motivazione-driver di acquisto; (iv) *affection*, intesa quale creazione di un legame emozionale e/o win-win di fedeltà alla marca, o all'impresa. Lo schema di budget risultante da questa impostazione è mostrato nella tabella 22.5. Una diversa formulazione possibile amplia lo spettro delle voci in considerazione e accoglie anche il modello di revenue dell'impresa, oltre che i costi di marketing, così da considerare, a livello del piano, anche l'impatto delle azioni previste sulla redditività del marketing e dell'impresa nel complesso. Questa considerazione è evidentemente fondamentale nelle logiche del management e perciò ogni buon piano di marketing non trascura mai di rappresentare anche i conti relativi all'impatto di sell in (se non addirittura di sell out) che con il piano si prevede di generare.

Revenue model

Modello di ricavo. Concerne l'insieme sinergico delle linee di attività che generano ricavi per l'impresa. L'impresa monobusiness avrà solo una fonte di ricavo, l'impresa diversificata ne avrà molte.

Tabella 22.5

Partizione del budget di marketing secondo le 4A.

	Voce di costo	Modi (alternativi) di esprimere le voci di costo (esempi)	
a	Awareness	– pubblicità – eventi – merchandising – vendita personale – ecosistema digitale – direct marketing	
b	Appeal	– attributi di prodotto – servizi – mobile app	*funzionale*
		– branding – punti vendita – mobile app	*emozionale*
		– promozioni – scontistica – direct marketing	*economico*
c	Accessibility	– trade marketing – sales management – contributi – e-commerce – direct marketing	
d	Affection	– strumenti – attività di load – promozioni continuità – direct marketing	

a + b + c + d = Totale marketing budget

Evidentemente l'adozione di questo schema non è alternativo, bensì complementare ai due precedenti, come mostrato nella formule successive e porta a verificare il contributo netto del piano alla redditività dell'impresa.

RICAVI LORDI – SCONTISTICA = RICAVI NETTI

RICAVI NETTI – COSTI DIRETTI DI PRODUZIONE = CONTRIBUZIONE LORDA

CONTRIBUZIONE LORDA – SPESE DI MARKETING* = CONTRIBUZIONE NETTA

* Secondo le voci di spesa riportate nella tabella 22.4 o nella tabella 22.5.

22.4 L'esecuzione del piano

Il piano di marketing non si esaurisce nella descrizione delle analisi condotte, nella formalizzazione della strategia e nell'esplicitazione, verbale e in forma di budget, delle azioni da intraprendere. Un buon piano deve anche chiaramente indicare i dettagli temporali di esecuzione della strategia. Una volta redatto il piano, ogni marketer è a conoscenza di che cosa occorra fare ed è quindi in grado di implementare il piano stesso, realizzando le attività operative necessarie.

Implementazione
La traduzione dei programmi in operazioni, così da realizzare gli intenti del piano.

L'implementazione segue le linee guida negoziate, decise e formalizzate nella fase di redazione, mantenendo inalterate le decisioni lì assunte. Ovviamente, come mostrato già nel ▶ Capitolo 2, dei cambiamenti rispetto alle condizioni previste in sede di redazione del piano sono sempre possibili: il lancio di prodotto di un concorrente, una crisi finanziaria internazionale, il fallimento di una catena di punti vendita cliente, l'acquisizione di un importante importatore su un mercato asiatico ecc. Si tratta,

Tabella 22.6
Tipologie di controllo di marketing.

Tipo	Responsabilità primaria	Scopo del controllo	Strumenti del controllo
Controllo del piano annuale	Alta direzione Manager intermedi	Verifica del raggiungimento dei risultati conseguiti	Analisi di: – vendite – quota di mercato – rapporto spese/vendite – flussi finanziari – mercato
Controllo della redditività	Marketing controller	Individuazione delle aree nelle quali l'impresa sta perdendo o conseguendo profitti	Redditività per: – prodotto – territorio – cliente – segmento – canale – dimensione ordini
Controllo dell'efficienza	Direzione di linea e del personale Marketing controller	Valutazione e miglioramento dell'efficienza e dell'impatto delle spese di marketing	Efficienza di: – forza vendita – pubblicità – promozione delle vendite – distribuzione
Controllo strategico	Alta direzione Marketing auditor	Valutazione della capacità di cogliere le migliori opportunità in termini di mercato, prodotto e canale	Valutazione di: – efficacia di marketing – eccellenza di marketing – responsabilità etica e sociale – marketing audit

Fonte: Kotler e Keller, 2007

evidentemente, di cambiamenti che possono essere tanto positivi quanto negativi, ma in ogni caso producono una variazione nel set di condizioni rispetto alle quali la strategia e le *operation* relative avevano senso competitivo. È ovvio che, essendo i mercati per loro natura molto dinamici, la possibilità che si verifichino mutamenti di scenario del genere indicato è elevata. La pratica manageriale, per fronteggiare adeguatamente questa situazione, ha sviluppato una prassi, detta del controllo (tabella 22.6) il cui fine precipuo è tenere sotto costante attenzione il quadro delle condizioni di esecuzione del piano e il grado di raggiungimento progressivo dei suoi obiettivi.

Controllo

Attività manageriale di verifica che fornisce il feedback informativo necessario a verificare il progresso dell'implementazione.

Case History — Il Premio Marketing per l'Università

Raccontare in poche righe un caso emblematico di redazione e di implementazione del piano di marketing strategico è cosa davvero non semplice, soprattutto perché l'eccessiva sintesi andrebbe a scapito della migliore rappresentazione delle diverse fasi e delle criticità di ciascuna di queste. Vale la pena, invece, a nostro avviso, presentare di seguito un'iniziativa molto interessante che consente agli studenti di tutte le università italiane di mettersi alla prova nella costruzione di un vero e proprio piano di marketing, mettendo in pratica i principi teorici dell'attività di pianificazione: il Premio Marketing (www.premiomarketing.com).

Nato nel 1988 su iniziativa di Philip Morris Italia col preciso obiettivo di sensibilizzare gli studenti universitari ad adottare un approccio al mercato nella soluzione di un caso aziendale, il Premio Marketing è stato successivamente "ereditato" – mantenendo costante la formula – dalla Società Italiana di Marketing (www.simktg.it), che ha proprio tra i suoi obiettivi istituzionali la diffusione della cultura di marketing management in Italia e la promozione di relazioni tra imprese e mondo accademico.

Nello specifico, il Premio Marketing è un concorso tra gli studenti universitari italiani, che prevede la realizzazione di un piano di marketing per "risolvere" un vero e proprio "caso", una problematica di mercato che di anno in anno viene proposta da un'impresa diversa. Se nei primi anni di vita del progetto la riflessione si concentrava su brand del portafoglio di Philip Morris (p.e. Milka, Sottilette, Philadelphia, Toblerone), a partire dal 2003 il ventaglio di imprese coinvolte si è allargato, coinvolgendo brand di settori completamente differenti (p.e. Vespa, Maserati, Tim e Wind, Indesit Company, Enel e Ina Assitalia), fino a prevedere anche la partecipazione di organizzazioni no profit, come WWF e Fondo per l'Ambiente Italiano (FAI).

Nel 2013, il Premio Marketing ha stimolato la riflessione sul caso "Sogni d'oro Star": l'impresa partner dell'iniziativa ha richiesto agli studenti di individuare delle opportunità di brand stretching, sia nei mercati attuali con prodotti già in portafoglio, sia promuovendo strategie di sviluppo di nuovi prodotti e nuovi mercati, sia, infine, strategie di diversificazione. Più nel dettaglio, l'obiettivo richiesto agli studenti da Sogni d'oro era un fatturato pari a 8 milioni di euro da conseguire al terzo anno, avendo a disposizione un budget pari a 3 milioni di euro per i tre anni. Come accade di consueto, l'azienda coinvolta nel progetto ha fornito molti dati interni utili per comprendere meglio il problema, la situazione di partenza e sviluppare al meglio sia la fase di analisi sia quella di definizione strategica e operativa.

La venticinquesima edizione del Premio ha visto la partecipazione di oltre 400 squadre, interessando oltre 1000 giovani universitari di tutta Italia.

Perché uno studente dovrebbe sottrarre tempo prezioso allo studio teorico per cimentarsi nella sfida del Premio Marketing? I motivi sono tanti e di diversa natura. Il Premio Marketing, infatti, è una bella occasione per "sporcarsi le mani" con casi reali, ragionando su numeri veri d'impresa; ci si può mettere alla prova per verificare l'effettiva comprensione e assimilazione dei concetti acquisiti in aula, oltre a poter fissare meglio le conoscenze attraverso l'applicazione pratica. Inoltre, il lavoro in team (suggerito per la partecipazione) è una buona *proxy* di quanto accade in azienda, dove la redazione del piano (ma, più in generale, l'assunzione di decisioni così come l'attività quotidiana) è il risultato di confronti continui tra colleghi.

→

La partecipazione al Premio e, naturalmente ancor di più, il conseguimento di una buona posizione in classifica, rappresentano un valore aggiunto spendibile nel curriculum vitae degli studenti, soprattutto nelle prime fasi di inserimento in azienda. Accettare la sfida del concorso, infatti, è indice della capacità di mettersi in gioco, di collaborare per il raggiungimento di un risultato, della volontà di mettere in pratica quanto appreso in teoria ragionando su casi reali, senza "limitarsi" allo studio teorico sui libri.
Anche i Premi possono rappresentare un incentivo consistente alla partecipazione. Borse di studio a copertura totale per la partecipazione a uno dei master in marketing patrocinati dalla Società Italiana di Marketing, oltre alla possibilità di poter svolgere periodi di stage nelle imprese partner, sono senz'altro un'ottima occasione per migliorare le competenze avviando così al meglio la carriera lavorativa in azienda.
Infine, un'ulteriore ricompensa, di natura non economica, può essere di stimolo agli studenti: veder realizzare le loro idee creative e le loro proposte sugli scaffali del supermercato o in una campagna di comunicazione.

Conclusioni

Il piano di marketing è il documento che formalizza l'intero piano strategico e, applicando gli schemi logico-analitici del management, conferisce a esso concretezza. Non tutte le imprese seguono la prassi di piani di marketing formalizzati, anche perché la realtà ci mostra che il marketing sta divenendo sempre più competenza e ruolo diffuso, piuttosto che know how e responsabilità rigidamente incapsulati entro confini organizzativi chiusi. Cionostante la redazione del piano è sempre un'ottima prassi, addirittura indispensabile laddove il business acquisisca dimensioni rilevanti e la cui gestione sfugga al controllo diretto dell'imprenditore o dei top manager.
Una seconda questione da tenere in considerazione è che il piano strategico disegna la cornice di riferimento dinamica entro le quale collocare e implementare le attività operative, assicurando in tal modo la sinergica sistematizzazione degli investimenti di marketing e, quindi, massimizzando la loro efficacia prospettica. Nel piano, in sostanza, la logica del management prende forma e conferisce valore alla gestione della competitività e del mercato dell'impresa.

23 Organizzazione di marketing

di **Fabiola Sfodera**

Indice del capitolo

Introduzione

23.1 La funzione Marketing nelle imprese
- 23.1.1 Definizione
- 23.1.2 Collocazione in organigramma

23.2 Caratteristiche della funzione Marketing
- 23.2.1 Tipiche configurazioni strutturali
- 23.2.2 Alcune criticità organizzative

23.3 I profili professionali della funzione Marketing
- 23.3.1 Le opportunità professionali
- 23.3.2 Profili nel marketing analitico
- 23.3.3 Profili nel marketing strategico
- 23.3.4 Profili nel marketing operativo
- 23.3.5 Profili emergenti

Conclusioni

Abstract

Il capitolo introduce alla dimensione organizzativa del marketing, con particolare riferimento alla sua collocazione nell'organigramma aziendale, secondo diversi modelli e criteri in base alle condizioni di contesto e di settore. Verranno analizzati i rapporti interfunzionali prestando attenzione a quali funzioni e organi il marketing risponde e con quali si relaziona. Spesso le attività di marketing, infatti, trovano collocazione in funzioni e contesti diversi nell'ambito dell'organigramma. L'analisi si riferirà anche ai rapporti tra coloro che si occupano di marketing all'interno dell'impresa e i referenti esterni. Infine, verranno considerati i nuovi scenari di collaborazione tra l'impresa e i suoi clienti (attuali e potenziali) che danno vita a strutture organizzative nuove. In conclusione si descriveranno i principali profili professionali che si riscontrano nell'ambito della funzione Marketing e delle aree collegate.

Probabilmente ciascuno di noi avrà udito molte volte affermazioni del genere: "mi occupo di marketing", oppure "lavoro nel marketing", intendendo con tale espressione l'occuparsi, indistintamente, di tutto ciò che ha a che fare con la comunicazione, la vendita, e quant'altro possa essere direttamente o indirettamente ricondotto al mercato. In realtà, "lavorare nel marketing" può significare molte cose differenti, come sarà ormai chiaro a questo punto della trattazione. Posizioni, compiti, collocazioni nelle gerarchie organizzative, responsabilità, sono tutti aspetti che ciascuna impresa declina a proprio piacimento, in ragione delle proprie specifiche condizioni di funzionamento. Capita così che la funzione Marketing in un'impresa faccia cose diverse dall'omologa in un'altra; che un direttore marketing sia subordinato al direttore commerciale in un'impresa, e il contrario in un'altra. In tanta varietà risiede la difficoltà di definire e collocare correttamente la funzione Marketing all'interno dell'impresa e le persone all'interno della funzione. La funzione Marketing, infatti, è identificabile come l'insieme di persone (e perciò di competenze) che si occupa e preoccupa della gestione del rapporto tra l'impresa (l'offerta) e i clienti (la domanda), con il fine di realizzare la soddisfazione degli stessi e, nel contempo, i suoi obiettivi di mercato e redditività. La natura dinamica e complessa del mercato dota la funzione di un elevato grado di eterogeneità di ruoli e adattabilità.
Il posto occupato all'interno dell'organigramma dalla funzione Marketing dipende da una serie di fattori, endogeni ed esogeni, che ne enfatizzano il ruolo di "funzione di confine" per eccellenza: la tipologia di mercato (▸ Capitolo 2), le dimensioni e la struttura interna dell'impresa (▸ Capitolo 4), il grado di orientamento al mercato (▸ Capitolo 2), lo spettro geografico di riferimento (▸ Capitolo 27). In virtù del ruolo strategico di coordinamento fra l'ambiente interno ed esterno, la funzione assume il compito di instaurare rapporti e relazioni di collaborazione con le altre funzioni aziendali e facilitare l'integrazione – Finanza, Produzione, Contabilità, R&S (▸ Capitolo 22) – nell'ottica condivisa di soddisfare il cliente.
Questo ruolo di raccordo e l'elevata sensibilità ai cambiamenti esterni e interni rendono la funzione Marketing sempre più destrutturata, fino ad assumere forme organizzative complesse e a contribuire alla diffusione della cultura di marketing all'interno dell'impresa. Tutto ciò porta anche all'emergere di nuove figure professionali nell'ambito delle attività di marketing, particolarmente collegate con i continui sviluppi dei mercati, di Internet e delle nuove tipologie di interazioni sociali che questo crea, allargando lo spettro dei compiti e delle prospettive dei responsabili di marketing.

Esistono imprese che esplorano modelli organizzativi complessi e che giungono addirittura a coinvolgere attivamente i clienti.

23.1 La funzione Marketing nelle imprese

Organigramma

Schema grafico che rappresenta la struttura dell'impresa e la ripartizione delle persone per competenze.

Funzione

L'insieme di attività svolte da un gruppo di persone all'interno dell'impresa, raggruppate in base al criterio dell'omogeneità delle competenze necessarie per svolgerle.

Se si osservano contemporaneamente gli organigrammi di imprese diverse, con molta probabilità si noterà che la funzione Marketing occupa in ciascuna di esse posizioni differenti. In effetti, difficilmente in imprese diverse sarà dato trovare due forme identiche date alla funzione Marketing. Questa mutabilità strutturale è dovuta a una serie di contingenze che caratterizzano la singola impresa: dalla tipologia di mercato nella quale opera alle sue dimensioni, dalla geografia del territorio competitivo alla sua storia aziendale, dalla cultura gestionale (▸ Capitolo 2), sino alla definizione assunta all'interno dell'organizzazione del concetto stesso di marketing. Da tutto ciò deriva una spiccata eterogeneità del modo in cui una struttura organizzativa si predispone a gestire le attività di mercato.
Tradizionalmente, gli operatori del marketing hanno svolto il ruolo di "intermediari" tra l'esterno e l'interno dell'impresa con il compito di comprendere i bisogni del cliente e trasmetterli alle altre aree dell'organizzazione, affinché queste, a loro volta, si occupassero di dare seguito a queste esigenze. Nei mercati di oggi, però, ogni area funzionale deve essere, in via di principio, in grado di interagire con i clienti. Ciò non vuol dire ovviamente che la funzione Marketing sia diventata "di troppo" per l'impresa: al contrario, proprio la crescente trasversalità delle problematiche di mercato fa assumere alla funzione un ruolo strategico, di coordinamento interfunzionale e con l'ambiente esterno. Infatti, come si vedrà meglio in seguito, l'orientamento al mercato di un'impresa coinvolge tutti i livelli e tutte le persone e non soltanto i responsabili di marketing. Questi ultimi svolgono, tuttavia, un ruolo chiave nella diffusione della cultura di orientamento al mercato.

23.1.1 Definizione

Una prima definizione della funzione Marketing la riconduce a una "funzione aziendale costituita dall'insieme di risorse e attività finalizzate alla gestione del rapporto tra offerta e domanda". La funzione Marketing s'identifica, all'interno dell'azienda, come una "funzione di confine", ovvero come l'unità organizzativa che: (i) cura l'interscambio di product offering e informazioni fra l'impresa e il suo (i suoi) mercato/i di riferimento; (ii) favorisce modalità di integrazione fra il sistema aziendale e l'ambiente esterno; (iii) guida le persone verso il raggiungimento degli obiettivi di mercato dell'impresa. La figura 23.1 riporta in sintesi le principali interazioni che fanno della funzione Marketing una funzione di confine così come sopra definito.

Le strutture che la funzione si dà per svolgere questo difficile compito sono estremamente mutevoli e multiformi, in relazione ai seguenti fattori.

- La *cultura* e l'*orientamento dell'impresa*: a fronte di un diverso grado di sviluppo e implementazione del marketing e degli orientamenti delle imprese (▸ Capitolo 2) corrisponde un diverso ruolo e una diversa rilevanza, anche in termini di risorse, della sua funzione.
- La *dimensione dell'impresa*: si fa riferimento al maggior grado di rilevanza e alla presenza articolata di attività di marketing analitico, strategico e opera-

tivo riconducibili a una funzione Marketing autonoma e interna o, piuttosto, facenti capo al singolo imprenditore con il supporto di attività in outsourcing (▸ Capitolo 3). Seppure non vi sia un riscontro scientifico certo, esiste una correlazione positiva tra la dimensione dell'impresa e la presenza al suo interno di una specifica funzione Marketing e di un'attività di marketing management.

- La propria natura di *funzione di confine*: diventa più o meno accentuata a seconda dell'approccio allo scambio, rispettivamente relazionale o transazionale, e dell'orientamento dell'impresa (rispettivamente al marketing, al cliente o alla vendita).

Figura 23.1

Funzione Marketing come funzione di confine.

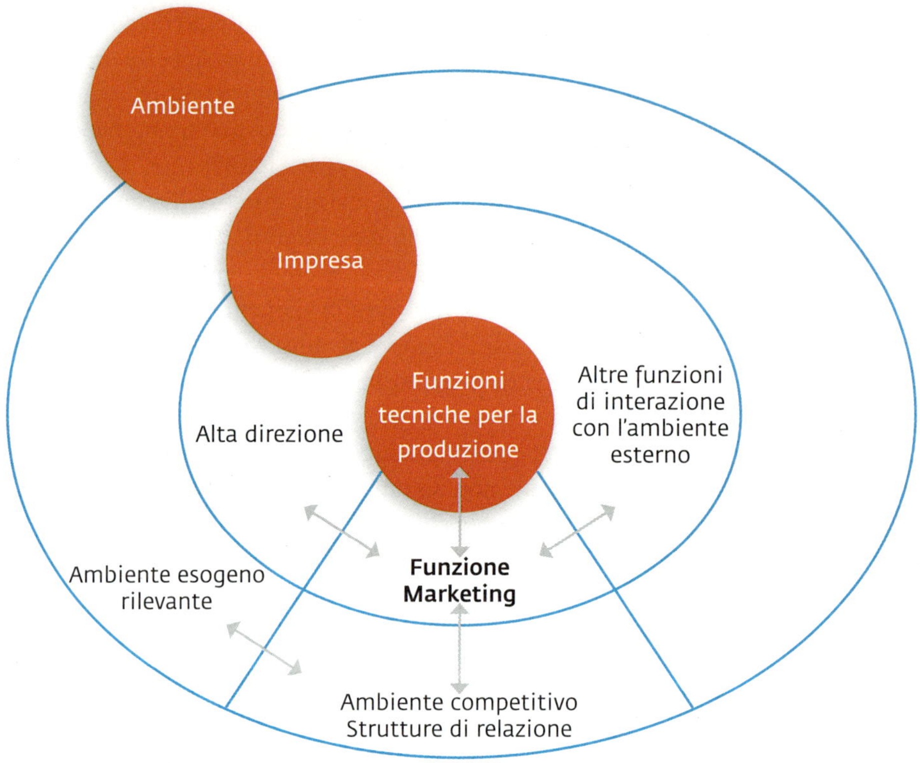

Fonte: nostra elaborazione da Cozzi e Ferrero, 2000.

Se la funzione marketing, quindi, svolge preliminarmente attività di collegamento e di interscambio tra l'azienda e il mercato, il suo ruolo, la sua configurazione e i suoi compiti si ampliano progressivamente in relazione all'evoluzione del contesto macroeconomico e all'orientamento dell'impresa.
La sintesi di tale evoluzione è riportata nella figura 23.2.

La funzione Marketing all'interno di un'impresa orientata al mercato (▸ Capitolo 3):

- è composta dalle persone che per attitudine, conoscenza e competenze sono in grado di gestire le relazioni con il mercato;
- si integra con altre funzioni secondo una logica di ruoli collegati tra loro da team cross-funzionali, in grado di far dialogare le diverse funzioni, e processi;
- si apre all'esterno a partner specialistici, in grado di fornire le competenze tecniche necessarie per l'implementazione delle strategie di marketing in diversi ambiti e in maniera più efficiente ed efficace che se tali attività venissero svolte internamente.

Team cross-funzionale

Gruppo di persone che, pur appartenendo a funzioni diverse, sono chiamate a svolgere uno specifico compito per il quale occorre mettere assieme competenze diverse.

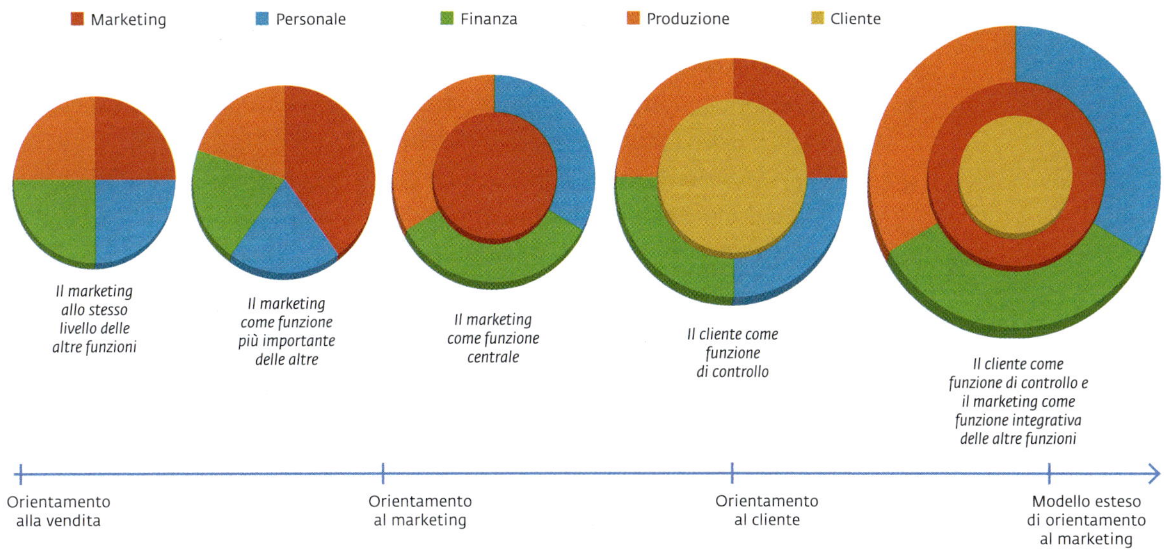

Fonte: nostra elaborazione da Kotler, 2003.

Figura 23.2
Evoluzione della funzione Marketing.

In altre parole, le attività di marketing non possono essere relegate solo a una funzione che segua un percorso autonomo, né a coloro che si occupano esclusivamente e principalmente di marketing, vendite e assistenza ai clienti. I momenti e i punti di contatto con i clienti e con il mercato sono quotidiani e riguardano sempre più un numero ampio di funzioni aziendali. Si potrebbe affermare, senza con ciò esagerare, che ogni dipendente dell'impresa deve essere orientato al mercato.

Esempio

Novigos è una società di consulenza, leader in Italia, che si propone di supportare imprese pubbliche e private nel miglioramento delle loro performance attraverso strategie che integrino tecnologia, processi e modelli organizzativo-gestionali innovativi. Novigos si è specializzata nell'analisi e gestione di progetti di outsourcing e offshoring e di facility management – la gestione integrata e coordinata di tutti i servizi non core di un organizzazione, al fine di aumentare la sua efficacia e renderla capace di adattarsi con rapidità e flessibilità ai cambiamenti del mercato e dell'ambiente – per la razionalizzazione dei processi legati al patrimonio immobiliare.
La società realizza un mutamento radicale con l'introduzione della funzione Marketing nel proprio organigramma, attuando così cambiamenti considerevoli nella sua struttura organizzativa, innovando il processo di comunicazione interno e con gli stakeholder e intraprendendo azioni mirate di marketing. Per la prima volta nella storia di Novigos, l'attenzione si focalizza sul cliente.
Le attività di Novigos sono indirizzate alla continua ricerca di una soluzione sempre più adatta alle esigenze del cliente, che consenta di potenziare le perfomance delle attività non core, integrando la riduzione dei costi, l'aumento degli standard qualitativi e il pieno rispetto delle condizioni ambientali. La funzione Marketing ha influito profondamente, portando a notevoli cambiamenti nell'organizzazione della società. Segmentare in modo adeguato il mercato in funzione degli obiettivi, posizionarsi in modo chiaro rispetto ai competitor, elaborare nuove strategie atte a individuare nuovi clienti e aumentare la propria brand awareness, potenziare gli investimenti per il customer relationship management per allargare la propria rete relazionale, sono i passi che Novigos ha iniziato a muovere senza barcollare e con successo.

In termini descrittivi è possibile ricondurre alla funzione Marketing una serie di compiti e attività specifiche:

- *ricerca e analisi*, con individuazione di dati e informazioni essenziali sui clienti, il mercato, i relativi segmenti, la concorrenza ecc.;
- *scelta e pianificazione*, cioè redazione di un piano di marketing in base alle caratteristiche del mercato e dell'impresa;
- *ideazione e realizzazione* della product offering;
- *organizzazione dell'attuazione del programma*, con il coordinamento di tutte le fasi, dall'ideazione alla vendita di un prodotto;
- *controllo* dell'esecuzione del programma.

23.1.2 Collocazione in organigramma

L'evoluzione del marketing come concetto si può riscontrare, innanzitutto, nell'ampliamento delle attività di riferimento e nella posizione che la funzione occupa all'interno dell'organigramma aziendale. Una corretta analisi dell'evoluzione della funzione Marketing negli organigrammi delle imprese, muove dal tracciare i contenuti di responsabilità di volta in volta affidatele. Si possono così individuare sei stadi morfologici, caratterizzanti la funzione Marketing.

1. *Servizio commerciale*: le attività di marketing sono meramente esecutive (▸ Capitolo 2) e concentrate soprattutto sulle attività di distribuzione e vendita dei prodotti. Nell'organigramma aziendale, la funzione Marketing s'identifica completamente nella funzione commerciale, con un ruolo marginale rispetto alle altre (figura 23.3).

Figura 23.3

Il servizio commerciale.

2. *Dipartimento commerciale con funzioni di marketing*: diventa necessario aggiungere o ampliare altri compiti, propri della funzione Marketing, per conoscere le esigenze dei clienti. La struttura organizzativa si articola in una direzione commerciale che coordina sia lo staff *marketing* che *vendite* (figura 23.4).

Figura 23.4

Il dipartimento commerciale.

3. *Direzione marketing*: la continua crescita dell'azienda implica ulteriori investimenti in attività complesse, come il marketing analitico, la pubblicità sistematica o la strutturazione di un serio servizio clienti. È a questo punto che le funzioni Vendite e Marketing diventano due dipartimenti separati (figura 23.5).

Figura 23.5

La direzione marketing.

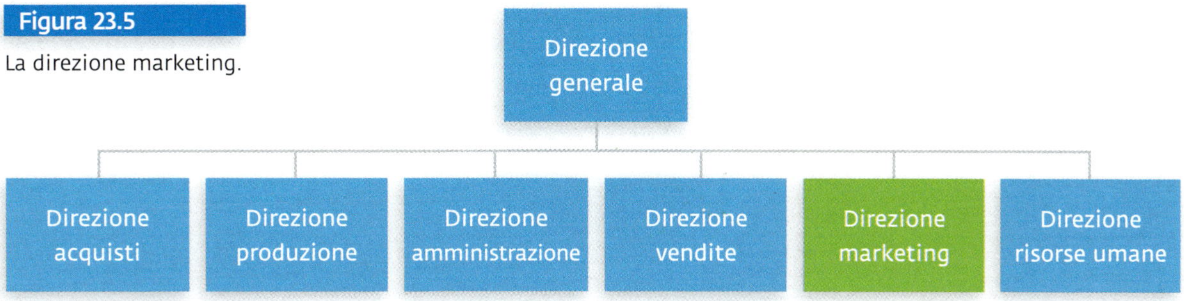

4. *Moderna direzione marketing*: la funzione Marketing acquista nuovi ruoli e compiti all'interno dell'azienda, al fine di assicurare la sintonizzazione tra offerta e domanda. Si elabora il concetto di marketing mix e si sviluppano modelli interpretativi dei comportamenti di consumo. S'inizia a riconoscere la centralità del consumatore e della sua soddisfazione come obiettivo esteso a tutta l'azienda. Necessariamente, la struttura organizzativa aziendale deve adeguarsi ai cambiamenti, garantendo il raccordo interfunzionale e il dialogo, in un rapporto collaborativo, tra la funzione Marketing e il settore vendite (figura 23.6).

Figura 23.6

La moderna direzione marketing.

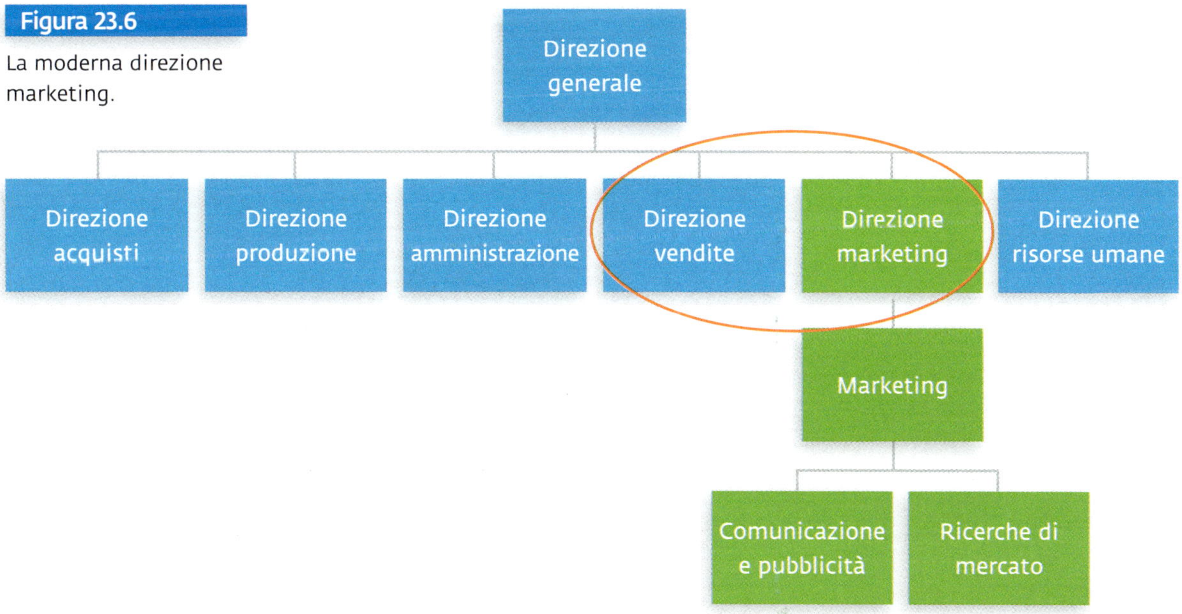

5. *Impresa orientata al marketing*: le imprese ridefiniscono le proprie relazioni di mercato con i clienti e i fornitori (marketing strategico) secondo modelli organizzativi più flessibili e interagenti tra loro. Le attività di marketing si diffondono all'interno dell'impresa e nei diversi settori di attività (produzione logistica, acquisti, distribuzione ecc.), seguendo l'intero ciclo di vita del prodotto, dall'ideazione alle vendite. La funzione Marketing svolge, quindi, un ruolo di raccordo

interfunzionale, diventando di supporto alle altre funzioni dell'impresa nell'orientamento al cliente. La sua posizione nell'organigramma aziendale varia a seconda del tipo di organizzazione. In una organizzazione mista la funzione Marketing diviene una funzione di staff a supporto della Direzione generale, come esemplificato nella figura 23.7, mentre in una organizzazione a rete la funzione Marketing assume il ruolo di nucleo del sistema organizzativo e dell'interazione tra e con le altre funzioni aziendali, come esemplificato nella figura 23.8.

Figura 23.7

La funzione Marketing nell'impresa orientata al marketing.

Figura 23.8

La funzione Marketing a rete nell'impresa orientata al marketing.

Matrice organizzativa

Una matrice è una forma organizzativa complessa che mette assieme, in logica di collaborazione e interfunzionalità, persone di diversi ambiti funzionali.

6. *Processo di marketing*: la funzione Marketing si dissolve verso forme organizzative cross-funzionali o matriciali, trasformando le sue competenze e conoscenze in un processo trasversale che interessa i diversi e numerosi momenti di contatto tra l'attività d'impresa e l'intero ambiente circostante (clienti, distribu-

Figura 23.9

L'organizzazione a matrice delle imprese orientate al marketing.

tori, stakeholder ecc.). I processi di marketing sono processi attraverso i quali si perviene alla comprensione del valore per il cliente, allo sviluppo di tale valore e alla sua trasmissione. In pratica, la filosofia di marketing deve permeare tutta la struttura organizzativa dell'impresa (figura 23.9).

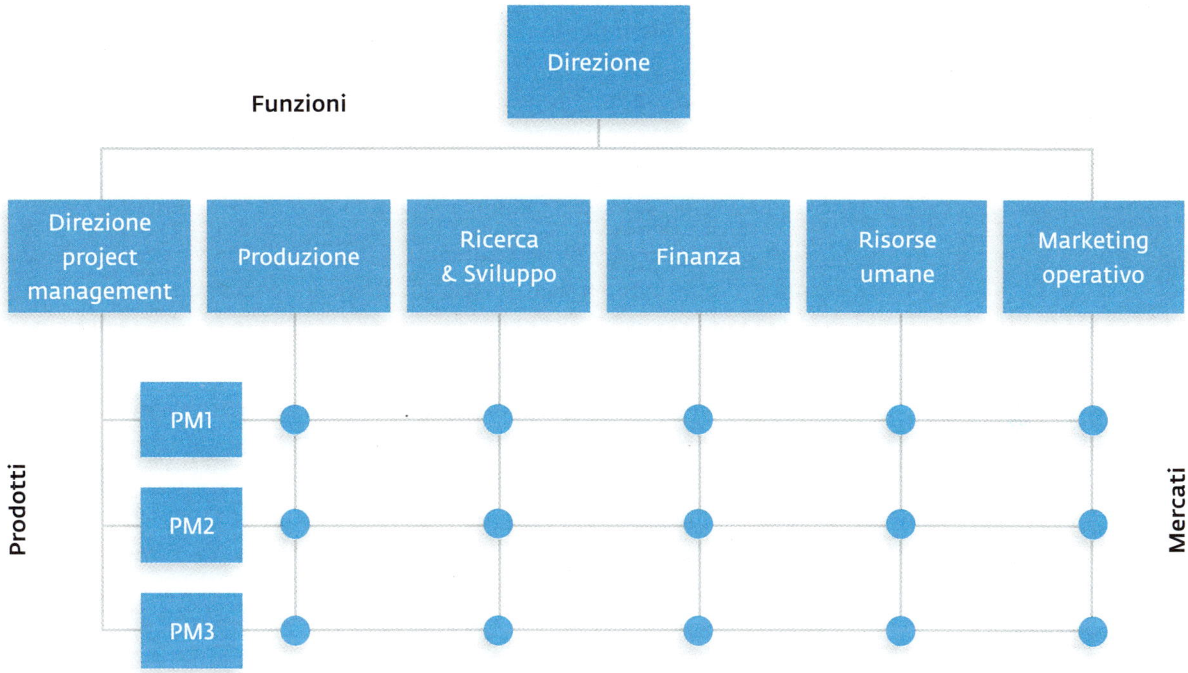

Bisogna, però, specificare che qualsiasi impresa può trovarsi in una qualunque delle fasi sopra esposte, senza che segua un effettivo processo di evoluzione verso la successiva. I cambiamenti organizzativi avvengono in modo lento e incontrano spesso numerose resistenze, tant'è che in uno stesso momento possono coesistere più modelli diversi.

23.2 Caratteristiche della funzione Marketing

Marketing accountability

L'espressione fa riferimento alla quantificazione economica e finanziaria delle azioni di marketing, così da rendere comprensibili e misurabili per il management i risultati raggiunti. Processo noto anche come: "metriche di marketing", "misurazione delle performance di marketing", "marketing ROI" ecc.

Un'analisi esaustiva della funzione Marketing può essere realizzata partendo dai suoi contenuti. È utile, a tale proposito, individuare e definire i fattori chiave che la caratterizzano e che ne determinano l'imprescindibilità all'interno delle imprese orientate al mercato.

1. La *valutazione degli impatti delle scelte strategiche e delle azioni di marketing*: ovvero la capacità della funzione Marketing di misurare l'impatto quali-quantitativo, espresso anche in termini economici, delle scelte strategiche e delle azioni poste in essere. In particolar modo attraverso le metriche di marketing (▶ Capitolo 11) si rende possibile misurare gli impatti di lungo periodo degli investimenti specifici. È stato riscontrato, infatti, che quando c'è un elevato livello di accountability della funzione Marketing la performance aziendale è maggiore. La disponibilità

Dashboard

Letteralmente "cruscotto", strumento di controllo che consente di monitorare contemporaneamente più indicatori.

di un dashboard (o cruscotto) di marketing agevola e consente un'immediata e efficace valutazione degli effetti delle azioni poste in essere.

2. L'*innovativeness* (*capacità innovativa*) e la *creatività*: intendendo con ciò il contributo dato dal dipartimento marketing all'introduzione di nuovi prodotti o servizi. Una funzione Marketing con un ruolo rilevante all'interno dell'impresa può dare un'importante spinta all'innovazione. Ciò vale, a maggior ragione, nel XXI secolo, in cui l'innovazione di prodotto è sempre più espressione di processi di co-creazione tra l'impresa e la domanda. Nella letteratura, infatti, si è cominciato a parlare di *customer department* piuttosto che di *funzione Marketing*, sottolineando così il fatto che alcune imprese piuttosto che gestire le attività di marketing secondo i prodotti, lo fanno rispetto ai segmenti.
3. La *customer connection/orientation* (*relazione/orientamento con il cliente*): la capacità di tradurre i bisogni dei consumatori in soluzioni concrete e di dimostrare alle altre funzioni aziendali l'importanza cruciale che ha la soddisfazione delle esigenze e dei desideri dei consumatori.
4. L'*integrazione/cooperazione*: ovvero forme di interazione cross-funzionale tra il marketing e le altre funzioni aziendali. Tali interazioni sono andate sviluppandosi e assumendo maggior rilievo man mano che il marketing si è evoluto e oggi sono condizione indispensabile per creare, realizzare e diffondere valore per il cliente. È evidente che, come si vedrà meglio in seguito, ciò comporta delle implicazioni sia in termini di influenza del marketing all'interno dell'impresa (che aumenta dal punto di vista del permeare le scelte strategiche e operative), sia del ruolo della funzione Marketing (che, invece, appare meno influente se intesa come un'entità separata e autonoma).

Co-creazione

Attività di ideazione di nuovi prodotti che si basa sulla partecipazione, nel procedimento creativo e di sviluppo, dei clienti e dei potenziali utilizzatori.

Focus Dalla funzione Marketing al customer department?

La cultura cliente-centrica propria delle imprese orientate al cliente pone in evidenza la necessità di una revisione delle attività e della posizione della funzione Marketing. La product offering diviene la risultante dell'interazione tra l'impresa, o meglio le sue funzioni, e la domanda. Le relazioni che si attivano sono relazioni indirizzate, stimolate e valorizzate dall'impresa con l'intento di renderle non solo durature, ma anche profittevoli. In tale ottica anche la tradizionale funzione Marketing deve essere riconfigurata sotto forma di funzione Clienti (customer department), attribuendo così alla creazione delle relazioni con i clienti un ruolo propulsore nella definizione della product offering. I product manager e le funzioni focalizzate sulla domanda fanno capo, così, al responsabile dell'ufficio clienti del Chief Customer Office (CMO) e supportano le strategie dei manager di mercato. La figura di seguito riportata evidenzia la struttura del customer department.

La figura 23.10 riporta sinteticamente i principali aspetti ed elementi chiave che qualificano e definiscono l'influenza della funzione Marketing all'interno dell'impresa, a partire dalle competenze e dai fattori chiave che definiscono la funzione Marketing. In sintesi si può affermare che, tendenzialmente, un orientamento al cliente e l'utilizzo di strumenti che aumentino l'*accountability* degli investimenti di marketing contribuisce in modo significativo a:

- migliorare l'influenza percepita del marketing all'interno dell'impresa;
- incrementare il peso relativo del marketing nel processo di sviluppo di nuovi prodotti;
- aumentare l'influenza del marketing nelle decisioni strategiche;
- migliorare la performance (percepita) dell'impresa.

Figura 23.10

L'influenza della funzione Marketing nell'impresa.

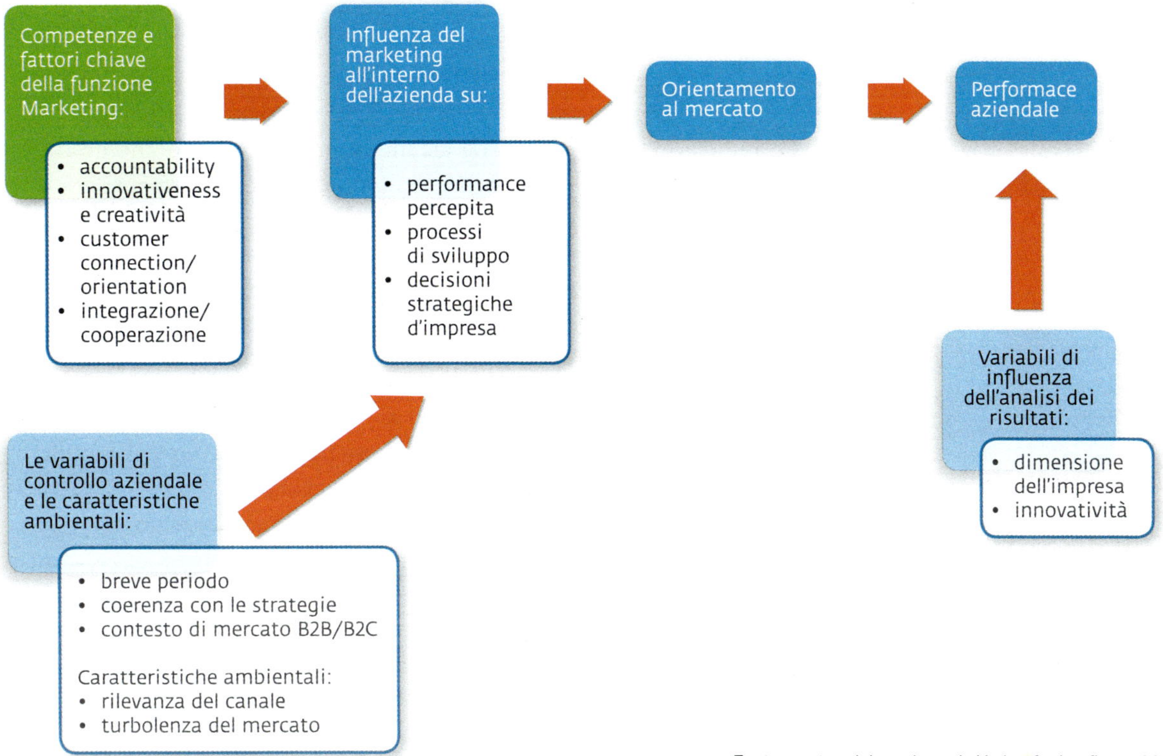

Fonte: nostra elaborazione da Verhoef e Leeflang, 2009

23.2.1 Tipiche configurazioni strutturali

Come osservato a inizio capitolo, ciascuna impresa ha una sua particolare e unica organizzazione e connotazione della funzione Marketing. Non esiste, quindi, un modello di riferimento universale, ma è possibile individuare alcune modalità ricorrenti di organizzazione interna che di seguito analizzeremo.

- *Organizzazione funzionale*: è la formula organizzativa più ordinaria e si sviluppa secondo: la direzione generale, le diverse direzioni funzionali e le unità operative. La figura del direttore marketing è posta a capo di una serie di specialisti funzionali, quali il responsabile vendite, ricerche di marketing, nuovi prodotti, servizio clienti, pianificazione di marketing, marketing diretto, a seconda delle prerogative dell'impresa. Il vantaggio maggiore di un'organizzazione di questo tipo è senz'altro la semplicità a livello amministrativo, unito alla specializzazione delle mansioni che garantisce efficienza. Essa presenta, di converso, difficoltà a livello di coordinamento fra i vari gruppi funzionali in competizione tra loro per l'allocazione delle risorse finanziarie, la tendenza a un'eccessiva burocratizzazione e verticalizzazione (figura 23.11).

Figura 23.11

L'organizzazione funzionale.

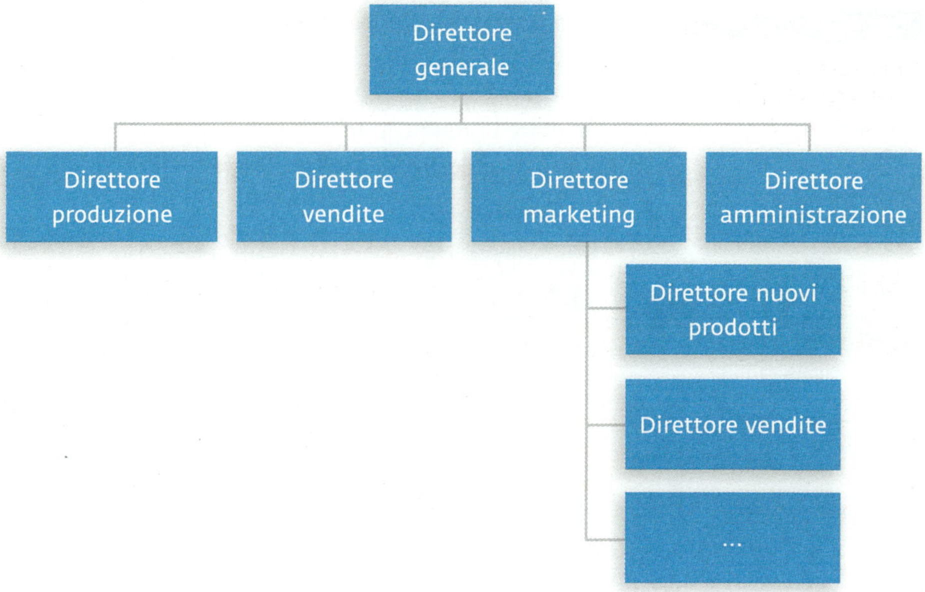

- *Organizzazione geografica*: riguarda le imprese che operano su scala nazionale e multinazionale, che, per praticità gestionale, si organizzano per aree geografiche. Così, ad esempio, il direttore vendite farà da supervisore ai quattro responsabili regionali, che a loro volta lo saranno per sei capi zona. Questa struttura a imbuto rovesciato permette di cogliere le differenze territoriali e, di conseguenza, offre la possibilità di sviluppare programmi di marketing differenti per le diverse aree territoriali, secondo l'approccio Glocal del "Think globally, act locally" (figura 23.12).

Glocal

Esprime la coesistenza di un approccio strategico globale con un'operatività adattata localmente.

Figura 23.12

L'organizzazione geografica.

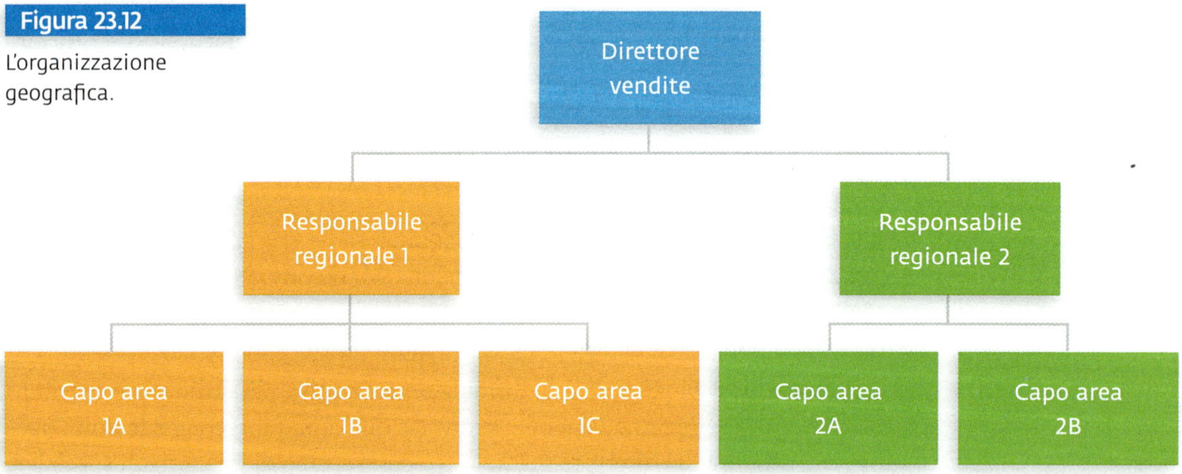

- *Organizzazione per prodotti o per marche*: costituisce un ulteriore livello della struttura funzionale. Generalmente, prevede la presenza di un responsabile di un gruppo di prodotti che dirige i responsabili di categoria, i quali supervisionano i manager di singoli prodotti o brand. A volte, questa struttura assume una forma a raggiera (Hub and Spoke) in cui il responsabile di una marca o di un prodotto fa da centro ed è collegato alle varie funzioni da raggi, che rappresentano le relazioni operative fra le funzioni (figura 23.13a-b).

Hub and Spoke

Forma macro-organizzativa che richiama la ruota di bicicletta, con il perno centrale (hub) dal quale si diramano i raggi (spoke).

Figura 23.13a-b

L'organizzazione per marche (a) e prodotti (Hub and Spoke) (b).

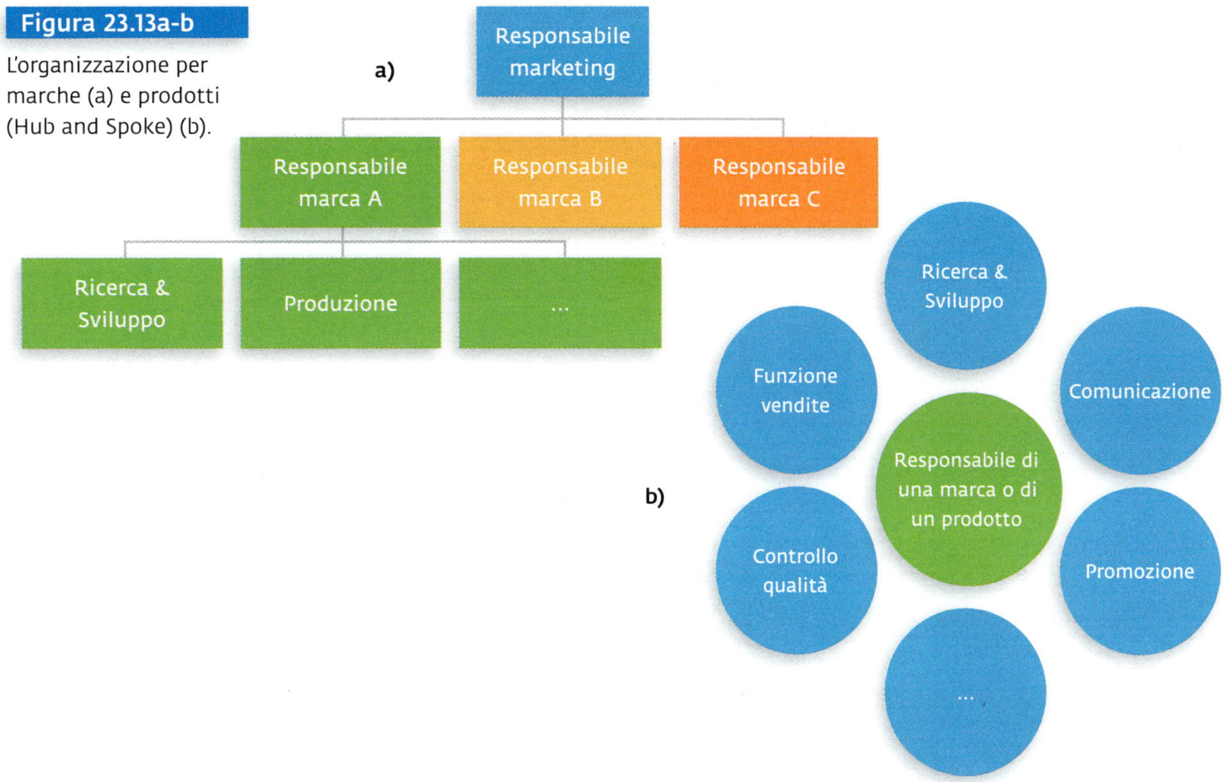

- *Organizzazione per categorie*: questa forma organizzativa individua i responsabili di categorie di prodotti, ai quali fanno riferimento i responsabili di singole tipologie di prodotti. Essa possiede un buon grado di flessibilità e adattamento, oltre a favorire il coordinamento orizzontale. Inoltre, in questo modo anche le marche minori dell'impresa hanno un responsabile che si occupa di promuoverle. Per contro, vi sono anche diversi svantaggi, quali: eccessiva focalizzazione sul prodotto (i responsabili di prodotto e di marca possono diventare esperti nella propria area di prodotto, ma non sviluppano competenze rispetto alle altre funzioni); elevati costi; ottica di breve periodo (i responsabili di marca tendono a non rivestire a lungo tale ruolo) (figura 23.14).

Figura 23.14

L'organizzazione per prodotti e marche (gestione per categorie).

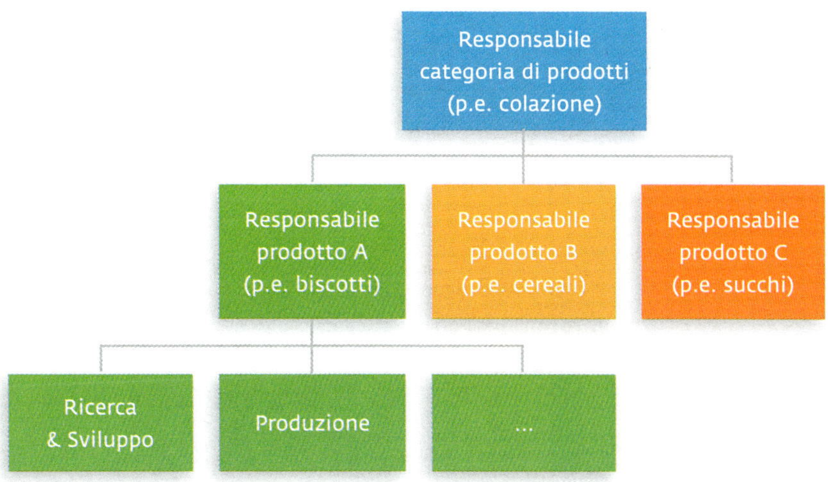

- *Organizzazione per mercati*: è la forma più adatta quando i clienti si distinguono per differenti preferenze e pratiche di acquisto. Ha il vantaggio di rispondere efficacemente ai bisogni della clientela, godendo di un forte orientamento al mercato, anche se questo sistema presenta elevati costi organizzativi (figura 23.15).

Figura 23.15

L'organizzazione per mercati.

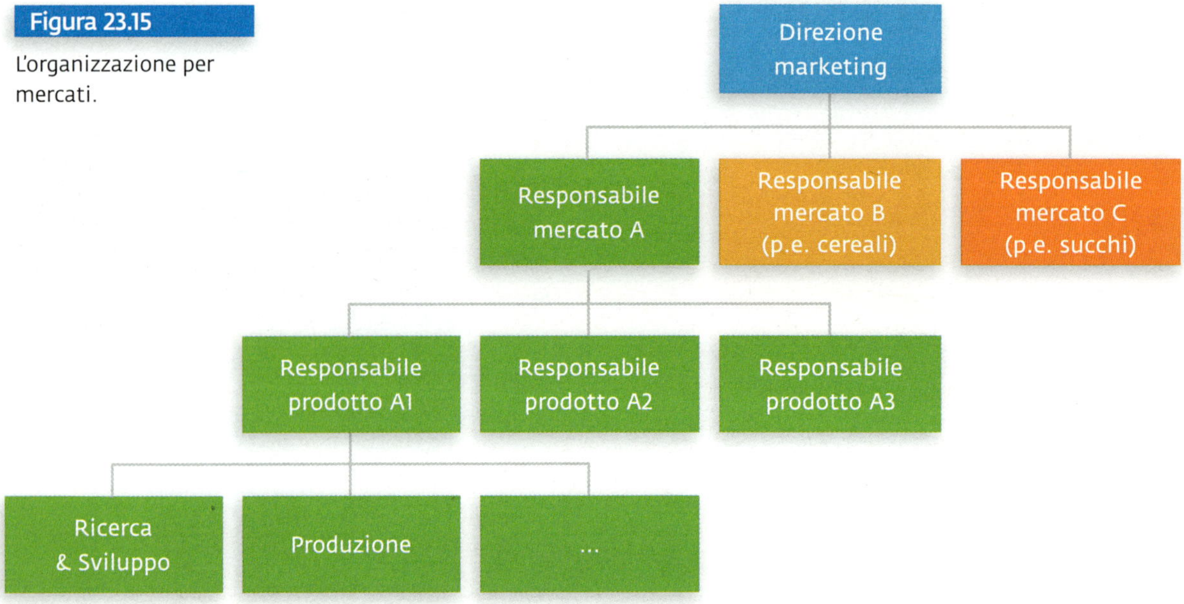

- *Organizzazione a matrice*: prevede sia responsabili di prodotto sia responsabili di mercati e ben si adatta alle imprese che si occupano di molti prodotti e operano su molti mercati. È un'organizzazione che ha dei notevoli costi e spesso presenta problemi di conflittualità per l'attribuzione delle responsabilità relative alle attività di marketing. La struttura a matrice dell'organizzazione interna della funzione Marketing è la stessa dell'organizzazione a matrice dell'impresa (figura 23.10). Tale assetto si configura come un'organizzazione interfunzionale a rete che consente all'impresa la gestione di più tipologie di business, utilizzando strutture multiple, dinamiche e di volta in volta configurabili (figura 23.17).

23.2.2 Alcune criticità organizzative

Negli ultimi anni è emerso all'attenzione degli studiosi e dei top manager che la funzione Marketing, così come costruita negli anni Ottanta, presenta alcune criticità emergenti, tali da imporne una revisione, o perlomeno un suo attento ripensamento. Si tratta delle seguenti questioni.

- Le *problematiche* di marketing non sono percepite né affrontate adeguatamente dal top management. Come si è evidenziato precedentemente, l'implementazione dell'orientamento al marketing di un'impresa richiede la revisione e l'adeguamento dei processi e delle relazioni interne alle funzioni; attività tutt'altro che spontanea e immediata e che può riscontrare resistenze interne, anche culturali, nelle persone.

- La competizione tra imprese e prodotti si è spostata negli ultimi anni su piani sempre più *immateriali*, la misurazione dei ritorni è molto complessa (e talvolta impossibile). Aspetto che va ad aggiungersi alle difficoltà già esistenti di quantificare e isolare gli impatti economici delle azioni di marketing. La scarsità di strumenti di valutazione e quantificazione economica dell'attività di marketing ha generato una visione negativa della stessa funzione da parte di altre funzioni, come la finanza, che tendono a considerarlo più un costo che un investimento o un'attività in grado di generare valore e ritorni economici.

Esempio

IBM è un esempio vincente di azienda che sa rinnovare e rinnovarsi, passando dalle schede perforate che realizzava negli anni Trenta, alla decisione di spostare il suo focus tutto sui servizi. Una visione globale e olistica della gestione di tutte le funzioni dell'impresa le ha permesso di mantenersi leader del settore. Oggi, infatti, IBM ha una capitalizzazione di 197 miliardi di dollari e si trova al terzo posto nella classifica Interbrand 2012.
La capacità di rinnovarsi è alimentata dai diversi studi che l'azienda realizza e grazie ai quali non perde il contatto con i propri clienti e con i cambiamenti socio-economici in atto.
Secondo lo studio "From Stretched to Strengthened: Insights from the Global Chief Marketing Officer Study", realizzato da IBM nel 2011, le nuove vere sfide che il marketing deve affrontare nel prossimo futuro sono rappresentate dall'esplosione della mole dei dati da gestire, i social media, la proliferazione dei canali e il cambiamento demografico della popolazione.
Ai responsabili di marketing viene chiesto di rivedere radicalmente i propri compiti, focalizzando la comprensione delle esigenze dei clienti come individui, e non più come segmenti di mercato. L'utilizzo di strumenti predittivi è considerato necessario affinchè l'impresa possa anticipare le richieste dei clienti per meglio soddisfarle. Seguendo questo approccio IBM si trasformerà in un vero social business, in grado di connettere la marca con i valori aziendali promossi e dimostrare che il marketing può essere meno invasivo e più "personale".
I 3 imperativi che guideranno le scelte future di Marketing secondo IBM sono di seguito schematizzati (Fonte: www.ibm.com/smarterplanet/it/it/smarter_marketing/overview/index.html). IBM sta concentrando la propria attenzione proprio su queste criticità questi aspetti chiave, creando e ridefinendo tutta una serie di prodotti destinati a sviluppare piattaforme di interpretazione dei dati. Essi dovranno essere, in grado, non solo di "descrivere" e "comprendere" le informazioni, ma anche di anticipare le esigenze e le aspettative dei clienti e, in tal modo, di ottimizzare la produttività. Il marketing, a questo punto, oltrepassa il limite della semplice operatività, per farsi strategico.

- Una maggiore diffusione dell'orientamento al mercato all'interno dell'impresa implica una *(re)distribuzione* di alcune attività di marketing ad altre funzioni, incorrendo nel rischio di un mancato coordinamento o integrazione delle stesse. Allo stesso modo si rischia di disperdere e non riuscire a valorizzare la conoscenza accumulata sulla domanda da parte delle diverse funzioni aziendali, se non vi è una chiara indicazione della funzione responsabile dei rapporti con i clienti.
- La rapidità e pervasività di alcuni cambiamenti esogeni all'impresa – si pensi alla *rivoluzione digitale* (▸ Capitoli 3 e 16) – impongono risposte gestionali che, prima di essere realizzate, richiedono adeguamenti organizzativi rilevanti e perciò lenti a prodursi.

In aggiunta a quanto detto sopra, occorre considerare che i cambiamenti in atto nel contesto competitivo inducono le organizzazioni a una loro continua ridefinizione, con conseguenti tensioni e necessità di (ri)sintonizzazione, interna ed esterna. Per quanto riguarda nello specifico il marketing, tutto ciò può prendere forma a tre livelli diversi, presentando ogni volta specifiche criticità gestionali.

- A livello *inter-aziendale*, il marketing deve configurarsi per governare un'organizzazione estesa a rete e relazioni di partnership (p.e. l'esigenza di offrire un maggior contenuto di servizio al cliente può passare per la stipula di accordi con dei *service* locali sul territorio, che vanno poi coordinati e gestiti centralmente).
- A livello *aziendale* emergono in particolare due spinte:
  - evolvere da funzione specialistica "chiusa" a funzione diffusa (la filosofia della Qualità Totale, ad esempio, comporta la considerazione della soddisfazione anche a livello di progettazione prodotto, come visto nel ▸ Capitolo 12);
  - porsi a guida di alcuni processi interni, generando una maggiore integrazione interfunzionale (il lancio di una nuova linea di offerta, ad esempio, può essere un progetto che coinvolge l'intera organizzazione, ma è il marketing a dettare tempi e modalità);
- A *livello funzionale* i cambiamenti conducono a scelte di ridisegno organizzativo che operano in tre direzioni:
  - la riduzione dei **livelli gerarchici** intermedi, per "avvicinare" il marketer al mercato e consentire così maggiore flessibilità e rapidità di risposta (nelle imprese organizzate sul territorio con filiali, ad esempio un centro benessere di una catena, il responsabile del punto vendita dispone di un potere decisionale rilevante, al fine di governare al meglio le condizioni del mercato locale);
  - la modifica dei contenuti delle **mansioni**, per assicurare all'organizzazione la capacità di governare fenomeni nuovi ed emergenti (p.e. affidando la gestione della comunicazione online a chi già si occupava di quella tradizionale);
  - nascita di nuovi **ruoli** o riconversione degli esistenti, passo più estremo del precedente, che occorre attuare laddove il nuovo fenomeno da governare non sia efficacemente gestibile attraverso la "semplice" modifica dei contenuti delle mansioni (p.e. si può istituire il social media manager, considerando necessario disporre di skill specifiche e impiego full time).

Livello gerarchico

Un livello gerarchico corrisponde a un livello di autorità, esercitata dall'organo di comando superiore nei confronti degli organi o livelli direttamente subordinati, che a loro volta possono essere livelli superiori per altri organi. La gerarchia è l'insieme di queste relazioni di autorità e la sua dimensione è data dal numero di livelli.

Mansione

L'insieme delle attività, azioni e dei compiti che il lavoratore deve eseguire nell'ambito del rapporto di lavoro.

Ruolo

Inteso come l'insieme delle aspettative che convergono su una persona in quanto occupa una determinata posizione all'interno dell'organizzazione d'impresa.

Focus Il destination marketing

Il marketing turistico è stato il trampolino di lancio per molte innovazioni e tendenze del marketing, grazie al fatto di operare in un settore per sua natura dinamico e flessibile. Infatti, il postmodernismo e la complessità dei sistemi, nonché l'interazione fra essi e lo sviluppo delle reti, costituiscono per il turismo una grande opportunità di sviluppo e realizzazione. Il dibattito sorto in letteratura circa gli effetti delle suddette evoluzioni sul paradigma di marketing, ha portato alla individuazione di tre principali cambiamenti che lo riguardano:

- il nuovo orientamento del marketing relazionale (*relationship paradigm*);
- il nuovo ruolo del network marketing nell'era della complessità (*network paradigm*);
- la nuova logica del'approccio dominante del servizio rispetto ai prodotti (*service dominant paradigm*).

Inoltre, nel celebre articolo *Tourism Marketing in an Era of Paradigm Shift** è stato proposto un modello di approccio del marketing turistico basato su tre dimensioni:

1. dal punto di vista temporale, l'offerta deve adottare un approccio dinamico, olistico e sostenibile, mentre la domanda è considerata in termini relazionali e secondo la prospettiva del *lifetime value*;
2. dal punto di vista spaziale, il focus deve essere sia locale-regionale sia globale e deve stimolare relazioni offerta/turisti a tutti i livelli;
3. la capacità della destinazione di avviare un processo di apprendimento e sviluppo della conoscenza, frutto dell'interattività fra tutti gli stakeholder.

Le attività di marketing devono, quindi, confluire tutte verso la creazione di relazioni, che possono avvenire mediante diversi strumenti: siti web, blog, forum, social network ecc. In altri termini. va attivata ogni forma di interazione in grado di mantenere vivo il collegamento tra destinazione e turista, sia per ottenere dei feedback dai turisti stessi sia per creare il senso di appartenenza e coinvolgimento. Si realizza, così, il passaggio dal *Customer Relationship Management* (CRM) – la gestione delle relazioni con la clientela da parte delle destinazioni e degli operatori – al *Customer Manager Relationship* (CMR), cioè la gestione delle relazioni da parte dell'utente.

* L'articolo *Tourism Marketing in an Era of Paradigm Shift* è di Li e Petrick, 2008.

23.3 I profili professionali della funzione Marketing

Una delle decisioni più ardue che ci si trova a dover assumere al termine di un percorso di studi universitari è quella della scelta dell'ambito di lavoro. Il marketing offre numerose quanto differenti opportunità: lo spettro varia dal ruolo di personale di vendita a quello di marketing manager in una grande impresa che opera su scala internazionale o mondiale.

23.3.1 Le opportunità professionali

Un'adeguata identificazione delle opportunità di carriera nel marketing deve avvenire sulla base di alcuni indicatori, quali: (i) i livelli di retribuzione di riferimento per le varie posizioni disponibili; (ii) una precisa definizione dei propri obiettivi personali e una corretta valutazione dei propri interessi e abilità; (iii) una ricognizione dei lavori maggiormente disponibili nell'area marketing sia in termini attuali sia di tendenza. Un focus particolare va dedicato alle opportunità che Internet presenta nell'ambito del marketing, con la consapevolezza che spesso cogliere tali opportunità significa inventarsi un lavoro e ritagliarsi un ruolo.

Uno degli indicatori meno scientifici e più efficaci per comprendere l'orientamento di un'impresa, o gli asset strategici che ne definiscono le modalità di competizione nei mercati, è quello di osservare il background di studi e la carriera dei CEO e general manager delle grandi imprese.

Nella figura 23.16 sono riportarti alcuni esempi di percorsi di carriera per le attività di marketing all'interno dell'impresa.

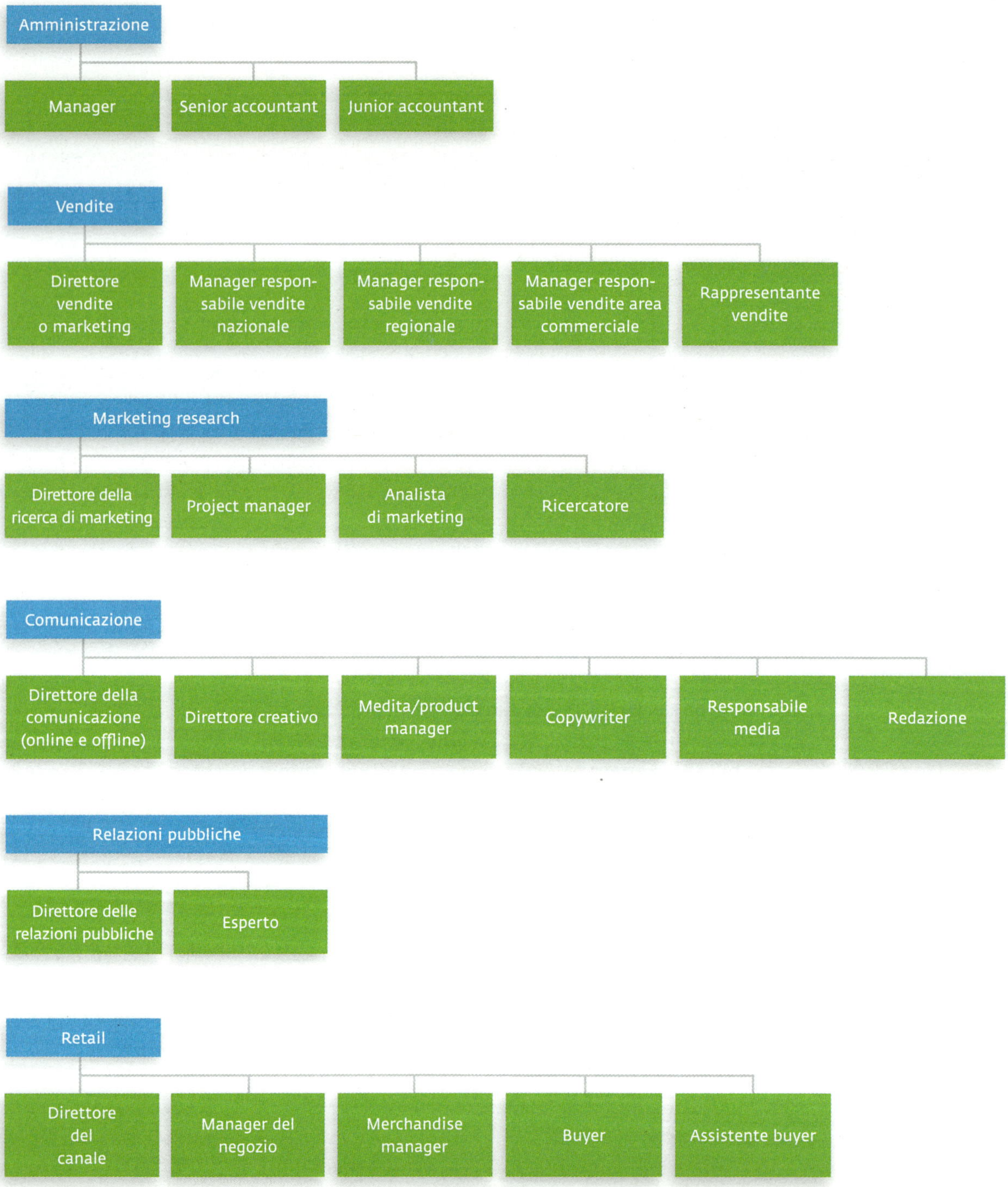

Figura 23.16

Alcuni esempi di percorsi di carriera nel marketing.

Naturalmente molti di questi profili coesistono in funzione dell'orientamento della singola impresa e dell'ambiente competitivo in cui essa si trova a operare. È possibile, in ogni caso, formulare una sintesi delle principali opportunità lavorative che il marketing, così come è stato definito e analizzato, offre a partire dalle macroaree di attività, ovvero del marketing analitico, marketing strategico e marketing operativo (▸ Capitolo 2).

23.3.2 Profili nel marketing analitico

I ruoli del marketing analitico sono caratterizzati da un elevato livello di tecnicità, occorre, cioè, che il professionista disponga di conoscenze specifiche, adatte a trovare e generare l'informazione necessaria al supporto dei processi di management. Consideriamo qui in particolare, tre profili:

- analisti e project manager;
- analisti di mercato e della domanda;
- analisti dei prezzi ed esperti di tecniche di revenue management (revenue manager).

Analisti e project manager

Molte imprese di grandi dimensioni, agenzie di comunicazione, società di consulenza e società di ricerche di mercato, hanno al loro interno un gruppo di lavoro specializzato nella produzione d'informazione di marketing (▸ Capitolo 7). Generalmente l'ingresso nell'ambito lavorativo avviene per lo svolgimento di alcune attività base, quali interviste, rielaborazione questionari e preparazione di presentazioni, per le quali sono richieste, oltre alle competenze base di marketing, anche competenze di statistica (analisi quantitativa) e psicologia (analisi del comportamento della domanda). L'acquisizione di esperienza consente un avanzamento di carriera come analista, assistant project manager e successivamente posizioni manageriali quali project manager per la ricerca e responsabile delle ricerche di marketing.

Analisti di mercato e analisti della domanda

Si tratta di un'attività che rientra nell'ambito delle ricerche di marketing, con interessanti opportunità di carriera interne alla stessa area. Il lavoro richiede la capacità di analizzare e aggregare dati secondari e produrre report. Sono necessarie oltre alle competenze di marketing anche quelle di almeno uno dei seguenti ambiti: statistica, sociologia, utilizzo di strumenti di ricerca e elaborazione dati e competenze economiche. Gli analisti del mercato e della domanda sono figure presenti nelle imprese di medio-grandi dimensioni e nello specifico per lo più in società di ricerche di mercato, agenzie di comunicazione, imprese di consulenza e anche società d'investimento (assicurativo e bancario).

Analisi dei prezzi ed esperti di tecniche di revenue management (revenue manager)

L'evoluzione dei mercati e i diversi comportamenti di acquisto hanno evidenziato l'importanza per molte imprese di analizzare in maniera continuativa l'andamen-

to dei prezzi propri e dei principali concorrenti (▸ Capitolo 15). Tale attività si è dimostrata particolarmente importante nell'ambito delle imprese che offrono servizi in virtù della possibilità di implementare una tecnica di gestione dei prezzi, basata sulla discriminazione dell'offerta di marketing, in grado di massimizzare i ricavi.
Negli ultimi anni molti indirizzi di marketing e corsi di aggiornamento si sono concentrati sia sull'importanza dell'analisi dei prezzi che, soprattutto, sull'implementazione di sistemi di yield management.

23.3.3 Profili nel marketing strategico

I ruoli del marketing strategico richiedono il pieno possesso delle conoscenze e competenze tecniche di base del marketing, e l'aver accumulato una certa dose di esperienza operativa.
Consideriamo qui in particolare cinque profili:

- marketing manager;
- product/brand manager;
- product planner;
- customer manager;
- international manager.

Marketing manager

Si tratta di un ruolo di livello avanzato, raggiungibile dopo aver accumulato una considerevole esperienza diretta nel marketing, supportata dallo sviluppo di altre competenze. Il marketing manager è presente nelle imprese di medio-grandi dimensioni orientate al marketing.

Product/brand manager

Le imprese multiprodotto creano posizioni specifiche per la gestione di un singolo brand o linea, secondo un approccio che vede ogni singolo prodotto come un business a sé stante.
Generalmente si diviene product o brand manager dopo un'esperienza maturata per lo più nel settore vendite e promozione. Le competenze richieste sono quelle avanzate del marketing e del management e la posizione di ingresso è quella di *assistant brand* o *product manager*.

Product planner

La posizione del product planner è generalmente una posizione intermedia all'interno dell'impresa (middle management), che riguarda tanto le imprese di servizi quanto quelle manifatturiere e i mercati business-to-business o business-to-consumer.
Lo sviluppo di nuovi prodotti richiede competenze tecniche di business e vendita e rapporti diretti con la clientela.

Customer manager

La crescente attenzione e rilevanza della creazione e gestione delle relazioni con i clienti ha condotto molte imprese a creare delle posizioni specifiche. Si tratta di un livello medio-alto, da middle management a management, che, generalmente, si raggiunge mediante avanzamenti e passaggi per varie posizioni all'interno dell'impresa. Richiede competenze specialistiche di marketing e management e conoscenze di strumenti e tecniche di analisi quantitativa ed economica, comunicazione e marketing diretto.

International manager

Molti studenti di marketing si interessano sempre di più all'opportunità di un lavoro all'estero e di una carriera nel marketing internazionale. Generalmente l'ingresso in questa posizione richiede competenze elevate, un livello di studio post laurea, l'ottima conoscenza di una seconda lingua e della cultura dei paesi nei quali si vuole lavorare.
Una carriera nel marketing internazionale prende avvio lavorando per un'impresa che già attua una strategia di marketing internazionale, o che sta pianificando il suo ingresso su altri mercati. L'interesse verso un lavoro all'estero o su base internazionale ha portato alla nascita di numerosi siti che offrono opportunità di lavoro per singole regioni o aree mondiali (p.e. Europa, Europa e Nord America, Sud America, Asia e così via). È il caso di EURES, il portale europeo della mobilità professionale (ec.europa.eu/eures/home.jsp?lang=it), oppure Monster con le varie declinazioni per area geografica (.it, .ie, .com ecc.) e Google Jobs (www.google.com/about/jobs/search/).

23.3.4 Profili nel marketing operativo

I ruoli del marketing operativo sono solitamente quelli d'ingresso nel mondo del lavoro, ma non solo. Si tratta dei veri e propri "mestieri" del marketing, che richiedono competenze specifiche, sovente maturate sul campo. Consideriamo qui in particolare i seguenti profili:

- buyer o agente di acquisto;
- logistica;
- channel manager;
- grossisti;
- retail;
- personale di vendita;
- comunicazione;
- relazioni pubbliche;
- promozione delle vendite;
- credit management.

Buyer o agente di acquisto

Le imprese di grandi dimensioni e quelle che operano nei mercati internazionali offrono interessanti opportunità di ingresso come buyer, con sviluppi di carriera nell'ambito della funzione approvvigionamenti. Il percorso lavorativo inizia con uno stage o con il ruolo di assistente buyer, sotto la supervisione di un buyer esperto, ed è finalizzato a garantire all'impresa nuovi e migliori modalità di interazione con i fornitori.

Logistica

La logistica offre diverse opportunità di lavoro a diversi livelli di carriera, da quelli di ingresso a quelli manageriali più avanzati. Competenze in contabilità, finanza e software gestionali (p.e. di magazzino) sono indispensabili per poter gestire i materiali in entrata e in uscita, lo stoccaggio e il magazzino.

Channel manager

La gestione dei canali distributivi è un'attività tipicamente svolta dai sales manager. Essa offre interessanti opportunità di carriera secondo un'ottica di canale e non solo di impresa. In altre parole, acquisire delle competenze come quelle di responsabile di un punto vendita di abbigliamento sportivo offre l'opportunità di carriera all'interno dell'impresa distributrice (p.e. una catena di negozi) ma anche la possibilità di curare le distribuzione per altre aziende di abbigliamento sportivo. Per questo lavoro la competenza richiesta è trasversale, ovvero contemporaneamente di canale distributivo e settoriale.
Vi sono, poi, numerose posizioni professionali che si collocano all'interno dei vari snodi della rete di partner di marketing dell'impresa.

Grossisti

Il lavoro d'ingresso nel mondo della distribuzione all'ingrosso generalmente si sviluppa secondo due direttrici.
La prima fa riferimento alla logistica, ovvero la gestione delle consegne e distribuzione, i servizi distributivi e il controllo dell'inventario.
La seconda direttrice è più orientata alle vendite e alla gestione delle relazioni con i clienti, soprattutto per ciò che concerne l'acquisizione e la gestione degli ordini.
Lo sviluppo dell'importanza della supply chain e delle interazioni delle imprese con i grossisti ha visto modificare le competenze base di ingresso richieste, aggiungendo a quelle di marketing anche la conoscenza e l'utilizzo di Internet e di reti Intranet.

Retail

Un'analisi a parte va effettuata per le opportunità di lavoro che lo sviluppo delle grandi catene della distribuzione offre. Il livello di ingresso può essere quello di addetto alle vendite, per giungere a posizioni intermedie quali assistente manager o responsabile di uno o più reparti, fino a posizioni più elevate quali responsabile dello store o di staff (che include le attività di acquisto, promozione, analisi della location ecc.).

Personale di vendita

Una delle principali e più diffuse opportunità di ingresso nel mondo del lavoro è quella di addetto alle vendite. Tale posizione spazia dall'acquisizione alla realizzazione degli ordini, alla vendita diretta tradizionale fino alla vendita online. Il lavoro di vendita spesso prende avvio con un basso salario ma con interessanti opportunità di crescita qualora si decida di lavorare in autonomia, con una minima supervisione e sotto la propria responsabilità, accettando pagamenti espressi in forma percentuale sul volume di vendita. Superando la visione più commerciale del concetto di scambio ed entrando in quella di marketing (▸ §1.2), si acquisisce la consapevolezza che per occuparsi delle vendite non è sufficiente avere capacità relazionali e comunicative, ma è necessario conoscere bene la product offering e il mercato target dell'impresa. Si sviluppano così competenze specifiche di settore e d'impresa che sono alla base di una carriera nell'ambito del product/brand management, sales management e marketing management. Ciò non toglie che si può decidere di sviluppare tutta la propria carriera lavorativa nell'ambito delle vendite, privilegiando l'autonomia lavorativa ma anche, spesso, salari più elevati rispetto ai sales manager.

Comunicazione

Le opportunità di lavoro nell'area della comunicazione di marketing sono tanto numerose quanto altamente competitive. Siccome la capacità di comunicare e la conoscenza delle scienze comportamentali sono delle competenze di base importanti, i laureati in marketing si trovano a competere con persone provenienti da altri ambiti di studi come i laureati in comunicazione, psicologia e sociologia. Le opportunità di lavoro nell'ambito della comunicazione possono essere tanto di back line, ovvero interne e non a contatto con la clientela, quanto di front-line, cioè a contatto con le persone. Nel primo caso vi sono ad esempio le attività di copywriter, media buying, art, computer graphic e così via, le cui posizioni di ingresso sono di assistente ai ruoli e per le quali i laureati in marketing hanno un background di studi più debole, a differenza delle attività di front-line. Tali attività nell'ambito della comunicazione si caratterizzano per essere attività di ingresso a bassa remunerazione e alta competizione e possono far riferimento alla comunicazione all'interno di un'impresa (p.e. quella interna alle catene distributive) o di un'organizzazione o alle attività di vendita e consulenza ai clienti per uno o più media. La vendita di spazi pubblicitari per siti Internet, TV o giornali non appare oggi così attraente come il suo grande sviluppo porterebbe a pensare. Tuttavia, il personale di vendita dei media supporta i propri clienti nella selezione e definizione del media mix, acquisendo competenze e facendo esperienza con entrambi i business e il lato creativo della comunicazione.

Relazioni pubbliche

Nell'ambito dell'evoluzione del concetto di marketing verso la creazione di una rete esterna di valore (▸ §3.3), la rilevanza delle relazioni pubbliche, in quanto attività di comunicazione d'impresa verso diversi pubblici, sembra essere diminuita.

In realtà, non è venuta meno l'importanza di comunicare le attività, le finalità e i valori dell'impresa ai diversi pubblici quanto, piuttosto, ci si trova di fronte a una riorganizzazione e redistribuzione di tali attività su diverse funzioni e strumenti di comunicazione. In realtà, infatti, un'azione di promozione o comunicazione può coinvolgere diversi pubblici, e alcuni di essi da semplici destinatari di tali azioni possono divenire partner d'impresa (p.e. i partner di conoscenza, partner tecnici e partner di relazione) o vedere evolvere il proprio ruolo e le interazioni con l'impresa stessa (come nel caso dei fornitori e degli stakeholder). Per tali ragioni, sempre più spesso l'attività di relazioni pubbliche è inclusa nell'attività di comunicazione.
Questo ambito costituisce un importante livello di ingresso per gli studenti di marketing e comunicazione nei ruoli di assistenti alle vendite, ricerca di sponsorizzazioni e creazioni partnership, patrocini, organizzazione eventi e comunicazione istituzionale.

Promozione delle vendite

Le attività di promozione negli ultimi anni hanno avuto significativi sviluppi verso forme di progettualità integrata e modalità promozionali esperenziali. In altre parole la promozione delle vendite si configura sempre di più sotto forma di progetti articolati in più iniziative, anche distribuite nel tempo e nello spazio (e non più in attività *one shot*, ovvero uniche e senza repliche), e finalizzati a promuovere le vendite, contribuire alla creazione e rafforzamento dell'identità del brand e delle community che a esso aderiscono e vi si riconoscono. Per tali ragioni, oggi gli eventi di presentazione della product offering si caratterizzano per stimolare un livello di conoscenza, coinvolgimento e partecipazione rilevante da parte dei destinatari, mediante stimoli sensoriali volti a integrare il livello funzionale e cognitivo della conoscenza dell'offerta con quello percettivo delle sensazioni e emozioni che la stessa product offering o il brand comunicano. Il numero delle opportunità di ingresso nell'ambito della promozione delle vendite è aumentato notevolmente, anche in virtù della crescita del numero degli specialisti in quest'area. Essi, ad esempio, supportano le imprese nella progettazione di eventi speciali per i dipendenti, nella definizione delle procedure per la distribuzione di prodotti omaggio o campioni, nella selezione e costruzione di un database dei clienti per l'invio delle newsletter o, ancora, nella progettazione degli eventi e incontri di presentazione e promozione dell'offerta. La creatività e capacità di valutazione sono competenze necessarie per lo svolgimento di questo lavoro, che fanno sì che i livelli di ingresso siano quelli di assistenti e supporto ai project manager o di provenienza dal settore vendite o comunicazione.

Credit management

Lo sviluppo di numerose e diverse forme di vendita, pagamento e credito (p.e. il credito al consumo) richiede la presenza all'interno delle imprese di specialisti in grado di valutare l'affidabilità e solvibilità dei clienti e garantire la riscossione dei crediti così generati. Tali attività possono essere svolte congiuntamente da una stessa persona, che avrà quindi abilità sia nelle relazioni con le persone sia nella gestione di processi, oppure possono essere svolte separatamente da più persone. Le attività di sollecito al pagamento sono in genere il livello di ingresso di questo lavoro, insieme a quelle di affiancamento a supervisori, fino a quando non si è raggiunta un'autonoma capacità di giudizio e valutazione. Tali attività possono essere condotte tanto all'interno di imprese di produzione di beni e servizi quanto per specifiche e specializzate società di riscossione.

23.3.5 Profili emergenti

Parallelamente alle trasformazioni del contesto interno e dell'ambiente esterno in cui l'impresa opera, emergono e si sviluppano nuove figure e nuove professionalità nell'ambito delle attività di marketing. È di grande rilievo, infatti, analizzare le evoluzioni economiche, politiche, sociali e tecniche che aprono nuove opportunità di lavoro e contribuiscono all'estinzione di altre. Le principali e nuove tendenze si riferiscono ai seguenti ambiti.

- Il *trend watcher*: ovvero le attività di analisi e monitoraggio dei macrotrend, di adeguamento e integrazione del sistema informativo in base alle tendenze e definizione degli studi e delle ricerche da realizzare per l'analisi di specifici trend. Si tratta di un compito sempre più articolato in quanto richiede competenze multidisciplinari.
- L'*usability manager*: si occupa dell'usabilità di tutti i progetti di comunicazione, ovvero dell'efficacia delle azioni di comunicazione tanto del progetto quanto dei suoi processi e prodotti o servizi a cui fa riferimento. Può essere una figura all'interno dell'azienda o un consulente esterno.
- Il *brand content manager*: si occupa della progettazione dei contenuti di marketing e per il marketing. Quando l'azienda non ha all'interno una figura specifica, si avvale di consulenti esterni.

Usabilità

Definita dall'ISO (International Organization for Standardization) come l'efficacia, l'efficienza e la soddisfazione con le quali determinati utenti raggiungono determinati obiettivi in determinati contesti. In pratica definisce il grado di facilità e soddisfazione con cui si compie l'interazione tra l'utente e uno strumento, riconducibile non alle caratteristiche proprie dello strumento, bensì a quelle delle interazioni.

Andando più a fondo, con la continua evoluzione di Internet e l'implementazione delle sue caratteristiche sociali, le aziende sono alla ricerca di figure professionali inedite in grado di:

- creare contenuti web-oriented, crossmediali e partecipativi;
- filtrare e curare le fonti di maggiore interesse e utilità;
- coinvolgere e fidelizzare gli utenti in social community;
- ideare strategie di marketing all-line (online + offline);
- attivare network di relazioni;
- ottimizzare la visibilità sui motori di ricerca;
- analizzare e interpretare i flussi statistici di navigazione;
- gestire i fenomeni di brand reputation.

Le principali figure professionali a cui si fa riferimento sono descritte nella figura 23.17 evidenziandone la denominazione, la principale attività svolta e una sua breve descrizione. Tale elenco non può considerarsi esaustivo, anche perché è in continua evoluzione con l'evoluzione di Internet e dei suoi usi e strumenti, ma un utile riferimento per comprendere le tendenze e possibili sviluppi futuri del marketing e della funzione Marketing nelle imprese.

Figura 23.17

Le nuove professioni di Internet per il marketing.

Creazione e gestione contenuti

Transmedia web editor

Creatore dei contenuti: si occupa, all'interno di una società o un progetto business oriented, di implementare i contenuti delle singole pagine web, sia che si tratti di articoli testuali, aggiornamenti multimediali o altre tipologie di informazioni specifiche riconducibili al puro contenuto usufruibile dagli utenti.

Creazione e gestione relazioni

Content curator

Selezionatore e aggregatore di fonti e notizie: è impegnato a scandagliare il web in cerca di fonti e notizie. Le filtra e seleziona a seconda dei propri scopi e ne cura la presentazione e la pubblicazione.

Community manager

Portavoce della community: il suo compito è attrarre gli utenti, coinvolgerli e renderli partecipi, gestire le critiche trasformandole in opportunità per il brand aiutandolo a diventare un *LoveMark*.

Promotion (people oriented)

Digital PR

Architetto delle people relation: un professional networker in grado di sviluppare i giusti contatti, governare le relazioni, "surfare" tra online e offline.

Promotion (tool oriented)

All-line advertiser

Stratega della promozione integrata: unisce le competenze in termini di advertising con l'integrazione tra le modalità online e offline (always on), ossia intercettare il cliente anche nel momento in cui si sta muovendo fisicamente in un punto vendita, collegandosi alla forza dei device mobili, smartphone e tablet in primis.

Analysis/ Monitoring

Web analist

Interprete della navigazione degli utenti: il knowledge master della navigazione utenti che si occupa di scoprire, misurare e creare report strategici su chi, quando, dove, come accede al sito e vi naviga.

e-Reputation manager

Guardiano del passaparola: è responsabile dell'analisi e della gestione strategica delle conversazioni dentro e fuori l'impresa. Dovrebbe muoversi in stretta sinergia con Digital PR e Community manager oltre che con gli specialisti dell'advertising.

Optimization codice e contenuti

SEO – Search Engine Optimizer

Ottimizzatore della visibilità: si occupa di portare a un progetto online la massima visibilità in rete, soprattutto in riferimento al traffico portato dai motori di ricerca, Google in primis, e dalle piattaforme sociali sulle quali è possibile sviluppare delle tecniche di ottimizzazione.

Case History — Luxottica

Luxottica Group è leader nel settore degli occhiali di fascia alta, di lusso e sportivi, con circa 7000 negozi operanti, sia nel segmento vista sia in quello sole, in 130 paesi in tutto il mondo e con 30 marchi, di cui 9 di proprietà e 21 in licenza. I prodotti del gruppo italiano sono progettati e realizzati in sei impianti produttivi in Italia, due in Cina, uno in Brasile e uno negli Stati Uniti, dedicato alla produzione di occhiali sportivi, mantenendo forte l'ancoraggio al "made in Italy" che garantisce un elevato valore aggiunto

Luxottica Group è leader nel settore degli occhiali di fascia alta, di lusso e sportivi, con circa 7000 negozi operanti, sia nel segmento vista sia in quello sole, in 130 paesi in tutto il mondo e con 30 marchi, di cui 9 di proprietà e 21 in licenza. I prodotti del gruppo italiano sono progettati e realizzati in sei impianti produttivi in Italia, due in Cina, uno in Brasile e uno negli Stati Uniti, dedicato alla produzione di occhiali sportivi, mantenendo forte l'ancoraggio al "made in Italy" che garantisce un elevato valore aggiunto ai prodotti. Nel 2011, Luxottica Group ha registrato vendite nette pari a 6,2 miliardi, una solida presenza globale e oltre 65.000 dipendenti.

Il successo di Luxottica è garantito dall'importanza data all'obiettivo di accrescere la soddisfazione dei propri clienti, creando nel contempo valore per i dipendenti e le comunità in cui opera. La funzione Marketing, in tutto questo, riveste un ruolo fondamentale, fungendo da punto focale nell'individuazione dei bisogni, dei desideri e delle aspettative dei clienti e contribuendo nella trasmissione della cultura aziendale, sia all'interno sia all'esterno.

Ciascun prodotto è il risultato di un continuo processo di ricerca e sviluppo, il cui fine consiste nell'anticipare e interpretare le necessità, i desideri e le aspirazioni dei consumatori di tutto il mondo. Il raggiungimento di elevati standard qualitativi avviene grazie a forti competenze tecniche e produttive, frutto di 50 anni di esperienza, e al costante impegno volto all'innovazione tecnologica, alla ricerca stilistica e di design e allo studio dell'evoluzione degli stili di vita delle persone. Gli stessi obiettivi di qualità e soddisfazione del cliente orientano la capillare rete distributiva dei grossisti e le catene al dettaglio, organizzate al fine di offrire, sempre e ovunque, un servizio post-vendita di elevata qualità, omogeneo ma non standardizzato, poiché studiato e adattato alle specifiche esigenze locali. Il merito dell'impresa è quello di aver effettuato acquisizioni evitando di smembrare il management delle aziende controllate.

L'eccellenza produttiva e la focalizzazione sul livello di servizio sono tra i fattori su cui Luxottica fa leva per raggiungere i propri obiettivi, quali la soddisfazione dei clienti, il benessere dei dipendenti e lo sviluppo economico-sociale del territorio. Come afferma l'amministratore delegato, Andrea Guerra, l'obiettivo del gruppo è "servire al meglio donne e uomini nel mondo, interpretando i loro desideri, le loro aspirazioni e l'immagine che hanno di se stessi creando, producendo e distribuendo non solo occhiali ma nuovi trend, nuovi modi di vedersi e soprattutto per tutti... nuovo benessere". Lo certifica anche l'attenzione che il gruppo dedica ai valori etici e di solidarietà sociale, attraverso la fondazione Onesight.

Fonte: www.luxottica.com/it/careers/career_paths/marketing/

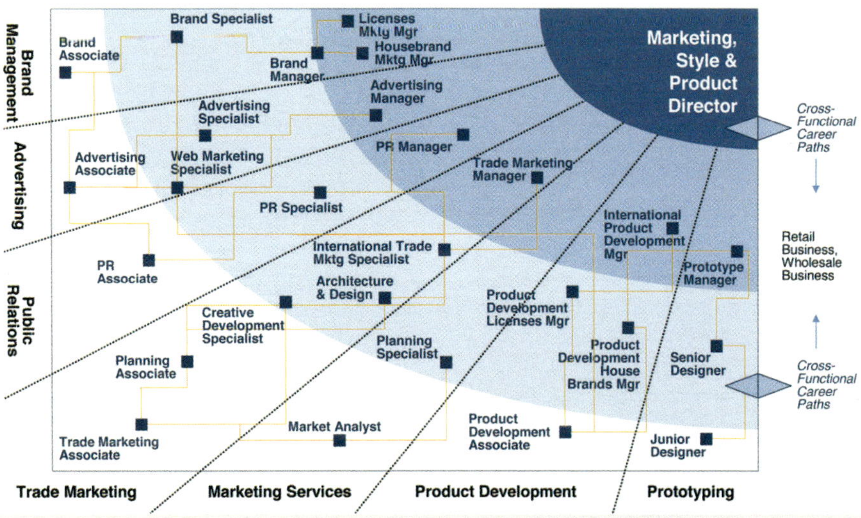

Conclusioni

L'obiettivo delle attività di marketing all'interno delle imprese è, da sempre, di fungere da raccordo tra i clienti (la domanda) e l'azienda (l'offerta), obiettivo che si è ampliato e modificato in molti suoi aspetti, rapportandosi con i cambiamenti susseguitisi nell'ambiente competitivo in cui le imprese operano. Che si tratti di un dipartimento a sé stante oppure un processo trasversale che investe le altre funzioni aziendali, l'influenza del marketing nell'organizzazione d'impresa resta fondamentale per la comprensione dei bisogni e desideri del cliente e la creazione, realizzazione e diffusione di valore. Per mettere in pratica i concetti esposti in questo capitolo, lo studente può cercare di rintracciare le attività svolte all'interno di un'impresa dalla funzione Marketing, la sua posizione nell'organigramma aziendale, con quali funzioni e organi il marketing si relaziona e quali sono le azioni svolte in merito ai cambiamenti apportati dall'orientamento al marketing dell'impresa.

24

Verso il marketing sostenibile

di **Carlo Alberto Pratesi**

Indice del capitolo

Introduzione

24.1 Breve storia del marketing e della sua controversa reputazione

24.2 Dal marketing al marketing sostenibile, passando attraverso il marketing responsabile

24.2.1 Il marketing classico

24.2.2 Il marketing responsabile

24.2.3 Il green marketing

24.2.4 Il cause-related marketing

24.2.5 Il marketing sostenibile

24.3 Le nuove responsabilità del marketing sostenibile

Conclusioni

Abstract

In un periodo di crisi economica e ambientale, tra tutte le funzioni aziendali il marketing è forse quella che più spesso viene messa sul banco degli imputati. Alla disciplina, e alle sue diverse applicazioni, viene generalmente attribuita la colpa di aver promosso l'iperconsumismo e le sue conseguenze sociali e ambientali. In questa prospettiva – al di là delle necessarie distinzioni tra comportamenti più o meno leciti e aziende più o meno responsabili – è evidente che sia giunto il tempo di rivedere alcuni fondamenti del marketing management, al fine di renderlo più coerente con le nuove esigenze del pianeta e della società.

Introduzione

Crisi finanziaria, cambiamento climatico, disoccupazione, degrado ambientale, risorse sempre più scarse (a partire dal petrolio) stanno mettendo fortemente in discussione il nostro modello di sviluppo.
È ormai chiaro che ecologia ed economia non condividono solo l'etimologia, ma anche il loro destino. Perché, se è vero che senza un'economia sana mancano le risorse per investire nella riduzione dell'impatto ambientale, è altrettanto evidente che senza sforzi in quella direzione le prospettive della crescita economica sono illusorie. Finora si era pensato che per garantire il benessere bastasse puntare sulla crescita a tutti i costi, facendo leva sull'aumento della produzione e sul costante incentivo al consumo, evitando di mettere in conto tutti i rischi ambientali, oltre a quelli sociali. Oggi sono in molti tra gli economisti a dichiarare che questo modello non è più "sostenibile".

Nel primo decennio del XXI secolo, insieme alla finanza che viene incolpata di essere la causa scatenante della crisi economica, anche il marketing sale sul banco degli imputati, con l'accusa di aver progettato prodotti a elevato impatto ambientale, incentivando un atteggiamento iperconsumista. L'arma del marketing è stata prima di tutto la forte pressione pubblicitaria, i cui messaggi hanno implicitamente collegato il benessere e la felicità delle persone al possesso di beni materiali e alla fruizione di servizi (spesso collegati alla sfera del lusso e della esclusività). In tanti oggi chiedono di frenare la tendenza nata negli USA nei prosperi anni Cinquanta, quando il designer industriale Brooks Stevens divenne celebre per aver messo in atto il concetto di "obsolescenza programmata", che lui stesso definì come

Iperconsumista

Per Iperconsumismo si intende un consumismo esagerato e non giustificato da vere esigenze che, oltre a non migliorare in alcun modo il benessere delle persone, produce inutili sprechi di risorse e inaccettabili sperequazioni sociali.

> il processo necessario per instillare nel consumatore il desiderio di avere qualcosa di un po' più nuovo, un po' migliore, e un po' prima del necessario.

Oggi che la scienza non ha più dubbi circa le cause umane del riscaldamento globale, in un mercato nel quale la misurazione dell'impatto ambientale inizia ad affiancarsi alla certificazione della qualità dei prodotti, al marketing viene imposta una rivisitazione totale dei suoi processi. Favorire il raggiungimento degli obiettivi aziendali attraverso la soddisfazione dei consumatori non basta più: alla luce di un nuovo concetto di sostenibilità si chiede alle imprese di considerare i risultati economici solo come un prerequisito, dimostrando un analogo impegno anche sul fronte sociale e ambientale.

Sempre più imprese sono attente a comunicare le caratteristiche eco-friendly delle loro product offering.

24.1 Breve storia del marketing e della sua controversa reputazione

Movimento consumerista

Il consumerismo è un movimento che si propone di tutelare i diritti dei consumatori. Nacque in America alla fine del XIX secolo, quando si scatenò una vasta protesta degli strati più poveri della popolazione, vessati dai grandi monopolisti e oligopolisti che vendevano beni di prima necessità a prezzi molto alti e di qualità scadente. Nel 1962, J.F. Kennedy enunciò per primo i cinque diritti fondamentali del consumatore: salute, sicurezza, difesa economica, difesa legale, rappresentanza.

Thatcherismo

Per thatcherismo si intende la politica e l'orientamento tipico del governo di Margaret Thatcher, primo ministro inglese negli anni Ottanta, caratterizzato da una combinazione di conservatorismo e liberismo. Un'impostazione analoga fu adottata da Ronald Reagan negli USA.

Il successo che l'approccio e gli strumenti del marketing, anno dopo anno, hanno riscosso presso le aziende, in tutti i settori industriali caratterizzati da crescente competizione, non ha sempre trovato un analogo riscontro sul fronte della pubblica opinione, la quale in questo ambito ha spesso dimostrato una certa diffidenza. Le primissime critiche risalgono al celebre libro pubblicato negli anni Cinquanta e scritto da Vance Packard intitolato *I persuasori occulti*, del quale vale la pena riportare le primissime righe.

Molti di noi vengono influenzati assai di più di quanto non sospettino, e la nostra esistenza quotidiana è sottoposta a continue manipolazioni di cui non ci rendiamo conto. Sono all'opera su vasta scala forze che si propongono, e spesso con successi sbalorditivi, di convogliare le nostre abitudini inconsce, le nostre preferenze di consumatori, i nostri meccanismi mentali, ricorrendo a metodi presi a prestito dalla psichiatria e dalle scienze sociali.

Il libro di Packard ebbe un'amplissima eco in tutti i paesi. In qualche modo contribuì alla nascita del movimento consumerista e, almeno in parte, influenzò la contestazione giovanile scoppiata alla fine degli anni Sessanta.
Nei primi anni Settanta, sulle pagine del "Corriere della Sera", Pier Paolo Pasolini, uno degli intellettuali più ascoltati del momento, lanciava pesanti accuse contro un certo tipo di economia.

Il gran male dell'uomo non consiste né nella povertà, né nello sfruttamento, ma nella perdita della singolarità umana sotto l'impero del consumismo.

L'atmosfera cominciò a cambiare negli anni Ottanta, quando thatcherismo e politica reaganiana portano la gente ad assumere un diverso atteggiamento nei confronti dell'industria e, più in generale, del mondo dei consumi. Edonismo, oblio e fine dei blocchi contrapposti misero in secondo piano le gravi accuse di Packard. I consumatori iniziarono ad apprezzare quello che c'era di buono nell'offerta delle aziende che investivano nel marketing: prodotti nuovi (o migliori), servizi nuovi (o più efficienti), o anche semplici mode. Il Walkman Sony, i Macintosh Apple, le Nike o i McDonald's iniziarono a essere percepiti più come "doni dei tempi moderni" che come reali minacce. Anche gli esperti di marketing e pubblicità da "persuasori occulti" si trasformarono in stimati professionisti: i media iniziarono a occuparsene e anche le facoltà universitarie di economia si avvantaggiarono di un grande boom degli iscritti.
Nello stesso periodo, lo sviluppo delle televisioni commerciali in Italia offrì nuovi spazi alla pubblicità e al marketing. Su questa scia grandi aziende italiane (come Barilla e Ferrero) e multinazionali (come Procter & Gamble e Unilever) indirizzate nelle loro strategie di mercato da esperti di consumi e società (tra i quali Francesco Alberoni o Gianpaolo Fabris), riuscirono a lanciare con grande successo nuovi prodotti e brand, accolti con entusiasmo dal trade e dalle famiglie.

Nelle università venne inserita per la prima volta la disciplina del marketing. Prima del suo boom, cioè fino a meno di una ventina di anni fa, gli unici corsi universitari dove si insegnava come gestire i rapporti tra le aziende e la loro clientela erano quelli denominati "Tecniche e politiche di vendita". Negli anni Ottanta, le prime a infrangere il tabù furono le università private, ma per chi si laureava in economia e commercio negli atenei statali, fino a metà degli anni Novanta, nel curriculum di studi si trovava solo un corso sulle vendite. Finito questo bizzarro proibizionismo e lasciata agli atenei la libertà di assegnare agli insegnamenti il titolo che si voleva, ci fu l'esplosione dei corsi di marketing. Da un'indagine condotta nel 2012 dalla Società Italiana Marketing emerge che oggi, su poco meno di 100 atenei italiani, i corsi di marketing sono più di 470.

Marketing sociale

Il marketing sociale può definirsi come l'utilizzo delle strategie e delle tecniche del marketing per influenzare un gruppo target ad accettare, modificare o abbandonare un comportamento in modo volontario, al fine di ottenere un vantaggio per i singoli individui o la società nel suo complesso.

Nel 1989 venne anche lanciata la prima edizione del Premio Philip Morris per il marketing – che proseguì fino al 2006 (e ancora oggi viene organizzato, con diversi sponsor, sotto il patrocinio della Società Italiana marketing) – che attraverso casi aziendali da risolvere, consentì agli studenti di tradurre più facilmente la teoria in pratica.

Il fascino del marketing, oltre a produrre un grande interesse, sia a livello accademico che extrauniversitario (tesi di laurea, richiesta di stage e posti di lavoro), spinse studiosi e consulenti a tradurre e produrre manuali e libri di testo avviando un percorso che è proseguito fino a oggi, e che ha spaziato su tutte le possibili applicazioni della disciplina: dalla religione (*La Chiesa come azienda non profit: gestione e marketing*) ai rapporti interpersonali (*Love Marketing. Strategie e strumenti di seduzione per tutti*), fino ad arrivare alla politica (*Introduzione al marketing politico*).

Cause-related marketing

In un campagna di comunicazione è l'abbinamento tra la promozione di un prodotto e il sostegno di una campagna sociale a favore di una causa ambientale o umanitaria. Il caso più noto in Italia è quello di Procter & Gamble per il brand Dash (nell'ultima edizione per ogni fustino venduto l'azienda pagava un vaccino per un bambino africano).

Anche nei primi anni Novanta, quando l'edonismo iniziò ad attenuarsi e i comportamenti di consumo eterodiretti lasciarono il posto a stili di vita meno ostentativi e ingenui, il marketing mantenne comunque la sua posizione, cavalcando l'onda dei (buoni) sentimenti. Visto come una metodologia efficace ed efficiente, viene tranquillamente adattato alle esigenze più varie: si iniziò a parlare di **marketing sociale**, di marketing delle aziende non profit, di green marketing, di **cause-related marketing**, e così via.

Cosa pensare di fenomeni – traffico paralizzato, risse, strade bloccate – come quello accaduto a Roma a fine 2011 in occasione dell'inaugurazione di un nuovo punto vendita Trony?

Ma dopo questo periodo aureo, collocato a cavallo tra gli anni Ottanta e i Novanta, verso la fine del secolo si assistette a un nuovo atteggiamento negativo nei confronti del marketing e del consumo, dovuto in buona misura al rallentamento dello sviluppo economico. Il diffondersi degli hard discount segnalò il desiderio di abbandonare i prodotti di marca, quelli su cui l'investimento di comunicazione era maggiore. In quegli anni il best seller dell'economista americano Jeremy Rifkin, *La fine del lavoro*, riproponeva la storia dell'economia americana mettendo il marketing in cattiva luce. Eccone qualche riga.

I nuovi concetti del marketing e della pubblicità, che avevano lentamente guadagnato terreno nei decenni precedenti, negli anni Venti riuscirono a decollare come riflesso della crescente determinazione delle imprese a vuotare i magazzini e aumentare il ritmo dei consumi per poter sfruttare la sempre crescente produttività.

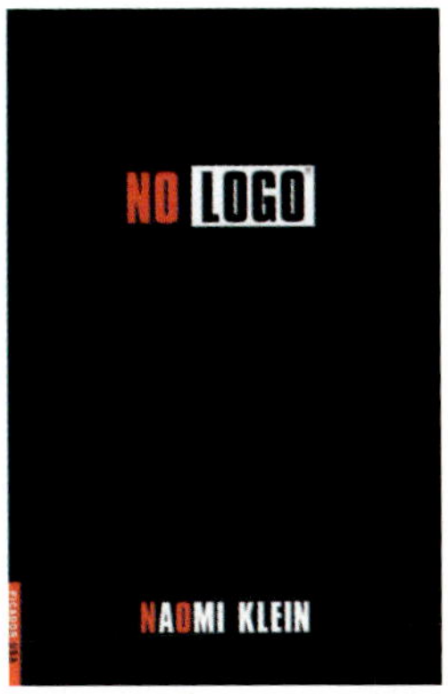

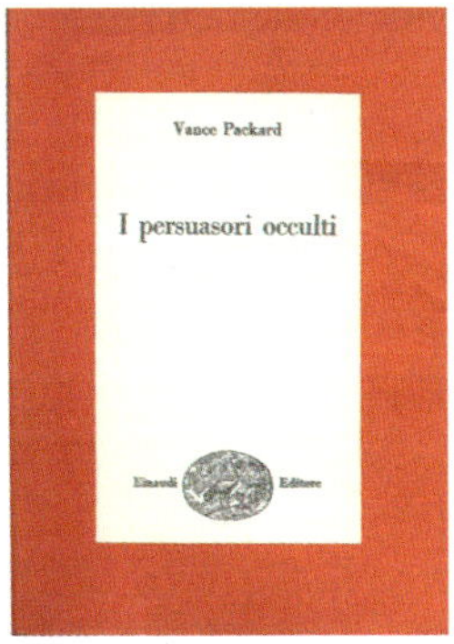

Alcuni libri-inchiesta hanno attaccato il sistema dei consumi di massa e il marketing, in quanto responsabili di distorsioni culturali e sociali.

[...] La psicologia di massa del consumismo aveva preso il sopravvento nella società. Le tradizionali virtù americane – la frugalità yankee e lo spirito della frontiera – avevano perso molto del loro fascino.

Un'altra critica al consumismo di stampo statunitense venne dal sociologo George Ritzer, che nel 1997, con i suoi libri *Il mondo alla McDonald's* e *Le cattedrali del consumo*, parlando di fast food criticò aspramente la standardizzazione globale della produzione e del consumo, mettendone in luce gli aspetti degenerativi e i limiti intrinseci (iper-razionalità che scatena l'irrazionalità).
Ma la vera nuova crisi del marketing si riaffacciò con l'inizio del nuovo secolo. Poche settimane prima dell'11 settembre 2001, veniva pubblicato *No Logo*, un saggio di oltre 450 pagine per mesi in testa alle classifiche di vendita di mezzo mondo. L'autrice, Naomi Klein, la giornalista canadese considerata l'ideologa dell'antiglobalizzazione, lanciò nuove e severe accuse alle aziende marketing oriented. Tre di queste accuse erano particolarmente gravi.

1. Aver puntato per il proprio sviluppo sulla forza dei marchi, caricandoli grazie a cospicui investimenti pubblicitari di valori emotivi e sociali che hanno, specie sui più giovani, molta – o troppa – presa. Brand come Adidas, Benetton, Barbie o Disney sono diventati stili di vita, analoghi a vere e proprie ideologie: non di rado si propongono come attori sociali e condizionano di fatto sia i consumatori sia la società.
2. Una volta rafforzati i marchi, le multinazionali hanno fatto "branding": hanno rapidamente colonizzato settori diversi di molti mercati, mettendo in grande difficoltà i concorrenti più piccoli, più deboli o meno avveduti.
3. Infine, per finanziare i loro investimenti nel marketing e nella comunicazione, le grandi aziende hanno ridotto i costi di produzione sfruttando (direttamente o indirettamente) la manodopera del terzo mondo.

Klein mette alla gogna non solo le aziende che producono prodotti dannosi per i consumatori o per l'ambiente, ma anche quelle che, almeno a parole, avevano investito per ottenere una reputazione responsabile. L'accusa era quella di opportunismo ed "etica di facciata". Ecco alcune righe di *No Logo*.

Quando la Nike venne accusata di comportamento non etico, la Reebok istituì i Reebok Human Rights Awards, premi destinati a tutti gli attivisti che combattevano contro il lavoro minorile e contro i regimi dittatoriali repressivi. Un comportamento piuttosto ipocrita da parte di un'azienda che produce molte delle sue scarpe nelle stesse fabbriche della Nike, e che ha contribuito in larga parte alle violazioni dei diritti umani, anche se suscitando meno interesse da parte dell'opinione pubblica.

E non risparmiò critiche neanche alle dichiarazioni fatte dalle aziende e alle promesse di un maggiore impegno sul versante dell'etica e della responsabilità sociale.

Quando finalmente hanno smesso di negare l'esistenza di abusi nei luoghi di produzione ed estrazione, multinazionali come Nike, Shell, Mattel e Gap hanno anche iniziato a elaborare dichiarazioni di principio, codici etici e altri documenti non vincolanti da un punto di vista legale in cui manifestavano le loro buone intenzioni. [...] Tutti questi codici, senza nessuna eccezione, sono nati negli uffici di pubbliche relazioni di città come New York e San Francisco in risposta a indagini imbarazzanti avviate dai mezzi di informazione.

D'altra parte in quegli anni le aziende non avevano certo ridotto i loro sforzi di marketing: lo sforzo continuava a essere quello di trovare ogni strada per ampliare sempre di più il loro mercato, ad esempio andando a colpire i target più giovani. Lo denunciò nel 2005 Susan Linn, docente in psichiatria infantile all'Harvard Medical School e direttore associato del Media Center al Judge Baker Children's Center di Boston, uno degli enti più autorevoli nel campo della ricerca medico-psicologica su bambini e adolescenti. Nel suo libro *Il marketing all'assalto dell'infanzia. Come media, pubblicità e consumi stanno trasformando per sempre il mondo dei bambini* presenta un resoconto lucido, puntuale e documentato sullo sfruttamento commerciale, che sconfina spesso nell'abuso, di bambini e famiglie da parte delle grandi aziende.

Nel lungo periodo, l'immersione dei nostri figli in questa cultura del consumo ha implicazioni che vanno molto più in là del semplice acquisto. Il marketing ha lo scopo di condizionare molto più che le scelte su cosa mangiare e cosa indossare; esso mira a influenzare i valori fondamentali, le decisioni sul nostro stile di vita: come definiamo la felicità e come misuriamo il valore della nostra vita.

Esistono anche fan del marketing, come quelli dell'evento in figura, il che lascia intuire quanto sia errato prendere posizioni nette pro o contro il marketing.

È chiaro, d'altra parte, che i più giovani hanno meno capacità di giudicare se una pubblicità o una promozione siano veritiere e corrette, se ciò che viene di volta in volta proposto sia realmente utile. Un bambino di dieci anni che ha visto la pubblicità all'interno di un programma televisivo (per bambini) metterà in campo il *nag factor* o *pest power* ossia il potere del capriccio, la determinazione nel chiedere (col pianto e con le grida) quanto basta affinché il genitore (esausto) acquisti il prodotto che è stato pubblicizzato.

Tutte queste accuse, specie le più recenti, stanno spingendo l'opinione pubblica a guardare con un occhio diverso le aziende, inducendo queste ultime a rivedere le proprie politiche di marketing anche prima che avvengano significativi cambiamenti sul versante normativo o dei consumi. L'ottica verso la quale i marketing manager sono oggi chiamati a indirizzarsi è quella del "marketing sostenibile", un approccio nei confronti del mercato che consenta di garantire la soddisfazione non solo del singolo consumatore, ma di tutta la collettività; non solo nel momento del consumo, ma anche nel lungo periodo.

24.2 Dal marketing al marketing sostenibile, passando attraverso il marketing responsabile

Graficamente è possibile ripercorrere il processo evolutivo che oggi è chiamato a percorrere il marketing su una matrice, nella quale in ascissa si colloca il tipo di interlocutore verso il quale l'azienda pone la sua attenzione (che può limitarsi al singolo consumatore o estendersi verso l'intera collettività) e in ordinata l'orizzonte temporale, che può essere molto ravvicinato (il momento del consumo) o molto lontano (le generazioni future).

24.2.1 Il marketing classico

Il marketing nella sua formulazione originaria (figura 24.1) ha come unico obiettivo quello di garantire la soddisfazione del singolo consumatore nel momento stesso del consumo.

Figura 24.1

L'area del marketing classico.

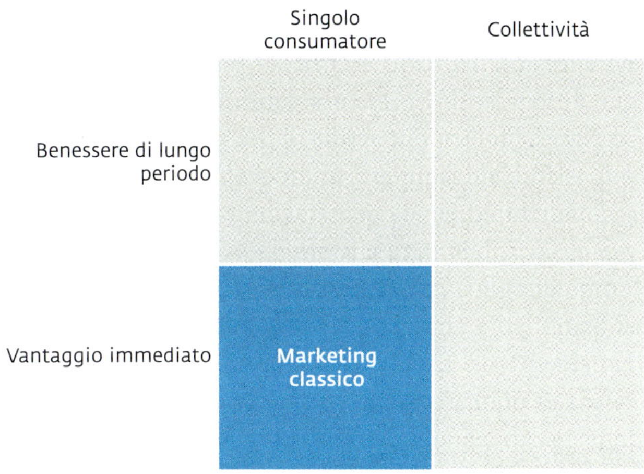

Questo implica che qualsiasi prodotto o servizio, in quanto apprezzato dal suo cliente, è considerato come un buon risultato (compresi, ad esempio, i superalcolici o il gioco d'azzardo).

24.2.2 Il marketing responsabile

Sebbene per la grande maggioranza delle aziende e nei diversi settori industriali il marketing si collochi ancora nell'area in basso a sinistra della mappa, le imprese più evolute si sono rese conto che esiste un vincolo in più: garantire la soddisfazione del cliente anche nel caso di acquisto e consumo prolungati nel tempo (figura 24.2). In questo posizionamento, che definiamo come quello del "marketing responsabile", seguendo l'ottica della customer advocacy l'azienda si prende carico del benessere complessivo del suo cliente, anche a costo di ridurne il consumo o indirizzarlo indirettamente verso offerte concorrenti.

Customer advocacy

È l'attività che viene svolta dalle imprese per tutelare gli interessi dei loro clienti, aiutandoli a raggiungere un obiettivo in termini di benessere di lungo periodo, anche al di là delle loro esplicite richieste e, quindi, di quella che generalmente viene considerata la customer satisfaction.

Figura 24.2

L'area del marketing responsabile.

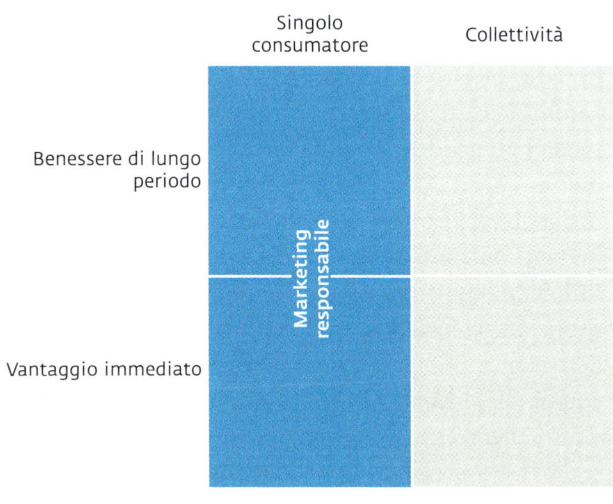

Del resto, quasi sempre il consumo protratto o eccessivo di un prodotto (ancorché soddisfacente nell'immediato) può provocare un impatto indesiderato sul consumatore. Un problema che è certamente più facile da notare in alcuni settori oggettivamente controversi – come tabacco o superalcolici, per i quali in genere anche la normativa fissa dei limiti alla promozione – ma che a ben vedere coinvolge quasi tutte le aziende. Infatti, in pratica non esistono prodotti che possono ritenersi del tutto esenti dal provocare danni. Basti pensare ai farmaceutici, che determinano spesso assuefazione o dipendenza (oltre che effetti dannosi); ai servizi di credito al consumo, che possono portare il cliente a un indebitamento impossibile da superare; ai programmi televisivi o ai videogame, che inducono a stili di vita eccessivamente sedentari; ai social network, che danno dipendenza psicologica; alle auto e moto sportive; ai prodotti dolciari; addirittura ad alcune forme di sport, che se praticate in modo troppo intenso possono arrecare danni al fisico.
È evidente, in altre parole, che nella prospettiva del lungo periodo qualunque forma di marketing che spinga a consumare di più porta conseguenze negative.

De-marketing
Insieme di azioni svolte dall'impresa per ridurre volontariamente le vendite del proprio prodotto. Si può rendere necessario il de-marketing, ad esempio, quando si deve ridurre l'affollamento in certi luoghi o orari, per semplificare problematiche di tipo logistico, o per evitare che un abuso di consumo di una certa tipologia di prodotto possa andare a svantaggio dello stesso cliente.

Per potersi collocare nel quadrante in alto a sinistra, le aziende devono quindi:
- ridurre al minimo gli effetti dannosi dei loro prodotti;
- informare ed educare a un consumo responsabile;
- se necessario, attuare vere e proprie politiche di de-marketing.

In questa prospettiva, ad esempio, le aziende del tabacco hanno iniziato da anni a comunicare ai clienti la reale nocività dei loro prodotti, e a fare esplicite campagne per la prevenzione del fumo tra i giovani. Le aziende nel comparto food hanno lanciato invece messaggi per sensibilizzare sui problemi derivanti da eccessiva assimilazione di grassi e calorie.

24.2.3 Il green marketing

Ogni miglioramento dell'offerta, che nell'ottica del marketing responsabile produce un effetto positivo sul consumatore, nel breve o nel lungo periodo determina in qualche misura un vantaggio competitivo per chi la propone. Difficile però che questo risultato venga raggiunto anche nel caso in cui il beneficio (o il minore impatto negativo) ricada prevalentemente sulla collettività. Ma è proprio questo l'ambito del green marketing (figura 24.3), che presuppone un'attenzione prioritaria agli effetti della produzione e del consumo a livello collettivo. Per essere realmente "green", il marketing non deve tenere conto del solo impatto ambientale, ma anche dell'ambito sociale, ad esempio per quanto attiene alla sua responsabilità nei confronti dei lavoratori e dei paesi del terzo mondo. È un posizionamento difficile, soprattutto perché in molti casi può mettere in discussione lo stesso presupposto di fondo del marketing classico: la soddisfazione del cliente. Questo accade quando viene chiesto al singolo individuo di sostenere un sovrapprezzo – o comunque un maggior costo o minore performance rispetto ad analoghe offerte della concorrenza – a fronte del quale egli non riceve una contropartita in termini reali. In genere, al di là delle dichiarazioni di principio, non sono molti i consumatori disposti a preferire prodotti "socialmente responsabili". Ecco perché il green marketing rimane in molti settori industriali una nicchia poco sostenibile dal punto di vista economico.

Figura 24.3

L'area del green marketing.

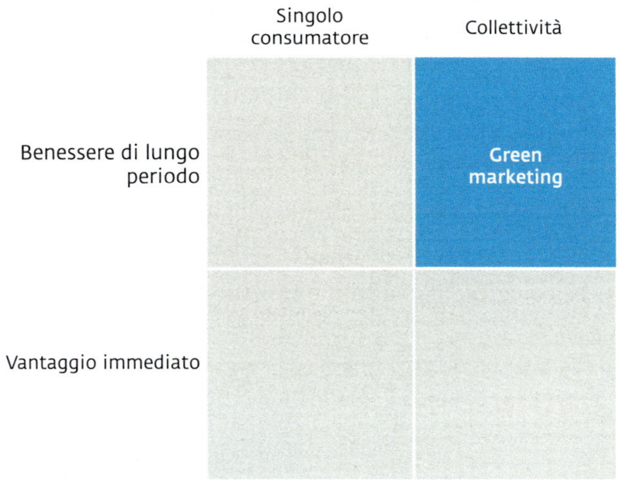

24.2.4 Il cause-related marketing

Per altri motivi non è sostenibile neanche l'area in basso nella matrice (figura 24.4), che alla soddisfazione immediata del consumatore aggiunge un impegno nel produrre un beneficio collettivo, solo di breve periodo e spesso solo formale. Si tratta di iniziative di cause-related marketing, con le quali un'impresa si impegna a fornire un contributo economico, o una percentuale sui ricavi provenienti dalla vendita di un suo prodotto, a favore di una causa specifica. È il caso, ad esempio, delle iniziative filantropiche di sostegno a organizzazioni non profit o campagne umanitarie, tipicamente collegate alla promozione di un prodotto commerciale. Negli ultimi anni questo tipo di approccio viene facilmente ricompreso nell'ambito del greenwashing.

Greenwashing

Letteralmente "una lavata di verde", indica le pratiche adottate dalle aziende che vogliono acquisire, con poco sforzo, una reputazione "ecologica". In pratica, un "green marketing di facciata" fatto per migliorare l'immagine aziendale, senza incidere realmente sull'ecoefficienza dei processi produttivi, né sull'ecocompatibilità dei prodotti venduti.

Figura 24.4

L'area del cause-related marketing.

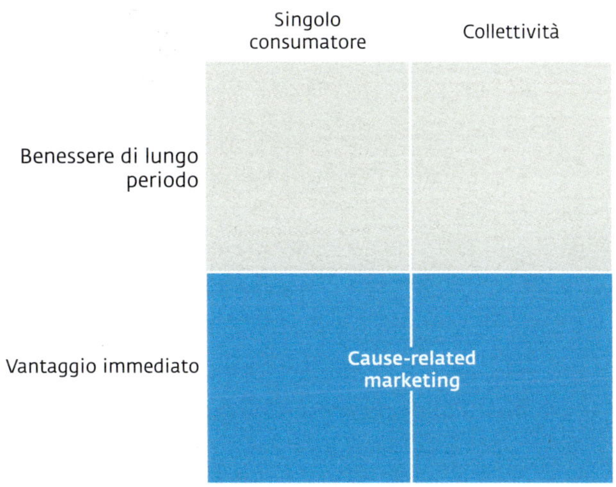

24.2.5 Il marketing sostenibile

La vera sfida del "nuovo marketing" è dunque quella che consente di uscire dalla nicchia del green marketing e dalle tentazioni del cause-related marketing per abbracciare, in un'unica offerta, tutta l'area della **sostenibilità** (figura 24.5).
In questo caso il beneficio di breve e lungo periodo della collettività si affianca e non si sostituisce al vantaggio del consumatore, per garantire la sostenibilità economica oltre che ambientale e sociale dell'impresa.
È evidente che per attuare un simile approccio, che non implica il rapporto solo con i consumatori in quanto tali, ma presuppone il coinvolgimento di tutti gli altri stakeholder dell'azienda, il marketing non può agire da solo. Le ricadute organizzative vanno infatti ben al di là dei confini operativi della funzione, coinvolgendo l'organizzazione aziendale nel suo complesso, a partire dal vertice.

Sostenibilità

La traduzione letterale di "sustainability" in "sostenibilità", può generare confusione. Infatti, in italiano, almeno nel linguaggio comune, "sostenibile" viene inteso come sinonimo di "tollerabile" o "sopportabile". La traduzione corretta sarebbe "durevole": proprio come propongono i francesi traducendo "sviluppo sostenibile" con il termine "développement durable".

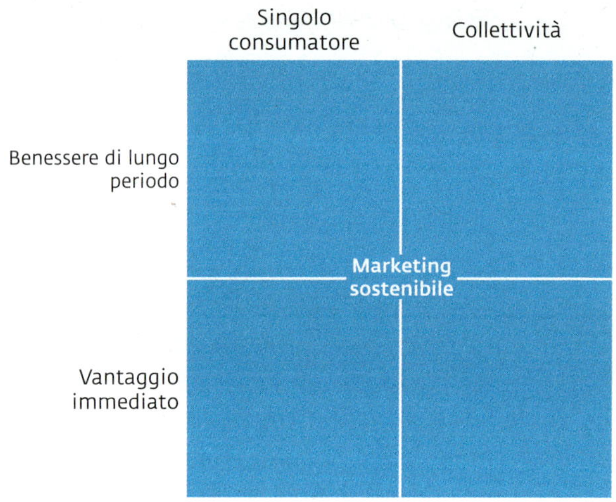

Figura 24.5

L'area del marketing sostenibile.

24.3 Le nuove responsabilità del marketing sostenibile

Un'azienda che voglia avviarsi verso un percorso di sostenibilità deve sostanzialmente ampliare lo spettro delle proprie responsabilità. Tradizionalmente, in una classica economia di tipo capitalistico, l'obiettivo unico del management era quello di creare valore per gli azionisti e da questo dipendeva anche la quotazione finanziaria dell'impresa. Sulla capacità di generare profitti veniva misurata l'efficacia degli amministratori e anche la performance delle diverse funzioni, marketing compreso.

Le multinazionali anglosassoni sono state pioniere della responsabilità sociale.

Un approccio "sostenibile" (ossia capace di far sopravvivere l'azienda nel lungo periodo) impone ben altre attenzioni. Nel tempo (almeno a partire dagli anni Settanta) si è chiesto alle aziende di tenere conto anche degli interessi dei lavoratori: oggi sappiamo che con la delocalizzazione della produzione questo non avviene in tutti i paesi (il caso Foxconn-Apple ci dà la misura di cosa voglia dire non essere proattivi in questo ambito). A partire dagli anni Novanta c'è stata l'epopea della customer satisfaction, seguita – anche a causa dei grandi disastri ambientali (come Bophal o Seveso, o molto più di recente l'Ilva di Taranto) – dall'attenzione nei confronti della comunità che vive a ridosso dell'azienda e dei suoi impianti, per poi includere la collettività nella sua accezione più ampia e infine dall'ambiente (figura 24.6).

Figura 24.6

Dal "vantaggio immediato" al "benessere di lungo periodo".

I livelli di responsabilità

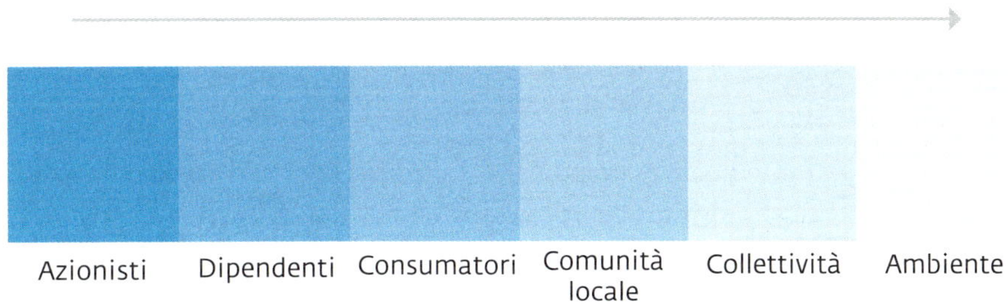

Per poter rispondere a queste nuove e complesse sfide, le aziende non possono limitarsi ad agire da sole, ma devono farsi carico di tutta la filiera all'interno della

Focus Il confine tra marketing sostenibile e greenwashing

Quando c'è di mezzo la qualifica "green" è sempre bene valutare fino a che punto ciò che un'impresa comunica sia coerente con i suoi comportamenti. Sono tutt'altro che rari infatti i casi di greenwashing, intendendo con questo termine le attività messe in atto da aziende per acquisire una reputazione "verde", senza averne in realtà diritto.

Le origini di questa strategia risalgono agli anni Settanta e Ottanta, quando veniva utilizzata in modo strumentale per distogliere l'attenzione dell'opinione pubblica e dei media dai propri impatti ambientali particolarmente negativi (talvolta veri e propri disastri) provocati da attività produttive realizzate senza scrupoli.

Oggi si fa greenwashing soprattutto attraverso attività di comunicazione, non solo di tipo strettamente commerciale (come le pubblicità o il packaging dei prodotti) ma anche nei confronti di un pubblico più ampio, come opinion leader o istituzioni.

Un elemento che in genere contraddistingue questo tipo di attività, rispetto alle corrette campagne di marketing sostenibile, è l'assenza di riferimenti chiari alla propria specifica attività di business e di informazioni relative ad azioni concrete intraprese per renderla più sostenibile.

Il greenwashing è una pratica che, in modo più o meno marcato, è stata sempre utilizzata dalle imprese, ben prima degli anni Settanta. Basti pensare a tutte le attività di filantropia aziendale, non correlate al business dell'azienda e non integrate da un reale sforzo nel ridurre il proprio impatto ambientale o migliorare quello sociale (donazioni, sponsorizzazioni, cause-related marketing e così via): tutte iniziative che un tempo potevano essere considerate più che sufficienti per testimoniare il proprio impegno verso la collettività e che oggi, invece, rischiano di essere addirittura controproducenti, se non altro in termini di reputazione.

Va detto che le attività di greenwashing non sono sempre il risultato di un atteggiamento opportunista, ma in molti casi possono dipendere da una mancanza di competenze in materia di management ambientale sia da parte delle aziende che del mercato.

Ciò che ha modificato negli ultimi tempi la percezione (e le richieste) da parte dei consumatori è anche la nuova coscienza dello stato di salute del nostro pianeta e la maggiore consapevolezza di quale sia il vero ruolo delle imprese in un percorso concreto verso la sostenibilità ambientale.

In questa ottica è bene sottolineare che il "vero" marketing sostenibile è quello che nasce quando l'azienda, e i suoi clienti, assumono nelle proprie attività economiche e sociali una prospettiva di lungo periodo, che tenga conto del fatto che le risorse

→

naturali (a partire da terra, aria e acqua) non sono infinite, e che quindi è indispensabile un loro uso responsabile per non ledere i diritti della collettività e delle future generazioni.
Quindi, ciò che distingue una corretta pratica di marketing sostenibile dal greenwashing è l'aver agito in modo proattivo (ossia facendo di più rispetto a quanto la legge e il mercato esplicitamente richiedono) per ridurre gli impatti della propria offerta, coniugando quindi risultati economici e tutela dell'ambiente.
Questo avviene modificando i propri processi e il proprio prodotto relativamente a tutto il suo ciclo di vita (dalla fornitura delle materie prime fino allo smaltimento o eventuale riciclo), ed educando il cliente a un comportamento di consumo più responsabile.
Alla base del marketing sostenibile c'è dunque uno sforzo a "fare di più" rispetto a quello che il normale marketing suggerirebbe, acquisendo con ciò un posizionamento distintivo nei confronti dei concorrenti.

Fonte: Pratesi, 2011

quale operano: sia a valle, ossia verso il trade e i consumatori, sia a monte verso i fornitori, come indicato nella figura 24.7.

E soprattutto le aziende sono chiamate ad adottare una prospettiva di lungo periodo, molto distante dal consueto approccio, estremizzato negli ultimi anni dal mondo della finanza, ma gradito anche agli economisti, a partire da Keynes che coniò il celebre aforisma: «In the long run we are all dead».

Figura 24.7

La matrice della sostenibilità.

Filiera →

Responsabilità ↓

	Fornitori	Produzione	Distribuzione	Mercato
Risorse umane				
Consumatori				
Comunità				
Ambiente				

Proprio per evitare che le prossime generazioni non abbiano problemi di sopravvivenza, il marketing sostenibile deve svolgere un ruolo di leadership in azienda, coinvolgendo tutte le funzioni verso un obiettivo comune. In passato fu proprio il marketing a mettere in risalto la centralità del cliente, orientando nel tempo tutta l'organizzazione in questa direzione. Oggi lo stesso impegno deve essere profuso verso tutti gli stakeholder (dimensione verticale), lungo tutta la filiera (dimensione orizzontale), e mantenuto costante nel tempo.
È evidentemente un problema complesso che, come tutti i problemi complessi, può prevedere soluzioni che nel breve periodo peggiorano la situazione, ma che nel tempo sono di gran lunga preferibili rispetto a soluzioni che danno risultati positivi solo nel breve, mentre nel lungo peggiorano la situazione.

Open Innovation

Termine coniato da Henry Chesbrough. Secondo questo paradigma le imprese possono e devono usare le idee provenienti dall'esterno così come quelle interne, per aumentare il livello di tecnologia e innovazione.

Per raggiungere gli obiettivi c'è comunque bisogno dell'impegno e della collaborazione di tutti gli attori del sistema – secondo l'approccio Open Innovation: non solo l'impresa nel suo complesso, chiamata a innovare realmente la propria offerta (non servono a nulla le semplici operazioni di facciata) ed educando i propri clienti verso scelte più responsabili; ma anche le istituzioni, con leggi mirate e attraverso gli incentivi verdi; le non profit, con appropriati servizi alle imprese; le università, mettendo a fattor comune le ricerche nei campi della scienza, del sociale e dell'ecologia, al fine di generare secondo un approccio di tipo interdisciplinare le soluzioni per la sostenibilità.

La pubblicità ha sempre fatto ampio ricorso a messaggi a sfondo sessuale per aumentare la propria efficacia. La sempre maggiore sensibilità al tema del rispetto per le donne, tuttavia, inizia a mettere in crisi questo modello creativo, oramai difficilmente sostenibile.

Questa evoluzione implica anche alcune importanti trasformazioni nella struttura e nei processi aziendali, che coinvolgono fortemente la funzione Marketing. Ad esempio, acquistano sempre più forza e capacità di influenza gli uffici legali e quelli responsabili delle politiche ambientali. E poi diventa sempre più difficile, in un'ottica di sostenibilità, continuare a mantenere separate le decisioni relative alla supply chain (quindi materie prime e fornitori) dalle scelte produttive e distributive. Infine, perde molto del suo significato la distinzione tra comunicazione di tipo commerciale/marketing e comunicazione corporate, considerato che le imprese saranno sempre più impegnate nel far sapere al mondo "chi sono" piuttosto che "cosa vendono", puntando quindi sulla esplicitazione dei loro valori, rispetto ai quali i prodotti finiscono per esserne (solo) una delle possibili rappresentazioni.

Case History — Barilla Center for Food and Nutrition

Secondo quanto riportato da studi recenti, il mantenimento nel lungo periodo delle attuali pratiche di produzione e consumo di cibo potrà determinare profonde crisi alimentari in diverse parti del mondo. Ciò dimostra che scorrette abitudini alimentari comportano, oltre a effetti di natura nutrizionale, anche ricadute ambientali di notevole entità. Basti pensare che se si modificasse il proprio stile alimentare – ad esempio passando a una dieta più ricca di frutta, verdura e cereali, limitando la quantità di proteine animali – gli impatti ambientali si ridurrebbero in misura cospicua.

Proprio perché consapevole degli impatti che le nostre abitudini alimentari hanno sull'ambiente, nel 2010 il centro di pensiero Barilla Center for Food and Nutrition (BCFN) ha sviluppato il modello della doppia piramide alimentare e ambientale, uno strumento che collega l'aspetto nutrizionale degli alimenti con il corrispettivo impatto ambientale.

Come si nota dalla figura, la prima piramide mostra i vari gruppi di alimenti in modo scalare, inseriti secondo i principi della dieta mediterranea: alla base si trovano i cibi di origine vegetale a ridotta densità energetica, ma ricchi in termini di nutrienti (vitamine, sali minerali, acqua) e di composti protettivi come le fibre. Salendo progressivamente si trovano gli alimenti a crescente densità energetica (molto presenti nella dieta nordamericana), che andrebbero consumati con una frequenza minore.

La piramide ambientale è stata costruita utilizzando dati disponibili in letteratura sulla base della stima degli impatti ambientali associati a ogni singolo alimento, valutandone l'intero ciclo di vita (Life Cycle Assessment). Questa metodologia scientifica, analizzando l'intera filiera di produzione di un alimento a partire dalle materie prime necessarie, fino alla gestione dei rifiuti generati, permette di valutarne gli impatti ambientali. Questi ultimi sono stati stimati utilizzando tre indicatori di sintesi: l'ecological footprint (che misura la capacità della nostra terra di rigenerare le risorse impiegate), il carbon footprint (che analizza le emissioni dei gas a effetto serra) e il water footprint (che rileva l'utilizzo della risorsa idrica).

Attraverso la doppia piramide si percepisce come gli alimenti che hanno un maggiore impatto sull'ambiente siano quelli che vanno consumati in misura minore (p.e. la carne rossa), viceversa, i cibi che andrebbero consumati in misura maggiore, come frutta e verdura, hanno un impatto ambientale minore. Attraverso questo modello – presentato in diverse occasioni pubbliche e presso diverse istituzioni, tra cui la Food and Agricultural Organization – il centro Barilla si propone di educare il consumatore verso regimi alimentari più sostenibili per la salute e per l'ambiente.

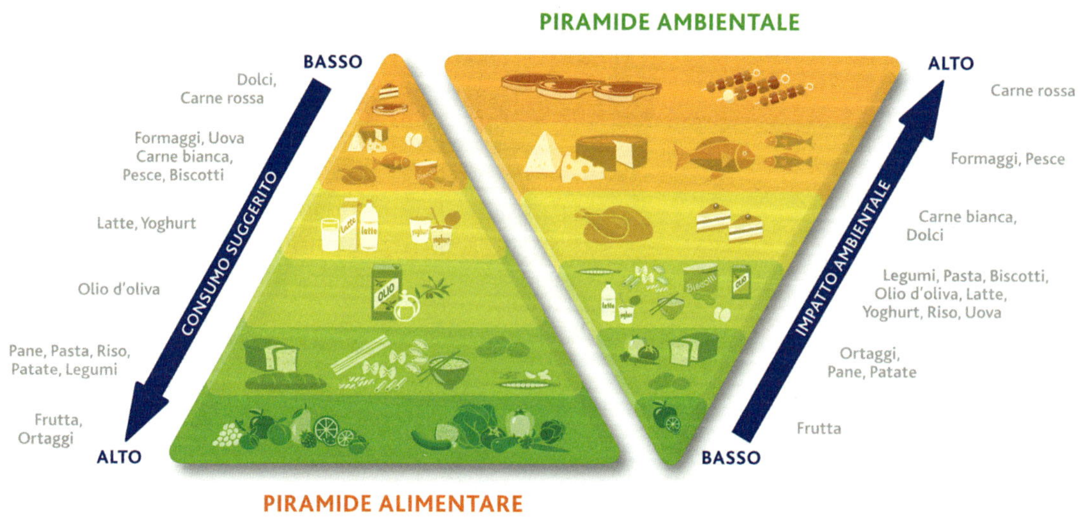

Conclusioni

Alla fine degli anni Novanta per le aziende tenere in considerazione le problematiche ambientali all'interno del loro processo di formulazione delle strategie di marketing e comunicazione poteva essere considerata una scelta piuttosto originale. Un posizionamento distintivo e di nicchia utile per raggiungere un numero piuttosto esiguo di potenziali consumatori, sensibili e disponibili a spendere qualcosa di più a vantaggio della collettività.

In quei tempi, in molti casi, quella del green marketing spesso finiva per essere una strategia azzardata, troppe volte indebolita dal fatto che i consumatori percepivano l'opzione verde come un'alternativa d'acquisto penalizzante in termini di performance del prodotto, perlopiù limitata a chi manifestava un atteggiamento di tipo filantropico. Oggi il green marketing non è più la strada per acquisire un posizionamento vantaggioso e unico sul mercato, né per essere percepiti come "responsabili", o per evitare di incorrere in sanzioni amministrative e penali. È qualcosa di molto più importante: la condizione necessaria per la sopravvivenza stessa del proprio business.

Facile quindi prevedere che tra poco non si parlerà più di "green marketing", o di "marketing sostenibile" ma semplicemente di "marketing". E chi si ostinerà a mantenere un atteggiamento di breve periodo, ancorato a un vecchio modo di pensare al valore dell'impresa, più vicino alle questioni finanziarie che a quelle sociali, rischierà grosso, perché un qualunque minimo sussulto dell'opinione pubblica potrà avere effetti catastrofici sui suoi risultati economici.

Parte VII
Le principali declinazioni del marketing

Il marketing management ha visto ampliarsi costantemente lo spettro delle proprie applicazioni: nato sostanzialmente per rispondere alle problematiche di un'offerta superiore alla domanda, nel comparto dei beni di largo consumo, si è esteso nel tempo a tanti altri campi. Oggi si parla sempre più spesso di marketing turistico, marketing dei beni e attività culturali, marketing della moda, marketing B2B, marketing del non profit e via dicendo. Dare conto di tutti gli ambiti di specializzazione del marketing management esula dagli obiettivi di questo libro.
Tuttavia, anche in un manuale di base come questo, non ci si può esimere dal prendere in considerazione almeno tre ambiti di specializzazione del marketing che rientrano oramai a buon titolo nel corpus della disciplina.
Il *retailing marketing* concerne l'applicazione del marketing alle condotte competitive e di mercato delle imprese commerciali, grandi protagoniste del cambiamento dei consumi e dei mercati nei paesi industrializzati, grazie alla cosiddetta *rivoluzione commerciale* che nel corso dell'ultimo trentennio ha modernizzato i sistemi distributivi italiani nelle strutture e nei comportamenti. Il *service marketing* rappresenta ormai un corpus quasi autonomo della disciplina, a ragione dell'enorme rilevanza che la cosiddetta *service economy* è andata assumendo nell'economia dei paesi più avanzati del mondo. A livello macroeconomico è a tutti noto, infatti, che per livelli occupazionali e valore aggiunto generato, per citare solo due indicatori, la terziarizzazione delle economie è un fatto acquisito. L'impresa di servizi – categoria alla quale appartiene anche il dettagliante, cui si è appena fatto cenno – vive delle problematiche del tutto peculiari, che non mancano di esercitare profondi condizionamenti sulle sue scelte di marketing.
Il capitolo dedicato al *marketing internazionale* chiude questa parte dedicata alle specializzazioni fondamentali del marketing management. Nel XXI secolo, in tempi di globalizzazione dell'economia, risulta quasi retorico affermare che la dimensione multi-country dei mercati è una condizione necessaria (ancorché non sufficiente) ad assicurare la sopravvivenza e lo sviluppo di lungo termine di un'impresa. Un paese come il nostro, povero di risorse – ma custode di una tradizione, cultura e reputazione manifatturiera senza pari al mondo – basa una buona parte della propria economia sull'export e sull'internazionalizzazione delle proprie reti d'impresa. Il capitolo presenta una panoramica delle scelte fondamentali che l'impresa deve assumere per operare efficacemente nei mercati internazionali.
La lettura di questi tre capitoli finali consentirà al lettore di completare la panoramica della disciplina, integrando quanto appreso nelle parti precedenti con queste applicazioni di contesto. Si suggerisce pertanto, ai fini di una piena comprensione delle problematiche trattate, di fare una lettura "a sistema" del capitolo sul *retailing marketing* con quello sulle *scelte distributive* (▸ Capitolo 14) e quello del *trade marketing* (▸ Capitolo 19), non dimenticando le fondamentali connessioni con il *service marketing*. Il capitolo sul *marketing internazionale* può essere utilmente analizzato in combinato ai capitoli della ▸ Parte IV del manuale.

Tutto, totalità, sono parole di cui diffido sempre un poco. Non ci può essere un tutto dato, attuale, presente, ma solo un pulviscolo di possibilità che si aggregano e si disgregano.
I. Calvino, *Lezioni americane*, "Appendice. Cominciare e finire"

Indice della parte

Capitolo 25
Retail marketing

Capitolo 26
Service marketing

Capitolo 27
Mercati internazionali

25 Retail marketing

di **Alberto Pastore**

Indice del capitolo

Introduzione

25.1 Il marketing dei distributori: decisioni strategiche

25.2 Il valore aggiunto del retailer
- 25.2.1 I servizi commerciali
- 25.2.2 Le formule distributive

25.3 Il retailing mix
- 25.3.1 Le scelte di assortimento
- 25.3.2 Prezzi e promozioni
- 25.3.3 La gestione dello spazio

25.4 Il branding distributivo

Conclusioni

Abstract

Il capitolo tratta le specificità del marketing delle imprese commerciali (retail marketing) con riferimento alle decisioni strategiche e, in modo più approfondito, alle decisioni operative. Inizialmente viene esaminato il prodotto dell'impresa distributiva, andando a interpretare l'influenza che esso determina sulle specificità dell'approccio di marketing del trade. Vengono poi analizzate alcune tra le principali leve del marketing mix del distributore: la definizione dell'assortimento, le politiche di prezzo e promozionali, la gestione dello spazio espositivo. Infine, data la rilevanza che riveste nelle strategie dei distributori, viene proposto un breve approfondimento sulle marche commerciali.

Introduzione

La trasformazione dei sistemi distributivi di cui abbiamo parlato nel ▸ Capitolo 19 (rivoluzione commerciale, liberalizzazione, internazionalizzazione) ha modificato profondamente il ruolo degli operatori commerciali nei canali non integrati, determinando l'apertura di un nuovo mercato di riferimento per l'industria: il mercato intermedio. Il produttore non vende più *attraverso* la distribuzione, ma vende anzitutto *alla* distribuzione, la quale non è più una leva di marketing dell'industria, ma un soggetto autonomo, con proprie strategie e problematiche organizzative. Le imprese commerciali crescono sotto il profilo dimensionale e del potere di mercato e maturano competenze gestionali e di marketing specifiche e di elevato profilo, affermando la propria autonomia strategica e operativa rispetto all'industria. Con riferimento alle strategie di mercato, i distributori da una parte mirano a ottenere la preferenza dei consumatori per l'insegna dei propri punti vendita, e a consolidarla in termini di fidelizzazione (store loyalty), dall'altra cercano di influenzare il comportamento d'acquisto dei consumatori all'interno del punto vendita, in funzione dei propri interessi commerciali.
È importante allora analizzare le modalità con le quali le imprese distributive realizzano il loro approccio al mercato, focalizzando l'attenzione sulle specificità del retail marketing, sia su un piano strategico sia su un piano operativo.

25.1 Il marketing dei distributori: decisioni strategiche

Sotto il profilo dei principi generali e dell'approccio metodologico (orientamento al profitto, efficienza ed efficacia, economicità), il processo di marketing di un'impresa commerciale non differisce da quello di un'impresa industriale o di servizi. Come abbiamo visto nel ▸ Capitolo 4, evidentemente anche per i distributori esso si declina nelle tipiche quattro fasi del marketing e cioè: analitico, strategico, operativo e del controllo. Le differenze, talvolta rilevanti, riguardano i contenuti, in termini di problematiche da affrontare e risolvere, nonché delle specifiche tecniche e strumentazioni a supporto.
Nell'ambito del marketing strategico, un'impresa commerciale si trova a dover prendere importanti decisioni in merito ai seguenti punti "caratterizzanti".

- *Scelte di business*. Occorre definire in quali canali operare, con quali formule distributive, in quali categorie di prodotti-servizi (superando le barriere merceologiche), in quali mercati geografici.

Alcuni retailer offrono un paniere di servizi accessori molto ricco, che ne arricchisce la product offering e attrae il compratore.

- *Segmentazione, targeting e posizionamento.* Una volta definito il business, bisogna specificare la strategia di segmentazione (marketing indifferenziato, differenziato, focalizzato), individuare il target primario di consumatori, definire il posizionamento distintivo (basato sulla convenienza, sul servizio, sull'esclusività ecc.).
- *Rapporti verticali e integrazione a monte.* L'impresa commerciale deve definire la propria strategia relazionale verso l'industria (collaborativa, competitiva, cooperativa) e valutare le opportunità strategiche derivanti dalle diverse modalità di integrazione a monte (integrazione verticale tout court, franchising, marca commerciale ecc.).
- *Alleanze e partnership.* I retailer devono sviluppare strategie di collaborazione orizzontale, con l'obiettivo di incrementare il potere di mercato e/o integrare le risorse e le competenze per progetti di sviluppo comuni; a tale scopo, le modalità più diffuse sono la partecipazione a gruppi d'acquisto e/o supercentrali internazionali, lo sviluppo di alleanze strategiche, la realizzazione di joint venture.
- *Localizzazione dei punti vendita.* I punti vendita sono gli "impianti" dell'impresa commerciale e la loro collocazione fisica sul territorio è una scelta molto vincolante e assai rilevante per il successo sul mercato. In merito occorre da una parte definire la strategia generale in termini di copertura e distribuzione geografica, dall'altra svolgere delle accurate analisi competitive e del bacino di utenza per la scelta della specifica location.
- *Organizzazione e struttura logistica.* Time to market, efficienza del processo e livello di servizio sono fortemente legati a scelte di tipo strategico in ordine a soluzioni di just in time distributivo, livello di outsourcing, consegna diretta o indiretta al punto vendita, realizzazione di centri di distribuzione proprietari.

Time to market

È il tempo di risposta a un'esigenza del mercato. Applicato alla sfera logistica, consiste nel tempo che intercorre tra la rilevazione del fabbisogno e la consegna al punto vendita.

Just in time distributivo

È un metodo di rifornimento dei punti vendita efficiente, secondo il quale il riordino della merce al fornitore viene attivato direttamente dalla rilevazione della vendita del prodotto.

Ma le specificità del retail marketing si rilevano ancor di più nell'ambito del marketing operativo, anche in relazione alla particolare natura del suo output, composto da un mix di beni e servizi.
Su tali aspetti, dunque, ci soffermeremo più in dettaglio nei prossimi paragrafi.

25.2 Il valore aggiunto del retailer

Le imprese commerciali sono una particolare categoria di imprese di servizi e per loro valgono molte delle considerazioni del ▸ Capitolo 26. Il loro output economico, infatti, è di tipo composito ed è costituito da una componente materiale, i prodotti che vengono distribuiti, e da una immateriale, il cosiddetto "servizio commerciale", che, come abbiamo visto nel ▸ Capitolo 19, è costituito da quell'insieme di attività che sono necessarie per collocare sul mercato i prodotti.
Grazie al servizio commerciale si possono colmare i *gap* che impediscono l'incontro diretto tra produttori e consumatori:

- *temporali*, dovuti all'imprescindibile divario tra il momento della produzione e quello dell'espressione della domanda;
- *spaziali*, relativi alla distanza fisica tra il luogo di produzione e il luogo di acquisto e consumo;

- *quantitativi*, legati alla differenza tra i lotti di produzione e le unità richieste dagli acquirenti;
- *qualitativi*, connessi alla limitatezza dell'offerta del singolo produttore rispetto alla varietà assortimentale ricercata dalla domanda.

25.2.1 I servizi commerciali

La natura del servizio commerciale è multiforme, essendo costituito da un insieme di servizi elementari logistici, di adattamento, informativi e accessori (figura 25.1).

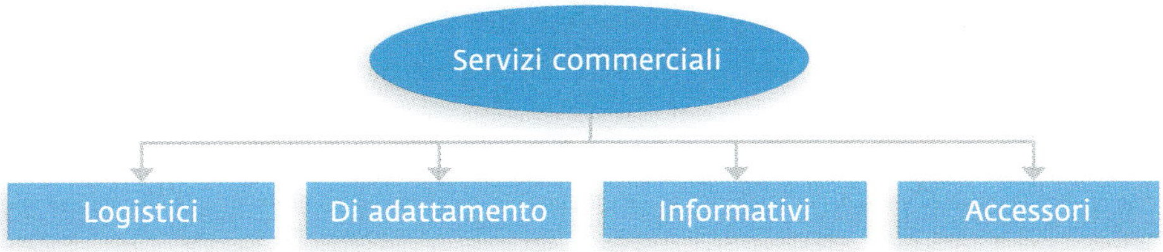

Figura 25.1
Tipologie di servizi commerciali.

I servizi *logistici* concernono sostanzialmente il trasferimento fisico dei beni dal luogo di produzione al luogo di acquisto e/o di consumo. Si tratta dunque di servizi relativi a prossimità, trasporto, magazzinaggio. Il servizio di prossimità, realizzato attraverso l'ubicazione, il facile accesso al punto vendita, la disponibilità di parcheggi, consente all'acquirente di minimizzare il tempo e gli oneri necessari per raggiungere il punto vendita. Attraverso il trasporto e la consegna a domicilio si massimizza il *servizio di prossimità*, annullando la distanza tra l'acquirente e l'impresa. Il servizio di magazzinaggio invece consente di avere la disponibilità dei beni in un determinato luogo (grazie alla funzione di magazzino) e nel momento desiderato dall'acquirente (in relazione all'orario di apertura).
Accanto ai servizi di natura logistica si collocano quelli definiti di *adattamento* qualitativo e quantitativo dell'offerta. L'adattamento qualitativo concerne la definizione dell'assortimento in termini di categorie merceologiche trattate; in caso di assortimenti ampi, costituiti da un elevato numero di categorie merceologiche, gli acquirenti possono concentrare gli acquisti in un'unica soluzione, senza recarsi presso più punti vendita e perciò risparmiando tempo e denaro. L'ipermercato, ad esempio, costituisce un formato commerciale che svolge adeguatamente questa funzione. L'adattamento quantitativo invece riguarda il frazionamento delle *sales units*, che consente di passare dai quantitativi dettati dai processi di produzione a quelli richiesti dai singoli acquirenti.
I servizi di carattere *informativo* forniscono al consumatore le informazioni utili per le sue decisioni d'acquisto e riguardano la selezione dell'assortimento, la comunicazione realizzata nel punto vendita e quella realizzata attraverso i media. La definizione dell'assortimento in termini di marche e referenze trattate (profondità) richiede una selezione dei prodotti industriali; attraverso quest'attività il distributore indirettamente garantisce i prodotti offerti, consentendo al consumatore di ridurre il tempo e i costi da destinare all'attività di ricerca e valutazione dei prodotti di interesse. La comunicazione *in-store*, volta a risolvere ogni esigenza informativa della clientela, viene fornita sia attraverso il personale del punto vendita, sia attraverso i

Display

Il display concerne le tecniche per la presentazione del prodotto negli spazi di vendita.

vari strumenti di comunicazione utilizzabili nel punto vendita, ivi compresa la gestione dello spazio espositivo e del display (▸ §25.3.3). La comunicazione esterna, infine, viene realizzata attraverso i vari strumenti del marketing communication mix, dalla pubblicità al direct marketing, alle pubbliche relazioni.
Ai servizi logistici, di adattamento e informativi vanno ad aggiungersi i cosiddetti *servizi accessori*. Essi riguardano aspetti specifici del processo di erogazione, come la velocità e facilità di fruizione, che riducono gli oneri di tempo investiti nel processo d'acquisto, o la sua gradevolezza, dovuta alla piacevolezza dell'ambientazione, all'ordine e alla pulizia, alla cortesia del personale. Inoltre, tra i servizi accessori si collocano le attività di intrattenimento, che concernono l'aspetto ludico, esperienziale e sociale del processo d'acquisto. Infine, troviamo il servizio di finanziamento, dovuto alle condizioni di dilazione del pagamento e all'erogazione di credito, e soprattutto per i beni di consumo durevole l'*assistenza post-vendita*, ad esempio per quanto riguarda la manutenzione e i ricambi.

25.2.2 Le formule distributive

Il mix di servizi commerciali elementari, così come sopra definiti, configurato in modo organico in un punto vendita, viene definito *formula distributiva*.
Le formule distributive si distinguono dunque per il mix di servizi logistici, di adattamento, informativi, accessori erogati. Tra le variabili più rilevanti in merito vi sono: la dimensione del punto vendita, l'assortimento, la tecnica di vendita (assistita o selfservice), la tipologia di servizio personale, l'ubicazione, il posizionamento dei prezzi.
A titolo esemplificativo, utilizzando le variabili suddette, nella tabella 25.1 mettiamo a confronto la formula dell'ipermercato con quella del punto vendita alimentare di vicinato, da cui si evince la differente funzione delle due formule: la prima è volta a soddisfare il bisogno della spesa di rifornimento, la seconda è orientata a soddisfare il bisogno della spesa giornaliera.

Tabella 25.1

Due formule distributive a confronto.

	Ipermercato	Negozio di prossimità
Dimensione	Oltre i 2500 metri quadri	Inferiore ai 200 metri quadri
Assortimento	Molto ampio e profondo, con significativa estensione nel non food	Assai poco ampio e profondo, solamente le categorie base del food
Tecnica di vendita	Quasi esclusivamente self-service	Vendita assistita
Tipologia servizio personale	Assente	Personalizzato
Ubicazione	Ampio bacino di utenza, localizzazione su direttrici di scorrimento	Vicinato
Posizionamento	Posizionamento basato sulla convenienza, intensa pressione promozionale	Posizionamento basato sul servizio

Nella tabella 25.2 proponiamo un elenco delle principali formule distributive della distribuzione al dettaglio, distinguendo tra quelle utilizzate nel settore grocery e quelle del settore non grocery o non food. Esso presenta anche le cosiddette formule distributive *non store*, che non si avvalgono di un punto vendita fisico.

Tabella 25.2

Le formule distributive.

Grocery		Non grocery	
Ambulante/Mercato	*Multimarca*	Ambulante	*Multimarca*
Negozio di prossimità	*Multimarca*	Negozio specializzato	*Mono/Multimarca*
Negozio specializzato	*Multimarca*	Grande magazzino	*Multimarca*
Superette	*Multimarca*	Magazzino popolare	*Multimarca*
Supermercato	*Multimarca*	Mercatone	*Multimarca*
Superstore	*Multimarca*	Grande Superficie Specializzata (GSS)	*Mono/Multimarca*
Ipermercato	*Multimarca*	Flagship store	*Monomaca*
Discount	*Multimarca*	Factory outlet store	*Monomarca*
Convenience store	*Multimarca*	Concept store	*Multimarca*
		Temporary store	*Monomarca*
		Corner	*Monomarca*
Non store		Non store	
– Commercio elettronico	*Mono/Multimarca*	– Commercio elettronico	*Mono/Multimarca*
– Network selling	*Monomarca*	– Network selling	*Monomarca*
– Vendite postali	*Mono/Multimarca*	– Vendite postali	*Mono/Multimarca*
– Distributori automatici	*Multimarca*	– Distributori automatici	*Multimarca*
– Door to door	*Monomarca*	– Door to door	*Monomarca*
		– Telemarketing	*Monomarca*

È opportuno evidenziare che alcune formule sono utilizzate nell'ambito dei canali integrati (▸ Capitolo 14), presentano assortimenti monomarca e sono gestite direttamente o indirettamente dai produttori: flagship store (p.e. Armani), factory outlet store (p.e. Burberry nell'Outlet Village di Castel Romano), temporary store (p.e. Nivea), **network selling** (p.e. Amway), **door to door** (p.e. Bofrost).
Altre possono essere utilizzate sia nei canali integrati sia in quelli non integrati e

Network selling

Il network selling (o network marketing, o marketing multilivello) è un sistema commerciale che prevede un approccio basato sull'impiego di forza vendita diretta, organizzata in forma piramidale.

Door to door

La formula di vendita door to door tradizionalmente prevede la presentazione del prodotto, la raccolta dell'ordine e la consegna direttamente presso il cliente. Nei rapporti continuativi, gli ordini possono essere emessi anche con modalità alternative, ad esempio via telefono. Si configurano così forme ibride tra door to door e direct marketing.

Il concept store TAD di Roma propone mobili e complementi di design per l'arredo casa in un ambiente elegante e sofisticato, corredato da servizi di accoglienza e ristoro.

Vending

La formula dei distributori automatici viene anche detta "vending". Questo canale in alcuni settori merceologici assume una rilevanza non marginale.

Concept store

Il concept store è un punto vendita costituito da un mix di più offerte integrate (prodotti, servizi, eventi ecc.) qualificate dalla medesima tematizzazione; nel concept store il cliente viene coinvolto in un'esperienza memorabile di intrattenimento e di "esplorazione culturale", oltre che di shopping.

Factory outlet village

I factory outlet village sono dei centri commerciali situati lontano dai centri abitati, che accolgono, in una location tematizzata, solo esercizi monomarca che propongono assortimenti a prezzi strutturalmente ribassati.

Retail park

I retail park sono delle aggregazioni spontanee di punti vendita di grande dimensioni (p.e. ipermercato, grandi superfici specializzate) collocate su ampie arterie viarie, che costituiscono delle aree commerciali a elevata attrattività.

conseguentemente essere gestite dai produttori o dai distributori e presentare assortimenti monomarca o plurimarca: negozio specializzato (p.e. Stefanel vs. Gente), grande superficie specializzata (p.e. Ikea vs. Decathlon), commercio elettronico (p.e. Dell vs. Amazon), vendite postali (p.e. Fratelli Carli). Nei canali non integrati verticalmente invece abbiamo le formule multimarca, utilizzate dalle imprese commerciali. Nel food: ambulante e banco fisso al mercato, negozio di prossimità (p.e. Margherita Conad), negozio specializzato (p.e. Franchi a Roma), superette (p.e. Carrefour Express), supermercato (p.e. Coop), superstore (p.e. Esselunga), ipermercato (p.e. Auchan), discount (p.e. Lidl), convenience store (p.e. Pam Express), vending. Nel non food: ambulante, grande magazzino (p.e. La Rinascente), magazzino popolare (p.e. Upim), mercatone (p.e. Mercatone Uno), concept store (p.e. TAD).

È opportuno, infine, fare un cenno alle cosiddette formule distributive composite, ovvero alle aggregazioni pianificate o spontanee di più punti vendita o formule distributive nel medesimo contesto commerciale. In questa fattispecie si annoverano i centri commerciali pianificati (p.e. Porta di Roma), i factory outlet village (p.e. Serravalle Designer Outlet), i centri commerciali naturali (p.e. via della Spiga a Milano), i retail park (p.e. l'area della Romanina a Roma).

Da quanto abbiamo detto precedentemente, deriva che l'output dell'impresa commerciale è caratterizzato dai tipici attributi dei servizi (▸ Capitolo 26): è composito, per cui la parte materiale (i prodotti distribuiti) non è separabile da quella immateriale; ha una rilevante componente immateriale, che determina la difficoltà di valutare e comparare i singoli elementi del servizio e la qualità complessiva; non è standardizzabile, in quanto i processi sono "labour intensive" e non facilmente tipizzabili; non è immagazzinabile, per cui non si può adattare il livello di "produzione" ai flussi di domanda. Questi elementi hanno naturalmente delle implicazioni gestionali e di marketing. In particolare, rilevante è il problema della rigidità della funzione di erogazione del servizio commerciale, fortemente basata su una struttura di costi fissi. La superficie di vendita, gli spazi a scaffale, la merce a magazzino, le casse, il personale (parzialmente), non possono essere modificati in funzione dell'affluenza, il che fa sì che il servizio risulti sovradimensionato nei momenti di minore afflusso (causando maggiori costi) e sottodimensionato nei momenti di picco (generando disservizi quali code, fuori stock ecc.).

25.3 Il retailing mix

Il retailing mix rappresenta la product offering del dettagliante, ovvero l'insieme di offerta con la quale si posiziona sul mercato, rivolgendosi a uno specifico target. Questa product offering aggiunge valore all'offerta dei produttori industriali, generando, come visto nel ▸ Capitolo 14, una molteplicità di utilità. Tra gli elementi fondamentali del retailing mix vi sono:

- l'*assortimento*, ossia il mix di product offering (categorie e marche) che trova accoglienza nei punti vendita;

- il *price positioning*, ovvero la scelta della fascia di valore nella quale collocarsi;
- l'*ambiente di vendita*, ossia lo spazio fisico, o virtuale nel caso dei pure player dell'e-commerce, dedicato all'esposizione e vendita della product offering;
- i *servizi accessori*, che in taluni casi (p.e. l'installazione di un elettrodomestico) vengono assolti dal retailer per conto del produttore.

Altra variabile fondamentale del retailing mix è il brand, la cui ampia rilevanza competitiva necessita di una trattazione approfondita (▸ §25.4).

25.3.1 Le scelte di assortimento

L'assortimento è certamente l'elemento principale della product offering del retailer. Esso definisce l'offerta del distributore in termini di natura, quantità e qualità dei prodotti e dei servizi trattati, qualificando in larga misura la posizione dell'insegna sul mercato.

Le scelte assortimentali devono rispondere a obiettivi di marketing ed economico-finanziari; l'assortimento infatti deve incontrare i bisogni e i desideri della domanda e contribuire a differenziare il punto vendita rispetto alla concorrenza, favorendo la store loyalty; al tempo stesso, deve consentire il raggiungimento degli attesi livelli di redditività.

A livello generale, la decisione fondamentale concerne il livello di *specializzazione* dell'offerta, che si esplicita manovrando le due leve fondamentali: l'ampiezza e la profondità dell'assortimento (figura 25.2). L'ampiezza dell'assortimento è data dal numero di categorie dei prodotti che lo compongono (▸ Capitolo 2), mentre la profondità concerne il numero di marche e di referenze nell'ambito di ciascuna categoria (p.e. nell'ambito della categoria smartphone: Apple, Nokia, Samsung, LG ecc. e i relativi modelli).

Le due dimensioni sono tra loro correlate e mostrano l'esistenza di un trade off che è dato dal vincolo della dimensione del punto vendita, e conseguentemente della

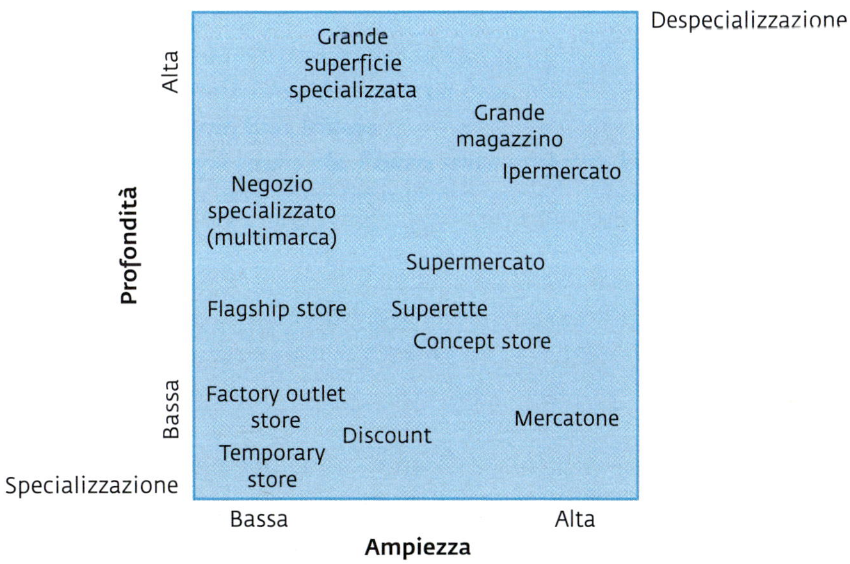

Figura 25.2
Formule distributive specializzate e despecializzate.

disponibilità di spazio espositivo. In relazione alla scelta inerente al formato distributivo da adottare e dell'interpretazione soggettiva di tale formato da parte della specifica insegna, l'offerta assortimentale si colloca lungo un continuum che parte da alti livelli di specializzazione (minima ampiezza ed elevata profondità, p.e. un negozio Tim specializzato in telefonia mobile) fino ad arrivare a un'elevata despecializzazione (notevole ampiezza e ridotta profondità, p.e. un mercatone Emmezeta).
In linea generale, un punto vendita specializzato si rivolge a un target selezionato, sensibile alla qualità e al servizio, cui proporre una vasta scelta nella categoria, basata su product offering selezionate/esclusive: ne è un esempio la gastronomia. Viceversa, normalmente un punto vendita despecializzato ha un target ampio, interessato alla concentrazione degli acquisti (one-stop shopping), alla riduzione del tempo, alla convenienza.

Traffic maker

Il ruolo di traffic maker consiste nell'attrarre il cliente nel punto vendita in relazione al particolare livello di convenienza dell'offerta.

Core

Il ruolo "core" qualifica una marca che non può mancare dall'assortimento per non deprimerne l'attrattività. Si tratta dunque di marche in posizione di leadership, dotate di un'elevata brand loyalty.

La connotazione dell'assortimento, anche ai fini del posizionamento dell'insegna e della differenziazione dalla concorrenza, si declina poi nelle scelte relative alle tipologie di marche e al loro relativo livello di prezzo. Il concetto di tipologia di marca riassume i principali attributi dei prodotti: qualità, prezzo, fiducia, esclusività ecc. In virtù della tipologia di appartenenza e del relativo livello di prezzo, a ogni marca si può attribuire un ruolo specifico nell'assortimento complessivo: indicatore di convenienza, **traffic maker**, **core**, generatore di margini, differenziazione, servizio.
In un assortimento commerciale si possono identificare diverse tipologie di marca.

- *Premium* o *specialty*: elevato livello qualitativo e di immagine, in relazione al quale i consumatori sono disposti a pagare un premio di prezzo; possono giocare un ruolo di differenziazione e/o di servizio (p.e. pasta De Cecco).

Focus La classificazione merceologica e l'albero ECR

La classificazione merceologica dell'assortimento, o per categorie, nell'impresa commerciale costituisce il punto di partenza per la configurazione degli aspetti organizzativi e gestionali.
A tale livello infatti vengono assegnate le responsabilità (buyer, category manager, responsabili di reparto nei punti vendita ecc.), vengono attuate le decisioni (assortimento, pricing, spazio espositivo, acquisti ecc.), vengono definiti gli obiettivi e controllati i risultati (vendite, redditività ecc.).
Nell'ambito della classificazione merceologica si sviluppa anche il dialogo tra industria e distribuzione, in termini di rilevazioni di mercato e definizione del sistema d'offerta.
In merito, risulta fondamentale definire delle classificazioni standard le quali, costituendo un linguaggio comune, favoriscano un approccio unitario tra le diverse imprese, tra il comparto industriale e quello commerciale, tra le imprese e altri soggetti, quali società di ricerche di mercato, enti di ricerca, istituzioni.

Nel settore Food è stato sviluppato l'albero merceologico di ECR, che articola le merceologie secondo cinque livelli.

L'albero ECR

Aree – Reparti (Drogheria alimentare)	8
Comparti (Pasta)	65
Famiglie (Pasta di semola)	393
Mercati (Pasta di semola asciutta corta)	1482
Formati/tipi/gusti (Formato 500 grammi)	2880

- *Leader*: massima diffusione e quota di mercato, forte immagine e brand loyalty; si tratta di marche *core*, che non possono mancare dall'assortimento per non inficiare la store loyalty, cui assegnare eventualmente il ruolo di traffic maker (p.e. pasta Barilla).
- *Follower* o *nazionale*: una discreta posizione di mercato ma a livelli inferiori rispetto al leader, sia per quota sia per brand loyalty; in relazione alla minore pressione competitiva sui prezzi e alla loro sostituibilità negli assortimenti possono interpretare il ruolo di generatori di margini (p.e. pasta Divella).
- *Minore* o *locale*: diffusione locale, bassa quota di mercato a livello nazionale; sono marche in posizione più marginale che tuttavia a livello locale possono avere anche un buon posizionamento. Possono interpretare diversi ruoli: indicatore di convenienza, generatore di margini, differenziazione (p.e. pasta Rummo).
- *Marca commerciale*: sono i prodotti esclusivi del distributore, con il ruolo prevalente di differenziazione e di generazione di margini (p.e. pasta Esselunga).

Quanto alla dimensione del livello di prezzo, la composizione dell'assortimento può prevedere marche e prodotti con diversi posizionamenti, a seconda del livello qualitativo, dell'immagine, del livello di brand loyalty: premium price, medium price, low price, primo prezzo. In corrispondenza con la strutturazione delle fasce di valore presentata nella ▸ Parte I, generalmente i negozi specializzati configurano l'assortimento prevalentemente con marche di livello premium e medium price, mentre i negozi discount si basano su prodotti low price e di primo prezzo. Nei punti vendita del mass market della grande distribuzione organizzata (ipermercati, superstore, supermercati) invece l'assortimento deve prevedere la copertura di tutte le fasce prezzo, per dare una risposta adeguata alle richieste di tutti i segmenti di clientela (figura 25.3).

Figura 25.3

Format distributivi e fasce prezzo.

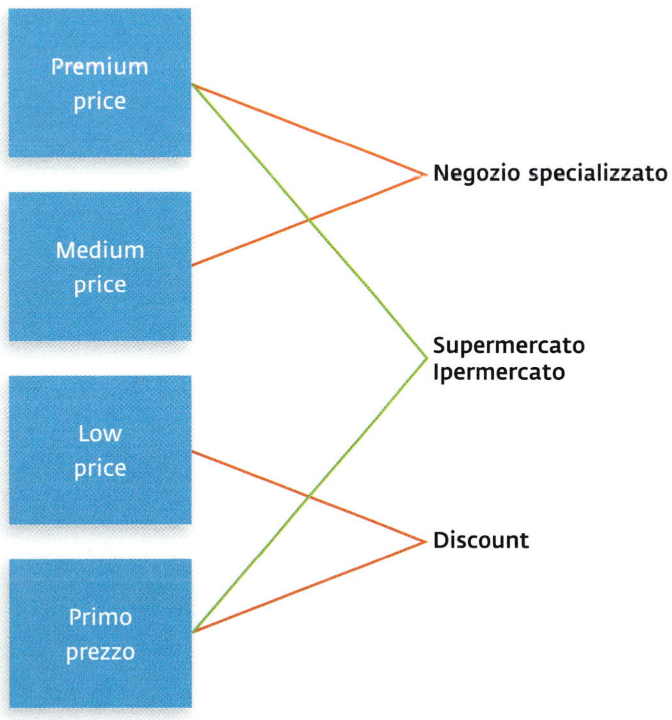

25.3.2 Prezzi e promozioni

Altra leva fondamentale del retail marketing è costituita dalla fissazione dei prezzi di vendita. La politica di pricing del distributore, pur fondandosi sui principi generali esplicitati nel ▸ Capitolo 15, ha proprie peculiarità, in quanto viene applicata ai singoli prodotti ma nell'ambito di una logica assortimentale, seguendo criteri diversi a seconda del ruolo della marca e del prodotto nel sistema d'offerta complessivo.

Nell'impresa commerciale, le decisioni di pricing sono estremamente complesse, data la varietà e numerosità di product offering industriali da valorizzare, e si esplicano a più livelli: strategico, strutturale e operativo.
Le decisioni di pricing di carattere strategico e strutturale hanno un orizzonte di lungo periodo e concernono i criteri per la definizione dei prezzi base dei prodotti in assortimento, con lo scopo di qualificare il posizionamento competitivo e la relativa immagine sul mercato, nonché di perseguire un determinato livello di profittabilità.

A livello strategico, naturalmente, l'approccio generale dipende dal tipo di vantaggio competitivo e dalla conseguente scelta di posizionamento: basato sulla differenziazione o sul servizio, oppure basato sulla convenienza.
Nel caso di posizionamento basato sulla convenienza, si può optare per un approccio di pricing improntato a una logica HI-LOW o a una logica EDLP (Every Day Low Price).

Focus Prezzo di vendita: mark-up variabile e mark-up costante

All'interno di ciascuna categoria, i prezzi di vendita dei singoli prodotti vengono determinati secondo due modalità: mark-up variabile o mark-up costante.

Come abbiamo visto nel ▸ Capitolo 13, il mark-up, o ricarico, viene espresso in termini percentuali e così calcolato:

(PREZZO VENDITA – COSTO ACQUISTO) / COSTO ACQUISTO

Il mark-up variabile prevede che il prezzo di vendita venga definito in relazione alle condizioni di mercato e alla concorrenza, senza essere vincolato al costo di acquisto. Tale metodo viene adottato per quei prodotti che, avendo un'elevata valenza segnaletica sul livello di convenienza del punto vendita, devono avere un prezzo di mercato competitivo a prescindere dalla marginalità unitaria generata, come i prodotti di marca leader. Nella distribuzione grocery, tali prodotti generalmente non superano il 5% del totale dell'assortimento.

Per tutti gli altri prodotti viene adottato il metodo del mark-up costante, per cui, dato il costo di acquisto, si applica a esso una percentuale di ricarico fissa.

Mark-up variabile			
	Acquisto	Vendite	Mark-Up
1° mar.	100 €	110 €	10%
1° apr.	105 €	110 €	4,76%
1° mag.	103 €	110 €	6,79%

Mark-up costante			
	Acquisto	Vendite	Mark-Up
1° mar.	50 €	65 €	30%
1° apr.	50 €	65 €	30%
1° mag.	55 €	71,5 €	30%

Il mix di vendite dei prodotti a mark-up costante, a mark-up variabile e a prezzi promozionali deve garantire il raggiungimento del margine obiettivo di categoria.

- L'approccio HI-LOW, il più diffuso nella GDO, prevede la definizione di un prezzo base (HI, ovvero prezzo base, "alto") e il ricorso a riduzioni temporanee di prezzo su un determinato paniere di prodotti attraverso azioni promozionali (LOW, prezzo promozionale) aventi durata limitata.
- L'approccio EDLP prevede l'adozione di una politica di prezzo stabilmente aggressiva su tutto l'assortimento, o su un'abbondante porzione dello stesso, senza il ricorso ad azioni promozionali. È la tipica politica dei discount e prevede una scala di prezzi contenuta, un assortimento poco ampio e poco profondo, un'elevata presenza di prodotti a marca commerciale o a marca generica.

Stabilito l'approccio strategico, si definisce la struttura generale del pricing dell'assortimento, seguendo una logica top-down. Si consideri che un'impresa commerciale può avere migliaia e migliaia di prodotti in assortimento, per cui, per ragioni di efficienza, è necessario che vengano definiti degli automatismi nella determinazione dei prezzi di vendita. Il sistema comunemente adottato prevede che vengano stabiliti i livelli di redditività attesi (e conseguentemente i margini medi) dapprima a livello aziendale e poi, a cascata, a livello di canale o format distributivo, area geografica, punto vendita, reparto, categoria.

Dopo aver determinato gli aspetti strategici e strutturali del pricing, nell'ambito della gestione operativa e corrente vengono definiti i prezzi dei prodotti "segnaletici", a mark-up variabile e, nel caso di un approccio strategico al pricing di tipo HI-LOW, vengono pianificate le iniziative promozionali, ovvero i ribassi temporanei dei prezzi o mark-down (▸ Capitolo 18).
A questo livello, l'obiettivo principale è quello di sostanziare l'immagine di convenienza dell'insegna e di generare traffico verso il punto vendita.
Va sottolineato che, soprattutto a causa dell'inasprimento della competizione orizzontale, le iniziative promozionali hanno assunto una rilevanza sempre maggiore nella distribuzione commerciale, in particolare in taluni canali e in determinate categorie merceologiche.

Mark-down

Il mark-down esprime la riduzione percentuale del prezzo promozionale rispetto al prezzo base e viene così calcolato: (prezzo vendita base – prezzo promozionale) / prezzo vendita base.

Nel mass market (ipermercati, supermercati, superette) la percentuale di referenze in promozione è pari a circa il 12% e l'incidenza delle vendite promozionali raggiunge il 27,4%, con un massimo negli ipermercati, dove l'incidenza è pari al 32,5%. In talune categorie merceologiche (p.e. vino, olio e aceto, detersivi, salumi) si riscontrano situazioni limite, con le vendite promozionali che si attestano su valori molto elevati, superiori al 45%.

Merchandising

Il merchandising comprende tutte le decisioni di marketing realizzate all'interno del punto vendita (marketing "nel" punto vendita).

25.3.3 La gestione dello spazio

Nell'ambito del marketing delle imprese commerciali, il marketing del punto vendita, o merchandising, ha indubbiamente un ruolo centrale, a ragione dell'impatto che esprime sullo shopper e sui processi decisionali di acquisto nel punto vendita. Il punto vendita infatti è il luogo dove avviene l'incontro tra la domanda e il sistema d'offerta, un incontro incentrato intorno ai valori dell'insegna commerciale e dei brand industriali, e soprattutto dove gli acquirenti, in larga misura, sviluppano le decisioni d'acquisto e vivono la loro shopping experience.

Shopping experience

Il consumatore, nell'ambito del processo d'acquisto, non ricerca solamente la soddisfazione di esigenze materiali (l'acquisto di un prodotto), ma contestualmente mira anche alla soddisfazione di bisogni legati all'autogratificazione, all'edonismo e al divertimento (shopping experience).

Tra le attività di marketing che interessano il punto vendita, la più rilevante è la gestione dello spazio, il quale, in definitiva, costituisce l'"impianto" dell'impresa commerciale, un fattore produttivo a carattere fisso e dotato di una determinata capacità. Tale rilevanza è particolarmente significativa nei formati distributivi che adottano una tecnica di vendita a self-service. In tali contesti commerciali, infatti, in assenza di personale addetto alla vendita, la presentazione del prodotto è affidata allo spazio espositivo, oltre che al packaging, e tale attività ha la capacità di influenzare significativamente il sell out dei prodotti in assortimento.

La gestione dello spazio si sviluppa in diverse fasi:

- layout delle attrezzature;
- layout merceologico;
- display e gestione del lineare.

La definizione del *layout delle attrezzature* prevede l'individuazione delle attrezzature da collocare nel punto vendita (scaffalature, frigoriferi, banconi, casse ecc.) e la loro disposizione all'interno del punto vendita. I modelli di riferimento sono: a percorso obbligato (Ikea, Autogrill), a griglia (supermercato Pam), a isole (La Rinascente, Coin), misto. Si tratta di una scelta importante, in quanto condiziona le modalità di fruizione del punto vendita e del suo assortimento (presentazione dei prodotti, flusso della clientela, processo d'acquisto), l'ambientazione e l'immagine del punto vendita, finanche gli aspetti logistici (rifornimento degli scaffali).

Le scelte relative al *layout merceologico* riguardano due aspetti distinti: la qualificazione dei reparti e delle categorie merceologiche e la loro collocazione nel punto vendita. La definizione dei reparti e delle categorie implica sostanzialmente l'individuazione delle logiche di aggregazione dei prodotti per la loro più efficace presentazione agli acquirenti. Il concetto di categoria oggi è sempre più fondato sui principi di complementarità e/o sostituibilità dei prodotti durante il processo d'acquisto e/o di consumo e non più su affinità di carattere merceologico. Definite le logiche di aggregazione dei prodotti, ai reparti e alle categorie viene assegnata una collocazione nel punto vendita (qualità dello spazio) e un determinato spazio espositivo (quantità di spazio, espressa in metri quadri o metri lineari).

Metri lineari

Sono l'unità di misura dello spazio a scaffale. Uno scaffale lungo 5 metri, avente 4 livelli di esposizione, ha una capacità di 5 x 4 = 20 metri lineari.

Facing

I facing, o facce espositive, sono il numero di confezioni che sono visibili all'acquirente sullo scaffale e costituiscono un indicatore del grado di visibilità del prodotto stesso.

La terza e ultima fase riguarda il *display* e la *gestione del lineare*. Essa concerne le caratteristiche della struttura espositiva (scaffale, espositore speciale ecc.) e soprattutto la quantità e la qualità di spazio da assegnare, all'interno di ciascuna categoria, alle singole marche e alle specifiche referenze.

Focus Display, gestione del lineare e sell out

Le scelte inerenti il display e la gestione del lineare hanno la capacità di condizionare fortemente il sell out dei prodotti.

Nei *fast moving consumer goods* si stima che in generale solamente un terzo degli acquisti sono predefiniti dagli acquirenti prima di recarsi al punto vendita (acquisti programmati a livello di categoria, marca, referenza). Gli altri due terzi degli acquisti realizzati sono influenzati da sollecitazioni ricevute dall'acquirente all'interno del punto vendita stesso, ad esempio attraverso un'efficace evidenziazione della presenza del prodotto. Allocare a una determinata marca/referenza un ampio spazio a scaffale (elevato numero di facce espositive o facing) e/o uno spazio di particolare efficacia comunicazionale (p.e. uno scaffale a livello occhi o antistante alla zona casse) incrementa in modo decisivo la possibilità che essa venga prescelta.

La modalità espositiva dei prodotti e la quantità e qualità di spazio assegnato possono influenzare significativamente le vendite. Per questo i produttori cercano di accordarsi con i distributori, allo scopo di ottenere le condizioni espositive più favorevoli.

Attraverso un'adeguata gestione dello spazio espositivo, il retailer persegue finalità di efficienza, efficacia e servizio.

- Quanto all'*efficienza*, la gestione dello spazio può essere volta a ottimizzare la **produttività per metro quadro** e la rotazione delle scorte.
- Riguardo all'*efficacia*, essa può contribuire alla massimizzazione della redditività, sia attraverso lo sviluppo del volume complessivo delle vendite sia attraverso lo spostamento delle vendite verso prodotti a più elevata marginalità.
- In una logica di *servizio*, la gestione dello spazio viene gestita allo scopo di soddisfare le esigenze degli acquirenti (fruizione del punto vendita, dell'assortimento, dei servizi) e dei fornitori (supporto per il sell out).

Produttività per metro quadro

La produttività per metro quadro si calcola come rapporto tra fatturato e superficie di vendita. Essa è un indicatore di efficienza nell'utilizzo della risorsa spazio di vendita.

25.4 Il branding distributivo

Nell'ambito del retail marketing si collocano le strategie di branding che, nel caso di un'impresa commerciale, si sviluppano a diversi livelli:

1. corporate;
2. insegna;
3. marca commerciale.

Nel retailing, l'applicazione delle strategie di branding a livello corporate generalmente non ha particolare rilevanza. Viceversa, il branding dell'insegna ha un'importanza fondamentale: l'insegna infatti è la marca del punto vendita che identifica il prodotto commerciale del distributore, ovvero la sua specifica interpretazione di quel format distributivo, sintetizzando nel nome i valori e gli attributi dell'offerta.

L'architettura di marca adottata da Conad prevede l'impiego di un'insegna diversa per ciascuna formula distributiva presidiata.

Accanto ai livelli corporate e insegna (format distributivo) si colloca poi il livello della marca commerciale, che costituisce oggi un elemento centrale delle strategie di sviluppo e di differenziazione dei retailers. I prodotti a marca commerciale (o marca privata o *private label* o *store brand*) sono prodotti esclusivi dei distributori, realizzati per loro conto da parte di imprese industriali fornitrici. Attraverso la loro vendita di tali prodotti i distributori si pongono in diretta concorrenza con i produttori, rivolgendosi al mercato finale con una propria offerta, gestita in totale autonomia.

L'offerta di marche commerciali presenta diverse fattispecie tipologiche. Una prima classificazione è basata sul rapporto tra la denominazione dell'insegna e il nome della marca privata. Il caso più diffuso è quello delle marche commerciali "insegna", per le quali si ha la corrispondenza con il nome dell'insegna commerciale (p.e. prodotti a marchio Coop, Conad, Carrefour, Auchan). Tale soluzione presenta particolari vantaggi nella sinergia tra i due livelli: insegna del punto vendita e denominazione del prodotto. Altra tipologia è quella delle marche private "con richiamo" all'insegna. Si tratta di una soluzione endorsed, che viene adottata quando il retailer vuole gestire una marca distinta, ma al tempo stesso intende porre in evidenza un legame tra la linea di marca privata, che esprime una denominazione propria, e l'insegna (p.e. Sapori & Dintorni Conad).

> **Endorsed**
> Le strategie di branding che si basano su un'endorsed identity prevedono la definizione di una marca di prodotto che si appoggi in modo più o meno diretto al corporate brand.

Infine abbiamo le marche commerciali "generiche", la cui denominazione non ha alcun riferimento con l'insegna (p.e. prodotti a marchio Noi e Voi, Terre d'Italia).

Una seconda chiave di lettura dell'offerta di marche commerciali è riferita alla segmentazione dell'offerta.
La strategia della marca commerciale viene avviata tipicamente con lo sviluppo di una linea "base", con un posizionamento di prezzo intermedio, che propone un vantaggio di prezzo rispetto alla marca leader della categoria intorno al 15-25%. La linea "base" assume spesso una connotazione di marca "insegna".
In una fase successiva alla diffusione della marca commerciale "base", le imprese commerciali più evolute sotto il profilo delle politiche di branding hanno sviluppato una strategia di estensione dell'offerta, realizzando nuove linee di marche private con posizionamenti di marketing differenti e rivolte a target differenti.
I criteri più seguiti sono per fasce prezzo, per "connotazione tematica", per target specifici. Perseguendo l'obiettivo di qualificare l'immagine distintiva e di servizio dell'insegna, l'estensione dell'offerta viene realizzata con linee con un posizionamento premium o comunque alto (p.e. Esselunga Top) e/o con connotazione tematica specifica (prodotti tipici, biologici, equosolidali, salutistici) e/o destinate a target specifici (bambini, anziani, single). Viceversa, con la finalità prioritaria di sostanziare l'immagine di convenienza vengono realizzate linee con un posizionamento di primo prezzo (p.e. "Il meno caro" di Auchan).

La marca commerciale riveste un ruolo fondamentale nelle strategie dei distributori, in quanto influenza positivamente le relazioni di mercato con i propri clienti, nonché le relazioni competitive orizzontali (con le altre imprese commerciali) e verticali (con i produttori). Le private label infatti:

- in quanto prodotti esclusivi, connotano in modo distintivo l'assortimento del retailer contribuendo alla differenziazione dell'offerta e alla potenziale fidelizzazione della clientela;
- garantiscono al distributore dei margini superiori alle altre marche, poiché non sono soggette a una competizione di prezzo, assorbono minori costi di consumer marketing, non prevedono costi di ricerca e sviluppo né costi di trade marketing;
- consentono al distributore di esercitare il controllo sull'intero processo di marketing relativo al prodotto;
- costituiscono una leva competitiva nei confronti dell'industria, ma anche un possibile nuovo ambito di collaborazione con il produttore prescelto come fornitore di private label nella categoria.

I distributori dunque investono molto in questa direzione, sviluppando nuove linee, inserendo la marca commerciale in nuove categorie, incrementando la profondità dell'assortimento nelle categorie già presidiate, realizzando apposite campagne promozionali e di comunicazione.
Dal canto loro, i consumatori tendono a consolidare la loro fiducia verso le insegne che operano in modo moderno e con elevati standard professionali, riconoscendo sempre più la value proposition delle marche commerciali.
Ne consegue una crescente diffusione delle stesse, seppur con notevoli differenze nei diversi mercati geografici, nelle varie categorie e nelle differenti insegne.

Case History — Conad

Conad avvia la propria strategia di marca privata nel 2000, con la realizzazione della marca commerciale Conad "base". Da allora la crescita è stata costante e a oggi la gamma ha superato le 1000 referenze, appartenenti a numerose categorie food e non food.

Lo sviluppo è stato realizzato attraverso l'incremento delle referenze della linea base e attraverso la segmentazione dell'offerta: a fianco della marca commerciale base (Conad con il logo rosso), sono state lanciate nel tempo nuove linee, rivolte a target specifici e aventi una definita connotazione tematica.

- Conad Il Biologico: per un'alimentazione naturale, a tutela del benessere proprio e dell'ambiente.
- Conad Kids: pensata per la corretta alimentazione del bambino.
- Conad Percorso Qualità: prodotti freschi con rigoroso controllo di qualità e dell'intera filiera.
- Sapori & Dintorni Conad: ben 220 prodotti tipici locali, che interpretano il gusto della tradizione enogastronomica italiana.
- AC Alimentum Conad: rivolto a chi ha esigenze nutrizionali specifiche (senza colesterolo, glutine, lattosio ecc.).
- Conad Piacersi: prodotti a basso contenuto di grassi e zuccheri, per nutrire l'organismo in modo sano ed equilibrato.

Dato il successo dei prodotti a marchio Sapori & Dintorni (+ 25% nel 2011), Conad ha deciso di sperimentare un nuovo format distributivo a insegna Sapori & Dintorni, che enfatizza il rapporto con il territorio e la cultura, non solo gastronomica.

I prodotti a marca Conad sono selezionati secondo attente procedure e vengono sottoposti a un approfondito controllo di qualità. Gli obiettivi strategici assegnati da Conad a questa linea di business sono riconducibili a tre aspetti fondamentali:

1. rafforzare la fedeltà all'insegna, consolidando la relazione consumatore-insegna;
2. soddisfare le esigenze dei clienti, proponendo un'offerta di qualità assimilabile a quella del leader, ma con una significativa convenienza (prezzo inferiore del 25-30%);
3. contribuire alla costruzione del margine di categoria, massimizzando la redditività complessiva dei soci.

I risultati raggiunti sono molto interessanti: nel 2011 il fatturato dei prodotti a marca commerciale Conad ha raggiunto i 2,2 miliardi, con un'incidenza del 25% sul totale, e una crescita rispetto all'anno precedente del 20%. Nei programmi per il futuro dell'azienda vi sono progetti di sviluppo specifici sulle diverse marche, con piani di marketing dedicati. Particolare attenzione viene rivolta alla valorizzazione del ruolo chiave delle private label nei freschi e all'incremento della loro presenza nel non food.

Conclusioni

L'accesa competizione orizzontale nella distribuzione pone l'enfasi oggi sulla necessità di sviluppare strategie e politiche di retail marketing moderne e sofisticate, in grado di favorire la differenziazione dell'insegna, la differenziazione della clientela e la salvaguardia della marginalità.

Come abbiamo visto, il marketing delle imprese commerciali presenta significative specificità rispetto a quello B2C, richiedendo capacità e competenze specifiche ai marketer: il retail marketing poggia su una logica assortimentale mentre il marketing delle imprese industriali ha come riferimento principale il brand e il prodotto.

Per massimizzare i risultati di mercato è necessario altresì fare leva sulle opportunità che si prospettano ai distributori attraverso una gestione collaborativa della relazione verticale, mettendo in comune know how, risorse, informazioni con i produttori, allo scopo di migliorare l'efficienza e l'efficacia del processo di marketing di canale.

26

Service marketing

di **Enrico Bonetti**

Indice del capitolo

Introduzione

26.1 I servizi sono differenti
- 26.1.1 I servizi sono intangibili
- 26.1.2 I servizi sono eterogenei
- 26.1.3 Simultaneità di produzione e consumo
- 26.1.4 I servizi sono deperibili

26.2 Il marketing dei servizi è differente

26.3 Gli strumenti del marketing dei servizi: il service mix
- 26.3.1 Il service mix del produttore
- 26.3.2 Il service mix dell'erogatore
- 26.3.3 Il service mix del distributore

26.4 Le strategie di gestione del service mix

Conclusioni

Abstract

Il termine "servizi" comprende un insieme estremamente eterogeneo di settori e aziende, che ricoprono un ruolo sempre più rilevante nella nostra economia. Le imprese di servizi presentano diversi elementi particolari, che rendono necessari strumenti e competenze specifici per la gestione degli aspetti manageriali e di marketing.

Il capitolo parte da una descrizione delle caratteristiche peculiari dei servizi e delle conseguenze che queste producono sulle attività di marketing; successivamente, vengono esaminati i principali strumenti del service mix, che sono gestiti da attori diversi presenti nella varie fasi del processo che parte dall'ideazione di un servizio e arriva fino al consumo dello stesso. Il capitolo analizza quindi le principali opzioni a disposizione dell'impresa nella gestione di ciascuno di questi strumenti.

Introduzione

Pensiamo a una nostra possibile giornata-tipo. Ci svegliamo, ascoltiamo la radio, andiamo a fare colazione al bar, prendiamo l'autobus, strada facendo chiamiamo un amico al cellulare, arriviamo al nostro ufficio (una banca), lavoriamo utilizzando Internet e confrontandoci con operatori dei mercati finanziari, dopo il lavoro andiamo a fare la spesa al supermercato, ritiriamo l'auto dal meccanico, andiamo a tagliarci i capelli e poi, con amici, andiamo prima al cinema e poi a cena al ristorante.
Nessuna delle imprese che abbiamo incontrato in questa giornata-tipo (il bar, l'azienda di trasporto, l'operatore di telefonia cellulare, la banca ecc.) produce beni tangibili, tutte creano valore per i propri clienti attraverso offerte che non possono essere viste, toccate o percepite; in sintesi, sono tutte imprese di servizi.
I servizi hanno quindi un peso consistente nella nostra vita e le economie occidentali sono ormai caratterizzate dalla preponderanza del settore terziario (quello dei servizi, appunto), nel senso che questo comparto dell'economia occupa la quota più significativa in tutti i principali indicatori macroeconomici. Il PIL, l'occupazione, il valore aggiunto dipendono in via prevalente dai servizi, in secondo luogo dall'industria e, in misura ormai sempre più marginale, dall'agricoltura. Senza contare che molto spesso anche un prodotto tangibile può creare valore grazie alle componenti immateriali che vengono offerte insieme a esso; pensiamo alla garanzia per un elettrodomestico o ai servizi di assistenza per un'automobile.
È evidente quindi che i servizi rappresentino un tema di grande interesse nell'ambito degli studi di marketing management e che occorra innanzitutto cercare di comprendere quali siano le principali differenze tra le imprese la cui offerta è incentrata su un servizio e quelle industriali, che producono beni. Nel seguito del capitolo partiremo proprio dalla natura di tali differenze, per descrivere le specificità del marketing dei servizi e illustrare i principali strumenti gestionali e di marketing impiegati da questa tipologia di imprese.
In via preliminare occorre però chiarire che cosa si intenda per servizi. A tale proposito, in letteratura sono state proposte numerose definizioni e, considerando quanto sia variegato questo universo, ognuna di queste risulta più o meno efficace a seconda della tipologia di impresa alla quale viene associata. Al fine di fornire al lettore un riferimento chiaro da utilizzare nel prosieguo del capitolo, riportiamo di seguito una definizione generale che riteniamo sufficientemente ampia e semplificata: i servizi includono tutte le attività economiche il cui output non è un prodotto fisico o un manufatto, bensì viene generalmente consumato nel momento stesso in cui viene prodotto e fornisce del valore aggiunto in forme (comodità, tempestività, comfort o benessere) che risultano sostanzialmente intangibili all'acquirente.

26.1 I servizi sono differenti

Gestire il marketing per un servizio è un'attività che presenta differenze, talvolta notevoli, rispetto al marketing riguardante un bene. Queste differenze generano problematiche uniche che, per essere affrontate e risolte, richiedono l'utilizzo di strumenti e competenze specifiche (tabella 26.1).
In linea di massima, le specificità del marketing dei servizi dipendono dalla natura stessa del servizio e dalle sue caratteristiche peculiari.

Intangibilità
Caratteristica tipica dei servizi relativa alla loro immaterialità e alla conseguente impossibilità di toccarli, vederli o sentirli.

Eterogeneità
Caratteristica tipica dei servizi che si sostanzia nell'impossibilità di garantire che quanto effettivamente erogato al cliente coincida con quanto progettato.

Contestualità
Caratteristica tipica dei servizi rappresentata dal fatto che il luogo e il momento della produzione coincidano con quelli del consumo.

Deperibilità
Caratteristica tipica dei servizi legata all'impossibilità di conservarli, immagazzinarli, rivenderli o restituirli.

In particolare, è possibile individuare alcuni aspetti che accomunano i servizi (Parasuraman et al., 1985), anche se, è bene precisarlo, non si manifestano sempre tutti in ogni situazione, né si ritrovano sempre con la stessa intensità (Grönroos, 1990). Più nel dettaglio ci riferiamo a:

- intangibilità;
- eterogeneità;
- contestualità;
- deperibilità.

26.1.1 I servizi sono intangibili

La prima caratteristica dei servizi consiste nel fatto che questi non sono oggetti e quindi non possono essere visti, sentiti, gustati o toccati, come invece avviene per un prodotto tangibile; pensiamo, ad esempio, a una visita medica o alla consulenza di un avvocato.

Dal punto di vista del marketing, l'intangibilità dei servizi ha diverse conseguenze che ne rendono più complessa la gestione. In primo luogo, i servizi non possono essere immagazzinati, con la conseguenza che le attività connesse alla previsione dell'andamento della domanda nel tempo e alla gestione delle sue fluttuazioni diventano una priorità per il marketing. Ancora, i servizi non possono essere brevettati, come avviene per un nuovo prodotto o una nuova formula chimica; di conseguenza, i nuovi servizi sono facilmente imitabili e il marketing deve fornire un contributo cruciale alla difesa dei nuovi concept. Inoltre, è più complesso comunicare i servizi e i benefici che questi possono offrire; per un cliente è sicuramente più difficile comprendere l'essenza di qualcosa che non può vedere ed è ancor più difficile individuare elementi che giustifichino il prezzo pagato. La gestione della comunicazione e quella del pricing richiedono quindi delle soluzioni specifiche e una strumentazione su misura.

Tabella 26.1
Caratteristiche dei servizi e implicazioni di marketing.

Caratteristiche dei servizi	Problemi conseguenti	Possibili soluzioni
Intangibilità	– Non possono essere immagazzinati – Non possono essere registrati o brevettati – È difficile la comunicazione – È difficile definire i prezzi	– Enfatizzare gli aspetti più tangibili – Utilizzare maggiormente il personale – Stimolare il passaparola – Valorizzare il brand – Utilizzare la contabilità di prodotto per definire i prezzi – Impegnarsi nel post-vendita
Eterogeneità	– È difficile ottenere un prodotto omogeneo e quindi un controllo di qualità – La qualità dipende da fattori non controllabili	– Industrializzare il servizio – Personalizzare il servizio
Contestualità tra produzione e consumo	– Il cliente partecipa al processo di produzione – Anche altri clienti influenzano il processo – È difficile centralizzare la produzione e ottenere economie di scala	– Enfatizzare l'attenzione sul personale di contatto – Gestire il cliente presente nel punto di erogazione del servizio – Utilizzare una strategia di multilocalizzazione
Deperibilità	– I servizi devono essere prodotti immediatamente prima del consumo	– Variare la produzione secondo l'andamento dei cicli di domanda – Agire contemporaneamente su capacità produttiva e domanda

Fonte: nostra elaborazione da Parasuraman et. al., 1985

26.1.2 I servizi sono eterogenei

Un'impresa industriale riesce pienamente a controllare il risultato del suo processo produttivo, nel senso che, salvo problemi, può fare in modo che il prodotto ottenuto coincida con quello progettato: gli output sono cioè omogenei (▸ Capitolo 11). I servizi, invece, sono spesso il risultato di un'interazione tra esseri umani (il personale di contatto e il cliente), il cui esito può variare nel tempo e a seconda di quali siano le persone che interagiscono: gli individui hanno esigenze, caratteristiche, aspettative e comportamenti diversi e non prevedibili, per cui per l'azienda è praticamente impossibile controllare completamente il risultato del processo. I servizi sono quindi, per loro stessa natura, eterogenei. Ad esempio, non è detto che due persone che entrano nello stesso fast food ricevano lo stesso servizio: il livello di affollamento della sala potrebbe essere diverso, così come potrebbero esserlo la preparazione e la cortesia della persona che li accoglie al bancone.

Il marketing deve quindi preoccuparsi, tra l'altro, di limitare il differenziale tra quanto originariamente pianificato e prospettato alla clientela e quanto effettivamente erogato. In pratica, tra i compiti del marketing dei servizi c'è anche quello di cercare di ridurre la variabilità di alcuni input del processo, quali: la capacità del consumatore di specificare i propri bisogni, la capacità e la disponibilità del personale a soddisfarli, la presenza, l'assenza e il comportamento di altri clienti, il comportamento di eventuali intermediari e così via.

Erogazione
Insieme di attività attraverso le quali un servizio viene prodotto e messo a disposizione del consumatore, per essere da questi consumato.

26.1.3 Simultaneità di produzione e consumo

Un prodotto industriale viene fabbricato in un determinato luogo e in un determinato momento, viene acquistato in un momento diverso e spesso in un altro luogo e, infine, viene consumato in un posto e in un momento ancora differenti. Nei servizi, invece, la produzione e il consumo avvengono nello stesso momento e nello stesso luogo; uno studente ascolta una lezione nello stesso istante in cui il docente la "produce", un passeggero consuma il servizio offerto da un tassista contemporaneamente a quando questi lo eroga portandolo a destinazione. La contestualità implica che i clienti sovente assistano alla produzione o vi partecipino direttamente, nonché che interagiscano tra loro, influenzandosi reciprocamente.

Anche questa caratteristica contribuisce a rendere più complessa l'attività di marketing; infatti, per effetto della contestualità si verificano le seguenti condizioni.

- La qualità del servizio può essere valutata (tanto dal cliente quanto dall'azienda) soltanto durante l'erogazione, non prima, e dipende in larga misura dalle interazioni che avvengono tra il personale e i clienti e da quelle tra i singoli clienti.
- Le economie di scala sono conseguite con più difficoltà, in quanto il servizio deve essere prodotto e consumato in un luogo che sia comodamente accessibile per il cliente.
- Il ruolo del cliente è parte del concept (▸ Capitolo 12), per cui, quando quest'ultimo viene modificato, occorre tenere conto anche di come cambiano il ruolo e le attività svolte dal cliente. Il marketing quindi deve anche occuparsi di progettare il ruolo

Qualità del servizio
Valutazione focalizzata espressa dal cliente su specifiche dimensioni del servizio. È il risultato del confronto tra aspettative e percezioni del cliente in merito a tali dimensioni; va distinta dalla customer satisfaction, che è riferita alla percezione del servizio nel suo complesso.

del cliente, di educarlo e di gestirlo, come se si trattasse di un dipendente "parziale".

- La gestione delle produzione non è centralizzata come nelle aziende industriali, bensì è diffusa: ogni punto vendita di servizi equivale a un piccolo stabilimento, che è costruito per essere il più vicino possibile al cliente.

Poste Italiane dispone della più estesa rete di filiali commerciali capaci di assicurare l'erogazione di un servizio capillare.

26.1.4 I servizi sono deperibili

I beni, una volta prodotti, possono essere conservati per un periodo di tempo più o meno lungo; i servizi, invece, non possono essere conservati, né immagazzinati, né rivenduti o restituiti. Quando un aereo parte con alcuni posti vuoti o quando in un albergo un dato giorno alcune stanze non vengono occupate, quei posti e quelle stanze rappresentano servizi che sono "scaduti" e che non potranno mai più essere rivenduti.

La deperibilità rende quindi molto importanti le analisi e le previsioni dei livelli della domanda, oltre a far sì che le scelte inerenti la pianificazione della **capacità produttiva** (che normalmente sono considerate di pertinenza delle *operations*) rientrino a pieno titolo nelle competenze del marketing. Inoltre, poiché il cliente non può restituire un servizio che non lo ha soddisfatto appieno, il marketing deve anche trovare soluzioni in grado di rafforzarne la fiducia e di limitare il livello di rischio percepito connesso all'acquisto, ad esempio proponendo delle garanzie o progettando un servizio di recupero.

Capacità produttiva
Quantità di clienti che è possibile servire in una data unità di tempo; può essere vincolata dal tempo disponibile, dalla quantità di manodopera utilizzata, dalla dimensione e dal numero delle strutture e delle attrezzature impiegate.

Focus — Producer + Consumer = Prosumer

Il cliente di un servizio, a differenza di quello di un bene, non si limita a svolgere le tradizionali attività di acquisto e consumo, ma riveste un ruolo molto più articolato e complesso. Per evidenziare questa particolarità è stato coniato il termine "prosumer" (Toffler, 1980), onde sottolineare che il consumatore di un servizio contribuisce anche a produrlo. Questo ruolo di co-produttore viene svolto sia nel caso di servizi estremamente semplici – come avviene quando il cliente di McDonald's libera il tavolo togliendo il proprio vassoio, o quando quello di un supermercato Coop rimette a posto il carrello dopo aver fatto la spesa – sia per servizi più sofisticati, come nel caso di un'azienda che, utilizzando i servizi di una società di consulenza, decida di creare un gruppo di lavoro misto, al quale partecipano i consulenti e i propri dipendenti. In tutti questi casi il valore creato dal servizio dipenderà anche dal contributo fornito dai clienti che hanno preso parte al processo di erogazione. A ben guardare, però, il contributo fornito dal cliente dei servizi può essere ancor più vasto, in quanto può ricoprire anche altri ruoli, oltre a quello fondamentale di co-produttore. In particolare, il cliente dei servizi svolge un'attività di marketing (con il cosiddetto passaparola), è una fonte di informazioni e di conoscenze per il produttore, partecipa alla valutazione della qualità del servizio, può addirittura essere un concorrente dell'impresa, quando decida di realizzare in proprio un servizio, piuttosto che acquistarlo da terzi.

26.2 Il marketing dei servizi è differente

Le caratteristiche particolari che abbiamo appena descritto sono sufficienti a comprendere che, all'interno di un'impresa di servizi, il marketing finisce per avere un ruolo molto più pervasivo e diffuso di quanto avvenga in un'impresa che propone quale elemento centrale della propria product offering un bene tangibile. Tipicamente, infatti, nelle imprese di servizi il marketing partecipa a decisioni altrimenti di competenza di altre funzioni aziendali, come la produzione, la gestione delle risorse umane e le vendite.

Per comprendere appieno in che modo questa maggiore pervasività del marketing dei servizi si sostanzi sul piano gestionale, occorre contestualizzare il processo di marketing descritto nel ▸ Capitolo 4 alla realtà dei servizi, per poi scendere nel dettaglio della strumentazione che viene impiegata in tale realtà.

Nello specifico, se per la fase di "Immaginazione e definizione del mercato" non sembra emergano significative differenze tra beni e servizi, invece le particolarità del marketing dei servizi si riscontrano in riferimento alle fasi di "Progettazione dell'offerta di valore" e di "Governo dell'offerta sul mercato". Infatti, la prima fase, come vedremo dettagliatamente nel paragrafo seguente, presenta una maggiore complessità quando riferita a un servizio, visto che la product offering (o forse sarebbe meglio dire la *service offering*, espressione che useremo in questo capitolo per meglio sottolineare la differenza) si compone di un insieme di elementi più ampio di quello descritto nei capitoli precedenti. La fase di "Governo dell'offerta", per i motivi di cui si dirà in seguito, non può essere considerata nei servizi in modo unitario, ma deve essere scomposta in due sub-fasi: la distribuzione e l'erogazione.

In sintesi, appare opportuno approfondire il processo di marketing dei servizi in riferimento alla gestione delle seguenti fasi (figura 26.1):

1. la *progettazione*, che si sostanzia nella creazione di una service offering originale attraverso la quale l'impresa intende creare valore per i clienti finali;
2. la *distribuzione*, che rappresentata l'insieme di attività attraverso cui l'impresa rende il servizio accessibile al cliente (le attività volte a fornire informazioni al cliente e a consentirgli di acquistare il servizio);
3. l'*erogazione*, che comprende tutte le attività mediante le quali un servizio viene prodotto e consumato.

Figura 26.1

Le macrofasi del processo di marketing dei servizi.

Esaminare distintamente queste tre fasi è importante, in quanto non è detto che l'impresa che progetta la service offering (che definiamo comunque *produttore*, perché tale è) si occupi anche di curare la distribuzione e l'erogazione. Anzi, la complessità dei servizi rende molto frequente il ricorso a partner esterni per la gestione di una di queste fasi o anche di entrambe.

In riferimento a questo aspetto, nell'universo dei servizi si trovano quindi soluzioni anche molto diverse fra loro: da casi in cui la fase di distribuzione e quella di erogazione sono gestite direttamente, a situazioni nelle quali il produttore decide di esternalizzarle completamente a partner esterni. Ad esempio, un'azienda come Ryanair gestisce in proprio tutte le fasi, in quanto progetta il servizio definendone completamente le caratteristiche, lo distribuisce direttamente attraverso il proprio sito web e poi lo eroga con il proprio personale e i propri aerei. Viceversa, un tour operator come Alpitour si occupa soltanto di creare il prodotto, progettando il pacchetto turistico, per poi distribuirlo tramite intermediari, quali le agenzie di viaggio ed erogarlo attraverso altri partner, come catene alberghiere, operatori dei trasporti ecc.

26.3 Gli strumenti del marketing dei servizi: il service mix

Il service mix è l'insieme di strumenti ed elementi che copre le esigenze gestionali di tutte e tre le macrofasi del processo descritto nella figura 26.1. A seconda delle scelte di esternalizzazione compiute dal produttore, in alcuni casi tali strumenti saranno governati da quest'ultimo in completa autonomia (p.e. per una banca come Unicredit, che controlla integralmente il processo), mentre in altri casi la loro gestione verrà affidata, almeno parzialmente, a partner specifici (è il caso dei tour operator, che impiegano compagnie aeree e strutture alberghiere per erogare materialmente i pacchetti turistici da loro progettati).
In sostanza, poiché a ogni macrofase del processo è associato un diverso set di strumenti di marketing (service mix), è possibile identificare tre differenti service mix: uno per il produttore, uno per il distributore e uno per l'erogatore.
Nello specifico, il service mix del produttore è riconducibile alla macrofase di progettazione e comprende tutti gli elementi che compongono la product offering, ovvero:

- il *concept del servizio*, cioè l'idea originale che parte da una specifica tipologia di clienti di riferimento e da un bisogno da soddisfare e definisce delle modalità originali per soddisfarlo;
- il *brand system*, inteso in tutte le sue componenti grafiche (*brand logo*), semantiche (*brand name*) e in tutte le sue valenze simboliche (▸ Capitolo 12);
- il *price point*, che include sia i margini per i distributori sia le eventuali condizioni accessorie, come sconti e rateizzazioni. Mentre per i beni la definizione del concept include solo il posizionamento di prezzo, perché il prezzo finale è in genere fissato dal dettagliante, nei servizi il produttore sovente decide il prezzo praticato al consumatore, perché il potere contrattuale dei distributori è molto limitato (p.e. la telefonia cellulare o il trasporto aereo) (▸ Capitolo 13);
- il *networking*, inteso come il complesso di scelte relative ai partner cui affidare la distribuzione e/o l'erogazione del servizio;
- il *sito web*, che nei servizi è quasi sempre uno strumento per arricchire l'offerta

e accrescere il valore creato per il cliente e non un semplice strumento di comunicazione (▸ Capitolo 15).

Il service mix del distributore, invece, include tutti gli strumenti di marketing utilizzati per facilitare il contatto tra il cliente e gli attori che si occupano della commercializzazione del servizio, cioè:

- il *processo di vendita*, ovvero la sequenza delle attività attraverso le quali il cliente acquisisce il diritto all'utilizzo del servizio;
- il *punto vendita*, inteso come luogo o strumento nel quale il consumatore può ottenere le informazioni sul servizio e procedere all'acquisto;
- il *personale di vendita*, che comprende il personale di contatto dell'azienda di distribuzione, cioè coloro che si occupano di assistere il cliente nel suo processo di acquisto.

Infine, il service mix dell'erogatore include gli strumenti che vengono impiegati per realizzare concretamente il servizio e per renderlo fruibile al consumatore finale, quali:

- il processo, che comprende le procedure, i meccanismi e il flusso delle attività mediante le quali il servizio viene prodotto ed erogato;
- il personale di contatto, cioè tutte quelle figure professionali che, con vari ruoli, entrano in contatto con il cliente nel corso del processo di produzione/erogazione;
- il supporto fisico, che include sia il luogo o la struttura dove il servizio viene materialmente erogato sia tutti gli altri elementi tangibili dell'offerta;
- il customer service, inteso come il canale di comunicazione attraverso il quale l'impresa fornisce assistenza e collaborazione al cliente.

Come vedremo più avanti, un'impresa potrà adottare logiche di marketing differenti a seconda di quanti e quali strumenti decida di gestire direttamente e quanti e quali affidare a partner esterni.

Però, occorre sempre considerare che, indipendentemente da quale sia la scelta fatta, il cliente ha sempre una **percezione olistica** della service offering, nel senso che la sua soddisfazione o insoddisfazione dipende da una lettura complessiva della prestazione; il cliente non si domanda quale azienda gestisca realmente una singola leva, ma tende in genere ad attribuire meriti e responsabilità al soggetto che abbiamo chiamato "produttore", cioè a chi detiene il brand system con cui il servizio è erogato (figura 26.2). Ad esempio, se un aereo arriva in ritardo tendiamo a dare la colpa alla compagnia, anche se la causa potrebbe dipendere da inefficienze dell'impresa di gestione dell'aeroporto (erogatore); allo stesso modo, se si verifica un problema amministrativo al momento dell'attivazione di un servizio di telefonia cellulare siamo portati a ritenere che la responsabilità sia della compagnia telefonica, anche se in realtà il problema potrebbe essere stato causato da un errore commesso dal negoziante (distributore) presso il quale abbiamo stipulato il contratto.

> **Percezione olistica**
> Valutazione complessiva e unitaria che il cliente fa di un determinato servizio, cioè senza esprimere giudizi parziali sulle sue singole componenti.

Nel seguito del paragrafo descriveremo in modo più dettagliato gli strumenti che compongono il service mix del produttore e quelli dell'erogatore, ovvero quelli relativi alle fasi più rilevanti del processo di service management; invece, ci soffermeremo più brevemente sul service mix del distributore, poiché questo, come vedremo, raramente nei servizi assume un ruolo nodale nel processo.

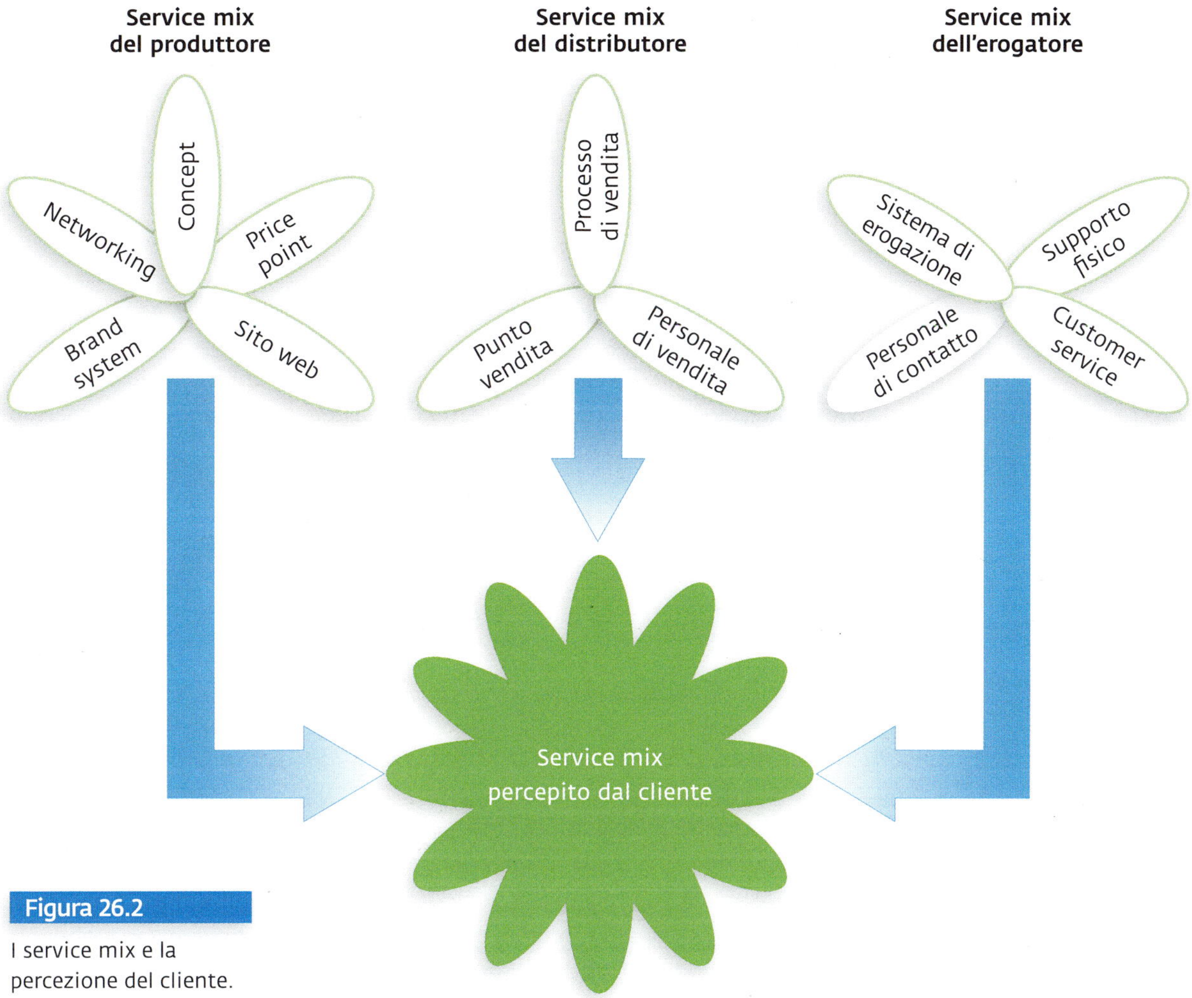

Figura 26.2

I service mix e la percezione del cliente.

26.3.1 Il service mix del produttore

Questo insieme di elementi rappresenta la base dell'offerta, e solo dopo aver definito tale offerta l'impresa valuterà se gestire direttamente anche la distribuzione e l'erogazione o se affidarsi a partner esterni.

Il concept di servizio

Costituisce l'oggetto dello scambio, ovvero l'elemento centrale dell'offerta, quello che più di ogni altro contribuisce a chiarire quale siano le utilità e i benefici che il servizio e le sue componenti intendono fornire e mettere a disposizione del consumatore. La corrispondenza tra bisogni del consumatore e servizi offerti è chiaramente cruciale e costituisce il punto di partenza in base al quale definire i prerequisiti necessari per porre in essere un servizio di qualità.
Essendo il concetto di servizio strutturato attorno alle diverse tipologie di bisogni, appare opportuno chiarire quale sia il significato attribuito a tali diverse tipologie. Innanzitutto vi sono i *bisogni primari*, cioè quelli che agiscono come fattore scatenante e spingono il consumatore ad attivare un processo di ricerca. È il caso, ad esempio, del bisogno di entrare in contatto con qualcuno; questo bisogno potreb-

be essere soddisfatto in diversi modi (per telefono, usando i social network, con la posta elettronica, di persona).

Una volta che il consumatore abbia deciso quale servizio utilizzare per soddisfare il bisogno primario (definibile servizio principale o *core service*), sorgono nuovi bisogni, definiti *secondari*, per la soddisfazione dei quali il consumatore dovrà utilizzare ulteriori servizi, definiti periferici o di supporto (*peripheral o supporting services*); ad esempio, il consumatore che abbia deciso di utilizzare il telefono, avrà poi il bisogno di conoscere il numero della persona da contattare e, a tal fine, ricorrerà a uno specifico servizio informazioni (figura 26.3).

Figura 26.3

I bisogni e i servizi.

Naturalmente l'efficacia di un'offerta dipende dalla presenza al suo interno di un servizio principale, in grado di soddisfare il bisogno primario, e di una significativa combinazione di servizi di supporto, che consentano di rispondere ai bisogni secondari. La capacità di soddisfare i bisogni principali può essere quindi definita come una condizione necessaria per operare in un dato business; di contro, il successo in tale business è spesso funzione della capacità di comprendere e soddisfare i bisogni secondari. Ad esempio, oggi nel business della telefonia mobile, la presenza di una rete che copra capillarmente il territorio contribuisce a soddisfare il bisogno primario di comunicazione mobile ed è quindi un requisito necessario per qualunque operatore.

Nell'ambito dei servizi di supporto è poi possibile distinguere tra: (i) componenti dell'offerta che il consumatore dà per scontate e che si aspetta necessariamente di trovare, come, sempre in riferimento alla telefonia mobile, la presenza di un call center operante 24 ore su 24; (ii) servizi complementari rispetto ai quali una performance superiore può consentire di conseguire un vantaggio competitivo (p.e. la diversa velocità di trasferimento dei dati e di navigazione Internet); (iii) servizi complementari per i quali è sufficiente offrire prestazioni in linea con gli standard del settore, cioè servizi accessori, quali l'avviso di chiamata o la segreteria telefonica. Ciò non vuol dire che l'ampliamento dell'offerta di servizi di supporto sia necessariamente la strada da perseguire, ma semplicemente che occorre una chiara comprensione di quali siano i servizi che effettivamente generano valore per il cliente e quali finiscano solo per assorbirlo, nonché quali e quanti servizi periferici consentano di acquisire vantaggio sulla concorrenza. Il successo delle compagnie aeree low cost è stato costruito anche grazie a un'attenta analisi dei bisogni secondari dei consumatori e alla conseguente eliminazione di una serie di servizi di supporto che non contribuivano a generare alcun valore per i clienti.

Il concept di servizio è quindi configurabile come una combinazione (di servizio centrale e servizi periferici), finalizzata alla soddisfazione delle esigenze di uno specifico segmento di clientela.

Il brand system

L'intangibilità dei servizi e l'impossibilità di distinguere un servizio dall'altro hanno da sempre rappresentato per le imprese delle solide motivazioni per investire nella costruzione di brand con cui farsi identificare dal consumatore figura 26.4. Nella maggior parte dei casi le imprese di servizi usano questo strumento prevalentemcnte per identificare l'intera offerta aziendale, e non singoli servizi, adottando cioè una strategia definita di *marca unica*; è il caso delle compagnie aeree e di molti operatori finanziari. Negli ultimi anni, si sono però adottate anche strategie di branding più articolate.

- *Marca unica con varianti*: vi è un singolo brand che caratterizza l'intera offerta aziendale, che viene declinato per fornire una caratterizzazione ai singoli servizi. In questo caso, la componente "aziendale" della marca risulterà comunque prevalente rispetto a quella "di servizio"; è la scelta adottata da molte catene alberghiere, nelle quali ciascuna struttura è identificata affiancando al brand aziendale il nome della città o di un'area dove si trova l'albergo, ad esempio Hilton Vienna o Hilton de Triomphe Paris.

Il branding è divenuto pratica comune anche tra imprese di servizi. In quest'immagine presentiamo i brand logo di alcune imprese italiane leader nei rispettivi mercati di riferimento.

La Pay TV definisce un pricing stratificato e integrato alle politiche di arricchimento del profilo di prodotto. Ne risulta una product offering dinamica e complessa.

- *Marca individuale con richiamo*: i brand dei singoli servizi offerti da una medesima azienda sono diversi l'uno dall'altro, ma presentano comunque un riferimento che consente al consumatore di identificare l'azienda o la linea di appartenenza. In questo caso, a differenza del precedente, nell'ambito della marca la componente "di servizio" prevale su quella "aziendale". È la strategia adottata dalla catena di fast food McDonald's, i cui prodotti (Big Mac, McChicken) hanno brand che, pur mostrando un rimando all'azienda, sono dotati di una forza e una notorietà tali da poter anche essere slegati da quest'ultima.
- *Marca individuale*: ciascuno dei servizi offerti da un'azienda viene presentato con un suo proprio brand; si pensi al prodotto finanziario Conto Arancio, il cui brand non presenta alcun collegamento con l'azienda che lo propone (ING Direct).

Il price point

Tra i diversi strumenti del marketing, il prezzo è certamente uno di quelli che maggiormente sono influenzati dalle specificità dei servizi; infatti, indipendentemente dal fatto che il prezzo venga fissato avendo quale riferimento principale i costi, i concorrenti o i clienti, avere a che fare con dei servizi è fonte di specifiche problematiche e di maggiore complessità (tabella 26.2).

Il pricing basato sui costi, ovvero quello in cui l'impresa definisce il prezzo aggiungendo un margine alla somma dei costi diretti e indiretti associati alla produzione e commercializzazione di un dato servizio, risente inevitabilmente dell'immaterialità che caratterizza i servizi. Infatti, risulta certamente più complesso calcolare i costi sostenuti per servire un determinato cliente, piuttosto che quelli necessari per produrre, conservare e trasportare un determinato bene.

L'estrema variabilità degli input del processo e l'eterogeneità degli output sono tali da rendere potenzialmente diversi i costi sostenuti per ottenere due unità di servizio teoricamente uguali, offerte a clienti diversi. Inoltre, potrebbe risultare altrettanto difficile anche solo individuare quali siano le unità di servizio da usare come riferimento per il calcolo dei costi. Molto spesso il cliente, nel corso di un'erogazione, fruisce di più servizi contemporaneamente, contribuendo così a rendere alquanto complessa l'attribuzione dei costi comuni. Peraltro, sovente una parte considerevole dei costi è rappresentata dal tempo del personale di contatto, che risulta di difficile valutazione, tra l'altro, perché è coinvolto sia in attività front sia in attività back, perché il tempo dedicato alle une e alle altre può cambiare a seconda di situazioni

Attività front e back

Le attività front sono quelle azioni del processo di erogazione del servizio che sono svolte alla vista del cliente. Le attività back, invece, non sono visibili.

Tabella 26.2

Problematiche del pricing nei servizi.

Riferimento principale nella definizione del prezzo	Problemi nei servizi
Costi	- Difficoltà di rilevazione dei costi unitari - Elevata incidenza del personale di contatto, il cui costo è di difficile misurazione
Concorrenti	- Notevole differenza tra le strutture dei costi dei concorrenti - Difficoltà di comparazione tra i prezzi, dovuta all'eterogeneità dei servizi
Clienti	- Difficoltà per il consumatore di disporre di informazioni precise sui prezzi - Difficoltà di tenere conto dei costi di natura non monetaria sostenuti dal consumatore

Fonte: Lovelock, 1991

contingenti, perché i servizi che contribuisce a produrre possono richiedere impegni diversi e così via.

Il pricing basato sulla concorrenza è quello in cui si utilizzano i prezzi praticati dai competitor quale base per formulare le proprie scelte. Anche questo approccio risulta di difficile attuazione nei servizi a causa del notevole livello di differenziazione che si riscontra nelle strutture di costi tra le imprese, pur se appartenenti al medesimo settore. Conseguentemente, essendo difficile acquisire informazioni sulla struttura di costi dei concorrenti, si rischia di non considerare che essi potrebbero essere in grado di praticare un determinato prezzo, proprio in quanto dispongono di una determinata struttura di costi, che invece l'impresa "imitatrice" potrebbe non avere. Inoltre, in termini generali, è frequente ritrovare imprese di servizi caratterizzate da un'elevata incidenza dei costi fissi; in tale situazione, il costo marginale da sostenere per servire un ulteriore cliente tende a ridursi sensibilmente, generando spesso nel management l'erronea convinzione di disporre di un'elevata flessibilità e di poter quindi praticare prezzi estremamente bassi per acquisire un ulteriore cliente. Si pensi a un albergo che, pur di non lasciare una stanza vuota in un determinato giorno, potrebbe decidere di offrirla a un prezzo estremamente basso; in questo modo, però, corre il rischio di scatenare guerre di prezzo, di non riuscire a coprire i costi fissi e di far scadere la propria immagine.

Infine, il pricing basato sulla domanda è quello in cui si fissa il prezzo sulla base di quelle che si ritiene siano le percezioni di valore dei clienti e di quanto si pensa questi siano disposti a pagare per usufruire del servizio. In questo caso, le maggiori criticità vengono sia dalla difficoltà per il consumatore di disporre di informazioni precise sui prezzi, sia dal peso significativo attribuito dal consumatore a costi di natura non monetaria.

Il networking

Comprende il complesso di attività con le quali l'impresa gestisce la rete di attori attraverso cui distribuisce e/o eroga il proprio servizio; si pensi a una catena di ristoranti in franchising e alla necessità per il franchisor di mantenere le relazioni con i singoli punti vendita, per rendere omogenei gli standard di servizio erogati, condividere gli obiettivi, raccogliere informazioni sui clienti ecc.

Dal punto di vista del "produttore", il ricorso a soggetti esterni per la gestione della distribuzione e/o dell'erogazione può essere tanto il frutto di una scelta di convenienza, quanto una decisione forzata; nel primo caso, si tratta del risultato di una classica valutazione del tipo *make-or-buy* (p.e. una compagnia di assicurazione può distribuire le proprie polizze sia mediante la vendita diretta sia ricorrendo a una rete di agenti), nel secondo, invece, tale scelta può essere la conseguenza della struttura del business e delle caratteristiche della domanda, che potrebbero essere tali da rendere impossibile fare a meno di partner esterni (p.e. prima dell'avvento di Internet, per le compagnie aeree il ricorso alle agenzie di viaggio per la vendita dei biglietti era praticamente obbligatorio).
Le modalità attraverso cui l'impresa produttrice può decidere di interfacciarsi con il consumatore attraverso la rete di intermediari possono assumere connotazioni diverse, che vediamo in dettaglio, a seconda:

- della *varietà dei servizi offerti*;
- della *tipologia di intermediari utilizzati*;
- delle *caratteristiche dei clienti serviti*.

La prima opzione è quella di utilizzare tipologie diverse di intermediari per distribuire o erogare lo stesso servizio allo stesso target di clienti; è il caso di una com-

Esempio

Grupon è il leader mondiale nel business dei gruppi di acquisto online, ovvero di quei siti che propongono offerte a prezzi vantaggiosi su base locale, che diventano valide solo al raggiungimento di un numero minimo di compratori.
L'azienda americana, approdata in Europa nel 2010, con oltre 140 milioni di clienti nel mondo, commercializza anche abbigliamento, prodotti tecnologici e altre offerte tangibili, ma ha nei servizi il cuore della sua offerta. Viaggi, ristorazione, trattamenti estetici, cure mediche, corsi di formazione e noleggi di auto sono soltanto alcuni dei servizi proposti a tariffe scontate da Groupon. A ben guardare, probabilmente le ragioni del successo che l'azienda sta riscuotendo sono da ricercarsi proprio nella natura prevalentemente immateriale della sua offerta. Infatti, Groupon, ponendosi come intermediario tra venditore e compratore, di fatto si trova ad avere due differenti clienti: da un lato, il consumatore finale, che è alla ricerca dell'"occasione", rappresentata da un acquisto a prezzi convenienti; dall'altro, l'impresa, che trova un nuovo canale per contattare clienti altrimenti irraggiungibili.
In più, però, se questa impresa offre servizi, la vendita mediante Groupon diventa anche un'occasione per saturare capacità produttiva inutilizzata, per coprire periodi in cui la domanda è scarsa, per far sperimentare un nuovo servizio al consumatore a un prezzo più basso, ma senza perdere credibilità. In altri termini, grazie a Groupon le imprese di servizi possono stemperare le criticità conseguenti alle tipiche caratteristiche di immaterialità, contestualità, eterogeneità e deperibilità.

pagnia aerea che, per l'erogazione, su alcune tratte operi in proprio e su altre in *code sharing* con altre compagnie, oppure, per la distribuzione, decida di utilizzare canali diversi per vendere i propri biglietti. I rischi conseguenti a questa scelta sono legati alla circostanza che alcuni intermediari potrebbero rivelarsi inefficienti e il sistema potrebbe risultare eccessivamente complesso da gestire.

Una seconda possibilità è connessa all'impiego di intermediari differenti per veicolare il medesimo servizio a differenti tipologie di consumatori, contando sul fatto che ciascun intermediario sia diverso per capacità, relazioni e immagine. Questo approccio, oltre alle criticità elencate nel caso precedente, presenta un ulteriore fattore di complessità relativo al dover acquisire conoscenze specifiche su differenti segmenti di mercato.

In terzo luogo, il produttore può cercare di valorizzare al massimo le conoscenze di cui dispone su un determinato segmento di mercato, offrendo servizi diversi attraverso intermediari diversi. I punti deboli di questa strategia sono simili a quelli sinora descritti, cui si aggiunge il rischio di utilizzare nuovi intermediari e nuovi servizi che potrebbero risultare non pienamente coerenti con i vecchi clienti.

Un'altra strada è quella di utilizzare lo stesso intermediario per distribuire o erogare servizi diversi a clienti diversi; è il caso dei palinsesti televisivi che, a seconda delle fasce orarie, offrono programmi differenti, diretti a segmenti differenti. Questa logica punta a sfruttare al massimo la capacità produttiva degli intermediari, dalla cui efficienza dipende quindi il successo del produttore; il rischio principale è invece connesso a una perdita di identità dell'intermediario, che rischia di non essere percepito in modo chiaro e definito da nessuno dei segmenti obiettivo.

Infine, il produttore potrebbe adottare una strategia di diversificazione pura, offrendo servizi diversi a clienti diversi mediante intermediari diversi; è quello che fanno le banche, quando utilizzano la propria rete di sportelli per erogare servizi a una clientela consumer e fanno ricorso a operatori specializzati (i cosiddetti private banker) per la gestione dei patrimoni dei clienti di fascia più alta.

Le assicurazioni online offrono allo shopper la possibilità di configurare l'offerta secondo le proprie esigenze direttamente sul sito.

Il sito web

In questa trattazione, collochiamo il sito web dell'impresa nel set di strumenti del produttore, piuttosto che nella fase di governo dell'offerta sul mercato, in quanto nei servizi sempre più di frequente esso viene inteso non come semplice strumento di comunicazione, bensì come componente dell'offerta, che contribuisce a rendere più ricca, nonché a generare un maggior valore per il cliente. Ad esempio, la catena distributiva Coop, con la creazione del sito e-coop, ha arricchito la propria offerta, mettendo a disposizione dei propri clienti nuove modalità di fruizione del servizio, come la possibilità di fare la spesa online, per poi riceverla a domicilio o ritirarla nel punto vendita. La trasposizione dell'offerta sul web richiede anche una revisione delle classiche componenti del servizio. In termini più dettagliati, un **e-service** può essere scomposto nei seguenti elementi:

E-service
Servizio erogato attraverso canali elettronici.

- il servizio centrale (*core service*), che rappresenta l'elemento principale dell'offerta, cioè quello che soddisfa il bisogno principale del consumatore (p.e. la vendita di pacchetti di viaggio per un tour operator);
- i servizi di supporto (*supporting services*), che contribuiscono ad accrescere il valore del servizio principale (p.e. forum di discussione su tematiche di viaggio);
- i servizi di facilitazione (*facilitating services*), che servono a semplificare e arricchire la fruizione del sito stesso (p.e. le funzioni di ricerca, aiuto online ecc.);
- i servizi complementari (*complementary services*), che possono rappresentare una fonte di creazione di valore per il cliente, indipendentemente dal servizio principale (p.e. informazioni dettagliate sulle località da visitare, sulle attrazioni presenti ecc.);
- l'interfaccia utente (*user interface*), che costituisce (insieme ai servizi di facilitazione), il modo in cui il servizio è erogato ai consumatori e comprende aspetti quali, la grafica, l'architettura, la lingua ecc.

La combinazione di queste componenti contribuisce a influenzare il livello complessivo di soddisfazione sia rispetto alle altre offerte "virtuali" sia in relazione a quelle poste in essere attraverso i canali tradizionali.

26.3.2 Il service mix dell'erogatore

Una volta ideato, il servizio deve essere materialmente erogato, ovvero prodotto e consumato. In pratica, l'erogazione è quella macrofase attraverso la quale un'idea astratta di servizio viene concretamente realizzata, attraverso una sequenza di attività (il *processo di produzione/erogazione*), cui partecipano risorse umane (il *personale di contatto*), che impiegano anche elementi materiali (il *supporto fisico*); l'erogazione, include poi anche altri strumenti, che vengono impiegati a valle del consumo (il *customer service* e il *club di clienti*).

Il processo di produzione/erogazione

L'esperienza che il consumatore sviluppa durante la fruizione del servizio è il risultato dell'attraversamento di una serie di fasi materiali che definiscono il flusso operativo e che gli forniscono diversi elementi in base ai quali valutare il servizio stesso. Il processo è quindi l'insieme di procedure, meccanismi e attività attraverso cui viene erogato il servizio.

La gestione di questo strumento di marketing, da parte dell'impresa, si sostanzia nella definizione di tre dimensioni: la prima, relativa al numero di fasi che costituiscono il processo e alla misura dell'intreccio esistente tra queste (*complessità*); la seconda, riguardante la misura della libertà consentita nell'esecuzione di una o più fasi del processo (*divergenza*); la terza, inerente al livello di partecipazione del cliente (*coinvolgimento*).
In riferimento alle prime due dimensioni, ciascun processo può quindi essere progettato in termini di complessità e divergenza: vi sono processi altamente complessi e divergenti (p.e. i servizi professionali di un medico, un commercialista o un avvocato), processi altamente complessi, ma poco divergenti (p.e. i servizi alberghieri o telefonici), servizi poco complessi, ma altamente divergenti (p.e. la formazione o la ristrutturazione edilizia), servizi poco complessi e poco divergenti (p.e. la pulizia di abiti o la riparazione di elettrodomestici). In pratica, quindi, aumentare la divergenza di un processo vuol dire puntare a un maggiore livello di personalizzazione e di flessibilità, ma anche generare maggiori costi e ridurre l'efficienza organizzativa; invece, l'aumento della complessità è rappresentativo di una strategia finalizzata ad

Esempio

Poche altre realtà possono rappresentare in modo più efficace di un parco a tema il livello di complessità sottostante la gestione di un'impresa di servizi. Gardaland è il più grande parco a tema italiano. Fondato nel 1975 sulle rive del lago di Garda, oggi accoglie quasi 3 milioni di visitatori all'anno, sviluppa un fatturato di 55 milioni di euro, occupa oltre 1000 persone e può aiutarci a chiarire da cosa derivi tale complessità.
È complessa la gestione della struttura, che occupa 600 mila metri quadrati, propone oltre 40 attrazioni, 15 punti di ristorazione (fast food, chioschi e ristoranti), 11 negozi a tema, oltre a diversi altri spazi. È complessa la gestione del personale, che comprende un insieme di professionalità molto eterogeneo: dalle risorse impiegate nelle attrazioni, nei negozi, nei ristoranti, nelle biglietterie e nei punti informazione, fino agli attori, agli animatori, ai progettisti, al personale tecnico e amministrativo. È complessa la gestione dei clienti, che arrivano a punte di 40 mila al giorno, ciascuno con diverse esigenze, aspettative e comportamenti. È complessa la gestione del processo di erogazione che, tra l'altro, prevede l'organizzazione di oltre 40 spettacoli al giorno, con l'impiego di persone, animali e tecnologie sofisticate. È complessa, infine, l'innovazione, che per Gardaland si sostanzia nell'introduzione di nuove attrazioni, le quali possono richiedere, come per "I corsari", 4 anni di lavoro, 30 milioni di investimenti e il coinvolgimento di più di 30 imprese italiane e straniere.
In sostanza, se manca il prodotto tangibile, non vuol dire affatto che manchi la produzione. Anzi dietro l'erogazione di un servizio possono esserci meccanismi e impianti che non hanno nulla da invidiare, per tecnologia e organizzazione, ai grandi stabilimenti industriali.

accrescere la penetrazione nel mercato, mediante un'aggiunta di servizi o un miglioramento di quelli esistenti. Tale scelta può accrescere i livelli di efficienza, aumentando i ricavi per singolo cliente, ma, di contro, rischia di generare confusione nei consumatori e di causare una caduta nei livelli qualitativi.

A queste due dimensioni occorre aggiungere la terza, connessa al ruolo assegnato al cliente nell'ambito del processo e al suo grado di partecipazione. In base a questo aspetto si distinguono le attività di back- office e quelle di front office: le prime sono quelle che non comportano un contatto con il cliente, mentre le seconde sono quelle svolte a diretto contatto con il cliente.

In termini più operativi, la partecipazione del cliente alla produzione può assumere connotazioni diverse, a seconda dei seguenti fattori.

- *Natura del contributo fornito*: può essere (i) fisica (p.e. quando il cliente in un supermercato preleva i prodotti dagli scaffali); (ii) intellettuale (p.e. quando il cliente fornisce spunti e suggerimenti per il miglioramento del servizio); (iii) emotiva (p.e. quando il cliente applaude o fischia a uno spettacolo teatrale).
- *Entità del contributo*: può essere (i) bassa, quando è richiesta semplicemente la presenza fisica (p.e. in uno spettacolo teatrale); (ii) media, quando gli input forniti dal cliente sono di supporto all'impresa nella creazione del servizio (p.e. per i servizi legali, in cui il cliente deve fornire all'avvocato una serie di informazioni e documenti); (iii) alta, quando l'impresa non può erogare efficacemente il servizio se il cliente non svolge determinate attività (p.e. i programmi di riduzione del peso che, senza la collaborazione del cliente, non producono alcun risultato).

Il personale di contatto

Nelle imprese di servizi, il personale di contatto ricopre un ruolo di confine (*boundary spanning role*), in quanto è il punto di contatto tra l'azienda e l'ambiente esterno. Coloro che operano in queste posizioni sono pertanto anche un canale di comunicazione che, in un senso, raccoglie informazioni sull'ambiente e le distribuisce all'interno dell'organizzazione, nell'altro senso, invia segnali all'ambiente per conto dell'impresa. In molte situazioni poi, il personale di contatto è il servizio, nel senso che i consumatori tendono a ricordare la relazione interpersonale più di ogni altro elemento del processo. In termini operativi, il personale di contatto può svolgere due differenti tipologie di funzioni: operativa e di marketing. Da un lato, partecipa alla produzione del servizio, ad esempio come fa un cameriere quando porta le pietanze a tavola o un medico quando visita i pazienti in un ospedale; dall'altro, contribuisce alla commercializzazione, del servizio, ad esempio quando un agente assicurativo propone ai suoi clienti una nuova polizza. La necessità di far svolgere queste funzioni al personale di contatto spesso ha come conseguenza anche che questi si trovi a dover perseguire finalità non sempre facilmente conciliabili. Mentre alla funzione di produzione sono, in genere, associati obiettivi di efficienza, produttività e riduzione dei costi, le attività di marketing sono più orientate al perseguimento di obiettivi di efficacia e soddisfazione del cliente. Questo trade off spesso è fonte di forti tensioni per il personale di contatto, che è sempre soggetto al rischio di lasciare insoddisfatto uno dei suoi diversi interlocutori (interni o esterni). Ad esempio, il personale di una filiale

Un esempio di servicescape. I luoghi dello shopping sono spesso testro di spettacolarizzazioni emozionanti. In generale c'è una particolare cura dell'ambiente, così da creare un clima gradevole.

bancaria dovrà trattare con cura e cortesia ciascun cliente, ma allo stesso tempo dovrà anche preoccuparsi della rapidità di svolgimento delle operazioni ed evitare che si formino code eccessivamente lunghe allo sportello.
La gestione del personale di contatto richiede quindi che l'impresa, da un lato, definisca con chiarezza i diversi ruoli che intende assegnare a queste figure e, dall'altro, stabilisca le priorità a esse assegnate, tra gli obiettivi di produttività e quelli di customer satisfaction.

Il supporto fisico

Con questo termine intendiamo sia l'ambiente nel quale viene erogato il servizio (denominato servicescape) sia l'insieme di componenti materiali che facilitano la performance o la comunicazione del servizio. Le scelte inerenti questa leva di marketing riguardano quindi l'organizzazione e la funzione degli spazi di produzione/erogazione, nonché le caratteristiche e il ruolo di tutti gli altri elementi tangibili che, per varie ragioni, vengono a contatto con il cliente (attrezzature, documenti, opuscoli, uniformi ecc.).

Servicescape

Neologismo derivante dall'unione delle parole *service* e *landscape* (panorama), indica il luogo dove viene materialmente erogato il servizio.

È evidente che, nell'ambito di questi strumenti, il servicescape assume un ruolo particolarmente importante, in quanto, oltre a influenzare il livello di soddisfazione del cliente, influenza anche le modalità operative di lavoro del personale; in pratica, incide sia sull'efficacia dell'azione di marketing sia sull'efficienza dei processi interni. La progettazione del servicescape deve quindi partire dalla determinazione di quali siano gli utilizzatori principali della struttura: se i clienti, i dipendenti o entrambi. In tal modo si può disporre di un riferimento imprescindibile per decidere se dare priorità a obiettivi di marketing, quali l'attrazione dei clienti e la loro soddisfazione, o a obiettivi operativi, quali la produttività e la motivazione del personale. Nell'ambito del servicescape rientrano quindi tutti quei fattori fisici che l'impresa manovra per orientare azioni e comportamenti di clienti e dipendenti; in particolare, ci riferiamo ai tratti seguenti.

- *Condizioni ambientali*: ne sono esempio l'illuminazione, la temperatura, gli odori o i colori di un negozio. Le condizioni ambientali colpiscono tutti e cinque i sensi, a volte in modo impercettibile, altre volte in modo più evidente;
- *Layout spaziale e funzionalità*: per layout spaziale si intende la combinazione data dall'organizzazione dello spazio, dalla collocazione al suo interno di attrezzature, macchinari e arredi, dalla forma e dimensioni di questi e dalle relazioni spaziali esistenti tra loro; per funzionalità si intende la capacità dei suddetti elementi di agevolare il raggiungimento delle finalità di clienti e dipendenti.
- *Segnali, simboli e manufatti*: i diversi elementi presenti nel luogo di erogazione possono costituire strumenti di comunicazione per i fruitori di tale luogo sia in modo esplicito (cartelli, insegne, segnaletica) sia implicito (materiali utilizzati nella costruzione, oggetti esposti).

Il customer service viene spesso erogato attraverso i call center, strutture di servizio alle imprese dove gli operatori lavorano assistiti da strutture informatiche potenti.

Naturalmente, sebbene i diversi elementi trasmettano stimoli distinti l'uno dall'altro, il consumatore non li analizza e li valuta separatamente, ma in modo unitario, generando quello che viene definito "servicescape percepito".

Il customer service

In quest'ambito rientrano diversi strumenti, anche molto diversi tra loro, accomunati da una finalità di fondo: il consolidamento delle relazioni con i clienti.

Tra i più interessanti strumenti del customer service rientrano le garanzie di servizio, i servizi di recupero e i club di clienti.

La *garanzia di servizio* è uno strumento che si sostanzia nell'offerta di una compensazione da parte dell'impresa, quando essa non riesca a mantenere le promesse fatte. In linea di massima, è possibile distinguere le garanzie in cui l'impresa offre una compensazione o un rimborso ai clienti che manifestino una generica e generale insoddisfazione rispetto al servizio nel suo complesso (garanzie di soddisfazione), dalle garanzie che hanno a oggetto specifiche componenti del servizio, come il tempo di attesa prima di essere serviti in un ristorante (garanzie di qualità). Ad esempio, il corriere espresso FedEx si impegna a rimborsare al cliente il costo della spedizione anche se il plico da questi inviato giunge a destinazione con soli 60 secondi di ritardo.

In entrambe le situazioni, le garanzie possono generare effetti positivi tanto in riferimento al funzionamento interno dell'organizzazione (maggiore focalizzazione sui clienti, definizione di precisi standard di servizio, attivazione di processi di miglioramento continuo), quanto relativamente ai suoi rapporti con i clienti (ottenimento di feedback immediati, rafforzamento della fiducia verso l'azienda, riduzione del rischio percepito).

Servizio di recupero

Insieme di iniziative realizzate dall'azienda quando si verifica una défaillance nell'erogazione del servizio principale.

Il servizio di recupero comprende quell'insieme di azioni che l'azienda decide di porre in essere quando si verifichi un insuccesso nell'erogazione del servizio. Il servizio di recupero, quindi, viene attivato sia quando il servizio principale non è risultato disponibile o si è dimostrato carente, sia quando il personale non ha risposto adeguatamente alle esigenze dei clienti, ha commesso errori o generato problemi. Un servizio di recupero efficace porta a un aumento dei livelli di soddisfazione e di fedeltà dei clienti, genera un passaparola positivo e fornisce all'impresa informazioni utili per la riprogettazione e il miglioramento dei processi; inoltre, l'efficacia del recupero genera gratificazione e soddisfazione anche nel personale di contatto, aumentando la motivazione delle risorse e riducendo i rischi di turn over.

Infine, i *club di clienti* sono comunità di acquirenti dei servizi dell'impresa, che sono attivate e organizzate da quest'ultima. In genere, l'organizzazione che promuove il club prevede anche una serie di iniziative di marketing mirate ai partecipanti

Focus — Yield management: sfruttare al meglio la capacità produttiva

Poiché nei servizi la capacità produttiva disponibile è rigida, il rendimento (*yield*) può essere aumentato attraverso un incremento della capacità utilizzata, oppure mediante un incremento del prezzo. Lo yield management comprende un insieme di tecniche volte appunto a ottenere il miglior ritorno finanziario possibile attraverso la gestione della capacità disponibile e del prezzo. Ad esempio, un albergo potrebbe aumentare il proprio rendimento abbassando i prezzi e cercando così di riempire tutte le camere, oppure puntando ad attrarre un numero minore di clienti, ma disposti a pagare un prezzo più elevato.
In realtà, i sistemi più sofisticati manovrano contemporaneamente sia la capacità sia i prezzi, puntando così a massimizzare i ritorni provenienti da segmenti di clientela diversi, con una diversa sensibilità al prezzo. I sistemi di yield management impiegano modelli matematici e sistemi esperti che consentono di combinare dati molto dettagliati sull'andamento pregresso della domanda dei diversi segmenti target con previsioni circa gli andamenti futuri della stessa.
Grazie a questi sistemi, le aziende di servizi, prime fra tutte le compagnie aeree e le catene alberghiere, decidono come allocare la propria capacità produttiva tra i diversi segmenti di mercato e a quali prezzi; si tratta di scelte che a volte sono mantenute per lungo tempo ma, molto più spesso, cambiano a seconda della stagione, del giorno della settimana, dell'ora del giorno o per effetto del verificarsi di situazioni contingenti.

al club. Ad esempio, questi possono acquistare servizi che non vengono offerti a tutti gli altri clienti, beneficiare di particolari sconti, condizioni di pagamento o altri vantaggi finanziari, disporre di canali di comunicazione dedicati. I benefici connessi all'attivazione di club di clienti riguardano essenzialmente l'aumento della profittabilità dei clienti e del loro livello di fedeltà; il club costituisce quindi un mezzo attraverso cui l'impresa può accrescere la frequenza di interazione con i consumatori, la conoscenza di questi e la loro disponibilità a mantenere una relazione con l'impresa nel tempo.

26.3.3 Il service mix del distributore

Come precedentemente detto, il service mix del distributore comprende, di fatto, la stessa tipologia di strumenti utilizzati dall'erogatore: il personale di contatto, il supporto fisico e il processo. Naturalmente, in questo caso, i suddetti strumenti sono impiegati nelle attività di distribuzione e vendita, e non in quelle di erogazione:

- il *personale* si occupa, quindi, della commercializzazione del servizio;
- il *supporto fisico* comprende il luogo dove il servizio viene acquistato ed eventuali elementi materiali utilizzati in questa fase;
- il *processo* è la sequenza delle attività di distribuzione e vendita del servizio.

È evidente, quindi, che il distributore può gestire tali strumenti in modo completamente differente dall'erogatore, ma descriverli nuovamente sarebbe una ripetizione; di conseguenza, in questo paragrafo cercheremo di evidenziare, in termini generali, le particolarità della gestione degli strumenti di distribuzione e vendita nel loro complesso, quando hanno a oggetto un'offerta di servizi.
In particolare, se ci riferiamo a un prodotto tangibile, considerando la distribuzione come un insieme di flussi, è possibile identificarne quattro diverse tipologie che intercorrono tra l'impresa e i clienti:

I fornitori di servizi alle imprese (*marketing services*) offerti dai partner del produttore ricorrono sempre più frequentemente a strumenti pubblicitari.

1. flusso di prodotto (relativo alla movimentazione fisica dei prodotti);
2. flusso di negoziazione (relativo agli scambi che le attività di acquisto e vendita comportano);
3. flusso di proprietà (relativo al trasferimento del titolo e dei diritti sul prodotto);
4. flusso di informazioni e di promozioni (relativo al trasferimento delle informazioni).

Nei servizi, invece, l'intangibilità dell'offerta preclude lo svolgimento del flusso fisico, ma non incide su tutte le altre tipologie di flusso. Inoltre, il flusso di proprietà ha un contenuto diverso, poiché nei servizi il canale di distribuzione ha la funzione di vendere il solo "diritto all'uso" del servizio; è il caso dei biglietti teatrali o dei pacchetti turistici che, come avviene per qualsiasi bene tangibile, possono essere distribuiti all'ingrosso e al dettaglio, anche se non è l'esperienza teatrale o quella connessa alla vacanza a essere movimentata lungo il canale. Vi sono quindi diverse specificità nella distribuzione e vendita dei servizi (tabella 26.3). La non brevettabilità dei servizi fa sì che il distributore non possa trasferire la proprietà degli stessi, ma solo il diritto a utilizzarli. L'intangibilità fa venire meno la necessità di immagazzinaggio e quindi anche la conseguente funzione di conservazione delle scorte, svolta dai distributori di prodotti tangibili.

La notevole complessità di molti servizi spesso limita l'interesse dei distributori a promuoverne la vendita, poiché questi richiedono un notevole addestramento e continui aggiornamenti. In questo caso, il distributore, piuttosto che ampliare la gamma di opzioni a disposizione del consumatore, finisce per ridurle, onde semplificare in questo modo anche la sua operatività. Infine, in diversi settori di servizi (p.e. quello bancario) la legislazione può limitare il ricorso a intermediari e imporre al produttore del servizio di curare direttamente anche la distribuzione.

Tabella 26.3

La distribuzione nei beni e nei servizi.

	Beni	Servizi
Oggetto della vendita	Proprietà di un bene tangibile	Diritto all'uso di un servizio
Flussi intercorrenti tra impresa e cliente	Di prodotto, di negoziazione, di proprietà, di informazioni e promozioni	Di negoziazione, di proprietà, di informazioni e promozioni
Funzione di conservazione delle scorte	Assegnabile al distributore	Assente
Ampliamento dell'assortimento del distributore	Semplice	Complesso

Le scelte relative al service mix del distributore sono la conseguenza delle funzioni che vengono affidate a questo anello della catena. In termini generali, il distributore può svolgere diverse funzioni a vantaggio del consumatore. In primo luogo, il distributore può rendere più accessibile il servizio al cliente sia in termini spaziali, avvicinandosi fisicamente al consumatore, sia temporali, consentendogli di disporre di una scelta più ampia circa i momenti in cui richiedere il servizio. Tale, ad esempio, è la funzione svolta dalla rete di tabaccherie ed edicole presso cui è oggi possibile acquistare le ricariche per i telefoni cellulari. Il distributore può realizzare anche una funzione informativa, quando integra le comunicazioni fornite dal produttore, seleziona le informazioni per conto del consumatore e offre a questi la possibilità di accedere a un canale di comunicazione bidirezionale. È, ad esempio, una delle funzioni svolte dagli agenti assicurativi operanti sul territorio. Un'altra funzione è quella della creazione di varietà, nel senso che il distributore può proporre al cliente più soluzioni alternative relativamente a un determinato servizio, oppure una maggiore quantità di servizi complementari rispetto al servizio principale di suo interesse. È il caso delle agenzie di viaggio, che propongono pacchetti turistici e servizi di trasporto offerti da una molteplicità di operatori. Inoltre, il distributore può fornire al consumatore delle garanzie sulla qualità del servizio che questi acquista e che verrà erogato da un soggetto presumibilmente lontano nello spazio e/o nel tempo. In pratica, il distributore contribuisce a ridurre il rischio percepito dal cliente sia attraverso il proprio personale di vendita (le cui competenze e la cui empatia rappresentano elementi che possono contribuire a convincere il consumatore della validità delle soluzioni proposte), sia mediante il supporto fisico (che costituisce un indizio per il consumatore su cui fondare le aspettative in merito alla qualità che il servizio acquistato potrebbe offrire). Ad esempio, nelle assicurazioni i consumatori spesso ripongono la loro fiducia nell'agente (il distributore, appunto) prima ancora che nella compagnia; tanto è che, se questi cambia azienda, molti dei clienti preferiscono seguirlo e stipulare una nuova polizza con una nuova assicurazione.

La segmentazione e focalizzazione della domanda è una strategia quasi naturale per un'impresa di servizi.

Infine, il distributore può contribuire alle attività post-vendita realizzate dal produttore. In genere, i distributori svolgono un ruolo di supporto, fornendo ai consumatori indicazioni circa la natura di tali attività e le modalità attraverso cui usufruirne. Spesso, in caso di sinistro, ci rivolgiamo al nostro agente di assicurazione per avere informazioni e consigli sulle attività che dobbiamo svolgere e sugli uffici della compagnia che dobbiamo contattare per la gestione del problema.

26.4 Le strategie di gestione del service mix

Alla luce di quanto abbiamo visto finora, la composizione del set di strumenti del service mix che un'impresa di servizi può gestire è la diretta conseguenza della scelta strategica relativa alle macrofasi del processo di service management che l'impresa intende gestire direttamente. Ponendoci quindi nell'ottica di un'azienda di servizi, che assuma il ruolo definito di *produttore*, per avere un quadro sintetico delle opzioni strategiche a sua disposizione, possiamo costruire una matrice a due dimensioni che ponga sui due assi le altre macrofasi (distribuzione ed erogazione), distinguendo la strategia di marketing adottata a seconda che queste vengano gestite direttamente o indirettamente (figura 26.4). L'asse delle ordinate permette di individuare due opzioni relative alla gestione della distribuzione:

Imprese di servizi monosite

Organizzazioni che erogano il servizio ai propri clienti in un'unica struttura, senza filiali, affiliati o sedi secondarie.

- *distribuzione diretta*, quando questa viene effettuata mediante canali propri ed è il caso sia di molte piccole imprese monosite (p.e. ristoranti, studi legali, laboratori di analisi), sia di imprese di grandi dimensioni (p.e. banche);
- *distribuzione indiretta*, quando si ricorre a differenti tipologie di intermediari ed è il caso delle aziende di trasporto pubblico locale (che vendono i propri biglietti attraverso tabaccherie, edicole e altri dettaglianti), oppure di prodotti assicurativi complessi (per la cui distribuzione è cruciale la figura del broker).

L'asse delle ascisse riporta invece le opzioni relative all'erogazione, ovvero:

- erogazione diretta, quando questa attività viene effettuata in proprio dal produttore, come avviene per gli alberghi, i parchi a tema, le cliniche;
- erogazione indiretta, quando la stessa è affidata a soggetti e partner esterni all'organizzazione, come per i tour operator, per i quali l'erogazione del servizio è svolta dai diversi attori che compongono i pacchetti turistici, quali operatori di trasporto, della ricettività ecc.

Figura 26.4

La matrice di classificazione degli approcci di marketing.

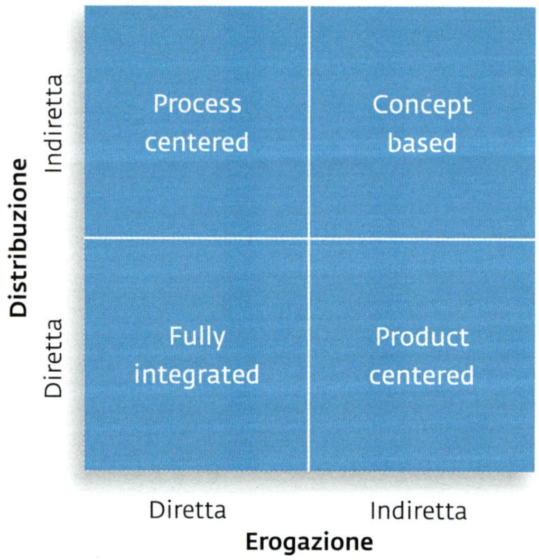

Senza entrare nel merito delle motivazioni per le quali un'impresa decida di gestire in proprio una o più di queste macrofasi o di affidarla a terzi, è possibile comunque identificare quattro diverse strategie di marketing, ciascuna corrispondente a un diverso quadrante della matrice, a seconda di quanti e quali service mix il produttore gestisca direttamente.

In particolare, nel quadrante in basso a sinistra rientrano le imprese che adottano una strategia definibile come *fully integrated*, nella quale il produttore si occupa direttamente anche delle funzioni di distribuzione e di erogazione; in questo quadrante rientrano, ad esempio, le banche retail, i ristoranti, i liberi professionisti.

L'utilizzo della rete per veicolare promozioni alla clientela è prassi diffusissima, al punto da metterne in discussione l'efficacia.

Nel quadrante in alto a sinistra si collocano le imprese di servizi, in cui il produttore si fa carico dell'erogazione, ma delega a terzi la distribuzione e la vendita; questa strategia è definibile *process centered*, in quanto le imprese che la adottano pongono una particolare attenzione al processo di produzione/erogazione, mentre dipendono da partner esterni per le attività distributive. È il caso, ad esempio, degli operatori di trasporto (aereo, ferroviario, su gomma) che vendono i loro servizi tramite agenzie di viaggio, oppure le compagnie di telefonia cellulare, che utilizzano diverse tipologie di distributori al dettaglio (dalle tabaccherie alla grande distribuzione, ai negozi di elettronica di consumo) per collocare i propri servizi.

La terza strategia è definita *product centered* e si colloca nel quadrante in basso a destra; in pratica si tratta della logica seguita da imprese che si occupano direttamente della distribuzione e della vendita, ma si affidano a soggetti esterni per l'erogazione del servizio. In questo quadrante rientrano, ad esempio, le strutture di formazione che impiegano dei professionisti esterni in qualità di docenti, oppure le strutture sanitarie che erogano il proprio servizio mediante una rete di medici specialisti con i quali hanno accordi di collaborazione.

Infine, nel quadrante in alto a destra vi sono le imprese che si concentrano sulla creazione del servizio e ricorrono ad attori esterni tanto per la distribuzione, quanto per l'erogazione; si può parlare quindi di una strategia *concept based*, in quanto il valore aggiunto creato da queste imprese dipende, in gran parte, dalla capacità di ideare un concetto di servizio originale ed efficace. In quest'ambito rientrano, ad esempio, i tour operator che creano servizi aggregando l'offerta di altri soggetti (p.e. i vettori del trasporto aereo o gli alberghi) e li vendono ricorrendo a una rete di distributori (le agenzie di viaggio).

Figura 26.5

Un'applicazione della matrice di classificazione degli approcci di marketing.

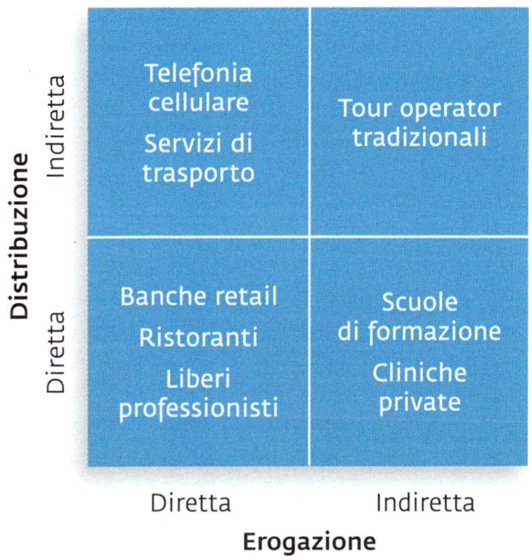

È bene però chiarire che la collocazione nella matrice di un intero settore di servizio (figura 26.5) rappresenta una semplificazione, in quanto la posizione di una specifica impresa, dipenderà dalle logiche strategiche e di marketing adottate, piuttosto che dal settore di appartenenza. Ad esempio, nell'ambito del settore dei tour operator è possibile trovare aziende collocate in tutti e quattro i quadranti della matrice: Club Med è collocata in alto a sinistra, in quanto gestisce direttamente i propri villaggi, ma si affida alle agenzie di viaggio per la distribuzione; Phone&Go è un tour operator che detiene la proprietà delle strutture ricettive utilizzate e che distribuisce i propri pacchetti utilizzando esclusivamente il proprio call center e il proprio sito web, per cui è collocato in basso a sinistra; Alpitour si trova in alto a destra, in quanto utilizza partner esterni sia per distribuire il prodotto sia per erogarlo; EF, che organizza vacanze studio curando in proprio la distribuzione e utilizzando partner esterni per l'erogazione, è collocata in basso a destra.

Case History — Eataly

Eataly può essere semplicemente definito come il primo supermercato al mondo dedicato interamente ai cibi di alta qualità, ma in realtà incarna una formula estremamente innovativa nel mondo del retail alimentare: un centro enogastronomico che si basa sui principi del marketing dei servizi e del marketing esperienziale per commercializzare prodotti di qualità e per divulgare la cultura enogastronomica.

Eataly può essere definito come una "somma di possibilità": supermercato, negozi che vendono salumi, formaggi, carne, frutta e verdura, stand da esposizione, sale di degustazione, ristoranti a tema, biblioteche con volumi ispirati al cibo e riviste di settore, aule per corsi di educazione alimentare e di cucina, spazi per immergersi nella cultura enogastronomica italiana e molto altro ancora. Il tutto a prezzi sostenibili e dando visibilità e spazio a tanti piccoli produttori che costituiscono il meglio dell'enogastronomia italiana.

Nel perseguire la sua filosofia, Eataly fin dalle origini ha sviluppato una solida partnership con Slow Food, che si occupa di diversi aspetti della gestione, tra cui l'individuazione dei produttori di eccellenza, il reperimento delle migliori materie prime disponibili sul territorio e l'ideazione delle attività formative.

Il primo punto vendita è stato aperto a Torino nel 2007, ma il successo è stato immediato e ne sono seguiti diversi altri in Italia (Roma, Milano, Genova, Bologna, Pinerolo, Asti, Monticello d'Alba) e all'estero (Tokyo e New York).

Il concept di Eataly è quindi articolato intorno a tre aree: la *vendita*, la *ristorazione* e la *didattica* (corsi di cucina, degustazioni, corsi sulla conservazione corretta dei cibi, programmi per bambini e scuole). Considerato nella sua interezza, il "mondo Eataly" riesce a fornire un sistema d'offerta di eccellente qualità, grazie alla sapiente manovra delle diverse leve che compongono il service mix.

→

Nell'ambito del complesso insieme di strumenti di marketing utilizzati da Eataly, alcuni meritano una menzione particolare. Innanzitutto, il servicescape e gli elementi tangibili: il punto vendita è strutturato in "isole tematiche del gusto" (dove i prodotti possono essere sia acquistati sia consumati) con design, allestimenti e utilizzo di materiali pensati ad hoc, cosicché il cliente si trova immerso in un'atmosfera unica, di cui il prodotto rappresenta solo una delle componenti e i colori, gli odori, i rumori, gli assaggi contribuiscono a trasformare l'acquisto in un'esperienza unica.

Altrettanto importante è il personale di contatto, che viene scelto solo dopo un'accurata e attenta selezione, perché deve credere fortemente alla filosofia che ne è alla base e deve essere altamente specializzato nel proprio settore, per poter affiancare i consumatori nella scelta ragionata dei prodotti, portando avanti le regole di base della filosofia di Slow Food.

Infine, il processo di erogazione è strutturato in modo da accrescere al massimo il coinvolgimento dei clienti: questi vengono dettagliatamente aggiornati sui prodotti offerti (la zona di origine, il produttore, le tecniche di produzione, possibili abbinamenti e ricette), informati sulla filosofia aziendale (p.e. nei punti vendita e di ristoro, i clienti attendono senza numeri il proprio turno, perché Eataly sostiene con opportuni cartelli: "Aiutateci a non dovervi chiamare con un numero"), invitati a partecipare (con l'iniziativa "Chef per un giorno", dove i clienti possono esibirsi con una propria ricetta in uno dei ristoranti), educati al gusto e alla percezione della qualità e dotati degli strumenti e delle conoscenze che permettono loro di attribuire il corretto valore a tali aspetti.

Conclusioni

Gestire il marketing di un servizio è un'attività che presenta diverse particolarità alla luce delle quali può risultare più complessa e articolata rispetto al marketing di un bene. L'insieme di strumenti a disposizione di coloro che sono chiamati a svolgere tale attività (*service mix*) è alquanto ricco e spesso include elementi che, in altri contesti aziendali, sono riconducibili a funzioni differenti da quella di marketing. Per il marketing manager è però cruciale partire dall'individuazione delle macroattività ritenute strategiche, che vanno quindi gestite direttamente; infatti, è da questa scelta che discende l'insieme di leve di marketing a sua disposizione e che quindi scaturiscono le opzioni di gestione operativa entro cui lo stesso manager può muoversi.

Per cercare di mettere in pratica i concetti esposti in questo capitolo, lo studente può cercare di collocare sulla matrice presentata nella figura 26.5 un'impresa di servizi della quale è cliente e quindi provare a individuare i competitor di questa che sono collocati in quadranti differenti. In questo modo risulterà alquanto evidente la diversa dotazione di strumenti di marketing a disposizione delle aziende prese in considerazione.

27

Mercati internazionali

di **Donata Vianelli**

Indice del capitolo

Introduzione

27.1 L'analisi e la selezione

27.2 La segmentazione

27.3 Il trade off tra standardizzazione e adattamento

27.4 Strategie e politiche di prodotto
- 27.4.1 Il ciclo di vita
- 27.4.2 Attributi e benefici
- 27.4.3 La gestione del brand

27.5 Definire il prezzo
- 27.5.1 La fissazione del prezzo
- 27.5.2 Dumping e importazioni parallele

27.6 Canali di distribuzione e retailing
- 27.6.1 I fattori che influenzano le scelte distributive
- 27.6.2 Il retailing in un contesto internazionale

27.7 La comunicazione internazionale
- 27.7.1 Comunicazione globale e locale
- 27.7.2 Le alternative strategiche di prodotto e comunicazione

Conclusioni

Abstract

Il capitolo si propone di illustrare le principali decisioni che le aziende devono affrontare quando operano nei mercati internazionali, cogliendo le sfide offerte dalla globalizzazione e le opportunità createsi dall'apertura di nuovi mercati. Dopo aver introdotto il tema dell'analisi e della selezione dei mercati esteri, ci si soffermerà innanzitutto sul rapporto tra standardizzazione e adattamento delle strategie e politiche di marketing. Successivamente, si approfondiranno le diverse scelte, evidenziandone la maggiore complessità in un'ottica di creazione di valore dell'offerta in un contesto internazionale.

Introduzione

Difficilmente le aziende possono oggi sottrarsi al confronto con i mercati internazionali. Operare all'estero rappresenta ormai una necessità, non solo per attuare strategie di crescita, ma, in alcuni casi, anche per garantire la sopravvivenza nel lungo periodo. Se negli scorsi decenni le vendite si realizzavano prevalentemente sul mercato nazionale, in anni recenti sempre più aziende conseguono all'estero più della metà del loro fatturato, rivolgendosi non solo ai mercati europei o d'iniziale internazionalizzazione come gli Stati Uniti, ma anche espandendo la propria attività nei paesi emergenti, in particolare quelli asiatici.

In questo contesto, il ruolo del marketing diviene spesso fondamentale: innanzitutto, per dotare l'azienda di quel patrimonio di informazioni necessarie per valutare l'attrattività dei potenziali mercati target; in secondo luogo, per affermare la conoscenza del brand istituzionale o di prodotto nel contesto estero di riferimento. A tale proposito, le scelte di marketing, pur seguendo i modelli teorici già analizzati nei precedenti capitoli, evidenziano una maggiore complessità, dovendo essere replicate in contesti molto distanti sia dal punto di vista geografico sia culturale. Nei prossimi paragrafi si cercherà, quindi, di evidenziare le principali problematiche, i vincoli e le possibili alternative strategiche che un'azienda può dover affrontare per imporsi nei mercati internazionali.

L'associazione dell'immagine di paese ai brand italiani, l'uso dell'italian lifestyle come tema di posizionamento e appeal, ne potenziano significativamente la forza.

27.1 L'analisi e la selezione

Per entrare e/o crescere all'estero, le aziende devono innanzitutto svolgere un'approfondita analisi dei possibili mercati target, sia per valutare il potenziale di vendita, sia per acquisire tutte le informazioni utili per la definizione delle strategie e politiche di marketing.

In generale, per ridurre i costi e i tempi di raccolta delle informazioni, le aziende possono limitare l'ambito di analisi svolgendo un *primo screening* dei mercati esteri basato sulle caratteristiche macroeconomiche. Un modello utilizzabile per valutare le informazioni è il CAGE, articolato nelle seguenti dimensioni.

- *Culturali*: si possono prendere in considerazione numerosi aspetti legati alla cultura del paese estero, sia di carattere generale (p.e. paesi caratterizzati da una società individualista o collettivista), sia più specifici, legati al singolo prodotto (p.e. la cultura del cibo o dell'abitare). Queste variabili possono condizionare significativamente le scelte di marketing dell'impresa, se non addirittura limitare la possibilità di commercializzare il prodotto in alcuni paesi.
- *Amministrative*: rientrano in questa categoria la lingua, il sistema politico e legislativo. La lingua può costituire una barriera nelle relazioni con gli intermediari distributivi, impone modifiche all'etichetta, alla comunicazione e, in alcuni casi, addirittura al marchio. Anche il sistema politico e legislativo del paese estero va considerato, sia per il grado di rischio-paese, sia per gli ostacoli burocratici che si possono frapporre nello sviluppo di un'attività commerciale all'estero.
- *Geografiche*: la distanza fisica del potenziale paese estero è un elemento che condiziona molteplici decisioni e va quindi presa attentamente in considerazione nel valutare l'attrattività di un mercato. I costi di trasporto, ad esempio possono essere troppo elevati, ripercuotendosi sul prezzo finale del prodotto. Anche la comunicazione e il controllo del mercato estero divengono complessi, se la distanza geografica è elevata.
- *Economiche*: il livello e la distribuzione del reddito nel paese, l'inflazione, il grado di sviluppo tecnologico, il rapporto tra importazioni ed esportazioni sono solo alcuni esempi di variabili economiche da prendere in considerazione nel definire le scelte di prodotto e di prezzo, nonché le modalità di entrata nel paese estero.

Esempio

La Cina è uno dei paesi meno attrattivi per la vendita di moto di lusso di grossa cilindrata. Dal punto di vista *culturale*, è il paese delle biciclette e dei motocicli, dove l'elevazione sociale è segnata proprio dal passaggio dalle due alle quattro ruote: solo dopo essere riusciti a comprare un'automobile di pregio, i ricchi cinesi possono, infatti, decidere di passare alla moto, considerata dai più come un pezzo da collezione da tenere in salotto. Anche dal punto di vista *legislativo* le problematiche non sono minori: le moto sono state legalizzate solo nel 2008 e sono ancor oggi penalizzate dalle limitazioni alla circolazione esistenti soprattutto nelle grandi città. I dazi sui prodotti d'importazione sono circa del 35%, cui si aggiungono i costi di omologazione. Accanto a questo si deve considerare, per i grandi produttori occidentali, la *distanza geografica*, che impone di investire almeno in un ufficio di rappresentanza, preferibilmente con manager cinesi o, comunque, con un'ottima conoscenza della lingua, per riuscire a controllare più da vicino il mercato e a parlare con i dealer e i maggiori acquirenti. Infine l'*aspetto economico*: in un paese dove il segmento dei ricchi è ancora molto marginale, seppur in costante crescita, un prodotto che costa circa il doppio rispetto ai paesi di esportazione rischia di rimanere una nicchia a bassissima profittabilità.

Dopo una prima selezione dei mercati esteri considerati potenzialmente interessanti, è possibile approfondire l'analisi passando a un *secondo screening*, che consente di valutare l'attrattività anche in relazione al posizionamento competitivo. In questa fase, quindi, l'azienda non si chiede solo se esiste un mercato attrattivo (*attrattività del mercato*), ma anche quale quota di mercato e presenza competitiva può essere in grado di ottenere (*posizione competitiva*). Le principali variabili che definiscono le due dimensioni sono sintetizzate nella tabella 27.1 e portano alla costruzione di una matrice utile per valutare le modalità e i tempi di attuazione delle scelte di internazionalizzazione.

Tabella 27.1

Attrattività del mercato e posizione competitiva.

Attrattività del mercato estero (principali variabili)	Posizione competitiva dell'azienda (principali variabili)
Dimensione del mercato e dei segmenti	Quota di mercato ottenibile
Crescita del mercato e dei segmenti	Prodotto in linea con le esigenze del target
Potere d'acquisto dei consumatori	Qualità del prodotto
Pressione competitiva	Notorietà di marca
Barriere all'entrata	Capacità di marketing specifiche sull'estero
Sistema di mercato	Rete di vendita
Infrastrutture	Servizi
Sviluppo economico e stabilità politica	Capacità finanziarie

Nella matrice della figura 27.1 s'identificano tre alternative strategiche. Nei paesi molto attrattivi, dove l'azienda potrebbe anche occupare una buona posizione competitiva, come nel caso della Cina e della Germania, vale la pena investire. Vi sono poi paesi dove la situazione è più incerta. Nel caso degli USA, dove il mercato è attrattivo ma l'azienda non ritiene di poterlo presidiare adeguatamente, vale la pena aspettare di sviluppare una maggiore competitività (p.e. con maggiori investimenti sul brand). In alternativa, potrebbe posizionarsi con una strategia selettiva solo su alcune nicchie di mercato dove ritiene di poter essere competitiva.

Figura 27.1

Matrice di attrattività/posizione competitiva.

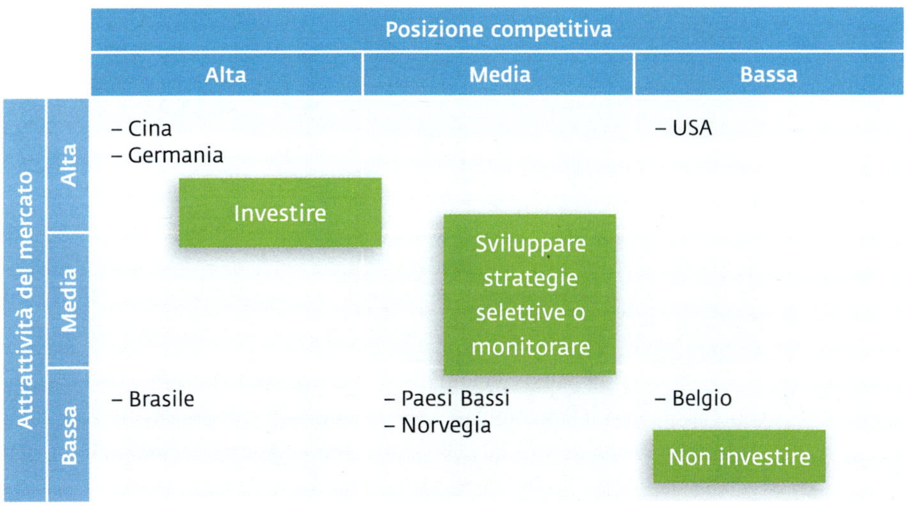

Analoghe sono le situazioni in cui, a fronte di una buona competitività aziendale, il mercato è scarsamente attrattivo, come nel caso del Brasile. In questi casi, il mercato va monitorato in attesa, ad esempio, di una sua futura crescita. Infine, nei casi di bassa attrattività e posizione competitiva (è il caso del Belgio), la scelta sarà probabilmente quella di non investire.

27.2 La segmentazione

Nei paesi in cui l'azienda sceglie di investire, la segmentazione segue il processo già descritto nei precedenti capitoli, con alcuni elementi di maggiore complessità che si legano allo sviluppo internazionale dell'impresa.

Una prima riflessione va fatta sull'identificazione delle variabili di segmentazione da parte delle imprese esportatrici, multinazionali o globali. Le imprese multinazionali, adottando un approccio policentrico che considera ogni paese come una realtà a sé stante, lasciano che la segmentazione venga fatta paese per paese, anche utilizzando criteri diversi. Per le imprese esportatrici o globali è invece importante utilizzare criteri di segmentazione che consentano di individuare segmenti omogenei a livello internazionale. I criteri che meglio rispondono a questa esigenza sono quello psicografico oppure basato sui benefici ricercati. Infatti, consumatori che rivelano stili di vita simili o ricercano gli stessi benefici nell'acquisto del prodotto, pur riportando differenze di età, reddito ecc., possono consentire lo sviluppo di scelte di marketing omogenee nei diversi paesi in cui l'azienda opera.

La vendita di imprese italiane a gruppi francesi è un tema oggetto di intenso dibattito in Italia. Negli ultimi anni sono state cedute imprese di grande rilievo come Parmalat, BNL, Edison, Bulgari, Gucci, Fendi, Loro Piana.

In ottica strategica, mentre l'azienda esportatrice tenderà a rivolgersi a segmenti di clienti esteri simili al target al quale si rivolge nel contesto nazionale, che nell'economia generale dell'impresa assume un ruolo centrale, per l'azienda globale l'approccio sarà diverso: si individueranno infatti alcuni segmenti orizzontali transnazionali nati dall'aggregazione di consumatori esteri simili tra loro, per rivolgersi a essi con un'offerta globale, altamente standardizzata.

27.3 Il trade off tra standardizzazione e adattamento

L'impresa può replicare le scelte di marketing già implementate nel mercato domestico o in altri mercati, oppure scegliere di introdurre delle modifiche (p.e. nel packaging, nei contenuti della comunicazione ecc.) per adeguarsi alle caratteristiche del mercato di esportazione. Nel primo caso siamo di fronte a una scelta di standardizzazione, mentre nel secondo si parla di adattamento dell'offerta. Standardizzare vuol dire quindi offrire lo stesso prodotto, con la stessa comunicazione, distribuzione e posizionamento di prezzo. Adattare significa invece definire un'offerta che meglio si adegui alle esigenze del mercato locale. Nella realtà, sono tuttavia molto rari i casi in cui l'azienda standardizza o, all'opposto, adatta completamente le proprie scelte: in generale si valuterà un corretto trade off tra le due alternative, tenendo conto sia dei minori costi associati alla standardizzazione, grazie alle economie di scala realizzabili, sia dei maggiori ricavi ottenibili con l'adattamento. Quest'ultimo sarà pertanto sviluppato nei casi in cui i maggiori costi da affrontare saranno compensati dai superiori ricavi ottenibili grazie alla più efficace penetrazione nel mercato estero. Nel raggiungimento del corretto equilibrio tra standardizzazione e adattamento vi sono alcuni fattori principali da prendere in considerazione.

- *Adattamento parziale delle scelte di marketing*. Nelle scelte di marketing, le aziende tenderanno a standardizzare alcuni elementi e ad adattarne altri. Ad esempio, nelle decisioni di prodotto vi è la tendenza a standardizzare le componenti core (p.e. la tecnologia) e adattare gli attributi tangibili (p.e. il colore o la forma) e intangibili (servizio post-vendita, garanzia ecc.). Nel prezzo, si può mantenere invariato il posizionamento, adeguando l'importo reale. Nella comunicazione, l'adattamento della lingua è necessario anche nei casi in cui il contenuto sia standardizzato nei diversi paesi. Infine, nella distribuzione può ad esempio rimanere invariato il canale, ma è necessario adeguarsi alle differenze nei format distributivi.
- *Fattori che influenzano la scelta di standardizzazione/adattamento*. Con l'adattamento, le imprese possono gestire le differenze nel macroambiente, nelle caratteristiche dei consumatori, nel sistema concorrenziale e distributivo. Viceversa, con la standardizzazione si possono ridurre i costi, diffondere più rapidamente le innovazioni senza dover modificare il prodotto, affermare un'immagine globale e facilitare la pianificazione e il controllo delle attività di marketing.

- *Imprese esportatrici, multinazionali e globali.* La scelta tra standardizzazione e adattamento assume una valenza diversa a seconda del tipo di organizzazione. Nelle imprese esportatrici, l'eventuale adattamento si valuta in relazione alle modifiche che eventualmente si devono apportare al prodotto realizzato per il mercato domestico, per renderlo più adatto alle esigenze dei consumatori stranieri. Per le multinazionali il problema non si pone, perché i piani di marketing nascono già con un focus nei diversi mercati in cui l'azienda opera. Nelle imprese globali, il prodotto viene concettualizzato tenendo conto del segmento/paese più rilevante in termini economici all'interno del segmento orizzontale e, rispetto a questo, vengono valutati eventuali adattamenti necessari per vendere in altri mercati di interesse.

27.4 Strategie e politiche di prodotto

27.4.1 Il ciclo di vita

L'analisi del ciclo di vita in un contesto globale diviene importante nello sviluppo delle strategie e politiche di marketing, perché il prodotto o brand può trovarsi in fasi diverse del ciclo di vita. Com'è evidenziato nella figura 27.2, una categoria di prodotto può essere introdotta in un paese, in genere quello nazionale, per estendersi successivamente ad altri paesi dove ricomincia la curva del ciclo di vita. Questo significa che in un qualsiasi momento t_x una categoria di prodotto potrà trovarsi in fase di declino nel mercato X, di maturità nel paese Y e d'introduzione nel paese Z. Questa diversificazione garantisce il mantenimento del livello di profitto sulla categoria di prodotto, in quanto il calo in un paese può essere compensato dalla crescita in un'altra area geografica. Ovviamente questo può valere sia con riferimento generale alla categoria di prodotto sia, nel particolare, per il brand di una specifica impresa.

Figura 27.2

Il ciclo di vita del prodotto in un contesto internazionale.

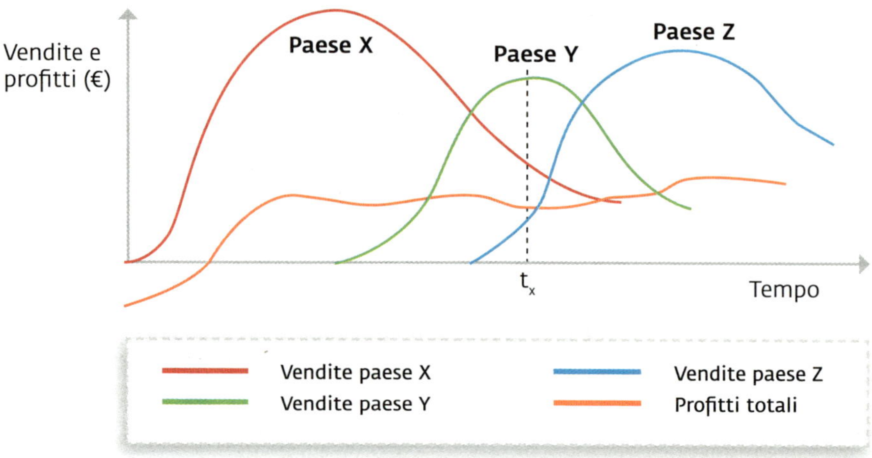

Fonte: nostra elaborazione da Alon et al., 2012

27.4.2 Attributi e benefici

Come già evidenziato nell'introdurre il concetto di standardizzazione/adattamento, nella vendita all'estero è importante capire le caratteristiche del prodotto più adatte al cliente target. Gli elementi principali da considerare sono:

- le leggi e i regolamenti locali;
- le caratteristiche fisiche, lo stile, il design, il colore, la qualità;
- il packaging;
- il made in;
- i servizi.

Leggi e regolamenti locali impongono spesso adattamenti cui l'azienda deve obbligatoriamente adeguarsi. Si pensi alle certificazioni o alle informazioni aggiuntive richieste nelle etichette dei prodotti alimentari, oppure agli standard differenti che caratterizzano i sistemi televisivi.

Anche gli *attributi tangibili* del prodotto devono essere attentamente presi in considerazione. Ingredienti, stile e design, colore e qualità si devono spesso adeguare a gusti locali e benefici ricercati. Il colore, ad esempio, può assumere simbologie diverse, con un impatto anche significativo sulla percezione del prodotto nei diversi paesi.

Il *packaging* può variare nella forma, nella dimensione, nei materiali con cui è realizzato, tenendo conto sia del trasporto del prodotto sia degli aspetti estetici.

Il *made in* tende ad assumere valenza positiva o negativa, a seconda del paese e del prodotto preso in considerazione, divenendo importante per l'azienda la definizione del suo ruolo nella strategia di marketing.

Esempio

In un contesto di crescente globalizzazione, il country of origin – o made in – è divenuto un concetto complesso. Si possono distinguere diverse dimensioni, quali il country of design, il country of manufacturing, il country of assembly e il country of brand. Molti dei prodotti della moda made in Italy, ad esempio, sono disegnati in Italia (designed in Italy) ma realizzati nei paesi asiatici (manufactured in China). Le scarpe possono essere prodotte nelle loro diverse componenti in Albania (manufactured in Albania) e successivamente assemblate in Italia (assembled in Italy). O ancora, per marchi come Gucci, il country of brand è italiano, ma l'azienda appartiene al gruppo francese PPR, proprietario di molti marchi del lusso quali, tra gli altri, Yves Saint Laurent e Bottega Veneta. L'origine del prodotto, nelle sue diverse sfaccettature, può incidere in modo positivo o negativo sulla percezione, influenzando le scelte di marketing dell'impresa. Sarà quindi importante enfatizzare il made in quando è positivo (p.e. il design italiano), attribuendogli invece una valenza secondaria quando non lo è (p.e. la tecnologia italiana rispetto a quella tedesca).

Infine è importante considerare il *livello di servizio* richiesto. In alcuni paesi il servizio assume un ruolo marginale, anche a causa di una generale mancanza di assistenza specializzata. In tal caso, nella concettualizzazione del prodotto, le imprese cercheranno di minimizzare i rischi di rottura. In altri paesi, invece, la cultura del servizio è centrale e, come tale, va rispettata e gestita in modo efficace, in particolare se è utile per attenuare un *made in* negativo.

27.4.3 La gestione del brand

Le scelte di brand nei mercati esteri riguardano principalmente la strategia di posizionamento e l'opzione per un brand globale o locale. Aziende caratterizzate da un forte valore di marca optano spesso per un brand globale, riconosciuto in tutto il mondo. Questa scelta richiede lo sviluppo di un posizionamento omogeneo nonché di un'uniformità qualitativa del prodotto/servizio offerto. Altre aziende privilegiano un elevato adattamento dei prodotti, proponendosi con brand locali, spesso derivanti da strategie di acquisizione di aziende nazionali finalizzate a ottenere una maggiore penetrazione del mercato. È frequente tuttavia la scelta di una strategia mista, dove al posizionamento premium dei brand globali si affiancano brand locali che di norma coprono segmenti di fascia media e medio-bassa. Nel settore della birra, ad esempio, Heineken opera in più di 170 paesi con l'omonimo brand globale, al quale affianca brand locali quali Bochkarev e Okhota in Russia e Murphy's in Irlanda.

Ferrero ha scelto una strategia di standardizzazione del brand Kinder Sorpresa facendo dei piccoli adeguamenti su elementi accessori.

In un'ottica operativa, coerentemente con le strategie aziendali, anche la scelta del nome e del logo assume un ruolo critico. È importante, infatti, chiedersi se per uno stesso prodotto sia possibile utilizzare lo stesso nome di marca e logo nei diversi mercati oppure se sia opportuno tradurli o modificarli.

Esempio

Brand globali come Coca Cola hanno scelto di standardizzare il nome di marca, anche se in alcuni paesi, ad esempio in Cina, hanno optato per la traduzione nella lingua locale (可口可乐).
Nel settore dei gelati, Unilever ha deciso di standardizzare il logo mantenendo inalterato il brand locale, appartenente all'azienda acquisita, caratterizzato localmente da un forte valore emozionale: Algida, Langnese e Miko sono solo alcuni dei marchi di gelato utilizzati nei diversi paesi, unificati dal logo del cuore riconoscibile in tutto il mondo.
In alcuni casi, invece, le aziende sono costrette a entrare con nomi e loghi diversi perché il loro marchio è già stato registrato. Un esempio è quello del Prosciutto di Parma nel mercato canadese. La Maple Leaf Food, la più grande azienda alimentare del paese, ha infatti registrato sia il nome "Parma" sia il logo della corona ducale del Consorzio del Prosciutto di Parma, costringendo le aziende italiane a commercializzarlo in Canada con il nome di "the original Prosciutto".

27.5 Definire il prezzo

27.5.1 La fissazione del prezzo

Le aziende che operano nei mercati internazionali devono prendere in considerazione molteplici fattori, di seguito sintetizzati, che possono incidere sulla scelta di standardizzare o adattare il prezzo nel mercato estero.

- *Concorrenza*. Al variare della struttura concorrenziale (p.e. nel grado di concentrazione o nell'intensità competitiva) e delle aziende con cui ci si confronta, in particolare quelle locali, può essere necessario un adattamento del prezzo, in positivo o in negativo.
- *Consumatore*. La percezione del prodotto/brand può variare da paese a paese. Un prodotto che in un mercato viene considerato un bene *convenience*, in un altro può acquisire un valore di status, accompagnandosi quindi a un prezzo più elevato. Viceversa, se il brand è completamente sconosciuto, o il prodotto non assume un ruolo centrale nel comportamento di acquisto del consumatore estero, il mancato valore riconosciuto rende possibile la vendita solo a un prezzo inferiore rispetto ai prodotti concorrenti o sostitutivi.
- *Potere d'acquisto*. Il prezzo deve in molti casi tenere conto del potere d'acquisto locale. In particolare, non è rilevante solamente il reddito pro capite, ma anche la sua distribuzione. Nelle situazioni in cui, ad esempio, il 10% della popolazione detiene il 50% del reddito del paese, s'individuano segmenti di consumatori molto ricchi che creano opportunità per beni di lusso, contrapposti a fasce di popolazione povere che possono essere raggiunte solo rivisitando l'offerta nel prodotto e nel prezzo.
- *Canali di distribuzione*. La lunghezza del canale e i margini richiesti dagli intermediari portano a un aumento significativo del prezzo finale a sell out. Questo fenomeno, analizzato considerando anche i costi di trasporto, assicurativi e gli eventuali dazi doganali, prende il nome di *price escalation*. In alcuni casi il prezzo, seppur più elevato rispetto al mercato di origine, è accettato dai consumatori esteri, mentre in altri casi è necessario limitarne l'aumento per riuscire a garantirne la commercializzazione.

Una volta valutati i fattori precedentemente descritti e stimato il prezzo finale a sell out, sarà importante confrontarlo con il prezzo a sell in e con i costi del pro-

Esempio

L'esportazione di vino italiano negli USA consente di evidenziare un tipico caso di *price escalation*. In tale mercato, infatti, è operante il cosiddetto "Three-tier distribution system", ovvero un sistema di distribuzione a tre stadi che vede come principali protagonisti i produttori, i distributori e i dettaglianti. I produttori sono rappresentati non solo dalle distillerie e dai produttori di bevande alcoliche, ma anche dagli importatori e dai broker, che acquistano direttamente dall'azienda straniera. Secondo gli standard statunitensi, nel canale di distribuzione il margine lordo per i broker è del 10-15%, per gli importatori del 25-35%, i grossisti del 25-35% e i retailer del 26-40%. A questi ricarichi si possono aggiungere quelli degli eventuali agenti di vendita, nonché i costi di trasporto, assicurazione, dazi doganali ecc. Non stupisce quindi che una bottiglia di vino italiano possa costare anche quattro volte il prezzo del mercato di origine.

dotto. In molti casi, per contenere la price escalation, l'impresa dovrà ridurre il prezzo a sell in, garantendo comunque un margine di ricarico. Questo richiederà a monte una riduzione dei costi, spesso ottenibile con una riconcettualizzazione del prodotto volta a eliminare alcune caratteristiche non essenziali ai fini della creazione di valore per il consumatore estero, optando ad esempio per un packaging meno costoso o l'eliminazione di alcuni colori.
È tuttavia importante sottolineare come, in generale, il prezzo sul contratto di compravendita (a sell in) sarà influenzato anche dai termini di resa concordati, definiti dagli Incoterms. Tale termine identifica una serie di regole internazionali che riguardano i diritti e i doveri dei soggetti giuridici che devono mettere in atto un'operazione di trasferimento di beni. In particolare, quali sono i costi a carico del venditore e quali a carico del compratore, quali documenti dovrà procurare l'esportatore e a spese di chi, quando i prodotti e i rischi passano dalla responsabilità dell'esportatore a quelle del compratore. Sempre nell'ambito del contratto, andrà specificata, se necessario, la valuta di fatturazione, decidendo di trasferire i rischi di cambio sul venditore o sull'acquirente.
Infine, un'altra importante considerazione riguarda l'eventuale presenza di retailer globali, che nel caso di prodotti standardizzati possono facilmente gestire le politiche di acquisto sui diversi paesi in cui operano, comprando nel paese in cui il prezzo è più basso e rivendendo in altri paesi in cui sono presenti. Sui prodotti standardizzati le aziende dovranno pertanto cercare di contenere le differenze di prezzo nei limiti dei maggiori costi di trasporto che si renderebbero necessari per mettere in atto questi comportamenti opportunistici.

27.5.2 Dumping e importazioni parallele

Il dumping e le importazioni parallele sono due pratiche che vanno segnalate con riferimento alla fissazione del prezzo. Il dumping si ha quando un prodotto è venduto nel paese estero a un prezzo inferiore a quello definito per il mercato domestico e, in alcuni casi, addirittura inferiore al costo del prodotto, con l'obiettivo di acquisire rapidamente quote di mercato significative. Queste pratiche scorrette sono state notevolmente ridotte dopo la creazione del WTO (World Trade Organization) nel 1995, ma continuano a verificarsi, soprattutto da parte di aziende cinesi.
L'importazione parallela si attua, invece, quando un importatore acquista un prodotto da un distributore estero, tipicamente operante in un paese emergente o in via di sviluppo, dove l'impresa pratica prezzi più bassi, per immetterlo con un prezzo più alto in canali non autorizzati nel mercato nazionale.

27.6 Canali di distribuzione e retailing

27.6.1 I fattori che influenzano le scelte distributive

Le scelte distributive nei mercati esteri sono condizionate da molteplici fattori interni ed esterni all'impresa, che vanno valutati in ottica strategica e operativa.
Tra i *fattori interni* si segnala innanzitutto la *modalità di entrata*, che condizio-

na in modo significativo il controllo del canale e, di conseguenza, l'autonomia dell'impresa nelle scelte distributive che coinvolgono il cliente nel punto vendita. L'azienda potrà, infatti, scegliere tra:

- *modalità esportative*, appoggiandosi a intermediari di canale nazionali o esteri a cui delega tutta l'attività di distribuzione del prodotto all'estero, con un conseguente scarso controllo sul cliente finale;
- *modalità collaborative*, tipicamente attraverso il licensing o il franchising, dove l'azienda, assieme a un partner estero indipendente, sviluppa la propria attività di distribuzione;
- *investimenti diretti*, ad esempio nel caso delle joint venture o delle filiali commerciali, quando l'azienda investe nel mercato estero garantendo un elevato presidio del canale distributivo che viene gestito in modo diretto.

Un secondo aspetto rilevante da considerare concerne la *strategia distributiva*: un'azienda presente nel mercato domestico con una strategia intensiva potrebbe scegliere di adottare una strategia selettiva all'estero, limitando la presenza in punti vendita selezionati, rivolti a un target di nicchia.
Infine è importante valutare la *complessità del prodotto*. Prodotti che nel mercato estero sono poco conosciuti, o hanno caratteristiche innovative, vanno spiegati al cliente finale, portando l'azienda a prediligere canali diretti o corti o, comunque, ad affiancare il partner estero nell'attività di distribuzione e vendita.
Per quanto riguarda i *fattori esterni*, anch'essi sono molteplici.
Innanzitutto, vanno prese in considerazione le *caratteristiche del sistema distributivo* e le *abitudini di acquisto*, che possono differenziarsi da paese a paese. Ad esempio, un prodotto che in un mercato è prevalentemente distribuito attraverso il canale off-trade, in un altro paese vede un peso maggiore dell'on-trade. Analogamente, nel retail, le abitudini locali portano a privilegiare punti vendita tradizionali molto arretrati, a scapito dei format della distribuzione moderna.
Anche le *leggi* e i *regolamenti* possono influenzare le scelte distributive delle aziende. In alcuni paesi, ad esempio, il canale diretto (p.e. il porta a porta) è vietato o, comunque, fortemente limitato. In altri, per alcune categorie di prodotto è obbligatorio appoggiarsi a un importatore estero.
La distribuzione varia anche in funzione della *fase del ciclo di vita* che il prodotto attraversa nel mercato estero di riferimento, nonché della *dimensione e struttura del mercato target*. Mercati molto grandi, soprattutto se non concentrati, richiedono ad esempio l'utilizzo di numerosi intermediari, che operano con reti di vendita capillari fortemente integrate con il contesto locale.

27.6.2 Il retailing in un contesto internazionale

La valorizzazione e diffusione del brand in un contesto internazionale dipende in modo rilevante anche da dove e come si presenta ai consumatori. Presidiare l'immagine del brand all'interno del punto vendita è un obiettivo non facilmente realizzabile nei format della grande distribuzione estera, soprattutto quella locale. L'esperienza e il potere negoziale dell'azienda sono fondamentali. La scelta di investire nella creazio-

Brand europei in un supermercato cinese. Una delle tante difficoltà da considerare in queste operazioni concerne la comprensibilità degli elementi del brand.

ne di punti vendita di proprietà o in franchising, tipica di molti brand globali soprattutto dell'abbigliamento e dell'arredamento, nasce proprio dalla necessità di controllare il processo di creazione del valore fino al punto d'incontro con il consumatore finale.

Un ruolo importante nel processo di internazionalizzazione è svolto dai grandi retailer internazionali che, aprendo nuovi punti vendita in tutto il mondo, contribuiscono alla diffusione dei brand presenti in assortimento. Aziende al dettaglio come Walmart, Carrefour o Tesco rappresentano, infatti, il veicolo di crescita di numerosi brand occidentali, americani ed europei, in tutti i mercati di espansione, in particolare quelli emergenti. D'altra parte, la leadership distributiva di questi retailer internazionali costituisce anche una barriera all'ingresso delle piccole e medie imprese. I loro brand, infatti, da un lato non hanno accesso alla grande distribuzione, presidiata dai prodotti delle aziende multinazionali, e dall'altro, in alcuni mercati, non trovano format alternativi nella distribuzione al dettaglio che possano valorizzare il loro prodotto. Pertanto, la loro entrata nel mercato estero si orienta spesso verso il canale on-trade, oppure scelgono di produrre con private label per un retailer internazionale.

27.7 La comunicazione internazionale

27.7.1 Comunicazione globale e locale

Coerentemente con la strategia di offerta, si pone l'alternativa di comunicare con modalità e messaggi standardizzati oppure contestualizzati rispetto alle caratteristiche dei diversi mercati internazionali. Nella maggior parte dei casi la scelta è rappresentata da un compromesso che vede l'adattamento di alcune decisioni e la standardizzazione di altre. Oltre agli aspetti legislativi che condizionano, in alcuni paesi, le scelte di comunicazione, è infatti importante considerare le differenze nel contesto economico, competitivo e socioculturale. Al variare della concorrenza, può variare non solo il posizionamento del brand dell'impresa, ma anche la valenza degli attributi distintivi che è opportuno mettere in evidenza nel messaggio comunicazionale. Quest'ultimo deve essere coerente con i valori della cultura locale, adattandosi non solo nella lingua, ma anche nei contenuti e nello stile. Per questo motivo, tra le scelte di marketing dell'impresa, la comunicazione è quella che evidenzia il maggior grado di adattamento. Può variare solo la lingua, oppure il pay off, o in alcuni casi il corpo del messaggio.

Su tale scelta, ovviamente, influiranno anche alcuni fattori interni come le risorse finanziarie disponibili, che dovranno essere più elevate in caso di adattamento, dovendo sviluppare una campagna di comunicazione ad hoc per il paese estero di riferimento.

27.7.2 Le alternative strategiche di prodotto e comunicazione

Considerando le scelte dell'impresa in un'ottica integrata, si possono individuare cinque alternative strategiche nelle decisioni di prodotto e comunicazione.

1. *Standardizzazione del prodotto e della comunicazione*: tale scelta è tipica dei beni industriali, mentre in un contesto consumer è meno frequente. Tuttavia alcuni esempi in tal senso possono essere individuati nei brand del lusso (Prada, Versace ecc.) che si impongono nei mercati internazionali con un prodotto e un'immagine globale.
2. *Standardizzazione del prodotto e adattamento della comunicazione*: l'impresa si rivolge a un consumatore che può utilizzare un prodotto omogeneo, ma si presenta diverso nelle caratteristiche socioculturali. Si pensi a un brand come Pampers di Procter & Gamble che, pur omogeneo nel prodotto, vede un forte adattamento della pubblicità realizzata nei paesi emergenti.
3. *Adattamento del prodotto e standardizzazione della comunicazione*: nel settore dei servizi, pur affermandosi con un'immagine globale, molti istituti finanziari propongono un prodotto che risponde alle esigenze locali dei clienti retail e business. Ne è un esempio la HSBC, nota come "the world's local bank".
4. *Adattamento del prodotto e della comunicazione*: aziende come quelle della telefonia mobile devono sviluppare prodotti ad hoc per raggiungere i mercati in via di sviluppo, ai quali si rivolgono con campagne di comunicazione locali altamente contestualizzate.
5. *Nuovo prodotto e comunicazione*: vi sono mercati il cui potenziale di vendita giustifica lo sviluppo di un prodotto e, di conseguenza, di una comunicazione ideati appositamente per il target locale.

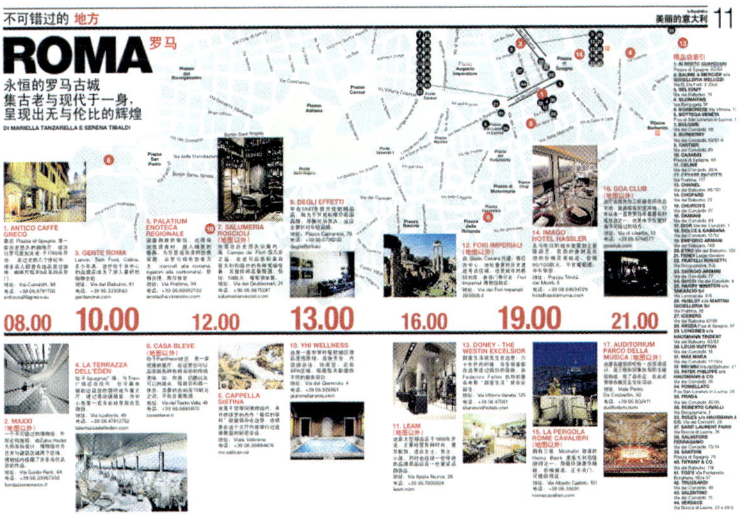

Gli orientali, e i cinesi in particolare, sono considerati unanimemente un appetibile target non solo dai brand del made in Italy, ma anche da retailer importanti delle città d'arte, che conseguentemente si attrezzano, coi pochi mezzi a disposizione, per intercettare i clienti.

Case History — Illy

Fondata a Trieste nel 1933, Illy è una delle aziende italiane produttrici di caffè di alta qualità più conosciute nei mercati internazionali. Con un fatturato consolidato di circa 342 milioni di euro e 800 dipendenti, è presente in 140 paesi. La capacità dell'azienda di proiettarsi nei mercati esteri, coniugando cultura locale e globale, puntando sull'innovazione di prodotto e di processo, comunicando valori unici, coerenti ed etici a tutti i suoi stakeholder, ha da sempre rappresentato il fattore propulsivo di una crescita costante, anche nei periodi di recessione. I target dell'azienda sono molteplici, ma si differenziano rispetto al mercato nazionale. Mentre nel mercato italiano il focus è sul canale on-trade (con ristoranti, caffetterie e hotel), sul segmento retail (famiglie) e sul target uffici, all'estero il target più attrattivo è quello dell'on-trade, mentre il segmento retail è marginale in quanto la preparazione del caffè espresso a casa è meno diffusa.

Le modalità di entrata variano in funzione del ruolo strategico svolto dal mercato target nella strategia di internazionalizzazione dell'impresa, ovvero del potenziale di mercato e delle opportunità di sviluppo. Nei mercati più strategici, come la Spagna, la Francia, gli Stati Uniti e la Cina, l'impresa è presente con filiali commerciali; in altri mercati, l'impresa si appoggia invece a distributori con i quali ha stretto relazioni di partnership molto consolidate, per poter garantire un elevato controllo del mercato. Parallelamente, la volontà di affermare la propria immagine a livello globale, creando luoghi di consumo che possano promuovere la cultura del caffè nel mondo, ha portato alla creazione di Espressamente Illy, la catena di caffè all'italiana in franchising, oggi presente con più di 230 locali in oltre 30 paesi.

L'offerta dell'impresa presenta un elevato grado di standardizzazione di prodotto e di prezzo, con l'obiettivo di affermare a livello globale un brand distintivo sul segmento superpremium. Tuttavia, il confronto con le realtà peculiari dei diversi mercati esteri ha da sempre rappresentato una fonte di stimolo per l'innovazione di prodotto. I sistemi preporzionati con le cialde e, successivamente, le capsule, nascono per portare in tutto il mondo, anche nei paesi dove il prodotto è nelle fasi iniziali del ciclo di vita, un caffè espresso come quello realizzato dagli esperti baristi italiani. In paesi come gli Stati Uniti, per far crescere la cultura del caffè eccellente, l'impresa sceglie di avvicinarsi ai gusti locali proponendo il caffè filtro marchiato Illy. Il sistema di pressurizzazione del packaging nasce anche dalla necessità di conservare inalterata la qualità di un prodotto spedito in tutto il mondo. In molti mercati, Illy cresce anche nella categoria ready-to-drink, realizzando Illy issimo, un caffè in lattina nato dalla collaborazione con The Coca-Cola Company.

Infine, in azienda è sempre stato importante il ruolo della comunicazione. Se è vero che, per far fronte a una diversa conoscenza del caffè espresso, alcuni messaggi pubblicitari sono stati declinati per dialogare con la realtà locale, i valori su cui è costruito il brand Illy nel mondo rimangono inalterati e sono veicolati attraverso un processo di comunicazione integrata che ruota attorno alla scienza e alla cultura del caffè. L'Università del caffè, la Galleria Illy, gli eventi legati all'arte, al design e alla gastronomia, la promozione dello stile italiano attraverso gli Espressamente Illy, costituiscono le fondamenta di un processo di comunicazione integrata che vede coinvolti consumatori finali, distributori, baristi e fornitori, accomunati da valori globali che vanno aldilà dei confini dei singoli paesi.

Conclusioni

Creare valore nei mercati internazionali rappresenta oggi una sfida che sempre più aziende devono affrontare. La complessità delle caratteristiche socioeconomiche, culturali, tecnologiche e politico-legislative che distinguono i diversi mercati, richiede non solo un'attenta valutazione delle variabili ambientali, ma anche delle risorse interne che l'impresa può mettere in gioco per operare con successo. Cruciale è innanzitutto la capacità di analizzare e selezionare i mercati esteri più attrattivi, dove l'impresa possa sviluppare un vantaggio competitivo di lungo periodo. Ma altrettanto importante è impostare strategie e scelte operative coerenti con le esigenze dei target locali, senza perdere di vista l'obiettivo di creazione di un marketing globale in grado di conseguire sinergie di marketing finalizzate alla valorizzazione dell'offerta dell'impresa in un contesto globale.

Bibliografia

Capitolo 1

Bagozzi R.P. (1975) "Marketing as exchange", *Journal of Marketing*, vol. 39, ottobre

Bauman Z. (2000) *Modernità liquida*, Laterza, Roma-Bari

Court D., French T.D. e Knudsen T.R. (2007) "Confronting proliferation: a conversation with four marketers", *McKinsey Quarterly*, agosto

Cova B. (2003) *Il marketing tribale*, IlSole24Ore editore, Milano

Cozzi T. e Zamagni S. (1994) *Economia politica*, Zanichelli, Bologna

Fabrizi C. (1963) *Tecniche e politiche di vendita*, Cedam, Padova

Fornari D. (2010) *Le discontinuità del marketing di filiera*, Egea, Milano

Galbraith J.K. (1987) *Economics in perspective*, Houghton Mifflin, Boston

Guatri L., Vicari S. e Fiocca R. (1999) *Marketing*, McGraw-Hill Italia, Milano

Kotler P. (1993) *Marketing management*, Isedi, Torino

Mattiacci A. (2003) *Il marketing consumer-based*, Cedam, Padova

Samuelson P. (1980) *Economia*, Zanichelli, Bologna

Smith A. (2006) *La ricchezza delle nazioni*, Utet, Torino

Valdani E. (a cura di) (1995), *Marketing. Enciclopedia dell'impresa*, Utet, Torino

Capitolo 2

Castaldo S. (2002) *Fiducia e relazioni di mercato*, Il Mulino, Bologna

Cozzi G. e Ferrero G. (1996) *Marketing*, Giappichelli, Torino

Fabris G. (2008) *Societing. Il marketing della società postmoderna*, FrancoAngeli, Milano

Guatri L., Vicari S. e Fiocca R. (1999) *Marketing*, McGraw-Hill Italia, Milano

Hamel G. (2008) *Il futuro del management*, Etas, Milano

Kim C.W., Mauborgne R. (2005) *Strategia oceano blu. Vincere senza competere*, Etas, Milano

Kohli A.K. e Jaworski B.J. (1990) "Market orientation: the construct, research propositions and managerial implications", *Journal of Marketing*, vol. 54, aprile

Lambin J.J. (2008) *Market-driven management*, McGraw-Hill Italia, Milano

Mattiacci A. (2008) "Un modello per le scelte prevalentemente operative del management di marketing: il paradigma 4A" in S. Cherubini (a cura di), *Scritti in onore di Giorgio Eminente*, FrancoAngeli, Milano

Mattiacci A. (2010) "Idee per un nuovo marketing dopo la crisi", *Management & Performance*, 1

Negroponte N. (1995) *Being Digital*, Vintage Books, New York

Omahe K. (2005) *Il prossimo scenario globale*, Etas, Milano

Packard V. (1989) *I persuasori occulti*, Einaudi, Torino

Vargo S.L. e Lusch R.F. (2004) "Evolving to a new dominant logic for marketing", *Journal of Marketing*, vol. 68, gennaio, pp. 1-17

Webster F.E.J. (1992) "The changing role of marketing in the corporation", *Journal of Marketing*, vol. 56, ottobre

Wilkie W.L. e Moore E.S. (2011) "Expanding our understanding of marketing in society", *Journal of the Academy of Marketing Science*, agosto

Capitolo 3

Anderson C. (2004) "The long tail", *Wired*, 12(10)

Floridi L. (2010) *La rivoluzione dell'informazione*, Codice, Torino

Hoffman D. e Novak, T. (1996) "Marketing in hypermedia computer-mediated environments: conceptual foundations", *Journal of Marketing*, vol. 60, luglio

Latorre A. e Vernuccio M. (2013) "Ridurre il rischio percepito e generare fiducia nello shopping online attraverso gli User Generated Content", *Mercati e Competitività*, 1

Levine R., Locke C., Searls D. e Weinberger D. (2000) *The Cluetrain Manifesto. The end of business as usual*, Perseus Books, Cambridge

Li C. e Bernoff D. (2008) *Groundswell. Winning in a world transformed by social technologies*, Harvard Business Press, Boston

Magretta J. (2002) "Why business model matter", *Harvard Business Review*, vol. 80(5), maggio

McLuhan M. (1964) *Understanding media. The extensions of man*, McGraw-Hill, New York

Pastore A. e Vernuccio M. (2004) *Marketing. Innovazione e tecnologie digitali*, Cedam, Padova

Rayport J.F. e Sviokla J.J. (1994) "Managing in the marketspace", *Harvard Business Review*, vol. 72(6), novembre-dicembre

Ryan D. e Jones C. (2012) *Understanding digital marketing*, Kogan Page, Londra

Strauss J. e Frost R. (2012) *E-Marketing*, Pearson Education International, Boston

Vernuccio M. (2008) "Comunicazione digitale", in A. Pastore e M. Vernuccio, *Impresa e comunicazione. Principi e strumenti per il management*, Apogeo, Milano

Vernuccio M., Barbarossa C., Giraldi A. e Ceccotti F. (2012) "Determinants of e-brand attitude. A structural modeling approach", *Journal of Brand Management*, vol. 19(6)

Vescovi T. (2007) *Il marketing e la rete*, IlSole24ore editore, Milano

Capitolo 4

Aaker D.A. (2005) *Strategic market management*, John Wiley, Hoboken

Anderson P.F. (1982) "Marketing, strategic planning and the theory of the firm", *Journal of Marketing*, vol. 46, aprile

Busacca B. e Bertoli G. (2009) *Customer value. Soddisfazione, fedeltà, valore*, Egea, Milano

Eminente G. e Cherubini S. (1988) *Marketing in Italia*, FrancoAngeli, Milano

Enis B.N., Cox K.K. e Mokwa M.P. (1999) *Marketing classics. A selection of influential articles*, Prentice Hall, Upper Saddle River

Freeman R.E. (1984) *Strategic management. A stakeholder approach*, Pitman, Boston

Grant R. (2010) *Contemporary strategy analysis*, John Wiley & Sons, Chichester

Magretta J. (2002) "Why business models matter", *Harvard Business Review*, vol. 80(5), maggio

Mattiacci A. (2003) *Il marketing consumer-based. Il modello della product offering*, Cedam, Padova

Pastore A. (2009) "Market driven management nell'economia digitale", *Mercati e Competitività*, 1, pp. I-V

Porter M.E. (1996) "What is strategy?", *Harvard Business Review*, vol. 74(6), novembre-dicembre, p. 64

Raimondo M.A. (2004) *Le relazioni di mercato dell'impresa*, Egea, Milano

Schumpeter J. (2002) *Teoria dello sviluppo economico*, Etas, Milano

Stiglitz J.E. (2006) *La globalizzazione che funziona*, Einaudi, Torino

Zott C., Amit R. e Massa L. (2011) "The business model. Recent developments and future research", *Journal of Management*, 37(4), pp. 1019-1042

Capitolo 5

Ancarani F. e Costabile M. (2009) *Concorrenza ibrida*, Pearson, Milano

Colli A.(2002) *Il quarto capitalismo. Un profilo italiano*, Marsilio, Milano

D'aveni R.A. (1994) *Hyper-competition. Managing the dynamics of strategic maneuvering*, Free Press, New York

Fiocca R. e Sebastiani R. (2010) *Politiche di marketing. Analizzare e gestire le relazioni di mercato*, McGraw-Hill Italia, Milano

Lazzeroni M. (2004) *Geografia della conoscenza e dell'innovazione tecnologica*, FrancoAngeli, Milano

Mattiacci A. (2008) *Nicchia e competitività. Strategie di focalizzazione per la competizione globale*, Carocci, Milano

Porter M.E. (1982) *La strategia competitiva. Analisi per le decisioni*, Tipografia Compositori, Bologna

Porter M.E. (1998) "Clusters and the new economics of competition", *Harvard Business Review*, vol. 76(6), novembre-dicembre, pp. 77-90

Valdani E., Ancarani F. e Castaldo S. (2001) *Convergenza. Nuove traiettorie per la competizione*, Egea, Milano

Varaldo R. (2006) "Il nuovo modello competitivo e aziendale dei distretti industriali", *Economia e politica industriale*, 1

Varaldo R., Dalli D., Resciniti R. e Tunisini A. (2009) *Un tesoro emergente. Le medie imprese italiane dell'era globale*, FrancoAngeli, Milano

Coltorti R., Rescinti R., Tunisini A. e Varaldo R. (2013) *Mid-sized manufacturing companies: the new driver of italian competitiveness*, Springer, Milano

Varaldo R. e Ferrucci L. (1996) *I distretti industriali fra logiche di sistema e logiche di impresa*, FrancoAngeli, Milano

Capitolo 6

Arnould E.J. e Thompson C.J. (2005) "Consumer culture theory (CCT). Twenty years of research", *Journal of Consumer Research*, vol. 31(4), pp. 868-882

Cova B., Kozinets R.V. e Shankar A. (a cura di) (2007) *Consumer tribes*, Butterworth-Heinemann, Oxford

Dalli D. e Lanzara R. (2011) *La servitization dei prodotti*, in R. Varaldo, L. Cinquini e A. Di Minin (a cura di) (2011) *Nuovi modelli di business e creazione di valore: la scienza dei servizi*, Springer, Milano

Dalli D. e Romani S. (2011) *Mediterranean shoes conquer the world. Global branding from local resources: the Camper case*, in L. Peñaloza, N. Toulouse e L. Visconti (a cura di) *Marketing management. A cultural perspective*, Routledge, Londra

De Vries J. (2008) *The industrious revolution. Consumer behaviour and the household economy, 1650 to the present*, Cambridge University Press, New York

Ferrero G. (1992) *Il marketing relazionale. L'approccio delle Scuole Nordiche*, Lint, Trieste

Fiocca R., Snehota I. e Tunisini A. (2003) *Business Marketing*, McGraw-Hill Italia, Milano

Houston F.S. (1986) "The marketing concept. What it is and what it is not", *Journal of Marketing*, vol. 50, aprile

McKendrick N., Brewer J. e Plum J.H. (1982) *The birth of a consumer society*, Indiana University Press, Bloomington

Molteni L. e Troilo G. (2007) *Ricerche di marketing*, McGraw-Hill Italia, Milano

Oliver R.L. (2010) *Satisfaction. A behavioral perspective on the consumer*, Sharpe, Armonk
Payne J.W., Bettman J.R. e Johnson E.J. (1993) *The adaptive decision maker*, Cambridge University Press, New York

Capitolo 7

Boudon R. e Lazarsfeld P.F. (1989) *L'analisi empirica nelle scienze sociali*, Il Mulino, Bologna
Buratta V., Sabbadini L. e Fortunato E. (1989) *Manuale di tecniche di indagine*, vol. 2: *Il questionario: progettazione, redazione e verifica*, Istat, Roma
Chisnall P. (1994) *Le ricerche di marketing*, McGraw-Hill Italia, Milano
Converso D., Sari P. e Sariw W. (1999) "Tecniche di indagine computer-assisted e qualità dei dati", *Micro & Macro Marketing*, 1
Esomar (1988) *Reaching agreement on a marketing research project*, Esomar, Amsterdam
Esomar (1988) *Selecting a research agency*, Esomar, Amsterdam
Kinnear T. e Taylor J. (1996) *Marketing research. An applied approach*, McGraw-Hill, New York
Malhotra N.K. (2004) *Marketing research*, Pearson/Prentice Hall, Upper Saddle River
Marbach G. (2010) *Ricerche per il marketing*, Utet, Torino
Mattiacci A. (2007) *Le ricerche di marketing: soggetti, processi, tipologie*, in L. Molteni e G. Troilo (a cura di) *Ricerche di marketing*, McGraw-Hill Italia, Milano
Mattiacci A. e Mason M. (2009) *Metodi e tecniche della ricerca di marketing*, in G. Cristini (a cura di) *Marketing*, IlSole24Ore editore, Milano
McDonald C. e Vangelder P. (a cura di) (1998) *Esomar handbook of market and opinion research*, Esomar, Amsterdam
Molteni L. e Troilo G. (2007) *Ricerche di marketing*, McGraw-Hill Italia, Milano
Struse D. (2000) "Marketing research's top 25 influences", *Marketing Research*, vol. 11(4)
Sparti D. (1995) *Epistemologia delle scienze sociali*, NIS, Roma
Trentini G. (1995) *Manuale del colloquio e dell'intervista*, Utet, Torino
Worcester R. e Downham J. (a cura di) (1986) *Consumer market research handbook*, Esomar, Amsterdam

Capitolo 8

Aaker D.A. (2005) *Strategic marketing management*, John Wiley, Hoboken
Abell D.F. (1980) *Defining the business. The starting point of strategic planning*, Prentice Hall, Englewood Cliffs
Ansoff H.I. (1957) "Strategies for diversification", *Harvard Business Review*, vol 35(5), settembre-ottobre, pp. 113-124
Baines P., Fill C. e Page K. (2011) *Marketing*, Oxford University Press, Oxford
Brennan R., Baines P., Garneau P. e Vos L. (2008) *Contemporary strategic marketing*, Palgrave Macmillan, New York
Campbell A., Devine M. e Young D. (1990) *A sense of mission*, Economist Books, Londra
Chandler A.D. (1962) *Strategy and structure*, MIT press, Cambridge
Grant R.M. (2005) *Contemporary strategy analysis*, Blackwell, Oxford
Hunger J.D., Flynn E.J. e Wheelen T.L. (1990) "Contingency corporate strategy: a proposed typology with research propositions", *Academy Management*, aprile
Kim C.W. e Mauborgne R. (2005) *Blue Ocean Strategy. How to create undercontested market space and make competition irrelevant*, Harvard Business School Press, Boston
Lambin J.J. (2012) *Market-driven management. Marketing strategico e operativo*, McGraw-Hill Italia, Milano

Pellicelli G. (2010) *Strategie d'impresa*, Egea, Milano
Porter M.E. (1985) *Competitive advantage*, Free Press, New York
Pride W.M. (2005) *Marketing*, Egea, Milano
Thompson A. e Strickland A. (1998) *Strategic Management*, Irwin/McGraw-Hill, Boston
Wheelen T.L. e Hunger J.D. (2011) *Concepts in strategic management and business policy*, Pearson Education India, New Delhi

Capitolo 9

Court D.C., French T.D. e Knudsen T.R. (2006) "The proliferation challenge", in A.P. Webb (a cura di), *Profiting from proliferation*, McKinsey & Company (web exclusive: www.mckinseyquarterly.com), New York
D'Aveni R.D. (2010) *Beating the commodity trap*, Harvard Business Press, Boston
Dalli D. e Romani S. (2000) *Il comportamento del consumatore*, FrancoAngeli, Milano
Engel J.F., Kollat D.T. e Blackwell R.D. (1968) *Consumer behavior*, Holt, Rinehart & Winston, New York
Firat F.A., Clifford J. e Schultz L. (1997) "From segmentation to fragmentation. Markets and marketing strategy in the postmodern era", *European Journal of Marketing*, vol. 31(3-4)
Giacomazzi F. (2002) *Marketing industriale*, McGraw-Hill Italia, Milano
Guatri L. e Vicari S. (1986) *Il marketing*, Giuffré, Milano
Mattiacci A. (2003) *Il marketing consumer-based*, Cedam, Padova
Mattiacci A. e Ceccotti F. (2010) "(Re)discovering niche marketing", *Journal of Marketing Trends*, vol. 1, settembre
Plummer J.T. (1974) "The concept and the application of life style segmentation", *Journal of Marketing*, vol. 38, gennaio
Valdani E. (1984) *Definizione e segmentazione del mercato. Per i beni industriali e per il largo consumo*, Giuffré, Milano
Valdani E. (1995) *Marketing strategico*, Etas, Milano
Vicari S. (1988) "Acquirente e consumatore: due distinte realtà", *Sviluppo e Organizzazione*, 59

Capitolo 10

Aaker D.A. (2005) *Strategic marketing management*, John Wiley, Hoboken
Best R. (2008) *Market based management*, Prentice Hall, Harlow
Colurcio M., Russo Spena T. e Melia M. (2013) "Storytelling e web communication", *Mercati e Competitività,* 1, pp. 97-117
Day G. (1990) *Market driven strategy*, Free Press, New York
Ghemawat P. (1991) *Commitment: the dynamic of strategy*, Free Press, New York
Hernstein R., Mikti Y. e Jaffe E.D. (2008) "Communicating a new corporate image during privatization: the case of El Al airlines", *Corporate Communications. An International Journal*, vol. 13(4)
Peter P., Donelly J.H. e Pratesi C.A. (2006) *Marketing*, McGraw-Hill Italia, Milano
Porter M.E. (1980) *Competitive Strategy*, Free Press, New York
Porter M.E. (1985) *Competitive Advantage*, Free Press, New York
Porter M.E. (1996) "What is Strategy?", *Harvard Business Review*, vol. 74(6), novembre-dicembre
Ries A. e Trout J. (1986) *Positioning. The battle for your mind*, McGraw-Hill, New York
Valdani E. e Ancarani F. (2009) *Marketing strategic*, Egea, Milano
Vallini C. e Simoni C. (2007) *Controlling and managing consistencies for company success: towards an entrepreneurial management tool*, Oxford University Press, Oxford, pp. 162-184

Capitolo 11

Aaker D.A. (1991) *Managing brand equity. Capitalizing on the value of a brand name*, Free Press, New York
Ambler T., Kokkinaki F. e Puntoni S. (2004) "Assessing marketing performance: reasons for metrics selection", *Journal of Marketing Theory and Practise*, vol. 14(3), pp. 191-208
Amoroso M. (1993) *I costi di marketing*, Utet, Torino
Castaldo S. (2002) *Fiducia e relazioni di mercato*, Il Mulino, Bologna
CMO Council (2009) *Service invention to increase retention*, www.cmocouncil.org
Costabile M. (2001) *Il capitale relazionale*, McGraw-Hill Italia, Milano
Farris P., Bendle N., Pfeifer P. e Reibstein D. (2008) *Marketing metrics*, Wharton School, Upper Saddle River
Gronholdt L. e Martensen A. (2006) "Key marketing performance measures", *The Marketing Review*, vol. 6(3), pp. 234-252
Kaplan R.S. e Norton D.P. (2000) *Balanced scorecard. Tradurre le strategie in azione*, Isedi, Torino
McGovern G., Court D., Quelch J.A. e Crawford B. (2004) "Bringing customers back into the boardroom", *Harvard Business Review*, vol. 82(11), novembre, pp. 70-80
Molteni L. e Troilo G. (2003) *Ricerche di Marketing*, McGraw-Hill Italia, Milano
Munoz T. e Kumar S. (2004) "Brand metrics. Ganging and linking brands with business performance", *Brand Management*, vol. 11(5), pp. 381-387
Patterson L. (2007) "Taking on the metrics challenge", *Journal of Targeting, Measurement and Analysis for Marketing*, vol. 15, pp. 270-276
Schultz D. (2005) "MR deserves blame for marketing's decline", *Marketing News*, vol. 7
Sciarelli S. (2011) *La gestione dell'impresa*, Cedam, Padova
Shaw R. e Merrick D. (2006) *Marketing Payback. Il contributo del marketing alla redditività dell'impresa*, Pearson Education Italia, Milano
Valdani E. e Ancarani F. (2011) *Marketing metrics*, Egea, Milano
Verhoef P.C. e Leeflang P. (2009) "Understanding the marketing department's influence within the firm", *Journal of Marketing*, vol. 73, marzo, pp. 14-37

Capitolo 12

Bhats S. e Reddy S.K. (1998) "Symbolic and functional positioning of brands", *Journal of Consumer Marketing*, vol. 15(1)
Bonel M. (1989) *La produzione*, in M. Rispoli (a cura di) *L'impresa industriale. Economia, tecnologia, management*, Il Mulino, Bologna
Capozzi M.M., Horn J. e Kellen A. (2012) "Battle-test your innovation strategy", *McKinsey Quarterly*, dicembre
Cillo P. (2004) *Innovazione e mercato*, Carocci, Roma
Dringoli A. (1995) *Struttura e sviluppo dell'impresa industriale*, McGraw-Hill Italia, Milano
Levitt T. (1980) "Marketing success through differentiation of anything", *Harvard Business Review*, vol. 58(1), gennaio
Mattiacci A. (2003) *Il marketing consumer-based*, Cedam, Padova
Narayanan A., Padhi A. e Williams J. (2012) "Designing products for value", *McKinsey Quarterly*, ottobre
Pratesi C.A. e Mattia G. (2002) *Piano marketing dei nuovi prodotti*, McGraw-Hill Italia, Milano
Raimondo M.A. (2012) *Personalizzazione, marca e identità del consumatore*, Egea, Milano
Rogers E.M. (1983) *The diffusion of innovation*, Free Press, New York

Stark J. (2011) *Product lifecycle management*, Springer, Londra
"The third industrial revolution" (2012) *The Economist*, 21 aprile
Valdani E. e Busacca B. (1987) *Previsioni delle vendite e ciclo di vita del prodotto*, Etas, Milano
Verona G. e Prandelli E. (2006) *Collaborative innovation*, Carocci, Roma
Vescovi T. (1990) *Il marketing del prodotto,* Cedam, Padova

Capitolo 13

Aaker D.A. (1997) *Brand equity. La gestione del valore della marca*, FrancoAngeli, Milano
Aaker D.A. e Joachimsthaler E. (2000) "The brand relationship spectrum. The key to the brand architecture challenge", *California Management Review*, vol. 42(4)
Aaker D.A. e Keller K.L. (1990) "Consumer evaluation of brand extension", *Journal of Marketing*, vol. 54, gennaio
Bertoli G. e Busacca B. (2011), "Cobranding e strategie di estensione: alcune evidenze sperimentali", *Micro & Macro Marketing*, vol. 20(1), pp. 93-117
Biel A. (1992) "How brand image drives brand equity", *Journal of Advertising Research*, vol. 32, novembre-dicembre
Busacca B. e Bertoli G. (2010) "Estensione della marca e reazioni competitive: l'ambiguo ruolo del cobranding", *Finanza, Marketing e Produzione*, 1, pp. 7-42
De Chernatony L. (1999) "Brand management through narrowing the gap between brand identity and brand reputation", *Journal of Marketing Management,* vol. 15(1-3)
Fabris G. e Minestroni L. (2003) *Valore e valori della marca,* FrancoAngeli, Milano
Keller K.L. (1993) "Conceptualizing, measuring and managing customer-based brand equity", *Journal of Marketing*, vol. 57, gennaio
Keller K.L., Busacca B. e Ostilio M.C. (2005) *Gestione e sviluppo del brand*, Egea, Milano
Mattiacci A. (2008) *Un modello per le scelte prevalentemente operative del management di marketing: il paradigma 4A*, in S. Cherubini (a cura di) *Scritti in onore di Giorgio Eminente*, FrancoAngeli, Milano
Pratesi C.A e Mattia G. (2006) *Branding,* McGraw-Hill Italia, Milano
Ries A. e Trout J. (1985) *Positioning. The battle for your mind,* McGraw-Hill, New York
Vernuccio M., Barbarossa C., Giraldi A. e Ceccotti F. (2012) "Determinants of e-brand attitude. A structural modeling approach", *Journal of Brand Management*, vol. 19(6)
Vicari S. (1995) *Brand equity. Il potenziale generativo della fiducia,* Egea, Milano

Capitolo 14

Castaldo S. (2008) *Retail channel management*, Egea, Milano
Castaldo S. (2010) *Go to market*, Il Mulino, Bologna
Cristini G. (a cura di) (2009) *Marketing*, IlSole24Ore editore, Milano
Dunne P., Lusch R. e Carver J. (2011) *Introduction to retailing*, South-Western Cengage Learning, Mason
Fornari D. (2011) *Le discontinuità del marketing di filiera*, Egea, Milano
Lugli G. (2005) *Marketing distributivo. La creazione di valore nella distribuzione despecializzata*, Utet, Torino
Panda T.K. e Sahadev S. (2005) *Sales and distribution management,* Oxford University Press, Oxford
Pastore A. (1996) *I nuovi rapporti tra industria e distribuzione*, Cedam, Padova
Pastore A. (2008) *Gli scenari di sviluppo del grocery*, FrancoAngeli, Milano
Pastore A., Vernuccio M. e Vona R. (2009) *Le poltiche distributive*, in G. Cristini (a cura di) *Marketing*, IlSole24Ore editore, Milano

Pellegrini L. e Reddy S.K. (1989) *Retail and marketing channels*, Routledge, Londra
Rushton A., Croucher P. e Baker P. (2010) *The handbook of logistics and distribution management*, Kogan Page, Londra
Sbrana R. e Gandolfo A. (2007) *Contemporary retailing. Il governo dell'impresa commerciale moderna*, Giappichelli, Torino
Sciarelli S. e Vona R. (2008) *Management della distribuzione*, McGraw-Hill Italia, Milano
Shang J., Yildirim Tuba P., Tadikamalla P., Mittal V. e Brown L.H. (2009) "Distribution network redesign for marketing competitiveness", *Journal of Marketing*, vol. 73, marzo
Venanzi D. (1989) "Analisi dei costi di distribuzione e gestione del canale: una riflessione critica", *Sinergie*, 19

Capitolo 15

Busacca B., Costabile M. e Ancarani F. (2004) *Prezzo e valore per il cliente*, Etas, Milano
Collesei U. (2000) *Marketing*, Cedam, Padova
Costabile M. (1992) *Prezzo e consumatore: il ruolo del prezzo nel processo d'acquisto*, Egea, Milano
Costabile M. (1996) *Misurare il valore per il cliente*, Utet, Torino
Cozzi T. e Zamagni S. (1994) *Economia politica*, Il Mulino, Bologna
Guatri L. e Vicari S. (1986) *Il marketing*, Giuffré, Milano
Lambin J.J. (2012) *Market-driven management*, McGraw-Hill Italia, Milano
Marn M.V., Roegner E.V. e Zawada C.C. (2003) "Pricing new products", *McKinsey Quarterly*, agosto
Tellis G.J. (1986) "Beyond the many faces of price. An integration of pricing strategies, *Journal of Marketing*, vol. 50, ottobre
Valdani E. (1989) *Pricing*, Etas, Milano
Williamson P.J. (2010) "Cost innovation. Preparing a 'value-for-money' revolution", *Long Range Planning*, vol. 43, pp. 343-353

Capitolo 16

Armstrong A. e Hagel J. (1996) "The real value of online communities", *Harvard Business Review*, vol. 74(3), maggio, pp. 134-141
Chen S. (2003) "The real value of 'e-business models'", *Business Horizons*, novembre-dicembre, pp. 27-33
Evans P. e Wurstel T.S. (2000) *Blown to bits. How the new economics of information transforms strategy*, Harvard Business School Press, Boston
Micelli S. (2000) *Imprese, reti e comunità virtuali*, Etas, Milano
Pagani M. e Chizzoli C. (2012) *Il comportamento del consumatore online*, in S. Borghini, A. Carù, F. Golfetto, S. Pace, D. Rinallo, L. Visconti e F. Zerbini (a cura di) *Prodotto, consumatore e politiche di mercato quarant'anni dopo*, Egea, Milano, pp. 85-102
Pastore A. e Vernuccio M. (2008) *Impresa e comunicazione. Principi e strumenti per il management*, Apogeo, Milano
Pitt L.F., Berthon P., Watson W.R.T. e Ewing M. (2001) "Pricing strategies and the net", *Business Horizons*, marzo-aprile, pp. 45-54
Prandelli E. e Verona G. (2002) *Marketing in rete*, McGraw-Hill Italia, Milano
Strauss J. e Frost R. (2012) *E-marketing*, Pearson Education International, Boston

Capitolo 17

Clow K.E. e Baack D. (2007) *Integrated advertising, promotion and marketing communications*, Pearson/Prentice Hall, Upper Saddle River

Collesei U. e Ravà V. (a cura di) (2008) *La comunicazione d'azienda*, Isedi, Torino
Dahlen M., Lange F. e Smith T. (2010) *Marketing communications*, John Wiley & Sons, Chichester
Edelman D. e Salsberg B. (2010) "Beyond paid media. Marketing's new vocabulary", McKinsey Quarterly, novembre
Fill C. (2009) *Marketing communications*, Prentice Hall, Harlow
Kitchen P.J., Kim I. e Schultz D.E. (2008) "Integrated marketing communications: practice leads theory", *Journal of Advertising Research*, vol. 48
Kliatchko J. (2008) "Revisiting the IMC construct", *International Journal of Advertising*, vol. 27(1)
Invernizzi E. e Romenti S. (a cura di) (2012) *Relazioni pubbliche e corporate communication*, McGraw-Hill Italia, Milano
Mattiacci A. e Ceccotti F. (a cura di) (2011) *Touchpoint. Comunicare nell'iperconnessione*, Fausto Lupetti, Bologna
Pastore A. e Vernuccio M. (2008) *Impresa e comunicazione. Principi e strumenti per il management*, Apogeo, Milano
Schultz D.E. e Patti C.H. (2009) "The evolution of IMC. IMC in a customer-driven marketplace", *Journal of Marketing Communications*, vol. 15
Vernuccio M., Ceccotti F. e Pastore A. (2012) "L'innovazione nella comunicazione integrata di marketing secondo gli attori del network", *Sinergie*, 88
Van Riel C. e Fombrun C.J. (2007) *Essentials of corporate communication*, Routledge, Londra
Winer R.S. (2009) "New communications approaches in marketing: isssues and research directions", *Journal of Interactive Marketing*, vol. 23(2)

Capitolo 18

Baudi di Vesme P. e Brigida F. (2009) *L'evoluzione dei media e della pubblicità in Italia*, FrancoAngeli, Milano
Clow K.E. e Baack D. (2007) *Integrated advertising, promotion and marketing communications*, Pearson/Prentice Hall, Upper Saddle River
Dahlen M., Lange F. e Smith T. (2010) *Marketing communications*, John Wiley & Sons, Chichester
Evans D. (2012) *Social Media Marketing*, John Wiley & Sons, Chichester
Fill C. (2009) *Marketing communications*, Pearson Education, Harlow
Invernizzi E. e Romenti S. (a cura di) (2012) *Relazioni pubbliche e corporate communication*, vol. 2: *La gestione dei servizi specializzati*, McGraw-Hill Italia, Milano
Krum C. (2010) *Mobile marketing*, Pearson Education, Harlow
Lambin J.J. (2012) *Market-driven management*, McGraw-Hill Italia, Milano
Mattiacci A. e Ceccotti F. (a cura di) (2011) *Touchpoint. Comunicare nell'iperconnessione*, Fausto Lupetti, Bologna
Mulhern F. (2009) "Integrated marketing communications. From media channels to digital connectivity", *Journal of Marketing Communications*, vol. 15(2-3), pp. 85-101.
Pastore A. e Vernuccio M. (2008) *Impresa e comunicazione. Principi e strumenti per il management*, Apogeo, Milano
Vernuccio M. (2010) "I social media e il loro impiego nelle strategie di corporate branding", *Micro & Macro Marketing*, 2
Vernuccio M. e Ceccotti F. (2012) *Managerial challenges toward integrated marketing communication (r) evolution. A qualitative study*. 41st European Marketing Academy Conference, 22-25 maggio 2012, Lisbona
Weinberg T. (2009) *The new community rules. Marketing on the social web*, O'Reilly Media, Newton
Winer R.S. (2009) "New communications approaches in marketing: issues and research directions", *Journal of Interactive Marketing*, vol. 23(2), pp. 108-117

Capitolo 19

Baccarani C. (a cura di) (2005) *Imprese commerciali e sistema distributivo*, Giappichelli, Torino

Brown J.R., Lush R.F. e Muehling D.D. (1983) "Conflict and power dependence relations in retailer supplier channels", *Journal of Retailing*, vol. 59(4)

Castaldo S. (2008) *Retail channel management*, Egea, Milano

Coughlan A.T., Anderson E., Stern L.W. e El Ansary A.I. (2001) *Marketing channels*, Prentice Hall, Upper Saddle River

Fornari D. (2011) *Trade marketing. Relazioni di filiera e strategie commerciali*, Egea, Milano

Lugli G. e Cristini G. (2007) *Category value. Il marketing integrato nel largo consumo*, IlSole24Ore editore, Milano

Lugli G. e Pellegrini L. (2005) *Marketing distributivo. La creazione di valore nella distribuzione despecializzata*, Utet, Torino

Mattiacci A. e Ceccotti F. (2008) "Innovazione commerciale e comportamenti d'acquisto. La dinamica dei factory outlet centre in Italia", *Finanza, Marketing e Produzione*, 4

Pastore A. (1996) *I nuovi rapporti tra industria e distribuzione*, Cedam, Padova

Pastore A. (2008) *Gli scenari di sviluppo del grocery*, FrancoAngeli, Milano

Pastore A., Pellegrini L. e Ravazzoni R. (2001) "La dimensione settoriale dell'innovazione: la distribuzione commerciale", *Sinergie*, 55

Pellegrini L. (1990) *Economia della distribuzione commerciale*, Egea, Milano

Shaw S.A. e Gibbs J. (1995) "Retailer-supplier relationship and the evolution of marketing", *International Journal of Retail and Distribution Management*, vol. 23(7)

Stern L.W. e El Ansary A. (1988) *Marketing channel*, Prentice Hall, Englewood Cliffs

Varaldo R. e Dalli D. (1989) "Le relazioni strategiche tra industria e distribuzione", *Sinergie*, 19

Capitolo 20

Bagozzi R.P., Coronel F.F. e Rosa J.A. (1998), *Marketing management*, Pearson, Upper Saddle River

Busacca B. e Bertoli G. (2009) *Customer value. Soddisfazione, fedeltà, valore*, Egea, Milano

Comer J.M. (1991) *Sales management. People and profit*, Allyn and Bacon, Boston

Darmon R.Y. e Martin X.C. (2011) "A new conceptual framework of sales force control systems", *Journal of Personal Selling & Sales Management*, vol. 31(3)

Donaldson B. (1998) *Sales management. Theory and practice*, Macmillan, Londra

Gonzalez G.R., Hoffman K.D., Ingram T.N. e La Forge R.W. (2010) "Sales organization recovery management and relationship selling. A conceptual model and empirical test", *Journal of Personal Selling & Sales Management*, vol. 30(3)

Johnson E.M., Kurtz D.L. e Scheuing B.E. (1994) *Sales management. Concepts, practices and cases*, McGraw-Hill, New York

Johnston M.W. e Marshall G.W. (2010) *Sales force management*, McGraw-Hill, NewYork

Ledingham D., Kovac M.S. e Heidi L. (2006) "The new science of sales force productivity", *Harvard Business Review*, vol. 84(9), settembre

Lo D., Ghosh M. e Lafontaine F. (2011) "The incentive and selection roles of sales force compensation contracts", *Journal of Marketing Research*, vol. 48(4), agosto

Lugli G. (2009) *Marketing distributivo. La creazione di valore nella distribuzione despecializzata*, Utet, Torino

Ryals L. e McDonald M. (2007) *Key account plans*, Routledge, Abingdon

Strahle W. e Spiro R.L. (1986) "Linking market share strategies to salesforce objectives, activities, and compensation policies", *Journal of Personal Selling & Sales Management*, vol. 6(2), agosto

Talley W. (1961) "How to design sales territories", *Journal of Marketing*, vol. 25, gennaio

Valdani E. e Ancarani F. (2013) *Marketing strategico*, Egea, Milano
Vescovi T. (1992) *La gestione del personale di vendita*, in G. Costa (a cura di) *Manuale di gestione del personale*, Utet, Torino
Vescovi T. (1999) *Sales management*, Cedam, Padova
Vescovi T. (2008) *Piano di marketing*, IlSole24Ore editore, Milano
Weitz B.A., Castleberry S.B. e Tanner J.F. (1998) *Selling. Building partnership*, McGraw-Hill, New York

Capitolo 21

Bolton R. e Bhattacharya B. (2000) *Relationship marketing in mass markets*, in J. Sheth e A. Parvatiyar (a cura di) *Handbook of relationship marketing*, Sage, Thousand Oaks
Busacca A. (2002) *Costruire la fedeltà*, IlSole24Ore editore, Milano
Dabholkar P., Johnston W. e Cathey A. (1994) "The dynamics of long-term business-to-business exchange relationships", *Journal of the Academy of Marketing Science*, vol. 22(2), pp. 130-145
Dowling G.R. e Uncles M. (1997) "Do customer loyalty programs really work?", *Sloan Management Review*, vol. 38(4)
Iasevoli G. (2000a) *Il valore del cliente*, FrancoAngeli, Milano
Iasevoli G. (2000b) "I customer club e lo sviluppo della customer loyalty", *Micro & Macro Marketing*, 2
Inmon W. (1993) *Building the data warehouse*, Wiley, New York
Kumar V. (2008) *Il valore del cliente*, Pearson Education Italia, Milano
Ostilio M.C. (2002) *Customer database*, Egea, Milano
Reinartz W. e Kumar V. (2002) "The mismanagement of customer loyalty", *Harvard Business Review*, vol. 80(7), luglio

Capitolo 22

Cozzi G. e Ferrero G. (2000) *Marketing. Principi, metodi, tendenze evolutive*, Giappichelli, Torino
Kotler P. e Keller K. (2007) *Marketing management*, Isedi, Torino
Lambin J.J. (2012) *Market-driven management*, McGraw-Hill Italia, Milano
Mattiacci A. (2003) *Il marketing consumer-based. Il modello della product offering*, Cedam, Padova
Mattiacci A. (2007) *Un modello per le scelte prevalentemente operative del management di marketing: il paradigma 4A*, in S. Cherubini (a cura di) *Scritti in memoria di Giorgio Eminente*, FrancoAngeli, Milano
Mattiacci A. e Ceccotti F. (2005) "Lo sviluppo del marketing nelle PMI. Riflessioni a margine di una esperienza di impresa", *Micro & Macro Marketing*, 1
McDonald M. e Wilson H. (2011) *Marketing plans. How to prepare them, how to use them*, John Wiley & Sons, Chicester
Pratesi C.A. e Mattia G. (2002) *Piano marketing dei nuovi prodotti*, McGraw-Hill Italia, Milano
Troilo G. (1995) *Piano di marketing*, in E. Valdani (a cura di) *Marketing. Enciclopedia dell'impresa*, Utet, Torino
Vescovi T. (2008) *Piano di marketing*, IlSole24Ore editore, Milano

Capitolo 23

Ambler T. (2002) "Relating brand and customer perspectives on marketing management", *Journal of Service Research*, 5
Borghesi A. (2001) "I processi di supply chain management, product development management e customer relationship management. La nuova alleanza e la loro centralità nella funzione di marketing", *Sinergie*, 56
Coltman T., Devinney T.M. e Midgley D. (2011) "Customer relationship management and firm performance", *Journal of Information Technology*, vol. 26(3), pp. 205-219

Cozzi G. e Ferrero G. (2000) *Marketing*, Giappichelli, Torino

Day G.S. (1997) *Aligning the organization to the market*, in D.R. Lehmann e K.E. Jocz (1997) *Reflections on the futures of marketing*, Marketing Science Institute, Cambridge

Di Marco I. e Tunisini A. (2002) "L'organizzazione della funzione di marketing nelle imprese produttrici di sistemi/servizi informatici", *Economia e Diritto del Terziario*, 2

Fabris G. (2009) *Societing*, Egea, Milano

Ferrero G. e Savelli E. (2006) "La dinamica del rapporto user/producer nell'innovazione di prodotto. Analisi teoriche ed evidenze empiriche", V Congresso Internazionale Italia-Francia "Le tendenze del marketing", www.marketing-trends-congress.com/sites/default/files/papers/2006/2006_it_Ferrero_Savelli.pdf

Georges L., Ivens B. e Pardo C. (2010) *What do Companies do when they do marketing? A cluster analysis*, 26th IMP Conference, Budapest

Kotler P. (2007) *Marketing management*, Pearson Education Italia, Milano

Micu D., Ifrim L., Daraban C. e Purdescu C. (2012) "Cross-functional linkages between marketing and the other business functions in an industrial organization", *UPB Scientific Bulletin*, D, vol. 74(4), dicembre

Moorman C. e Rust R.T. (1999) "The role of marketing", *Journal of Marketing*, vol. 63, pp. 180-197

Nath P. e Mahajan V. (2008) "Chief marketing officers. A study of their presence in firms' top management teams", *Journal of Marketing*, vol. 72, gennaio

Nosheen R. (2011) "Mediating role of new product performance in CRM process and company performance", *Journal of Economics and Sustainable Development*, vol. 2(7)

Potgieter A. (2010) "Social web technologies and the consumer. Exploring the impact on marketing strategies", *Knowledge Globalization Conference 2010*, Boston

Rust R.T., Moorman C. e Bhalla G. (2010) "Rethinking marketing", *Harvard Business Review*, vol. 88(1), gennaio-febbraio

Urbonavičius S., Dikčius V. e Kasnauskienė G. (2007) "Importance of marketing functions in a company", *Engineering Economics*, vol. 53(3), pp. 71-77

Verhoef P.C. e Leeflang P.S.H. (2009) "Understanding the marketing department's influence within the firm", *Journal of Marketing*, vol. 73, marzo, pp. 14-37

Wahab S. e Ali J. (2010) "The evolution of Relationship Marketing (RM) towards Customer Relationship Management (CRM). A step towards company sustainability", *Information Management and Business Review*, vol. 1(2), pp. 88-96

Webster F.E. (1997) "The future role of marketing in the organization", in D.R. Lehmann e K.E. Jocz (1997) *Reflections on the futures of marketing*, Marketing Science Institute, Cambridge

Capitolo 24

AA.VV. (2011) *La doppia piramide alimentare ambientale*, Barilla Center for Food and Nutrition

Colarieti S. e Guarino P. (2005) *Introduzione al marketing politico*, Luiss University Press, Roma

De Ferrariis C.A. e Savignano P. (2003) *Love marketing. Strategie e strumenti di seduzione per tutti*, Sperling & Kupfer, Milano

Fiorentini G. e Slavazza S. (1998) *La Chiesa come azienda non profit. Gestione e marketing*, Egea, Milano

Grant J. (2009) *Green Marketing Manifesto*, Brioschi Editore, Milano

Holusha J. (1995) "Brooks Stevens, 83, giant in industrial design", *New York Times*, 7 gennaio

Iraldo F. e Melis M. (2012) *Green marketing*, IlSole24Ore editore, Milano

Klein N. (2000) *No logo*, Baldini e Castoldi, Milano

Linn S. (2005) *Il marketing all'assalto dell'infanzia. Come media, pubblicità e consumi stanno trasformando per sempre il mondo dei bambini*, Orme editori, Milano

Orsato R.J. (2009) *Sustainability strategies, when does it pay to be green?*, Palgrave Macmillan, New York

Ottman J.A. (2004) *Green Marketing. Opportunity for innovation*, McGraw-Hill, New York

Packard V. (1958) *I persuasori occulti*, Einaudi, Torino
Pasolini P.P. (2008) "Contro i capelli lunghi", in P.P. Pasolini, *Scritti corsari*, Garzanti, Milano
Pratesi C.A. (1993) *L'ambientalismo aziendale come orientamento per un nuovo posizionamento competitivo*,
Pratesi C.A. (1999) *Il green marketing* in C.A. Sirianni (a cura di) *Gestire l'ambiente*, Giuffré, Milano
Pratesi C.A. (2011) "Greenwashing", *Aggiornamenti Sociali*, gennaio
Sinergie, 31
Rifkin J. (1995) *La fine del lavoro*, Baldini e Castoldi, Milano
Ritzer G. (1997) *Il mondo alla McDonald's*, Il Mulino, Bologna
Ritzer G. (2000) *Le cattedrali del consumo*, Il Mulino, Bologna

Capitolo 25

Baccarani C. (a cura di) (2005) *Imprese commerciali e sistema distributivo*, Giappichelli, Torino
Barile S. (1996) *Le formule della distribuzione al dettaglio*, Cedam, Padova
Berman B. e Thelen S. (1989) *Retail management. A strategic approach*, McMillan, New York
Castaldo S. e Mauri C. (2008) *Store management*, FrancoAngeli, Milano
Cliquet G. (2003) *Management de la distribution*, Dunod, Parigi
Cristini G. (2006) *Marketing d'insegna e marca privata*, IlSole24Ore editore, Milano
Dent J. (2011) *Distribution channels*, Kogan Page, Londra
Dunne P.M. e Lusch R.F. (2005) *Retailing*, South-Western, Mason
Fornari D. (2011) *Le discontinuità del marketing di filiera*, Egea, Milano
Lugli G. (a cura di) (2003) *Branding distributivo*, Egea, Milano
Lugli G. e Pellegrini L. (2005) *Marketing distributivo. La creazione di valore nella distribuzione despecializzata*, Utet, Torino
Pastore A. (2008) *Gli scenari di sviluppo del grocery*, FrancoAngeli, Milano
Pastore A., Fornari E. e Cecconi V. (2007) "Sviluppo e riposizionamento della marca commerciale", *Finanza, Marketing e Produzione*, 2
Pellegrini L. e Reddy S.K. (1989) *Retail and marketing channels*, Routledge, Londra
Sbrana R. e Gandolfo A. (2007) *Contemporary retailing. Il governo dell'impresa commerciale moderna*, Giappichelli, Torino
Sciarelli S. e Vona R. (2008) *Management della distribuzione*, McGraw-Hill Italia, Milano
Sullivan M. (2002) *Retail marketing*, Thompson, Londra
Varley R. (2001) *Retail product management*, Routledge, Londra

Capitolo 26

Bateson J.E.G., Hoffman K.D. e Iasevoli G. (2007) *Marketing dei servizi*, Apogeo, Milano
Berry L.L. (1980) "Services marketing is different", *Business*, maggio-giugno, pp. 25-26
Bonetti E. (2004) *Consumatore e servizi. Un modello di marketing a rete*, Cedam, Padova
Cherubini S. (2003) *Il marketing dei servizi*, FrancoAngeli, Milano
Czepiel J.A., Solomon M.R. e Suprenant C.R. (a cura di) (1985) *The service encounter*, Lexington Books, New York
Eiglier P. e Langeard E. (1987) *Il marketing strategico nei servizi*, McGraw-Hill Italia, Milano
Eminente G. (1996) "Evoluzione, status attuale e prospettive del marketing dei servizi", *Micro & Macro Marketing*, 2, pp. 187-195
Grönroos C. (2007) *Service management and marketing. Customer management in service competition*, John Wiley & Sons, Chichester
Heskett J.L. (1986) *Managing in the service economy*, Harvard Business School Press, Boston
Johnston R. e Clark G. (2008) *Service operations management*, Prentice Hall, Harlow

Levitt T. (1976) "The industrialization of service", *Harvard Business Review*, vol. 54(5), settembre-ottobre, pp. 63-74

Lovelock C.H. e Wirtz J. (2007) *Marketing dei servizi. Risorse umane, tecnologie, strategie*, Pearson Education Italia, Milano

Normann R. (1992) *La gestione strategica dei servizi*, Etas, Milano

Parasuraman A., Zeithaml V.A. e Berry L.L. (1985) "A conceptual model of service quality and its simplications for future research", *Journal of Retailing*, vol. 64(8), pp. 41-50

Pellicelli G. (1997) *Il marketing dei servizi*, Utet, Torino

Quinn J.B., Baruch J.J. e Paquette P.C. (1987) "Technology in services", *Scientific American*, 257(6), pp. 50-58

Rispoli M. e Tamma M. (1992) "Beni e servizi, cioè prodotti", in *Sinergie*, 29, pp. 95-113

Schlesinger L.A. e Heskett J.L. (1991) "The service-driven service company", *Harvard Business Review*, vol. 69(6), settembre-ottobre, pp. 71-81

Shostack G.L. (1977) "Breaking free from product marketing", *Journal of Marketing*, vol. 41, aprile, pp. 73-80

Toffler A. (1980) *The third wave*, William Morrow & Co., New York

Vargo S.L e Lusch R.F. (2004) "Evolving to a new dominant logic for marketing", *Journal of Marketing*, vol. 68, gennaio, pp. 1-17

Vicari S. (1983) *Imprese di servizi e politiche di mercato. Le dimensioni del processo competitivo*, Giuffré, Milano

Zeithaml V.A., Bitner M.J., Gremler D.D. e Bonetti E. (2012) *Marketing dei servizi*, McGraw-Hill Italia, Milano

Capitolo 27

Alon I., Jaffe E. e Vianelli D. (2012) *Global marketing. Contemporary theory, practice and cases*, McGraw-Hill/Irwin, New York

Bursi T. e Galli G. (2012) *Marketing internazionale*, McGraw-Hill Italia, Milano

Caroli M. (2012) *Gestione delle imprese internazionali*, Mc Graw-Hill Italia, Milano

Cedrola E. (2005) *Marketing internazionale per le piccole e medie imprese*, McGraw-Hill Italia, Milano

Czinkota M. e Ronkainen I. (2012) *International marketing*, South-Western Cengage Learning, Mason

Hollensen S. (2011) *Global marketing. A decision oriented approach*, Prentice Hall, Harlow

Johansson J.K. (2008) *Global marketing. Foreign entry, local marketing and global marketing* , McGraw-Hill, New York

Keegan W.J. e Green M. (2008) *Global Marketing*, Pearson/Prentice Hall, Upper Saddle River

Silvestrelli S. (2008) *International marketing mix*, Esculapio, Bologna

Usunier J.C. e Lee J.A. (2005) *Marketing across cultures*, Prentice Hall, Harlow

Valdani E. e Bertoli G. (2010) *Mercati internazionali e marketing*, Egea, Milano

Vianelli D., de Luca P., Pegan G. (2012) *Modalità d'entrata e scelte distributive del Made in Italy in Cina*, FrancoAngeli, Milano

Indice delle figure e delle tabelle

Figure

1.1 Lo spazio relazionale del marketing, 7
1.2 Le parti dello scambio e i quattro sistemi esistenti, 9
1.3 La dinamica fondamentale dello scambio, 16
1.4 Le strutture di relazione del mercato, 20
1.5 La polarizzazione dei mercati: fasce di valore, 23
2.1 Una story-line dello scambio: da commercio a marketing, 29
2.2 Curva di domanda, 45
2.3 Mercato aggregato e individuale: il tutto e la parte, 49
2.4 Empirismo e management, 51
3.1 Internet come mercato: le principali discontinuità, 59
3.2 Classificazione degli operatori economici nei contesti digitali, 67
4.1 Il processo di marketing, 78
4.2 Le scelte, 81
4.3 Ambienti di marketing, 82
4.4 Partner e stakeholder, 89
4.5 Scelte d'impresa e partner esterni, 91
5.1 Concorrenza e scelta, 98
5.2 Mappa dei distretti italiani, 105
5.3 La produzione di calzature, 107
5.4 Rapporti di concorrenza verticale nell'ambito dei canali di distribuzione, 109
5.5 La concorrenza allargata, 111
6.1 Evoluzione della domanda e dell'offerta, 119
6.2 Modello generale di processo d'acquisto, 121
6.3 Il ruolo del contesto di scelta, 123
6.4 Tipologie di prodotto e sistemi di scambio, 127
6.5 Domanda finale e domanda derivata, 131
6.6 Domanda potenziale, primaria e secondaria, 138
6.7 Immatricolazioni di automobili in Italia e quota prodotti esteri, 140
7.1 Gli elementi di un sistema informativo di marketing, 151
7.2 La schermata di una Intranet aziendale, 153
7.3 Attività di marketing e conoscenza di mercato, 154
7.4 Formula di ricerca univoca e integrata, 167
7.5 Il processo di ricerca, 168
7.6 Lo spettro metodologico, 169
7.7 Quattro possibili disegni di ricerca, 173
7.8 I metodi di raccolta, 176
8.1 Il processo di marketing strategico, 191
8.3 Le strategie di sviluppo, 200
8.4 Il caso Cirque du Soleil: quadro strategico e curve di valore, 209
8.5 L'analisi di portafoglio secondo la GE-McKinsey, 210
9.1 Ambiente di consumo, processo di acquisto e scelta, 216
9.2 Lo spazio comunicativo, 219
9.3 Come cambia l'ambiente di consumo, 220
9.4 I tre "io" del comportamento d'acquisto", 224
9.5 Modello EKB (Engel, Kollat, Blackwell) semplificato, 225
9.6 Una matrice di strategie demand-oriented, 228
9.7 Variabili di segmentazione, 236
9.8 Cosa può significare la parola "cliente" nel B2B, 241
10.1 La strategia competitiva, 247
10.2 L'analisi SWOT, 249
10.3 Il valore della product offering, 251
10.4 Le strategie generiche, 255
10.5 Un esempio di mappa percettiva, 260
10.6 Analisi della concorrenza, 262
11.1 Il controllo concomitante, 269
11.2 Nessi causali tra gli elementi del sistema, 270
11.3 Un esempio di marketing scorecard, 271
11.4 Awareness, consideration e share of mind, 278

12.1 Tipologie di processi, 296
12.2 Approcci di mercato, 299
12.3 Sinossi produzione-mercato, 301
12.4 L'albero della categoria, 303
12.5 Il processo di sviluppo di nuovi prodotti, 316
12.6 Ciclo di vita del prodotto, 318
13.1 Trasformazione e branding, 327
13.2 La scelta di acquisto, 330
13.3 Il brand system come mosaico, 333
13.4 Le determinanti della brand equity secondo Keller (2005), 341
13.5 Mappa di posizionamento, 346
14.1 Il valore aggiunto della distribuzione alla product offering, 355
14.2 Configurazioni-tipo della struttura del canale, 357
14.3 Razionalizzazione e moltiplicazione dei contatti, 359
14.4 Investimenti, rischi e controllo del canale, 361
14.5 Quota di mercato e politiche distributive, 366
15.1 Il prezzo nel sistema delle relazioni di scambio, 374
15.2 Elasticità della domanda al prezzo, 378
15.3 Il taglio-prezzo, 380
15.4 Il prezzo nelle fasce di mercato, 382
15.5 Prezzo e consumatore, 388
16.1 Il superamento del trade off tra reach e reachness, 404
16.2 Le tipologie di commercio elettronico in funzione di input e output della relazione, 406
17.1 Diffusione e creazione di valore, 415
17.2 La comunicazione dell'impresa e sull'impresa, 417
17.3 Il processo di comunicazione lineare, 418
17.4 Il processo di comunicazione a due input, 419
17.5 Il processo di comunicazione interattivo (one-to-one), 419
17.6 Gli stakeholder dell'impresa, 420
17.7 Gli effetti della comunicazione sulla curva di domanda, 422
17.8 Strumenti, mezzi e target, 423
17.9 I touch point si moltiplicano e si frammentano, 428
18.1 Il processo di definizione di una campagna pubblicitaria, 436
18.2 Gli effetti di una promozione di prezzo, 446
18.3 Risultati organici (SEO) e a pagamento (SEM), 457
18.4 Il ruolo comunicazionale del packaging, 460
19.1 I gruppi strategici della distribuzione in Italia, 484
20.1 Il processo di vendita, 493
20.2 Costo di un venditore diretto e costo di un agente a confronto, 497
20.3 Il piano di vendita, 502
21.1 Orientamenti a confronto, 514
21.2 I vantaggi della fedeltà, 515
21.3 Redditività dei clienti e durata della loro relazione, 517
21.4 Le fasi del ciclo di relazione fedeltà-impresa, 519
21.5 Esempio di identificazione delle classi di un portafoglio clienti, 521
21.6 Tipologie di clienti e relazioni tra la soddisfazione e la fedeltà, 523
21.7 Matrice di classificazione della clientela in base all'ammontare di spesa e alla ripartizione tra fornitori, 524
21.8 L'analisi dinamica della clientela, 525
21.9 Strumenti per la gestione, 532
22.1 Tipologie di piano, 539
22.2 Differenti tipologie di piano di marketing, 541
22.3 L'orizzonte temporale del piano di marketing, 543
22.4 Il processo di pianificazione, 544
22.5 Benchmarking: una rappresentazione, 548
22.6 Lo SWOT nel processo di pianificazione, 548
22.7 Timing delle attività di comunicazione, 550
23.1 Funzione Marketing come funzione di confine, 560
23.2 Evoluzione della funzione Marketing, 561
23.3 Il servizio commerciale, 562
23.4 Il dipartimento commerciale, 562
23.5 La direzione marketing, 563
23.6 La moderna direzione marketing, 563
23.7 La funzione Marketing nell'impresa orientata al marketing, 564
23.8 La funzione Marketing a rete nell'impresa orientata al marketing, 564
23.9 L'organizzazione a matrice delle imprese orientate al marketing, 565
23.10 L'influenza della funzione Marketing nell'impresa, 567
23.11 L'organizzazione funzionale, 568
23.12 L'organizzazione geografica, 568
23.13a-b L'organizzazione per prodotti (a) e marche Hub and Spoke (b), 569
23.14 L'organizzazione per prodotti e marche (gestione per categorie), 569
23.15 L'organizzazione per mercati, 570
23.16 Alcuni esempi di percorsi di carriera nel marketing, 574

23.17 Le nuove professioni di Internet per il marketing, 582
24.1 L'area del marketing classico, 591
24.2 L'area del marketing responsabile, 591
24.3 L'area del green marketing, 593
24.4 L'area del cause-related marketing, 593
24.5 L'area del marketing sostenibile, 594
24.6 Dal "vantaggio immediato" al "benessere di lungo periodo", 595
24.7 La matrice della sostenibilità, 596
25.1 Tipologie di sevizi commerciali, 605
25.2 Formule distributive specializzate e despecializzate, 609
25.3 Format distributivi e fasce prezzo, 611
26.1 Le macrofasi del processo di marketing dei servizi, 624
26.2 I service mix e la percezione del cliente, 627
26.3 I bisogni e i servizi, 628
26.4 La matrice di classificazione degli approcci di marketing, 642
26.5 Un'applicazione della matrice di classificazione degli approcci di marketing, 643
27.1 Matrice di attrattività/posizione competitiva, 649
27.2 Il ciclo di vita del prodotto in un contesto internazionale, 652

Tabelle

1.1 Range di prezzo dei televisori, 22
1.2 Le due fasce di valore: due mercati distinti, 24
2.1 La continuità nel marketing, 37
2.2 Il mercato aggregato: un concetto multidimensionale, 42
4.1 Immaginare un mercato, 79
4.2 PEST analysis, 82
5.1 Andamento del mercato e della quota, 99
5.2 Strutture di mercato e forme di concorrenza fra le imprese, 103
6.1 Calcolo del potenziale di mercato, 140
7.1 Regole aziendali per la corretta gestione delle ricerche, 157
7.2 Le informazioni fornite dal consumer insight, 158
7.3 Principali misure di mercato, 160
7.4 I due fondamentali approcci di ricerca, 161
7.5 Scaletta e questionario, 165
7.6 Problema di marketing e tema di ricerca, 170
7.7 Il briefing, 171
7.8 Il progetto di ricerca, 172
7.9 Quadro sinottico delle tecniche di somministrazione del questionario, 177
8.1 Esempi di competenze e asset strategici, 197
8.2 Esempio delle variabili della competitività e attrattività del settore, 210
8.3 Esempio di calcolo dell'indicatore di competitività, 210
9.1 Le continuità di accessibility, 222
9.2 Le continuità di awareness, 223
9.3 Le dimensioni di appeal, 227
9.4 Eterogeneità della domanda e approcci di mercato, 231
10.1 Esempi di opportunità e minacce, 249
10.2 Esempi di punti di forza e punti di debolezza, 250
10.3 Criteri di posizionamento, 259
11.1 Misure indirette e dirette di customer satisfaction, 275
11.2 Esempi di costi commerciali e di marketing, 283
11.3 Fatturato netto, 285
11.4 Margine industriale, 285
11.5 Margine di contribuzione, 286
11.6 Margine operativo, 286
12.1 Il mercato delle acque confezionate in Italia (2006-2007), 304
12.2 Attributi e fasce di valore, 306
12.3 Cosa c'è dentro l'iPad 1? Distribuzione del valore della versione 16 GB wi-fi (2010), 310
12.4 La scheda concept, 312
12.5 Innovazione per l'impresa e il mercato, 315
12.6 Scelte di marketing e ciclo di vita, 320
13.1 Modelli di scelta e brand, 331
13.2 Accortezze di progettazione delle tessere cognitive, 337
13.3 Domande di rilevazione della brand awareness, 344
13.4 Pro e contro della brand extension, 349
15.1 Prezzo e stati concorrenziali, 377
15.2 Il calcolo dell'elasticità, 379
15.3 Valore percepito e pricing, 387

15.4 Configurazioni di costo e prezzi, 390
15.5 Criteri di discriminazione dei prezzi, 392
17.1 Profilo tecnico degli strumenti di comunicazione, 425
17.2 Mezzi e veicoli, 425
17.3 Tipologie di mezzi, 429
19.1 Evoluzione della quota di mercato della distribuzione moderna in Italia (grocery), 467
19.2 Le fasi dell'innovazione della distribuzione, 468
19.3 Evoluzione dei rapporti verticali in Italia (distribuzione grocery), 475
19.4 I motivi di conflitto nel canale distributivo, 477
20.1 Venditori o agenti?, 498
20.2 Esempio di analisi delle vendite (impresa Y), 508
20.3 Esempio di analisi delle vendite di dettaglio (impresa Y – zona A), 508
21.1 Variabili di classificazione dell'importanza della clientela, 522
21.2 Il metodo FRM: un esempio di calcolo, 524
22.1 Il piano di marketing strategico, operativo e tattico: alcuni esempi, 543
22.2 Le fonti di dati secondari (internazionali, nazionali e locali): alcuni esempi, 546
22.3 Partizione dell'anno nei budget, 551
22.4 Partizione classica del budget di marketing, 552
22.5 Partizione del budget di marketing secondo le 4A, 553
22.6 Tipologie di controllo di marketing, 554
25.1 Due formule distributive a confronto, 606
25.2 Le formule distributive, 607
26.1 Caratteristiche dei servizi e implicazioni di marketing, 621
26.2 Problematiche del pricing nei servizi, 631
26.3 La distribuzione nei beni e nei servizi, 640
27.1 Attrattività del mercato e posizione competitiva, 649

Indice delle glosse

"A bottega" ovvero corporazioni delle arti e mestieri, 31
Accessorio, 308
Acquisti d'impulso, 217
Ad hoc, 156
Advertainment, 453
Affissioni dinamiche, 441
Affissioni esterne, 441
Agente monomandatario, 497
Agente plurimandatario, 497
Always on, 347
Ambiente di consumo, 216
Ampiezza di categoria, 305
Analisi ABC, 520
Area gravitazionale, 80
Arena competitiva, 196
Art director, 438
Asset, 190
Assortimento, 127
Atteggiamenti (attitude), 225
Attenzione selettiva, 218
Attività front e back, 630
Attributo di prodotto, 306
Auction, 407
Audience, 433
Audience utile, 441
Audit, 546

Balanced scorecard, 268
BANG, 294
Benchmarking, 547
Beni grocery, 467
Bisogni e desideri, 34
Bisogno, 120
Black box model, 225
Brand equity, 335
Brand image, 339
Brand loyalty, 125
Brand portfolio, 333
Brand reputation, 335
Brand switching, 125
Brand system, 326
Brand/store equity, 469
Branding, 326
Broadcasting o above the line, 426
Bundle, 12
Bundled value, 469
Business model, 78
Business strategy, 540

Call to action, 435
Campione non probabilistico, 175
Campione probabilistico, 175
Cannibalizzazione, 447
Capacità produttiva, 623
Capital intensive, 465
Capitale circolante, 284
Cartello, 100
Categoria di prodotto, 101
Categorie problematiche, 130
Categorie speciali, 218
Category killer, 465
Category management, 468
Cause-related marketing, 588
Centralità relazionale, 61
Churn rate, 271
Ciclo di relazione, 512
Classe sociale, 223
Click and mortar, 362
Cliente potenziale (prospect), 86
Cluster, 231
Co-creazione, 565
Codice EAN, 167
Comitato, 537
Commercio intermediato, 10
Commessa, 297
Commodification, 119
Commodity, 31
Comportamento di acquisto, 216
Comunità di consumo, 217
Concentrazione economica, 467
Concentrazione tecnica, 465
Concept di prodotto, 37
Concept store, 608
Concept test, 152
Condizioni accessorie di prezzo, 387
Connotazione, 328
Consideration, 421
Consideration set, 122
Consumatore, 12
Consumer empowerment, 59
Consumer marketing, 76
Consumerismo, 19
Contatti, 440
Contestualità, 621
Controllo, 555
Controsegmentazione, 232
Convergenza tecnologica, 112
Cookie, 408
Cooperazione fra imprese, 108
Coorte, 521
Copertura distributiva, 298
Copycat o look-alike products, 263
Copy writer, 438
Core, 610
Core benefit, 23
Corporate identity, 419
Corporate image, 419
Corporate strategy, 540
Costi di logistica, 285
Costo del venduto, 285
Costo-opportunità, 205
Costo per contatto, 440
Cross-selling, 449
Cruscotto di monitoraggio, 525
Customer, 40
Customer advocacy, 591
Customer club, 533
Customer profile, 520
Customer profiling, 449

Dashboard, 565
Data warehousing, 518
Dati digitali, 56
Decision making, 159
Deflazione, 374
Demand pull, 314
De-marketing, 592
Deperibilità, 621
Descrittore del prodotto, 261
Differenziazione, 103
Digitalizzabile, 61

Digitalizzazione, 35
Direct Product Costs, 488
Direct Product Profils, 488
Display, 606
Domanda derivata, 130
Domanda potenziale, 43
Domanda primaria, 44
Door to door, 607
Driver, 331

Economia industriale, 103
Economia reale, 326
Economicità, 20
Economics, 79
Economie di clientela, 50
Economie di esperienza, 252
Economie di scopo, 359
Efficacia ed efficienza, 266
Elasticità della domanda, 140
Elasticità incrociata della domanda, 380
Empowerment, 485
Endorsed, 616
Endorsement, 343
Engagement, 347
E-retailer, 69
Ergonomia, 310
Erogazione, 622
E-service, 634
Esternalizzazione, 295
Eterogeneità, 621
Euristica, 504
Expectancy disconfirm. model, 274
Extranet, 57

Facing, 614
Factory outlet village, 608
Fast fashion, 120
Fast Moving Costumer Goods, 127
Fedeltà poligama, 517
Field, 166
Fieldwork, 152
Finanziarizzazione, 74
First mover, 255
Flessibilità strategica, 205
Focus group, 164
Follower, 480
Follow-up, 494
Fonte informativa, 150
4A, 105
Forecast, 284
Formati speciali, 441
Formula di ricerca, 172
Formula distributiva, 356
Formula di valore, 6
Frazionamento del prezzo, 387
Front-line, 163
Front-office, 516
Funzione, 559
Funzioni distributive, 354
Funzione d'uso, 303

Gap di domanda, 138
Gerarchia di prodotto, 302
Glocal, 568
Good value for money, 22
Gruppo sociale di riferimento, 223
Gruppo strategico, 467
Guerra dei prezzi, 383

Hard discount, 46
Heavy users, 138
Ho.Re.Ca., 19
House organ, 430
Hub and Spoke, 570

ICT, 56
Implementazione, 554
Impresa conglomerata, 381
Imprese di servizi monosite, 642
Impression, 70
Incumbent, 257
Indicizzare, 524
Industrial design, 310
Inflazione, 374
Infomediari, 356
Innovazione di rottura, 206
In-store promotion, 318
Intangibilità, 621
Internet, 57
Intertype, 468
Intranet, 57
Investor relations, 447
Io-individuo, 330
Io-sociale, 330
Iperconsumista, 588
Ipersegmentazione, 232
Istanze (driver) di consumo, 215

Jingle, 336
Joint venture, 204
Just in time distributivo, 604

Key account manager, 498
Knowledge management, 409

Layout, 295
Leader di mercato, 383
Lead generation, 348
Left brained, 267
Lettering, 336
Libero servizio, 217
Licensing, 204
Light users, 201
Linea del freddo o del fresco, 101
Line extension, 349
Listing fee, 282
Livello gerarchico, 574
Logistica, 355
Logo, 336
Look and feel, 402
Lotto, 297
Loyalty program, 271
Lunghezza del canale, 361

Macromarketing, 82
Make-or-buy, 205
Mansione, 572
Marca commerciale, 468
Marginalità commerciale, 86
Margini, 516
Mark-down, 613
Marketer, 50
Marketing accountability, 565
Marketing concept, 77
Marketing di conquista, 512
Marketing mix, 34
Marketing pull, 223
Marketing push, 223
Marketing sense, 253
Marketing sociale, 588
Market space e market place, 59
Mark-up, 388
Materiale POP, 489
Matrice, 522
Matrice organizzativa, 564
Media consumption, 428
Media mix digitale, 65
Mediatori e broker, 356
Mercato-funzione, 49
Mercato-prodotto, 49
Merchandiser, 223
Merchandising, 613
Metri lineari, 614
Micromarketing, 468
Mission, 545
Misure di mercato, 304
Mobile-commerce, 69
Modello cooperativo, 483
Motivazione, 500
Movimento consumerista, 587
Multichannel, 517

Negozi di prossimità, 467
Network selling, 607
Normativa antitrust, 194
Notorietà di marca, 318